Kommentar zur Musterberufsordnung der deutschen Ärzte (MBO)

Rudolf Ratzel · Hans-Dieter Lippert

Kommentar zur Musterberufsordnung der deutschen Ärzte (MBO)

6. Auflage

Rudolf Ratzel
Ratzel Rechtsanwälte
München
Deutschland

Hans-Dieter Lippert
Ulm
Deutschland

ISBN 978-3-642-54412-5   ISBN 978-3-642-54413-2 (eBook)
DOI 10.1007/978-3-642-54413-2
Springer Heidelberg Dordrecht London New York

Die Deutsche Nationalbibliothek verzeichnet diese Publikation in der Deutschen Nationalbibliografie; detaillierte bibliografische Daten sind im Internet über http://dnb.d-nb.de abrufbar.

© Springer-Verlag Berlin Heidelberg 1995, 1998, 2002, 2006, 2010, 2015
Dieses Werk ist urheberrechtlich geschützt. Die dadurch begründeten Rechte, insbesondere die der Übersetzung, des Nachdrucks, des Vortrags, der Entnahme von Abbildungen und Tabellen, der Funksendung, der Mikroverfilmung oder der Vervielfältigung auf anderen Wegen und der Speicherung in Datenverarbeitungsanlagen, bleiben, auch bei nur auszugsweiser Verwertung, vorbehalten. Eine Vervielfältigung dieses Werkes oder von Teilen dieses Werkes ist auch im Einzelfall nur in den Grenzen der gesetzlichen Bestimmungen des Urheberrechtsgesetzes der Bundesrepublik Deutschland vom 9. September 1965 in der jeweils geltenden Fassung zulässig. Sie ist grundsätzlich vergütungspflichtig. Zuwiderhandlungen unterliegen den Strafbestimmungen des Urheberrechtsgesetzes.
Die Wiedergabe von Gebrauchsnamen, Handelsnamen, Warenbezeichnungen usw. in diesem Werk berechtigt auch ohne besondere Kennzeichnung nicht zu der Annahme, dass solche Namen im Sinne der Warenzeichen- und Markenschutz-Gesetzgebung als frei zu betrachten wären und daher von jedermann benutzt werden dürften.

Gedruckt auf säurefreiem Papier

Springer ist Teil der Fachverlagsgruppe Springer Science+Business Media (www.springer.com)

Vorwort

Ärzte lieben ihren Beruf geregelt. Die Berufsordnung, Standards, Richtlinien und Leitlinien alle diese Normen des soft law reglementieren die Ausübung des ärztlichen Berufes in einem Maß, dass dem einfachen Arzt schon einmal der Überblick abhanden kommen kann. Zwar wird dieser regulative Overkill seit Jahren auf einer breiten Front und vorwiegend in berufspolitischen Stellungnahmen beklagt. Nur ändert sich nichts.

Das ärztliche Berufsrecht gewinnt weniger durch seine direkte Wirkung an Bedeutung, als vielmehr dadurch, dass die Gerichte es zur Auslegung von Generalklauseln im Gesetzesrecht heranziehen. Zu nennen ist z. B. das Wettbewerbsrecht aber auch das Gesellschaftsrecht. Gerichtliche Entscheidungen mit Bezug zum ärztlichen Berufsrecht gibt es inzwischen in Hülle und Fülle. Dass Gerichte den Kommentar häufig zitieren, freut die Autoren natürlich sehr, lässt dies doch Rückschlüsse auf seine Akzeptanz in der Praxis zu.

Der 114. Deutsche Ärztetag hat die MBOÄ redaktionell grundlegend verändert und den Inhalt der bisherigen Kapitel C und D in das Kapitel B an unterschiedlichen Stellen integriert. Dies hatte zur Folge, dass eine Vielzahl von Paragrafen alleine deshalb überarbeitet werden mussten. Auch die Änderungen des BGB nicht nur durch die Regelungen der Patientenverfügung sondern auch die des Behandlungsvertrages und die der medikamentösen Zwangsbehandlung Untergebrachter haben unmittelbar Auswirkungen auf die Berufsordnung, da sie Vorrang vor der Berufsordnung haben. Auch diesem Umstand trägt die Kommentierung Rechnung. An der mit deutscher Gründlichkeit und Verbiesterung geführten Debatte um die Beschneidung und ihrer rechtlichen Regelung, führte kein Weg vorbei.

Mit gewisser Sorge beobachten wir als Autoren, dass Ärzte einer Normgläubigkeit zu verfallen scheinen, aus der es nur ein böses Erwachen geben kann. Bereits bei der gesetzlichen Regelung der Patientenverfügung, aber auch bei der Normierung des Behandlungsvertrages und nun noch bei der medikamentösen Zwangsbehandlung Untergebrachter, glauben viele, nun endlich das rechtliche Kochrezept (man nehme…) in Händen zu halten, das alle Probleme lösen sollte, die bisher euphemistisch als „Grauzone" tituliert wurden. Das Gegenteil ist aber der Fall. Die einen Probleme scheinen gelöst und tragen doch in sich bereits den Keim neuer noch zu lösender. Halt wie bei der Hydra in der griechischen Mythologie.

Der Kommentar ist danach wieder auf dem neuesten Stand. Die Aufführung des abweichenden Wortlautes der Berufsordnungen in den Kammerbezirken haben wir beibehalten, weil die Praxis dies überaus wohlwollend zur Kenntnis genommen hat. Den Anhang dagegen haben wir von Texten befreit, die unschwer über das Internet in der jeweils aktuellsten Fassung erhältlich sind.

Den Rezensenten und den Nutzern der Vorauflage danken wir für die positive Aufnahme des Werkes sowie für die Anregungen, die uns zugegangen sind. Wir haben sie, wo die Neufassung der Musterberufsordnung dies zuließ, berücksichtigt. Anregungen zur Verbesserung des Werkes nehmen wir ebenfalls gerne entgegen.

Dem Direktor des Instituts für Rechtsmedizin im Universitätsklinikum Ulm, Professor Dr. Erich Miltner sei auch nach dem Ausscheiden des Mitautors aus dem aktiven Dienst für seine Unterstützung des Buches gedankt, obwohl es sich für sein Institut bei der leistungsbezogenen Mittelvergabe in der Medizinischen Fakultät natürlich nach wie vor nicht auswirkt.

München/Ulm, im Januar 2015

Dr. iur. Rudolf Ratzel
Dr. iur. Hans-Dieter Lippert

Inhaltsverzeichnis

A. Einleitung und Text der (Muster-) Berufsordnung für die deutschen Ärztinnen und Ärzte (MBO-Ä 1987-) 1

Einleitung 3

(Muster-) Berufsordnung für die deutschen Ärztinnen und Ärzte - MBO-Ä 1997 -) 7

Präambel 25

B. Regeln zur Berufsausübung 27

I. Grundsätze 29

Vorbemerkung vor §§ 1 ff. MBOÄ 31

§ 1 Aufgaben der Ärztinnen und Ärzte 35

§ 2 Allgemeine ärztliche Berufspflichten 45

§ 3 Unvereinbarkeiten 63

§ 4 Fortbildung 81

§ 5 Qualitätssicherung 87

§ 6 Mitteilung von unerwünschten Arzneimittelwirkungen 93

II. Pflichten gegenüber Patientinnen und Patienten 103

Vorbemerkungen vor §§ 7 ff. 105

§ 7 Behandlungsgrundsätze und Verhaltensregeln 107

§ 8 Aufklärungspflicht 135

§ 9 Schweigepflicht 151

§ 10 Dokumentationspflicht 181

§ 11 Ärztliche Untersuchungs- und Behandlungsmethoden 197

§ 12 Honorar und Vergütungsabsprachen 209

III. Besondere medizinische Verfahren und Forschung 231

§ 13 Besondere medizinische Verfahren 233

§ 14 Erhaltung des ungeborenen Lebens und
Schwangerschaftsabbruch 239

§ 15 Forschung 255

§ 16 Beistand für Sterbende 283

IV. Berufliches Verhalten 289

1. Berufsausübung 291

Vorbemerkungen vor §§ 17ff. 291

§ 17 Niederlassung und Ausübung der Praxis 293

§ 18 Berufliche Kooperationen 307

§ 19 Beschäftigung angestellter Praxisärztinnen und -ärzte 333

§ 20 Vertretung 339

§ 21 Haftpflichtversicherung 345

§ 22 363

§ 23 Ärztinnen und Ärzte im Beschäftigungsverhältnis 365

§ 23a Ärztegesellschaften § 23b/§ 23c/§ 22d 369

§ 24 Verträge über ärztliche Tätigkeit 383

§ 25 Ärztliche Gutachten und Zeugnisse 385

§ 26 Ärztlicher Notfalldienst 397

2. Berufliche Kommunikation 405

Vorbemerkungen vor § 27ff. 405

§ 27 Erlaubte Information und berufswidrige Werbung 409

§ 28 Verzeichnisse 435

3. Berufliche Zusammenarbeit 437

§ 29 Kollegiale Zusammenarbeit 437

§ 29a Zusammenarbeit mit Dritten 451

4. Wahrung der ärztlichen Unabhängigkeit bei der Zusammenarbeit mit Dritten 459

Vorbemerkungen vor §§ 30 ff. 459

§ 30 Ärztliche Unabhängigkeit 463

§ 31 Unerlaubte Zuweisung 465

§ 32 Unerlaubte Zuwendungen 501

§ 33 Zuwendungen bei vertraglicher Zusammenarbeit 509

Anhang 521
  1. Richtlinien zur Durchführung der assistierten Reproduktion 521
  2. Deklaration von Helsinki 565
  3. Grundsätze der Bundesärztekammer zur ärztlichen Sterbebegleitung 576
  4. Kriterien des Hirntodes 582
  5. Menschenrechtskonvention zur Bioethik 596

Literaturverzeichnis 609

Sachverzeichnis 611

Abkürzungsverzeichnis

A.A.	anderer Ansicht
ÄBW	Ärzteblatt Baden-Württemberg
Abs.	Absatz
AID	Arzneimittelinformationsdienst
ÄrzteZV	Zulassungsverordnung für Vertragsärzte
ÄZQ	Ärztliche Zentralstelle Qualitätssicherung
AEV	Arzt- Ersatzkassen- Vertrag
a. F.	alte Fassung
AG	Amtsgericht
AGBG	Gesetz zur Regelung des Rechts der Allgemeinen Geschäftsbedingungen
AHB	Allgemeine Versicherungsbedingungen für die Haftpflichtversicherung
AHRS	Arzthaftpflichtrechtsprechung
AkdÄ	Arzneimittelkommission der deutschen Ärzteschaft
AMG	Arzneimittelgesetz
AMVerschrV	Arzneimittelverschreibungsverordnung
AnwBl.	Anwaltsblatt (Zeitschrift)
AO	Abgabenordnung
AOÄ	Approbationsordnung für Ärzte
AP	Arbeitsrechtliche Praxis
Art.	Artikel
ArztR	Arztrecht (Zeitschrift)
AVB	Allgemeine Vertragsbedingungen
AWMF	Arbeitsgemeinschaft der wissenschaftlichenmedizinischen Fachgesellschaften
AVO	Ausführungsverordnung
BÄK	Bundesärztekammer
BÄO	Bundesärzteordnung
BAG	Bundesarbeitsgericht
BAGE	Entscheidungen des Bundesarbeitsgerichts
BAT	Bundesangestelltentarifvertrag (jetzt: TVöD)

BayObLG	Bayerisches Oberstes Landesgericht
BBesG	Bundesbesoldungsgesetz
BBiG	Berufsbildungsgesetz
BBG	Bundesbeamtengesetz
BDSG	Bundesdatenschutzgesetz
BfArM	Bundesinstitut für Arzneimittel
BG	Berufsgericht
BGB	Bürgerliches Gesetzbuch
BGBl.	Bundesgesetzblatt
BGH	Bundesgerichtshof
BGHSt	Entscheidungen des Bundesgerichtshofes in Strafsachen
BGHZ	Entscheidungen des Bundesgerichtshofs in Zivilsachen
BMG	Bundesministerium für Gesundheit und Sozialordnung
BMV-Ä	Bundesmantelvertrag-Ärzte
BO	Berufsordnung
BRAGO	Bundesrechtsanwaltsgebührenordnung
BRRG	Beamtenrechtsrahmengesetz
BSG	Bundessozialgericht
BSGE	Entscheidungen des Bundessozialgerichts
BVerfG	Bundesverfassungsgericht
BVerfGE	Entscheidungen des Bundesverfassungsgerichts
BVerwG	Bundesverwaltungsgericht
BVerwGE	Entscheidungen des Bundesverwaltungsgerichts
CT	Computertomograph
DÄ	Deutsches Ärzteblatt
DFG	Deutsche Forschungsgemeinschaft
DGMR	Deutsche Gesellschaft für Medizinrecht
DKG	Deutsche Krankenhausgesellschaft
DMW	Deutsche Medizinische Wochenschrift
DNA	desoxiribonucleid acid
EBM	Evidence Based Medicine
EG	Europäische Gemeinschaft
EU	Europäische Union
EMRK	Europäische Kommission für Menschenrechte
ESchG	Embryonenschutzgesetz
ET	Embryotransfer
F + L	Forschung und Lehre (Zeitschrift)
FamRZ	Familienrechtszeitschrift
FGG	Gesetz über die Freiwillige Gerichtsbarkeit
FS	Festschrift
GbR	Gesellschaft bürgerlichen Rechts
GesR	Gesundheitsrecht (Zeitschrift)
GG	Grundgesetz für die Bundesrepublik Deutschland
GKV	Gesellschaft KrankenversichererGesetzliche Krankenversicherung

GKVWSG	GKV-Wettbewerbsstärkungsgesetz
GMG	GKV- Modernisierungsgesetz
GmbH	Gesellschaft mit beschränkter Haftung
GOÄ	Gebührenordnung für Ärzte
GRG	Gesundheitsreformgesetz
Hdb.	Handbuch
HebG	Hebammengesetz
HGB	Handelsgesetzbuch
HNTVO	Hochschulnebentätigkeitsverordnung
HPG	Heilpraktikergesetz
HRG	Hochschulrahmengesetz
Hrsg.	Herausgeber
hrsg.	herausgegeben
HWG	Heilmittelwerbegesetz
i. d. F. v.	in der Fassung vom
i. d. R.	in der Regel
IfSG	Infektionsschutzgesetz
i. V. m.	in Verbindung mit
IVF	in-vitro-Fertilisation
JVEG	Gesetz über die Vergütung von und Sachverständigen, Dolmetscherinnen und Dolmetschern, Übersetzerinnen und Übersetzern sowie die Entschädigung von ehrenamtlichen Richterinnen, ehrenamtlichen Richtern, Zeugen und Dritten
JZ	Juristenzeitung (Zeitschrift)
KammerG	Kammergesetz
KastrG	Kastrationsgesetz
KBV	Kassenärztliche Bundesvereinigung
KG	Kammergericht
KHEntgG	Krankenhausentgeltgesetz
KHG	Krankenhausfinanzierungsgesetz
KHRG	Krankenhausfinanzierungsreformgesetz
Komm.	Kommentar
KommDrS	Kommissionsdrucksache (des Deutschen Bundestages)
KTQ	Krankenhaus- Total- Quality
KV	Kassenärztliche Vereinigung
LÄK	Landesärztekammer
LBG	Landesbeamtengesetz
LdA	H.-J. Rieger,(Hrsg.), Lexikon des Arztrechts des Arztrechts 2. Auflage
LDSG	Landesdatenschutzgesetz
LG	Landgericht
LNTVO	Landesnebentätigkeitsverordnung
m.	mit
MBO	Musterberufsordnung für die deutschen Ärzte
MBOÄ	Musterberufsordnung für die deutschen Ärzte 1997

MDK	Medizinischer Dienst der Krankenkassen
MDR	Monatsschrift für Deutsches Recht
MedR	Medizinrecht (Zeitschrift)
MittHV	Mitteilungen des Hochschullehrerverbandes (Zeitschrift)
MMW	Münchner Medizinische Wochenschrift
MPG	Gesetz über Medizinprodukte
MuWO	Musterweiterbildungsordnung
MVZ	Medizinisches Versorgungszentrum
m. w. Nachw.	mit weiteren Nachweisen
n. F.	neue Fassung
NJW	Neue juristische Wochenschrift (Zeitschrift)
NStZ	Neue Zeitschrift für Strafrecht
NUB	Neue Untersuchungsbehandlungsmethoden
NVwZ	Neue Zeitschrift für Verwaltungsrecht
OLG	Oberlandesgericht
OVG	Oberverwaltungsgericht
PartGG	Partnerschaftsgesellschaftsgesetz
PKV	Private Krankenversicherung
ProdhaftG	Produkthaftpflichtgesetz
PStG	Personenstandsgesetz
RBerG	Rechtsberatungsgesetz
RDV	Recht der Datenverarbeitung (Zeitschrift)
RG	Reichsgericht
RGBl.	Reichsgesetzblatt
RGZ	Entscheidungen des Reichsgerichts in Zivilsachen
RöV	Röntgenverordnung
RVO	Reichsversicherungsordnung
Rz.	Randziffer
SchKG	Schwangerenkonfliktberatungsgesetz
SDSRV	Schriftenreihe des Deutschen Sozialrechtsverbandes
SFHG	Schwangeren- und Familienhilfegesetz
SGB	Sozialgesetzbuch (Teile I, V, X)
SR	Sonderregelung zum BAT
StGB	Strafgesetzbuch
StPO	Strafprozessordnung
TVöD	Tarifvertrag für den öffentlichen Dienst
UG	Universitätsgesetz
UrhG	Urheberrechtsgesetz
UWG	Gesetz gegen den unlauteren Wettbewerb
VÄndG	Vertragsarztrechtsänderungsgesetz
VdAK	Verband der Angestellten- Ersatzkassen
VersR	Versicherungsrecht (Zeitschrift)
VG	Verwaltungsgericht
vgl.	vergleiche

VGH	Verwaltungsgerichtshof
VO	Verordnung
VOB	Verdingungsordnung für Bauleistungen
VVG	Versicherungsvertragsgesetz
VwVfG	Verwaltungsverfahrensgesetz (des Bundes)
VuR	Verbraucher und Recht (Zeitschrift)
w.	weiteren
WBO	Weiterbildungsordnung
WHO	Weltgesundheitsorganisation
ZMGR	Zeitschrift für das gesamte Medizin- und Gesundheits-recht
ZPO	Zivilprozeßordnung
ZRP	Zeitschrift für Rechtspolitik
ZSR	Zeitschrift für Sozialreform
ZSEG	Gesetz über die Entschädigung von Zeugen und Sachverständigen (jetzt: JVEG)

A. Einleitung und Text der (Muster-) Berufsordnung für die deutschen Ärztinnen und Ärzte (MBO-Ä 1987-)

Einleitung

Literatur

Jarass in: Jarass, Pieroth Art. 19; Kiesecker in: Rieger, HK-AKM Nr. 420; Kunig in: v. Münch, Kunig, Grundgesetz- Kommentar, Bd. 1, Art. 1; Laufs, in: Laufs, Uhlenbruck Handbuch des Arztrechts, § 13; Narr, Hess, Schirmer, Ärztliches Berufsrecht, (Stand: 18. Erg. Lieferung 2007), B 17 ff.; Ratzel, Lippert, Das Berufsrecht der Ärzte nach den Beschlüssen des 114. Deutschen Ärztetages in Kiel, GesR 2011, 536; Schnapp in: v. Münch, Kunig, Grundgesetz-Kommentar, Bd. 2 Art. 20.

Die ärztliche Berufsordnung ist Satzungsrecht und als solches in der Hierarchie der Rechtsnormen unter dem formellen Gesetzesrecht angesiedelt. Dass der Gesetzgeber die Ärztekammern als Einrichtungen der mittelbaren Staatsverwaltung schaffen und ihnen für ihren Tätigkeitsbereich Normsetzungsbefugnisse übertragen darf, hat das Bundesverfassungsgericht in seinem Facharztbeschluss[1] speziell für den Bereich der Weiterbildungsordnungen ausdrücklich anerkannt. Wenn die Ärztekammern mit ihren Berufsordnungen die Rechte und Pflichten der Kammermitglieder konkretisieren dürfen, dann heißt dies im gleichen Atemzug, dass diejenigen Grenzen dabei eingehalten werden müssen, die das Grundgesetz vor allem in den Grundrechten vorgibt. An ihnen muss sich eine berufsrechtliche Regelung immer messen lassen.

Das Bundesverfassungsgericht begründet in seinem Facharztbeschluss zunächst ausführlich, warum für das ärztliche Standesrecht nicht der Bundes- sondern der Landesgesetzgeber zuständig ist. Sodann macht es die für die Satzungsautonomie bedeutsame Aussage, der Gesetzgeber müsse die wesentlichen Grundlagen der ärztlichen Berufsausübung in einem Gesetz selbst regeln. Nur die Ausformung im Einzelnen dürfe dem Berufsrecht überlassen werden.

In der Folge dieser Entscheidung des Bundesverfassungsgerichts haben alle Bundesländer entweder ihre Heilberufs- und Kammergesetze überarbeitet oder neu gefasst. Diese enthalten zum einen eine Ermächtigung für die Kammern, ihre Angelegenheiten durch Satzungen zu regeln, für deren Erlass die Vertreterversammlung zuständig sein soll (vgl. § 9 HeilbKG bw). Zum anderen eine weitere

---

[1] NJW 1972, 1504 (1509 ff.).

Vorschrift, welche den Rahmen der zu erlassenden Berufsordnung absteckt (vgl. § 31 HeilbKGbw). Die gesetzlichen Vorschriften differenzieren dabei zwischen allgemeinen und besonderen Berufspflichten. Allgemein gilt für den Arzt die Verpflichtung, seinen „Beruf gewissenhaft auszuüben und dem ihm im Zusammenhang mit dem Beruf entgegengebrachten Vertrauen zu entsprechen." (§ 29 HeilbKGbw). Neben der Teilnahme des Arztes an einem flächendeckenden Notfalldienst kann die BO weitere Berufspflichten enthalten, insbesondere der Einhaltung der Pflicht zur Verschwiegenheit und der sonst für die Berufsausübung geltenden Rechtsvorschriften, der Einhaltung der Pflicht, sich beruflich fortzubilden, der Zertifizierung von Fortbildungsangeboten und der Bestätigung abgeleisteter Fortbildungsmaßnahmen, der Mitwirkung an -maßnahmen der Kammer oder eines von ihr beauftragten Dritten, die der Sicherung der Qualität ärztlicher, zahnärztlicher, tierärztlicher oder pharmazeutischer Leistungen dienen, sowie der Zertifizierung, der Ausstellung von Gutachten und Zeugnissen, der Praxisankündigung, der Praxisschilder, der Apothekenankündigung, der Apothekenschilder und der Apothekennamen, der Durchführung von Sprechstunden, der gemeinsamen Ausübung der Berufstätigkeit, des Abschlusses einer ausreichenden Haftpflichtversicherung und der Angemessenheit und Nachprüfbarkeit des Honorars, der Werbung, bei Apotheken auch der Wettbewerbshandlungen, der Verordnung und Empfehlung von Heil- oder Hilfsmitteln, des beruflichen Verhaltens gegenüber anderen Berufsangehörigen und der Zusammenarbeit zwischen Berufsangehörigen und Angehörigen anderer Berufe, der Beschäftigung und angemessenen Vergütung von Vertretern, Assistenten und sonstigen Mitarbeitern sowie der Ausbildung der Famuli und Praktikanten, der Ausbildung zu Helferberufen, der Einrichtung, Ausstattung und des Betriebs von tierärztlichen Kliniken, der Durchführung von Sektionen.

4 Diesen Rahmen füllt die MBOÄ als vorgegebene Musterberufsordnung sowie die Berufsordnungen in den einzelnen Kammerbezirken mit geringfügigen Abweichungen im Detail im Wesentlichen aus[2]. Der MBOÄ 97 ist ein Gelöbnis vorangestellt, welches auf dem Genfer Gelöbnis basiert. Manche Landesärztekammern werden es, manche werden es nicht in den Text ihrer Berufsordnung aufnehmen, wie den Hippokratischen Eid bisher auch. Es ist nicht bekannt, ob und wenn ja, wo dieses Gelöbnis derzeit wem gegenüber abgegeben wird. Überhaupt ist zu sagen, dass die Berufsordnung, obgleich im jeweiligen Ärzteblatt bekannt gemacht, unter Ärzten – gelinde gesagt – einen erstaunlich geringen Bekanntheitsgrad genießt, wie bei der Beratung von Ärzten immer wieder zu beobachten ist.

5 Zwischenzeitlich gibt es erste Bestrebungen, auf europäischer Ebene eine möglichst einheitliche Musterberufsordnung zu schaffen, die in den Staaten der EU anerkannt werden könnte.

6 Die ärztliche Berufsordnung ist von der jeweiligen Vertreterversammlung der Landesärztekammer im Rahmen ihres Selbstverwaltungsrechts selbst gesetztes Satzungsrecht. Rechtsgrundlage für den Erlass dieser Satzung ist das jeweils im Land

---

[2] Eine Ausnahme bildet hier nur die Ärztekammer Berlin, die die Struktur der MBOÄ nicht übernommen hat

geltende Heilberufe und Kammergesetz. Die Berufsordnung bedarf der Genehmigung durch die Aufsichtsbehörde.

Die in § 1 MBOÄ genannten Grundsätze sind durch Beschlüsse des Weltärztebundes konkretisiert worden. Diese haben allerdings ebenso wenig wie die MBOÄ Rechtsnormcharakter. Zu nennen wären hier: die Deklaration von Helsinki zu klinischen Versuchen am Menschen, revidierte Fassung von Edinburgh 2000[3]. die Deklaration von Sydney, revidiert 1983 in Venedig zum Todeszeitpunkt[4], die Deklaration von Oslo 1970 zum Schwangerschaftsabbruch[5], sowie die Deklaration von Lissabon 1981 [6], die sich mit den Rechten des Patienten befasst. Rechtsnormcharakter erhalten sie erst durch Aufnahme in die Berufsordnung der jeweiligen Landesärztekammer.

Die Ahndung von Verstößen gegen die ärztlichen Berufspflichten ist den Berufsgerichten kraft Gesetz in den Kammer- und Heilberufsgesetzen der Länder in ziemlich unterschiedlicher organisatorischer Ausprägung übertragen[7]. Weil im Rahmen eines berufsgerichtlichen Verfahrens zu verhängende Sanktionen strafrechtsähnlichen Charakter haben, müssen sie aus verfassungsrechtlichen Gründen in einem förmlichen Gesetz festgelegt sein. Die Berufsordnung als Satzung genügt diesen verfassungsrechtlichen Anforderungen nicht und kann daher solche Sanktionen auch nicht vorsehen.

Voraussetzung für die Einleitung eines berufsgerichtlichen Verfahrens ist eine berufsunwürdige Handlung. Berufsunwürdig ist eine Handlung, mit welcher schuldhaft gegen Pflichten verstoßen wird, die einem Arzt zur Wahrung des Ansehens seines Berufes obliegen.

Ist eine berufsunwürdige Handlung Gegenstand eines Strafverfahrens (oder gewesen), so scheidet nach dem Grundsatz, dass Doppelbestrafungen unzulässig sind (ne bis in idem), eine zusätzliche berufsrechtliche Ahndung wegen desselben Vorganges regelmäßig aus, es sei denn es bestehe ein berufsrechtlicher „Überhang". D. h. die strafrechtliche Verurteilung deckt nicht die ebenfalls verwirklichten berufsrechtlichen Verstöße, so dass eine berufsrechtliche Sanktion erforderlich ist, um das Kammermitglied zur Erfüllung seiner berufsrechtlichen Pflichten anzuhalten.

Der 114. Deutsche Ärztetag hat sich im Mai 2011 in Kiel nach mehrjähriger Abstinenz wieder der MBOÄ angenommen. Die beschlossenen Änderungen, die sich über die gesamte MBOÄ erstrecken, erweisen sich allerdings bei näherem Hinsehen als überwiegend redaktioneller Natur. Sie sind in weiten Teilen der grundlegenden redaktionellen Überarbeitung der MBOÄ geschuldet. Die bisher bereits kri-

---

[3] Die Neufassung ist bisher nicht im DÄ veröffentlicht. Von der Neufassung gibt es eine nicht autorisierte Übersetzung der Bundesärztekammer, die über www.bundesaerztekammer.de abgerufen werden kann. Vgl. im Übrigen die Nachweise bei der Kommentierung zu § 15.

[4] DÄ 1986, 1866.

[5] DÄ 1970, 2688.

[6] Diese Deklaration ist nicht veröffentlicht und kann nur über die Homepage der Bundesärztekammer abgerufen werden.

[7] Vgl. hierzu die Übersicht bei Rieger, Rz. 368 ff. m. w. Nachw.

tisierte Aufgliederung in die Teile A bis D wird nicht beibehalten[8]. Die Regelungen der Teile C und D werden mehr oder weniger verändert oder unverändert in Teil B integriert. Dies erhöht nicht nur die Lesbarkeit, sondern steigert auch die Verständlichkeit der Berufsordnung. Die Neufassung muss in den Landesätzkammern beraten und verabschiedet werden, damit sie für die Ärzte wieder geltendes Recht wird[9].

11 Wer glaubt, die MBOÄ in der Fassung, die ihr die jeweiligen Kammern in den Bezirken geben, sei als „soft law" ein eher zahnloser Tiger, der könnte einem ziemlich folgenschweren Irrtum zum Opfer fallen: die unterschiedlichen Pflichten, die die MBOÄ den Ärzten auferlegt, bieten bei der Auslegung von Generalklauseln in den unterschiedlichsten Gesetzen einen willkommenen Anhaltspunkt dafür, was in den betroffenen Verkehrskreisen „common sense" sein soll. Dies gilt für das Wettbewerbsrecht ebenso wie für die Antwort auf die Frage, was denn sitten- oder auch gesetzeswidrig sein soll. Verträge, die gegen Vorschriften der MBOÄ verstoßen sind im Zweifelsfall nichtig, weil gesetzeswidrig[10]. Ärzte sind aber auch nur Menschen und als solche auch nicht weniger beratungsresistent als andere Menschen auch. Testen sie durch ihr Verhalten die Grenzen der Rechtsordnung aus, so erhalten sie dafür gelegentlich auch die Rechnung oder die Quittung. Ein guter Berater des Arztes muss daher nicht immer bis zum Bundesverfassungsgericht klagen, um Recht zu bekommen. Sehr oft könnte auch schon ein paar Instanzen früher Schluss sein. Zu dieser Erkenntnis möchte der Kommentar erneut einen maßgeblichen Beitrag leisten und dem Berater das Argumentieren erleichtern.

12 In ihrer pflichtenprägenden Wirkung für die Ausübung des ärztlichen Berufes hat die MBO durch zwei Änderungen des BGB rechtlich Vorrang beanspruchende Konkurrenz bekommen.. Zum einen durch die Regelung der Patientenverfügung in §§ 1901 ff. BGB und zum anderen durch die Kodifizierung des Behandlungsvertrages in §§ 630 a ff. BGB. Die meisten der bisher nur berufsrechtlich geregelten Pflichten aus dem Behandlungsverhältnis Patient – Arzt sind nunmehr nicht mehr „nur" Rechtsprechung, sondern kraft Gesetzes zu beachten und können bei Missachtung zu Ersatzansprüchen des Patienten führen.

---

[8] Vgl. hierzu Lippert in: Ratzel/Lippert § 1 Rz. 2 f. So liest sie sich auch für den Arzt flüssiger. Inhaltlich ändert sich ja nichts Wesentliches. Zu den Änderungen komprimiert: Ratzel Lippert, GesR 2011, 536.

[9] Abweichende Fassungen im Einzelnen sind nach dem Text der einschlägigen Paragrafen vermerkt,

[10] Vgl. hierzu die Kommentierung zu §§ 30 ff, die hierfür ein ausgezeichnetes Beispiel abgeben.

(Muster-) Berufsordnung für die deutschen Ärztinnen und Ärzte - MBO-Ä 1997 -)

in der Fassung der Beschlüsse des 114. Deutschen Ärztetages 2011 in Kiel (DÄ 2011 C- 1668.)

Gelöbnis

Für jede Ärztin und jeden Arzt gilt folgendes Gelöbnis:

Bei meiner Aufnahme in den ärztlichen Berufsstand gelobe ich, mein Leben in den Dienst der Menschlichkeit zu stellen.
Ich werde meinen Beruf mit Gewissenhaftigkeit und Würde ausüben.
Die Erhaltung und Wiederherstellung der Gesundheit meiner Patientinnen und Patienten soll oberstes Gebot meines Handelns sein.
Ich werde alle mir anvertrauten Geheimnisse auch über den Tod der Patientin oder des Patienten hinaus wahren.
Ich werde mit allen meinen Kräften die Ehre und die edle Überlieferung des ärztlichen Berufes aufrechterhalten und bei der Ausübung meiner ärztlichen Pflichten keinen Unterschied machen weder aufgrund einer etwaigen Behinderung noch nach Religion, Nationalität, Rasse noch nach Parteizugehörigkeit oder sozialer Stellung.
Ich werde jedem Menschenleben von der Empfängnis an Ehrfurcht entgegenbringen und selbst unter Bedrohung meine ärztliche Kunst nicht in Widerspruch zu den Geboten der Menschlichkeit anwenden.
Ich werde meinen Lehrerinnen und Lehrern sowie Kolleginnen und Kollegen die schuldige Achtung erweisen. Dies alles verspreche ich auf meine Ehre.

A. Präambel

Die auf der Grundlage der Kammer- und Heilberufsgesetze beschlossene Berufsordnung stellt die Überzeugung der Ärzteschaft zum Verhalten von Ärztinnen und Ärzten gegenüber den Patientinnen und Patienten, den Kolleginnen und Kollegen, den anderen Partnerinnen und Partnern im Gesundheitswesen sowie zum Verhalten in der Öffentlichkeit dar. Dafür geben sich die in Deutschland tätigen Ärztinnen und Ärzte die nachstehende Berufsordnung. Mit der Festlegung von Berufspflichten der Ärztinnen und Ärzte dient die Berufsordnung zugleich dem Ziel,

- das Vertrauen zwischen Ärztinnen und Ärzten und Patientinnen und Patienten zu erhalten und zu fördern;
- die Qualität der ärztlichen Tätigkeit im Interesse der Gesundheit der Bevölkerung sicherzustellen;

- die Freiheit und das Ansehen des Arztberufes zu wahren;
- berufswürdiges Verhalten zu fördern und berufsunwürdiges Verhalten zu verhindern.

B. Regeln zur Berufsausübung

I. Grundsätze

§ 1 Aufgaben der Ärztinnen und Ärzte

(1) Ärztinnen und Ärzte dienen der Gesundheit des einzelnen Menschen und der Bevölkerung. Der ärztliche Beruf ist kein Gewerbe. Er ist seiner Natur nach ein freier Beruf.

(2) Aufgabe der Ärztinnen und Ärzte ist es, das Leben zu erhalten, die Gesundheit zu schützen und wiederherzustellen, Leiden zu lindern, Sterbenden Beistand zu leisten und an der Erhaltung der natürlichen Lebensgrundlagen im Hinblick auf ihre Bedeutung für die Gesundheit der Menschen mitzuwirken.

§ 2 Allgemeine ärztliche Berufspflichten

(1) Ärztinnen und Ärzte üben ihren Beruf nach ihrem Gewissen, den Geboten der ärztlichen Ethik und der Menschlichkeit aus. Sie dürfen keine Grundsätze anerkennen und keine Vorschriften oder Anweisungen beachten, die mit ihren Aufgaben nicht vereinbar sind oder deren Befolgung sie nicht verantworten können.

(2) Ärztinnen und Ärzte haben ihren Beruf gewissenhaft auszuüben und dem ihnen bei ihrer Berufsausübung entgegengebrachten Vertrauen zu entsprechen. Sie haben dabei ihr ärztliches Handeln am Wohl der Patientinnen und Patienten auszurichten. Insbesondere dürfen sie nicht das Interesse Dritter über das Wohl der Patientinnen und Patienten stellen.

(3) Eine gewissenhafte Ausübung des Berufs erfordert insbesondere die notwendige fachliche Qualifikation und die Beachtung des anerkannten Standes der medizinischen Erkenntnisse.

(4) Ärztinnen und Ärzte dürfen hinsichtlich ihrer ärztlichen Entscheidungen keine Weisungen von Nichtärzten entgegennehmen.

(5) Ärztinnen und Ärzte sind verpflichtet, die für die Berufsausübung geltenden Vorschriften zu beachten.

(6) Unbeschadet der in den nachfolgenden Vorschriften geregelten besonderen Auskunfts- und Anzeigepflichten haben Ärztinnen und Ärzte auf Anfragen der Ärztekammer, welche diese zur Erfüllung ihrer gesetzlichen Aufgaben bei der Berufsaufsicht an die Ärztinnen und Ärzte richtet, in angemessener Frist zu antworten.

(7) Werden Ärztinnen und Ärzte, die in einem anderen Mitgliedstaat der Europäischen Union niedergelassen sind oder dort ihre berufliche Tätigkeit entfalten, vorübergehend und gelegentlich im Geltungsbereich dieser Berufsordnung grenzüberschreitend ärztlich tätig, ohne eine Niederlassung zu begründen, so haben sie die Vorschriften dieser Berufsordnung zu beachten.

§ 3 Unvereinbarkeiten

(1) Ärztinnen und Ärzten ist neben der Ausübung ihres Berufs die Ausübung einer anderen Tätigkeit untersagt, welche mit den ethischen Grundsätzen des ärztlichen Berufs nicht vereinbar ist. Ärztinnen und Ärzten ist auch verboten, ihren Namen in Verbindung mit einer ärztlichen Berufsbezeichnung in unlauterer Weise für gewerbliche Zwecke herzugeben. Ebenso wenig dürfen sie zulassen, dass von ihrem Namen oder vom beruflichen Ansehen der Ärztinnen und Ärzte in solcher Weise Gebrauch gemacht wird.

(2) Ärztinnen und Ärzten ist untersagt, im Zusammenhang mit der Ausübung ihrer ärztlichen Tätigkeit Waren und andere Gegenstände abzugeben oder unter ihrer Mitwirkung abgeben zu lassen sowie gewerbliche Dienstleistungen zu erbringen oder erbringen zu lassen, soweit nicht die Abgabe des Produkts oder die Dienstleistung wegen ihrer Besonderheiten notwendiger Bestandteil der ärztlichen Therapie sind.

§ 4 Fortbildung

(1) Ärztinnen und Ärzte, die ihren Beruf ausüben, sind verpflichtet, sich in dem Umfange beruflich fortzubilden, wie es zur Erhaltung und Entwicklung der zu ihrer Berufsausübung erforderlichen Fachkenntnisse notwendig ist.

(2) Auf Verlangen müssen Ärztinnen und Ärzte ihre Fortbildung nach Absatz 1 gegenüber der Ärztekammer durch ein Fortbildungszertifikat einer Ärztekammer nachweisen.

§ 5 Qualitätssicherung

Ärztinnen und Ärzte sind verpflichtet, an den von der Ärztekammer eingeführten Maßnahmen zur Sicherung der Qualität der ärztlichen Tätigkeit teilzunehmen und der Ärztekammer die hierzu erforderlichen Auskünfte zu erteilen.

§ 6 Mitteilung von unerwünschten Arzneimittelwirkungen

Ärztinnen und Ärzte sind verpflichtet, die ihnen aus ihrer ärztlichen Behandlungstätigkeit bekannt werdenden unerwünschten Wirkungen von Arzneimitteln der Arzneimittelkommission der deutschen Ärzteschaft und bei Medizinprodukten auftretende Vorkommnisse der zuständigen Behörde mitzuteilen.

II. Pflichten gegenüber Patientinnen und Patienten

§ 7 Behandlungsgrundsätze und Verhaltensregeln

(1) Jede medizinische Behandlung hat unter Wahrung der Menschenwürde und unter Achtung der Persönlichkeit, des Willens und der Rechte der Patientinnen und Patienten, insbesondere des Selbstbestimmungsrechts, zu erfolgen. Das Recht der Patientinnen und Patienten, empfohlene Untersuchungs- und Behandlungsmaßnahmen abzulehnen, ist zu respektieren.

(2) Ärztinnen und Ärzte achten das Recht ihrer Patientinnen und Patienten, die Ärztin oder den Arzt frei zu wählen oder zu wechseln. Andererseits sind – von Notfällen oder besonderen rechtlichen Verpflichtungen abgesehen – auch Ärztinnen und Ärzte frei, eine Behandlung abzulehnen. Den begründeten Wunsch der Patientin oder des Patienten, eine weitere Ärztin oder einen weiteren Arzt zuzuziehen oder einer anderen Ärztin oder einem anderen Arzt überwiesen zu werden, soll die behandelnde Ärztin oder der behandelnde Arzt in der Regel nicht ablehnen.

(3) Ärztinnen und Ärzte haben im Interesse der Patientinnen und Patienten mit anderen Ärztinnen und Ärzten und Angehörigen anderer Fachberufe im Gesundheitswesen zusammenzuarbeiten. Soweit dies für die Diagnostik und Therapie erforderlich ist, haben sie rechtzeitig andere Ärztinnen und Ärzte hinzuzuziehen oder ihnen die Patientin oder den Patienten zur Fortsetzung der Behandlung zu überweisen.

(4) Ärztinnen und Ärzte dürfen individuelle ärztliche Behandlung, insbesondere auch Beratung, nicht ausschließlich über Print- und Kommunikationsmedien durchführen. Auch bei telemedizinischen Verfahren ist zu gewährleisten, dass eine Ärztin oder ein Arzt die Patientin oder den Patienten unmittelbar behandelt.

(5) Angehörige von Patientinnen und Patienten und andere Personen dürfen bei der Untersuchung und Behandlung anwesend sein, wenn die verantwortliche Ärztin oder der verantwortliche Arzt und die Patientin oder der Patient zustimmen.

(6) Ärztinnen und Ärzte haben Patientinnen und Patienten gebührende Aufmerksamkeit entgegen zu bringen und mit Patientenkritik und Meinungsverschiedenheiten sachlich und korrekt umzugehen.

(7) Bei der Überweisung von Patientinnen und Patienten an Kolleginnen oder Kollegen oder ärztlich geleitete Einrichtungen, haben Ärztinnen und Ärzte rechtzeitig die erhobenen Befunde zu übermitteln und über die bisherige Behandlung zu informieren, soweit das Einverständnis der Patientinnen und Patienten vorliegt oder anzunehmen ist. Dies gilt insbesondere bei der Krankenhauseinweisung und -entlassung. Originalunterlagen sind zurückzugeben.

(8) Ärztinnen und Ärzte dürfen einer missbräuchlichen Verwendung ihrer Verschreibung keinen Vorschub leisten.

§ 8 Aufklärungspflicht

Zur Behandlung bedürfen Ärztinnen und Ärzte der Einwilligung der Patientin oder des Patienten. Der Einwilligung hat grundsätzlich die erforderliche Aufklärung im persönlichen Gespräch vorauszugehen. Die Aufklärung hat der Patientin oder dem Patienten insbesondere vor operativen Eingriffen Wesen, Bedeutung und Tragweite der Behandlung einschließlich Behandlungsalternativen und die mit ihnen verbundenen Risiken in verständlicher und angemessener Weise zu verdeutlichen. Insbesondere vor diagnostischen oder operativen Eingriffen ist soweit möglich eine ausreichende Bedenkzeit vor der weiteren Behandlung zu gewährleisten. Je weniger eine Maßnahme medizinisch geboten oder je größer ihre Tragweite ist, umso ausführlicher und eindrücklicher sind Patientinnen oder Patienten über erreichbare Ergebnisse und Risiken aufzuklären.

§ 9 Schweigepflicht

(1) Ärztinnen und Ärzte haben über das, was ihnen in ihrer Eigenschaft als Ärztin oder Arzt anvertraut oder bekannt geworden ist – auch über den Tod der Patientin oder des Patienten hinaus – zu schweigen. Dazu gehören auch schriftliche Mitteilungen der Patientin oder des Patienten, Aufzeichnungen über Patientinnen und Patienten, Röntgenaufnahmen und sonstige Untersuchungsbefunde.

(2) Ärztinnen und Ärzte sind zur Offenbarung befugt, soweit sie von der Schweigepflicht entbunden worden sind oder soweit die Offenbarung zum Schutze eines höherwertigen Rechtsgutes erforderlich ist. Gesetzliche Aussage- und Anzeigepflichten bleiben unberührt. Soweit gesetzliche Vorschriften die Schweigepflicht der Ärztin oder des Arztes einschränken, soll die Ärztin oder der Arzt die Patientin oder den Patienten darüber unterrichten.

(3) Ärztinnen und Ärzte haben ihre Mitarbeiterinnen und Mitarbeiter und die Personen, die zur Vorbereitung auf den Beruf an der ärztlichen Tätigkeit teilnehmen, über die gesetzliche Pflicht zur Verschwiegenheit zu belehren und dies schriftlich festzuhalten.

(4) Wenn mehrere Ärztinnen und Ärzte gleichzeitig oder nacheinander dieselbe Patientin oder denselben Patienten untersuchen oder behandeln, so sind sie untereinander von der Schweigepflicht insoweit befreit, als das Einverständnis der Patientin oder des Patienten vorliegt oder anzunehmen ist.

§ 10 Dokumentationspflicht

(1) Ärztinnen und Ärzte haben über die in Ausübung ihres Berufes gemachten Feststellungen und getroffenen Maßnahmen die erforderlichen Aufzeichnungen zu machen. Diese sind nicht nur Gedächtnisstützen für die Ärztin oder den Arzt, sie dienen auch dem Interesse der Patientin oder des Patienten an einer ordnungsgemäßen Dokumentation.

(2) Ärztinnen und Ärzte haben Patientinnen und Patienten auf deren Verlangen grundsätzlich in die sie betreffenden Krankenunterlagen Einsicht zu gewähren; ausgenommen sind diejenigen Teile, welche subjektive Eindrücke oder Wahrnehmungen der Ärztin oder des Arztes enthalten. Auf Verlangen sind der Patientin oder dem Patienten Kopien der Unterlagen gegen Erstattung der Kosten herauszugeben.

(3) Ärztliche Aufzeichnungen sind für die Dauer von zehn Jahren nach Abschluss der Behandlung aufzubewahren, soweit nicht nach gesetzlichen Vorschriften eine längere Aufbewahrungspflicht besteht.

(4) Nach Aufgabe der Praxis haben Ärztinnen und Ärzte ihre ärztlichen Aufzeichnungen und Untersuchungsbefunde gemäß Absatz 3 aufzubewahren oder dafür Sorge zu tragen, dass sie in gehörige Obhut gegeben werden. Ärztinnen und Ärzte, denen bei einer Praxisaufgabe oder Praxisübergabe ärztliche Aufzeichnungen über Patientinnen und Patienten in Obhut gegeben werden, müssen diese Aufzeichnungen unter Verschluss halten und dürfen sie nur mit Einwilligung der Patientin oder des Patienten einsehen oder weitergeben.

(5) Aufzeichnungen auf elektronischen Datenträgern oder anderen Speichermedien bedürfen besonderer Sicherungs- und Schutzmaßnahmen, um deren Veränderung, Vernichtung oder unrechtmäßige Verwendung zu verhindern. Ärztinnen und Ärzte haben hierbei die Empfehlungen der Ärztekammer zu beachten.

§ 11 Ärztliche Untersuchungs- und Behandlungsmethoden

(1) Mit Übernahme der Behandlung verpflichten sich Ärztinnen und Ärzte den Patientinnen und Patienten gegenüber zur gewissenhaften Versorgung mit geeigneten Untersuchungs- und Behandlungsmethoden.

(2) Der ärztliche Berufsauftrag verbietet es, diagnostische oder therapeutische Methoden unter missbräuchlicher Ausnutzung des Vertrauens, der Unwissenheit, der Leichtgläubigkeit oder der Hilflosigkeit von Patientinnen und Patienten anzuwenden. Unzulässig ist es auch, Heilerfolge, insbesondere bei nicht heilbaren Krankheiten, als gewiss zuzusichern.

§ 12 Honorar und Vergütungsabsprachen

(1) Die Honorarforderung muss angemessen sein. Für die Bemessung ist die Amtliche Gebührenordnung (GOÄ) die Grundlage, soweit nicht andere gesetzliche Vergütungsregelungen gelten. Ärztinnen und Ärzte dürfen die Sätze nach der GOÄ nicht in unlauterer Weise unterschreiten. Bei Abschluss einer Honorarvereinbarung haben Ärztinnen und Ärzte auf die Einkommens- und Vermögensverhältnisse der oder des Zahlungspflichtigen Rücksicht zu nehmen.

(2) Ärztinnen und Ärzte können Verwandten, Kolleginnen und Kollegen, deren Angehörigen und mittellosen Patientinnen und Patienten das Honorar ganz oder teilweise erlassen.

(3) Auf Antrag eines Beteiligten gibt die Ärztekammer eine gutachterliche Äußerung über die Angemessenheit der Honorarforderung ab.

(4) Vor dem Erbringen von Leistungen, deren Kosten erkennbar nicht von einer Krankenversicherung oder von einem anderen Kostenträger erstattet werden, müssen Ärztinnen und Ärzte die Patientinnen und Patienten schriftlich über die Höhe des nach der GOÄ zu berechnenden voraussichtlichen Honorars sowie darüber informieren, dass ein Anspruch auf Übernahme der Kosten durch eine Krankenversicherung oder einen anderen Kostenträger nicht gegeben oder nicht sicher ist.

III. Besondere medizinische Verfahren und Forschung

§ 13 Besondere medizinische Verfahren

(1) Bei speziellen medizinischen Maßnahmen oder Verfahren, die ethische Probleme aufwerfen und zu denen die Ärztekammer Empfehlungen zur Indikationsstellung und zur Ausführung festgelegt hat, haben Ärztinnen und Ärzte die Empfehlungen zu beachten.
(2) Soweit es die Ärztekammer verlangt, haben Ärztinnen und Ärzte die Anwendung solcher Maßnahmen oder Verfahren der Ärztekammer anzuzeigen.
(3) Vor Aufnahme entsprechender Tätigkeiten haben Ärztinnen und Ärzte auf Verlangen der Ärztekammer den Nachweis zu führen, dass die persönlichen und sachlichen Voraussetzungen entsprechend den Empfehlungen erfüllt werden.

§ 14 Erhaltung des ungeborenen Lebens und Schwangerschaftsabbruch

(1) Ärztinnen und Ärzte sind grundsätzlich verpflichtet, das ungeborene Leben zu erhalten. Der Schwangerschaftsabbruch unterliegt den gesetzlichen Bestimmungen. Ärztinnen und Ärzte können nicht gezwungen werden, einen Schwangerschaftsabbruch vorzunehmen oder ihn zu unterlassen.
(2) Ärztinnen und Ärzte, die einen Schwangerschaftsabbruch durchführen oder eine Fehlgeburt betreuen, haben dafür Sorge zu tragen, dass die tote Leibesfrucht keiner missbräuchlichen Verwendung zugeführt wird.

§ 15 Forschung

(1) Ärztinnen und Ärzte, die sich an einem Forschungsvorhaben beteiligen, bei dem in die psychische oder körperliche Integrität eines Menschen eingegriffen oder Körpermaterialien oder Daten verwendet werden, die sich einem bestimmten Menschen zuordnen lassen, müssen sicherstellen, dass vor der Durchführung des Forschungsvorhabens eine Beratung erfolgt, die auf die mit ihm verbundenen berufsethischen und berufsrechtlichen Fragen zielt und die von einer bei der zuständigen Ärztekammer gebildeten Ethik-Kommission oder von einer anderen, nach Landesrecht gebildeten unabhängigen und interdisziplinär besetzten Ethik-Kommission durchgeführt wird. Dasselbe gilt vor

der Durchführung gesetzlich zugelassener Forschung mit vitalen menschlichen Gameten und lebendem embryonalen Gewebe.
(2) In Publikationen von Forschungsergebnissen sind die Beziehungen der Ärztin oder des Arztes zum Auftraggeber und dessen Interessen offenzulegen.
(3) Ärztinnen und Ärzte beachten bei der Forschung am Menschen nach § 15 Abs. 1 die in der Deklaration von Helsinki des Weltärztebundes in der Fassung der 59. Generalversammlung 2008 in Seoul niedergelegten ethischen Grundsätze für die medizinische Forschung am Menschen.

§ 16 Beistand für Sterbende

Ärztinnen und Ärzte haben Sterbenden unter Wahrung ihrer Würde und unter Achtung ihres Willens beizustehen. Es ist ihnen verboten, Patientinnen und Patienten auf deren Verlangen zu töten. Sie dürfen keine Hilfe zur Selbsttötung leisten.

IV. Berufliches Verhalten

1. Berufsausübung

§ 17 Niederlassung und Ausübung der Praxis

(1) Die Ausübung ambulanter ärztlicher Tätigkeit außerhalb von Krankenhäusern einschließlich konzessionierter Privatkliniken ist an die Niederlassung in einer Praxis (Praxissitz) gebunden, soweit nicht gesetzliche Vorschriften etwas anderes zulassen.
(2) Ärztinnen und Ärzten ist es gestattet, über den Praxissitz hinaus an zwei weiteren Orten ärztlich tätig zu sein. Ärztinnen und Ärzte haben Vorkehrungen für eine ordnungsgemäße Versorgung ihrer Patientinnen und Patienten an jedem Ort ihrer Tätigkeiten zu treffen.
(3) Die Ausübung ambulanter ärztlicher Tätigkeit im Umherziehen ist berufsrechtswidrig. Zum Zwecke der aufsuchenden medizinischen Gesundheitsversorgung kann die Ärztekammer auf Antrag der Ärztin oder des Arztes von der Verpflichtung nach Absatz 1 Ausnahmen gestatten, wenn sichergestellt ist, dass die beruflichen Belange nicht beeinträchtigt werden und die Berufsordnung beachtet wird.
(4) Der Praxissitz ist durch ein Praxisschild kenntlich zu machen.

Ärztinnen und Ärzte haben auf ihrem Praxisschild

- den Namen,
- die (Fach-) Arztbezeichnung,
- die Sprechzeiten sowie
- ggf. die Zugehörigkeit zu einer Berufsausübungsgemeinschaft gem. § 18 a anzugeben.

Ärztinnen und Ärzte, welche nicht unmittelbar patientenbezogen tätig werden, können von der Ankündigung ihres Praxissitzes durch ein Praxisschild absehen, wenn sie dies der Ärztekammer anzeigen.

(5) Ort und Zeitpunkt der Aufnahme der Tätigkeiten am Praxissitz sowie die Aufnahme weiterer Tätigkeiten und jede Veränderung haben Ärztinnen und Ärzte der Ärztekammer unverzüglich mitzuteilen.

§ 18 Berufliche Kooperationen

(1) Ärztinnen und Ärzte dürfen sich zu Berufsausübungsgemeinschaften, Organisationsgemeinschaften, Kooperationsgemeinschaften und Praxisverbünden zusammenschließen. Der Zusammenschluss zur gemeinsamen Ausübung des Arztberufs kann zum Erbringen einzelner Leistungen erfolgen, sofern er nicht einer Umgehung des § 31 dient. Eine Umgehung liegt insbesondere vor, wenn sich der Beitrag der Ärztin oder des Arztes auf das Erbringen medizinisch-technischer Leistungen auf Veranlassung der übrigen Mitglieder einer Teil-Berufsausübungsgemeinschaft beschränkt oder der Gewinn ohne Grund in einer Weise verteilt wird, die nicht dem Anteil der von ihnen persönlich erbrachten Leistungen entspricht. Die Anordnung einer Leistung, insbesondere aus den Bereichen der Labormedizin, der Pathologie und der bildgebenden Verfahren, stellt keinen Leistungsanteil im Sinne des Satzes 3 dar. Verträge über die Gründung von Teil-Berufsausübungsgemeinschaften sind der Ärztekammer vorzulegen.

(2) Ärztinnen und Ärzte dürfen ihren Beruf einzeln oder gemeinsam in allen für den Arztberuf zulässigen Gesellschaftsformen ausüben, wenn ihre eigenverantwortliche, medizinisch unabhängige sowie nicht gewerbliche Berufausübung gewährleistet ist. Bei beruflicher Zusammenarbeit, gleich in welcher Form, hat jede Ärztin und jeder Arzt zu gewährleisten, dass die ärztlichen Berufspflichten eingehalten werden.

(2a) Eine Berufsausübungsgemeinschaft ist ein Zusammenschluss von Ärztinnen und Ärzten untereinander, mit Ärztegesellschaften oder mit ärztlich geleiteten Medizinischen Versorgungszentren, die den Vorgaben des § 23a Abs. 1, Buchstabe a, b und d entsprechen, oder dieser untereinander zur gemeinsamen Berufsausübung. Eine gemeinsame Berufsausübung setzt die auf Dauer angelegte berufliche Zusammenarbeit selbständiger, freiberuflich tätiger Gesellschafter voraus. Erforderlich ist, dass sich die Gesellschafter in einem schriftlichen Gesellschaftsvertrag gegenseitig verpflichten, die Erreichung eines gemeinsamen Zweckes in der durch den Vertrag bestimmten Weise zu fördern und insbesondere die vereinbarten Beiträge zu leisten. Erforderlich ist weiterhin regelmäßig eine Teilnahme aller Gesellschafter der Berufsausübungsgemeinschaft an deren unternehmerischen Risiko, an unternehmerischen Entscheidungen und an dem gemeinschaftlich erwirtschafteten Gewinn.

(3) Die Zugehörigkeit zu mehreren Berufausübungsgemeinschaften ist zulässig. Die Berufsausübungsgemeinschaft erfordert einen gemeinsamen Praxissitz. Eine Berufsausübungsgemeinschaft mit mehreren Praxissitzen ist zulässig, wenn an dem jeweiligen Praxissitz verantwortlich mindestens ein Mitglied der Berufsausübungsgemeinschaft eine ausreichende Patientenversorgung sicherstellt.
(4) Bei allen Formen der ärztlichen Kooperation muss die freie Arztwahl gewährleistet bleiben.
(5) Soweit Vorschriften dieser Berufsordnung Regelungen des Partnerschaftsgesellschaftsgesetzes (Gesetz über Partnerschaftsgesellschaften Angehöriger Freier Berufe [PartGG] vom 25.07.1994 – BGBl. I S. 1744) einschränken, sind sie vorrangig aufgrund von § 1 Absatz 3 PartGG.
(6) Alle Zusammenschlüsse nach Absatz 1 sowie deren Änderung und Beendigung sind der zuständigen Ärztekammer anzuzeigen. Sind für die beteiligten Ärztinnen und Ärzte mehrere Ärztekammern zuständig, so ist jede Ärztin und jeder Arzt verpflichtet, die für ihn zuständige Kammer auf alle am Zusammenschluss beteiligten Ärztinnen und Ärzte hinzuweisen.

§ 18 a Ankündigung von Berufsausübungsgemeinschaften und sonstigen Kooperationen

(1) Bei Berufsausübungsgemeinschaften von Ärztinnen und Ärzten sind – unbeschadet des Namens einer Partnerschaftsgesellschaft oder einer juristischen Person des Privatrechts – die Namen und Arztbezeichnungen aller in der Gemeinschaft zusammengeschlossenen Ärztinnen und Ärzte sowie die Rechtsform anzukündigen. Bei mehreren Praxissitzen ist jeder Praxissitz gesondert anzukündigen. § 19 Absatz 4 gilt entsprechend. Die Fortführung des Namens einer/eines nicht mehr berufstätigen, einer/eines ausgeschiedenen oder verstorbenen Partnerin/Partners ist unzulässig.
(2) Bei Kooperationen gemäß § 23 b muss sich die Ärztin oder der Arzt in ein gemeinsames Praxisschild mit den Kooperationspartnern aufnehmen lassen. Bei Partnerschaften gemäß § 23 c darf die Ärztin oder der Arzt, wenn die Angabe ihrer oder seiner Berufsbezeichnung vorgesehen ist, nur gestatten, dass die Bezeichnung „Ärztin" oder „Arzt" oder eine andere führbare Bezeichnung angegeben wird.
(3) Zusammenschlüsse zu Organisationsgemeinschaften dürfen angekündigt werden. Die Zugehörigkeit zu einem Praxisverbund gemäß § 23 d kann durch Hinzufügen des Namens des Verbundes angekündigt werden.

§ 19 Beschäftigung angestellter Praxisärztinnen und -ärzte

(1) Ärztinnen und Ärzte müssen die Praxis persönlich ausüben. Die Beschäftigung ärztlicher Mitarbeiterinnen und Mitarbeiter in der Praxis setzt die Leitung der Praxis durch die niedergelassene Ärztin oder den niedergelassenen Arzt voraus.

Die Ärztin oder der Arzt hat die Beschäftigung der ärztlichen Mitarbeiterin oder des Mitarbeiters der Ärztekammer anzuzeigen.
(2) In Fällen, in denen der Behandlungsauftrag der Patientin oder des Patienten regelmäßig nur von Ärztinnen und Ärzten verschiedener Fachgebiete gemeinschaftlich durchgeführt werden kann, darf eine Fachärztin oder ein Facharzt als Praxisinhaberin oder Praxisinhaber die für sie oder ihn fachgebietsfremde ärztliche Leistung auch durch eine angestellte Fachärztin oder einen angestellten Facharzt des anderen Fachgebiets erbringen.
(3) Ärztinnen und Ärzte dürfen nur zu angemessenen Bedingungen beschäftigt werden. Angemessen sind insbesondere Bedingungen, die der beschäftigten Ärztin oder dem beschäftigten Arzt eine angemessene Vergütung gewähren sowie angemessene Zeit zur Fortbildung einräumen und bei der Vereinbarung von Wettbewerbsverboten eine angemessene Ausgleichszahlung vorsehen.
(4) Über die in der Praxis tätigen angestellten Ärztinnen und Ärzte müssen die Patientinnen und Patienten in geeigneter Weise informiert werden.

§ 20 Vertretung

(1) Niedergelassene Ärztinnen und Ärzte sollen grundsätzlich zur gegenseitigen Vertretung bereit sein; übernommene Patientinnen und Patienten sind nach Beendigung der Vertretung zurückzuüberweisen. Ärztinnen und Ärzte dürfen sich grundsätzlich nur durch eine Fachärztin oder einen Facharzt desselben Fachgebiets vertreten lassen.
(2) Die Praxis einer verstorbenen Ärztin oder eines verstorbenen Arztes kann zugunsten ihres Witwers oder seiner Witwe oder eines unterhaltsberechtigten Angehörigen in der Regel bis zur Dauer von drei Monaten nach dem Ende des Kalendervierteljahres, in dem der Tod eingetreten ist, durch eine andere Ärztin oder einen anderen Arzt fortgesetzt werden.

§ 21 Haftpflichtversicherung

Ärztinnen und Ärzte sind verpflichtet, sich hinreichend gegen Haftpflichtansprüche im Rahmen ihrer beruflichen Tätigkeit zu versichern.

§ 22 – aufgehoben –

§ 23 Ärztinnen und Ärzte im Beschäftigungsverhältnis

(1) Die Regeln dieser Berufsordnung gelten auch für Ärztinnen und Ärzte, welche ihre ärztliche Tätigkeit im Rahmen eines privatrechtlichen Arbeitsverhältnisses oder öffentlich-rechtlichen Dienstverhältnisses ausüben.
(2) Auch in einem Arbeits- oder Dienstverhältnis darf eine Ärztin oder ein Arzt eine Vergütung für ihre oder seine ärztliche Tätigkeit nicht dahingehend verein-

baren, dass die Vergütung die Ärztin oder den Arzt in der Unabhängigkeit ihrer oder seiner medizinischen Entscheidungen beeinträchtigt.

§ 23 a Ärztegesellschaften

(1) Ärztinnen und Ärzte können auch in der Form der juristischen Person des Privatrechts ärztlich tätig sein. Gesellschafter einer Ärztegesellschaft können nur Ärztinnen und Ärzte sowie Angehörige der in § 23 b Absatz 1 Satz 1 genannten Berufe sein. Sie müssen in der Gesellschaft beruflich tätig sein. Gewährleistet sein muss zudem, dass
   a) die Gesellschaft verantwortlich von einer Ärztin oder einem Arzt geführt wird; Geschäftsführer müssen mehrheitlich Ärztinnen und Ärzte sein,
   b) die Mehrheit der Gesellschaftsanteile und der Stimmrechte Ärztinnen und Ärzten zustehen,
   c) Dritte nicht am Gewinn der Gesellschaft beteiligt sind,
   d) eine ausreichende Berufshaftpflichtversicherung für jede/jeden in der Gesellschaft tätige Ärztin/ tätigen Arzt besteht.
(2) Der Name der Ärztegesellschaft des Privatrechts darf nur die Namen der in der Gesellschaft tätigen ärztlichen Gesellschafter enthalten. Unbeschadet des Namens der Gesellschaft können die Namen und Arztbezeichnungen aller ärztlichen Gesellschafter und der angestellten Ärztinnen und Ärzte angezeigt werden.

§ 23 b Medizinische Kooperationsgemeinschaft zwischen Ärztinnen und Ärzten und Angehörigen anderer Fachberufe

(1) Ärztinnen und Ärzte können sich auch mit selbständig tätigen und zur eigenverantwortlichen Berufsausübung befugten Berufsangehörigen anderer akademischer Heilberufe im Gesundheitswesen oder staatlicher Ausbildungsberufe im Gesundheitswesen sowie anderen Naturwissenschaftlerinnen und Naturwissenschaftlern und Angehörigen sozialpädagogischer Berufe – auch beschränkt auf einzelne Leistungen – zur kooperativen Berufsausübung zusammenschließen (medizinische Kooperationsgemeinschaft). Die Kooperation ist in der Form einer Partnerschaftsgesellschaft nach dem PartGG oder aufgrund eines schriftlichen Vertrages über die Bildung einer Kooperationsgemeinschaft in der Rechtsform einer Gesellschaft bürgerlichen Rechts oder einer juristischen Person des Privatrechts gem. § 23 a gestattet. Ärztinnen und Ärzten ist ein solcher Zusammenschluss im Einzelnen nur mit solchen anderen Berufsangehörigen und in der Weise erlaubt, dass diese in ihrer Verbindung mit der Ärztin oder dem Arzt einen gleichgerichteten oder integrierenden diagnostischen oder therapeutischen Zweck bei der Heilbehandlung, auch auf dem Gebiete der Prävention und Rehabilitation, durch räumlich nahes und koordiniertes Zusammenwirken aller beteiligten Berufsangehörigen erfüllen können. Darüber hinaus muss der Kooperationsvertrag gewährleisten, dass
   a) die eigenverantwortliche und selbständige Berufsausübung der Ärztin oder des Arztes gewahrt ist;

b) die Verantwortungsbereiche der Partner gegenüber den Patientinnen und Patienten getrennt bleiben;
c) medizinische Entscheidungen, insbesondere über Diagnostik und Therapie, ausschließlich die Ärztin oder der Arzt trifft, sofern nicht die Ärztin oder der Arzt nach ihrem oder seinem Berufsrecht den in der Gemeinschaft selbständig tätigen Berufsangehörigen eines anderen Fachberufs solche Entscheidungen überlassen darf;
d) der Grundsatz der freien Arztwahl gewahrt bleibt;
e) die behandelnde Ärztin oder der behandelnde Arzt zur Unterstützung in seinen diagnostischen Maßnahmen oder zur Therapie auch andere als die in der Gemeinschaft kooperierenden Berufsangehörigen hinzuziehen kann;
f) die Einhaltung der berufsrechtlichen Bestimmungen der Ärztinnen und Ärzte, insbesondere die Pflicht zur Dokumentation, das Verbot der berufswidrigen Werbung und die Regeln zur Erstellung einer Honorarforderung, von den übrigen Partnerinnen und Partnern beachtet wird;
g) sich die medizinische Kooperationsgemeinschaft verpflichtet, im Rechtsverkehr die Namen aller Partnerinnen und Partner und ihre Berufsbezeichnungen anzugeben und – sofern es sich um eine eingetragene Partnerschaftsgesellschaft handelt – den Zusatz „Partnerschaft" zu führen.

Die Voraussetzungen der Buchstaben a – f gelten bei der Bildung einer juristischen Person des Privatrechts entsprechend. Der Name der juristischen Person muss neben dem Namen einer ärztlichen Gesellschafterin oder eines ärztlichen Gesellschafters die Bezeichnung „Medizinische Kooperationsgemeinschaft" enthalten. Unbeschadet des Namens sind die Berufsbezeichnungen aller in der Gesellschaft tätigen Berufe anzukündigen.

(2) Die für die Mitwirkung der Ärztin oder des Arztes zulässige berufliche Zusammensetzung der Kooperation im einzelnen richtet sich nach dem Gebot des Absatzes 1 Satz 3; es ist erfüllt, wenn Angehörige aus den vorgenannten Berufsgruppen kooperieren, die mit der Ärztin oder dem Arzt entsprechend ihrem oder seinem Fachgebiet einen gemeinschaftlich erreichbaren medizinischen Zweck nach der Art ihrer beruflichen Kompetenz zielbezogen erfüllen können.

§ 23 c Beteiligung von Ärztinnen und Ärzten an sonstigen Partnerschaften

Ärztinnen und Ärzten ist es gestattet, mit Angehörigen anderer Berufe als den in § 23b beschriebenen in allen Rechtsformen zusammen zu arbeiten, wenn sie nicht die Heilkunde am Menschen ausüben.

§ 23 d Praxisverbund

(1) Ärztinnen und Ärzte dürfen, auch ohne sich zu einer Berufsausübungsgemeinschaft zusammenzuschließen, eine Kooperation verabreden (Praxisverbund), welche auf die Erfüllung eines durch gemeinsame oder gleichgerichtete Maßnahmen bestimmten Versorgungsauftrags oder auf eine andere Form der

Zusammenarbeit zur Patientenversorgung, z. B. auf dem Felde der Qualitätssicherung oder Versorgungsbereitschaft, gerichtet ist. Die Teilnahme soll allen dazu bereiten Ärztinnen und Ärzten ermöglicht werden; soll die Möglichkeit zur Teilnahme beschränkt werden, z. B. durch räumliche oder qualitative Kriterien, müssen die dafür maßgeblichen Kriterien für den Versorgungsauftrag notwendig und nicht diskriminierend sein und der Ärztekammer gegenüber offengelegt werden. Ärztinnen und Ärzte in einer zulässigen Kooperation dürfen die medizinisch gebotene oder von der Patientin oder dem Patienten gewünschte Überweisung an nicht dem Verbund zugehörige Ärztinnen und Ärzte nicht behindern.
(2) Die Bedingungen der Kooperation nach Absatz 1 müssen in einem schriftlichen Vertrag niedergelegt werden, der der Ärztekammer vorgelegt werden muss.
(3) In eine Kooperation nach Absatz 1 können auch Krankenhäuser, Vorsorge- und Rehabilitationskliniken und Angehörige anderer Gesundheitsberufe nach § 23 b einbezogen werden, wenn die Grundsätze nach § 23 b gewahrt sind.

§ 24 Verträge über ärztliche Tätigkeit

Ärztinnen und Ärzte sollen alle Verträge über ihre ärztliche Tätigkeit vor ihrem Abschluss der Ärztekammer vorlegen, damit geprüft werden kann, ob die beruflichen Belange gewahrt sind.

§ 25 Ärztliche Gutachten und Zeugnisse

Bei der Ausstellung ärztlicher Gutachten und Zeugnisse haben Ärztinnen und Ärzte mit der notwendigen Sorgfalt zu verfahren und nach bestem Wissen ihre ärztliche Überzeugung auszusprechen. Gutachten und Zeugnisse, zu deren Ausstellung Ärztinnen und Ärzte verpflichtet sind oder die auszustellen sie übernommen haben, sind innerhalb einer angemessenen Frist abzugeben. Zeugnisse über Mitarbeiterinnen und Mitarbeiter sowie Ärztinnen und Ärzte in Weiterbildung müssen grundsätzlich innerhalb von drei Monaten nach Antragstellung, bei Ausscheiden unverzüglich, ausgestellt werden.

§ 26 Ärztlicher Notfalldienst

Ärztinnen und Ärzte sind nach Maßgabe der Kammer- und Heilberufsgesetze der Länder und der auf ihrer Grundlage erlassenen Satzungen zur Teilnahme am Notfall- bzw. Bereitschaftsdienst verpflichtet.

2. Berufliche Kommunikation

§ 27 Erlaubte Information und berufswidrige Werbung

(1) Zweck der nachstehenden Vorschriften der Berufordnung ist die Gewährleistung des Patientenschutzes durch sachgerechte und angemessene Information und die Vermeidung einer dem Selbstverständnis der Ärztin oder des Arztes zuwiderlaufenden Kommerzialisierung des Arztberufs.
(2) Auf dieser Grundlage sind Ärztinnen und Ärzte sachliche berufsbezogene Informationen gestattet.
(3) Berufswidrige Werbung ist Ärztinnen und Ärzten untersagt. Berufswidrig ist insbesondere eine anpreisende, irreführende oder vergleichende Werbung. Ärztinnen und Ärzte dürfen eine solche Werbung durch andere weder veranlassen noch dulden. Eine Werbung für eigene oder fremde gewerbliche Tätigkeiten oder Produkte im Zusammenhang mit der ärztlichen Tätigkeit ist unzulässig. Werbeverbote aufgrund anderer gesetzlicher Bestimmungen bleiben unberührt.
(4) Ärztinnen und Ärzte können

1. nach der Weiterbildungsordnung erworbene Bezeichnungen,
2. nach sonstigen öffentlich-rechtlichen Vorschriften erworbene Qualifikationen,
3. als solche gekennzeichnete Tätigkeitsschwerpunkte und
4. organisatorische Hinweise ankündigen.

Die nach Nr. 1 erworbenen Bezeichnungen dürfen nur in der nach der Weiterbildungsordnung zulässigen Form geführt werden. Ein Hinweis auf die verleihende Ärztekammer ist zulässig.

Andere Qualifikationen und Tätigkeitsschwerpunkte dürfen nur angekündigt werden, wenn diese Angaben nicht mit solchen nach geregeltem Weiterbildungsrecht erworbenen Qualifikationen verwechselt werden können.

(5) Die Angaben nach Absatz 4 Nr. 1 bis 3 sind nur zulässig, wenn die Ärztin oder der Arzt die umfassten Tätigkeiten nicht nur gelegentlich ausübt.
(6) Ärztinnen und Ärzte haben der Ärztekammer auf deren Verlangen die zur Prüfung der Voraussetzungen der Ankündigung erforderlichen Unterlagen vorzulegen. Die Ärztekammer ist befugt, ergänzende Auskünfte zu verlangen.

§ 28– aufgehoben –

3. Berufliche Zusammenarbeit

§ 29 Kollegiale Zusammenarbeit

(1) Ärztinnen und Ärzte haben sich untereinander kollegial zu verhalten. Die Verpflichtung, in einem Gutachten, auch soweit es die Behandlungsweise einer anderen Ärztin oder eines anderen Arztes betrifft, nach bestem Wissen die ärzt-

liche Überzeugung auszusprechen, bleibt unberührt. Unsachliche Kritik an der Behandlungsweise oder dem beruflichen Wissen einer Ärztin oder eines Arztes sowie herabsetzende Äußerungen sind berufswidrig.

(2) Es ist berufswidrig, eine Kollegin oder einen Kollegen aus ihrer oder seiner Behandlungstätigkeit oder aus dem Wettbewerb um eine berufliche Tätigkeit durch unlautere Handlungen zu verdrängen. Es ist insbesondere berufswidrig, wenn sich Ärztinnen und Ärzte innerhalb eines Zeitraums von einem Jahr ohne Zustimmung der Praxisinhaberin oder des Praxisinhabers im Einzugsbereich derjenigen Praxis niederlassen, in welcher sie in der Aus- oder Weiterbildung mindestens drei Monate tätig waren. Ebenso ist es berufswidrig, in unlauterer Weise eine Kollegin oder einen Kollegen ohne angemessene Vergütung oder unentgeltlich zu beschäftigen oder eine solche Beschäftigung zu bewirken oder zu dulden.

(3) Ärztinnen und Ärzte mit aus einem Liquidationsrecht resultierenden oder anderweitigen Einkünften aus ärztlicher Tätigkeit (z. B. Beteiligungsvergütung) sind verpflichtet, den von ihnen dazu herangezogenen Kolleginnen und Kollegen eine angemessene Vergütung zu gewähren bzw. sich dafür einzusetzen, dass die Mitarbeit angemessen vergütet wird.

(4) In Gegenwart von Patientinnen und Patienten oder anderen Personen sind Beanstandungen der ärztlichen Tätigkeit und zurechtweisende Belehrungen zu unterlassen. Das gilt auch im Verhältnis von Vorgesetzten und Mitarbeitern und für den Dienst in den Krankenhäusern.

(5) Die zur Weiterbildung befugten Ärztinnen und Ärzte haben ihre nach der Weiterbildungsordnung gegenüber Weiterzubildenden bestehenden Pflichten zu erfüllen.

(6) Ärztinnen und Ärzte dürfen ihre Mitarbeiterinnen und Mitarbeiter nicht diskriminieren und haben insbesondere die Bestimmungen des Arbeits- und Berufsbildungsrechts zu beachten.

§ 29 a Zusammenarbeit mit Dritten

(1) Ärztinnen und Ärzten ist es nicht gestattet, zusammen mit Personen, die weder Ärztinnen oder Ärzte sind, noch zu ihren berufsmäßig tätigen Mitarbeiterinnen oder Mitarbeitern gehören, zu untersuchen oder zu behandeln. Dies gilt nicht für Personen, welche sich in der Ausbildung zum ärztlichen Beruf oder zu einem Fachberuf im Gesundheitswesen befinden.

(2) Die Zusammenarbeit mit Angehörigen anderer Fachberufe im Gesundheitswesen ist zulässig, wenn die Verantwortungsbereiche der Ärztin oder des Arztes und des Angehörigen des Fachberufes klar erkennbar voneinander getrennt bleiben.

4. Wahrung der ärztlichen Unabhängigkeit bei der Zusammenarbeit mit Dritten

§ 30 Ärztliche Unabhängigkeit

Ärztinnen und Ärzte sind verpflichtet, in allen vertraglichen und sonstigen beruflichen Beziehungen zu Dritten ihre ärztliche Unabhängigkeit für die Behandlung der Patientinnen und Patienten zu wahren.

§ 31 Unerlaubte Zuweisung

(1) Ärztinnen und Ärzten ist es nicht gestattet, für die Zuweisung von Patientinnen und Patienten oder Untersuchungsmaterial oder für die Verordnung oder den Bezug von Arznei- oder Hilfsmitteln oder Medizinprodukten ein Entgelt oder andere Vorteile zu fordern, sich oder Dritten versprechen oder gewähren zu lassen oder selbst zu versprechen oder zu gewähren.

(2) Sie dürfen ihren Patientinnen und Patienten nicht ohne hinreichenden Grund bestimmte Ärztinnen oder Ärzten, Apotheken, Heil- und Hilfsmittelerbringer oder sonstige Anbieter gesundheitlicher Leistungen empfehlen oder an diese verweisen.

§ 32 Unerlaubte Zuwendungen

(1) Ärztinnen und Ärzten ist es nicht gestattet, von Patientinnen und Patienten oder Anderen Geschenke oder andere Vorteile für sich oder Dritte zu fordern oder sich oder Dritten versprechen zu lassen oder anzunehmen, wenn hierdurch der Eindruck erweckt wird, dass die Unabhängigkeit der ärztlichen Entscheidung beeinflusst wird. Eine Beeinflussung ist dann nicht berufswidrig, wenn sie einer wirtschaftlichen Behandlungs- oder Verordnungsweise auf sozialrechtlicher Grundlage dient und der Ärztin oder dem Arzt die Möglichkeit erhalten bleibt, aus medizinischen Gründen eine andere als die mit finanziellen Anreizen verbundene Entscheidung zu treffen.

(2) Die Annnahme von geldwerten Vorteilen in angemessener Höhe ist nicht berufswidrig, sofern diese ausschließlich für berufsbezogene Fortbildung verwendet werden. Der für die Teilnahme an einer wissenschaftlichen Fortbildungsveranstaltung gewährte Vorteil ist unangemessen, wenn er über die notwendigen Reisekosten und Tagungsgebühren hinausgeht.

(3) Die Annahme von Beiträgen Dritter zur Durchführung von Veranstaltungen (Sponsoring) ist ausschließlich für die Finanzierung des wissenschaftlichen Programms ärztlicher Fortbildungsveranstaltungen und nur in angemessenem Umfang erlaubt. Das Sponsoring, dessen Bedingungen und Umfang sind bei der Ankündigung und Durchführung der Veranstaltung offen zu legen.

§ 33 Zuwendungen bei vertraglicher Zusammenarbeit

Soweit Ärztinnen und Ärzte Leistungen für die Hersteller von Arznei- oder Hilfsmitteln oder Medizinprodukten oder die Erbringer von Heilmittelversorgung erbringen (z. B. bei Anwendungsbeobachtungen), muss die hierfür bestimmte Vergütung der erbrachten Leistung entsprechen. Die Verträge über die Zusammenarbeit sind schriftlich abzuschließen und sollen der Ärztekammer vorgelegt werden.

Präambel

A. Präambel

Die auf der Grundlage der Kammer- und Heilberufsgesetze beschlossene Berufsordnung stellt die Überzeugung der Ärzteschaft zum Verhalten von Ärztinnen und Ärzten gegenüber den Patientinnen und Patienten, den Kolleginnen und Kollegen, den anderen Partnerinnen und Partnern im Gesundheitswesen sowie zum Verhalten in der Öffentlichkeit dar. Dafür geben sich die deutschen Ärztinnen und Ärzte die nachstehende Berufsordnung. Mit der Festlegung von Berufspflichten der Ärztinnen und Ärzte dient die Berufsordnung zugleich dem Ziel,

- das Vertrauen zwischen Ärztinnen und Ärzten und Patientinnen und Patienten zu erhalten und zu fördern;
- die Qualität der ärztlichen Tätigkeit im Interesse der Gesundheit der Bevölkerung sicherzustellen;
- die Freiheit und das Ansehen des Arztberufes zu wahren;
- berufswürdiges Verhalten zu fördern und berufsunwürdiges Verhalten zu verhindern.

B. Regeln zur Berufsausübung

I. Grundsätze

Vorbemerkung vor §§ 1 ff. MBOÄ

Berufsordnungen wie die vorliegende können im Vergleich zu anderen Rechtsnormen zumeist auf keine lange Geschichte zurückblicken. Am Anfang der uns heute geläufigen Fassung stand – wie so häufig – eine Entscheidung des Bundesverfassungsgerichts[1], die jeder Studierende der Rechtswissenschaft mit der juristischen Muttermilch eingesogen hat, ehe er sein Studium abschließt, nämlich den Facharzt- Beschluss der BVerfG. Inhaltlich hat der Beschluss zwar mit der Berufsordnung nahezu nichts zu tun (er ist schließlich zur Weiterbildungsordnung ergangen), für den Umfang der Normsetzungsbefugnis der Ärztekammern ist er jedoch von grundlegender Bedeutung. Er führte letztlich sogar zu einer Stärkung der ärztlichen Selbstverwaltungsbefugnis, die eigenen berufsständischen Angelegenheiten selbst durch Satzung regeln zu dürfen.

Das Bundesverfassungsgericht begründet in seinem Beschluss zunächst ausführlich, warum für das ärztliche Berufsrecht nicht der Bundes- sondern der Landesgesetzgeber zuständig ist. Sodann macht es die für die Satzungsautonomie bedeutsame Aussage, der Gesetzgeber müsse die wesentlichen Grundlagen der ärztlichen Berufsausübung in einem Gesetz selbst regeln. Nur die Ausformung im Einzelnen dürfe dem ständischen Satzungsrecht überlassen werden.

In der Folge dieser Entscheidung des Bundesverfassungsgerichts haben alle Bundesländer entweder ihre Heilberufs- und Kammergesetze überarbeitet oder neu gefasst. Diese enthalten zum einen eine Ermächtigung für die Kammern, ihre Angelegenheiten durch Satzungen zu regeln, für deren Erlass die Vertreterversammlung zuständig sein soll (vgl. § 9 HeilbKG bw). Zum anderen eine weitere Vorschrift, welche den Rahmen der zu erlassenden Berufsordnung absteckt (vgl. § 31 HeilbKGbw). Die gesetzlichen Vorschriften differenzieren dabei zwischen allgemeinen und besonderen Berufspflichten. Allgemein gilt für den Arzt die Verpflichtung, seinen „Beruf gewissenhaft auszuüben und dem ihm im Zusammenhang mit dem Beruf entgegengebrachten Vertrauen zu entsprechen." (§ 29 HeilbKGbw). Neben der Teilnahme des Arztes an einem flächendeckenden Notfalldienst kann die BO weitere Berufspflichten enthalten, insbesondere der Einhaltung der Pflicht zur Verschwiegenheit und der sonst für die Berufsausübung geltenden Rechtsvor-

---

[1] NJW 1972, 1504.

schriften, der Einhaltung der Pflicht, sich beruflich fortzubilden, der Zertifizierung von Fortbildungsangeboten und der Bestätigung abgeleisteter Fortbildungsmaßnahmen, der Mitwirkung an Maßnahmen der Kammer oder eines von ihr beauftragten Dritten, die der Sicherung der Qualität ärztlicher, zahnärztlicher, tierärztlicher oder pharmazeutischer Leistungen dienen, sowie der Zertifizierung, der Ausstellung von Gutachten und Zeugnissen, der Praxisankündigung, der Praxisschilder, der Apothekenankündigung, der Apothekenschilder und der Apothekennamen, der Durchführung von Sprechstunden, der gemeinsamen Ausübung der Berufstätigkeit, des Abschlusses einer ausreichenden Haftpflichtversicherung und der Angemessenheit und Nachprüfbarkeit des Honorars, der Werbung, bei Apotheken auch der Wettbewerbshandlungen, der Verordnung und Empfehlung von Heil- oder Hilfsmitteln, des beruflichen Verhaltens gegenüber anderen Berufsangehörigen und der Zusammenarbeit zwischen Berufsangehörigen und Angehörigen anderer Berufe, der Beschäftigung und angemessenen Vergütung von Vertretern, Assistenten und sonstigen Mitarbeitern sowie der Ausbildung der Famuli und Praktikanten, der Ausbildung zu Helferberufen, der Einrichtung, Ausstattung und des Betriebs von tierärztlichen Kliniken, der Durchführung von Sektionen.

4   Diesen Rahmen füllt die MBOÄ als vorgegebene Musterberufsordnung sowie die Berufsordnungen in den einzelnen Kammerbezirken mit geringfügigen Abweichungen im Detail im Wesentlichen aus. Der MBOÄ 97 ist ein Gelöbnis vorangestellt, welches auf dem Genfer Gelöbnis basiert. Manche Landesärztekammern werden es, manche werden es nicht in den Text ihrer Berufsordnung aufnehmen, wie den Hippokratischen Eid bisher auch. Es ist nicht bekannt, ob und wenn ja, wo dieses Gelöbnis derzeit wem gegenüber abgegeben wird. Überhaupt ist zu sagen, dass die Berufsordnung, obgleich im jeweiligen Ärzteblatt bekannt gemacht, unter Ärzten – gelinde gesagt – einen erstaunlich geringen Bekanntheitsgrad genießt, wie bei der Beratung von Ärzten immer wieder zu beobachten ist[2].

5   Zwischenzeitlich gibt es erste Bestrebungen, auf europäischer Ebene eine möglichst einheitliche standesrechtlich geprägte Musterberufsordnung zu schaffen, die in den Staaten der EU anerkannt werden könnte.

6   Die ärztliche Berufsordnung ist von der jeweiligen Vertreterversammlung der Landesärztekammer im Rahmen ihres Selbstverwaltungsrechts selbst gesetztes Satzungsrecht. Rechtsgrundlage für den Erlass dieser Satzung ist das jeweils im Land geltende Heilberufe und Kammergesetz. Die Berufsordnung bedarf der Genehmigung durch die Aufsichtsbehörde.

7   Die in § 1 MBOÄ genannten Grundsätze sind durch Beschlüsse des Weltärztebundes konkretisiert worden. Diese haben allerdings ebenso wenig wie die MBOÄ Rechtsnormcharakter. Zu nennen wären hier: die Deklaration von Helsinki zu klinischen Versuchen am Menschen, revidierte Fassung von Seoul 2009[3].

---

[2] Fast 2400 Jahre alt und noch immer im Gespräch: der Hippokratische Eid; vgl. Gschwandtner-Andreß, DÄ 1993, 2261; Hege, Ärztliche Berufsordnung und hippokratischer Eid, Bay. ÄBl. 1987, 410.

[3] Die Neufassung ist (ebenso wie die in Somerset West 1996 beschlossene) bisher nicht im DÄ veröffentlicht. Von der Neufassung gibt es eine nicht autorisierte Übersetzung der Bundesärz-

die Deklaration von Sydney, revidiert 1983 in Venedig zum Todeszeitpunkt[4], die Deklaration von Oslo 1970 zum Schwangerschaftsabbruch[5], sowie die Deklaration von Lissabon 1981 [6], die sich mit den Rechten des Patienten befasst. Rechtsnormcharakter erhalten sie erst durch Aufnahme in die Berufsordnung der jeweiligen Landesärztekammer.

Der unvoreingenommene Leser dieses Kommentars wird sich fragen: warum enthält die MBO eigentlich nur Pflichten des Arztes, aber keinerlei Sanktionen wenn gegen diese Pflichten verstoßen wird? Die Ahndung von Verstößen gegen die ärztlichen Berufspflichten ist den Berufsgerichten kraft Gesetz in den Kammer- und Heilberufsgesetzen der Länder in ziemlich unterschiedlicher organisatorischer Ausprägung übertragen[7]. Weil im Rahmen eines berufsgerichtlichen Verfahrens zu verhängende Sanktionen strafrechtsähnlichen Charakter haben, müssen sie aus verfassungsrechtlichen Gründen in einem förmlichen Gesetz festgelegt sein. Die Berufsordnung als Satzung genügt diesen verfassungsrechtlichen Anforderungen nicht und kann daher solche Sanktionen auch nicht vorsehen.

Voraussetzung für die Einleitung eines berufsgerichtlichen Verfahrens ist eine berufsunwürdige Handlung. Berufsunwürdig ist eine Handlung, mit welcher schuldhaft gegen Pflichten verstoßen wird, die einem Arzt zur Wahrung des Ansehens seines Berufes obliegen.

Ist eine berufsunwürdige Handlung Gegenstand eines Strafverfahrens (oder gewesen), so scheidet nach dem Grundsatz, dass Doppelbestrafungen unzulässig sind (ne bis in idem), eine zusätzliche berufsrechtliche Ahndung wegen desselben Vorganges regelmäßig aus, es sei denn es bestehe ein berufsrechtlicher „Überhang". D. h. die strafrechtliche Verurteilung deckt nicht die ebenfalls verwirklichten berufsrechtlichen Verstöße, so dass eine berufsrechtliche Sanktion erforderlich ist, um das Kammermitglied zur Erfüllung seiner berufsrechtlichen Pflichten anzuhalten.

Nicht zu verwechseln ist dieses Verfahren vor der Ärztekammer mit demjenigen, mit dem derjenige Vertragsarzt von der KV überzogen werden kann, wenn er gegen Pflichten eines Vertragsarztes nach den Vorschriften des SGB V verstößt, wenn er sich z. B. Zuweisungen vergüten lässt (§ 128 Abs. 2 SGB V). Als Verstoß gegen Gesetzesrecht hat seine Ahndung Vorrang vor derjenigen nach der Berufsordnung, die nur einen Verstoß gegen untergesetzliches Recht sanktioniert.

Außer den allgemeinen ärztlichen Grundpflichten und den Aufgaben des Arztes enthält der 1. Teil des Kapitels B der MBOÄ noch die in § 3 geregelte Abgrenzung des ärztlichen Berufes von anderen Berufen und Verhaltensweisen, die mit dem ärztlichen Beruf nicht vereinbar sind (§ 4). Die Pflicht zur Teilnahme an Maßnahmen der Qualitätssicherung (§ 5) und die Pflicht zur Mitteilung unerwünschter

---

tekammer, die über www.bundesaerztekammer.de abgerufen werden kann. Vgl. im übrigen die Nachweise bei der Kommentierung zu § 15.

[4] DÄ 1986, 1866.

[5] DÄ 1970, 2688.

[6] Diese Deklaration ist nicht veröffentlicht und kann nur über die Homepage der Bundesärztekammer abgerufen werden.

[7] Vgl. hierzu die Übersicht bei Rieger, Rz. 368 ff. m. w. Nachw.

Arzneimittelwirkungen an die Arzneimittelkommission der deutschen Ärzteschaft runden diesen Teil ab.

Im Gegensatz zum folgenden Abschnitt ist derjenige über die Grundsätze ärztlicher Berufsausübung durch die letzten Änderungen im BGB (Patientenverfügung und Behandlungsvertrag) davon nicht unmittelbar tangiert worden. Mittelbare Einwirkungen auf gesetzliche Verpflichtungen sind dennoch denkbar, wie z. B. bei § 3 beim Abschluss untersagter Verträge.

§ 1 Aufgaben der Ärztinnen und Ärzte

(1) Ärztinnen und Ärzte dienen der Gesundheit des einzelnen Menschen und der Bevölkerung. Der ärztliche Beruf ist kein Gewerbe. Er ist seiner Natur nach ein freier Beruf.

(2) Aufgabe der Ärztinnen und Ärzte ist es, das Leben zu erhalten, die Gesundheit zu schützen und wiederherzustellen, Leiden zu lindern, Sterbenden Beistand zu leisten und an der Erhaltung der natürlichen Lebensgrundlagen im Hinblick auf ihre Bedeutung für die Gesundheit der Menschen mitzuwirken.

Abweichender Wortlaut der Berufsordnungen in den Kammerbezirken:

Schleswig- Holstein
Abs. 2 Satz 2 f.
Ärzte haben sich für den Schutz der natürlichen Grundlagen des Lebens (Umweltschutz) einzusetzen. Sie sind verpflichtet, die Belange des Umweltschutzes im Rahmen ihrer beruflichen Tätigkeit zu wahren.

Übersicht   Rz.

I.	Die Bedeutung der Rechtsnorm	1
II.	Rechtsgrundlagen der Berufsordnung	4
III.	Arztberuf kein Gewerbe	5
IV.	Der Arztberuf ein freier Beruf?	7
V.	Die Lebenserhaltung	10
VI.	Die kurative Tätigkeit des Arztes	15
VII.	Der Sterbebeistand	18
VIII.	Todeszeitpunkt und Transplantation	19
IX.	Erhaltung der natürlichen Lebensgrundlagen	22

Literatur
Bender, Honorararzt und wahlärztliche Leistungen, GesR 2013, 449; Ebsen, Bedarfsorientierte Regulierungen der Zulassung von Leistungserbringern zur gesetzlichen Krankenversicherung und das Grundrecht der Berufsfreiheit, ZSR 1992, 328; Eser, Sterbewille und ärztliche Verantwortung – zugleich Stellungnahme zum Urteil des BGH im Fall Wittig, MedR 1986, 6; ders., Freiheit zum Sterben – kein Recht auf Tötung, JZ 1986, 786; Franz, Hartl, „Doping" durch Arzt als „ärztliche Tätigkeit", NJW 1988, 2277; Funck, Der Todeszeitpunkt als Rechtsbegriff, MedR 1992, 182; Hanack, Grenzen der ärztlichen Behandlungspflicht bei schwerstgeschädigten Neugeborenen aus juristischer Sicht, MedR 1985, 33; Hess, Freiheit und Bindung bei der Leistungserbringung im Gesundheitswesen: Ambulante und stationäre Versorgung, in: Schriftenreihe des Deutschen Sozialrechtsverbands 38 (1994); Hiersche et al. (Hrsg.), Rechtliche Fragen der Organtransplantation, 3. Einbecker Workshop, der DGMR 1990; Hirsch et al. (Hrsg.), Grenzen ärztlicher Behandlungspflicht bei schwerstgeschädigten Neugeborenen, 1. Einbecker Workshop 1987; Kaufmann, Euthanasie – Selbsttötung – Tötung auf Verlangen, MedR 1983, 121; Kluth, Ärztliche Berufsfreiheit unter Wirtschaftlichkeitsvorbehalt?, MedR 2005, 65; Knopp, Hoffmann, Rechtssicherheit am Lebensende? MedR 2005, 83; Kutzer, Strafrechtliche Grenzen der Sterbehilfe, NStZ 1994, 110; Laufs, Rechtliche Grenzen der Transplantationsmedizin, in: FS für Narr, 1989, 34; Linck, Doping

aus juristischer Sicht, MedR 1993, 55; ders., Doping und staatliches Recht, NJW 1987, 2545; Lippert, Der Honorar-(Vertretungs-) arzt – ein etwas anderer Freiberufler, GesR 2010, 665; Möx, Zur Zulässigkeit von Organentnahmen, ArztR 1994, 39; Neumann, Ursprung und Ausstrahlung der Konflikte im untergesetzlichen Vertragsrecht, MedR 1996, 389; ders., Die Qualitätssicherung als Schrankenbestimmung des Art. 12 Abs. 1 GG, in: Wienke, Dierks, Lippert (Hrsg.), Die ärztliche Berufsausübung in den Grenzen der Qualitätssicherung, 1998, S. 101; Schroth, König, Gutmann, Odunçu, TPG, 2005; Sengler, Schmidt, Organentnahmen bei Hirntoten als „noch Lebenden", MedR 1997, 241; Sternberg-Lieben, Strafbarkeit des Arztes bei Verstoß gegen ein Patienten-Testament, NJW 1985, 2734; Ulsenheimer, Grenzen der Behandlungspflicht, Behandlungseinschränkung, Behandlungsabbruch, Anästhesiologische Intensivmedizin, Notfallmedizin, Schmerztherapie 1996, 543; Weißauer, Opderbecke, Behandlungsabbruch bei unheilbarer Krankheit aus medicolegaler Sicht, MedR 1995, 456; Wienke, Dierks, Lippert (Hrsg.), Die ärztliche Berufsausübung in den Grenzen der Qualitätssicherung, 1998; Wolfslast, Grenze der Organgewinnung – Zur Frage der Änderung der Hirntodkriterien, MedR 1989, 163.

I. Die Bedeutung der Rechtsnorm

1 § 1 MBOÄ ist Programmnorm. Sie formuliert in zwei Absätzen die wesentlichen Merkmale, die für den Arztberuf prägend sind. Die hier niedergelegten ärztlichen Grundpflichten werden in den einzelnen Kapiteln im Detail abgehandelt. Kapitel B enthält dabei die Regeln der Berufsausübung.

2 Man mag zu der Gliederung stehen wie man will: die gesamte MBO ist für den Arzt verbindliches Berufsausübungsrecht, sofern sie von der Vertreterversammlung der jeweiligen Ärztekammer für ihre Mitglieder so beschlossen wird und die Aufsichtsbehörde dem Beschluss zugestimmt hat.

3 Die bisherigen, zur MBO ergangenen Stellungnahmen und Richtlinien der Bundesärztekammer gelten bis zu einer möglichen Überarbeitung vorerst fort. Die Richtlinien der Bundesärztekammer für die ärztliche Sterbebegleitung liegen bereits in Neufassung vor und sind wie die anderen Richtlinien und Stellungnahmen im Anhang abgedruckt. Für diese Normen gilt – wie für die ganze MBO – dass durch sie keine Berufspflichten begründet werden dürfen, die nicht in der Ermächtigungsgrundlage aufgeführt sind[1]

II. Rechtsgrundlagen der Berufsordnung

4 Die ärztliche Berufsordnung ist von der jeweiligen Vertreterversammlung der Landesärztekammer im Rahmen ihres Selbstverwaltungsrechts selbst gesetztes Satzungsrecht. Rechtsgrundlage für den Erlass dieser Satzung ist das jeweils im Land geltende Kammer-/Heilberufsgesetz. Den Rahmen dieser Ermächtigungsnorm darf

---

[1] Wie hier Lipp in: Laufs, Katzenmeier, Lipp, Kap. II Rz. 24 m.w. Nachw.

die Satzung nicht überschreiten². Die Berufsordnung bedarf der Genehmigung durch die Aufsichtsbehörde.

III. Arztberuf kein Gewerbe

§ 1 Absatz 1 Satz 2 formuliert kurz und prägnant, der Arztberuf sei kein Gewerbe. Daraus ergibt sich, dass der Arzt seinen Beruf nicht als Gewerbe ausübt und dass – jedenfalls so weit er ihn allein oder mit anderen Ärzten zusammen in eigener Praxis ausübt – die Praxis kein Gewerbebetrieb ist³. Im Grunde genommen wird aber argumentiert, der Arztberuf sei ein freier Beruf.

Diese Aussage kann man mit gewisser Berechtigung mit einem dicken Fragezeichen versehen. Denn ein nicht zu vernachlässigender Prozentsatz der als Ärzte Tätigen übt den Beruf als Angestellter oder als Beamter aus und keineswegs als Freiberufler.

Im Grunde genommen dient die Verkammerung des Arztberufes und die Bindung des Arztes als eines Kammermitglieds an das ärztliche Berufsrecht wie es in der MBOÄ niedergelegt ist, als Begründung für die Verneinung einer gewerblichen Betätigung⁴. Wirklich tragende Gründe des ärztlichen Berufsrechts sind dabei die Weisungsfreiheit in therapeutischen Entscheidungen und das eingeschränkte Recht, seine beruflichen Leistungen öffentlich herauszustellen und anzubieten (Werbeverbot). Der Ausschluss bestimmter von unserer Rechtsordnung für die Betriebsorganisation zur Verfügung gestellter Rechtsformen durch das Standesrecht gehören hierzu wohl eher nicht, wie die lange Reihe verfassungsgerichtlicher Entscheidungen aber auch die des Bundesgerichtshofes zum Thema Heilkunde- GmbH zeigen⁵.

IV. Der Arztberuf ein freier Beruf?

§ 1 Abs. 1 Satz 2 hält am Grundsatz fest: der Arztberuf ist ein freier Beruf. Merkmale eines freien Berufes sind: das Fehlen eines Dienstverhältnisses, das eigene wirtschaftliche Risiko der Berufsausübung und die therapeutische Verantwortung für die Patienten⁶. So gesehen übt der Krankenhausarzt, sei er angestellt oder beam-

---

² Hierzu und zur Situation der BO Berlin Lipp in: Laufs, Katzenmeier, Lipp, Kap. II Rz. 5 ff. wobei sich das Problem inhaltlich durch die Novellierung der §§ 1901 ff BGB erledigt haben dürfte, formell natürlich nicht.

³ Steuerrechtlich einzige Konsequenz daraus ist, dass der Arzt (derzeit jedenfalls) generell keine Gewerbesteuer zu entrichten hat. Ob dies eine allein seligmachende Folge aus dem Status des Freiberuflers ist, bleibt eher zweifelhaft. Steuer ist bisher jedenfalls nur von Erträgnissen zu bezahlen.

⁴ Vgl. die Argumentation bei Narr, B 12 ff.

⁵ Vgl. hierzu unten die Kommentierung zu § 18/18a Rz. 37 ff.

⁶ BVerfGE 11, 30 für den Kassenarzt; vgl. auch Quaas in: Quaas, Zuck, § 12 Rz. 9 f. Ratzel, Knüpper in: Ratzel, Luxemburger, § 5 Rz. 130 f.; Eine Definition dessen, was einen freien Beruf ausmacht, enthält nunmehr Erwägungsgrund 43 der Richtlinie 2005/36/EG über die Anerkennung

tet, keinen freien Beruf aus, weil ihm von den genannten Kriterien nur wenig mehr als die therapeutische Verantwortung für die Patienten verbleibt im Rahmen seines Budgets (sofern er Leitender Arzt ist) ansonsten nicht einmal das. Beim Vertragsarzt sieht es nur wenig anders aus. Er kann seine Tätigkeit erst nach einem komplizierten Zulassungsverfahren überhaupt ausüben und ist sodann in ein „subtil organisiertes, öffentlich-rechtliches System" einbezogen, wie es das Bundesverfassungsgericht im Kassenarzt-Urteil zutreffend beschreibt[7]. Ist die Berufsausübung des Vertragsarztes, wie wir ihn jetzt zu nennen haben, der des Krankenhausarztes angenäherter als angenommen[8], weil ein eigenes soziales Gewicht der Ausübung des Berufes nicht mehr zu erkennen ist? Ist die Ausübung vertragsärztlicher Tätigkeit nicht doch ein eigener Beruf, also doch anders als es das Bundesverfassungsgericht noch im Kassenarzt-Urteil angenommen hatte? Steht der Vertragsarzt nach allem auf einer Stufe mit einem Notar oder einem Bezirksschornsteinfegermeister, indem er wegen der gesetzlichen Überformung einen staatlich gebundenen Beruf ausübt, allerdings ohne hoheitliche Befugnisse[9]?

8   Der ärztliche Beruf verrechtlicht. Dies hat er mit anderen (freien) Berufen gemein und er teilt dieses Schicksal mit immer mehr Lebensbereichen. Ob die Durchnormierung einen Gradmesser für die Freiheit eines Berufes darstellen kann, sollte daher eher mit Fragezeichen versehen werden. Unberücksichtig bliebe bei dieser Sicht der Dinge nämlich, dass es auch die Ärzteschaft selbst ist, die kontinuierlich nach neuen Normen ruft. Diese werden aber so lange nicht als lästig empfunden, als man mit diesen Normen andere gängeln kann. Diese Sicht der Dinge verkehrt sich ins völlige Gegenteil, wenn die Beachtung von Normen eingefordert wird. Welch geradezu grotesken Verrenkungen z. B. die Qualitätssicherung der ärztlichen Leistung nach sich gezogen hat und noch fortlaufend nach sich zieht, wird gerne verschwiegen. Es sind schließlich Normen von Ärzten für Ärzte gemacht[10].

9   Der Vertragsarzt nimmt wie der Krankenhausarzt auch am sozialen Leistungssystem der gesetzlichen Krankenversicherung teil und zieht aus diesem System Nutzen, weil er davon lebt. Wer dies tut, muss zum Erhalt des Systems auch Eingriffe ertragen, die ein Unternehmen, das sich auf dem Markt behaupten muss, nicht hinnehmen müsste, so das Bundesverfassungsgericht in zwei neueren Entscheidungen[11] die die Entscheidungen zum Kassen- und zum Facharzt– jedenfalls inhaltlich

---

von Berufsqualifikationen (ABl. L 255 v. 30.9,2005S. 22). Insgesamt bewegt man sich mit den angebotenen Versuchen einer Definition eher auf schwankendem Grund. Es geht letztlich darum zu belegen, warum der Beruf des Arztes und anderer etwas anderes ist, als ein normaler Beruf. Letztlich ergibt sich die Besonderheit aus der besonderen – einer Schweigepflicht unterliegenden – Beziehung. Wie rasch diese schrumpfen kann, zeigt die Debatte um die online-Durchsuchung auch von Geheimnisträgern.

[7] BVerfGE 11, 30.
[8] Vgl. Hess, SDSRV 38 (1994), S. 49, 63.
[9] Vgl. Ebsen, ZSR 1992, 328.
[10] Vgl. auch die Kommentierungen zu diesem Komplex unten in §§ 4 und 5 zur ärztlichen Fortbildung und zur Qualitätssicherung.
[11] BVerfGE 68, 193, (Honorarkürzung) und 70, 1.

§ 1 Aufgaben der Ärztinnen und Ärzte

– fortentwickeln. Tendiert nicht das Ganze weg von der Frage nach dem reinen Grundrechtseingriff in die Berufsfreiheit hin zum Teilhaberrecht des „ich will auch" an einem von anderen finanzierten finanziellen Leistungssystem? Die relevanten Eingriffe spielen sich innerhalb des Systems ab und nicht auf der Ebene der Zulassung dazu[12]. So gesehen bleibt von den Merkmalen eines freien Berufes bei der Überzahl der ihn ausübenden Ärzte nunmehr wenig übrig. Die Zahl derjenigen, die ihn noch in der Reinform ausüben, dürfte dementsprechend niedrig sein. Der ärztliche Beruf, ein freier Beruf oder quo vadis?

Vielen Krankenhäusern fehlt es dauernd oder vorübergehend an ärztlichem Personal. Dies hat dazu geführt, dass neben den angestellten Ärzten im Krankenhaus sowie den Vertragsärzten, also den niedergelassenen Ärzten, eine dritte Kategorie von Ärzten tätig wird, nämlich die Vertretungsärzte[13] euphemistisch auch als Honorarärzte bezeichnet. Sie wollen den Arztberuf, den sie häufig bisher als frustrierte Krankenhausärzte ausübten, nun als Freiberufler ausüben. Zum Einsatz kommen sie, indem sie ihre Dienste selbst anbieten, sich über entsprechende Agenturen vermitteln lassen oder sogar über eine Vermittlung durch Zeitarbeitsfirmen. Will der Vertretungsarzt tatsächlich als (echter) Freiberufler tätig werden, so ist auf die Aufgabenbeschreibung bei der Übernahme der Aufgabe besondere Sorgfalt zu legen, um einer arbeitsrechtlichen Eingliederung in den Betrieb des Dienstherren zu vermeiden. Davon, ob dies gelingt, ist auch der Status im Recht der Sozialversicherung abhängig[14]. Eine ausreichende Absicherung des Haftpflichtrisikos und anderer Risiken, die versichert werden können, ist unumgänglich.

V. Die Lebenserhaltung

Aufgabe des Arztes ist es, das Leben zu erhalten. Diese Pflicht ist umfassend und enthält auch wenn sie in § 14 nochmals ausführlich geregelt wird die Pflicht, das ungeborene Leben, wie auch das Leben anderer Patienten, etwa am Lebensende, zu erhalten. An diese Grundpflichten der ärztlichen Berufsausübung knüpfen sich eine Fülle teils geklärter, größtenteils aber ungelöster Rechtsfragen.

10

Die Pflicht des Arztes. Leben zu erhalten, wie sie in § 1 MBOÄ verankert ist, umfasst auch die praktische Anwendung notfallmedizinischer Maßnahmen in dem von der Weiterbildungsordnung jeweils festgelegten fachlich- inhaltlichen Umfang soweit sie sich im Rahmen des organisierten Rettungswesens vollzieht[15].

11

---

[12] So Neumann, MedR 1996, 389; Kluth, MedR 2005, 65 jeweils m. Nachw.
[13] Vgl. Teske, DÄ 2010, A- 1093, der zu den tatsächlichen Gegebenheiten die Ergebnisse einer Umfrage unter Honorarärzten vorlegt. Vgl. hierzu auch Lippert, GesR 2010, 665 und Bender, GesR 2013, 449, jeweils m.w.Nachw.
[14] Vgl. hierzu neuestens für Anästhesisten SG Mannheim, Urt. v. 16. 06. 2011– S 15 R 2545/09; und. LSG Baden-Württemberg Urt. v. 17.4. 2013 L5R 3755/11: Selbständigkeit abgelehnt. Gelegentlich haben die krankenhausträger auch schon die Qualifikation nicht ausreichend hinterfragt.
[15] Zum Verhältnis Notarztdienst/Ärztlicher Notfalldienst vgl. unten die Kommentierung zu § 26.

12 Die Pflicht zur Lebenserhaltung impliziert nahezu automatisch die Frage nach Lebensverlängerung und Sterbehilfe. Hierbei ist zu unterscheiden zwischen aktiver[16] und passiver Sterbehilfe. Unbestrittenermaßen ist es dem Arzt verboten, aktiv lebensverkürzende Maßnahmen zu ergreifen, selbst wenn sie auf einem ausdrücklichen Wunsch des Patienten beruhen[17]. Auch wo die aktive Tötung als Mittel zur Schmerzlinderung und zur Erlösung von einem sinnlos gewordenen Leben erfolgt, ist sie rechtswidrig und zwar wegen des strafrechtlichen Verbots der Tötung auf Verlangen (§ 216 StGB)[18]. Eine für den Arzt straflose Beihilfe zum Selbstmord liegt dagegen vor, wenn der Patient voll einsichtsfähig ist und das eigentlich zum Tod führende Geschehen ganz in der eigenen Hand hat (Einnehmen überlassener Arzneimittel). Beherrscht der Arzt das Geschehen, etwa durch Injektion oder Infusion eines Medikaments, so macht er sich wegen aktiver Sterbehilfe strafbar[19].

13 Wünscht ein voll einsichts- und urteilsfähiger (also einwilligungsfähiger) Patient nach Aufklärung durch den behandelnden Arzt keine Weiterbehandlung, dann bleibt der Arzt, der diesen derart geäußerten Patientenwillen berücksichtigt, straflos. Der Arzt darf sich auch dem Willen des Patienten entsprechend darauf beschränken, Medikamente zu verabreichen, die Schmerzen oder Leiden lindern sollen. Ist nach Auffassung des behandelnden Arztes die Einsichts- und Urteilsfähigkeit des Patienten nicht mehr gegeben, so darf er den derart geäußerten Willen nicht beachten, sondern muss nach seiner Behandlungspflicht die erforderlichen lebenserhaltenden Maßnahmen ergreifen.

14 Ist der Patient nicht mehr in der Lage, seinen Willen zu äußern, dann kann der Arzt nach dem mutmaßlichen Willen des Patienten die erforderlichen medizinischen Behandlungsmaßnahmen ergreifen. Der Arzt muss Angehörige oder Bezugspersonen (sofern vorhanden), zum Inhalt des mutmaßlichen Patientenwillens befragen[20], so fordern es jedenfalls die Richtlinien der Bundesärztekammer für die Sterbebegleitung.

VI. Die kurative Tätigkeit des Arztes

15 Im Mittelpunkt ärztlicher Tätigkeit steht der Schutz der Gesundheit und ihre Wiederherstellung, sowie die Linderung menschlichen Leidens, also die präventive und kurative Tätigkeit an sich. Sie macht den weitaus größten Teil ärztlicher Tätigkeit aus. Die Pflichten, die der Arzt bei seiner Tätigkeit gegenüber dem Patienten zu be-

---

[16] Vgl. Lipp in Laufs, Katenmeier, Lipp, Kap IV Rz. 95 ff.
[17] BGH, MedR 1985, 40, m. Anm. von Eser, MedR 1985, 6.
[18] Vgl. hierzu Kaufmann, MedR 1983, 121 m. w. Nachw.
[19] Vgl. hierzu die Entscheidung im Fall Hackethal, OLG München, Urt. v. 31.7.1987– Ws 23/87, NJW 1987, 2940.
[20] Vgl. zu den Patientenverfügungen die Entscheidung des BGH, Beschl. v. 17.3.2003– XII ZB 2/03, MedR 2003, 512, die in der Praxis auf ein höchst geteiltes Echo gestoßen ist und eine Fülle von Abhandlungen nach sich gezogen hat. Vgl. die gute Zusammenfassung bei Knopp, Hoffmann, MedR 2005, 83.

achten hat, werden in den §§ 7 ff. MBOÄ angesprochen, wo es um den Inhalt des Arzt- Patienten- Verhältnisses geht.

Anders als die BÄO spricht die MBOÄ – bewusst oder unbewusst – nicht von der Ausübung des ärztlichen Berufs im Zusammenhang mit der Umschreibung ärztlicher Tätigkeiten. Der Begriff „Ausübung der Heilkunde" die dem approbierten Arzt vorbehalten ist, findet sich gar nur im Heilpraktikergesetz (HPG).

Während rechtlich inzwischen durch die Rechtsprechung weitgehend sicher abgeklärt ist, welche Tätigkeiten Ausübung der Heilkunde sind, deren Vornahme dem Arzt vorbehalten ist[21]. Auf diese Tätigkeiten finden die Vorschriften der MBOÄ Anwendung. Ihre Normen sind Verbotsnormen, die das Handeln bei Verstößen gesetzeswidrig machen. Unklar ist, was gelten soll, wenn der Arzt Leistungen etwa im Fitness- und Wellness- Bereich anbietet und erbringt, deren Vornahme keine ärztliche Vorbildung erfordert. So lange er dafür nicht unter seinem Namen als Arzt wirbt, stellen diese Tätigkeiten berufsrechtlich wohl so lange kein Problem dar, als sie nicht der ausgeübten ärztlichen Tätigkeit gegenüber im Hinblick auf den Umfang einen gewerblichen Anstrich geben[22]. Ein bisschen Fitness und Wellness darf es schon sein. Ob die angebotenen Maßnahmen von der GKV bezahlt werden muss oder nicht, ist dabei im Übrigen kein geeignetes Abgrenzungskriterium. Abgeklärt ist auch die Abgrenzung ärztlicher Tätigkeit zu der des Heilpraktikers, sowie die Tätigkeit des Arztes zugleich als Heilpraktiker[23].

16

Agiert der Arzt im Bereich von Wellness und Fitness, aber auch im leistungssteigernden Doping[24] bei Sportlern, so haben diese Handlungen keinen Bezug zu seinem Dienst an der Gesundheit des Menschen. In besonderem Maß und erst Recht gilt dies beim Enhancement, also der Verbesserung des Menschen sowie bei der reinen Wunschmedizin Tätigkeiten in diesen Bereichen unterfallen nicht den Vorschriften der §§ 7 ff. MBOÄ. Der Arzt, der sie durchführt unterfällt damit nicht der Berufsordnung, bewegt sich aber dennoch nicht im rechtsfreien Raum, denn es gelten dann die allgemeinen Rechtsvorschriften[25]. Mit seinen Kunden schließt er z. B. einen Behandlungsvertrag nach §§ 630a ff. BGB[26]. Verletzt er diesen Vertrag, dann haftet er für den eingetretenen Schaden. Gesetzes- und/ oder sittenwidrige Handlungen können nicht Gegenstand vertraglicher Verpflichtungen sein. Ob dies beim Enhancement etwa der Fall ist, muss im Einzelfall geklärt werden.

17

---

[21] Vgl. hierzu Rieger, Rz. 823 ff., Narr, Rz. 21 ff., 29 ff. jeweils m. w. Nachweisen.
[22] Ob diese Tätigkeit nach der Abfärbetheorie steuerrechtlich Auswirkungen haben kann, ist die andere Seite der Medaille.
[23] Vgl. hierzu.Rieger, Rz. 844 ff., Narr, Rz. 21 ff.
[24] Vgl. hierzu die Kommentierung bei § 8
[25] Vgl. hierzu auch Kern in: Laufs/ Kern, § 38 Rz. 10.
[26] Vgl. hierzu die ausführliche Kommentierung unten bei § 7.

VII. Der Sterbebeistand

18   Absatz 2 Satz 1 enthält eine Aufzählung von bedeutsamen Aufgaben des Arztes, die keineswegs als abschließend anzusehen ist. Dazu zählt auch die Pflicht, den Sterbenden zu begleiten. Konkretisiert und präzisiert wird diese Aufgabe durch § 16[27] und die Richtlinie der Bundesärztekammer für die ärztliche Sterbebegleitung[28].

VIII. Todeszeitpunkt und Transplantation

19   Der Begriff des Todes wie des Todeszeitpunktes im Rechtssinne ist nirgendwo gesetzlich definiert. Im Gegensatz zum früheren am Herz – und Atemstillstand orientierten Todesbegriff wird heute überwiegend als maßgeblicher Todeszeitpunkt der Hirntod – also der irreversible Verlust aller Hirnfunktionen – angesehen. Gleichwohl bleibt die Angst der Menschen bestehen, die Organe und Gewebe könnten noch lebenden Menschen entnommen worden sein. Die Bundesärztekammer hat daher Entscheidungshilfen zur Feststellung des Hirntodes gegeben[29]. Hirntod ist sonach definiert als Zustand des irreversiblen Erloschenseins des Großhirns, des Kleinhirns und des Hirnstamms bei einer durch kontrollierte Beatmung noch aufrechterhaltenen Herz-Kreislauffunktion.

20   Der Gesetzgeber hat mit der Verabschiedung des Transplantationsgesetzes[30] der zwanzig Jahre währenden, unendlich erscheinenden Diskussion um Todeskriterien und Einwilligung ein Ende bereitet: die Entnahme von Organen zur Transplantation ist zulässig, wenn der Mensch zu Lebzeiten darin eingewilligt hat. Nach seinem Tod können die engsten Angehörigen in die Entnahme einwilligen. Hat der Mensch einer Entnahme widersprochen, so muss sie unterbleiben. Zu Lebzeiten abgegebene Erklärungen haben über den Tod hinaus Bestand. Angehörige können sie nicht widerrufen.

21   Die Transplantationsmedizin kann auch nach der eben erst erfolgten Novellierung des TPG[31] ihre Glaubwürdigkeit nur durch völlige Offenheit gegenüber den Hinterbliebenen erhalten. Regelmäßig aufgedeckte Skandale im Umgang mit transplantierbaren Organen haben sich immer unerwartet schnell auf die Bereitschaft zur Organspende ausgewirkt. So auch wieder bei den jüngsten Unregelmäßigkeiten bei der Zuteilung und Vergabe von Spenderorganen in diversen Transplantationszentren in Universitätsklinika. Dies gibt Anlass zu wiederholtem Mal auf eine Schwachstelle des Deutschen Transplantationssystems hinzuweisen. Es geht um den fast völligen Rückzug des Staates aus seiner Organisations- und Überwachungspflicht in diesem System. Es ist sehr zu Recht der Vorwurf erhoben worden, das „Outsour-

---

[27] Vgl. Kommentierung dort.
[28] Im Anhang abgedruckt.
[29] DÄ 1997, B -1034 abgedruckt im Anhang.
[30] Gesetz vom 5. November 1997 (BGBl. I S. 2631).
[31] Gesetz vom 21. Juli 2012 BGBl I. S. 1601.

cing" staatlicher Verantwortlichkeiten auf private Organisationen unter teilweiser ärztlicher Verantwortlichkeit und sogar auf ausländische Einrichtungen privaten Rechts unter vollständigem Ausschluss jeglichen Rechtsschutzes gegen deren Entscheidungen widerspreche den Grundentscheidungen des Grundgesetzes in diesem grundrechtssensiblen Bereich[32]. Welche rechtlichen Probleme die Gesetz gewordene Konstruktion in sich bergen kann, verdeutlicht die Entscheidung des VG München über eine wartelistenrelevante Entscheidung[33]. Es ist daher durchaus überdenkenswert, ob die Akquise von Spenderorganen über eine rechtsfähige Stiftung (DSO) unter der Ägide eines eingetragenen Vereins (Kuratorium Heimdialyse) und deren Zuteilung über einen Verein in den Niederlanden (Eurotransplant) diesen zu Recht hohen Anforderungen des Grundgesetzes im Bereich von Leben und Tod gerecht wird. Auch die Mitwirkung ärztlichen Sachverstandes über die ärztliche Selbstverwaltung bei der Bundesärztekammer – ebenfalls wieder einem privatrechtlichen Verein – ist im Zusammenhang mit den aktuellen Vorkommnissen mehr als nur kritisch zu bewerten[34]. Dass die Spendenbereitschaft einbricht, verwundert niemanden. Die Verantwortlichen werden in ihren Sonntagsreden nur in die übliche Betroffenheitslyrik flüchten. Ansonsten wird der Vorgang nach bewährtem Muster einfach ausgesessen, ohne dass sich Grundlegendes ändert. Alles wie gehabt und schon häufig geübt.

IX. Erhaltung der natürlichen Lebensgrundlagen

In Absatz 2 Satz 1 letzter Halbsatz wird der Blick schließlich geweitet und die Verantwortung des Arztes nicht nur für seine Patienten sondern auch für die natürlichen Grundlagen im Hinblick auf ihre Bedeutung für den Menschen hervorgehoben. Die zunehmende Bedeutung gerade auch dieses Aspekts schlägt sich z. B. in einer eigenen Zusatzbezeichnung „Umweltmedizin" im Rahmen der ärztlichen Weiterbildung nieder.

22

---

[32] Vgl. hierzu Gutmann in: Schroth, König, Gutmann, Oduncu, TPG § 12 Rn 20 ff. m. Nachw.
[33] VG München, Urt. v. 26.6.2014 – M 17K 13.808, NJW 2014, 3467 sowie die Besprechung des Urteils durch Höfling, Lang, Richterrechtliche Disziplinierung der Transplantationsmedizin, NJW 2014, 3398.
[34] Insgesamt hat das so hoch gelobte 3-Säulen-Modell deutscher Transplantationsmedizin seine Bewährungsprobe nicht bestanden. Sonst hätten die Durchstechereien an diversen Zentren so oder anders nicht geschehen können.

§ 2 Allgemeine ärztliche Berufspflichten

(1) Ärztinnen und Ärzte üben ihren Beruf nach ihrem Gewissen, den Geboten der ärztlichen Ethik und der Menschlichkeit aus. Sie dürfen keine Grundsätze anerkennen und keine Vorschriften oder Anweisungen beachten, die mit ihren Aufgaben nicht vereinbar sind oder deren Befolgung sie nicht verantworten können.

(2) Ärztinnen und Ärzte haben ihren Beruf gewissenhaft auszuüben und dem ihnen bei ihrer Berufsausübung entgegengebrachten Vertrauen zu entsprechen. Sie haben dabei ihr ärztliches Handeln am Wohl der Patientinnen und Patienten auszurichten. Insbesondere dürfen sie nicht das Interesse Dritter über das Wohl der Patientinnen und Patienten stellen.

(3) Eine gewissenhafte Ausübung des Berufs erfordert insbesondere die notwendige fachliche Qualifikation und die Beachtung des anerkannten Standes der medizinischen Erkenntnisse.

(4) Ärztinnen und Ärzte dürfen hinsichtlich ihrer ärztlichen Entscheidungen keine Weisungen von Nichtärzten entgegennehmen.

(5) Ärztinnen und Ärzte sind verpflichtet, die für die Berufsausübung geltenden Vorschriften zu beachten.

(6) Unbeschadet der in den nachfolgenden Vorschriften geregelten besonderen Auskunfts- und Anzeigepflichten haben Ärztinnen und Ärzte auf Anfragen der Ärztekammer, welche diese zur Erfüllung ihrer gesetzlichen Aufgaben bei der Berufsaufsicht an die Ärztinnen und Ärzte richtet, in angemessener Frist zu antworten.

(7) Werden Ärztinnen und Ärzte, die in einem anderen Mitgliedstaat der Europäischen Union niedergelassen sind oder dort ihre berufliche Tätigkeit entfalten, vorübergehend und gelegentlich im Geltungsbereich dieser Berufsordnung grenzüberschreitend ärztlich tätig, ohne eine Niederlassung zu begründen, so haben sie die Vorschriften dieser Berufsordnung zu beachten.

Änderungen 114. Deutschen Ärztetag:
Absätze 2, 3 und 5 ergänzt, Abs. 7 neu angefügt

Abweichender Wortlaut der Berufsordnung in den Kammerbezirken:

Brandenburg:
§ 2 Abs. 2 Satz 2
Sie haben dabei ihr ärztliches Handeln am Wohl der Patientinnen und Patienten auszurichten.

Hamburg
(7) Soweit es zur Überwachung nach § 6 Abs. 1 Nr. 1 des Hamburgischen Kammergesetzes für Heilberufe erforderlich ist, ist der Arzt befugt, Fragen der Ärztekammer über die Erfüllung seiner Berufspflichten zu beantworten, und verpflichtet, ärztliche Aufzeichnungen und Unterlagen vorzulegen.1 Vor- und nachbehandelnde Ärzte sind, soweit erforderlich, der Ärztekammer zu Auskünften sowie zur Vorlage von Aufzeichnungen und Unterlagen über den Patienten verpflichtet, es sei denn, der Patient widerspricht.2
(8) Wer eine Facharztbezeichnung führt, darf grundsätzlich nur in diesem Gebiet tätig werden. Ärzte, die eine Schwerpunktbezeichnung führen, müssen auch in diesem Schwerpunkt tätig sein.1 Dasselbe gilt für Ärzte, die mehr als eine Gebiets- oder Schwerpunktbezeichnung führen.2
(9) entspricht Abs. 7 MBOÄ
Niedersachsen
§ 2 Abs. 7 2. Halbsatz:
mit Ausnahme der auf der Grundlage von § 32 des Kammergesetzes für die Heilberufe erlassenen Regelungen des § 17 zu beachten.

Übersicht Rz.

I.	Die Bedeutung der Norm	1
II.	Integrität ärztlicher Berufsausübung und allgemeiner Lebenswandel	2
III.	Die Unwürdigkeit zur Berufsausübung	3
IV.	Die Unzuverlässigkeit zur Berufsausübung	4
V.	Ethische Grundlagen der Berufsausübung	7
VI.	Gewissensfreiheit, Interessenskonflikte	16
VII.	Weisungen von Nichtärzten	19
VIII.	Grundsätze korrekter ärztlicher Berufsausübung	23
IX.	Berufsausübungsregelungen	27
X.	Auskunftspflichten	28
XI.	Anzeigepflichten	30
XII.	Arzt und Kammer	31
XIII.	Migrationsfähigkeit, Anerkennung von Diplomen	33
XIV.	Das Berufsgerichtliche Verfahren	34
XV.	Zivilrechtliche Folgen von Verstößen gegen Pflichten aus der Berufsordnung	38

Literatur
Braun, Gründel, Approbationsentzug wegen Unwürdigkeit und Anspruch auf Wiedererteilung der Approbation, MedR 2001, 401; Bockelmann, Strafrecht des Arztes, 1969; Dettmeyer, Verfassungsrechtliche Anforderungen an Zwangsmitgliedschaft und Ärztekammerbeitrag, NJW 1999, 3346; Deutsch, Schutzbereich und Tatbestand des unerlaubten Heileingriffs im Zivilrecht, NJW 1965, 1985; Franz, Hartl, „Doping" durch Arzt als „ärztliche Tätigkeit", NJW 1988, 2277; Lieb, Klemperer, Ludwig, Interessenskonflikte in der Medizin, 2011; Linck, Doping aus juristischer Sicht, MedR 1993, 55 ff.; ders., Doping und staatliches Recht, NJW 1987; Lippert, Pflicht zur Selbstbezichtigung durch ärztliche Dokumentation?, Klinikarzt 1992, 254; Laufs, Zur zivilrechtlichen Problematik ärztlicher Eigenmacht, NJW 1969, 529; Ratzel, Zivilrechtliche Konsequenzen von Verstößen gegen die ärztliche Berufsordnung, MedR 2002, 492; ders., Zielvereinbarungen in

§ 2 Allgemeine ärztliche Berufspflichten

Chefarztverträgen auf dem berufsrechtlichen Prüfstand GesR 2014, 333; Rehborn, Berufsgerichtliche Verfahren gegen Ärzte – grundlegende Rechtsfragen, GesR 2004, 170. Stollmann, Widerruf und Ruhen von Approbationen, Anordnung sofortiger Vollziehung, MedR 2010, 682; Wienke,; Eberbach, Kramer, H.-J., Janke, K. (Hrsg.) Die Verbesserung des Menschen, Tatsächliche und rechtliche Aspekte der wunscherfüllenden Medizin MedR Schriftenreihe Medizinrecht 2009, Willems, Das Verfahren vor den Heilberufsgerichten, 2009.

I. Die Bedeutung der Norm

§ 2 MBOÄ konkretisiert die Programmnorm des § 1 im Hinblick auf die Berufspflichten des Arztes. Durch die letzte Novellierung der MBOÄ sind die Kapitel C und D entfallen und in diverse Vorschriften des Kapitels B integriert worden. So sind die Absätze 2, 3, 5 und 7 geändert und ergänzt worden. In Absatz 2 ist der Grundsatz aufgenommen worden, dass der Arzt sein Interesse nicht über das seiner Patienten stellen darf. Diese Pflicht entstammt dem geänderten § 16. Absatz 3 verpflichtet den Arzt zur Beachtung des anerkannten Standes der medizinischen Erkenntnisse (sic: nicht der medizinischen Wissenschaft). Auch die grenzüberschreitende Tätigkeit ist nun in § 2 geregelt.

II. Integrität ärztlicher Berufsausübung und allgemeiner Lebenswandel

Voraussetzung für die Erteilung der Approbation ist gemäß § 3 Abs. 1 Ziff. 2 BÄO, dass sich der Antragsteller nicht eines Verhaltens schuldig gemacht hat, aus dem sich seine Unwürdigkeit oder Unzuverlässigkeit zur Ausübung des ärztlichen Berufes ergibt. Die Approbation ist gemäß § 5 Abs. 2 Satz 1 BÄO zwingend zu widerrufen, wenn sich der Arzt nachträglich als unwürdig oder unzuverlässig im Sinne von § 3 Abs. 1 Nr. 2 BÄO erweist.

III. Die Unwürdigkeit zur Berufsausübung

„Unwürdigkeit" im vorgenannten Sinne ist dann anzunehmen, wenn der Arzt durch sein Verhalten nicht mehr das zur Ausübung des ärztlichen Berufes erforderliche Ansehen und Vertrauen besitzt. Zeitlich gesehen betrifft „unwürdiges Verhalten" einen Vorgang, der in der Vergangenheit liegt und abgeschlossen ist[1]. Die überwiegende Auffassung in der Rechtsprechung[2] geht davon aus, dass bei einem Arzt, der

---

[1] So auch Quaas in: Quaas, Zuck, § 12, Rz. 26 f.
[2] VGH Kassel, NJW 1986, 2390; OVG Münster, Urt. V. 16.2.1987 – 13 B 7049/86, MedR 1988, 51; OVG Koblenz, NJW 1990, 1533; Beschluss des Bay. VGH vom 15.6.1993 – Nr. 21B 92.226; BVerwG, BVerwG, Beschl. v. 09.01.1991 – 3 B 75/90, NJW 1991, 1557; NJW 1991, 1557; Bay. VGH, Urt. V. 17.10.1990 – 21 B 90.01226, MedR 1991, 94 Totschlag der Ehefrau; für Vermögensdelikte einschränkend: VGH Ba.-Wü., BVerwG, Beschl. v. 09.01.1991 – 3 B 75/90, NJW 1991, 1557; NJW 1987, 1502.

wegen Abrechnungsbetrügereien strafrechtlich verurteilt worden ist, regelmäßig das Merkmal der Unwürdigkeit und damit der zwingende Widerruf der Approbation gerechtfertigt ist. Von einem Arzt erwarte man wegen des Vertrauensverhältnisses, dass die Beziehung zwischen ihm und seinen Patienten in aller Regel nicht nur eine sorgfältige, ordnungsgemäße Behandlung, sondern auch eine sonst integere Berufsausübung voraussetze; hierzu gehört es auch, dass der Arzt den vermögensrechtlichen Interessen des Patienten keinen Schaden zufügt. Insbesondere unter dem verfassungsrechtlichen Gebot der Verhältnismäßigkeit ist es allerdings geboten, die zwingende Folge des § 5 Abs. 2 Satz 1 BÄO („ist zu widerrufen") von der Schwere des Vergehens abhängig zu machen. Es ist nicht einzusehen, weshalb ein Arzt bei einem relativ geringen Schaden und Aburteilung mittels Strafbefehls, nach Wiedergutmachung des Schadens – womöglich noch nach entzogener Kassenzulassung – zusätzlich die Approbation verlieren soll. Eine derartige Auslegung von § 5 Abs. 2 Satz 1 BÄO, die jede strafgerichtliche Verurteilung im Abrechnungsverkehr mit der Kasse bzw. dem Patienten ohne Einschränkung für den Widerruf einer Approbation ausreichen ließe, wäre schwerlich mit dem vom Bundesverwaltungsgericht in ständiger Rechtsprechung betonten Verhältnismäßigkeitsgrundsatz in diesem Bereich zu vereinbaren[3]. Ausfluss des Verhältnismäßigkeitsgrundsatzes ist, dass der Widerruf der Approbation wegen Abrechnungsbetrügerei nicht mit einem Sofortvollzug versehen werden muss[4].

IV. Die Unzuverlässigkeit zur Berufsausübung

4   Der Begriff der „Unzuverlässigkeit" unterscheidet sich dadurch, dass hierbei nicht auf den Unrechtsgehalt eines Verhaltens gestellt wird, sondern auf einen charakterlichen Mangel, der befürchten lässt, dass der betreffende Arzt seinen Beruf nicht durchgehend ordnungsgemäß ausüben wird. Unzuverlässigkeit ist dabei zukunftsbezogen auf künftiges berufliches Verhalten[5]. Dabei ist für die Frage des Widerrufes begriffsnotwendig nicht nur auf das Verhalten in der Vergangenheit abzustellen, sondern es muss auch eine Prognose hinsichtlich des künftig zu erwartenden Verhaltens versucht werden[6].

5   Gemäß § 6 Abs. 1 Nr. 1 BÄO kann das Ruhen der Approbation angeordnet werden, wenn gegen den Arzt wegen des Verdachts einer Straftat, aus der sich seine Unwürdigkeit oder Unzuverlässigkeit zur Ausübung des ärztlichen Berufes ergeben kann, ein Strafverfahren eingeleitet worden ist. Diese Vorschrift ist mit § 3 Abs. 5 BÄO strukturell vergleichbar. Sie soll der Behörde eine Handhabe geben, den

---

[3] BVerwGE 25, 201.
[4] OVG Münster, MedR 1989, 52; zur Güterabwägung siehe BVerfG, Entsch. v. 16.01.1991 – 1 BvR 1326/90, NJW 1991, 1530.
[5] So zutreffend Quaas in Quaas, Zuck, § 12 Rz. 26 m. w. Nachw. Braun, Gründel, MedR 2001, 401; vgl. hierzu auch die Übersicht bei Stollmann, MedR 2010, 682.
[6] BVerwG, Entsch.v. 02.11.1992 – 3 B 87/92, NJW 1993, 806; VGH Kassel, Entsch. v. 02.11.1992 – 3 B 87/92, NJW 1986, 2390 „Spielleidenschaft".

Schutz des Publikums vor unzuverlässiger Berufsausübung durch eine vorsorgliche Maßnahme sicherzustellen, wenn das Vertrauen in die Zuverlässigkeit des Arztes durch einen schwerwiegenden, wenn auch noch nicht völlig erhärteten Verdacht erschüttert ist. Zugleich soll die Behörde unter Entlastung von eigenen Ermittlungen auf die im Strafverfahren gewonnenen Erkenntnisse zurückgreifen können. Die strafgerichtliche Verurteilung muss wahrscheinlich sein. Es genügt allerdings bereits ein schwerwiegender, wenn auch noch möglicherweise ausräumbarer Verdacht[7]. Um unzumutbare Nachteile für den Betroffenen zu vermeiden, kann z. B. seine Praxis für die Schwebezeit von einem anderen Arzt weitergeführt werden (§ 6 Abs. 4 BÄO).

Maßgeblicher Zeitpunkt für die Bewertung der Unzuverlässigkeit bzw. Unwürdigkeit ist der Zeitpunkt des Erlasses des Widerspruchsbescheides[8]. Während des gerichtlichen Verfahrens gezeigtes Wohlverhalten, auch wenn es sich hierbei auf einen verhältnismäßigen langen Zeitraum erstreckt, rechtfertigt nicht die Annahme, der Betroffene habe einen Persönlichkeitswandel vollzogen[9].

V. Ethische Grundlagen der Berufsausübung

Die Medizin ist von der Vorstellung geprägt, immer neuere, immer bessere Behandlungsmöglichkeiten zu entwickeln, um kranken Menschen helfen zu können. Dies gilt auch für das Rettungswesen, in welchem Ärzte und sonstiges Personal u. a. Menschen in akuten Lebensgefahr mit den Instrumentarien der Notfallmedizin behandeln, um sie am Leben zu erhalten. Ethik als vorherrschende Meinung von Wichtigem und Zulässigem wird in der „Medizinischen Ethik" auf die konkreten Probleme ärztlichen Handelns ausgerichtet. Das Berufsverhalten des Personals gerade auch der Ärzte im Gesundheitswesen wird an ethischen Grundsätzen gemessen[10].

Einige ethische Grundsätze, die das Personal im Gesundheitswesen zu beachten hat, sind ganz oder teilweise in Rechtsnormen, aber auch in untergesetzlichen Normen, Standards, Richtlinien oder Ähnliches eingegangen. Die darin zum Ausdruck kommenden Anweisungen für ethisches Handeln gelten im Gesundheitswesen für das eingesetzte Personal – ärztliches wie nichtärztliches – gleichermaßen. Es gibt

---

[7] Vgl. das Ruhen der Approbation bei Verdacht der Begehung sexueller Übergriffe in der Praxis: VG Stuttgart, Urt. V. 16.8.1999 – 4 K 2115/99, MedR 2000, 142; Wiedererteilung der Approbation nach Verurteilung wegen sexuellen Missbrauchs bei Patientinnen OVG NRW, Urt. 3.2.2004 – 13B 2369/03, MedR 2004, 327, vgl. auch neustens OVG Niedersachsen Urt. v. 13.1.2009 – 8 LA 88/08, MedR 2009, 483 – sexuelle Übergriffe.

[8] Siehe aber BSG, Urt. v. 24.11.1993 – 6RKa 70/91, MedR 1994, 206: letzte Tatsacheninstanz.

[9] OVG Münster, Urt. v. 8.10.1991 – 5 A 805/91; offenbar bejahend BSG, Urt. v. 24.11.1993 – 6RKa 70/91, MedR 1994, 206.

[10] Vgl. hierzu grundlegend: Honnefelder, Korff, Kress Stichwort „Ethik" in: Korff, Beck, Mikat P (Hrsg.) (1998) Lexikon der Bioethik,, Bd. 1 S. 654 ff., Sporken (1989) in: Eser A, v Lutterotti, Sporken, (Hrsg.) Lexikon Medizin, Ethik, Recht, Sp 711 ff., Lippert (2004) in: Gorgaß, Ahnefeld, Rossi, Lippert, Grell, Weber, Rettungsassistent und Rettungssanitäter, 8. Aufl. Kap. 40.

keine eigene Ethik des Internisten, Chirurgen, Notarztes und keine des Pflegers, der Schwester, des Rettungsassistenten oder des Rettungssanitäters. Folgende ethischen Grundsätze haben sich herausgebildet und sind anerkannt:

1. Gutes tun

9   Das Personal im Gesundheitswesen ist dem Wohl des Patienten verpflichtet. Es soll sein Bestes tun, um ihm aus seiner – auch lebensbedrohlichen – Situation herauszuhelfen. Hierzu gehört es z. B. dass der Rettungsassistent/Notfallsanitäter im Rahmen der Notkompetenz auch ärztliche Maßnahmen anwendet, wenn dies zur Abwehr einer akuten Lebensgefahr unabdingbar notwendig ist, weil ein Arzt nicht oder nicht rechtzeitig an der Notfallstelle sein kann.

Diese Maxime gilt aber auch in Fällen, in denen keine Lebensgefahr besteht. Für den Arzt ergibt sich diese Verpflichtung aus dem Genfer Gelöbnis, welches jedenfalls in den meisten Kammerbezirken der für ihn geltenden Berufsordnung vorangestellt worden ist.

2. Nicht schaden

10 Das Personal im Gesundheitswesen darf dem ihm anvertrauten Patienten auch nicht durch seine Hilfsmaßnahmen schaden. Dies bedeutet, die erforderlichen Maßnahmen müssen mit den Kenntnissen und Fähigkeiten sorgfältig handelnden Personals durchgeführt werden. Man könnte auch sagen: Sie müssen nach den geltenden Standards durchgeführt werden. Die Sorgfalt entspricht der in § 276 BGB gemeinten: „Im Verkehr erforderlichen Sorgfalt".

3. Verschwiegenheit

11 Das Personal im Gesundheitswesen hat über alle Tatsachen, die es bei der Behandlung von Patienten erfährt, die es von dem Patienten anvertraut bekommt, zu schweigen. Dies gilt nur dann nicht, wenn eine gesetzliche Pflicht zur Offenbarung besteht. Auf die Einhaltung der Schweigepflicht muss der Patient sich verlassen können. Für den Arzt ergibt sich diese unbedingte Verpflichtung wiederum bereits aus seiner Berufsordnung. Der nichtärztliche Helfer des Arztes ist gesetzlich so lange an dessen Pflicht zur Verschwiegenheit gebunden, bis der Patient den Arzt von der Schweigepflicht entbunden hat oder der Bruch der Schweigepflicht dem mutmaßlichen Willen des Patienten und seinem Interesse entspricht.

4. Autonomie und Selbständigkeit achten

12 Das Personal im Gesundheitswesen hat den Willen des Patienten zu achten. Es darf keine Maßnahmen am Patienten vornehmen, die nicht von dessen tatsächlichem

§ 2 Allgemeine ärztliche Berufspflichten 51

Willen oder, wenn dieser nicht festzustellen ist, von seinem mutmaßlichen Willen und seinem wohlverstandenen Interesse gedeckt sind. Es ist dies im Notfall ein ganz besonders heikler Punkt, weil bei der häufig bestehenden Eilbedürftigkeit für das eingesetzte Personal kaum Zeit bleibt, den tatsächlichen oder den mutmaßlichen Willen in Erfahrung zu bringen und dementsprechend zu handeln. Ist dem Personal im Gesundheitswesen allerdings etwa aus einer Vorbehandlung der Wille eines Patienten auch eines Notfallpatienten bekannt, etwa nicht reanimiert werden zu wollen, so hat es diesen tatsächlich bekannten Willen zu respektieren. Die immer wieder herangezogene Notfallsituation im Krankenhaus deckt sich hier mit den Fallgestaltungen im Rettungswesen nur teilweise. Sie eignet sich daher als Beispiel nicht besonders gut.

Gerade im Rettungswesen ist aber auch immer wieder die Situation anzutreffen, dass Angehörige, die den tatsächlichen Willen des Notfallpatienten, nicht mehr reanimiert werden zu wollen, kennend, vom Personal des Rettungswesens die Durchführung von Maßnahmen zur Wiederbelebung fordern. Die Glaubwürdigkeit von Informationen Angehöriger des Notfallpatienten als Hinweis auf dessen mutmaßlichen Willen einzuschätzen, gehört zu den am schwierigsten zu bewältigenden Aufgaben, wenn es um die Frage des Abbruches von notfallmedizinischen Behandlungsmaßnahmen geht.

5. Verantwortung

Das Personal im Gesundheitswesen soll seine Kenntnisse und Fähigkeiten in den Dienst der Sache, also der Rettung und Behandlung von Patienten stellten und die ihm übertragenen Zuständigkeiten im Rahmen der gegebenen Möglichkeiten voll ausschöpfen. Für einen Rettungsassistenten/Notfallsanitäter kann dies wie für anderes qualifiziertes nichtärztliches Personal im Einzelfall auch bedeuten, im Rahmen seiner Notkompetenz tätig werden zu müssen, wenn ärztliche Hilfe nicht oder nicht rechtzeitig zur Verfügung steht. 13

6. Glaubwürdigkeit

Das Personal im Gesundheitswesen hat seine Tätigkeit bei der Behandlung von Patienten so zu gestalten, dass die vorgefundene Situation und die getroffene Maßnahme begründbar und nachvollziehbar ist. Übertreibungen wie Untertreibungen gefährden dieses Ziel. Rationales Handeln fördert die Glaubwürdigkeit. 14

7. Gerechtigkeit

Das Personal im Gesundheitswesen hat alle Patienten grundsätzlich gleich zu behandeln. Unsachliche Differenzierungen der Behandlung von Patienten oder Grup- 15 pen von Patienten widersprechen der Gerechtigkeit. Reichen die personellen und/ oder sächlichen Ressourcen nicht aus, um alle Patienten oder auch Notfallpatienten – etwa bei einem Großschadensereignis – gleichermaßen zu behandeln, so ist nach festen Kriterien und Prioritäten vorzugehen: Dringlichkeit, Grad der Verletzungen und Überlebenschancen sind zulässige Parameter bei der Auswahl der zu behandelnden Patienten und der zu treffenden Maßnahmen, ohne dass das Prinzip der Gerechtigkeit tangiert würde.

VI. Gewissensfreiheit, Interessenskonflikte

16 Eng mit den ethischen Anforderungen einerseits und der Freiheit von Weisungen durch Nichtärzte andererseits verbunden ist der Grundsatz, dass der Arzt den ärztlichen Beruf nur seinem Gewissen entsprechend ausübt. Die Gewissensentscheidung, die der Arzt zu treffen hat, ist dabei in die medizinische Ethik und die Menschlichkeit eingebunden.

17 Das nach bestem Wissen getroffene Gewissensurteil ist die subjektiv- eigene Antwort des Einzelnen auf die Frage nach dem Guten. Diese Antwort ist für den Betroffenen unbedingt verbindlich und muss als Gewissensentscheidung vom Einzelnen wie von der Gemeinschaft respektiert werden, sofern sie die gleichen Rechte anderer nicht verletzt. Gewissensfreiheit ist das Resultat eines erst in der Neuzeit gefundenen politischen Orientierungsmusters, welches das friedliche Miteinander auf den Respekt vor der religiösen und moralischen Freiheit jedes Einzelnen gründet, als Preis dafür allerdings staatliche Herrschaft von der Religion abkoppelt und zu einer rein weltlichen Veranstaltung macht[11].

18 Wo gesetzliche Normen vom Arzt ultimativ ein Tun oder Unterlassen fordern, bleibt kein Raum für eine Gewissensentscheidung[12]. Gewissensentscheidungen im genannten Sinn treten dort auf, wo der Arzt unterschiedliche individuelle Interessen gegeneinander abzuwägen hat oder da, wo ihm Rechtsnormen einen Ermessens- und Handlungsspielraum einräumen. Diese Gewissensentscheidung hat er unter Berücksichtigung der Gebote der medizinischen Ethik und der Menschlichkeit zu treffen, so weit er sie mit seinem Gewissen vereinbaren kann. Aus der Entscheidung muss erkennbar werden, dass der Arzt von dem ihm eingeräumten Ermessen in zulässiger Weise Gebrauch gemacht hat und dass er das Ergebnis begründen kann.

§ 2 Abs. 2 bestimmt nunmehr in seinem neuen Satz 2, dass Ärztinnen und Ärzte weder ihr eigenes noch das Interesse Dritter über das Wohl der Patienten und Pa-

---

[11] Vgl. Hilpert in Lexikon der Bioethik Bd. 2 S. 159.
[12] Sofern ein Arzt eine für ihn verbindliche gesetzliche Regelung für medizinisch unsinnig hält, darf er sich nicht einfach über diese Norm hinwegsetzen, sondern muss mit den ihm (auch politischen) Möglichkeiten auf eine Änderung drängen. Vgl. z. B. das „Arzneimittelrecycling" als Verstoß gegen § 43 AMG, AG Detmold, Urt. V. 16.2.2001 – 24 Owi 22 Js 778/00, MedR 2003, 351 m. Anm. Riemer.

tienten stellen dürfen[13]. Bisher hatte diese Regelung in § 16, der den Beistand für Sterbende regelt, eher ein Schattendasein befristet. Es ist nicht einzusehen, warum dieses zentrale Verbot zur Regelung von Interessenkonflikten nur in der Situation des sterbenden Patienten gelten sollte. Nun ist die Pflicht an herausgehobener Stelle verankert. Es wird deutlich, dass das Verbot für den die gesamte ärztliche Behandlung gilt. Die Gefahr resultiert aus der Vielzahl von Anfechtungen, denen ein Arzt ausgesetzt sein kann.

VII. Weisungen von Nichtärzten

Der Arzt soll seinen Beruf in medizinischen Fragen weisungsfrei und nur nach 19
seiner Sachkunde, seinem Gewissen und der ärztlichen Sitte entsprechend ausüben. Mit der Eingliederung eines Arztes in den Betrieb eines Krankenhauses oder einer ähnlichen Institution, ist der Arzt arbeits- und beamtenrechtlich Weisungen seines Arbeitgebers/Dienstherrn unterworfen, etwa was Art, Ort, Zeitpunkt, Inhalt und Umfang der zu erbringenden Arbeitsleistung angeht. Als Chefarzt und Leiter einer Einrichtung in einem Krankenhaus übt dieser Weisungsbefugnis gegenüber den seiner Abteilung/Einrichtung zugewiesenen nachgeordneten Ärzten aus. Uneingeschränkt weisungsbefugt ist neben dem Träger der Einrichtung in allen organisatorischen Fragen des Krankenhauses der Chefarzt im Rahmen der Hierarchie in dem ihm übertragenen Bereich. In medizinischen Fragen besteht Weisungsbefugnis des Chefarztes gegenüber den Assistenzärzten (soweit sie nicht Fachärzte sind)[14].

Nicht unproblematisch in diesem Zusammenhang sind Weisungen, die über die 20
Organisation oder die Finanzierung der Behandlung auf das ärztliche Verhalten Einfluss nehmen, wie z. B. die Rationierung ärztlicher Leistungen. Auch der Zwang an den Universitäten, Drittmittel mit aller Gewalt einwerben zu müssen, kann als Weisung von Nichtärzten qualifiziert werden, die sich auf das Behandlungsgeschehen nachteilig auswirken und die letztlich zu Lasten der betroffenen Patienten gehen kann. Insbesondere die Durchführung klinischer Prüfungen von Arzneimitteln und mit Medizinprodukten, die häufig der Einwerbung von Drittmitteln dienen, findet an Patienten statt, die sich dem Arzt zur Behandlung anvertrauen. Hier besteht die Gefahr, dass das Interesse des Arztes an einem hohen Drittmittelaufkommen, das durch viele klinische Prüfungen entsteht, zwangsläufig dazu führen muss, dass das Interesse der Beteiligten (Hersteller und Arzt) über das Interesse des Patienten gestellt wird[15].

Dem Berufsrecht zuwider laufen auch diejenigen Chefarztverträge, in denen 21
leistungsorientierte Boni von der Erreichung bestimmter Fallzahlen bei der Patientenbehandlung abhängig gemacht werden. Der Gesetzgeber hat hierauf prompt mit

---

[13] Vgl. zu den Interessenskonflikten, Lieb, Klemperer, Ludwig, Interessenskonfikte in der Medizin, 2011, diess. DÄ, 2011, C 204.
[14] Lippert, Kern, Stichworte Leitender Arzt, nachgeordneter Arzt.
[15] Vgl. auch die Kommentierungen zu § 15 und 33.

einer Änderung von § 136a SGB V reagiert[16]. Denn hier steht das Erreichen der vereinbarten Fallzahl im Vordergrund und nicht mehr oder doch nicht mehr nur das Interesse der Patienten im Vordergrund. Das Interesse des Krankenhausträgers am ökonomischen Erfolg steht über den Interessen der Patienten, sei dies eine bestimmte Zahl von Transplantationen oder von sonstigen, häufig von den Kassen pauschal abgegoltener operativer Eingriffe (Endoprothesen etc. etc.), §§ 2 Abs. 2 S. 2, 24.

22 Im Bereich der medizinischen Fakultäten und der Universitätsklinika gilt für das Verhältnis der Professoren in Besoldungsgruppe W3 zu denen in Besoldungsgruppe W2 (soweit sie nicht Einrichtungen im Universitätsklinikum leiten) das soeben gesagte. In organisatorischen/ökonomischen Fragen ist der Leiter der Einrichtung auch den Professoren in Besoldungsgruppe W2 gegenüber uneingeschränkt weisungsbefugt. In Fragen der Forschung kann sich der Professor in Besoldungsgruppe W2 auf das in Art. 5 GG verankerte Recht der Wissenschaftsfreiheit berufen[17]. In Fragen der Lehre untersteht er organisatorisch, aber auch hinsichtlich des Gebiets, auf welchem er zu lehren hat (nicht dagegen bezüglich des Inhalts der Lehre) der Aufsicht des Dekans und der Fakultät, der er angehört.

VIII. Grundsätze korrekter ärztlicher Berufsausübung

23 § 2 Abs. 3 verpflichtet den Arzt zur Beachtung des anerkannten Standes der medizinischen Erkenntnisse (sic: nicht der medizinischen Wissenschaft).

Es sagt sich leicht, der Arzt habe bei seiner Behandlung den Stand der medizinischen Erkenntnis zu beachten, weil es unendlich schwer ist, zu bestimmen, was sich denn unter diesem (unbestimmten) Rechtsbegriff verbirgt. Darunter fallen sicher die tragenden Grundsätze medizinischen Wissens und Könnens ebenso wie die Standards, Richtlinien, Empfehlungen und Leitlinien, die sich die einzelnen medizinischen Fachgebiete selbst gegeben haben, aber auch die Verhaltensanweisungen, die sich in anderen Gesetzen wie z. B. dem SGB V finden[18].. Dort ist das Verhalten des Arztes im Umgang mit dem Patienten geregelt, sowie die Behandlungsgrundsätze.

24 Gerichtlich weitgehend ungeklärte Fragen wirft auch Doping auf. Hierunter versteht man die Zufuhr von Substanzen, insbesondere von medizinisch nicht indizierten Pharmaka, zum Zwecke künstlicher Leistungssteigerung. Sie hat mit ärztlicher Heilbehandlung nichts zu tun und verstößt daher gegen die Berufsordnung[19] und ist

---

[16] Die DKG hat danach im Einvernehmen mit der Bundesärztekammer in ihren Beratungshilfen für Verträge mit leitenden Ärzten Empfehlungen zu Zielvereinbarungen abzugeben. Diese Empfehlungen enthalten wenig Konkretes aber viel Betroffenheitsprosa. Vgl. Ratzel, GesR 2014, 333.
[17] Vgl. hierzu BVerfG, Urt. v. 8.2.1977 – 1BvR79, 248/70, NJW 1977, 1049; auch schon BVerfG, Urt. v. 29.5.1973 – 1 BvR 424/71, NJW 1973, 1176.
[18] Vgl. hierzu Hart MedR 1998, 8 ff. sowie Ulsenheimer, Bay. Äbl, 1998, 51 ff. und Weißauer, Anästh.+Intensivmed. 1998, 197.
[19] Vgl. hierzu Linck, MedR 1993, 55 ff.; ders., NJW 1987, 2545 ff.; a. A. Franz, Hartl, NJW 1988, 2277; Laufs, Rz. 31 f.; Deutsch, Spickhoff, Rz. 1219; Ulsenheimer, in: Laufs, Uhlenbruck, § 139,

daher, sofern es schwerwiegende Gesundheitsschäden zur Folge hat, berufsrechtlich zu ahnden[20]. Daneben tritt die Ahndung nach allgemeinem Strafrecht und über § 6a AMG. § 6a ist 2007 angesichts der aufgetretenen Skandale um gedopte Radfahrer – gegen hinhaltenden Widerstand des für die Sportförderung zuständigen Bundesministers des Inneren – verschärft worden[21].

Mit der Aufklärung weiterer Skandale, wie etwa dem in der Sportmedizin des Freiburger Universitätsklinikums[22] wurde der Beweis dafür erbracht, dass gerade die sportmedizinischen Einrichtungen – entgegen anderweitiger vollmundiger Beteuerungen querbeet- tiefer in die unerlaubte Leistungssteigerung (Doping) von Spitzensportlern verstrickt waren, als auch der blauäugigste Sportfan zu glauben vermochte. Die staatliche Sportförderung hat dieses System, das ohne Ärzte nicht hätte funktionieren können, eher verstärkt. Wenn heute auch noch gelegentlich gegenüber dem Staatssport und den Staatssportlern in der ehemaligen DDR die Nase gerümpft wird, dann besteht dazu nach den jetzigen Erkenntnissen kein Anlass[23]. Doper aller Länder vereinigt euch, möchte man in Abwandlung eines bekannten Slogans ausrufen.

Die Arzneimittel, die im Doping zum Einsatz kommen sind listenabhängig und abschließend aufgezählt. Zu dieser Liste, die auf dem Übereinkommen über Doping basiert, ist eine neue als Anlage zu § 6a ausgestaltet Liste sowie eine Verordnung über die nicht geringe Menge[24] hinzugekommen. Wie sich die Änderung in der Praxis bewährt, bleibt abzuwarten. Da manche der Substanzen medizinisch für einen „dual use" offen stehen, dürfte sich die Trefferquote wie beim Lotto in Grenzen halten. Halt Placebo.

In diesem Zusammenhang ist auch die wunscherfüllende Medizin als Problem anzusprechen, da es in ihr nicht um eine Behandlung von Krankheiten geht, sondern

---

Rz. 41 m. w. Nachw. Vgl. auch die Verhängung eines Verweises im berufsgerichtlichen Verfahren für die Verordnung von Testosteron für Zwecke des Bodybuilding durch das Bez. Berufsgericht Stuttgart ArztR 2000, 105.

[20] Wie hier Linck, MedR 1993, 55 (56 f.).

[21] Gesetz vom 24.10.2007 BGBl I S. 2510. In Österreich ist das Dopingverbot über das Gesetz zur Sportförderung geregelt, eine nicht uncharmante Regelung.

[22] Vgl. hierzu eindrucksvoll: Hürter, Rezepte für den Sieg, ZEIT Nr. 23 vom 31.Mai 2007, S, 41, um nur eine einschlägige Veröffentlichung zu zitieren.

[23] Vgl. hierzu: Gesamtdeutsches Dopen in FAZ Nr. 229 vom 1. Oktober 2011S. 1. Im Übrigen hat der durch den DOSB initiierte, und durch das BISp beauftragt und geförderte Bericht „Doping in Deutschland von 1950 bis heute aus historisch-soziologischer Sicht im Kontext ethischer Legitimation" auch dem letzten Ungläubigen die Augen über das „Staatsdoping" in der Bundesrepublik geöffnet.

[24] VO vom 22. 11. 2007 BGBl I S. 2607 m. Anlage. Immerhin hat die Zentrale Ethikkommission der Bundesärztekammer eine Stellungnahme zu Doping und ärztlicher Ethik abgegeben (DÄ 2008, B –308.. Darin gibt die Kommission eine komprimierte Darstellung des Problems (überwiegend aus rechtlicher nicht ethischer Sicht). Die Empfehlungen, in denen die Stellungnahme gipfelt geben dem Arzt allerdings eher Steine statt Brot. Nicht viel besser aufgestellt sind im übrigen die Einbecker Empfehlungen der DGMR von 2007 (MedR 2007, 326) zum selben Thema. Sie bedienen die gängige Anti-Doping-Rhetorik perfekt und lassen keinen Allgemeinplatz aus.

schlicht darum, dass Menschen mit ihrem Körper unzufrieden sind und ihn mit einer Vielzahl medizinisch nicht indizierter Methoden verbessert haben wollen[25].

IX. Berufsausübungsregelungen

27 Eine ziemlich selbstverständliche Pflicht erwähnt § 2 Abs. 5. Danach hat sich der Arzt über die für seine Berufsausübung geltenden Vorschriften zu informieren und diese zu beachten. Dies gilt in erster Linie für die Vorschriften der Berufsordnung, die viele Ärzte schlicht und einfach trotz entsprechender Bekanntmachung nicht zur Kenntnis nehmen. Gedacht ist aber natürlich auch an sonstige gesetzliche Vorschriften, die es zahlreich in vielen anderen Gesetzen gibt. Einige davon sind in diesem Kommentar näher angesprochen.

X. Auskunftspflichten

28 Auskunftspflichten des Arztes gegenüber der Ärztekammer sind über die gesamte MBOÄ verstreut. So hat der Arzt an Qualitätssicherungsmaßnahmen der Ärztekammer mitzuwirken und entsprechende Auskünfte zu erteilen (§ 5) oder unerwünschte Arzneimittelwirkungen mitzuteilen (§ 6).

29 Zusätzlich verlangt die MBOÄ vom Arzt, dass er der Kammer in angemessener Zeit auch Auskünfte in Angelegenheiten gibt, auf die sich die Aufsicht der Kammer über ihre Kammermitglieder bezieht. Diese Pflicht ergibt sich bereits aus der mitgliedschaftlichen Stellung des Arztes in der Kammer und stellt insoweit kein Novum dar. Offenbar hat sich hier aber in der Vergangenheit Handlungsbedarf ergeben. Auskünfte, mit denen sich der Arzt straf- oder berufsgerichtlicher Verfolgung aussetzen würde, muss er nicht beantworten[26].

XI. Anzeigepflichten

30 Auch Anzeigepflichten finden sich über die ganze MBOÄ verstreut an einer Vielzahl von Stellen. Zu nennen ist hier die Anzeige spezieller medizinischer Maßnahmen und Verfahren (§ 13 Abs. 2), die Änderung von Ort und Zeitpunkt der Niederlassung (§ 15 Abs. 5), die Beschäftigung eines ärztlichen Mitarbeiters (19), die Beschäftigung eines Vertreters über eine längeren Zeitraum (§ 20 Abs. 2) sowie die Anzeige des Eintritts in eine Partnerschaftsgesellschaft (§ 23c).

---

[25] Vgl. hierzu Wienke, Eberbach, Kramer Janke, 2009.
[26] Vgl. Hierzu Lippert, Klinikarzt 1992, 254 ff., m. w. Nachw.

XII. Arzt und Kammer

Ärztekammern (nicht aber die Bundesärztekammer, die als nichtrechtsfähiger Verein organisiert ist) sind Körperschaften des öffentlichen Rechts. Als solche unterliegen sie der staatlichen Aufsicht, haben auf der anderen Seite aber durch das sogenannte „Selbstverwaltungsrecht" einen Freiraum, der sie beweglicher und unabhängiger als die „normale" staatliche Verwaltung agieren lässt. Das Selbstverwaltungsrecht bezieht sich jedoch nur auf den eigenen Wirkungskreis, nicht auf nicht mit der Körperschaft zusammenhängende sonstige Bereiche, wie z. B. Äußerungen zu allgemeinpolitischen Problembereichen oder auch Wirtschaftsfragen, die nicht im Zusammenhang mit der ärztlichen Tätigkeit stehen etc.[27] Zu der Wahrnehmung der beruflichen Belange der Ärzte gehört es, dass die Ärztekammern an der gesamten, diesen Bereich betreffenden Meinungsbildung bei anderen Behörden und politischen Organisationen mitwirken und (in aller Regel) auch zu hören sind. Auf der anderen Seite sind Ärztekammern verpflichtet, anderen Behörden auf Verlangen Gutachten zu erstatten.

31

Ärzte sind Pflichtmitglieder der für sie zuständigen Kammer. Sie unterliegen daher der Berufsaufsicht und sämtlichen Informations- und Auskunftspflichten, ob ihnen das recht ist oder nicht. Ärzte müssen sich bei der für sie zuständigen Kammer melden; sie haben Anfragen ihrer Kammer – wahrheitsgemäß – zu beantworten. Reagiert der Arzt trotz wiederholter Aufforderung zur Stellungnahme nicht, können gegen ihn berufsgerichtliche Maßnahmen in die Wege geleitet werden[28]. Eine Einschränkung der Auskunftspflicht ist allerdings in entsprechender Anwendung von § 55 StPO dann anzunehmen, wenn sich der Arzt durch die Auskunft der Gefahr eines straf- oder berufsgerichtlichen Verfahrens aussetzen würde[29].

32

XIII. Migrationsfähigkeit, Anerkennung von Diplomen

Die Migrationsfähigkeit betrifft –neben der Anerkennung von Diplomen als Grundvoraussetzung- die Niederlassungsfreiheit (Art. 43 EGV) und die Dienstleistungsfreiheit (Art. 49 EGV). In der MBO findet die Migrationsfähigkeit im Hinblick auf die Niederlassungsfreiheit und bezüglich der Dienstleistungsfreiheit in Absatz 7 ihren Niederschlag. Die Rechtsgrundlage für die gegenseitige Anerkennung von Diplomen und Prüfungszeugnissen ist Art. 47 EGV. Ausgangspunkt ist die Hochschuldiplom-Richtlinie vom 21.12.1988 (Richtlinie 89/48/EWG) über die allgemeine Regelung zur Anerkennung der Hochschuldiplome, die eine mindestens drei-

33

---

[27] Stuby, Berufsständische Selbstverwaltung im Ärztewesen: Privilegierung partikularer Verbandsmacht oder unausgeschöpftes Demokratiepotential? Gutachten für die Fraktion DIE GRÜNEN im Deutschen Bundestag; OVG Bremen, MedR 1993, 441; vgl. auch Quaas in: Quaas, Zuck, § 12 Rz. 99 ff.
[28] Berufsgericht für Heilberufe beim VG Köln, ArztR 1991, 237.
[29] BGHSt 27, 374; Feuerich, Zum Umfang der Auskunftspflicht des Rechtsanwalts gegenüber dem Vorstand der Rechtsanwaltskammer, AnwBl. 1992, 61.

jährige Berufsausbildung abschließen. Sie ist auch heute noch für diejenigen Berufe von Bedeutung, für die es keine Spezialrichtlinie gibt, wie etwa die Psychologischen Psychotherapeuten. Für Ärzte ist die Richtlinie vom 5.4.1993 (Richtlinie 93/16/ EWG)[30] maßgeblich. Die Richtlinie wird ständig angepasst[31]. Die Richtlinie betrifft die Anerkennung, die Koordinierung und die Allgemeinmedizin. Allerdings sind dies Mindestvoraussetzungen. Ein Mitgliedsland kann für die eigenen Staatsangehörigen strengere Regelungen einführen. Die „Inländerdiskriminierung" ist EU-rechtlich zulässig[32]. Besondere Fragen der gegenseitigen Anerkennung treten bei sog. „Drittstaaten-Diplomen" und neuerdings im Rahmen der EU-Osterweiterung zum 1. 5. 2004 auf[33]. Im Übrigen führt das Recht der Freizügigkeit nicht dazu, dass die Mitgliedstaaten verpflichtet wären, z. B. einem deutschen Heilpraktiker die ihm nach dem deutschen HPG erlaubten Tätigkeiten auch innerhalb ihrer Grenzen zu gestatten. Sie dürfen die Befugnis zur Ausübung dieser Tätigkeiten von einer Approbation abhängig machen[34]

XIV. Das Berufsgerichtliche Verfahren

1. Rechtsgrundlagen und Maßnahmenkatalog

34   Die Ahndung von Verstößen gegen die ärztlichen Berufspflichten ist den Berufsgerichten kraft Gesetz in den Kammer- und Heilberufsgesetzen der Länder in ziemlich unterschiedlicher organisatorischer Ausprägung übertragen. Überwiegend werden *Berufsgerichte* mit Verwaltungsrichtern[35] (neben Ärzten als ehrenamtliche Richter) besetzt. Weil im Rahmen eines berufsgerichtlichen Verfahrens zu verhängende Sanktionen strafrechtsähnlichen Charakter haben, müssen sie aus verfassungsrechtlichen Gründen in einem förmlichen Gesetz festgelegt sein.[36] Die Berufsordnung als Satzung genügt diesen verfassungsrechtlichen Anforderungen nicht und kann daher solche Sanktionen auch nicht vorsehen. Das Berufsgericht kann gegen einen Arzt, der sich berufsrechtswidrig verhalten hat, folgende Sanktionen aussprechen: Verwarnung, Verweis, Geldbuße, Entziehung des aktiven und

---

[30] ABl. EG Nr. L 165 v. 7.7.1993, 1 ff.
[31] Zuletzt durch die Richtlinie 2005/36 v. 7.9.2005 ABl. L 255,22; hier findet sich auch in Art. 24 Abs. 2 die Forderung, dass ein Medizinstudium 6 Jahre und 5500 Stunden Unterricht zu umfassen hat. In Deutschland ist die RiLi durch die ÄApO umgesetzt, mit Leben und vor allem aber mit Inhalten gefüllt worden. Gegen einen Abbau der dadurch entstandenen unendlichen Redundanzen in diesem Studium wehren sich mit Erfolg seit langem die Standespolitiker und der medizinische Fakultätentag – nicht zu vergessen.
[32] Schirmer, HK-AKM Ordnungszahl 1690, Rdnr. 64.
[33] Haage, ZMGR 2004, 231 ff.
[34] EuGH, Urt.v. 11.7.2002, C −294/00, Vorabentscheidung auf Vorlage des österreichischen Obersten Gerichtshofs, auch die Werbung für eine derartige Tätigkeit darf dann untersagt werden.
[35] Anders in Bayern (Strafrichter).
[36] Grundlegend Rehborn, GesR 2004, 170 ff.; Frehse/Weimer, in: HK-AKM, Kennzahl 872.

§ 2 Allgemeine ärztliche Berufspflichten

passiven Wahlrechts zu den Gremien auf bestimmte Dauer. In einigen Bundesländern kann noch der Ausspruch hinzukommen, der Arzt sei unwürdig, seinen Beruf als Arzt auszuüben.[37] Nicht zulässig ist dagegen der schriftliche Ausspruch der Missbilligung eines bestimmten Verhaltens eines Arztes (begangener Behandlungsfehler), weil der Katalog der Sanktionen diese Maßnahme nicht ausdrücklich vorsieht (numerus clausus der Sanktionen). Einige Heilberufsgesetze sehen neben den berufsgerichtlichen Sanktionen noch die Rüge durch den Kammervorstand vor (so z. B. § 58a HeilBerG NRW). Diese setzt wie eine Antragsschrift zur Eröffnung des berufsgerichtlichen Verfahrens aber eine konkrete Bezeichnung des missbilligten Verhaltens voraus.[38] Der Betroffene ist vorher anzuhören; eine fehlende oder unzureichende Anhörung macht die Rüge bereits formell rechtswidrig.[39] Der Betroffene kann eine Rüge mit dem Antrag auf berufsgerichtliche Überprüfung angreifen (§ 58a HeilBerG NRW).

2. Verfahrensvoraussetzung

Voraussetzung für die Einleitung eines berufsgerichtlichen Verfahrens ist eine berufsunwürdige Handlung. Berufsunwürdig ist eine Handlung, mit welcher schuldhaft gegen Pflichten verstoßen wird, die einem Arzt zur Wahrung des Ansehens seines Berufes[40] obliegen. Für die Beantragung eines berufsgerichtlichen Verfahrens ist grundsätzlich ein Vorstandsbeschluss der Ärztekammer notwendig, in dem die konkrete Verfehlung exakt bezeichnet und das wesentliche Ergebnis der Ermittlungen zusammengefasst werden muss (s. o.). Ein hinreichender Tatverdacht i. S. von § 203 StPO wird überwiegend nicht verlangt; ausreichend sei der aus konkreten Tatsachen ableitbare Verdacht einer Berufspflichtverletzung bzw. die ernste Möglichkeit einer solchen.[41] Ist eine berufsunwürdige Handlung Gegenstand eines Strafverfahrens (gewesen), so scheidet nach dem Grundsatz, dass Doppelbestrafungen unzulässig sind (ne bis in idem), eine zusätzliche berufsrechtliche Ahndung wegen desselben Vorganges regelmäßig aus, es sei denn es besteht ein berufsrechtlicher „Überhang". D. h. die strafrechtliche Verurteilung deckt nicht die ebenfalls verwirklichten berufsrechtlichen Verstöße, so dass eine berufsrechtliche Sanktion erforderlich ist, um das Kammermitglied zur Erfüllung seiner berufsrechtlichen Pflichten anzuhalten.[42] Ein berufsrechtlicher Überhang kann aber auch dann angenommen werden, wenn das Strafverfahren mit einem Freispruch endete, das

35

---

[37] Unter Kompetenzgesichtspunkten problematisch, Rehborn, GesR 2004, 170, 175.
[38] LHeilBerG NRW, Beschl.v. 21.6.2005 – 13 E402/04.T; Beschl.v. 28.11.2005 – 13 E 401/04.T.
[39] LHeilBerG NRW, Urt.v. 23.9.2009 – 6t A 2297/07.T, GesR 2010, 103.
[40] LHeilBerG Bay., Beschl. V. 18.4.1996 – LBG-Ä −3/95, an dieser Voraussetzung fehlte es im konkreten Fall, weil das zu ahndende Verhalten bereits acht Jahre zurück lag.
[41] LHeilBerG NRW, Beschl.v. 18.2.2009 – 6t A 1059/08.T, GesR 2009, 600; Willems, S.137 ff.
[42] LHeilBerG Hessen – LBG 1368/94, MedR 1995, 250. LHeilBerG OVG Rheinland-Pfalz, Beschl.v. 24.7.2014 - LBGH E 10372/14, GesR 2014, 635, kein berufsrechtlicher Überhang, wenn die strafrechtliche Würdigung des berufsrechtlichen Unrechts ausreicht.

Verhalten des Arztes aber dennoch nicht als gewissenhafte Berufsausübung gewertet werden kann.[43] Im übrigen sind sonstige Verfahrenshindernisse zu prüfen, z. B. Wegzug aus Kammerbezirk,[44] Verjährung, zwischenzeitliches Versterben des Beschuldigten, absehbare dauernde Verhandlungsunfähigkeit etc.[45] Das Verfahren bei der Kammer wird mit einem Beschluss des Vorstands auf Beantragung der Einleitung eines berufsgerichtliches Verfahrens abgeschlossen (z. B. § 71 Abs. 1 HeilBerG NRW). Beamte unterliegen als Ärzte im Gegensatz zu angestellten und niedergelassenen Ärzten dem berufsgerichtlichen Verfahren bei der Ärztekammer nicht. Für sie gilt ausschließlich das Disziplinarrecht des Dienstherrn, auch für im Dienst begangene berufsunwürdige Handlungen.

3. Verfahrensgegenstand

36   Verfahrensgegenstand sind zunächst Verstöße gegen die in der jeweiligen Berufsordnung aufgeführten Berufspflichten. Daneben können Verstöße gegen sonstige Vorschriften, an die der Arzt im Rahmen seiner Berufsausübung gebunden ist, ebenfalls berufsgerichtlich verhandelt werden. Bezüglich der Wertung außergerichtlichen Verhaltens werden jedoch zu Recht Zweifel an der Kompetenz der Berufsgerichte angesprochen.[46]

4. Rechtsmittel und sonstige Verfahrensgrundsätze

37   Das Verfahren ist an das Strafverfahren angelehnt, es findet allerdings nicht öffentlich statt. Gleiches gilt für Zeugen und Sachverständige. Das Verfahren kann entsprechend den Vorschriften des Strafverfahrens eingestellt werden. Gegen die Entscheidung des Berufsgerichts ist das Rechtsmittel der Berufung zum Berufsgericht zweiter Instanz (Landesberufsgericht) gegeben. Dieses entscheidet abschließend. Gegen einen Freispruch ist eine Berufung allerdings unzulässig, auch wenn in der angegriffenen Entscheidung eine objektive Berufspflichtverletzung festgestellt wurde, es aber aus anderen Gründen (hier: unvermeidbarer Verbotsirrtum) nicht zu einer Verurteilung kam.[47] Die Landesberufsgerichte entscheiden abschließend. Danach bleibt nur noch die Verfassungsbeschwerde, die allerdings gerade in den letz-

---

[43] LHeilBerG Niedersachsen, Urt.v. 5.10.2005, Az. 1 S 3/05, MedR 2007, 454; siehe aber auch VG Berlin, Urt.v. 19.9.2007, 90 A 7.05, keine berufsgerichtliche Maßnahme nach Einstellung eines Strafverfahrens gemäß § 153a StPO; ebenso AGH Hamburg, Urt.v. 16.2.2009, I EVY 6/08; BVerwGE 120, 218.

[44] BerG Heilb.VG Münster, Beschl.v. 8.2.2012 – 17 K 1299/10.T-; siehe auch LHeilBerG NRW, Beschl. 5.8.2014 – 6t E 285/12.T.

[45] Willems, Teil 3 C Rn. 260 mit weiteren Nachweisen.

[46] Rehborn, GesR 2004, 170, 172.

[47] LHeilBerG NRW, Urt.v. 6.7.2011 – 6t A 1816/09.T, ZMGR 2011, 370=GesR 2011, 733.

ten Jahren zu einem ziemlich erfolgreichen Angriffsmittel gegen berufsgerichtliche Entscheidungen, insbesondere bezüglich der Informationsfreiheit, geworden ist.

XV. Zivilrechtliche Folgen von Verstößen gegen Pflichten aus der Berufsordnung

Es ist vielfach unbekannt, dass nicht wenige Normen der Berufsordnung Verbotsgesetze im Sinne von § 134 BGB sind. Dies hat zur Folge, dass gegen diese Normen verstoßende Rechtsgeschäfte nichtig sein und beträchtliche Schäden auflaufen können. Daneben spielen Unterlassungsverfügungen von Mitbewerbern oder entsprechenden Vereinigungen zu Überwachung des lauteren Wettbewerbs eine wichtige Rolle[48].

38

---

[48] Vgl. hierzu im Einzelnen Ratzel, MedR 2002, 492 m.w.Nachw.

§ 3 Unvereinbarkeiten

(1) Ärztinnen und Ärzten ist neben der Ausübung ihres Berufs die Ausübung einer anderen Tätigkeit untersagt, welche mit den ethischen Grundsätzen des ärztlichen Berufs nicht vereinbar ist. Ärztinnen und Ärzten ist auch verboten, ihren Namen in Verbindung mit einer ärztlichen Berufsbezeichnung in unlauterer Weise für gewerbliche Zwecke herzugeben. Ebenso wenig dürfen sie zulassen, dass von ihrem Namen oder vom beruflichen Ansehen der Ärztinnen und Ärzte in solcher Weise Gebrauch gemacht wird.

(2) Ärztinnen und Ärzten ist untersagt, im Zusammenhang mit der Ausübung ihrer ärztlichen Tätigkeit Waren und andere Gegenstände abzugeben oder unter ihrer Mitwirkung abgeben zu lassen sowie gewerbliche Dienstleistungen zu erbringen oder erbringen zu lassen, soweit nicht die Abgabe des Produkts oder die Dienstleistung wegen ihrer Besonderheiten notwendiger Bestandteil der ärztlichen Therapie sind.

Übersicht   Rz.

I.   Die Bedeutung der Norm 1
II. Umfang und Grenzen merkantiler Motive 6
III. Kooperation mit Gesundheitshandwerkern – die bisherige Rechtslage 7
IV. Die Neukonzeption in § 128 SGB V 10
V.   Verbot der gewerblichen Überlagerung 22

Literatur

Bonvie, Vergütung für ärztliche Dienstleistung oder verbotene Provision, MedR 1999, 64; ders. Beteiligung der Ärzte am Erfolg anderer Dienstleister in der Gesundheitswirtschaft, in Festschrift AG Medizinrecht im DAV z. 10-jährigen Bestehen 2008, 827; Buchner, König. Gesundheitsprodukte und gewerbliche Dienstleistungen in der Arztpraxis, ZMGR 2005, 335; Flasbarth, in: Orlowski/Rau/Wasem/Zipperer (Hrsg.) GKV-Kommentar SGB V § 128 Rn. 61, 63, sowie Bäune/Dahm/Flasbart, MedR 2012, 77, 93; Grienberger, Aktuelle Probleme der Hilfsmittelversorgung, ZMGR 2009, 59; Grinblat, § 128 SGB V und die Bekämpfung von Fehlverhalten im Gesundheitswesen am Beispiel der Heil- und Hilfsmittelversorgung, MPJ 2014, 309ff.; Gummert, Meier, Beteiligung Dritter an den wirtschaftlichen Ergebnissen ärztlicher Tätigkeit, MedR 2007, 75; Kazemi, Lingenberg, Der Zahnarzt als Kreditvermittler – Rechtliche Aspekte des Angebots von Finanzierungen zahnersatztechnischer Leistungen durch den niedergelassenen Zahnarzt, MedR 2005, 196; Kern, Heilhilfsmittelversorgung durch den behandelnden Arzt, NJW 2000, 833; Ratzel, Zusammenarbeit von Ärzten mit Orthopädietechnikern und Sanitätshäusern, GesR 2007, 200; ders., Der verkürzte Versorgungsweg – Ein Auslaufmodell?, GesR 2008, 623; ders., Beteiligung von Ärzten an Unternehmen im Gesundheitswesen, ZMGR 2012, 258 ff.; Schütze, in: Festschrift f. Renate Jäger, die Sachwalterstellung der Vertragsärzte – Grenzen für Boni, Fangprämien und andere Verquickungen, 2011, 539, 546 ff., 557.Stelzl, Heilberuf oder Kosmetik: Abgrenzungsfragen am Beispiel des Zahn-Bleaching, ZMGR 2005, 168; Thünken, Die wettbewerbs- und berufsrechtliche Zulässigkeit der Einbindung von Ärzten in den Vertrieb von Gesundheitsprodukten, GesR 2007, 578; Wittmann/Koch, Die Zulässigkeit gesellschaftsrechtlicher Beteiligungen von Ärzten an Unternehmen der Hilfsmittelbranche im Hinblick auf § 128 Abs. 2 SGB V und das ärztliche Berufsrecht, MedR 2011, 476 ff.

I. Die Bedeutung der Norm

1 Schutzobjekt von § 3 MBO ist sowohl die Wahrung der ärztlichen Unabhängigkeit als auch das Ansehen des Arztes in der Bevölkerung. Es soll nicht der Verdacht aufkommen, der Arzt würde therapeutische Entscheidungen von berufsfremden Erwägungen abhängig machen. Dem Arzt ist nach § 3 Abs. 1 S. 2 MBO auch verboten, seinen Namen in Verbindung mit der ärztlichen Berufsbezeichnung in unlauterer Weise für gewerbliche Zwecke herzugeben[1]. Unter der ärztlichen Berufsbezeichnung ist zum einen die Bezeichnung „Arzt" und die als „Facharzt für (...)" zu verstehen, aber auch Titel wie außerplanmäßiger Professor (den sowieso niemand in dieser Form führt), Professor oder Sanitätsrat. Amtsbezeichnungen wie z. B. Professor (für einen beamteten Professor) dürfen für außerdienstliche Zwecke nicht verwendet werden. Lässt ein Beamter dies zu, so liegt hierin eine Dienstpflichtverletzung, wenn die Verwendung etwa für eine – ggf. genehmigungspflichtige – Nebentätigkeit erfolgt. Die Verwendung des Doktor-Titels in einer Firma ist unter handels-(firmen)rechtlichen Gesichtspunkten zu prüfen. Die Verwendung muss mit der Würde eines Arztes in Einklang stehen, um standesgemäß zu sein. Als unzulässige Verwendung des Arztnamens für gewerbliche Zwecke ist auch die sog. „Schleichwerbung" für Produkte unter angeblicher neutraler medizinischer Bewertung zu verstehen.

2 Die Grenzen zwischen Werbung und Information sind fließend. Nicht ohne Grund sollen Produktinformationen der Firmen in Printmedien als „Anzeige" kenntlich gemacht werden, um dem Verbraucher/Leser zu signalisieren, dass er nicht zwingend mit einer abwägenden Information rechnen muss. Deswegen versuchen viele Firmen durch vorgebliche redaktionelle Beiträge diese Grenze zu kaschieren. Gerade in den Fernsehmedien hat diese Art von Schleichwerbung oder auch Produktplacement für Furore gesorgt. Wer Werbung als Information tarnt, verschleiert. Das OLG München hat im Falle einer Werbebroschüre für Nahrungsergänzungsmittel sehr deutlich festgestellt[2]:

---

[1] VG Münster, Urt. v. 20.5.1998, 6 K 3821/97 – MedR 1999, 146, Werbung für Dritte im Wartezimmer unzulässig; so auch, wenn ein Arzt seinen Namen zur Bewerbung eines nichtärztlichen „Gesundheitszentrums" seines Sohnes hergibt (dort wurde u. a. pulsierende Signaltherapie, Bioresonanztherapie und Haaranalyse angeboten), BG Heilb.LG München, Urt. v. 13.2.2008, BG-Ä 1/07; 20.000,-€ Geldbuße.

[2] OLG München, Urt. v. 20.1.2005, 29 U 4589/04 – GesR 2005, 549; siehe auch BGH, Urt. v.5.6.1997 – I ZR 69/95 – MDR 1998, 301=GRUR 1998, 489 – Unbestimmter Unterlassungsantrag III, m.w.N. Der Leser erwartet nicht, dass in einem derartigen Text Werbung enthalten ist und kann sie nicht klar als solche erkennen. Seine Platzierung im redaktionellen Teil der Broschüre verschleiert daher den Werbecharakter dieses Texts (Köhler, Wettbewerbsrecht, 23. Auflage 2004, § 4 UWG Rn 3.11). Das erfüllt den Tatbestand des § 4 Nr. 3 UWG und ist damit unlauter i. S. d. § 3 UWG. Diese Vorgehensweise trifft auch der Vorwurf der Sittenwidrigkeit i. S. d. § 1 UWG a.F., denn wer unter der redaktionellen Tarnkappe Wirtschaftswerbung betreibt, handelte auch nach altem Recht wettbewerbswidrig (BGH, Urt. v. 30.4.1997 – I ZR 196/94, GRUR 1997, 912, Die Besten I.; BGH, Urt. v. 30.4.1997 – I ZR 154/95 – BRAK 1997, 267=MDR 1997, 1144=CR 1997, 691=GRUR 1997, 914 – Die Besten II, m.w.N.). Die angegriffene unlautere Wettbewerbshandlung ist geeignet, den Wettbewerb zum Nachteil sowohl der Verbraucher als auch anderer

Der Leser als Laie misst dem redaktionellen Text (eines Arztes), der für sich Vertrauen in seine Sachkompetenz als im Bereich der Nahrungsergänzungsmittel erfahrener Arzt in Anspruch nimmt, als fachlich orientierter und neutraler Instanz größere Bedeutung bei und steht ihm unkritischer gegenüber als den werbenden Behauptungen von Inserenten. Dieser Fall zeigt darüber hinaus exemplarisch, wie wichtig es ist, klar zwischen Eigenwerbung des Arztes, mit der sich die Entscheidung nicht vorrangig auseinandersetzt, und (gewerblicher) Produktwerbung zu unterscheiden. Die Eigenwerbung des Arztes wäre im Hinblick auf die zunehmend liberale Rechtsprechung des BVerfG möglicherweise noch zu tolerieren. Wettbewerbswidrig und damit unlauter wird die Darstellung dadurch, dass der Arzt seinen „Fachbonus" einsetzt, um den Absatz Dritter zu fördern und daraus letztlich wieder eigenen Vorteil zu ziehen, (so auch, wenn ein Arzt seinen Namen zur Bewerbung eines nichtärztlichen „Gesundheitszentrums" seines Sohnes hergibt (dort wurde u.a. pulsierende Signaltherapie, Bioresonanztherapie und Haaranalyse angeboten), BG Heilb. LG München, Urt.v. 13.2.2008, BG-Ä 1(07, 20.000,- € Geldbuße.) Wer sich schon so in der Öffentlichkeit positionieren will, muss wenigstens darauf achten, dass seine fachlichen Aussagen nicht nur inhaltlich nicht verschleiernde Werbung beinhalten, sondern auch graphisch/örtlich von Werbeanzeigen oder sonstigen Produktplatzierungen abgesetzt sind.

Ziel von § 3 Abs. 2 MBO ist die Trennung merkantiler Gesichtspunkte vom Heilauftrag des Arztes[3]. Das besondere Vertrauen in den Arztberuf soll darüber hinaus nicht zur Verkaufsförderung solcher Produkte und Dienstleistungen „missbraucht" werden, die der Patient nicht notwendigerweise im Zusammenhang mit seiner Betreuung benötigt. Die Grenzen sind sicher fließend. Unzulässig dürfte nach dieser Vorschrift wohl der Verkauf solcher Produkte sein, die auch andere Marktteilnehmer feilbieten, sofern sie nicht zwingend für die ärztliche Therapie benötigt werden (z. B. „Sportlernahrung")[4]. Ein typisches Beispiel zulässiger Tätigkeit ist die Ab-

---

Hersteller von Nahrungsergänzungsmitteln, die sonstige Marktteilnehmer sind, nicht nur unerheblich, sondern wesentlich zu beeinträchtigen und ist deshalb gem. § 3 UWG unzulässig. Wegen dieser Eignung zur wesentlichen Beeinträchtigung des Wettbewerbs begründete sie auch nach § 13 Abs. 2 Nr. 2 UWG a.F. einen Anspruch auf Unterlassung. Die Inanspruchnahme von Vertrauen in seine Eigenschaft als Arzt ermöglicht es, bei medizinisch nicht fachkundigen Lesern, an die sich die Broschüre richtet, in besonders wirksamer Weise den Eindruck zu erwecken, gerade das anschließend offen beworbene Produkt verdiene besondere Wertschätzung. Da einem Arzt wegen seiner Verpflichtung, in Gesundheitsfragen ausschließlich im Interesse seiner Patienten zu handeln, auf diesem Gebiet ein erhöhtes Vertrauen entgegengebracht wird, beeinflusst der Beklagte durch das Ausnutzen dieses Vertrauens besonders wirksam die freie Entschließung des Lesers als Kunden, ohne dass der sich dessen bewusst würde, und gefährdet damit die Funktionsfähigkeit des an der Leistung orientierten Wettbewerbs nachhaltig (BVerfG, Beschl. v. 7.11.2002 – 1 BvR 580/02 – MDR 2003, 344=NJW 2003, 277 – JUVE-Handbuch, m.w.N.).
[3] Siehe auch § 18 Abs. 2 MBO, Gewährleistung der nicht gewerblichen Tätigkeit im Rahmen vergesellschafteter Berufsausübung.
[4] LG Rottweil; Urt. v. 16.6.2006, 5 O 40/05 KfH, MedR 2007, 494, keine Abgabe von Nahrungsergänzungsmitteln und Vitaminen in Arztpraxis, bestätigt OLG Stuttgart, Beschl. v. 5.12.2006, 2 U 141/06; Die Abgrenzung zum sog. „Wellness-Bereich" wird man nur von Fall zu Fall vornehmen

gabe bzw. der Verkauf von Kontaktlinsen in Augenarztpraxen[5] oder auch (allerdings mit erheblichen Einschränkungen s. u. Ziff. IV) orthopädischer Hilfsmittel beim Orthopäden[6]. In welchem Umfang Ärzte einfache Hilfsmittel abgeben können, war lange Zeit umstritten[7].

4   Der BGH[8] hat sich der eher restriktiven Auffassung angeschlossen. Danach darf ein Arzt seine Patienten nicht auf die Möglichkeit des Bezugs von Teststreifen aus einem in der Praxis befindlichen Depot eines Sanitätshauses hinweisen und danach abgeben, es sei denn, der Patient wünscht dies von sich aus ausdrücklich, aus Anlass von Schulungszwecken zur Ersteinweisung oder Nachschulung oder in Notfällen. Die Abgabe von in großem Umfang benötigten Verbrauchsprodukten durch den Arzt sei im Regelfall Ausdruck eines rein geschäftsmäßigen Verhaltens, das die Gefahr einer langfristigen negativen Rückwirkung auf die medizinische Versorgung durch eine Orientierung an ökonomischen Erfolgskriterien in sich berge. Soweit die Abgabe unmittelbar der ärztlichen Therapie diene, sei sie jedoch nicht zu beanstanden.

5   Stets muss bei derartigen Geschäften aber die steuerrechtliche Problematik mitbedacht werden. Während nämlich z. B. die Anpassung von Kontaktlinsen durch den Augenarzt noch zu Einnahmen aus freiberuflicher Tätigkeit führen, gelten Einkünfte aus Verkäufen derartiger Gegenstände ohne individuelle Anpassung als Einkünfte aus Gewerbebetrieb; sie unterliegen der Gewerbesteuer[9].

---

können; siehe nur OLG Stuttgart – 2 U 120/96 – MedR 1997, 175, „Vital Shops"; siehe auch OLG Koblenz – 6 U 1500/96 – MedR 1998, 29, Warenangebot im Internet.

[5] LG Hechingen, Urt. v. 16.5.1995 – KfHO 144/94 – n.v.; bestätigt durch OLG Stuttgart, Urt. v. 28.6.1996 – 2 U 146/96 – n.v.; LSG Rheinland-Pfalz, Urt. v. 12.12.1996 – L 5 Ka 56/95 – n.v.; Verkauf von Glas-Rohlingen hingegen unzulässig, weil schon dem ausschließlichen Handwerksbereich zuzurechnen, so jedenfalls LG München II, Urt. v. 14.4.1999 – 1 HKO 785/99; OLG Stuttgart, Urt. v.30.10.2008, 2 U 25/08, GRUR-RR 2008, 429 ff. Abgabe von Brillen in Augenarztpraxen unzulässig; so auch BGH, Urt. v. 9.7.2009 – I ZR 13/07, WRP 2009, 1076 unter Aufhebung OLG Celle, Urt. v. 21.12.2006 – 13 U 118/06, GesR 2007 220.

[6] OLG Düsseldorf, Urt. v. 8.3.2005, I 20 U 96/04 – MedR 2005, 528 zur Abgabe von Air-Cast-Schienen und Gehstützen zur Sofortbehandlung. Allerdings war hier auch die wettbewerbsrechtliche Problematik, bzw. deren nur eingeschränkte Überprüfbarkeit im Rahmen des SGB V von Bedeutung, dazu BGH, Urt. v. 2.10.2003 – I ZR 117/01 – GRUR 2004, 247, wettbewerbsrechtliche Beurteilung durch § 69 SGB V ausgeschlossen; siehe aber jetzt eher zurückhaltend BGH, Urt. v. 2.6.2005 – I ZR 317/02 – MedR 2005, 717 ff., dazu unten.

[7] OLG Köln, Urt. v.22.1.2002 – 6 U 77/02 – GesR 2003, 120, keine Abgabe von Diabetes-Teststreifen; a. A. OLG Naumburg – 7 U 67/01 – ApoR 2003, 51; Buchner, König, ZMGR 2005, 335 ff.

[8] BGH, Urt. v. 2.6.2005 – I ZR 317/02 – GesR 2005, 456= GRUR 2005, 875; OLG Naumburg, Urt. v. 26.6.2008, 1 U 9/08, GesR 2008, 591, Vertrieb Akupunkturnadeln über Arztpraxis.

[9] BGH, Urt. v. 5.10.2006 – VII R 63/05, GesR 2007, 186, zur Steuerverkürzung bei Abgabe Medizinprodukte durch Ärzte und Auskunftspflicht des MP-Herstellers.

II. Umfang und Grenzen merkantiler Motive

Ärzte und andere Dienstleister bzw. Unternehmen im Gesundheitswesen haben viele übereinstimmende Interessen. Eine gute Kooperation beider Bereiche ist mit eine wesentliche Voraussetzung für eine gut funktionierende Patientenversorgung. Dennoch ist es nicht von der Hand zu weisen, dass sich ärztliche Unabhängigkeit und das Interesse des produzierenden oder verarbeitenden Gewerbes an Absatzförderung – gerade auch in Zeiten begrenzter Ausgabenbudgets auf Kostenträgerseite – entgegenstehen können. Dies gilt erst recht, wenn der Arzt ohne Veranlassung im konkreten Behandlungsfall das Absatzförderungsinteresse eines Betriebes zum Eigeninteresse definiert, weil ihm dadurch direkte Vorteile zuwachsen. Vor diesem Hintergrund haben sich in den vergangenen Jahren zwischen Ärzten, Gesundheitshandwerkern und Hilfsmittelherstellern/-lieferanten angesichts des zunehmenden Konkurrenzkampfes „Beziehungsgeflechte" entwickelt, die unter den Oberbegriff „Kick-Back" eingeordnet werden können. Daneben gab es aber auch unter dem Schlagwort „verkürzter Versorgungsweg" von der Rechtsprechung (s. u.) gebilligte Vertriebsmodelle, die den Arzt mit einer ärztlichen Leistung in die Hilfsmittelabgabe gegen direkte Vergütung durch den Hilfsmittelhersteller/-lieferanten einbinden. Mit dem neuen im Rahmen des GKV-OrgWG vom Gesetzgeber beschlossenen § 128 SGB V konnten diese Vertriebssysteme in ihrer bisherigen Form mit Ablauf der Übergangsfrist[10] zum 31.3.2009 nicht mehr fortgesetzt werden[11]; dies gilt erst recht im Hinblick auf die später vorgenommenen Änderungen dieser Norm (s. u. Ziff. IV).

6

III. Kooperation mit Gesundheitshandwerkern – die frühere Rechtslage

1. Zusammenarbeit mit bestimmten (ausgewählten) Gesundheitshandwerkern

Ohne sachlich gebotenen Grund soll der Arzt bei der Verordnung von Heil- oder Hilfsmitteln keinen bestimmten Hersteller benennen (siehe auch § 34 Abs. 5 MBO a.F.). Die Entscheidungsfreiheit des Arztes wird dadurch aber nicht berührt. Denn selbstverständlich konnte der Arzt positive Erfahrungen mit einem Hilfsmittelhersteller oder einem Heilmittelerbringer nach früherer Rechtsprechung in eine Empfehlung an den Patienten umsetzen,[12] allerdings sollte diese Empfehlung mit dem

7

---

[10] Art. 7 Abs. 6 GKV-OrgWG; nochmals verschärft im Rahmen der 15. AMG-Novelle BGBl. I 2009, 2015 v. 22.7.2009.
[11] Ratzel, Zusammenarbeit von Ärzten mit Orthopädietechnikern und Sanitätshäusern, GesR 2007, 200 ff.
[12] OVG Münster, Urt. v. 2.9.1999 – 13 A 3323/97, NVwZ-RR 2000, 216 für den Fall der Empfehlung einer bestimmten Apotheke wegen spezieller Arzneimittel; BGH, Urt. v. 28.4.1981 – VI ZR 80/79, NJW 1981, 2007 zur zulässigen Empfehlung eines Orthopädietechnikers durch einen

Hinweis gekoppelt werden, dass der Patient in der Einlösung der Verordnung selbstverständlich völlig frei sei und auch andere Anbieter aufsuchen könne. Eindeutig unzulässig wäre aber, die Empfehlung an die Bezahlung eines bestimmten Betrages durch den Hersteller zu koppeln. Dies wäre eine unzulässige Provision. Zwischen diesen beiden Polen gibt es eine Grauzone. Manche versuchen sich damit zu behelfen, dass sie „Beraterverträge" abschließen oder „Studienaufträge" annehmen, die jedoch oftmals nur vorgeschoben sind, um Provisionszahlungen zu kaschieren.[13] Zum Teil findet man auch Lager- und Bereithaltungsverträge, die in nicht wenigen Fällen demselben Zweck dienen. Dies heißt nicht, dass jegliche Kooperation unzulässig ist. So kann ein Orthopäde selbstverständlich einem Orthopädietechniker z. B. einen halben Tag in der Woche einräumen, an dem dieser dann direkt seine Arbeit in der Praxis verrichtet[14]. Hierfür eine Vergütung zu verlangen, ist in keiner Weise anstößig oder berufsrechtlich problematisch, wenn die Vergütung dem Wert der Raumnutzung entspricht[15].

2. Handwerk, Sanitätshandel und Hilfsmittelabgabe

8 Bis heute bestehen unterschiedliche Auffassungen zwischen Vertretern der Gesundheitshandwerker-Berufe und Ärzten über die Frage, in welchem Umfang „Nicht-Handwerker" Leistungen in diesem Bereich erbringen dürfen[16]. Maßstäbe hatte diesbezüglich eine vom BGH[17] mit dem Schlagwort „verkürzter Versorgungsweg" begründete neue Rechtsprechung gesetzt. Der Arzt übe bei der Anpassung des Ohrabdrucks ärztliche Tätigkeit und kein Handwerk aus. Verstöße gegen die Berufsordnung sieht der BGH nicht. Durch die Zurverfügungstellung eines PCs und der Online-Verbindung sei der Arzt nicht gebunden oder gehindert, sich auch anderer Hörgeräteakustiker zu bedienen. Alleine die Schaffung der Möglichkeit eines Zusatzverdienstes durch die Vergütung des Ohrabdrucks durch den Hörgeräteversand sei für sich genommen nicht zu beanstanden, da er auf erlaubter HNO-ärztlicher Tätigkeit beruhe. Ein Verstoß gegen § 126 Abs. 1 SGB V a.F. (Beschränkung der Hilfsmittelabgabe auf zugelassene Leistungserbringer) liege nicht vor, da der

---

Orthopäden, wenn fachliche Gründe vorliegen; BGH, Urt. v. 15.11.2001 – I ZR 275/99, MedR 2002, 256 zur zulässigen Empfehlung eines auswärtigen Hörgeräteakustikers in Zusammenhang mit dem „verkürzten Versorgungsweg".

[13] OLG Koblenz, Urt. v. 22.2.2005 – 4 U 813/04, MedR 2005, 723.

[14] Ebenso OLG Hamburg, Urt. v. 19.11.1998 – 3 U 160/98, n.v. für Beratung durch Hörgeräteakustiker im Wartezimmer vom HNO-Arzt; weitere Beispiele bei Bonvie, MedR 1999, 64 ff.

[15] Vorsicht ist allerdings im Hinblick auf die steuerrechtliche Qualifikation dieser Einkünfte angebracht (Gewerblichkeit).

[16] LG Dortmund, Urt. v. 4.6.1997 – 10 O 197/96, MedR 1998, 36; dagegen Schwannecke/Wiebers, Rechtliche Grenzen der Aufgabenverteilung bei der Hilfsmittelversorgung zwischen Arzt und Gesundheitshandwerker, NJW 1998, 2697 ff.; dafür Kern, Heilhilfsmittelversorgung durch den behandelnden Arzt, NJW 2000, 833 ff.

[17] BGH, Urt. v. 29.6.2000 – I ZR 59/98, MedR 2001, 203 ff.= NJW 2000, 2745 ff.

HNO-Arzt die Hörgeräte nicht abgebe, sondern nur verordne. Abgeber im Rechtssinne bleibe das Versandhandelsunternehmen. In einer späteren Entscheidung hat der BGH[18] diese Rechtsprechung bekräftigt. Die Vorteile des verkürzten Vertriebsweges (günstiger Preis, keine „Laufereien") sprächen aus wettbewerbsrechtlicher Sicht nicht gegen, sondern gerade für das Konzept. Vorübergehend wurde diese Argumentationsschiene auch für andere Vertriebsmodelle herangezogen.

Nach einer Entscheidung des OLG Celle[19] soll die Abgabe von Brillen in Augenarztpraxen zulässig sein. Ohne Hinzutreten besonderer Umstände sei es wettbewerbsrechtlich nicht unlauter, wenn ein Augenarzt seine Patienten im Beratungsgespräch darauf hinweist, dass die Versorgung mit einer Sehhilfe (Brille) nicht nur durch einen örtlichen Augenoptiker erfolgen kann, sondern auch über den verkürzten Versorgungsweg – mit dem Vorteil, dass der Patient sich die Brille gleich in der Praxis aussuchen kann. Die Fertigung erfolgt dann durch den auswärtigen Augenoptikermeisterbetrieb. Dies gelte auch dann, wenn der Augenarzt für die ärztlichen Leistungen, die er im Rahmen seiner Mitwirkung an der Versorgung im verkürzten Versorgungsweg erbringt, vom Optiker eine gesonderte Vergütung erhält. Diese Entscheidung wurde vom BGH aufgehoben.[20] Noch weiter ging das OLG Celle[21] in einer weiteren Entscheidung zur Hörgeräteabgabe in der HNO-Praxis. Ein hinreichender Grund für die Empfehlung eines bestimmten Lieferanten i. S. v. § 34 Abs. 5 MBO liege schon dann vor, wenn dem Patienten aus Gründen der Bequemlichkeit ein weiterer Gang zum Hörgeräteakustiker erspart bliebe. Für den orthopädischen Hilfsmittelbereich würde mit dieser Argumentation auch die Abgabe vielfältiger Fertighilfsmittel (ohne Anpassungsbedarf) gerechtfertigt werden können, wenn ein Patient z. B. in seiner Mobilität eingeschränkt ist (siehe aber unten Ziff. IV). Auch diese Entscheidung wurde vom BGH aufgehoben (s. u.).[22] Schon zuvor hatte das OLG Stuttgart entschieden, dass ein Vertriebssystem von Brillen über Augenarztpraxen unzulässig ist[23]. Die Auswahl einer Brille erfolge nur in Ausnahmefällen nach medizinischen Gesichtspunkten. Statt medizinischer ständen eher ästhetische und handwerkliche Überlegungen im Vordergrund. Auf den Patienten könne ein unangemessener Druck ausgeübt werden, wenn ihm „sein" Augenarzt ein derartiges Produkt anbiete. Der Arzt nehme bei diesem Verkauf eher die Position eines Gewerbetreibenden ein.

9

---

[18] BGH, Urt. v. 15.11.2001 – I ZR 275/99, MedR 2002, 256 ff.; BSG, Urt. v. 23.1.2003 – B 3 KR 7/02 R, MedR 2003, 699, Kasse darf verkürzten Versorgungsweg nicht ausschließen.
[19] OLG Celle, Urt. v. 21.12.2006 – 13 U 118/06, GesR 2007, 220.
[20] BGH, Urt. v. 9.7.2009 – I ZR 13/07, WRP 2009, 1076.
[21] OLG Celle, Urt. v. 29.5.2008 – 13 U 202/07, GesR 2008, 476; aufgehoben d. BGH, Urt. v. 13.1.2011 – I ZR I ZR 111/08, MedR 2011, 500.
[22] BGH, Urt. v. 13.1.2011 – I ZR I ZR 111/08, MedR 2011, 500.
[23] OLG Stuttgart, Urt. v. 30.10.2008, 2 U 25/08, GRUR-RR 2008, 429 = GesR 2008, 216. (LS); bestätigt durch BGH, Urt. v. 24.6.2010 – I ZR 182/08.

IV. Die Neukonzeption des § 128 SGB V

1. Entstehungsgeschichte der Norm

10 Der seit dem 01.04.2009 durch das GKV-OrgWG[24] neu eingeführte § 128 SGB V wurde bereits im Rahmen der 15. AMG-Novelle[25] erneut deutlich verschärft. Die Änderungen sind am 23.07.2009 in Kraft getreten. § 128 Abs. 1 SGB V enthält ein sog. „Depotverbot" zur Abgabe von Hilfsmitteln in Vertragsarztpraxen, Krankenhäusern und sonstigen medizinischen Einrichtungen. Gemäß § 128 Abs. 2 SGB V[26] dürfen Leistungserbringer Vertragsärzte sowie Ärzte in Krankenhäusern und anderen medizinischen Einrichtungen nicht gegen Entgelt oder Gewährung sonstiger wirtschaftlicher Vorteile an der Durchführung der Versorgung mit Hilfsmitteln beteiligen oder solche Zuwendungen im Zusammenhang mit der Verordnung der Hilfemittel gewähren. Unzulässig ist ferner die Zahlung einer Vergütung für zusätzliche privatärztliche Leistungen, die im Rahmen der Versorgung mit Hilfsmitteln von Vertragsärzten erbracht werden, durch Leistungserbringer. Wirtschaftliche Vorteile im Sinne des Satzes 1 sind auch die unentgeltliche oder verbilligte Überlassung von Geräten und Materialien, Durchführung von Schulungsmaßnahmen sowie die Gestellung von Räumlichkeiten oder Personal oder die Beteiligung an den Kosten hierfür. Gemäß § 128 Abs. 4 SGB V dürfen Vertragsärzte nur auf der Grundlage vertraglicher Vereinbarungen mit Krankenkassen über die ihnen im Rahmen der vertragsärztlichen Versorgung obliegenden Aufgaben hinaus an der Durchführung der Versorgung mit Hilfsmitteln mitwirken. Über eine Mitwirkung nach Satz 1 informieren die Krankenkassen die für die jeweiligen Vertragsärzte zuständigen Ärztekammern. Unstreitig ist danach der bisherige verkürzte Versorgungsweg, wie er vom BGH[27] in mehreren Entscheidungen gebilligt worden ist, jedenfalls im vertragsärztlichen Bereich nicht mehr gangbar. Durch das GKV-VStG[28] ist § 128 SGB V allerdings nun nochmals restriktiver gefasst worden. Gemäß § 128 Abs. 2 Satz 3 SGB V sind unzulässige Zuwendungen auch Einkünfte aus Beteiligungen an Unternehmen von Leistungserbringern, die Vertragsärzte durch ihr Verordnungs- oder Zuweisungsverhalten selbst maßgeblich beeinflussen[29]. Absatz 5 Sätze 2 und 3 sowie Absatz 6 wurden geändert; Absatz 5 a und 5b wurden neu eingefügt. Das Regelungsziel ist klar, die praktischen Auswirkungen hingegen nicht.

---

[24] BGBl. I 2008, 2426 v. 15.12.2008.
[25] BGBl. I 2009, 2013 v. 22.07.2009.
[26] Obwohl es sich um eine Norm aus dem SGB V handelt, ist ihre Bedeutung für das ärztliche Berufsrecht nicht zu unterschätzen; ist sie doch der Versuch, berufs- und vertragsarztrechtliche Wertungen wieder zur Deckung zu bringen.
[27] BGH, Urt. v. 29.6.2000 – I ZR 59/98, MedR 2001, 203; BGH, Urt. v. 15.11.2001 – I ZR 275/99, MedR 2002, 256.
[28] BGBl. I 2011, 2983 v. 22.11.2011; siehe auch BT-Drs. 17/6906, 17/8005.
[29] Im Referentenentwurf noch als abstrakter Gefährdungstatbestand „beeinflussen können".

2. Materieller Regelungsgehalt

Ohne sachlich gebotenen Grund soll der Arzt bei der Verordnung von Heil- oder Hilfsmitteln keinen bestimmten Hersteller benennen (siehe auch § 34 Abs. 5 MBO alt, § 31 MBO neu). § 128 SGB V setzt diesen berufsrechtlichen Ansatz in das sozialversicherungsrechtliche Leistungserbringerrecht um. Die Entscheidungsfreiheit des Arztes wird dadurch aber nicht berührt. Denn selbstverständlich kann der Arzt positive Erfahrungen mit einem Hilfsmittelhersteller oder einem Heilmittelerbringer in eine Empfehlung an den Patienten umsetzen, wenn er danach gefragt wird oder die Besonderheiten des Falles nach einer solchen Empfehlung verlangen[30]. Die früher vertretene Auffassung, gute Erfahrungen in der Zusammenarbeit würden für eine ungefragte Empfehlung alleine ausreichen, wird sich nach neuerer Rechtsprechung[31] allerdings nicht mehr aufrecht erhalten werden können. Im Übrigen sollte jedwede Empfehlung (auch die zulässige Empfehlung) mit dem Hinweis gekoppelt werden, dass der Patient in der Einlösung der Verordnung selbstverständlich völlig frei sei und auch andere Anbieter aufsuchen könne. Eine unzulässige Umgehung und damit Anstiftung des Arztes zu einem Verstoß gegen §§ 3 Abs. 2, 34 Abs. 1 und Abs. 5 MBO (jetzt § 31 MBO neu), 128 Abs. 2 SGB V kann auch in der Veranlassung des Arztes zur Teilnahme an „Pseudostudien" gesehen werden, wenn diese Studien überwiegend oder ausschließlich dazu dienen, Bandagen eines bestimmten Sanitätshauses abzugeben.[32] Zum Teil findet man auch Lager- und Bereithaltungsverträge, die in nicht wenigen Fällen demselben Zweck dienen. Dies heißt nicht, dass jede geschäftsmäßige Kooperation prinzipiell unzulässig sind wäre; sie muss nur im Lichte des § 128 mit Leben erfüllt werden. Mit anderen Worten kann ein Orthopäde selbstverständlich einem Orthopädietechniker z. B. einen halben Tag in der Woche einräumen, an dem dieser dann direkt seine Arbeit in der Praxis verrichtet.[33] Hierfür eine Vergütung zu verlangen, ist in keiner Weise anstößig oder berufsrechtlich problematisch, wenn die Vergütung dem Wert der Raumnutzung entspricht.[34]

11

---

[30] OVG Münster, Urt. v. 02.09.1999, 13 A 3323/97, NVwZ-RR 2000, 216 für den Fall der Empfehlung einer bestimmten Apotheke wegen spezieller Arzneimittel; BGH, Urt. v. 28.04.1981, VI ZR 80/79, NJW 1981, 2007 zur zulässigen Empfehlung eines Orthopädietechnikers durch einen Orthopäden, wenn fachliche Gründe vorliegen; BGH, Urt. v. 15.11.2001, I ZR 275/99, MedR 2002, 256 zur zulässigen Empfehlung eines auswärtigen Hörgeräteakustikers im Zusammenhang mit dem „verkürzten Versorgungsweg"; OLG Celle, Urt. v. 29.05.2008, 13 U 202/07, GesR 2008, 476 Bequemlichkeit für Patienten reiche als sachlicher Grund im Sinne von § 34 Abs. 5 MBO aus; aufgehoben durch BGH, Urt. v. 13.1.2011 – I ZR 111/08, MedR 2011, 500 ff.

[31] BGH, Urt. v. 13.1.2011 – I ZR 111/08, MedR 2011, 500 ff.

[32] OLG Koblenz, Urt. v. 22.2.2005 – 4 U 813/04 – MedR 2005, 723.

[33] Ebenso OLG Hamburg, Urt. v. 19.11.1998 – 3 U 160/98, n.v., für Beratung durch Hörgeräteakustiker im Wartezimmer vom HNO-Arzt; weitere Beispiele bei Bonvie, MedR 1999, 64 ff.

[34] Vorsicht ist allerdings im Hinblick auf die steuerrechtliche Qualifikation dieser Einkünfte angebracht (Gewerblichkeit).

3. Depotverbot

12 Lange Zeit schien die Einrichtung von Hilfsmitteldepots in Vertragsarztpraxen die sicherste Lösung für eine enge „Kundenbindung" zwischen Sanitätshaus und Arztpraxis zu sein. Auf den ersten Blick handelte es sich um eine echte win-win-Konstellation. Das Sanitätshaus hatte eine feste „Verkaufsstelle" unter weitgehendem Ausschluss der Konkurrenz, der Arzt erweiterte aus Sicht des Patienten das Leistungsspektrum seiner Praxis und dem Patienten wiederum wurden aus seiner Sicht lästige Wege abgenommen. Ein typisches Beispiel zulässiger Tätigkeit ist die Abgabe bzw. der Verkauf von Kontaktlinsen in Augenarztpraxen[35] oder auch (allerdings mit erheblichen Einschränkungen, Notfall s. u.) orthopädischer Hilfsmittel beim Orthopäden[36]. In welchem Umfang Ärzte einfache Hilfsmittel abgeben können, war lange Zeit umstritten[37]. Der BGH[38] hat sich der eher restriktiven Auffassung angeschlossen. Danach darf ein Arzt seine Patienten nicht auf die Möglichkeit des Bezugs von Teststreifen aus einem in der Praxis befindlichen Depot eines Sanitätshauses hinweisen und danach abgeben, es sei denn, der Patient wünscht dies von sich aus ausdrücklich, aus Anlass von Schulungszwecken zur Ersteinweisung oder Nachschulung oder in Notfällen. Die Abgabe von in großem Umfang benötigten Verbrauchsprodukten durch den Arzt sei im Regelfall Ausdruck eines rein geschäftsmäßigen Verhaltens, das die Gefahr einer langfristigen negativen Rückwirkung auf die medizinische Versorgung durch eine Orientierung an ökonomischen Erfolgskriterien in sich berge. Soweit die Abgabe unmittelbar der ärztlichen Therapie diene, sei sie jedoch nicht zu beanstanden.

13 Stets muss bei derartigen Geschäften aber die steuerrechtliche Problematik mitbedacht werden. Während nämlich z. B. die Anpassung von Kontaktlinsen durch den Augenarzt noch zu Einnahmen aus freiberuflicher Tätigkeit führen, gelten Einkünfte aus Verkäufen derartiger Gegenstände ohne individuelle Anpassung als

---

[35] LG Hechingen, Urt. v. 16.5.1995 – KfHO 144/94 – n.v.; bestätigt durch OLG Stuttgart, Urt. v. 28.6.1996 – 2 U 146/96 – n.v.; LSG Rheinland-Pfalz, Urt. v. 12.12.1996 – L 5 Ka 56/95 – n.v.; Verkauf von Glas-Rohlingen hingegen unzulässig, weil schon dem ausschließlichen Handwerksbereich zuzurechnen, so jedenfalls LG München II, Urt. v. 14.4.1999 – 1 HKO 785/99; sieh aber OLG Celle, Urt. v. 21.12.2006 – 13 U 118/06, GesR 2007, 220, Abgabe von Brillen in Augenarztpraxen zulässig (aufgehoben d. BGH, Urt. v. 9.7.2009 – I ZR 13/07, WRP 2009, 1076; OLG Stuttgart, Urt. v.30.10.2008, 2 U 25/08, GRUR-RR 2008, 429 ff.= GesR 2008, 216 (LS), bestätigt durch BGH, Urt. v. 24.6.2010 – I ZR 182/08

[36] OLG Düsseldorf, Urt. v. 8.3.2005, I 20 U 96/04 – MedR 2005, 528 zur Abgabe von Air-Cast-Schienen und Gehstützen zur Sofortbehandlung. Allerdings war hier auch die wettbewerbsrechtliche Problematik, bzw. deren nur eingeschränkte Überprüfbarkeit im Rahmen des SGB V von Bedeutung, dazu BGH, Urt. v. 2.10.2003 – I ZR 117/01 – GRUR 2004, 247, wettbewerbsrechtliche Beurteilung durch § 69 SGB V ausgeschlossen; siehe aber jetzt eher zurückhaltend BGH, Urt. v. 2.6.2005 – I ZR 317/02 – MedR 2005, 717 ff., dazu unten.

[37] OLG Köln, Urt. v.22.1.2002 – 6 U 77/02 – GesR 2003, 120, keine Abgabe von Diabetes-Teststreifen; a. A. OLG Naumburg – 7 U 67/01 – ApoR 2003, 51; Buchner, König, ZMGR 2005, 335 ff.

[38] BGH, Urt. v. 2.6.2005 – I ZR 317/02 – GesR 2005, 456=GRUR 2005, 875; OLG Naumburg, Urt. v. 26.6.2008, 1 U 9/08, GesR 2008, 591, Vertrieb Akupunkturnadeln über Arztpraxis.

§ 3 Unvereinbarkeiten

Einkünfte aus Gewerbebetrieb; sie unterliegen der Gewerbesteuer[39]. Bei Gemeinschaftspraxen ist die Gefahr der Infizierung der freiberuflichen Einkünfte durch diese gewerbliche Tätigkeit zu vermeiden („Abfärbetheorie "[40]). Dies geht nur durch eine klare Trennung beider Tätigkeiten. Die Tätigkeit der gewerblichen Gesellschaft bürgerlichen Rechts muss sich eindeutig von der Tätigkeit der ärztlichen Gemeinschaftspraxis abgrenzen lassen. Eine Personenverschiedenheit zwischen den Gesellschaftern dieser verschiedenen Gesellschaften wird nicht mehr verlangt[41]. Dies ist aber nur die eine Seite der Medaille. Die Wahlfreiheit des Patienten wird de facto eingeschränkt. Wettbewerber werden vom „Kunden" abgeschirmt. Dem Arzt wird seitens des Sanitätshauses i.d. R ein vermögenswerter Vorteil, sei es durch vergünstigte Miete, die Gestellung einer 400,- Euro-Kraft oder direkte Gewinnbeteiligung verschafft. Derartiges war auch schon vor der Einführung des § 128 unzulässig und wettbewerbswidrig. Erstaunlich ist, wie wenig die (mögliche) strafrechtliche Dimension derartiger Verhaltensmuster diskutiert wurde. Denn die Frage der Strafbarkeit wegen Untreue gemäß § 266 StGB zu Lasten der GKV bei unrechtmäßigen oder unnötigen Verordnungen betrifft juristisch gesehen ja nicht nur die Verordnung von Arzneimitteln, sondern auch von Hilfsmitteln. Mit seinen Entscheidungen vom 25.11.2003 und 27.4.2004 hatte der BGH[42] hier mittlerweile Maßstäbe gesetzt, die den Arzt auch jenseits der eigentlichen Abrechnungsproblematik einem nicht unerheblichen Strafbarkeitsrisiko (diesmal dann aber nicht wegen Betruges, sondern wegen Untreue gemäß § 266 StGB) aussetzt. Durch die Entscheidung des Großen Senats des BGH vom 29.3.2012[43] ist bezüglich der hier beschriebenen wirtschaftlichen Verflechtungen nur ein (Teil-) Aspekt – vorläufig – entschieden.

§ 128 Abs. 1 lässt die Versorgung aus Depots in Vertragsarztpraxen nur noch für Notfälle vor[44]. Der SpiBu-GKV hatte am 31.3.2009, also am Vorabend des Inkrafttretens der Regelung eine sehr übersichtliche Liste von Hilfsmitteln veröffent-

---

[39] BGH, Urt. v. 5.10.2006 – VII R 63/05, GesR 2007, 186, zur Steuerverkürzung bei Abgabe Medizinprodukte durch Ärzte und Auskunftspflicht des MP-Herstellers.

[40] Siehe aber BFH, Urt. v. 28.6.2006 – XI R 31/05 – NJW 2007, 461 ff., keine Abfärbung bei gewerblichen Einkünften im Sonderbetriebseinnahmenbereich eines Gesellschafters.

[41] BMF, Schreiben v. 14.5.1997 – IV B 4-S 2246 – 23/97, DStR 1997, 1123; zu den Grenzen gewerblicher Infektion bei teilweise von der Gewerbesteuer befreiten gewerblichen Einkünften, BFH, Urt. v. 30.8.2001 – IV R 43/00 – MedR 2002, 271 ff.; BFH, Urt. v. 11.8.1999 – XI R 12/98 – BStBl II 2000, 229, keine Infektion bei nur ganz untergeordneten Einkünften, hier 1,25 % vom Gesamtanteil.

[42] BGH, Beschl. v. 25.11.2003 – 4 StR 239/03, GesR 2004, 129 = MedR 2004, 268; BGH, Urt. v. 27.4.2004 – 1 StR 165/03, GesR 2004, 371 = MedR 2004, 613; siehe auch BGH, Urt. v. 22.8.2006 – 1 StR 547/05, GesR 2007, 77 „Kick-Back" für Verordnung von Augenlinsen.

[43] BGH, Beschl. v. 29.3.2012 – GSSt 2/11, NJW 2012, 2530.

[44] Dies war zwar bisher schon in den Rahmenverträgen auf Bundesebene so geregelt, wurde in der Praxis aber wenig beachtet. Die Spitzenverbände der Krankenkassen hatten eine Empfehlungsvereinbarung gem. § 126 Abs.2 SGB V a.F. geschlossen, nach der auch solche Hilfsmittel, die auch weitere handwerkliche Zurichtung verabreicht werden können (Konfektionsware) nur unter Leitung eines Gesundheitshandwerkers abgegeben werden dürfen. Im übrigen sollten gem. § 127 Abs. 1 SGB V a.F. i.V.m. des Rahmenvertrages zwischen Bundesinnungsverband und Ersatzkassen Hilfsmitteldepots außer zur Notfallversorgung nicht zulässig sein.

licht, die seiner Auffassung nach für die Notfallversorgung in Betracht kommen. Diese Liste besitzt keine Normqualität, sondern hat lediglich einen orientierenden Empfehlungscharakter. Eine weitere Schwierigkeit dürfte sich daraus ergeben, dass der Hilfsmittellieferant bei der Bestückung des Depots ja kaum abschließend entscheiden kann, was ein Notfall ist; diese Kompetenz fällt ausschließlich in die Verantwortung des die Indikation stellenden Arztes. Inwieweit dies die Handhabbarkeit der Norm verbessert, erscheint fraglich[45].

4. Beteiligungsverbot, Zielrichtung der Regelung

15 Betrachtet man sich § 128 Abs. 2 Satz 3 SGB V ist jede wirtschaftliche Vorteilsgewährung im Zusammenhang mit der Beteiligung an der Durchführung der Versorgung mit Hilfsmitteln untersagt. Der Geltungsbereich dieser Norm ist ausgesprochen weit gefasst und betrifft letztlich auch mittelbare wirtschaftliche Vorteile. Aufgrund dieser weiten Fassung werden von manchen Autoren verfassungsrechtliche Bedenken gegen die Norm erhoben[46]. Diese Bedenken erscheinen nicht grundlos, würde man § 128 Abs. 2 SGB V so verstehen, dass einem Arzt jegliche unternehmerische Beteiligung an anderen Unternehmer im Gesundheitswesen (so auch Hilfsmittellieferanten) unterbinden wollte, wenn sie berufsrechtlich nicht zu beanstanden ist. Eine derartig weite Auslegung wäre nach diesseitiger Auffassung kaum mit Art. 12, 14 GG vereinbar. Dementsprechend beanstanden Ärztekammern, soweit entsprechende Aussagen bekannt sind, Beteiligungen von Ärzten an derartigen Unternehmen auch im Lichte des § 128 Abs. 2 SGB V dann nicht, wenn die unternehmerische Beteiligung die Grenzen des Berufsrechts, insbesondere die §§ 31 MBO einhält. Jedenfalls dürfte der Schluss, die Motive des Gesetzgebers würden auch derartige unternehmerische Betätigungen von Ärzten im Gesundheitswesen unterbinden wollen, wohl deutlich über das Ziel hinausschießen.[47]

16 Sehr bedenkenswert sind die Ausführungen von Schütze[48] zu § 128 SGB V i.d.F. der 15. AMG-Novelle 2009, wonach bei jedem wirtschaftlichen Kontakt zwischen Vertragsärzten die Patientenautonomie, die Wirtschaftlichkeit der Versorgung und die Neutralität des Wettbewerbs maßgebliche Parameter für die Bewertung von Geschäftsmodellen sind. Durch die entsprechende Anwendung der Norm über § 128

---

[45] Ebenso Flasbarth, aaO. Rn. 35 ff. zu den abrechnungstechnischen Problemen bei Umgehung des Depotverbots siehe Grinblat, MPJ 2014, 309ff.; siehe auch AG Kiel, Beschl.v. 4.4.2011, NZS 2011, 821, § 263 StGB, wenn Sanitätshaus verschweigt, dass Arzt für Verordnung von Einlagen Provision erhält.

[46] Wittmann/Koch, Die Zulässigkeit gesellschaftsrechtlicher Beteiligungen von Ärzten an Unternehmen der Hilfsmittelbranche im Hinblick auf § 128 Abs. 2 SGB V und das ärztliche Berufsrecht, MedR 2011, 476 ff.; a. A. wohl Flasbarth, in: Orlowski/Rau/Wasem/Zipperer (Hrsg.) GKV-Kommentar SGB V § 128 Rn. 61, 63, sowie Bäune/Dahm/Flasbart, MedR 2012, 77, 93;

[47] Burk, PharmR 2010, 89 ff.

[48] Schütze, in: Festschrift f. Renate Jäger, die Sachwalterstellung der Vertragsärzte – Grenzen für Boni, Fangprämien und andere Verquickungen, 2011, 539, 546 ff., 557.

Abs. 6 gilt dieses Gebot nicht nur im Hilfsmittel-, sondern auch im Heil- und Arzneimittelbereich und deckt damit weitgehend den vom Arzt über die Verordnung bestimmbaren wirtschaftlich Sektor ab. Die Norm gilt aber auch für Krankenhäuser, so dass die Frage aufgeworfen wird, ob Krankenhäuser, die zulässigerweise in der Trägerschaft von Ärzten stehen, ihre Gesellschafterstruktur beibehalten können. In der Begründung zum Gesetzentwurf wird auf ein Urteil des BGH v. 13.1.2011[49] verwiesen, so dass der Eindruck entsteht, Ärzten sei die Beteiligung an Unternehmen, es sei denn an großen Aktiengesellschaften, nicht mehr erlaubt. Es wird daher zu diskutieren sein, ob eine derart am bloßen Wortlaut orientierte Wertung die differenzierende Betrachtung durch die Rechtsprechung sowie die Wechselwirkung der Norm mit berufs- und verfassungsrechtlichen Implikationen hinreichend beachtet (siehe hierzu auch § 31 Rn. 38ff.).

5. Verkürzter Versorgungsweg

Lange Zeit bestanden zwischen Vertretern der Gesundheitshandwerker-Berufe und Ärzten unterschiedliche Auffassungen über die Frage, in welchem Umfang „Nicht-Handwerker" Leistungen in diesem Bereich erbringen dürfen[50]. Maßstäbe hatte diesbezüglich eine vom BGH[51] mit dem Schlagwort „verkürzter Versorgungsweg" begründete neue Rechtsprechung gesetzt. Der Arzt übe bei der Anpassung des Ohrabdrucks ärztliche Tätigkeit und kein Handwerk aus. Verstöße gegen die Berufsordnung sieht der BGH nicht. Durch die Zurverfügungstellung eines PCs und der Online-Verbindung sei der Arzt nicht gebunden oder gehindert, sich auch anderer Hörgeräteakustiker zu bedienen. Alleine die Schaffung der Möglichkeit eines Zusatzverdienstes durch die Vergütung des Ohrabdrucks durch den Hörgeräteversand sei für sich genommen nicht zu beanstanden, da er auf erlaubter HNO-ärztlicher Tätigkeit beruhe. Ein Verstoß gegen § 126 Abs. 1 SGB V a.F. (Beschränkung der Hilfsmittelabgabe auf zugelassene Leistungserbringer) liege nicht vor, da der HNO-Arzt die Hörgeräte nicht abgebe, sondern nur verordne. Abgeber im Rechtssinne bleibe das Versandhandelsunternehmen.

17

In einer späteren Entscheidung hat der BGH[52] diese Rechtsprechung bekräftigt. Die Vorteile des verkürzten Vertriebsweges (günstiger Preis, keine „Laufereien") sprächen aus wettbewerbsrechtlicher Sicht nicht gegen, sondern gerade für das Konzept. Mittlerweile wurde diese Argumentationsschiene auch für andere Vertriebsmodelle herangezogen, so dass sich der „verkürzte Versorgungsweg" geradezu als

18

---

[49] BGH, Urt. v. 13.1.2011 – I ZR 111/08, MedR 2011, 500 (Hörgeräteversorgung II)
[50] LG Dortmund, Urt. v. 4.6.1997 – 10 O 197/96 – MedR 1998, 36; dagegen Schwannecke/Wiebers, Rechtliche Grenzen der Aufgabenverteilung bei der Hilfsmittelversorgung zwischen Arzt und Gesundheitshandwerker, NJW 1998, 2697 ff.; dafür Kern, Heilhilfsmittelversorgung durch den behandelnden Arzt, NJW 2000, 833 ff.
[51] BGH, Urt. v. 29.6.2000 – I ZR 59/98 – MedR 2001, 203 ff.=NJW 2000, 2745 ff.
[52] BGH, Urt. v. 15.11.2001 – I ZR 275/99,MedR 2002, 256 ff.; BSG, Urt. v. 23.1.2003 – B 3 KR 7/02 R, MedR 2003, 699 ff., Kasse darf verkürzten Versorgungsweg nicht ausschließen.

Synonym für Umgehungsmodelle herauskristallisierte. Dem hat der Gesetzgeber mit § 128 Abs. 4 ein Ende bereitet. Die bisherigen Modelle des „verkürzten Versorgungsweges" mussten rechtlich zum 31.3.2009, jedenfalls für den GKV-Bereich, auslaufen.[53] Wurden sie über den 31.3.2009 hinaus fortgeführt, verstoßen sie gegen ein gesetzliches Verbot mit der Folge unheilbarer Nichtigkeit.[54] Neben der Gefahr der Rückabwicklung nach §§ 812 ff. BGB können die neuen Sanktionen gemäß § 128 Abs. 3 und Abs. 5 SGB V auch für bis zum Stichtag zulässige Versorgungsformen greifen. Ziel der Neufassung ist Transparenz. Einen Vertrauens- und/oder Bestandsschutz gibt es nicht. Soweit ersichtlich ist das Modell des „verkürzten Versorgungswegs", wie es unter dem Schutz des BGH entstanden ist, heute Geschichte. Im Selbstzahlerbereich hat es ohnehin zu keinem Zeitpunkt eine wesentliche Rolle gespielt. Die neuen Regelungen in § 128 Abs. 4a und 4b scheinen für die „Marktteilnehmer" nicht attraktiv genug zu sein. Vorsorglich sieht Abs. 4 Satz 3 vor, dass die Kassen die Ärztekammern über die Teilnahme von Vertragsärzten an derartigen Verträgen informieren, damit ggfls. die Einhaltung berufsrechtlicher Pflichten überwacht werden kann.

6. Sanktionen gegen Vertragsärzte

19   Verstöße gegen § 128 SGB V gelten als Verstoß gegen vertragsärztliche Pflichten. Die Kassen, die über das Verordnungs- und Abrechnungswesen am ehesten Auffälligkeiten entdecken können, haben gemäß Abs. 5 die Pflicht, die jeweiligen KVen zu informieren, die ihrerseits dann zu prüfen haben, inwieweit das gemeldete Verhalten disziplinarrechtlich zu ahnden ist (Abs. 5a). Dies ergibt sich letztlich aus § 73 Abs. 7 SGB V. Die Nichteinhaltung sozialversicherungsrechtlicher Vertriebswege und Qalitätsvorgaben kann auch unter betrugsrechtlichen Aspekten geahndet werden (AG Landsberg, Urt.v. 16.1.2013 – 6 Ls 200 Js 141129/08, MedR 2013, 735; BGH, Beschl.v. 16.6.2014 – 4 StR 21/14, NJW 2014, 3170; AG Kiel, Beschl.v. 4.4.2011, NZS 2011, 821). Der Verweis in § 128 Abs. 5a Satz 2 auf das Drängen der Versicherten zur Inanspruchnahme privatärztlicher Leistungen bezieht sich ausschließlich auf den Hilfs- und Heilmittelbereich, nicht wie eine extensive Auslegung nahelegen könnte auf den ganzen privatärztlichen Bereich. Dies ergibt sich aus der systematischen Einordnung der Norm, zumal das „Hineindrängen" der Versicherten in sonstige privatärztliche Leistungen ja bereits im Bundesmantelvertrag und damit auch über § 73 Abs. 7 SGB V geahndet werden kann[55].

---

[53] Die Frage, ob das auch für solche Hilfsmittel gilt, die zwar für GKV-versicherte Patienten bestimmt sind, aber nicht mehr der Erstattungspflicht unterliegen, wie große Teile der Sehhilfen, dürfte im Ergebnis zu verneinen sein, so wohl Schütze, jurisPK-SGB V, § 128 Rn. 10.
[54] OLG Stuttgart, Urt. v. 10.5.2007 – 2 U 176/06 – GesR 2007, 320; LG Bonn, Urt. v. 4.11.2004 – 140211/02 zur unangemessenen Gewinnbeteiligung.
[55] So auch Flasbarth aaO § 128 Rn. 25.

7. Sanktionen gegen sonstige Leistungserbringer

Die einschlägige Norm ist § 128 Abs. 3. Die Regelung soll als Vertragsstrafe in den Verträgen mit den Leistungserbringern und den Kassen vereinbart werden. Als schwer wiegende Sanktion ist der Ausschluss von der Versorgung der GKV-Versicherten bis zu zwei Jahren möglich, was regelmäßig zum wirtschaftlichen Ruin des Unternehmens führen dürfte. Den Vergütungsanspruch verliert der Leistungserbringer bereits durch den Verstoß. Dies muss nicht gesondert vereinbart werden[56]. Ein Bereicherungsanspruch des Versicherten oder auch des Leistungserbringers gegen die Kasse (die Leistung wurde ja erbracht) besteht dennoch nicht[57].

20

8. Sanktionen gegen sonstige medizinische Einrichtungen, Krankenhäuser, Krankenhausärzte sowie sonstige in § 128 Abs. 6 SGB V genannte Unternehmen und Institutionen

§ 128 Abs. 6 gilt nach überwiegender Auffassung als missglückt[58]. Der Regelungsumfang ist missverständlich definiert. Während manche[59] lediglich den Warenverkehr mit apothekenpflichtigen Arzneimitteln, Verbandmitteln und Medizinprodukten erfasst sehen wollen, könnte man auch die Auffassung vertreten, die Norm erfasse auch Heil- und sonstige Hilfsmittel (§§ 32, 33), zumal über Absatz 5b weite Bereiche des § 128 SGB V für diese Leistungen entsprechend gelten sollen. Manche[60] vertreten die Auffassung, dass in § 128 Abs. 6 wohl nur der ambulante Sektor angesprochen ist, wobei man auch dies kritisch im Hinblick auf sonstige „medizinische Einrichtungen" hinterfragen könnte. Im Übrigen würde ansonsten nämlich die ausdrückliche Nennung von Ärzten in Krankenhäusern und Krankenhausträgern wenig Sinn machen. Erfasst werden mithin sämtliche Leistungen aus dem angesprochenen Segment, unabhängig vom Ort der Leistungserbringung. Verstöße begehen nicht nur „Belohnungsgewährer", sondern auch „Belohnungsempfänger". Abgesehen von Vertragsärzten bleibt offen, wer für die Ahndung von Verstößen zuständig ist. Soweit strafrechtliche Tatbestände nicht erfüllt sind, bietet sich das UWG oder auch gesellschaftsrechtliche Konsequenzen an. § 128 SGB V ist Verbotsgesetz i.S. von § 134 BGB. Nachdem in einer umfänglichen Norm vieles geregelt und teilweise auch verboten wird, ist es eine kleine Überraschung am Ende, wenn § 128 Abs. 6 Satz 2 SGB V festlegt, dass das alles nicht mehr – jedenfalls nicht immer- gelten soll, wenn die gesetzliche Krankenversicherung bei diesen „Geschäften" mitbeteiligt ist.

21

---

[56] Schütze, jurisPK-SGBV, § 128 Rn.24.
[57] Schütze, aaO.
[58] Schütze aaO. Rn. 31 unter Verweis auf Butzer, in: Becker/Kingreen, SGB V, § 128 Rn.32.
[59] Schütze aaO. Rn. 31.
[60] Schütze aaO. Rn. 29 unter Verweis auf Butzer, in: Becker/Kingreen, SGB V § 128 Rn. 32.

V. Verbot der gewerblichen Überlagerung[61]

22 Nach § 17 Abs. 1 MBO ist die Ausübung ambulanter ärztlicher Tätigkeit außerhalb von Krankenhäusern einschließlich konzessionierter Privatkrankenanstalten an die Niederlassung in einer Praxis gebunden, soweit nicht gesetzliche Vorschriften etwas anderes zulassen. § 18 Abs. 2 MBO ergänzt dies dahingehend, dass die Ausübung ambulanter ärztlicher Tätigkeit in gewerblicher Form berufswidrig ist, soweit nicht die Tätigkeit in Krankenhäusern oder konzessionierten Privatkrankenanstalten ausgeführt oder gesetzliche Vorschriften etwas anderes zulassen. Man findet derartige Verbote nicht in allen Länderberufsordnungen. Diese Reglementierungen hielten trotz erheblicher Kritik aber zumindest in den Ländern einer Überprüfung stand, in denen sie im Heilberufegesetz selbst geregelt sind[62]. Planen Ärzte derartige Projekte, sind die rechtlichen Rahmenbedingungen unter Berücksichtigung der länderspezifischen Vorschriften zu prüfen.

23 Die Einbeziehung von Ärzten in Fitness- oder auch Sportstudios scheint mittlerweile fast üblich zu sein. Gesundheitspolitisch ist dies sicherlich zu begrüßen, da die drohende Selbstgefährdung durch hauptsächlich im Büro tätige Menschen in derartigen Studios offenkundig ist. Insofern ist es sicherlich nicht zu beanstanden, wenn sich der Betreiber eines Fitness-Studios von einem Arzt fachlich beraten lässt. Ebenso wenig wird es zu beanstanden sein, wenn ein Arzt generell überprüft, ob die Kunden dieses Fitness-Studios durch die Benutzung einiger Gerätschaften Schaden nehmen können. Dabei wird es sich jedoch stets um eine eher allgemeine Betreuung des Unternehmens „Fitness-Studio" handeln, nicht um eine Einzeltherapie eines Kunden dieses Studios im Studio. Würde der Arzt nämlich in diesem Studio eine eigene Sprechstunde abhalten bzw. Patienten behandeln, wäre dies – jedenfalls im vertragsärztlichen Bereich – eine genehmigungspflichtige Zweigpraxis. Hiervon ist die Variante zu unterscheiden, dass Ärzte bestimmte Fitness-Studios empfehlen und diese Fitness-Studios wiederum diese Ärzte benennen (Empfehlungskartell). Derartige Vereinbarungen – in der Regel finanziell gepolstert – verstoßen nach Auffassung mehrerer Gerichte gegen das Gesetz zum Schutz vor unlauterem Wettbewerb[63].

24 Zunehmend trifft man (z. B. im zahnärztlichen oder kosmetisch-chirurgischen Bereich) auf Kreditangebote durch (Zahn-)Ärzte dergestalt, dass den Patienten in der Praxis bestimmte Kreditangebote zur Finanzierung aufwendiger Maßnahmen vermittelt werden. Auch dies dürfte im Ergebnis nicht mit § 3 Abs. 2 MBO in Einklang stehen. Im Übrigen wäre in jedem Einzelfall zu prüfen, ob nicht die Vorschriften des KWG (z. B. § 32) verletzt sind.

---

[61] BayObLG, Urt. v. 6.11.2000 – 1Z RR 612/98 – MedR 2001, 206 ff.
[62] BayVerfGH, Beschl. v. 13.12.1999 – Vf.5-VII – 95, Vf.6-VII – 95 – NJW 2000, 3418; OVG Münster, Urt. v. 14.9.2000, 9 S 157/00 – MedR 2001, 150.
[63] LG Ravensburg, Urt. v. 17.8.1998 – 1 KfHO 969/98 – n.v.; LG Dortmund, Urt. v. 24.3.1999 – 10 O 205/98 – n.v.; OLG Frankfurt, Urt. v. 18.6.1998, 6 U 39/98 – VersR 1998, 1299.

Ein prägnantes Beispiel für eine unzulässige gewerbliche Überlagerung[64] zeigt 25
auch folgender Fall: Ein Arzt hatte eine in einem Hotel-Sanatorium gelegene Arztpraxis gepachtet. In der Präambel zum Pachtvertrag hieß es u. a.: „Bei der Verordnung von Leistungen ist dem Gesichtspunkt Rechnung zu tragen, dass der Gast bzw. Patient eine möglichst umfassende Therapie wünscht und die Angebote des Sanatoriums in möglichst großem Umfang in Anspruch nehmen möchte." Darüber hinaus sollte die kaufmännische Verwaltung der Praxis und die Einziehung der Honorarforderungen der GmbH als Betreiberin des Hotel-Sanatoriums obliegen. Die dem Hotel-Sanatorium zu zahlende Pacht war umsatzabhängig geregelt. Das Bayerische Oberste Landesgericht hat in seinem Urteil vom 6.11.2000 als Revisionsinstanz die Klage des Arztes gegen den Übernehmer des Sanatoriums rechtskräftig abgewiesen, weshalb dem Arzt Sicherheiten von knapp 150.000 DM verloren gingen. Zwar seien umsatzabhängige Entgeltvereinbarungen für vertraglich geschuldete Sachleistungen grundsätzlich zulässig. Etwas anderes könne man aber dann annehmen, wenn der Arzt durch die Struktur der umsatzabhängigen Entgelte verleitet oder gar gedrängt würde, überhöhte Honorarforderungen zu stellen.

Entscheidend war im vorliegenden Fall, dass die Praxis – in das Hotel-Sanato- 26
rium integriert – wie der Gewerbebetrieb selbst in der Absicht möglichst hoher Gewinnerzielung geführt werden sollte. Dadurch werde die Gefahr heraufbeschworen, dass der Arzt fachliche und ethische Erfordernisse, die ihm die Berufsordnung auferlegt, geschäftlichen Interessen, nämlich der Gewinnerzielungsabsicht des Hotels, unterordne. Diese Entscheidung belegt in eindrucksvoller Weise, dass die ärztliche Berufsordnung eben nicht nur hehre Grundsätze, sondern echte Verbotsnormen enthält, die im gesamten wirtschaftlichen Betätigungsfeld des Arztes, soweit es mit seiner Berufstätigkeit zusammenhängt, Geltung beanspruchen können. Wesensmerkmal der Niederlassung ist die eigenverantwortliche Ausübung der ärztlichen Tätigkeit. Wesentlich ist hierfür, den ärztlichen Auftrag nach eigenem freiem Ermessen gestalten zu können. Die Inanspruchnahme fremder Geräte und fremden Personals steht dem ebenso wenig entgegen wie die Rücksichtnahme auf Darlehensgeber im Rahmen von Praxisinvestitionen. Eine stille Beteiligung an der Praxis eines Arztes wird aber überwiegend für unzulässig gehalten[65].

---

[64] BayObLG, Urt. v. 6.11.2000 – 1Z RR 612/98 – MedR 2001, 206 ff.
[65] OLG Celle, Beschl.v. 17.6.2013 - 9 U 54/13, GesR 2014, 32=MedR 2014, 98; Götte, Anm. zu BGH DStR 1995, 1722, obwohl das ärztliche Berufsrecht im Gegensatz zum Apothekengesetz (§§ 8, 12) kein ausdrückliches Verbot enthält und die Übergänge zum partiarischen Darlehen fließend sind; siehe deswegen auch Reiter, GesR 2005, 6 ff.

§ 4 Fortbildung

(1) Ärztinnen und Ärzte, die ihren Beruf ausüben, sind verpflichtet, sich in dem Umfange beruflich fortzubilden, wie es zur Erhaltung und Entwicklung der zu ihrer Berufsausübung erforderlichen Fachkenntnisse notwendig ist.

(2) Auf Verlangen müssen Ärztinnen und Ärzte ihre Fortbildung nach Absatz 1 gegenüber der Ärztekammer durch ein Fortbildungszertifikat einer Ärztekammer nachweisen.

Abweichender Wortlaut der Berufsordnungen in den Kammerbezirken:

Mecklenburg-Vorpommern

§ 4a
Ausbildung von Mitarbeitern

(1) Der Arzt hat bei der Ausbildung seiner Mitarbeiter die für die Berufsausbildung bestehenden Rechtsvorschriften zu beachten.

(2) Arzthelfer/-innen, die nach dem 1. August 1999 ihre Ausbildung beginnen, werden in jedem Ausbildungsjahr 5 Tage lang in der Berufsbildungsstätte für Arzthelferinnen der Ärztekammer Mecklenburg-Vorpommern ausgebildet.

(3) Der ausbildende Arzt hat
a) im Ausbildungsvertrag die Teilnahmepflicht der Auszubildenden an der überbetrieblichen Ausbildung einschließlich einer Internatsunterbringung vorzusehen;
b) den Auszubildenden zur Teilnahme freizustellen und anzuhalten.

Übersicht

		Rz.
I.	Die Bedeutung der Norm	1
II.	Normative Regelungen	4
III.	Berufsrechtliche Fortbildung	5
IV.	Spezielle Verpflichtungen zur berufsrechtlichen Fortbildung	8
V.	Spezielle Verpflichtungen zur Fortbildung	12
VI.	Die forensische Bedeutung der Pflicht zur Fortbildung	17

Literatur
Geiger, Die Anerkennung industriefinanzierter Fortbildungsveranstaltungen durch die Landesärztekammern, GesR 2014, 577. Ratzel, Lippert, Das Berufsrecht der Ärzte nach den Beschlüssen des 107. Deutschen Ärztetages in Bremen, MedR 2004, 525; Empfehlungen der Bundesärztekammer zur ärztlichen Fortbildung, 2003, Richtlinien für die ärztliche Fortbildung in der vom 92. Deutschen Ärztetag 1989 beschlossenen Fassung; Fortbildungskonzept 1993 der Bundesärztekammer in der Fassung des Vorstands der Bundesärztekammer vom 5.3.1993; Bewertungskriterien des Deutschen Senats für ärztliche Fortbildung, DÄ (A) 2001, 1308 ff. Katzenmeier, Arzthaftung, 2002.

I. Die Bedeutung der Norm

1 Es gibt eigentlich keinen Beruf, dessen Fachwissen statisch wäre und der keiner Veränderung unterliegt. Wer seinen Beruf mit der erforderlichen Sorgfalt ausüben will, ist gezwungen, sein in der Ausbildung erworbenes Wissen durch Fortbildung auf den neuesten Stand zu bringen und es auf diesem Stand zu halten. Eine Definition dessen, was Fortbildung ist, findet sich in § 1 BBiG[1]. Fortbildung soll es ermöglichen, die berufliche Handlungsfähigkeit zu erhalten, anzupassen oder zu erweitern[2]. Maßnahmen der Fortbildung haben so gesehen eine präventive Funktion, weil sie letztlich Fehler vermeiden helfen sollen, die aus lückenhaftem Wissen heraus resultieren können.

2 Dies gilt auch gerade zum Schutz der Patienten in besonderem Maß für die ärztliche Berufsausübung. Die grundsätzliche Verpflichtung des Arztes zur Fortbildung, die Teil der erforderlichen Sorgfalt im Sinne von § 276 BGB ist, ist durch weitere Regelungen im Detail ausgeformt worden[3]. Was erforderlich ist, um ein sorgfältig behandelnder Arzt sein zu können, ergibt sich aus den ergänzenden Vorschriften, die zumeist im Rahmen der Selbstverwaltung vom Berufsstand selbst geschaffen werden.

Vorschriften, die sich mit Fragen der ärztlichen Fortbildung befassen, finden sich in den verschiedensten Regelwerken. Neben den einschlägigen Vorschriften in den Kammergesetzen gibt es noch besondere Fortbildungsverpflichtungen für den Notfalldienst (siehe § 26 Abs. 4) sowie die allgemeine vertragsärztliche Fortbildungsverpflichtung in § 81 Abs. 4 SGB V i.V.m. den Bestimmungen in den einzelnen Satzungen der Kassenärztlichen Vereinigungen[4]. Die Vorschrift ist in engem Zusammenhang mit § 5 „Qualitätssicherung" zu sehen.

3 Während ein Verstoß gegen die in den Berufsordnungen und den Kammergesetzen enthaltene Fortbildungsverpflichtung unter berufsrechtlichen Gesichtspunkten zu beurteilen ist, kann die Nichtbefolgung der vertragsärztlichen Fortbildungsverpflichtung mit disziplinarischen Maßnahmen von der Verwarnung über Geldbußen

---

[1] Gesetz vom 23.05.2005 (BGBl. I S. 931) zuletzt geändert durch Gesetz vom 5.2.2009 (BGBl I S. 160).

[2] Sie unterscheidet sich von der Ausbildung, die der Erlangung einer beruflichen Qualifikation dient und der Weiterbildung, die für eine Tätigkeit in einem weiteren Beruf ganz oder teilweise qualifizieren soll (Facharzt).

[3] Man könnte auch sagen, sie sei mit deutscher Gründlichkeit bürokratisiert und perfektioniert worden.

[4] LSG Ba.-Wü., Urt. V. 15.9.1993 – L5Ka 1494/92, MedR 1994, 163, es gibt drei Typen von Qualifikationsanerkennungen: Weiterbildungen berufsrechtlicher Art, die die Zuordnung der Ärzte zu den Fachgebieten betreffen und die in den Kammergesetzen bzw. Berufs- und Weiterbildungsordnungen zu regeln sind; Weiterbildungen, die nur dafür relevant sind, ob der Arzt bestimmte, i.d.R höher bewertete Leistungen erbringen und abrechnen kann, und die in den Bundesmantelverträgen oder den auf Landes- oder KV-Ebene geschlossenen Gesamtverträgen festzulegen sind; Fortbildungen, die in den Satzungen der Kassenärztlichen Vereinigungen geregelt sind und speziell die vertragsärztliche Tätigkeit betreffen (insbesondere Fragen des Notfalldienstes, der Abrechnungstechnik u. ä.).

bis hin zur Anordnung des Ruhens der Zulassung bis zur Dauer von 2 Jahren (bei beharrlicher Weigerung) geahndet werden[5].

II. Normative Regelungen

Einheitlich für alle berufstätigen Ärzte gilt die Verpflichtung zur Fortbildung aus dem ärztlichen Berufsrecht. § 4 der Berufsordnung in der Fassung, die ihnen durch die Kammern für den jeweiligen Zuständigkeitsbereich gegeben haben (allgemeine Verpflichtung zur Fortbildung). Konkretisiert wird diese allgemeine Verpflichtung für die jeweiligen Bereiche in denen Ärzte tätig sind (spezielle Verpflichtung zur Fortbildung)

III. Berufsrechtliche Fortbildung

Als Fortbildungsmaßnahmen berücksichtigt werden können Fortbildungsveranstaltungen der Ärztekammern sowie von diesen anerkannte (zertifizierte) Fortbildungsmaßnahmen anderer Veranstalter[6]. Das Verfahren der Zertifizierung ist ebenfalls in der Fortbildungssatzung geregelt. Zertifizierte Fortbildungsveranstaltungen der anderen Kammern werden gegenseitig anerkannt. Anerkannte Fortbildungsveranstaltungen müssen frei sein von wirtschaftlichen Interessen[7].

Neben einer detaillierten Beschreibung der einzelnen Fortbildungsmethoden werden der Fortbildungsbedarf und Qualitätssicherungsinstrumente in der Fortbildung aufgeführt. Wichtig sind die Ausführungen zur Wahrung der Unabhängigkeit ärztlicher Fortbildung bei kommerzieller Unterstützung (siehe auch §§ 31 ff.) sowie die Empfehlungen zur Wahrung der Unabhängigkeit schriftlicher und audiovisueller Medien.

Fortbildungspunkte werden nur für die Teilnahme an vorher von der zuständigen Ärztekammer anerkannten Fortbildungsveranstaltungen vergeben. Für das Selbststudium von Büchern und sonstiger Fachliteratur sowie Lehrmittel werden

---

[5] § 81 Abs. 5 SGB V.
[6] Vgl. hierzu VG Hamburg Urt. v. 21.1.2009 – 17 K 1915/08, MedR 2009, 485. Zur Anerkennung industriefinanzierter Fortbildung: neuestens Geiger, GesR 2014, 577.
[7] Auf die bisherigen Vorgaben darüber, wie viele Textzeilen eine Folienseite enthalten darf, nämlich maximal sieben (untereinander geschrieben) wird allerdings – Gott sei Dank möchte man sagen – verzichtet. Die Powerpointerisierung des medizinischen Fortbildungswesens lässt dennoch grüßen. Welch seltsame Blüten die Fortbildungsverpflichtung hervorbringt ist neuesten gerade wieder im Deutschen Ärzteblatt zu bestaunen (du Prel et al. Kritisches Lesen wissenschaftlicher Artikel, DÄ 2009 S. 100). Mit dieser Handlungsanweisung dieser Autoren sollen wohl die Fehler korrigiert werden, die durch das Kästchenprüfsystem angerichtet werden und das dazu führt, dass die Studenten keinen vollständigen deutschen Satz mehr zu Papier bringen können. Fehlt im Artikel nur noch der Hinweis, dass wissenschaftliche Texte Zeile für Zeile von links nach rechts und der Text von oben nach unten zu lesen ist bis er zu Ende ist. Peinlich!

10 Punkte pro Jahr angerechnet[8]. Besonders interessant wird die zertifizierte Fortbildung dadurch, dass sie gegenüber dem Patienten dokumentiert werden darf.

IV. Spezielle Verpflichtungen zur berufsrechtlichen Fortbildung

8 § 26 BO regelt den ärztlichen Notfalldienst. Die Vorschrift regelt, ohne dass sie gegen Art. 12 GG verstieße, für den niedergelassenen Arzt die Pflicht, am ärztlichen Notfalldienst teilzunehmen, sofern er hierzu geeignet und ihm die Teilnahme zuzumuten ist.

9 Dem Vorbehalt der gesetzlichen Regelung, welchen Art. 12 GG fordert, tragen die Kammer- bzw. Heilberufsgesetze der Länder dadurch Rechnung, dass sie die entsprechende Verpflichtung des Arztes festgeschrieben (vgl. z. B. § 30 Abs. 2 Satz 3 KammerG bw) und die jeweiligen Ärztekammern der MBO entsprechende Vorschriften in ihre Berufsordnung aufgenommen haben. Die Verpflichtung gilt unbeschadet des Umstandes, dass sich für den Vertragsarzt aus §§ 95, 75 SGB V eine ausdrückliche Verpflichtung ergibt.

10 Zuständig für die Organisation des ärztlichen Notfalldienstes sind sowohl die Ärztekammern als auch die Kassenärztlichen Vereinigungen. Die Zuständigkeiten der Ärztekammern und Kassenärztlichen Vereinigungen bestehen nebeneinander. Um Überschneidungen zu vermeiden, haben die Kassenärztlichen Vereinigungen und die Ärztekammern in fast allen Bundesländern des Bundesgebiets im Rahmen ihrer Satzungsautonomie gemeinsame Notfalldienstordnungen beschlossen, in denen die technischen Details für die Einrichtung des ärztlichen Notfalldienstes sowie die Rechte und Pflichten des Notfallarztes geregelt werden. Gegen die rechtliche Zulässigkeit derartiger Vereinbarungen bestehen keine Bedenken, sofern sie keine Kompetenzübertragung von einer Organisation auf die andere vorsehen[9].

11 Der Arzt hat sich auch für den Notfalldienst fortzubilden. Einerlei ob es sich bei dem von der Kassenärztlichen Vereinigung oder der Ärztekammer organisierten ärztlichen Notfalldienst um einen allgemeinen oder einen fachspezifischen handelt: von dem an diesem Dienst teilnehmenden Arzt ist zu verlangen, dass er auch imstande ist, lebensbedrohliche Zustände beim Patienten primär bis zum Eintreffen eines Notarztes versorgen zu können.

V. Spezielle Verpflichtungen zur Fortbildung

12 Die überwiegende Zahl der berufstätigen Ärzte üben ihren Beruf entweder als Vertrags-(Kassen-) ärzte oder als Ärzte im Angestellten- oder Beamtenverhältnis aus. Für sie gelten spezielle Vorschriften, die sie zur beruflichen Fortbildung verpflichten.

---

[8] Näheres zu den Punktzahlen DÄ (A) 2001, 1309.
[9] Vgl. für die Einteilung des Notarztdienstes in Bayern, BGH, Urt. v. 12.11.1992 – III ZR 178/91, NJW 1993, 1526.

§ 95d SGB V, der über das GKV-Modernisierungsgesetz (GMG) [10] ins SGB V gekommen und seit 1. Januar 2009 in Kraft ist, regelt die Pflicht zur Fortbildung für die Vertragsärzte, die ermächtigten Ärzte in Krankenhäusern (Belegärzte) und die Ärzte, die in Medizinischen Versorgungszentren (MVZ) tätig sind. 13

Von der Fortbildungspflicht betroffen sind alle Vertragsärzte und ermächtigte Ärzte an Krankenhäusern, die am 30. Juni 2004 zugelassen oder ermächtigt sind und deren Nachweis zum 30. Juni 2009 fällig wird. Die kassenärztliche Vereinigung ist verpflichtet, den zugelassenen oder den ermächtigten Arzt das Honorar für die ersten vier Quartale um 10% zu kürzen, ab dem fünften Quartal um 25%. Wird der Nachweis nicht bis spätestens zum siebten Jahr erbracht (30.6.2011), so soll die kassenärztliche Vereinigung beim Zulassungsausschuss den Antrag auf Entziehung der Zulassung bzw. der Ermächtigung stellen. Die Honorarkürzung kann für fortbildungsunwillige angestellte Ärzte auch gegenüber dem Medizinischen Versorgungszentrum erfolgen. Die kassenärztliche Vereinigung soll für den angestellten Arzt bei einem Medizinischen Versorgungszentrum einen Antrag auf Widerruf der Genehmigung der Anstellung stellen. 14

Den Nachweis über die Fortbildung erbringt der Vertragsarzt durch Fortbildungszertifikate der Ärztekammern (§ 95 Abs. 2 S. 1 SGB V). Diese Vorschrift schlägt die Brücke zum ärztlichen Berufsrecht. Diese ist nach wie vor für die Festlegung der fachlichen Inhalte der Fortbildungsmaßnahmen zuständig. 15

Über den Beschluss des Gemeinsamen Bundesausschusses (G-BA) vom 20. Dezember 2005[11] erstreckt sich die Pflicht zur Fortbildung nun auch auf die Fachärzte in zugelassenen Krankenhäusern (§ 108 SGB V). Diese sind ab 1. Januar 2006 in demselben Umfang zum Nachweis ihrer Fortbildung verpflichtet wie Vertragsärzte. Im Krankenhaus ist die Fortbildung dem Ärztlichen Direktor gegenüber nachzuweisen. Sie geht letztlich in den (jährlichen) Qualitätsbericht des Krankenhauses ein. Eine direkte Sanktion gegenüber dem fortbildungsunwilligen Facharzt, der den Nachweis binnen der fünf Jahre nicht erbracht hat, gibt es ersichtlich nicht. Arbeitsrechtliche Sanktionen des Krankenhausträgers dürften ebenfalls nicht möglich sein, sofern die Pflicht zur Fortbildung – wie üblicherweise – nicht Inhalt des Arbeitsvertrages ist. Wäre sie es, so müsste die Fortbildung während der Arbeitszeit erbracht werden (können) und zudem vergütet werden. Diese Lesart scheuen die Arbeitgeber (jedenfalls bisher regelmäßig und dies nicht nur beim ärztlichen Personal wie der Teufel das berühmte Weihwasser. 16

---

[10] Vgl. hierzu im einzelnen Ratzel, Lippert, MedR 2004, 525 m.w.Nachw.
[11] BAnz 2006, S. 107.

VI. Die forensische Bedeutung der Pflicht zur Fortbildung

17 Im Medizinschadensfall spielt jede Verpflichtung zur Fortbildung immer dann eine Rolle, wenn es darum geht zu prüfen, ob der Arzt bei der Behandlung mit der im Verkehr erforderlichen Sorgfalt vorgegangen ist[12]. Die vorstehend angeführten Normen regeln den objektiven Maßstab dafür, was der Patient vom Arzt an Fachkenntnissen bei der Behandlung fordern kann. Grundlage für die Verpflichtung zur Fortbildung sind diejenigen Kenntnisse und Fähigkeiten, die der Arzt zur Erlangung es Facharztes und/oder weiterer Zusatzbezeichnungen nachzuweisen hatte, nicht dagegen diejenigen für die Erlangung der Approbation.

18 Formal begrenzt beim vertragsärztlich tätigen Facharzt das Fachgebiet die Therapiefreiheit. Inhaltlich bildet der fachliche Stand der Kenntnisse die Grenze für das tatsächliche Dürfen. Besonders bedeutsam sind die Fachkenntnisse im Bereich der ärztlichen Aufklärung. Wer mit seinen Kenntnissen nicht auf einem aktuellen Stand ist, wird selten imstand sein, seine Patienten umfassend aufzuklären. Dabei erübrigt sich eigentlich der Hinweis, dass nicht immer das Neueste, auf dem auch der medizinische Zeitgeist gern surft, das Beste sein muss. Dann hilft aber zumeist die Abwägung zwischen dem Herkömmlichen und dem Neueren[13]

19 An der im Medizinschadensfall bestehenden Beweislast ändert sich durch ein fachliches, auf mangelnde Erfüllung der Pflicht zur Fortbildung beruhendes Defizit zunächst nichts. Die Beweislast liegt beim Kläger. Beweiserleichterungen zugunsten des Patienten sind nicht ersichtlich. Manifestiert sich die mangelnde Fachkenntnis in einer fehlerhaften Aufklärung, so trägt dafür der Arzt die Beweislast.

---

[12] Im Rahmen dieses Kommentars geht es nicht darum, zu bewerten, ob die im Rahmen der ärztlichen Selbstverwaltung geschaffenen Normen bürokratisch oder bis zur Banalität und Peinlichkeit ausziseliert sind. Hierüber mag sich jeder Leser seine eigene Meinung bilden(Vgl. hierzu auch in der Vorauflage Lippert in Ratzel, Lippert § 4 Rz. 5 ff.); Vgl. hierzu auch Ratzel, Lissel, Handbuch Medizinschadensabwicklung, § 37.

[13] Die Rechtsprechung, die punktuell zu einzelnen Mängeln in der Fortbildung ergangen ist, bezieht sich überwiegend auf einen fachlichen Stand von 2004. Sie ist also 2011 sicher mit gebotener Vorsicht heranzuziehen.

§ 5 Qualitätssicherung

Ärztinnen und Ärzte sind verpflichtet, an den von der Ärztekammer eingeführten Maßnahmen zur Sicherung der Qualität der ärztlichen Tätigkeit teilzunehmen und der Ärztekammer die hierzu erforderlichen Auskünfte zu erteilen.

Abweichender Wortlaut der Berufsordnungen in den Kammerbezirken:

Bayern
S. 2: Der Kammer sind die hierzu erforderlichen Auskünfte in nicht patientenbezogener Art zu erteilen.

Bremen
... sowie die erforderlichen Daten zu erheben und mitzuteilen.

Schleswig-Holstein
(2) Der Arzt ist zur Meldung gemäß § 4 des Gesetzes über das Krebsregister des Landes Schleswig-Holstein vom 28. Oktober 1999 (GVOBl. Schl.-H. S. 336) verpflichtet.

Übersicht   Rz.

I. Die Bedeutung der Norm 1
II. Qualitätssicherung 2
III. Qualitätssicherung und Arzthaftung 10
IV. Zertifizierung 12

Literatur

Axer, Neue Rechtsinstrumente der Qualitätssicherung in der ambulanten und stationären Versorgung unter Einbeziehung des Koordinierungsausschusses, VSSR 2002, 215; Bergmann, Leitlinien und Haftung, in: Leitlinien, Richtlinien und Gesetz – Wieviel Reglementierung verträgt das Arzt-Patienten-Verhältnis, 2002, S. 65 Donabedian, Evaluating the Quality of Medical Care, Milbank Memorial Fund Quart. 1966, Nr. 3 S. 166 ff.; Ekkernkamp, Qualitätsmanagement – Anspruch und Wirklichkeit, Q-med 2000, 79 ff.; Francke, Hart, Bewertungskriterien- und Methoden nach dem SGB V, MedR 2008, 2; Jorzig, Feifel, Leitlinien und Standard – Grenzen einer Systematisierung im Arzthaftungsprozess, GesR 2004, 310; Neumann, Prioritätensetzung und Rationierung in der gesetzlichen Krankenversicherung, NZS 2005, 617 ff.; Pinter, KTQ – die kommende Zertifizierung, Q-med 1999, Editorial Heft 6; Plagemann, Der Gemeinsame Bundesausschuss – Auswirkungen auf den Leistungsanspruch der Patienten, dargestellt an ausgewählten Einzelfällen, MedR 2005, 401; Rixen, Verhältnis von IQWiG und G-BA: Vertrauen oder Kontrolle? – Insbesondere zur Bindungswirkung der Empfehlungen des IQWiG, MedR 2008, 24; Rohe, Heinrich, Thomeczek, Netzwerk für Patientensicherheit, DÄ 2011, C-71; Rumler-Detzel, Budgetierung – Rationalisierung – Rationierung. Einflüsse auf die medizinische Leistungsfähigkeit oder Senkung der medizinischen Standards?, VersR 1998; Scheinert, Krankenhaus-zertifizierung-Antwort der KTQ auf die Forderung der Öffentlichkeit, Q-med 2000, 66; Schimmelpfeng-Schütte, Der Arzt im Spannungsfeld der Inkompatibilität der Rechtssysteme, MedR 2002, 286 ff.; Schirmer, Instrumente der Qualitätssicherung – insbesondere qualitätsabhängige Zulassung, Rezertifizierung etc., VSSR 2002, 247; Schlegel, Gerichtliche Kontrolle von Kriterien und Verfahren, MedR 2008, 30; Schnapp, Wigge, Handbuch des Vertragsarztrechts, 2. Aufl. 2006; Steffen, Einfluss verminderter Ressourcen und von Finanzierungsgrenzen aus dem Gesundheitsstrukturgesetz auf die Arzthaftung. Thesen zur Weitergabe allgemeiner Grenzen der Finanzierbarkeit unter dem Postulat der Beitragsstabilität an den zivilrechtlichen Haftungsmaßstab, MedR 1995, 190; Wenner, Maßnahmen zur Qualitätssicherung in der vertragsärztlichen Versorgung auf dem Prüfstand der Rechtsprechung, NZS 2002; zahlreiche aktuelle weiterführende Literatur über www.aezq.de, und b-ga.de.

I. Die Bedeutung der Norm

1   Die einschlägigen berufsrechtlichen wie auch die gesetzlichen Vorschriften verwenden zwar den Begriff der Qualität. Sie definieren ihn aber nicht sondern gehen zugleich dazu über die Maßnahmen aufzuführen, mit denen sie gesichert werden soll (§§ 5 MBOÄ, 136 ff. SGB V). Dies mag eine lässliche Sünde des Normgebers darstellen. Denn der Begriff wird seit langem in der industriellen Produktion verwendet. Aus den diversen Normen lässt sich als Substrat folgende Definition ableiten: es ist dies die Relation realisierter zu geforderter Beschaffenheit (eines Produktes)[1]. Auf die medizinische Versorgung der Bevölkerung übertragen bedeutet dies, dass sie bedarfsgerecht, gleichmäßig sein, dem Stand der medizinischen Erkenntnis entsprechen und ausreichend zweckmäßig und zudem noch wirtschaftlich zu sein hat und das Maß des Notwendigen nicht überschreiten darf, § 70 SGB V. Diese gesetzlich geforderte Beschaffenheit der medizinischen Versorgung der (Kassen-) Patienten muss erreicht und mit den Mitteln der Qualitätssicherung gesichert werden[2]. Die Qualitätssicherung kann dabei extern (einrichtungsübergreifend) oder intern durchgeführt werden. Die dazu eingesetzten Instrumentarien sind dieselben. Sie kann auch als Instrument zur Vermeidung von Behandlungsfehlern dienen. Ob sie dies tatsächlich tut, ist angesichts der Komplexität und Heterogenität der Vorschriften, die zu beachten sind, eher mit einem Fragezeichen zu versehen.

II. Qualitätssicherung

1. Qualitätssicherung in der vertragsärztlichen Versorgung und im Krankenhaus

2   Von der berufsrechtlich geregelten Qualitätssicherung in § 5 MBO ist diejenige zu unterscheiden, die über die Vorschriften des SGB V für den Bereich der gesetzlichen Krankenversicherung und den in diesem Bereich als Leistungserbringern Tätigen gilt. Dieses Instrumentarium ist über mehrere Novellen des SGB V in den vergange-

---

[1] So z. B. DIN EN ISO 8402 IEC 2371 ENISO 9000:2005. Zum Ganzen Seewald in: Schnapp, Wigge, § 21 Rz. 13 ff. m. w. Nachw.

[2] Es ist hier nicht der Ort, über Sinn und Unsinn der Maßnahmen zu Qualitätssicherung zu sinnieren und darüber zu richten, ob die damit geschaffene Bürokratie das deutsche Streben nach Perfektion bedient und ob sie nicht längst ins Gegenteil dessen umgeschlagen ist, das sie bewirken soll. Immerhin gibt es dazu auch kritische Stimmen z. B. Quaas in: Zuck, Quaas, § 26 Rz. 116 m. w. Nachw.

§ 5 Qualitätssicherung

nen Jahren umgestaltet, verdichtet und konzentriert worden. Geht man von den drei Hauptbereich in der Qualitätssicherung (Struktur-, Prozess- und Ergebnisqualität) aus, dann lässt sich folgende Aufgliederung[3] bilden:

a. Strukturqualität

Der Sicherung der Strukturqualität dienen insbesondere: 3

- die Bewertung neuer oder bereits angewandter Untersuchungs- und Behandlungsmethoden in ihrem diagnostischen und/oder therapeutischen Nutzen durch den G-BA für Vertragsärzte, Krankenhäuser und Heilmittel (§§ 135 Abs. 1, 137 c und 138 SGB V),
- Vereinbarungen über besondere Fachkundenachweise und Praxisausstattung als Voraussetzungen für die Erbringung bestimmter vertragsärztlicher Leistungen,
- Verträge über die Einführung eines verpflichtenden Qualitätsmanagements für den ambulanten Bereich, die zugelassenen Krankenhäuser und weitere Bereiche, sowie
- die Aus – und Weiterbildungsregelungen für das ärztliche und nichtärztliche Personal, die weit gehend in den Bereich der Ärztekammern zuzurechnen sind

b. Prozessqualität

Der Sicherung der Prozessqualität dienen unter anderem 4

- einrichtungsübergreifende Maßnahmen der Qualitätssicherung für die vertragsärztliche Versorgung, die Krankenhäuser, Vorsorge – und Rehabilitationseinrichtungen durch Richtlinien des G-BA oder Vereinbarungen der jeweiligen Spitzenverbände,
- Richtlinien des G-BA zur Beurteilung der Qualität in der vertragsärztlichen Versorgung,
- Kriterien des G-BA anhand derer indikationsbezogen die diagnostischen und therapeutischen Leistungen auf ihre Notwendigkeit und Qualität überprüft werden,
- die Einholung von Zweitmeinungen vor Eingriffen im Krankenhaus, sowie
- Maßnahmen zur Sicherung der Qualität ambulanten Operierens und stationsersetzender Eingriffe.

c. Ergebnisqualität

Der Sicherung der Ergebnisqualität dient unter anderem:

- die Teilnahme an einrichtungsübergreifenden Maßnahmen der Qualitätssiche- 5
rung, die der Ergebnisqualität dienen,

---

[3] vgl. hierzu im Detail Hess in: Kasseler Kommentar, Stand: 2008, vor §§ 135 bis 139.

- der Katalog planbarer Leistungen im Krankenhaus unter besonderer Berücksichtigung der Menge dieser erbrachten Leistungen pro Arzt oder Krankenhaus.

Die Qualitätssicherung und deren Ergebnisse gehen in die alle zwei Jahre zu erstellenden Qualitätsberichte der Krankenhäuser ein. Für die vertragsärztliche Versorgung haben die kassenärztlichen Vereinigungen Qualitätsberichte zu erstatten und zu veröffentlichen. Die Beschlüsse des G-BA zur Qualitätssicherung und zum Qualitätsmanagement entfalten für alle am System der gesetzlichen Krankenversicherung beteiligten Leistungsträger erhebliche Wirkungen. Daher ist zu fragen, wie Betroffene gegen diese Normen (Beschlüsse, Richtlinien etc.) vorgehen können. Eine Prüfung der genannten Normen mit höherrangigem Recht erfolgt inzidenter im Verfahren, welches im Regelfall vor dem Sozialgericht ausgetragen wird[4].

2. Berufsrechtliche Qualitätssicherung

6 Mit § 5 MBO bewegen wir uns im Bereich der berufsrechtlichen Qualitätssicherung und damit parallel dazu in der im Vertragsarzt – und Krankenhausbereich über die Normen des SGB V durch Beschlüsse des Gemeinsamen Bundesausschusses (G – BA) festgelegten und konkretisierten Maßnahmen der Qualitätssicherung.

7 Neben die ärztliche Weiterbildung und die Fortbildungsmaßnahmen (in § 4 MBO geregelt) treten eine Fülle punktueller Maßnahmen, mit denen die Ärztekammern auf eine Sicherung der Qualität ärztlicher Behandlungsmaßnahmen hinwirken wollen. Eine bedeutsame Rolle spielen dabei vorrangig Richtlinien der Ärztekammern (wie sie auch zur Berufsordnung erlassen worden sind) und weniger bedeutend die Leitlinien vor allem die von den medizinischen Fachgesellschaften geschaffenen. Auch sie sind letztlich ein gutes Beispiel dafür, wie man mit deutscher Gründlichkeit eine im Kern als durchaus vernünftig erkannte Idee ziemlich genau in das Gegenteil verkehren kann.

8 In der Arzthaftung reduziert sich die Diskussion gar auf die Frage, ob Leitlinien als Konkretisierung der Sorgfaltspflicht dienen und damit haftungsrechtliche Folgen haben können oder nicht. Die Rechtsprechung hat sich hier bisher erstaunlich zurückhaltend geäußert[5]. Richtlinien sind für den Adressaten verpflichtende Handlungsanweisungen, deren Missachtung straf – und zivil – gegebenenfalls auch berufsrechtliche Konsequenzen nach sich ziehen können. Leitlinien der medizinisch-wissenschaftlichen Fachgesellschaften eröffnen einen fachlichen Handlungskorridor, in dem sich der Adressat bewegen kann, ohne dass ihm daraus ein Vorwurf gemacht werden kann. Dieses klar erscheinende Prinzip erfährt aber Einschränkungen dadurch, dass es der Übereifer der Fachgesellschaften zu Wege gebracht hat,

---

[4] vgl. hierzu Schlegel, MedR 2008, 30 m. w. N.

[5] Vgl. Bergmann, GesR 2006, 337 m. w. Nachw; auch Martis, Winkhart, S. 315 m. w. Nachw. aus der Rechtsprechung.; Jorzig, Feifel, GesR 2004, 310. Zu den Leitlinien im Strafrecht vgl. Frister, Lindemann, Peters, Kap. 1 Rz. 85 ff., Ulsenheimer Rz. 18 ff. jeweils m. w. Nachweisen. Vgl. hierzu auch neuestens BGH Urt. v. 15.04.2014 - VI ZR 382/12 m. Nachw.

eine Fülle sich widersprechender Leitlinien in die Welt zu setzen und dazuhin noch solche, die inzwischen der medizinische Fortschritt längst überholt hat (nach dem Motto: nach der Leitlinie ist vor der Leitlinie)[6].

Die Qualität der ärztlichen Fortbildung ist ganz in die Verantwortung der Ärztekammern gegeben. Über die Zertifizierung und Akkreditierung des Fortbildungsangebotes bestimmen sie auch über die Inhalte im großen ganzen. Die Einzelheiten sind über § 4 MBO geregelt. Auf die Ausführungen hierzu in § 34 wird verwiesen.

9

III. Qualitätssicherung und Arzthaftung

Eine direkte Auswirkung der Maßnahmen der Qualitätssicherung im Rahmen des Qualitätsmanagements im Bereich der vertragsärztlichen Versorgung und im Krankenhaus sowie bei den sonstigen Leistungserbringern indem diese Maßnahmen nicht oder nur unzureichend durchgeführt werden, besteht nicht. Eine Auswirkung auf den Sorgfaltsmaßstab, welchen der Arzt bei der Behandlung anzuwenden hat, haben Sie indessen schon, je nach ihrem Grad der Verbindlichkeit abgestuft (Standard, Richtlinie, Leitlinie). Weitgehend unbeachtet in diesem System bleiben die zahlreichen technischen Normen, die im Bereich der Medizintechnik einzuhalten sind und die ebenfalls den Sorgfaltsmaßstab unmittelbar beeinflussen. Ihre Nichteinhaltung kann haftungsrelevant sein. Im Bereich der Haftung aus unerlaubter Handlung hat die Qualitätssicherung im Rahmen des Qualitätsmanagements Einfluss auf die Fahrlässigkeit, sofern entsprechende Maßnahmen nicht oder nicht vollständig ergriffen worden sind. Die hohe Regelungsdichte macht die Qualitätssicherung eigentlich zu einer wahren Fundgrube für Pflichtverletzungen im Rahmen des Organisations – und des Übernahmeverschuldens sowie der Verletzung von Verkehrssicherungspflichten.

10

Eigentlich sollte dieser Beitrag ein solcher über die Qualitätssicherung als Methode zur Schadensvermeidung sein und werden. Mit ihrem Umfang und ihrer Perfektion mit der sie zu betreiben ist, ist die Qualitätssicherung in der Praxis eher selbst zum Problem geworden denn ein Weg zu dessen Lösung. Qualitätssicherung wird in der Praxis nicht gelebt, sondern als überbordende Bürokratisierung (für die sie regelmäßig in Sonntagsreden ärztlicher Standesfunktionäre herhält) des medizinischen Behandlungsgeschehens erduldet und wahrgenommen. Qualitätssicherung könnte so zu einer wahren Haftungsfalle mutieren, wobei mit ihr eigentlich das genaue Gegenteil erreicht werden sollte[7]. Leidtragender ist mehr oder weniger der Patient, dessen Behandlung darüber nur zu leicht in Vergessenheit gerät. Leider besteht er nicht nur aus Papier.

11

---

[6] Könnte es nicht sein, dass Leitlinien und Zertifizierung die Totengräber der ärztlichen Behandlungsfreiheit sind und gar nicht in die Rationierung ärztlicher Leistungen wie immer wieder befürchtet wird?

[7] Welch kuriose Blüten die Qualitätssicherung auch treiben kann, zeigt ein Beitrag, der sich mit dem Umgang mit Nichtwissen befasst, immerhin ein von der DFG gefördertes Projekt, Wilkesmann. Jang, Umgang mit Nichtwissen, Anästh Intensivmed 2013, 246, 302.

IV. Zertifizierung

12 Es handelt sich bei der Zertifizierung um ein Verfahren, das aus der industriellen Produktion Eingang in den medizinischen Bereich gefunden hat. Es wird dort mit der Qualitätssicherung und dem Qualitätsmanagement in Verbindung gebracht. Man versteht darunter ein

> Verfahren, mit dessen Hilfe die Einhaltung von bestimmten Anforderungen an Produkte, Dienstleistungen, Personen und Systeme nachgewiesen wird.

Die Übernahme des Regelungswerkes für die Zertifizierung auf Dienstleister wie Krankenhäuser, Praxen, Anwaltskanzleien etc. war nicht unumstritten. Dennoch hat sie sich mehr oder weniger in der Praxis durchsetzen können, wenngleich auch mit bereichsspezifischen Modifikationen. Richtig und sinnvoll eingesetzt kann sie zu strukturierten Arbeitsabläufen führen. Voraussetzung dafür ist aber, dass ihre Inhalte im Betrieb auch gelebt werden. Ist dies nicht der Fall, tritt kein positiver Effekt im Hinblick auf die Vermeidung von Fehlern ein. Der einzige Profiteur ist dann der Zertifizierer. Bei ihm entstehen neue Arbeitsplätze, allerdings selten produktive.

§ 6 Mitteilung von unerwünschten Arzneimittelwirkungen

Ärztinnen und Ärzte sind verpflichtet, die ihnen aus ihrer ärztlichen Behandlungstätigkeit bekannt werdenden unerwünschten Wirkungen von Arzneimitteln der Arzneimittelkommission der deutschen Ärzteschaft und bei Medizinprodukten auftretende Vorkommnisse der zuständigen Behörde mitzuteilen.

Abweichender Wortlaut der Berufsordnungen in den Kammerbezirken:

Berlin

... oder verfälschende Auswirkungen von Diagnostika auf Untersuchungsergebnisse..(Rest unverändert).

Hessen

... sowie das Versagen von Labordiagnostika... (Rest unverändert).

Rheinland- Pfalz

... Arzneimittelwirkungen sowie das Versagen von Labordiagnostika (Rest unverändert).

Übersicht
Rz.

I. Die Bedeutung der Norm 1
II. Die Arzneimittelkommission der deutschen Ärzteschaft 2
III. Zusammensetzung 4
IV. Exkurs: Das Sicherheitskonzept nach AMG 5
V. Meldepflichten bei Medizinprodukten, Post Market Surveillance (PMS) und MPSV 14

Literatur
Lücker, Göttschkes, Die Medizinprodukte-Sicherheitsplanverordnung: Eine vernachlässigte Rechtsvorschrift, MedR 2013, 577 ff.

I. Die Bedeutung der Norm

Die früher in § 30 Abs. 7 MBO enthaltene Vorschrift ist aus ihrem Industriebezug herausgenommen – und den „Grundsätzen" zugeordnet worden. Dies macht insbesondere im Hinblick auf ihre Nachbarschaft zur Qualitätssicherung Sinn; denn welche andere Berufsgruppe könnte die Wirkung von Arzneimitteln in der täglichen Praxis besser beurteilen als Ärzte. Wie wichtig diese Aufgabe ist, zeigen immer wieder die Meldungen der letzten Jahre, da trotz aller Sorgfalt in den Arzneimittelstudien und Beobachtungen der Phase IV Fehlwirkungen nicht gänzlich ausgeschlossen werden können. Dies muss nicht an der Qualität des Medikaments liegen, sondern kann auch auf Kontraindikationen oder Wechselwirkungen beruhen, die bisher nicht bekannt waren. Das eigens hierfür geschaffene Meldesystem dient dazu, diese Informationen Ärzteschaft und Industrie gleichermaßen zugänglich zu machen. Letztlich ist dies ein Beitrag zu aktivem Patientenschutz. Im Rahmen des 114. Deutschen Ärztetages 2011 in Kiel wurde die Vorschrift auf die nach dem Medizinprodukterecht geltenden Meldepflichten gegenüber dem Bundesinstitut für Arzneimittel und Medizinprodukte (BfArM) ergänzt.

II. Die Arzneimittelkommission der deutschen Ärzteschaft

2   Die Arzneimittelkommission der deutschen Ärzteschaft (AkdÄ) ist der für alle Fragen der Arzneibehandlung und Arzneisicherheit zuständige Fachausschuss der Bundesärztekammer. Rechtsträger für die Geschäftsstelle der AkdÄ ist allerdings der Arzneimittelinformationsdienst e. V. (AID). Er ist für die rechtliche Struktur der Geschäftsstelle und die Rechtsverhältnisse der Mitarbeiter nach Maßgabe der AID-Satzung verantwortlich. Ferner besitzt die Kommission eine Geschäftsordnung (§ 9 des Statuts der Arzneimittelkommission).. Mitglieder des AID sind die BÄK, die KBV und die Landesärztekammern. Die Geschäftsstelle der AkdÄ hat ihren Sitz am Herbert-Lewin-Platz 1 in 10623 Berlin (Tel. 030 400456-500 Fax 030 400456-555; zentrale e-mail sekretariat@akdae.de; www.akdae.de). Die AkdÄ erhält mittels Statut[1] Aufgaben von seiten der Bundesärztekammer übertragen und informiert die Ärzteschaft vielfältig und aktuell über rationale Arzneitherapie und Arzneimittelsicherheit. Mit den Therapieempfehlungen bietet sie pharmakotherapeutische Problemlösungen auf der Basis validierter und klinisch relevanter Forschungsergebnisse. Mitglieder sind u. a. die BÄK, die KBV und die Landesärztekammern. Aufgabe der Arzneimittelkommission ist es, die Bundesärztekammer in den das Arzneimittelwesen betreffenden wissenschaftlichen Fragen unabhängig zu beraten. Ferner soll die Arzneimittelkommission den Vorstand der BÄK in seiner Meinungsbildung zu arzneimittelpolitischen Fragen unterstützen und zu Grundsatz- und Einzelfragen, die ihr vom Vorstand der BÄK vorgelegt werden, Stellung nehmen.

3   Einzelaufgaben sind in § 2 des Statuts aufgelistet, sind u. a.: Erfassung und Bewertung unerwünschter Arzneimittelwirkungen (Ärzte sind laut Berufsordnung zur Meldung verpflichtet), Stufenplanbeteiligte i. S. des AMG, Herausgeberin des Buches „Arzneiverordnungen" und des Informationsblatts „Arzneiverordnung", Mitarbeit am Deutschen Arzneibuch sowie Beratung und Erarbeitung zu Stellungnahmen, die das Aufgabengebiet der Kommission betreffen. Mit dem Bundesinstitut für Arzneimittel und Medizinprodukte (BfArM) unterhält sie den Ärzteausschuss „Arzneimittelsicherheit" und eine Datenbank zur Spontanerfassung unerwünschter Arzneimittelwirkungen. Im Rahmen des Anhörungsverfahrens zur Festbetragsregelung[2] nach § 35 Abs. 2 SGB V, nimmt die Arzneimittelkommission der deutschen Ärzteschaft Stellung zu den Vorschlägen des Arbeitsausschusses Arzneimittel-Richtlinien des Gemeinsamen Bundesausschusses der Ärzte und Krankenkassen (G-BA). Die Kommission übernimmt dabei die Aufgabe der medizinisch-wissen-

---

[1] In d. F.v. 19.11.1993, 8.5.1994, 20.3.2003 und 18.3.2005.
[2] BSG, Urt.v. 1.3.2011 – B I KR 10/10 R., PharmR 2011, 109.

schaftlichen Validierung der Arzneistoffgruppenbildung in den einzelnen Stufen der Festbetragsregelung. Sie bewertet die Vergleichbarkeit von unterschiedlichen Darreichungsformen bei gleichem Arzneistoff (Stufe I) sowie die pharmakotherapeutische Vergleichbarkeit unterschiedlicher Arzneistoffe in einem Indikationsgebiet (Stufe II und III) Die AkdÄ berät die Vorstände der BÄK und der KBV bei Stellungnahmen zur Neufassung von Gesetzen und Verordnungen im Rahmen des Arzneimittelgesetzes. Auch die Landesärztekammern werden in Fragen der rationalen und sicheren Arzneimitteltherapie beraten. Die AkdÄ ist für die Kassenärztlichen Vereinigungen in Fragen der wirtschaftlichen Pharmakotherapie sachverständig und unabhängig beratend tätig. Daneben bietet die Geschäftsstelle ein reichhaltiges Beratungs- und Serviceangebot. Der Vorstand der Kommission ist prinzipiell unabhängig, darf aber im Hinblick auf die Aufgabenstellung und den Haushalt nicht die vom Vorstand der BÄK gesteckten Rahmenkompetenzen überschreiten.

III. Zusammensetzung

Die Arzneimittelkommission besteht aus bis zu 40 ordentlichen- und bis zu 100 außerordentlichen Mitgliedern. Die ordentlichen Mitglieder werden durch den Vorstand der Bundesärztekammer berufen. Der Vorstand der Arzneimittelkommission umfasst bis zu sieben Mitglieder. Fünf Mitglieder des Vorstands werden aus der Mitte der ordentlichen Mitglieder von diesen gewählt. Je ein Mitglied wird vom Vorstand der BÄK und vom Vorstand der KBV unmittelbar benannt (§ 4 des Statuts). Die Berufung der Mitglieder erfolgt für eine Amtsperiode von drei Jahren. Dadurch dass mit Abstand von einem Jahr jeweils ein Drittel der Mitglieder nach Ablauf ihrer Amtszeit neu berufen werden müssen, bleibt eine gewisse Kontinuität bewahrt.

IV. Exkurs: Das Sicherheitskonzept nach dem AMG

Die AkdÄ ist nach § 62 AMG Stufenplanbeteiligte. Damit ist sie in das System der Pharmakovigilanz eingebunden. Sie veranstaltet und wirkt mit an ärztlichen Fortbildungsveranstaltungen. Der Beobachtung, Sammlung und Auswertung von möglichen Arzneimittelrisiken sowie der Anordnung eventueller Maßnahmen zur Abwehr von Arzneimittelrisiken wird im AMG ein hoher Stellenwert beigemessen.

Daneben besteht nach dem AMG die Pharmakovigilanz und die Pharma-Überwachung. Die entsprechenden Bestimmungen für die Pharmakovigilanz finden sich im kürzlich novellierten 10. Abschnitt des AMG mit dem Titel „Pharmakovigilanz", der die folgenden 12 Paragraphen enthält:

- § 62 – Organisation,
- § 63 – Stufenplan,
- § 63a – Stufenplanbeauftragter,
- § 63b – Dokumentations- und Meldepflichten.

- § 63c Dokumentations- und Meldepflichten des Inhabers der Zulassung für Arzneimittel, die zur Anwendung bei Menschen bestimmt sind, für Verdachtsfälle von Nebenwirkungen
- § 63d Regelmäßige aktualisierte Unbedenklichkeitsberichte
- § 63e Europäisches Verfahren
- § 63f Allgemeine Voraussetzungen für nichtinterventionelle Unbedenklichkeitsprüfungen
- § 63g Besondere Voraussetzungen für angeordnete nichtinterventionelle Unbedenklichkeitsprüfungen
- § 63h Dokumentations- und Meldepflichten für Arzneimittel, die zur Anwendung bei Tieren bestimmt sind
- § 63i Dokumentations- und Meldepflichten bei Blut- und Gewebezubereitungen und Gewebe
- § 63j Ausnahmen

In Deutschland teilen sich derzeit drei Bundesoberbehörden diese Zuständigkeit nach Produktgruppen auf. Gemäß § 77 Abs. 2 AMG ist das Paul-Ehrlich-Institut für Sera, Impfstoffe, Blutzubereitungen, Knochenmarkzubereitungen, Allergene, Testsera, Testantigene, Gentransfer-Arzneimittel, somatische Zelltherapeutika, xenogene Zelltherapeutika und gentechnisch hergestellte Blutbestandteile zuständig. Soweit es um Arzneimittel geht, die zur Anwendung bei Tieren bestimmt sind, ist das Bundesamt für Verbraucherschutz und Lebensmittelsicherheit (BVL) zuständige Bundesoberbehörde (§ 77 Abs. 3 AMG). Alle anderen Arzneimittel fallen nach § 77 Abs. 1 AMG in die Zuständigkeit des Bundesinstitutes für Arzneimittel und Medizinprodukte (BfArM). Der Gesetzgeber hat im § 63 AMG bestimmt, dass zur Durchführung der im § 62 AMG beschriebenen Aufgaben vom zuständigen Bundesministerium ein Stufenplan als allgemeine Verwaltungsvorschrift erstellt wird, der auf den verschiedenen Gefahrenstufen die Zusammenarbeit der beteiligten Stellen und Behörden sowie die Einschaltung der pharmazeutischen Unternehmer und die Informationswege in diesem Zusammenhang regelt und darüber hinaus die bei Vorliegen konkreter Risiken zu treffenden Maßnahmen bestimmt. Diese Verwaltungsvorschrift ist erstmals am 1.10.1980 in Kraft getreten und 1990 und 2005 grundlegend überarbeitet worden[3].

Der Stufenplan umfasst folgende Punkte:

- Zweck der Allgemeinen Verwaltungsvorschrift,
- beteiligte Behörden und Stellen (Stufenplanbeteiligte),
- Arzneimittelrisiken,
- Sammlung von Meldungen über Arzneimittelrisiken,
- Vorgehen in Gefahrenstufen,
- Maßnahmenkatalog,

---

[3] Allgemeine Verwaltungsvorschrift zur Beobachtung, Sammlung und Auswertung von Arzneimittelrisiken (Stufenplan) nach § 63 des AMG vom 9. Februar 2005, BAnz vom 15. Februar 2005, S. 2383; vgl. auch Deutsch in: Deutsch, Lippert, Ratzel, Anker, Tag, Koyuncu, KoAMG 3. Aufl. 2010, Kommentierung zu § 63 ff.m.w.Nachw.

- Gegenseitige Information der Beteiligten,
- Routine-Sitzung,
- Sondersitzung,
- Information der Öffentlichkeit.

Unter Punkt 2 des Stufenplanes werden die Behörden und Stellen aufgeführt, die neben den zuständigen Oberbehörden des Bundes bei der Durchführung ihrer Aufgaben Arzneimittelrisiken erfassen. Dieser Kreis der so genannten Stufenplanbeteiligten umfasst u. a.: 7

- die obersten Gesundheits- und Veterinärbehörden der Länder,
- die Arzneimittelkommissionen der Heilberufe (u. a. Ärzte und Apotheker),
- die Bundesverbände der Arzneimittelindustrie,
- die (noch im Aufbau befindlichen) nationalen Pharmakovigilanzzentren,
- die Informations- und Behandlungszentren für Vergiftungen,
- die Europäische Arzneimittelagentur und ihre Ausschüsse,
- die Dienststellen der WHO und
- die Arzneimittelbehörden anderer Staaten.

Stufe I

Die Gefahrenstufe I ist erreicht, wenn Meldungen oder sonstige Informationen auf die Möglichkeit von Arzneimittelrisiken hinweisen. Die zuständige Bundesoberbehörde benennt den Sachverhalt der Ermittlung und tauscht zunächst mit dem (den) pharmazeutischen Unternehmer(n) Informationen aus, wobei alle Stufenplanbeteiligten benachrichtigt werden. Dazu wird der betroffene pharmazeutische Unternehmer in der Regel aufgefordert, alle ihm aus der nationalen Spontanerfassung oder aus der Literatur bekannt gewordenen Verdachtsfälle von unerwünschten Wirkungen des Arzneimittels anzugeben sowie eine Zusammenstellung dieser Meldungen nach verschiedenen Aspekten vorzunehmen. Weiterhin sind in der Regel die Abgabezahlen der letzten Jahre anzugeben sowie eine Risikobewertung, d. h., eine bewertende Stellungnahme hinsichtlich des Grades der Gefährdung der Patienten unter Berücksichtigung der therapeutischen Alternativen und der Erkenntnisse der medizinischen Wissenschaft. Da in den meisten Verfahren mehrere pharmazeutische Unternehmer betroffen sind, koordinieren die Verbände der Arzneimittelindustrie die Verfahren. Sie laden zu gemeinsamen Besprechungen der betroffenen Unternehmen ein und erstellen auf der Basis der getroffenen Vereinbarungen im Auftrag der Unternehmen und mit deren fachlicher Unterstützung die Stellungnahmen gegenüber der zuständigen Bundesoberbehörde. Ein Stufenplanverfahren kann beendet werden, wenn sich nach Prüfung der Unterlagen durch die zuständige Bundesoberbehörde der Anfangsverdacht entkräftet oder der pharmazeutische Unternehmer geeignete Maßnahmen zur Abwehr ergriffen hat. Weil der pharmazeutische Unternehmer gesetzlich verpflichtet ist, sichere – d. h. dem jeweils gültigen wissenschaftlichen Erkenntnisstand entsprechende – Präparate in Verkehr zu bringen, kommt dabei eigenverantwortlichen Maßnahmen des pharmazeutischen Unternehmers besondere Bedeutung, nicht zuletzt aus haftungsrechtlicher Sicht, zu. 8

Stufe II

9 Wenn sich aus dem Informationsaustausch in der Stufe I oder aufgrund sonstiger Erkenntnisse ein Verdacht einer unmittelbaren oder mittelbaren Gefährdung der Gesundheit von Mensch oder Tier bei der Anwendung eines bestimmten Arzneimittels ergibt, so wird in der Gefahrenstufe II des Stufenplanes ermittelt. Auch in Stufe II hört die zuständige Bundesoberbehörde die betroffenen Unternehmen zunächst an und fordert weitergehende Informationen sowie eine Risikobewertung ein. Im Unterschied zu Stufe I werden dabei stets Maßnahmen, die die zuständige Behörde anzuordnen beabsichtigt, angekündigt und zur Diskussion gestellt.

Maßnahmenkatalog

10 Sofern nach Ansicht der zuständigen Behörden Maßnahmen zur Risikoabwehr geboten sind und die betroffenen Unternehmen diese nicht eigenverantwortlich (freiwillig) durchführen, können die Bundesoberbehörden, aber auch die zuständigen Länderbehörden und auch verschiedene Bundesministerien eine Fülle von Maßnahmen anordnen. Eine Übersicht über diese Maßnahmen ist in Punkt 8 des Stufenplans gegeben. Es kommen insbesondere folgende Maßnahmen in Betracht:
Maßnahmen der Bundesoberbehörden

- Einholung weiterer Sachverständigen-Gutachten, Vergabe von Forschungsaufträgen, Einschaltung von Referenzzentren.
- Anwendungsempfehlungen für die Heilberufe und/oder Abgabeempfehlungen für die Apotheken.
- Auflagen nach § 28 AMG bezüglich
- der Kennzeichnung der Behältnisse und äußeren Umhüllungen (§ 10 AMG), z. B. durch Anordnung von Warnhinweisen oder Lagerhinweisen,
- der inhaltlichen und formalen Gestaltung der Packungsbeilage und der Fachinformation,
- der therapiegerechten Packungsgrößen,
- der Gestaltung von Behältnissen, um die Einhaltung von Dosierungsanleitungen zu gewährleisten oder den Missbrauch durch Kinder zu verhüten.
- Rücknahme, Widerruf oder Ruhen der Zulassung (§ 30 AMG).

Dabei ist die Zulassung zurückzunehmen, wenn nachträglich bekannt wird, dass einer der in § 25 Abs. 2 Nr. 1 bis 7 AMG genannten Versagungsgründe bei der Zulassungserteilung vorgelegen hat. Die Zulassung ist zu widerrufen, wenn einer dieser Gründe nachträglich eingetreten ist. Das Ruhen der Zulassung kann als minderschwere Maßnahme befristet angeordnet werden, wenn nachträglich der begründete Verdacht bekannt wird, dass ein Arzneimittel bei bestimmungsgemäßem Gebrauch schädliche Wirkungen hat, die über ein nach Erkenntnissen der medizinischen Wissenschaft vertretbares Maß hinausgehen (Versagungsgrund nach § 25 Abs. 2 Nr. 5 AMG).

11 Am häufigsten werden Maßnahmen im Bereich der Kennzeichnung, vor allem zur Ergänzung von Fach- und Gebrauchsinformation, beispielsweise durch neue Angaben im Abschnitt „Nebenwirkungen" angeordnet. Da bereits das Gros aller Arzneimittelbehältnisse kindergesichert ist und auch über geeignete Dosierhilfen verfügt, sind entsprechende Auflagen in den letzten Jahren nicht mehr erforderlich

gewesen. Erfreulicherweise wird nur sehr selten auf die einschneidenste Maßnahme, den Widerruf oder die Rücknahme einer Zulassung, zurückgegriffen.

Bei allen o.a. Maßnahmen handelt es sich um Verwaltungsakte, gegen die innerhalb eines Monats nach Zugang des Bescheides Widerspruch eingelegt werden kann. Widerspruch und Anfechtungsklage haben grundsätzlich aufschiebende Wirkung, d. h., die angeordnete Maßnahme muss, solange der Rechtsstreit läuft, nicht umgesetzt werden. Die einzige Ausnahme von diesem Prinzip liegt dann vor, wenn die zuständige Bundesoberbehörde die sofortige Vollziehung anordnet. Dies ist regelmäßig dann der Fall, wenn beispielsweise die Rücknahme, der Widerruf oder das Ruhen der Zulassung angeordnet wird, weil der begründete Verdacht auf unvertretbare schädliche Wirkungen vorliegt (§ 25 Abs. 2 Nr. 5 AMG).

Im 11. Abschnitt des Gesetzes in den §§ 64–69b ist schließlich die Pharma-Überwachung geregelt. Es handelt sich dabei um Vorschriften, wie sie in anderen Gesetzen des Sonderpolizeirechts auch die staatliche Überwachung des jeweiligen Bereiches regeln. Die Durchführung der Pharma-Überwachung ist Aufgabe der zuständigen Landesbehörden. Der Bund und die Länder haben beim DIMDI eine Datenbank errichtet, in der die erforderlichen Daten gesammelt und zur Verfügung gestellt werden. Die Meldungen über Nebenwirkungen von Arzneimitteln erfolgen über § 63b auch an die Europäische Arzneimittelagentur (EMA)[4].

V. Meldepflichten bei Medizinprodukten, Post Market Surveillance (PMS) und MPSV

Die zuständige Bundesoberbehörde hat gegen unmittelbare oder mittelbare Gefährdung der Gesundheit von Menschen durch Medizinprodukte einzuschreiten und Maßnahmen zu koordinieren. Die zuständige Bundesoberbehörde ist in der Regel das Bundesinstitut für Arzneimittel und Medizinprodukte (BfArM).[5] Die Aufgaben der Behörde sind wesentlich konkretisiert worden. Sie hat nicht nur ihr gemeldete Vorkommnisse und Beinahe-Vorkommnisse auszuwerten, sondern kann sich aller Erkenntnisquellen, z. B. Presseberichten bedienen. Die Aufgaben der obersten Bundesbehörde enden mit der Sammlung und Auswertung. Das Ergreifen konkreter Maßnahmen ist Aufgabe der zuständigen Behörden der Länder, die zu informieren sind. Außerdem informiert die oberste Bundesbehörde das DIMDI in einer Art und Weise, die geeignet ist, die Daten in die Europäische Datenbank zu überführen. Die Koordinierung der Gefahrabwehrmaßnahmen geschieht in Abstimmung mit den in § 29 Abs. 3 MPG genannten Organisationen, Einrichtungen und Behörden. Die Einzelheiten der Überwachung sind im Sicherheitsplan gemäß § 37 Abs. 7 MPG be-

---

[4] Zu den Einzelheiten vgl. die Kommentierungen in Deutsch, Lippert, Anker, Ratzel, Tag, Koyuncu, Kommentar zum AMG jeweils mit weiteren Nachweisen.
[5] Soweit nicht das Paul-Ehrlich-Institut (PEI) für In-vitro-Diagnostika, § 32 Abs. 2, oder die Physikalisch-Technische Bundesanstalt für die Sicherung der Einheitlichkeit des Messwesens in der Heilkunde zuständig sind, § 32 Abs. 3.

schrieben, auf den § 29 Abs. 4 MPG Bezug nimmt. Diese unscheinbare Verweisung beinhaltet das eigentliche Gewicht der Norm.

15 Die Sicherheitsplan-Verordnung regelt die Verfahren zur Erfassung, Bewertung und Abwehr von Risiken im Verkehr oder im Betrieb befindlicher Medizinprodukte. Sie findet keine Anwendung auf Medizinprodukte zur klinischen Prüfung und In-vitro-Diagnostika für Leistungsbewertungszwecke. Ein Vorkommnis im Sinne dieser Verordnung liegt vor, wenn ein Mangel oder eine Fehlfunktion eines Medizinprodukts zum Tode oder einer schwerwiegenden Verschlechterung des Gesundheitszustands eines Patienten, Anwenders oder Dritten geführt hat, führen könnte oder geführt haben könnte. Die Definition für Vorkommnisse orientiert sich an den Anhängen der Richtlinien 90/385/EWG, 93/42/EWG und 98/79/EG sowie den MEDDEV-Leitlinien zum Medizinprodukte-Beobachtungs- und Meldesystem; sie schließt die sog. Beinahevorkommnisse ein. Rückrufe werden in Anlehnung an die entsprechende Begriffsbestimmung in der harmonisierten Norm EN 46001 definiert.

16 Wichtig sind die in § 3 der VO genannten Meldepflichten und die in § 5 VO angeführten Meldefristen. Die Meldepflichten für Verantwortliche nach § 5 MPG (Hersteller, Bevollmächtigte oder Einführer) entsprechen den Vorgaben der Anhänge der Richtlinien 90/385/EWG, 93/42/EWG und 98/79/EG und konkretisieren diese unter Berücksichtigung der MEDDEV-Leitlinien zum Medizinprodukte-Beobachtungs- und Meldesystem im Hinblick auf Vorkommnisse, die sich in Drittländern ereignet haben. Der Verantwortliche nach § 5 MPG hat Vorkommnisse, die in Deutschland aufgetreten sind, sowie in Deutschland durchgeführte Rückrufe von Medizinprodukten der zuständigen Bundesoberbehörde zu melden. In anderen Vertragsstaaten des Abkommens über den Europäischen Wirtschaftsraum aufgetretene Vorkommnisse und durchgeführte Rückrufe hat er den dort zuständigen Behörden zu melden. Vorkommnisse, die außerhalb des Europäischen Wirtschaftsraums aufgetreten sind, sind nur meldepflichtig, wenn sie zu korrektiven Maßnahmen mit Relevanz auch für Medizinprodukte geführt haben, die sich im Europäischen Wirtschaftsraum im Verkehr befinden. In diesen Fällen hat die Meldung an die zuständige Behörde des Vertragsstaates zu erfolgen, in dem der Verantwortliche nach § 5 MPG oder, soweit aktive implantierbare Medizinprodukte, In-vitro-Diagnostika nach Anhang II der Richtlinie 98/79/EG oder zur Eigenanwendung oder sonstige Medizinprodukte der Klassen IIa, IIb oder III betroffen sind, die benannte Stelle ihren Sitz haben. Ärzte können ihre Meldepflicht auch gegenüber der Arzneimittelkommission der Deutschen Ärzteschaft erfüllen. Gemäß § 5 MPSV hat der Verantwortliche nach § 5 MPG Vorkommnisse entsprechend der Eilbedürftigkeit ihrer Bearbeitung umgehend zu melden, spätestens jedoch innerhalb von 30 Tagen, nachdem er Kenntnis hiervon erhalten hat. Bei Gefahr im Verzug hat die Meldung unverzüglich zu erfolgen. Rückrufe und Vorkommnisse im Sinne des § 3 Abs. 1 S. 3 VO sind spätestens mit Beginn der Umsetzung der Maßnahmen zu melden. Die Meldungen und Mitteilungen nach § 3 Abs. 2 und 3 VO haben unverzüglich zu erfolgen.

17 Wichtig ist auch folgender Aspekt: Für Markt- und Produktbeobachtungspflichten gibt es in § 29 MPG i. V. m. der Medizinprodukte-Sicherheitsplanverordnung

(MPSV) v. 24.6.2002 Spezialvorschriften gegenüber der allgemeinen Produkthaftung. Sie verpflichtet Hersteller und Anwender gleichermaßen. Die zuständige Bundesoberbehörde hat gegen unmittelbare oder mittelbare Gefährdung der Gesundheit von Menschen durch Medizinprodukte einzuschreiten und Maßnahmen zu koordinieren. Die Einzelheiten der Überwachung sind im Sicherheitsplan gemäß § 37 Abs. 7 MPG beschrieben, auf den § 29 Abs. 4 MPG Bezug nimmt. Meldepflichtig sind „Vorkommnisse", „Rückrufe" und „schwerwiegende unerwünschte Ereignisse" gemäß § 3 MPSV (SAE serious adverse event). Diese werden in einem zentralen Erfassungssystem gespeichert und verarbeitet (§ 3 DIMDIV). Werden Auffälligkeiten festgestellt, ist der Hersteller oder sein Bevollmächtigter verpflichtet (siehe § 5 MPG), gemäß § 14 MPSV korrektive Maßnahmen einzuleiten. Bei Importen aus Nicht EU-Staaten trifft diese Pflicht den Einführer. Diese korrektiven Maßnahmen können Rückrufe und eine Information der Kunden/Krankenhäuser sein. Das BfArM ist über den Stand der korrektiven Maßnahmen zu informieren. Die Rückverfolgbarkeit soll § 16 MPVS erleichtern. Gemäß § 16 Abs. 2 MPVS sind gerade bei Implantaten wie z. B. Hüftendoprothesen die dort genannten Daten zu dokumentieren und zwanzig Jahre aufzubewahren (siehe auch DIN EN 46001 Abschn. 4.16). Zur Optimierung des Verbraucherschutzes eröffnet § 24 MPSV der zuständigen Behörde des Bundes (i. d. R. BfArM) die Möglichkeit, im Internet unter Wahrung des Datenschutzes über durchgeführte korrektive Maßnahmen, Empfehlungen und Ergebnisse der wissenschaftlichen Aufarbeitung gemäß § 23 MPSV zu informieren. Verstöße gegen die Pflichten nach der MPSV sind gemäß § 42 MPG als Ordnungswidrigkeit mit einem Bußgeld bis zu € 25.000,-- belegt; gegebenenfalls. kommt sogar eine Strafbarkeit gemäß § 40 MPG in Betracht.

Medizinproduktehersteller der Klasse III sind im übrigen zu einer aktiven Marktbeobachtung durch Befragung von Kunden und gegebenenfalls. auch Patienten verpflichtet. Sie müssen Rückmeldungen ihrer Abnehmer oder auch zwischengeschalteter Personen auswerten und gegebenenfalls. auch Recherchen in Literatur und Datenbanken (BfArM, DIMDI) veranlassen. Von Fall zu Fall kann auch ein Post Market Clinical Follow-up (PMCF) erforderlich werden.

II. Pflichten gegenüber Patientinnen und Patienten

Vorbemerkungen vor §§ 7 ff.

In den §§ 7 ff. fasst die MBOÄ diejenigen Pflichten zusammen, die dem Arzt gegenüber seinem Patienten obliegen. Letztlich lassen sich diese Pflichten auf die (korrespondierenden) Rechte der Patienten aus Art. 1 GG (Recht auf körperliche Unversehrtheit) und Art. 2 GG (Allgemeines Persönlichkeitsrecht) zurückführen. Jedenfalls für die Behandlungsgrundsätze aus § 7 sowie die Aufklärungspflicht, § 8, und die ärztliche Schweigepflicht, § 9, lässt sich dies sagen. §§ 11 und 12 scheinen aus diesem Rahmen herauszufallen. Dabei normiert 11 (Ärztliche Untersuchungs- und Behandlungsmethoden) durchaus eine Pflicht des Arztes bei der Patientenbehandlung, die als die im (ärztlichen) Verkehr erforderliche Sorgfalt anzusehen ist. 1

Zu beachten ist, dass die Normen der MBO als rein berufsrechtliche Vorschriften keine unmittelbare Rechtswirkung entfalten. Rechtswirkungen haben sie erst über die allgemeinen Rechtsvorschriften wie z. B. das BGB oder das StGB sowie weitere spezialgesetzliche Regelungen. Mit der Aufnahme des Behandlungsvertrages nach §§ 630a ff. in das BGB haben die darin geregelten Pflichten als gesetzliche Vorschriften Vorrang vor den lediglich berufsrechtlich begründeten Pflichten, einerlei ob es sich um Haupt- oder auch nur Nebenpflichten handelt. Dies gilt auch für die Regelung der Patientenverfügung in §§ 1901 a ff. BGB. Darüber hinausgehende Pflichten vermag das Berufsrecht nicht zu begründen. Leider hat es der Gesetzgeber versäumt, die Schweigepflicht in die §§ 630a ff. BGB zu schreiben. 2

Alles in allem konkretisieren auch die berufsrechtlichen Normen im gesetzlich vorgegebenen Rahmen die im Verkehr erforderliche Sorgfalt, von der § 276 BGB als dem Regelfall bei der Erfüllung von Schuldverhältnissen ausgeht. Auch für das Strafrecht sind die Pflichten der §§ 7 ff. von Bedeutung. Zusammen mit der Einwilligung des Patienten konkretisieren sie die Befugnis des Arztes zum Eingriff in die körperliche Integrität des Patienten ihrem Umfang nach. 3

§ 7 Behandlungsgrundsätze und Verhaltensregeln

(1) Jede medizinische Behandlung hat unter Wahrung der Menschenwürde und unter Achtung der Persönlichkeit, des Willens und der Rechte der Patientinnen und Patienten, insbesondere des Selbstbestimmungsrechts, zu erfolgen. Das Recht der Patientinnen und Patienten, empfohlene Untersuchungs- und Behandlungsmaßnahmen abzulehnen, ist zu respektieren.

(2) Ärztinnen und Ärzte achten das Recht ihrer Patientinnen und Patienten, die Ärztin oder den Arzt frei zu wählen oder zu wechseln. Andererseits sind – von Notfällen oder besonderen rechtlichen Verpflichtungen abgesehen – auch Ärztinnen und Ärzte frei, eine Behandlung abzulehnen. Den begründeten Wunsch der Patientin oder des Patienten, eine weitere Ärztin oder einen weiteren Arzt zuzuziehen oder einer anderen Ärztin oder einem anderen Arzt überwiesen zu werden, soll die behandelnde Ärztin oder der behandelnde Arzt in der Regel nicht ablehnen.

(3) Ärztinnen und Ärzte haben im Interesse der Patientinnen und Patienten mit anderen Ärztinnen und Ärzten und Angehörigen anderer Fachberufe im Gesundheitswesen zusammenzuarbeiten. Soweit dies für die Diagnostik und Therapie erforderlich ist, haben sie rechtzeitig andere Ärztinnen und Ärzte hinzuzuziehen oder ihnen die Patientin oder den Patienten zur Fortsetzung der Behandlung zu überweisen.

(4) Ärztinnen und Ärzte dürfen individuelle ärztliche Behandlung, insbesondere auch Beratung, nicht ausschließlich über Print- und Kommunikationsmedien durchführen. Auch bei telemedizinischen Verfahren ist zu gewährleisten, dass eine Ärztin oder ein Arzt die Patientin oder den Patienten unmittelbar behandelt.

(5) Angehörige von Patientinnen und Patienten und andere Personen dürfen bei der Untersuchung und Behandlung anwesend sein, wenn die verantwortliche Ärztin oder der verantwortliche Arzt und die Patientin oder der Patient zustimmen.

(6) Ärztinnen und Ärzte haben Patientinnen und Patienten gebührende Aufmerksamkeit entgegen zu bringen und mit Patientenkritik und Meinungsverschiedenheiten sachlich und korrekt umzugehen.

(7) Bei der Überweisung von Patientinnen und Patienten an Kolleginnen oder Kollegen oder ärztlich geleitete Einrichtungen, haben Ärztinnen und Ärzte rechtzeitig die erhobenen Befunde zu übermitteln und über die bisherige Behandlung zu informieren, soweit das Einverständnis der Patientinnen und Patienten vorliegt oder anzunehmen ist. Dies gilt insbesondere bei der Krankenhauseinweisung und –entlassung. Originalunterlagen sind zurückzugeben.

(8) Ärztinnen und Ärzte dürfen einer missbräuchlichen Verwendung ihrer Verschreibung keinen Vorschub leisten.

Änderungen 114. Deutschen Ärztetag:

Absätze 1und 4 ergänzt, 3, 6–8 neu angefügt.

Abweichender Wortlaut der Berufsordnungen in den Kammerbezirken:

Niedersachsen:

(3) Ärzte haben, soweit dies für die Diagnostik und Therapie erforderlich ist, rechtzeitig andere Ärzte hinzuzuziehen oder ihnen den Patienten zur Fortsetzung der Behandlung zu überweisen."

(4) Der Arzt darf individuelle ärztliche Behandlung, insbesondere auch Beratung, weder ausschließlich brieflich noch in Zeitungen oder Zeitschriften noch ausschließlich über Kommunikationsmedien oder Computerkommunikationsnetze durchführen.

(5) Angehörige von Patienten und andere Personen dürfen bei der Untersuchung und Behandlung anwesend sein, wenn der verantwortliche Arzt und der Patient zustimmen.

(6) Ärzte haben mit Patientenkritik und Meinungsverschiedenheiten sachlich und korrekt umzugehen.

Saarland

(3) Der Arzt darf seinen Beruf nicht im Umherziehen ausüben. (Rest unverändert)

Übersicht   Rz.

I.	Die Bedeutung der Norm	1
II.	Das Selbstbestimmungsrecht des Patienten	2
III.	Das Persönlichkeitsrecht des Patienten	5
IV.	Der Patientenwille	8
V.	Rechtsbeziehungen zwischen Arzt und Patient	15
VI.	Die Haftung des Arztes	41
VII.	Die strafrechtliche Verantwortlichkeit des Arztes	56
VIII.	Freie Arztwahl und Ablehnung der Behandlung	62
IX.	Behandlungsabbruch	64
X.	Die Hinzuziehung weiterer Ärzte	65
XI.	Die Fernbehandlung	75
XII.	Verhalten gegenüber Kritik	78
XIII.	Hinzuziehung von Angehörigen und sonstigen Personen	79
XIV.	Missbräuchliche Anwendung der Verschreibung	81
XV.	Sanktionen	82

Literatur
Bergmann, Delegation und Substitution ärztlicher Leistungen auf/durch nichtärztliches Personal, MedR 2009, 1; Biermann, Ulsenheimer, Weißauer, Liquidation wahlärztlicher Leistungen – rechtliche Grundlagen, MedR 2000, 107; Bockelmann, Strafrecht des Arztes, 1969; Coeppicus, Behandlungsabbruch, mutmaßlicher Wille und Betreuungsrecht, NJW 1998, 3381; Damm, Prädiktive Medizin und Patientenautonomie MedR 1999. 437; Deutsch, Schutzbereich und Tatbestand des unerlaubten Heileingriffs im Zivilrecht, NJW 1965, 1985; ders., Die Medizinhaftung nach dem neuen Schuldrecht und dem neuen Schadensrecht, JZ 2002, 588; ders., Verfassungszivilrecht bei der Sterbehilfe, NJW 2003, 1567; Dierks, Feussner, Wienke (Hrsg.), Rechtsfragen der Telemedizin, 8. Einbecker Workshop der DGMR 1999; Dirksen, Patientenwille und ärztliches Gewissen – das Selbstbestimmungsrecht in Gefahr?, GesR 2004, 124; Fehn, der medizinische Heileingriff als Körperverletzung und die strafrechtliche Bedeutung von Aufklärungsmängeln im Überblick, GesR 2009, 11; Fischer, Die mutmaßliche Einwilligung bei ärztlichen Eingriffen in: FS f. E. Deutsch, 1999, S 545;Giesen, Wandlungen des Arzthaftungsrechts, 1983; Grams, Arzthaftung für den „schadensfreien" Eingriff mangels Einwilligung wegen unterbliebener Aufklärung (eigenmächtige Heilbehandlung, GesR 2009, 69; Grunewald, Haftung des Anwalts bei fehlerhafter Beratung des Mandanten nach neuem Recht, AnwBl. 2002, 258 Hanika, Telemedizin – Handlungs- und Weiterentwicklungsbedarf, MedR 2001, 107; Hoppe, Telemedizin und internationale Arzthaftung, MedR 1998, 462; Jaeger, Patientenrechtegesetz, 2013; Kalis, Der ständige Streit um den ständigen Vertreter, VersR 2003, 23; Katzenmeier, Schuldrechtsmodernisierung und Schadensersatz – Umbruch in der Arzthaftung, VersR 2002, 1066; Katzenmeier, Arzthaftpflicht in der Krise – Entwicklungen, Perspektiven, Alternativen, MedR 2011, 201 Kern, Zur Zulässigkeit ärztlicher Behandlung im Internet, MedR 2001, 495; ders., Einwilligung in die Heilbehandlung von Kindern durch minderjährige Eltern, MedR 2005, 628; ders. Die neuere Entwicklung in der Rechtsprechung zur Aufklärungspflicht, GesR 2009, 1; ders.,Arzthaftpflicht in der Krise – Entwicklungen, Perspektiven, Alternativen, MedR 2011, 201; Knopp. Hoffmann, Rechtssicherheit am Lebensende? MedR 2005, 83; Kohlhaas, Medizin und Recht, 1969; Kuhla, Voraussetzungen der Wirksamkeit von Wahlleistungsvereinbarungen gem. § 22 Abs. 2 BPflV, MedR 2002, 280; Laufs, Zur zivilrechtlichen Problematik ärztlicher Eigenmacht, NJW 1969, 529; Lippert, Die Haftung des Notarztes für Fehlbehandlungen – oder die liebe Not mit dem Staatshaftungsrecht, VersR 2004, 839; ders. Der Wille des Patienten in der präklinischen Notfallmedizin GesR 2014, 710, Milzer, Die adressatengerechte Vorsorgevollmacht, NJW 2003, 1836; G. Müller, Arzthaftung und Sachverständigenbeweis, MedR 2001, 487; Preis/Schneider, Das Patientenrechtegesetz – eine gelungene Kodifikation? NZS 2013, 281,Quaas, Das unangemessen hohe Wahlleistungsentgelt, NJW 1991, 870; Ratzel, Der minderjährige Patient – rechtliche Aspekte, Der Frauenarzt 1991, 271; ders., Reformgesetze und Arzthaftung, AnwBl. 2002, 485; Röver, Einflußmöglichkeiten des Patienten im Vorfeld einer medizinischen Behandlung, 1997; Schloßer, Der gespaltene Krankenhausaufnahmevertrag bei wahlärztlichen Leistungen, MedR 2009, 313; E. Schmidt, Die Besuchspflicht des Arztes, DMW 1955, 1216; Spickhoff, Das System der Arzthaftung im reformierten Schuldrecht, NJW 2002, 2530; ders. Patientenrechte und Patientenpflichten – die medizinische Behandlung als kodifizierter Vertragstypus, VersR 2013, 267; Stackmann, Keine richterliche Anordnung von Sterbehilfe, NJW 2003, 1568; Taupitz, Der deliktsrechtliche Schutz des menschlichen Körpers und seiner Bestandteile, NJW 1995, 745; Taupitz, Empfehlen sich zivilrechtliche Regelungen zur Absicherung der Patientenautonomie am Ende des Lebens? Gutachten zum 63. Deutschen Juristentag, Leipzig, 2000; Ulsenheimer, Heinemann, Rechtliche Aspekte der Telemedizin- Grenzen der Zulässigkeit, MedR 1999, 197; Wagner, Kodifikation des Arzthaftungsrechts, VersR 2012, 789; Walter, Das neue Patientenrechtegesetz, 2013; Wienke, Lippert (Hrsg.), Der Wille des Menschen zwischen Leben und Sterben – Patientenverfügung und Vorsorgevollmacht, 2001; Wienke, Sauerborn, Der „ständige ärztliche Vertreter" gemäß § 4 Abs. 2 S. 3 GOÄ; Wölk, Der minderjährige Patient in der ärztlichen Behandlung – Bedingungen für die Wahrnehmung des Selbstbestimmungsrechts von Minderjährigen bei medizinischen Eingriffen, MedR 2001, 80.

I. Die Bedeutung der Norm

1   Diese Vorschrift steht nicht von ungefähr am Anfang derjenigen Vorschriften der MBOÄ 97, die sich mit den Pflichten des Arztes gegenüber dem Patienten befasst. Absatz 1 ist eine Ausprägung des Menschenbildes, welches dem Grundgesetz in Artikel 1 und 2 zugrunde liegt. Das Menschenleben ist danach das höchste Gut. Die Würde des Menschen ist in jeder Lebenslage zu schützen, sei er gesund oder krank, alt oder jung, gezeugt aber noch nicht geboren oder auch sterbend. In jeder Lebenslage ist seine Persönlichkeit zu achten. Der Mensch ist Subjekt auch bei der ärztlichen Behandlung, nicht Objekt und darf auch nicht dazu degradiert werden. Die Rechtsordnung hat im Rahmen des Möglichen diesen Schutz zu gewährleisten, sei es durch das Strafrecht oder das zivilrechtliche Haftungssystem, das im Falle der schuldhaften Verletzung des Menschen aber auch seines Persönlichkeitsrechts materiellen Schadenersatz gewährt[1].

§ 7 hat durch die jüngste Novelle der MBOÄ eine erhebliche Umgestaltung und auch Erweiterung erfahren. Diese rührt vor allen daher, dass der bisherige Abschnitt C aufgelöst und in den Abschnitt B integriert wurde. Betroffen davon sind die Absätze 1, 3 und 6. Absatz 8 ist aus § 34 a. F. vorgezogen worden, weil er in die neu gefassten §§ 30 ff. thematisch nicht mehr passte.

II. Das Selbstbestimmungsrecht des Patienten

2   Rechtliche Grundlage des ärztlichen Behandlungsgeschehens ist im Verfassungsrecht Art. 1 (Menschenwürde) und 2 (Unversehrtheit der Person, Recht auf Leben) GG. Der Schutz der Menschenwürde verbietet es, den Menschen in irgendeiner Weise zu instrumentalisieren, zum Objekt zu degradieren[2]. Der grundrechtliche Schutz des Menschen in der ärztlichen Behandlung und in der biomedizinischen Forschung wird überwiegend aus Art. 2, Unversehrtheit der Person, abgeleitet[3]. Dieses verfassungsrechtliche allgemeine Persönlichkeitsrecht ist — anders als das privatrechtliche, auf § 823 BGB gestützte – Eingriffen des Gesetzgebers nur in beschränktem Maße zugänglich[4].

3   Dieser verfassungsrechtliche Schutz des Menschen bietet wiederum die Begründung dafür, dass eine ärztliche Behandlung erst nach Aufklärung und nachfolgender Einwilligung des Patienten zulässig ist[5]. Die Ausübung von Zwang, um einen

---

[1] Vgl. Deutsch, NJW 1965, 1985; Giesen, S. 48 ff. m. w. Nachw. aus der Rechtsprechung; Laufs, NJW 1969, 529; zum Persönlichkeitsrecht vgl. Hubmann, Das Persönlichkeitsrecht, 2. Aufl. 1967, S. 226 ff.; Wiethölter, S. 71 ff.

[2] Vgl. Jarass, Art. 1 Rz. 6; Schmidt-Bleibtreu, Art. 1 Rz. 4 ff.

[3] Jarass, Art. 2 Rz. 43 ff., Jarass, NJW 1989, 857 (858) m.w.Nachw. Schmidt-Bleibtreu, Art. 2 Rz. 20a. BGH, NJW 1959, 811; Laufs, Rz. 100; Uhlenbruck in: Handbuch, § 52, Rz. 9; Deutsch, Rz. 104 ff.

[4] Jarass, NJW 1989, 857 (858).

[5] Jarass, Art. 2, Rz. 48 ff.

§ 7 Behandlungsgrundsätze und Verhaltensregeln

Patienten oder Probanden zu untersuchen oder zu behandeln, verträgt sich nicht mit dem Menschenbild unserer Verfassung und ist daher nur im Ausnahmefall in äußerst eng umgrenzten, gesetzlich geregelten Fällen überhaupt zulässig (§§ 81 ff. StPO, §§ 28–30 IfSG) und an den Grundsatz der Verhältnismäßigkeit von Mittel und Zweck gebunden.

Den Patienten über die Diagnose und die beabsichtigte Therapie aufzuklären, ist ebenfalls selbstverständlich[6]. Offenbar besteht nach Auffassung des Satzungsgebers Veranlassung, den Ärzten als Verhaltensregel an die Hand zu geben, dass es das gute Recht des Patienten ist, auch vom Arzt empfohlene Untersuchungs- und Behandlungsmaßnahmen ablehnen zu dürfen.

4

Ebenfalls zu den Ausprägungen des Selbstbestimmungsrechts gehört das Recht auf Einsichtnahme in die ärztliche Dokumentation in dem von der Rechtsprechung festgelegten Umfang[7]. Alle Diese Dinge sind nun in den §§ 630a ff. BGB geregelt und gehen damit der Berufsordnung vor.

III. Das Persönlichkeitsrecht des Patienten

§ 7 Abs. 1 knüpft an das durch Art. 2 Abs. 1 GG garantierte allgemeine Persönlichkeitsrecht an und stellt klar, dass sich jede medizinische Behandlung an diesem allgemeinen Persönlichkeitsrecht zu orientieren hat. Diesen Schutz hat der Gesetzgeber zu gewährleisten. Im zivilen Haftungsrecht, bei dem es um den finanziellen Ausgleich für erlittene Schäden geht, sind Rechtsgüter wie der Körper, die Gesundheit und die Freiheit geschützt.

5

Ursprünglich stand die Rechtsprechung auf dem Standpunkt, für den Ersatz auch immaterieller Schäden stehe im BGB keine Anspruchsgrundlage zur Verfügung, insbesondere nicht § 823 Abs. 1 BGB (sonstiges Recht). Für Verletzungen des allgemeinen Persönlichkeitsrechts billigte die Rechtsprechung dann dem Geschädigten aber zunächst nur Unterlassungsansprüche zu[8]. Erst später kamen in richterlicher Rechtsfortbildung dann auch Schmerzensgeldansprüche aus Verletzung des allgemeinen Persönlichkeitsrechtes hinzu[9]. Diese Rechtsprechung hat das BVerfG sodann auch auf das Arzt- Patienten- Verhältnis übertragen[10].

6

Dieser Gedankengang führt zwangsläufig dazu, dass derjenige Arzt, der bei seiner Behandlung die vom Patienten gegebene Einwilligung überschreitet, dem

7

---

[6] Vgl. hierzu unten die Kommentierung zu § 8 m. w. Nachw.
[7] Vgl. hierzu BGH, Urt. v. 23.11.1982 – VI ZR 222/79, NJW 1983, 328; BGH, Urt. v. 23.11.1982 – VI ZR 177/81, NJW 1983, 330.
[8] So BGHZ 13, 334 (Leserbrief).
[9] BGHZ 26, 349 (Herrenreiter), BGHZ 20, 345 (Paul Dahlke), BGHZ 39, 124 (Fernsehansagerin) bis hin zu BGH NJW 1996, 985 (Caroline von Monaco).
[10] BVerfG NJW 1979, 1925; BVerfG, Beschl. vom 2. 8. 2001 – 1 BvR 618/93, NJW 2002, 206 -Betreuerbestellung bei bewusstloser Zeugin Jehovas, OLG München Urt. v. 31.1.2002 – 1 U 4705/98, MedR 2003, 174 – Schmerzensgeld im selben Fall, sowie die kritische Stellungnahme hierzu von Dirksen. GesR 2004, 124.

Patienten wegen Verletzung des Persönlichkeitsrechts zum Ersatz des immateriellen Schadens von einiger Intensität Schmerzensgeld zu leisten hat auch und gerade wenn der Eingriff nach den Regeln der ärztlichen Kunst vorgenommen wurde und dem Patienten kein körperlicher Schaden entstanden ist. Leider ist die Rechtsprechung auf dem besten Weg, diesen Verstoß, der in der ärztlichen Praxis gar so selten nicht vorkommt durch restriktive Ahndung zur kleinen Münze verkommen zu lassen[11]

IV. Der Patientenwille

8   Der Wille des einsichts- und urteilsfähigen – also einwilligungsfähigen – Patienten ist für den Arzt bindend. Wünscht der Patient die Behandlung, so hat der Arzt sie im Rahmen seiner Behandlungspflicht zu erbringen, soweit ihm dies zumutbar ist und er die Behandlung nicht, wie es § 7 Abs. 2 vorsieht, ablehnen kann. Verweigert der Patient seine Einwilligung in die Behandlung, so hat der Arzt dies ebenfalls zu respektieren. Der Wille des Patienten begrenzt also den ärztlichen Behandlungsauftrag. Vorschriften dafür, wie der Wille des Patienten zum Ausdruck kommen muss, gibt es nicht. In der Praxis wird, schon aus Beweisgründen, abgesehen von Bagatelleingriffen, die nach der konkludent gegebenen Einwilligung des Patienten durchgeführt werden, die Schriftform gewählt.

9   Für den Fall der Einwilligungsunfähigkeit legen Menschen ihren Willen bezüglich einer ärztlichen Behandlung häufiger in einer Patientenverfügung, seltener in einer Patientenvollmacht nieder. Erstere ist für den Arzt nicht immer bindend, sondern gibt ihm Anhaltspunkte für den mutmaßlichen Willen des Erklärenden. Letztere bevollmächtigt eine Vertrauensperson des Vollmachtgebers zur Abgabe rechtlich wirksamer Erklärungen bezüglich der Behandlung des Vollmachtgebers[12]. Dabei hat der Bevollmächtigte Weisungen des Vollmachtgebers zu beachten. In den Fällen von § 1904 Abs. 1 BGB, in denen durch die Behandlung die konkrete Gefahr für das Leben oder die Gesundheit des Patienten besteht, benötigt der Bevollmächtigte zur Wirksamkeit seiner Erklärung die Zustimmung des Betreuungsgerichts.

10 Beim einwilligungsunfähigen Patienten hat der behandelnde Arzt den mutmaßlichen Willen des Patienten in Erfahrung zu bringen[13]. Dabei können ihm Patientenverfügungen helfen. In der Notfallmedizin wird der Notarzt im Zweifel behandeln und nicht nach Patientenverfügungen suchen. Kennt er aber den tatsächlichen Willen des Patienten (etwa weil er der behandelnde Arzt war oder ist), so hat er

---

[11] Vgl. hierzu Der BGH, Urt. v. 27.5.2008 – VI ZR 69/07, GesR 2008, 419, relativiert den Ersatzanspruch, wenn er eine erhebliche Verletzung des Persönlichkeitsrechts fordert. Kritisch dazu auch Grams, GesR 2009, 69 m. w. Nachw.. So viel Schutz haben die betroffenen Ärzte nun auch wieder nicht verdient.

[12] Vgl. hierzu im Einzelnen unten § 8 Rz. 22. Zum Umgang mit Vorsorgevollmachten und Patientenverfügungen, vgl. die Empfehlungen der Bundesärztekammer DÄ 2010 B 769.

[13] Vgl. hierzu im einzelnen Fischer, S. 545 ff. m. w. Nachw. Vgl. hierzu neuestens Lippert, GesR 2014, 710.

dementsprechend zu handeln. Auf den mutmaßlichen Willen des Patienten kommt es dann nicht an.

Für nicht einwilligungsfähige Kinder und Jugendliche bis zum 14. Lebensjahr haben die Erziehungsberechtigten, und zwar beide, einzuwilligen. Kommt nur ein Elternteil mit dem Kind zum Arzt und begehrt Behandlung, so kann dieser Elternteil in einfach gelagerten Fällen als vom anderen Elternteil bevollmächtigt angesehen werden. Bei schwerwiegenden Eingriffen müssen beide Elternteile einwilligen, so jedenfalls fordert es der BGH[14]. Sind die Eltern geschieden, so ist einwilligungsberechtigt und -fähig nur derjenige Elternteil, welchem die Personensorge über das Kind übertragen worden ist. In der Praxis wird hierauf zu wenig geachtet, wegen der weitreichenden Folgen (rechtswidriger Eingriff, Schadenersatz, Schmerzensgeld etc.) ist aber Vorsicht geboten, vor allem im Hinblick auf die unverändert hohe Scheidungsrate[15]. Den Behandlungsvertrag können sowieso nur die Erziehungsberechtigten für das Kind abschließen (§§ 630a ff. BGB).

Missbrauchen die Eltern ihr elterliches Sorgerecht unter Gefährdung des Kindeswohls, indem sie etwa zu einer lebensrettenden Operation ihre Zustimmung verweigern, so kann das Familiengericht ihnen die elterliche Sorge, soweit sie die Personensorge umfasst, entziehen und eine dem Kindeswohl entsprechende Regelung treffen, bzw. die erforderliche Einwilligung ersetzen. Soweit es sich nicht um Eilmaßnahmen zur Abwehr einer akuten Lebensgefahr handelt, bei der der behandelnde Arzt die Erlaubnis erhält, medizinisch indizierte Maßnahmen vorzunehmen, haben sich die familiengerichtlichen Maßnahmen als eher zweischneidiges Schwert herausgestellt. Häufig wird – wie etwa bei der Entscheidung über die Durchführung einer chemotherapeutischen Behandlung der kindlichen Leukämie – der Streit zwischen Befürwortern und Gegnern vor dem insoweit fachlich nicht gerüsteten Familiengericht ausgetragen, mit zweifelhaftem Ausgang, wie bekannt.

Wie gesagt lässt sich das allgemeine Persönlichkeitsrecht auf Art. 1 und 2 GG zurückführen. Für Kinder und vor allem für Jugendliche stellt sich dabei die Frage, ob die Grundrechtsmündigkeit erst mit der Volljährigkeit eintritt, oder ob sie nicht schon früher als gegeben anzusehen ist.

Den berechtigten Belangen des jugendlichen Patienten wird es sicher gerecht, wenn man von einer sukzessiv fortschreitenden Grundrechtsmündigkeit ausgeht und sie mit der Einwilligungsfähigkeit verknüpft[16]. Dies bedeutet umgekehrt zugleich, dass sich der Jugendliche auf sein allgemeines Persönlichkeitsrecht in dem Umfang berufen kann, in welchem er imstande ist, wirksam in den Heileingriff einzuwilligen weil er über die notwendige natürliche Einsichts- und Willensfähigkeit verfügt.

---

[14] BGHZ 105, 45 = MedR 1989, 81; zu einer weiteren, nicht seltenen Konstellation: Einwilligung durch selbst minderjährige Eltern: Kern, MedR 2005, 628.
[15] Vgl. Ratzel, Der Frauenarzt 1991, 271.
[16] Vgl. hierzu die Ausführungen von Wölk, MedR 2001, 80 m. w. Nachw.

V. Rechtsbeziehungen zwischen Arzt und Patient

15 Wer etwa glaubt, in der MBOÄ Aussagen zum Behandlungsvertrag zu finden, wird sich täuschen. Die MBOÄ regelt in Kapitel 2 einige Einzelpflichten des Arztes, wie die Aufklärungs- und Schweigepflicht, die Pflicht zur Dokumentation aber nicht die Behandlungspflicht des Arztes. Die genannten Pflichten des Arztes gehen allerdings als Teilpflichten in den Behandlungsvertrag ein und erlangen damit Rechtswirksamkeit. Rechtsbeziehungen zwischen Arzt und Patient können nach den allgemeinen Regeln des Zivilrechts im Bürgerlichen Gesetzbuch durch Vertrag oder durch gesetzliche Schuldverhältnisse (Geschäftsführung ohne Auftrag[17] und unerlaubte Handlungen[18]) begründet werden. Der Behandlungsvertrag hat im Bürgerlichen Gesetzbuch erst durch das Patientenrechtegesetz in §§ 630a ff. BGB eine besondere Regelung erfahren[19].

1. Der Behandlungsvertrag und seine Parteien

16 Auch nach der Änderung des BGB durch das Patientenrechtegesetz steht fest: der Behandlungsvertrag ist ein spezieller Dienstvertrag[20] über höhere Dienste, jedoch kein Werkvertrag. Denkbar ist, je nach übernommener Pflicht auch ein gemischttypischer Dienstvertrag mit werkvertraglichen Elementen[21]. Ausnahmsweise kann er auch ein Werkvertrag sein, etwa bei einer Sterilisation, wo ein Erfolg geschuldet wird. Der Behandlungsvertrag wird zwischen dem selbstzahlenden Patienten oder dem Privatpatienten und dem Behandelnden geschlossen § 630a Abs. 1 BGB [22]. Auch der Kassenpatient schließt mit dem Arzt einen Behandlungsvertrag[23], § 76 Abs. 4 SGB V. Die zum Kassenpatienten und seinen vertraglichen Beziehungen zum Behandelnden und Krankenhaus verfasste Literatur dürfte damit rechtshistorischen Wert besitzen. Der Vertrag umfasst auch die Einschaltung nachgeordneten Personals als Erfüllungsgehilfen, § 278 BGB. Mit dem bewusstlosen oder geschäftsunfähigen Patienten kommt ein gesetzliches Schuldverhältnis zustande,

---

[17] Vgl. Laufs in: Laufs, Handbuch, § 40 Rz. 66; Lippert, Weißauer, Das Rettungswesen, Rz. 464, 469 f.

[18] Vgl. Laufs, Handbuch, § 103.

[19] Vgl. hierzu Jaeger, §§ 630a ff., Walter, § 1, Wagner, VersR 2012, 789; Preis, Schneider, NZS 2013, 281, auch schon bei Katzenmeier, MedR 2011, 201; Spickhoff, VersR 2013, 267.

[20] BGHZ 63, 306=NJW 75, 305; Lipp in: Laufs, Katzenmeier, Lipp, Kap. III,, Rz. 26; Palandt, Putzo BGB, vor § 611, Rz. 18; Uhlenbruck in:, Laufs, Handbuch § 39 Rz. 10. Giesen, Wandlungen, S. 3; Deutsch. Medizinrecht, Rz. 64 ff.; Kern in: LdA 335 m. w. Nachw.

[21] Vgl. die möglichen Varianten bei Uhlenbruck in: Laufs, Handbuch, § 39 Rz. 29 ff.

[22] Die Änderung des BGB durch §§ 630a ff. liest sich im Übrigen vor allem im § 630h BGB über die Haftung wie eine Fallsammlung zum Arzthaftungsrecht.

[23] H.M. BGHZ 76, 259; Lipp in: Laufs, Katzenmeier, Lipp, Kap. III, Rz. 1, 49; Deutsch, Medizinrecht, Rz. 52; Uhlenbruck in: Laufs, Handbuch, § 40 Rz. 31; Mü- Ko- Müller-Glöge, § 611, Rz. 49.

welches nach den Regeln der Geschäftsführung ohne Auftrag (GoA) abzuwickeln ist aber kein Behandlungsvertrag.

Auch über die Behandlung im Krankenhaus sowie in ermächtigten und zugelassenen Einrichtungen (stationär, ambulant, teilstationär, vorstationär) kommt ein Behandlungsvertrag mit dem Patienten, auch dem Kassenpatienten, zustande[24]. Wünscht der Krankenhauspatient die ärztliche Leistung als Wahlleistung, so wird ein gespaltener Krankenhausaufnahmevertrag geschlossen, aus dem der Träger der Einrichtung alle Leistungen, außer der ärztlichen, der Krankenhausarzt die ärztliche Leistung (allein oder gemeinsam mit anderen Ärzten) schuldet (gespaltener Krankenhausaufnahmevertrag). Dieselbe rechtliche Konstellation findet sich auch bei der Behandlung durch einen Belegarzt im Krankenhaus. Die Abrechnung der Krankenhausleistung ist neuestens im Rahmen des Fallpauschalengesetzes des Krankenhausentgeltgesetz (KHEntgG)[25] geregelt.

17

2. Abschluss und Form des Behandlungsvertrages und der Wahlleistungsvereinbarungen

Für den Behandlungsvertrag ist auch nach der Neuregelung in §§ 630a ff. BGB gesetzlich keine besondere Form vorgeschrieben, insbesondere keine Schriftform. Auch ein konkludenter Vertragsschluss ist dadurch denkbar, dass der Patient sich einfach behandeln lässt. In aller Regel wird das Angebot auf Abschluss eines Behandlungsvertrages vom potentiellen Patienten ausgehen, den der Arzt konkludent oder ausdrücklich annimmt. Auch für den Krankenhausaufnahmevertrag ist gesetzlich keine Form vorgeschrieben. In der Praxis hat sich aber über die Einbeziehung der AVB des Krankenhausträgers faktisch eine Schriftform eingebürgert. Anders dagegen für Wahlleistungen im Krankenhaus. § 17 Abs. 2 KHEntgG schreibt die Schriftform zwingend vor.

18

Kein Vertragsschluss erfolgt mit dem (bewusstlosen) oder geschäftsunfähigen Notfallpatienten. Auch der Abschluss einer Wahlleistungsvereinbarung ist hier nicht denkbar[26].

19

Für den Arzt besteht kein (auch kein berufsrechtlicher) Kontrahierungszwang, sieht man von der ärztlichen Hilfeleistungspflicht einmal ab, die ärztliches Handeln (auch berufsrechtlich) erforderlich macht.

20

Für Krankenhäuser (jedenfalls für solche im Sinne des Krankenhausfinanzierungsgesetzes) besteht im Rahmen ihres medizinisch – fachlichen Versorgungsauftrages ein Kontrahierungszwang im Umfang der (zumeist landesrechtlich festgelegten) Aufnahmeverpflichtung.

21

---

[24] Uhlenbruck in: Laufs, Handbuch, § 41, Rz. 15.
[25] Gesetz vom 23. April 2002 BGBl I S. 1412; vgl. hierzu Genzel in: Laufs, Handbuch, § 86 Rz. 136 ff.
[26] Vgl. Uhlenbruck in: Laufs, Handbuch, § 43 Rz. 3, Uhlenbruck, Kern in: Laufs, Handbuch, § 94 Rz. 1.

22 Der zur vertragsärztlichen Versorgung zugelassene Arzt hat im Rahmen seines Versorgungsauftrages einen Kontrahierungszwang und kann Patienten nur in sehr engen Grenzen abweisen, etwa wenn durch das Verhalten des Patienten ein Vertrauensverhältnis zum Arzt zerstört oder sein Aufbau erst gar nicht möglich erscheint[27].

23 Nicht wenige Probleme bereiten, wie die umfangreiche Rechtsprechung[28] zeigt, in der vertraglichen Praxis die Wahlleistungsvereinbarungen des Patienten mit den Trägern der Krankenhäuser bezüglich der ärztlichen Leistung und der Unterbringung. § 17 Krankenhausentgeltgesetz (KHEntgG), der die Wahlleistungen im Einzelnen (neu) regelt, ist erst auf Vereinbarungen ab dem 1. Januar 2005 anwendbar. Bis dahin gelten die bisherigen Regeln (§§ 22–24 BPflV).

24 Der Patient ist vor dem Abschluss der Wahlleistungsvereinbarung (nicht des Arztzusatzvertrages) umfassend zu unterrichten (§ 22 Abs. 2 Satz 1 erster Halbsatz BPflV). Hinsichtlich der ärztlichen Wahlleistungen ist der Patient darauf hinzuweisen, dass diese Leistungen nach den Sätzen der Gebührenordnung für Ärzte (GOÄ) abgerechnet werden. Über die genaue Höhe der zu erwartenden Kosten besteht keine Informationspflicht. Die unzureichende Information hat aber nicht die Unwirksamkeit der Vereinbarung zur Folge. Vielmehr erhält der Patient einen Schadensersatzanspruch aus culpa in contrahendo, der auf das negative Interesse gerichtet ist. Der Patient ist so zu stellen, wir stehen würde, wenn die Information in der gebotenen Weise erfolgt wäre.

25 Die Entgelte für die Wahlleistungen dürfen in keinem unangemessenen Verhältnis zur Leistung stehen. Die Angemessenheit der ärztlichen Leistung ergibt sich aus der Gebührenordnung für Ärzte. Abweichungen von den Steigerungssätzen erfordern eine notwendige Vereinbarung zwischen Arzt und Patient (§ 2 Abs. 2 GOÄ). Das Angemessenheitsgebot gilt auch für die Komfortunterbringung des Patienten. Diese Wahlentgelte unterliegen der gerichtlichen Überprüfung[29]. In der Praxis hat diese Entscheidung zur grundlegenden Überprüfung der meisten Wahlleistungsentgelte in Bezug auf die Komfortleistungen geführt.

26 Ärztliche Wahlleistungen sind persönlich zu erbringen. Grundsätzlich ist zwar die Delegation der ärztlichen Leistung auf einen Vertreter durch vertragliche Absprache möglich, allerdings ist sie als generelle Delegation unzulässig[30].

---

[27] Zur standesrechtlich möglichen Ablehnung vgl. § 7 Abs. 2 BOÄ.

[28] Vgl. Kuhla, MedR 2002, 280 ff. m. Nachw. aus der Rechtsprechung; Schloßer, MedR 2009, 313; zuletzt OLG Stuttgart, Urt. v.17.1.2002 – 2 U 147/01, MedR 2002, 411 m. Anm. Patt; Pfälz. OLG Zweibrücken, Urt. v. 28.5.2002 – 5 U 1/02, MedR 2002, 654; in zwei neueren Entscheidungen hat der BGH die Anforderungen an die Unterrichtung des Wahlleistungspatienten näher konkretisiert: BGH, Urt. v. 27.11.2003 – III ZR 37/03, und III ZR 355/03, Ges R 2004, 55 und 427.

[29] Vgl. BGH, NJW 1991, 892; ablehnend. Quaas, NJW 1991, 870; Genzel in: Handbuch, § 86 Rz. 160 ff.

[30] Vgl. hierzu Wienke, Sauerborn, MedR 1996, 352; Kalis, VersR 2003, 23 jeweils mit w. Nachw. aus der Rechtsprechung.

Wird zu der Wahlleistungsvereinbarung zusätzlich noch eine Honorarvereinbarung nach § 2 Abs. 3 GOÄ geschlossen, so ist die ärztliche Leistung höchstpersönlich zu erbringen[31].

3. Der Inhalt des Behandlungsvertrages

§ 630a Abs. 2 BGB enthält keine Aussage dazu, was Inhalt des Behandlungsvertrages sein soll. Im Rahmen von Gesetzes – und Sittenwidrigkeit können die Parteien des Behandlungsvertrages daher die mit ihm geschuldete ärztliche Leistung näher umschreiben, insbesondere wann sie wo von wem womit zu erbringen ist[32]. Hier ist lediglich der Maßstab der bei der Behandlung anzuwendenden ist, festgeschrieben. Im ärztlichen Bereich ist dies der Standard des Facharztes. Der Gesetzgeber hat also der Versuchung widerstanden, sich auf die Leitlinitis im ärztlichen Bereich einzulassen. Der Inhalt des Behandlungsvertrages ergibt sich im konkreten Fall aus der Aufklärung des Patienten durch den Behandelnden und der Einwilligung des Patienten hierzu. Im Hinblick auf das Einstehenmüssen des Arztes für seine Verpflichtung empfiehlt sich ein derartiges Vorgehen vor allem seit der Schuldrechtsreform, weil sich hieran die Frage der (haftungsbegründenden) Schlechterfüllung des Vertrages fest macht.

Gegenstand eines Behandlungsvertrages können auch die IGeL- Leistungen sein, also Leistungen, für die die Gesetzliche Krankenversicherung nicht eintritt und die der Patient, der sie haben möchte, selbst bezahlen muss. Hier kommt § 630c Abs. 3 BGB zur Anwendung. Der Patient ist darüber aufzuklären, dass er die Behandlungskosten selbst zu tragen hat. Berufsrechtlich problematisch ist die Inanspruchnahme dieser Leistungen dann, wenn sie dem Patienten aufgedrängt werden, weil ihm keine Zeit zur Überlegung gewährt wird und ihm Alternativen dazu nicht offeriert werden.

Die inhaltliche Gestaltungsfreiheit des Patienten beim Abschluss eines Krankenhausaufnahmevertrages ist praktisch darauf reduziert, die ihm präsentierten AVB zu akzeptieren oder auf den Vertragsschluss zu verzichten. Aus gutem Grund werden die (vom Träger einseitig) aufgestellten AVB der Inhaltskontrolle für Allgemeine Geschäftsbedingungen (§§ 305 ff. BGB) unterstellt[33]. Objektive Mehrdeutigkeiten gehen zu Lasten des Verwenders, der Vertragspartner kann sich auf die ihm günstige Auslegung berufen. Überraschende Klauseln sind rechtswidrig und werden nicht Vertragsinhalt. Im Einzelnen ist hier noch vieles streitig.

---

[31] Vgl. hierzu LG Hamburg, ArztR 2001, 270.
[32] Vgl. zu den speziellen Arztverträgen Uhlenbruck in: Laufs, Handbuch, § 39 Rz. 29 ff.
[33] Kern in: Laufs, Handbuch, § 94 m. w. Nachw.

4. Die Beendigung des Behandlungsvertrages

30 Der Behandlungsvertrag kann durch Zeitablauf, Erfüllung der ärztlichen Leistung, durch einvernehmliche Aufhebung, durch Kündigung oder durch den Tod von Arzt oder Patient enden[34]. Mit der Beendigung entfaltet der Behandlungsvertrag nicht mehr die rechtfertigende Wirkung für den ärztlichen Eingriff in den Körper des Patienten. Gekündigt werden kann der Behandlungsvertrag durch den Patienten zu jeder Zeit, auch wenn die Kündigung nicht aus wichtigem Grund erfolgt. Der Arzt darf von seinem Kündigungsrecht nur Gebrauch machen, wenn sichergestellt ist, dass der Patient eine notwendige Weiterbehandlung erhält. Die Kündigung kann auch zur Unzeit erfolgen, wenn ein wichtiger Grund in der Person des Patienten vorliegt, der zu einer Zerrüttung des Vertrauensverhältnisses zwischen Arzt und Patienten geführt hat. Auch der Vertrag zwischen dem Kassenpatienten und dem Vertragsarzt kann von beiden Teilen gekündigt werden. Der Vertrag über die Krankenhausbehandlung kann nach denselben Grundsätzen beendet werden.

5. Die Pflichten des Arztes aus dem Behandlungsvertrag

31 Mit dem Abschluss des Behandlungsvertrages oder der Wahlleistungsvereinbarung verpflichtet sich der Arzt eine Dienstleistung höherer Art zu erbringen. Durch die gesetzliche Regelung in §§ 630a ff. BGB werden dem Arzt als Behandelnden keine neuen Pflichten auferlegt – die gute Nachricht. Die weniger gute Nachricht: die gesetzliche Regelung zeigt auf, wie weit inzwischen an Hand von Einzelfällen durch die Rechtsprechung vorangetrieben der Pflichtenkanon bereits angewachsen ist. Das Gesetz spricht in § 630c BGB von Informationspflichten, die dem Behandelnden gegenüber dem Patienten obliegen. Dass der Behandelnde den Patienten auf dessen Nachfrage wahrheitsgemäß zu informieren hat, war schon bisher Allgemeingut. Dass eine erkennbar fehlerhafte Behandlung offenbart werden muss, wird besonders hervorgehoben. Dies dürfte in der Praxis wenig Freude erzeugen. Die Information über eine fehlende Übernahme der Behandlungskosten muss sogar in Textform erfolgen, ansonsten reicht für die Information die mündliche Form.

32 Der zweite Pflichtenkomplex ergibt sich aus Eingriffen in die körperliche Integrität des Patienten. Hier hat der Einwilligung eine Aufklärung über die wesentlichen Umstände des Eingriffs vorauszugehen. Inhaltlich deckt sich die berufsrechtliche Aufklärung nach § 8 MBOÄ mit der in § 630e BGB geregelten.

33 Für die Aufklärung wird die Schriftform nicht vorgeschrieben. Auf Unterlagen schriftlicher Art kann Bezug genommen werden. Warum ausgerechnet bei geringfügigen Eingriffen auf die Textform verwiesen wird, erstaunt schon. Der Verzicht des Patienten auf Information und Aufklärung ist an hohe Anforderungen geknüpft. Warum sie nicht schriftlich fixiert werden sollen, ist daher nicht besonders konsequent gedacht.

---

[34] Uhlenbruck in: Laufs, Handbuch, § 46 m.w.Nachw.

Nach § 613 S. 1 BGB hat er diese Dienstleistung im Zweifel in Person zu leis- 34
ten. Die persönliche Leistungserbringung (die im übrigen mit der Abrechenbarkeit
dieser Leistung in unmittelbarem Kontext gesehen werden muss) erlaubt im üblichen Umfang die Zuziehung ärztlichen wie nichtärztlichen Hilfspersonals[35], nicht
dagegen die gänzliche oder teilweise Delegation auf nachgeordnete Ärzte oder Vertreter ohne Absprache mit dem Patienten[36]. Die Abgrenzung zwischen der (zulässigen) Zuziehung von Hilfspersonen und der (unzulässigen) Delegation ist schwierig
und in Literatur und Rechtsprechung nicht unumstritten. Sie ist letztlich nur im
Einzelfall zu entscheiden[37]. Vor allem im Krankenhausbereich wird zunehmend die
Frage thematisiert, ob und in wie weit ärztliche Leistungen nicht nur delegiert sondern unter Übernahme durch nichtärztliches Personal substituiert werden können[38].
Da im deutschen Recht anders als in Österreich z. B. keine gesetzliche Definition
der ärztlichen Leistung existiert, ist die Abgrenzung nicht ganz einfach. Der Ruf
nach Leitlinien[39] ist hier eher kontraproduktiv, weil er im Endergebnis bestenfalls
behandlungsferne Arbeitsplätze schafft, eine echte Kostenersparnis, die eigentlich
mit der Substitution beabsichtig ist, aber nicht erreicht werden wird.

Nach ärztlichem Berufsverständnis erfolgt die ärztliche Behandlung eines Pa- 35
tienten in mehreren, im Allgemeinen aufeinander abgestimmten Phasen, die je nach
Erkrankung unterschiedlich ausgeprägt sein können. Diesem ärztlichen Selbstverständnis folgend bemessen sich die (rechtlichen) Pflichten des Arztes bei einer
Patientenbehandlung. Am Anfang steht die Pflicht zur Erhebung der Anamnese
gefolgt von der zur ärztlichen Untersuchung, an die sich die Pflicht zur Stellung
der Diagnose (ggf. auch deren Revision) anschließt. Darauf aufbauend folgt die
Pflicht zur Stellung der Indikation die wiederum Grundlage der Pflicht zur ärztlichen Behandlung selbst ist[40].

Der Arzt ist aufgrund des Behandlungsvertrages (oder der Wahlleistungsverein- 36
barung bzw. des Krankenhausaufnahmevertrages) verpflichtet, dem Patienten die
Diagnose, zu der er durch seine Untersuchungen gelangt ist, mitzuteilen[41]. Fragt der
Patient, ist sie ihm wahrheitsgemäß mitzuteilen. Ein Verschweigen der Diagnose
(therapeutisches Privileg) ist die Ausnahme und bedarf einer ebenso gründlichen
Abwägung wie sorgfältiger Begründung durch den Arzt. Dem Arzt ist die Fernbehandlung seines Patienten nach § 7 Abs. 3 MBOÄ untersagt[42].

Ebenfalls zu den Pflichten des Behandelnden gehört die Dokumentationn der 37
Behandlung, § 630f BGB. Zu den Einzelheiten vgl. die Kommentierung unten zu

---

[35] Uhlenbruck in:. Laufs, Handbuch, § 47 Rz. 1 ff.; Deutsch, Rz. 65 f.
[36] Uhlenbruck In: Laufs, Handbuch, § 47 Rz. 7; Andreas, Debong, Bruns, Handbuch Arztrecht, Rz. 717 ff.
[37] Uhlenbruck in: Laufs, Handbuch, § 47 Rz. 4 ff; Andreas, Debong, Bruns, Handbuch Arztrecht, Rz. 719 ff.; Deutsch, Rz. 66.
[38] Vgl.hierzu den Überblick über den Stand der Diskussion bei Bergmann, MedR 2009, 1 m. w. Nachw.
[39] So bei Bergmann MedR 2009, 1 (7) im Anschluss an Wienke erhoben.
[40] Zum Ablauf im Einzelnen: Uhlenbruck in: Laufs, Handbuch, § 3 48- 52 m. w. Nachw.
[41] Allg. Meinung, Uhlenbruck in: Laufs, Handbuch, § 50 Rz. 18; Deutsch, Rz. 113.
[42] Vgl unten Rz. 50 ff.

§ 10. Der Patient hatte bisher bereits das Recht, die über ihn geführte Patientenakte einzusehen zu können und daraus Kopien zu fertigen zu lassen. Dieses Recht ist nun in § 630 g BGB ausdrücklich geregelt. Ob die Fälle der Verweigerung dadurch weniger werden? [43]

38   Dass der Behandelnde, jedenfalls als Arzt, zur Verschwiegenheit über das Behandlungsgeschehen verpflichtet ist, findet sich in der Neuregelung kein Wort. Gegen diese vertragliche Pflicht wird in der Praxis gerade besonders häufig verstoßen.

6. Die Pflichten des Patienten aus dem Behandlungsvertrag

39   Eine der Hauptpflichten des Patienten aus dem Behandlungsvertrag, der Wahlleistungsvereinbarung oder dem Krankenhausaufnahmevertrag bildet die Bezahlung des vereinbarten Honorars[44]. Zu den Einzelheiten insoweit vgl. die Kommentierung zu § 12.

40   Ansonsten verpflichtet sich der Patient im Behandlungsvertrag zur Mitwirkung an der ärztlichen Behandlung, zu ihrer Duldung und zur Befolgung von ärztlichen Weisung in Bezug auf diese Behandlung. Die Pflicht zur Kooperation mit dem behandelnden Arzt umfasst vor allem auch die Pflicht dem Arzt Umstände zu offenbaren, die erkennbar für dessen Behandlungsmaßnahmen von Bedeutung sein können, vor allem, im Rahmen von Anamnese und Diagnose[45].

VI. Die Haftung des Arztes

41   Einerlei auf welche Anspruchsgrundlage nach dem Bürgerlichen Gesetzbuch ein geschädigter Patient seinen Schadenersatzanspruch stützt, sei es auf Vertrag, unerlaubte Handlung oder Geschäftsführung ohne Auftrag, Voraussetzung ist immer, dass die Schädigung schuldhaft, also vorsätzlich oder wenigstens fahrlässig verursacht worden ist. In Spezialgesetzen enthaltene Anspruchsgrundlagen für Ersatzansprüche etwa nach § 84 AMG und dem Medizinproduktegesetz über § 1 ProdhaftG für die Haftung des pharmazeutischen Unternehmers oder des Herstellers eines Medizinprodukts setzen kein Verschulden voraus. Allen genannten Anspruchsgrundlagen ist seit dem 1. August 2002[46] aber gemein, dass auf sie auch ein Schmerzensgeldanspruch gestützt, also Ersatz eines immateriellen Schadens gefordert werden kann.

42   Das Arzthaftungsrecht, wie wir es in Deutschland seit dem 2. Weltkrieg kennen, ist im wesentlichen Richterrecht. Entscheidungen der Gerichte in Arzthaftungssachen wurden über Jahrzehnte auf die Anspruchsgrundlage „unerlaubte Handlung" gestützt, weil nur sie einen Schmerzensgeldanspruch gewährte. Letztlich ging es

---

[43] Näheres dazu vgl. die Kommentierung zu § 10.
[44] Vgl. hierzu Biermann, Ulsenheimer, Weißauer, MedR 2000, 107 m. w. Nachw.
[45] Vgl. zu den Einzelheiten Kern in: Laufs, Handbuch §§ 77 ff.
[46] 2. Gesetz zur Änderung schadenersatzrechtlicher Vorschriften v. 19. Juli 2002 BGBl. I S. 2674.

§ 7 Behandlungsgrundsätze und Verhaltensregeln

den geschädigten Patienten nur um das Schmerzensgeld, denn alle anderen Schäden sind kraft Gesetz (§ 116 SGB X) auf die Versicherungsträger übergegangen und von diesen selbst gegenüber dem Schädiger geltend zu machen (was in der Praxis gar nicht so selten unterblieb) [47].

Schmerzensgeldansprüche praktisch aus allen möglichen Anspruchsgrundlagen und Beweiserleichterungen bis hin zur Umkehr der Beweislast und die Figur des „groben Behandlungsfehlers" haben die Erfolgsaussichten für geschädigte Patienten im Arzthaftungsprozess wesentlich gestärkt. Seit der Schuldrechtsreform von 2002 hätte es dieser Konstrukte nicht mehr unbedingt bedurft, hätten die Gerichte die Beweislastregelung des § 280 BGB konsequent auch in der Arzthaftung angewendet. In der Literatur regt sich zunehmend Widerstand gegen diese Negierung der Rechtslage durch die Gerichte. Auch die immer wieder dafür bemühte Furcht vor einer Defensivmedizin wird in Zweifel gezogen. Wenn der Gesetzgeber nunmehr mit dem Patientenrechtegesetz die Grundsätze, die die Rechtsprechung entwickelt hat, auch für den Behandlungsvertrag festschreibt, so mag dies mindestens nicht schädlich sein. Dass die Normierung aber auch einer weiteren Entwicklung der Arzthaftung entgegenstehen könnte, sollte bei allem Respekt gegenüber dem Gesetzgeber nicht außer Acht gelassen werden. 43

Warum allerdings der Behandelnde das Vorliegen der Einwilligung des Patienten und die Aufklärung nachweisen muss (§ 630h Abs. 2 BGB) will nicht so recht einleuchten. Er beruft sich immerhin auf eine ihm eingeräumte Befugnis deren Vorliegen er im Bestreitensfall nachzuweisen hatte. 44

§ 630h BGB sieht nunmehr zugunsten des geschädigten Patienten für fünf Bereiche widerlegliche Vermutungen vor, die es dem Patienten erleichtern soll, Ersatzansprüche geltend zu machen und auch durchsetzen zu können. Mit § 630h soll ausweisliche der Begründung zum Gesetz (S. 39) § 280 Abs. 1 BGB für den Bereich der medizinischen Behandlung präzisiert werden. In Absatz 1 ist die Verteilung der Beweislast im voll beherrschbaren Bereich des Behandelnden angesprochen. Dies ist der Einsatz von Medizintechnik zum einen, zum anderen der Behandlungsablauf in organisatorischer Hinsicht, insbesondere auch die Hygiene in der Einrichtung. Der Behandelnde muss, sofern sich das Fehlerrisiko aus diesen Bereichen verwirklicht, den Beweis erbringen, dass dies nicht schadensursächlich war. 45

Absatz 2 regelt den Umgang mit der Einwilligung und der Aufklärung. Der Behandelnde hat beider Vorliegen im Sinne von § 630d BGB zu beweisen. Den Umgang mit der Pflicht zur Dokumentation des Behandlungsgeschehens regelt Absatz 3. Ist ein Vorgang im Rahmen der Behandlung nicht dokumentiert, wird vermutet, dass er auch nicht durchgeführt wurde. 46

Setzt der Behandelnde minder befähigtes Personal bei der Behandlung ein, so wird vermutet, dass diese mangelnde Befähigung für das Eintreten des Schadens ursächlich geworden ist (Absatz 4). Absatz 5 regelt schließlich den Umgang mit 47

---

[47] Vgl. hierzu Lippert, Folgen aus dem gesetzlichen Forderungsübergang von Ersatzansprüchen auf Sozialversicherungsträger in: Laufs, Wienke, Graf- Baumann, Die Entwicklung der Arzthaftung, 1997, S. 281.

groben Behandlungsfehlern, wie sie der BGH in ständiger Rechtsprechung geprägt hat.

48 Nach der gesetzlichen Regelung führt der Weg zum Schadenersatz zunächst über § 280 Abs. 3 BGB n. F. zu § 281 BGB n. F., wenn der Patient statt der Leistung Schadenersatz haben will. Der Gedanke, der hinter der Regelung steckt ist, dass der Schuldner im Grundsatz jedenfalls die Möglichkeit zur ordnungsgemäßen Erfüllung seines Vertrages eingeräumt werden muss, § 281 Abs. 1 S. BGB n. F. Für die Fälle ärztlicher Fehlbehandlung – vor allem der mit bleibenden Schädigungen beim Patienten – oder der fehlerhaften ärztlichen Beratung ist dieses Zusatzerfordernis auf dem Weg zum Schadenersatzanspruch schon deshalb bedeutungslos, weil in beiden Fällen das Vertrauen des Patienten zum Vertragspartner so nachhaltig gestört (oder gar zerstört) sein dürfte, und die Erbringung der geschuldeten, fehlerfreien Leistung in vielen Fällen auch nicht mehr möglich sein wird. Auch im Fall der fehlerhaften ärztlichen Beratung ist die Setzung einer Nachfrist sinnlos, wenn ihre Fehlerhaftigkeit offenkundig wird und wie etwa bei der genetischen Beratung mit Schadensfolgen eine Nachbesserung der Beratungsleistung nichts mehr verändern kann[48]. Die Abwägung der beiderseitigen Interessen rechtfertigt in derartigen Fällen die sofortige Geltendmachung des Schadenersatzanspruchs, § 281 Abs. 2 BGB n. F.[49].

49 Ein ziemliches Schattendasein führt derzeit noch die Anspruchsgrundlage der „Geschäftsführung ohne Auftrag", die in der Arzthaftung beim bewusstlosen oder nicht einwilligungsfähigen Patienten von Bedeutung sein kann. Bei diesen Patienten hat der Arzt nach dem Interesse oder dem mutmaßlichem Willen des Patienten die erforderliche Behandlung durchzuführen. Der anzuwendende Sorgfaltsmaßstab ist auf Vorsatz oder grobe Fahrlässigkeit beschränkt.

50 Hinsichtlich der Verteilung der Beweislast gilt auch hier, dass der Patient (der den Notfall überlebt hat, ansonsten dessen Erben) die objektive Pflichtverletzung zu beweisen hat, also vor allem dass die Behandlung nicht im Widerspruch zum Interesse oder dem mutmaßlichen Willen des Patienten gestanden hat. Es gelten auch in diesem Fall die bisherigen Beweiserleichterungen die die Rechtsprechung dem Geschädigten zubilligt. Zu beachten ist hier auch, dass im Bereich der professionellen Patientenbehandlung im Rettungswesen die gesetzlich vorgesehene Beschränkung des Haftungsmaßstabes auf Vorsatz und grobe Fahrlässigkeit nicht zum Tragen kommt[50]. Der behandelnde Arzt hat nach § 280 Abs. 1 S. 2 BGB n. F. zu beweisen, dass er bezüglich der Fehlbehandlung weder Vorsatz noch grobe Fahrlässigkeit zu vertreten hat. Auch bei dieser Anspruchsgrundlage ist ein Schmerzensgeldanspruch denkbar, § 253 BGB n. F.

51 Für die Haftung des Notarztes im Rettungsdienst hat der BGH entschieden, dass sich (jedenfalls in Bayern) dessen Haftung nach Staatshaftungsgrundsätzen

---

[48] Vgl. wie hier Grunewald, AnwBl. 2002, 258 für den vergleichbaren Bereich der Rechtsanwaltshaftung.
[49] Wie hier Spickhoff S. 2530 (2533).
[50] Wie hier MüKo- Seiler, § 680 Rz. 6; Lippert, Weißauer, Rz. 468 ff. m. w. Nachw.

(Art. 34 GG, § 839 BGB) vollziehe und die Anstellungskörperschaft bzw. der Funktionsträger (in Bayern der Rettungszweckverband) für Fehler des Notarztes einzustehen habe, aber nicht dieser selbst nach § 823 Abs. 1 BGB [51].

Da die Beweislastumkehr des § 280 Abs. 1 S.2 BGB n. F. bezüglich des Vertretenmüssens der Pflichtverletzung im allgemeinen Schuldrecht angesiedelt ist, ist die Vorschrift auch auf § 823 Abs. 1 BGB anwendbar. Der Arzt hat daher den Beweis zu führen, dass er die Pflichtverletzung (also regelmäßige die Fehlbehandlung die zur Körperverletzung oder Gesundheitsschädigung des Patienten führte) nicht zu vertreten hat, dass ihn an dem Eintritt des Schadens oder der Verletzung weder Vorsatz noch Fahrlässigkeit trifft. Er hat also die Verschuldensvermutung des § 280 Abs. 1 S. 2 BGB n. F. zu widerlegen[52]. 52

Beim gespaltenen Krankenhausaufnahmevertrag wird außer dem Vertrag mit dem Krankenhausträger über die „Hotelleistungen" und die Pflege ein gesonderter (Zusatz –) Vertrag über die ärztliche Leistung mit dem jeweiligen Chefarzt geschlossen. Dieser haftet dem Patienten für das Verschulden des von ihm eingesetzten ärztlichen Personals. Dasselbe gilt für den Behandlungsvertrag mit dem Belegarzt, mit der einen Einschränkung, dass dieser auch für das Verschulden des von ihm herangezogenen ärztlichen und nichtärztlichen Personals haftet, der Träger des Krankenhauses für das Verschulden des von ihm gestellten ärztlichen und nichtärztlichen Personals. 53

Gehaftet wird auch für schuldhafte vorsätzliche oder fahrlässige Fehler bei der Übernahme der Behandlung (Übernahmeschulden) sowie für Fehler bei der Organisation der Behandlung (Organisationsverschulden)[53]. Arten der Leistungsstörung sind die des allgemeinen Schuldrechts, also einmal die Unmöglichkeit (eher selten) zum anderen die verzögerte Leistung (in der Praxis nicht bedeutsam), sowie die Schlechtleistung (positive Forderungsverletzung). Auf die Schlechtleistung, die in der Praxis der Arzthaftung seit jeher die bedeutsamste Rolle spielt, obwohl sie gesetzlich gar nicht geregelt war, gründen sich erfahrungsgemäß die meisten Fälle der Arzthaftung[54]. 54

Bei der Pflichtverletzung bzw. der Fehlbehandlung lassen sich in der Praxis der Arzthaftung sechs große Bereich ausmachen, denen nahezu alle auftretenden Fehl- 55

---

[51] BGH, Urt. v. 9.1.2003 – III ZR 217/01, GesR 2003, 201 m. zustimmender Anm. Petry; diese Rechtsprechung bestätigend: BGH, Urt. v. 16.9.2004 – III ZR 346/03, GesR 2004, 515; vgl. zum Ganzen: Lippert, VersR 2004, 839. Beide Entscheidungen vermögen nicht zu erklären, warum der Krankenhaus-(not-)arzt vor der Pforte des Krankenhauses im Falle eines Behandlungsfehlers einem anderen Haftungsregime unterliegt als dahinter. Durch das arbeitsrechtliche System von Freistellungsansprüchen und Einschränkungen des möglichen Rückgriffs, egalisieren sich die Unterschiede allerdings im Ergebnis weitgehend.

[52] Die Praxis der Rechtsprechung hat diesen Grundsatz durch die Beweislastregelungen weitgehend modifiziert, vgl. noch neuestens BGH, Urt. v. 8.1.2008 – IV ZR 118/06, NJW 2008,

[53] Vgl. wenn auch zum Heimrecht ergangen, die Entscheidung des BGH, Urt. v. 28.4.2005 – III ZR 399/04, GesR 2005, 282 und Jäger, GesR 2005, 346. Man wird sehen, ob sich die Grundsätze der Entscheidung auch auf den Umfang der vom Krankenhausträger einzuhaltenden Verkehrssicherheitspflicht auswirken werden.

[54] Giesen, Arzthaftungsrecht, Rz. 375.

handlungen zugeordnet werden können: Fehler bei Diagnose und Therapie, fehlerhafter Geräte- und Medikamenteneinsatz, Fehler beim Einsatz des Personals und Fehler bei der Organisation der ärztlichen Behandlung.

VII. Die strafrechtliche Verantwortlichkeit des Arztes

56 Der Arzt haftet aus dem Behandlungsverhältnis dem Patienten nicht nur auf Schadensersatz, sondern er hat für seine Behandlung auch strafrechtlich die Verantwortlichkeit für eine ordnungsgemäße Behandlung.

1. Die eigenmächtige Heilbehandlung als Körperverletzung

57 Der ärztliche Heileingriff erfüllt den Tatbestand der Körperverletzung, auch wenn die Ärzte diese Sicht der Dinge nicht teilen oder sie sie nicht verstehen wollen oder können[55]. Ohne Rechtfertigung bleibt der mit der Behandlung verbundene Eingriff in den Körper des Patienten eine rechtswidrige Körperverletzung. Erst die tatsächlich erklärte oder auch die mutmaßliche Einwilligung rechtfertigen den Eingriff. Der tatsächlichen Einwilligung hat eine Aufklärung des Patienten vorauszugehen. Diese Einwilligung ist wirksam, wenn sie ein einwilligungsfähiger Patient abgibt und diese Erklärung weder sitten- noch gesetzeswidrig ist. Die mutmaßliche Einwilligung eines Einwilligungsunfähigen ist dann wirksam, wenn sie dem tatsächlichen oder dem mutmaßlichen Willen des Patienten oder seinem Interesse entspricht und kein entgegenstehender Wille bekannt ist[56]. Ist der Patient kraft Gesetzes verpflichtet einen Eingriff in seine körperliche Integrität zu dulden[57], so ist dieser Eingriff auch ohne Einwilligung rechtmäßig, wenn die tatsächlichen Voraussetzungen für den Eingriff vorliegen.

2. Behandlungsfehler als fahrlässige Körperverletzung oder Tötung

58 Der Normalfall im Arztstrafrecht ist der Behandlungsfehler des Arztes als fahrlässig begangene Körperverletzung oder Tötung. Das Handeln (oder Unterlassen) des Arztes muss objektiv eine Sorgfaltspflicht[58] verletzen, die dem Patienten gegenüber besteht. Diese Sorgfaltspflicht wird durch den Facharztstandard ausgefüllt. Hält ihn

---

[55] Vgl. zum Arztstrafrecht neustens die komprimierte Darstellung von Frister, Lindemann/, Peters, S. 1 ff. m. w. Nachw. aus der strafrechtlichen Literatur und Rechtspr.; Lilie in LK (§§ 223–263 c- 11- Aufl. 2005) Vor § 223; Eser in: Schönke, Schröder, § 223 Rz. 1 ff. Lackner, Kühl, § 223 Rz. 8 ff.; zur Aufklärung: § 228 Rz. 14 ff. m. w. Nachw. Ulsenheimer, § 1 ff.
[56] Z. B. Blutentnahmen nach § 81 a StPO oder Behandlung nach den Unterbringungsgesetzen.
[57] Zur Behandlungspflicht am Ende des Lebens und beim Notfall vgl. § 16 Rz. 1 ff und 4; zum Suizid vgl. § 8 Rz. 23 jew. m. w. Nachw.
[58] Vgl. hierzu Frister, Lindemann, Peters S. 43 ff., Ulsenheimer, § 1 Rn 20 ff.

der Arzt bei der Behandlung des Patienten ein, so führt das Misslingen des Eingriffs nicht bereits zu einer Pflichtwidrigkeit. Der Facharztstandard ist der Erkenntnisstand der medizinischen Wissenschaft. Er unterliegt damit einem beständigen Wandel. Auf ihn muss der sorgfältige Arzt mit einer permanenten Fortbildung reagieren. Was en Facharztstandard fachlich- inhaltlich ausmacht, wird durch die Leitlinien der medizinischen Fachgesellschaften abgebildet. Als Handlungsempfehlungen an den Arzt sind sie zwar nicht bindend, haben aber immerhin Indizwirkung. Von ihnen kann auch der sorgfältige Arzt im Einzelfall abweichen. Nicht unbeachtet bleiben darf, dass die Leitlinisierung der Medizin in der Praxis das Behandlungsgeschehen zwar standardisiert aber vor allem auch bürokratisiert. Der Facharztstandard muss auch eingehalten werden, wenn ärztliche Leistungen zulässigerweise auf ärztliches wie nichtärztliches nachgeordnetes Personal delegiert werden. welches den Standard nicht oder noch nicht erfüllt (Anfänger-OP, Parallelnarkose, Bereitschaftsdienst). Korrektive sind sorgfältige Auswahl, Anleitung und Überwachung.

3. Die Verweigerung der ärztlichen Behandlung als Unterlassungsdelikt

Der behandelnde Arzt kann seinen Patienten nicht nur durch eine fehlerhafte Behandlung, begangen durch ein aktives Tun schädigen und sich damit strafbar machen, sondern auch durch das Unterlassen einer rechtlich gebotenen Behandlung. Voraussetzung dafür ist, dass er eine Garantenstellung gegenüber seinem Patienten innehat, aus der sich die Garantenpflicht zum Handeln ergibt.

59

Diese Garantenstellung kann sich aus dem Arzt- Patienten- Verhältnis ergeben, sowie aus der ausdrücklichen Übernahme der Behandlung etwa als Arzt im Krankenhaus oder als Arzt im ärztlichen Notfalldienst oder im Notarztdienst. Aus dieser Stellung ist dann im Einzelfall die konkrete Handlungs-(Garanten-)pflicht zu bestimmen. Das Unterlassen muss kausal für den eingetretenen Erfolg sein. Bei auftretenden Pflichtenkollisionen hat der Arzt das höherwertige Interesse zu wahren. Bei gleichwertigen konkurrierenden Pflichten kann die rechtfertigende Pflichtenkollision helfen, wenn die eine Pflicht nur zu Lasten der anderen erfüllt werden kann.

60

4. Unterlassene Hilfeleistung

Im Gegensatz zur Körperverletzung begangnen durch Unterlassen als unechtes Unterlassungsdelikt ist bei der unterlassenen Hilfeleistung[59] das Unterlassen als solches strafbar, wobei der Arzt die ihm mögliche und zumutbare Hilfe in einem Unglücksfall nicht geleistet haben muss, um überhaupt strafbar zu sein. Die unterlassene Hilfeleistung ist allerdings kein Auffangtatbestand für Taten, die im Zusam-

61

---

[59] Vgl. hierzu Frister, Lindemann, Peters, S. 85 ff. m. w. Nachw., Sternberg-Lieben/Hecker in: Schönke, Schröder, § 323c Rz. 1 ff., Lackner, Kühl, § 323c Rz. 1 ff. m. w. Nachw.

menhang mit dem ärztlichen Behandlungsgeschehen sonst nicht strafbar wären. Die unterlassene Hilfeleistung ist ein Vorsatzdelikt. Fehlvorstellungen des Arztes über seine Pflichten und ihren Umfang führen zur Anwendung der Irrtumsvorschriften. Standardsituation eines Unglücksfalles im ärztlichen Bereich ist der misslungene Suizid, sofern er nicht frei verantwortlich unternommen worden wird.

VIII. Freie Arztwahl und Ablehnung der Behandlung

62 Das Arzt-Patienten-Verhältnis ist ein von gegenseitigem Vertrauen getragenes, persönliches Verhältnis. Der Arzt ist daher – von der Behandlung eines Notfalles im Rahmen seiner allgemeinen Hilfeleistungspflicht abgesehen – frei zu entscheiden, wen er behandeln will und wen nicht, weil es an einem entsprechenden Vertrauensverhältnis fehlt. Korrespondierend dazu hat der Patient das Recht, sich seinen behandelnden Arzt selbst auszuwählen.

63 Anderes gilt dagegen für den Vertragsarzt. Seine Zulassung bewirkt die Berechtigung und die Verpflichtung, Kassenpatienten im Rahmen des Sicherstellungsauftrages zu behandeln. Er darf deren Behandlung nur in begründeten Fällen – also nicht willkürlich – ablehnen, da er sich sonst einer Verletzung seiner Pflichten als Vertragsarzt schuldig machen kann. Als Gründe für eine Weigerung kommen insbesondere in Betracht: Nichtbefolgung ärztlicher Anordnungen, Überlastung des Arztes, erstrebte, systematische fachfremde Behandlung, querulatorisches oder sonst unqualifiziertes Verhalten des Patienten, das Begehren von Wunschrezepten, das Verlangen nach nicht ärztlich indizierten (unwirtschaftlichen) Behandlungsmaßnahmen, Besuchsanforderungen außerhalb der Sprechzeiten etc., etc. Auch dem Facharzt sind, so jedenfalls der BGH, Hausbesuche zuzumuten[60]. Das Landesberufsgericht für Ärzte Stuttgart hat einem Arzt auch das Recht zugestanden, die Behandlung abzulehnen, weil ein Patient die ärztliche Honorarrechnung beanstandet hatte[61].

IX. Behandlungsabbruch

64 Wenn der Wille des Patienten die Behandlungspflicht und das Behandlungsrecht des Arztes begrenzt, dann muss dies auch gelten, wenn der einwilligungsfähige Patient den Abbruch einer (begonnenen) Behandlung fordert. Bei einwilligungsunfähigen Patienten, vor allem betreuten Patienten im höheren Lebensalter hat sich daran ein Streit unter Juristen entzündet. Nach § 1904 BGB bedarf die Zustimmung des Betreuers zu Behandlungsmaßnahmen zusätzlich der Genehmigung durch das Betreuungsgericht, wenn der begründete Verdacht besteht, dass der Betreute durch die Untersuchungs- oder Behandlungsmaßnahme zu Tode kommen oder einen schweren

---

[60] BGH, NJW 1979, 1248; AG Jever, VersR 1992, 330.
[61] DMW 1994, 356 m. Anm. von Rieger.

gesundheitlichen Schaden davon tragen kann. Hier gibt es durch die Änderung in §§ 1901 ff. BGB eine etwas andere Rechtslage[62]. Entspricht der Widerruf der Einwilligung in die Behandlung dem tatsächlichen Willen des Betreuten oder in einer Patientenverfügung niedergelegten Willen des Betreuten, oder Bevollmächtigenden so hat das Betreuungsgericht den Abbruch zu genehmigen. Eine Entscheidung des Betreuungsgerichts ist nur bei einem Dissens zwischen der Entscheidung des Betreuers und dem tatsächlichen Willen des (jetzt einwilligungsunfähigen) Patienten erforderlich[63]

X. Die Hinzuziehung weiterer Ärzte

Absatz 3 hat eine neue Fassung erhalten. Er trägt damit den Erfordernissen einer modernen und arbeitsteiligen Patientenbehandlung Rechnung. Von entscheidender Bedeutung ist dabei das Zusammenspiel der unterschiedlichen Behandelnde. Eine Zusammenarbeit von Ärzten und Heilpraktikern ist nach wie vor ausgeschlossen (vgl. auch § 29).   65

1. Konsil, Mitbehandlung

Absatz 3 verpflichtet den Arzt, rechtzeitig andere Ärzte hinzuzuziehen, sofern seine Kompetenz hierzu nicht ausreicht. Damit ist einmal das Konsil angesprochen, aber auch die Mitbehandlung. Nach ärztlichem Sprachgebrauch ist ein Konsil die Besprechung zweier oder mehrerer Ärzte nach vorausgehender Untersuchung des Kranken zur Stellung einer Diagnose oder Festlegung eines Heilplans[64]. Gebührenrechtlich ist nach Nr. 10 GOÄ ein Konsil erst gegeben, wenn es am Bett des Kranken stattfindet.   66

Rechtsbeziehungen zum Konsiliararzt entstehen nur, sofern der behandelnde Arzt den Konsiliar mit Wissen und Wollen des Patienten hinzuzieht. Beim internen Konsil, bei dem der Patient von der Zuziehung des Konsiliars keine Kenntnis hat (cave! Schweigepflichtverletzung), entstehen Rechtsbeziehungen nur zwischen dem Konsiliararzt und dem behandelnden Arzt. Es kann dies ein Raterteilungsvertrag sein, sofern kein Entgelt gezahlt wird, oder aber ein Dienstvertrag, wenn der Konsiliararzt gegen Entgelt tätig wird[65].   67

---

[62] Geändert durch das 3. Gesetz zur Änderung des Betreuungsrechts vom Juni 2009 (BGBl. I S.).
[63] Dies bisherige Rechtsprechung zu diesem Komplex ist nunmehr weitgehend obsolet, so z. B. das Urteil des BGH zum Kemptener Fall: v. 13.9.1994 – 1 StR 357/94, NJW 1995, 204 So z. B. LG München I NJW 1999, 1788; vgl. zum ganzen Komplex auch Eberbach in: Wienke, Lippert (Hrsg.) S. 11 (31 ff.), der den Gesetzgeber gefordert sieht. Wie hier auch Uhlenbruck in: LdA, Nr. 4980, Rz. 24 f. BGH, Beschl. vom 17. 3. 2003 – XII ZB 2/03 NJW 2003, 1588; Vgl. auch die Zusammenfassung bei Knopp, Hoffmann, MedR 2005, 83.
[64] So Rieger, Rz. 982.
[65] Vgl. Rieger, Rz. 984.

68 Den Rechtsbeziehungen folgt auch die Haftung. Bestehen Rechtsbeziehungen zum Patienten, so haften dem Patienten behandelnder Arzt und Konsiliar aus Vertrag und unerlaubter Handlung jeweils für ihre Tätigkeit. Im Fall des internen Konsils hat der behandelnde Arzt gegen den Konsiliar, dem ein Fehler unterlaufen ist, einen Anspruch auf Freistellung von der Haftung. Im Außenverhältnis zum Patienten haftet er aber voll.

69 Unter Mitbehandlung versteht man die selbständige und eigenverantwortliche diagnostische und therapeutische Tätigkeit eines vom erstbehandelnden Arzt zugezogenen anderen Arztes aufgrund eines eigenen Behandlungsvertrages zwischen Patient und mitbehandelndem Arzt[66]. Sie ist auch als Zwischenbehandlung denkbar. Die Überweisung zur Mitbehandlung begründet keine Rechtsbeziehungen zwischen überweisendem und mitbehandelndem Arzt. Auch die Haftung ist getrennt zu sehen: jeder Arzt haftet für seine Behandlung.

2. Die Überweisung

70 Hinter der Pflicht, rechtzeitig einen Konsiliar oder einen mitbehandelnden Arzt hinzuzuziehen, steht die Erkenntnis, dass jeder Arzt bei der Behandlung von Patienten an fachliche Grenzen stößt. Beachtet er diesen Grundsatz nicht, setzt er sich dem Vorwurf des „Übernahmeverschuldens" aus. Es ist dies die freiwillige Übernahme einer ärztlichen Tätigkeit, der der Arzt mangels eigener, persönlicher Fähigkeiten oder Sachkunde nicht gewachsen ist[67] und für deren Folgen er einzustehen hat. Neben der Ausübung fachfremder Tätigkeiten kann das Übernahmeverschulden durch unzureichende Fortbildung (s. § 4) unzureichende Befassung mit technischen Gerätschaften[68] oder auch in fehlender apparativer Ausstattung schlechthin bestehen[69].

3. Die Information mit- und nachbehandelnder Ärzte

71 Kooperation ohne Information ist nicht denkbar. Dem trägt Absatz 7 Rechnung. Der Hinweis auf das tatsächliche oder mutmaßliche Einverständnis des Patienten ist wichtig, weil die ärztliche Schweigepflicht auch unter Ärzten gilt. Deshalb ist es unzulässig, prinzipiell immer dem Hausarzt den Entlassungsbericht zu schicken, wenn der einweisende Arzt einer anderen Disziplin angehört[70]. Die Informations-

---

[66] So Rieger, Rz. 1224.
[67] Vgl. Ulsenheimer, Rz. 23.
[68] OLG Saarbrücken, VersR 1991, 1289.
[69] BGH, Urt. v. 26.11.1991 – VI ZR 389/90, NJW 1992, 754; BGH, Urt. v. 24.1.1989 – VI ZR 170/88, Urt. v. 27.6.1978 – VI ZR 183/76, NJW 1989, 2331; BGH, NJW 1978, 2337.
[70] So kann z. B. nicht unterstellt werden, dass eine Patientin, die von ihrem Frauenarzt in die Klinik zur Vornahme eines gynäkologischen Eingriffes eingewiesen wird, damit einverstanden ist, dass ihr Hausarzt den Entlassbericht erhält.

§ 7 Behandlungsgrundsätze und Verhaltensregeln

obliegenheit in Nr. 2 wird zur Informationspflicht, wenn die genannten Voraussetzungen vorliegen. Für den Bereich der vertragsärztlichen Versorgung finden sich entsprechende Vorschriften in § 21 BMV-Ä[71]. Die Rechtsprechung[72] präzisiert die Informationspflicht als Bestandteil der vertraglich wie deliktisch geschuldeten Behandlungsaufgabe. Inhalt der Berichtspflicht sind auch solche Maßnahmen, die der hinzugezogene Arzt über den ihm konkret erteilten Überweisungsauftrag hinaus hat vornehmen wollen, zu denen er aber wegen Nichterscheinen des Patienten nicht mehr gekommen ist[73]. Inhalt der Berichtspflicht sind außerdem spezifische Hinweise auf die Notwendigkeit von Kontrolluntersuchungen im Hinblick auf typische Risiken des Eingriffs[74]; dies auch dann, wenn der nachbehandelnde niedergelassene Arzt derselben Fachdisziplin angehört. Der Informationsempfänger darf sich demgegenüber i. d. R auf die inhaltliche Richtigkeit und Vollständigkeit verlassen[75].

Im Verhältnis von vor- mit- und nachbehandelndem Arzt ist die wechselseitige Information durch einen Arztbrief der Regelfall. Gelegentlich erhält auch der behandelte Patient selbst dieses Dokument[76]. Aus ihm ergeben sich die erhobene Anamnese, die Befunde, die vorgenommenen therapeutischen Maßnahmen und häufig auch Vorschläge zum weiteren diagnostischen und/ oder therapeutischen Vorgehen. Dieser Brief ist eindeutig Teil der ärztlichen Dokumentation, also der Patientenakte. In der Praxis werden Arztbriefe in ihrer Bedeutung zumeist unterschätzt. Sie werden oft als lästige Pflicht empfunden, der man sich durch einen lieb- und lustlos herunterdiktiertes Schreiben von häufig geringer Sorgfalt zu entledigen sucht. Bereits die anamnestischen Daten sind häufig fehlerhaft und in sich unstimmig. Sie werden einfach von Brief zu Brief ohne Korrektur und Durchsicht auf Plausibilität übernommen (paste and copy). Besonders gerne werden ganze Listen von Labordaten übernommen (ohne Prüfung versteht sich) ohne dass deren Relevanz für das weitere Vorgehen hinterfragt wird. Eben Masse statt Klasse. Dabei könnte es so einfach sein den Grundsatz zu beherzigen, wonach alle guten Dinge zwei Seiten haben.

Besondere Informationspflichten bestehen im Bereich des ambulanten Operierens Der operierende Arzt muss dem Einweiser oder einem ihm vom Patienten genannten anderen Arzt diejenigen Informationen vermitteln, die dieser für die Weiterbetreuung des Patienten benötigt. Nach § 7 des dreiseitigen Vertrages gemäß § 115 b Abs. 1 SGB V muss sich daraus die Diagnose, Therapieangaben, angezeigte Rehabilitationsmaßnahmen sowie die Beurteilung der Arbeitsunfähigkeit ergeben. Bis zur Übernahme der Betreuung durch den ambulant behandelnden Arzt, sollte der Operateur bzw. die operierende Einheit für notfallmäßige Rückfragen zur Verfügung stehen. Im Übrigen steht es dem ambulanten Operateur frei, den Patienten

72

---

[71] Die anderen Gesamtverträge enthalten vergleichbare Regelungen.
[72] BGH, Urt. v. 5.10.1993 – VI ZR 237/92, MedR 1994, 111.
[73] BGH, aaO.
[74] OLG Oldenburg, VersR 1993, 1357.
[75] OLG Köln, VersR 1993, 1157.
[76] Warum dies immer noch im verschlossenen Umschlag erfolgt erschließt sich dem Betrachter angesichts der gefestigten Rechtsprechung zur Akteneinsicht nicht ohne weiteres. Manche Dinge benötigen halt mehr Zeit.

Lippert

zur Kontrolle des Op-Ergebnisses nochmals einzubestellen, wenn ihm dies aus medizinischer Sicht notwendig erscheint. Für die Versorgung von Zwischenfällen nach der Entlassung sind die niedergelassenen Ärzte bzw. zugelassenen Krankenhäuser zuständig, d. h. es gibt keine Hausbesuchspflicht des ambulanten Operateurs (so auch § 5 des dreiseitigen Vertrages). Eine Haftungsverlagerung auf den niedergelassenen ambulant betreuenden Arzt ist dadurch nicht zu befürchten, weil dieser nicht für eine Gefahrerhöhung einzustehen hat, deren Ursache in der ambulanten Durchführung des Eingriffs zu suchen ist; es sei denn, es würde sich gerade um den Arzt handeln, der die ambulante Durchführung empfohlen hatte, obwohl entweder Gründe in der Person oder im Umfeld des Patienten vorlagen, die einer ambulanten Durchführung entgegenstanden.

73   Die interdisziplinären Absprachen spielen in diesem Bereich eine große Rolle. Lässt sich nicht klären, welcher Disziplin das Informations- und Kompetenzdefizit zuzurechnen ist, haften die Vertreter der beteiligten Fächer gesamtschuldnerisch[77].

Etwas von dem Grundsatz, die eigenen Grenzen zu erkennen und entsprechend zu behandeln, steckt auch in dem Verbot, fachfremde Leistungen zu erbringen, welches für den Vertragsarzt aufgrund kassenarztrechtlicher Vorschriften gilt, aber auch in der berufsrechtlichen Pflicht zur Beachtung der Gebietsbezeichnungen bei der Ausübung des ärztlichen Berufes[78].

4. Einholung einer Zweitmeinung

74   Absatz 2 verankert ausdrücklich das Recht des Patienten darauf, dass auch eine Zweitmeinung eingeholt werden kann. Voraussetzung für diesen Wunsch, dem sich der behandelnde Arzt nicht verschließen soll, ist aber eine komplizierte Fallgestaltung, bei der die Meinung des Arztes und die des Patienten sich gleichwertig gegenüber stehen. Dies impliziert selbstverständlich, dass der Patient, der die Zweitmeinung eingeholt haben will, dafür auch zu bezahlen hat. Für Versicherte der gesetzlichen Krankenversicherung ergibt sich dies aus § 64 Abs. 4 S. 2 SGB V. Dort ist geregelt, dass Verbände der Krankenkassen und die Kassenärztlichen Vereinigungen in vertraglich geregelten Modellvorhaben zur Vermeidung unkoordinierter Mehrfachinanspruchnahme von Vertragsärzten auch die Kostenübernahme des Patienten für die Einholung einer Zweitmeinung vorsehen können.

---

[77] Steffen, Neue Entwicklungslinien der BGH-Rechtsprechung zum Arzthaftungsrecht, 4. Auflage, 1990, S. 69 unter Berufung auf BGH, Urt. v. 24.1.1984 – VI ZR 203/82, NJW 1984, 1403.
[78] Vgl. z. B. § 37 KammerG bw.

XI. Die Fernbehandlung

Eine Fernbehandlung liegt vor, wenn der Kranke oder für ihn ein Dritter dem Arzt, der die Krankheit erkennen und behandeln soll, Angaben über die Krankheit insbesondere Symptome oder Befunde übermittelt und dieser ohne den Kranken gesehen und die Möglichkeit einer Untersuchung gehabt zu haben, entweder die Diagnose stellt und/oder einen Behandlungsvorschlag unterbreitet[79].

75

Berufsrechtlich ist die Fernbehandlung als ausschließliche Form der ärztlichen Behandlung verboten[80]. § 7 Abs. 4 nennt auch die Medien, auf deren Benützung sich das Fernbehandlungsverbot erstreckt. Das Verbot schließt es nicht aus, dass der Arzt im Einzelfall einem bei ihm in Behandlung stehenden Patienten z. B. telefonisch therapeutische Ratschläge erteilt. Auch in Notfällen ist es dem Arzt gestattet, telefonische Auskünfte zu geben, etwa um die Zeit bis zum Eintreffen des Notarztes zu überbrücken. Dem Arzt ist auch die Fernbehandlung mit Arzneimitteln und Medizinprodukten gesetzlich verboten[81]. Dort findet sich auch eine Definition der Fernbehandlung, die allerdings unter dem Ziel des HWG zu sehen ist und die sich daher von der berufsrechtlichen unterscheidet.

76

Im Übrigen gehört es zu den Pflichten des Arztes (aus dem Behandlungsvertrag), sich von den Leiden des Patienten ein eigenes Bild zu machen[82]. Daran entscheidet sich auch die Frage, ob ein Arzt einen Patienten zu Hause besuchen muss oder nicht[83]. Sie lässt sich normalerweise nicht per Ferndiagnose entscheiden[84]. Das Heilmittelwerbegesetz verbietet in § 9 die Werbung für Fernbehandlung.

77

Keinen Fall unzulässiger Fernbehandlung stellt die Telemedizin dar, jedenfalls dann nicht, wenn sie in der Weise betrieben wird, dass der behandelnde Arzt sich unter Nutzung der neuen elektronischen Medien ärztlichen Sachverstand hinzuzieht, oder ein weiterer Arzt via Telematik am Behandlungsgeschehen als Mitbehandelnder teil hat[85].

---

[79] Rieger, Rz. 621; Narr, Rz. 733; Doeppner, § 9, Rz. 9; Uhlenbruck in: Laufs, Handbuch, § 52, Rz. 16; vgl. hierzu neuestens auch die Ausführungen von Kern, MedR 2001, 495 zur ärztlichen Behandlung via Internet.
[80] Uhlenbruck in: Laufs, Handbuch, § 52, Rz. 16.
[81] Vgl. § 9 Heilmittelwerbegesetz (HWG):
Unzulässig ist eine Werbung für die Erkennung oder Behandlung von Krankheiten, Leiden, Körperschäden oder krankhaften Beschwerden, die nicht auf eigener Wahrnehmung an dem zu behandelnden Menschen oder Tier beruht (Fernbehandlung).
[82] BGH, Urt. v. 20.2.1979 – VI ZR 48/78, NJW 1979, 1248; Uhlenbruck in: Laufs, Handbuch, § 49, Rz. 2.
[83] E. Schmidt, DMW 1955, 1216; Bockelmann, S. 19; Kohlhaas, Medizin und Recht, 1969, S. 62 ff.
[84] BGH, NJW 1955, 718; Uhlenbruck, in: Handbuch, § 50, Rz. 17; Ulsenheimer in: Handbuch, § 100, Rz. 43.
[85] Vgl. 8. Einbecker Empfehlungen der DGMR vom September 1999, MedR 1999, 557; in der Telemedizin stecken noch eine Fülle ungeklärter Rechtsfragen, die aber mit dem Komplex Fernbehandlung nichts zu tun haben. Vgl. zur Definition Dierks, Rechtliche und praktische Probleme der Integration von Telemedizin – ein Problemaufriss in: (Dierks, Feussner, Wienke Hrsg.), Rechts-

XII. Verhalten gegenüber Kritik

78 Offenbar haben Ärzte im Verhältnis zu ihren Patienten Probleme, deren Kritik zu akzeptieren und bei Meinungsverschiedenheiten mit dem Patienten sachlich und korrekt zu bleiben. Anders lässt es sich wohl nicht erklären, dass entsprechende Verhaltensregeln in Absatz 6 aufgenommen wurden. Kritik des Patienten und Meinungsverschiedenheiten können allerdings auch ein Maß erreichen, dass eine vertrauensvolle Beziehung zwischen Arzt und Patient nicht mehr besteht. Dies kann zur Beendigung des Behandlungsverhältnisses führen.

XIII. Hinzuziehung von Angehörigen und sonstigen Personen

79 Die Regelung des Abs. 4 ist erst kürzlich bei der Novellierung der MBOÄ aus § 30 Abs. 1 in § 7 übernommen worden. Dass die Zuziehung von Angehörigen des Patienten oder anderer Personen (Bezugspersonen, Lebenspartner, Lebensabschnittspartner) der Zustimmung des Patienten bedarf ist eigentlich selbstverständlich. Abs. 4 bindet diese Zustimmung des Patienten aber auch an diejenige des verantwortlichen Arztes. Will der Patient, dass eine dritte Person bei der Untersuchung oder der Behandlung anwesend sein soll und stimmt der Arzt dem nicht zu, dann darf die Person nicht anwesend sein. Man wird die Ablehnung des Arztes aber an ein pflichtgemäßes Ermessen binden müssen. Eine willkürliche Ablehnung wäre daher unwirksam.

80 Will der Angehörige etwa Filmaufnahmen von der Geburt seines Kindes machen, sollte der Arzt gut überlegen, ob er dies zulässt. Neben der Einwilligung des Patienten benötigt er in diesem Fall auch noch die Zustimmung der am Eingriff beteiligten Personen, weil deren Recht am eigenen Bild (Persönlichkeitsrecht) tangiert ist. Stimmen alle Betroffenen zu, sind natürlich Filmaufnahmen zu Informationszwecken zulässig, sofern der Arzt nicht gegen das Werbeverbot verstößt. Eine öffentliche Vorführung der so gefertigten Aufnahmen unterliegt den besonderen Vorschriften des KunstUrhG, die es, vor allem bezüglich des Umfangs der Einwilligung zu beachten gilt[86]. Der Verstoß dagegen (Verletzung des Persönlichkeitsrechts) kann empfindliche Schadenersatzansprüche nach sich ziehen.

---

fragen der Telemedizin; Ulsenheimer, Heinemann, MedR 1999, 197; Hanika, MedR 2001, 107; Hoppe, MedR 1998, 462.

[86] Vgl. das Gesetz betreffend das Urheberrecht an Werken der bildenden Künste und der Photographie Vom 9. Januar 1907 Zuletzt geändert durch Art. 3 § 31 Gesetz zur Beendigung der Diskriminierung gleichgeschlechtlicher Gemeinschaften: Lebenspartnerschaften vom 16. 2. 2001 (BGBl. I S. 266). Es ist in der Praxis (leider) weitgehend unbekannt.

XIV. Missbräuchliche Anwendung der Verschreibung

Eine ärztliche Verschreibung ist die persönlich von einem Arzt ausgestellte schriftliche Anweisung an einen Apotheker auf Überlassung eines genau bezeichneten Arzneimittels an einen Patienten oder den Arzt selbst für den Bedarf in seiner Praxis[87]. Was eine ärztliche Verschreibung alles zu enthalten hat, ist in § 2 AMVerschreibV näher geregelt[88]. Der Arzt darf insbesondere keine Blankorezepte ausstellen und darf die ausgestellten Rezepte nicht direkt dem Apotheker überlassen (es sei denn es handle sich um ein Rezept für den eigenen Praxisbedarf).

81

XV. Sanktionen

Es dürfte also wenig erstaunen, wenn die Rechtsordnung die Missachtung des Selbstbestimmungsrechts des Patienten durch Verstöße gegen die Einwilligung und die ihr vorausgehende Aufklärung mit mannigfachen Sanktionen ahndet. An der Konstruktion des ärztlichen Heileingriffs und an deren Bezeichnung (Körperverletzung) macht sich eine zwischen Ärzten und Juristen gerne zum Fundamentalstreit erhobene Kontroverse fest (Stichwort: der Arzt als Messerstecher). Sie hat in der Vergangenheit oft den Blick für das Wesentliche verstellt, nämlich, dass ein Verstoß gegen derart fundamentale Pflichten im Arzt – Patienten – Verhältnis eben nicht sanktionslos sein kann, sollen sie in der täglichen Praxis eingehalten werden. Nicht über das Bestehen von Sanktionen, sondern über deren Inhalt und Umfang kann bestenfalls Streit entstehen.

82

In Betracht kommen zivil-, straf- und berufsrechtliche Sanktionen. Das Vorliegen der Einwilligung rechtfertigt die Behandlung des Arztes bis hin zum Eingriff in die körperliche Integrität des Patienten. Ihr Fehlen macht die Behandlung rechtswidrig. Zivilrechtlich beurteilt liegt eine unerlaubte Handlung im Sinne von § 823 Abs. 1 BGB – Körperverletzung – vor. Bei der eigenmächtigen Heilbehandlung liegt sie in Form der vorsätzlichen, ansonsten zumeist fahrlässigen Körperverletzung vor. Das Fehlen der Einwilligung (§ 630d BGB) stellt auch eine Verletzung des Behandlungsvertrages dar und kann Ersatzansprüche nach sich ziehen.

83

Strafrechtlich erfüllt das teilweise oder gänzliche Unterlassen, den Patienten um seine Einwilligung zu ersuchen, den Tatbestand der Körperverletzung, die je nach Sachlage vorsätzlich oder fahrlässig begangen sein kann.

84

Mit der Aufnahme der Aufklärungspflicht in die MBOÄ 97 gehört diese zu den vom Arzt zu achtenden Berufspflichten. Ein Verstoß gegen sie kann nach den Heilberufe-Kammergesetzen in einem berufsgerichtlichen Verfahren geahndet werden und zwar auch neben einem Strafverfahren in derselben Sache.

85

---

[87] Vgl. zur Definition Rieger, Rz. 1824.
[88] Vgl. hierzu Lippert in: Deutsch, Lippert, Ratzel, Anker, Tag, Koyuncu, AMG-Kommentar, § 47 Rz. 1 ff.

§ 8 Aufklärungspflicht

Zur Behandlung bedürfen Ärztinnen und Ärzte der Einwilligung der Patientin oder des Patienten. Der Einwilligung hat grundsätzlich die erforderliche Aufklärung im persönlichen Gespräch vorauszugehen. Die Aufklärung hat der Patientin oder dem Patienten insbesondere vor operativen Eingriffen Wesen, Bedeutung und Tragweite der Behandlung einschließlich Behandlungsalternativen und die mit ihnen verbundenen Risiken in verständlicher und angemessener Weise zu verdeutlichen. Insbesondere vor diagnostischen oder operativen Eingriffen ist soweit möglich eine ausreichende Bedenkzeit vor der weiteren Behandlung zu gewährleisten. Je weniger eine Maßnahme medizinisch geboten oder je größer ihre Tragweite ist, umso ausführlicher und eindrücklicher sind Patientinnen oder Patienten über erreichbare Ergebnisse und Risiken aufzuklären.

Änderung 114. Deutschen Ärztetag: Sätze 2–4 angefügt

Abweichender Wortlaut der Berufsordnung in den Kammerbezirken:

Sachsen-Anhalt: alte Fassung beibehalten.

Übersicht   Rz.

I.	Bedeutung der Norm	1
II.	Die (Eingriffs-)aufklärung	2
III.	Der Inhalt der Eingriffsaufklärung	6
IV.	Die Prognose- und Sicherungsaufklärung	7
V.	Umfang der Aufklärung	9
VI.	Form der Aufklärung	10
VII.	Der richtige Zeitpunkt der Aufklärung	12
VIII.	Der Bewusstlose	13
IX.	Die Aufklärung in der biomedizinischen Forschung	14
X.	Der Aufklärungsverzicht	15
XI.	Der Patientenwille	16
XII.	Der Behandlungsvertrag	26
XIII.	Die rechtliche Bedeutung der Einwilligung	30
XIV.	Zwangsuntersuchung und -behandlung	31
XV.	Doping	37
XVI.	Sanktionen	41

Literatur
Die Literatur zu Aufklärung und Einwilligung ist unübersehbar und nicht mehr mit Anspruch auf Vollständigkeit zu bibliographieren. Das Standardwerk zum Thema: Kern, Laufs, Die ärztliche Aufklärungspflicht unter besonderer Berücksichtigung der richterlichen Spruchpraxis,

---

Die zu § 2 (Muster)-Berufsordnung in der Fassung des 98.Deutschen Ärztetages (jetzt § 8) niedergelegten „Empfehlungen zur Patientenaufklärung" sind in Heft 16 des Deutschen Ärzteblattes vom 19.April 1990 (DÄ 1990, B940) erschienen.

1983. Weitere Literatur in den im Hauptliteraturverzeichnis aufgeführten Standardwerken des Medizinrechts. Bender, Entbindungsmethoden und ärztliche Aufklärungspflicht, NJW 1999, 2706; Bernat, Gaberc, Das österreichische Patientenverfügungsgesetz: ein Schritt vorwärts, zwei Schritte zurück, GesR 2007, 1; Dettmeyer, Musshoff, Madea, Die zwangsweise Verabreichung von Vomitivmitteln als ärztlicher Eingriff gemäß § 81a I StPO, MedR 2000, 316; Deutsch, Das Vertragsrecht des Pobanden, VersR 2005, 1609; Dodegge, Keine betreuungsrechtliche Zwangsbehandlung von untergebrachten Betreuten, NJW 2012, 3694; Ehling, Vogeler, Der Probandenvertrag, MedR 2008, 273; Eberbach, Staatliche Genehmigung zum Sterben? Zur Anwendbarkeit von § 1904 Abs. 1 S. 1 BGB auf den Behandlungsabbruch, MedR 2000, 267; Franz, Hartl, „Doping" durch den Arzt als „ärztliche Tätigkeit", NJW 1988, 2277; Grams, Arzthaftung für den „schadensfreien" Eingriff mangels Einwilligung wegen unterbliebener Aufklärung (eigenmächtige Heilbehandlung, GesR 2009, 69; Herzberg, Steht dem biblischen Gebot der Beschneidung ein rechtliches Verbot entgegen? MedR 2012, 169; Hoppe, Der Zeitpunkt der Aufklärung des Patienten – Konsequenzen der neuen Rechtsprechung NJW 1998, 782; Jaeger, Patientenrechtegesetz, 2013; Katzenmeier, Arzthaftpflicht in der Krise – Entwicklungen, Perspektiven, Alternativen, MedR 2011, 201 Kern, Einwilligung in die Heilbehandlung von Kindern durch minderjährige Eltern, MedR 2005, 628; Knopp, Hoffmann, Rechtssicherheit am Lebensende? MedR 2005, 83; Koyuncu, Das Haftungsdreieck Pharmaunternehmer- Arzt- Patient, 2004; Link, Doping und staatliches Recht, NJW 1987, 2545; Lippert, Wie lange reanimieren?, Notfallmedizin 1982, 998; ders., Der Wille des Patienten als Behandlungsgrenze in der Notfallmedizin, Notfallmedizin 1989, 423; ders., Die Einwilligung in der medizinischen Forschung und ihr Widerruf, DMW 1997, 912; ders. Die Einwilligung und ihr Widerruf in die Teilnahme an klinischen Prüfungen von Arzneimitteln und Medizinprodukten, VersR 2001, 432; ders., Patientenaufklärung über Behandlungsqualität und Versorgungsstrukturen – erweiterte Haftungsrisiken für Ärzte und Krankenhäuser, MedR 2000,6; Preis, Schneider, Das Patientenrechtegesetz – eine gelungene Kodifikation? NZS 2013, 281 Putzke, Recht und Ritual – ein großes Urteil einer kleinen Strafkammer, MedR 2012, 621; Ratzel, Der minderjährige Patient – rechtliche Aspekte, Der Frauenarzt 1991, 271 Röver, Einflußmöglichkeiten des Patienten im Vorfeld einer medizinischen Behandlung, 1997; Spickhof,. Patientenrechte und Patientenpflichten – die medizinische Behandlung als kodifizierter Vertragstypus, VersR 2013, 267; Taupitz, Empfehlen sich zivilrechtliche Regelungen zur Absicherung der Patientenautonomie am Ende des Lebens? Gutachten zum 63. Deutschen Juristentag, Leipzig, 2000; Uhlenbruck, Der Patientenbrief – eine privatautonome Gestaltung des Rechts auf einen menschenwürdigen Tod, NJW 1978, 566; ders., Vorab-Einwilligung und Stellvertretung bei der Einwilligung in einen Heileingriff, MedR 1992, 134; ders., Zur Rechtsverbindlichkeit des Patiententestaments, MedR 1983, 16; ders., Die Altersvorsorge- Vollmacht als Alternative zum Patiententestament und zur Betreuungsverfügung, NJW 1996, 1583; ders. Die Stellvertretung in Gesundheitsangelegenheiten, in FS Deutsch 1999, 849; Ulsenheimer, Grenzen der Behandlungspflicht, Behandlungseinschränkung, Behandlungsabbruch, Anästhesiologische Intensivmedizin, Notfallmedizin, Schmerztherapie 1996, 543; Walter, Das neue Patientenrechtegesetz, 2013; Wölk, Der minderjährige Patient in der ärztlichen Behandlung – Bedingungen für die Wahrnehmung des Selbstbestimmungsrechts von Minderjährigen bei medizinischen Eingriffen, MedR 2001, 80 Zuck, Anti-Doping Regulierungen, MedR 2014, 1.

I. Bedeutung der Norm

1   Die Vorschrift ist erst 1988 in die MBO aufgenommen worden und war in der ursprünglichen Fassung der MBO nicht enthalten. § 8 regelt nicht nur, wie die Überschrift vermuten ließe, die Aufklärungspflicht, sondern auch die Einwilligung, derer der Arzt bedarf, um einen Patienten behandeln zu können. Die Neufassung regelt nunmehr auch die Inhalte, die die Aufklärung zu umfassen hat, das Wann und das Wie. Im Vordergrund steht dabei die Selbstbestimmungsaufklärung vor operativen

Eingriffen, auf die immer wieder beispielhaft hingewiesen wird. § 8 gilt aber ebenso für die Sicherungsaufklärung wie für die therapeutische Aufklärung. In der ärztlichen Praxis wird die Norm massiv an Bedeutung verlieren. § 630e BGB[1] regelt nunmehr detailliert, worüber der Arzt den Patienten wann, wo, wie und worüber aufzuklären hat. Er hat Vorrang vor § 8 MBO. Vorrang hat auch § 630d BGB, in dem die Einwilligung geregelt ist. Von Bedeutung ist auch die in §§ 1901 a ff. BGB neu ins Gesetz aufgenommene Patientenverfügung, die nunmehr regelt, wie mit dem Patientenwillen umzugehen ist. Für die berufsrechtliche Regelung bleibt da nur noch wenig Raum.

II. Die (Eingriffs-)aufklärung

§ 8 bezieht sich nur auf die Selbstbestimmungs- (Eingriffs-)aufklärung nicht dagegen auf die Prognose- und die Sicherungsaufklärung. Ziel der Eingriffsaufklärung ist es, den Patienten in die Lage zu versetzen, in Kenntnis der Notwendigkeit, des Grades, der Dringlichkeit sowie der Tragweite der ärztlichen Behandlungsmaßnahmen eine auch aus ärztlicher Sicht vernünftige Entscheidung zu treffen. Diese Entscheidung kann in einer vollen oder teilweisen Einwilligung in den Eingriff liegen, aber auch in dessen Ablehnung: Selbst wenn die Entscheidung aus ärztlicher Sicht unvernünftig sein mag, ist der Arzt an die Entscheidung des Patienten gebunden. Der Arzt kann den Patienten im Gespräch vom Gegenteil zu überzeugen versuchen. Misslingt ihm dies, so ist er an die Entscheidung endgültig gebunden. 2

Der Arzt hat den Patienten insoweit über die Diagnose aufzuklären, als dies für die Vorbereitung der Behandlung erforderlich ist. Aus therapeutischen Gründen kann die Aufklärung über die Diagnose eingeschränkt, im Ausnahmefall auch einmal kontraindiziert sein. Zu einer schonungslosen Aufklärung ist der Arzt nicht verpflichtet. Eine Verlaufsaufklärung soll den Patienten in groben Zügen über die Entwicklung seines Zustandes sowohl bei Vornahme, als auch bei Unterlassen einer Behandlung informieren, wobei über die Folgen und Erfolgsaussichten der Behandlung aber auch über die Risiken und Schmerzen der Therapie zu unterrichten ist. Über ernsthaft in Betracht kommende Behandlungsalternativen ist der Patient aufzuklären. 3

Im Vordergrund der Aufklärungspflicht des Arztes steht die Risikoaufklärung über die sicheren oder die möglichen Folgen des geplanten Eingriffes. Der Patient ist dabei über Risiken aufzuklären, die ihm normalerweise wesentlich erscheinen oder die dem Patienten offenbar besonders wesentlich sind. Nicht der Grad der Häufigkeit oder Seltenheit des Risikos entscheidet über die Aufklärung, sondern seine Bedeutung für die Entscheidung des Patienten. Dem Patienten muss die Möglichkeit gegeben werden, den Stellenwert des Risikos abzuschätzen. Über die spezifischen und typischen Risiken ist daher in jedem Fall aufzuklären, auch wenn 4

---

[1] Vgl. zur Aufklärung und Einwilligung nach §§ 630d, 630e BGB: Katzenmeier, MedR 2011, 201; Jaeger, § 630e; Walter, § 5, Spickhoff, VersR 2013, 267.

sie extrem selten sind. Auch über fern liegende Risiken ist der Patient zu informieren, wenn der Misserfolg oder die unerwünschte oder unerwartete Nebenfolge sich möglicherweise nachteiliger oder dauerhafter auswirkt.

5 Je weniger dringlich der Eingriff vorzunehmen ist, desto ausführlicher und umfassender ist aufzuklären. Dies kann bedeuten, dass auch über Risiken aufzuklären ist, bei denen es sich nicht um eingriffsspezifische Gefahren handelt, sondern um solche, die mit jedem Eingriff verbunden zu sein pflegen.

III. Der Inhalt der Eingriffsaufklärung

6 Der Arzt hat den Patienten mit dem medizinischen Geschehen derart vertraut zu machen, dass dieser zu einer freien Willensentscheidung im Stande ist. Das Aufklärungsgespräch ist immer ein individuelles Gespräch, auch wenn es im Ablauf standardisiert sein mag. Der Arzt hat den ihm eigenen Wissensvorsprung dazu zu nutzen, dem Patienten das medizinische Geschehen in die Laiensphäre zu übersetzen.

Unserem Gesundheitssystem wird nicht selten der Vorwurf gemacht, es sei zu einer „Drei-Minuten-Medizin" degeneriert. Der Arzt hat sich um den Patienten in seiner konkreten Situation zu kümmern und diejenigen Entscheidungen zu treffen, die auf die konkrete Situation des Patienten Rücksicht nimmt und die nicht von der Situation in der Praxis oder ähnlichen äußerlichen Umständen geprägt ist. Diese Aufgabe wird nicht unerheblich dadurch kompliziert, dass es immer mehr ältere und/oder gebrechliche Patienten gibt, die zwar nicht einwilligungsunfähig sind, denen es aber oft schwer fällt, zu verstehen, was mit ihnen warum geschehen soll. Das vorschnelle Ausweichen in die Betreuung ist keine sehr hilfreiche Strategie, weil es inzwischen gar nicht mehr genügend Betreuer gibt, die diese Aufgabe übernehmen könnten.

IV. Die Prognose- und Sicherungsaufklärung

7 Die therapeutische oder Prognoseaufklärung bildet einen wesentlichen Teil der ärztlichen Tätigkeit. Soweit es therapeutische Gründe gebieten, hat der Arzt den Patienten rechtzeitig und vollständig aufzuklären. Die Aufklärung soll das medizinisch notwendige vorbereiten und unterstützen und dem Patienten die Entscheidung darüber erleichtern, ob er sich in weitere Behandlung begeben möchte[2]. Auf das Verhalten des Patienten nach erfolgter Therapie wirkt die Sicherungsaufklärung ein. Der Arzt soll den Patienten darüber aufklären, wie er sich im Anschluss an die Behandlung zu verhalten hat, damit der Behandlungserfolg eintreten kann. Die Sicherungsaufklärung bezieht sich aber auch darauf, dem Patienten mitzuteilen, bei

---

[2] Vgl. Katzenmeier in: Laufs, Katzenmeier, Lipp, Kap. V Rz. 38 ff. ff.

welchen unvorhergesehenen Ereignissen er sich wie zu verhalten hat und dass er dann den behandelnden Arzt wieder aufzusuchen hat.

Systematisch wird die Behandlung mit Arzneimitteln der therapeutischen Aufklärung zugewiesen. Ob zu Recht oder ob nicht doch eine Selbstbestimmungsaufklärung vorliegt, kann auf sich beruhen. Denn eine Aufklärung über die Medikation ist in jedem Fall erforderlich[3]. In der ärztlichen Praxis wird diese Unterteilung zumeist nicht wahrgenommen, so als ob die Zulassung eines Arzneimittels gleichsam ein Freifahrschein für die Behandlung des Patienten mit Arzneimitteln darstellte. Konkret bedeutet dies, dass der Arzt aufgrund einer genauen Anamnese eine Diagnose über die Erkrankung des Patienten stellt, deren Behandlung in einer medikamentösen Therapie besteht. Über den Inhalt und den Umfang der Therapie hat der Arzt dem Patienten aufzuklären[4]. Beim Einsatz eines Funktionsarzneimittels reicht es nicht aus, den Patienten nur auf die Packungsbeilage zu verweisen[5]. Diese ist kein Ersatz für das Aufklärungsgespräch. Insoweit kommen die Grundsätze der Rechtsprechung zur Formularaufklärung zur Anwendung. Die Aufklärung umfasst dabei auch die Neben – und Wechselwirkungen auf andere Arzneimittel, sowie die Verhaltensmaßnahmen im Zusammenhang mit der Arzneimitteleinnahme wie z. B. Einschränkungen beim Bedienen von Maschinen und bei der Teilnahme am Straßenverkehr[6]. Unterlässt der Arzt die Anwendung eines Arzneimittels, das dem Patienten nützen könnte, selbst wenn es noch nicht zugelassen ist, so kann dies fehlerhafte Behandlung sein[7].

V. Umfang der Aufklärung

Der Arzt ist nur zur Vornahme von Eingriffen berechtigt, die von der Einwilligung umfasst werden. Bestehen Anhaltspunkte dafür, dass eine Erweiterung des ursprünglich in Aussicht genommenen Eingriffs erforderlich werden könnte, so ist über die mögliche Operationserweiterung ebenfalls aufzuklären. Ergibt sich intraoperativ die Notwendigkeit zu einer Erweiterung, über die nicht aufgeklärt worden ist, so hat der Arzt das Risiko der Operationsunterbrechung gegen die Operationsfortsetzung im mutmaßlichen Willen des Patienten abzuwägen.

---

[3] Vgl. zu diesem Komplex auch Koyuncu, S. 110 ff.; Katzenmeier in: Laufs, Katzenmeier, Lipp, V, Rz. 14, 30 ff. m. w. Nachw.
[4] Vgl. zu den Beispielen aus der umfangreichen Rechtsprechung Wellner in Spickhoff § 823 BGB, Rz. 247 ff.
[5] BGH NJW 2005, 1716; Voit in: Dieners/Reese, § 13 Rz. 47 ff.
[6] Vgl. hierzu Lippert, Riemenschneider, VersR 2002, 1354; Wenzel in: Wenzel, Kap. 4 Rz. 284 f.
[7] Aciclovir, OLG Köln, Urt. V. 30.05.1990 – 27U 169/89, VersR 1991, 186 ff.

VI. Form der Aufklärung

10 Die Aufklärung muss individuell in einem Gespräch zwischen Arzt und Patient erfolgen. Formulare können es vorbereiten, aber nicht ersetzen. Das Gespräch ist grundsätzlich vom Arzt zu führen, eine Delegation auf nichtärztliches Personal ist nicht statthaft.

Weder die Aufklärung noch die Einwilligung sind an eine bestimmte Form gebunden, insbesondere nicht an die Schriftform[8]. Gleichwohl hat sich in der Praxis bei größeren Eingriffen die Dokumentation eingebürgert, schon allein durch die Verwendung der Formulare der Stufenaufklärung nach Weißauer.

11 Auch wenn die schriftliche Aufklärung und Einwilligung nur Indizwirkung hat, so erleichtert sie doch im Behandlungsfehlerprozess dem beklagten Arzt den Nachweis beider Vorgänge. Darin erschöpft sich auch bereits die Rechtswirkung[9]. Denn anders als sonst im Zivilprozess muss der Arzt den Beweis dafür führen, dass er berechtigt war, den Eingriff im vorgenommenen Umfang durchzuführen. Der Patient kann sich darauf beschränken, das Vorliegen einer Aufklärung und einer wirksamen Einwilligung zu bestreiten.

VII. Der richtige Zeitpunkt der Aufklärung

12 Die Aufklärung muss zu einem Zeitpunkt erfolgen, zu dem der Patient noch im vollen Besitz seiner Urteils- und Einsichtsfähigkeit ist[10]; es muss ihm – in Abhängigkeit von der Dringlichkeit des Eingriffs – Zeit zur Überlegung gewährt werden. Die Aufklärung kann auch bereits zu einem früheren, lange Zeit vor dem eigentlichen Eingriff liegenden Zeitpunkt erfolgen, muss dann allerdings im Zeitpunkt des Eingriffs noch andauern. Operateur und Anästhesist haben sich in Fällen zeitlich versetzter Aufklärung sorgfältig vom Vorliegen der Einwilligung zu überzeugen.

VIII. Der Bewusstlose

13 Bewusstlose Patienten kann und muss der Arzt nicht aufklären. Bei bewusstlosen Patienten hat der Arzt aber diejenigen Maßnahmen durchzuführen, die im Interesse des Patienten zur Herstellung seiner Gesundheit, insbesondere zur Abwendung der Lebensgefahr erforderlich, geeignet und vom mutmaßlichen Willen des Patienten getragen sind. Schriftliche Erklärungen des Patienten, sowie Informationen, dem Patienten nahestehender Auskunftspersonen können hierüber, bei aller Vorsicht im Einzelfall, Aufschluss geben. Ist der Patient wieder einwilligungsfähig, ist seine Einwilligung für die weitere Behandlung einzuholen.

---

[8] BGHZ 67, 48.
[9] AGB im Sinne von §§ 305 ff. BGB sind sie nicht.
[10] BGH, Urt. V. 7.4.1992 – VI ZR 192/91, MedR 1992, 277; Hoppe, NJW 1998, 782.

IX. Die Aufklärung in der biomedizinischen Forschung

Die Einwilligung des Patienten in den diagnostischen oder therapeutischen Eingriff **14** rechtfertigt nach entsprechender Aufklärung diese Entnahme und die Verwendung (bis zur Vernichtung) von Körpermaterial im Rahmen dieses Zwecks. Die Einwilligung in die Materialentnahme und die Behandlung sowie die Verwendung der Materialien zu diagnostischen und/oder therapeutischen Zwecken umfasst aber weder ausdrücklich noch stillschweigend, und schon gar nicht weil sie in einem Krankenhaus oder einem Universitätsklinikum erfolgt, zugleich diejenige in die Verwendung der Materialien zu wissenschaftlichen Zwecken Diese bedarf im Normalfall einer gesonderten Aufklärung und entsprechender Einwilligung des Patienten oder Probanden[11]. Beim Probanden, welcher Körpermaterial zu Forschungszwecken zur Verfügung stellt, tritt dies viel klarer zu Tage, weil er nicht in eine Behandlungsmaßnahme einwilligt. Vorstehendes gilt grundsätzlich auch für eine Einbeziehung von Patienten oder Probanden in andere Forschungsprojekte. Für die Einbeziehung von Patienten oder Probanden in klinische Prüfungen gibt es in §§ 40 ff. AMG und §§ 20 ff. MPG gesetzliche Vorschriften.

Die Verwendung von Allgemeinen Geschäftsbedingungen kennt bekanntlich keine Grenzen. Sie macht auch nicht vor den AVB der Universitätsklinika halt. Wird in den Allgemeinen Vertragsbestimmungen von Universitätsklinika generell das Einverständnis aller Patienten in ärztliche Maßnahmen zu Forschungszwecken unterstellt, so dürfte diese Klausel mangels hinreichender Bestimmtheit, ansonsten aber als überraschende Klausel unwirksam sein[12].

X. Der Aufklärungsverzicht

Auf die Aufklärung kann der Patient auch verzichten[13]. Ein entsprechender Wille **15** muss unzweideutig zum Ausdruck bringen, der Patient wünsche keine Aufklärung. Es empfiehlt sich, derlei Äußerungen sehr sorgfältig zu dokumentieren. Die Rechtsprechung begegnet dem Aufklärungsverzicht mit großer Zurückhaltung, was im Hinblick auf die Bedeutung des Einwandes nicht ausreichender Aufklärung in der Gerichtspraxis verständlich ist.

---

[11] Allg. Meinung: vgl. Deutsch, Rz. 104 ff.; Laufs, Uhlenbruck, §§ 107 ff.; Laufs; Rz. 160 ff. Rieger, Rz. 967; Es ist noch gar nicht lange her, da galt: wer sich in Universitätsklinika zur Behandlung begibt müsse wissen, dass dort geforscht werde und willige mit der Aufnahme gleichsam stillschweigend auch in Eingriffe ein, die an ihm als Patienten nur zu Forschungszwecken vorgenommen würden. Unter der Geltung des Grundgesetzes aber auch der Deklaration von Helsinki eine eher als skurril zu wertende Auffassung, die aber immer noch vertreten wird. Zum Probandenvertrag vgl. neuestens Ehling, Vogeler, MedR 2008, 273 m. w. Nachw.

[12] Bei Lipp in: Laufs, Katzenmeier, Lipp, Kap VI Rz. 90 f.(überraschende Klausel nach § 305c BGB und bei Laufs in: Handbuch, § 66, Rz. 16 ausdrücklich (noch) offengelassen.

[13] BGH, MDR 1971, 918.

XI. Der Patientenwille

16 Zentrale Bedeutung für das Behandlungsgeschehen kommt dem Willen des Patienten zu, sei es als tatsächlicher, als mutmaßlicher oder als durch Dritte vermittelter Wille

1. Der tatsächliche Wille

Der Wille des einsichts- und urteilsfähigen – also einwilligungsfähigen – Patienten ist für den Arzt bindend. Wünscht der Patient die Behandlung, so hat der Arzt sie im Rahmen seiner Behandlungspflicht zu erbringen, soweit ihm dies zumutbar ist und er die Behandlung nicht, wie es § 7 Abs. 2 vorsieht, ablehnen kann. Verweigert der Patient seine Einwilligung in die Behandlung, so hat der Arzt dies ebenfalls zu respektieren. Der Wille des Patienten begrenzt also den ärztlichen Behandlungsauftrag.

2. Patientenverfügungen

17 Hat ein einwilligungsfähiger Volljähriger für den Fall seiner Einwilligungsunfähigkeit schriftlich festgelegt, ob er in bestimmte, zum Zeitpunkt der Festlegung noch nicht unmittelbar bevorstehende Untersuchungen seines Gesundheitszustandes, Heilbehandlungen oder ärztliche Eingriffe eingewilligt oder sie untersagt, (Patientenverfügung) so prüft der Betreuer oder Bevollmächtigte, ob diese Festlegung auf die aktuelle Lebens- oder Behandlungssituation zutreffen. Ist sie zutreffend, ist sie für den Arzt des Betreuten binden. Das Gesetz enthält somit eine Legaldefinition dessen, was eine Patientenverfügung sein soll[14]. Dies ist zu begrüßen. Mit dieser gesetzlichen Regelung hat der Gesetzgeber eine sechs Jahre währende Diskussion[15] beendet, mit deren Ergebnis eigentlich niemand so richtig glücklich zu sein scheint[16]. Dies muss der Regelung nicht als Makel anhaften. Gleichwohl

---

[14] §§ 1901 ff BGB geändert durch das 3. Gesetz zur Änderung des Betreuungsrechts vom Juni 2009 (BGBl. I S.). Zum Umgang mit Vorsorgevollmachten und Patientenverfügungen, vgl. die Empfehlungen der Bundesärztekammer DÄ 2010 B 769.

[15] BGH, Beschl. v. 17.3.2003 – XII ZB 2/03, NJW 2003, 1588; Vgl. auch die Zusammenfassung bei Knopp. Hoffmann, MedR 2005, 83; die Entscheidung des BGH ist allseits wenn auch mit unterschiedlichen Begründungen kritisiert worden, vgl. zum Stand: Zuck in Quaas, Zuck, § 68 Rz. 159 ff. m. w. Nachweisen; die Empfehlungen zur Patientenverfügung des Bundesjustizministeriums können ebenso wie die Ergebnisse der Arbeitsgruppe „Patientenrechte in Deutschland" unter www.bmj.bund.de eingesehen werden. Vgl. hierzu auch Stackmann, NJW 2003, 1568; Deutsch, NJW 2003, 1567. Vgl. hierzu Taupitz, Gutachten, m.w. Nachw.; Empfehlungen der Deutschen Gesellschaft für Medizinrecht, MedR 2000, 548; Wienke, Lippert (Hrsg.), Der Wille des Patienten zwischen Leben und Sterben, 2001. Vgl. auch oben die Kommentierungen zu §§ 1,7, und 8 m. w. Nachw.

[16] Zur Diskussion in Österreich wo sie ein anderes Ergebnis nach sich gezogen hat vgl. Bernat, Gaberc, GesR 2007, 1.

hat der Gesetzgeber damit dem Drängen derjenigen nachgegeben, die sich durch den Rückzug auf eine gesetzliche Regelung (die ihnen dann bestimmt auch wieder zu bürokratisch ist) der Verantwortung einer freien ärztlichen Entscheidung entziehen wollen und sich rückversichern müssen. Die von dieser Rückversichererfraktion geforderte „Kochrezeptlösung" (man nehme ....) wird auch unter der gesetzlichen Regelung nicht funktionieren. Positiv ist immerhin, dass die gerichtliche Entscheidung über die Patientenverfügung nur bei einem Dissens zwischen dem Betreuer und dem behandelnden Arzt erforderlich ist. Ansonsten ist die Genehmigung nach § 1904 BGB zu erteilen

Die Patientenverfügung kann einen Arzt nicht zu einer strafbaren Handlung zwingen. Es kann aber – wie bereits oben kurz angesprochen – dazu dienen, den mutmaßlichen Willen des Patienten herauszufinden. Hierfür ist es jedenfalls dann ein gewichtiger Anhaltspunkt, wenn die in der Erklärung geschilderte Situation eingetreten ist. 18

3. Der mutmaßliche Wille

Nicht nur bei der Behandlung nicht einwilligungsfähiger Patienten am Ende des Lebens sondern auch sonst bei der Behandlung einwilligungsunfähiger Patienten, etwa bewusstloser Patienten in der Notfallmedizin, handelt der Arzt nach dem mutmaßlichen Willen des Patienten, den herauszufinden seine Aufgabe ist. Dieser Rechtsgedanke findet sich jetzt in § 1901b BGB wieder. Dem lebensbedrohlich erkrankten, bewusstlosen Notfallpatienten wird der Notarzt als Geschäftsführer ohne Auftrag alle diejenigen Maßnahmen zukommen lassen, die er für notwendig und erforderlich hält, die akute Lebensgefahr vom Patienten abzuwenden[17]. Ist der Patient danach wieder ansprechbar und einwilligungsfähig, mag mit seinem Einverständnis über die Weiterbehandlung entschieden werden. 19

4. Die gesetzliche Vertretung

Für nicht einwilligungsfähige Kinder und Jugendliche bis zum 14. Lebensjahr haben die Erziehungsberechtigten, und zwar beide, einzuwilligen. Kommt nur ein Elternteil mit dem Kind zum Arzt und begehrt Behandlung, so kann dieser Elternteil in einfach gelagerten Fällen als vom anderen Elternteil bevollmächtigt angesehen werden. Bei schwerwiegenden Eingriffen müssen beide Elternteile einwilligen, so jedenfalls fordert es der BGH[18]. Sind die Eltern geschieden, so ist einwilligungsberechtigt und -fähig nur derjenige Elternteil, welchem die Personensorge über das Kind übertragen worden ist. In der Praxis wird hierauf zu wenig geachtet, wegen 20

---

[17] Vgl. hierzu Lippert, Der Wille ..., Notfallmedizin 1989, 423 m. w. Nachw.; ders. Die Einwilligung ..., DMW 1997, 912; Zur hypothetischen Einwilligung: BGH, MedR 1994, 488.
[18] BGHZ 105, 45 = MedR 1989, 81; vgl. hierzu auch die Ausführungen von Wölk, MedR 2001, 80.

der weitreichenden Folgen (rechtswidriger Eingriff, Schadenersatz, Schmerzensgeld etc.) ist aber Vorsicht geboten, vor allem im Hinblick auf die unverändert hohe Scheidungsrate[19].

Nahezu der gesamte Herbst 2012 kannte kein anderes juristisches Thema als die religiöse Beschneidung jüdischer und islamischer Jungen im Kindesalter. Zu verdanken war es einem rechtskräftigen Urteil des LG Köln[20]. Dieses war zu dem Ergebnis gekommen, bei der religiös motivierten Beschneidung handle es sich um eine Körperverletzung, da die Einwilligung der Eltern unwirksam weil nicht dem Kindeswohl dienend sei. Inzwischen hat sich der Gesetzgeber in einer Art „Notoperation" dazu entschlossen, den Sachverhalt in § 1631d BGB zu regeln. Der Gang durch die Gerichtsinstanzen ist bereits vorgezeichnet, kaum dass die Tinte mit der Unterschrift des Bundespräsidenten unter dem Gesetz[21] vom 20.12.2012 trocken ist. So haben sich jedenfalls die Kontrahenten pressewirksam zitieren lassen. Die Karlsruher Klagemauer lässt grüßen.

21 Missbrauchen die Eltern ihr elterliches Sorgerecht unter Gefährdung des Kindeswohls, indem sie etwa zu einer lebensrettenden Operation ihre Zustimmung verweigern, so kann das Familiengericht ihnen die elterliche Sorge, soweit sie die Personensorge umfasst, entziehen und eine dem Kindeswohl entsprechende Regelung treffen, bzw. die erforderliche Einwilligung ersetzen. Soweit es sich nicht um Eilmaßnahmen zur Abwehr einer akuten Lebensgefahr handelt, bei der der behandelnde Arzt die Erlaubnis erhält, medizinisch indizierte Maßnahmen vorzunehmen, haben sich die familiengerichtlichen Maßnahmen als eher zweischneidiges Schwert herausgestellt. Häufig wird – wie etwa bei der Entscheidung über die Durchführung einer chemotherapeutische Behandlung der kindlichen Leukämie – der Streit zwischen Befürwortern und Gegnern vor dem insoweit fachlich nicht gerüsteten Familiengericht ausgetragen, mit zweifelhaftem Ausgang, wie bekannt[22].

5. Die gewillkürte Vertretung (Patientenvollmacht)

22 In Gesundheitsangelegenheiten ist auch eine gewillkürte Vertretung des Patienten zulässig[23]. Der Inhalt dieses einfachen Satzes war in der Literatur lange umstritten[24].

---

[19] Vgl. Ratzel, Der Frauenarzt 1991, 271; vgl. zur Variante Einwilligung minderjähriger Eltern: Kern, MedR 2005, 628.

[20] Urt. V. 7.5.2012 Az. 151 Ns 169/11, NJW 2012 2128; In der medizinrechtlichen Spezialliteratur hatte es zuvor bereits Veröffentlichungen gegeben, in denen der Sachverhalt thematisiert worden war. Davor: Herzberg, MedR 2012, 169, danach: Putzke, MedR 2012, 621.

[21] Nunmehr geregelt im Gesetz über den Umfang der Personensorge bei einer Beschneidung des männlichen Kindes vom 20. 12. 2012 BGBl. I S. 2749.

[22] Vgl. OLG Hamm, Urt. V. 10.10.1967 – 3 Ss 1150/67, NJW 1968, 212.

[23] Vgl. hierzu Uhlenbruck, MedR 1992, 134; vgl. Zur Entwicklung immer noch lesenswert: Uhlenbruck, FS Deutsch S. 849 ff m. w. Nachw.

[24] Vgl. Staudinger-Dilcher, BGB, Kommentar, 12. Aufl. 1980, § 164, Rz. 38 ff.; Palandt-Heinrichs, BGB, Kommentar, vor § 164, Rz. 4, jeweils m. w. Nachw.; anders LG Göttingen, VersR

Aber die berühmten drei Worte des Gesetzgebers[25] (es dürfen auch ein paar mehr sein) im Betreuungsrechtsänderungsgesetz haben hier Klarheit geschaffen. § 1904 Abs.2 ermöglicht nunmehr die Bevollmächtigung einer anderen Person zur Einwilligung in die in § 1904 Abs. 1 BGB genannten Maßnahmen, sofern die Vollmacht schriftlich abgefasst ist und sie die in § 1904 Abs. 1 BGB genannten Maßnahmen ausdrücklich umfasst. Wenn also die Bevollmächtigung in die in § 1904 Abs. 1 genannten Eingriffe schwerwiegenderer Art für zulässig erachtet wird, dann muss sie erst recht für minder schwere Eingriffe möglich sein. Angesichts der mit der Patientenverfügung verbundenen Unwägbarkeiten, ist der Patientenvollmacht als Vorsorgevollmacht vor der Patientenverfügung der Vorrang zu geben. Im Übrigen entfällt in diesem Fall die Anordnung einer Betreuung mangels Erforderlichkeit, § 1896 BGB. Dass in der Patientenvollmacht zu deren Präzisierung auch Elemente zu finden sind, wie sie in Patientenverfügungen aufgenommen zu werden pflegen, spricht eher für als gegen sie.

6. Die Betreuung

Nicht einwilligungsfähige volljährige Patienten müssen für den Bereich der ärztlichen Behandlung einen Betreuer erhalten. Der Arzt hat diesen aufzuklären und dessen Einwilligung einzuholen. Daneben hat er – wie im übrigen der Betreuer auch – den Willen des Betreuten zu beachten und seine Entscheidung hieran auszurichten. Droht dem Betreuten durch die ärztliche Behandlung Lebensgefahr oder die Gefahr einer schweren oder länger anhaltenden gesundheitlichen Schädigung, so bedarf die Einwilligung des Betreuers in den Heileingriff zusätzlich noch der Genehmigung durch das Betreuungsgericht[26]. Die Gefahr muss konkret und ernstlich sein; allgemeine Risiken, wie sie etwa mit jeder Narkose verbunden sind, führen nicht zur Genehmigungsbedürftigkeit. Ist Gefahr im Verzuge, darf auch ohne Genehmigung gehandelt werden. 23

Für Patienten, die auf Intensivstationen in Krankenhäusern überwacht und/oder gepflegt werden müssen, ist ebenfalls ein Betreuer zu bestellen, wenn abzusehen ist, dass dieser Zustand kein vorübergehender sein wird und sich die Notwendigkeit ergeben kann, therapeutische Maßnahmen oder auch diagnostische Eingriffe von größerer Tragweite durchzuführen, es sei denn es bestünde eine Vollmacht, die den 24

1990, 1405; OLG Stuttgart, OLGZ 1994, 431; anders: Röver, S. 108 ff. Eberbach, MedR 2000, 267. Diese Ansicht hat in der Praxis erst zur Entwicklung der Patientenverfügungen beigetragen. Die Anerkennung der Vollmacht auch in persönlichen Angelegenheiten hätte manche der heute eher verquer geführten Diskussionen um die Verbindlichkeit der Patientenverfügungen vermeiden helfen. Den künftig betroffenen Patienten kann nur der gut gemeinte Rat gegeben werden, sich rechtzeitig nach einer Person ihres Vertrauens umzusehen und diese zur Abgabe entsprechend (rechtlich bindender) Erklärungen zu bevollmächtigen.
[25] v. Kirchmann, Über die Wertlosigkeit der Jurisprudenz als Wissenschaft, 3. Aufl. 1848, S. 17.
[26] Dies gilt auch nach der umstrittenen Entscheidung des BGH, Beschl. v. 17.3.2003 – XII ZB 2/03, NJW 2003, 1588 für die Einwilligung des Betreuers in einen vom Betreuten gewünschten Behandlungsabbruch.

Bevollmächtigten zur Abgabe entsprechender Willenserklärungen ermächtigte. Für den betroffenen Arzt allemal die vorzugswürdigere Situation.

In Rechtsprechung und Literatur zunehmend thematisiert wird auch der Umgang mit betreuungsbedürftigen Strafgefangenen und Untergebrachten[27]. Den Reigen eröffnete das BVerfG mit einer Entscheidung zu § 8 UnterbringungsG bw wo ein im Maßregelvollzug Untergebrachter zwangsweise behandelt worden war.[28] In der Folge dieser Entscheidung hat der BGH in zwei weiteren Entscheidungen seine bisherige Auffassung revidiert, wonach ein Betreuer im Rahmen einer Unterbringung die Zwangsbehandlung des Betreuten veranlassen könne[29]. Weder das BVerfG noch der BGH sieht die dafür als Rechtsgrundlage herangezogenen Normen

7. Der Suizidant

25   Gänzlich anders ist die Situation beim Patienten, dessen Versuch, seinem Leben ein Ende zu setzen, misslingt. Derjenige Arzt, der zu einem solchen Patienten gerufen wird – zumeist wird es der Notarzt sein – hat diesen Patienten auch entgegen dessen, durch den Selbstmordversuch zum Ausdruck gebrachten Willen zu behandeln. Die ständige und gefestigte Rechtsprechung des Bundesgerichtshofes (BGH) behandelt diesen Fall als Unglücksfall, bei welchem der Arzt seiner allgemeinen Behandlungspflicht nachzukommen habe. Der entgegenstehende Wille des Suizidanten habe zurückzustehen[30]. Diese Rechtsprechung hat der BGH in mehreren Entscheidungen vorsichtig modifiziert und so dem Willen des Patienten ein stärkeres Gewicht eingeräumt[31].

XII. Der Behandlungsvertrag

26   Bisher wurde in Schrifttum und Rechtsprechung die Auffassung vertreten, die Einwilligung des Patienten oder Probanden in die Behandlung sei eine rechtsgeschäftsähnliche Handlung, aber keine Willenserklärung im Sinne der §§ 104 ff., 116 ff. und 145 ff. BGB[32]. Nachdem jedoch für den Behandlungsvertrag nach § 630a ff. BGB das Erfordernis einer Einwilligung nach Aufklärung (§ 630e BGB) eingeführt worden ist, ist es nur konsequent, diese als rechtsgeschäftliche Willenserklärung im

---

[27] Vgl. hierzu neuestens Dodegge, NJW 2012, 3694 mit Nachw. Aus der neuesten Rechtsprechung.
[28] 2 BvR 633/11 vom 12.10.2011, NJW 2011, 3571.
[29] BGH Beschl. V. 20.06.2012 – XII ZB 99/12 NJW 2012, 2967 und Beschl. V. 20.06.2012 – ZB 130/12 BeckRS 2012, 15563.
[30] Ständige Rechtsprechung seit BGHSt 6, 147; diese Rechtsprechung steht im Widerspruch zu der sonst den Willen des Patienten in den Vordergrund rückenden Rechtsprechung des BGH in Zivilsachen; sie ist auch im Schrifttum zunehmend auf Widerspruch gestoßen, vgl. hierzu Laufs, Rz. 151 m. w. Nachw.
[31] Vgl. BGH, Urt. V. 13.9.1994 – 1 StR 357/94, MedR 1995, 72.
[32] So auch in der Vorauflage § 8 Rz. 25; anders auch noch Lippert, DMW 1997, 912.

Sinne der bereits genannten Vorschriften zu qualifizieren[33]. Der Umstand, dass es sich bei der Einwilligung um eine höchstpersönliche Erklärung handelt steht dieser Qualifizierung wie bei anderen höchstpersönlichen Erklärungen auch, nicht im Weg und rechtfertigt keinesfalls eine Sonderstellung der Einwilligung im medizinischen Behandlungsbereich[34].

Ihre Abgabe erfordert also die Geschäftsfähigkeit. Ein Minderjähriger kann demnach weder wirksam einen Behandlungsvertrag schließen, weil er ihm nicht ausschließlich Vorteile bringt, noch eine wirksame Einwilligung abgeben. Er bedarf hierzu entweder der Genehmigung des gesetzlichen Vertreters oder Betreuers oder dieser muss die entsprechende Willenserklärung selbst für den Minderjährigen abgeben.

27

Der mögliche Widerruf der Einwilligung führt zugleich zur totalen oder teilweisen Kündigung des Behandlungs- oder auch des Probandenvertrages.

28

Beim bewusstlosen Patienten handelt der Arzt im Eilfall als Geschäftsführer ohne Auftrag entsprechend dem mutmaßlichen Willen oder dem Interesse des Patienten. Hat der Patient in einwilligungsfähigem Zustand Bestimmungen bezüglich seiner ärztlichen Behandlung niedergelegt, so hat der Arzt diesem tatsächlich geäußerten Willen des Patienten entsprechend zu behandeln. Auf den mutmaßlichen Willen oder gar das Interesse des Patienten ist bei eindeutiger Erklärung des Patienten nicht zurückzugreifen[35]. In der Praxis kann dies beim nicht geschäftsfähigen Patienten durchaus dazu führen, dass zwar eine Einwilligung in den Eingriff vorliegt, dass aber kein Behandlungsvertrag geschlossen wird. Es besteht Anlass zum Hinweis, dass ein rechtmäßig zustande gekommener Behandlungsvertrag die darin vereinbarten Eingriffe des Arztes in dem vereinbarten Umfang (insbesondere strafrechtlich) rechtfertigen.

29

XIII. Die rechtliche Bedeutung der Einwilligung

Die Einwilligung des Patienten erlaubt dem Arzt die Vornahme des beabsichtigten medizinischen Eingriffes und in die körperliche Integrität, ihre Verweigerung verbietet beides. Die rechtfertigende Wirkung der Einwilligung erstreckt sich auf die gesamte Rechtsordnung, also nicht nur auf das Strafrecht sondern auch darauf.

30

XIV. Zwangsuntersuchung und -behandlung

Kennzeichnend für unser Gesundheitswesen ist die Achtung des Persönlichkeitsrechts und die Autonomie eines jeden Patienten. Der Patient soll entscheiden, ob er sich behandeln lassen will, in welchem Umfang dies geschehen soll und wann

31

---

[33] Vgl. hierzu Lippert, Die Einwilligung ..., DMW 1997, 912 m. w. Nachw.
[34] So aber nahezu einhellig das derzeitige Schrifttum.
[35] Vgl. hierzu Röver, S. 108 ff. m. w. Nachw.

Behandlungsmaßnahmen unterbleiben oder abgebrochen werden sollen. Mit diesem, die Autonomie des Patienten in den Vordergrund rückenden Ansatz vertragen sich zwangsweise Maßnahmen am Patienten schon vom Grundsatz her nicht. Sollen sie dennoch möglich sein, so sind sie Ausnahme und nur in bestimmten Ausnahmesituationen als zulässig anzusehen. Diesem Regel – Ausnahme – Prinzip folgt auch die Gesetzgebung zu diesem Problem im wesentlichen.

32 Man versteht unter Zwangsbehandlung die – notfalls mit unmittelbarem Zwang durchsetzbare – Anwendung diagnostischer und/oder therapeutischer Maßnahmen durch einen Arzt ohne oder auch gegen den ausdrücklichen Willen des Betroffenen ohne Rücksicht darauf, ob der Eingriff zu Heilzwecken erfolgt oder nicht[36]. Zwangsuntersuchungen sind Maßnahmen, die unter Anwendung unmittelbaren Zwangs häufig im strafrechtlichen Ermittlungsverfahren zur Gewinnung von Beweismitteln vorgenommen werden (dürfen).

Vorschriften über die Zwangsbehandlung finden sich in den unterschiedlichsten Rechtsgebieten. Die Unterbringung nach den Unterbringungsgesetzen der Länder selbst ist keine solche und berechtigt als solche auch zu keinen solchen Maßnahmen der Zwangsbehandlung.

33 Im Strafprozessrecht zu nennen sind die zwangsweisen Blutentnahmen zur Feststellung der Blutalkoholkonzentration nach § 81a StPO, sowie die Untersuchung anderer Personen als Beschuldigte nach § 81 c StPO (Blutproben), aber auch die Herbeiführung eines Erbrechens[37] oder die zwangsweise Vermessung zur Altersbestimmung eines Täters.

34 Strafgefangene können zwangsweise ärztlich behandelt werden (§§ 119 Abs. 3 StPO, 101,178 StVollzG). Diese Befugnis ergibt sich aus der Fürsorgepflicht des Staates für den Strafgefangenenr Die Zwangsernährung als Zwangsbehandlungsmaßnahme war auf ärztliche Anregung im Zusammenhang mit den Verfahren gegen die RAF ins Strafvollzugsgesetz eingefügt worden. Sie ist aber inzwischen wieder aus dem Gesetz gestrichen.

Im Zivilprozessrecht ist die zwangsweise Entnahme einer Blutprobe durch den Arzt zur Feststellung der Abstammung im Vaterschaftsprozess zulässig.

35 Im Zusammenhang mit der Bekämpfung von Seuchen und Geschlechtskrankheiten muss der Betroffene freiheitsbeschränkende Maßnahmen dulden und sich ärztlich untersuchen und behandeln lassen. § 26 des IfSG (Infektionsschutzgesetz) welches die bisher getrennten Vorschriften des Bundesseuchengesetzes und des Geschlechtskrankheitengesetzes verbindet, sieht bei der Behandlung von Personen, die an bestimmten übertragbaren, im Regelfall meldepflichtigen Infektionskrankheiten erkrankt sind, auch als letztes Mittel zwangsweise Behandlungsmaßnahmen zur Gewinnung von Untersuchungsmaterial vor. Darüber hinausgehende invasive Eingriffe dürfen nur mit Einwilligung des Betroffenen vorgenommen werden.

---

[36] Rieger, Rz. 2003.
[37] Vgl. Dettmeyer, Musshoff, Madea, MedR 2000, 316, zur Zulässigkeit von Brechmitteln als Zwangsmaßnahme: BGH, Urt. v. 29.4. 2010- 5StR 18/10, NJW 2010, 2595.

§ 8 Aufklärungspflicht

Die Vornahme von Zwangsbehandlungen ist streng an den Grundsatz der Verhältnismäßigkeit von Mittel und Zweck gebunden und nur als ultima ratio für zulässig anzusehen. Zu berücksichtigen ist bei der Güterabwägung insbesondere immer ob dem Betroffenen durch die Maßnahme ein Schaden entstehen kann und ob dessen Hinnahme zu rechtfertigen ist. Auch das Persönlichkeitsrecht des Betroffenen ist zu berücksichtigen. 36

XV. Doping

Ob Doping[38] überhaupt unter den Begriff der ärztlichen Behandlung zu fassen ist, ist umstritten[39], aber wohl zu verneinen. Wird es ohne Wissen und Einwilligung des betroffenen Sportlers durchgeführt, verstößt es jedenfalls gegen § 8. Umstritten ist auch, ob die Einwilligung des gedopten Sportlers rechtlich wirksam ist, oder ob sie nicht als gegen die guten Sitten verstoßend, rechtlich unbeachtlich ist[40]. Bei Doping mit schwerwiegenden Gesundheitsschäden wird man dies bejahen können. 37

Insgesamt gleicht der Kampf gegen das Doping dem berühmten Wettlauf zwischen dem Hasen und dem Igel. Auch die Pönalisierung des Dopings durch § 6a AMG hat im Endergebnis wenig gebracht. Die Verurteilungen richten sich im Wesentlichen gegen Inhaber von Fitness- Studios (und damit die Falschen), was dem Gesetzgeber bei der Einführung der Norm sicher nicht als der Regelfall vorgeschwebt haben dürfte[41]. Dem latenten und fortwährenden Missbrauch von Substanzen, die dem AMG unterfallen, durch Ärzte und Betreuer vorzugsweise in den Sportvereinen scheint die Neuregelung nach wie vor nicht Herr werden zu wollen (oder zu können), weil der Nachweis strafrechtlich praktisch kaum zu führen ist. Als Strafverfolger möchte man hier wohl nicht tätig sein wollen. § 6a ist 2007 verschärft worden[42]. Nunmehr ist nach dem Erwerb auch der Besitz von Arzneimitteln zu Dopingzwecken in nicht geringer Menge strafbar. 38

Mit einigem Erstaunen konnte man im Sommer 2012 anlässlich der Olympischen Spiele in London die Zielvereinbarung zwischen dem BMI und dem DOSB zur Kenntnis nehmen, in welcher der erwartete Medaillensegen festgeschrieben war, den unsere teilweisen Staatssportler als Gegenleistung für ihre Förderung zu erbringen gehabt hätten. Dass derartige Leistungen nur nach sportmedizinischer „Leis- 39

---

[38] Vgl. hierzu Linck, NJW 1987, 2279 und Franz, Hartl, NJW 1988, 2277 m. w. N.; Vgl. auch Tettinger, Walker, Kühl in LdA, 1530 mit umfänglichen Ausführungen zur zivilrechtlichen Haftung und zur strafrechtlichen Verantwortlichkeit beim Doping, zweifeln, ob das Strafrecht überhaupt der richtige Ort für Sanktionen gegen das Doping ist, Zuck, MedR 2014,1.

[39] Vgl. hierzu auch differenzierend Laufs in: Laufs, Katzenmeier, Lipp, Kap. I, Rz. 31 ff. m. w. N. aus dem neuesten Schrifttum dazu.

[40] Ulsenheimer, in: Laufs, Uhlenbruck, § 139 Rz. 41 ff. m. w. N.; Walker in: LdA, 1530, Rz. 23 f.

[41] Vgl. hierzu auch Deutsch in: Deutsch, Lippert, Ratzel, Anker, Tag, AMG, § 6a; Körner, BtMG, AMG § 95 Rz. 23–54.

[42] Gesetz vom 24. 10. 2007 BGBl I S. 2510 sowie VO zur Festlegung der nicht geringen Menge von Dopingmitteln (Dopingmittel-Mengen-VO DmMV) v. 22.11.2007 (BGBl. I S. 2607.

tungssteigerung" zu erbringen wären, musste jedem vernünftig Denkenden klar sein. Wer als Arzt in diesem Bereich tätig wird, muss auch wissen, dass er dies, einerlei in wessen Auftrag ertätig wird, nicht im Einklang mit den Grundsätzen der Berufsordnung tut. Ob diese Regelverstöße von der Berufsgerichtsbarkeit geahndet werden, ist allerdings mehr als zweifelhaft, denn berufsgerichtliche Entscheidungen gegen Ärzte dazu gibt es offenbar nicht. Diese Aufräumarbeit überlässt der Stand lieber den staatlichen Strafverfolgern, die sich daran häufig erfolglos die Zähne ausbeißen dürfen. Daran dürfte sich auch wenig ändern wenn erst einmal die Aufregung über den BISp-Bericht[43] abgeebbt ist.

40   Auch scheint (man muss es wohl so sagen) in diesem Bereich des (Leistungs-)sportes die (wohl so nicht nötige) deutsche Einheit seinerzeit schneller hergestellt worden zu sein als dies sonst in vielen anderen Bereichen so häufig und so larmoyant beklagt wird.

XVI. Sanktionen

41   In Betracht kommen zivil-, straf- und berufsrechtliche Sanktionen. Das Vorliegen der Einwilligung rechtfertigt die Behandlung des Arztes bis hin zum Eingriff in die körperliche Integrität des Patienten. Ihr Fehlen macht die Behandlung rechtswidrig. Zivilrechtlich beurteilt liegt eine unerlaubte Handlung im Sinne von § 823 Abs. 1 BGB – Körperverletzung – vor. Bei der eigenmächtigen Heilbehandlung liegt sie in Form der vorsätzlichen, ansonsten zumeist fahrlässigen Körperverletzung vor[44]. In der Verletzung der Aufklärungspflicht liegt eine Verletzung des Behandlungsvertrages, § 630a BGB, die nicht nur zu einer Änderung der Beweislast zugunsten des Patienten führt (§ 630h BGB), sondern auch Ersatzansprüche zur Folge haben kann.

42   Strafrechtlich erfüllt das teilweise oder gänzliche Unterlassen, den Patienten um seine Einwilligung zu ersuchen, den Tatbestand der Körperverletzung, die je nach Sachlage vorsätzlich oder fahrlässig begangen sein kann.

43   Mit der Aufnahme der Aufklärungspflicht in die MBOÄ 97 gehört diese zu den vom Arzt zu achtenden Berufspflichten. Ein Verstoß gegen sie kann nach den Kammer- und Heilberufsgesetzen in einem berufsgerichtlichen Verfahren geahndet werden und zwar auch neben einem Strafverfahren in derselben Sache.

---

[43] Vgl. der durch den DOSB initiierte, und durch das BISp beauftragt und geförderte Bericht „Doping in Deutschland von 1950 bis heute aus historisch-soziologischer Sicht im Kontext ethischer Legitimation" über das „Staatsdoping" in der Bundesrepublik. Der BMI als Doper der Nation und dies nicht erst seit gestern.

[44] Der BGH, Urt. v. 27.5.2008 – VI ZR 69/07, GesR 2008, 419, relativiert den Ersatzanspruch, wenn er eine erhebliche Verletzung des Persönlichkeitsrechts fordert. Kritisch dazu auch Grams, GesR 2009, 69 m. w. Nachw. Ob sich dieser Gedankengang auch unter den neuen Vorschriften zum Behandlungsvertrag fortsetzen wird, bleibt abzuwarten.

§ 9 Schweigepflicht

(1) Ärztinnen und Ärzte haben über das, was ihnen in ihrer Eigenschaft als Ärztin oder Arzt anvertraut oder bekannt geworden ist – auch über den Tod der Patientin oder des Patienten hinaus – zu schweigen. Dazu gehören auch schriftliche Mitteilungen der Patientin oder des Patienten, Aufzeichnungen über Patientinnen und Patienten, Röntgenaufnahmen und sonstige Untersuchungsbefunde.

(2) Ärztinnen und Ärzte sind zur Offenbarung befugt, soweit sie von der Schweigepflicht entbunden worden sind oder soweit die Offenbarung zum Schutze eines höherwertigen Rechtsgutes erforderlich ist. Gesetzliche Aussage- und Anzeigepflichten bleiben unberührt. Soweit gesetzliche Vorschriften die Schweigepflicht der Ärztin oder des Arztes einschränken, soll die Ärztin oder der Arzt die Patientin oder den Patienten darüber unterrichten.

(3) Ärztinnen und Ärzte haben ihre Mitarbeiterinnen und Mitarbeiter und die Personen, die zur Vorbereitung auf den Beruf an der ärztlichen Tätigkeit teilnehmen, über die gesetzliche Pflicht zur Verschwiegenheit zu belehren und dies schriftlich festzuhalten.

(4) Wenn mehrere Ärztinnen und Ärzte gleichzeitig oder nacheinander dieselbe Patientin oder denselben Patienten untersuchen oder behandeln, so sind sie untereinander von der Schweigepflicht insoweit befreit, als das Einverständnis der Patientin oder des Patienten vorliegt oder anzunehmen ist.

Abweichender Wortlaut der Berufsordnungen in den Kammerbezirken:

Baden-Württemberg
(5) Ärztinnen und Ärzte sind auch dann zur Verschwiegenheit verpflichtet, wenn sie im amtlichen oder privaten Auftrag von Dritten tätig werden, es sei denn, dass den Betroffenen vor der Untersuchung oder Behandlung bekannt ist oder eröffnet wurde, inwieweit die von Ärztinnen und Ärzten getroffenen Feststellungen zur Mitteilung an Dritte bestimmt sind.

(6) Die Übermittlung von Patientendaten an Verrechnungsstellen ist nur zulässig, wenn die Patientinnen und Patienten schriftlich zugestimmt haben.

Bayern
(5) Der Arzt ist auch dann zur Verschwiegenheit verpflichtet, wenn er im amtlichen oder privaten Auftrag eines Dritten tätig wird, es sei denn, dass dem Betroffenen vor der Untersuchung oder Behandlung bekannt ist oder eröffnet wurde, inwieweit die von dem Arzt getroffenen Feststellungen zur Mitteilung an Dritte bestimmt sind.

Bremen
(5) An privatärztliche und gewerbliche Verrechnungsstellen dürfen Patientendaten nur mit schriftlicher Einwilligung der betreffenden Patientin oder des betreffenden Patienten weitergegeben werden.

Hamburg
(5) Der Arzt ist auch dann zur Verschwiegenheit verpflichtet, wenn er im amtlichen oder privaten Auftrag eines Dritten tätig wird, es sei denn, dass dem Betroffenen vor der Untersuchung oder Behandlung bekannt ist oder eröffnet wurde, inwieweit die von dem Arzt getroffenen Feststellungen zur Mitteilung an Dritte bestimmt sind.

Hessen:
(2) Der Arzt hat dem Patienten auf dessen Verlangen grundsätzlich in die ihn betreffenden Krankenunterlagen Einsicht zu gewähren; ausgenommen sind diejenigen Teile, welche subjektive Eindrücke und Wahrnehmungen des Arztes enthalten oder1) welche die Schweigepflicht gegenüber Dritten berühren. Auf Verlangen sind dem Patienten Kopien der Unterlagen gegen Erstattung der Kosten herauszugeben.

Übersicht   Rz.

I.	Die Bedeutung der Norm	1
II.	Inhalt der ärztlichen Schweigepflicht	3
III.	Der Umfang der ärztlichen Schweigepflicht	7
IV.	Die Schweigepflichtigen	18
V.	Die abgeleitete Schweigepflicht	21
VI.	Die ärztliche Schweigepflicht nach dem Tod des Geheimnisträgers (Patienten) oder des Arztes	24
VII.	Die ärztliche Schweigepflicht unter Ärzten	27
VIII.	Die ärztliche Schweigepflicht in Berufsausübungs- und Organisationsgemeinschaften	36
IX.	Die ärztliche Schweigepflicht in der biomedizinischen Forschung	39
X.	Der Arzt als Sachverständiger	41
XI.	Praxiskauf und Praxisverkauf	44
XII.	Factoring	52
XIII.	Das Offenbaren des Berufsgeheimnisses	53
XIV.	Die Entbindung von der ärztlichen Schweigepflicht	55
XV.	Anzeige- und Mitteilungspflichten	58
XVI.	Der Bruch der ärztlichen Schweigepflicht	65
XVII.	Die Hinweispflicht	70
XVIII.	Grundlagen des Datenschutzes	71
XIX.	Die Zulässigkeit der Datenverarbeitung und Datennutzung	73
XX.	Die Zweckbindung	80
XXI.	Das Verhältnis von ärztlicher Schweigepflicht und Datenschutz	82
XXII.	Das Zeugnisverweigerungsrecht	83
XXIII.	Das Beschlagnahmeverbot	85
XXIV.	Zivilrechtliche Aspekte der ärztlichen Schweigepflicht	90
XXV.	Rechtsfolgen bei der Verletzung der ärztlichen Schweigepflicht und datenschutzrechtlicher Vorschriften	91

Literatur

Die Literatur zur ärztlichen Schweigepflicht ist ebenfalls nicht mehr mit dem Anspruch auf Vollständigkeit zu bibliographieren. Die folgende Auswahl ist daher eher als willkürlich zu bezeichnen. Andreas, Ärztliche Schweigepflicht im Zeitalter der EDV, ArztR 2000, 296; Bender, Das Verhältnis von ärztlicher Schweigepflicht und Informationsanspruch bei der Behandlung Minderjähriger, MedR 1997, 7; Berg, Telemedizin und Datenschutz, MedR 2004, 411; Bongen, Kremer, Probleme der Abwicklung ärztlicher Privatliquidation durch externe Verrechnungsstellen, NJW 1991, 2955; Borchert, Die ärztliche Schweigepflicht nach Inkrafttreten des Gesundheitsreformgesetzes, ArztR 1990, 171; Breyer, Der datenschutzrechtliche Schutz von Körpersubstanzen, die Patienten zu Analysezwecken entnommen wurden, MedR 2004, 660; Buchner, Outsourcing in der Arztpraxis – zwischen Datenschutz und Schweigepflicht, MedR 2013, 337; Dirks, Lippert, Qualitätssicherung in der Notfallmedizin – Datenschutz – medizinische und juristische Aspekte in: Ahnefeld, Moecke (Hrsg.), Qualitätssicherung in der Notfallmedizin, 1995, 49; Gramberg-Danielsen, Kern, Die Schweigepflicht des Arztes gegenüber privaten Verrechnungsstellen, NJW 1998, 2708; Helle, Schweigepflicht und Datenschutz in der medizinischen Forschung, MedR 1996, 13; Hoeren, Rechtsfragen zur Verwendung von E-Mail und www-Accounts nach dem Tode des Inhabers, NJW 2005, 2113; Iraschko-Luscher, Bayh, Datenschutzrechtliche Probleme der Forderungsrealisierung durch Externe im Gesundheitswesen, MedR 2009, 453; Kamps, Kiesecker, Auskunftspflicht des Arztes gegenüber Leistungsträgern des Sozialgesetzbuches, MedR 1997, 216; Kiesecker, Rieger in LdA, 4740– Schweigepflicht; Kilian, Rechtsprobleme der Behandlung von Patientendaten im Krankenhaus, MedR 1986, 7; Lippert, Postöffnung und Schweigepflicht im Krankenhaus, Anästh.+Intensivmed. 1996, 205; ders. Lehrfreiheit, Hausrecht und ärztliche Schweigepflicht des Universitätslehrers, DMW 1981, 214; ders., Schweigepflicht unter Ärzten, Notfallmedizin 1994, 322; ders., Der Wille des Patienten als Behandlungsgrenze in der Notfallmedizin, Notfallmedizin, 1989, 423; ders., Der Monitor im Rahmen klinischer Prüfungen, MedR. 1993, 17; ders., Bereichsspezifischer Datenschutz in Krankenhaus und Rettungsdienst, ÄBW 1992, 412, ders., Strobel, Ärztliche Schweigepflicht und Datenschutz in der medizinischen Forschung, VersR 1996, 427; Lippert, Kern, Arbeits- und Dienstrecht der Krankenhausärzte von A – Z, Stichworte Datenschutz und Schweigepflicht; Meschke, Dahm, Die Befugnis der Krankenkassen zur Einsichtnahme in Patientenunterlagen, MedR 2002, 346; Müller, Schweigepflicht und Schweigerecht, in: Mergen (Hrsg.) Die juristische Problematik in der Medizin, Band II, 1971, 63; Ratzel, Heinemann, Ärztliche Schweigepflicht – Sozialgeheimnis – Datenschutz – Ein Überblick, Der Frauenarzt 1997, 1456; Rieger, Schweigepflicht gegenüber Massenmedien und Werbeverbot bei der Behandlung Prominenter, DMW 1994, 747; ders., Benutzung publizierter Personenfotos bei der Ausbildung von Medizinstudenten, DMW 1994, 749; Schlund, Rechtliche Aspekte bei der Veröffentlichung von Patientenfotos in ärztlichen Fachzeitschriften und bei der Vorführung von Patientendias auf Kongressen, MedR 1990, 323; Sikorski, Die Rechtsgrundlagen für das Anfordern medizinischer Unterlagen durch den MDK, MedR 1999, 449; Taupitz, Die ärztliche Schweigepflicht in der aktuellen Rechtsprechung des BGH, MDR 1992, 421; Weisser, Bauer, Datenschutz bei internationalen klinischen Studien, MedR 2005, 339; Wellbrock, Datenschutzrechtliche Aspekte des Aufbaus von Biobanken für Forschungszwecke, MedR 2003, 77.

I. Die Bedeutung der Norm

Es handelt sich um eine der zentralen Vorschriften des ärztlichen Berufsrechtes. § 9 verpflichtet den Arzt, über das Behandlungsgeschehen zu schweigen und verbietet ihm darüber zu reden, es sei denn der Patient hat eingewilligt oder es besteht eine gesetzliche Offenbarungspflicht. Der Patient wird sich einem Arzt nur dann in voller Offenheit anvertrauen können, wenn er sicher sein kann, dass der Arzt von seinem Wissen nur zu Behandlungszwecken Gebrauch macht und es ansonsten für

1

sich behält. Diese auf das Arzt – Patienten – Verhältnis ausgerichtete, individuelle Sicht der Dinge wird durch die Einbindung der meisten Patienten in die Systeme der sozialen Sicherung (Kranken – Renten – Unfallversicherung) massiven Gefahren ausgesetzt, weil sich der Patient, um die Leistungen dieser Systeme in Anspruch nehmen zu können, offenbaren muss, wie etwa in §§ 60 ff. SGB I geregelt. Die zum Schutze des Patienten und seiner Daten getroffenen komplizierten Regelungen lassen die Befürchtung real erscheinen, dass sie aus Unkenntnis und Nachlässigkeit von den Verwendern missachtet werden könnten. Die moderne Informationstechnologie führt zu einer weiteren Gefährdung der Schweigepflicht, weil der Datenaustausch und die Datenweitergabe sehr viel einfacher möglich ist als früher.

Der staatliche Gesetzgeber stellt das Patientengeheimnis in § 203 StGB unter strafrechtlichen Schutz. Dem Arzt billigt er im Prozess ein Zeugnisverweigerungsrecht – also ein Recht zu schweigen – zu (§ 53 Abs. 1 StPO, § 383 ZPO). Ergänzt werden die Vorschriften durch ein Beschlagnahmeverbot bezüglich der Krankenunterlagen beim Arzt, welchem ein Zeugnisverweigerungsrecht zusteht.

II. Inhalt der ärztlichen Schweigepflicht

Rechtsgrundlage der ärztlichen Schweigepflicht ist nicht, wie häufig zu lesen ist, § 203 StGB, sondern § 9 MBOÄ in der Fassung der jeweiligen Berufsordnung der Landesärztekammer. § 203 StGB regelt die strafrechtliche Sanktion für die Verletzung von Privatgeheimnissen.

Geheimnis ist eine Tatsache, die nur einem bestimmten, abgegrenzten Personenkreis bekannt ist und an dessen Geheimhaltung der Patient als Geheimnisträger ein verständliches, sachlich begründetes, schutzwürdiges Interesse hat[1]. Der (strafrechtliche) Geheimnisbegriff ist weit auszulegen. Geheim ist dabei nur eine Tatsache, die einem nach Person und Zahl überschaubaren Kreis von Personen bekannt ist. Offenkundige Tatsachen fallen nicht darunter. Ob eine Tatsache geheimhaltungsbedürftig ist, bestimmt sich nicht nach objektiven Kriterien, sondern nach den subjektiv-individuellen Maßstäben des Geheimnisträgers. Die Kenntnisnahme vom Geheimnis muss berufsbezogen (als Arzt) erfolgen. § 9 MBOÄ verwendet den Begriff des Geheimnisses nicht. Er umschreibt aber ziemlich präzise, worin die ärztliche Schweigepflicht besteht, was wiederum § 203 StGB nicht tut.

Der ärztlichen Schweigepflicht[2] nach § 9 MBOÄ unterfällt alles, was dem Arzt anvertraut worden oder sonst bekannt geworden ist. Auf den strafrechtlichen Begriff des Geheimnisses kommt es nicht an. Gleichwohl wird man auch bei der ärztlichen

---
[1] Vgl. dazu Ulsenheimer in: Laufs/Kern, § 6 Rz. 1 ff.; Knauer, Brose in: Spickhoff, § 203 StGB Rz. 2; Geilen in: Wenzel, Handbuch des Fachanwalts Medizinrecht, 2. Auflage 2009, Kap. 4 Rz. 596 ff.; Tsambikakis in: Prütting, Fachanwaltskommentar Medizinrecht, 2010, § 203 StGB Rz. 27 ff.

[2] Vgl. Empfehlungen zur ärztlichen Schweigepflicht, Datenschutz und Datenverarbeitung in der Arztpraxis DÄ 2008 A-1026. Vgl. auch die Empfehlungen der Bundesärztekammer zur ärztlichen Schweigepflicht, DÄ 2008, A-1026.

Schweigepflicht nach § 9 MBOÄ Einschränkungen vornehmen müssen. Tatsachen, die beliebigen Dritten bereits bekannt sind, nur etwa dem behandelnden Arzt nicht, unterliegen nicht mehr der Schweigepflicht.

Der in § 203 StGB verwendete strafrechtliche Geheimnisbegriff kann aber zur Auslegung als Leitlinie herangezogen werden. Geheimnisse sind danach Tatsachen, die nur einem begrenzten Personenkreis bekannt sind und an deren Geheimhaltung derjenige, den sie betreffen, ein von seinem Standpunkt aus sachliches Interesse hat oder bei eigener Kenntnis der Tatsachen haben würde[3]. In § 9 Abs. 1 MBOÄ ist darüber hinaus klargestellt, dass sich die Schweigepflicht auch auf schriftliche Mitteilungen des Patienten, Aufzeichnungen über den Patienten, Röntgenaufnahmen und sonstige Untersuchungsbefunde beziehen soll.

Im Endergebnis sind die Unterschiede zwischen § 9 MBOÄ und § 203 StGB nicht so groß, wie man aufgrund der unterschiedlichen Formulierung vermuten möchte. Denn der Geheimnisbegriff des § 203 StGB wird in der Praxis (soweit sie den ärztlich – medizinischen Bereich angeht) weit ausgedehnt. So ist der Umstand, das ein Patient, einen Arzt einen Psychologen oder einen Psychotherapeuten aufsucht, bereits ein Geheimnis[4]. Dies gilt auch für eine Aufnahme ins Krankenhaus. Schutzgut des § 203 StGB ist das allgemeine Vertrauen der Bevölkerung in die Verschwiegenheit der Angehörigen bestimmter in § 203 Abs. 1 StGB genannter Berufe[5]. Dies deckt sich mit der Intention von § 9 MBOÄ. Geheimnisträger ist derjenige, den das Geheimnis betrifft, bei ärztlicher Beratung oder Behandlung also der Patient.

Insgesamt hat jeder Arzt dafür zu sorgen, dass der Kreis der Wissenden um das Patientengeheimnis möglichst klein gehalten wird.

III. Der Umfang der ärztlichen Schweigepflicht

Die ärztliche Schweigepflicht gilt vom Grundsatz her zunächst einmal uneingeschränkt (mit vielen, vielen Ausnahmen) gegenüber jedermann, der nicht in das Arzt-Patienten-Verhältnis einbezogen ist.

Angehörige Die ärztliche Schweigepflicht ist auch gegenüber den Angehörigen des Patienten zu wahren. Allein der Umstand, dass Angehörige den Patienten zum Arzt begleiten, lässt nicht gleichsam automatisch den Schluss zu, dass sie berechtigt sein sollen, Informationen über die ärztliche Behandlung des Patienten zu erhalten und dass der Arzt, ohne sich bei dem Patienten, über die Einwilligung in die Weitergabe der Information vergewissert zu haben zur Information der Angehörigen befugt sein soll. Dieser, leider in der Praxis häufig vorkommende Verstoß gegen die ärztliche Schweigepflicht, wirkt sich in aller Regel unmittelbar und nachteilig auf das Arzt-Patienten-Verhältnis aus, wenn der Patient davon erfährt.

---

[3] Vgl. Lenckner in: Schönke, Schröder § 203, Rz. 5.
[4] So LG Köln, Beschl. v. 2.4.1959 – Qs 76/59 NJW 1959, 1598; OLG Bremen, Beschl. v. 27.8.1982 – Ws 71/82, MedR 1984, 112; OLG Karlsruhe, Beschl. v. 25.11.1983 – 1 Ws 273/83, NJW 1984, 676.
[5] Vgl. Lenckner in: Schönke, Schröder, § 203 Rz. 3.

9 **Minderjährige, Kinder** Die ärztliche Schweigepflicht gilt auch gegenüber Minderjährigen. Sobald der Minderjährige in der Lage ist, wirksam in die ärztliche Behandlung einzuwilligen (also einwilligungsfähig ist) unterliegt das Behandlungsgeschehen auch der ärztlichen Schweigepflicht. Der Arzt ist nicht befugt sein Wissen ohne Einwilligung des Minderjährigen etwa dessen Eltern mitzuteilen.

10 **Arbeitgeber** Anfragen des Arbeitgebers eines Patienten nach dessen Erkrankungen darf der Arzt nicht beantworten. Der Arbeitgeber hat einen Anspruch darauf, dass ihm der Arbeitnehmer die Krankschreibung mit dem hierfür vorgesehenen Formblatt mitteilt. Mehr Auskünfte muss (und darf) der Arzt nicht geben.

11 Der **Betriebsarzt** unterliegt ebenfalls der Schweigepflicht insoweit, als er bei der arbeitsmedizinischen Untersuchung des Arbeitnehmers Tatsachen feststellt, die mit der Beurteilung der Eignung des Arbeitnehmers für einen bestimmten Arbeitsplatz und die entsprechende Arbeit nichts zu tun haben. Die Ergebnisse seiner Untersuchung darf der Betriebsarzt dem Arbeitgeber mitteilen. Die erhobenen Befunde unterliegen der ärztlichen Schweigepflicht. Arbeitgeber können ihren Arbeitnehmer keine globale Erklärung über die Entbindung aller behandelnden Ärzte von der Schweigepflicht abverlangen. Dies wäre – weil unter Ausnutzung der Machtstellung des Arbeitgebers geschehen – sittenwidrig[6].

12 **Private Versicherungen** Private Kranken-, Unfall- und Lebensversicherungen sind zur Kalkulation ihres Risikos darauf angewiesen, den Gesundheitszustand ihrer Versicherungsnehmer jedenfalls aber den der potentiellen Versicherungsnehmer zu kennen. Zu diesem Zweck lassen sie bei der Stellung des Antrages auf Abschluss eines Versicherungsvertrages den Antragsteller üblicherweise eine Erklärung des Inhalts unterzeichnen, dass dieser alle ihn derzeit und künftig behandelnden Ärzte von der ärztlichen Schweigepflicht entbindet falls es um Auskünfte zum Gesundheitszustand des Versicherungsnehmers geht[7].

Diese Erklärungen sind (als Allgemeine Geschäftsbedingungen) derart pauschal und entbehren jeglicher Trennschärfe, dass durchaus gesagt werden kann, sie seien in dieser Form rechtlich unbeachtlich oder wegen Verstoßes gegen § 307 BGB (früher: § 9 AGBG) sogar nichtig.

13 Derjenige Arzt, dem unter Hinweis auf eine solche Erklärung Auskünfte zum Gesundheitszustandes seines Patienten abverlangt werden, tut gut daran, sich wenigstens die Entbindungserklärung (in Kopie) vorlegen zu lassen, damit nicht später der Vorwurf der Verletzung der ärztlichen Schweigepflicht erhoben werden kann. Ersichtlich sind die Unternehmen der Versicherungsbranche inzwischen aber dazu übergegangen, dem Auskunftsersuchen die Erklärung sogleich beizufügen. Die Herausgabe von Krankenunterlagen oder gar der kompletten Krankenakte ist von diesen Erklärungen nicht gedeckt. Ob man dem Arzt (wie Rieger[8] im Anschluss

---

[6] So Rieger, Rz. 1643.

[7] Vgl. hierzu die Entscheidung des BVerfG, Beschl. v. 23. 10. 2006 – 1 BvR 2027/02 GesR 2007, 37 wo genau eine derartige Entbindungserklärung im Streit war.

[8] Rieger, Rz. 1641.

an Kohlhaas[9] meint) das Risiko aufbürden soll zu entscheiden, ob es sich um eine von der behaupteten Entbindungserklärung gedeckte Auskunft handelt oder nicht, ist zweifelhaft, denn das Risiko der Verletzung der ärztlichen Schweigepflicht trägt der Arzt, nicht die Versicherung.

Träger der Sozialversicherung Eine eher geringe Rolle spielt die ärztliche Schweigepflicht im gesamten Bereich der sozialen Sicherung. Das Recht der sozialen Sicherung ist gekennzeichnet von der Mitwirkungs – also Offenbarungs-(Pflicht) desjenigen, der Leistungen der sozialen Sicherungssysteme in Anspruch nehmen will (§§ 60 ff. SGB I). Dem korrespondiert eine gesetzliche Auskunftspflicht des Arztes oder des Angehörigen eines anderen Heilberufes gegenüber den Trägern der Systeme der Sozialversicherung (§§ 100 ff. SGB X).

14

Aufmerksam zu registrieren sind allerdings Bestrebungen, dass Träger der sozialen Sicherungssysteme Zugriff auf Informationen aus dem Behandlungsverhältnis nehmen, ohne dass der Patient dies weiß oder damit rechnen muss oder dies erfährt. Die Diskussion über die Befugnisse des medizinischen Dienstes der Krankenkassen (MDK) nach § 276 SGB V haben hier wohl einen fatalen Eindruck hinterlassen. Auch derjenige Patient, der Leistungen der Systeme der sozialen Versicherung in Anspruch nimmt, hat wohl auch ein Recht zu erfahren, wohin seine Patientendaten transferiert werden und wer alles wo und wann in sie Einsicht nehmen kann auch wenn die Gründe für diese Einsichtnahme durchaus legitim sein mögen[10].

Polizeibehörden, Staatsanwaltschaften und Gerichte Die ärztliche Schweigepflicht hat auch Vorrang vor neugierigen Fragen der Strafverfolgungsbehörden. Zu Auskünften an diese ist der Arzt nur berechtigt, wenn der Patient ihn von der ärztlichen Schweigepflicht entbunden hat oder der Arzt im tatsächlichen oder mutmaßlichen Interesse des Patienten handelt oder verpflichtet ist, wenn eine gesetzliche Offenbarungspflicht besteht.

15

Privatärztliche Verrechnungsstellen Chefärzte, die im Rahmen ihrer Nebentätigkeit Patienten mit Wahlleistungen Arzt behandeln und dafür abrechnen dürfen, stellen die Rechnung nicht mehr selbst, sondern überlassen die Rechnungserstellung einer privatärztlichen Verrechnungsstelle, wobei diese dafür einen Prozentsatz vom Honorar als Vergütung erhält. Die Weitergabe der Befunde zur Abrechnung darf nur mit Einwilligung des Patienten erfolgen[11]. Er ist hierüber ausdrücklich zu informieren. In der Praxis scheint dies inzwischen nach anfänglichen Irritationen auch zu funktionieren.

16

Diese Art der Abrechnung hat nichts mit derjenigen innerhalb des Krankenhauses in dessen Verwaltung zu tun. In die Weitergabe der Daten und Befunde zu Abrechnungszwecken willigt der Patient entweder über die AVB oder wenn diese den Sachverhalt nicht regeln, stillschweigend ein, weil er mit dieser Weitergabe der Daten rechnen muss. Datenschutzrechtlich ist diese Weitergabe durch bereichs-

---

[9] Kohlhaas, Medizin und Recht S. 25.
[10] Vgl. hierzu Sikorski, MedR 1999, 449 sowie neuestens auch Meschke, Dahm, MedR 2002, 346; Kiesecker in: LdA 4740; Rz. 103 ff. m. w. Nachw.
[11] Vgl. hierzu: Gramberg-Danielsen, Kern, NJW 1998, 2708.

pezifische Regelungen in den Krankenhaus- (und Rettungsdienst −) Gesetzen der Länder gesetzlich abgesichert. Was datenschutzrechtlich gesetzlich zulässig ist, kann nach dem Grundsatz der Einheit der Rechtsordnung schweigepflichtrechtlich nicht unzulässig sein. Damit ist aber noch nichts dazu gesagt, in welchem Umfang die Herausgabe von Daten und Unterlagen möglich und zulässig sein soll. Es ist in jedem Fall auch im Bereich der Abrechnung Aufgabe des Arztes den Umfang der Mitteilungen zu Abrechnungszwecken streng zweckorientiert zu definieren, die erforderliche Herausgabe daran zu orientieren, und den Kreis der mit dem Patientengeheimnis in Berührung kommenden, möglichst klein zu halten.

17 **Staatliche Stellen und Aufsichtsbehörden**[12] Rechnungshöfe nehmen zur Kontrolle etwa der Abrechnung von Nutzungsentgelten der Chefärzte Einsicht in die Krankenunterlagen. Die Rechtsprechung hält sie für zulässig[13] Dies wird von der Literatur als zu weitgehend mit Recht kritisiert.

Auch gegenüber Aufsichtsinstanzen aber auch gegenüber der Leitung eines Krankenhauses besteht die ärztliche Schweigepflicht. Die Anweisung Krankenunterlagen ohne Ausnahme vollständig vorlegen zu müssen, um eine Kontrolle der Leistungen und ihrer Abrechnung vornehmen zu können, ist rechtswidrig, denn sie zwingen den Arzt dazu die Schweigepflicht zu verletzen und sie ist auch nicht von der mutmaßlichen oder tatsächlichen Einwilligung der betroffenen Patienten abgedeckt[14]. Der Träger eines Krankenhauses sowie dessen Leitung hat den einzelnen Arzt auch durch innerorganisatorische Maßnahmen dabei zu unterstützen, seiner ärztlichen Schweigepflicht nachkommen zu können.

IV. Die Schweigepflichtigen

18 Der ärztlichen Schweigepflicht nach § 9 MBOÄ unterliegt jeder approbierte Arzt als Mitglied der jeweiligen Landesärztekammer, weil nur sie befugt ist, kraft ihres Selbstverwaltungsrechts diese Materie in ihrer Berufsordnung verbindlich zu regeln. In die ärztliche Schweigepflicht einbezogen ist das Hilfspersonal des Arztes sowie die in Ausbildung befindlichen Personen.

Der Kreis der der Schweigepflicht nach § 203 StGB unterfallenden Personen ist in Absatz 1 abschließend aufgeführt und umfasst auch die Angehörigen der nichtärztlichen-medizinischen Berufe, soweit für die Führung der entsprechenden Berufsbezeichnung eine staatlich geregelte Ausbildung erforderlich ist (z. B. Krankenpflege, Hebamme, MTA/MTR, Logopäde, PTA, Masseure und medizinische Bademeister, Rettungsassistenten und der Notfallassistent, nicht aber die Arzthelferinnen und der

---

[12] Vgl. hierzu auch Kiesecker, Rieger, LdA 4740 − Schweigepflicht Rz. 116 ff. m. w. Nachw.
[13] BVerwG, Urt. V. 12.5.1989 − 3 C 68/85, NJW 1989, 2961; BVerfG, Beschl. v. 29.4. 1996 − 1 BvR 1226/89, NJW 1967, 1638.
[14] A.A. BVerwG, NJW 1989, 2961; VG Münster, Urt. V. 28.1.1983 − 13 A 834/82, MedR 1984, 118; wie hier Kiesecker LdA 4740 Rz. 122 ff.

Rettungssanitäter). Der Heilpraktiker fällt nicht darunter, wohl aber die Psychotherapeuten (soweit sie nicht bereits als Ärzte unter § 203 StGB fallen).

Seit 2000 werden von § 203 StGB auch alle nach dem Verpflichtungsgesetz auf die gewissenhafte Erfüllung ihrer Geheimhaltungspflicht verpflichteten Personen erfasst (Abs. 2 Nr. 6). Praktisch unterliegen demnach alle im öffentlichen Dienst Tätigen der Geheimhaltungspflicht. Im Bereich der Universitäten und Universitätsklinika, ist damit das gesamte in der Forschung tätige nichtärztliche Personal zur Geheimhaltung verpflichtet. 19

Absatz 3 stellt die berufsmäßig arbeitenden Gehilfen des Arztes sowie die zur Vorbereitung auf den Beruf Tätigen den Ärzten gleich. Somit unterliegen auch etwa Studenten der Medizin wo immer sie im Krankenhaus oder in der Praxis tätig werden, der Verschwiegenheitspflicht nach § 203 StGB. Die Lehrveranstaltungen durchführenden Personen (Professoren, leitende Ärzte) haben die Studenten ausdrücklich darauf hinzuweisen. Der Schweigepflicht unterfallen (strafrechtlich) auch die Erben eines Arztes (§ 203 Abs. 3). 20

V. Die abgeleitete Schweigepflicht

Nachgeordnetes Personal, welches im Hinblick auf § 203 Abs. 1 StGB keiner eigenen Schweigepflicht unterliegt und das der Arzt zur Erbringung seiner Leistung heranzieht, unterliegt einer von diesem abgeleiteten Schweigepflicht. Anderes gilt nur, wenn dieser Personenkreis eigenverantwortlich tätig wird. Dann greift die eigene Schweigepflicht nach § 203 Abs. 2, Abs. 3 StGB ein, nicht aber die nach § 9 MBOÄ. 21

Dieses Personal hat über die ihm bekannt gewordenen Tatsachen solange zu schweigen, bis der Arzt seinerseits berechtigt ist, die Tatsachen zu offenbaren. Der Vertragsarzt, wie der Krankenhausarzt hat das nachgeordnete Personal – auch das in Ausbildung befindliche – ausdrücklich auf die Einhaltung der Schweigepflicht hinzuweisen und diesen Umstand schriftlich festzuhalten. Der bisher in § 3 Abs. 2 MBOÄ enthaltende Hinweis, die Schweigepflicht sei auch gegenüber Familienangehörigen des Arztes zu wahren, ist nicht in § 9 MBOÄ aufgenommen worden. Es bedarf in der Tat keines besonderen Hinweises, da Familienangehörige schweigepflichtrechtlich keine Sonderstellung einnehmen. Sie sind außerhalb des Behandlungsgeschehens stehende Dritte. 22

Die Rettungssanitäter/Rettungsassistenten nahmen bis zur Schaffung des Berufsbildes des Rettungsassistenten eine Sonderstellung ein[15]. Nachdem die Führung der Berufsbezeichnung „Notfallsanitäter" eine staatlich geregelte Ausbildung erfordert, unterliegt der Notfallsanitäter der Verschwiegenheitspflicht nach § 203 StGB[16]. Beim Rettungssanitäter jedenfalls wenn er in Ausübung der Notkompetenz selbst- 23

---

[15] Lippert, Weißauer, Rz. 570 ff.
[16] Künftig kommt auch noch der Notfallsanitäter hinzu.

ständig tätig wird, ist dies ebenso, ansonsten unterliegt er der vom Notarzt abgeleiteten ärztlichen Schweigepflicht.

VI. Die ärztliche Schweigepflicht nach dem Tod des Geheimnisträgers (Patienten) oder des Arztes

24 Weder die ärztliche Schweigepflicht nach § 9 MBOÄ noch die aus § 203 StGB endet mit dem Tod des Geheimnisträger. Bei höchstpersönlichen Informationen, wie sie im Arzt-Patienten-Verhältnis zu bestehen pflegen, ist ein Übergang auf die Erben kraft Erbrechts regelmäßig ausgeschlossen[17]. Auch postmortale Feststellungen des Arztes, etwa des Pathologen oder desjenigen Arztes, der die Leichenschau durchführt, unterfallen der ärztlichen Schweigepflicht. Beauftragt etwa die Staatsanwaltschaft den Rechtsmediziner mit der Klärung der Todeszeit, Todesart und Todesursache und ordnet sie zu diesem Zweck eine Leichenöffnung an, so hat der Rechtsmediziner dem Auftraggeber alle im Rahmen dieses Auftrages anfallenden Informationen mitzuteilen. Gegenüber anderen Außenstehenden unterliegen seine Feststellungen der Schweigepflicht[18]. Eine Strafbarkeit nach § 353b StGB scheidet regelmäßig aus, weil die Leichenöffnung nicht zu den Dienstaufgaben der Professoren der Rechtsmedizin gehört, sondern Nebentätigkeit ist. Wohl kommt aber eine Strafbarkeit nach § 203 StGB in Betracht, wenn der Sachverständige öffentlich bestellter Sachverständiger ist (§ 203 Abs. 2 Nr. 5 StGB).

25 Nach dem Tod des Patienten obliegt es letztlich dem Arzt zu entscheiden, ob er offenbaren will und kann oder nicht. Liegt kein eindeutiger Wille des verstorbenen Geheimnisträgers vor, so hat er nach dem mutmaßlichen Willen zu entscheiden[19].

26 Nach dem Tod des Arztes geht strafrechtlich die Verpflichtung zur Einhaltung der Schweigepflicht nach § 203 Abs. 3 StGB auf die Erben über. Zivilrechtlich werden der oder die Erbe(n) Rechtsnachfolger des Erblassers und zwar in vollem Umfang. Da sie in die Rechte und Pflichten des Erblassers eintreten, geht auch die Pflicht zur Wahrung der Schweigepflicht auf sie über. Erben sie Gegenstände, auf die sich die Schweigepflicht erstreckt, so besteht diese auch bei den Erben fort. Sie haben also auch das Recht, derartige Gegenstände in Besitz zu nehmen. Sie sind etwa auch berechtigt, elektronische Post zur Kenntnis zu nehmen oder auch abzurufen, auch wenn sie schweigepflichtige Inhalts ist und der verstorbene Arzt sie zulässigerweise elektronisch übermittelt bekommen hat[20].

---

[17] A.M. Rieger, Rz. 1637, Lenckner in: Schönke, Schröder § 203 Rz. 25.
[18] Lippert in: Dörfler, Eisenmenger, Lippert, S. 16 f.; differenzierter Bockelmann. S. 29 f.
[19] BGH, Beschl. v. 7.8.1984 – IVa ZB 18/83, NJW 1984, 2893; Laufs, Rz. 435; BGH, Urt. V. 31.5.1983 – VI ZR 259/81, MedR 1984, 24.
[20] Vgl. hierzu neuestens für den Internet- Bereich Hoeren, NJW 2005, 2113.

VII. Die ärztliche Schweigepflicht unter Ärzten

Es ist ein auch nicht durch gutes Zureden zu beseitigender Irrtum, die ärztliche Schweigepflicht gelte nicht gegenüber Personen, die ebenfalls dieser Schweigepflicht unterliegen, also ärztlichen Kollegen. Das reine Arztsein rechtfertigt die Offenbarung des Patientengeheimnisses keinesfalls.

Die Schweigepflicht des Arztes gilt im Außenverhältnis gegenüber jedermann, der nicht an der Arzt-Patienten-Beziehung Teil hat. Auch wenn es gelegentlich noch bestritten wird: die ärztliche Schweigepflicht gilt auch im Verhältnis von Ärzten untereinander[21]. Überdies kommt ein weiterer Grundsatz des ärztlichen Berufsrechts zur Anwendung: der Patientenwille bildet die Behandlungsgrenze für alle den Patienten behandelnden Ärzte[22]. Ärzte sind daher nur in diesem Rahmen zur Erfüllung des an sie ergangenen Behandlungsauftrages zu seiner Durchführung berechtigt und daher auch nur in diesem Rahmen berechtigt, Informationen und Daten über den Patienten befugterweise zu erheben und weiterzugeben. In Ausnahmefällen kann eine Information auch nach dem mutmaßlichen Willen des Patienten erfolgen.

Weist der Arzt den Patienten zur Weiterbehandlung ins Krankenhaus ein, so gebietet es bereits die ärztliche Sorgfaltspflicht, den nachbehandelnden Arzt über die zuvor getroffenen Maßnahmen zu informieren. Dies gilt insbesondere dann, wenn die bereits ergriffenen therapeutischen Maßnahmen geeignet waren oder sind, das ursprüngliche Krankheitsbild zu beeinflussen, zu verändern oder zu verfälschen. Hier gilt der Grundsatz nach § 9 Abs. 6 MBOÄ uneingeschränkt.

Im Notarztdienst ist eine derartige Mitteilung geradezu Regel der ärztlichen Kunst, weil der nachbehandelnde Krankenhausarzt – mit dem Notarzt häufig nicht identisch – auf diese Informationen dringend angewiesen ist und weil der Patient als Notfallpatient häufig auch nicht bei Bewusstsein oder in der Lage ist, entsprechende Informationen weiterzugeben. Da sowohl das Interesse wie auch der mutmaßliche Wille des Patienten auf Rettung seines Lebens gerichtet ist, ist die Weitergabe dieser Fakten von der mutmaßlichen Einwilligung des Patienten gedeckt, bis er selbst wieder in der Lage ist, hierüber zu entscheiden. Danach mag man ihn befragen.

Der Notarzt als Krankenhausarzt ist in der Regel nicht vorbehandelnder Arzt des Patienten und sehr selten auch einmal nachbehandelnder Arzt, etwa als Anästhesist oder Pädiater. In Fällen, in denen er selbst nachbehandelnder Arzt ist oder doch an der Nachbehandlung beteiligt ist, stellt sich die Frage der Information über die durchgeführte Therapie im Krankenhaus nicht. Ist der Notarzt aber nur zur Beseitigung der lebensbedrohlichen Störung beim Notfallpatienten und anlässlich des Transports in das Krankenhaus tätig, so wird er als zwischenbehandelnder Arzt tätig.

Sein Behandlungsvertrag (oder seine Pflicht als Geschäftsführer ohne Auftrag beim bewusstlosen Patienten) ist mit der Einlieferung des Patienten in das Kranken-

---

[21] Kreuzer, Med. Klinik 1976, 1396, 1467, 1520; 1977, 776; Lippert, DMW 1981, 214; Lippert, Notfallmedizin 1994, 322.
[22] OLG Hamm, Urt. v. 9.11.1994 – 3U 120/94, MedR 1995, 328.

haus beendet bzw. erfüllt. Aus dem Behandlungsvertrag, aber auch aus Geschäftsführung ohne Auftrag, ist er verpflichtet, den nachbehandelnden Krankenhausärzten oder auch niedergelassenen Ärzten Diagnosen und vorgenommene Maßnahmen mitzuteilen, weil diese sie für ihre effektive Weiterbehandlung benötigen.

33 Der mit- bzw. nachbehandelnde Arzt seinerseits hat den vorbehandelnden Arzt im Rahmen des Behandlungsauftrages über das Ergebnis seiner Untersuchungen zu informieren. Ergibt die Behandlung Zufallsbefunde, die weder der die Untersuchung in Auftrag gebende Arzt noch der die Untersuchung durchführende Arzt noch der Patient selbst erwartet hat, etwa eine weitere, völlig andersartige Erkrankung, so mag der Arzt beim Patienten das Einverständnis in die Weitergabe einholen. Bei Diagnosen im Zusammenhang mit dem Untersuchungsauftrag deckt das Einverständnis die Mitteilung. Es macht sicher auch medizinisch einen Sinn, wenn der Hausarzt eines Patienten auch über die Behandlungsmaßnahmen anderer Ärzte informiert wird. Den Patienten hiervon zu überzeugen, dürfte für den behandelnden Arzt nicht allzu schwierig sein. Man kann ihn fragen. Da immer mehr Patienten sich zu immer mehr Ärzten in Behandlung begeben, scheint diese medizinische Selbstverständlichkeit auch immer häufiger in Vergessenheit zu geraten. Dieser simple Sachverhalt ist in § 9 Abs. 4 MBOÄ verbindlich geregelt.

34 Der nachbehandelnde Arzt – niedergelassener oder Krankenhausarzt – ist berufsrechtlich verpflichtet, den vorbehandelnden Arzt (sofern ihm der Patient nicht die Information, etwa beim fehlgeschlagenen Suizid, ausdrücklich untersagt) zu informieren. Gegebenenfalls ist neuerdings auch noch der Hausarzt zu informieren (§ 73 Abs. 1b SGB V). Untersagt der Patient eine Information, so sind die behandelnden Ärzte hieran gebunden. Den Notarzt zu informieren – vom Fall der Identität von Hausarzt und Notarzt abgesehen – besteht weder eine berufsrechtliche oder vertragliche Pflicht, noch eine Berechtigung. Eine mutmaßliche Einwilligung des Notfallpatienten ist regelmäßig nicht anzunehmen, weil von der Information des Notarztes durch den nachbehandelnden Arzt keine lebenswichtigen Interessen und unaufschiebbaren Entscheidungen des tätig gewesenen Notarztes abhängen. Der wieder ansprechbare Patient kann vom letztbehandelnden Arzt darüber befragt werden, ob er mit einer Information des Notarztes über den Verlauf seiner Behandlung seit Einlieferung ins Krankenhaus einverstanden ist. Es scheint mir dies für den Normalfall der korrekte Weg zu sein. Ein unmittelbares Ansprechen des ehemaligen Patienten durch den Notarzt könnte im Patienten den Eindruck erwecken, als habe der letztbehandelnde Arzt die Schweigepflicht nicht eingehalten. § 9 Abs. 4 MBOÄ zeigt also, dass die Ärzte selbst den freizügigen Austausch von Informationen untereinander ablehnen. Die MBOÄ unterstellt nicht mehr generell das Einverständnis des Patienten und belastet ihn nicht mehr damit, Weitergabeverbote aussprechen zu müssen und seien es nur vorsorgliche.

35 Wohl nicht vom Einverständnis des Patienten gedeckt ist auch der im Krankenhaus häufig anzutreffende Brauch, auf den Arztbriefen einen Verteiler der Empfänger von Mehrfertigungen anzubringen, weil nicht gesichert ist, dass auch die mitbehandelnden Ärzte voneinander erfahren sollen. Der Verteiler gehört auf das Aktenstück, welches im Krankenblatt verbleiben soll.

§ 9 Schweigepflicht

Für die Zuziehung eines Konsiliars im Krankenhaus gelten dieselben Grundsätze, wie sie für den vor- und nach- bzw. den oder die mitbehandelnden Ärzte geschildert worden sind.

VIII. Die ärztliche Schweigepflicht in Berufsausübungs- und Organisationsgemeinschaften

(Lösbare) Probleme mit der ärztlichen Schweigepflicht beim Austausch von Patientendaten können auch dadurch auftauchen, dass Ärzte sich zusammen mit anderen Ärzten oder auch Nichtärzten in Gemeinschaften zur gemeinsamen Berufsausübung (Praxisgemeinschaft, Gemeinschaftspraxis) oder in Praxisnetzen in (berufsrechtlich) zulässiger Weise zusammenfinden. Soweit es sich um die ärztliche Behandlung in Praxisgemeinschaften oder in Gemeinschaftspraxen handelt, gelten die oben dargestellten Grundsätze über die Schweigepflicht unter Ärzten. 36

Differenziert davon zu sehen ist die Frage nach dem Umfang der ärztlichen Schweigepflicht beim Austausch von Patientendaten jedoch in Praxisverbünden nach § 23 d MBOÄ. Hier ist der Austausch von Patientendaten unter Ärzten wie auch mit sonstigen Leistungserbringern (z. B. Erbringer von Heilmitteln oder häuslicher Krankenpflege) vom Gesetzgeber geradezu gewollt aber auch an eine entsprechende, ausdrückliche, schriftliche, jederzeit frei widerrufliche Einwilligung des Patienten gebunden (§ 73 Abs. 1b SGB V). 37

Nach § 140 a Abs. 2 SGB V darf ein behandelnder Leistungserbringer aus der gemeinsamen Dokumentation aller an dieser Versorgungsform Beteiligten, die den Patienten betreffenden Behandlungsdaten und Befunde nur dann abrufen, wenn der Versicherte ihm gegenüber seine Einwilligung erteilt hat. Diese Einwilligung braucht, anders als bei § 73 Abs. 1b, nicht schriftlich erteilt zu werden. 38

Dass die Einwilligungserklärung dennoch schriftlich vorliegt rührt daher, dass die erhobenen Daten üblicherweise edv-mäßig verarbeitet werden und somit § 4 BDSG unterfallen. Dieser sieht die Schriftform als Regelfall vor. Ob der Datenaustausch innerhalb eines Praxisnetzes als besonderer Umstand anzusehen ist, der ein Absehen von der Schriftform zu rechtfertigen vermag, erscheint angesichts der allgemein festzustellenden Tendenz zu mehr Schutz der personenbezogenen Daten eher als zweifelhaft[23]. Vernünftigerweise stellt man sich auf die Schriftform als den Regelfall ein.

IX. Die ärztliche Schweigepflicht in der biomedizinischen Forschung

Auch die biomedizinische Forschung an den Universitätskliniken eröffnet ein reiches Feld für mögliche Verletzungen der ärztlichen Schweigepflicht. Dass die Offenbarung der Identität von Patienten bei der Veröffentlichung von Patientenfotos, 39

---

[23] A.A. Rieger, LdA, 4305 Praxisnetz, Rz. 73 ff.

Röntgen-, CT-Aufnahmen nicht zulässig ist, jedenfalls nicht ohne Einwilligung des Patienten, hat sich inzwischen herum gesprochen.

40 Hinhaltender Widerstand wird allerdings spürbar wenn die (zutreffende) Ansicht vertreten wird, ein Patient der für biomedizinische Forschung herangezogen werden soll, müsse hierin gesondert einwilligen, weil seine bei der Patientenaufnahme gegebene Einwilligung nur die ärztliche Behandlung abdecke, nicht dagegen die Forschung oder Verwendung von Körpermaterial des Patienten für wissenschaftliche Zwecke. Dem Patienten oder Probanden muss im Übrigen gemäß der Deklaration von Helsinki das Recht zugestanden werden, seine einmal gegebene Zustimmung für die Aufnahme in ein Forschungsprojekt jederzeit ohne Begründung und ohne Nachteile für seine ärztliche Behandlung widerrufen zu können. Hierüber muss er aber zuvor aufgeklärt worden sein. Nur wenn die Identität des Patienten völlig anonym bleibt, kann die Einwilligung nach Aufklärung entfallen. Auch die Patientenvorstellung im studentischen Unterricht bedarf der ausdrücklichen Einwilligung des vorgestellten Patienten[24].

X. Der Arzt als Sachverständiger

41 Das Recht die Erstattung eines Gutachtens verweigern zu dürfen, steht einem Arzt dann zu, wenn er sich selbst auf die ärztliche Schweigepflicht berufen kann, etwa weil er den zu begutachtenden als behandelnder Arzt kennt und sich der Gutachtenauftrag mit der Schweigepflicht deckt. Entbindet der Proband den Sachverständigen, so entfällt das Gutachtenverweigerungsrecht. Tut er es nicht, kann der Sachverständige sein Gutachten nicht erstatten. Das den Sachverständigen auswählende Gericht tut also vermutlich gut daran, einen Arzt, bei dem dieser Konflikt aufzutauchen droht, nicht gerade zum Sachverständigen zu bestellen.

42 Eine andere Frage ist ob und wann dem Sachverständigen ein Gutachtenverweigerungsrecht zusteht. Das Gesetz billigt ihm dies aus denselben Gründen zu, die dem Zeugen das Recht einräumen, das Zeugnis vor Gericht zu verweigern. Die Verweigerungsgründe nach § 53 StPO aus verwandtschaftlichen Gründen dürften in der Praxis wohl nicht besonders relevant werden. Der Sachverständige erfährt ja mit dem Gutachtenauftrag über wen er sein Gutachten zu erstatten hat. Es obliegt ihm bereits in dieser Phase, das Gericht auf einen Umstand, der ihn an der Gutachtenerstattung hindern würde, hinzuweisen.

43 Das Ergebnis eines von einem Gericht oder einer Staatsanwaltschaft in Auftrag gegebenen Gutachtens steht den am gerichtlichen Verfahren beteiligten Parteien nach Maßgabe der prozessualen Vorschriften zu. Bis zum Abschluss des Verfahrens kommt eine Verwertung des Gutachtens etwa durch den Sachverständigen nicht in Betracht. Der Sachverständige ist Beweismittel in dem anhängigen Rechtsstreit, er unterliegt der Schweigepflicht nach § 203 Abs. 2 Nr. 5 StGB, die er durch eine

---

[24] Lippert, Lehrfreiheit, DMW 1981, 214; Helle. MedR 1996, 13 ff. Das in der Forschung tätige nichtärztliche Personal unterliegt über § 203 Abs. 2 Nr. 6 der Pflicht zur Geheimhaltung, vgl. o. Rz 16.

Veröffentlichung des Gutachtens verletzen kann. Außerdem kann sich der öffentlich bestellte Sachverständige mit einer Veröffentlichung des Gutachtens der Verletzung eines Dienstgeheimnisses nach § 353 b StGB schuldig machen.

XI. Praxiskauf und Praxisverkauf

Früher ging die Rechtsprechung auch davon aus, dass der Patient in die Weitergabe 44
seiner Daten zur Erstellung der Arztliquidation bzw. die Abtretung der Honorarforderung konkludent einwillige und dass er mit der Weitergabe der Patientendaten an einen Praxisübernehmer einwillige. In beiden Fällen hat der BGH entschieden, dass von einer konkludenten Einwilligung nicht ausgegangen werden könne[25].

Der Bundesgerichtshof hat in seinem Urteil vom 11. Dezember 1991[26] seine bis- 45
herige Auffassung zum Praxisverkauf gründlich revidiert. Die wesentlichen Kernsätze des Urteils lauten:

„Eine Bestimmung in einem Vertrag über die Veräußerung einer Arztpraxis die den Veräußerer auch ohne Einwilligung der betroffenen Patienten verpflichtet, die Patienten- und Beratungskartei zu übergeben, verletzt das informationelle Selbstbestimmungsrecht der Patienten und die ärztliche Schweigepflicht (Artikel 2 I GG, 203 StGB); sie ist wegen Verstoßes gegen ein gesetzliches Verbot (§ 134 BGB) nichtig."

Es obliegt grundsätzlich dem Arzt, die Zustimmung des Patienten zu einer Wei- 46
tergabe seiner Daten im Rahmen eines Praxisverkaufs in eindeutiger und unmissverständlicher Weise einzuholen. Fallen Patientenkarteien in den Geltungsbereich des Bundesdatenschutzgesetzes, muss die Zustimmung der Patienten schriftlich vorliegen.

„Die Annahme eines stillschweigenden oder schlüssig erklärten Einverständnis- 47
ses des Patienten mit der Weitergabe seiner Unterlagen scheidet im Regelfall aus. Einer ausdrücklichen Einverständniserklärung des Patienten bedarf es allein dann nicht, wenn dieser seine Zustimmung durch schlüssiges Verhalten eindeutig zum Ausdruck bringt, insbesondere, wenn der Patient sich auch dem Übernehmer zur ärztlichen Behandlung anvertraut. Das gilt sowohl dann, wenn der Nachfolger eine bereits von seinem Vorgänger begonnene Behandlung fortsetzen soll, als auch bei einer neuen Behandlung."

§ 10 Abs. 4 MBOÄ setzt voraus, dass nach wie vor Patientenkarteien vom Er- 48
werber an den Übernehmer abgegeben werden dürfen. Anders als früher gewinnt der Übernehmer jedoch kein Zugriffsrecht auf die Kartei, es sei denn, der Patient stimmt zu. Im Grunde genommen handelt es sich um ein Verwahrungsverhältnis,

---

[25] BGH, Urt. v. 10.7.1991 – VIII ZR 296/90, NJW 1991, 2955 (Forderungsabtretung); BGH, Urt. v. 11.12.1991 – VII ZR 4/91, NJW 1992, 737 (Praxisverkauf); BGH, Urt.. 20.5.1992 – VIII ZR 240/91, MedR 1992, 330 (ärztliche Verrechnungsstelle). Vgl. zu diesem Komplex neuestens Buchner, MedR 2013, 337, der dazu einige interessante (strafrechtliche) Konstruktionen aufzeigt, die aber alle nicht funktionieren.
[26] BGH, NJW 1991, 2955.

wie es in den Münchener Empfehlungen zur Wahrung der ärztlichen Schweigepflicht bei Veräußerung einer Arztpraxis[27] skizziert worden ist.

Erklärt der Patient sein Einverständnis in die Nutzung der Altkartei, darf diese Karteikarte, Akte etc. aus der Altkartei entnommen und in die laufende Kartei eingebracht bzw. versandt werden. Die Führung einer fortlaufenden aussagefähigen Liste der aus der Altkartei entnommenen Einzelvorgänge ist Bestandteil der Verwahrungsklausel.

49 Wurde die Patientenkartei bislang schon mittels EDV archiviert, muss der alte Datenbestand gesperrt und mit einem Passwort versehen werden. Das Passwort für den Zugriff darf vom Übernehmer nur unter den gleichen Bedingungen wie bei einer manuell geführten Patientenkartei verwendet werden, um sich von dem einen konkreten Patienten betreffenden Datenbestand eine Hardcopy ausdrucken zu lassen. Die Software muss geeignete Einrichtungen enthalten, um Zeit und Gegenstand des Datenzugriffs zu dokumentieren.

Verstirbt der Praxisinhaber, werden die Erben (wirtschaftliche) Eigentümer der Praxis, ohne sie (es sei denn, sie wären selbst Ärzte) fortführen zu dürfen. Im Falle der Veräußerung vereinbaren die Erben mit dem Übernehmer eine Verwahrungsklausel, wie sie auch im Falle der Übergabe durch den Praxisinhaber zu Lebzeiten Vertragsbestandteil geworden wäre, allerdings mit der Maßgabe, dass die Erben selbst keinen unbefugten Einblick in die Kartei nehmen dürfen.

Gibt der Arzt seine Praxis auf, ohne sie an einen Nachfolger zu übergeben, ist er alleine für die ordnungsgemäße Verwahrung verantwortlich.

50 Die Situation eines Chefarztes, der seine Ambulanz aufgibt, ist mit derjenigen des Praxisabgebers nicht in jeder Hinsicht deckungsgleich. Während früher noch davon ausgegangen werden konnte, dass der Chefarzt in der Regel Eigentümer der Kartei seiner ambulant behandelten Patienten ist, bestimmen heute die meisten Chefarztverträge, dass sich die Kartei im Eigentum des Krankenhauses befindet. Schon dies steht einer eigenmächtigen Übertragung auf Dritte entgegen. Im übrigen ist die Chefarztambulanz nicht mit einer sonstigen veräußerbaren Praxis zu vergleichen, so dass eine entgeltliche Übertragung auch auf den Nachfolger ausscheidet.

51 Es bestehen allerdings keine grundlegenden Bedenken dagegen, hinsichtlich der Patientenunterlagen beim Wechsel in der Leitung der Ambulanz analog der Praxisveräußerung vorzugehen. Es ist letztlich die Entscheidung der Patienten, ob die Kartei des bisherigen Leiters weiter verwendet werden kann oder nicht. Dem neuen Leiter darf die Patientenkartei jedenfalls nicht zur freien Verfügung überlassen werden. Gegebenenfalls hat sie der Krankenhausträger in Verwahrung zu halten.

XII. Factoring

52 Auch beim Factoring gibt es Probleme mit der ärztlichen Schweigepflicht. Beim Factoring verkauft der Arzt seine Honorarforderung die ihm gegen den Patienten zusteht, an einen Dritten, der die Forderung im eigenen Namen und auf eigenes

---

[27] Urt. v. 11.12.1991 – VIII ZR 4/91, MedR 1992, 104.

Risiko einzieht. Der Arzt erhält vom Dritten die um einen Bearbeitungsanteil gekürzte Honorarforderung sofort ausbezahlt.

Bei diesem Vorgehen muss der Arzt dem Forderungserwerber die gesamten Patientenunterlagen samt Spezifizierungen und Diagnosen überlassen. Dies ist nicht ohne ausdrückliche Einwilligung des Patienten zulässig. Eine stillschweigende Einwilligung etwa, weil dieses Abrechnungsverfahren üblich sei, (was es nicht ist) hat der Bundesgerichtshof in seiner grundlegenden Entscheidung[28] zu diesem Komplex abgelehnt.

XIII. Das Offenbaren des Berufsgeheimnisses

Geheimnisse im Sinne von § 203 StGB sind wie gesagt Tatsachen, die nur einem beschränkten Personenkreis bekannt sind und an deren Geheimhaltung der Geheimnisträger ein von seinem Standpunkt aus berechtigtes Interesse hat. Dabei kann es sich um Tatsachen beliebiger Art handeln[29]. Voraussetzung dafür ist, dass die Tatsache nur einer beschränkten Zahl von Personen bekannt ist. Gleichgültig wie viele Personen von der Tatsache Kenntnis erlangt haben, sie ist nicht mehr geheim, wenn sie öffentlich, also zur Kenntnis beliebiger Dritter bekannt gemacht wurde. Unerheblich für den Geheimnisbegriff ist, auf welchen Lebensbereich sich das Geheimnis bezieht[30]. Das Gesetz nennt beispielhaft den persönlichen Lebensbereich und Geschäfts- und Betriebsgeheimnisse. Die Tatsache muss dem zum Schweigen Verpflichtenden in seiner beruflichen Eigenschaft anvertraut oder bekannt geworden sein.

53

Offenbart ist das Geheimnis, wenn es in irgendeiner Weise an einen anderen gelangt ist. Bei mündlichen Äußerungen ist Kenntnisnahme erforderlich. Das Offenbaren des Geheimnisses kann in einem Tun aber auch in einem Unterlassen bestehen. Der Arzt kann einem Außenstehenden unbefugt Unterlagen seines Patienten überlassen, er kann aber auch die Einsicht und damit Kenntnisnahme des Unbefugten ermöglichen, in dem er nicht dafür sorgt, dass die Unterlagen gegen unbefugte Einsicht gesichert werden (z. B. Herumliegen lassen von Befunden, Röntgenbildern etc. im jedermann zugänglichen Arztzimmer oder hängen lassen von CT- oder Röntgenaufnahmen im Röntgenbetrachter). Die Verwendung von Patientenfotos im Unterricht und in Vorträgen sowie Röntgen-, CT-Aufnahmen mit eingespielten Personendaten in Veröffentlichungen und Vorträgen stellen ebenfalls unbefugtes Offenbaren des Berufsgeheimnisses dar.

54

---

[28] BGH, Urt. v. 20.5.1992 – VIII ZR 240/91MedR 1992, 330; Bongen, Kremer, NJW 1991, 2955, die zu Recht darauf hinweisen, dass nach datenschutzrechtlichen Vorschriften die Einwilligung sogar der Schriftform bedarf. Zu den Datenschutzrechtlichen Problemen vgl. Iraschko-Luscher, Bayh, MedR 2009, 453 m. w. Nachw.
[29] Lenckner in: Schönke, Schröder, § 203, Rz. 5.
[30] Lenckner in: Schönke, Schröder, § 203, Rz. 9.

XIV. Die Entbindung von der ärztlichen Schweigepflicht

55 Entbindet der Patient den Arzt von der Schweigepflicht, so ist dieser zur Offenbarung befugt, aber nicht verpflichtet. Die Erklärung des Patienten über die Entbindung von der Schweigepflicht ist ebenso wenig wie die Einwilligung eine rechtsgeschäftliche Willenserklärung. Daher ist keine Geschäftsfähigkeit nach den Vorschriften des BGB erforderlich. Es reicht aus, dass der Patient die natürliche Einsichts- und Urteilsfähigkeit besitzt und versteht, worin er einwilligt. Also kann auch ein Minderjähriger in dem Umfang, in welchem er in die ärztliche Behandlung einwilligen kann, den Arzt von der Schweigepflicht entbinden. Lediglich die Gesetzes- oder Sittenwidrigkeit setzen dem Umfang der Erklärung Grenzen.

Fehlt die Einsichts- und Urteilsfähigkeit, so muss der gesetzliche Vertreter einwilligen. Ein befugtes Offenbaren liegt auch vor, wenn der Arzt nach gewissenhafter Güterabwägung die Einhaltung der Schweigepflicht verneint, um ein höherwertiges Rechtsgut zu schützen.

56 Ist der Patient nicht bei Bewusstsein oder verfügt er nicht über die natürliche Einsichts- und Urteilsfähigkeit, um die Entbindung von der Schweigepflicht auszusprechen, so kann der Arzt dem mutmaßlichen Willen und dem Interesse des Patienten entsprechend entscheiden und gegebenenfalls Tatsachen aus dem Arzt – Patienten – Verhältnis offenbaren. Dies wird vor allem dann relevant werden, wenn von der Auskunft des an sich schweigepflichtigen Arztes Vorteile für den einwilligungsunfähigen Patienten zu erwarten sind. Bei länger anhaltender Einwilligungsunfähigkeit ist das Verfahren zur Bestellung eines Betreuers einzuleiten.

57 In einigen Fällen, vor allem bei einfacher gelagerten Sachverhalten, kann der Arzt von einer konkludenten Einwilligung des Patienten ausgehen, wenn sich aus dessen Verhalten nichts Gegenteiliges ergibt. Dies gilt etwa für Überweisungen vom Hausarzt zum Facharzt zur Durchführung ergänzender Untersuchungen.

Der Geheimnisträger kann die Erklärung über die Entbindung von der ärztlichen Schweigepflicht jederzeit widerrufen. In diesem Fall unterliegt der Arzt wieder der ärztlichen Schweigepflicht. Da der Arzt sich auf eine Befugnis zur Offenbarung (Rechtfertigung) beruft, ist es ihm sehr ans Herz zu legen, sich zu vergewissern, ob die Entbindung von der ärztlichen Schweigepflicht vorliegt oder noch vorliegt.

XV. Anzeige- und Mitteilungspflichten

58 Zur Offenbarung des Patientengeheimnisses ist der Arzt dann befugt, wenn gesetzliche Vorschriften ihm eine Melde- oder Auskunftspflicht auferlegen. In untergesetzlichen Rechtsnormen geregelte Auskunftspflicht genügen diese Anforderungen nicht, weil seit dem Volkszählungsurteil des Bundesverfassungsgerichts[31] das Recht auf informationelle Selbstbestimmung auch für das Arzt-Patienten-Verhältnis gilt. Dies hat zur Konsequenz, dass die ärztlichen Berufsordnungen als untergesetz-

---

[31] BVerfGE 65, 1.

lichen Rechtsnormen keine eigenen Auskunfts- und Offenbarungspflichten mehr begründen können. Ausgenommen sind solche, die eine gesetzlich bestehende Auskunft und Offenbarungspflicht konkretisieren.

Bundesgesetze In den ärztlichen Wirkungskreis greifen eine Reihe bundesgesetzlicher Vorschriften ein, die dem Arzt Melde- und Mitteilungspflichten auferlegen. Ihnen hat der Arzt nachzukommen, selbst wenn der Patient mit diesem Vorgehen nicht einverstanden ist und widersprechen sollte. Die Offenbarung der entsprechenden Tatsachen gegenüber der zuständigen Stelle erfüllt daher nicht den Tatbestand der Schweigepflichtverletzung. 59

Zu nennen sind hier (ohne Anspruch auf Vollständigkeit) zunächst einmal das Infektionsschutzgesetz[32]. Es ersetzt das bisherige Bundesseuchen- und das Geschlechtskrankheitengesetz. In §§ 6–12 IfSG finden sich die Regelungen über die Meldepflichten für Erkrankungen und Krankheitserreger. Ferner ist geregelt, wer zur Meldung verpflichtet ist, im Regelfall der Arzt aber auch andere Personen, (wie Kapitäne von Seeschiffen und Luftfahrzeugführer). Nach § 7 Transplantationsgesetz[33] hat der behandelnde Arzt eines Patienten einem Arzt, der eine Organentnahme zur Transplantation beabsichtigt, Auskunft darüber zu erteilen, ob der Organentnahme medizinische Gründe entgegenstehen. Denjenigen Arzt, der die Leichenschau bei potentiellen Organspendern vorgenommen hat, trifft dieselbe Auskunftspflicht. Über das Gesetz zur zweiten Föderalismusreform[34] hat der Gesetzgeber – wohl nur von einigen epidemiologischen Fachleuten bemerkt – ein Krebsregisterdatengesetz geschaffen. Danach werden die jeweiligen Behörden der Länder verpflichtet, bestimmte mit Krebserkrankungen in Zusammenhang stehende Sachverhalte an das RKI (wo sich das Register befindet) zu melden und zwar ziemlich personenbezogen – nur der Name fehlt. 60

Daran ist zweierlei ärgerlich: zum einen ist es die Art des Vorgehens wie gleichsam im Huckepack mit anderen, die Föderalismusreform betreffende Regelungen ein Gesetz beschlossen wurde, von dem man annehmen darf, dass es im normalen Gesetzgebungsverfahren sicher nicht als „Mitternachtsgesetz" beschlossen worden wäre. Zum anderen tut sich zu den jeweiligen landesrechtlichen Gesetzen über Krebsregister eine nicht unerhebliche Diskrepanz auf. Diese Gesetze erwecken beim krebskranken Patienten den Eindruck, als ob die erhobenen Daten im Land verblieben. Das Gegenteil ist aber mit der Übermittlung an das PEI der Fall. So kann Datenschutz im öffentlichen Bereich auch betrieben werden. Der betroffene Patient hat zwar die Möglichkeit der Weitergabe seiner Daten an das Landesregister zu widersprechen, aber er muss es schriftlich tun (vgl. z. B. § 4 LKrebsRG bw). Es ist dies die Folge der Meldeverpflichtung des Arztes. Glaubwürdigkeit auch des Gesetzgebers sieht vermutlich anders aus. Denjenigen, die das Gesetz durchgesetzt haben ist dies im Zweifel ziemlich egal. Der Datenschutz ist wieder einmal angezählt. 61

---

[32] Gesetz vom 20.7.2000 BGBl. I S. 1045.
[33] Gesetz vom 5.11.1997 BGBl. I S. 2631.
[34] Gesetz vom 10.August 2009 (BGBl. I S. 2702). Das ursprüngliche Krebsregistergesetz des Bundes vom 4. 11.1994 (BGBl. I S. 3351) war bis 31.Dezember 1999 befristet und ist außer Kraft getreten.

62   § 100 StGB X sieht eine Auskunftspflicht des Arztes gegenüber den Leistungsträgern der Sozialversicherung vor. Nur einer strafbaren Handlung braucht sich der Arzt danach nicht zu bezichtigen. Die an der vertragsärztlichen Versorgung teilnehmenden Ärzte haben den Krankenkassen bestimmte, im Gesetz näher bezeichneten Unterlagen über die durchgeführte Behandlung zu übermitteln (§ 294 ff SGB V).

63   § 139 StGB sieht eine Anzeigepflicht für besonders schwere Verbrechen vor, solange sie sich im Stadium der Vorbereitung befinden und der Erfolg durch die Anzeige noch abgewendet werden kann. Danach besteht keine Anzeigepflicht mehr.

Es ist ein Irrtum anzunehmen, lediglich medizinrechtlich geprägte Vorschriften könnten eine gesetzliche Offenbarungspflicht vorsehen. So ist etwa ein Arzt in der Insolvenz verpflichtet, dem Insolvenzverwalter nach § 97 InsO ggf. Auskunft über die von ihm behandelten Privatpatienten und die hieraus erzielten Honorare zu erteilen, ohne dass er sich dagegen auf die Schweigepflicht berufen könnte[35].

64   **Landesrecht** Gesundheitsrecht ist Landesrecht. Daher finden sich auch in Landesgesetzen Anzeige- und Meldepflichten. Zu nennen sind hier (wiederum ohne Anspruch auf Vollständigkeit) z. B. § 23 BestattG bw. Danach hat der zu behandelnde Arzt sowie der Heilpraktiker demjenigen Arzt, welcher die Leichenschau durchführt, Auskunft über die letzten Behandlungsmaßnahmen zu erteilen, soweit es die Ermittlung von Todeszeit, Todesart und Todesursache erforderlich ist. Der Leichenschauarzt seinerseits hat dem Arzt, der die Bescheinigung für die Feuerbestattung ausstellt, Informationen über seine Feststellungen zu geben. § 10 BestattVbw.

XVI. Der Bruch der ärztlichen Schweigepflicht

65   Kollidieren unterschiedliche Rechtsgüter mit der ärztlichen Schweigepflicht, so kann der Arzt aufgrund einer sorgfältigen Güterabwägung den Bruch der ärztlichen Schweigepflicht riskieren wenn dies zu Gunsten und zum Schutz eines höherwertigen Rechtsgutes der Fall ist. Dabei sind drei unterschiedlichen Fallgestaltungen denkbar. Zum einen kann ein Bruch der ärztlichen Schweigepflicht aufgrund eines höherwertigen Individualinteresses oder eines höherwertigen Gemeininteresses erfolgen, aber auch im eigenen, berechtigten Individualinteresses des das Geheimnis offenbarenden Arztes.

66   **Aus höherwertigem Individualinteresse** Diese Situation kann dann gegeben sein, wenn ein nicht in die Arzt-Patienten-Beziehung einbezogener Dritter in enger Beziehung zum Patienten steht und dieser nicht bereit ist, etwa dem Ehepartner eine übertragbare Erkrankung mitzuteilen. Hier kann der Arzt den Befund dem Partner offenbaren, wenn die ernsthafte Gefahr der Ansteckung besteht und der Patient

---

[35] Vgl. hierzu BGH, Beschl. v. 17.2.2005 – IX ZB 62/04NJW 2005 1505; es ist im Übrigen nur schwer verständlich, warum in diesem (eigentlich eindeutigen) Fall erst der BGH Rechtsklarheit hat schaffen können.

keine Anstalten macht, dieses Faktum dem Partner mitzuteilen oder auch den Arzt von der Schweigepflicht zu entbinden[36].

Aus höherwertigem Gemeininteresse Es sind dies diejenigen Fälle, wo der Arzt bei seinem Patienten eine Erkrankung oder eine Disposition zu einer solchen feststellt, die sich mit dem Bedienen von Maschinen, dem Steuern von Kraftfahrzeugen, Flugzeugen, Schiffen oder Bussen nicht verträgt. Ist der Patient uneinsichtig, so darf der Arzt zum Schutze der potenziell betroffenen Passagiere oder anderer Verkehrsteilnehmer die ärztliche Schweigepflicht brechen und den zuständigen Behörden Mitteilung von seiner ärztlichen Feststellung machen[37]. Es ist dies dieselbe abgestufte Vorgehensweise, wie sie in § 3 BKiSchG im Kinderschutz geregelt ist[38]. Eine Alles oder Nichts- Entscheidung ist mit dem Grundsatz der Verhältnismäßigkeit nicht in Übereinstimmung zu bringen.

67

Aus berechtigten Eigeninteresse des Arztes Hierunter fallen diejenigen Konstellationen, in denen der Arzt mit seinem Patienten über Kreuz gerät. Bezahlt der Patient (als Privatpatient) das geschuldete Honorar nicht und ist der Arzt gezwungen, die Forderung gerichtlich einzuklagen, so ist er schon um seiner Klage zum Erfolg zu verhelfen gezwungen, die Patientendaten, also das Arztgeheimnis, zu offenbaren. Gleiches gilt, wenn der Arzt sich gerichtlich gegen seinen Patienten zur Wehr setzen muss, etwa durch eine Unterlassungsklage bei berufsschädigenden Äußerungen.

68

Nicht darunter fällt die Verteidigung gegen den Vorwurf eines Behandlungsfehlers. Hier wird der ehemalige Patient in die Offenbarung in aller Regel einwilligen, so dass ein Bruch der ärztlichen Schweigepflicht nicht erforderlich ist. Im Übrigen pflegen Gerichte, bei denen derartige Klagen anhängig gemacht werden, den Kläger grundsätzlich zur Entbindung von der ärztlichen Schweigepflicht zu veranlassen, tunlichst auch bezüglich der Behandlung bei anderen Ärzten als dem Beklagten, wenn es zur Aufklärung de Sachverhaltes erforderlich ist.

69

XVII. Die Hinweispflicht

Neu ist in § 9 Abs. 2 Satz 3 MBOÄ die Pflicht des Arztes aufgenommen worden, den Patienten auf die Einschränkung der Schweigepflicht hinzuweisen, wenn gesetzliche Vorschriften dies so vorsehen. Hier wird vom Arzt erwartet, dass er die entsprechenden Vorschriften kennt, weil er nur dann seiner Hinweispflicht nachkommen kann. Dies bedeutet aber zugleich, dass den Arzt berufsrechtlich eine Pflicht trifft, sich über die in diesem Bereich einschlägigen Vorschriften zu infor-

70

---

[36] So auch Deutsch, Rz. 379; Das OLG Frankfurt Urt. v. 5.10.1999 – 8U 67/99, MedR, 2000, 197 nimmt im Fall der HIV-Infektion eines Patienten sogar eine Pflicht zur Information des bei demselben Arzt in Behandlung befindlichen Ehepartners an (entgegen BGH, Urt. v. 8. 10. 1968 – VI ZR 168/67, NJW 1968, 2288).
[37] So BGH, Urt. v. 8.10.1968 – VI ZR 168/67, NJW 1968, 2288.
[38] Gesetz zur Stärkung eines aktiven Schutzes von Kindern und Jugendlichen (BKiSchG) 22. Dezember 2011 (BGBl. I S. 2975)

mieren und sich informiert zu halten. Keine leichte Aufgabe bei der Normenflut im Gesundheitswesen. Fraglich kann in diesem Zusammenhang etwa sein, ob der Arzt seinen gesetzlich versicherten Patienten auf die Weitergabe der Daten an KV und Kostenträger hinzuweisen hat (ungefragt). Vor dem Hintergrund der Mitteilungspflicht für selbstverschuldete Gesundheitsschäden gewinnt diese Vorschrift vermutlich erhöhte Bedeutung.

XVIII. Grundlagen des Datenschutzes

71 Die datenschutzrechtlichen Normen sollen den Einzelnen davor schützen, dass er durch den Umgang mit personenbezogenen Daten in seinem Persönlichkeitsrecht beeinträchtigt wird[39]. Der allgemeine Datenschutz ist im Bundesdatenschutzgesetz (BDSG) sowie in den Datenschutzgesetzen der Länder geregelt. Für das Verhältnis von BDSG und Landesdatenschutzgesetzen sieht § 1 Abs. 2 BDSG vor, dass dieses im Landesbereich nur gelten soll, sofern es in dem Land keine landesrechtlichen Vorschriften gibt. Das BDSG ist also im Verhältnis zu den Landesdatenschutzgesetzen subsidiär.

72 Die allgemeinen Datenschutzvorschriften des Bundesdatenschutzgesetzes sind wiederum subsidiär zu Bundesgesetzen, die eine bereichsspezifische Regelung vorsehen, wie z. B. das Sozialgesetzbuch V. Gleiches gilt für das Landesrecht. Auch hier ist das allgemeine Datenschutzrecht nach den Landesdatenschutzgesetzen subsidiär zu bereichsspezifischen Datenschutzregelungen, die sich zumeist für den Gesundheitsbereich etwa im Krankenhausgesetz oder im Rettungsdienstgesetz finden. Bundesgesetzliche Spezialregelungen haben dabei Vorrang vor den landesrechtlichen (Art. 30 GG: Bundesrecht bricht Landesrecht).

Keine Anwendung finden die datenschutzrechtlichen Vorschriften auf personenbezogene Daten, die anonymisiert sind. Anonymisiert sind personenbezogene Daten dann, wenn die Einzelangabe über persönliche oder sachliche Verhältnisse nicht mehr oder nur mit einem unverhältnismäßig großem Aufwand an Zeit, Kosten und Arbeitskraft einer bestimmten oder bestimmbaren natürlichen Person zugeordnet werden können. Anonymisierte personenbezogene Daten unterfallen nicht dem Schutzzweck der datenschutzrechtlichen Vorschriften.

---

[39] Lippert, ÄBW 1992, 412, Simitis, NJW 1984, 398; zu den datenschutzrechtlichen Problemen im Forschungsbereich bei Biobanken vgl. Wellbrock MedR 2003, 77 (aus Sicht des Datenschützers); zum Verhältnis Datenschutz und Schweigepflicht neuestens auch Buchner, MedR 2013, 337, der gut aufzeigt, dass die elektronische Datenverarbeitung nicht mehr in den Kinderschuhen steckt. Schade nur, dass er über weite Strecken seines Beitrages der Faulheit der Ärzte das Wort zu reden scheint, denen die Einholung der Einwilligung zu aufwändig ist.

XIX. Die Zulässigkeit der Datenverarbeitung und Datennutzung

Die Datenschutzgesetze gehen davon aus, dass eine Verarbeitung oder Nutzung 73
personenbezogener Daten zunächst einmal verboten ist, es sei denn die datenschutzrechtliche Vorschrift oder eine gesetzliche Vorschrift sieht sie vor oder die Einwilligung des Betroffenen ermögliche sie (§ 4 BDSG). Der Betroffene soll nach Möglichkeit selbst darüber bestimmen, was mit seinen personenbezogenen Daten geschehen soll. Der gesetzliche Schutz dient somit dem Schutz des Persönlichkeitsrechts, dem nach dem Urteil des Bundesverfassungsgerichts[40] ein hoher Stellenwert zugewiesen ist[41].

Unter den Begriff der Datenverarbeitung fallen dabei das Speichern, Verändern, 74
Übermitteln, Sperren und Löschen personenbezogener Daten. Nicht unter diesen Begriff fällt das Erheben personenbezogener Daten. Ihre Zulässigkeit ist in einer eigenen Vorschrift geregelt und unter den Vorbehalt der Erforderlichkeit und einer strengen Bindung an den Zweck für den die Erhebung erfolgt, geknüpft.

Einwilligung des Betroffenen ist sein vorheriges Einverständnis in die Daten- 75
verarbeitung. Es bestehen keine Bedenken dagegen, den Begriff der Einwilligung im Datenschutzrecht in gleicher Weise zu verwenden, wie im Medizinrecht bei der Einwilligung in den ärztlichen Heileingriff. Der Betroffene muss in der Lage sein zu verstehen, warum die Daten erhoben und verarbeitet werden sollen und was mit ihnen geschehen soll. Geschäftsfähigkeit ist hierzu nicht Voraussetzung. Vertragliche Vereinbarungen begrenzen die Datenerhebung und -verarbeitung in dem vereinbarten Umfang, auch wenn sie über Allgemeine Geschäftsbedingungen Vertragsinhalt werden. Die datenschutzrechtlichen Vorschriften sehen zusätzlich vor, dass der Betroffene auf die Datenerhebung und Verarbeitung ausdrücklich hinzuweisen ist. Ein allgemeiner Hinweis zusammen mit anderen Regelungen etwa in allgemeinen Geschäftsbedingungen genügt dem Hinweiserfordernis nicht.

Mit Ausnahmen, die sich aus der Art der medizinischen Behandlung ergeben 76
können (Notfall, allgemeine Einwilligung), bedürfen alle diese Schritte der Datenverarbeitung der ausdrücklichen Einwilligung des Patienten oder dessen gesetzlichen Vertreters oder Betreuers.

Überdies ist die Einwilligung schriftlich festzuhalten. Fehlt die Schriftform, so ist die Einwilligung unwirksam. Aus diesem Grund fordern einige Ethikkommissionen bei der Patienten-/Probanden Einwilligung eine zweite Unterschrift, mit welcher ausdrücklich in die Datenverarbeitung eingewilligt wird.

Nur im Bereich wissenschaftlicher Forschung kann auf die Schriftform verzich- 77
tet werden, wenn dadurch der Forschungszweck beeinträchtigt würde. Nicht verzichtet werden kann auch hier auf die Information des Betroffenen über die Daten-

---

[40] BVerfGE 65,1 = Urt. v. 15. 12. 1983 – 1 BvR 209/83, NJW 1984, 419 – Volkszählungsurteil.
[41] Kilian, MedR 1986, 7; zu den datenschutzrechtlichen Problemen bei Anwendung der Telemedizin vgl. Berg, MedR 2004, 411 m. w. Nachw.

verarbeitung[42]. Die Einwilligung in die Datenverarbeitung deckt regelmäßig nicht die Einwilligung in die Publikation personenbezogener Daten in wissenschaftlichen Veröffentlichungen ab. Deshalb ist hierauf in der Einwilligungserklärung gesondert einzugehen.

78   Stets zulässig ist die durch die Zweckbestimmung des medizinischen Behandlungsvertrages gebotene Datenspeicherung und übermittlung. Detaillierte Regelungen zum Schutz der Sozialdaten bei der Datenverarbeitung enthalten auch die §§ 67 ff. SGB X für den Bereich der Sozialversicherung. Das zweite Gesetz zur Änderung des Sozialgesetzbuches hat in den §§ 284 ff. SGB V nunmehr die Grundsätze der Datenverwendung bei Krankenkassen und Kassenärztlichen Vereinigungen neu gefasst. Nach § 284 SGB V dürfen die Krankenkassen Daten u. a. für folgende Zwecke speichern: zur Feststellung des Versicherungsverhältnisses (§§ 5–10) und der Mitgliedschaft (§§ 186–193), zur Feststellung der Beitragspflicht und der Beiträge, deren Tragung und Zahlung (§§ 223–266 SGB V) sowie deren Rückzahlung (§ 65 SGB V), zur Unterstützung der Versicherten bei Behandlungsfehlern (§ 66 SGB V), zur Beteiligung des Medizinischen Dienstes (§ 275 SGB V) und zur Abrechnung mit den Leistungserbringern. Die kassenärztlichen Vereinigungen dürfen nach § 285 SGB V Daten speichern u. a. zur Führung des Arztregisters (§ 95 SGB V), zur Sicherstellung und Vergütung der vertragsärztlichen Versorgung einschließlich der Überprüfung der Zulässigkeit und Richtigkeit der Abrechnung, zur Vergütung der ambulanten Krankenhausleistungen und der belegärztlichen Leistungen (§§ 120, 121 SGB V), zur Durchführung der Wirtschaftlichkeitsprüfungen (§ 106 SGB V) und zur Durchführung von Qualitätsprüfungen (§ 136 SGB V). Die Verpflichtung der Leistungsträger, also der Vertragsärzte zur Weitergabe von Daten aus dem Behandlungsgeschehen ergibt sich aus den §§ 294 SGB V. Wer im Rahmen der genannten Bestimmungen Daten aus dem Patientenverhältnis weitergibt, kann nicht gegen datenschutzrechtliche Vorschriften verstoßen, weil ihn das Gesetz sogar zur Weitergabe verpflichtet. Fraglich ist nur, ob der Arzt z. B. den Patienten darauf hinzuweisen hat (vgl. § 9 Abs. 2 S. 3 MBOÄ).

79   Auf das Erfordernis der Einwilligung des Patienten in die Weitergabe seiner Behandlungsdaten zu Abrechnungszwecken durch Chefärzte in Krankenhäusern im Rahmen der Vergütung wahlärztlicher Leistungen ist oben bereits unter III. hingewiesen worden. Bei der privatärztlichen Verrechnungsstelle werden diese Daten verarbeitet und für die Erstellung der entsprechenden Rechnungen verwendet. Es handelt sich dabei um einen Fall der Datenverarbeitung durch Private (Auftragsdatenverarbeitung), auf die § 11 BDSG anzuwenden ist. Der Auftraggeber (Chefarzt) und der Auftragnehmer (Verrechnungsstelle) haben darüber eine schriftliche Vereinbarung zu schließen, die den Anforderungen von § 11 BDSG entsprechen muss. Da die Schriftform gesetzlich vorgeschrieben ist, führt ein Verstoß dagegen zu einer Nichtigkeit des Auftrages (§ 125 BGB). In der Praxis wird dies wohl nicht immer beachtet. Dem Datenschutzrecht unterfallen seit der Novellierung der Geset-

---

[42] Lippert, MedR 1993, 17 m. w. N.; vgl. zu den Datenschutzproblemen bei grenzüberschreitenden klinischen Prüfungen: Weisser, Bauer, MedR 2005, 339 m. w. Nachw. Sie bekräftigen den hier vertretenen Standpunkt.

ze auch die Krankenakten und nicht mehr nur die in Dateien gespeicherten personenbezogenen Daten.

XX. Die Zweckbindung

Daten erhebende, speichernde und vor allem auch übermittelnde Stellen sollen personenbezogene Daten nicht auf Vorrat erheben, speichern und übermitteln, also keine „Datenfriedhöfe" anlegen. Zwei wesentliche Grundsätze, die alle Datenschutzgesetze durchziehen sollen dies verhindern. Zum einen muss die Datenverarbeitung erforderlich sein und zum anderen müssen sich die Daten verarbeitenden Stellen an den Zweck der Datenverarbeitung halten. Der Zweck, zu dem die Datenverarbeitung erfolgen soll, ist dem Betroffenen in aller Regel mitzuteilen. Eine Zweckänderung ist nur unter ganz bestimmten Voraussetzungen möglich. Eine Zweckänderung ist unter anderem mit Einwilligung des Betroffenen immer möglich oder wenn sie in dessen Interesse liegt, wenn es zur Abwehr erheblicher Nachteile für das Gemeinwohl oder einer unmittelbar drohenden Gefahr, die öffentliche Sicherheit oder zur Verfolgung von Straftaten oder Ordnungswidrigkeiten erforderlich ist.

Werden personenbezogene Daten zur weiteren Nutzung an Dritte etwa im Bereich der wissenschaftlichen Forschung übermittelt, so ist der Empfänger über den Zweck zu informieren und auf die Verwendung der Daten zu eben diesem Zweck zu verpflichten. Eine Zweckänderung in der Forschung ist dann zulässig, wenn sie erforderlich ist, das Interesse an der Durchführung der Forschung, das Interesse des Betroffenen am Ausschluss der Zweckänderung erheblich überwiegt und der Zweck der Forschung auf andere Weise nicht oder doch nur mit unverhältnismäßigem Aufwand erreicht werden kann (§ 14 Abs. 2 BDSG).

XXI. Das Verhältnis von ärztlicher Schweigepflicht und Datenschutz

Von großer praktischer Bedeutung ist es, sich die Reichweite von ärztlicher Schweigepflicht und Datenschutz sowie das Verhältnis beider Bereiche zueinander klar zu machen: Die Datenschutzgesetze des Bundes und der Länder räumen berufsrechtlich bestehenden Verschwiegenheitspflichten wie sie unter anderem für Ärzte und Rechtsanwälte bestehen, Vorrang vor den datenschutzrechtlichen Vorschriften ein (§ 1 Abs. 3 S. 2 BDSG, § 2 Abs. 5 LDSGbw). Oder anders gesagt, wer die ärztliche Schweigepflicht einhält, beachtet zugleich die Regeln des Datenschutzes.

Es hat den berechtigten Anliegen des Datenschutzes, nämlich den Bürger vor einer missbräuchlichen Verwendung seiner personenbezogenen Daten zu schützen, ungemein geschadet, dass viele der negativen Entscheidungen, die in der täglichen Arbeit zu fällen sind, mit Restriktionen aus dem Datenschutz begründet werden und wurden. Verstöße gegen die Datenschutzvorschriften kommen in der ärztlichen Tätigkeit sehr viel seltener vor, als solche gegen die ärztliche Schweigepflicht.

XXII. Das Zeugnisverweigerungsrecht

83 Berufliche Schweigepflichten wären leicht auszuhebeln, wenn der zu ihr Verpflichtete vor Gericht Aussagen über Dinge machen müsste, die ihm der Patient oder Mandant anvertraut hat oder von denen er bei der Beratung oder Behandlung Kenntnis erlangt hat.

Die beiden großen Verfahrensordnungen, die Zivilprozessordnung wie die Strafprozessordnung (auf die die anderen Verfahrensordnungen verweisen) sehen daher für bestimmte im Gesetz abschließend aufgezählte Berufsgruppen (sowie für Verwandte und Angehörige des Schweigepflichtigen) das Recht auf Zeugnisverweigerung vor. Solange der Geheimnisträger den Arzt nicht von der Schweigepflicht entbunden hat, ist dieser zur Verschwiegenheit verpflichtet, ohne dass ihm aus dieser Weigerung ein Vorwurf gemacht werden könnte[43]. Zur Aussage vor Gericht verpflichtet ist der Arzt indessen im Rahmen gesetzlicher Offenbarungspflichten. Hat der Geheimnisträger den Arzt von der Schweigepflicht entbunden, so ist er in dem Umfang, in welchem dies geschehen ist, aussageberechtigt. Nach dem Tod des Patienten bleibt neben der Schweigepflicht auch das Zeugnisverweigerungsrecht bestehen. Der Arzt kann im Rahmen einer Güterabwägung auch die Schweigepflicht brechen und sich nicht auf das Zeugnisverweigerungsrecht berufen und vor Gericht aussagen. Es ist dies aber seine persönliche Entscheidung. Im Interesse des Patienten und in Annahme dessen mutmaßlicher Einwilligung kann der Arzt vor Gericht ebenfalls aussagen.

84 Im Strafprozess muss der Arzt als Zeuge vor Gericht erscheinen, im Zivilprozess und den nach diesen Vorschriften ablaufenden anderen Gerichtsverfahren kann er sich als Zeuge schon im Vorfeld auf sein Zeugnisverweigerungsrecht berufen. Ist das bestehende Zeugnisverweigerungsrecht im Streit, so hat das Gericht letztlich über ein Bestehen und seinen Umfang zu entscheiden[44]. An diese Entscheidung ist der Arzt gebunden. Berufsmäßige Gehilfen des Arztes haben ein von ihm abgeleitetes Zeugnisverweigerungsrecht, das solange Bestand hat, wie das Zeugnisverweigerungsrecht des Arztes (zur abgeleiteten Schweigepflicht vergleiche oben).

XXIII. Das Beschlagnahmeverbot

85 Das Beschlagnahmeverbot des § 97 StPO knüpft an das Zeugnisverweigerungsrecht an und soll seine Umgehung verhindern und damit letztlich die Einhaltung der ärztlichen Schweigepflicht sichern helfen. Entbindet der Patient den Arzt von der ärztlichen Schweigepflicht, so endet die des Arztes wie auch diejenige der beruflichen Helfers des Arztes. Es entfällt aber auch das Recht das Zeugnis zu verweigern und das Verbot schriftliche Mitteilungen zwischen den Beschuldigten und

---

[43] Vgl. hierzu BGH, Urt. v. 22.12.1999 – 3 StR 401/99, MedR 2000, 426.

[44] Zum Umfang des Zeugnisverweigerungsrechts des Arztes bei einer Tätigkeit als Sachverständiger BGH, Urt. v. 6.12.2001 – 1 StR 468/01, MedR 2002, 309.

dem Arzt nicht zu beschlagnahmen. Das Verbot der Beschlagnahme erstreckt sich ausschließlich auf Beweismittel. Das Verbot gilt nicht für Gegenstände, die durch strafbare Handlungen erlangt worden sind.

Ist der zur Verweigerung des Zeugnisses berechtigte selbst der Beschuldigte im Ermittlungsverfahren, dann ist § 97 StPO nicht anwendbar. Eine Beschlagnahme ist in diesem Fall möglich.

Der Umkreis des durch Art. 2 GG geschützten Persönlichkeitsrechts bemisst sich nicht alleine nach spezialgesetzlichen Normen, sondern nach dessen Reichweite. Diese ergibt sich wiederum aufgrund einer Güterabwägung mit den Interessen des Einzelnen, die dem Persönlichkeitsrecht und der Menschenwürde gegenüberstehen. So verbietet etwa das Interesse des Patienten an der Geheimhaltung des dem Arzt Anvertrauten, die Beschlagnahme der gesamten Patientenkartei des Arztes oder einzelner Karteikarten daraus, wenn die Sachverhaltsaufklärung durch andere Beweismittel erfolgen kann[45].

86

Der Umfang des Beschlagnahmeverbots nach § 97 StPO und seine Durchbrechung im Interesse einer Strafverfolgung hat immer wieder die Gerichte beschäftigt, auch das Bundesverfassungsgericht und den Bundesgerichtshof. In der Leitentscheidung zum Beschlagnahmeverbot nach § 97 StPO hatte das Bundesverfassungsgericht die Frage zu entscheiden, ob die Beschlagnahme der Patientenkarteikarte eines Beschuldigten zulässig sei, wenn sich diese Karte nicht mehr im Besitz des ursprünglich behandelnden Arztes sondern in dem des Praxisnachfolgers befindet, der Praxis und Patientenkartei übernommen hatte. Das Bundesverfassungsgericht hat die Frage verneint und damit die Verfassungsbeschwerde des Beschuldigten für begründet erklärt[46].

87

In einem anderen Fall hatte der Bundesgerichtshof – auf die Entscheidung des Bundesverfassungsgerichtes gestützt – entschieden, dass die Beschlagnahme von Patientenkarteien in der Praxis eines Frauenarztes in einem Verfahren, in welchem es um dessen Strafbarkeit wegen vermuteter illegaler Schwangerschaftsabbrüche ging, zulässig gewesen sei. Insbesondere sei auch der Grundsatz der Verhältnismäßigkeit zwischen Eingriff in die Privatsphäre der betroffenen Frauen und der Bedeutung der Straftat und ihres Nachweises mangels anderer Beweismittel gegeben gewesen. Die Entscheidung[47] lässt aber die Problematisierung der Frage vermissen, aufgrund welcher Befugnisse die Steuerfahndung, also die Finanzbehörden, die sich zunächst für die Patientenkartei interessiert hatte, zu einer Weitergabe der von ihr erlangten Erkenntnisse an die Strafverfolgungsbehörde befugt sein sollte. Beim Verdacht der Steuerhinterziehung dürften die Behörden fast immer fündig werden, wie man seit dem Fall Al Capone weiß.

88

Gefahr droht dem Behandlungsgeheimnis aber auch aus anderen strafprozessrechtlichen Vorschriften, die die ärztliche Schweigepflicht nicht offen einschränken, sondern diese auf subtilem Weg teilweise unterlaufen. Gemeint sind die neu in die

89

---

[45] LG Dortmund, Beschl. v. 31. 5. 1972 – 14 Qs 51/72, NJW 1972, 1533.
[46] BVerfG, Beschl. v. 8. 3. 1972 – 2 BvR 28/71, NJW 1972, 1123.
[47] BGH, Urt. v. 3. 12. 1991 – 1 StR 120 790, NJW 1992, 763 – Fall Theissen.

StPO eingefügten Vorschriften über die (auch heimliche) Überwachung der Telekommunikation in §§ 100a-d StPO. Von diesen Maßnahmen können auch Personen betroffen sein, die zur Zeugnisverweigerung berechtigt sind. Das prozessrechtlich gesicherte Verbot, bei der zur Verweigerung des Zeugnis berechtigten Person ggf. widerrechtlich erlangte Informationen im Strafverfahren nicht verwerten zu dürfen, sorgt hier immerhin für eine – wenn auch späte – Wiederherstellung der Waffengleichheit im Strafprozess (§§ 100c Abs. 5–7, 160a, 161 StPO).

XXIV. Zivilrechtliche Aspekte der ärztlichen Schweigepflicht

90 Der Schwerpunkt rechtlicher Probleme im Zusammenhang der ärztlichen Schweigepflicht liegt eindeutig im Strafrecht. Neben dem berufsrechtlichen Aspekt tritt aber auch ein zivilrechtlicher. Im Normalfall liegt den ärztlichen Behandlungs- und Untersuchungsmaßnahmen ein Behandlungsvertrag zu Grunde, auch wenn diese Sicht der Dinge beim Patienten in der gesetzlichen Krankenversicherung nicht mit der gebotenen Deutlichkeit zu Tage tritt. Zu den Hauptpflichten aus diesem Vertrag (Behandlung nach dem Stand der medizinischen Wissenschaft) und Honorierung der ärztlichen Leistung, tritt als Nebenpflicht diejenige zur Einhaltung der ärztlichen Schweigepflicht. Leider hat der Gesetzgeber es versäumt, dies so ins Patientenrechtegesetz hineinzuschreiben weshalb man darin vergebens danach suchen wird.

Beim bewusstlosen Patienten, etwa dem Notfallpatienten im Notarztdienst gehört die Einhaltung der ärztlichen Schweigepflicht ebenfalls zu den Nebenpflichten, die der Geschäftsführer ohne Auftrag dem Patienten gegenüber seinem mutmaßlichen Willen und entsprechend seinem Interesse zu erfüllen hat[48].

Die Erfüllung dieser Nebenpflicht deckt den Schutz des Persönlichkeitsrechts des Patienten. (Zu den Folgen der Verletzung vgl. sogleich unten).

XXV. Rechtsfolgen bei der Verletzung der ärztlichen Schweigepflicht und datenschutzrechtlicher Vorschriften

91 Es ist eine Sanktion der Verletzung der ärztlichen Schweigepflicht in dreifacher Hinsicht möglich: strafrechtlich, zivilrechtlich und berufsrechtlich[49].

Verletzt ein Arzt oder ein Angehöriger eines nichtärztlichen medizinischen Berufes, der der vom Arzt abgeleiteten Schweigepflicht unterliegt, diese, so tritt die Strafverfolgung nicht von Amtswegen ein. § 203 StGB ist Antragsdelikt. Erst wenn der Geheimnisträger Strafantrag stellt, wird das Ermittlungsverfahren eingeleitet. Es kann eine Verurteilung des Arztes zu einer Freiheits- oder Geldstrafe nach sich ziehen.

---

[48] Vgl. Lippert, Weißauer, Rz. 581 f.
[49] Zum Datenschutzrechtlichen Schutz von Körpersubstanzen vgl. Breyer, MedR 2004, 660.

Entsteht dem Patienten durch den Bruch der ärztlichen Schweigepflicht ein materieller Schaden, so kann er aus Verletzung des Behandlungsvertrages, aber auch aus unerlaubter Handlung (§ 823 Abs. 2 BGB i. V. m. § 203 StGB) Ersatz des Schadens verlangen, weil der Arzt eine dem Patienten gegenüber ihm obliegende Rechtspflicht verletzt hat. 92

In der Verletzung der Schweigepflicht liegt zugleich aber auch eine Verletzung des Persönlichkeitsrechts des Patienten. Der Patient kann hierfür – auch ohne dass ihm durch die Verletzung der Schweigepflicht ein materieller Schaden entstanden ist – aus § 823 BGB – sonstiges Recht – ein Schmerzensgeld beanspruchen, mit dem diese immaterielle Beeinträchtigung des Persönlichkeitsrechts abgegolten wird. Allerdings gehen die Gerichte in zunehmendem Masse in diesen Fällen dazu über, in Bagatellfällen kein Schmerzensgeld zuzusprechen[50].

Berufsrechtlich begeht der Arzt, der die ärztliche Schweigepflicht verletzt, eine Berufswidrigkeit. Sie kann mit dem Sanktionen der Berufsgerichtsbarkeit der Ärztekammern geahndet werden (Warnung, Verweis, Geldbuße, Entzug des aktiven und passiven Berufswahlrechts). 93

Die datenschutzrechtlichen Vorschriften des Bundes und der Länder enthalten Strafvorschriften, nach denen derjenige, der gegen die Vorschriften verstößt, bestraft werden kann. Die Straftaten sind Antragsdelikte und werden nur verfolgt, wenn der Betroffene Strafantrag stellt. 94

Vergessen wird auch, dass eine Verletzung der datenschutzrechtlichen Vorschriften den Patienten natürlich schädigen und in seinem Persönlichkeitsrecht verletzen kann. Auch hierfür haftet der Verletzer. Die datenschutzrechtlichen Vorschriften sind auch Schutzgesetze im Sinne von § 823 Abs. 2 BGB zu Gunsten des Betroffenen und bilden daher eine weitere Anspruchsgrundlage für Schadenersatzansprüche des Betroffenen. Berufsrechtlich stellt die Verletzung der datenschutzrechtlichen Vorschriften beim Arzt eine berufsunwürdige Handlung dar, die neben den staatlichen Sanktionen eine Ahndung durch das Berufsgericht nach sich ziehen kann. 95

---

[50] Vgl. hierzu z. B. neuestens OLG Düsseldorf, Urt. v. 25.6.2008 – I- 15 U 170/07 dessen Sachverhalt durchaus sortentypisch für derartige alltäglichen Verstöße gegen die Schweigepflicht ist und für die es wegen der Geringfügigkeit des Verstoßes kein Schmerzensgeld gibt.

§ 10 Dokumentationspflicht

(1) Ärztinnen und Ärzte haben über die in Ausübung ihres Berufes gemachten Feststellungen und getroffenen Maßnahmen die erforderlichen Aufzeichnungen zu machen. Diese sind nicht nur Gedächtnisstützen für die Ärztin oder den Arzt, sie dienen auch dem Interesse der Patientin oder des Patienten an einer ordnungsgemäßen Dokumentation.

(2) Ärztinnen und Ärzte haben Patientinnen und Patienten auf deren Verlangen grundsätzlich in die sie betreffenden Krankenunterlagen Einsicht zu gewähren; ausgenommen sind diejenigen Teile, welche subjektive Eindrücke oder Wahrnehmungen der Ärztin oder des Arztes enthalten. Auf Verlangen sind der Patientin oder dem Patienten Kopien der Unterlagen gegen Erstattung der Kosten herauszugeben.

(3) Ärztliche Aufzeichnungen sind für die Dauer von zehn Jahren nach Abschluss der Behandlung aufzubewahren, soweit nicht nach gesetzlichen Vorschriften eine längere Aufbewahrungspflicht besteht.

(4) Nach Aufgabe der Praxis haben Ärztinnen und Ärzte ihre ärztlichen Aufzeichnungen und Untersuchungsbefunde gemäß Absatz 3 aufzubewahren oder dafür Sorge zu tragen, dass sie in gehörige Obhut gegeben werden. Ärztinnen und Ärzte, denen bei einer Praxisaufgabe oder Praxisübergabe ärztliche Aufzeichnungen über Patientinnen und Patienten in Obhut gegeben werden, müssen diese Aufzeichnungen unter Verschluss halten und dürfen sie nur mit Einwilligung der Patientin oder des Patienten einsehen oder weitergeben.

(5) Aufzeichnungen auf elektronischen Datenträgern oder anderen Speichermedien bedürfen besonderer Sicherungs- und Schutzmaßnahmen, um deren Veränderung, Vernichtung oder unrechtmäßige Verwendung zu verhindern. Ärztinnen und Ärzte haben hierbei die Empfehlungen der Ärztekammer zu beachten.

Abweichender Wortlaut der Berufsordnungen in den Kammerbezirken:

Baden-Württemberg

(5) Ärztinnen und Ärzte können ihre Patientenunterlagen bei Aufgabe oder Übergabe der Praxis grundsätzlich nur mit schriftlicher Einwilligungserklärung der betroffenen Patientinnen und Patienten an die Praxisnachfolgerin oder den Praxisnachfolger übergeben. Soweit eine Einwilligung der Patientin oder des Patienten nach entsprechenden Bemühungen nicht zu erlangen ist, hat die bisherige Praxisinhaberin oder der bisherige Praxisinhaber die Unterlagen gemäß Absatz 3 aufzubewahren.

(6) Ist eine Aufbewahrung bei der bisherigen Praxisinhaberin oder dem bisherigen Praxisinhaber nicht möglich, ist die Übergabe an die Praxisnach-

folgerin oder den Praxisnachfolger nur statthaft, wenn diese die Unterlagen getrennt von eigenen Unterlagen unter Verschluss halten. Die Unterlagen dürfen nur mit Einwilligung der Patientinnen und Patienten eingesehen und weitergegeben werden.

(7) Aufzeichnungen auf elektronischen Datenträgern oder anderen Speichermedien bedürfen besonderer Sicherungs- und Schutzmaßnahmen, um deren Veränderung, Vernichtung oder unrechtmäßige Verwendung zu verhindern.

Bayern Nordrhein
§ 10 (5) fehlt letzter Satz.

Hessen

(2) Der Arzt hat dem Patienten auf dessen Verlangen grundsätzlich in die ihn betreffenden Krankenunterlagen Einsicht zu gewähren; ausgenommen sind diejenigen Teile, welche subjektive Eindrücke und Wahrnehmungen des Arztes enthalten oder1) welche die Schweigepflicht gegenüber Dritten berühren. Auf Verlangen sind dem Patienten Kopien der Unterlagen gegen Erstattung der Kosten herauszugeben.

Mecklenburg-Vorpommern

(4)... Satz 2: Vor Übergabe der Praxis an einen Nachfolger hat der Arzt grundsätzlich die Patienten um Einwilligung in die Weitergabe ihrer Patientenunterlagen zu bitten.

Westfalen-Lippe

(2) Ärztinnen und Ärzte haben den Patientinnen und Patienten auf Verlangen grundsätzlich in die sie betreffenden Krankenunterlagen Einsicht zu gewähren; ausgenommen sind diejenigen Teile, welche subjektive ärztliche Eindrücke oder Wahrnehmungen enthalten.

Hamburg,

(6) Der Arzt darf Angaben zur Approbation oder Erlaubnis zur vorübergehenden Ausübung des ärztlichen Berufs sowie zu Bezeichnungen nach der Weiterbildungsordnung nur durch eine von der Ärztekammer betriebene oder mit der Ärztekammer durch einen Kooperationsvertrag verbundene Zertifizierungsstelle in Signaturschlüssel-Zertifikate oder Attribut-Zertifikate aufnehmen lassen.

Nordrhein, Sachsen-Anhalt, Saarland(Abs. 5), Schleswig-Holstein, Thüringen (Wortlaut von Abs. 6 zum Teil abweichender Wortlaut)

§ 10 Dokumentationspflicht

Übersicht
Rz.

I. Die Bedeutung der Norm 1
II. Gegenstand der Dokumentation 4
III. Grenzen der Dokumentationspflicht 5
IV. Die Dokumentationsart 6
V. Versäumnisse 9
VI. Die Aufbewahrungszeit 10
VII. Verwahrungspflichten bei Praxiskauf oder -übergabe 11
VIII. Auskunfts-, Einsichts- und Herausgabeansprüche 19

Literatur

Bender, Der Umfang der ärztlichen Dokumentationspflicht, VersR 1997, 918 ff.; Deutsch, Die Beweiskraft der EDV-Dokumentation bei der zahnärztlichen Behandlung, MedR 1998, 206 ff.; Frehse, Die Dokumentation des ärztlichen und nichtärztlichen Personals, insbesondere unter strafrechtlichen Aspekten, GesR 2007, 504 ff.; Inhester, Rechtliche Konsequenzen des Einsatzes von Bildarchivierungs- und Kommunikationssystemen (PACS), NJW 1995, 685 ff.; Kilian, Rechtliche Aspekte der digitalen medizinischen Archivierung von Röntgenunterlagen, NJW 1987, 695; Lippert, Der Krankenhausarzt als Urheber, MedR 1994, 135; ders. Zum Urheberrecht an Krankenunterlagen, DMW, 1990, 1119; Mehrhoff, Aktuelles zum Recht der Patientendokumentation, NJW 1990, 1524; Münchener Empfehlungen zur Wahrung der ärztlichen Schweigepflicht bei Veräußerung einer Arztpraxis, MedR 1992, 207; Ortner, Geis, Die elektronische Patientenakte, MedR 1997, 337 ff.; Roßnagel, Datenschutz bei Praxisübergabe, NJW 1989, 2303; Ratzel, Die rechtliche Bedeutung der ärztlichen Dokumentation, Frauenarzt 1991, 163 ff. Reborn, Aktuelle Entwicklungen im Arzthaftungsrecht, MDR 2000, 1101; Schmid, Über den notwendigen Inhalt ärztlicher Dokumentation, NJW 1987, 681; Spickhoff/Bleckwenn, Um Beweiswert digitaler Aufklärungsbögen bei Verwendung elektronischer Signaturen, VersR 2013, 1350ff.; Strohmaier, Zweck und Ausmaß der Dokumentationspflicht des Arztes, VersR 1998, 416 ff.; Taupitz, Die zivilrechtliche Pflicht zur unaufgeforderten Offenbarung eigenen Fehlverhaltens, Tübingen, 1989. Wienke/Sauerborn, EDV-gestützte Patientendokumentation und Datenschutz in der Arztpraxis, MedR 2000, 517 ff.

I. Die Bedeutung der Norm

Die Dokumentationspflicht ist Ausfluss der Rechenschaftspflicht des Arztes gegenüber dem Patienten. Sie stellt kein ärztliches Sonderrecht dar, sondern findet sich in gleicher oder ähnlicher Form auch für andere Berufe[1]. Wichtige Querverbindungen bestehen zur ärztlichen Schweigepflicht (siehe § 9), was wiederum vielfältige straf- und zivilprozessuale Konsequenzen nach sich ziehen kann. Als Nebenpflicht aus dem Behandlungsvertrag kann der Patient Einsicht in die Aufzeichnungen oder Herausgabe von entsprechenden Kopien gegen Kostenerstattung verlangen[2]. 1

Mit Inkrafttreten des Patientenrechtegesetzes[3] am 26.2.2013 gibt es für diese berufsrechtliche Regelung eine ähnliche Norm in den §§ 630 f und 630 g BGB. § 630 f BGB regelt den Inhalt der Verpflichtung und die Aufbewahrungsdauer, 2

---

[1] Rechtsanwälte, Steuerberater, Notare, Wirtschaftsprüfer; siehe auch § 259 BGB.
[2] BGH, NJW 1983, 328 u. 330.
[3] PatRG v.20.2.2013, BGBl. I v. 25.2.2013 S. 277 ff.

§ 630 g BGB die Rechte zur Einsichtnahme in die Patientenakte. § 630 h Abs. 3 BGB regelt schließlich die Folge von Dokumentationsfehlern für die Beweislast. Diese Normen spiegeln inhaltlich den bisherigen Stand der Rechtsprechung wieder, sind also keine wirklichen Innovationen. Die berufsrechtliche Ahndung von Verstößen gegen die Dokumentationspflicht ist gering. Sie beschränkt sich i. d. R auf die Ahndung von Verstößen, die im Rahmen der Aufarbeitung anderer berufs-, straf- oder zivilrechtlicher Vorwürfe „mit" entdeckt worden sind.

3 Von der berufs- und zivilrechtlichen Verpflichtung zur Dokumentation ist die vertragsärztliche Dokumentationspflicht gemäß BMV-Ä zu unterscheiden. Sie wird sich zwar vielfach mit der berufsrechtlichen Dokumentationsverpflichtung decken, was Befunde, Behandlungsmaßnahme etc. anbelangt. Die eigentliche abrechnungstechnische Leistungserfassung soll jedoch nicht der 10jährigen Aufbewahrungspflicht unterliegen und letztlich wohl auch keine Ausweitung der berufsrechtlichen Dokumentationspflicht bewirken. Die vertragsärztliche Dokumentationspflicht wird aber jedenfalls so umfangreich sein müssen, dass sowohl der KV als auch den Vertragspartnern eine Überprüfung der ordnungsgemäßen Leistungserbringung (vgl. §§ 275, 295 SGB V) möglich sein muss, d. h. der Vertragsarzt muss anhand seiner Aufzeichnungen feststellen können, warum er wann welche Leistung erbracht bzw. veranlasst hat. Die vertragsärztliche Dokumentationspflicht ist demnach nicht Ausfluss der Rechenschaftspflicht gegenüber dem Patienten, sondern eine Obliegenheit des Vertragsarztes gegenüber seiner Körperschaft und den ihr verbundenen Vertragspartnern. Im Übrigen gibt es zahlreiche Leistungslegenden in der vertragsärztlichen Gebührenordnung, die die Dokumentation der Leistung als zwingenden Bestandteil beinhalten und damit ein Abrechnungserfordernis darstellen.

II. Gegenstand der Dokumentation

4 Nach der Rechtsprechung[4] und jetzt auch § 630 f. BGB muss eine Dokumentation die objektiven Feststellungen über die körperliche Befindlichkeit des Patienten und die Aufzeichnungen über die Umstände und den Verlauf der durchgeführten Behandlung enthalten. Im einzelnen sind dies z. B.: Anamnese, Beschwerden unter Einschluss von Verdachtsdiagnosen, Behandlung mit Medikation, Ergebnis der Behandlung, Art der Nachbehandlung, Sektionsbefunde, Operationsberichte unter Einschluss der Lagerung des Patienten, Anästhesieprotokolle, Einsatz besonderer Behandlungsarten, Zwischenfälle, Röntgen- und Sonographieaufnahmen, EKG- und CTG-Streifen, Laborbefunde, Warnhinweise an den Patienten (z. B. bei vorzeitigem Verlassen des Krankenhauses auf eigenen Wunsch), Hinweis auf Versagerquoten bei Sterilisationen, Überweisungsempfehlungen, Wiedereinbestellungen, Uhrzeiten, wenn es auf den genauen Zeitpunkt von Anordnungen ankommt (wie z. B. in der Geburtshilfe oder der Intensivmedizin), Name der behandelnden

---

[4] BGH, NJW 1978, 2337.

Ärzte bei Operationen[5] etc.; als zusätzliche Dokumentation patienten- und produktbezogen die Chargennummern von Blut und Blutprodukten unter Einschluss des Präparatenamens und des Herstellers, Dosis und Datum der Applikation[6] etc.; Die Dokumentation muss nicht für Laien verständlich sein. Fachausdrücke müssen nicht erklärt werden; es genügen stichwortartige Angaben, wenn für einen anderen Arzt erkennbar ist, wie vorgegangen wurde. In diesem Sinne sind auch fachspezifische Abkürzungen oder Symbole zulässig. Voraussetzung ist aber stets, dass die Dokumentation leserlich ist, so dass sie z. B. auch von einem Urlaubsvertreter verstanden würde. Der Arztbrief an vor- und nachbehandelnde Ärzte ist ebenfalls wichtiger Bestandteil der Dokumentation.

III. Grenzen der Dokumentationspflicht

Bloße, sich von selbst verstehende Routinemaßnahmen (anders die Intensivpflege) oder auch der pflegerische Grundstandard müssen nicht dokumentiert werden. Im Einzelfall kann auch eine Aufzeichnung über eine Untersuchung in einer ärztlichen Notfallambulanz entbehrlich sein, wenn die Umstände dies erfordern[7]. Im Übrigen dient die Dokumentation in erster Linie medizinischen Zwecken. Maßnahmen, die von der Situation her nicht erforderlich waren, müssen auch nicht dokumentiert werden. Eine Dokumentation der ärztlichen Aufklärung wird von der Rechtsprechung nicht verlangt[8]; dennoch empfiehlt es sich aus forensischen Gründen (Beweisproblematik) zumindest bei operativen Eingriffen die erfolgte Aufklärung zu dokumentieren. Hierzu gibt es vielfältige Formulare, allerdings sehr unterschiedlicher Qualität. Diese Formulare werden von der Rechtsprechung[9] eher argwöhnisch betrachtet. Dennoch ist nicht von der Hand zu weisen, dass sie, sofern qualitativ gut gemacht, zumindest den auch vom Arzt gewünschten Nebeneffekt haben, eine

5

---

[5] Erforderlichenfalls muss z. B. das Krankenhaus den Namen des Arztes, BGH, NJW 1983, 2075, oder auch den Namen der Krankenschwester LG Heidelberg, VersR 1989, 595 mitteilen.
[6] Siehe hierzu Beschluss des Vorstands der Bundesärztekammer vom 17.12.93 DÄ-10, 1994, durch diese zusätzliche Dokumentation soll gewährleistet werden, dass der Empfänger des Präparates einer inkriminierten Charge durch Rückverfolgung identifiziert werden kann. Siehe auch Richtlinien der BÄK zur Blutgruppenbestimmung und Bluttransfusion; Gemäß § 18 TFG stellt die BÄK im Einvernehmen mit der zuständigen Bundesoberbehörde (§ 27 TFG) in Richtlinien den allgemein anerkannten Stand der medizinischen Wissenschaft und Technik insbesondere für die Anwendung von Blutprodukten, der Qualitätssicherung der Anwendung, der Qualifikation der tätigen Personen und den Umgang mit nicht angewendeten Blutprodukten in den Einrichtungen der Krankenversorgung fest. Besondere Dokumentationspflichten gibt es auch im Rahmen der Transplantationsmedizin, insbesondere im Hinblick auf das 2007 in Kraft getretene Gewebegesetz.
[7] Hamburgischer Berufsgerichtshof für Heilberufe, MedR 1987, 160.
[8] Siehe aber LG Dortmund, MedR 1993, 392, werde die Aufklärung substantiiert bestritten und sei sie nicht dokumentiert, genügen Hinweise auf allgemeine Gepflogenheiten auf der Abteilung nicht, um die sichere Überzeugung des Gerichts zu gewinnen.
[9] BGH, Urt.v. 8.1.1995 – VI ZR 15/83, NJW 1985, 1399.

größtmögliche forensische Absicherung zu erzielen[10]. § 630e Abs. 2 Satz 2 BGB sieht vor, dass dem Patienten Unterlagen, die er im Rahmen der Aufklärung unterschrieben hat, in Kopie mitzugeben sind. Dokumentationsverantwortlicher ist der Praxisinhaber bzw. der Leiter der Abteilung, auch wenn einzelne Schritte oder gar die Dokumentation als Ganzes auf ärztliche oder nichtärztliche Mitarbeiter übertragen wird. Stellt ein Krankenhausträger durch organisatorische Maßnahmen nicht sicher, dass der leitende Arzt einer Abteilung die Dokumentation ordnungsgemäß führt, kann ein Organisationsverschulden in Frage kommen[11].

IV. Die Dokumentationsart

6   § 10 spricht von „Aufzeichnungen". Welcher Natur diese Aufzeichnungen sein müssen, ist nicht im Einzelnen vorgegeben[12]. Die Dokumentation kann daher durchaus auch mit Hilfe elektronischer Medien erfolgen[13]. Dies sieht § 630 f Abs. 1 BGB i. d. Fass. d. PatRG jetzt ausdrücklich vor und setzt damit einen Schlusspunkt hinter eine jahrelange teilweise etwas künstlich anmutende Diskussion. Für andere Rechtsgebiete ist dies bereits ausdrücklich geregelt. So bestimmt z. B. § 239 Abs. 4 HGB schon seit geraumer Zeit, dass Handelsbücher und sonst erforderliche Aufzeichnungen selbstverständlich auch edv-mäßig geführt werden dürfen, wenn die Daten während der Dauer der Aufbewahrungsfrist verfügbar und jederzeit innerhalb angemessener Frist lesbar gemacht werden können[14]. Die digitale Archivierung steuerlich relevanter Belege entspricht den Vorschriften der Abgabenordnung[15]. Gemäß § 28 Abs. 5 RöV dürfen Aufzeichnungen über die Anwendung von Röntgenstrahlen als Wiedergabe auf einem Bildträger oder auf anderen Datenträgern aufbewahrt werden, wenn sichergestellt ist, dass die Wiedergabe oder die Daten

- mit den Aufzeichnungen bildlich oder inhaltlich übereinstimmen, wenn
- sie lesbar gemacht werden, und
- während der Dauer der Aufbewahrungsfrist verfügbar sind und jederzeit innerhalb angemessener Frist lesbar gemacht werden können.

Für Röntgenaufnahmen der Direktradiographie gilt dies mit der Maßgabe, dass die Aufbewahrung als Wiedergabe auf einem Bildträger oder auf anderen Datenträgern erst nach Ablauf von drei Jahren zulässig ist.

---

[10] BGH, NJW 1994, 793 = MedR 1994, 277; hier war das nicht der Fall, weil im Formular ein schwerwiegendes Risiko verharmlost wurde.
[11] OLG Koblenz, VersR 1992, 752.
[12] Lediglich für bestimmte ärztliche Maßnahmen gibt es normierte Dokumentationsformen (z. B. Mutterpass, Perinatalerhebung, KFU, Statistik § 218).
[13] So schon Kohlhaas, NJW 1972, 1120; siehe auch Empfehlungen der KBV zum EDV-Einsatz in der Arztpraxis, DÄ 1989 (B), 2484.
[14] LG Kiel, Urt.v. 4.4.2008, 8 O 50/07, GesR 2008, 540.
[15] §§ 140, 146 und 147 AO.

In gleicher Weise können Sonographiebefunde durchaus auf Videobändern oder digitalisiert archiviert werden, wenn die Zuordnung und Verfügbarkeit gewährleistet ist. Eine Wartezeit von drei Jahren wie in der RöV (s. o.) gibt es für die digitalisierte Archivierung von Sonographieaufnahmen nicht. Die Sicherungserfordernisse von § 10 Abs. 5 lassen sich heute mit jeder modernen EDV erfüllen. Die Empfehlungen der BÄK zur Organisation des EDV-Einsatzes in der ärztlichen Praxis[16] enthalten jedenfalls für den edv-erfahrenen Anwender Selbstverständlichkeiten.

Nach alledem ist es nicht verständlich, dass der digitalisierten Archivierung heute zum Teil noch mit erheblichen Vorbehalten begegnet wird. Die EDV-Dokumentation hat gegenüber der herkömmlichen Archivierung durchaus Vorteile. Der Zugriff ist schneller und die Dokumentation dauerhaft (wichtig bei Bildbefunden). Bei Wechselfestplatten muss allerdings darauf geachtet werden, dass die Magnetisierung nicht durch externe Einflüsse gefährdet wird. Der Einwand des Patienten bzgl. nachträglicher Abänderbarkeit sollte nicht überbewertet werden[17]. Zum einen ist der Patient für diese Behauptung beweispflichtig und zum zweiten kann dieser Einwand, wie leicht nachzuvollziehen ist, auch gegenüber der herkömmlichen Dokumentation erhoben werden. Richtig ist allerdings, dass der EDV-Ausdruck der Datei keine Urkunde im Rechtssinne ist. Dies spielt aber im Arzthaftpflichtprozess nur eine untergeordnete Rolle, weil die Dokumentation von Haus aus keine Urkundsqualität haben muss[18]. § 630 f. Abs. 1 Satz 2 BGB versucht den Befürchtungen der Patienten dadurch Rechnung zu tragen, dass Änderungen und Berichtigungen von Eintragungen in der Patientenakte nur zulässig sind, wenn neben dem ursprünglichen Inhalt erkennbar bleibt, wann sie vorgenommen worden sind. Wird dies seitens des Arztes beachtet, schaden nachträgliche Eintragungen im Prozess häufig nicht, insbesondere wenn der Grund für die nachträgliche Eintragung legitim und überzeugend ist. Erfolgt die Änderung hingegen „heimlich" oder sogar in Täuschungsabsicht, kann dies den Beweiswert der Dokumentation mindern oder sogar gänzlich entfallen lassen.[19]

V. Versäumnisse

Dokumentationsversäumnisse führen z. B. im Haftpflichtprozess zu Beweiserleichterungen zugunsten des Patienten, die bis hin zur Beweislastumkehr gehen können, wenn sich ein Sachverhalt nachträglich aufgrund unzureichender Dokumentation

---

[16] DÄ 1996, 1981 ff.
[17] OLG Naumburg, Urt.v. 26.1.2012 – 1 U 45/11, GesR 2012, 762, keine Minderung Beweiswert bei digitaler Dokumentation. so auch Spickhoff/Bleckmann, VersR 2013, 1350.
[18] OLG Hamm, GesR 2005, 349, keine Minderung des Beweiswerts einer digitalen Dokumentation selbst dann, wenn das Programm eine nachträgliche Abänderung nicht sicherstellt, sofern der Arzt plausibel macht, dass seine Eintragung richtig ist und aus medizinischen Gesichtspunkten schlüssig erscheint.
[19] OLG Oldenburg, Urt.v. 23.7.2008 – 5 U 28/08, MedR 2011, 163.

nicht mehr hinlänglich rekonstruieren lässt[20]. § 630 h Abs. 3 BGB sieht diese Beweislastregel in der Form vor, dass dann, wenn eine medizinisch gebotene wesentliche Maßnahme und ihr Ergebnis nicht dokumentiert oder aufbewahrt[21] ist, die Vermutung greift, sie sei nicht erfolgt. Das bedeutet, dass eine ordnungsgemäße Dokumentation nicht nur eine Belastung, sondern durchaus auch Selbstschutz sein kann. Die Verweigerung der Dokumentation mit dem Argument, damit könne man sich selbst belasten, wenn man gezwungen werde, evtl. Fehler zu dokumentieren, ist unzulässig[22]. Beweiserleichterungen treten im übrigen dann nicht ein, wenn sich der nicht dokumentierte Befund anderweitig rekonstruieren lässt[23] oder sich die durch die fehlerhafte Dokumentation ergebenden Aufklärungserschwernisse nicht auswirken[24].

VI. Die Aufbewahrungszeit

10 Die Aufbewahrungsfrist in Absatz 2 ist eine Mindestfrist. In anderen gesetzlichen Bestimmungen enthaltene längere Fristen sind z. B. 30 Jahre für Aufzeichnungen über die Behandlung mit radioaktiven Stoffen bzw. Strahlen, fünfzehn Jahre für Unterlagen und Röntgenbilder beim Durchgangsarzt, MPG sowie 20 Jahre für Aufzeichnungen für das berufsgenossenschaftliche Verletzungsverfahren im stationären Bereich. Zum Teil wird wegen der vor 2002 vertraglichen Verjährungsfrist von 30 Jahren eine ebenso lange Aufbewahrungsfrist empfohlen. Mag dies noch bei Krankenhäusern angehen, wird eine solche Empfehlung in der Praxis des Arztes zu ernstlichen Kapazitätsproblemen führen. Darüber hinaus ist bekannt, dass die weitaus meisten Schadensersatzansprüche innerhalb von zehn Jahren nach Abschluss der Behandlung erhoben werden. Schließlich ist zu berücksichtigen, dass dann, wenn Unterlagen erlaubtermaßen vernichtet werden dürfen, alleine hierauf keine beweisrechtlichen Nachteile zu befürchten sind.

Einzelne vertragsärztliche Formulare fallen nicht unter die zehnjährige Aufbewahrungsfrist. Die Durchschriften von AU-Bescheinigungen sind z. B. nur zwölf Monate, gerechnet vom Tag der Ausstellung an, aufzuheben. Sofern die Dokumentation durch EDV erfolgt, genügt die Speicherung der auf der Bescheinigung enthaltenen Angaben für den selben Zeitraum. Erfolgt die vertragsärztliche Abrechnung mittels EDV, ist die Sicherungsdiskette acht Quartale aufzubewahren (§ 42 Abs. 6 BMV-Ä).

---

[20] BGH, NJW 1988, 2949; 1989, 2331; BGH, NJW 1999, 860, 862; 1999, 3408.
[21] LG Köln, Beschl.v.11.5.2010, 3 O 477/08, MedR 2011, 167, Beweislast für Unmöglichkeit der Herausgabe liegt bei (Zahn -)Arzt.
[22] Taupitz, Die zivilrechtliche Pflicht zur unaufgeforderten Offenbarung eigenen Fehlverhaltens, 1989.
[23] BGH, NJW 1986, 2363; OLG Düsseldorf, VersR 1987, 1138; OLG Ham, VersR 1995, 661; OLG Karlsruhe, Urt.v. 25.1.2006, 7 U 36/05, GesR 2006, 211.
[24] OLG Oldenburg, VersR 1990, 666; BGH NJW 1993, 2375, 2376.

VII. Verwahrungspflichten bei Praxiskauf oder -übergabe

Die Aufnahme von § 10 Abs. 4 in die Berufsordnung ist nach dem Urteil des BGH vom 11.12.91[25] notwendig geworden. Mit diesem Urteil hat der BGH seine frühere Rechtsprechung zu dieser Problematik[26] ausdrücklich aufgegeben. Die wesentlichen Kernsätze des Urteils lauten:

a. Eine Bestimmung in einem Vertrag über die Veräußerung einer Arztpraxis die den Veräußerer auch ohne Einwilligung der betroffenen Patienten verpflichtet, die Patienten- und Beratungskartei zu übergeben, verletzt das informationelle Selbstbestimmungsrecht der Patienten und die ärztliche Schweigepflicht (Artikel 2 I GG, 203 StGB); sie ist wegen Verstoßes gegen ein gesetzliches Verbot (§ 134 BGB) nichtig.

b. Es obliegt grundsätzlich dem Arzt, die Zustimmung des Patienten zu einer Weitergabe seiner Daten im Rahmen eines Praxisverkaufs in eindeutiger und unmissverständlicher Weise einzuholen. Fallen Patientenkarteien in den Geltungsbereich des Bundesdatenschutzgesetzes, muss die Zustimmung der Patienten schriftlich vorliegen.

c. Die Annahme eines stillschweigenden oder schlüssig erklärten Einverständnisses des Patienten mit der Weitergabe seiner Unterlagen scheidet im Regelfall aus. Einer ausdrücklichen Einverständniserklärung des Patienten bedarf es allein dann nicht, wenn dieser seine Zustimmung durch schlüssiges Verhalten eindeutig zum Ausdruck bringt, insbesondere, wenn der Patient sich auch dem Übernehmer zur ärztlichen Behandlung anvertraut. Das gilt sowohl dann, wenn der Nachfolger eine bereits von seinem Vorgänger begonnene Behandlung fortsetzen soll, als auch bei einer neuen Behandlung.

§ 10 Abs. 4 setzt voraus, dass nach wie vor Patientenkarteien vom Erwerber an den Übernehmer abgegeben werden dürfen. Anders als früher gewinnt der Übernehmer jedoch kein Zugriffsrecht auf die Kartei, es sei denn, der Patient stimmt zu. Im Grunde genommen handelt es sich um ein Verwahrungsverhältnis, wie es in den Münchener Empfehlungen zur Wahrung der ärztlichen Schweigepflicht bei Veräußerung einer Arztpraxis[27] skizziert worden ist.

Danach vereinbaren Praxisübernehmer und Praxisabgeber im Kaufvertrag eine Verwahrungsklausel, durch die eine sachgerechte, d. h. insbesondere separate und zugriffssichere Aufbewahrung der Altkartei durch den Übernehmer gewährleistet wird. Der Praxisübernehmer muss sich in dieser Verwahrungsklausel verpflichten, ohne das ausdrücklich oder schlüssig erklärte Einverständnis des Patienten keinen Einblick in jedwede Kartei (Krankenakte) zu nehmen. Diese Verpflichtung kann durch ein Vertragsstrafeversprechen geschützt werden. Von der gesetzlichen Regelung abweichend, muss der Übernehmer/Verwahrer für Vorsatz und jede Fahrläs-

---

[25] BGH, NJW 1992, 737.
[26] BGH, NJW 1974, 602.
[27] MedR 1992, 207.

sigkeit einstehen. Dem Praxisabgeber ist ein Zutrittsrecht einzuräumen. Die Aufbewahrungspflicht endet mit Ablauf der berufsrechtlichen Aufbewahrungsfristen. Die administrative Abwicklung richtet sich nach der individuellen Vereinbarung zwischen Abgeber und Übernehmer. Dabei gilt es zu bedenken, dass die gesetzliche Regelung in den § 688 ff. BGB vertraglich der besonderen Interessenlage beider Seiten angepasst wird.

Der Übernehmer darf nur dann Zugriff auf eine in der Altkartei enthaltene Karte, Akte etc. nehmen, wenn

- der Patient durch schriftliches Einverständnis oder durch sein Erscheinen in der Praxis zur Behandlung schlüssig zum Ausdruck bringt, dass er eine Nutzung der Altkartei durch den Übernehmer in seinem Falle billigt
- oder eine ausdrückliche schriftliche Anweisung des Patienten auf Ausfolgung von Kopien an einen anderen nachbehandelnden Arzt vorliegt.

13 Erklärt der Patient sein Einverständnis in die Nutzung der Altkartei, darf diese Karteikarte, Akte etc. aus der Altkartei entnommen und in die laufende Kartei eingebracht bzw. versandt werden. Die Führung einer fortlaufenden aussagefähigen Liste der aus der Altkartei entnommenen Einzelvorgänge ist Bestandteil der Verwahrungsklausel.

14 Wurde die Patientenkartei bislang schon mittels EDV archiviert, muss der alte Datenbestand gesperrt und mit einem Passwort versehen werden. Das Passwort für den Zugriff darf vom Übernehmer nur unter den gleichen Bedingungen wie bei einer manuell geführten Patientenkartei verwendet werden, um sich von dem einen konkreten Patienten betreffenden Datenbestand eine Hardcopy ausdrucken zu lassen. Die Software muss geeignete Einrichtungen enthalten, um Zeit und Gegenstand des Datenzugriffs zu dokumentieren.

15 Der Zugriff auf eine edv-mäßig archivierte Patientenkartei fordert nach § 4 Abs. 2 BDSG in der seit 1991 geltenden Fassung die schriftliche Einwilligung des Betroffenen. Erfolgt eine Anfrage durch einen anderen Arzt mündlich (telefonisch), die nur mittels Zugriff auf die Altkartei zu beantworten ist, darf dieser Zugriff erst erfolgen, wenn eine schriftliche Einverständniserklärung des Patienten vorliegt. Ausnahmen sind nur in Notfällen zulässig, wenn weiteres Zuwarten eine Gefährdung für den Patienten mit sich bringen würde. Nachdem das BDSG und mit ihm die herrschende Meinung manuell geführte Patientenkarteien einer Datei im Sinne des BDSG gleichstellen, wird auch für diesen Bereich eine schriftliche Einverständniserklärung wie beim Einsatz elektronischer Datenverarbeitung empfohlen.

16 Verstirbt der Praxisinhaber, werden die Erben (wirtschaftliche) Eigentümer der Praxis, ohne sie (es sei denn, sie wären selbst Ärzte) fortführen zu dürfen. Im Falle der Veräußerung vereinbaren die Erben mit dem Übernehmer eine Verwahrungsklausel, wie sie auch im Falle der Übergabe durch den Praxisinhaber zu Lebzeiten Vertragsbestandteil geworden wäre, allerdings mit der Maßgabe, dass die Erben selbst keinen unbefugten Einblick in die Kartei nehmen dürfen.

17 Gibt der Arzt seine Praxis auf, ohne sie an einen Nachfolger zu übergeben, ist er alleine für die ordnungsgemäße Verwahrung verantwortlich. Er muss dann die

Kartei entweder in seinen Prividenten deponieren oder, falls ihm dies aus Platzgründen unmöglich ist, z. B. einen entsprechenden Verwahrungsvertrag mit einer Spedition schließen. Die zum Teil vorgeschlagene Möglichkeit, die Unterlagen bei der zuständigen Ärztekammer zu deponieren, wird von den Kammern in aller Regel abgelehnt.

Die Situation eines Chefarztes, der seine Ambulanz aufgibt, ist mit derjenigen des Praxisabgebers nicht in jeder Hinsicht deckungsgleich. Während früher noch davon ausgegangen werden konnte, dass der Chefarzt in der Regel Eigentümer der Kartei seiner ambulant behandelten Patienten ist, bestimmen heute die meisten Chefarztverträge, dass sich die Kartei im Eigentum des Krankenhauses befindet. Schon dies steht einer eigenmächtigen Übertragung auf Dritte entgegen. Im Übrigen ist die Chefarztambulanz nicht mit einer sonstigen veräußerbaren Praxis zu vergleichen, so dass eine entgeltliche Übertragung auch auf den Nachfolger ausscheidet. 18

VIII. Auskunfts-, Einsichts- und Herausgabeansprüche

Patienten können auch außerhalb eines Rechtsstreits und ohne dies im einzelnen begründen zu müssen, Einsichtnahme in ihre Krankenunterlagen (Dokumentation) verlangen. Sie können sich dazu von der Praxis oder dem Krankenhaus einen Termin geben lassen, müssen aber auf die betrieblichen Belange Rücksicht nehmen (also nicht zur Unzeit). Dies ist jedoch die Ausnahme. Krankenunterlagen einschl. der dazugehörigen Bildaufnahmen stehen grundsätzlich im Eigentum des behandelnden Arztes (Praxisinhabers bzw. Krankenhauses). Der Einsichtsanspruch des Patienten beschränkt sich daher in der Regel auf die Ausfolgung von Kopien (auch Bildkopien), deren Anfertigung kostenmäßig zu seinen Lasten geht[28]. Eine Herausgabe der Originale an sich kann er normalerweise nicht verlangen, da sich diese im Eigentum des Arztes bzw. Krankenhauses befinden. 19

In der Regel verlangen die Patienten oder ihre Bevollmächtigten die Zusendung von Kopien. Liegt keine Kostenübernahmezusage vor, wird die Auffassung vertreten, der Arzt müsse die Kopien nur zur Abholung bereithalten[29]. Zum Teil wurde sogar die Auffassung vertreten, der Arzt könne das Zusenden so lange verweigern, bis der Patient die Kosten vorschießt[30]. Diese Auffassung ist jetzt durch das PatientenrechteG[31] ins BGB aufgenommen worden (siehe § 630 g Abs. 1 Satz 3 BGB). Die Praxis bestand bislang überwiegend darin, dem Anspruchsteller diese ohne weiteres zuzusenden. Zum Teil wird allerdings auch die Auffassung vertreten, es handele sich um eine Holschuld, so dass der Arzt oder die Einrichtung die Kopien 20

---

[28] OLG Köln, Urt. v. 12.11.1981, NJW 1982, 704.
[29] LG Dortmund, Urt. v. 7.4.2000 – 17 T 31/00, NJW 2001, 2806.
[30] Gehrlein, NJW 2001, 2774; OLG Frankfurt a. M., Beschl.v. 9.5.2011 – 8 W 20/11, kein Anspruch auf Originale, da kein Verzug eintreten kann, solange Kostenübernahmeerklärung nicht vorliegt.
[31] PatRG v.20.2.2013, BGBl. I v. 25.2.2013 S. 277 ff.; siehe auch Hart, GesR 2012, 385 ff.; Spickhoff, ZRP 2012, 65 ff.

der Krankenunterlagen nur zur Abholung bereithalten müsse.[32] Hierfür spricht jetzt auch der Verweis auf § 811 BGB in § 630 g Abs. 1 Satz 3 BGB. Ob man an diesem Punkt manchmal schon die Fronten verhärten will, kann sicherlich nur von Fall zu Fall entschieden werden. In der Regel sollte man sich an dieser Stelle grundsätzlich kooperativ zeigen. Hinsichtlich der Erstattungsfähigkeit der Kopierkosten gibt es verschiedene Ansätze: entweder man verlangt in Anlehnung an das GKG 0,50 €/ Seite für die ersten 50 Seiten und anschließend 0,15 € oder man stützt sich auf eine vorteilhafte Entscheidung des LG München I[33] mit nachvollziehbarer Begründung:

> 1. Der Arzt ist nur dann verpflichtet, dem Patienten zwecks Einsicht in seine Krankenakte eine vollständige Kopie derselben zur Verfügung zu stellen, wenn ihm die Kosten für die Fertigung der Kopien erstattet werden (Rn.15).
> 2. Da der Arbeitsaufwand zur Vervielfältigung einer Krankendokumentation (hier: einer Entbindung nebst Folgebehandlung) beträchtlich ist, ist eine Erstattung von 0,50 € pro DIN A4-Seite nicht unangemessen (Rn.16).

Denn:

Rn 16: „Weder gibt es gesetzliche oder untergesetzliche Vorschriften, noch eine gefestigte Rechtsprechung dazu, welche Kosten für die Fertigung der Kopien von Krankenunterlagen als angemessen anzusehen sind. Soweit die Klagepartei auf Vorschriften des RVG oder des GKG abstellt, ist dies für den vorliegenden Fall nicht unmittelbar zielführend. Zwar mögen diese Vorschriften einen Anhaltspunkt dafür zu geben, welche Kosten für die Kopien von Gerichts- und Anwaltsakten als angemessen angesehen werden. Daraus lassen sich jedoch keine unmittelbaren Rückschlüsse auf die Angemessenheit der Kostenerstattung für die Fertigung von Kopien einer Krankenakte ziehen. In ihrer Eigenschaft als Arzthaftungskammer ist das Gericht jährlich mit der Durchsicht mehrerer 100 verschiedener Krankenakten und Behandlungsunterlagen befasst. Daher ist gerichtsbekannt, dass sich das Ablichten einer Krankenakte nicht darin erschöpft, einen Stapel DIN A 4-Papier auf ein Kopiergerät mit Selbsteinzug zu legen und wenige Minuten später das Ergebnis aus dem Auswurffach zu holen; vielmehr setzen sich Behandlungsunterlagen, insbesondere Krankenakten aus Krankenhäusern regelmäßig aus Blättern unterschiedlicher Größe zusammen, die durch Trennblätter voneinander getrennt werden. Diese Blätter sind häufig mehrfach gefaltet und können – wie etwa die Verlaufskurven eines Wehenschreibers – zwar schmal, dafür aber mehrere Meter lang sein. Die Einsichtnahme in die Kläger betreffende Behandlungsdokumentation hat ergeben, dass diese von eben solcher Beschaffenheit ist. Es erschließt sich ohne weiteres, dass der Aufwand zur Vervielfältigung einer solchen Krankendokumentation beträchtlich ist. Die Kammer hält dafür, dass dieser Aufwand durch eine Erstattung von 50 Cent für die ersten 50 Blatt und 15 Cent für jedes weitere Blatt nicht annähernd angemessen ausgeglichen werden kann. Eine Erstattung von 50 Cent pro DIN A 4 Seite, wie sie von der Beklagten verlangt wurde, ist jedenfalls

---

[32] AG Waiblingen, Beschl. v. 27.4.2011 – 7 C 286/11, GesR 2011, 484; ebenso OLG Frankfurt, Beschl.v. 9.5.2011 – 8 W 20/11, GesR 2011, 672.

[33] LG München I, Urt. v. 19.11.2008, 9 O 5324/08, GesR 2009, 201

nicht unangemessen, so dass die Kläger mit ihrem Begehren, Einsicht in die Behandlungsunterlagen in Gestalt der Überlassung von Kopien zu einem geringeren Betrag nicht durchzudringen vermögen. Ihrer darauf gerichteten Klage war daher der Erfolg zu versagen."

Eine Herausgabe von Originalunterlagen kann der Patient normalerweise nicht verlangen[34]. Die Rechtsprechung macht in den letzten Jahren eine Einschränkung für den Fall, dass z. B. der Anwalt eines Patienten die Röntgen- oder Kernspinaufnahmen im Original verlangt, um sie einem Experten zur Befundung vorzulegen[35]. Die Herausgabe erfolgt in diesen Fällen aber nur vorübergehend und nur zu treuen Händen. Vor Versendung an den Anwalt sollte eine entsprechende Garantieerklärung verlangt werden.

Allerdings ist der Arzt auf jeden Fall verpflichtet, einem vor-, nach- oder mitbehandelnden Arzt auf Verlangen (bei Überweisungen, Krankenhauseinweisungen und -entlassungen auch ohne ausdrückliches Verlangen, es sei denn der Patient widerspricht) die erhobenen Befunde zu übermitteln und über die vorgenommene Behandlung zu informieren Zu diesem Zweck kann der Patient auch die Herausgabe von Krankenunterlagen im Original an den anderen Arzt verlangen; sie dürfen ihm zu diesem Zweck auch selbst mitgegeben werden. Positiv-rechtlich war dies schon viele Jahre in § 28 RöV geregelt. Auch Gerichte verlangen zunehmend die Originalunterlagen (§ 415 ff. ZPO[36]). Allerdings kann es sich dabei stets nur um eine vorübergehende Überlassung handeln, da der die Dokumentation erstellende Arzt bzw. das Krankenhaus nach wie vor Eigentümer[37] der Dokumentation und letztlich Aufbewahrungspflichtiger bleibt. Schließlich sollte man nicht vergessen, dass dem Arzt in aller Regel das Urheberrecht an der von ihm stammenden Dokumentation zusteht.

Ist die Dokumentation objektiv unleserlich, kann der Patient eine sog. „Leseabschrift" also getippt oder in Druckbuchstaben verlangen. Die Dokumentation muss aber nicht laienverständlich sein. Arzttypische Kürzel müssen nicht erläutert werden.

Wie viel Zeit darf verstreichen, bis der Arzt dem Patienten die Unterlagen zuschickt? Zu dieser Frage liegen unterschiedliche Entscheidungen vor. Während das AG Dortmund[38] dem Arzt bis zu einem Monat einräumt, vertreten andere Gerichte, so das AG Hamm[39], die Auffassung, vierzehn Tage seien ausreichend. Konsequenz

---

[34] LG Berlin, Beschl. v. 2.9.2009 – 13 O 19/09, ZMGR 2009, 397.
[35] OLG München, Urt. v. 19.4.2001 – 1 U 6107/00, NJW 2001, 2806; LG Kiel, Urt. v. 30.3.2007 – 8 O 5/06, GesR 2007, 318; LG Flensburg, Urt. v. 22.6.2007 – 1 S 16/07, GesR 2007, 576.
[36] OLG Hamm, Beschl.v. 30.8.2006, 3 W 38/06, GesR 2006, 569, beigezogene Krankenakten gehören nicht zur Gerichtsakte, daher kein Anspruch auf Kopien.
[37] Die Frage, ob der dokumentierende Arzt im Krankenhaus gem. § 950 BGB Eigentümer der Unterlagen wird und das Krankenhaus lediglich einen Anspruch auf Überlassung hat, kann hier offen bleiben; dazu näher Lippert, MedR 1994, 135.
[38] AG Dortmund, Beschl. v. 12.8.1998 – 120 C 6046/98 (nicht veröffentlicht).
[39] AG Hamm Urt. v. 15.6.2004 – 16 C 105/04 (nicht veröffentlicht); a. A. OLG München, Beschl.v. 18.3.2011 – 1 W 98/11, GesR 2011, 673, zwei Wochen zu knapp.

ist, dass ein Arzt nach 14 Tagen eine Herausgabeklage mit entsprechenden Kosten riskiert, weil er sich dann möglicherweise schon im Verzug befindet. Da in aller Regel noch ein Schriftwechsel mit dem Versicherer oder dem Makler geführt wird, kann dies manchmal ziemlich knapp werden. Deshalb sollte man nach Kräften versuchen, an diesem formalen Punkt möglichst keine Angriffsflächen zu bieten. Allerdings wird der Anspruch erst fällig, wenn eine eindeutige hierauf gerichtete Vollmacht vorgelegt wird.[40] Der Streitwert einer Auskunfts- und Herausgabeklage beträgt 25 % des Hauptanspruchs[41].

23 Das Recht auf Einsichtnahme erstreckt sich nach der Rechtsprechung[42] nur auf objektivierbare Wahrnehmungen und Befunde[43]. Subjektive Einschätzungen, etwa im Hinblick auf den Charakter des Patienten, können abgedeckt werden. Es muss dann allerdings kenntlich gemacht werden, wo dies geschehen ist. Der zum Teil gemachte Vorschlag, die Dokumentation grundsätzlich in objektivierbare Befunde und subjektive Einschätzungen zu trennen („doppelte Buchführung") ist nicht nur unpraktisch, sondern würde auch eine Quelle ständigen Misstrauens sein. § 630 g Abs. 1 BGB kodifiziert jetzt auch die bisherige Rechtsprechung, wonach das Einsichtrecht eingeschränkt werden kann, wenn der Einsichtnahme erhebliche therapeutische oder sonstige Gründe entgegenstehen. Sonstige Gründe können z. B. die Persönlichkeitsrechte Dritter sein, die in der Dokumentation genant werden[44].

24 Einen vorprozessualen Anspruch auf Nennung an der Behandlung beteiligter Dritter (Ärzte oder Pflegepersonal) gibt es normalerweise nicht[45]. Dies gilt erst recht, wenn sich der Name aus der Dokumentation selbst ergibt[46]. Anderes kommt dann in Betracht, wenn der Arzt oder das Personal in Anspruch genommen werden soll[47]. Gleiches wird für die Nennung des im OP anwesenden Personals angenommen, wenn ansonsten ein zulässiger Beweisantritt nicht möglich ist[48]. Einen Anspruch auf Nennung der Privatanschrift gibt es aber dann nicht, wenn die betreffende Person noch in der Klinik tätig ist[49]. Ist dies nicht mehr der Fall genügt es, die letzte bekannte Privatanschrift mitzuteilen. Ein Anspruch auf Mitteilung des Namens von Mitpatienten gibt es nicht[50].

---

[40] OLG München, Beschl.v. 18.3.2011 – 1 W 98/11, BeckRS 2011, 06414.
[41] OLG Saarbrücken, Beschl. v. 8.1.2007 – 1 W 301/06–65, MedR 2007, 164.
[42] BGH, Urt. v. 6.7.1999 – VI ZR 290/98, NJW 1999, 3408.
[43] LG Bonn, Urt. v. 2.9.2009 – 5 S 19/09, ZMGR 2009, 391, kein Einsichtsrecht in Unfallbericht, den Krankenhaus zur Information über ein Schadensereignis an seine Haftpflichtversicherung erstellt.
[44] Laufs/Katzenmeier/Lipp, IX B Rn. 59.
[45] OLG Koblenz, Urt. v. 15.1.2004 – 5 U 1145/03, MedR 2004, 388, keine Beantwortung eines Fragenkatalogs.
[46] OLG Düsseldorf, Urt. v. 30.1.2003 – 8 U 62/02, GesR 2003, 273.
[47] OLG Frankfurt, Urt. v. 23.9.2004- 8 U 67/04, VersR 2006, 81.
[48] OLG München, Beschl. v. 30.7.2008 – 1 W 1646/08 (juris).
[49] OLG Frankfurt, Urt. v. 23.9.2004 – 8 U 67/04, VersR 2006, 81.
[50] OLG Karlsruhe, Urt. v. 11.8.2006 – 14 U 45/04, MedR 2007, 253.

Stirbt der Patient, geht das Einsichtsrecht nicht uneingeschränkt auf die Erben **25** und/oder Angehörigen über. Vielmehr gilt die Schweigepflicht des Arztes auch über den Tod hinaus. Der Arzt ist dabei Sachwalter der Interessen des verstorbenen Patienten. Wollen die Erben z. B. gewisse Einzelheiten aus den Krankenakten wissen, (im Rahmen der Erbauseinandersetzung oder bezüglich Fragen der Testierfähigkeit), muss sich der Arzt stets fragen, ob der Patient, wäre er noch am Leben, seine Einwilligung zur Offenbarung geben würde. Stehen demnach schutzwürdige Interessen des Verstorbenen, die auch in der Wahrung seines Andenkens bestehen können (Geschlechtskrankheit), einer Offenbarung entgegen, kann die Einsichtnahme verweigert werden. Die Gründe für eine Verweigerung sollten in allgemeiner Form dargelegt werden, so dass (ohne Offenbarung von Details) nachvollzogen werden kann, warum sich der Arzt durch seine gegenüber dem Verstorbenen fortbestehende Schweigepflicht gebunden fühlt[51]. Im Regelfall, bei „normalen" Krankheiten, wird man hingegen ein überwiegendes Interesse der Erben/nahen Angehörigen an der Einsichtnahme annehmen können. Dem trägt jetzt § 630 g Abs. 3 BGB Rechnung. Die Angst vor Entdeckung eines Behandlungsfehlers rechtfertigt die Verweigerung der Einsichtnahme nicht[52].

Bei psychiatrischer Behandlung galt das Einsichtsrecht des Patienten nach früherer Auffassung des BGH[53] nur eingeschränkt, wenn zu befürchten war, dass die Offenbarung den Gesundheitszustand des Patienten gefährden könnte. Das BVerwG[54] hält demgegenüber eine stärkere Berücksichtigung der Patientenautonomie auch bei diesem Personenkreis für gerechtfertigt, und will den bloßen Verweis auf mögliche gesundheitliche Gefahren für eine Verweigerung der Einsichtnahme nicht ausreichen lassen; eine Entscheidung, die grundsätzlich Zustimmung verdient[55]. Auch ein im Maßregelvollzug Untergebrachter hat Anspruch auf Einsichtnahme[56]. **26**

---

[51] OLG München, Urt. v. 9.10.2008 – 1 U 2500/08, ZMGR 2009, 395.
[52] BGH, Urt. v. 31.5.1983 – VI ZR 259/81, NJW 1983, 2627.
[53] BGH, Urt. v. 6.12.1988 – VI ZR 76/88, MedR 1989, 145.
[54] BVerwG, Urt. v. 27.4.1989 – 3 C 4.86, NJW 1989, 2960; hierzu auch BayVerfGH, Beschl. v. 17.6.1994 – Vf.92 – VI – 93, NJW 1995, 1608; LG Bremen, Urt. v. 25.7.2008 – 3 O 2011/07, ZMGR 2009, 392, Abwägung erforderlich.
[55] Zum Einsichtsrecht in Versicherungsgutachten siehe § 202 VVG.
[56] BVerfG, Beschl. v. 9.1.2006 – 2 BvR 443, 02, MedR 2006, 41 = GesR 2006, 326; OLG München, Urt.v. 9.10.2008 – 1 U 2500/08, ZMGR 2009, 395, Verweigerung muss begründet werden; LG Bremen, Urt.v. 25.7.2008, 3 O 2011/07, ZMGR 2009, 392.

27   Ob der Patient verlangen kann, dass der Arzt versichert, die überlassenen Unterlagen seien vollständig und würden die gesamte Dokumentation widerspiegeln ist umstritten[57]. Nach h. M.[58] ist dies zu verneinen.

---

[57] bejahend AG Hagen, Urt. v. 25.8.1997 – 10 C 33/97, NJW-RR 1998, 262. In einem Urteil des AG Hamm vom 15.6.2004 (16 C 105/04, nicht veröffentlicht) wird dieser Auffassung – zurecht- widersprochen. Ein Anspruch auf Abgabe einer derartigen Erklärung bestehe jedenfalls dann nicht, wenn nicht aus der Art der Dokumentation Zweifel an deren Vollständigkeit begründet seien (im Ergebnis ähnlich BGH, Urt. v. 2.10.1984 – VI ZR 311/98, NJW 1985, 674, 676).
[58] OLG München, Beschl. v. 16.11.2006 – 1 W 2713/06, MedR 2007, 47, kein Anspruch auf eidesstattliche Versicherung der Vollständigkeit; ebenso AG Waiblingen, Beschl. v. 27.4.2011 – 7 C 286/11, GesR 2011, 484; kein Anspruch auf Bestätigung der Richtigkeit; LG Düsseldorf, Urt. v. 28.9.2006 – 3 O 106/06, GesR 2007, 18, kein Anspruch auf beglaubigte Kopien.

§ 11 Ärztliche Untersuchungs- und Behandlungsmethoden

(1) Mit Übernahme der Behandlung verpflichten sich Ärztinnen und Ärzte den Patientinnen und Patienten gegenüber zur gewissenhaften Versorgung mit geeigneten Untersuchungs- und Behandlungsmethoden.

(2) Der ärztliche Berufsauftrag verbietet es, diagnostische oder therapeutische Methoden unter missbräuchlicher Ausnutzung des Vertrauens, der Unwissenheit, der Leichtgläubigkeit oder der Hilflosigkeit von Patientinnen und Patienten anzuwenden. Unzulässig ist es auch, Heilerfolge, insbesondere bei nicht heilbaren Krankheiten, als gewiss zuzusichern.

Übersicht Rz.

I. Die Bedeutung der Norm 1
II. Die Leitliniendebatte 5
III. Leitlinien, Standard und „im Verkehr erforderliche Sorgfalt" 12
IV. Die normative Kraft des Faktischen, Leitlinien als „soft law" 14
V. Leitlinien und Beweislastverteilung 16
VI. Sozialversicherungsrechtliches Berufsrecht 19

Literatur
v. Bar, Verkehrspflichten – Richterliche Gefahrsteuerungsgebote im deutschen Deliktsrecht, 1980; ders. Entwicklung und rechtsstaatliche Bedeutung der Verkehrs- (sicherungs) pflichten, JZ 1979, 332; Buchborn, Verbindlichkeit medizinisch wissenschaftlicher Aussagen in der ärztlichen Praxis, in: Deutsch, Kleinsorge, Scheler (Hrsg.), Verbindlichkeit der medizinisch-diagnostischen und therapeutischen Aussage, 1983, 107 ff. Clemens, Verfassungsrechtliche Anforderungen an untergesetzliche Rechtsnormen, MedR 1996, 432; ders. Ärztliche Berufsfreiheit aus juristischer Sicht, in: Wienke/Lippert (Hrsg.), Die ärztliche Berufsausübung in den Grenzen der Qualitätssicherung, 1998; Dettling, Funktionsbedingungen des Wettbewerbs und des Gesundheitswesens, GesR 2008, 169 ff.; Deutsch, Fahrlässigkeitstheorie und Behandlungsfehler, NJW 1993, 1506; ders. Ressourcenbeschränkung und Haftungsmaßstab im Medizinrecht, VersR 1998, 261 ff.; Medizinischer Standard und Leitlinien – Ökonomisierung der Medizin, Empfehlungen der DGMR 2003, MedR 2003, 711; Dressler, Ärztliche Leitlinien und Arzthaftung, in: Festschrift f. Karlmann Geiß, 2000, S. 379 ff. Feifel, Fachübergreifende Organisation und fachübergreifender Bereitschaftsdienst – haftungsrechtliche Aspekte, GesR 2003, 259; Hart, Ärztliche Leitlinien – Definitionen, Funktionen, rechtliche Bewertungen, MedR 1998, 8 ff.; ders. MedR 1999, 47 ff.; Festschr. Geiß 2000, 487 ff.; ders. Ein Patientenrechtegesetz ohne Eigenschaften, GesR 2012, 385 ff.; Huster, Die Methodik der Kosten-Nutzen-Bewertung in der Gesetzlichen Krankenversicherung, GesR 2008, 449 ff. Kellner, Die Einführung einer Kosten-Nutzen-Bewertung im Recht der gesetzlichen Krankenversicherung, GesR 2008, 189 ff.; Köhler, Selbstbestimmung und ärztliche Therapiefreiheit, NJW 1993, 762 ff.; Marburger, Die Regeln der Technik im Recht, 1979; Müller, Arzthaftung in Zeiten knapper Kassen, Festschrift f. Günther Hirsch 2008, 413, 420. Müller, Raschke, Homöopathie durch Ärzte und die Einhaltung des medizinischen Standards, NJW 2013, 428 ff.; Oepen (Hrsg.), An den Grenzen der Schulmedizin, Köln 1985; Raspe, Die „Evidenz"-Basis professioneller und rechtlicher Normierung medizinischen Handelns, GesR 2013, 206 ff.; Rehborn, Berufsgerichtliche Verfahren gegen Ärzte – grundlegende Rechtsfragen GesR 2004, 170; ders., Das Patientenrechtegesetz, GesR 2013, 257 ff.; Roters, Die Bewertung medizinischer Methoden nach der Verfahrensordnung des G-BA, NZS 2007, 176 ff.; Rumler-Detzel, Therapiefreiheit und Berufshaftpflicht des Arztes, VersR 1989, 1008; dies. Budgetierung – Rationalisierung – Rationierung,

Einflüsse auf die medizinische Leistungsfähigkeit oder Senkung der medizinischen Standards? VersR 98, 546 ff.; Schinnenburg, Zivilrechtliche Abmahnungen der Ärztekammern gegen ihre eigenen Mitglieder, GesR 2007, 588; Steffen, Einfluss verminderter Ressourcen und von Finanzierungsgrenzen aus dem Gesundheitsstrukturgesetz auf die Arzthaftung. Thesen zur Weitergabe allgemeiner Grenzen der Finanzierbarkeit unter dem Postulat der Beitragsstabilität an den zivilrechtlichen Haftungsmaßstab, MedR 1995, 190; ders., Der sogenannte Facharztstatus aus der Sicht der Rechtsprechung des BGH, MedR 1995, 360; Stollmann, Mindestmengenregelung nach § 137 SGB V – Ausnahmeentscheidung der Planungsbehörde, GesR 2007, 303 f.; Thomeczek, Ollenschläger, Qualitätssicherung und ärztliche Berufsausübung: Aktuelle Situation und Ausblick, in: Wienke, Lippert (Hrsg.), Die ärztliche Berufsausübung in den Grenzen der Qualitätssicherung, 1998, S. 51 ff.; Weißauer, Opderbecke, Facharztqualität versus formelle Facharztqualifikation, MedR 1993, 2; Wienke, Leitlinien als Mittel der Qualitätssicherung in der medizinischen Versorgung, MedR 1998, 172 ff.; Ziegler, Leitlinien im Arzthaftungsrecht, VersR 2003, 545 ff.; Zoll, Verfahrensrechtliche Besonderheiten im Arzthaftungsprozess, ZMGR 2009, 282 ff.; Zuck, Der verfassungsrechtliche Rahmen von Evaluation und Pluralismus, MedR 2006, 515 ff.

I. Die Bedeutung der Norm

1 Die Therapiefreiheit der Arztes wird gemeinhin als Wesensmerkmal der ärztlichen Freiberuflichkeit begriffen. Sie umfasst verschiedene Elemente wie die Entscheidung des „ob" und des „wie" der Therapiedurchführung sowie auch das Weigerungsrecht hinsichtlich solcher Methoden, die dem Gewissen des Arztes widersprechen. Gerade bei Außenseitermethoden muss in der Aufklärung darauf hingewiesen werden, das die beabsichtigte Maßnahme nicht dem ärztlichen Standard entspricht.[1] Korrelat zur ärztlichen Therapiefreiheit ist die Einhaltung der jedem Arzt obliegenden Sorgfaltspflichten, mit dem Ziel, vermeidbare und überflüssige Schäden für den Patienten zu vermeiden. Angesichts der zunehmenden Reglementierung und Bürokratisierung im Gesundheitswesen verkommt der Begriff der ärztlichen Therapiefreiheit allmählich allerdings mehr und mehr zum bloßen Schlagwort.

2 Gemäß § 11 Abs. 1 Musterberufsordnung (MBO) verpflichtet sich der Arzt mit Übernahme der Behandlung dem Patienten gegenüber zur gewissenhaften Versorgung mit geeigneten Untersuchungs- und Behandlungsmethoden. Diese Norm ist die berufsrechtliche Ausformung des zivilrechtlichen Grundsatzes in § 276 BGB, wonach der Arzt bei der Behandlung seiner Patienten die im Verkehr erforderliche Sorgfalt zu beachten hat. Unter dieser beruflich gebotenen Sorgfalt ist nicht nur die übliche Sorgfalt zu verstehen, sondern die berufsspezifischen Sorgfaltspflichten. Diese orientieren sich an dem jeweiligen, dem behandelnden Arzt bei zumutbarer Anstrengung zugänglichen und verfügbaren Stand der medizinischen Wissenschaft.[2] Dadurch dass von geeigneten Verfahren die Rede ist, wird deutlich, dass die Berufsordnung keine Verpflichtung auf die sogenannte „Schulmedizin" beinhaltet, sondern von dem von der Rechtsprechung gebilligten „Grundsatz der Methodenfreiheit" ausgeht. Dabei ist der Begriff der „Geeignetheit" berufsrechtlich weiter zu

---

[1] BGH, Urt. v. 22.5.2007 – VI ZR 35/06, GesR 2007, 401.

[2] Siehe jetzt auch § 630a Abs. 2 BGB i. d.Fass. d. PatRG v.20.2.2013, BGBl. I v. 25.2.2013 S. 277 ff.

fassen, als „evidence-basiert" i. S. wissenschaftlichen Methodenlehre[3] oder auch der GKV[4]. Selbst in der GKV sind ja Behandlungsmethoden der besonderen Therapierichtungen nicht grundsätzlich ausgeschlossen (§ 2 Abs. 1 Satz 2 SGB V)[5].

Sogar den religiösen Bedürfnissen der Versicherten ist Rechnung zu tragen („§ 2 Abs. 3 Satz 2 SGB V), was mit „evidence based" wohl kaum in Einklang steht. „Geeignetheit" beinhaltet eine prognostische Komponente, die allerdings keine Beweiskette i.S. einer randomisierten Studie voraussetzt, sondern die Wahrscheinlichkeit des Nutzens aus der Sicht ex ante an Erkenntnissen festmacht, die den Schluss auf eine Reproduzierbarkeit bestimmter Abläufe und Wirkweisen zulässt. Das heißt aber auch dass § 11 Abs. 1 voraussetzt, dass der Arzt durchaus eine Abwägung vornehmen muss, ob die von ihm ins Auge gefasste Therapie bzw. Methode überhaupt grundsätzlich geeignet sein kann, den beabsichtigten Nutzen zu erzielen oder den befürchteten Schaden zu lindern.[6] Methodenfreiheit erlaubt keine Vodoo-„Medizin" als ärztliche Maßnahme. Der Grundsatz der Methodenfreiheit findet im übrigen berufs- und haftungsrechtlich dann seine Grenze, wenn die von dem Arzt vorgeschlagene Methode mittlerweile von einer neueren risikoärmeren und/oder weniger belastenden Methode abgelöst worden ist, worüber in der medizinischen Wissenschaft im wesentlichen Einigkeit bestehen sollte[7] oder von den anerkannten Regeln medizinischer Behandlung diametral abgewichen wird.[8]

Als Ausprägung der letztgenannten Alternative bestimmt § 11 Abs. 2 MBO, dass es der ärztliche Berufsauftrag verbietet, diagnostische oder therapeutische Methoden unter missbräuchlicher Ausnutzung des Vertrauens, der Unwissenheit, der Leichtgläubigkeit oder der Hilflosigkeit von Patienten anzuwenden. Die Vorschrift wendet sich u. a. gegen Scharlatane, die die Not zum Teil schwer kranker Menschen zur Mehrung des eigenen Vorteils, sei er finanzieller oder persönlicher Natur (Eitelkeit), ausnutzen[9]. Die Zielrichtung ähnelt § 3 HWG, wonach eine irreführende Werbung für Methoden und Arzneimittel insbesondere dann vorliegt, wenn ihnen eine therapeutische Wirksamkeit oder Wirkung beigelegt wird, die sie nicht haben oder fälschlich der Eindruck erweckt wird, dass ein Erfolg mit Sicherheit erwartet werden könne. Insgesamt gesehen, lässt sich aus der MBO keine Förderung der „Leitlinien-Euphorie" herleiten. Dennoch bleibt natürlich die Frage, ob die Leitliniendebatte die Frage der „Geeignetheit" i. S. von § 11 Abs. 1 MBO beeinflusst.

---

[3] Roters, NZS 2007, 176 ff.; Raspe, GesR 2013, 206 ff.

[4] BSG, Urt. v. 5.7.1995,Az. 1 RK 6/95 BSGE 76, 194,195 (Remedacen)„Die Behandlung muss sich in einer für die sichere Beurteilung ausreichender Zahl von Fällen als erfolgreich bewiesen haben, was in der Regel durch wissenschaftlich einwandfrei geführte Statistiken belegt sein muss." Ob die Therapie im konkreten Einzelfall Erfolg hatte, ist für das BSG nicht ausschlaggebend, BSG, Urt. v. 18.5.2004, Az. B 1 KR 21/02 R, NZS 2005, 308 (Immucothel).

[5] Plagemann in: juris-PK SGB V, § 2 Rn. 38 ff.;Zuck, MedR 2006, 515 ff.

[6] Müller/Raschke, NJW 2013, 430.

[7] BGHZ 102, 17.

[8] OLG Koblenz, NJW 1996, 1600; Quaas, Zuck, § 2 Rn. 53, „Therapiefreiheit bedeutet nicht Therapiebeliebigkeit".

[9] BG Heib. VG Münster, Urt. v. 9.1.2008, Az. 14 K 1779/05.T.

II. Die Leitliniendebatte

5 Ausgelöst durch die zu Recht geführte Qualitätssicherungsdiskussion Anfang der 90-er Jahre wird die Ärzteschaft von einer Flut von „Leitlinien", „Richtlinien" und „Empfehlungen" überrollt, so dass man sich inzwischen schon genötigt sah, „Leitlinien für Leitlinien" zu verabschieden. Ob damit letztlich mehr Rechtssicherheit für Patient und Arzt geschaffen wird, ist derzeit noch offen. Sich zum Teil deutlich widersprechende „Leitlinien" von Fachgruppen mit gemeinsamen Schnittmengen sind nicht unbedingt geeignet, das Vertrauen in „Leitlinien" zu stärken. Neben sprachlichen Ungenauigkeiten gibt es Unterschiede über die Zieldefinition von Leitlinien. Auf der Homepage der AWMF heißt es hierzu:

> Die Leitlinien der wissenschaftlichen medizinischen Fachgesellschaften sind systematisch entwickelte Hilfen für Ärzte zur Entscheidungsfindung in spezifischen Situationen. Sie beruhen auf aktuellen wissenschaftlichen Erkenntnissen und in der Praxis bewährten Verfahren und sorgen für mehr Sicherheit in der Medizin, sollen aber auch ökonomische Aspekte berücksichtigen. Die „Leitlinien" sind für Ärzte rechtlich nicht bindend und haben daher weder haftungsbegründende noch haftungsbefreiende Wirkung,

6 Im Gegensatz zu früheren Verlautbarungen taucht bei den Kriterien für die Qualität von Leitlinien auch das Kosten-Nutzen-Verhältnis auf. Dieser Gesichtspunkt wird nicht zuletzt mit Rücksicht auf die Rechtsprechung des BSG[10] größere Bedeutung gewinnen. Danach sollen

> Leitlinien… zur Verbesserung der medizinischen Versorgung bei akzeptablen Kosten führen.

7 Dies ist ein weiteres Indiz dafür, wie Kostengesichtspunkte zunehmend Eingang in die Qualitätssicherungs- und Standarddiskussion finden.[11] Allerdings gilt nach wie vor, dass der Facharztstandard geschuldet wird.[12] Zwar ist es auch im Bereich der zivilrechtlichen Arzthaftung anerkannt, dass Kostenargumente in den Standard einfließen können. Gerade die Richtlinien des G-BA werden von den Zivilgerichten zunehmend als Standard (-untergrenze) herangezogen.[13] Dies rechtfertigt es aber nach ganz h.M.[14] nicht, einen vorhandenen Standard alleine aus Kostengründen abzusenken. Ein praktisches Beispiel ist allerdings die Kosten-/Nutzenbewertung von Arzneimitteln durch das IQWiG gemäß § 35 b i. V. m. § 139 b SGB V[15], die manche als Schritt in diese Richtung werten[16].

8 Neuen Auftrieb bekam die „Leitlinien-Diskussion" durch das GKV-Gesundheitsreformgesetz 2000, das Prinzip der evidence based medicine (EBM) im Bereich der

---

[10] BSGE 81, 54; 81, 74.
[11] Ratzel/Feifel, Handbuch Medizinschadensrecht, § 8 S. 187 ff.
[12] BGH, NJW 1998, 1778.
[13] Müller, Festschrift f. Günther Hirsch 2008, 413, 420.
[14] Steffen, Pauge, Rdnr. 136; Geiß, Greiner, B 9 a; Müller, aaO.; Ulmer Papier, 111. Deutscher Ärztetag 2008 (S. 24); Steuerung durch Qualitätssicherung.
[15] Kellner, GesR 2008, 189 ff.
[16] Dettling, GesR 2008, 169 ff.; Huster, GesR 2008, 449 ff.

Qualitätssicherung ambulanter und stationärer Leistungen zu implementieren. Parallel gewinnen die Entscheidungen des G-BA dadurch an Bedeutung, dass das BSG den Anspruch des Versicherten unter den Vorbehalt der Leistungspflicht des Leistungserbringers stellt. Aus haftungsrechtlicher Sicht stellt sich letztlich die Frage, ob denn „Leitlinien, Richtlinien und Empfehlungen" wirklich etwas Neues darstellen oder ob es sich nicht vielmehr um altbekannte methodische Ansätze handelt, die im Verkehr erforderliche Sorgfalt (§ 276 BGB) zu umreißen bzw. der „neuen Terminologie" anzupassen.[17] Nach der gemeinsamen Definition von KBV und Bundesärztekammer[18] sind

> Leitlinien ... systematisch entwickelte Entscheidungshilfen über die angemessene ärztliche Vorgehensweise bei speziellen gesundheitlichen Problemen. ... Leitlinien sind wissenschaftlich begründete und praxisorientierte Handlungsempfehlungen. Leitlinien sind Orientierungshilfen im Sinne von Handlungs- und Entscheidungskorridoren, von denen in begründeten Fällen abgewichen werden kann oder sogar muss. ...
> Der Begriff Richtlinien sollte hingegen Regelungen des Handelns oder Unterlassens vorbehalten bleiben, die von einer rechtlich legitimierten Institution konsentiert, schriftlich fixiert und veröffentlicht wurden, für den Rechtsraum dieser Institution verbindlich sind und deren Nichtbeachtung definierte Sanktionen nach sich zieht. Die Inhalte der vorliegenden Empfehlungen beziehen sich ausdrücklich nicht auf Richtlinien der ärztlichen Selbstverwaltungskörperschaften.

9

Richtlinien unterscheiden sich im Hinblick auf ihre Verbindlichkeit also jedenfalls dann schon formal von Leitlinien, wenn sie über das Satzungsrecht einer Kammer zu verbindlichem Berufsrecht werden bzw. als untergesetzliche Norm im Rahmen des SGB V beachtet werden müssen.[19] Inwieweit dies, insbesondere bei einer dynamischen Verweisung, rechtlich zulässig ist, ist Gegenstand tiefgreifender Diskussionen. Soweit Fachgesellschaften und Berufsverbände eigene Verlautbarungen als „Richtlinien" bezeichnen, ist dies rechtlich unerheblich. Es handelt sich i. d. R um generalisierende sachverständige Meinungsäußerungen.

10

Die Frage der Verbindlichkeit von Leitlinien ist in der Literatur umstritten[20]. Während Geiß/Greiner[21] darauf verweist, dass Leitlinien nicht unbesehen mit Standard gleichgesetzt werden können, hält Hart[22] Leitlinien unter Bezug auf die Definition der Zentralstelle der deutschen Ärzteschaft zur Qualitätssicherung in der Medizin für verbindlich. Leitlinien sind nach Hart mehr als „Empfehlungen". Er setzt Leitlinien mit Standards gleich. Damit befindet er sich in Einklang mit der internationalen Diskussion um guidelines, da die im deutschen Sprachraum getroffene Unterscheidung zwischen „Leitlinie" und „Richtlinie" im anglo-amerikanischen Raum unbekannt ist und eine Differenzierung hinsichtlich ihrer Verbindlichkeit

11

---

[17] Hart, MedR 1998, 8 ff.; ders. VSSR 2002, 265 ff.
[18] DÄ 1997 (A) 2154.
[19] Clemens, MedR 1996, 432 ff.; KG, Urt. v. 2.10.2003–20 U 402/01, NJW 2004, 691; BGH, Urt. v. 25.11. 2003, VI ZR 8/03, NJW 2004, 1452 (Mutterschafts-Richtlinien = Standard).
[20] Jorzig, Feifel, GesR 2004, 310 ff.; Bergmann, GesR 2006, 337 ff.
[21] Geiß, Greiner, Rdnr. B 9 a.; so ausdrücklich BGH, Beschl.v. 28.3.2008 – VI ZR 57/07.
[22] Hart, MedR 1998, 8, 11.

nicht vorgenommen wird. Ob dieser Verzicht auf Differenzierung – entgegen dem Willen der „Schöpfer von Leitlinien" – trägt, muss an dieser Stelle nicht entschieden werden. Maßgeblich ist, welchen Einfluss Empfehlungen, Leitlinien und Richtlinien auf die im Verkehr erforderliche Sorgfalt gemäß § 276 BGB nehmen. Für diese Abgrenzung stehen bewährte juristische Werkzeuge zur Verfügung.

III. Leitlinien, Standard und „im Verkehr erforderliche Sorgfalt"

12   Die Diskussion um den medizinischen Standard bzw. den „Stand der medizinischen Erkenntnis zur Zeit der Behandlung" ist keineswegs neu und auf das Gebiet des medizinischen Standards beschränkt.[23] Im Baurecht kennt man den Begriff der „allgemein anerkannten Regeln der Baukunst". Sie sollen die Summen der im Bauwesen anerkannten wissenschaftlichen, technischen und handwerklichen Erfahrungen darstellen, die durchweg bekannt und als richtig und notwendig anerkannt sind. Dem Juristen, insbesondere dem Anwalt bei der Beratung seines Mandanten, ist diese Problematik unter dem Stichwort „herrschende Meinung" vertraut. Den Mandanten wird es kaum befriedigen, dass ihn sein Rechtsberater mit den wissenschaftlich überlegenen und schlagkräftigen Argumenten eines oder mehrerer Hochschulprofessoren vertreten hat, wenn diese Argumente nicht von den Gerichten geteilt werden. Die Pflicht zur Beachtung derartigen Erfahrungswissens ist aber prinzipiell unabhängig davon, in welches „äußere Gewand" diese Erkenntnisse gekleidet sind. Dies ist durch die besondere Dynamik[24] des „Standardbegriffs" bedingt, der eben gerade nicht statisch ist, sondern sich laufend verändert. Dies ist ein wichtiges Argument, Leitlinien nicht undifferenziert mit Standard gleichzusetzen. Folgerichtig findet die mancherorts in der Medizin anzutreffende Leitliniengläubigkeit in der aktuellen Rechtsprechung[25] keinen Widerhall.

13   Der BGH[26] hat wiederholt bekräftigt, dass Leitlinien nicht unbesehen mit dem medizinischen Standard gleichgesetzt werden dürfen und im Prozess regelmäßig kein Sachverständigengutachten ersetzen. Dies gilt erst recht, wenn Leitlinien für einen längeren Zeitraum nicht überarbeitet werden. Dem kann zwar durch eine verstärkte Implementierung der „Leitlinien für Leitlinien" entgegengewirkt werden. Die dort aufgestellten Grundsätze bürgen jedoch nur für eine formale Qualitätssicherung, nicht für ihre inhaltliche „Richtigkeit". Im übrigen muss man sich davor hüten, bei aller „Leitliniengläubigkeit" den konkreten personellen und sachlichen Rahmen

---

[23] Marburger, Die Regeln der Technik im Recht, 1979; v Bar, Verkehrspflichten – Richterliche Gefahrsteuerungsgebote im deutschen Deliktsrecht, 1980.
[24] OLG Köln, VersR 1991, 186 (Aciclovir).
[25] OLG Düsseldorf, Urt. v. 25.1. 2007 – I – 8 U116/05, GesR 2007, 110 ff.; OLG Koblenz, Urt. v. 24.5. 2007 – 5 U 1735/06; VersR 2008, 355: Die von der DGGG entwickelten Leitlinien für den zeitlichen Ablauf einer Schnittentbindung (E-E-Zeit) können nicht ohne weiteres auf eine Sectio übertragen werden, die nach einer häuslichen Uterusruptur notfallmäßig durchgeführt werden muss.
[26] BGH, Beschl.v. 28.3. 2008 – VI ZR 57/07, GesR 2008, 361.

eines ärztlichen Entscheidungsprozesses zu vernachlässigen.[27] Die Rechtsprechung hat stets hervorgehoben, der Standard dürfe sich nicht nur an Universitätskliniken und Spezialkrankenhäusern orientieren, sondern müsse die dem Patienten örtlich zur Verfügung stehenden Möglichkeiten mitberücksichtigen. Dies schließt ein, dass nicht jede apparative und methodische Neuerung umgehend nachvollzogen werden muss.

IV. Die normative Kraft des Faktischen, Leitlinien als „soft law"

Aufgrund der vorstehenden Ausführungen den Schluss zu ziehen, Leitlinien seien rechtlich irrelevant, wäre allerdings völlig verfehlt. Über Leitlinien werden Erfahrungswissen und Strukturvorgaben transportiert. Leitlinien stellen daher ebenso wie Sachverständigengutachten, Empfehlungen oder Lehrbuchinhalte sachverständige Äußerungen dar, die ein Indiz dafür abgeben können, was unter der im Verkehr erforderlichen Sorgfalt verstanden werden kann. Diese Indizwirkung wird desto stärker, als es sich um typisierte Fallvarianten handelt. Sie wird um so schwächer, als die Besonderheiten des einzelnen Falles überwiegen. Dementsprechend werden Leitlinien zuallererst in denjenigen Bereichen Wirkung entfalten, in denen es weniger um die individuelle ärztliche Entscheidung als vielmehr um Strukturvorgaben geht. Dies betrifft z. B. interkollegiale Vereinbarungen über die Zusammenarbeit einzelner Berufsgruppen wie z. B. die Vereinbarung zwischen Chirurgen und Anästhesisten über die Verantwortung für die prä-, intra- und postoperative Lagerung, die Vereinbarung über die Zusammenarbeit bei der Bluttransfusion oder die Vereinbarung zwischen Anästhesisten und Frauenärzten über die Zusammenarbeit in der operativen Gynäkologie und Geburtshilfe. Derartige Vereinbarungen werden von der Rechtsprechung[28] als Konkretisierung der im Verkehr erforderlichen Sorgfalt, d. h. als Verkehrsanschauung der betroffenen Fachkreise anerkannt. Dies ist nachvollziehbar, handelt es sich doch um die Absicherung allgemeingültiger Verfahrensabläufe, wie sie vorhersehbar in einer Vielzahl von Fällen – unabhängig von den Besonderheiten des einzelnen Krankheitsfalles – planbar sind. Im übrigen darf an dieser Stelle der Einfluss wissenschaftlicher oder berufsständischer Empfehlungen nicht unterschätzt werden, Beispiele: Fachübergreifender Bereitschaftsdienst[29]; E-E-Zeit[30], Personalschlüssel f. Intensivabteilungen.[31]

Leitlinien werden ihre normative Kraft in der Regel über Sachverständigengutachten entfalten. Denn der Sachverständige muss die einschlägigen Leitlinien kennen, die für die Bewertung der ihm gestellten Sachfrage von Bedeutung sein

14

15

---

[27] BGH, Urt. v. 20.9.2011 – VI ZR 55/09, GesR 2011, 718, neben Leitlinien elementare medizinische Grundregeln zu berücksichtigen.
[28] BGH, MDR 1992, 160.
[29] Feifel, GesR 2003, 259 ff.
[30] Empfehlungen der DGGG, Homepage DGGG.de; hierzu Berg/Ratzel, Der Gynäkologe 2013.
[31] Recomandations on minimal requirements for intensive care departements, Intensive Care Med. 1997, 23: 226 ff., www.escim.org, library, guidelines and recommendations.

können.[32] Er ist allerdings nicht verpflichtet, sie seiner Bewertung zugrunde zu legen. Vielmehr hat er stets zu überprüfen, ob der Inhalt der Leitlinie sich mit seinem Erfahrungswissen deckt bzw. den Besonderheiten des konkreten Falles gerecht wird.[33] Er darf sich weder durch eine schlichte Bezugnahme auf die Leitlinie einer eigenen Bewertung entziehen, noch darf er seine eigene Bewertung apodiktisch in den Raum stellen, ohne sich mit den Aussagen der Leitlinie kritisch auseinandergesetzt zu haben. Zusammenfassend lässt sich an dieser mehrschichtigen Deduktion der Leitliniendebatte festhalten, dass Leitlinien bestenfalls im Bereich der voll beherrschbaren Risiken für den äußeren Rahmen der „Geeignetheit" i. S. von § 11 Abs. 1 MBO tauglich sind, im übrigen aber nicht.

V. Leitlinien und Beweislastverteilung

16 Arzthaftung ist Verschuldenshaftung. Der Eintritt eines Schadens begründet grundsätzlich keinen Anschein sorgfaltswidrigen Verhaltens[34]. Dies gilt mit Hinblick auf den Grundsatz der Methodenfreiheit normalerweise auch bei Abweichen von einer Leitlinie zur Diagnostik und Therapie bestimmter Krankheitsbilder[35]. Die Frage der Beweislastumkehr stellt sich schon begrifflich dann nicht, so lange sich der Arzt noch in dem von der Leitlinie selbst vorgegebenen „Entscheidungskorridor" befindet. Verlässt er diesen Bereich, kommt es darauf an, welchem Regelungsbereich die Leitlinie zuzuordnen ist. Handelt es sich um eine Leitlinien mit Strukturkomponenten, wie dies bei den interprofessionellen Vereinbarungen unterschiedlicher Fachgebiete der Fall ist, kann die Nichtbeachtung einer Aufgabenzuweisung zur Beweislastumkehr zu Lasten des Arztes führen[36]. Die Situation ist mit der Frage der Beweislast bei der Vermeidung beherrschbarer Risiken zu vergleichen[37]. In Bereichen, deren Gefahren ärztlicherseits objektiv voll ausgeschlossen werden können obliegt die Darlegungs- und Beweislast für die Fehler- und Verschuldensfreiheit bei der Verwirklichung von Risiken, die nicht vorrangig aus den Eigenheiten des menschlichen Organismus erwachsen, sondern durch den Klinikbetrieb oder die Arztpraxis gesetzt und durch sachgerechte Organisation und Koordinierung des Behandlungsgeschehens objektiv voll beherrscht werden können, aufgrund des

---

[32] BGH, Beschl.v. 7.2.2011 – VI ZR 269/09, GesR 2011, 417.

[33] LG Saarbrücken, Urt. v. 29.1. 2008 – 16 O 311/06.

[34] Zöller, Greger, vor § 284 Rn. 20 a.

[35] BGH, MDR 1991, 846; eingehend Weber, NJW 1997, 761 ff.

[36] Vor einer unkritischen Anwendung des § 280 BGB analog, wie dies teilweise im Schrifttum vertreten wird, ist jedoch zu warnen, so jedenfalls Weber, NJW 1997, 761, 763, 766 als Richter am BGH a. D.; a. A. Schmidt, MedR 2007, 693 ff.

[37] BGH, VersR 1991, 467, 468; OLG Düsseldorf, VersR 2000, 1019.

§ 11 Ärztliche Untersuchungs- und Behandlungsmethoden 205

Rechtsgedankens des § 280 Abs. 1 Satz 2 BGB) bei der Behandlungsseite (vgl. nunmehr § 630 h Abs. 1 BGB[38]).[39]

Das Vorliegen besonderer Fallkonstellationen, in denen für eine Beweislastumkehr ausnahmsweise kein Raum ist, etwa eine körperliche Anomalie des Patienten, mit der nicht zu rechnen war,[40] hat der Arzt zu beweisen. Betrifft die Leitlinie hingegen den Bereich der Diagnose- und Therapiewahl, begründet ein Abweichen – isoliert betrachtet – noch keine Beweislastumkehr. Vielmehr kommen dann die von der Rechtsprechung entwickelten Grundsätze zur Frage der Beweislastumkehr für den Fall des groben Behandlungsfehlers bzw. der Nichterhebung von Befunden zum Tragen[41]. Bei einer unterlassenen Befunderhebung kann es schon unterhalb der Schwelle zum groben Behandlungsfehler zu einer Umkehr der Beweislast für den ursächlichen Zusammenhang zwischen dem Primärschaden und dem Behandlungsfehler kommen. Dies ist dann der Fall, wenn es sich um eine medizinisch gebotene Befunderhebung handelt, die mit hinreichender (überwiegender[42]) Wahrscheinlichkeit ein reaktionspflichtiges Ergebnis gezeigt hätte und sich die Verkennung eines solchen Befundes als fundamental oder die Nichtreaktion hierauf als grob fehlerhaft darstellen würde (vgl. auch § 630 h Abs. 5 S. 2 BGB[43]).[44] Auch in diesen Fällen ist eine Umkehr der Beweislast ausgeschlossen, wenn der ursächliche Zusammenhang äußerst unwahrscheinlich ist, was wiederum der Arzt zu beweisen hat.[45]

17

---

[38] PatRG v. 20.2.2013, BGBl. I v.25.2.2013, S. 277 ff., siehe auch Hart, GesR 2012, 385; Spickhoff, ZRP 2012, 65; Rehborn, GesR 2013, 257.

[39] BGH, Urt. v. 10.1.1984 – VI ZR 158/82 -, BGHZ 89, 263 = NJW 1984, 1400 = VersR 1984, 356; BGH, Urt. v. 8.1.1991 – VI ZR 102/90 -, NJW 1991, 1541 = VersR 1991, 467; BGH, Urt. v. 24.1.1995 – VI ZR 60/94 -, NJW 1995, 1618 = VersR 1995, 539; BGH, Urt. v. 13.2.2007 – VI ZR 174/06 -, VersR 2007, 1416; BGH, Urt. v. 20.3.2007 – VI ZR 158/06 -, BGHZ 171, 358 = NJW 2007, 1682 = VersR 2007, 847, m. Anm. Rehborn, BGHReport 2007, 605; OLG Hamm, Urt. v. 30.11.2005–3 U 61/05 -, MedR 2006, 288.

[40] BGH, Urt. v. 24.1.1995 – VI ZR 60/94 -, NJW 1995, 1618 = VersR 1995, 539.

[41] Beachte insbesondere BGH, Urt. v. 27.4.2004 – VI ZR 34/03, ZMGR 2004, 195, hierzu Katzenmeier, ZMGR 2004, 221 ff.; Zoll, Verfahrensrechtliche Besonderheiten im Arzthaftungsprozess, ZMGR 2009, 282 ff.;BGH, Beschl.v. 28.3.2008 – VI ZR 57/07, GesR 2008, 361 ff.; BGHZ 132, 47; BGH, NJW 1998, 1780; BGH, VersR 1999, 60; 1999, 231; BGH, NJW 1998, 3417; siehe auch OLG Hamm, VersR 2000, 1373.

[42] OLG Dresden, Urt. v. 6.6.2002 – 4 U 3112/01 -, VersR 2004, 648; OLG Köln, Urt. v. 28.5.2003 –5 U 77/01 -, VersR 2004, 247; OLG München, Urt. v. 10.8.2006–1 U 2438/06 -, MedR 2007, 361; OLG Hamm, Urt. v. 17.5.2010 – 3 U 132/09 -, zit. nach juris; OLG Dresden, Urt. v. 21.5.2010 – 4 U 1545/09 -, zit. nach juris; OLG Köln, Urt. v. 8.2.2012–5 U 111/11 -, zit. nach juris.

[43] PatRG v. 20.2.2013, BGBl. I v.25.2.2013, S. 277 ff., siehe auch Hart, GesR 2012, 385; Spickhoff, ZRP 2012, 65; Rehborn, GesR 2013, 257.

[44] BGH, Urt. v. 23.3.2004 – VI ZR 428/02 -, NJW 2004, 1871 = VersR 2004, 790; BGH, Urt. v. 27.4.2004 – VI ZR 34/03 -, BGHZ 159, 48 = NJW 2004, 2011 = VersR 2004, 909; BGH, Urt. v. 29.9.2009 – VI ZR 251/08 -, NJW-RR 2010, 833 = VersR 2010, 115; BGH, Urt. v. 7.6.2011 – VI ZR 87/10 -, NJW 2011, 2508 = VersR 2011, 1148 m. Anm. Hausch, MedR 2012, 231; BGH, Urt. v. 13.9.2011 – VI ZR 144/10 -, NJW 2011, 3441 = VersR 2011, 1400.

[45] BGH, Urt. v. 23.3.2004 – VI ZR 428/02 -, NJW 2004, 1871 = VersR 2004, 790; BGH, Urt. v. 27.4.2004 – VI ZR 34/03 -, BGHZ 159, 48 = NJW 2004, 2011 = VersR 2004, 909; BGH, Urt. v. 29.9.2009 – VI ZR 251/08 -, NJW-RR 2010, 833 = VersR 2010, 115; BGH, Urt. v. 7.6.2011 – VI

18 In der Praxis wird häufig die erforderliche Abgrenzung zwischen Befunderhebungsfehler und Diagnosefehler nicht hinreichend beachtet.[46] Ein Befunderhebungsfehler ist gegeben, wenn die Erhebung medizinisch gebotener Befunde unterlassen wird; ein Diagnoseirrtum liegt vor, wenn Befunde falsch interpretiert werden und deshalb nicht die therapeutischen oder diagnostischen Maßnahmen ergriffen werden.[47] Ein Diagnosefehler wird nicht dadurch zu einem Befunderhebungsfehler, dass bei objektiv zutreffender Diagnosestellung noch weitere Befunde zu erheben gewesen wären.[48] Vielmehr sind unterlassene Befunderhebungen in diesen Fällen am großzügigen[49] Maßstab eines Diagnosefehlers zu messen.[50]

VI. Sozialversicherungsrechtliches Berufsrecht

1. Qualitätssicherung und -management

19 Gemäß § 135 a Abs. 1 SGB V sind Leistungserbringer zur Sicherung und Weiterentwicklung der Qualität der von ihnen erbrachten Leistungen verpflichtet. Die Leistungen müssen dem jeweiligen Stand der wissenschaftlichen Erkenntnisse entsprechen und in der fachlich gebotenen Qualität erbracht werden. Durch § 135 a Abs. 2 SGB V werden Vertragsärzte, MVZ's, zugelassene Krankenhäuser, stationäre Vorsorgeeinrichtungen und stationäre Rehabilitationseinrichtungen verpflichtet, ein internes Qualitätsmanagement einzuführen und weiterzuentwickeln. Nach der Gesetzesbegründung wird unter Qualitätsmanagement eine Managementmethode verstanden, die auf die Mitwirkung aller Mitarbeiter gestützt die Qualität in den Mittelpunkt ihrer Bemühungen stellt und kontinuierlich bestrebt ist, die Bedürfnisse der Patienten, Mitarbeiter, Angehörigen oder beispielsweise auch der zuweisenden Ärzte zu berücksichtigen. Besondere Bedeutung wird der Zusammenarbeit zwischen allen beteiligten Berufsgruppen ohne Rücksicht auf hierarchische Unterschiede beigemessen, das ganze natürlich ordentlich dokumentiert. Welches Qualitätsmanagement anzuwenden ist, ist (noch) nicht verbindlich vorgegeben.

20 Mit der seit dem 1. 7.2008 geltenden Fassung von § 137 SGB V kommt dem G-BA aber auch hier eine große und zentrale Bedeutung zu. So ist er nicht nur – wie schon bisher- für die Qualitätssicherungsrichtlinien im Rahmen der vertragsärztli-

---

ZR 87/10 -, NJW 2011, 2508 = VersR 2011, 1148; BGH, Urt. v. 13.9.2011– VI ZR 144/10 -, NJW 2011, 3441 = VersR 2011, 1400.
[46] Vgl. auch Ramm, GesR 2011, 513.
[47] BGH, Urt. v. 21.12.2010 – VI ZR 284/09 -, BGHZ 188, 29 = NJW 2011, 1672 = VersR 2011, 400, m. w. N.
[48] BGH, Urt. v. 21.12.2010 – VI ZR 284/09 -, BGHZ 188, 29 = NJW 2011, 1672 = VersR 2011, 400.
[49] BGH, Urt. v. 14.7.1981 – VI ZR 35/79 -, VersR 1981, 1033 = MedR 2003, 107; BGH, Urt. v. 8.7.2003 – VI ZR 304/02 -, NJW 2003, 2827 = VersR 2003, 1256; OLG Frankfurt, Urt. v. 7.5.1996 -, VersR 1997, 1358.
[50] OLG Köln, Urt. v. 20.7.2005 – 5 U 200/04 -, NJW 2006, 69 = VersR 2005, 1740 m. Anm. Feifel, GesR 2006, 308; OLG München, Urt. v. 12.4.2007 – 1 U 2267/04 -, zit. nach juris.

chen Versorgung und der zugelassenen Krankenhäuser zuständig, sondern er hat auch gemäß § 137 Abs. 1 Nr. 2 Kriterien für die indikationsbezogene Notwendigkeit und Qualität der durchgeführten diagnostischen und therapeutischen Leistungen, insbesondere aufwändiger medizinisch-technischer Leistungen festzulegen. Dies betrifft u. a. Mindestanforderungen an die Struktur-, Prozess und Ergebnisqualität. Die Richtlinien sollen, soweit möglich, sektorenübergreifend erlassen werden. Zur Evaluierung bedient sich der G-BA gemäß § 137 a SGB V einer fachlich unabhängigen Institution, die nach einer öffentlichen Ausschreibung den Auftrag erhalten soll. Gemäß § 137 a Abs. 2 SGB V ist die Institution insbesondere zu beauftragen,

- für die Messung und Darstellung der Versorgungsqualität möglichst sektorenübergreifend abgestimmte Indikatoren und Instrumente zu entwickeln,
- die notwendige Dokumentation für die einrichtungsübergreifende Qualitätssicherung unter Berücksichtigung des Gebotes der Datensparsamkeit zu entwickeln, sich an der Durchführung der einrichtungsübergreifenden Qualitätssicherung zu beteiligen und soweit erforderlich, die weiteren Einrichtungen, die an den Qualitätssicherungsmaßnahmen mitwirken einzubeziehen, sowie die Ergebnisse der Qualitätssicherungsmaßnahmen durch die Institution in geeigneter Weise und in einer für die Allgemeinheit verständlichen Form zu veröffentlichen. Gemäß § 137 a Abs. 3 SGB V sind bei der Entwicklung der Inhalte nach Absatz 2 die Kassenärztlichen Bundesvereinigungen, die Deutsche Krankenhausgesellschaft, der Spitzenverband Bund der Krankenkassen, der Verband der privaten Krankenversicherung, die Bundesärztekammer, die Bundeszahnärztekammer, die Bundespsychotherapeutenkammer, die Berufsorganisationen der Krankenpflegeberufe, die wissenschaftlichen medizinischen Fachgesellschaften, die für die Wahrnehmung der Interessen der Patientinnen und Patienten und der Selbsthilfe chronisch kranker und behinderter Menschen maßgeblichen Organisationen auf Bundesebene sowie der oder die Beauftragte der Bundesregierung für die Belange der Patientinnen und Patienten zu beteiligen.

2. Qualitätssicherung, Leit- und Richtlinien in der stationären Versorgung

Zentrale Norm der Qualitätssicherung im Krankenhaus ist § 137 SBG V, insbesondere § 137 Abs. 3 SGB V. Danach beschließt der G-BA u. a. Maßnahmen zur Überprüfung der Fortbildungspflicht der Fachärzte, einen Katalog planbarer Leistungen, die nach den §§ 17 und 17 b des Krankenhausfinanzierungsgesetzes, bei denen die Qualität des Behandlungsergebnisses in besonderem Maße von der Menge der erbrachten Leistungen abhängig ist sowie Mindestmengen[51] für die jeweiligen Leis-

21

---

[51] Stollmann, GesR 2007, 303 ff.;BSG, Urt. v. 18.12.2012– B 1 KR 34/12 R, GesR 2013, 363, Mindestmengen für geringgewichtige Früh- und Neugeborene nichtig; siehe aber auch BSG, Urt. v. 12.9.2012 – B 3 KA 10/12 R, GesR 2013, 179 zu Mindestmengen bei Knieoperationen (zulässig), hinreichende Wahrscheinlichkeit des Nutzens für Qualitätssicherung genügt. so auch BSG, Urt.v. 14.10.2014 – B 1 KR 33/13 R.

tungen je Arzt oder Krankenhaus und Ausnahmetatbestände, Grundsätze für die Einholung von Zweitmeinungen sowie Inhalt und Umfang der in jetzt[52] jährlichem Turnus zu veröffentlichenden Qualitätsberichte der Krankenhäuser.[53]

22   Für die Qualitätsberichte der Krankenhäuser gelten seit 2013 neue Regelungen. Einen entsprechenden Beschluss hat der Gemeinsame Bundesausschuss am 16.5.2013 gefasst. Die geänderten Vorgaben betreffen vor allem die Verkürzung des Rhythmus der Berichterstattung von bisher zwei Jahren auf ein Jahr, die künftige Einbeziehung aller Standorte eines Krankenhauses, zusätzliche Informationspflichten zum Thema Hygiene und Vereinfachungen zum vorgeschriebenen Dateiformat des Berichts. Der Beschluss tritt nach Veröffentlichung im Bundesanzeiger in Kraft. Gemäß dem im Jahr 2011 beschlossenen Gesetz zur Änderung des Infektionsschutzgesetzes und weiterer Gesetze wurde bereits ab diesem Jahr der Rhythmus der Berichterstattung verkürzt und zudem festgelegt, dass die Berichte bestimmte Informationen über den Stand der Hygiene in den Krankenhäusern enthalten sollen. Unter anderem müssen die Krankenhäuser nun differenziertere Angaben zu den beschäftigten Hygienefachkräften und der Personalanzahl in den einzelnen Fachabteilungen machen. Zugleich wird die Anzahl der zu veröffentlichenden – auch infektionsbezogenen – Qualitätsindikatoren und deren Ergebnisse von insgesamt 182 auf 289 erneut deutlich erhöht.

23   Der G-BA stellte mit seinem Beschluss klar, dass Krankenhäuser, die Leistungen an unterschiedlichen Standorten erbringen, für jeden einzelnen Standort berichten müssen. Um jedoch den bürokratischen Aufwand bei der jährlichen Berichterstattung zu verringern, verzichtet der G-BA auf die zusätzliche Übermittlung der Qualitätsberichte im PDF-Format sowie die bisherige Übermittlungsfrist vom 15. Juli des Erstellungsjahres. Stattdessen gilt für das gesamte Übermittlungsverfahren der ausschließlich maschinenverwertbaren Daten ab dem Qualitätsbericht 2013 eine geänderte Frist bis zum 15. Dezember des Erstellungsjahres. Der nun zu erstellende Bericht 2012 ist abweichend davon bis zum 15. Februar 2014 zu übermitteln. Anlass der Überarbeitung waren unter anderem Erfahrungen mit den Berichten über das Jahr 2010 und die Ergebnisse einer beauftragten Krankenhaus-, Patienten- und Einweiserbefragung sowie eines vom AQUA-Institut im März 2013 vorgelegten Prüfberichts zu den Qualitätsindikatoren. Krankenkassen können die Daten auswerten und für ihre Versicherten Empfehlungen aussprechen. Krankenhäuser können mit den Berichten ihre Leistungen und die Qualität der Behandlung darstellen. Im Oktober 2012 hatte der G-BA im übrigen eine <u>Referenzdatenbank</u> freigeschaltet, in der die maschinenverwertbaren Qualitätsberichte vollständig abrufbar sind.

---

[52] G-BA, Beschl.v. 16.5.2013, www.g-ba.de/informationen/beschluesse/zum-aufgabenbereich/18/.
[53] Siehe hierzu bislang Vereinbarung über Inhalt und Umfang eines strukturierten Qualitätsberichts.

§ 12 Honorar und Vergütungsabsprachen

(1) Die Honorarforderung muss angemessen sein. Für die Bemessung ist die Amtliche Gebührenordnung (GOÄ) die Grundlage, soweit nicht andere gesetzliche Vergütungsregelungen gelten. Ärztinnen und Ärzte dürfen die Sätze nach der GOÄ nicht in unlauterer Weise unterschreiten. Bei Abschluss einer Honorarvereinbarung haben Ärztinnen und Ärzte auf die Einkommens- und Vermögensverhältnisse der oder des Zahlungspflichtigen Rücksicht zu nehmen.

(2) Ärztinnen und Ärzte können Verwandten, Kolleginnen und Kollegen, deren Angehörigen und mittellosen Patientinnen und Patienten das Honorar ganz oder teilweise erlassen.

(3) Auf Antrag eines Beteiligten gibt die Ärztekammer eine gutachterliche Äußerung über die Angemessenheit der Honorarforderung ab.

(4) Vor dem Erbringen von Leistungen, deren Kosten erkennbar nicht von einer Krankenversicherung oder von einem anderen Kostenträger erstattet werden, müssen Ärztinnen und Ärzte die Patientinnen und Patienten schriftlich über die Höhe des nach der GOÄ zu berechnenden voraussichtlichen Honorars sowie darüber informieren, dass ein Anspruch auf Übernahme der Kosten durch eine Krankenversicherung oder einen anderen Kostenträger nicht gegeben oder nicht sicher ist.

Abweichender Wortlaut der Berufsordnungen in den Kammerbezirken:

Bayern,
ohne Abs. 3,
Berlin ohne Abs. 3 und 4
Nordrhein
(1).... Die Sätze nach der GOÄ dürfen nicht in unlauterer Weise unterschritten werden. Satz 3 fehlt.

Übersicht

		Rz.
I.	Die Bedeutung der Norm	1
II.	Die Angemessenheit des Honorars	4
III.	Die Notwendigkeit der abgerechneten Leistung	7
IV.	IGeL- Leistungen	8
V.	Zielleistungsprinzip	11
VI.	Wahlleistungsvereinbarung	12
VII.	Honorarvereinbarungen	13
VIII.	Unterschreitung des Mindestsatzes	18
IX.	Fälligkeit und Abrechnung der Vergütung	20
X.	Zulässigkeit eines Vorschusses?	23
XI.	Die Überprüfung der Honorarforderung	24

Literatur

Bender, Krankenhausaufnahmevertrag, HK-AKM, Ordnungszahl 3080, Rdnr. 54 ff.; Clausen, Neue Entwicklungen im Bereich der privatärztlichen Liquidation, ZMGR 2006, 89 ff.; ders., Rechtsprobleme bei der Abrechnung von M II – IV Laborleistungen im Krankenhaus, ZMGR 2012, 33; ders., Die Abrechnung wahlärztlicher Leistungen durch Honorarärzte, ZMGR 2012, 248; Erwiderung von Penner und Nolden, ZMGR 2012, 417; Duplik von Clausen, ZMGR 2012, 420; Dahm, Rabbatierung und Vorteilsgewährung bei Erbringung ärztlicher Laborleistungen, MedR 1994, 13; ders. Zur Problematik der Falschabrechnung im privatärztlichen Bereich, MedR 2003, 268 ff.; ders., Ambulante privatärztliche Tätigkeit im Vertretungsfall, MedR 2012, 367; Fuhrmann, Strahl, Rechtsentwicklung und Streitpunkte zu § 4 Nr. 14 UStG, DStR 2005, 265 ff. Glieger, Rechtliche Zulässigkeit der Unterschreitung des einfachen GOÄ-Satzes für Laborleistungen, MedR 2003, 276; Griebau, in: Ratzel/Luxenburger, § 11, Die ärztliche Abrechnung gegenüber Selbstzahlern, S. 619 ff.; Griebau, Sachkosten nach GOÄ und GOZ, ZMGR 2004, 190 ff.; ders. In: Ratzel/Luxenburger, § 12, Erstattungsfragen gegenüber PKV und Beihilfe, S. 647 ff.; ders. § 2 GOÄ – wie sicher ist die ärztliche Honorarvereinbarung, ZMGR 2003, 73 ff.; Hagen, Luche, Steuerrechtliche Einordnung der Liquidationseinnahmen von Chefärzten, MedR 2006, 715, Harneit, Poetsch, Die Bedeutung von § 4 Abs. 2 a GOÄ/§ 4 II Satz 2 GOZ in der Systematik des (zahn-)ärztlichen Gebührenrechts, GesR 2004, 11 ff.; Hermanns, Filler, Roscher, Praxiskommentar zur GOÄ, 3. Aufl. 2008; Kern, Arzt und Vorschuss, GesR 2007, 241 ff.; Makoski, Belegarzt mit Honorarvertrag – Modell der Zukunft?, GesR 2009, 225 ff.; Michalski, (Zahn-) Ärztliche Aufklärungspflicht über die Ersatzfähigkeit von Heilbehandlungskosten, VersR 1997, 137 ff.; Miebach, Patt, Persönliche Leistungserbringung und Vertretung des Chefarztes bei wahlärztlichen Leistungen, NJW 2000, 3377 ff.; Persönliche Leistungserbringung im Krankenhaus, Heinweise der DKG v. 6.3.2013, Das Krankenhaus 2013, 507 ff.; Riedel, Die Ausgestaltung von § 4 Abs. 2 a GOÄ durch die jüngste Rechtsprechung des BGH, GesR 2008, 580 ff.; Schlarmann, Schieferdecker, Die Honorarminderung nach § 6 a GOÄ für privatärztliche Leistungen niedergelassener Ärzte, MedR 2000, 220; Schremb, Die Anwendbarkeit der GOÄ im Rahmen von Kooperationsverträgen zwischen niedergelassenen Ärzten und Krankenhäusern, Festschrift. Arge Medizinrecht zum 10jährigen Bestehen 2008, 815 ff.; Sieper, Die Haftung des Ehegatten für Krankenhausbehandlungskosten gemäß § 1357 BGB, MedR 2006, 638 ff.; Spickhoff, Seibl, Die Erstattungsfähigkeit ärztlicher Leistungen bei Delegation an nichtärztliches Personal, NZS 2008; Taupitz, Zur zulässigen Ausgestaltung ärztlicher Honorarvereinbarungen, ArztR 1993, 333; ders., Die Abrechnung „eigener" Laborleistungen nach § 4 Abs. 2 GOÄ neuer Fassung: Fachkundepflicht des abrechnenden Arztes? MedR 1996, 498; ders., Vertragsfreiheit im privatärztlichen Gebührenrecht, MedR 1996, 533 ff.; Taupitz, Neikes, Laboruntersuchungen als „eigene" Leistungen i. S. der GOÄ, MedR 2008, 121 ff.; Uleer, Miebach, Patt, Abrechnung von Arzt- und Krankenhausleistungen, 3. Aufl. 2006.

I. Die Bedeutung der Norm

1   Die Vorschrift betont den sozialen Charakter der ärztlichen Tätigkeit, der auch bei der Honorargestaltung Berücksichtigung finden soll. Im Ergebnis wirkt sich die Norm jedoch nur im Privatliquidationsbereich aus, da für einen Großteil der Patientengruppen andere Gebührenordnungen gelten, die dem Arzt keinen Spielraum bei der Honorargestaltung einräumen. Absatz 4 wurde vom 114. Deutschen Ärztetag 2011 in die MBO eingefügt. Die Regelung ist Teil der wirtschaftlichen Aufklärungspflicht eines Arztes als Obliegenheit aus dem Behandlungsvertrag, unabhängig davon, ob es sich um privat- oder gesetzlich versicherte Patienten handelt. Mit In-

krafttreten des Patientenrechtegesetzes[1] am 26.2.2013 findet sich eine vergleichbare Norm in § 630c Abs. 3 BGB.[2] Die GOÄ in der vorliegenden Form ist, von einigen Änderungen abgesehen, seit dem 1.1.1983 in Kraft. Sie war anfänglich starken verfassungsrechtlichen Bedenken ausgesetzt. Eine gegen sie eingelegte Verfassungsbeschwerde hatte jedoch keinen Erfolg, nachdem das Bundesverfassungsgericht, ohne auf die Sache selbst einzugehen, die Antragsteller auf den Instanzenweg verwiesen hat[3]. Der Arzt ist an die Bestimmungen der GOÄ gebunden, muss sich also – mit Ausnahme der Analogleistungen gemäß § 6 GOÄ – an den allgemeinen Teil und vor allem das Leistungsverzeichnis halten. Anders als andere Gebührenordnungen für Freiberufler, kennt die GOÄ keine generelle Abdingbarkeit. Die Höhe der Vergütung ist alleine durch das Maß des Steigerungssatzes (§ 5 GOÄ) zu beeinflussen.

Eine abweichende Individualvereinbarung kann sich alleine auf die Höhe dieses Satzes beziehen. Die Vereinbarung eines Pauschalpreises ist unzulässig[4]. Des weiteren sind trotz der abweichenden Honorarvereinbarungen sämtliche Vorschriften, insbesondere § 12 GOÄ, zu beachten. Nach der Begründung des Bundesrates soll diese Formstrenge den privaten Kostenträgern die Prüfung der Angemessenheit der Kosten erleichtern. Insgesamt begegnet die Einschränkung der Vertragsfreiheit in diesem Bereich verfassungsrechtlichen Bedenken, die durch die Entscheidung des BVerfG (s. o.) zunächst nicht ausgeräumt worden waren, weil sich das Gericht mit dieser Einzelfrage ausdrücklich nicht befasst hat. Demnach oblag es den Instanzgerichten, im Rahmen von Zahlungsstreitigkeiten zu überprüfen, ob die in § 2 GOÄ enthaltene Einschränkung der Vertragsfreiheit verfassungskonform ist oder nicht. Bisher ist eine die Verfassungsmäßigkeit verneinende Entscheidung nicht bekannt geworden. Heute wird man annehmen dürfen, dass das BVerfG die Beschränkungen auch in der Sache für zulässig hält.[5] Die GOÄ gilt auch für kosmetische Eingriffe, die nicht medizinisch indiziert sind[6] sowie für IGeL- Leistungen. Die GOÄ findet im Übrigen nur dann Anwendung, wenn nicht durch Bundesgesetz etwas anderes bestimmt ist. Dies ist aber für den großen Bereich der GKV der Fall[7].

---

[1] Patientenrechtegesetz v. 20.2.2013, BGBl. I, 277 ff.

[2] siehe auch OLG Stuttgart, Urt. v. 8.1.2013 – 1 U 87/12, VersR 2013, 583 = GesR 2013, 311, Informationspflicht über Mehrkosten bei Behandlung in der Privatklinik eines Krankenhauses und fragliche Erstattung durch die private Krankenversicherung; BGH, Beschl. v. 21.4.2011 – III ZR 114/10.

[3] BVerfG, NJW 1985, 2185.

[4] LG Stuttgart, NJW 1985, 688; BVerfG, NJW 1992, 737; Landesberufsgerichtes für Heilberufe beim Hess. VGH, Urt. v. 6.11.1991, ArztR 1992, 203; LG Kempten, Urt. v. 7.5.2012, Az. 13O 2311/11, VersR 2013, 571.

[5] BVerfG, Beschl. v. 25.10.2004 – 1 BvR 1437/02, NJW 2005, 1036, Beschränkungen bei Honorarvereinbarung und Steigerungssatz im Rahmen der GOZ verhältnismäßig.

[6] BGH, Urt. v. 23.3.2006 – VII ZR 223/05, MedR 2006, 424. Diese Eingriffe sind im Übrigen umsatzsteuerpflichtig, BFH, ZMGR 2004, 197.

[7] Übersicht in der Einführung bei Wezel, Liebold mit zahlreichen Sonderregelungen für einzelne Berufsgruppen; zur Möglichkeit, auch bei GKV-Versicherten privat zu liquidieren, siehe § 18 BMV-Ä, z. B. IGeL-Leistungen (hierzu Ziff. 4) und § 13 Abs. 2 SGB V, ansonsten eher restriktiv, BSG, Urteile vom 14. 3. 2001 – B 6 Ka 36/00, 67/00 und 54/00, ständige Rspr.

Ferner findet die GOÄ keine Anwendung, wenn die Leistung durch eine Gesellschaft abgerechnet bzw. vom Arzt im Rahmen eines Anstellungs- (Krankenhaus)[8] oder Dauerschuldverhältnisses (Betriebsarzt) erbracht wird.

3 Fraglich ist, ob die GOÄ auch dann anzuwenden ist, wenn ein niedergelassener Arzt Leistungen für und im Auftrag eines Krankenhauses erbringt. Werden diese Leistungen z. B. gegenüber Selbstzahlern im Rahmen einer Wahlarztvereinbarung erbracht (konsiliarärztliche Leistung), gilt die GOÄ; der niedergelassene Arzt ist dann Teil der Wahlarztkette. Anderes gilt jedoch dann, wenn ein Krankenhaus z. B. sein Labor oder die Radiologie an niedergelassene Ärzte auslagert und der niedergelassene Arzt die Leistungen bei GKV-versicherten stationär behandelten Patienten gegenüber dem Krankenhaus abrechnet. Hier können individuelle Sätze vereinbart werden.[9] Für den Belegarzt mit Honorarvertrag ist dies sogar gesetzlich geregelt[10]. Gemäß § 121 Abs. 5 SGB V können Krankenhäuser mit Belegbetten an Stelle der bisherigen Abrechnungsregeln mit Belegärzten Honorarverträge schließen, nach denen sie die Belegärzte intern vergüten und selbst (derzeit) 80% der Hauptabteilungs-DRG abrechnen[11]. Der Belegarzt tritt bei dieser Konstellation nach außen gar nicht mehr als abrechnender Arzt in Erscheinung. Als Konsequenz entfällt eine Kostenerstattungspflicht gegenüber dem Krankenhaus (§ 19 Abs. 1 Satz 1, Halbs. 2 KHEntgG). Von dem Belegarzt mit Honorarvertrag gemäß § 121 Abs. 5 SGB V ist der „unechte" oder „schwarze" Belegarzt[12] (heute einfach auch nur als „Honorararzt" bezeichnet) zu unterscheiden. Hierunter versteht man einen niedergelassenen Arzt, der für eine Hauptabteilung eines Krankenhauses operative Leistungen erbringt (ohne Belegarzt zu sein), die das Krankenhaus über DRG abrechnet[13]. Bis zum 31.12.2012 war strittig, ob diese Art der Leistungserbringung im stationären Bereich wegen „ 2 KHEntgG überhaupt zulässig ist."[14] Im Rahmen des PsychEntgG ist § 2 Abs. 1 Satz 1 KHEntgG jedoch mit Wirkung zum 1.1.2013 dahingehend geändert worden, dass Krankenhausträger ihre Leitungen nicht mehr

---

[8] Ausnahme: Wahlarztvereinbarung.
[9] So auch OLG Zweibrücken, Beschl. v. 10.3.2009 – 5 U 15/08; BGH, Urt. v. 12.11.2009 – III ZR 110/09, GesR 2010, 28; a. A. Schremb, S. 820.
[10] Krankenhausfinanzierungsreformgesetz (KHRG), BGBl. I v. 24.3.2009, 534 ff., § 18 Abs. 3 KHEntgG, § 19Abs. 1 S. 1 KHEntgG, § 121 Abs. 5 SGB V; hierzu Makoski, GesR 2009, 225, 227.
[11] Nach einer früheren Initiative des Bundesrats sollte dieser Satz auf 90% angehoben werden, weil 80% wirtschaftlich wenig interessant ist.
[12] Ratzel, in: Ratzel/Luxenburger § 21, Rdnr. 10 ff.
[13] LSG Sachsen, Urt. v. 30.4.2008, L 1 KR 103/07 (unzulässig, kein Honoraranspruch, bezog sich zwar auf ambulante Op, aus Begründung jedoch auch für stat. Fälle relevant) GesR 2008, 548 ff., dieses Urteil ist nicht rechtskräftig geworden, weil die Klägerin eine Woche vor der mündlichen Verhandlung vor dem BSG (wegen der Befürchtung, das BSG werde das LSG bestätigen) nicht nur die Revision, sondern die Klage zurückgenommen hatte. Die prozessualen Konsequenzen wurden in zahlreichen Kommentierungen übersehen.
[14] Schließlich wird auf diesem Wege die Regelung in § 121 Abs. 5 SGB V von Fall zu Fall „umgangen", um einen Honorarvorteil zu generieren.

zwingend nur durch angestelltes Personal erbringen können.[15] Nachdem § 17 KHEntgG aber nicht geändert wurde, bleibt es dabei, dass dieser Honorararzt nicht Teil der Wahlarztkette ist, da er die Hauptleistung erbringt; somit wird er von einer Wahlleistungsvereinbarung mit dem Krankenhaus nicht erfasst.[16]

II. Die Angemessenheit des Honorars

Gemäß § 5 Abs. 2 GOÄ sind Gebühren innerhalb des Gebührenrahmens unter Berücksichtigung der Schwierigkeit, des Zeitaufwands der einzelnen Leistung und der Umstände bei der Ausführung zu bestimmen. Der „große" Gebührenrahmen erstreckt sich vom 1- bis zum 3,5fachen, der „kleine" Gebührenrahmen für Leistungen aus den Abschnitten A, E, O und Q des Gebührenverzeichnisses (sogenannte technische Leistungen) bis zum 2,5fachen. Für Laborleistungen gibt es einen gesonderten Gebührenrahmen bis zum 1,3fachen. Die Regelspanne reicht vom 1–2,3fachen bzw. 1,8fachen bei technischen- und 1,15 bei Laborleistungen. Für Leistungen im Rahmen eines Schwangerschaftsabbruchs sieht die GOÄ besondere Gebührenbeschränkungen vor (§ 5 a GOÄ). § 5 b GOÄ betrifft begrenzte Steigerungssätze bei Versicherten mit Standardtarif. Innerhalb des jeweiligen Gebührenrahmens ist die einzelne Gebühr mit Rücksicht auf die Bemessungskriterien „nach billigem Ermessen zu bestimmen". Damit ist § 5 GOÄ eine Sonderregelung zu § 315 BGB. Der Begriff der „Billigkeit" bedeutet nicht billig im Sinne von niedrig, sondern stellt einem aus dem römischen und gemeinen Recht übernommenen Begriff dar, der die Austauschgerechtigkeit bei einer Vielzahl nicht normierter Leistungen sicherstellen soll. Annähernd 90% der Privatliquidationen stellen auf diese Schwellenwerte ab, was als Indiz für eine Nichtausübung des billigen Ermessens gelten mag. Deshalb wird teilweise denn auch der schematische Ansatz der jeweiligen Schwellenwerte kritisiert und teilweise als rechtswidrig bezeichnet. Der Arzt müsse seine Gebühren innerhalb der Regelspanne differenzierend bemessen.[17] Demgegenüber vertrat das OLG Koblenz[18] die Auffassung, ein nach den Bemessungskriterien des § 5 GOÄ, Fall von mittlerer Schwierigkeit, durchschnittlichem Zeitaufwand und normalen Umständen der Ausführung (Mittelfall) sei in der Mitte des Gebührenrahmens mit dem sogenannten Mittelwert (1,8- bzw., 2,3facher Satz) anzusetzen. Eine weitere

4

---

[15] Siehe auch VG Hannover, Urt. v. 22.7.2010 – 7 A 3161/08; VG Frankfurt a. M., Urt. v. 9.2.2010 – 5 K 1985/08.F, Penner/Nolden, ZMGR 2012, 417; siehe aber auch LSG Baden-Württemberg, Urt. v. 17.4.2013 – L 5 KR 3755/11

[16] Ratzel, in: Ratzel/Luxenburger § 19 Rdnr. 15 ff.; LG München I, Urt.v. 24.22014 - 9 S 9168/13, MedR 2014, 583; LG Heidelberg, Urt. v. 21.12.2012, Az. 3 S 16/12 m. Anm. Makoski in: jurisPR-MedizinR 3/2013 Anm. 3 früher; sehr strittig, ebenso Clausen, ZMGR 2012, 248, 420; dagegen Penner/Nolden, ZMGR 2012, 417 mit Verweis auf LG Nürnberg-Fürth, Beschl. v. 5.3.2012 – 11 S 9701/11, GesR 2012, 431; LG Würzburg, Beschl. v. 5.2012, 42 C 409/12, GesR 2012, 432, jetzt aber eindeutig wie Luxenburger und Clausen aaO. BGH, Urt.v. 16.10.2014 - III ZR 85/14.

[17] Uleer, Miebach, Patt, § 5 GOÄ Rdnr. 20–32.

[18] OLG Koblenz, 6 U 286/87, NJW 1988, 2309; LG Bochum, 6 S 11/01, MedR 2002, 639; Griebau, in: Ratzel, Luxenburger, § 10, Rdnr. 97 ff.

Mittelgebühr innerhalb der Regelspanne (1,4- bzw. 1,65 facher Satz) sei durch § 5 Abs. 2 Satz 4, Halbsatz 1 GOÄ nicht zwingend geboten.[19] Die Praxis der Kostenträger (PKV und Beihilfestellen) akzeptiert dieses Vorgehen in der Regel.

5   Die Kriterien, die ein Überschreiten des Schwellenwertes zulässig erscheinen lassen, können sowohl alleine als auch kumulativ gegeben sein. Will der Arzt die Regelspanne überschreiten, muss er dies unter Bezugnahme auf die genannten Bemessungskriterien rechtfertigen, und zwar normalerweise bezogen auf die einzelne Ziffer bzw. Zifferngruppe, für die das Bemessungskriterium zutrifft[20]. Eine stichwortartige Begründung reicht im Grunde genommen aus, sie muss jedoch auf Anfrage erläutert werden. Es reicht nicht aus, lediglich die im Gesetz wiedergegebenen Bemessungskriterien zu wiederholen. Die Schwierigkeit der Leistung kann z. B. darin liegen, dass es sich um ein besonders kompliziertes Krankheitsbild handelt, das eine weit über dem Durchschnitt liegende, intellektuelle Anstrengung (vielfältige differentialdiagnostische Überlegungen und Untersuchungen) erfordert. Ein über dem Durchschnitt liegender Zeitaufwand kann z. B. im Rahmen der Anamneseerhebung bei der deutschen Sprache nicht bzw. kaum mächtigen ausländischen Patienten gegeben sein. Die ambulante Durchführung einer Operation kann das Bemessungskriterium „Umstände bei der Ausführung" erfüllen. Zwar wird sicherlich nicht bei jeder einfachen ambulanten Durchführung einer Operation eine Überschreitung des Schwellenwerts zu rechtfertigen sein; dennoch muss der erhöhte apparative, organisatorische und pflegerische Aufwand, der vor allem bei höherwertigen ambulanten Operationen vorzuhalten ist, in der Gebührenbemessung einen Niederschlag finden. Nachdem die GOÄ aber seit geraumer Zeit vergleichbare Zuschlagsziffern wie in den Sozialversicherungsgebührenordnungen enthält, verliert dieses Argument an Überzeugungskraft[21].

6   Das Argument mancher Beihilfestellen, für die Angemessenheit des Rechnungsumfanges, der für die Beihilfefähigkeit maßgeblich sei, sei auf den Schwellenwert abzustellen, ist unzutreffend. Die Beihilfestelle kann für die Angemessenheit des ärztlichen Honorars keine eigenen Kriterien aufstellen, sondern muss die rechtlichen Vorgaben des § 5 GOÄ und die dort entwickelten Grundsätze beachten. Ist das Überschreiten der Schwellenwerte bis zum 3,5fachen des Gebührenansatzes nach den Kriterien des § 5 Abs. 2 gerechtfertigt und ordnungsgemäß begründet, so ist das billige Ermessen zutreffend ausgeübt. Der Beihilfebeamte kann hierauf keinen Einfluss nehmen. Er kann sich der Festsetzung der über der Regelgebühr liegenden Gebühr nicht entziehen[22]. Diese Auffassung ist jedoch umstritten, nachdem das Bundesverwaltungsgericht[23] das Überschreiten des Schwellenwerts als absolute Ausnahme ein-

---

[19] so auch BGH, Urt. v. 8.11.2007, III ZR 54/07, GesR 2008, 109 = ZMGR 2008, 49; BGHZ 174, 101.
[20] VG Sigmaringen, Urt. v. 1.12.1990 – 2 K 1226/88; mit dem Kriterium „schwierige Venen" kann z. B. die Nr. 253, nicht aber eine damit zusammenhängende Laborleistung gesteigert werden.
[21] Zur alten Rechtslage OVG Lüneburg, Urt. v. 9.5.1990 – 2 OVG A 50/87; a. A. OVG Saarland, Urt. v. 4.1.1991-1 R-46/89; ebenso ablehnend BVerwG, – 2.C 10/92, NJW 1994, 3023.
[22] OVG Bremen, MedR 1988, 198.
[23] BVerwG, Urt. v. 17.2.1994 – 2.C 10/92, NJW 1994, 3023.

gestuft hat. Darüber hinaus muss man zur Kenntnis nehmen, dass Rundschreiben der Beihilfestellen (mit einschränkenden Auslegungen zur GOÄ) zwar grundsätzlich keine Außenwirkung entfalten, intern die Behörden jedoch binden.[24]

III. Die Notwendigkeit der abgerechneten Leistung

Der Arzt darf nur für solche Leistungen Vergütungen berechnen, die nach den Regeln der ärztlichen Kunst[25] für medizinische notwendige ärztliche Versorgung erforderlich sind.[26] § 192 VVG verlangt keine Bindung an die „Schulmedizin". Deshalb können auch alternative Methoden notwendig i. S. v. § 192 VVG i. V. m. § 1 Abs. 2 MBKK sein.[27] Beauftragt der behandelnde Arzt einen externen Laborarzt im Namen seines Privatpatienten mit einer humangenetischen Blutuntersuchung, die objektiv für eine medizinisch notwendige ärztliche Versorgung im Sinne des § 1 Abs. 2 Satz 1 GOÄ nicht erforderlich ist, steht dem Laborarzt gegen den Patienten ein Vergütungsanspruch auch dann nicht zu, wenn der Laborarzt den ihm erteilten Auftrag fehlerfrei erfüllt und auf der Grundlage seines Kenntnisstands keine Veranlassung hatte, die Erforderlichkeit der Untersuchung in Zweifel zu ziehen.[28] Der Arzt ist im übrigen auch abrechnungstechnisch nicht auf die Schulmedizin festgelegt. Für die Frage der Erstattungsfähigkeit gegenüber der PKV reicht die Geeignetheit der Leistung aus[29]. Leistungen, die über das Maß einer medizinisch notwendigen ärztlichen Versorgung hinausgehen, darf er nur berechnen, wenn sie auf Verlangen des Zahlungspflichtigen erbracht worden sind (§ 1 Abs. 2 GOÄ). Die auf Verlangen erbrachten unnötigen oder Wunschleistungen sind in der Rechnung kenntlich zu machen. Die privaten Krankenkassen vergüten diese Leistungen in aller Regel nicht[30]. Der Begriff der Notwendigkeit in der GOÄ unterscheidet sich allerdings vom Wirt-

7

---

[24] VGH Mannheim, Urt. v. 27.6.2007, 4 S 2090/05; OVG NRW, Beschl. v.8.3.2006. 6 A 2970/04; VG Sachsen, Urt. v. 1.4.2009, 2 A 86/08; a. A. BayVGH, Urt. v. 30.5.2006, 14 BV 02.2643.
[25] Die in den früheren MBKK enthaltene sog. „Wissenschaftlichkeitsklausel" ist unwirksam, BGHZ 123, 83 ff. = VersR 1993, 957.
[26] Prölls/Martin, § 192 Rn. 49 ff.
[27] Prölls/Martin, § 192 Rn. 71.
[28] BGH, Urt. v. 14.1.2010 – III ZR 188/09, GesR 2010, 191; BGH, Urt. v. 14.1.2010 – III ZR 173/09, GesR 2010, 195.
[29] BGH, VersR 1987, 278; liegt die Eignung vor, trägt der Versicherer die Beweislast für eine zumutbare bessere Therapie, OLG Hamm, VersR 1999,1163; die Eignung sollte im übrigen „objektivierbar" sein, OLG Hamm, VersR 1997, 1342; OLG Celle, NJW-RR 1996, 97; dabei können Erkenntnisse der jeweiligen Therapierichtung eine Rolle spielen BGH, VersR 1996, 1224; OLG München, VersR 1997, 439, siehe auch § 135 Abs. 1 Nr. 1 SGB V; gegen die sog. „Binnenanerkennung" OLG Karlsruhe, VersR 2001, 180 unter Bezugnahme auf § 4 VI MBKK (neu) als Nachfolgevorschrift zur „Wissenschaftlichkeitsklausel; BGH, Urt. v. 8.2.2006 – IV ZR 131/05, NJW-RR 2006, 678 = VersR 2006, 535; BGH, Beschl. v. 28.4.2004 – IV ZR 42/03, NJW-RR 2004, 1399; BGH, Urt. v. 12.3.2003 – IV ZR 278/01, GesR 2003, 179.
[30] Erstattungspflichtig sind nur „notwendige" Leistungen § 1 Abs. 2 MBKK, der insoweit § 1 Abs. 2 GOÄ entspricht.

schaftlichkeitsgebot in den Sozialversicherungsgebührenordnungen[31]. Der Arzt muss nicht in erster Linie prüfen, ob die von ihm ins Auge gefasste Maßnahme die kostengünstigste ist; vielmehr hat er sich an ihrer Effizienz zu orientieren[32]. Wirtschaftliche Gründe spielen aber auch im Rahmen der GOÄ eine Rolle, wenn sich die Behandlungskosten erheblich unterscheiden[33]. Dies und generelle Zweifel an der Erstattungsfähigkeit einer Leistung durch die PKV kann dem Arzt eine wirtschaftliche Aufklärungspflicht als Nebenpflicht aus dem Behandlungsvertrag auferlegen[34](s. o. § 12 Abs. 4 und Rn. 1). Mit Inkrafttreten des PatRG[35] am 26.2.2013 findet sich eine vergleichbare Regelung in § 630c Abs. 3 BGB.[36] Unabhängig von reinen „Betrugsaspekten" kann bereits das gezielte Erbringen völlig unnötiger Leistungen gegenüber einem Privatpatienten zur Honorarmehrung „berufsunwürdig" sein und mit einer Geldbuße geahndet werden[37]. Ärzte, die wegen wiederholter Falschabrechnung auffallen, können von Unternehmen der PKV auf eine „schwarze Liste" gesetzt und die Versicherten entsprechend informiert werden.[38] Auch wenn wegen betrügerischer Falschabrechnung bereits eine strafgerichtliche Verurteilung vorliegt, können derartige Delikte zusätzlich berufsgerichtlich geahndet werden.[39] Von der Frage der Notwendigkeit einer Leistung ist die Frage der fachgebietsbezogenen Leistungserbringung zu unterscheiden. Während die Zivilgerichte[40] teilweise eine Abrechnungsfähigkeit fachfremder Leistungen ablehnten, können nach einer Entscheidung des BVerfG[41] auch fachfremde Leistungen abgerechnet werden, wenn der Arzt die Leistung medizinisch korrekt erbringen kann.

---

[31] a. A. Michalski, VersR 1997, 137, 140 ff.

[32] OLG Karlsruhe, VersR 1997, 563.

[33] OLG Köln, VersR 1995, 1177; OLG Oldenburg, VersR 1997, 952; zahlreiche weitere Gerichtsentscheidungen in den einschlägigen Kommentaren zu MBKK, z. B. Pröls, Martin,. zu § 1 Abs. 2 MBKK.

[34] OLG Hamm, NJW 1995, 790; OLG Köln, VersR 1998, 88 (Luxusbehandlung); die Hinweispflicht besteht aber nur, wenn sich Zweifel aufdrängen müssen oder Erstattungsschwierigkeiten schon bekannt sind.

[35] PatRG v. 20.2.2013, BGBl.I, 277 ff. v. 25.2.2013.

[36] siehe auch OLG Stuttgart, Urt. v. 8.1.2013 – 1 U 87/12, VersR 2013, 583 = GesR 2013, 311, Informationspflicht über Mehrkosten bei Behandlung in der Privatklinik eines Krankenhauses und fragliche Erstattung durch die private Krankenversicherung; BGH, Beschl.v. 21.4.2011 – III ZR 114/10.

[37] Bezirksberufsgericht für Ärzte Freiburg, Urt. v. 11.11.1987- 8/87; Berufsgericht für Heilberufe beim VG Kassel, Urt. v. 12.11.1981; Hamburgischer Berufsgerichtshof für die Heilberufe, Urt. v. 12.1.1986.

[38] § 5 Abs. 1 c MBKK; OLG Köln, MedR 1996, 318; OLG München, VersR 1999, 960.

[39] Berufsgericht für Heilberufe beim VG Münster, Urt. v. 1.8.1979.

[40] OLG Celle, Urt. v. 22.10.2007 – 1 U 77/07, MedR 2008, 378, MRT-Leistungen durch Orthopäden.

[41] BVerfG, Beschl. v. 1.2.2011 – 1BvR 2383/10.

IV. IGeL- Leistungen

1. Will ein Arzt gegenüber gesetzlich krankenversicherten Patienten privat abrechnen (z. B. sog. IGeL-Leistungen) setzt dies zwingend den Abschluss einer schriftlichen Vereinbarung voraus[42]. Versicherte in der gesetzlichen Krankenversicherung haben Anspruch auf eine Behandlung, wenn diese notwendig ist, um eine Krankheit zu erkennen, zu heilen, ihre Verschlimmerung zu verhüten oder Krankheitsbeschwerden zu lindern. Die Versorgung erfolgt nach dem sogenannten Sachleistungsprinzip. Zuzahlungen sind nur in den ausdrücklich im Gesetz vorgesehenen Fällen erlaubt. Dem steht spiegelbildlich die Behandlungspflicht der Vertragsärzte gegenüber. D. h., dass diese unter Beachtung des Wirtschaftlichkeitsgebots diejenige vertragsärztliche Versorgung erbringen müssen, die nach den Regeln der ärztlichen Kunst zweckmäßig und ausreichend ist sowie das Maß des Notwendigen nicht überschreitet. Schon aus dieser Definition wird deutlich, dass es daneben einen Bereich ärztlicher Tätigkeiten gibt, der nicht Gegenstand des Leistungskataloges der GKV ist, dennoch vom Patienten nachgefragt wird und ärztlich empfehlenswert sein kann, zumindest aber noch ärztlich vertretbar ist. Je nach Leistungstyp mag man dies als Ergänzung des vertragsärztlichen Leistungskatalogs und/oder fallbezogene Verbesserungen der Patientenversorgung verstehen. Patientinnen und Patienten dürfen solche Leistungen beanspruchen und Ärztinnen und Ärzte dürfen im Rahmen der Therapiefreiheit unter Beachtung der berufsrechtlichen Grenzen diese Leistungen grundsätzlich erbringen. Wichtig ist allerdings, dass der Charakter einer IGeL-Leistung als „Wunschleistung" nicht vergessen wird. Dies bedeutet, dass in der Praxis zwar auf dieses ergänzende Leistungsangebot hingewiesen werden darf; die Patienten dürfen jedoch nicht zur Inanspruchnahme individueller Gesundheitsleistungen gedrängt werden, sei es, dass man ihnen bei Inanspruchnahme eine Vorzugsbehandlung offeriert, sei es, dass man ihnen im Rahmen des Leistungskatalogs der GKV indizierte und mögliche Leistungen nur deswegen „ausredet" um den Patienten zur Inanspruchnahme einer IGeL-Leistung zu motivieren.

2. Seriositätspflicht

Gemäß § 11 Abs. 2 der (Muster)-Berufsordnung ist es untersagt, diagnostische und therapeutische Methoden unter missbräuchlicher Ausnutzung des Vertrauens, der Unwissenheit, der Leichtgläubigkeit oder der Hilflosigkeit von Patientinnen und Patienten anzuwenden. Unzulässig ist es insbesondere, Heilerfolge, insbesondere bei unheilbaren Krankheiten als gewiss zuzusichern. Diese Grundsätze gelten selbstverständlich auch bei IGeL-Leistungen. Mit anderen Worten müssen Ärztinnen und Ärzte, die IGeL-Leistungen anbieten sowohl ihre eigene fachliche Kompetenz einhalten und den Patienten nur solche Leistungen anbieten, die diese keinem unvertretbarem Risiko gegenüber herkömmlichen Methoden aussetzen sowie

---

[42] § 18 BMV-Ä; LG Mannheim, Urt. v. 18.1.2008, 1 S 99/07, VersR 2008, 823.

im weitesten Sinne therapeutisch vertretbar sind. Soweit Leistungen unterhalb des Qualitätssicherungsniveaus der vertragsärztlichen Versorgung angeboten werden, ist dies gegenüber den Patienten zu kommunizieren. Leistungen, die im Katalog B nach der BUB-Richtlinie aufgeführt sind, eignen sich normalerweise nicht als IGeL-Leistung, zumindest sollte der Patient darauf hingewiesen werden, dass und ggf. warum diese Leistungen aus dem Leistungskatalog der GKV herausgenommen oder ihre Hineinnahme abgelehnt worden ist.

Schließlich ist zu beachten, dass die allgemeinen berufsrechtlichen Pflichten auch im Rahmen der Erbringung von IGeL-Leistungen gelten. Mit anderen Worten darf der Arzt in seiner Praxis nicht plötzlich Nahrungsergänzungsmittel oder Kosmetika verkaufen, nur weil er dies dem Patienten flankierend zu IGeL-Angeboten offerieren will. Schließlich sollten steuerrechtliche Klippen berücksichtigt werden. Spätestens seit der Entscheidung des BFH zur Umsatzsteuerpflicht bei Schönheitsoperationen ist die Praxis der Finanzverwaltung zu beachten, wonach solche Maßnahmen, die nicht zwingend als ärztliche Heilbehandlung eingeordnet werden können, u. U. Umsatz- und Gewerbesteuer auslösen können.[43] In Bezug auf IGeL-Leistungen kann dies solche Angebote betreffen, die man landläufig dem „Wellness-Bereich" zuordnet.

3. Aufklärungspflicht

10 Nachdem individuelle Gesundheitsleistungen nicht zu Lasten der GKV erbracht werden dürfen und daher zwingend privat zu liquidieren sind, sind die entsprechenden Vorschriften im Bundesmantelvertrag-Ärzte/Ersatzkassen-Vertrag zu beachten. Gemäß § 18 Abs. 8 Nr. 2 BMV-Ä darf ein Vertragsarzt von einem Versicherten eine Vergütung nur fordern, wenn und soweit der Versicherte vor Beginn der Behandlung ausdrücklich verlangt, auf eigene Kosten behandelt zu werden und dies dem Vertragsarzt schriftlich bestätigt bzw. gemäß § 18 Abs. 8 Nr. 3 BMV-Ä, wenn für Leistungen, die nicht Bestandteil der vertragsärztlichen Versorgung sind, vorher die schriftliche Zustimmung des Versicherten eingeholt und dieser auf die Pflicht zur Übernahme der Kosten hingewiesen wurde. Darüber hinaus ist es sinnvoll, mit dem Patienten vor der schriftlichen Vereinbarung einer individuellen Gesundheitsleistung den finanziellen Rahmen zu besprechen.

Für die Abrechnung der IGeL-Leistungen gegenüber dem Patienten gilt ausnahmslos die GOÄ einschließlich aller Formvorschriften. Dies bedeutet, dass sich die abrechnende Praxis an das Leistungsverzeichnis der GOÄ halten muss und soweit die entsprechende Leistung dort nicht enthalten ist, im zulässigen Rahmen eine Analogposition gemäß § 6 Abs. 2 GOÄ zu wählen hat. Die Abrechnung von Pauschalgebühren ist unzulässig. Vielmehr ist der in der GOÄ enthaltene Einfachsatz mit dem jeweils zutreffenden Steigerungssatz zu multiplizieren. Dem Patienten

---

[43] EuGH, Urt. v. 14.9.2002 – C -384/98; BFH, Urt. v. 15.7.2004 – V R 27/03; EuGH, Urt. v. 21.3.2012 – C-91/12.

muss eine entsprechende Rechnung ausgefertigt werden; die Übergabe einer bloßen Quittung genügt nicht. Die Rechnung muss bei den entsprechenden Leistungspositionen gemäß § 1 Abs. 2 GOÄ den Zusatz enthalten, dass sie auf Verlangen des Zahlungspflichtigen erbracht wurde.

V. Zielleistungsprinzip

Gemäß § 4 Abs. 2 a GOÄ sind ärztliche Leistungen nicht abrechenbar, wenn sie Bestandteil einer anderen Leistung sind, die ihrerseits abgerechnet wird, eine besondere Ausführung einer anderen ärztlichen Leistung ist (Kompensation evtl. über Steigerungssatz oder die Leistung gehört zu den methodisch notwendigen operativen Einzelschritten einer Operation, die ihrerseits abgerechnet wird. Gerade die letzte Fallgruppe führt in der Praxis immer wieder zu erheblichen Problemen, weil sich die Medizin zwangsläufig weiterentwickelt, die GOÄ dem aber weder im allgemeinen Teil noch im Leistungsverzeichnis gefolgt ist. Die Rechtsprechung der Instanzgerichte ist uneinheitlich[44]. Der BGH[45] hat sich erstmals anhand der Abrechnung einer Schilddrüsenradikaloperation mit dem Zielleistungsprinzip auseinandergesetzt. Bei einer weit gefassten Leistungslegende (hier Nr. 2757 GOÄ) bleibe aufgrund des Zielleistungsprinzips kein Raum für die Abrechnung von notwendigen Einzelschritten. Bestehe eine gesonderte (eigenständige) Indikation für den Einzelschritt könne jedoch anderes gelten. Wenn der qualitative und quantitative Aufwand für den Operateur aufgrund des medizinischen Fortschritts so erweitert habe, ohne dass das Gebührenverzeichnis dem Rechnung trage, liege eine Regelungslücke vor. Der Arzt müsse sich hier nicht auf die Option eines höheren Steigerungssatzes verweisen lassen. Er könne diese Regelungslücke vielmehr durch eine zusätzliche Analogabrechnung einer weiteren Gebührenziffer aus dem Gebührenverzeichnis schließen. Diese Rechtsprechung hat der BGH[46] weiterentwickelt. Immer dann, wenn es eine eigenständige medizinische Indikation für die diagnostische oder therapeutische Maßnahme gebe, spricht manches dafür, dass die einzelne Leistung nicht vom Zielleistungsprinzip erfasst wird. Ist der Teilschritt aber erforderlich, um die Hauptleistung überhaupt erbringen zu können, z. B. ins Operationsgebiet vorzustoßen, gilt das Zielleistungsprinzip.

11

---

[44] LG Koblenz, Urt. v. 20.6. 2001 – 12 S 357/00; LG Hannover, Urt. v. 10.4. 2003 – 19 S 103/02; LG Stade, Urt. v. 31.3. 2004 – 2 S 81/03, GesR 2004, 344; LG Karlsruhe, Urt. v. 28.3. 2004 – 1 S 106/02; LG Memmingen, Urt. v. 27.10. 2004 – 1 S 1425/04.
[45] BGH, Urt. v. 13.5. 2004 – III ZR 344/03, GesR 2004, 341.
[46] BGH, Urt. v. 16.3.2006 – III ZR 217/05, GesR 2006, 310; BGH, Urt. v. 21.12.2006, GesR 2007, 117; BGH, Urt. v. 5.6.2008 – II ZR 239/07, ZMGR 2008, 258 = GesR 2008, 499; LG Regensburg, Urt. v. 24.3.2009, 2 S 78/08, MedR 2010, 744.

VI. Wahlleistungsvereinbarung

12 Auch die ärztliche Wahlleistung ist Krankenhausleistung. Es handelt sich i. d. R. um einen totalen Krankenhausaufnahmevertrag[47] mit Arztzusatzvertrag. Grundsätzlich geht der Patient davon aus, dass der „Wahlarzt" die fraglichen Leistungen persönlich erbringt. Deshalb sind Vertretung und Delegation im Rahmen wahlärztlicher Leistungen in § 4 Abs. 2 GOÄ beschränkt. Wahlleistungsvereinbarungen sind schriftlich vor Leistungserbringung zu schließen. Auf eine nachträgliche „Genehmigung" muss sich der Zahlungspflichtige nicht einlassen[48]. Sie bedarf der Annahme. Ein bloßer „Antrag auf Gewährung von Wahlleistungen" genügt nicht[49]. Gemäß § 17 KHEntgG (früher § 22 BPflVO) muss der Zahlungspflichtige vor Abschluss der Wahlleistungsvereinbarung über die Entgelte der Wahlleistungen und deren Inhalt im Einzelnen unterrichtet werden. Wie dies im Einzelnen zu geschehen hat ist strittig. Der BGH[50] lässt es genügen, wenn die Art und Weise des Zustandekommens des Preises erläutert werde; der Endpreis brauche nicht genannt zu werden. Ein bloßer Verweis auf die GOÄ reicht allerdings nicht aus. Auf der anderen Seite muss die Darstellung der Preisbildung nicht das Niveau erreichen, das z. B. für die Bindungswirkung eines Kostenvoranschlages gemäß § 650 BGB verlangt wird[51]. Vertretung und Delegation sind zu unterscheiden. Eine Delegation bei den Kernleistungen scheidet im Regelfall aus[52]. Die Sonderregelung in § 4 Abs. 2 Satz 3 GOÄ für den ständigen ärztlichen Vertreter betrifft nur die Delegation, nicht die Vertretungsfrage. Grundsätzlich verpflichtet die Walleistungsvereinbarung zur persönlichen Leistungserbringung. Dies gilt auch für die Chefarztambulanz.[53] Supervision reicht für die persönliche Leistungserbringung nicht aus.[54] Die Vertretung muss in einer Vereinbarung geregelt sein. Für den Fall vorhersehbarer Abwesenheit ist eine Vertretungsregelung in den Krankenhausaufnahmebedingungen oder einer Wahlarztvereinbarung unwirksam[55]. Nur der Fall der unvorhersehbaren Verhinderung

---

[47] „belegärztliche" Wahlleistungen gibt es schon definitionsgemäß nicht.

[48] Dies wirft z. B in der Geburtshilfe oder bei bewusstlosen Unfallverletzten praktische Probleme auf. Zum Teil wird vorgeschlagen, dass ein Krankenhausmitarbeiter als vollmachtloser Vertreter unterzeichnet und der Patient diese Vereinbarung nach Wiedererlangung des Bewusstseins genehmigt. Diese Genehmigung wirkt dann gemäß § 184 BGB auf den Zeitpunkt der Unterzeichnung der Vereinbarung zurück.

[49] BGH, Urt. v. 19.2.1998 – IV ZR 169/97, MedR 1998, 361.

[50] BGH, Urt. v. 27.11.2003 – III ZR 37/03, NJW 2004, 684.

[51] BGH, Urt. v. 8. 1.2004 – III ZR 375/02, NJW 2004, 686.

[52] OLG Köln, Urt. v. 25.8.2008, 5 U 243/07, VersR 2009, 362, keine Abrechnung therapeutischer Wahlleistung bei vollständiger Delegation auf nichtärztliches Personal.

[53] OLG Frankfurt a. M., Beschl. v. 4.8.2011 – 8 U 226/10, GesR 2011, 680; kritisch Dahm, MedR 2012, 367 ff.

[54] OLG Oldenburg, Urt. v. 14.12.2011 – 5 U 183/11, VersR 2012, 764.

[55] OLG Stuttgart, Urt. v. 17.1.2002, 2 U 147/01, MedR 2002, 411.

z. B. Krankheit kann auf diese Art und Weise geregelt werden[56]. Für den Fall der Urlaubsvertretung wird man wohl eine echte Individualvereinbarung voraussetzen müssen. Diese Individualvereinbarung als Teil des Arztzusatzvertrages bedarf keiner Form; Schriftform ist aus Nachweisgründen jedoch zu empfehlen. Eine unwirksame Wahlleistungsvereinbarung führt zur Unwirksamkeit des Arztzusatzvertrages[57]. Im Falle einer unwirksamen Wahlleistungsvereinbarung kann ein Bereicherungsanspruch entfallen[58]. Eine unzulässige Vertreterklausel führt aber dann nicht zur Gesamtnichtigkeit, wenn der Chefarzt persönlich tätig geworden ist.[59] Lässt sich ein Unternehmen der PKV den Rückzahlungsanspruch gegen den Arzt abtreten, stellt dies keinen Verstoß gegen das Rechtsberatungsgesetz dar[60]. Einnahmen aus wahlärztlichen Leistungen zählen im Allgemeinen. nicht mehr zu Einkünften aus freiberuflicher Tätigkeit, sondern aus abhängiger Beschäftigung[61].

VII. Honorarvereinbarungen

Gemäß § 2 Abs. 1 GOÄ kann zwischen Arzt und Patient eine von dieser Verordnung abweichende Höhe der Vergütung festgelegt werden. Die abweichende Vereinbarung kann sowohl die ganze Behandlung als auch nur einzelne Behandlungsschritte erfassen. Da die Höhe der Vergütung der GOÄ allein durch das Maß des Steigerungssatzes bestimmt wird, kann sich die Individualvereinbarung alleine auf die Höhe dieses Satzes beziehen (s. o. I.). Für das Maß des abweichenden Steigerungssatzes setzt die GOÄ selbst keine Grenze. Allgemeine Beschränkungen finden sich in den Vorschriften über die Sittenwidrigkeit, den Wucher und in der hier zu kommentierenden Norm, wobei für Honorarvereinbarungen nicht zwingend die Bemessungskriterien des § 5 Abs. 2 herangezogen werden müssen, sondern auch auf die persönlichen Verhältnisse des Zahlungspflichtigen abgestellt werden kann. Schwierigkeiten bereiten vorformulierte Honorarvereinbarungen, in die lediglich mit Schreibmaschine nachträglich der Name, die Diagnose und das Datum eingesetzt werden. Sie sind unabhängig von der berufsrechtlichen Unzulässigkeit eines derartigen Verfahrens unwirksame Formularverträge, weil sie den Patienten gegen Treu und Glauben unangemessen benachteiligen. Nach der Rechtsprechung des BGH[62] ist jedoch nicht nur die pauschalierte Vereinbarung bestimmter Steigerungssätze unangemessen. Auch wenn die abweichende Honorarvereinbarung für jeden Patienten individuell ausgefüllt wird, kann sie dennoch gegen die

13

---

[56] BGH, Urt. v. 20.12.2007 – III ZR 144/07, VersR 2008, 413, auch in diesem Fall soll ein Hinweis auf Verschiebung oder Behandlung durch den diensthabenden Arzt erfolgen.
[57] BGH, Urt. v. 19.2.1998 – IV ZR 169/97, MedR 1998, 361; a. A. Bender, HK-AKM, Rdnr. 89.
[58] BGH, Urt. v. 1.2.2007– III ZR 126/07, GesR 2007, 165 = MedR 2007, 302.
[59] LG München I, Urt. v. 28.6.2011, Az. 13 S 6738/10, MedR 2012, 50.
[60] Jetzt: RDG, OLG Düsseldorf, Urt. v. 22.2.2007, I-8- U 119/06, GesR 2007, 333; siehe aber auch BGH, Urt. v. 17.10.2002 – III ZR 58/02, VersR 2002, 1545.
[61] BFH, Urt. v. 5.10.2005 – VI R 152/01; Hagen, Luche, MedR 2006, 715.
[62] BGH, Urt. v. 30.10.1991 – VIII ZR 51/91,VersR 1992, 185.

§§ 307 ff. BGB verstoßen, wenn die Abweichung nicht zuvor mit dem Patienten besprochen wird. Der BGH war darüber hinaus der Auffassung, in AGB-mäßigen Honorarvereinbarungen dürfe der Gebührenrahmen des § 5 Abs. 1 GOÄ schlechthin nicht überschritten werden. Zusammenfassend galt nach diesem Urteil folgendes:

- Vorformulierten Honorarvereinbarungen war mit dem Urteil im Grunde genommen der Boden entzogen worden
- Eine Honorarvereinbarung muss in jedem Falle einzeln und auf den speziellen Fall abgestimmt mit dem Patienten besprochen und ausgehandelt werden.

14 Nach einer Entscheidung des BVerfG[63] muss diese sehr restriktive Auffassung jedenfalls für Individualvereinbarungen relativiert werden. Soweit Leistungen von außergewöhnlicher Qualität in Anspruch genommen werden, bestehe kein schützenswertes Interesse des Patienten, diese nur im „üblichen" Rahmen vergüten zu müssen. Hier ist z. B. an solche Spezialisten zu denken, die außergewöhnliche schwierige Behandlungsverfahren beherrschen, die andernorts nicht in dieser Form zu erhalten sind und das Für und Wider des verlangten Preises zuvor mit dem Zahlungspflichtigen erörtert wird. Im Übrigen dürfen die Anforderungen an eine Individualvereinbarung nicht überspannt werden[64].

Einzelne Ärztekammern haben für ihren Bereich Grundsätze herausgegeben, wonach eine Stellvertretung bei Abschluss von Honorarvereinbarungen auf Seiten des Arztes, also z. B. Sprechstundenhilfe, unzulässig sein soll[65]. Nach allgemeinen Rechtsgrundsätzen bestehen jedoch keine Bedenken gegen eine Stellvertretung, denn die Pflicht zur Unterzeichnung der Honorarvereinbarung ist keine höchstpersönliche Verpflichtung. Es ist jedoch zu berücksichtigen, dass die berufsrechtliche Pflicht, sich wegen der Prüfung der Angemessenheit des geforderten Honorars zuvor von den persönlichen Verhältnissen des Patienten einen Eindruck zu verschaffen, nicht zu erfüllen ist, wenn der Arzt seinem Personal den Abschluss von ihm vorgegebener Honorarvereinbarungen alleine überlässt. Eine Stellvertretung müsste allerdings dann möglich sein, wenn der Arzt sich schon zuvor ein Bild von den persönlichen Verhältnissen des Patienten gemacht-, mit ihm alles Wesentliche erörtert hat und seine Sprechstundenhilfe nun anweist, die vom Patienten unterschriebene Honorarvereinbarung bei Abgabe gegenzuzeichnen. Gegen eine Stellvertretung auf Seiten des Zahlungspflichtigen bestehen keine Bedenken, so dass grundsätzlich jeder bevollmächtigte Vertreter mit dem Arzt die Honorarvereinbarung schließen kann. Insbesondere bei Ehegatten kann eine Befugnis des anderen Ehegatten zur Verpflichtung des jeweils anderen auch ohne ausdrückliche Bevollmächtigung unter dem Gesichtspunkt der sogenannten „Schlüsselgewalt" gemäß § 1357 Abs. 1 BGB bestehen. Danach ist jeder Ehegatte berechtigt, Geschäfte zur angemessenen Deckung des Lebensbedarfs der Familie zu besorgen. Aus solchem Geschäften werden beide Ehegatten berechtigt und verpflichtet, es sei denn, dass sich aus den Um-

---

[63] BVerfG, Beschl. v. 25.10. 2004 – 1 BvR 1437/02, MedR 2005, 160 = GesR 2005, 79.
[64] BVerfG, aaO.
[65] Ebenso OLG Düsseldorf, Urt. v. 9. 11. 1995-8 U 146/94.

ständen etwas anderes ergibt. Zu derartigen Geschäften kann auch die Inanspruchnahme von nicht geringen Wahlleistungen gehören[66]. Ist aber die Mitverpflichtung des Ehegatten bei der Inanspruchnahme von Wahlleistungen möglich, wenn sie in den Lebenszuschnitt der Familie „passen", wie er nach außen in Erscheinung tritt, so muss auch der Abschluss einer Honorarvereinbarung durch den Ehegatten zulässig sein, wenn Behandlung und Honorar nicht außergewöhnlich und jenseits der vom Arzt erkennbaren wirtschaftlichen Verhältnisse der Eheleute liegen[67].

Die Honorarvereinbarung ist vor Behandlungsbeginn in einem Schriftstück zu treffen, das die Feststellung enthalten muss, dass eine Erstattung der Vergütung durch Erstattungsstellen möglicherweise nicht in vollem Umfang gewährleistet ist (§ 2 GOÄ). Das bedeutet, dass für zurückliegende Behandlungsabschnitte grundsätzlich keine von der GOÄ abweichende Honorarvereinbarung getroffen werden kann, auch wenn beide Seiten zunächst ausdrücklich damit einverstanden waren. Allerdings dürfte es zulässig sein, während einer schon begonnenen Behandlung für künftige Behandlungsabschnitte eine Honorarvereinbarung zu treffen, soweit es sich um getrennt abrechenbare Leistungen handelt und dem Patienten notfalls die Entscheidungsfreiheit verbleibt, unter Ablehnung der Honorarvereinbarung einen anderen Arzt mit der Weiterbehandlung zu betrauen, ohne eigenen Schaden befürchten zu müssen. Dass sich in Not- und Unglücksfällen sowie bei einer psychischen Notlage eines Patienten unter Ausnutzung der wirtschaftlichen Unerfahrenheit eine abweichende Honorarvereinbarung verbietet, versteht sich von selbst. Im übrigen fehlt es in diesen Fällen regelmäßig an der Geschäftsfähigkeit. Für Leistungen im Rahmen eines Schwangerschaftsabbruchs ist eine Honorarvereinbarung ausdrücklich verboten. Gleiches gilt im übrigen für Leistungen aus den Abschnitten A, E, M und O des Gebührenverzeichnisses (§ 2 Abs. 3 S. 1 GOÄ). Bei Wahlärztlichen Leistungen kommt eine Honorarvereinbarung nur für vom Wahlarzt „höchstpersönlich" erbrachte Leistungen in Betracht (§ 2 Abs. 3 S. 2 GOÄ). 15

Wegen des Formerfordernisses in § 2 Abs. 2 GOÄ ist im übrigen § 126 Abs. 2 BGB zu beachten. Danach ist bei einem schriftlichen Vertrag erforderlich, dass die Unterzeichnung durch beide Parteien auf derselben Urkunde erfolgen muss, es sei denn, jede Partei unterzeichnet das für die andere Partei bestimmte Schriftstück und tauscht es hinterher aus. Teilweise noch verwendete „Erklärungen", in denen sich der Patient einseitig verpflichtet, erhöhte Honorare zu bezahlen, sind deshalb unwirksam. Das Schriftstück, in dem die Honorarvereinbarung enthalten ist, darf lediglich diese Vereinbarung selbst und Warnhinweise hinsichtlich der Erstattungsfähigkeit enthalten. Weitere Angaben, z. B. über die zulässige Vertretung durch andere Ärzte, lassen die gesamte Honorarvereinbarung unwirksam werden[68]. 16

Mit Abschluss einer Honorarvereinbarung entfällt die Begründungspflicht nach § 12 Abs. 2 GOÄ bei Überschreiten des jeweiligen Schwellenwerts. Nach der amt- 17

---

[66] BGH, NJW 1985, 1394; OLG Köln, FamRZ 1999, 1134, wenn bei Abschluss Behandlungsvertrag gemeinsames Interesse erkennbar; abl. OLG Saarbrücken, NJW 2001, 1798.
[67] Siehe aber BGH, Urt. v. 27.11.1991 – XII ZR 226/90, BGHZ 116, 184, 188=NJW 1992, 909; OLG Saarbrücken, Urt. v. 12.4.2000, 1 U 771/99, NJW 2001, 1798.
[68] BGH, Urt. v. 9.3.2000 – III ZR 356/98, MedR 2001, 258.

lichen Begründung zu GOÄ genügte in diesen Fällen eine Hinweis auf die Honorarvereinbarung. Nach der Antwort der Bundesregierung auf eine kleine Anfrage (Bundestagsdrucksache 10/186 v. 22.6.1983) galt dies nicht nur bei Überschreitung des jeweiligen Höchststeigerungssatzes, sondern auch innerhalb des Gebührenrahmens. Den Parteien blieb es demnach unbenommen, einen Steigerungssatz von z. B. 3.0 (innerhalb des großen Gebührenrahmens) zu vereinbaren. Auch eine derartige Vereinbarung ließ die Begründungspflicht zunächst entfallen[69]. Durch die 4. Änderungsnovelle zum 1.1.1996 geändert, als dem Zahlungspflichtigen nun auch bei Honorarvereinbarungen auf Verlangen zu begründen ist, warum auch ohne Honorarvereinbarung eine Überschreitung der Schwellenwerte zulässig gewesen wäre (§ 12 Abs. 3 S. 3GOÄ). Vielfach wird der Wegfall der Begründungspflicht innerhalb des Gebührenrahmens ohnehin nur vordergründig eine Erleichterung bringen; denn die Kostenträger im Privatliquidationsbereich werden in aller Regel nur dann den Patienten die die Schwellenwerte übersteigenden Honorare erstatten, wenn die dafür notwendigen Einzelheiten nachprüfbar genannt werden.. Kommt der Arzt seiner Begründungspflicht auf Verlangen des Zahlungspflichtigen nicht nach, kann ihm der Patient u. U. ein Zurückbehaltungsrecht bis zur Erteilung der begehrten Auskünfte entgegenhalten und die Bezahlung des Honorars verweigern[70].

VIII. Unterschreitung des Mindestsatzes

18 Aus der Formulierung in Absatz 1, „hierbei dürfe er die üblichen Sätze nicht in unlauterer Weise unterschreiten", lässt sich schließen, dass eine Unterschreitung nicht prinzipiell unzulässig ist. In Zusammenhang mit Absatz 2 wird jedoch deutlich, dass eine Unterschreitung des Mindestsatzes eher Ausnahmecharakter haben soll. In weiten Bereichen der Medizin wird dies wenig Probleme aufwerfen. Es gibt jedoch Disziplinen (z. B. Labor), in denen eine Unterschreitung der Mindestsätze, zumindest gegenüber Krankenhäusern oder anderen Großabnehmern heute fast schon üblich ist. Wegen dieser „Üblichkeit" wird von den Gerichten überwiegend die Zulässigkeit der Unterschreitung der Mindestsätze anerkannt[71]. Der Zweck einer weitgehenden Bindung der Ärzte an das verordnete ärztliche Gebührenrecht liege in erster Linie im Schutz der Patienten gegen überraschende und erhöhte Gebührenforderungen der Ärzte. Dieser Zweck der Preisbindung werde aber durch die Zulassung einer Unterschreitung des Gebührenrahmens nicht beeinträchtigt. Die Gegenposition beruft sich auf § 1 BÄO i. V. m. § 5 GOÄ, woraus sich ergebe, dass es sich beim Gebührenrahmen um Mindest- und Höchstsätze handele[72]. Verfassungsrechtlich dürfte es jedoch

---

[69] Missverständlich OVG Koblenz Urt. v. 30.10.1991, 2 A 10662/91, MedR 1992, 232.
[70] OVG Koblenz, MedR 1992, 232 für beihilfeberechtigte Patienten.
[71] LG Offenburg, Urt. v. 6.9.84 – 3 O 336/84; OLG Karlsruhe, Urt. v. 7.3.85 – 4 U 214/84; Landesberufsgericht für Heilberufe beim OVG Münster, Beschl. v. 11.12.1996; Beschl. Berufsgerichts für Heilberufe beim VG Köln vom 28.8.1984 – 2 T 44 (I)-83; Beschl. Landesberufsgerichts für Heilberufe beim OVG Münster vom 11.12.1986 – Z B 3/84.
[72] Dahm, MedR 1994, 13.

außerordentlich bedenklich sein, eine Berufsgruppe (Laborärzte) an Mindestsätze einer Gebührenordnung zu binden, während auf dem gleichen Sektor tätige nichtärztliche Laborgemeinschaften und gewerbliche Laboratorien, die in einem direkten Konkurrenzverhältnis zu den Laborärzten stehen, diese Bindung nicht kennen. Zum anderen hat sich das Bundesverfassungsgericht im Rahmen der Überprüfung der insoweit ähnlich gelagerten Problematik bei der Honorarordnung für Architekten und Ingenieure deutlich für eine frei zu vereinbarende Unterschreitung der jeweiligen Mindestsätze ausgesprochen[73]. Die abweichende Honorarvereinbarung müsste dann allerdings vor der Leistungserbringung in einem gesonderten Schriftstück individuell vereinbart werden. Liegt eine derartige Vereinbarung jedoch nicht vor, ist dies oftmals weitgehend folgenlos. Die Konkurrenz kann sich auf diesen Formfehler nämlich deshalb nicht berufen, weil es sich um eine Schutzvorschrift zu Gunsten des Zahlungspflichtigen handelt. Wer allerdings planmäßig den Mindestsatz unterbietet, um Zuweiser zu binden und Wettbewerber auszuschalten, handelt je nach den Umständen des Einzelfalls wettbewerbswidrig[74]. Wie der BGH[75] unter Bestätigung des OLG Celle entschieden hat, handelt ein Laborarzt unlauter i. S. von §§ 3, 4 Nr. 1 UWG, wenn er niedergelassenen Ärzten die Durchführung von Laboruntersuchungen, die diese selbst gegenüber der Kasse abrechnen können, unter Selbstkosten in der Erwartung anbietet, dass die niedergelassenen Ärzte ihm im Gegenzug Patienten für Untersuchungen überweisen, die nur von einem Laborarzt vorgenommen werden können. Einem solchen Angebot unter Selbstkosten steht es gleich, wenn die günstigen Preise für die von den niedergelassenen Ärzten abzurechnenden Laboruntersuchungen dadurch ermöglicht werden, dass der Laborarzt einer von ihm betreuten Laborgemeinschaft der niedergelassenen Ärzte freie Kapazitäten seines Labors unentgeltlich oder verbilligt zur Verfügung stellt

Sehr problematisch sind Abmachungen mit Patienten, der Patient müsse auf **19** die Rechnung nur den Betrag zahlen, der ihm von seinem Kostenträger tatsächlich erstattet werde. Der Patient begeht in diesen Fällen einen Betrug gegenüber dem Kostenträger; der Arzt kann sich wegen Anstiftung und Beihilfe hierzu strafbar machen. Möglich ist allerdings ein nachträglicher Verzicht, wenn es zu unlösbaren Schwierigkeiten mit dem Kostenträger kommt. Anders kann die Situation bei GKV-Versicherten sein, die von der seit dem 1.7.1997 erweiterten Möglichkeit der Kostenerstattung gemäß § 13 Abs. 2 SGB V Gebrauch machen. Hier würde ein Betrug bei einer oben erwähnten Abmachung schon daran scheitern, dass der Erstattungsbetrag der GKV-Kasse von vornherein auf dasjenige Maß bestimmbar ist, was der Arzt im Rahmen der vertragsärztlichen Versorgung erhalten hätte. Allerdings könnte ein Arzt, der dem Patienten in diesem Bereich zu große Zugeständnisse macht, wettbewerbsrechtliche Probleme bekommen. Dies gilt auch für Krankenhaus

---

[73] BVerfG, Beschl. v. 20.10.1981, 2 BvR 201/80, BVerfGE 58, 283 ff.
[74] OLG Celle, Urt. v. 18.7.2002, 13 U 137/01, MedR 2003, 183.
[75] BGH, Urt. v. 21.4.2005 – I ZR 201/02, GRUR 2005, 1059 = MedR 2006, 168; siehe auch BGH, Beschl. v. 25.1.2012 – 1 StR 45/11, MedR 2012, 388, Abrechnung von Speziallaborleistungen durch niedergelassenen Arzt, die dieser bei einem Laborarzt in Auftrag gegeben hatte.

(Chef-) Ärzte, die ohne entsprechende Ermächtigung oder jenseits des Umfangs ihrer Ermächtigung Kassenpatienten behandeln[76].

IX. Fälligkeit und Abrechnung der Vergütung

20 Gemäß § 12 Abs. 1 GOÄ wird die Vergütung fällig, wenn dem Zahlungspflichtigen eine dieser Verordnung entsprechende Rechnung erteilt worden ist. Nach § 12 Abs. 2 GOÄ muss die Rechnung des Arztes insbesondere das Datum der Erbringung der Leistung, bei Gebühren die Nummer und die Bezeichnung der einzelnen berechneten Leistungen sowie den jeweiligen Betrag und Steigerungssatz, bei vollstationären, teilstationären, vor- und nachstationären Leistungen den Minderungsbetrag nach § 6 a GOÄ bei Entschädigungen nach den §§ 7–9 GOÄ den Betrag, die Art der Entschädigung und die Berechnung, sowie bei Ersatz von Auslagen nach § 10 den Betrag und die Art der Auslage enthalten. Die teilweise gehandhabte Übung, für erstattungsfähige Auslagen eine Pauschale zu verlangen, ist unzulässig.[77] Die Kosten müssen im Einzelnen spezifiziert werden. Ob der Chefarzt jedoch die Sätze nach Spalte 4 DKG/NT in Ansatz bringen kann, wenn er auf dieser Grundlage die besonderen Kosten in der Ambulanz an den Träger zu erstatten hat, ist strittig.[78] Übersteigt der Betrag der einzelnen Auslage € 25,56 (§ 12 Abs. 2 Ziff. 5) ist der Beleg oder ein sonstiger Nachweis beizufügen. Außerdem ist bei Überschreitung des Schwellenwertes die Überschreitung schriftlich zu begründen. Erst eine Rechnung, die diese Mindestvoraussetzungen erfüllt, führt zur Fälligkeit des ärztlichen Honoraranspruches[79]. Diese Regeln gelten – entgegen den „Marktgewohnheiten" – auch für sog. IGeL-Leistungen, soweit sie von einem Arzt als ärztliche Leistungen abgerechnet werden. Diese sind darüber hinaus von Fall zu Fall als Wunschleistung (§ 1 Abs. 2 GOÄ) zu kennzeichnen (§ 12 Abs. 3 i. V. m. § 1 Abs. 2 S. 2.GOÄ). Bei medizinisch nicht indizierten Leistungen sollte darüber nachgedacht werden, ob Umsatzsteuer ausgewiesen werden muss[80].

21 Die Absenderangabe auf der Rechnung kann durchaus edv-mäßig erfolgen. Die Rechnung muss weder gestempelt noch unterschrieben sein. Die Nennung der Diagnose gehört nicht zu den gesetzlich aufgeführten Mindestvoraussetzungen, so

---

[76] OLG Stuttgart, Urt. v. 18.12.1992, 2 U 55/92, MedR 1993, 142; BSG, NZS 1999, 565.

[77] Für Daten CD's z. B. mit MRT-Aufnahmen vertritt der GOÄ-Ausschuss am der BÄK am 19.3.2012 die Auffassung, hierfür könnten fünf Euro verlangt werden, da diese Leistung nicht Bestandteil der GOÄ sei.

[78] Wohl eher nein, so überzeugend Spickhoff, Medizinrecht, § 10 GOÄ Rn. 1 unter Bezugnahme auf § 10 Abs. 1 atz 2 GOÄ.

[79] BGH, Urt. v. 21.12.2006 – III ZR 117/06, GesR 2007, 117, Fälligkeit setzt die Erfüllung formeller Voraussetzungen gemäß § 12 Abs. 2 – 4 GOÄ voraus, auf die inhaltliche Richtigkeit der Rechnung kommt es nicht an; LG Memmingen, Beschl. v. 28.2.2007, 1 S 1592/06, ZMGR 2007, 141. Zum Umfang formularmäßiger Schweigepflichtsentbindungsklauseln in Versicherungsbedingungen, BVerfG, Beschl. v. 23.10.2006 – 1 BvR 2037/02, MedR 2007, 351.

[80] BFH, Urt. v. 15.7. 2003 – V R 27/03; siehe auch FG Rheinland-Pfalz, Urt. v. 14.12.2004 – 2 K 2588/04, keine Umsatzsteuerbefreiung für Beseitigung von Alterserscheinungen (Hautstraffung).

dass eine Honorarrechnung grundsätzlich auch ohne deren Angabe fällig wird. Die Verpflichtung des Arztes, bei den in der GOÄ gesondert aufgeführten Fällen, die Art der Untersuchung, die Organsysteme u. ä. anzugeben, bleibt hiervon unberührt. Allerdings wird die PKV i. d. R. eine Erstattung der Rechnung ohne genaue Diagnoseangabe ablehnen, so dass man das Einverständnis des Patienten in die Nennung dieser Diagnose unterstellen kann. Will er dies nicht, muss er es ausdrücklich verlangen. Im Gegenzug wird ihn der Arzt darauf aufmerksam machen, dass dann die Erstattungsfähigkeit der Rechnung möglicherweise gefährdet ist.

Die früher in § 18 Abs. 3 MBO (alt) enthaltene Verpflichtung, der Arzt solle seine Honorarforderungen im allgemeinen mindestens vierteljährlich stellen, ist zivilrechtlich ohne Belang und wurde zurecht fallen gelassen. Honoraransprüche von Ärzten einschließlich Auslagen verjähren für Leistungen, die ab dem 1.1.2002 erbracht worden sind und werden, in drei statt früher in zwei Jahren. Die Verjährung beginnt mit der Entstehung des Anspruchs. Während vor Inkrafttreten der GOÄ vertreten werden konnte, der Anspruch auf das ärztliche Honorar entstehe grundsätzlich nach jeder einzelnen Konsultation, auch wenn mehrere Konsultationen in einer späteren Rechnung zusammengefasst würden[81], war diese Auffassung lange Zeit nicht mehr haltbar. Die seit dem 1.1.83 gültige GOÄ bestimmt in § 12 Abs. 1 ausdrücklich, dass die Fälligkeit der ärztlichen Honorarforderung mit Zugang einer nach den dort aufgeführten Mindestgrundsätzen erstellten Rechnung fällig wird. Für den Beginn der Verjährungsfrist ist aber der Zeitpunkt der Fälligkeit der Forderung maßgeblich[82]. Das bedeutete, dass in vielen Fällen Entstehung (Behandlungsdurchführung) und Fälligkeit des Anspruches (Rechnungsstellung) teilweise weit auseinanderfallen konnten. Im Ergebnis bestimmte also der Arzt die Fälligkeit seiner Forderungen und damit den Lauf der Verjährungsfrist. Dieser Standpunkt ist mit In Krafttreten der Schuldrechtsreform möglicherweise zu überdenken. Denn die Verjährung beginnt jetzt mit der Entstehung -, nicht mehr mit der Fälligkeit des Anspruchs[83]. Allerdings bleibt es dabei, dass die h. M.[84] zusätzlich als Fälligkeitsvoraussetzung die Stellung einer gemäß § 12 GOÄ entsprechenden Rechnung kumulativ für den Beginn der Verjährungsfrist voraussetzt[85]. All zu lange sollte der Arzt mit der Rechnungsstellung allerdings ohnehin in keinem Falle warten. Dies empfiehlt sich alleine aus praktischen Gründen, da ihm der Patient ansonsten – unabhängig von der Frage der Verjährung – u. U. die Einrede der Verwirkung entgegenhalten kann, wenn ihm z. B. aufgrund der langen Zeitdauer bis zur Rechnungsstellung versicherungsrechtliche Nachteile erwachsen[86].

---

[81] LG Göttingen, NJW 1980, 645.
[82] BGH, Urt. v. 22.4.1982 - VII ZR 191/81, NJW 1982, 1815; ebenso Palandt- Heinrichs, BGB, § 198 a. F. Rz. 2 a, bb; Narr, MedR 1986, 75.
[83] So schon früher z. B. § 16 BRAGO.
[84] Palandt- Heinrichs, § 199 Rdnr. 6.
[85] BGH, Urt. v. 21.12.2006 – III ZR 117/06, GesR 2007, 117.
[86] OLG Nürnberg, Beschl. v. 9.1.2008, 5 W 2508/07, MedR 2008, 616; Palandt- Heinrichs, § 199 Rdnr. 6, wenn drei Jahre seit der Leistungserbringung vergangen sind.

X. Zulässigkeit eines Vorschusses?

23 Nach überwiegender Auffassung ist die Forderung eines Honorarvorschusses durch den Arzt unzulässig. Aus § 614 BGB i. V. m. § 12 Abs. 1 GOÄ ergebe sich, dass der Arzt in diesem Bereich vorleistungspflichtig ist[87]. Wie für andere Dienstleister auch, kann prinzipiell nur dort ein Vorschuss verlangt werden, wo dies im Gesetz ausdrücklich geregelt ist[88]. In der GOÄ fehlt eine entsprechende Vorschrift. Soweit Kern[89] in einer vereinzelt gebliebenen Meinung das Gegenteil zu begründen versucht, ist dem nicht zu folgen. Nur das muss gezahlt werden, was geschuldet wird. Nach der Rechtsprechung des BGH zur Fälligkeit einer Honorarforderung[90] lässt sich diese Position ohnehin nicht mehr aufrechterhalten. Das Einfordern eines Vorschusses kann sogar berufsunwürdig sein[91]. Es ist allerdings nicht von der Hand zu weisen, dass die strikte Beachtung dieses Grundsatzes in Einzelfällen zu Härten für den betroffenen Arzt führen kann, wenn er bei Beginn der Behandlung schon ahnt, es mit einem zahlungsunwilligen Patienten zu tun zu haben. Sofern kein Notfall vorliegt, kann sich der Arzt in diesen Fällen nur durch Ablehnung der Behandlung schützen. Die einzige Möglichkeit, vor Stellung der Schluss- oder Zwischenrechnung Geld vom Patienten verlangen zu können, besteht in der Erstattung von Auslagen, die der Arzt notwendigerweise für die Behandlung tätigen muss (§ 669 BGB analog). Ist keine Gefahr im Verzug, kann der Arzt die Weiterbehandlung im übrigen von der Begleichung seiner bisherigen Rechnung abhängig machen.

XI. Die Überprüfung der Honorarforderung

24 Die Regelung in Abs. 3 entspringt dem Bemühen um eine möglichst einheitliche Auslegung der GOÄ. In den Heilberufs- bzw. Kammergesetzen der Länder sind Bestimmungen enthalten, wonach Ärztekammern bei Auseinandersetzungen zwischen Patienten und Ärzten gutachterliche Stellungnahmen abgeben können. Abs. 3 monopolisiert den Prüfungsanspruch bei den Ärztekammern. Zusätzlich gibt es bei der Bundesärztekammer einen Gebührenordnungsausschuss[92] für die zentrale Ab-

---

[87] Uhlenbruck, Kern, in: Laufs, Uhlenbruck, 3. Aufl. § 82, Rdnr. 14.

[88] Siehe z. B. VOB oder auch RVG.

[89] Kern, GesR 2007, 241 ff.

[90] BGH, Urt. v. 21.12.2006 – III ZR 117/06, GesR 2007, 117. Fälligkeit setzt die Erfüllung formeller Voraussetzungen gemäß § 12 Abs. 2 – 4 GOÄ voraus, auf die inhaltliche Richtigkeit der Rechnung kommt es nicht an.

[91] Berufsgericht für die Heilberufe in Hamburg, Urt. v. 15.9.1971, Vorauskasse für Hausbesuche bei bereits begonnener Behandlung; Berufsgericht für die Heilberufe beim VG Bremen, Urt. v. 20.10.1982, Vorauszahlung bei Schwangerschaftsabbrüchen; Forderung eines Vorschusses durch Chefarzt vor Op führte zu DM 1000,-- Schmerzensgeld wegen psychischer Belastung, AG Hannover, Urt. v. 18.2. 2000 – 559 C 17459/99; LHeilbG NRW, Urt. v. 7.11.2007, 6t A 3788/05.T., MedR 2009, 191.

[92] Hess, in: HK-AKM, „Bundesärztekammer" Ordnungszahl 1160 Rdnr. 54.

klärung von Auslegungsfragen, der wiederum mit dem interministeriellen Koordinierungsausschuss der als Beihilfeträger tätigen Bundesministerien kooperiert. Aussagen dieses interministeriellen Koordinierungsausschusses werden i. d. R. in entsprechende Dienstanweisungen „gegossen" und binden dadurch die jeweiligen Verwaltungen. Außenwirkung kommt ihnen de jure nicht, de facto hingegen in großem Umfang, zu.

III. Besondere medizinische Verfahren und Forschung

§ 13 Besondere medizinische Verfahren

(1) Bei speziellen medizinischen Maßnahmen oder Verfahren, die ethische Probleme aufwerfen und zu denen die Ärztekammer Empfehlungen zur Indikationsstellung und zur Ausführung festgelegt hat, haben Ärztinnen und Ärzte die Empfehlungen zu beachten.

(2) Soweit es die Ärztekammer verlangt, haben Ärztinnen und Ärzte die Anwendung solcher Maßnahmen oder Verfahren der Ärztekammer anzuzeigen.

(3) Vor Aufnahme entsprechender Tätigkeiten haben Ärztinnen und Ärzte auf Verlangen der Ärztekammer den Nachweis zu führen, dass die persönlichen und sachlichen Voraussetzungen entsprechend den Empfehlungen erfüllt werden.

Abweichender Wortlaut der Berufsordnungen in den Kammerbezirken:

Baden-Württemberg
(1) ... zu denen die Ärztekammer Richtlinien... festgelegt hat, haben... die Richtlinien zu beachten.

(2) Im Einzelnen handelt es sich um

die Richtlinien zum Gentransfer in menschliche Körperzellen

die Richtlinien zur Durchführung der assistierten Reproduktion

die Richtlinien zur Regelung von klinischen und anatomischen Sektionen (Sektionsrichtlinien)

Diese Richtlinien sind Bestandteil dieser Berufsordnung und im Anhang (Kapitel F) abgedruckt.

Berlin

Ohne Abs. 3

Hamburg
(1) ... zu denen die Ärztekammer Richtlinien... festgelegt hat, hat... die Richtlinien zu beachten.

(2) Im Einzelnen handelt es sich um die Richtlinien zur Durchführung der assistierten Reproduktion und um die Richtlinien zur pränatalen Diagnostik von Krankheiten und Krankheitsdispositionen.

Hessen
(2) Der Arzt hat die Anwendung solcher Maßnahmen und Verfahren vor Aufnahme der Tätigkeit der Ärztekammer anzuzeigen.

Nordrhein
(1) ... zu denen die Ärztekammer Richtlinien zur... haben diese zu beachten.

(Rest unverändert).

Mecklenburg-Vorpommern
(2) Im Einzelnen handelt es sich um die Richtlinien zur Durchführung der assistierten Reproduktion und um die Richtlinien zur pränatalen Diagnostik von Krankheiten und Krankheitsdispositionen.

Niedersachsen (zusätzliche Vorschriften)

§ 13a
Verschreiben von Betäubungsmitteln zur Substitution

(1) Betäubungsmittel dürfen zum Zwecke der Substitution nur von Ärzten verschrieben werden, die über die Anerkennung der zusätzlichen Weiterbildung Suchtmedizinische Grundversorgung verfügen. Diese Ärzte sind Ärzten gleichgestellt, die 10 unter Anleitung eines zur Weiterbildung ermächtigten Arztes tätig sind, der wie sie an einem Kurs über suchtmedizinische Grundversorgung von 50 Stunden Dauer teilgenommen hat. § 5 Abs. 3 der Betäubungsmittelverschreibungsverordnung bleibt unberührt.

(2) Diamorphin darf nur von Ärzten verschrieben werden, die innerhalb oder außerhalb des Weiterbildungsganges zum Erwerb der Zusatzbezeichnung Suchtmedizinische Grundversorgung an einem sechsstündigen von der Ärztekammer anerkannten Kursblock über Substitution mit Diamorphin teilgenommen haben. § 5 Abs. 9 a S. 2 Nr. 1, 3. Hs. der Betäubungsmittelverschreibungsverordnung bleibt unberührt.

§ 13b
Vornahme von Schwangerschaftsabbrüchen

(1) Schwangerschaftsabbrüche dürfen nur Ärzte vornehmen, die in der Frauenheilkunde erfahren und mit den anerkannten Methoden des Schwangerschaftsabbruchs sowie der Notfallbehandlung vertraut sind. Sie müssen bei der Durchführung des Eingriffs eine fachlich geeignete Assistenzkraft und sofern der Eingriff in Allgemeinnarkose durchgeführt werden soll, einen Arzt mit Erfahrung in der Narkosetechnik hinzuziehen.

(2) Die Praxiseinrichtung muss über die notwendige apparative und räumliche Ausstattung erfügen. Insbesondere müssen die für eine Notfallbehandlung notwendigen Arzneimittel und Medizinprodukte und ein Ruheraum zur Nachbehandlung vorgehalten werden.

Literatur
Bender, Der Standard in der klinischen Transfusionsmedizin, MedR 2002, 487; Böse, Konkurrierende Ethikkommissionen, MedR 2002, 244 (zu VG Stuttgart, NJW 2002, 529); Fenger, Das neue Gendiagnostikgesetz (GenDG), GesR 2010, 57 ff.; Kleine-Cosack, Berufsständische Autonomie und Grundgesetz, 1986; Feuerich, Zum Umfang der Auskunftspflicht des Rechtsanwalts gegenüber dem Vorstand der Rechtsanwaltskammer, AnwBl. 1992, 61. Rummer, Die Richtlinie der Gendiagnostik-Kommission zur genetischen Beratung, GesR 2010, 655 ff.; Schäfer, Rechtsfragen der Gendiagnostik, GesR 2010, 175 ff.; Taupitz, Die Standesordnungen der freien Berufe, 1991;

ders. Richtlinien in der Transplantationsmedizin, NJW 2003, 1145; Tinnefeld, Menschenwürde, Biomedizin und Datenschutz, ZRP 2000, 10; Richtlinien zur Transplantation von Stammzellen aus Nabelschnurblut (CB=Cord Blood), DÄ 1999 (A), 1297; Richtlinie zur Organtransplantation gem. § 16 TPG; weitere „Richtlinien" und „Empfehlungen" u. a. in §§ 5, 8, 9, 14, 15, 16.

I. Die Bedeutung der Norm

§ 13 MBO ist eine weitere Ausprägung der besonderen Berufspflichten verkammerter Berufe. § 13 Abs. 1 beschreibt die Richtlinienkompetenz der Ärztekammer, obwohl – sprachlich nicht ganz stringent- von „Empfehlungen" die Rede ist (...hat... zu beachten). In einer Fußnote zur Überschrift der Vorschrift wird darauf hingewiesen, dass die Richtlinien zur Durchführung des intratubaren Gametentransfers, der In-vitro-Fertilisation mit Embryotransfer und anderer verwandter Verfahren, gemäß § 13 fort gelten. Allerdings haben nicht alle Landesärztekammern diese Richtlinien in ihre BO übernommen (so z. B. Bayern und Berlin). Ob „Empfehlungen" der Ärztekammer oder gar des Vorstands einer Kammer eine vergleichbare Verbindlichkeit beanspruchen können, ist jeweils kritisch zu hinterfragen. Die Regelung „eigener Angelegenheiten" der freien Berufe hat zwar eine lange Tradition[1]. Im modernen Verfassungsstaat sind dieser Regelungskompetenz jedoch Grenzen gesetzt. Regelungen grundsätzlicher Bedeutung sind dem Gesetzgeber vorbehalten[2]. Der Gesetzgeber ist jedoch nicht verpflichtet, jede Regelung im Detail vorzugeben. Vielmehr kann er den nichtstaatlichen Satzungsgeber ermächtigen, im Rahmen abgeleiteter Kompetenz den Normrahmen durch eigene Regelungen auszufüllen. Zuständig ist i. d. R der Landesgesetzgeber, da das Recht der Berufsausübung nach wie vor in den Kompetenzbereich der Länder gehört[3]. Hierauf gehen die jeweiligen Heilberufe-Kammergesetze der Länder zurück, die wiederum die Ermächtigungsnormen für die als Satzung zu verabschiedenden (Landes –)Berufsordnungen enthalten. Der Regelungsgegenstand der Berufsordnungen ist in diesen Heilberufe-Gesetzen zu konkretisieren[4]. Diese Kompetenztitel sind – mittlerweile – hinreichend bestimmt[5]. Als Beispiele seien neben den bereits genannten Richtlinien zur Durchführung der assistierten Reproduktion (2006 grundlegend novelliert[6]), folgende Richtlinien und Empfehlungen (auszugsweise) genannt: Richtlinien zur Transplantation peripherer

1

---

[1] Taupitz, 1991.
[2] BVerfG, Urt.v. 16.2.2000 – 1 BvR 420/97, BVerfGE 33, 304, 346; 61, 260, 275; Taupitz, 1991, S. 804.
[3] Art. 74 Nr. 19 GG gibt dem Bund nur die Kompetenz für den Berufszugang; BVerfGE 102, 26, 36 (Frischzellen); BVerfG, Beschl.v.30.4.2004 – 1 BvR 2334/03, GesR 2004, 539 (Botox).
[4] Ratzel, in: Ratzel, Luxenburger, Handbuch Medizinrecht,§ 4 Rdnr. 3 m. w. Nachw.; Pestalozza, GesR 2006, 387 ff.; Rixen, VSSR 2007, 213 ff.
[5] BVerfG, Beschl.v. 9.5.1972 – 1 BvR 518/62 und 308/84, BVerfGE 33, 125 ff.; BVerfG, Beschl.v. 18.12.1974 – 1 BvR 259/66, BVerfGE 38, 281, 299.
[6] (Muster-)Richtlinie zur Durchführung der assistierten Reproduktion, DÄ 2006, 1392.

Blutstammzellen[7], Richtlinien zur Feststellung des Hirntodes[8], Richtlinien für die allogene Knochenmarkstransplantation mit nichtverwandten Spendern[9], Richtlinie zur Qualitätssicherung laboratoriumsmedizinischer Untersuchungen[10], Richtlinien zur Transplantation von Stammzellen aus Nabelschnurblut (CB=Cord Blood)[11], Richtlinien zur Durchführung der substitutionsgestützten Behandlung[12], Richtlinien zur prädiktiven genetischen Diagnostik[13].

2   Ohne Umsetzung in Landesrecht entfalten diese Richtlinien mit Ausnahme der nachfolgend beschriebenen Sonderregelungen keine normative Kraft, worauf Scholz zurecht hinweist.[14] Da die Umsetzungsdichte in den Landesärztekammern sehr unterschiedlich ist, ist es unerlässlich, sich mit dem einschlägigen Landesrecht auseinanderzusetzen. Wesentliche Inhalte sind mittlerweile auch in Bundesgesetzen eingegangen (so z. B. Gewebegesetz, GenDG u. a.), so dass ein selbstständiger Regelungszweck entfallen ist. Eine besondere Berücksichtigung haben Richtlinien der Bundesärztekammer in § 16 b TPG[15] und § 18 TFG gefunden. Gemäß § 16 b TPG kann die BÄK im Einvernehmen mit dem PEI (§ 21 TPG) in die Verordnung des BMG gemäß § 16 a TPG ergänzenden Richtlinien den allgemein anerkannten Stand der Erkenntnisse der medizinischen Wissenschaft feststellen. § 16 b Abs. 2 TPG enthält eine Vermutungsregelung für die Einhaltung des Standards bei Beachtung dieser Richtlinien. Gemäß § 18 TFG[16] stellt die BÄK im Einvernehmen mit der zuständigen Bundesoberbehörde (§ 27 TFG) in Richtlinien den allgemein anerkannten Stand der medizinischen Wissenschaft und Technik[17] insbesondere für die Anwendung von Blutprodukten, der Qualitätssicherung der Anwendung, der Qualifikation der tätigen Personen und den Umgang mit nicht angewendeten Blutprodukten in den Einrichtungen der Krankenversorgung fest.

II. Auskunfts-, Nachweis und Anzeigepflichten

3   § 13 Abs. 2 und 3 MBO beinhalten Anzeige- und Nachweispflichten. Dies ist selbst dann zulässig, wenn man die Rechtsnormqualität einzelner Empfehlungen nach Absatz 1 bezweifeln sollte. Ärzte sind Pflichtmitglieder der für sie zuständigen Kammer. Sie unterliegen daher der Berufsaufsicht sowie sämtlichen Informations- und

---

[7] DÄ 1997 (A) 158 ff.
[8] DÄ 1998 (A) 1861 ff.
[9] DÄ 1994 (A) 761 ff.
[10] DÄ 2008 (A), 341 ff.
[11] DÄ 1999 (A) 1297 ff.
[12] i. d. F. v. 22.3.2002.
[13] DÄ 2003 (A) 1297 ff.
[14] Scholz, in: Spickhoff, § 13 MBO Rn. 3.
[15] i. d. F. d. Gewebegesetzes v. 20.7.2007, BGBl. I 2007, 1574 ff.
[16] i. d. F. v. 28.8.2007 BGBl. I 2007, 2169 ff.
[17] Bender, MedR 2002, 487 ff.

§ 13 Besondere medizinische Verfahren

Auskunftspflichten, ob ihnen das recht ist oder nicht. Anfragen sind wahrheitsgemäß zu beantworten. Reagiert der Arzt trotz wiederholter Aufforderung zur Stellungnahme nicht, können gegen ihn berufsgerichtliche Maßnahmen in die Wege geleitet werden. Eine Einschränkung der Auskunftspflicht ist allerdings in entsprechender Anwendung von § 55 StPO dann anzunehmen, wenn sich der Arzt durch die Auskunft der Gefahr eines straf- oder berufsrechtlichen Verfahrens aussetzen würde[18]. Der Nachweis, die persönlichen und sachlichen Voraussetzungen zu erfüllen, kann schon unter dem Gesichtspunkt der Qualitätssicherung (Prozeß- und Strukturqualität) verlangt werden. Die Richtlinien zur Durchführung der assistierten Reproduktion (2006 grundlegend novelliert[19]) samt Kommentierung finden sich im Anhang nach § 33.

---

[18] BGHSt 27, 374; Feuerich, AnwBl. 1992, 61.
[19] (Muster-)Richtlinie zur Durchführung der assistierten Reproduktion, DÄ 2006, 1392.

§ 14 Erhaltung des ungeborenen Lebens und Schwangerschaftsabbruch

(1) Ärztinnen und Ärzte sind grundsätzlich verpflichtet, das ungeborene Leben zu erhalten. Der Schwangerschaftsabbruch unterliegt den gesetzlichen Bestimmungen. Ärztinnen und Ärzte können nicht gezwungen werden, einen Schwangerschaftsabbruch vorzunehmen oder ihn zu unterlassen.

(2) Ärztinnen und Ärzte, die einen Schwangerschaftsabbruch durchführen oder eine Fehlgeburt betreuen, haben dafür Sorge zu tragen, dass die tote Leibesfrucht keiner missbräuchlichen Verwendung zugeführt wird.

Übersicht

		Rz.
I.	Die Bedeutung der Norm	1
II.	Historie	4
III.	Die derzeitige Regelung	7
IV.	Mehrlingsreduktion mittels Fetozid	15
V.	Fetozid zum Ausschluß der Überlebensmöglichkeit nach dem Abbruch	16
VI.	Besondere Berufspflichten des Arztes	17
VII.	Weigerungsrecht	21
VIII.	Die Schwangerschafts-Konfliktberatung	22
IX.	Bestattungsrechtliche Fragen bei Tot- und Fehlgeburten	25
X.	Die Richtlinien zur Verwendung fetaler Zellen und fetaler Gewebe und Gewebegesetz	27

Literatur

Abs. 1: Baumann, Günther, Keller, Lenckner (Hg.), § 218 StGB im vereinten Deutschland, Die Gutachten der strafrechtlichen Sachverständigen im Anhörungsverfahren des Deutschen Bundestages, 1992; Beckmann, Die Behandlung hirntoter Schwangerer im Lichte des Strafrechts, MedR 1993, 121; Dreier, Stufungen des vorgeburtlichen Lebensschutzes, ZRP 2002, 377; Eser, Koch (Hg.), Schwangerschaftsabbruch im internationalen Vergleich, Teil 1: Europa 1988, Teil 2: Außereuropa 1989; Groh, Lange-Bertulot, Der Schutz des Lebens Ungeborener nach der EMRK, NJW 2005, 713 zu EMRK, NJW 2005, 727; Häußler-Sczepan, Arzt- und Schwangerschaftsabbruch, eine empirische Untersuchung zur Implementation des reformierten § 218 StGB, 1989; AG Hersbruck, MedR 1993, 111; Heinemann, Frau und Fötus in der Prä- und Perinatalmedizin aus strafrechtlicher Sicht, Medizin in Recht und Ethik Bd. 35, 2000; dies., Schwangerschaftsabbruch aufgrund embryopathischer Indikation – Wege zur ärztlichen Entscheidungsfindung, Zentralblatt f. Gynäkologie 1998, 598; Holzhauer, Schwangerschaft- und Schwangerschaftsabbruch, die Rolle des reformierten § 218 StGB bei der Entscheidungsfindung betroffener Frauen, 1989; Jerouschek, Lebensschutz- und Lebensbeginn, Kulturgeschichte des Abtreibungsverbots, 1988; Kloth, Anenzephale als Organspender – Eine rechtsvergleichende Betrachtung, MedR 1994, 180; Kriele, die nicht-therapeutische Abtreibung vor dem Grundgesetz, 1992; Laufs, Fortpflanzungsmedizin- und Arztrecht 1992; Neuregelung des Schwangerschaftsrechts, öffentliche Anhörung des Ausschusses für Jugend, Familie, Frauen und Gesundheit des Bundesrats am 17.4.91 in Berlin, Dokumentation; Pluisch, der Schwangerschaftsabbruch als kindliche Indikation im Spannungsfeld der pränatalen Diagnostik, 1992; Sonderheft der Kriti- schen Vierteljahresschrift für Gesetzgebung und Rechtswissenschaft Nr. 1/93; Schumann/ Schmidt-Recla, Die Abschaffung der embryopathischen Indikation, eine ernsthafte Gefahr für den Frauenarzt, MedR 1998, 497; Thomas (Hg.), Menschlichkeit der Medizin, 1992; Thomas, Kluth (Hg.), Das zumutbare Kind, 1993; Tröndle, Das zweite

Fristenlösungsurteil des Bundesverfassungsgerichts und die Folgen, MedR 1994, 356; Urteil des Bundesverfassungsgerichts vom 28.5.1993, NJW 1993, 1751; Woopen, Rummer, Beratung im Kontext von Pränataldiagnostik und Schwangerschaftsabbruch, MedR 200, 130.

Abs. 2: Harks, Der Schutz der Menschenwürde bei der Entnahme fötalen Gewebes, NJW 2002, 716; Sternberg-Lieben, Strafrechtlicher Schutz der toten Leibesfrucht (§ 168 n. F.), NJW 1987, 2062; Taupitz, Kommerzialisierung menschlicher Körpersubstanzen, in:. Damm, Hart (Hrsg.) Rechtliche Regulierung von Gesundheitsrisiken, 1993; ders., Die Zellen des John Moore vor den amerikanischen Gerichten, VersR 1991, 369; ders., Menschliche Körpersubstanzen: nutzbar nach eigenem Belieben des Arztes?, DÄ. (C) 1993, 710; Ullmann, Neues Kriterium für Fehlgeburt, NJW 1994, 1575.

I. Die Bedeutung der Norm

1   Die Vorschrift ist innerärztlich höchst umstritten, da sie unmittelbar am ärztlichen Selbstverständnis rührt. Im Grunde genommen enthält sie einen unlösbaren Widerspruch zwischen der Lebenserhaltungspflicht und der Befugnis, im Rahmen der gesetzlichen Bestimmungen einen Schwangerschaftsabbruch ohne Furcht vor Strafe durchführen zu dürfen. Das Weigerungsrecht in Abs. 1 Satz 3 ist angesichts dieses Widerspruchs zwingend erforderlich. Durch das Urteil des Bundesverfassungsgerichts vom 28.5.1993 hat sich der Widerspruch zwischen beiden Teilen der Vorschrift verschärft, so dass eine Anpassung wünschenswert wäre.

2   In diesem Zusammenhang ist es ist allerdings wenig überzeugend, die Verantwortung einfach auf den Gesetzgeber oder die Schwangere selbst zu schieben. Die Ärzteschaft hat durchaus eine eigene eigenständige Verantwortung zur Erhaltung ungeborenen Lebens. Beschlüsse Deutscher Ärztetage, die den Arzt als bloßen Vollstrecker des an ihn heran getragenen Abbruchwillens erscheinen lassen, werden dieser gesonderten ärztlichen Berufspflicht nicht gerecht[1]. Darüber hinaus hat das BVerfG[2] die besondere Stellung des Berufsrechts in diesem Bereich betont. Im Rahmen der Novellierung der MBO 1997 in Eisenach blieben jedoch entsprechende Maßnahmen – trotz eines deutlichen Hinweises des Gerichts[3] im Urteil – aus.

3   Abs. 2 betrifft eine Folgeerscheinung des Schwangerschaftsabbruchs. Mitte der achtziger Jahre wurde die Öffentlichkeit durch Berichte über die missbräuchliche Verwendung toter Embryos und Feten, vornehmlich aus Schwangerschaftsabbrüchen, aufgeschreckt. Zum Teil soll es zu Verkäufen an die (ausländische) kosmetische Industrie in erheblichem Umfang gekommen sein. Da nach Art. 1 Abs. 1 GG auch das ungeborene Leben Anspruch auf Schutz der Totenruhe hat, wurde die tote Leibesfrucht (auch Teile davon) 1987 in den Schutzbereich des § 168 StGB aufgenommen. Die Änderung hatte zur Folge, dass die tote Leibesfrucht sowie Teile davon gegen unbefugte Wegnahme aus dem Gewahrsam des Berechtigten geschützt werden. Berechtigter ist normalerweise der Inhaber des Totensorgerechts. Bei der Leibesfrucht können dies prinzipiell auch die Eltern sein. Stammt die Leibesfrucht

---

[1] Siehe auch Laufs, S. 35 unter Bezugnahme auf den 94. Dtsch. Ärztetag in Hamburg.
[2] BVerfGE 88, 289, 291, 294.
[3] BVerfGE 88, 293.

jedoch aus einem Schwangerschaftsabbruch oder war sie eine Fehlgeburt, die nicht zur Bestattung ansteht, ist berechtigter Gewahrsamsinhaber i. d. R der Leiter des Krankenhauses oder der Inhaber der Praxis bzw. Tagesklinik, in der der Eingriff stattfand[4]. Täter kann somit ein Außenstehender oder auch ein Bediensteter sein, nicht aber z. B. der Praxisinhaber selbst. Diese Lücke schließt Abs. 2, der dem früheren § 7 MBO entspricht. Der Embryo in-vitro vor der Nidation ist durch das ESchG hinreichend geschützt. Zur Aktuellen Diskussion wg. Forschung an und mit menschlichen Embryonen siehe die Kommentierung zu D II Nr. 14.

II. Historie

Am 21.6.1976 trat das 15. Strafrechtsänderungsgesetz zur Änderung des 5. Strafrechtreformgesetzes und damit das bis 1992 geltende Indikationsmodell des § 218 ff. StGB in Kraft. Die „Reform der Reform" war notwendig geworden, weil das Bundesverfassungsgericht auf Antrag der Baden-Württembergischen Landesregierung am 21.6.1974 das zunächst von der damaligen sozial-liberalen Koalition vorgesehene Fristenmodell durch eine einstweilige Anordnung suspendierte; in der Hauptsacheentscheidung am 25.2.1975 wurde der damals vorgesehene § 218 a StGB insoweit für verfassungswidrig und nichtig erklärt, als er den Schwangerschaftsabbruch auch dann von der Strafbarkeit ausnahm, wenn keine Gründe vorliegen, die – im Sinne der Entscheidungsgründe – vor der Wertordnung des Grundgesetzes Bestand haben.

4

In den späten siebziger Jahren war es etwas ruhiger um den § 218 geworden, was wohl u. a. darauf zurückzuführen war, dass sich die Praxis mit der gesetzlichen Regelung „arrangiert" hatte. Mitangestoßen durch den „Memminger Prozeß" erhielt die Diskussion durch den Beitritt der DDR zur Bundesrepublik Deutschland am 3.10.1990 einen ganz anderen Stellenwert. Durch den Einigungsvertrag wurde für den Bereich des Schwangerschaftsabbruchs unterschiedliches Recht in den alten und neuen Bundesländern fortgeschrieben; d. h. Indikationenregelung West, Fristenlösung Ost. In Artikel 31 Abs. 4 des Einigungsvertrages heißt es dazu:

5

> Es ist Aufgabe des gesamtdeutschen Gesetzgebers, spätestens bis zum 31.12.1992, eine Regelung zu treffen, die den Schutz vorgeburtlichen Lebens und die verfassungskonforme Bewältigung von Konfliktsituationen schwangerer Frauen vor allem durch rechtlich gesicherte Ansprüche für Frauen, insbesondere auf Beratung und soziale Hilfen, besser gewährleistet, als dies in beiden Teilen Deutschlands derzeit der Fall ist…

Eine parteiübergreifende Mehrheit hatte 1992 im Bundestag das sogenannte „Schwangeren- und Familien-Hilfegesetz" (SFHG) verabschiedet. Das SFHG sah neben der Verstärkung sozialer Hilfen im Prinzip eine Fristenregelung mit Beratungspflicht vor. Einer der wesentlichen „Strickfehler" des Gesetzes war letztlich die Bezeichnung des Schwangerschaftsabbruchs als „nicht rechtswidrig". Durch

6

---

[4] OLG München, NJW 1976, 1805; Lenckner, in: Schönke, Schröder, § 168 Rz. 5.

einstweilige Anordnung des Bundesverfassungsgerichts vom 4.8.1992[5] wurden wesentliche Teile des Gesetzes gestoppt und mit Urteil vom 28.5.1993[6] endgültig verworfen. Mit 17 zum Teil eine sehr deutliche Sprache sprechenden Leitsätzen steckte das Bundesverfassungsgericht den Rahmen ab, innerhalb dessen sich eine künftige gesetzliche Regelung bewegen sollte. Der Gesetzgeber ist diesen Vorgaben nicht in jedem Punkt gefolgt. Sowohl das Urteil des BVerfG als auch die neue gesetzliche Regelung waren und sind zum Teil heftiger Kritik ausgesetzt[7].

III. Die derzeitige Regelung

7   Gemäß § 218 a Abs. 1 StGB ist schon der Tatbestand des § 218 StGB nicht erfüllt, wenn der Schwangerschaftsabbruch auf Verlangen der Frau innerhalb einer Frist von zwölf Wochen seit Empfängnis von einem Arzt vorgenommen wird und die Frau die Bescheinigung einer nach dem Schwangerschaftskonfliktgesetz (SchKG) zugelassenen Beratungsstelle vorlegt, aus der hervorgeht, dass sie sich mindestens drei Tage vor dem Eingriff hat beraten lassen. Damit ist jedenfalls innerhalb der 12-Wochenfrist der Übergang vom früheren Indikationsmodell zum Beratungsmodell vollzogen. Voraussetzung ist neben der Einhaltung der Frist das ausdrückliche Verlangen der Frau; ein bloßes „Geschehenlassen", z. B. auf Druck Dritter reicht nach dem Gesetz nicht. Die Frage der Überprüfung derartiger Vorgaben dürfte auf einem anderen Blatt stehen. Der Abbruch muss durch einen Arzt mit deutscher Approbation durchgeführt werden. Eine Erlaubnis nach § 10 BÄO würde nicht ausreichen. Schwangerschaftsabbrüche nach dem Beratungskonzept können grundsätzlich keine Ansprüche im Rahmen von Familienplanungsschäden rechtfertigen.[8]

8   Gegenüber der früheren Regelung ist die sog. „embryopathische" Indikation entfallen. Sie wurde in die medizinisch-soziale Indikation integriert. § 218 a Abs. 2 StGB lautet nun:

> Der mit Einwilligung der Schwangeren von einem Arzt vorgenommene Schwangerschaftsabbruch ist nicht rechtswidrig, wenn der Abbruch der Schwangerschaft unter Berücksichtigung der gegenwärtigen und zukünftigen Lebensverhältnisse der Schwangeren nach ärztlicher Erkenntnis angezeigt ist, um eine Gefahr für das Leben oder die Gefahr einer schwerwiegenden Beeinträchtigung des körperlichen oder seelischen Gesundheitszustandes der Schwangeren abzuwenden und die Gefahr nicht auf eine andere für sie zumutbare Weise abgewendet werden kann.

9   Wie bei der früheren embryopathischen Indikation auch, wird also nicht primär auf die befürchtete Fehlbildung oder Erkrankung des Feten abgestellt, sondern auf die

---

[5] BVerfG, NJW 1992, 2343.
[6] BVerfGE 88, 203 ff.
[7] Siehe nur die Fundamentalkritik bei Tröndle, NJW 1995, 3009 (3012 ff.).
[8] OLG Koblenz, Beschl. v. 20.3.2006 – 5 U 255/06, GesR 2006, 312, kein Schadensersatzanspruch bei Abbruch nach Beratungskonzept, siehe auch Mörsdorf-Schulte, NJW 2006, 3105 ff.; ebenso OLG Nürnberg, Urt. v. 14.11.2008 – 5 U 1148/08, VersR 2009, 547.

Zumutbarkeit für die Mutter. In der Praxis ist dieser Gesichtspunkt nicht immer in dieser Schärfe erkannt worden. Die Aufnahme des Problems in die medizinisch-psychiatrische Indikation verdeutlicht die Problematik. Der die Indikation beurteilende Arzt sollte daher diesen Gesichtspunkt besonders prüfen und entsprechend begründen. In Zweifelsfällen kann sich die Hinzuziehung eines Psychiaters oder entsprechend fortgebildeten psychosomatisch versierten Arztes empfehlen. Im übrigen erfolgt die Beurteilung der Schwere der Gefahr und die Beurteilung der Unausweichlichkeit des Schwangerschaftsabbruchs nach ärztlicher Erkenntnis. Nachdem sehr viele subjektive Elemente in diese Entscheidung einfließen können, beschränkt sich die gerichtliche Überprüfung auf die Frage der Vertretbarkeit des ärztlichen Meinungsbildungsprozesses[9].

Eine Frist zur Durchführung dieses gerechtfertigten Schwangerschaftsabbruchs sieht die gesetzliche Regelung nicht vor. Theoretisch wird daher der Abbruch bis zum Ende der Schwangerschaft für möglich gehalten[10]. Nicht schon jede Möglichkeit einer Frühgeburt lasse die Indikation entfallen. Lediglich gegen Ende der Schwangerschaft sei der Zumutbarkeitsaspekt im Hinblick auf die Frau besonders kritisch zu hinterfragen. Dies wird insbesondere dann deutlich, wenn z. B. bei einem geplanten Abbruch aus medizinischer Indikation ein lebensfähiges (und was ja immer schamhaft verschwiegen wird) lebenswilliges Kind auf dem Op-Tisch liegt. Unzulässig dürfte der Eingriff jedenfalls dann sein, wenn etwa bei medizinisch-somatischer Indikation mittels Kaiserschnitt oder Geburtseinleitung ein lebensfähiges Kind geboren werden kann, dem bei sachgerechter medizinischer Betreuung eine hinreichend sichere Prognose bezüglich seiner Entwicklungsmöglichkeiten gestellt wird[11]. Wesentlich schwieriger ist diese Frage im Falle einer medizinisch-psychiatrischen Indikation zu beurteilen. Hier gewinnt die doppelte Zumutbarkeitsprüfung im Rahmen des § 218 a Abs. 2 StGB besondere Bedeutung, nachdem das Gesetz auch die Berücksichtigung der künftigen Lebensumstände verlangt. Es ist also zu prüfen, ob der Schwangeren die Fortsetzung der Schwangerschaft und das „Haben" des Kindes zugemutet werden kann. Ist das zweite Kriterium nicht zu klären, kann es an einer rechtfertigenden Indikation fehlen. Diese Frage spielt nicht zuletzt auch bei der Prüfung zivilrechtlicher Ansprüche eine große Rolle[12]. Der BGH[13] hat auch nach der Entscheidung des zweiten Senats des Bundesverfassungsgerichts[14] an seiner bisherigen Rechtsprechung (Ersatzfähigkeitja[15]) ausdrücklich festgehalten. Der erste Senat des Bundesverfassungsgerichts hat einige Jahre später diese

10

---

[9] BGHSt 38, 156; BVerfGE 88, 327.
[10] Eser, in: Schönke/Schröder, § 218 a Rz. 42.
[11] Zur Lebenserhaltungspflicht im Falle des „Erlanger Baby's", Beckmann, MedR 1993, 121 (umstritten).
[12] Ratzel, GesR 2005, 49 ff.
[13] BGH, Urt. v. 16.11.1993 – VI ZR 105/92, MedR 1994, 441 ff.
[14] BVerfG, Urt. v. 28.5.1993 – 2 BvF 2/90 u. 4,5/92, BVerfGE 88, 203 ff.
[15] BGH, Urt. v. 28.3.1995 – VI ZR 356/93, BGHZ 129, 178 (182) relativierend für den Fall des Schwangerschaftsabbruchs ohne Indikation.

Rechtsprechung des BGH im Grundsatz bestätigt.[16] Damit ist jedenfalls verfassungsrechtlich vorläufig ein Schlusspunkt gesetzt. Allerdings hat die Rechtsprechung mittlerweile einige Differenzierungen vorgenommen. Unterhaltsansprüche werden dann nicht zugesprochen, wenn der Schwangerschaftsabbruch ohne Indikation durchgeführt wurde,[17] oder wenn sich das Risiko, das mit einer Sterilisation aus medizinischer Indikation vermieden werden sollte, nicht realisiert hat.[18] Besondere Aufmerksamkeit hat das Urteil des BGH vom 4. 12. 2001 für den Fall einer Zwillingsschwangerschaft gefunden.[19] Im Ergebnis wurde eine (im Zeitpunkt der Schwangerschaft noch geltende) embryopathische Indikation verneint, da eine Gesamtabwägung mit Rücksicht auf das gesunde Kind – und das Maß der Schädigung getroffen wurde.[20]

11 Nach dem Wegfall der embryopathischen Indikation wurde mit Rücksicht auf die heute geltende medizinisch-soziale Indikation eine weitere Fortentwicklung der Rechtsprechung erwartet. Bestes Beispiel ist eine Entscheidung des KG Berlin[21]. Die Mutter des Kindes hatte im September 1997 ihre Tochter mit einer offenen spina bifida im lumbosacralen Bereich geboren. Sie wirft dem Frauenarzt vor, er hätte dies im Rahmen einer Ultraschalluntersuchung in der 19. Schwangerschaftswoche bemerken müssen. Dann hätte sie die Schwangerschaft abbrechen können. Das LG hatte der Mutter noch –teilweise- Recht gegeben. Das Kammergericht gab jedoch der Berufung des Frauenarztes in vollem Umfang statt und wies die Klage ab. Zum einen habe die Frau die von ihr behaupteten psychischen Beeinträchtigungen und Depressionen nach der Geburt nicht hinreichend spezifiziert. Zum anderen müsse bei der Abwägung der Rechtsgüter (Gesundheit der Mutter einerseits und Leben des Kindes andererseits) berücksichtigt werden, in wieweit die gesundheitlichen Beeinträchtigungen der Mutter therapierbar sind. Für die Ablehnung des geforderten Unterhalts war aber folgender Gesichtspunkt maßgeblich: Der Gesetzgeber habe mit der Streichung der embryopathischen Indikation im Rahmen der Reform des § 218a StGB eine Wertentscheidung getroffen. Während davor der Unterhaltsaufwand über die embryopathische Indikation noch als zurechenbarer Schaden angesehen werden konnte, sei nach der Reform nur noch die Gesundheit der Mutter unmittelbarer Anknüpfungspunkt. Das KG wörtlich: „Schutzzweck ist demnach auch bei erkennbarer Behinderung des ungeborenen Kindes ausschließlich die Ge-

---

[16] Er sah sich durch die Entscheidung des zweiten Senats nicht beeinträchtigt, BVerfG, NJW 1998, 519 ff.

[17] BGHZ 129, 178 (182) – Urt. v. 28.3.1995 – VI ZR 356/93; OLG Koblenz, Beschl.v. 20.3.2006, 5 U 255/06, kein Schadensersatzanspruch bei Abbruch nach Beratungskonzept.

[18] OLG Zweibrücken, Urt. v. 18.2.1997 – 5 U 46/95, VersR 1997, 1009.

[19] BGH, Urt.v. 4. 12. 2001 – VI ZR 213/00, MedR 2002, 356 ff., bei einem Kind waren zum Teil die Extremitäten nicht angelegt bzw. deformiert, der andere Zwilling war gesund.

[20] Nicht jede Schädigung rechtfertigt einen Schwangerschaftsabbruch, z. B. Fehlen einer Hand, weil offenbar zweimal dieselbe Hand im US gesehen wurde, OLG Hamm, Urt.v. 6.3.2002 – 3 U 134/01; OLG Hamm, Urt. v. 5.9.2001 – 3 U 229/00, VersR 2002, 1153; OLG Hamm, VersR 2003, 1580, (türkische Moralvorstellungen unerheblich).

[21] KG, Urt.v. 18.3. 2002 – 20 U 10/01=MedR 2003, 520 ff.

sundheit der Mutter[22] und nicht ihr Interesse am gesunden Kind, denn die Mutter kann die Schwangerschaft nicht abbrechen, wenn ihre Gesundheit nicht gefährdet ist, und muss auch dann das Kind samt der erheblichen Belastungen akzeptieren, ohne dies dem Arzt anlasten zu können. Der wirtschaftliche Aspekt ist bei medizinischer Indikation nicht ansatzweise als Reflex ableitbar." Daran ändere auch nichts, dass der Frauenarzt gerade für die sonographische Suche nach Fehlbildungen aufgesucht worden sei. Auf die Revision der Klägerin hat der BGH[23] das Urteil des KG jedoch aufgehoben und zur erneuten Entscheidung zurück verwiesen. Vertraglicher Schutzzweck sei auch bei der medizinisch-sozialen Indikation die durch das „Haben" des Kindes bestehende Unterhaltsbelastung. Liegen die Voraussetzungen des § 218 a Abs. 2 StGB vor, bedarf es im übrigen keiner weiteren Abwägung hinsichtlich der Schwere der zu erwartenden Behinderungen des Kindes.[24]

Ein weiteres Urteil des BGH[25] zu einem etwas anders gelagerten Sachverhalt hatte schon zuvor die Position des VI. Senats erkennen lassen. In diesem Urteil hatte der BGH die Unterhaltspflicht auch bei der medizinisch-sozialen Indikation als noch zum Schutzzweck des § 218 a Abs. 2 StGB jedenfalls in den Fällen gehörend gezählt, in denen die Gefahr, der es vorzubeugen galt, nicht mit der Geburt des Kindes weggefallen ist, sondern durch die Lebensumstände nach der Geburt des Kindes fortbestehen. Der BGH wörtlich: „War demgemäß der vertragliche Schutzzweck auch auf die Vermeidung dieser Gefahren durch das „Haben" des Kindes gerichtet, so erstreckt sich die aus der Vertragsverletzung resultierende Ersatzpflicht auch auf den Ausgleich der durch die Unterhaltsbelastung verursachten vermögensrechtlichen Schadenspositionen." Allerdings sind die Voraussetzungen, unter denen nach der geänderten medizinisch-sozialen Indikation derartige Ansprüche zugesprochen werden können, deutlich angestiegen.[26] Insbesondere unterscheiden sie sich insoweit von der früheren embryopathischen Indikation[27] als nicht mehr nur die Verbindung zwischen schwerer Behinderung des Kindes und Unzumutbarkeit der Fortsetzung der Schwangerschaft für die Frau hergestellt werden muss; vielmehr müssen die schwerwiegenden psychischen oder sonstigen gesundheitlichen Belastungen der Frau nach der Geburt von ihr dargelegt, im einzelnen spezifiziert und letztlich auch bewiesen werden. Damit hängt die Annahme einer Indikation unter Umständen von der individuellen Belastbarkeit einer Frau ab. Nach der neuen Rechtsprechung des BGH[28] ist dies jedoch zwingende Konsequenz der Neuregelung des Schwangerschaftsabbruchs.

12

---

[22] So auch BGH, Urt.v. 31.1.2006 – VI ZR 135/04, VersR 2006, 702, allerdings mit anderer Begründung.
[23] BGH, Urt. v. 15.7.2003 – VI ZR 203/02, VersR 2003, 1541 ff.
[24] BGH, Urt.v. 31.1.2006 – VI ZR 135/04, VersR 2006, 702.
[25] BGH, Urt. v. 18.6.2002 – VI ZR 136/01, NJW 2002, 2636=GesR 2002, 10.
[26] Müller, NJW 2003, 697, 704 (705).
[27] Müller, NJW 2003, 697 (703).
[28] Müller, NJW 2003, 697 (703); BGH, Urt. v. 18.6.2002 – VI ZR 136/01, Gesa 2002, 10=NJW 2002, 2636 ff.; OLG Düsseldorf, Urt. v. 10. 1. 2002 – 8 U 79/12, VersR 2003, 1543 mit NAB, BGH v. 5. 11. 2002 – VI ZR 69/02; OLG Hamm, Urt. v. 5.9.2001 – 3 U 229/00, NJW 2002, 2649 mit

13   Die kriminologische Indikation (§ 218 a Abs. 3 StGB) wurde wieder eingeführt (Frist: 12 Wochen nach Empfängnis). Auf Grund dieser Indikation durchgeführte Abbrüche sind nicht rechtswidrig. Wie bei der medizinischen Indikation auch existiert also diesbezüglich eine Leistungspflicht der gesetzlichen Krankenversicherung. Ebenso ist auch hier für die Feststellung die ärztliche Erkenntnis maßgeblich. Dabei muss der Arzt die der Bedeutung des Eingriffs angemessenen, ihm möglichen und nach ärztlichem Standesrecht gebotenen Wege der Aufklärung nutzen. Er braucht sich allerdings nicht als Ermittlungsbehörde zu betätigen und an andere Personen und Einrichtungen heranzutreten als dies sonst zu seiner ärztlichen Meinungsbildung geschieht. Die Begründung des Gesetzesantrags nennt als primäres Erkenntnismittel das Gespräch mit der Patientin. Die früher vorgesehene Beratung bei einer anerkannten Beratungsstelle im Sinne des SchwKG entfällt.

14   Sowohl bei der medizinischen als auch der kriminologischen Indikation muss dem abbrechenden Arzt die Indikation eines anderen Arztes vorliegen. Die Indikation bindet den abbrechenden Arzt jedoch nicht. Er ist zu einer eigenen Beurteilung verpflichtet. Dies gilt umso mehr, wenn er den die Indikation stellenden Arzt nicht – oder auch umgekehrt – zu gut in einem bestimmten Sinne kennt.

IV. Mehrlingsreduktion mittels Fetozid

15   Ende der achtziger Jahre rückte diese Problematik schlagartig ins Licht der Öffentlichkeit. Allerdings wurde sie innerhalb der Fachkreise schon weitaus früher diskutiert und praktiziert. Von medizinischer Seite wurde immer wieder vor einer pauschalen Verurteilung des selektiven Fetozids gewarnt; schließlich gebe es auch indizierte Gründe zur Erhaltung der Restschwangerschaft anstatt eines ansonsten vorzunehmenden vollständigen Abbruchs. Dem versuchte die Zentrale Kommission der Bundesärztekammer zur Wahrung ethischer Grundsätze in der Reproduktionsmedizin, Forschung an menschlichen Embryonen und Gentherapie durch ihre Stellungnahme zur Mehrlingsreduktion mittels Fetozid Rechnung zu tragen[29]. Im Ergebnis wird die Mehrlingsreduktion prinzipiell bei Vorliegen der bekannten Indikationen für möglich, wenn auch unerwünscht, gehalten; lediglich die bloße „Wunschreduktion" wird verworfen. Was ist aber, wenn sich eine medizinisch-soziale Indikation nicht feststellen lässt, die alleine jenseits der 12. SSW eine derartige Reduktion rechtfertigen könnte? Man sieht, dass die alten Stellungnahmen, die zum Teil vor der geänderten Rechtslage abgegeben wurden, heute nur noch schlecht einen Weg zeigen. Wollte man sich auf den Entschuldigungsgrund gemäß § 35 StGB berufen, wäre dem Arzt nicht geholfen. Denn § 35 StGB schützt nur den Betroffenen, also die Schwangere. Allerdings betont die Stellungnahme den Präventionsauftrag zur Verhinderung höhergradiger Mehrlingsschwangerschaften;

NAB BGH v. 23. 4. 2002 – VI ZR 363/01; BGH v. 10.1.2002 – 8 U 79/01, VersR 2003, 1542; OLG Stuttgart, Urt. v. 25.3.2003 – 1 U 125/02, GesR 2003, 327 „Opfergrenze" muss überschritten sein.

[29] Abgedruckt DÄ. 1989 (C), 1389; Frauenarzt 1989, 771; hierzu Hülsmann, aaO.

dies wurde in der öffentlichen Diskussion nicht immer hinreichend gewürdigt. Große Bedenken bleiben dennoch: Schon die Bezeichnung „selektives Fetozid" ist irreführend, da oftmals eben gerade keine Selektion stattfindet, sondern der abzutötende Fetus durchaus auch zufällig ermittelt wird. Eine medizinische Technik, die dies billigend in Kauf nimmt, verkennt das Menschenbild, das dem Grundgesetz entspricht. Allerdings sind tiefe Wertungswidersprüche seit Einführung der Fristenregelung mit Beratungspflicht offenbar.

V. Fetozid zum Ausschluß der Überlebensmöglichkeit nach dem Abbruch

Besonders problematisch wird die Durchführung des Fetozids[30] dann, wenn es nicht zum Zwecke der Erhaltung der Restschwangerschaft, sondern zur Sicherung des Abbruchergebnisses in der Spätschwangerschaft durchgeführt wird. Hintergrund ist, dass die Ärzte, die zuvor erlaubtermaßen (rechtfertigende Indikation) einen Abbruch durchführen durften, dann von einer Sekunde zur anderen zur Ergreifung lebensrettender Maßnahmen verpflichtet sind, wenn nach ärztlicher Erfahrung ein Überleben des Kindes – und sei es unter Inkaufnahme frühgeburtlicher Schäden – nicht unwahrscheinlich ist[31]. Zwar ist nicht jeder apparative Aufwand einzusetzen, wenn nur eine abstrakte Möglichkeit besteht. Ist die Lebensfähigkeit des Kindes jedoch wiederherzustellen oder zu erhalten, besteht dieselbe Lebenserhaltungspflicht wie bei Erwachsenen auch. Kann in diesen Fällen die Zulässigkeit des Fetozids alleine unter Berufung des § 218 und die zuvor bejahte – rechtfertigende – Indikation erklärt werden? Seit der auch formalen Integration der embryopathischen in die medizinisch-soziale Indikation stellen sich diese Fragen immer zwingender ohne dass fertige Antworten gegeben werden können. Der in der Vergangenheit allzu oft vernachlässigte Zumutbarkeitsaspekt gewinnt – vom Gesetzgeber völlig übersehen – ungeahnte Bedeutung.

16

VI. Besondere Berufspflichten des Arztes

In § 218 c StGB sind Verhaltensanforderungen an den Abbruch vornehmenden Arzt aufgeführt, soweit sie strafrechtliche Relevanz besitzen und nicht im Berufsrecht geregelt werden können. Danach macht sich ein Arzt strafbar, wenn er eine

17

---

[30] Schumann, Schmidt-Recla, MedR 1998, 497; zulässig Eser in: Schönke, Schröder § 218 Rz. 20, § 218 a Rz. 42, 43.
[31] Jähnke, Grenzen der Behandlungspflicht bei schwerstgeschädigten Neugeborenen aus juristischer Sicht in: Hiersche, Hirsch, Graf- Baumann (Hrsg.) Grenzen der Behandlungspflicht bei schwerstgeschädigten Neugeborenen, 1987, S. 99 ff.; siehe auch Einbecker Empfehlungen zu Grenzen ärztlicher Behandlungspflicht schwerstgeschädigter Neugeborener in der revidierten Fassung 1992, abgedruckt in Frauenarzt 1992, 825 = MedR 1992, 206.

Schwangerschaft abbricht, ohne der Frau Gelegenheit gegeben zu haben, ihm die Gründe für ihr Verlangen nach Abbruch der Schwangerschaft darzulegen, ohne die Schwangere über die Bedeutung des Eingriffs, insbesondere über Ablauf, Folgen, Risiken, mögliche physische und psychische Auswirkungen ärztlich beraten zu haben, oder ohne sich zuvor (außer den Fällen der medizinischen Indikation) auf Grund ärztlicher Untersuchung von der Dauer der Schwangerschaft überzeugt zu haben oder als Arzt im Rahmen der Schwangeren-Konfliktberatung, entweder in einer anerkannten Beratungsstelle oder selbst als anerkannter Berater beraten zu haben. Eine Personenidentität von anerkanntem Berater und abbrechendem Arzt ist unzulässig.

18 Die Vorschrift dient der strafrechtlichen Absicherung der vom BVerfG benannten besonderen ärztlichen Berufspflichten[32]. Ob ihr in der Praxis – abgesehen vom Missverhältnis zur Fristenlösung mit Beratungspflicht – größere Bedeutung zukommt, mag bezweifelt werden. Einige der vom BVerfG genannten „Essentials", wie etwa das Verschweigen des Geschlechts des Kindes, wurden erst gar nicht aufgenommen, weil es in Deutschland keinen Regelungsbedarf gebe[33].

19 Aufklärung und Beratung, die einem Schwangerschaftsabbruch vorausgehen, müssen den Besonderheiten des Schwangerschaftsabbruchs genügen. Sie müssen über die sonstigen Anforderungen, die an Aufklärung (z. B. Risikoaufklärung) und Beratung gestellt werden, hinausgehen. So muss der Arzt den Schwangerschaftskonflikt, in dem die Frau steht, im Rahmen ärztlicher Erkenntnismöglichkeiten eingehend mit der Frau erörtern, prüfen und beurteilen. § 218 c Ziff. 1 StGB spricht nur von „Gelegenheit geben". Die Frau kann nicht gezwungen werden, ihre Beweggründe zu nennen. Insofern unterscheidet sich die Situation nicht von dem Gespräch in der Beratungsstelle. Während die Bescheinigung über – den Versuch – der Beratung aber dennoch „ohne weiteres" ausgestellt werden kann, wird der Arzt seiner eigenen Urteilsbildung nicht enthoben. Eine Billigung der Beweggründe der Schwangeren ist damit nicht verbunden. Der Arzt muss allerdings prüfen, ob die Schwangere den Abbruch innerlich bejaht oder von außen gedrängt wird. Insbesondere soll der Arzt die Frau auf die Tragweite des Eingriffs (Zerstörung von Leben) und eventuelle psychische Folgen des Schwangerschaftsabbruchs hinweisen. Er soll die Schwangere jedoch nicht unnötig verängstigen, so dass Forderungen, der Schwangeren müsse vor dem Abbruch mittels Ultraschall das ungeborene Kind gezeigt werden, jeglicher Grundlage entbehren. Am Ende des Gesprächs sollte der Arzt der Schwangeren die für seine Entscheidung maßgeblichen Gründe mitteilen.

20 Der Arzt hat zu prüfen, ob die Frau sich von einer anerkannten Beratungsstelle beraten lassen hat und ob die Überlegungsfrist von drei vollen Kalendertagen zwischen Beratung und Schwangerschaftsabbruch eingehalten ist.

Er hat sorgfältig die bisherige Dauer der Schwangerschaft festzustellen, wobei er sich hierzu ausnahmsweise nicht auf die Angaben der Schwangeren verlassen

---

[32] BVerfGE 88, 293.
[33] Siehe aber Art. 18 Abs. 2 Bay Kammer-G mit einer entsprechenden Regelung, nachdem der Bundesgesetzgeber insoweit das Urteil des Bundesverfassungsgerichts nicht umgesetzt hat.

darf; vielmehr ist das exakte Schwangerschaftsalter soweit als möglich durch Sonographie festzustellen.

Der Arzt muss den Inhalt des Gesprächs mit der Schwangeren in seinen wesentlichen Punkten dokumentieren; diese Dokumentation sollte nach dem Willen des BVerfG's über die üblichen eingriffsspezifischen Angaben hinausgehen, da es nicht nur um die Einwilligung in den operativen Eingriff, sondern auch um die erweiterten Aufklärungs- und Beratungspflichten gehe[34].

Eine Präzisierung dieser Beratungspflichten soll durch eine Änderung des Schwangerschaftskonfliktgesetzes erreicht werden (s. u. VIII), mit der vornehmlich die Zahl er Spätabbrüche verringert werden soll.

VII. Weigerungsrecht

Wie bisher auch, darf kein Arzt[35] gezwungen werden, bei einem Schwangerschaftsabbruch (mit Ausnahme des medizinischen vital indizierten Schwangerschaftsabbruchs) teilzunehmen. Aus seiner Weigerung dürfen ihm keine beruflichen Nachteile erwachsen. Die ärztliche Unabhängigkeit soll gerade in diesem Bereich uneingeschränkt erhalten werden. Dem liegt die Vorstellung zugrunde, dass der Arzt nicht zum bloßen „Abbruchwerkzeug" werden dürfe, sondern, ebenso wie die Schwangere, eine eigenverantwortliche Entscheidung zu treffen habe. Die Weigerung an einem Schwangerschaftsabbruch teilzunehmen, muss nicht begründet werden. Sie darf nur nicht offensichtlich missbräuchlich sein (etwa bei Verlangen nach einer unzulässigen Vergütung). Auch im Rahmen der Weiterbildung darf keine Teilnahme an Schwangerschaftsabbrüchen verlangt werden[36]. Das Weigerungsrecht ist nur bei der strengen medizinischen Indikation ausgeschlossen, wenn andernfalls eine nicht abwendbare Gefahr des Todes oder einer schweren Gesundheitsbeschädigung der Frau zu befürchten ist (§ 12 Abs. 2 SchKG). Weigert sich der Arzt in diesen Fällen trotzdem, kann er wegen unterlassener Hilfeleistung, Körperverletzung und je nach Sachverhalt auch Tötungsdelikten zur Verantwortung gezogen werden. Das Weigerungsrecht ist arbeitsvertraglich prinzipiell nicht abdingbar[37]. Allerdings darf eine Gemeinde in der Ausschreibung für die Position des Chefarztes der Städt. Frauenklinik die Bereitschaft zur Durchführung indizierter Schwangerschaftsabbrüche voraussetzen[38].

---

[34] BVerfGE 88, 291.
[35] Und auch kein Dritter –„niemand"–, z. B. Anästhesist oder Op- Personal.
[36] BVerfGE 88, 294.
[37] BVerfGE 88, 294.
[38] BVerwG, NJW 1992, 773.

VIII. Die Schwangerschafts-Konfliktberatung

22 Die nach § 219 StGB notwendige Beratung (Schwangerschafts-Konfliktberatung) ist im Ergebnis offen zu führen. Sie geht von der Verantwortung der Frau aus. Die Beratung soll ermutigen und Verständnis wecken, nicht belehren oder bevormunden. Sie soll allerdings dem Schutz des ungeborenen Lebens dienen. Im Ergebnis ist mit dieser Formulierung sichergestellt, dass die Frau nicht „gegängelt" werden soll. Inhalt, Durchführung und Struktur der Schwangeren-Konfliktberatung bzw. der Schwangeren-Konfiktberatungsstellen ist in §§ 5–10 des Gesetzes (SchKG) detailliert aufgeführt. Gemäß § 5 ist die nach § 219 des Strafgesetzbuches notwendige Beratung ergebnisoffen zu führen[39]. Sie geht von der Verantwortung der Frau aus. Die Beratung soll ermutigen und Verständnis wecken, nicht belehren oder bevormunden. Die Schwangerschaftskonfliktberatung dient dem Schutz des ungeborenen Lebens. Die Beratung umfasst das Eintreten in eine Konfliktberatung; dazu wird erwartet, dass die schwangere Frau der sie beratenden Person die Gründe mitteilt, deretwegen sie einen Abbruch der Schwangerschaft erwägt; der Beratungscharakter schließt aus, dass die Gesprächs- und Mitwirkungsbereitschaft der schwangeren Frau erzwungen wird; jede nach Sachlage erforderliche medizinische, soziale und juristische Information, die Darlegung der Rechtsansprüche von Mutter und Kind und der möglichen praktischen Hilfen, insbesondere solcher, die die Fortsetzung der Schwangerschaft und die Lage von Mutter und Kind erleichtern.

Das Angebot, die schwangere Frau bei der Geltendmachung von Ansprüchen, bei der Wohnungssuche, bei der Suche nach einer Betreuungsmöglichkeit für das Kind und bei der Fortsetzung der Ausbildung zu unterstützen, sowie das Angebot einer Nachbetreuung soll ebenfalls Gegenstand der Beratung sein. Die Beratung unterrichtet auf Wunsch der Schwangeren auch über Möglichkeiten, ungewollte Schwangerschaften zu vermeiden. Eine ratsuchende Schwangere ist unverzüglich zu beraten. Die Schwangere kann auf ihren Wunsch gegenüber der sie beratenden Person anonym bleiben. Soweit erforderlich, sind zur Beratung im Einvernehmen mit der Schwangeren andere, insbesondere ärztlich, fachärztlich, psychologisch, sozialpädagogisch, sozialarbeiterisch oder juristisch ausgebildete Fachkräfte, Fachkräfte mit besonderer Erfahrung in der Frühförderung behinderter Kinder und andere Personen, insbesondere der Erzeuger sowie nahe Angehörige, hinzuzuziehen. Die Beratung ist für die Schwangere und die nach Absatz 3 Nr. 3 hinzugezogenen Personen unentgeltlich.

23 Die Beratungsstelle hat nach Abschluss der Beratung der Schwangeren eine mit Namen und Datum versehene Bescheinigung darüber auszustellen, dass eine Beratung stattgefunden hat. Hält die beratende Person nach dem Beratungsgespräch eine Fortsetzung dieses Gesprächs für notwendig, soll diese unverzüglich erfolgen. Die Ausstellung einer Beratungsbescheinigung darf nicht verweigert werden, wenn durch eine Fortsetzung des Beratungsgesprächs die Beachtung der in § 218 a Abs. 1 StGB vorgesehenen Fristen unmöglich werden können.

---

[39] BVerfG, NJW 1999, 841 ff. zum Bay. SchwangerenhilfeG.

Durch eine Änderung des Schwangerschaftskonfliktgesetzes[40] (SchKG) soll die 24 Zahl der Spätabbrüche durch eine Intensivierung des Beratungsprogramms verringert werden. Gemäß § 2 a Abs. 1 SchKG) hat der Arzt, der nach den pränataldiagnostischen Untersuchungen den dringenden Verdacht hat, dass die körperliche oder geistige Gesundheit des Kindes geschädigt ist, die Schwangere über die medizinischen und psychosozialen Aspekte, die sich aus dem Befund ergeben, unter Hinzuziehung eines Arztes, der mit diesen Gesundheitsschäden bei geborenen Kindern Erfahrung hat, beraten. Er hat die Schwangere auf weitere und vertiefende psychosoziale Beratung gemäß § 2 SchKG zu informieren und ggfls. den Kontakt zu Beratungsstellen, Selbsthilfegruppen oder Behindertenverbänden herzustellen. Eine Bescheinigung über die erfolgte Beratung und das Vorliegen der Voraussetzungen des § 218 a Abs. 1 Ziff. 1 StGB soll frühestens nach einer Bedenkzeit von drei (vollen) Tagen nach der Beratung ausgestellt werden, es sei denn, die Schwangerschaft muss abgebrochen werden, um eine gegenwärtige Gefahr erhebliche Gefahr für Leib und Leben der Schwangeren abzuwenden. Eine Verletzung dieser besonderen Beratungspflichten ist bußgeldbewehrt (§ 14 SchKG). Vor der Durchführung vorgeburtlicher Untersuchungen, die nicht überwiegend der Überwachung einer normal verlaufenden Schwangerschaft dienen, ist die Schwangere über Chancen und Risiken dieser Untersuchungen zu informieren. Sie ist aber auch über ihr Recht, diese Untersuchungen abzulehnen, zu informieren und auf ihren Beratungsanspruch gemäß § 2 SchKG hinzuweisen.

IX. Bestattungsrechtliche Fragen bei Tot- und Fehlgeburten

Nach § 29 AVO (Personenstandsverordnung) zum Personenstandsgesetz, spricht 25 man von einer Lebendgeburt, wenn bei einem Kinde nach der Scheidung vom Mutterleib entweder das Herz geschlagen, oder die Nabelschnur pulsiert, oder die natürliche Lungenatmung eingesetzt hat. Trifft keines dieser Merkmale zu, beträgt das Gewicht der Leibesfrucht jedoch mindestens 500 g[41], gilt das Kind als Totgeburt oder in der Geburt verstorben. Es wird nach derzeitiger Rechtslage im Sterbebuch eingetragen. Es ist im übrigen nicht (auch nicht für eine logische Sekunde) Erbe im Sinne des Gesetzes, da die zivilrechtliche Rechtsfähigkeit erst mit Vollendung der Lebendgeburt (anders im Strafrecht, dort: Beginn der Geburt) entsteht. Ist das Kind keine Lebendgeburt im Sinne der AVO zum PStG und wiegt es nicht mindestens 500 g, spricht man von einer Fehlgeburt. Sie wird in den Personenstandsbüchern nicht beurkundet. Durch eine Änderung von § 31 Abs. 3 der AVO zum PStG[42] kann jedoch eine Person, der bei einer Lebendgeburt die Personensorge zugestanden hätte, dem Standesamt, in dessen Zuständigkeitsbereich die Fehlgeburt erfolgte, die

---

[40] Gesetz v. 14.9.2009 BGBl I. S. 2990,.
[41] Die 1000 Gramm-Grenze wurde durch die 13. VO zur Änderung des PStG vom 24.3.1994 mit Wirkung zum 1.4.1994 auf 500 Gramm abgesenkt. Damit folgte man einer Empfehlung der WHO aus dem Jahre 1977.
[42] Personenstandrechts- Änderungsgesetz (PStRÄndG) v. 7.5.2013, BGBl. I 2013, 1122, 1126.

Fehlgeburt anzeigen. In diesem Fall erteilt das Standesamt dem Anzeigenden auf Wunsch eine Bescheinigung gemäß Anlage 13 zu § 31 Abs. 3 PStG; das bedeutet, dass der vorgesehene Name, das Geschlecht, Geburtstag und Geburtsort, sowie die Personalien der Eltern eingetragen werden können („Sternenkinderregelung"). § 14 spricht nur von der Fehlgeburt. Dies ist sprachlich ungenau, da kaum anzunehmen ist, dass die Totgeburt aus dem Schutzbereich der Norm ausgenommen sein soll. Um Missverständnisse zu vermeiden, bedarf diese Passage einer redaktionellen Überarbeitung. Die Frage, wie Feten aus Schwangerschaftsabbrüchen personenstandsrechtlich zu erfassen sind, wenn sie mindestens 500 g gewogen haben ist umstritten[43].

26   Die Bestattungsregelungen fallen in die Kompetenz der Länder, sind also nicht immer deckungsgleich. Nach Art. 6 des bayerischen Gesetzes über das Bestattungswesen[44] muss ein totgeborenes oder während der Geburt verstorbenes Kind mit einem Gewicht von mindestens 500 g wie jede andere Leiche bestattet werden. Erreicht das totgeborene oder unter der Geburt verstorbene Kind nicht dieses Gewicht, kann diese Fehlgeburt in Bayern, sofern die Verantwortlichen dies wünschen, ebenfalls bestattet werden[45]. Besteht kein Bestattungswunsch, muss die Fehlgeburt vom Verfügungsberechtigten, oder wenn ein solcher nicht feststellbar ist, vom Inhaber des Gewahrsams (z. B. Krankenhausleitung s. o.) unverzüglich in schicklicher und gesundheitlich unbedenklicher Weise beseitigt werden, soweit und solange die Leibesfrucht nicht medizinischen oder wissenschaftlichen Zwecken dienen soll oder als Beweismittel von Bedeutung ist[46].

X. Die Richtlinien zur Verwendung fetaler Zellen und fetaler Gewebe und das Gewebegesetz

27   Die Richtlinie[47] entspringt einer Stellungnahme der „Zentralen Kommission der BÄK zur Wahrung ethischer Grundsätze in der Reproduktionsmedizin, Forschung an menschlichen Embryonen und Gentherapie". Die Richtlinien beabsichtigen eine berufsbezogene Selbstbindung. Maßgeblich ist heute das sog. „Gewebegesetz" (siehe hierzu Rdnr. 27) Eine eigene Rechtsnormqualität kommt den Richtlinien nicht zu. Zur Auslegung des Schutzbereichs sind sie jedoch geeignet. Folgende Punkte sind gesondert hervorzuheben:

---

[43] OLG Dresden, Beschl. v. 7.5.1999, 15 W 1894/98, muss eingetragen werden.

[44] an die Änderungen in der AVO zum PStG angeglichen, früher mindestens 35 cm Körperlänge; Ullmann, NJW 1994, 1575.

[45] Früher war dies oft nur unter Schwierigkeiten und dem Entgegenkommen der kommunalen Friedhofseinrichtungen möglich. Aufwendungen, die Eltern für die Bestattung einer Fehlgeburt entstehen, sind im übrigen nicht beihilfefähig, BVerwG, NJW 1991, 2362.

[46] Einwilligung auch durch vorformulierte Klausel in Krankenhausaufnahmebedingung möglich, BGH, NJW 1990, 2313; Empfehlungen der DGMR zu Rechtsfragen der Obduktion, MedR 1991, 76.

[47] DÄ (B) 1991, 2788.

Fetale Zellen und fetale Gewebe von lebenden Feten dürfen nur zum unmittelbaren Nutzen des Feten – oder ggf. der Mutter (Pränatale Diagnostik) – entnommen werden.

Für experimentelle und therapeutische Zwecke, die nicht dem unmittelbaren Nutzen des Feten oder der Mutter dienen, dürfen nur Zellen und Gewebe toter Feten verwendet werden. Todeskriterien sind das Fehlen von Spontanatmung und Herzschlag nach Ausschluss reversibler Einflüsse, wie Hypothermie des Fetus oder Arzneimittelwirkungen. Für Frühgeburten gelten die Kriterien des Hirntodes. 28

Die Entscheidung zum Schwangerschaftsabbruch darf nicht durch den Verwendungszweck beeinflusst werden. Das Aufklärungsgespräch darf daher erst dann geführt werden, wenn die Entscheidung zum Abbruch feststeht. Die Einwilligung der Schwangeren ist schriftlich zu dokumentieren. Die Schwangere kann hinsichtlich des Umfangs der Zell- und Gewebeentnahme sowie hinsichtlich der generellen Art der Verwendung Verfügungen treffen; auf die Person des Empfängers darf sie keinen Einfluss nehmen. 29

Die an dem Schwangerschaftsabbruch Beteiligten dürfen nicht an der Verwendung fetaler Zellen oder fetaler Gewebe zu Forschungs- oder fremdnützigen Therapiezwecken mitwirken oder aus dieser einen Nutzen ziehen. Eine Beeinflussung der Schwangeren durch das Anerbieten von finanziellen Vergünstigungen ist untersagt. Experimentelle Forschungen und Heilversuche, die Untersuchungen an oder mit fetalen Zellen oder fetalen Geweben zum Gegenstand haben, müssen einer bei der Ärztekammer oder medizinischen Fakultät gebildeten Ethikkommission zur Beurteilung vorgelegt werden. Besondere Dokumentationsvorschriften und Aufbewahrungsempfehlungen runden die Richtlinien ab. Mittlerweile hat eine Überlagerung der Richtlinien durch das sog. „Gewebegesetz" vom 20.7.2007, das am 1.8.2007 in Kraft getreten ist[48], stattgefunden. Das Gesetz setzt die EU-Richtlinie 2004/23/EG[49] vom 31.3.2004 in deutsches Recht um und unterstellt die Gewebeentnahme weitgehend, wie schon zuvor die Organentnahme, den Regelungen des TPG. Der erste Entwurf der Bundesregierung war nahezu geschlossener Kritik der gesamten Fachöffentlichkeit begegnet[50], zumal er über die europäischen Vorgaben deutlich hinausgegangen war. In der verabschiedeten Gesetzesfassung wurden jedoch wesentliche Einwände berücksichtigt, insbesondere der Vorrang der Organspende vor der Gewebeentnahme. Das Gewebegesetz ändert nicht nur das TPG, sondern insbesondere auch das AMG und das TFG. 30

Das TPG will zur Spende von Organen und Geweben ermutigen, die auf Empfänger übertragen werden sollen, weil sie ohne diese Organe oder Gewebe im Regelfall nicht oder nicht mehr lange leben werden bzw. bei Gewebe eine erhebliche Verbesserung des Gesundheitszustands zu erwarten ist. Der Gesetzgeber verspricht sich von einer breit angelegten Öffentlichkeitsarbeit eine höhere Spendenbereitschaft und ermutigt die Bevölkerung zur Abgabe einer Spendenerklärung. Durch Rechts- 31

---

[48] BGBl.I S. 1574.
[49] ABl. Nr. L 102, 48.
[50] Stellungnahmen der Bundesärztekammer v. 4.9.2006 und 24.1.2007; Heinemann, Löllgen, PharmR 2007, 183 ff.

verordnung kann ein Organ- und Gewebespenderregister geschaffen werden. Gemäß § 1 Abs. 1 TPG gilt das Gesetz für die Spende und die Entnahme von menschlichen Organen oder Geweben zum Zwecke der Übertragung auf andere Menschen sowie für die Übertragung der Organe oder der Gewebe einschließlich der Vorbereitung dieser Maßnahmen. Es gilt ferner für das Verbot des Handels mit menschlichen Organen und Geweben.

32 § 1 Abs. 2 TPG dient der Klarstellung. Danach gilt das TPG nicht für Gewebe, die innerhalb ein und desselben chirurgischen Eingriffs einer Person entnommen werden, um auf diese rückübertragen zu werden. Ferner gilt das Gesetz nicht für Blut und Blutbestandteile. Für Blut gelten i. d. R die Vorschriften des TFG. Strittig wurde bislang die Einordnung des Knochenmarks diskutiert[51]. Natürlich hat die Einordnung von Knochenmark unter den Geltungsbereich des AMG weitreichende Konsequenzen. Auf der anderen Seite gibt die EU-Richtlinie 2004/23/EG die Richtung vor, so dass diese Frage für die Zukunft geklärt ist. Neu ist die Regelung in § 4a TPG, wonach bei der Entnahme von toten Embryonen und Föten bestimmte Formalien unter Einschluss von Aufklärung und Einwilligung der Frau eingehalten werden müssen. Gemäß § 4 a Abs. 1 TPG ist die Entnahme von Organen oder Geweben bei einem toten Embryo oder Fötus ist nur zulässig, wenn der Tod des Embryos oder Fötus nach Regeln, die dem Stand der Erkenntnisse der medizinischen Wissenschaft entsprechen, festgestellt ist, die Frau, die mit dem Embryo oder Fötus schwanger war, durch einen Arzt über eine in Frage kommende Organ- oder Gewebeentnahme aufgeklärt worden ist und in die Entnahme der Organe oder Gewebe schriftlich eingewilligt hat und der Eingriff durch einen Arzt vorgenommen wird. In den Fällen des $ 4 a Abs. 1S. 1 Nr. 3 TPG gilt § 3 Abs. 1S. 2 TPG entsprechend. Die Aufklärung und die Einholung der Einwilligung dürfen erst nach der Feststellung des Todes erfolgen. Der Arzt hat Ablauf, Inhalt und Ergebnis der Aufklärung und der Einwilligung nach § 4 a Abs. 1S. 1 Nr. 2 TPG aufzuzeichnen. Die entnehmende Person hat Ablauf und Umfang der Organ- oder Gewebeentnahme aufzuzeichnen. Die Frau, die mit dem Embryo oder Fötus schwanger war, hat das Recht auf Einsichtnahme. Sie kann eine Person ihres Vertrauens hinzuziehen. Die Einwilligung kann schriftlich oder mündlich widerrufen werden. In den Fällen des § 4a Abs. 1 TPG gilt die Frau, die mit dem Embryo oder Fötus schwanger war, nur für die Zwecke der Dokumentation, der Rückverfolgung und des Datenschutzes als Spenderin.

---

[51] Quaas, Zuck, Medizinrecht, § 75 Rn 170 ff.1. Aufl, jetzt aber § 68 Rdnr. 135, 2. Aufl. wie hier.

§ 15 Forschung

(1) Ärztinnen und Ärzte, die sich an einem Forschungsvorhaben beteiligen, bei dem in die psychische oder körperliche Integrität eines Menschen eingegriffen oder Körpermaterialien oder Daten verwendet werden, die sich einem bestimmten Menschen zuordnen lassen, müssen sicherstellen, dass vor der Durchführung des Forschungsvorhabens eine Beratung erfolgt, die auf die mit ihm verbundenen berufsethischen und berufsrechtlichen Fragen zielt und die von einer bei der zuständigen Ärztekammer gebildeten Ethik-Kommission oder von einer anderen, nach Landesrecht gebildeten unabhängigen und interdisziplinär besetzten Ethik-Kommission durchgeführt wird. Dasselbe gilt vor der Durchführung gesetzlich zugelassener Forschung mit vitalen menschlichen Gameten und lebendem embryonalen Gewebe.

(2) In Publikationen von Forschungsergebnissen sind die Beziehungen der Ärztin oder des Arztes zum Auftraggeber und dessen Interessen offenzulegen.

(3) Ärztinnen und Ärzte beachten bei der Forschung am Menschen nach § 15 Abs. 1 die in der Deklaration von Helsinki des Weltärztebundes in der Fassung der 59. Generalversammlung 2008 in Seoul niedergelegten ethischen Grundsätze für die medizinische Forschung am Menschen.

Übersicht

		Rz.
I.	Die Bedeutung der Norm	1
II	Rechtliche Grundlagen	4
III.	Ethische Grundlagen	28
IV.	Ethikkommissionen	31
V.	Aufklärung, Einwilligung, Schweigepflicht und Datenschutz	47
VI.	Fälschung von Forschungsergebnissen und ihre Ahndung	51
VII.	Urheberrechtliche Probleme der biomedizinischen Forschung	56
VIII.	Interessenskonflikte, finanzielle Konflikte	59
IX.	Die Verantwortlichkeit des Forschers	62

Änderungen114. Deutschen Ärztetag::
Absätze 1 und 3 geändert, bisheriger Absatz 2 entfällt, bisheriger Absatz 3 wird Absatz 2.

Abweichender Wortlaut der Berufsordnung in den Kammerbezirken:

Bayern:
Abs. 3 ist Abs. 2

(3) Bei Auftragsforschung sind in den Publikationen der Ergebnisse die Auftraggeber zu nennen.

Baden-Württemberg:

(1) Ärztinnen und Ärzte, die sich an einem Forschungsvorhaben beteiligen, bei dem in die psychische oder körperliche Integrität eines Menschen eingegriffen oder Körpermaterialien oder Daten verwendet werden, die sich einem bestimmten Menschen zuordnen lassen, müssen sicherstellen, dass vor der Durchführung des Forschungsvorhabens eine Beratung erfolgt, die auf die mit ihm verbundenen berufsethischen und berufsrechtlichen Fragen zielt und die von der nach Landesrecht zuständigen Ethik-Kommission durchgeführt wird. Die berufsrechtliche Beratungspflicht entfällt, wenn ein Votum einer Ethik-Kommission nach dem AMG oder MPG vorliegt.

Bremen:

§ 15

Forschung

(1) Ärztinnen und Ärzte müssen sich vor der Durchführung biomedizinischer Forschung am Menschen – inklusive epidemiologischer Forschungsvorhaben – durch die Ethikkommission der Ärztekammer Bremen oder die Ethikkommission des Landes Bremen über die mit ihren Vorhaben verbundenen berufsethischen und berufsrechtlichen Fragen beraten lassen. Dasselbe gilt vor der Durchführung gesetzlich zugelassener Forschung mit vitalen menschlichen Gameten und lebendem embryonalen Gewebe.

(2) Ärztinnen und Ärzte haben die Verpflichtung, Patientinnen und Patienten sowie Probandinnen und Probanden im Rahmen der erforderlichen Aufklärung vor der Durchführung von klinischen Prüfungen von Arzneimitteln über das Votum der Ethikkommission des Landes Bremen zu unterrichten.

(3) Zum Zwecke der wissenschaftlichen Forschung und Lehre dürfen der Schweigepflicht unterliegende Tatsachen und Befunde grundsätzlich nur soweit offenbart werden, als dabei die Anonymität der Patientin oder des Patienten gesichert ist oder diese oder dieser ausdrücklich zustimmt.

(4) In Publikationen von Forschungsergebnissen sind die Beziehungen der Ärztin oder des Arztes zum Auftraggeber und dessen Interessen offen zu legen.

(5) Ärztinnen und Ärzte beachten bei der Forschung am Menschen die in der Deklaration von Helsinki des Weltärztebundes niedergelegten ethischen Grundsätze für die medizinische Forschung am Menschen.

Niedersachsen:

§ 15 Abs. 2

(2) Interessenlagen sind transparent zu machen. Beziehungen zum Auftraggeber sind in der Publikation der Forschungsergebnisse offen darzulegen.

Nordrhein:

§ 15

Forschung

(1) Ärztinnen und Ärzte müssen sich vor der Durchführung biomedizinischer Forschung am Menschen – ausgenommen bei ausschließlich retrospektiven epidemiologischen Forschungsvorhaben – durch eine bei der Ärztekammer oder bei einer medizinischen Fakultät gebildeten Ethik-Kommission über die mit ihrem Vorhaben verbundenen berufsethischen und berufsrechtlichen Fragen beraten lassen. Dasselbe gilt vor der Durchführung gesetzlich zugelassener Forschung mit vitalen menschlichen Gameten und lebendem embryonalen Gewebe.

(2) Ärztinnen und Ärzte beachten bei der Forschung am Menschen die in der Deklaration von Helsinki des Weltärztebundes niedergelegten ethischen Grundsätze für die medizinische Forschung am Menschen.

(3) Zum Zweck der wissenschaftlichen Forschung und Lehre dürfen der Schweigepflicht unterliegende Tatsachen und Befunde grundsätzlich nur soweit offenbart werden, als dabei die Anonymität der Patientin oder des Patienten gesichert ist oder deren/ dessen ausdrückliche Zustimmung vorliegt.

(4) In Publikationen sind die Beziehungen der Ärztin oder des Arztes zur auftraggebenden Institution und deren Interessen offen zu legen. Interessenlagen sind transparent zu machen.

Westfalen-Lippe:

Abs. 1 alte Fassung beibehalten.

Literatur

Bobbert, Brückner, Lilie, Probanden- und Patientenschutz in der medizinischen Forschung, Gutachten, 2004, KommDrS 15/220; Bork, Das Verfahren vor den Ethikkommissionen der medizinischen Fachbereiche, 1984; Buchner, Outsourcing in der Arztpraxis – zwischen Datenschutz und Schweigepflicht, MedR 2013, 337; Breyer, Der zivil- und strafrechtliche Schutz von Körpersubstanzen, die Patienten zu Analysezwecken entnommen wurden, und Möglichkeiten der Forschung mit solchen Substanzen, GesR 2004, 316; Czwalinna, Ethikkommissionen, Forschungslegitimation durch Verfahren, 1987; ders., Ethikkommissionen für medizinische Forschung am Menschen, Bestand, Struktur und Vorgehensweise, MedR 1986, 305; Deutsch, Verkehrssicherungspflicht bei klinischer Forschung – Aufgabe der universitären Ethikkommission? MedR 1995, 483; ders. Heilversuch und klinische Prüfung, VersR 2005, 1009; Deutsch, Taupitz, Forschungsfreiheit und Forschungskontrolle in der Medizin – zur geplanten Revision der Deklaration von Helsinki, MedR 1999, 402; v. Dewitz, Luft, Pestalozza, Ethikkommissionen in der medizinischen Forschung, Gutachten, 2004, KommDrS. 15/219; Ehling, Vogeler, Der Probandenvertrag, MedR 2008, 273; Felder, Das Erfordernis der zweijährigen Erfahrung in der klinischen Prüfung nach § 40 Abs. 1, S. 3, Nr. 5 AMG, KFuR 2008, 103; Freund, Weiss, Zur Zulässigkeit der Verwendung menschlichen Körpermaterials für Forschungs- und andere Zwecke, MedR 2004 315; Hägele, Arzneimittelprüfungen am Menschen – ein strafrechtlicher Vergleich aus deutscher, österreichischer, schweizerischer und internationaler Sicht, Ethik und Recht in der Medizin Bd. 37, 2004; Halàsz, Das Recht auf bio-materielle Selbstbestimmung, 2004; Hart, Heilversuch, therapeutische Strategien, klinische Prüfung und Humanexperiment, Grundsätze ihrer arzneimittel-, arzthaftungs- und berufsrechtlichen Beurteilung, MedR 1994, 94; Hasskarl, Rechtsprobleme der Gewinnung und Verarbeitung menschlicher Gewebe zum Arzneimittel, GesR 2005, 203; Helle, Schweigepflicht und Datenschutz in der medizinischen Forschung, MedR 1996, 13; Höfling, Demel, Zur Forschung an Nichteinwilligungsfähigen, MedR 1999, 540; Kern, Die Bioethik-Konvention des Europarates – Bioethik versus Arztrecht, MedR 1998, 485; Kern, Standortbestimmung: Ethikkommissionen – auf welchen Gebieten werden sie tätig? MedR 2008, 631; Kreß, Die Ethikkommissionen im System der Haftung bei der Planung und Durchführung von medizinischen Forschungsvorhaben am Menschen, 1990; Laufs, Reiling, Ethikkommissionen – Vorrecht der Ärztekammern? 1991; Lippert, Adler, Forschung am Menschen – Der Proband/ Patient im Dschungel der Haftungsnormen, VersR 1993, 277; Lippert, Strobel, Ärztliche Schweigepflicht und Datenschutz in der medizinischen Forschung, VersR 1996, 427; diess., Die Überwachung klinischer Prüfungen nach dem AMG, VersR 1995, 637; Lippert, Klinische Prüfung von Arzneimitteln durch Professoren: Dienstaufgabe oder Nebentätigkeit? NJW 1992, 2338; ders. Rechtsprobleme bei der Forschung in Notfall- und Intensivmedizin, DMW 1994, 1795; ders., Rechtsfragen bei Forschungsprojekten am Menschen, VersR 1997, 545; ders., Die Einwilligung in der medizinischen Forschung und ihr Widerruf, DMW 1997, 912; ders., Zur Zulässigkeit medizinischer Forschung an menschlichen Körpermaterialien, MedR 1997, 457; ders., Rechtsprobleme mit Forschungsprojekten unter Einbeziehung von Verwandten des Patienten oder Probanden bei Koppelungsanalysen, MedR 1998, 413; ders. Ethik und Monetik – finanzielle Aspekte bei der Durchführung klinischer Prüfungen von Arzneimitteln und Medizinprodukten, VersR 2000, 1206; ders., Die Fälschung von Forschungsdaten ahnden – ein mühsames Unterfangen, WissR 2000, 210; ders. Forschung an und mit Körpersubstanzen – wann ist die Einwilligung des ehemaligen Trägers erforderlich? MedR 2001, 406; ders. Die Einwilligung in die Teilnahme an klinischen Prüfungen von Arzneimitteln und Medizinprodukten und ihr Widerruf, VersR 2001, 432; ders. Die medizinische Dissertation mit Versuchen am Menschen – Beratung des Doktoranden durch eine Ethikkommission, MedR 2002, 353; ders. Finanzielle Regelungen bei der klinischen Prüfung von Arzneimitteln und Medizinprodukten – der Spagat zwischen Ethik und Monetik, GesR 2003, 67; ders. Die Deklaration von Helsinki ist tot – es lebe die Deklaration von Helsinki, MedR 2003, 681; ders. Gesetze und Gesetzesinitiativen zum genetischen Test, Rechtsmedizin 2004, 94; ders. Die Klinische Prüfung von Arzneimitteln nach der 12. Novelle zum AMG – Eine erste Bestandsaufnahme, VersR 2005, 48; ders., Klinische Arzneimittelprüfungen – Die 12. Novelle zum AMG und ihre Umsetzung in das Landesrecht, GesR 2005, 438; ders. Die Eignung des Prüfers bei der Durchführung klinischer Prüfungen mit Arzneimitteln, GesR 2008 120; ders. Ethikkommissionen – wie unabhängig sind sie und wie unabhängig sollen sie sein? GesR 2009, 355;ders., Nochmals: die Eignung des Prüfers bei der Durchführung klinischer Prüfungen mit Arzneimitteln und Medizinprodukten, GesR 2009, 573; Listl, Die zivilrechtliche Haftung für Fehler von Ethikkommissionen, 2011; Metzmacher, Der Schadensausgleich des Probanden im Rahmen klinischer Arzneimittelprüfungen, 2009; Nitz, Dierks, Nochmals: Forschung an und mit Körpersubstanzen – wann ist die Einwilligung des ehemaligen Trägers erforderlich, MedR 2002, 400; Schwarz, Klinische Prüfungen von Arzneimitteln und Medizinprodukten, 2. Aufl., 2000; Spranger, Fremdnützige Forschung an Einwilligungsunfähigen, Bioethik, und klinische Arzneimittelprüfung, MedR 2001, 238; Straßburger, Die Inkorporation der Deklaration von Helsinki in das Berufs- und Standesrecht, MedR 2006, 462; Taupitz, Die Menschenrechtskonvention zur Biomedizin – akzeptabel, notwendig oder unannehmbar für die Bundesrepublik Deutschland?, VersR 1998, 542; ders. Die Neufassung der Deklaration von Helsinki des Weltärztebundes vom Oktober 2000, MedR 2001, 277; Taupitz, Biomedizinische Forschung zwischen Freiheit und Verantwortung, 2002; Taupitz, Fröhlich, Medizinische Forschung mit nichteinwilligungsfähigen Personen, VersR 1997, 911; diess., Dürfen Pflegekräfte eigenständig klinisch forschen? MedR 1998 257; van der Sanden, Haftung medizinischer Ethikkommissionen bei klinischer Arzneimittelprüfung, 2008; Vogeler, Ethik-Kommissionen – Grundlagen, Haftung und Standards, 2011; Walter-Sack, Haefeli, Qualitätssicherung der pädiatrischen Arzneimittel-Therapie durch klinische Studien – ethische und rechtliche Rahmenbedingungen unter Berücksichtigung der spezifischen Bedürfnisse von Kindern, MedR 2000, 447; Wellbrock, Biobanken für die Forschung, DuD 2004, 561; Wenckstern, Die Haftung bei der Arzneimittelprüfung und die Probandenversicherung, 1999. Zuck, Biomedizin als Rechtsgebiet, MedR 2008, 57.

I. Die Bedeutung der Norm

Nicht an den kurativ tätigen Arzt, sondern an den forschenden richtet sich § 15. Die Pflicht der Kammermitglieder, sich bei biomedizinischer Forschung durch eine Ethikkommission beraten zu lassen, war zunächst als fakultative Beratung, danach als „Soll-Vorschrift" und zuletzt als zwingendes Recht ausgestaltet. § 15 MBOÄ hat dabei die Funktion eines Platzhalters, über den – je nach Forschungsgebiet – eine Fülle von Normen in den unterschiedlichsten Gesetzen angesteuert werden müssen.

Der Begriff „Biomedizinische Forschung" entzieht sich hartnäckig allen Versuchen einer Definition[1]. Dies macht es schwierig den Regelungsinhalt von § 15 MBOÄ zu bestimmen und damit zu sagen, welche Rechte und Pflichten sich für den forschenden Arzt aus § 15 MBOÄ ergeben. Wenn die Wahl des Begriffes „biomedizinisch" Sinn machen soll, dann muss Biomedizin mehr sein als reine Medizin[2]. Forschung, ebenfalls ein schwer zu definierender Begriff, lässt sich vereinfacht als das Streben nach wissenschaftlicher Erkenntnis beschreiben[3]. Gegenstand des Erkenntnisgewinns ist der Mensch als Ganzes in allen seinen Entwicklungsphasen. Hinzukommen noch diejenigen Bereiche der Forschung, die sich mit biologischer Materie befassen. Ob die Gewinnung von Erkenntnissen aus personenbezogenen Daten des Menschen vom Begriff der Forschung ausgeschlossen sein soll, erscheint fraglich und kann in Zweifel gezogen werden[4]. Die Epidemiologie gehört aber wohl doch unter den Begriff[5].

Die Ärzte jedenfalls wollen die rein epidemiologischen Forschungsvorhaben von der Beratungspflicht durch die Ethikkommission ausgeschlossen wissen. Ob es sich bei der klinischen Prüfung von Arzneimitteln und mit Medizinprodukten überhaupt um Forschung handelt, ist bisher auch nicht thematisiert worden. Die eigentliche wissenschaftliche Leistung bei der Entwicklung von Arzneimitteln und Medizinprodukten findet jedenfalls beim pharmazeutischen Unternehmer oder dem Hersteller des Medizinproduktes statt und nicht bei demjenigen, der es auf seine Sicherheit und Wirksamkeit am Menschen überprüft. Diese Tätigkeit generiert allerdings zumeist sehnlich erwünschte Drittmittel, die für das berufliche Weiter-

---

[1] Vgl. hierzu Zuck, MedR 2008, 57; Zuck in: Quaas, Zuck, § 66 m.w. Nachw.
[2] Taupitz, S. 38 ff.; Zuck, MedR 2008, 57.
[3] BVerfGE 35, 79; Jarass, GG, 7. Aufl. 2004, Art. 5 Rz. 122.
[4] A.A. Ratzel/Lippert, 5. Aufl. § 15.
[5] Der Entwurf eines Zusatzabkommens zum MRB des Europarates nimmt die Forschung an entnommenen Körpermaterialien aus dem Geltungsbereich ausdrücklich aus, Taupitz S. 49; Der Bereich soll in einem gesonderten Zusatzabkommen geregelt werden.

oder auch Fortkommen von Universitätsmitgliedern eine Überlebensversicherung bilden.

4 II. Rechtliche Grundlagen

Für die biomedizinische Forschung gibt es in Deutschland keine alle Bereiche abdeckende Rechtsgrundlage, insbesondere kein Forschungsgesetz[6]. Für die biomedizinische Forschung gelten also zu nächst einmal die allgemeinen Gesetze, daneben die spezialgesetzlichen Regelungen, die jedoch nicht analogiefähig sind. Sie können auf nicht geregelte Bereiche daher nicht angewendet werden[7].

1. Europarecht

5 Für den Bereich der biomedizinischen Forschung relevante Verordnungen der EU, die unmittelbar geltendes Recht wären, gab es bisher nicht[8]. Dies hat sich insoweit geändert als die EU je eine VO zur Klinischen Prüfung mit Arzneimitteln und zu Medizinprodukten erlassen hat bzw. in naher Zukunft erlassen wird[9]. Tritt die VO über klinische Prüfungen mit Arzneimitteln in Kraft – dies wird voraussichtlich 2016 der Fall sein, dann werden die §§ 40 ff. AMG zum Auslaufmodell und das Verfahren über die Genehmigung von klinischen Prüfungen weitgehend neu gestaltet sein. Wird die VO über Medizinprodukte geltendes Recht, dann blüht dem gesamten Medizinproduktegesetz dasselbe Schicksal. Für klinische Prüfungen gelten auch in diesem Bereich die einheitlichen Vorschriften der VO und nicht mehr die §§ 19 ff. MPG.

2. Verfassungsrecht

6 Art. 5 Abs. 3 S. 1 GG erklärt Wissenschaft, Forschung und Lehre für frei. Damit ist nach Wortlaut und Sinngehalt eine objektive, das Verhältnis von Wissenschaft, Forschung und Lehre zum Staat regelnde wertentscheidende Grundsatznorm auf-

---

[6] Für dieses hätte der Bund nach der gegenwärtigen Rechtslage auch gar keine Gesetzgebungszuständigkeit.
[7] So Taupitz S. 5 m.w. Nachw.
[8] Abgesehen von der Verordnung (EG) Nr. 1901/2006 des Europäischen Parlaments und des Rates vom 12. Dezember 2006 über Kinderarzneimittel und zur Änderung der Verordnung (EWG) Nr. 1768/92, der Richtlinien 2001/20/EG und 2001/83/EG sowie der Verordnung (EG) Nr. 726/2004,(ABl L 378 S.1) die aber eigentlich keinen Forschungsansatz enthält.
[9] VO (EU) 536/2014 des EU Parlaments und des Rates vom 16.April 2014 über klinische Prüfungen mit Humanarzneimitteln und zur Aufhebung der Richtlinie 2001/20/EU; ABl. vom 27.5.2014, L 158, 1, MPG: Vorschlag für eine VO des EU Parlaments und des Rats über Medizinprodukte und zur Änderung der Richtlinie 2001/83/EG, der VO (EG) Nr. 178/2001 und er VO (EG) Nr. 1223)2009

gestellt, die neben die ebenfalls in Art. 5 GG enthaltene Freiheitsverbürgung für die Kunst tritt. Zugleich gewährt diese Verfassungsbestimmung für jeden, der in diesem Bereich tätig ist, ein individuelles Freiheitsrecht.[10]

Für das Bundesverfassungsgericht ist wissenschaftliche Tätigkeit alles, was nach Inhalt und Form als ernsthafter und planmäßiger Versuch zur Ermittlung der Wahrheit anzusehen ist.[11] Wissenschaft äußert sich in Forschung oder Lehre. Beide Begriffe erläutern also erschöpfend den Begriff der Wissenschaft. Forschung bedeutet das methodenkritische Streben nach neuen Erkenntnissen. Demnach ist Wissenschaft nicht ohne Forschung und Forschung ohne Wissenschaft nicht denkbar.[12] Als Abwehrrecht schützt Art. 5 Abs. 3 GG die wissenschaftliche Betätigung gegen staatliche Eingriffe. Die Freiheit von Forschung und Lehre ist auch nicht auf eine Tätigkeit an Hochschulen oder auf Hochschullehrer beschränkt, sondern sie steht jedem zu, der wissenschaftlich tätig ist oder tätig werden will.[13]

Die Freiheit der Wissenschaft bedeutet auch, dass der Forscher in der Wahl seines Forschungsobjekts frei ist. Forschung an und mit Menschen ist daher möglich. Wissenschaftsfreiheit bedeutet allerdings nicht, dass Forschung schrankenlos, also gleichsam um jeden Preis möglich sein muss. Hier gibt es Berührungspunkte zu anderen primär grundrechtlich geschützten Rechtspositionen. Hier sind zu nennen einmal das Grundrecht der Menschenwürde (Art. 1 Abs. 1) sowie die Grundrechte auf Leben und körperliche Unversehrtheit (Art. 2 Abs. 2 Satz 1) sowie das Grundrecht auf freie Entfaltung der Persönlichkeit (allgemeines Persönlichkeitsrecht, Art. 2 Abs. 1). Bei diesen Grundrechten handelt es sich um bereits von Verfassungswegen vorgegebene Einschränkungen der Wissenschaftsfreiheit. Durch einfachgesetzliche Rechtsnormen wird deren Schutzbereich weiter ausgestaltet. Gelegentlich bedarf die Anwendung dieser Vorschriften aber noch einer Güterabwägung im Einzelfall. Auf diese Weise gelangt z. B. die Einwilligung nach entsprechender Aufklärung bei jedem Eingriff in die Person (nicht nur zu Zwecken der ärztlichen Behandlung, sondern auch zu Zwecken der wissenschaftlichen Forschung) letztlich zu Verfassungsrang. Gleiches gilt auch für die Verwertung von persönlichen Daten.

3. Allgemeine Rechtsgrundlagen

Rechtsvorschriften, die sich mit Einzelbereichen biomedizinischer Forschung befassen, gibt es mehrere. Auf sie wird im folgenden näher eingegangen. Daneben gelten natürlich die allgemeinen Gesetze auch für diesen Bereich soweit es keine Spezialnormen gibt. Zumeist wird an das BGB leider nur im Zusammenhang mit der zivilrechtlichen Haftung gedacht. Vergessen wird dabei aber, dass sich die Vor-

---

[10] Vgl. hierzu Leibholz, Rink, Hesselberger, Rz. 1081 zu Art. 5 GG; BVerfGE 35, 112 unter Hinweis auf BVerfGE 30, 188.
[11] BVerfGE 35, 113.
[12] v. Münch, Art. 5 Rz. 67 m.w.N.
[13] BVerfGE 35, 112.

schriften der BGB über Verträge auch auf Forschungsprojekte im biomedizinischen Bereich beziehen. Die Teilnahme an einem solchen Forschungsprojekt ist keine Gefälligkeit des Teilnehmers gegenüber dem Forscher. Sie erfolgt vielmehr aufgrund eines Probandenvertrages, auf den das Recht der Leistungsstörungen des BGB Anwendung findet [14].

4. Spezielle Rechtsgrundlagen

9 Neben den allgemeinen gesetzlichen Grundlagen, gibt es für einige Bereiche der biomedizinischen Forschung spezialgesetzliche Regelungen, z. B. für die klinische Prüfung von Arzneimitteln und Medizinprodukten.

a. Klinische Prüfungen von Arzneimitteln

10 Für die klinische Prüfung gibt § 4 Abs. 23 AMG gibt nunmehr folgende Definition: „Klinische Prüfung beim Menschen ist jede am Menschen durchgeführte Untersuchung, die dazu bestimmt ist, klinische oder pharmakologische Wirkungen von Arzneimitteln zu erforschen oder nachzuweisen oder Nebenwirkungen festzustellen oder die Resorption, die Verteilung, den Stoffwechsel oder die Ausscheidung zu untersuchen, mit dem Ziel, sich von der Unbedenklichkeit oder Wirksamkeit der Arzneimittel zu überzeugen. Satz 1 gilt nicht für eine Untersuchung, die eine nicht-interventionelle Prüfung ist. Nicht-interventionelle Prüfung ist eine Untersuchung, in deren Rahmen Erkenntnisse aus der Behandlung von Personen mit Arzneimitteln gemäß den in der Zulassung festgelegten Angaben für seine Anwendung anhand epidemiologischer Methoden analysiert werden; dabei folgt die Behandlung einschließlich der Diagnose und Überwachung nicht einem vorab festgelegten Prüfplan, sondern ausschließlich der ärztlichen Praxis."

11 Durch § 40–42a AMG und die Rechtsverordnung nach § 42 Abs. 3 AMG ist das Verfahren der klinischen Prüfung von Arzneimitteln nunmehr gesetzlich geregelt. Der Sponsor muss sowohl die Genehmigung bei der Bundesoberbehörde beantragen, als auch die zustimmende Bewertung bei der zuständigen Ethikkommission einholen. Die ablehnende Bewertung der Prüfung durch eine Ethikkommission ist allerdings kein Versagungsgrund für ihre Genehmigung durch die Bundesoberbehörde. Sowohl die Bundesoberbehörde als auch die Ethikkommission kann ihre Entscheidung zurücknehmen, widerrufen oder auch nur ruhen lassen.

12 **Das Verfahren bis zum Beginn der klinischen Prüfung** Die Durchführung einer klinischen Prüfung eines Arzneimittels setzt neben der Erfüllung einer Reihe formaler Voraussetzungen eine grundsätzliche Güterabwägung voraus. Eine klinische Prüfung darf beim Menschen nämlich nur durchgeführt werden, wenn und so lange die Risiken, die mit ihr für die Person verbunden sind, bei der sie durchge-

---

[14] Für den Probandenvertrag bei der Teilnahme an einer klinischen Prüfung vgl. Ehling, Vogeler, MedR 2008, 273, die damit nur einen Teilaspekt abhandeln.

führt werden soll, gemessen an der voraussichtlichen Bedeutung des Medizinprodukts oder Arzneimittels für die Heilkunde ärztlich vertretbar sind.

Die Voraussetzungen sind im Einzelnen: Eine klinische Prüfung am Menschen darf nur mit dessen ausdrücklicher Einwilligung nach vorausgegangener Aufklärung durchgeführt werden. Diese Einwilligung wird jederzeit frei widerruflich erteilt. Die einwilligende Person muss nicht nur geschäftsfähig, sondern auch einwilligungsfähig sein. Sie muss die Einwilligung selbst und schriftlich erteilen und sie darf nicht auf gerichtliche oder behördliche Anordnung in einer Anstalt verwahrt sein.

Die klinische Prüfung von Arzneimitteln am Menschen muss in einer hierzu geeigneten Einrichtung und (jedenfalls soweit mit ihr Maßnahmen vorgenommen werden, deren Durchführung dem Arzt (oder Zahnarzt) vorbehalten sind), von einem Arzt oder Zahnarzt durchgeführt werden, der für die klinische Prüfung von Arzneimitteln entsprechend qualifiziert ist und über eine mindestens zweijährige Erfahrung in der klinischen Prüfung von Arzneimitteln verfügt[15]. Leiter der klinischen Prüfung kann dagegen auch ein Nichtarzt sein. Dieser darf aber am Patienten oder Probanden keine dem Arzt vorbehaltenen Tätigkeiten ausüben. 13

Schließlich muss die klinische Prüfung aufgrund eines Prüfplans durchgeführt werden, der dem Stand der wissenschaftlichen Erkenntnisse zu entsprechen hat. Ihr hat eine pharmakologisch-toxikologische Prüfung voraus zu gehen, ehe mit der klinischen Prüfung begonnen werden darf.

Bei Patienten darf eine klinische Prüfung durchgeführt werden, wenn sie an einer Krankheit leiden, zu deren Behebung das Arzneimittel angewendet werden soll, wenn dessen Anwendung nach Erkenntnis der Wissenschaft angezeigt ist, das Leben des Patienten zu retten, seine Gesundheit wiederherzustellen oder sein Leiden zu erleichtern. 14

Der Prüfungsmaßstab Die Ethikkommission hat den Prüfplan des Sponsors und die sonstigen eingereichten Unterlagen zunächst auf das Vorliegen der formalen Kriterien zu prüfen. Schließlich ist zu entscheiden, ob die vorhersehbaren Risiken und Nachteile, welche mit der klinischen Prüfung für die in die Prüfung einbezogenen Personen verbunden sind, im Hinblick auf die voraussichtliche Bedeutung des Arzneimittels für die Heilkunde vertretbar sind. 15

Bisher war die Forschung am Menschen unzulässig, bei welcher kein individueller Nutzen für den Teilnehmer zu erwarten war, jedenfalls an nichteinwilligungsfähigen Personen. Dies hat sich für den Bereich der Klinischen Prüfung von Arzneimitteln zu therapeutischem Zwecken geändert: § 41 Abs. 2 gestattet nunmehr diese Forschung unter bestimmten weiteren Voraussetzungen. Für die Befürworter der Regelung kein Grund zum Jubeln: Als Spezialregelung ist der Rechtsgedanke des § 41 Abs. 2 nicht verallgemeinerungsfähig. 16

Vermutlich 2016 werden klinische Prüfungen gemäß der Verordnung (EU) 536/2014 durchgeführt werden müssen. Art. 4 sieht die Einschaltung einer Ethikkommission vor. Hinsichtlich des einzuhaltenden Verfahrens verweist sie aber auf

---

[15] Vgl. hierzu Lippert, GesR 2008, 120; Felder, KFuR 2008, 103.

das nationale Recht. Es steht also zu erwarten, dass das Verfahren nach § 42 AMG und den Vorschriften der GCP-Verordnung vonstatten gehen wird, so weit es dem Verfahrensablauf nach der VO (EU) 536/2014 nicht widerspricht. Dies gilt vor allen auch wegen der zu beachtenden Fristen. Viel Zeit für die Bewertung bleibt den Ethikkommissionen sicher nicht[16].

b. Klinische Prüfungen mit Medizinprodukten

Das MPG enthält keine dem § 4 Abs. 23 AMG entsprechende Definition der klinischen Prüfung. Die Definition[17] findet sich stattdessen in einer DIN. Dies erstaunt.

17   Aus §§ 40 ff. AMG sind die Anforderungen an klinische Prüfungen von Arzneimitteln (mit Erweiterungen von klinischen Prüfungen an Schwangeren und Stillenden) erneut ziemlich wortgleich ins MPG übernommen worden[18]. Die klinische Prüfung ist nunmehr ebenfalls von einer nach Landesrecht zu bildenden Ethikkommission zu bewerten und die Prüfung durch die Bundesoberbehörde zu genehmigen. Die Ethikkommission kann die zustimmende Bewertung, die Bundesoberbehörde ihre Genehmigung aus, im Gesetz abschließend geregelten, Gründen zurücknehmen, widerrufen oder ruhen lassen.

18   §§ 20 ff. MPG richten sich vom Grundsatz her an den Hersteller eines Medizinprodukts, welcher diese klinische Prüfung am Menschen veranlassen will. An den die klinische Prüfung durchführenden Arzt oder eine sonst entsprechend qualifizierte und befugte Person wendet sich § 20 Abs. 1 Nr. 4 MPG. Wer die klinische Prüfung leitet, muss über eine entsprechende Qualifikation verfügen und mindestens zweijährige Erfahrung auf dem Gebiet der klinischen Prüfung haben. Die Einzelheiten sind wie beim AMG auch in einer gesonderten Verordnung der MPKPV[19] geregelt.

c. Sonstige

19   **Embryonen und Stammzellen** Aus kompetenzrechtlichen Gründen gibt es in der Bundesrepublik Deutschland kein Fortpflanzungsmedizingesetzes Stattdessen hat man sich mit dem Embryonenschutzgesetz, einem Sonderstrafgesetz, begnügen müssen. Das Gesetz verbietet neben der Forschung an Embryonen eine ganze Reihe von Möglichkeiten des Umgangs mit Embryonen und menschlichen Zellen bis hin zum Klonen und zur Erzeugung von Chimären und Hybridwesen aus Mensch und Tier, aber auch die Leihmutterschaft.

---

[16] Vgl. dazu die erste summarische Bewertung bei Deutsch/Spickhoff, Rz. 1760 ff. aus der – angesichts der zu schaffenden Bürokratie – eher eine tiefe Resignation zu sprechen scheint.

[17] Siehe DIN EN ISO 14155 Klinische Prüfung von Medizinprodukten an Menschen - Gute klinische Praxis (ISO/DIS 14155.2:2009); Deutsche Fassung. Vgl. auch Deutsch in: Deutsch, Lippert, Ratzel, Kommentar zum MPG, § 20 Rz. 6.

[18] Durch das Gesetz zur Änderung medizinprodukterechtlicher Vorschriften vom 29. Juli 2009 BGBl. I. S. 2326.

[19] Verordnung vom 10. Mai 2010 (BGBl. I S. 555).

Dem Gesetzeszweck entsprechend verbietet das StZG[20] Einfuhr und Verwendung 20 embryonaler Stammzellen in Deutschland grundsätzlich (§ 4). Es schließt damit eine Lücke, die das ESchG und seine Verbote nicht erfassen. Auf Antrag einer für ein entsprechendes Forschungsvorhaben verantwortlichen Person kann die Einfuhr und Verwendung embryonaler Stammzellen genehmigt werden, wenn zur Überzeugung der Genehmigungsbehörde feststeht, dass die embryonalen Stammzellen im Herkunftsland vor dem 1.Mai.2007 gewonnen wurden. Die Embryonen, aus denen sie gewonnen wurden, müssen für eine medizinisch unterstützte extrakorporale Befruchtung zur Herbeiführung einer Schwangerschaft erzeugt worden und hierfür nicht mehr zu verwenden sein, ohne dass der Grund dafür im Embryo selbst liegt.

Forschungsarbeiten an embryonalen Stammzellen dürfen durchgeführt werden, 21 wenn wissenschaftlich begründet dargelegt werden kann, dass sie hochrangigen Forschungszielen für den wissenschaftlichen Erkenntnisgewinn im Rahmen der Grundlagenforschung oder für die Erweiterung medizinischer Kenntnisse bei der Entwicklung diagnostischer, präventiver oder therapeutischer Verfahren zur Anwendung beim Menschen dienen. Die Forschungsarbeiten müssen nach dem Stand von Wissenschaft und Technik voraussichtlich nur mit embryonalen Stammzellen durchgeführt werden können und zuvor alle Möglichkeiten der Forschung an und mit tierischem Material ausgeschöpft worden sein. Die ethische Vertretbarkeit des Forschungsvorhabens ist durch eine Stellungnahme der Zentralen Ethikkommission für Stammzellforschung, die beim Robert-Koch-Institut gebildet wird, zu belegen.[21]

Strahlenschutzverordnung (StrlSchV) und Röntgenverordnung (RöV) 22
§ 28b RöV regelt die Voraussetzungen für die Anwendung von Röntgenstrahlen, § 24 StrlSchV diejenigen für die Anwendung radioaktiver Stoffe und ionisierender Strahlung in der medizinischen Forschung. Die dafür jeweils beim Bundesamt für Strahlenschutz einzuholenden Genehmigungen setzen eine zustimmende Stellungnahme der zuständigen Ethikkommission voraus. Dies muss nicht zwingend eine öffentlichrechtlich organisierte Ethikkommission sein.

5. Daten- und Biobanken

Biomedizinische Forschung vollzieht sich häufig nicht nur an einem Ort, sondern 23 an mehreren zugleich. Zum Beispiel bei multizentrisch durchgeführten klinischen Prüfungen mit Arzneimitteln und Medizinprodukten. Gleichermaßen gilt dies für Forschungsprojekte an und mit Körpermaterialien, die epidemiologische Forschung und die Forschung mit genetischen Daten. Der Trend geht, um diese Forschungen effizienter zu machen, dazu, Register mit Daten und Banken mit Körpermaterialien anzulegen und sie der Forschung zugänglich zu machen. Mit der Einrichtung von

---

[20] Stammzellgesetz vom 28. Juni 2002 (BGBl. I S. 2277), geändert durch Gesetz vom 14.8.2008 (BGBl I S. 1708).
[21] Vgl. VO vom 18. Juli 2002 (BGBl. I S. 2663).

Daten- und Biobanken gehen eine Reihe von Problemen einher, die gelöst werden müssen, ehe das Sammeln der Materialien in ihnen für den Materialgeber als unbedenklich eingestuft werden kann[22]. Problem bereiten weniger diejenigen Banken, die an öffentlich-rechtlichen Einrichtungen etabliert werden, als vielmehr diejenigen, die sich in privater Trägerschaft befinden. Bei diesen besteht zusätzlich zu den auch sonst gegebenen Risiken dasjenige der Insolvenz. Dies alles wäre auch nicht das Problem, gebe es da nicht die Möglichkeit einer unkontrollierten Verwertung der Daten und Materialien, die im Fall der Insolvenz wohl den einzigen Vermögenswert darstellen dürfte. Im Vordergrund aller Bemühungen um einen fairen Ausgleich der widerstreitenden Interessen von Materialgebern und Forschern stehen Maßnahmen zum Schutz der Materialgeber vor Beeinträchtigung ihres Persönlichkeitsrechts, sofern die in den Registern oder Banken aufgenommenen Daten und Materialien nicht anonymisiert oder pseudonymisiert sind und ein Personenbezug zum Materialgeber hergestellt werden kann oder auch soll. Aufklärung und Einwilligung in jeden Schritt der Verarbeitung von der Gewinnung über die Verarbeitung, Lagerung bis zu einer möglichen Weitergabe wo auch immer hin, werden hiervon erfasst. Auch die Dauer der Aufbewahrung stellt einen zentralen Punkt dar, über den dem Materialgeber Auskunft zu geben ist. Es darf zu keinem unkontrollierten Materialtourismus vor allem nicht hinter dem Rücken der Materialgeber kommen. In dieser Situation ist der sonst oft unreflektiert und vorschnell erhobene Ruf nach dem Gesetzgeber vermutlich einmal durchaus berechtigt.

6. Körpermaterial

24 Der Begriff biomedizinische Forschung umfasst auch die Forschung an und mit Körpermaterialien soweit ein bedingter oder evidenter Personenbezug gegeben ist[23]. Dabei macht es im Grundsatz keinen Unterschied, ob das Material vom lebenden Menschen oder von der Leiche, ob es anlässlich eines ärztlichen diagnostischen oder eines operativen Eingriffs gewonnen wird und ob der ehemalige Träger aus der Untersuchung einen – wenn auch nur mittelbaren – Nutzen erfährt. Die juristische Literatur hat sich schließlich in den vergangenen Jahren zunehmend mit Rechtsfragen des menschlichen Körpers und seiner Teile befasst[24].

---

[22] Vgl. zur Einrichtung von Biobanken die Stellungnahme des Nationalen Ethikrates „Biobanken für die Forschung", 2004; sowie Simon, Paslack, Robienski, Goebel, Krawczak, Biomaterialbanken – rechtliche Rahmenbedingungen, 206, m.w. Nachw.,wo eigentlich alle relevanten Bereich angesprochen werden.

[23] Vgl. Lippert, MedR 1997, 457; ders. Forschung an und mit Körpersubstanzen..., MedR 2001, 406.

[24] Vgl. hierzu neuestens die (verdienstvolle) Dissertation von Halàsz, die die folgenden Ausführungen im Grundsatz stützt, sie aber in einen größeren rechtlichen Rahmen stellt. Vgl. auch Nitz, Dierks, MedR 2002, 400; Breyer, GesR 2004, 316; Freund, Weiss, MedR 2004, 315; vgl. zum Komplex menschliches Gewebe als Arzneimittel: Hasskarl, GesR 2005, 203.

Mit Unterschieden im Einsatz und Ziel wird an diesem Materialien an den Universitäten auch Forschung betrieben. Bedeutsam ist dabei vor allem, ob das Material durch die Forschung aufgebraucht wird, ob es ganz oder teilweise (z. B. in Bio- oder Datenbanken) aufbewahrt und für spätere Forschungen erneut herangezogen werden soll. Schließlich ist von Bedeutung, ob bei dem Forschungsprojekt nur die Person des ehemaligen Trägers von Bedeutung ist, oder auch seine engeren oder weiteren Angehörigen, wie dies bei Koppelungsanalysen[25], also Untersuchungen am Stammbaum des Menschen, der Fall ist. Sollen schließlich genetische Dispositionen am Material eines Menschen auf der Chromosomen-, der Gen- oder DNA-Ebene Gegenstand der Forschung sein, so sind für den ehemaligen Träger Schutzmaßnahmen vorzusehen[26].

25

Es besteht trotz Unterschieden in der Begründung in der juristischen Literatur Einigkeit darüber, dass Körpermaterial, wie der menschliche Körper und im Übrigen die menschliche Leiche auch, nicht eigentumsfähig sind. Erst mit der Trennung vom menschlichen Körper werden sie zur Sache, damit eigentumsfähig und Eigentum des ehemaligen Trägers. Der persönlichkeitsrechtliche Ansatz wird heute überwiegend in Rechtsprechung und Schrifttum nicht mehr in Abrede gestellt, auch nicht mehr bei der Leiche.

26

Die Einwilligung in die Materialentnahme und die Behandlung sowie die Verwendung der Materialien zu diagnostischen und/oder therapeutischen Zwecken umfasst aber weder ausdrücklich noch stillschweigend, und schon gar nicht weil sie in einem Krankenhaus oder einem Universitätsklinikum erfolgt, zugleich diejenige in die Verwendung der Materialien zu wissenschaftlichen Zwecken. Diese bedarf im Normalfall einer gesonderten Aufklärung und entsprechender Einwilligung des Patienten oder Probanden.

27

Für die Forschung an und mit Körpermaterialien gelten die allgemeinen Rechtsvorschriften, da es für sie keine speziellen Rechtsvorschriften gibt.

III. Ethische Grundlagen

1. Deklaration von Helsinki

International wird heute als erstrangige ethische Regelungsquelle für den Bereich der klinischen Forschung am Menschen die Deklaration von Helsinki des Weltärztebundes von 2009 in in Seoul revidierten Fassung angesehen. Sie hat den Aus-

28

---

[25] Vgl. hierzu speziell: Lippert, MedR 1998, 413.
[26] Zu den Inhalten eines (einst geplanten) GentestG: Damm, MedR 2004, 1; Lippert, Rechtsmedizin 2004, 94 jeweils m.w. Nachw. Diese Überlegungen sind weitgehend in das Gendiagnostikgesetz vom 31. Juli 2009 (BGBl I S. 2529) eingegangen. Allerdings erstreckt sich das Gesetz nicht auf die Gendiagnostik zu Forschungszwecken. Der Gesetzgeber hat diesen Bereich – entgegen der Anregung des Bundesrates – nicht ins Gesetz aufnehmen wollen. Für die genetische Forschung verbleibt es also bei den allgemeinen Rechtsvorschriften wie bisher auch schon. Ein gesetzesfreier Raum entsteht dadurch aber (wie zum Teil befürchtet) auch nicht.

spruch des Nürnberger Militärtribunals (Nürnberger Kodex) abgelöst[27]. Durch die Neufassung von Abs. 3 ist nunmehr klar gestellt, welche Fassung der Deklaration zu beachten ist[28]. Es handelt sich dabei um eine statische Verweisung.

2. Das Menschenrechtsübereinkommen zur Biomedizin

29   Auch zum jetzigen Zeitpunkt ist immer noch nicht absehbar, ob die Bundesrepublik das Menschenrechtsübereinkommen des Europarates zur Biomedizin unterzeichnen und parlamentarisch ratifizieren wird. Dennoch kann bereits heute festgestellt werden, dass diese Konvention allgemeine Standards auch für die ärztliche Behandlung von Patienten sowie für die biomedizinische Forschung aufstellt. Teils liegen die Standards in der Bundesrepublik darüber, in einigen Punkten aber auch darunter (z. B. Beachtlichkeit der Patientenverfügungen). Anhaltenden Protest hat die nach Art. 17 der Konvention unter bestimmten, engen Voraussetzungen mögliche Forschung an Einwilligungsunfähigen[29] hervorgerufen und hier vor allem die Möglichkeit einer fremdnützigen Forschung mit Gruppennutzen, die nun über die Richtlinie 2001/20 EG in Deutschland bei der klinischen Prüfung von Arzneimitteln möglich ist. Die Forschung an Embryonen ist in Art. 18 geregelt, aber in Deutschland nach dem ESchG praktisch nicht möglich, weil weitestgehend verboten.

30   Für den Bereich der biomedizinischen Forschung gibt es inzwischen ein Zusatzprotokoll zum Menschenrechtsübereinkommen, welches derzeit das Schicksal des MRB teilt, in Deutschland nicht zu gelten. Dieses Zusatzprotokoll nimmt aus dem Geltungsbereich Biomaterialien aus. Für sie wird es ein gesondertes Zusatzprotokoll zum MRB geben. Auch dieses wird in Deutschland erst gelten, wenn Deutschland das MRB ratifiziert und in nationales Recht transformiert hat. Wann dies sein wird, ist derzeit immer noch offen.

---

[27] NJW 1949, 377. Im Gegensatz zum Nürnberger Verfahren haben die gegen Angehörige der kaiserlich japanischen Armee durchgeführten Verfahren wegen Kriegsverbrechen durch Russland in Chabarowsk (Dezember 1949) und in Tokyo durch die USA (29.4.1946–12.11.1948) keine ethischen Fußstapfen hinterlassen. Zur Revision der Deklaration von Helsinki Deutsch, Taupitz, MedR 1999, 402 m. Nachw. Sie ist inzwischen revidiert. Der autorisierte Text liegt bisher nur in englischer Sprache vor, eine von der BÄK vorgenommene Übersetzung ist über deren Homepage einzusehen. Vgl. dazu die hilfreiche Kommentierung von Taupitz MedR 2001, 277.

[28] Mit beachtlichen Argumenten wurde die Auffassung vertreten, diese Verweisung widerspreche dem Bestimmtheitsgrundsatz der Normen und sei damit verfassungswidrig vgl. hierzu Straßburger, MedR 2006, 462 ff. m.w. Nachw. Der Urtext der Deklaration ist in englischer Sprache abgefasst, Amtssprache ist aber Deutsch. Die in Helsinki beschlossene Urfassung ist in deutscher Sprache in DÄ 1964, 2533 veröffentlicht. Der Passus über die Forschung ist erst in der Revision von Tokyo aufgenommen worden. Im Anhang sind die Fassungen von Somerset West und Seoul abgedruckt.

[29] Vgl. Lippert, DMW 1994, 1795; Zum Abkommen vgl. auch Taupitz, VersR 1998, 542, der zutreffender Weise keine durchgreifenden Bedenken sieht, warum die Bundesrepublik dieses Abkommen nicht unterzeichnen und ratifizieren sollte.

IV. Ethikkommissionen

1. Rechtsgrundlagen

Wenn § 15 Abs. 1 die Beratung durch eine Ethikkommission[30] vorsieht und (in der MBO seit 1988) zugleich formuliert, es müsse die Beratung durch eine bei der Ärztekammer oder eine andere nach Landesrecht gebildeten Kommission erfolgen, so kann sich der Arzt berufsrechtlich korrekt nur die durch eine öffentlich-rechtliche beraten lassen [31]. Inzwischen gibt es landesrechtliche Vorschriften, die auch die Universitäten (und nicht die medizinischen Fakultäten) verpflichten, Ethikkommissionen einzurichten[32]. In der Praxis sind die Ethikkommissionen dort teilweise als zentrale Kommissionen der Universität oder aber auch als Kommissionen der medizinischen Fakultät oder auch anderer Fakultäten etabliert[33].

Nicht § 15 MBOÄ wohl aber §§ 42 AMG und 22 MPG und Nr. 23 DvH schreiben vor, dass es sich bei der Ethikkommission um eine solche handeln muss, die unabhängig ist. Die gesetzlichen Vorschriften erläutern jedoch nicht, worin diese Unabhängigkeit zu bestehen hat. Die Kommission muss strukturell, personell und vor allem auch finanziell unabhängig vom Träger sein. Eine Trägerschaft eines Universitätsklinikums scheidet z. B. aus, weil Aufgabe des Klinikums die Krankenversorgung und gerade nicht die Forschung am Menschen ist[34] Die Mitglieder der Ethikkommissionen sind unabhängig wenn sie keinen Weisungen unterworfen sind.

Soweit die Ethikkommission zum staatlichen Forschungsbereich gehört ist sie öffentlich-rechtlich organisiert und unterliegt staatlicher Aufsicht. Als universitäre Kommissionen unterliegen sie der Dienstaufsicht des Rektorats oder des Präsidenten (bei zentralen Kommissionen) oder des Dekans der Fakultät bei der sie gebildet sind. Die Ausübung der Aufsicht richtet sich nach den jeweils geltenden gesetzlichen Vorschriften (Kammer-/Heilberufsgesetz, Universitäts-/Hochschulgesetz).

2. Zuständigkeit und Zusammensetzung

Die Ethikkommissionen an den Universitäten/medizinischen Fakultäten sind für Forschungsprojekte am Menschen zuständig, die Mitglieder der Universität oder

---

[30] Vgl. hierzu Deutsch, Lippert, Ethikkommission und klinische Prüfung, 1998; zum Ist-Zustand der Ethikkommissionen in der Bundesrepublik vgl. das Gutachten v. Dewitz,, Luft, Pestalozza, www.bundestag.de, sowie das Gutachten Bobbert, Brückner, Lilie, www.bundestag.de, KommDrS. 15/220; Kern, MedR 2008, 631.

[31] Schenke, NJW 1996, 745.

[32] Vgl. z. B. § 5 Abs. 1 Satz 2 KammerG bw.

[33] Czwalinna, MedR 1986, 305; Solange es an einer gesetzlichen Regelung fehlte, konnte weder die Universität noch die medizinische Fakultät nichtmedizinische Mitglieder zur Mitwirkung verpflichten, weil sie Aufgaben übernehmen müssten, die der Universität noch nicht obliegen und die sie daher von ihren Mitgliedern, die Nichtärzte sind, nicht einfordern kann.

[34] Vgl. hierzu im Einzelnen Lippert, GesR 209, 355 m.w.Nachw.

Mitglieder der medizinischen Fakultät durchführen wollen[35]. Dies bedeutet, dass auch Doktoranden, als Mitglieder der Universität bei Arbeiten, die am Menschen durchgeführt werden sollen, die Ethikkommission anrufen müssen. Ist die Ethikkommission ei einer Fakultät eingerichtet, so ist ihre Zuständigkeit auf die Mitglieder dieser Fakultät beschränkt. Eine Beratung von Mitgliedern anderer Fakultäten, die Forschungsprojekte am Menschen durchführen wollen, ist daher nicht möglich. Einige Promotionsordnungen zum Dr. med. sehen die Vorlage eines entsprechenden zustimmenden Votums als Voraussetzung für die Einreichung der Dissertation bereits vor, was hilfreich ist. Ansonsten hat der (medizinische) Betreuer als Kammermitglied das Votum zu beantragen. Eine nachträgliche Vorlage des Projektes bei der Ethikkommission scheidet, wie sonst auch, aus.

34 Im Gegensatz zur bisherigen Fassung präzisiert § 15 Abs. 1 MBO den berufsrechtlichen Prüfungsauftrag der zuständigen Ethikkommission. Berufsrechtlich muss sich der Arzt nunmehr bei Forschungsvorhaben nur noch dann beraten lassen, wenn bei diesen ein Eingriff in die körperliche Integrität eines Probanden oder Patienten geplant ist und/oder wenn bei dem Projekt personenbezogene Daten verwendet werden sollen. Diese Präzisierung betrifft lediglich die berufsrechtliche Pflicht zur Anrufung der Ethikkommission. Die aufgrund anderer gesetzlicher Vorschriften – wie das AMG oder das MPG – vorgeschriebene Einschaltung einer Ethikkommission ist davon nicht betroffen. Dies stellt auch die Neufassung von Abs. 1 klar.

Welche Forschungsprojekte, die nach der bisherigen Fassung der Vorschrift der Beratungspflicht unterstellt wurden, weil sie unter den Begriff der biomedizinischen Forschung am Menschen subsumiert werden konnten, künftig der Beratungspflicht nicht mehr unterfallen werden, ist schwer zu prognostizieren.

35 Dieser Aspekt ist vor allem dann von Bedeutung, wenn es um epidemiologische Forschungsprojekte geht, die nicht mit personenbezogenen Daten durchgeführt werden müssen, sondern mit anonymisierten. Die Projektleiter benötigen dafür keine Bewertung einer Ethikkommission. Gleiches gilt für Projekte, mit anonymisierten Daten, die in Datenbanken, abgelegt worden sind. Auch Projekte, die als Fragebogenaktionen durchgeführt werden sollen, bedürfen künftig keiner Bewertung durch eine Ethikkommission mehr. Fordert der Herausgeber einer wissenschaftlichen Zeitschrift für die Publikation der Ergebnisse die Vorlage der Bewertung einer Ethikkommission, so wäre dies nicht mehr möglich. Die Ethikkommission wäre zur Abgabe einer solchen Gefälligkeitsbewertung auch gar nicht berechtigt, geschweige denn verpflichtet. Von der Bewertung ausgeschlossen sein sollen nach dem erklärten Willen des Normgebers die Anwendungsbeobachtungen im Bereich des AMG und, womöglich auch des MPG, weil sie weder Forschung sind noch am Menschen invasiv durchgeführt werden. Als Drittmittelgeneratoren im Universitätsbetrieb benötigten sie keine Bewertung durch eine Ethikkommission.

---

[35] Der Umfang der Zuständigkeit ergibt sich aus der Satzung der Einrichtung. Gelegentlich unterfallen ihr auch Naturwissenschaftler.

Nicht alle Kammern haben § 15 Abs. 1 in der vorgeschlagenen Fassung adoptiert, sondern teilweise die bisherige Fassung (unter Ausschluss epidemiologischer Forschungsvorhaben oder auch nicht) beibehalten. Ob in diesen Kammerbezirken ebenfalls eine Beschränkung der zu bewertenden Forschungsprojekte auf invasive erfolgen kann, erscheint fraglich, weil die bisherige Fassung sie ja gerade in der Praxis nicht hergegeben hat. 36

Schon bisher waren Forschungsprojekte am Menschen, die von Nichtärzten – etwa Psychologen oder Naturwissenschaftlern durchgeführt wurden – von der Beratungspflicht ausgenommen, weil die Berufsordnung nur für Ärzte gilt. Es sei denn – wie an den Universitäten üblich – die Satzung, die für die Ethikkommission gilt, erstreckte sich auf Mitglieder einer Fakultät, zumeist der medizinischen, was Nichtmitglieder dieser Fakultät von der Beratungspflicht befreite. Denn die Zuständigkeit einer Fakultätskommission kann nicht auf Mitglieder anderer Fakultäten erstreckt werden. Dies ist nur bei einer zentralen Universitätskommission möglich. 37

Zur personellen Zusammensetzung lässt sich weder der Deklaration von Helsinki noch der MBO näheres entnehmen. Die Mitgliederzahl wird in der für die Kommission geltenden Geschäftsordnung (Statut) festgelegt[36]. Sie schwankt, wie neuere Untersuchungen zeigen, erheblich[37]. Die meisten Kommissionen haben sieben oder mehr Mitglieder. Mit einer größeren Zahl von Mitgliedern möchte der Träger die Arbeitsbelastung der einzelnen Mitglieder in Grenzen halten. Ob dies tatsächlich zutrifft, mag zweifelhaft sein. Es wird immerhin schwerer, das Quorum für die Beschlussfähigkeit zu erreichen. Für die ordentlichen Mitglieder werden zumeist Stellvertreter (Abwesenheitsvertreter) in gleicher Zahl bestellt. Es überwiegen als Mitglieder Ärzte unterschiedlicher Fachgebiete, zumeist gehören den Kommissionen auch ein Jurist und ein Theologe, gelegentlich auch Angehörige des Pflegepersonals an. Diesen fällt die Rolle des medizinischen Laien in der Kommission zu. 38

3. Verfahrensregeln

Dem konsequenten Bestehen der DFG auf einer Begutachtung von Forschungsprojekten an und mit Menschen verdanken im übrigen die beiden ältesten Ethikkommissionen auf deutschem Boden in Göttingen und Ulm 1973 bzw. 1971 ihre Entstehung. Andere Einrichtungen der Forschungsförderung sind der DFG gefolgt. Die Kommissionen verfahren überwiegend nach Verfahrensgrundsätzen, die der Arbeitskreis öffentlich-rechtlicher Ethikkommissionen in Deutschland erarbeitet hat. Die Bewertungen der Ethikkommissionen werden nach mündlicher Verhandlung unter Anhörung des oder der Projektleiter(s) mit Stimmenmehrheit gefasst. Befangene Mitglieder nehmen an der Beratung nicht teil. Werden sie als Behörde 39

---

[36] Auch hierfür bietet der rührige Arbeitskreis medizinischer Ethikkommissionen in Deutschland eine Musterformulierung an. Störend ist daran allerdings der dauernde Hinweis auf den Vorrang von Gesetzen (AMG, MPG etc.), der sich aus der Normenhierarchie von selbst verstehen sollte, auch für den Nichtjuristen.

[37] Czwalinna, MedR 1986, 305.

tätig, so sind die Vorschriften des jeweiligen LVwVerfG einzuhalten. Dies wird von den Ethikkommissionen häufig nicht beachtet[38] und kann die Bewertung fehlerhaft und damit anfechtbar machen.

40   Die Kommissionen werden nur auf Antrag tätig. Die Kommission kann einem Antrag stattgeben. Sie kann ihn auch ablehnen. Schließlich kann sie, und dies ist in der Praxis am häufigsten der Fall, Änderungen anregen und Bedenken erheben. Dem Selbstverständnis der Kommissionen folgend, beschränken sich diese auf formale und rechtliche Hinweise. Die eingereichten Anträge werden nicht inhaltlich bewertet, weil dies einer unzulässigen Forschungskontrolle gleichkäme. Bei gestuften Forschungsvorhaben kann eine stufenweise Begutachtung erfolgen. Bei multizentrischen Forschungsvorhaben werden die Voten der Ethikkommissionen im Grundsatz gegenseitig anerkannt und nur vor Ort das Vorliegen der Voraussetzungen für die Durchführung des Forschungsprojektes bzw. eines Teils davon in personeller, sächlicher und räumlicher Hinsicht speziell begutachtet. Leider halten sich die beteiligten Ethikkommissionen in der Praxis nicht an diese eingeschränkte Zuständigkeit. Stattdessen prüfen sie vorschriftswidrig den gesamten Antrag und geben ihre Bewertung gleichsam als aufgedrängte Bereicherung an die federführende Kommission weiter[39]. Schlimmer noch, der Gesetzgeber hat in § 5 MPKPV nunmehr dieses Verfahren bei der klinischen Prüfung mit Medizinprodukten auch noch sanktioniert. Dort müssen diese „Bereicherungen" leider auch noch dokumentiert werden. Immerhin muss die federführende Kommission sie nicht berücksichtigen, sie kann. Die Beratung der Kommission ist vertraulich.

41   Ablehnende Entscheidungen sind zu begründen. Ansonsten verbleibt dem Projektleiter die volle rechtliche Verantwortung für die Durchführung des Projekts. Allerdings setzt sich ein Projektleiter (von möglichen Schadenersatzansprüchen einmal abgesehen), der die ablehnende Bewertung der Ethikkommission negiert ebenso berufsgerichtlichen Sanktionen aus, wie derjenige, der die Beratung durch die Kommission erst gar nicht sucht.

42   Die Antwort darauf, welche Rechtsnatur die Bewertung der Ethikkommission hat, fiel bisher unterschiedlich aus, je nachdem, in welchem Bereich die Bewertung getroffen wurde. Für die Bewertung klinischer Prüfungen mit Arzneimitteln nach §§ 40 ff. AMG, 8 GCP-V und derjenigen von Medizinprodukten nach §§ 20 ff. MPG, 5 ff. MPKPV wird die Ethikkommission als Behörde tätig. Die Bewertung ist Verwaltungsakt. Gegen ablehnende Bewertungen kann auf dem Verwaltungsrechtsweg vorgegangen werden. Die bisher – auch in der Vorauflage dieses Werkes – vertretene gegenteilige Auffassung wird aufgegeben. Noch sind längst nicht alle Fragen, die mit dem neuen Status der Ethikkommissionen zusammenhängen gelöst. Ob der Widerruf der Bewertung möglich ist (sein soll) war literarisch umstritten[40].

---

[38] Vgl. hierzu im Einzelnen Vogeler, S. 106 ff. m.w.Nachw.

[39] Vgl. hierzu auch schon Lippert in: Deutsch, Lippert, Anker, Ratzel, Tag, Koyuncu, AMG, § 7 GCP-V Rz. 11. Bei diesen Anmerkungen handelt es sich zumeist um Spitzfindigkeiten, die im Ergebnis eine Ablehnung einer zustimmenden Bewertung der federführenden Ethikkommission nicht zu tragen vermögen.

[40] Vgl. hierzu statt aller: v. Kielmansegg, GewArchiv 2008, 401.

Der Gesetzgeber hat mit der Änderung von § 42a durch die 15. Novelle zum AMG[41] in § 42a Abs. 4a nunmehr die Rücknahme der Bewertung vorgesehen, allerdings sind die Gründe dafür im Gesetz abschließend festgeschrieben. Die einschlägigen Veröffentlichungen sind also durch die klärenden Worte des Gesetzgebers inzwischen zu Makulatur geworden.

Die berufsrechtliche Bewertung der Ethikkommission nach § 15 MBOÄ war bis zur letzten Änderung der MBOÄ eine Empfehlung und war daher kein Verwaltungsakt. Dies hat sich durch die Bezugnahme von § 15 Abs. 3 MBOÄ in der Neufassung und die Bezugnahme auf die Deklaration von Helsinki (Seoul 2008) gründlich geändert[42]. Nach Nr. 15 bzw. 23 der Deklaration müssen Ärzte zwingend vor Beginn mit einem Forschungsprojekt die zustimmende Bewertung einer Ethikkommission einholen. Also auch hier wird die Ethikkommission als Behörde tätig. Die Ethikkommissionen tun also gut daran sich in ihren neuen Status einzufinden, denn ersichtlich tun sich die Ethikkommissionen mit den zum Behördenstatus gehörigen Vorschriften der Verwaltungsverfahrensgesetze nicht gerade leicht[43]. **43**

In der Literatur nimmt die die Diskussion darum, ob die Bewertung der Ethikkommission- jedenfalls im Bereich der klinischen Prüfung von Arzneimitteln und mit Medizinprodukten -mit Nebenbestimmungen, insbesondere Bedingungen oder Auflagen versehen werden kann, breiten Raum ein[44]. In der Praxis macht dies wenig Sinn und verursacht der Ethikkommission nur zusätzlichen Prüfaufwand. Inhaltlich wären sie nur zu den gesetzlichen Versagungsgründen zulässig, um eine ablehnende Bewertung zu vermeiden. Derzeit ergehen sie zu Bereichen, die gerade keine Ablehnung zu tragen vermögen und sind häufig „Steckenpferde" einzelner bewertender Kommissionen[45]. **44**

4. Die Monetik

Sowohl die Kommissionen bei den Ärztekammern, als auch die bei den Universitäten eingerichteten Kommissionen lassen sich ihre Arbeit vergüten. Ausgenommen hiervon sind an den Universitäten bisher lediglich Stellungnahmen zu Forschungsprojekten, die aus Mitteln der Universität selbst bestritten werden oder solche, wo die Drittmittel etwa von der DFG oder anderen öffentlichen Geldgebern kommen. Für ihre Stellungnahmen zu klinischen Prüfungen nach dem AMG oder MPG beanspruchen die Ethikkommissionen Gebühren. Dagegen ist im Grunde ge- **45**

---

[41] Gesetz vom 17.Juli 2009 BGBl. I S. 1990.
[42] Vgl. hierzu Listl, S. 66 ff., dies. in: Spickhoff, Medizinrecht, § 42 AMG Rz. 2.
[43] Wer A sagt muss auch B sagen und darf nicht klagen.
[44] Vgl. hierzu z. B. Vogeler, S. 469 ff; Deutsch, Spickhoff, Rn,. 1055 ff.; v. d. Sanden S. 203 ff. und Listl, S.
[45] Dass die Genehmigung der BOB bei multizentrischen klinischen Prüfungen bereits nach 30 Tagen fingiert wir, spricht praktisch auch bereits gegen eine bedingte Bewertung oder eine solche unter Auflagen.

nommen nichts einzuwenden⁴⁶. Diese richtet sich nach unterschiedlichen (landesrechtlichen) Rechtsgrundlagen und wird zumeist (jedenfalls bei den Kammerkommissionen) als Gebühr erhoben. Problematisch sind dabei eher die großen Unterschiede unter den Kommissionen, was die Höhe der Gebühr angeht. Hierbei ist der gebührenrechtliche Grundsatz der Äquivalenz von Leistung und Gegenleistung zu beachten⁴⁷.

46 Bei klinischen Prüfungen von Arzneimitteln wird die Ethikkommission für den Sponsor aus der Industrie und bei Medizinprodukten für diesen wie den Leiter der Projekte tätig. So lange die Mitglieder der Ethikkommission diese Tätigkeit ausüben, stehen sie für ihre eigentlichen Dienstaufgaben, für die sie von ihrem Dienstherrn oder Arbeitgeber vergütet oder besoldet werden, nicht zur Verfügung. Schlimmstenfalls muss zu ihrer Entlastung im dienstlichen Bereich zusätzliches Personal eingestellt werden. Dieser zusätzliche Aufwand kann dem Träger der Ethikkommission, z. B. der Universität nicht verbleiben. Für den Aufwand hat daher der Sponsor aufzukommen, in dessen Interesse die Tätigkeit der Kommission erfolgt. Fraglich kann damit nicht mehr das „dass" der Vergütung, sondern vielmehr nur noch die Höhe sein.⁴⁸ Es dürfte sich empfehlen, die Höhe des Entgelts an den Zeitaufwand der Kommission zu koppeln und dabei einen Vergütungssatz zu wählen, der sich am Stundensatz orientiert, den ein Professor in Besoldungsgruppe W-3 erhält. Soll eine kostendeckende Verrechnung des tatsächlichen Aufwandes nach außen (aber auch etwa innerhalb einer Einrichtung) erfolgen, so müssen die Kosten für Räume, weiteres Personal und den Sachaufwand hinzu gerechnet und dem Sponsor ebenfalls berechnet werden.

V. Aufklärung, Einwilligung, Schweigepflicht und Datenschutz

1. Aufklärung, Einwilligung

47 Diagnose und Therapie einer Erkrankung oder die Entnahme von Körpermaterial erfolgt häufig im Rahmen der ärztlichen Behandlung,, kann aber auch für Zwecke medizinischer Forschung nutzbar gemacht werden. Die Einwilligung des Patienten in Diagnose und Therapie rechtfertigt diesen Eingriff nach entsprechender Aufklärung diese Einwilligung deckt auch die Entnahme und die Verwendung (bis zur Vernichtung) von Materialien im Rahmen dieses Zwecks. Die Einwilligung in die Materialentnahme und die Behandlung sowie die Verwendung der Materialien zu diagnostischen und/oder therapeutischen Zwecken umfasst aber weder ausdrücklich noch stillschweigend, zugleich diejenige in die Verwendung der Materialien zu

---

⁴⁶ Vgl. hierzu Lippert, VersR 2000, 1206 ff. und GesR 2003, 67 jeweils m.w. Nachw.

⁴⁷ Die Festlegung einer (privatrechtlichen) Vergütung muss sich (nur) in den Grenzen von Gesetz- und Sittenwidrigkeit halten.

⁴⁸ Vor diesem Hintergrund ist die Entgelt-/Gebührenfreiheit bei universitätsinternen Forschungsprojekten mehr als fragwürdig, sie sollte abgeschafft werden!

wissenschaftlichen Zwecken. Diese bedarf im Normalfall einer gesonderten Aufklärung und entsprechender Einwilligung des Patienten oder Probanden.

Gleiches gilt auch für die Erhebung und die Verarbeitung von Daten, für Zwecke der ärztlichen Behandlung, wenn diese Daten etwa in Registern oder Datensammlungen mit Personenbezug verwendet werden sollen. Dazu muss der Patient auf gesondertem Formular nach detaillierter Aufklärung über die Umstände, unter denen die Einsichtnahme erfolgen soll seine Einwilligung gegeben haben, sowie über die zur Verwendung der Daten berechtigten Personen und Institutionen in denen diese Daten verwahrt werden sollen. Solange der Gesetzgeber die Weitergabe von Krankenmerkmalen im Rahmen der verfassungsrechtlichen Möglichkeiten nur im Einzelfall (z. B. das Krebsregistergesetz – KRG und die Krebsregistergesetze der Länder)[49] festschreibt, bleiben die Register auf das Einverständnis der Betroffenen oder entsprechende anonymisierte Verfahren angewiesen.

2. Schweigepflicht

Auch in der medizinischen Forschung und Lehre befindet sich das Patientengeheimnis in Gefahr. Schon der 80. Deutsche Ärztetag 1977 hat deshalb die in der MBO geregelte Schweigepflicht schärfer gefasst. Wissenschaftliche Mitteilungen müssen die Anonymität des Patienten wahren oder bedürfen dessen ausdrücklicher Zustimmung. (Zu den Einzelheiten vgl. oben die Kommentierung zu §§ 8 und 9).

3. Datenschutz

Hinsichtlich der Beachtung datenschutzrechtlicher Vorschriften gibt es bei der biomedizinischen Forschung keine Besonderheiten gegenüber dem normalen Behandlungsgeschehen. Auf die Kommentierung oben bei § 9 MBOÄ kann daher verwiesen werden[50].

VI. Fälschung von Forschungsergebnissen und ihre Ahndung

Verschiedene Fälle der Fälschung und Manipulation wissenschaftlicher Daten in einschlägigen medizinischen Veröffentlichungen in Deutschland haben dazu geführt, dass an nahezu allen Universitäten Kommissionen eingesetzt worden sind, die Verstöße gegen die „Gute Wissenschaftliche Praxis" untersuchen und aufklären

---

[49] Gesetz vom 4.11.1994 (BGBl. I S. 3351). Das Gesetz war bis 31.12.1999 befristet und ist außer Kraft getreten. Es feiert allerdings Auferstehung durch das in Art. 5 des 2. Gesetzes zur Föderalismusreform klammheimlich aufgenommene Krebsregisterdatengesetz – Gesetz vom 10.8.2009 (BGBl. I S. 2702). Vgl. auch § 9 Rz. 48.
[50] Vgl. hierzu neuestens Buchner, MedR 2013, 337.

sollen[51]. Für sich allein stellt die Fälschung von Forschungsdaten unter Missachtung der Grundsätze „Gute wissenschaftliche Praxis" keinen Verstoß gegen § 15 MBO dar, weil § 15 außer der Pflicht, sich bei biomedizinischen Forschungsprojekten durch eine Ethikkommission beraten zu lassen, keine weiteren Pflichten des forschenden Arztes begründet. Eine berufsrechtliche Ahndung erscheint derzeit nur möglich, sofern der zu beanstandende Vorgang zu einer strafrechtlichen Verurteilung etwa wegen Betrugs oder Anstellungsbetrugs oder einer solchen wegen Verstößen gegen das Urheberstrafrecht (§ 106 ff UrhG) führt. Hier kann sich eine berufsgerichtliche Ahndung anschließen, wenn der Vorgang einen berufsrechtlichen Überhang aufweist und sich daraus die Unwürdigkeit oder die Unzuverlässigkeit des Arztes zur Ausübung des ärztlichen Berufes ergibt.

52 In neuester Zeit ist durch mehrere Dissertationen im nichtmedizinischen Bereich das Problem der Übernahme von Texten/Textpassagen fremder Autoren unter dem Gesichtspunkt des urheberrechtswidrigen Plagiats thematisiert worden. Die Einzelheiten dieser durch Presseveröffentlichungen hinreichend bekannten Sachverhalte interessieren in diesem Zusammenhang eher nicht. Warum? Mediziner zitieren in ihren Arbeiten grundsätzlich anders, nämlich in ihren "Zitatengräbern" nur gesamte Veröffentlichungen und nicht exakte Fundstellen in diesen. Dies schließt natürlich auch im medizinischen Bereich nicht aus, dass Texte in unzulässiger Weise verwendet (plagiiert) werden. Wegen dieser und vor allem wegen der inhaltlichen Unzulänglichkeiten hat eine große deutsche Wochenzeitung medizinische Doktoranden süffisant als "Flachforscher" tituliert[52] 56 ff. Zu den Rechtsfolgen von Verletzungen des Urheberrechts vergleiche unten Rz.

53 Im Zusammenhang mit den kürzlich aufgedeckten Plagiatsfällen ist immer wieder auf die Zitierweise abgehoben worden. Die Freiheit der Wissenschaft lebt von einem Gedankenaustausch. Im geisteswissenschaftlichen Bereich vorwiegend und essentiell gehört hierzu die Auseinandersetzung mit veröffentlichten Gedanken in urheberrechtlich geschützten Werken. Während der Urheber des Werkes ansonsten derjenige ist, der darüber bestimmen kann, was mit seinem Werk geschehen soll, schränkt das Zitatrecht diese Befugnis ein. Der Urheber muss es also in den Schranken, die § 51 UrhG und damit in Zusammenhang § 63 UrhG dulden, dass Teile seines Werkes in anderen Werken verwendet werden[53].

54 Das Zitat ist zweckgebunden im Rahmen von § 51 Abs. 1 Nr. 1 und 2 UrhG zulässig, um etwa den Inhalt eines wissenschaftlichen Werkes zu erläutern (Nr. 1 = Großzitat) oder auch Stellen eines geschützten Werkes anzuführen (Nr. 2 = Kleinzitat). Das Zitat ist nicht nur kenntlich zu machen, sondern es ist auch die Quelle und der Name des Urhebers anzugeben. Das Zitatrecht muss sich im Rahmen der an-

---

[51] Vgl. hierzu Lippert, WissR 2000, 210 m.w.Nachw.

[52] vgl. Spiewak, Flachforscher – medizinische Doktorarbeiten haben in der Wissenschaft einen besonders schlechten Ruf, Zeit 2011 Nr. 35 S. 31 f.

[53] Vgl. hierzu Schricker/Spindler in: Schricker Loewenheim, UrhG, 4. Aufl. 2010 § 51 Rz. 6 ff. m.w.Nachw.

ständigen Gepflogenheiten halten[54]. Geschieht dies, dann sind keine Interessen des Urhebers verletzt.

Ein Plagiat kann aber auch für den Verlag, der eine plagiiert Arbeit veröffentlicht, erhebliche Rechtsfolgen nach sich ziehen. Entstehen ihm etwa durch den Rückruf oder gar die Vernichtung eines bereits ausgelieferten Werkes Schäden, so kann er diese im Wege des Rückgriffs bei seinem Autor geltend machen. Dieser hat durch das Plagiat schließlich seinen eigenen Verlagsvertrag schlecht erfüllt und dies kann teuer werden.

VII. Urheberrechtliche Probleme der biomedizinischen Forschung

Eigentümer der erhobenen Forschungsdaten und ihr Urheber zu sein, heißt nicht zugleich, zu ihrer Verwertung befugt zu sein. Diesen grundlegenden Satz des Urheberrechts verkennen im Wissenschaftsbetrieb viele Beteiligte. Wer die wissenschaftlichen Daten erhoben, also ihr Eigentümer sein mag und zugleich ihr Urheber ist, muss nicht zugleich auch er die Berechtigung besitzen, über sie verfügen zu können. Diese Befugnis ist im Wissenschaftsbetrieb der Universität häufig vom arbeitsrechtlichen Vereinbarungen und von gesetzlichen Vorgaben abhängig. Wer im Dienst – oder Beamtenverhältnis wissenschaftliche Daten und Ergebnisse zu erheben verpflichtet ist, ist zwar Urheber der Ergebnisse, aber wegen § 43 UrhG nicht berechtigt, über diese Ergebnisse zu verfügen. Wer in abhängiger Stellung an der Gewinnung wissenschaftlicher Daten beschäftigt ist, wird überdies nicht Eigentümer dieser Daten und Ergebnisse, sondern der Arbeitgeber bzw. Dienstherr. Auch wenn es dem Laien er nicht einfach zu vermitteln sein mag: selbst wenn derjenige, der die wissenschaftlichen Daten erhoben hat deren Eigentümer sein mag, so ist er doch zur eigenen Verwertung nicht befugt, weil er eben für diese Tätigkeit bereits vergütet oder besoldet worden ist.

Urheberrechtsfähig im Sinne des Urheberrechtsgesetzes ist nur eine persönliche Schöpfung mit entsprechender Gestaltungshöhe. Nicht urheberrechtsfähig sind somit wissenschaftliche Erkenntnisse, Theorien, Forschungs- und Untersuchungsergebnisse, Diagnosen und Ideen, solange sie nicht vom Urheber schöpferisch verarbeitet und in einem Werk verkörpert sind. Das Urheberrechtsgesetz bezeichnet den Schöpfer des Werkes als Urheber. Denkbar ist auch eine Miturheberschaft[55] mehrerer Personen, die gemeinsam ein Werk geschaffen haben, wobei jeder einen schöpferischen Anteil daran leisten muss. Wer Anregungen und Ideen, Fakten und Arbeitsthemen beisteuert, ohne selbst schöpferisch tätig zu werden, ist nicht Miturheber.

---

[54] Art. 5 Abs. 3 lit. D RiLi 2001/29/EU vom 22.05.2001 ABl. L 167/10, Schricker/Spindler, § 51 Rz. 23f.
[55] Vgl hierzu grundsätzlich Schricker- Löwenheim, § 8 Rz. 4 ff.; Hubmann/Rehbinder, Urheber- und Verlagsrecht, 7. Aufl. 1991 § 20; Seewald, Freundling, Der Beamte als Urheber NJW 1986, 2688 m.w. Nachw.; Kimminich, Veröffentlichungsrecht des Wissenschaftlers in: Fortbildungsprogramm für die Wissenschaftsverwaltung Bd. 21, 1985, S. 5 ff.;

58 Nicht Urheber ist, wer nur Hilfstätigkeiten ausgeführt hat. Die Abgrenzung ist in der Praxis schwierig. Sie wird umso schwieriger, je höherwertig die geleistete Tätigkeit anzusehen ist. Keine Urheberschaft liegt vor, wenn lediglich handwerkliche Leistungen erbracht werden.

VIII. Interessenskonflikte, finanzielle Konflikte

59 § 15 Abs. 2 ist in der bisherigen MBO nicht enthalten gewesen. Satz 2 ist aus sich heraus verständlich: der Forscher hat in der Publikation kenntlich zu machen, wer das Projekt finanziell unterstützt hat (DFG, industrieller Sponsor, Drittmittel). Biomedizinische Forschung an und mit Menschen kann zum Konflikt widerstreitender Interessen zumeist finanzieller Art führen. Hauptsächlich Betroffener ist dabei der Patient oder Proband, der in ein Forschungsprojekt einbezogen ist, weil ihm dieser Konflikt selten offenbart wird. Betroffen ist aber auch die Wissenschaftliche Öffentlichkeit, der derlei Abhängigkeiten nicht verborgen bleiben, wenngleich auch ihr Ausmaß oder dieses gar verschleiert wird. Der „Förderer" hat überdies wenig Interesse und Neigung, damit an die Öffentlichkeit zu gehen. Dass die Kooperation mit der einschlägigen Industrie berufsrechtliche Schranken nicht überschreiten darf, ist dabei allen Beteiligten nur zu bekannt.[56] Die Sanktionen, die bei Verstößen möglich sind, lassen das Risiko allerdings kalkulierbar erscheinen.

1. Klinische Prüfungen mit Arzneimitteln und Medizinprodukten

60 Satz 1 ist wohl dahingehend zu verstehen, dass der Forscher auch der Ethikkommission gegenüber zum finanziellen Aspekt seines Forschungsprojektes Auskünfte zu erteilen hat, etwa zur Höhe der pro Proband an ihn gewährten Vergütung sowie sonstiger Zuwendungen aus Anlass der Durchführung des Forschungsprojektes. Nach der GCP-V hat der Leiter einer klinischen Prüfung mit Arzneimitteln der Ethikkommission über die an ihn geflossenen Vergütungen Auskunft zu geben hat. Auch ist über die wirtschaftlichen Interessen des Prüfers an dem zu prüfenden Arzneimittel Rechenschaft zu geben. Letzteres ist neu. Soweit in den Kammerbezirken von Absatz 2 abweichende Formulierungen beschlossen worden sind, decken sie diese Variante jedenfalls nicht ausdrücklich ab.

61 #### 2. Drittmitteleinwerbung

Die Durchführung Klinischer Prüfungen mit Arzneimitteln und Medizinprodukten unter Einwerbung von Drittmitteln führt den Forscher zwangsläufig in die Nähe der

---

[56] Der Komplex trägt sogar ein ganzes Handbuch: Dieners, Handbuch Compliance im Gesundheitswesen: Kooperation von Ärzten, Industrie und Patienten, 3. Aufl. 2010.

einschlägigen Industriefirmen. An dieser Stelle sei nur darauf hingewiesen, dass dieses Verhältnis nicht immer frei von Interessenskonflikten ist. Ausführlich kommentiert ist dieser Komplex unten bei § 30 ff.

IX. Die Verantwortlichkeit des Forschers

Biomedizinische Forschung findet nicht im rechtsfreien Raum statt. Sofern es nicht sondergesetzliche Vorschriften für eine Verantwortlichkeit oder Haftung gibt, finden die allgemeinen Vorschriften des StGB, oder BGB Anwendung. 62

1. Strafrechtliche Verantwortung

Was die strafrechtliche Verantwortlichkeit des biomedizinischen Forschers angeht, so unterliegt er mit seiner Tätigkeit den Vorschriften des StGB. Wird er auf Spezialgebieten tätig, wie etwa dem Arzneimittel -oder Medizinproduktebereich, dann können auch die nebenstrafrechtlichen Vorschriften dieser Gesetze zur Anwendung kommen, und zwar kumulativ oder alternativ[57]. Dies ist von den jeweils einschlägigen Normen abhängig und ist im Strafrecht auch sonst nichts Ungewöhnliches. 63

2. Haftung

Die Haftung des Arztes als Forscher folgt rechtlich grundsätzlich denselben Regeln wie die des Arztes in der Patientenbehandlung[58]. Insoweit kann auf die Kommentierung zu § 7 Bezug genommen werden[59]. Auch die Anspruchsgrundlagen, auf die ein Schadenersatzanspruch gestützt werden kann (Vertrag, Geschäftsführung ohne Auftrag, unerlaubte Handlung) sind dieselben. Dennoch ist im Bereich der biomedizinischen Forschung inhaltlich zu differenzieren zwischen klinischen Prüfungen von Arzneimitteln und Medizinprodukten als Forschungsgegenstand und solcher Forschung, die sich auf andere Bereiche bezieht. 64

Für sie die auf eine klinische Prüfung von Arzneimitteln oder Medizinprodukte zurückzuführen ist, hat derjenige, der sie durchführt, zugunsten der einbezogenen Patienten eine Probandenversicherung abzuschließen, die eine Schadenssumme von mindestens 500000 € abdeckt. Wer die Versicherung abschließt, spielt dabei keine Rolle, wichtig ist nur, dass sie nach den gesetzlichen Vorschriften (§ 40 AMG, 20 MPG) abgeschlossen ist. Ob die Probandenversicherung neuestens auch einen Anspruch auf Schmerzensgeld deckt, wird für diejenige nach § 20 MPG bei klinischen 65

---

[57] Vgl. z. B. §§ 94 ff. AMG und 33 40 ff. MPG; hierzu jeweils Tag in den Kommentaren Deutsch, Lippert, Anker, Ratzel, Tag AMG und Deutsch, Lippert, Ratzel, Tag MPG

[58] Vgl. hierzu Lippert, Adler, VersR 1993, 277; Kreß, S. 31 ff.; Wenckstern, S. 103 ff. jew. m.w. Nachw.

[59] Rz. 33 ff.

Prüfungen von Medizinprodukten zu schließende Versicherung bejaht, bei der nach § 40 AMG diskutiert und im Ergebnis als wünschenswert (wegen der Gleichbehandlung der Bereiche) bejaht[60].

66 Die Haftung des forschenden Arztes außerhalb der klinischen Prüfung von Arzneimitteln und Medizinprodukten lässt sich auf die bekannten Anspruchsgrundlagen Vertrag[61], Geschäftsführung ohne Auftrag und unerlaubte Handlung, stützen. Zu beachten ist jedoch, dass die Teilnahme an der biomedizinischen Forschung (und Lehre) bei den Professoren und dem wissenschaftlichen Personal an den medizinischen Fakultäten und in den Universitätsklinika (in denen die meiste medizinische Forschung geleistet wird) zu den Dienstaufgaben dieses Personals gehört[62]. Vertragliche Beziehungen (Probanden – Forschungsvertrag) entstehen daher in aller Regel nur zwischen der Einrichtung und Patienten/Probanden, nicht dagegen mit dem Forscher persönlich. Für Schäden haftet daher die Einrichtung aus dem Vertrag (ggf. auch auf Schmerzensgeld). Auch aus Geschäftsführung ohne Auftrag und unerlaubte Handlung haftet der Professor aber auch der wissenschaftliche Mitarbeiter dem Geschädigten nicht unmittelbar, weil derartige Schadenersatzansprüche nach den Regeln der Staatshaftung (§ 839 BGB, Art. 34 GG) abzuwickeln sind. Der Grundsatz der Subsidiarität der Bedienstetenhaftung schließt daher eine unmittelbare Haftung des tätig werdenden Personals aus[63]

67 In der Praxis der Schadensabwicklung spielt die Unterscheidung indessen keine große Rolle mehr. Nahezu alle Universitätsklinika verfügen inzwischen über eine Betriebshaftpflichtversicherung, die gerade das Risiko des Schadenersatzes bis einschließlich der groben Fahrlässigkeit abdeckt. Die Schadenshäufigkeit ist allerdings speziell im Bereich der biomedizinischen Forschung bisher gering geblieben. Auch die immer wieder diskutierte Haftung der Ethikkommission ist eher rechtstheoretischer Natur denn ein praktisches Problem. Vom Grundsatz her kann der Träger der Ethikkommission jedenfalls bei der Begutachtung klinischer Prüfungen von Arzneimitteln und Medizinprodukten im Auftrag eines industriellen Sponsors auch aus dem Dienstvertrag zwischen Träger und Sponsor in Anspruch genommen werden [64]. Daneben auch noch aus der Staatshaftung nach § 839 BGB, Art. 34 GG.

---

[60] Vgl. Deutsch, PharmR 2001, 346; ders in: Deutsch, Lippert, Ratzel, MPG, Anhang zu § 40 m.w.Nachw.

[61] Vgl. hierzu neuestens Ehling, Vogeler, MedR 2008, 273. Es ist nicht einzusehen, warum ausgerechnet auf dem Gebiet der biomedizinischen Forschung keine vertraglichen Beziehungen unter den Beteiligten begründet werden sollten. Unter den Behandlungsvertrag nach § 630a ff. BGB fällt er jedenfalls nicht.

[62] Vgl. hierzu Lippert, NJW 1992, 2338, beim wissenschaftlichen Personal über im TVöD nicht mehr geregelt (früher § 14 BAT). Kreß, S. 130; Deutsch, Spickhoff, 6. Aufl., Rz. 1073 ff. jeweils m. w. Nachw. Vgl. Deutsch, MedR 1995, 483.

[63] Vgl. hierzu Lippert, Adler, VersR 1993, 277 (278); Kreß, S. 31; Wenckstern, S. 112, jew. m. w. Nachw.

[64] A. A. wohl Kreß, S. 131 ff. Die Ethikkommissionen sind im allgemeinen keine Rechtssubjekte, sondern Teile der sie tragenden Institutionen, die aber als deren Träger für ihre Fehler einstehen müssen. H.M. wie hier mit Unterschieden im Detail auch van der Sanden, S. 200 ff., Metzmacher, S. 162 ff. jeweils mit ausführlichen Nachweisen.

Sie ist auch einschlägig für die Träger öffentlich-rechtlich organisierter Ethikkommissionen, ihre Mitglieder und die Geschäftsstellen und zwar aus allen gesetzlich übertragenen Tätigkeitsbereichen und neuestens wohl auch beim Tätigwerden der Ethikkommission nach § 15 MBO[65].

---

[65] Wie hier ausführlich und mit beachtlichen Argumenten für eine Haftung (Amtshaftung) der Ethikkommission auch in diesem Bereich: Listl, S. 121 ff. dies. in: Spickhoff, Medizinrecht, § 42 Rz. 33 ff.

§ 16 Beistand für Sterbende

Ärztinnen und Ärzte haben Sterbenden unter Wahrung ihrer Würde und unter Achtung ihres Willens beizustehen. Es ist ihnen verboten, Patientinnen und Patienten auf deren Verlangen zu töten. Sie dürfen keine Hilfe zur Selbsttötung leisten.

Änderungen 114. Deutschen Ärztetag:

Bisheriger Satz 3 ist § 2 Abs. 2 angefügt worden

Abweichender Wortlaut der Berufsordnungen in den Kammerbezirken:

Ohne Satz 2 und 3:

Baden-Württemberg, Bayern,

Berlin

Der Arzt darf – unter Vorrang des Willens des Patienten – auf lebensverlängernde Maßnahmen nur verzichten und sich auf die Linderung der Beschwerden beschränken, wenn ein Hinausschieben des unvermeidbaren Todes für die sterbende Person lediglich eine unzumutbare Verlängerung des Leidens bedeuten würde. Der Arzt darf das Leben des Sterbenden nicht aktiv verkürzen. Er darf weder sein eigenes noch das Interesse Dritter über das Wohl des Patienten stellen.

Sachsen-Anhalt

§ 16 (alt)

Beistand für Sterbende

Der Arzt hat Sterbenden unter Wahrung ihrer Würde und unbedingter Achtung ihres Willens beizustehen. Der Arzt darf das Leben des Sterbenden nicht aktiv verkürzen.

Schleswig-Holstein

§ 16

Beistand für den Sterbenden

Der Arzt darf – unter Vorrang des Willens des Patienten – auf lebensverlängernde Maßnahmen nur verzichten und sich auf die Linderung der Beschwerden beschränken, wenn ein Hinausschieben des unvermeidbaren Todes für die sterbende Person lediglicheine unzumutbare Verlängerung des Leidens bedeuten würde. Der Arzt darf das Leben des Sterbenden nicht aktiv verkürzen. Er darf weder sein eigenes noch das Interesse Dritter über das Wohl des Patienten stellen.

Übersicht   Rz.

I.   Die Bedeutung der Norm 1
II. Der Wille des Patienten 2
III. Schriftliche Willensäußerungen 6
IV. Sterbebegleitung – Sterbehilfe 11
V.   Aktive Sterbehilfe 12
VI. Passive Sterbehilfe 13

Literatur
Deutsch, Verfassungszivilrecht bei der Sterbehilfe, NJW 2003, 1567; Kaufmann, Euthanasie – Selbsttötung – Tötung auf Verlangen, MedR 1983, 121; Lippert, Die Einwilligung in der medizinischen Forschung und ihr Widerruf, DMW 1997, 912; Röver, Einflußmöglichkeiten des Patienten im Vorfeld einer medizinischen Behandlung, 1997; Taupitz, Empfehlen sich zivilrechtliche Regelungen zur Absicherung der Patientenautonomie am Ende des Lebens? Gutachten zum 63. Deutschen Juristentag, Leipzig, 2000; Uhlenbruck, Die Altersvorsorge – Vollmacht als Alternative zum Patiententestament und zur Betreuungsverfügung, NJW 1996, 1583; ders. Die Stellvertretung in Gesundheitsangelegenheiten, in FS Deutsch 1999, 849; Ulsenheimer, Grenzen der Behandlungspflicht, Behandlungseinschränkung, Behandlungsabbruch, Anästhesiologische Intensivmedizin, Notfallmedizin, Schmerztherapie 1996, 543; Verrel, Patientenautonomie und Strafrecht bei der Sterbebegleitung. Gutachten C zum 66. Deutschen Juristentag, München 2006; Wienke, Lippert (Hrsg.), Der Wille des Patienten zwischen Leben und Sterben, 2001; Weißauer, Opderbecke, Behandlungsabbruch bei unheilbarer Krankheit aus medicolegaler Sicht, MedR 1995, 456.

I. Die Bedeutung der Norm

1 § 16 ist neu in die MBOÄ aufgenommen worden und regelt im Anschluss an § 1 Abs. 2, der den Arzt zur Lebenserhaltung verpflichtet, wie mit Sterbenden umzugehen ist. § 16 regelt im weitesten Sinn die passive Sterbehilfe, die unter bestimmten weiteren Voraussetzungen für den Arzt zulässig sein soll. Der aktiven Sterbehilfe erteilt die Vorschrift eine klare Absage. Wie auch schon die Neufassung der Richtlinien der Bundesärztekammer für die ärztliche Sterbebegleitung rückt sie den beachtlichen Willen des Sterbenden in den Vordergrund. Der bisherige Satz 3 ist als allgemeine Aussage zur ärztlichen Berufsausübung nunmehr in § 2 Abs. 2 als Satz 3 aufgenommen worden

II. Der Wille des Patienten

2 Der Wille des einsichts- und urteilsfähigen – also einwilligungsfähigen – Patienten ist für den Arzt bindend (Zum Willen des Patienten vgl. auch die Kommentierungen zu §§ 7 und 8.)[1]. Wünscht der Patient die Behandlung, so hat der Arzt sie im Rahmen seiner Behandlungspflicht zu erbringen, soweit ihm dies zumutbar ist

---

[1] Vgl. oben die Kommentierung zu § 7 Rz. 8 ff. und § 8 Rz. 16 ff. im Einzelnen; Ulsenheimer, Anästhesiologische Intensivmedizin, Notfallmedizin, Schmerztherapie 1996, 543; Weißauer, Opderbecke, MedR 1995, 456.

und er die Behandlung nicht wie es § 7 Abs. 2 MBOÄ 97 vorsieht, ablehnen kann. Verweigert der Patient seine Einwilligung in die Behandlung, so hat der Arzt dies ebenfalls zu respektieren. Der Wille des Patienten begrenzt also den ärztlichen Behandlungsauftrag.

Wünscht ein voll einsichts- und urteilsfähiger (also einwilligungsfähiger) Patient nach Aufklärung durch den behandelnden Arzt keine Weiterbehandlung, dann bleibt der Arzt, der diesen derart geäußerten Patientenwillen berücksichtigt, straflos. Der Arzt darf sich auch dem Willen des Patienten entsprechend darauf beschränken, Medikamente zu verabreichen, die Schmerzen oder Leiden lindern sollen.

Ist nach Auffassung des behandelnden Arztes die Einsichts- und Urteilsfähigkeit des Patienten nicht mehr gegeben, so darf er den derart geäußerten Willen nicht beachten, sondern muss nach seiner Behandlungspflicht die erforderlichen lebenserhaltenden Maßnahmen ergreifen. 3

Ist der Patient nicht mehr in der Lage, seinen Willen zu äußern, dann kann der Arzt nach dem mutmaßlichen Willen des Patienten die erforderlichen medizinischen Behandlungsmaßnahmen ergreifen[2]. Der Arzt muss Angehörige oder Bezugspersonen (sofern vorhanden), zum Inhalt des mutmaßlichen Patientenwillens befragen, so fordern es jedenfalls die Richtlinien der Bundesärztekammer für die Sterbehilfe. Gleiches fordert neuerdings § 1901b Abs. 2 BGB vom Betreuer oder Bevollmächtigten. Auch wenn diese Vorschrift im Zusammenhang mit der Auslegung von Patientenverfügungen steht, so ist der Vorschrift doch ein allgemeiner, auch außerhalb dieser Situation geltender Sinngehalt zu entnehmen.

Die Regelung gilt auch für den Notarzt, der notfallmedizinische Maßnahmen anwendet. Vor allem für ihn bereitet es nicht selten Schwierigkeiten, die richtige Entscheidung zu treffen. Der Notarzt kennt zumeist weder seinen Patienten und sein Umfeld noch dessen Lebens- und Krankheitsumstände. Patientenverfügungen können bei der für die Behandlung gebotenen Eile nicht gefunden und wenn sie gefunden werden nicht geprüft und bewertet werden. So kommt es in der Praxis immer wieder vor, dass die Abwendung lebensbedrohlicher Erkrankungen um den Preis schwerster Schädigungen – etwa eines apallischen Syndroms – erkauft wird[3]. Es steht allerdings zu befürchten, dass die Änderung in §§ 1901 ff. BG hier keine Änderung zur Folge haben wird. 4

Bei der Befragung von Angehörigen und Bezugspersonen soll der Arzt die nötige Vorsicht walten lassen, da ihm als Außenstehendem oft nicht die eigenen Interessen dieses Personenkreises erkennbar sein können. Kommt die Bestellung eines Betreuers oder Vormundes in Betracht, so ist diese Bestellung abzuwarten und sodann die Entscheidung des Betreuers oder Vormundes herbeizuführen. 5

Der Behandlungsverzicht ist auch da gerechtfertigt, wo weitere Behandlungsmaßnahmen gegen die Menschenwürde des Patienten verstoßen würden.

---

[2] Vgl. den Kemptener Fall, MedR 1995, 72, wo der einmal geäußerte Wille des Patienten für beachtlich angesehen wurde.
[3] Vgl. hierzu Lippert, Notfallmedizin 1989, 423 m. w. Nachw.

III. Schriftliche Willensäußerungen

6 **Patientenverfügungen** Hat ein einwilligungsfähiger Volljähriger für den Fall seiner Einwilligungsunfähigkeit schriftlich festgelegt, ob er in bestimmte, zum Zeitpunkt der Festlegung noch nicht unmittelbar bevorstehende Untersuchungen seines Gesundheitszustandes, Heilbehandlungen oder ärztliche Eingriffe eingewilligt oder sie untersagt, (Patientenverfügung) so prüft der Betreuer oder Bevollmächtigte, ob diese Festlegung auf die aktuelle Lebens- oder Behandlungssituation zutreffen. Ist sie zutreffend, ist sie für den Arzt des Betreuten bindend. Das Gesetz enthält somit eine Legaldefinition dessen, was eine Patientenverfügung sein soll[4]. Dies ist zu begrüßen. Mit dieser gesetzlichen Regelung hat der Gesetzgeber eine sechs Jahre währende Diskussion[5] beendet, mit deren Ergebnis eigentlich niemand so richtig glücklich zu sein scheint. Dies muss der Regelung nicht als Makel anhaften. Gleichwohl hat der Gesetzgeber damit dem Drängen derjenigen nachgegeben, die sich durch den Rückzug auf eine gesetzliche Regelung (die ihnen dann bestimmt auch wieder zu bürokratisch ist) der Verantwortung einer freien ärztlichen Entscheidung entziehen wollen und sich rückversichern müssen. Die von dieser Rückversichererfraktion geforderte „Kochrezeptlösung" (man nehme....) wird auch unter der gesetzlichen Regelung nicht funktionieren. Positiv ist immerhin, dass die gerichtliche Entscheidung über die Patientenverfügung nur bei einem Dissens zwischen dem Betreuer und dem behandelnden Arzt erforderlich ist. Ansonsten ist die Genehmigung nach § 1904 BGB zu erteilen

7 Die Patientenverfügung kann einen Arzt nicht zu einer strafbaren Handlung zwingen. Sie kann aber – wie bereits oben kurz angesprochen – dazu dienen, den mutmaßlichen Willen des Patienten herauszufinden. Hierfür ist es jedenfalls dann ein gewichtiger Anhaltspunkt, wenn die in der Erklärung geschilderte Situation eingetreten ist. Auch für diese Willensäußerung ist der für alle vorformulierten Erklärungen geltende zivilrechtliche Grundsatz zu beachten, dass Unklarheiten zu Lasten des Erstellers der Erklärung gehen. Es gibt keinen Grund bei Beurteilung der Beachtlichkeit von Patientenverfügungen von diesem Grundsatz abzuweichen.

8 **Die Betreuungsvollmacht** In der Praxis ist lange übersehen worden, dass das Betreuungsgesetz auch die Möglichkeit eröffnet, zu Zeiten der Einwilligungsfähigkeit eine Person des Vertrauens zu ermächtigen, im Falle der krankheitsbedingten

---

[4] §§ 1901 ff. BGB geändert durch das 3. Gesetz zur Änderung des Betreuungsrechts vom Juni 2009 (BGBl. I S.) Zum Umgang mit Vorsorgevollmachten und Patientenverfügungen, vgl. die Empfehlungen der Bundesärztekammer DÄ 2010 B 769.

[5] BGH, Beschl. v. 17.3.2003 – XII ZB 2/03, NJW 2003, 1588; Vgl. auch die Zusammenfassung bei Knopp. Hoffmann, MedR 2005, 83; die Entscheidung des BGH ist allseits wenn auch mit unterschiedlichen Begründungen kritisiert worden, vgl. zum Stand: Zuck in Quaas, Zuck, § 68 Rz. 159 ff. m. w. Nachweisen; die Empfehlungen zur Patientenverfügung des Bundesjustizministeriums können ebenso wie die Ergebnisse der Arbeitsgruppe „Patientenrechte in Deutschland" unter www.bmj.bund.de eingesehen werden. Vgl. hierzu auch Stackmann, NJW 2003, 1568; Deutsch, NJW 2003, 1567. Vgl. hierzu Taupitz, Gutachten, m. w. Nachw.; Empfehlungen der Deutschen Gesellschaft für Medizinrecht, MedR 2000, 548; Wienke, Lippert (Hrsg.), Der Wille des Patienten zwischen Leben und Sterben, 2001. Vgl. auch oben die Kommentierungen zu §§ 1,7, und 8 m. w. Nachw.

Einwilligungsunfähigkeit als Bevollmächtigter des Patienten dem Arzt gegenüber die für die Behandlung erforderlichen Erklärungen abzugeben. Durch eine Vorsorge- oder Betreuungsvollmacht kann der Patient so seinem Willen (besser) Geltung verschaffen, sofern die Vollmacht die Entscheidungskompetenz des Bevollmächtigten hinreichend umschreibt[6]. § 1896 Abs. 2 BGB ermöglicht also nunmehr eine Stellvertretung auch bei ärztlichen Behandlungsmaßnahmen, was in der Literatur bisher mit unterschiedlichen Begründungen hartnäckig geleugnet worden ist[7].

Leider hat der Gesetzgeber mit der letzten Änderung von §§ 1901 ff. BGB die Chance vergeben, die Betreuungsvollmacht in ihrer Funktion aufzuwerten. Bleibt nur die Hoffnung, die Praxis werde sich dieses überaus sinnvollen Instruments vermehrt zuwenden. 9

Dabei ist zuzugestehen, dass auch eine Patientenvollmacht, wie sie hier propagiert und nach wie vor für vorzugswürdig gehalten wird, natürlich Elemente einer Patientenverfügung enthält, sofern, der Vollmachtgeber dem Bevollmächtigten nähere Anweisungen für den Umgang mit dem Fall der Einwilligungsunfähigkeit erteilen möchte. 10

IV. Sterbebegleitung – Sterbehilfe

„Der Arzt ist verpflichtet, Sterbenden, d. h. Kranken und Verletzten mit irreversiblem Versagen einer oder mehrerer vitaler Funktionen, bei denen der Eintritt des Todes in kurzer Zeit zu erwarten ist, so zu helfen, dass sie in Würde zu sterben vermögen. Die Hilfe besteht neben palliativer Behandlung in Beistand und Sorge für Basisbetreuung." So beschreiben die Grundsätze der Bundesärztekammer zur ärztlichen Sterbebegleitung diese. Die Grundsätze sind eine klare Absage an alle Versuche aktiver Sterbehilfe und zugleich Definition dessen, was als passive Sterbehilfe zulässig ist. 11

V. Aktive Sterbehilfe

Bei der Sterbehilfe ist zu unterscheiden zwischen aktiver[8] und passiver Sterbehilfe. Unbestrittenermaßen ist es dem Arzt verboten, aktiv lebensverkürzende Maßnahmen zu ergreifen, auch wenn sie auf einem ausdrücklichen Wunsch des Patienten beruhen[9]. Auch wo die aktive Tötung als Mittel zur Schmerzlinderung und zur Erlösung von einem sinnlos gewordenen Leben erfolgt, ist sie rechtswidrig und zwar 12

---

[6] OLG Stuttgart, OLGZ 1994, 431; Uhlenbruck, MedR 1992, 134; Vgl. Zur Entwicklung auch heute noch lesenswert: Uhlenbruck, FS Deutsch S. 849 m. w. Nachw..

[7] Vgl. Staudinger, Dilcher, BGB, Kommentar, 12. Aufl. 1980, § 164, Rz. 38 ff.; Palandt- Heinrichs, BGB, Kommentar, 67. Aufl. 2008, vor § 164, Rz. 4, jeweils m. w. Nachw.; anders LG Göttingen, VersR 1990, 1405; OLG Stuttgart, OLGZ 1994, 431; anders: Röver, S. 108 ff.

[8] Vgl. Laufs, Rz. 295 ff.; vgl. auch die differenzierende Definition bei Verrel, Gutachten, S. 56 ff.,die sich aber offenbar in der Praxis nicht hat durchsetzen können.

[9] BGH, MedR 1985, 40, m. Anm. von Eser, MedR 1985, 6.

wegen des strafrechtlichen Verbots der Tötung auf Verlangen (§ 216 StGB)[10]. Eine für den Arzt straflose Beihilfe zum Selbstmord liegt dagegen vor, wenn der Patient voll einsichtsfähig ist und das eigentlich zum Tod führende Geschehen ganz in der eigenen Hand hat (Einnehmen überlassener Arzneimittel). Beherrscht der Arzt das Geschehen, etwa durch Injektion oder Infusion eines Medikaments, so macht er sich wegen aktiver Sterbehilfe strafbar.

VI. Passive Sterbehilfe

13 Praktisch bedeutsam und im einzelnen umstritten ist das Sterbenlassen eines Patienten durch Verzicht auf lebensverlängernde Maßnahmen, wo die Weiterbehandlung aussichtslos erscheint und dem Patienten nur weitere Schmerzen und Qualen auferlegt[11]. Diese passive Sterbehilfe kann als Tötung durch Unterlassen gewertet werden, sofern der Tod durch Vornahme der Maßnahme noch hätte hinausgezögert werden können. Voraussetzung dafür ist aber, dass der Arzt im konkreten Fall eine Garantenstellung für das Leben des Patienten inne hatte, die ihn verpflichtete, tätig zu werden. Diese kann sich aus der Übernahme der Behandlung (besser: Fortführung der begonnenen Behandlung) ergeben, wie aus der Pflicht des Arztes im ärztlichen Notfalldienst tätig zu werden, wie für den Notarzt aus der Pflicht, lebensbedrohliche Zustände mit den Mitteln der Notfallmedizin zu beseitigen. Wünscht es der Patient, so sind Weiterbehandlungsmaßnahmen zu ergreifen.

Maßnahmen, die der Schmerzlinderung dienen und die nicht das Risiko einer Verkürzung des Lebens in sich bergen, können eingesetzt werden, auch wenn eine Verkürzung der Lebenszeit als unbeabsichtigte Nebenfolge eintritt.

14 Dem Arzt ist es künftig berufsrechtlich untersagt, einem Patienten, Hilfe zur Selbsttötung zu leisten. Die berufsrechtliche Regelung vermag allerdings nichts daran zu ändern, dass nach Deutschem Strafrecht die Beihilfe zum Selbstmord keine Straftat darstellt[12]. Immerhin ist aber auch festgehalten, dass der Arzt entsprechend den eindeutigen gesetzlichen Vorgaben zur Patientenverfügung und zur Vorsorgevollmacht den Willen des Sterbenden zu beachten hat. Dies fordert so die Einführung verbindlicher Patientenverfügungen nach der Änderung des Bürgerlichen Gesetzbuches (§ 1901 ff. BGB). Die Grundsätze der Sterbebegleitung der Bundesärztekammer erlauben auch in der Neufassung von 2011 die medikamentöse Behandlung präfinaler Patienten unter Verkürzung des Lebens. Selbst wenn dies ein Widerspruch zu § 16 MBOÄ sein sollte, wäre er unbeachtlich, da den Grundsätzen keine Rechtsnormqualität zukommt. Ob das berufsrechtliche Verbot mit Art. 103 Abs. 2 GG in Einklang zu bringen ist, werden wohl erst die Gerichte entscheiden. Formelles Gesetz ist die Berufsordnung auch in der von den einzelnen Ärztekammern beschlossenen Fassung jedenfalls nicht.

---

[10] Vgl. hierzu Kaufmann, MedR 1983, 121 m. w. Nachw.

[11] Vgl. zum Begriff und zu den Voraussetzungen auch Uhlenbruck in: LdA, 4980, Rz. 17 ff. m. w. Nachw.

[12] Vgl. hierzu den Fall Hackethal OLG München Urt. v. 31.7.1987 – Ws 23/87, NJW 1987, 2940.

IV. Berufliches Verhalten

1. Berufsausübung

Vorbemerkungen vor §§ 17ff.

Der 107. Deutsche Ärztetag hatte im Mai 2004 in Bremen unter dem Eindruck des am 1.1.2004 in Kraft getretenen GKV-Modernisierungsgesetz- GMG[1] die Musterberufsordnung (MBO[2]), insbesondere im Hinblick auf die beruflichen Rahmenbedingungen ärztlicher Tätigkeit einschneidend geändert. Ziel dieser Änderung war einmal die Wettbewerbsfähigkeit freiberuflich tätiger Ärzte gegenüber anderen Leistungsanbietern im Gesundheitswesen zu verbessern und zu stärken, dann aber auch den ärztlichen Berufsträgern die Möglichkeit zu erhalten, die vom Gesetzgeber im Rahmen des GMG geschaffenen, neuen institutionellen Möglichkeiten unter Wahrung der Freiheit ärztlicher Entscheidungen nutzen zu können[3].

Das Bemühen des Ärztetages, die Berufsordnung neuen Gegebenheiten anzupassen, war verständlich. Was dabei herauskam, hat sich in der Praxis nicht immer bewährt. Der 114. Deutsche Ärztetag 2011 hat Korrekturen vorgenommen, die einigen Fehlsteuerungen begegnen sollen. In diesem Abschnitt sorgt insbesondere § 18 Absatz 2a für Klarheit.

---

[1] BGBl. I, 2190 ff.
[2] Vgl. dazu Ratzel, Lippert, MedR 2004, 525 ff.
[3] Flenker in seinem Einführungsreferat zu TOP III der Tagesordnung.

§ 17 Niederlassung und Ausübung der Praxis

(1) Die Ausübung ambulanter ärztlicher Tätigkeit außerhalb von Krankenhäusern einschließlich konzessionierter Privatkliniken ist an die Niederlassung in einer Praxis (Praxissitz) gebunden, soweit nicht gesetzliche Vorschriften etwas anderes zulassen.

(2) Ärztinnen und Ärzten ist es gestattet, über den Praxissitz hinaus an zwei weiteren Orten ärztlich tätig zu sein. Ärztinnen und Ärzte haben Vorkehrungen für eine ordnungsgemäße Versorgung ihrer Patientinnen und Patienten an jedem Ort ihrer Tätigkeiten zu treffen.

(3) Die Ausübung ambulanter ärztlicher Tätigkeit im Umherziehen ist berufsrechtswidrig. Zum Zwecke der aufsuchenden medizinischen Gesundheitsversorgung kann die Ärztekammer auf Antrag der Ärztin oder des Arztes von der Verpflichtung nach Absatz 1 Ausnahmen gestatten, wenn sichergestellt ist, dass die beruflichen Belange nicht beeinträchtigt werden und die Berufsordnung beachtet wird.

(4) Der Praxissitz ist durch ein Praxisschild kenntlich zu machen.
Ärztinnen und Ärzte haben auf ihrem Praxisschild

- den Namen,
- die (Fach-) Arztbezeichnung,
- die Sprechzeiten sowie
- ggf. die Zugehörigkeit zu einer Berufsausübungsgemeinschaft gem. § 18 a anzugeben.

Ärztinnen und Ärzte, welche nicht unmittelbar patientenbezogen tätig werden, können von der Ankündigung ihres Praxissitzes durch ein Praxisschild absehen, wenn sie dies der Ärztekammer anzeigen.

(5) Ort und Zeitpunkt der Aufnahme der Tätigkeiten am Praxissitz sowie die Aufnahme weiterer Tätigkeiten und jede Veränderung haben Ärztinnen und Ärzte der Ärztekammer unverzüglich mitzuteilen.

Abweichender Wortlaut der Berufsordnungen in den Kammerbezirken:

Bayern

§ 17

Praxissitz und Tätigkeit außerhalb des Praxissitzes

(1) Will ein Arzt eine ambulante selbstständige ärztliche Tätigkeit ausüben, muss er sich an einem Ort in einer Praxis (Praxissitz) niederlassen. Zum Praxissitz können auch in räumlicher Nähe gelegene Untersuchungs- und Behandlungsräume ausschließlich für spezielle Untersuchungs- und Behandlungszwecke (ausgelagerte Praxisräume) gehören.

(2) Über den Praxissitz hinaus ist es dem Arzt gestattet, in bis zu zwei weiteren Praxen selbstständig ärztlich tätig zu sein. Der Arzt hat Vorkehrungen für eine ordnungsgemäße Versorgung seiner Patienten an jedem Ort seiner Tätigkeit, insbesondere durch räumliche Nähe der weiteren Praxen zum Praxissitz, zu treffen.

(3) Der Arzt darf seinen Beruf nicht im Umherziehen ausüben. Auf Antrag kann der ärztliche Bezirksverband aus Gründen der Sicherstellung der ärztlichen Versorgung, insbesondere zum Zwecke der aufsuchenden medizinischen Gesundheitsversorgung, Ausnahmen zulassen, wenn sichergestellt ist, dass die beruflichen Belange nicht beeinträchtigt werden und die Berufsordnung beachtet wird.

(4) Der Praxissitz ist durch ein Praxisschild kenntlich zu machen. Der Arzt hat auf seinem Praxisschild

- den Namen,
- die ärztliche Berufsbezeichnung oder die Facharztbezeichnung,
- die Sprechzeiten sowie
- ggf. die Zugehörigkeit zu einer Berufsausübungsgemeinschaft gem. § 18a anzugeben.

Ärzte, welche nicht unmittelbar patientenbezogen tätig werden, können von der Ankündigung ihres Praxissitzes durch ein Praxisschild absehen, wenn sie dies dem ärztlichen Bezirksverband anzeigen.

(5) Weitere Praxen im Sinne des Absatzes 2 sind durch ein Schild mit den Angaben nach Absatz 4 und einem Hinweis auf den Praxissitz (Anschrift und Telefonnummer) kenntlich weiterer ärztlicher Tätigkeiten und jede Änderung hat der Arzt dem ärztlichen Bezirksverband unverzüglich anzuzeigen.

(6) Ort und Zeitpunkt der Aufnahme der Tätigkeit am Praxissitz, gegebenenfalls in weiteren Praxen, sowie die Aufnahme weiterer ärztlicher Tätigkeiten und jede Änderung hat der Arzt dem ärztlichen Bezirksverband unverzüglich anzuzeigen.

Berlin

(2) Dem Arzt ist es gestattet, über den Praxissitz hinaus an weiteren Orten ärztlich tätig zu sein. Der Arzt hat an jedem Ort seiner Tätigkeiten seine Patienten ordnungsgemäß zu versorgen.

Hessen

(4) Der Praxissitz ist durch ein Praxisschild kenntlich zu machen.

Der Arzt hat auf seinem Praxisschild

- den Namen,
- die (Fach −) Arztbezeichnung,

- *die Sprechzeiten sowie*
- *ggf. die Zugehörigkeit zu einer Berufsausübungsgemeinschaft gem. § 18 a*
- *anzugeben.*

Ärzte, welche nicht unmittelbar patientenbezogen tätig werden, können von der Ankündigung ihres Praxissitzes durch ein Praxisschild absehen, wenn sie dies der Ärztekammer anzeigen. Ärzte, die nach Absatz 2 an mehreren Orten tätig sind, haben gegenüber dem Patienten in geeigneter Form auf die Zeiten hinzuweisen, an denen sie planmäßig der Patientenversorgung zur Verfügung stehen.

(5) (keine Veränderung)

(6) Die vorstehenden Bestimmungen des § 17 Absatz 2 bis 5 gelten sinngemäß auch für ambulante und stationäre ärztliche Tätigkeiten im Krankenhaus.

Niedersachsen

§ 17

Niederlassung und Ausübung der Praxis

(1) Die ärztliche Tätigkeit ist, soweit gesetzlich nichts anderes bestimmt oder zugelassen ist, an die Niederlassung in eigener Praxis (Praxissitz) gebunden, außer bei

1. weisungsgebundener Tätigkeit in einer Praxis,
2. weisungsgebundener Tätigkeit in medizinischen Versorgungszentren (§ 95 Abs. 1 des Fünften Buchs des Sozialgesetzbuchs – SGB V), Krankenhäusern, Vorsorge- oder Rehabilitationseinrichtungen (§ 107 SGB V) oder Privatkrankenanstalten (§ 30 der Gewerbeordnung),
3. Tätigkeit für Träger, die nicht gewerbs- oder berufsmäßig ärztliche Leistungen erbringen,
4. Tätigkeit im öffentlichen Gesundheitswesen,
5. Tätigkeit als Gesellschafter einer als juristische Person des Privatrechts nach Maßgabe des Absatzes 5 geführten Praxis.

(2) Dem Arzt ist es gestattet, über seinen Praxissitz hinaus unter Beachtung der Vorgaben des Absatzes 1 an zwei weiteren Orten ärztlich tätig zu sein und neben seiner Praxis gemeinschaftlich mit anderen Ärzten eine Notfallpraxis zur Sicherstellung der ärztlichen Versorgung in der sprechstundenfreien Zeit zu betreiben. Die Ärztekammer kann in besonderen Einzelfällen, insbesondere wenn es die Sicherstellung der ärztlichen Versorgung erfordert und berufsrechtliche Belange nicht beeinträchtigt werden, eine weitergehende Genehmigung erteilen. Dies gilt auch für eine aufsuchende medizinische Gesundheitsversorgung.

(3) Arzt hat Vorkehrungen für eine ordnungsgemäße Versorgung seiner Patienten an jedem Ort seiner Tätigkeiten zu treffen und die persönliche Leitung seiner Praxis und ihr zugehöriger Praxiseinrichtungen zu gewährleisten.

(4) Die Ausübung ambulanter ärztlicher Tätigkeit im Umherziehen ist berufswidrig.

(5) Die heilberufliche Tätigkeit als Gesellschafter einer in der Rechtsform einer juristischen Person des Privatrechts geführten Praxis setzt voraus, dass

1. *Die Gesellschaft ihren Sitz in Niedersachsen hat,*
2. *Gegenstand des Unternehmens die ausschließliche Wahrnehmung heilberuflicher Tätigkeiten ist,*
3. *alle Gesellschafter einen in § 1 Abs. 1 Nrn. 1 oder 3 bis 5 des Kammergesetzes für die Heilberufe in der Fassung vom 8. Dezember 2000 (Nds. GVBl. S. 301), zuletzt geändert durch Artikel des Gesetzes vom 18. Mai 2006 (Nds. GVBl. S. 209) oder einem in § 1 Abs. 2 des Partnerschaftsgesellschaftsgesetzes vom 25. Juli 1994 (BGBl. I S. 1744), zuletzt geändert durch Artikel 4 des Gesetzes vom 10. Dezember 2001 (BGBl. I S. 3422), genannten sonstigen Ausbildungsberuf im Gesundheitswesen, naturwissenschaftlichen oder einem sozialpädagogischen Beruf angehören und diesen Beruf in der Gesellschaft ausüben,*
4. *die Mehrheit der Gesellschaftsanteile und Stimmrechte Kammermitgliedern zusteht,*
5. *mindestens die Hälfte der zur Geschäftsführung befugten Personen Kammermitglieder sind,*
6. *ein Dritter am Gewinn der Gesellschaft nicht beteiligt ist,*
7. *eine Haftpflichtversicherung zur Deckung bei der Berufsausübung verursachter Schäden mit einer Mindestversicherungssumme von 5 000 000 Euro für jeden Versicherungsfall besteht, wobei die Leistungen des Versicherers für alle innerhalb eines Versicherungsjahres verursachten Schäden auf den Betrag der Mindestversicherungssumme, vervielfacht mit der Zahl der Gesellschafter und der Geschäftsführer, die nicht Gesellschafter sind, mindestens jedoch auf den vierfachen Betrag der Mindestversicherungssumme begrenzt werden kann,*
8. *gewährleistet ist, dass die heilberufliche Tätigkeit von den Kammermitgliedern eigenverantwortlich, unabhängig und nicht gewerblich ausgeübt wird. Die Kammer kann in besonderen Einzelfällen Ausnahmen zulassen, wenn berufsrechtliche Belange nicht beeinträchtigt werden."*

(6) Der Praxissitz ist durch ein Praxisschild kenntlich zu machen. Der Arzt hat auf dem Praxisschild

- *die (Fach-) Arztbezeichnung,*
- *den Namen,*

- die Sprechzeiten sowie
- ggf. die Zugehörigkeit zu einer Berufsausübungsgemeinschaft gem. § 18a anzugeben.

Ein Arzt, der nicht unmittelbar patientenbezogen tätig wird, kann von der Ankündigung durch ein Praxisschild absehen, wenn er dies der Ärztekammer anzeigt. Erbringt ein Arzt nach Maßgabe des Absatzes 2 an weiteren Orten auf eigene Rechnung ärztliche Leistungen, hat er das Leistungsangebot durch ein Hinweisschild kenntlich zu machen. Auf dem Hinweisschild sind sein Name, seine Erreichbarkeit und die Art der dort erbrachten Leistungen anzugeben.

(7) Ort und Zeitpunkt der Aufnahme der Tätigkeiten am Praxissitz sowie die Aufnahme weiterer Tätigkeiten und jede Veränderung hat der Arzt der Ärztekammer nach Maßgabe der Meldeordnung anzuzeigen.

Nordrhein

(2) Die Ausübung ambulanter ärztlicher Tätigkeit im Umherziehen, in gewerblicher Form oder bei Beschäftigungsträgern, die gewerbsmäßig ambulante heilkundliche Leistungen erbringen, ist berufswidrig, soweit nicht die Tätigkeit in Krankenhäusern oder konzessionierten Privatkrankenanstalten ausgeübt wird oder gesetzliche Vorschriften etwas anderes zulassen.

(3) Auf Antrag kann die Ärztekammer von den Geboten oder Verboten der Absätze 1 und 2 Ausnahmen gestatten, dies gilt auch zum Zwecke der aufsuchenden medizinischen Gesundheitsversorgung, wenn sichergestellt ist, dass die beruflichen Belange nicht beeinträchtigt werden und die Berufsordnung beachtet wird.

Übersicht   Rz.

I. Die Bedeutung der Norm	1
II. Praxissitz, weitere Behandlungsplätze, Residenzpflicht, Bedarfsplanung	2
III. Ausübung der Heilkunde im Umherziehen	9
IV. Praxisschild und Anzeigepflichten	11

Literatur

Beeretz, Konkurrenzschutz bei Zulassung, ZMGR 2005, 34; Dahm. Konzessionshandel beim Praxiskauf – Alte Praxis neuer Markt; vom Out- zum Insourcing, MedR 2000, 551; Dahm, Ratzel, Liberalisierung der Tätigkeitsvoraussetzungen des Vertragsarztes und Vertragsarztrechtsänderungsgesetz – VÄndG, MedR 2006, 555 ff.; Engelmann, Zweigpraxis und ausgelagerte Praxisräume im Vertragsarztrecht, GesR 2004, 113; Harney, Müller, Bedarfsprüfung bei der ärztlichen Zweigpraxis? – zur Verbesserung der Versorgung der Versicherten an weiteren Orten, NZS 2008, 286 ff.; Kluth, Die freiberufliche Praxis „als solche" in der Insolvenz – viel Lärm um nichts?, NJW 2002, 186; Möller, Verknappung von Vertragsarztsitzen, MedR 2000, 555; Reiter, Ärztliche Berufsausübungsgemeinschaft vs. Organisationsgemeinschaft – ist die wirtschaftliche Beteiligung Dritter an einer Arztpraxis statthaft?, GesR 2005, 6; Reiter, Spiegel, Konkurrenzschutz im Vertragsarztrecht, ZMGR 2008, 245; Riedel. Das Teilhabegrundrecht auf Zulassung zur vertragsärztlichen Versorgung, NZS 2009, 260; Schiller, Niederlassung, Vertragsarztsitz, ausgelagerte Praxisräume,

Zweigpraxis – Fragen zum Ort der Tätigkeit des (Vertrags-) Arztes, NZS 1997, 103; Steinhilper, Die „defensive Konkurrentenklage" im Vertragsarztrecht, MedR 2007, 469.

I. Die Bedeutung der Norm

1   Früher regelte § 17, dass die Ausübung ambulanter ärztlicher Tätigkeit außerhalb von Krankenhäusern einschließlich konzessionierter Privatkrankenanstalten an die Niederlassung in eigener Praxis gebunden war, soweit nicht gesetzliche Vorschriften etwas anderes zuließen. § 18 betraf die Zulässigkeit und Abgrenzung zwischen ausgelagerten Praxisräumen und Zweigpraxen. Beide Normen sind in einem neu strukturierten § 17 aufgegangen. Das Merkmal „in eigener Praxis" wurde ebenso aufgegeben wie die Unterscheidung zwischen ausgelagerten Praxisräumen und Zweigpraxen. Damit soll die Ausübung ambulanter Heilkunde an mehreren Orten (bis zu drei Stellen) ohne Genehmigungserfordernis[1] berufsrechtlich möglich werden. Es besteht lediglich eine Anzeigepflicht gegenüber der örtlich zuständigen Ärztekammer.

Es handelt sich um die grundlegende Norm, die Aussagen dazu macht, wie sich die Ausübung ärztlicher Tätigkeit in (freier) Praxis organisatorisch zu vollziehen hat. Sie stellt den Regelfall ambulanter ärztlicher Tätigkeit dar, von der es zulässige Ausnahmen[2] gibt. Eine dieser zulässigen Ausnahmen ist das Medizinische Versorgungszentrum (MVZ). Die MBO ging bisher vom Idealbild des niedergelassenen Arztes als „freier" Beruf aus. Dabei handelt es sich nicht um einen Rechts-, sondern um einen soziologischen Begriff. Dennoch ist man sich einig, dass folgende Merkmale prägend sind: hohe Professionalisierung (Qualifizierungshürde), Eigenverantwortlichkeit, Unabhängigkeit sowie ein hohes Maß an Selbstbindung[3]. Befürchtungen, mit der Aufgabe des Erfordernis der Tätigkeit in eigener Praxis ginge eine Abkehr von diesem Leitbild einher, wird mit dem Verweis auf den neuen § 19 Abs. 1 begegnet (Beschäftigung von angestellten Praxisärzten nur bei Leitung der Praxis durch den niedergelassenen Arzt). Richtig ist sicherlich, dass eine Eigentümerstellung bezüglich des materiellen Anlagevermögens kein maßgebliches Kriterium für die Freiberuflichkeit oder die gewissenhafte ärztliche Entscheidung sein kann[4]. Die Inanspruchnahme fremder Geräte und fremden Personals steht dem ebenso wenig entgegen wie die Rücksichtnahme auf Darlehnsgeber im Rahmen von Praxisinvestitionen. Eine stille Beteiligung an der Praxis eines Arztes wird überwiegend für

---

[1] vertragsarztrechtlich ist die Filialgründung genehmigungspflichtig, § 24 Abs. 3 Ärzte-ZV.
[2] Neben den in Abs. 1 genannten Ausnahmen (Krankenhäuser und gem. § 30 GewO konzessionierten Privatkrankenanstalten) sind insbesondere auch die Praxiskliniken gem. § 116 a SGB V zu nennen; auch sie bedürfen allerdings einer Genehmigung nach § 30 GewO.
[3] Jaeger, AnwBl. 2000, 475 ff.; BVerfGE 16, 286, 294.
[4] Für die Gemeinschaftspraxis als BGB-Gesellschaft dürfte dies seit dem Urteil des BGH v. 29.1.2001, II ZR 331/00, NJW 2001, 1056 ebenso eindeutig sein.

unzulässig gehalten[5]. Wäre der stille Gesellschafter weder Arzt noch Angehöriger eines anderen Gesundheitsfachberufs gemäß § 23 b, würde dieses Konstrukt schon wegen des Fehlens eines zulässigen gemeinschaftlichen Gesellschaftszwecks ausscheiden[6].

II. Praxissitz, weitere Behandlungsplätze, Präsenzpflicht, Residenzpflicht, Bedarfsplanung

Der niedergelassene Arzt hat nach wie vor einen Praxissitz, seine Niederlassung. Die Niederlassung[7] ist der Ort, an dem der Arzt normalerweise seine ambulante Tätigkeit ausübt (Sprechstunde). Sie ist postalisch mit einer bestimmten Anschrift verbunden, mit der Folge, dass der Arzt in Ausübung seiner Tätigkeit grundsätzlich an diesen Ort gebunden ist[8]. Dies versteht man auch als Präsenzpflicht i. S. von § 24 Abs. 2 Ärzte-ZV. Bei einem vollen Versorgungsauftrag müssen mindestens 20 Sprechstunden pro Woche angeboten werden; bei einem hälftigen Versorgungsauftrag gemäß § 19a Ärzte-ZV ermäßigt sich diese Zahl auf mindestens 10 Sprechstunden[9]. Die früher in § 24 Abs. 2 Satz 2 Ärzte-ZV für diesen Ort geforderte sog. „Residenzpflicht" ist durch das GKV-VStG aufgehoben worden. Darunter verstand man, dass der Vertragsarzt seine Wohnung so zu wählen hatte, dass er für die ärztliche Versorgung seiner Patienten zur Verfügung steht und rechtzeitig erreichbar ist[10]. Aber auch nach Wegfall der Residenzpflicht gemäß § 24 Abs. 2 Satz 2 Ärzte-ZV muss der (Vertrags-)Arzt seinen Wohnsitz so wählen, dass er seinen Versorgungsauftrag entsprechend seinen fachgebietstypischen Pflichten nachkommen kann[11]. So wird man bei einem Chirurgen oder Geburtshelfer möglicherweise andere Maßstäbe anlegen müssen als bei einem nur konservativ tätigen HNO-Arzt. Für Belegärzte enthält § 39 Abs. 4 Nr.3 BMV-Ä eine Sonderregelung, wonach diese nicht geeignet sind, wenn ihre Wohnung und Praxis nicht so nahe am Krankenhaus liegen, dass die unverzügliche und ordnungsgemäße Versorgung der von ihnen be-

2

---

[5] OLG Celle, Beschl.v. 17.6.2013 - 9 U 54/13, GesR 2014, 32=MedR 2014, 98; Goette, Anm. zum Beschluss des BGH, Beschl. v. 28.9.1995 – II ZR 257/94, DStR 1995, 1722, obwohl das ärztliche Berufsrecht im Gegensatz zum Apothekengesetz (§§ 8, 12) kein ausdrückliches Verbot enthält und die Übergänge zum partiarischen Darlehen fließend sind; deshalb weitergehend für Zulässigkeit Reiter, GesR 2005, 6.

[6] Siehe aber jetzt BGH, Beschl. v. 16.5.2013 – II ZB 7/11, AnwBl Online 2013, 313, der das Verbot einer Berufsausübungsgemeinschaft zwischen Anwälten, Ärzten und Apothekern in § 59a Abs. 1 BRAO für verfassungswidrig hält und die Frage deshalb dem BVerfG zur Entscheidung nach Art. 100 GG vorgelegt hat.

[7] Schiller, NZS 1997, 103 ff. ausführlich unter Darstellung der Entstehungsgeschichte.

[8] Keine Tätigkeit im Umherziehen, § 17 Abs. 3 MBO.

[9] § 17 Abs. 1a BMV-Ä.

[10] BSG, Urt.v. 5.11.2003 – B 6 KA 2/03 R, GesR 2004, 242=MedR 2004, 405 (30 min zwischen Wohnung und Praxis).

[11] Schallen, § 24 Rn. 39 ff.

treuten ambulanten und stationären Patienten nicht gewährleistet ist[12]. Aus organisationstechnischen Gründen wird man diese Verpflichtung auch für den privatärztlichen Bereich einfordern können, es sei denn, die Versorgung der Patienten wäre durch andere (angestellte) Ärzte gewährleistet.

3   Schiller[13] geht auf die besondere Situation der Anästhesisten im Rahmen dieser Begriffe wie Praxissitz und Niederlassung ein. Für diejenigen Anästhesisten, die ausschließlich auswärtige ambulante Operateure konsiliarärztlich betreuen, ist der Begriff der Niederlassung rein deklaratorischer Natur. Die Niederlassung ist für den Anästhesisten Kontaktstelle gegenüber anderen Berufsangehörigen und Patienten, soweit Auskünfte erbeten werden; sie ist aber nicht Ort der Behandlung. Schiller arbeitet überzeugend heraus, dass der Anästhesist in seiner Rolle als Funktionsarzt dort arbeitet, wo er von anderen Ärzten angefordert wird[14]. Der Anästhesist übt seinen ärztlichen Beruf außerhalb seiner Praxis erlaubtermaßen am Niederlassungsort des Operateurs aus. Dieser Sonderstellung der Anästhesisten trägt § 15a Abs. 2 BMV-Ä Rechnung. Danach gelten die jeweiligen Einsatzorte der Anästhesisten als zahlenmäßig nicht beschränkte, aber genehmigungspflichtige Nebenbetriebsstätten. Wie den Hinweisen der Bundesärztekammer zu Niederlassung und beruflicher Kooperation[15] zu entnehmen ist, gilt die Beschränkung auf eine ärztliche Tätigkeit an bis zu zwei weiteren Orten nicht für Anästhesisten. Erbringen die Anästhesisten allerdings schmerztherapeutische Leistungen, gelten für diese Nebenbetriebsstätten die Anforderungen nach § 24 Abs. 3 Ärzte-ZV und auch die zahlenmäßige Beschränkung nach § 17 Abs. 2 MBO uneingeschränkt.

4   Welche Entfernung dürfen die weiteren Sprechstellen vom Praxissitz haben? Die Vorschrift verhält sich dazu nicht. Soll man Anleihen im Apothekengesetz nehmen, wo der Betrieb von Filialapotheken auf angrenzende Kreise beschränkt wird (§ 2 Abs. 4 ApoG)? Sinnvoller könnte es sein, wenn man die Entfernungen zugrunde legt, die auch bei der Erfüllung der (früheren) Residenzpflicht eine Rolle spielten[16]. Letztlich dürfte entscheidend sein, welches Sicherungssystem der Arzt einrichtet, um an jedem seiner Behandlungsorte für eine ausreichende Versorgung seiner Patienten Sorge zu tragen. Dabei wird es je nach Fachgruppe und ausgeübter Tätigkeit sehr unterschiedliche Lösungen geben können[17]. Eine gewisse Orientierung wird man § 24 Abs. 3 Nr. 2 Ärzte-ZV entnehmen können, auch wenn die Regelung im Berufsrecht natürlich keine direkte Anwendung findet.

---

[12] SG Dortmund, Urt.v. 7.3.2003, S 26 KA 15/02, GesR 2003, 178, 70 km zu weit; LSG Schleswig-Holstein, Urt.v. 23.11.1999 – L 6 KA 18/99, MedR 2000, 383, 30 min zu lang.
[13] NZS 1997, 103, 109.
[14] So auch VGH Mannheim, Urt. v. 16.5.2000, 9 S 1445/99, MedR 2000, 439, 442.
[15] DÄ 2008 (A), 1019, 1020.
[16] BSG, Urt. v. 5.11.2003 – B6 KA 2/03 R, GesR 2004, 242, 30 min bis zur Praxis ausreichend; siehe auch LSG Schleswig-Holstein, Urt. V. 10.7.2008, L 4 B 405/08 KA ER, GesR 2008, 555, der thüringische Augenarzt auf Sylt? (nein); SG Marburg, Urt. v. 5.11.2008, S 12 KA 519/08 (MKG-Chirurg, 45 min. unbedenklich).
[17] BSG, Urt.v. 9.2.2011 – B 6 KA 7/10 R, GesR 2011, 429, 125 km Entfernung und Fahrzeit von über einer Stunde zu weit und zu lang.

Durch die Regelung in § 17 Abs. 2 kann der niedergelassene Arzt Sprechstunden auch an bis zu zwei anderen Orten abhalten[18]. Er muss lediglich Vorkehrungen für eine ordnungsgemäße Versorgung seiner Patienten an jedem dieser Orte treffen. Die ganze Literatur zu Zweigpraxen und ausgelagerten Praxisräumen ist, eine Übernahme in Landesrecht vorausgesetzt, berufsrechtlich nur noch von rechtshistorischem Interesse. Vertragsarztrechtlich änderte sich zunächst demgegenüber überhaupt nichts. Insbesondere blieb der Vertragsarzt bei der Gründung weiterer Sprechstellen an die Vorgaben der Bedarfsplanung (Zulassungsbezirke) gebunden. War ein angrenzender Bezirk wegen Überversorgung gesperrt, konnte er dies nicht durch die Gründung einer weiteren Sprechstelle unterlaufen[19]. Seit Inkrafttreten des VÄndG[20] zum 1.1.2007 hat sich dies grundlegend geändert. Gemäß § 24 Ärzte-ZV kann der Vertragsarzt an weiteren Orten (eine zahlenmäßige Begrenzung sieht das Gesetz nicht vor) vertragsärztlich tätig sein (Filialen oder nach alter Sprachregelung Zweigpraxen gründen), wenn dadurch die Versorgung der Versicherten an den anderen Orten verbessert wird und gewährleistet ist, dass die ordnungsgemäße Versorgung der Versicherten am Vertragsarztsitz nicht beeinträchtigt ist. Die zahlenmäßig unbeschränkte „Filialisierung" in § 24 Abs. 3 Ärzte-ZV und § 24 Abs. 3 Zahnärzte-ZV) widerspricht bezüglich der fehlenden Begrenzung § 17 Abs. 2 MBO-Ä, § 20 Abs. 2 MBO-PP (bis zu zwei weitere…) und § 12 Abs. 1 Bay BO-PP-KJP (nur ein Praxissitz); eine in § 9 Abs. 2 MBO-Z ebenfalls vorgesehene zahlenmäßig unbeschränkte Filialbildung ist z. B. vom Bay. Staatsministerium für Gesundheit im Rahmen der Novellierung der Berufsordnung für die Zahnärzte Bayerns nicht genehmigt worden[21]. Da nicht zu erkennen ist, weshalb die Versorgung der Versicherten dadurch an Qualität gewinnen soll, wenn ein einzelner Arzt mehr als drei Praxen betreut, von der Möglichkeit daneben noch belegärztlich tätig zu sein ganz zu schweigen, ambulant operative Zentren zu beschicken, Altenheime zu betreuen, Hausbesuche zu machen und daneben auch noch Privatpatienten zu behandeln, steht zu vermuten, dass die Absichten des damaligen Gesetzgebers andere waren. Ein Motiv könnte darin gesehen werden, dass die Filialisierung zur „Kettenbildung" benutzt wird, wodurch sich der Verdrängungswettbewerb, vor allem im fachärztlichen Versorgungsbereich, verstärken könnte. Schließlich ist bei einer zahlenmäßig unbeschränkten Filialisierung zu berücksichtigen, dass die Grenze zur Gewerblichkeit allzu bald überschritten sein könnte. Dann würde diese Art der Berufsausübung aber mit § 18 Abs. 2 MBO-Ä (Gebot der nicht gewerblichen Berufsausübung) kollidieren.

---

[18] BSG, Urt.v. 9.2.2011 – B 6 KA 12/10 R, GesR 2011, 427, zahlenmäßige Begrenzung auf zwei weitere Betriebsstätten gilt nicht für MVZ.

[19] BSG, Urt. v. 12. 9.2001 – B 6 KA 64/00 R, MedR 2002, 365; grundlegend Engelmann, Zur rechtlichen Zulässigkeit einer (vertrags –) ärztlichen Tätigkeit außerhalb des Orts der Niederlassung, MedR 2002, 561; ders., Zweigpraxen und ausgelagerte Praxisräume in der ambulanten (vertrags –) ärztlichen Versorgung, GesR 2004, 113 ff.

[20] BGBl. 2006 I, 2686 v. 30.12.2006.

[21] siehe aber LG Konstanz, Urt. v.17.12 2004, 8 O 86/04 KfH, ZMGR 2005, 67, keine Rechtsgrundlage wg. Verstoß gegen Art. 12 GG.

6 Bedarfsplanungsrechtliche Erwägungen spielen (aber nur prima facie!) keine Rolle mehr. M. a. W. können Filialen auch in solchen Planungsbereichen einer KV grundsätzlich genehmigt werden, die wegen Überversorgung gesperrt sind. Was unter „Verbesserung der Versorgung" zu verstehen ist, blieb umstritten[22]. Manche sahen dieses Kriterium schon dann als erfüllt an, wenn sich die Wartezeiten für die Patienten deutlich verringern.[23] Teilweise wurde vertreten, die Maßgaben der Bedarfsplanung seien für die Prüfung der Voraussetzungen des § 24 Ärzte-ZV generell nicht geeignet[24]. Bäune[25] wiederum favorisierte eine" qualifizierte Versorgungsverbesserung", worunter neben der Verkürzung der Wartezeiten auch eine besondere technische Ausstattung verstanden werden kann. Wenner[26] verlangte hingegen für die Genehmigungsfähigkeit einen besonderen lokalen Versorgungsbedarf i. S. von § 101 Abs. 1 Nr. 3 a SGB V, da § 24 Ärzte-ZV nicht dazu diene, die Bedarfsplanung gezielt zu unterlaufen[27]. Nach der neueren Rechtsprechung des BSG sind bedarfsplanungsgestalterische Erwägungen nicht zwingend[28].

7 Vertragsarztrechtlich bleibt eine Zweigpraxis nach wie vor genehmigungspflichtig. Liegen die Voraussetzungen des § 24 Abs. 1 u. 2 Ärzte-ZV vor, besteht ein Rechtsanspruch auf die Erteilung der Genehmigung durch die KV. Liegt der Ort der geplanten Filiale im Bezirk einer anderen KV ist der Zulassungsausschuss zuständig, in dessen Bezirk die Tätigkeit aufgenommen werden soll. Liegen die Genehmigungsvoraussetzungen vor, erteilt er dem Vertragsarzt für diesen Ort der Filiale eine Ermächtigung. Fraglich war, ob Filialgenehmigungen von bereits zugelassenen Vertragsärzten im Rahmen der defensiven Konkurrentenklage angegriffen werden können[29]. Im Lichte der Rechtsprechung des BSG[30] zur defensiven Konkurrentenklage bei Sonderbedarfszulassungen war dies umstritten[31]. Mittlerweile hat

---

[22] Wollersheim, GesR 2008, 281, 282.

[23] Reiter, Spiegel, ZMGR 2008, 245, 254.

[24] Wollersheim, GesR 2008, 282.

[25] Bäune, in: Bäune, Meschke, Rothfuß, § 24 Rn.39 unter Bezugnahme auf SG Marburg, Urt. v. 7.3.2007, S 12 KA 701/06; siehe aber SG Marburg, Urt. v. 10.12.2008, S 12 KA 115/08, Wegeverkürzung alleine kein Grund.

[26] Wenner, § 20 Rn.32.

[27] Diese Bedenken teilen Dahm, Ratzel, MedR 2006, 555, 563.

[28] BSG, Urt. v. 2.9.2009 – B 6 KA 42/08 R, GesR 2010, 218, Verkürzung von Wartezeiten ausreichend, betraf allerdings Sonderbedarfszulassung; BSG, Urt. v. 9.2.2011 – B 6 KA 3/10 R, GesR 2011, 421, qualitative Verbesserung, genehmigungspflichtige Leistungen, aber auch Wartezeiten.

[29] dagegen Reiter, Spiegel, ZMGR 2008, 254; ebenso BayLSG, Urt. v. 23.7.2008, L 12 KA 3/08, MedR 2009, 59, m. Anm. Steinbrück, es sei denn willkürliche Filialgenehmigung. Zweifelnd Wollersheim, GesR 2008, 286; bejahend für den Fall der Filiale in einem anderen Planungsbereich oder KV Bezirk, Bäune, in: Bäune, Meschke, Rothfuß, § 24 Rn 63, allerdings auch verneinend für die Filiale im selben Planungsbereich.

[30] BSG, Urt. v. 5.11.2008 – B 6 KA 56/07 R, GesR 2009, 251.

[31] BSG, Urt. v. 7.2.2007 – B 6 KA 8/06 R, GesR 2007, 369; BSG, Urt. v. 17.6.2009 – B 6 KA 25/08 R, auch derjenige, der selbst aufgrund einer Sonderbedarfszulassung tätig ist, hat Anfechtungsbefugnis; BSG, Urt.v. 17.6.2009 – B6 KA 38/08 R, aber keine Anfechtungsbefugnis, wenn in einem

das BSG entschieden, dass bereits zugelassene Vertragsärzte gegen Filialgenehmigungen keine defensive Konkurrentenklage erheben können.[32]

Was zählt zu den zwei weiteren Orten, an denen der Arzt ärztlich tätig sein darf? Entgegen dem Wortlaut der Vorschrift[33] sicher nicht eine Tätigkeit an Belegkrankenhäusern, in Heimen, Sanatorien oder ambulanten Op-Zentren[34], in denen der Arzt Patienten betreut. Diese Tätigkeiten laufen außerhalb der Beschränkungen in § 17 Abs. 2. Eine Interpretationshilfe kann § 1 a Nr. 16–22 BMV-Ä entnommen werden, auch wenn diese Regelungen natürlich berufsrechtlich keine direkte Anwendung finden. Ebenso wenig zählt die Tätigkeit an anderen Standorten einer ortsübergreifenden Berufsausübungsgemeinschaft (ÜBAG) oder auch TeilÜBAG zu weiteren Orten i. S. von § 17 Abs. 2. Eine vertragsärztliche Besonderheit ist die ausgelagerte Betriebsstätte gemäß § 24 Abs. 5 Ärzte-ZV, die es in früheren Fassungen (bis Mai 2003) von § 18 MBO auch als ausgelagerten Praxisraum gab. Gemäß § 1 a Nr. 20 BMV-Ä versteht man hierunter einen zulässigen nicht genehmigungspflichtigen Tätigkeitsort des Vertragsarztes in räumlicher Nähe zum Vertragsarztsitz. Hierzu zählt auch ein Operationszentrum, in welchem ambulante Operationen bei Patienten durchgeführt werden, die den Vertragsarzt in seiner Praxis aufgesucht haben. Das früher abgefragte Erfordernis, dass in ausgelagerten Praxisräumen nur solche Verfahren angewendet werden dürfen, die aufgrund der räumlichen Beschaffenheit nicht in der Praxis selbst durchgeführt werden können, wurde fallengelassen. Im ausgelagerten Praxisraum dürfen jedoch keine originären Sprechstunden angeboten werde; ansonsten läge nämlich eine Zweigpraxis –auch im Sinne von § 17 Abs. 2- vor. Fraglich ist, ob die Niederlassung eines in Deutschland niedergelassenen Arztes in einem anderen EU-Mitgliedsstaat ein „weiterer Ort" i. S. von § 17 Abs. 2 ist. Vom Wortlaut her spricht vieles dafür. Vor der Novelle 2011 war dieser Bereich in D Nr. 12 geregelt. Ein Querverweis auf § 17 Abs. 2 fand sich damals nicht. Lediglich die Sicherstellung der Versorgung am Heimatstandort war gefordert. Grundsätzlich können die Berufsordnungen nur Regeln für die Berufsausübung in Deutschland aufstellen. Ein in Deutschland niedergelassener Arzt, dessen (Gemeinschafts-)Praxis bereits zwei weitere Standorte gemäß § 17 Abs. 2 betreibt und nachweist, dass die Patientenversorgung (durch die anderen Partner der Praxis) gesichert ist und in einem EU-Nachbarland eine weitere Praxis eröffnen will, wird sich möglicherweise auf die europarechtliche Dienstleistungsfreiheit berufen können. Sofern die Patientensicherheit nicht gefährdet ist, wird ihm dies unter Berufung auf § 17 Abs. 2 wohl nicht versagt werden können.

8

---

großen Planungsbezirk keine konkrete Konkurrenzsituation; Wenner, § 18 R. 34 ff, 39 ff.; Bay. LSG, Urt. v. 23.7.2008, L 12 KA 3/08, MedR 2009, 56.

[32] BSG, Urt. v. 9.2.2011 – B 6 KA 3/10 R, GesR 2011, 421; LSG Berlin-Brandenburg, Urt. v. 31.1.2013 – L 24 KA 98/10.

[33] Die Formulierung ist eher unglücklich, hat man doch eine Liberalisierung und keine Verschärfung angestrebt.

[34] Diese gelten als ausgelagerte Praxisräume gemäß § 24 Abs. 5 Ärzte-ZV, siehe § 1a Nr. 20 BMV-Ä.

III. Ausübung der Heilkunde im Umherziehen

9 Berufsrechtlich ist es dem Arzt verboten, ambulant im Umherziehen ärztliche Tätigkeiten auszuüben. Wie den Hinweisen der Bundesärztekammer zur Niederlassung und Kooperation[35] zutreffend zu entnehmen ist, erfüllt die aufsuchende medizinische Versorgung, z. B. bei Obdachlosen, dieses Kriterium nicht. Berufsrechtlich nicht völlig unbedenklich ist es wenn Ärzte in Krankenhäusern aushilfsweise ihre fachärztlichen Tätigkeiten heute hier und morgen da auf Honorarbasis ausüben. Für dieses Klientel hat sich der euphemistische Begriff des „Honorararztes" eingebürgert[36]. Ein eher randständiges mit dieser Art der ärztlichen Berufsausübung einhergehendes Problem dürfte dabei die Frage einer mehrfachen Mitgliedschaft in einer Ärztekammer sein, in deren Zuständigkeitsbereich die ärztliche Tätigkeit (auch) ausgeübt wird[37]. Von größerer Bedeutung sind aber die sozialversicherungs- und arbeitsrechtlichen Probleme, die mit der Tätigkeit als Honorararzt zusammenhängen. Ist der Honorararzt Arbeitnehmer des Krankenhauses, so trifft den Träger als Arbeitgeber die Pflicht zur Abführung von Sozialabgaben[38]. Ist der Honorararzt dagegen als Selbständiger tätig (quasi als Ich-AG) so ist er verpflichtet die entsprechenden Beiträge abzuführen. § 21 BO verpflichtet ihn für eine ausreichende Haftpflichtversicherung zu sorgen (sofern er nicht derjenigen des Trägers unterfällt).

10 Der Honorararzt ist dafür verantwortlich, dass er die Tätigkeit, zu der er sich verpflichtet hat, auch ausüben darf. D. h. als Beamter oder Angestellter bedarf er für die Aufnahme dieser Tätigkeit einer Nebentätigkeitsgenehmigung. Ihr Vorliegen muss die aufnehmende Einrichtung nicht überprüfen. Sie kann sich darauf verlassen, dass die Genehmigung vorliegt.

Gegen das Arbeitszeitgesetz kann die aufnehmende Einrichtung verstoßen, wenn sie Ärzte beschäftigt, die ihr Arbeitszeitkontingent beim Stammarbeitgeber bereits ausgeschöpft haben. Hier besteht eine Prüfpflicht des Arbeitgebers auch im Hinblick auf haftungsrechtliche Implikationen, die die Beschäftigung nicht einsatzbereiten Personals nach sich ziehen kann.

Besondere Probleme können im Rahmen der steuer- und sozialversicherungsrechtlichen Behandlung der Einkünfte dieser Honorarärzte auftreten. Die neuere Rechtsprechung scheint hier eher von sozialversicherungspflichtigen Beschäfti-

---

[35] DÄ 2008 (A) 1019 ff.
[36] siehe hierzu aber die Ausführungen zum „echten" Honorararzt und „unechten" Konsiliararzt in § 31.
[37] Der springende Punkt wäre dabei nur die mehrfache Beitragspflicht; siehe hierzu VG Weimar, Urt. v. 18.5.2010 –8 K 45/09 We, ThürVBl. 2011, 236, Mitgliedschaft setzt voraus, dass Arzt in Thüringen überwiegend tätig ist; siehe aber auch VG Berlin, Urt. v. 30.3.2012 –9 K 63.09, MedR 2013, 58.
[38] LSG Suttgart,Urt.v. 17.4.2013 -L 5 R 3755/11, GesR 2013, 483 = zmgr 2013 m.Anm. Szabados, 299. Vgl. zum Notarzt nach diesem Modell unten die Kommentierung zu § 26.

gungsverhältnissen auszugehen[39] Im Zweifel kann sich ein Statusfeststellungsverfahren nach § 7a Abs. 1 SGB IV empfehlen[40].

IV. Praxisschild und Anzeigepflichten

§ 17 Abs. 4 enthält die Pflichtangaben für das Praxisschild (zu den weiter zulässigen Angaben siehe § 27). Nicht unmittelbar patientenbezogen tätige Ärzte können hiervon befreit werden, wenn sie dies der Ärztekammer anzeigen. Im Übrigen ist gemäß Abs. 5 Ort und Zeitpunkt der Tätigkeit und die Aufnahme weiterer Tätigkeiten sowie Veränderungen der Ärztekammer anzuzeigen. Die Ärztekammer kann entsprechende Informationen anfordern. Der Arzt ist diesbezüglich auskunftspflichtig.   11

---

[39] LSG Hamburg, Urt. v. 10.12.2012 – L 2 R 13/09; SG Kassel, Urt. v. 20.2.2013 – S 12 KR 69/12; LSG Baden-Württemberg, Urt. v. 17.4.2013 – L 5 R 3755/11 (Anästhesist).
[40] Hierzu Vochsen, Steuerliche Behandlung der Einnahmen von Ärzten in Kliniken und Krankenhäuser, Das Krankenhaus 2013, 839, 841.

§ 18 Berufliche Kooperationen

(1) Ärztinnen und Ärzte dürfen sich zu Berufsausübungsgemeinschaften, Organisationsgemeinschaften, Kooperationsgemeinschaften und Praxisverbünden zusammenschließen. Der Zusammenschluss zur gemeinsamen Ausübung des Arztberufs kann zum Erbringen einzelner Leistungen erfolgen, sofern er nicht einer Umgehung des § 31 dient. Eine Umgehung liegt insbesondere vor, wenn sich der Beitrag der Ärztin oder des Arztes auf das Erbringen medizinisch-technischer Leistungen auf Veranlassung der übrigen Mitglieder einer Teil-Berufsausübungsgemeinschaft beschränkt oder der Gewinn ohne Grund in einer Weise verteilt wird, die nicht dem Anteil der von ihnen persönlich erbrachten Leistungen entspricht. Die Anordnung einer Leistung, insbesondere aus den Bereichen der Labormedizin, der Pathologie und der bildgebenden Verfahren, stellt keinen Leistungsanteil im Sinne des Satzes 3 dar. Verträge über die Gründung von Teil-Berufsausübungsgemeinschaften sind der Ärztekammer vorzulegen.

(2) Ärztinnen und Ärzte dürfen ihren Beruf einzeln oder gemeinsam in allen für den Arztberuf zulässigen Gesellschaftsformen ausüben, wenn ihre eigenverantwortliche, medizinisch unabhängige sowie nicht gewerbliche Berufsausübung gewährleistet ist. Bei beruflicher Zusammenarbeit, gleich in welcher Form, hat jede Ärztin und jeder Arzt zu gewährleisten, dass die ärztlichen Berufspflichten eingehalten werden.

(2a) Eine Berufsausübungsgemeinschaft ist ein Zusammenschluss von Ärztinnen und Ärzten untereinander, mit Ärztegesellschaften oder mit ärztlich geleiteten Medizinischen Versorgungszentren, die den Vorgaben des § 23a Abs. 1, Buchstabe a, b und d entsprechen, oder dieser untereinander zur gemeinsamen Berufsausübung. Eine gemeinsame Berufsausübung setzt die auf Dauer angelegte berufliche Zusammenarbeit selbständiger, freiberuflich tätiger Gesellschafter voraus. Erforderlich ist, dass sich die Gesellschafter in einem schriftlichen Gesellschaftsvertrag gegenseitig verpflichten, die Erreichung eines gemeinsamen Zweckes in der durch den Vertrag bestimmten Weise zu fördern und insbesondere die vereinbarten Beiträge zu leisten. Erforderlich ist weiterhin regelmäßig eine Teilnahme aller Gesellschafter der Berufsausübungsgemeinschaft an deren unternehmerischen Risiko, an unternehmerischen Entscheidungen und an dem gemeinschaftlich erwirtschafteten Gewinn.

(3) Die Zugehörigkeit zu mehreren Berufausübungsgemeinschaften ist zulässig. Die Berufsausübungsgemeinschaft erfordert einen gemeinsamen Praxissitz. Eine Berufsausübungsgemeinschaft mit mehreren Praxissitzen ist zulässig, wenn an dem jeweiligen Praxissitz verantwortlich mindestens ein Mitglied der Berufsausübungsgemeinschaft eine ausreichende Patientenversorgung sicherstellt.

(4) Bei allen Formen der ärztlichen Kooperation muss die freie Arztwahl gewährleistet bleiben.

(5) Soweit Vorschriften dieser Berufsordnung Regelungen des Partnerschaftsgesellschaftsgesetzes (Gesetz über Partnerschaftsgesellschaften Angehöriger Freier Berufe [PartGG] vom 25.07.1994 – BGBl. I S. 1744) einschränken, sind sie vorrangig aufgrund von § 1 Absatz 3 PartGG.

(6) Alle Zusammenschlüsse nach Absatz 1 sowie deren Änderung und Beendigung sind der zuständigen Ärztekammer anzuzeigen. Sind für die beteiligten Ärztinnen und Ärzte mehrere Ärztekammern zuständig, so ist jede Ärztin und jeder Arzt verpflichtet, die für ihn zuständige Kammer auf alle am Zusammenschluss beteiligten Ärztinnen und Ärzte hinzuweisen.

§ 18 a

Ankündigung von Berufsausübungsgemeinschaften und sonstigen Kooperationen

(1) Bei Berufsausübungsgemeinschaften von Ärztinnen und Ärzten sind – unbeschadet des Namens einer Partnerschaftsgesellschaft oder einer juristischen Person des Privatrechts – die Namen und Arztbezeichnungen aller in der Gemeinschaft zusammengeschlossenen Ärztinnen und Ärzte sowie die Rechtsform anzukündigen. Bei mehreren Praxissitzen ist jeder Praxissitz gesondert anzukündigen. § 19 Absatz 4 gilt entsprechend. Die Fortführung des Namens einer/eines nicht mehr berufstätigen, einer/eines ausgeschiedenen oder verstorbenen Partnerin/Partners ist unzulässig.

(2) Bei Kooperationen gemäß § 23 b muss sich die Ärztin oder der Arzt in ein gemeinsames Praxisschild mit den Kooperationspartnern aufnehmen lassen. Bei Partnerschaften gemäß § 23 c darf die Ärztin oder der Arzt, wenn die Angabe ihrer/seiner Berufsbezeichnung vorgesehen ist, nur gestatten, dass die Bezeichnung „Ärztin" oder „Arzt" oder eine andere führbare Bezeichnung angegeben wird.

(3) Zusammenschlüsse zu Organisationsgemeinschaften dürfen angekündigt werden. Die Zugehörigkeit zu einem Praxisverbund gemäß § 23 d kann durch Hinzufügen des Namens des Verbundes angekündigt werden.

Abweichender Wortlaut in den Kammerbezirken:

Bayern

§ 18 ohne Abs. 4

§ 18a

....

(4) Die Zugehörigkeit zu einem Praxisverbund gemäß § 23c kann durch Hinzufügen des Namens des Verbundes angekündigt werden.

Baden-Württemberg
§ 18 Abs. 1 Satz 3 1. Alt. aufgehoben, die anderen Kammern bzw. die MBO wird nach der Entscheidung des BGH vom 15.5.2014 wohl folgen.

Berlin
Beschluss der BÄK zu § 18 Abs. 1 nicht umgesetzt
§ 18a: Abs. 2 fehlt Satz 2

Nordrhein
§ 18a Abs. 2 nicht übernommen.

Rheinland-Pfalz
(1a) Teil-Berufsausübungsgemeinschaften sind nur zulässig, wenn die ihr zugehörigen Ärzte am Gewinn dieser Gemeinschaft jeweils entsprechend ihres persönlich erbrachten Anteils an der gemeinschaftlichen Leistung beteiligt werden. Die Anordnung einer Leistung, insbesondere aus den Bereichen der Labormedizin, der Pathologie und der bildgebenden Verfahren stellt keinen Leistungsanteil im Sinne des Satzes 1 dar. Verträge über die Gründung einer Teil-Berufsausübungsgemeinschaft sind der Ärztekammer vorzulegen.

Übersicht

		Rz.
I	Die Bedeutung der Norm	1
II	Die gemeinsame Berufsausübung	3
III	Gesellschaftsform	6
IV	Senior-/Juniorgemeinschaftspraxen, „Nullbeteiligungspartnerschaften und Job-Sharing-Gemeinschaftspraxen	10
V	Teilgemeinschaftspraxis	17
VI	Partnerschaftsgesellschaft	22
VII	Praxisgemeinschaft	23
VIII	Polikliniken, Ambulatorien, Fachambulanzen	24
IX	„Ärztehäuser"	25
X	Berufsausübungsgemeinschaft und Organisationsgemeinschaft, Teilgemeinschaftspraxis, Abgrenzungsfragen	26
XI	Medizinische Versorgungszentren	30

Literatur

Benecke, Inhaltskontrolle im Gesellschaftsrecht oder: „Hinauskündigung" und das Anstandsgefühl aller billig und gerecht Denkenden, ZIP 2005, 1437; Bonvie, Bindung des Vertragsarztsitzes an das Unternehmen „Arztpraxis", GesR 2008,505; Bundesärztekammer, Niederlassung und berufliche Kooperation –Neue Möglichkeiten – Hinweise und Erläuterungen zu §§ 17–19 und 23 a-d MBO, DÄ 2008 (A), 1019; Cansun, Zivil- und berufsrechtliche Kooperationsmöglichkeiten von Vertragsärzten, 2009;e Cramer, Praxisgemeinschaft versus Gemeinschaftspraxis – Auf den Gesellschaftszweck kommt es an, MedR 2004, 552; Dahm, Ärztliche Kooperationsgemeinschaften und Beteiligungsmodelle – im Spannungsfeld der Berufsordnung („MRT-Koop" u. a.), MedR 1998, 70; ders., Die „fehlerhafte" Gesellschaft der Gemeinschaftspraxis, Schriftenreihe AG Medizinrecht im DAV, Bd. 2, 2000, 39; Dahm, Möller, Ratzel, Rechtshandbuch Medizinische Versorgungszentren, 2005; Dahm,

Ratzel, Liberalisierung der Tätigkeitsvoraussetzungen des Vertragsarztes und Vertragsarztrechtsänderungsgesetz – VÄndG, MedR 2006, 555; Ehmann, Praxisgemeinschaft/Gemeinschaftspraxis, MedR 1994, 141; Eisenberg, Ärztliche Kooperations- und Organisationsformen, 2002; Engelmann, Die Gemeinschaftspraxis im Vertragsarztrecht, ZMGR 2004, 3; Gehrlein, Neue Tendenzen zum Verbot der freien Hinauskündigung eines Gesellschafters, NJW 2005, 1969; Goette, Mindestanforderungen an die Gesellschafterstellung, in der BGB-Gesellschaft, MedR 2002, 1; Gollasch, Die fachübergreifende Gemeinschaftspraxis, Baden-Baden, 2003; Gummert, Meier, Nullbeteiligungsgesellschaften, MedR 2007, 1; dies. Zulässigkeit von Vereinbarungen der Gesellschafter einer Gemeinschaftspraxis zur Nachbesetzung und zur Hinauskündigung, MedR 2007, 400 ff.; Heller, Kanter, Hinauskündigungsklausel und Bindung des Vertragsarztes höchstens in den ersten zwei Jahren, GesR 2009, 346; v. Hoyningen-Huene, Gesellschafter, „Scheingesellschafter" oder Arbeitnehmer?, NJW 2000, 3233; Isringhaus, Kroel, Wendland, Medizinisches Versorgungszentrum, MVZ-Beratungshandbuch 2004; Jaeger, Die freien Berufe und die verfassungsrechtliche Berufsfreiheit, AnwBl. 2000, 475; Krafzyk, Beendigung von Berufsausübungsgemeinschaften im Spannungsfeld von Gesellschafts- und Vertragsarztrecht, Festschrift ArgeMedizinrecht im DAV zum 10-jährigen Bestehen, 2008, 755; Kremer, Wittmann, in: Rieger, Dahm, Katzenmeier, Steinhilper, HK-AKM „Gemeinschaftspraxis" Ordnungszahl 2050; Luxenburger, Praxisgemeinschaft – sinnvolle Kooperationsform – Gestaltungsmissbrauch und Folgen, Tagungsband AG Medizinrecht im DAV, 1999, S. 67; Meyer, Krevt, Vor- und Nachteile beim Einsatz einer GmbH für eine Arztpraxis, GmbH-Rundschau 1997, 193; Michels, Möller, Ärztliche Kooperationen, 2. Aufl. 2007; Möller, Rechtliche Probleme von „Nullbeteiligungsgesellschaften" – wie viel wirtschaftliches Risiko muss sein?, MedR 1999, 493; ders. Ausgewählte Gestaltungsrisiken in Gemeinschaftspraxisverträgen, Schriftenreihe AG Medizinrecht im DAV, Bd. 2, 2000, 51; ders. Beitritt zur Gemeinschaftspraxis – persönliche Haftung für Altverbindlichkeiten, MedR 2004, 69; ders. Der im zugelassenen Medizinischen Versorgungszentrum (MVZ) angestellte Arzt, GesR 2004, 456; ders. Aktuelle Probleme bei Gründung und Betrieb von Gemeinschaftspraxen, MedR 2006, 621; ders. in: Ratzel, Luxenburger, Handbuch Medizinrecht, S. 947 ff. § 16 Kooperationen im Gesundheitswesen, Ärztliches Gesellschaftsrecht; Möller, Tsambikakis, Strafrechtliche Risiken von Kooperationsmodellen, in: Aktuelle Entwicklungen im Medizinstrafrecht, 3. Düsseldorfer Medizinstrafrechtstag 2013, 43 ff.; Peikert, Erste Erfahrungen mit Medizinischen Versorgungszentren, ZMGR 2004, 211; ders. Medizinische Versorgungszentren und Vertragsarztrechtsänderungsgesetz, Festschrift ArgeMedizinrecht zum 10-jährigen Bestehen 2008, 389; Pfisterer, Gesellschaftsvertragliche Vereinbarungen über vertragsärztliche Zulassungen, Festschrift ArgeMedizinrecht im DAV zum 10-jährigen Bestehen, 2008, 785; Ratzel, Möller, Michels, Die Teilgemeinschaftspraxis, Zulässigkeit, Vertragsinhalte, Steuern, MedR 2006, 377; Rehborn, MBOÄ S. 1307 ff. in Prütting, Fachanwaltskommentar, 2.Aufl.2012; Reiter, Ärztliche Berufsausübungsgemeinschaft vs. Organisationsgemeinschaft – ist die wirtschaftliche Beteiligung Dritter an einer Arztpraxis statthaft?, GesR 2005, 6; Reiter, Spiegel, Konkurrenzschutz im Vertragsarztrecht, ZMGR 2008, 245 ff.; Rieger, Verträge zwischen Ärzten in freier Praxis, 8. Aufl. 2009; Saenger, Gesellschaftsrechtliche Gestaltung ärztlicher Kooperationsformen, NZS 2001, 234; Schäfer, offene Fragen der Haftung des BGB-Gesellschafters, ZIP 2003, 1225; Schäfer-Gölz, in: Halbe, Schirmer, „Praxisgemeinschaft" Ordnungszahl 1200; ders., Was hat sich im Umsatzsteuerrecht für Praxisgemeinschaften und Apparategemeinschaften geändert? GesR 2009, 617; Schiller, Niederlassung, Praxissitz, Vertragsarztsitz, ausgelagerte Praxisräume, Zweigpraxis – Fragen zum Ort der Tätigkeit des (Vertrags –) Arztes, NZS 1997, 103; Schirmer, Berufsrechtliche und kassenarztrechtliche Fragen der ärztliche Berufsausübung in Partnerschaftsgesellschaft, MedR 1995, 341, 383; Scholz, Neuerungen im Leistungsbringerrecht durch das GKV-Modernisierungsgesetz, GesR 2003, 369; Sodan, Verfassungsrechtliche Anforderungen an Regelungen gemeinschaftlicher Berufsausübung von Vertragsärzten, NZS 2001, 169.; Stein, Strafrechtliche Konsequenzen unzulässiger Kooperationsbeziehungen zwischen Ärzten, AusR 2000, 167; ders. Betrug durch vertragsärztliche Tätigkeit in unzulässigen Beschäftigungsverhältnissen?, MedR 2001, 124; Taupitz, Integrative Gesundheitszentren: Neue Formen interprofessioneller ärztlicher Zusammenarbeit, MedR 1993, 367; ders., Die GmbH als Organisationsform ambulanter heilkundlicher Tätigkeit, NJW 1992, 2317. ders., Zur Verfassungswidrigkeit des Verbots, ärztliche Praxen in Form einer juristischen Person des Privatrechts zu führen, NJW 1996, 3033; Treptow, Die Mitgliedschaft in der als Medizinisches Versorgungszentrum zugelassenen Ärzte-GmbH, 2011, Nomos; Ulmer,

Die Haftungsverfassung der BGB-Gesellschaft, ZIP 2003, 1113; Wertenbruch, Veräußerung und Vererbung des Anteils an einer vertragsärztlichen Berufsausübungsgesellschaft (Partnerschaft und BGB-Gesellschaft), MedR 1996, 485; Wagner, Nora, Hermann, Strafbarkeit aufgrund wirksamer Gesellschaftsverträge? – Zur Fragwürdigkeit behaupteter strafrechtlich zu würdigender „Scheingesellschaftsverträge" bei ärztlichen Gemeinschaftspraxen, NZG 2000, 520 Weimar, Ärztliche Praxisnetze – Anwaltliche Gestaltung des Gesellschaftsvertrages, MDR 2000, 866; ders. in Rieger, Dahm, Katzenmeier, Steinhilper, HK-AKM, „Berufsausübungsgemeinschaften", Ordnungszahl 840; Wenner, Vertragsarztrecht nach der Gesundheitsreform, 2008; Wigge, Die Teilgemeinschaftspraxis – Innovative Kooperationsform oder Kick-Back-Modell, NZS 2007, 393; Ziermann, Sicherstellung der vertragszahnärztlichen Versorgung durch Medizinische Versorgungszentren, MedR 2004, 540; Zwingel, Preißler, Das Medizinische Versorgungszentrum, 2005.

Vorbemerkung Es gibt kaum ein Thema im Medizinrecht, das in den letzten Jahren eine derartig intensive literarische Durchdringung, wie das Recht der ärztlichen Kooperationen erfahren hat. Die bei weitem nicht vollständige Literaturauswahl im Vorspann lässt dies erahnen. Vor diesem Hintergrund muss der Anspruch, im Rahmen dieser Kommentierung (gilt auch für die Kommentierung zu § 23 a MBO) eine umfassende Darstellung des ärztlichen Gesellschaftsrechts unter Berücksichtigung aller Besonderheiten vorzulegen, aufgegeben werden.[1] Vielmehr muss diesbezüglich auf die im Vorspann angegebene, teilweise monographieähnliche Spezialliteratur verwiesen werden. Im Gegenzug sollen im Rahmen der nachstehenden Kommentierung die besonderen berufsrechtlichen Implikationen ärztlicher Kooperationen stärker betont werden.

I. Die Bedeutung der Norm

Das Berufsrecht kennt die Berufausübungsgemeinschaft (BAG oder nach früherem Sprachgebrauch „Gemeinschaftspraxis"), die Teilgemeinschaftspraxis (TGP) – beide als BGB- oder Partnerschaftsgesellschaft –, die Organisationsgemeinschaft (Praxis-, Apparategemeinschaft), die Ärztegesellschaft gemäß § 23 a MBO (als juristische Person des Privatrechts), die medizinische Kooperationsgemeinschaft gemäß § 23 b MBO sowie den Praxisverbund gemäß § 23 d MBO. Ausgangsvorschrift ist seit 2004 § 18 MBO. Eine Berufsausübungsgemeinschaft soll sich auf Teile der gemeinsamen Berufsausübung beschränken können, die sog. „Teilgemeinschaftspraxis". Schließlich soll die überörtliche Berufsausübungsgemeinschaft (ÜBAG) allen Arztgruppen offen stehen, also nicht nur wie früher denjenigen Arztgruppen, die nicht unmittelbar patientenbezogen tätig sind, wie z. B. Pathologen oder Laborärzte. Schließlich sieht § 18 II a MBO vor, dass eine Berufsausübungsgemeinschaft auch zwischen Ärzten und Ärztegesellschaften und/oder ärztlich geleiteten Medizinischen Versorgungszentren betrieben werden kann. Gemäß § 23 c MBO dürfen Ärzte auch mit anderen als in § 23 b MBO genannten Berufen in allen Rechtsformen zusammenarbeiten, solange sie nicht die Heilkunde am Menschen ausüben[2]. Schließlich darf ein Arzt auch mehreren Berufausübungsgemeinschaften angehö-

1

---

[1] Weiterführend Ratzel, §§ 705 ff. BGB, in Spickhoff, Medizinrecht 2. Aufl. 2014.
[2] siehe insoweit Vorlagebeschluss BGH v. 16.5.2013– II ZB 7/11, NJW 2013, 2674 zu § 59 a I BRAO.

ren, wobei allerdings die Beschränkung in § 17 Abs. 2 MBO (zwei weitere Orte) zu beachten ist[3]

2   Die Trennung zwischen Berufsausübungsgemeinschaft und Organisationsgemeinschaft wird – noch – aufrecht erhalten. Allerdings dürfen Organisationsgemeinschaften nach § 18a III MBO auch gegenüber Patienten angekündigt werden, wodurch der Unterschied zwischen beiden Kooperationsformen für den Patienten/Verbraucher völlig unkenntlich wird. Gesellschaftsrechtlich unterscheiden sich Gemeinschaftspraxis und Praxisgemeinschaft – auch in den Konsequenzen – stärker als man gemeinhin annimmt. Dies wirkt sich natürlich auch dann aus, wenn zum Gestaltungsmissbrauch anstelle der einen die andere Gesellschaftsform gewählt wird. Besonders wichtig und häufig überlesen ist die in § 18 II MBO nF. enthaltene Verpflichtung, bei allen Kooperationsformen die medizinische Unabhängigkeit und nicht gewerbliche Berufsausübung zu gewährleisten. Ärzte sollen gerade nicht wie gewerbetreibende Kaufleute auftreten können oder sich derartiger Gesellschaftsformen (z. B. OHG oder KG) bedienen dürfen.

II. Die gemeinsame Berufsausübung

3   Traditionell galt die Einzelpraxis als klassische Unternehmensform freiberuflicher ärztlicher Tätigkeit. Von vielen wird sie allerdings als „Auslaufmodell" oder auch besser als „Tante-Emma-Laden" bezeichnet, die keine Zukunft habe. Ärzte sollten sich Kooperationen öffnen, ihre Tätigkeit vernetzen, um den Anforderungen an eine moderne Dienstleistungsgesellschaft im Gesundheitswesen gerecht zu werden. Stellt man lediglich auf den Investitionsbedarf ab, ist dieses Argument nicht zu widerlegen. Da sich die Investitionen bei Neugründungen von Einzel- und Gemeinschaftspraxen nur relativ wenig unterscheiden, wird die Last somit auf mehrere Schultern verteilt. Weitere Vorteile wie kollegialer Austausch, Vertretung bei Krankheit und Urlaub u. ä. liegen auf der Hand. Betrachtet man jedoch die Trennungsgründe bei gescheiterten Kooperationen, zeigt sich, dass die finanzielle Seite nur ein Aspekt der Gesamtproblematik ist. Wie Beispiele aus anderen Berufen zeigen, besteht bei hoch spezialisierten Tätigkeiten keineswegs ein Zwang zur Kooperation; vielmehr kann sich gerade der Hochspezialisierte auch als Einzelner gegenüber großen Dienstleistern behaupten. Kooperationen führen auch zu Abhängigkeiten, die sie in Krisensituationen besonders anfällig werden lassen. Schließlich brauchen große Kooperationsformen auch eine entsprechende Klientel. Die Standortfrage spielt deshalb eine besondere Bedeutung. Im Übrigen wächst der Verwaltungsaufwand bei größeren Einheiten überproportional, so dass nicht selten die finanziellen Vorteile bei Investitionsentscheidungen durch Mehraufwendungen im Bereich der nichtoperativen Betriebsführung wieder aufgefressen werden.

4   Welche Voraussetzungen für das Vorliegen einer ärztlichen Berufsausübungsgemeinschaft – also die gemeinsame Berufsausübung- anzunehmen sind, war heftig

---

[3] A.A. Prütting, Fachanwaltskommentar/Kilian, § 18 MBOÄ S. 1356, Rn.35.

umstritten[4]. Zum Teil wird die Verwirklichung eines gemeinsamen medizinischen Konzepts an einem Patienten bzw. Fall gefordert. Die Bundesärztekammer fordert eine auf Dauer angelegte systematische Kooperation im ärztlichen Kernbereich, einen schriftlichen Gesellschaftsvertrag[5], eine obligatorische Außenankündigung, einen gemeinsamen Abschluss von Behandlungsverträgen, einen gemeinsamen Patientenstamm mit Zugriff durch alle Gesellschafter sowie im wesentlichen gleiche Rechte und Pflichten aller Gesellschafter. Wesen einer Berufsausübungsgemeinschaft sei eine Teilhabe am unternehmerischen Gewinn- und Verlustrisiko sowie eine Beteiligung am immateriellen Praxiswert zumindest nach einer Kennenlernphase von drei Jahren[6]. Nicht zuletzt wird man eine Beteiligung am unternehmerischen Risiko (also Gewinn und Verlust) sowie eine Beteiligung an den stillen Reserven auch aus steuerrechtlichen Erwägungen empfehlen und verlangen müssen, weil dies nach der Rechtsprechung des BFH[7] neben der gemeinsamen Gewinnerzielungsabsicht als wesentliches Merkmal einer Mitunternehmereigenschaft iSv. § 18 I iVm. § 15 I EStG angesehen wird[8]. Dem trägt die Neufassung von § 18 II a MBO in der vom 114. Deutschen Ärztetag 2011 beschlossenen Fassung in jeder Beziehung Rechnung.

Unter Bezugnahme auf überörtliche Kooperationen oder auch fachübergreifende Berufsausübungsgemeinschaften sehen andere[9] ein gemeinsames medizinisches Konzept nicht als notwendiges Kriterium für eine Berufsausübungsgemeinschaft. Zutreffend dürfte jedoch gerade dieses ein maßgebliches Indiz für eine „echte" Berufsausübungsgemeinschaft sein[10]. Häufig wird man die Grenze nur von Fall zu Fall ziehen können. Relativ klar sind allerdings die Fälle, in denen der Vertrag darauf abzielt, die Gesellschaft nur als „black box" zu verwenden, innerhalb der dann Finanzbewegungen stattfinden, die ohne diese gesellschaftsrechtliche Verschleierung schon früher auffliegen würde. Gründen Ärzte nur deshalb eine GbR (ohne dass eine fachübergreifende BAG vorliegt), damit der eine Arzt an Erlösen partizipiert, die der andere Arzt mit Leistungen erwirtschaftet, die der partizipierende Arzt mangels Qualifikation nicht erbringen dürfte, fehlt es darüber hinaus an den wesentlichen Merkmalen einer Berufsausübungsgemeinschaft; der zugrundeliegende Gesellschaftsvertrag ist wegen Verstoßes gegen § 134 BGB nichtig[11]. Zu einem ähnlichen Ergebnis könnte man auch über § 726 BGB kommen; denn wenn der Ge-

---

[4] Hinweise und Erläuterungen der Bundesärztekammer zu Niederlassungen und für berufliche Kooperationen, DÄ. 2008, A –1019, 1021.
[5] so auch BSG, MedR 2004, 118.
[6] BGH, MedR 2007, 595.,
[7] BFH, Urteil v. 14. 4. 2005 – XI R 82/03.
[8] so auch BSG, Urt. v. 23. 6. 2010 – B 6 KA 7/09 R.
[9] Bäune/Meschke/Rothfuß § 33 Ärzte-ZV Rn. 25
[10] Gollasch, Die fachübergreifende Gemeinschaftspraxis 2003, S. 111, so auch Dahm/Ratzel, Liberalisierung der Tätigkeitsvoraussetzungen des Vertragsarztes, MedR 2006, 556; siehe auch Palandt/Sprau § 705 Rn. 9
[11] LG, Arnsberg Urtl. v. 12.10.2007 – 2 O 380/07, MedR 2008, 746.

sellschaftszweck rechtswidrig ist, ist seine Erreichung – rechtlich – unmöglich und führt damit von Gesetzes wegen zur Auflösung der Gesellschaft.

III. Gesellschaftsform

6 § 18 MBO nF. verwendet den im Ergebnis offeneren Begriff der „für den Arztberuf zulässigen Gesellschaftsformen", wenn die unabhängige und nicht gewerbliche Berufsausübung gewährleistet ist. Auch nach der Neufassung bleibt es jedoch dabei, dass sich die Frage der Zulässigkeit grundsätzlich nach Landesrecht richtet[12]. Seit 2004 ist gemäß § 23 a MBO für Berufsausübungsgemeinschaften die Möglichkeit eröffnet, sich in Form einer juristischen Person des Privatrechts, also in erster Linie der GmbH (auch in der seit 1. 11. 2008 möglichen „Unternehmergesellschaft") oder der AG zu organisieren. Einige Heilberufsgesetze der Länder untersagten dies früher ausdrücklich[13] (heute nur noch Bayern[14] Art. 18 I 2 HKaG; in Niedersachsen sind die Zulässigkeitsvoraussetzungen für eine juristische Person des Privatrechts positiv formuliert, § 32 II HKG; vermittelnd § 4 a V BerlinerKG). Allerdings soll nicht übersehen werden, dass auch diejenigen Länder, die früher ein derartiges Verbot – in unterschiedlicher Ausprägung – in ihren Heilberufs-Kammergesetzen verankert hatten, mittlerweile daran gegangen sind, diese Haltung aufzugeben. So heißt es z. B. in § 29 II HeilberufsG NRW „Die Führung einer Einzelpraxis oder einer Praxis in Gemeinschaft in der Rechtsform einer juristischen Person des Privatrechts setzt voraus, dass die Kammern in der Berufsordnung Anforderungen festgelegt haben, die insbesondere gewährleisten, dass die heilkundliche Tätigkeit eigenverantwortlich, unabhängig und nicht gewerblich ausgeübt wird." Die BO der ÄK Nordrhein enthält eine derartige Regelung bislang nicht, die BO der ÄK W-L hingegen schon. Maßgeblich sind jedenfalls die Regelungen in den Heilberufs-Kammergesetzen[15].

7 Das Verbot, ambulante ärztliche Heilkunde in Form einer Kapitalgesellschaft auszuüben, hatte deshalb zumindest in den Ländern einer Überprüfung standgehalten, in denen dies im HeilberufsG selbst geregelt ist[16]. Dass es sich dabei um eine reine Berufsausübungsvorschrift handelt, dürfte ernsthaft nicht bestritten werden. Deshalb ist die Annahme zutreffend, dass der Gesetzgebung der Länder für diesen Bereich Vorrang vor der Gesetzgebungskompetenz des Bundes einzuräumen ist. Gerne wird im Übrigen übersehen, dass Art. 72 II GG im Zuge der Föderalismusreform geändert worden ist. In der aktuellen Fassung von § 72 II GG (BGBl. I 2006S. 2034) bezieht sich das Gesetzgebungsrecht des Bundes im Rahmen der

---

[12] jurisPK-SGB V/Pawlita § 95 Rn. 129.
[13] Guter Überblick bei Treptow, S. 65 ff.
[14] Wobei nach entsprechender Verwaltungsübung eine MVZ-GmbH mit angestellten Ärzten nicht mehr beanstandet und von den Registergerichten akzeptiert wird.
[15] OLG Düsseldorf, Beschl. v. 6.10.2006, I-3 Wx 107/06, MedR 2007, 249, Tierarztpraxis als GmbH in NRW unzulässig, solange BO nicht die Voraussetzungen festlegt.
[16] BayVerfGH, Entsch.v. 13.12.1999 – Vf. 5-VII-95 u. a., NJW 2000, 3418 ff. zu Art. 18 I 2 Bay Heilberufe-KammerG; OVG Münster, MedR 2001, 150 ff. zu § 29 HeilberufsG NRW a. F.

Gesetzgebungsmaterien in Art. 74 GG mit der Zielsetzung des Art. 72 II GG nur noch auf die enumerativ in der Neufassung aufgeführten Sachgebiete. Art. 74 I Nr. 12 GG gehört nicht dazu. Auf diese Einschränkung des Anwendungsbereichs der Erforderlichkeitsklausel in Art. 72 II GG (n.F.) hat die Bundesregierung mit Drs. 651/06 vom 4.9. 2006 hingewiesen[17]. Der Vorrang der Länderkompetenz im Rahmen der originären Berufsausübung ohne sozialversicherungsrechtliche Ausgestaltung bleibt daher unberührt. Der „Vertragsarzt" ist kein eigenständiger Beruf. Der Kompetenztitel in Art. 74 I Nr. 12 GG trägt nur dort, wo spezielle sozialversicherungsrechtliche Ziele, wie etwa die Qualitätssicherung und Wirtschaftlichkeit berührt sind, nicht aber im Bereich der reinen Berufsausübung ohne zwingenden Bezug zur Funktionsfähigkeit der vertragsärztlichen Versorgung[18].

Unter der Gemeinschaftspraxis versteht man den organisatorischen Zusammenschluss von zwei oder mehreren Ärzten in gemeinsamen Räumen bzw. überörtlich oder interlokal) mit gemeinschaftlichen Einrichtungen und Personal mit einer gemeinsamen Organisation und Abrechnung sowie gemeinsamer Firmierung[19]. Die Zulassung der überörtlichen Berufsausübungsgemeinschaft für alle Facharztgruppen durch das VÄndG ist nach den entsprechenden Änderungen in den LänderBO's konsequent. Die vom Bundesrat angeführten Gründe gegen die Zulässigkeit einer KV-Bezirk übergreifenden Berufsausübungsgemeinschaft sind im Kern auch für Ärzte zutreffend[20], wurden jedoch nicht akzeptiert. Um derartige überörtliche Berufsausübungsgemeinschaften im Rahmen der vertragsärztlichen Versorgung einzubinden (Qualitätssicherung, Wirtschaftlichkeit, Disziplinarwesen, Plausibilität) bedarf es eines unerhört hohen materialtechnischen und intellektuellen Aufwands. Im übrigen ist es mehr als zweifelhaft, ob die weitgehende Preisgabe des Datenschutzes in § 285 Abs. 3 SGB V i. d. F. d. VÄndG und § 285 Abs. 3a SGB V i. d. F. d. GKV-VStG noch mit dem Grundrecht auf informationelle Selbstbestimmung[21] vereinbar ist. Die Vorschrift, dass sich die überörtliche Berufausübungsgemeinschaft für mindestens zwei Jahre für eine bestimmte KV und die dort geltenden Vereinbarungen zu Abrechnung und Qualitätssicherung entscheiden soll, ist nachvollziehbar. Im Bereich der Disziplinargewalt könnten jedoch Schwierigkeiten auftreten, weil das zu ahndende Verhalten möglicherweise von einem Vertragsarzt verursacht wurde, der gar nicht Mitglied der zuständigen KV ist. Für die Filialbildung ist dies

8

---

[17] Siehe hierzu auch das Föderalismusreform-Begleitgesetz, BGBl. I 2006, S. 2098.
[18] BVerfGE 102, 26, 36 (Frischzellen); BVerfG GesR 2004, 539 (Botox); BVerfG, GRUR 2003, 966; sa. Engelmann, FS 50 Jahre BSG S. 429, 436 ff.; Pestalozza, GesR 2006, 389 ff.; zutreffend insbesondere Rixen VSSR 2007, 213 ff.; Ratzel VSSR 2007, 207 ff.
[19] Es dürfen nur Ärzte im Gesellschaftsnamen erscheinen, die ihren Beruf noch aktiv ausüben, anders als bei Rechtsanwälten; OVG NRW, Beschl. v. 29.8.2006, 13 A 3968/04, GesR 2006, 270, verstorbener Gesellschafter darf nicht im Praxisnahmen verbleiben; auch die Bezeichnung einer Praxis z. B. unter Verwendung des Namens des Seniorpartners „Dr. A und Kollegen" verstößt gegen § 18 a Abs. 1.
[20] Siehe auch BSG, Urtl. v. 16.7. 2003 – B 6 KA 34/02 = MedR 2004, 120.
[21] BVerfG, Urtl. v. 15.12.1983 – 1 BvR 209/83, BVerfGE 65, 1, 43 ff.; siehe auch BVerfG, Beschl. v. 17.7.2013 – 1 BvR 3167/08, NJW 2013, 3086, Datenschutz im privaten Versicherungsrecht.

besser gelöst, weil der Filialist für seine Tätigkeit jenseits der KV-Grenze eine Ermächtigung benötigt. Die Zwei-Jahres-Bindung könnte allerdings durch Austritt aus der Berufsausübungsgemeinschaft unterlaufen werden. Die Einzelheiten bedürfen einer Strukturierung durch untergesetzliche Normen der Vertragspartner auf Bundesebene.

9   Bei überörtlichen Gemeinschaftspraxen ist sicherzustellen, dass die Versorgung der Patienten an jedem Praxissitz gewährleistet ist. Die Neufassung von § 18 Abs. 3 MBO setzt nicht mehr voraus, dass an jedem Praxissitz ein Gesellschafter hauptberuflich tätig sein muss. Vertragsärztlich darf ein Vertragsarzt an anderen Betriebsstätten nicht länger tätig sein als an seinem Vertragsarztsitz; dies bedeutet, dass er bei einem vollen Versorgungsauftrag an seinem Vertragsarztsitz mindestens 20 Sprechstunden persönlich abzuleisten[22]. Auf der anderen Seite kann er an anderen Betriebsstätten der überörtlichen Berufsausübungsgemeinschaft ohne weitere Genehmigung tätig werden, auch wenn diese Betriebsstätten in anderen Planungsbereichen oder sogar anderen KV-Bezirken liegen. hat Die ärztlichen Leistungen können für den jeweiligen Patienten – entsprechend dem abgefragten Fachgebiet – von jedem der Partner erbracht werden. Den Behandlungsvertrag schließt der Patient normalerweise mit allen in der Gemeinschaftspraxis vereinten Ärzten[23]. Haftungsrechtlich hat dies die Folge, dass alle Ärzte einer Gemeinschaftspraxis gegenüber dem Patienten – jedenfalls bei sogenannten austauschbaren[24] Leistungen, also solchen Leistungen, die von jedem der Partner erbracht werden könnten – auch gemeinsam haften[25]. Das Gesetz geht davon aus, dass die Partner einer Gemeinschaftspraxis die Geschäfte in der Regel gemeinsam führen und mangels anderweitiger Regelungen gleiches Stimmrecht haben. Hiervon kann im Einzelfall vertraglich abgewichen werden. Derartige abweichende Regelungen findet man insbesondere bei asymmetrischen Gesellschaftsverhältnissen (Senior-/Juniormodelle, „Nullbeteiligungspartnerschaften" oder auch Job-Sharing-Gemeinschaftspraxen) vor. Hierauf wird bei den jeweiligen Modellen näher eingegangen werden. Es gibt jedoch auch in einer ärztlichen BGB-Gesellschaft Kernelemente, die nur gemeinsam entschieden werden können, mithin der Dispositionsbefugnis der Vertragspartner entzogen sind. Es sind dies z. B. die Entscheidung über eine Vertragsänderung, die den Mitgliedstatus eines Gesellschafters im Kernbereich berührt[26], die Änderung des Stimmrechts, oder Gewinnrechts, die Erhöhung der vereinbarten Einlage sowie das Recht auf Be-

---

[22] Ob er sich diesbezüglich der Unterstützung angestellter Ärzte bedienen darf, ist umstritten; dafür: Orlowski, Halbe, Karch, S. 42, Kremer, Wittmann, in: Rieger, Dahm, Katzenmeier, Steinhilper, HK-AKM, „Gemeinschaftspraxis" Rn. 10, „Ordnungszahl" 2050; dagegen Bäune, in Bäune, Meschke, Rothfuß, § 19 a Rn. 6.

[23] BGH, MedR 1986, 321; 1989, 2320; OLG Köln, VersR 1992, 1231.

[24] Bei nicht austauschbaren Leistungen kann die gemeinsame Haftung je nach Konstellation entfallen, OLG Oldenburg, VersR 1997, 1492; siehe auch BGH, NJW 1999, 2731, 2734 a. E.

[25] BGH, MedR 1986, 321, BGH NJW 1999, 2731; BGH, NJW 2003, 1445.

[26] Beispielsweise seinen Gewinnanteil beschneidet oder Beitragspflichten ändert, es sei denn dies wäre schon zu Vertragsschluss bestimmbar und der Höhe nach eindeutig vereinbart worden.

teiligung am Liquidationserlös[27] die Aufnahme neuer Gesellschafter sowie die Ausübung des Informationsrechts einzelner Gesellschafter gegenüber der Gesellschaft. Ansonsten sind die Partner bei der Abfassung ihres Gesellschaftsvertrages relativ frei. Die Freiheit ging sogar früher so weit, dass überhaupt kein schriftlicher Gesellschaftsvertrag bei einer Gemeinschaftspraxis als BGB-Gesellschaft geschlossen werden musste. Allerdings gehen die Zulassungsausschüsse aufgrund bestimmter Vorkommnisse (dazu unten) dazu über, die Vorlage eines schriftlichen Vertrages zu verlangen. Heute ist die Schriftform in § 18 IIa MBO vorgeschrieben. Kammern und Verbände bieten die unterschiedlichsten Musterverträge an, denen eines gemeinsam ist: sie können bestenfalls eine Anregung bezüglich der Formulierung einzelner Regelungen geben. Ein bloßes Ausfüllen dieser Formulare mit den persönlichen Daten ist nur vermeintlich preisgünstig. Denn in der Regel werden die aufzuwendenden Anwaltskosten bei Auseinandersetzung eines missglückten Mustervertrages diejenigen Kosten, die bei rechtzeitiger Hinzuziehung des Anwalts im Rahmen der Vertragsverhandlung entstanden wären, weit übersteigen[28].

IV. Senior-/Juniorgemeinschaftspraxen, „Nullbeteiligunggesellschaften" und Job-Sharing-Gemeinschaftspraxen

Der Hintergrund für derartige Gesellschaftsformen, in denen einem Partner (in der Regel dem Praxisgründer) für einen bestimmten Zeitraum bestimmte Vorrechte (z. B. im Rahmen der Geschäftsführung, der Gewinnverteilung und bei Investitionsentscheidungen) eingeräumt werden, ist klar. Der „Erfahrene" möchte sich für einen Übergangszeitraum nicht das Ruder aus der Hand nehmen lassen und den Juniorpartner behutsam in seine Gesellschafterrolle einführen. Für den Juniorpartner ist dies nicht nur nachteilig. In der Regel wird sich sein Investitionsvolumen deutlich – zum Teil bis gegen Null – reduzieren. Er arbeitet seinen Einstieg sozusagen ab. Vorsicht ist allerdings bei der steuerrechtlichen Bewertung derartiger Modelle jedenfalls dann geboten, wenn der Gewinnverzicht eine verdeckte Kaufpreiszahlung darstellt.

10

Auch bei derartigen Gesellschaftsformen ist jedoch eines klar: der Juniorpartner ist Gesellschafter und nicht Arbeitnehmer. Er hat deshalb eine Rechtsstellung, die sich von der eines weisungsuntergebenen abhängigen Arbeitnehmers deutlich unterscheiden muss. Liegt in Wirklichkeit nur ein verdecktes Anstellungsverhältnis vor, kann dies ganz erhebliche vertragsärztliche Konsequenzen nach sich ziehen[29]. Deshalb sind die in nicht wenigen Verträgen zu lesenden Regelungen, die dem „Senior" ein Hinauskündigungsrecht einräumen, um ihm sein „Platzrecht" zu sichern, sehr problematisch. Gesellschaftsrechtlich handelt es sich dabei um einen Aus-

11

---

[27] Michels, Möller, S. 60,61.

[28] Im Grunde genommen ist es wie in der Medizin, rechtzeitige Vorsorge ist preiswerter als spätere Heilversuche bei infauster Prognose.

[29] LSG Niedersachsen-Bremen, GesR 2009. 206, 209; BSG, Urt. v. 23. 6. 2010 – B 6 KA 7/09 R; KassKomm-SGB V/Hess § 95 Rn. 53

schluss ohne wichtigen Grund. Die Rechtsprechung lässt dies in aller Regel, d. h. ohne besondere Rechtfertigungsgründe, nicht zu[30]. Es ist aber nicht von der Hand zu weisen, dass es legitime Interessen des Seniors oder der „Altgesellschafter" geben kann, ihm/ihnen gerade für die Kennenlernphase ein derartiges Recht einzuräumen. U. U. muss dafür dann allerdings auch ein Preis gezahlt werden (kein Wettbewerbsverbot, evtl. Entschädigung, Rückzahlung von Einstandsbeträgen etc.). Ist man dazu nicht bereit, kann dies nicht nur zur Unwirksamkeit der Klausel führen; es kann zur Liquidation der gesamten Gesellschaft kommen[31].

12   Seit 2002 hat der BGH[32] für gewisse Konstellationen das Recht zur „Hinauskündigung" eines Juniorpartners erleichtert. Dies soll jedenfalls dann gelten, wenn der Junior nicht wesentlich investiert und den Vertragsarztsitz von der bisherigen Gemeinschaftspraxis zur Nachbesetzung „bekommen" hat. In diesem Fall kann der Junior sogar verpflichtet werden, seinen Vertragsarztsitz bei der bisherigen Gemeinschaftspraxis zur Nachbesetzung zu belassen[33]. Dieses Recht bzw. im Gegenzug Verpflichtung wird man allerdings nur im Rahmen der Kennenlernphase von maximal zwei bis drei Jahren rechtfertigen können, bis dann der Junior beginnt, am Goodwill teilzuhaben. Eine Klausel, die dieses Recht den Altgesellschaftern unbefristet einräumt, kann unwirksam sein [34]. Im Hinblick auf den Ausnahmecharakter der Hinauskündigung wird man aus Sicherheitserwägungen den zulässigen Zeitraum eher bei zwei denn bei drei Jahren ansiedeln [35]. Umstände des Einzelfalls können andere Schlussfolgerungen erlauben, wenn z. B. der Junior auch nach der eigentlichen Kennenlernphase in der Position des Aspiranten verharrt, ohne den Schritt in die echte Mitunternehmerschaft zu wagen und stattdessen eher einem leitenden Angestellten vergleichbar ist. Dann kann die Gesellschaft u. U. wie bei einem anderen Angestellten auch verlangen, dass der Sitz in der Gesellschaft verbleibt. Voraussetzung ist in jedem Falle aber eine vertragliche Regelung.

13   Fraglich ist, ob eine Gewinn- und Verlustbeteiligung für die Gesellschafterstellung zwingend ist[36] oder auch ein Fixum vereinbart werden könnte. Angesichts des Stellenwerts, der dem Grundsatz der „Freiberuflichkeit" im ärztlichen Bereich eingeräumt – (§ 1 II BÄO) und damit eine Teilhabe am wirtschaftlichen Risiko verlangt wird, ist vor gehaltsähnlichen Gewinnregelungen nachhaltig zu warnen [37]. Gesellschaftsverträge, die dies außer Acht lassen und dazu führen, dass der Junior nur pro

---

[30] BGH, NJW 1977, 1292; 1981, 2565; 1989, 834; BGH, NJW-RR 1996, 234; Gehrlein, NJW 2005, 1969 ff.
[31] OLG Köln, MedR 1992, 219.
[32] BGH, MedR 2002, 647; BGH, MedR 2003, 510; OLG Hamm, MedR 2005, 234.
[33] OLG Rostock, Beschl. v. 29.3.2011 – 1 U 189/10 n. v.
[34] BGH, MedR 2004, 563 m. Anm. Dahm, MedR 2004, 565, 566 (keine Hinauskündigung nach zehn Jahren).
[35] Heller/Kanter, GesR 2009, 346, 350.
[36] BGH, NJW 1987, 3124, 3125; BGH, WM 1989, 1850; 1856; BAG, NJW 1993, 2458, 2460; siehe aber auch BGH, NJW 1995, 192, 193; 1995, 194, 195.
[37] Saenger NZS 2001, 238 „nur für eine Kennenlernphase"; siehe auch jurisPK-SGB V/Pawlita § 95 Rn. 178; BSG, Urt. v. 23. 6. 2010– B 6 KA 7/09 R; a A. Gummert/Meier MedR 2007, 1, 8.

forma Gesellschafter ist, de facto aber Arbeitnehmer, sind nicht nur unter sozialversicherungsrechtlichen Gesichtspunkten problematisch (s. o.). In steuerrechtlicher Hinsicht ist zu beachten, dass es in derartigen Fällen an der Mitunternehmerschaft fehlen kann, was beim Verkauf eines „Gesellschaftsanteils" möglicherweise Steuernachteile verursacht[38]. Mit der Neufassung von § 18 Abs. 2a MBO durch den 114. Deutschen Ärztetag dürfte sich die Diskussion um die Unzulässigkeit eines Fixums zumindest nach Ablauf der Erprobungsphase im übrigen erledigt haben.

Die „Nullbeteiligungsgesellschaft" (schon die Begrifflichkeit wirft Fragen auf) ist eine Spielart der Senior-/Juniormodelle. Unter einer „Nullbeteiligungspartnerschaft" versteht man eine Gesellschafterstellung, in der der Einsteigende keine Investition tätigt, sondern sich mit einem deutlich verminderten Gewinnanteil zufrieden gibt, der der Tatsache Rechnung trägt, dass er Zinsaufwendungen spart und der bisherige Gesellschafter bzw. die bisherigen Gesellschafter ihm den gesamten Apparat zur Verrichtung seiner ärztlichen Tätigkeit zur Verfügung stellen. In einer vom Vorstand der Bundesärztekammer Anfang 1990 gebilligten Stellungnahme[39] wurde noch die Auffassung vertreten, für die Annahme einer gemeinschaftlichen Berufsausübung in Gemeinschaftspraxis und damit eines Gesellschaftsvertrages sei eine Beteiligung der Partner an Investitionen, Kosten und Goodwill der Praxis erforderlich. Dies ist in dieser strengen Diktion jedenfalls im Hinblick auf eine Beteiligung am materiellen Anlagevermögen mit guten Gründen bestritten worden[40].

14

Sinnvoll ist es allerdings, den Nullbeteiligungspartner durchaus mit Leitungsfunktionen zu betrauen und ihm – wenn auch zurückhaltend – eine Beteiligung am Goodwill für den Fall des Erreichens strategischer Gesellschaftsziele in Aussicht zu stellen[41]. Ist der Nullbeteiligungspartner nämlich weder am materiellen noch am immateriellen Gesellschaftsvermögen beteiligt und hat auch sonst nur marginale Rechte, besteht neben dem Risiko der Wertung als Angestelltenverhältnis[42] die Gefahr, dass im Falle des Ausscheidens dieses Arztes das Nachbesetzungsverfahren scheitert[43]. Im Übrigen gehört zur Zulässigkeit der Nullbeteiligungspartnerschaft im medizinischen Bereich, dass ein rechtfertigender Zweck genannt werden kann. In der Regel wird dieser Zweck in der Überprüfung der Partnerschaftsfähigkeit des neu eintretenden Arztes in die Gesellschaft gesehen werden können. Damit sind „Nullbeteiligungsgesellschaften" zwingend nicht auf Dauer angelegt, sondern zu be-

15

---

[38] BFH, Urteil v. 14. 4. 2005– XI R 82/03.

[39] Deutsches Ärzteblatt 1990 (B) 1012 ff. überarbeitet DÄ 2008 (A), 1019, 1921.

[40] BSGE 35, 247; BGH NJW 1987, 3124, 3125; Taupitz, NJW 1996, 3033; Möller, MedR 1999, 493 ff.; einschränkend auch Engelmann, FS BSG zum 50jährigen Bestehen S. 454, jedenfalls für die Anlaufzeit bis zu drei Jahren; siehe aber auch BSG, Urteil v. 22. 3. 2006– B 6KA 76/04 R, sowie die kritischen Ausführungen von Wenner § 20 Rn. 44 zur Position von Gummert/Meier MedR 2007, 1 ff.

[41] siehe nur OLG München, Urteil v. 22. 4. 1998–21 U 4042/97.

[42] Hess in: KassKommSGB V, § 95 Rn. 53.

[43] LSG Nordrhein-Westfalen MedR 1999, 237; BSG Urteil v. 29. 9. 99– B 6 Ka 1/99 R., BSGE 85, 1 ff.; a A. offenbar Gummert/Meier MedR 2007, 1, 9, was aber angesichts der entgegenstehenden sozialgerichtlichen Rechtsprechung riskant sein dürfte.

fristen. Während sich die Anwachsungsphase in einem Senior-/Juniormodell durchaus auf mehrere Jahre (z. B. 10 Jahre, siehe nur Job-Sharing-Modell) erstrecken kann, ist dies für Nullbeteiligungspartnerschaften eindeutig zu lang. Hier dürfte die Grenze bei zwei bis drei Jahren liegen. Nach dieser Zeit müsste klar sein, ob die „Probezeit" erfolgreich war. Kommt es danach nicht zu einer maßgeblichen Beteiligung des „Nullbeteiligungs-Partners" – zumindest am Goodwill, sind im Vertrag Beendigungsklauseln vorzusehen. Im übrigen gelten die für Senior-/Juniormodelle getätigten Ausführungen für Nullbeteiligungspartnern entsprechend.

16 Die Möglichkeit der Job-Sharing-Gemeinschaftspraxis in der vertragsärztlichen Versorgung besteht seit dem 01.07.1997 (§ 101 Abs. 1 Satz 1 Nr. 4 SGB V). Seit der Möglichkeit, den Versorgungsauftrag zu teilen oder auch die Anstellung wieder in eine Zulassung rück umzuwandeln, hat sie etwas an Bedeutung verloren. Sie sollte auch in überversorgten Gebieten die Möglichkeit eröffnen, Gemeinschaftspraxen mit der Maßgabe zu gründen, dass sich die Beteiligten verpflichten, das Leistungsvolumen der bisherigen Praxis nicht wesentlich zu überschreiten. Die früher gegebene Beschränkung, auch das Leistungsspektrum nicht verändern zu dürfen, ist später weggefallen. Die Leistungsmengenbegrenzung orientiert sich an den vom bereits zugelassenen Vertragsarzt in den vorausgegangenen vier Quartalen (vor der Entscheidung des Zulassungsausschusses) abgerechneten Gesamtpunktzahlen/pro Vergleichsquartal zuzüglich eines geringen Aufschlags um 3 %, letzterer allerdings nur bezogen auf den Fachgruppendurchschnitt des Vorjahresquartals. Nach erteilter Zulassung ist der Job-Sharing-Partner zunächst Vertragsarzt wie jeder andere auch. Konsequenzen ergeben sich aber dann, wenn der „Alt-Partner" verstirbt, seine Zulassung verliert oder das Gesellschaftsverhältnis beendet wird. Nach der gesetzlichen Regelung ist die Zulassung des Job-Sharing-Partners nämlich für die Dauer von zehn Jahren an die Zulassung des „Alt-Partners" gebunden. Sie erlischt damit unweigerlich, wenn dessen Zulassung erlischt oder die Gesellschaft endet. Erst nach 10 Jahren erwächst sie in eine unangreifbare „Voll-Zulassung". Einzige Ausnahme ist, dass im Wege der Nachbesetzung des Sitzes des Alt-Partners (z. B. im Falle seine Todes) der Job-Sharing-Partner nach fünf Jahren einen „Bonus" im Nachbesetzungsverfahren erhält. Es liegt auf der Hand, dass eine derartig fragile Konstruktion einer besonders sorgfältigen vertragsrechtlichen Absicherung für beide Seiten bedarf. Auch für Jobsharingmodelle gelten die Ausführungen zu Senior-/Juniormodellen entsprechend.

V. Teilgemeinschaftspraxis (TGP)

17 Seit der durch den 107. Deutschen Ärztetag 2004 beschlossenen Neufassung von § 18 können Ärzte eine Berufsausübungsgemeinschaft auch auf Teile ihrer Berufsausübung, letztlich sogar auf eine einzige Leistung beschränken[44]. I. d. R finden sich Teilberufsausübungsgemeinschaften vorwiegend zwischen bisherigen Über-

---

[44] Möller, in: Ratzel/Luxenburger, § 16 Rn. 242.

weisern und Spezialpraxen z. B. Orthopäden einerseits und Radiologen andererseits, oder nichtoperativ tätigen Ärzten und Operateuren. Bei alledem gelten für eine TGP die selben Anforderungen wie für eine (Voll −) Berufsausübungsgemeinschaft, wie Ankündigungspflicht, (ärztlicher) Förderbeitrag, Beschlussfassung, Haftung etc.[45]. Vielfach vergessen wird, dass der Patient informiert werden muss, wenn eine bei ihm durchgeführte Leistung nicht in der aufgesuchten Praxis, sondern in einer hiervon getrennten TGP durchgeführt werden soll. Wird bei Privatpatienten die Abrechnung bei einem Gesellschafter konzentriert, ist insoweit die vorherige schriftliche Einwilligung des Patienten einzuholen (§ 4 a BDSG). Die TGP kann auch überörtlich betrieben werden. Ärzte können sich an mehreren TGP's beteiligen. Ist vorgesehen, dass der Arzt in diesen TGP's außerhalb seines Praxissitzes ärztlich tätig sein soll, stellt sich die Frage, ob diese Tätigkeit unter die Beschränkung des § 17 (zwei weitere Orte ...) fällt. Dies ist zu bejahen.

Gerade weil sich diese Kooperationsform hervorragend zur vermeintlich legalen **18** Umgehung des § 31 MBO eignet, haben sich teilweise ganze Ketten von TGP's gebildet, innerhalb derer sich die einzelnen Gesellschafter kaum noch kennen. Den beteiligten Ärzten ist oft gar nicht bewusst, welche erheblichen haftungs-, steuer- und strafrechtlichen Risiken sie sich aussetzen, wenn sie den süßen Versprechungen[46] der Initiatoren derartiger Konstrukte folgen. Die Bundesärztekammer hat dieses Risiko erkannt. Durch Beschluss[47] vom 24. 11. 2006 hatte der Vorstand der Bundesärztekammer § 18 I MBO entsprechend angepasst. Nach dem neuen Wortlaut in § 18 Abs. 1 kann sich der Zusammenschluss zur gemeinsamen Ausübung des Arztberufs zwar auch zum Erbringen einzelner Leistungen erfolgen, sofern er nicht lediglich einer Umgehung des § 31 MBO dient. Diese Regelung im Grundsatz ist rechtlich nicht zu beanstanden[48], auch wenn der BGH mit Urteil v. 15.5.2014- I ZR 137/12 (GesR 2014, 477) den insoweit wortgleichen § 18 Abs. 1 Satz 3 1.Alt. der baden-württembergischen BO wegen Verstoßes gegen Art. 12 GG für nichtig erklärt hat.

Im Mittelpunkt der Entscheidung des BGH stand aber nicht das Zuweisungsverbot **19** gegen Entgelt gemäß § 31 MBO, sondern die Unrechtsvermutung in § 18 Abs. 1 Satz 3 1. Alt. BO Ba-Wü, wonach eine Umgehung insbesondere dann vorliegt, wenn sich der Beitrag der Ärztin oder des Arztes auf das Erbringen medizinisch-technischer Leistungen auf Veranlassung der übrigen Mitglieder einer Teil-Berufsausübungsgemeinschaft beschränkt oder der Gewinn ohne Grund in einer Weise verteilt wird, die nicht dem Anteil der von ihnen persönlich erbrachten Leistungen entspricht. Nur diese Einschränkung hielt der BGH für unverhältnismäßig und damit verfassungswidrig. § 18 Abs. 1 Satz 3 2.Alt BO und § 18 Abs. 1 Satz 4 BO, wonach die Anordnung einer Leistung, insbesondere aus den Bereichen der Labormedizin, der Pathologie und der bildgebenden Verfahren, keinen Leistungsanteil im

---

[45] Ratzel/Möller/Michels, MedR 2006, 377 ff.
[46] Ratzel, GesR 2007, 457 ff.
[47] DÄ 2007 (A), 1613; siehe auch Dahm/Ratzel, MedR 2006, 555, 558.
[48] OLG Karlsruhe, Urt. v. 7.6.2012–6 U 15/11, GesR 2012, 561 m.Anm. Ratzel, Revision beim BGH Az. I ZR 137/12 anhängig.

Sinne des Satzes 3 darstellt, wurden ausdrücklich nicht beanstandet. Im Gegenteil wurde dem Berufungsgericht, an das der Rechtsstreit zur erneuten Entscheidung zurückverwiesen wurde, aufgegeben, die vertraglichen und tatsächlichen Abläufe durch entsprechende Beweiserhebungen zu klären. Damit hat der BGH keineswegs, wie von interessierte Seite in ersten Bewertungen des Urteils behauptet, als zu restriktiv empfundene Zuweisungspraktiken erleichtert. Man darf gespannt sein, wie das OLG mit den Vorgaben des BGH umgeht bzw. ob sich am Ergebnis des Verfahrens etwas ändert. Als Konsequenz der Entscheidung des BGH hat die Baden-Württembergische Landesärztekammer den vom BGH beanstandeten Passus aus ihrer Berufsordnung gestrichen.

20 Ob die Vorlagepflicht in § 18 Abs. 1 Satz 5 stets eingehalten wird, darf mit guten Gründen bezweifelt werden, zumal die unterlassene Vorlegung alleine keinen Nichtigkeitsgrund darstellt. Im Übrigen gibt es einzelne Regionen, wo mächtige Interessengemeinschaften zum Teil erheblichen Druck in den Gremien der Selbstverwaltung ausüben, so dass man bisweilen den Eindruck zu gewinnen glaubt, den Rechtsabteilungen einzelner Kammern seien die Hände gebunden.

21 Der Gesetzgeber hatte im Rahmen des VÄndG ebenfalls reagiert, und in § 33 II 3 Ärzte-ZV eine TGP zwischen Ärzten, die nur auf Überweisung in Anspruch genommen werden können (Radiologen, Labormediziner, Pathologen, Mikrobiologen, Transfusionsmediziner, Strahlentherapeuten) untersagt. Eine Umgehung durch Anstellung dieser Ärzte war wiederum im BMV-Ä (für den EKV gab es eine vergleichbare Regelung) mit Wirkung zum 1. 7. 2007 ausgeschlossen worden (galt bis zum 30.9.2013). Durch das GKV-VStG ist § 33 Abs. 2 S. 3 Ärzte-ZV abermals geändert worden. Das strikte Verbot einer TGP mit Ärzten der methodendefinierten Fächern wurde aufgehoben und durch eine Regelung ersetzt, die sich im Lichte des ebenfalls neuen § 73 Abs. 7 SGB V an den berufsrechtlichen Vorgaben des § 18 Abs. 1 MBO orientiert. Damit ist wieder ein Gleichklang zwischen Vertragsarztrecht und Berufsrecht hergestellt. Damit wäre jetzt z. B. eine der wenigen sinnvollen Kooperationsformen zwischen Radiologen und Kardiologen im Rahmen eines Kardio-MRT vertragsarztrechtlich als TGP zulässig, wenn es sich um eine echte fachlich gelebte Kooperation handelt. Während sich üblicherweise bei ärztlichen Kooperationsformen GbR und PartG auf „Augenhöhe" gegenüberstehen und die GbR aufgrund ihrer Flexibilität in der Praxis deutlich vor der PartG steht, muss man bei überörtlichen BAG's (ÜBAG) eindeutig zur Partnerschaftsgesellschaft wegen der Möglichkeit der Haftungskonzentration raten, auch wenn dies nicht jedes Haftungsrisiko ausschließen kann[49].

---

[49] BGH, Urtl. v. 19.11.2009 IV ZR 12/09, GesR 2010,355=NJW 2010, 1360

VI. Partnerschaftsgesellschaft

Rechtsgrundlage der Ärztepartnerschaft ist das Partnerschaftsgesellschaftsgesetz, das am 1. 7. 1995 in Kraft getreten ist. Die Partnerschaftsgesellschaft ist eine Gesellschaftsform für freie Berufe, die der oHG nachempfunden ist, aber dennoch nicht der Gewerbesteuer unterliegt. Das Partnerschaftsgesellschaftsgesetz gilt für eine Vielzahl freier Berufe, wie Rechtsanwälte, Steuerberater, Architekten, Hebammen und eben auch Ärzte. Die Partnerschaftsgesellschaft kennt keine „stille" Beteiligung wie bei der GmbH, sondern fordert eine aktive Gesellschafterstellung. Voraussetzung ist ein schriftlicher Vertrag, der im Partnerschaftsregister angemeldet werden muss. Die Geschäftsführung wird grundsätzlich eigenverantwortlich und leitend ausgeübt. Das Partnerschaftsgesellschaftsgesetz ermöglicht darüber hinaus interprofessionelle Partnerschaften, z. B. zwischen Ärzten und Hebammen. Ein besonderer Reiz für Ärzte liegt in der Möglichkeit der Haftungserleichterung in Partnerschaftsgesellschaften. Nach der mit Wirkung zum 1. 8. 1998 eingeführten Neufassung von § 8 II PartGG ist Kraft Gesetzes die persönliche Haftung auf denjenigen Partner beschränkt, der mit der Auftragsabwicklung befasst war. Dies ist insbesondere bei Gemeinschaftspraxen mit sehr unterschiedlichen, auch unterschiedlich haftungsträchtigen Abteilungen ein interessanter Gesichtspunkt, auch wenn er die Beitrittshaftung im Ergebnis nicht immer ausschließen kann[50]. In der Praxis spielte er jedoch keine allzu große Rolle, da in der Regel für alle Partner einer Gemeinschaftspraxis ausreichende Haftpflichtversicherungsdeckungssummen zur Verfügung stehen, so dass sich die Problematik einer Haftungskonzentration auf einen einzelnen Arzt aus Sicht der Gesellschafter regelmäßig nicht stellt. Die strafrechtliche Verantwortlichkeit trifft ohnehin nur den jeweils direkt betroffenen Arzt. Es ist daher nicht verwunderlich, dass die Partnerschaftsgesellschaft im ärztlichen Bereich auch Jahre nach ihrem Inkrafttreten bis auf wenige regionale Besonderheiten keine maßgebliche Bedeutung gewonnen hatte.

22

Bei ÜBAG's ist sie als Alternative zur GbR aber regelmäßig zu erwägen. Die mit dem Gesetz zur Einführung einer Partnerschaftsgesellschaft mit beschränkter Berufshaftung (mbB) v. 15.7.2013 (BGBl. S. 2386 ff.) eröffnete Möglichkeit betrifft nur Rechtsanwälte, Patentanwälte, Steuerberater und Wirtschaftsprüfer, nicht Ärzte und Zahnärzte. Die Ausgrenzung dieser Heilberufe wird damit begründet, dass § 8 IV PartGG eine speziell auf diese Vorschrift zugeschnittene Berufshaftpflichtversicherung vorsehe (vgl. Begründung zum RegE BT-Drs. 17/10487, S. 14, S. 17 f.). Die in § 21 MBO und einigen Landesheilberufegesetzen (z. B. Art. 18 I Satz 1 Nr. 4 Bay HKaG) vorgesehene Verpflichtung zum Abschluss einer Haftpflichtversicherung (siehe auch § 6 I Nr. 5 BÄO) reiche hierfür nicht aus. Einer gewissen – neuen – Beliebtheit scheint sich die Partnerschaftsgesellschaft bei „Ketten-Teilgemeinschaftspraxen" zu erfreuen, weil man sich davon eine Haftungsbegrenzung bei diesen zum Teil sehr unübersichtlichen „Gebilden" erhofft. Im Ergebnis wird dies nicht viel nützen, wenn der Gesellschaftszweck bei derartigen Konstruktionen fehlerhaft

---

[50] hierzu BGH NJW 2010, 1360

ist. Eine Besonderheit gegenüber der GbR besteht im übrigen darin, dass die Partnerschaftsgesellschaft wegen der gesetzlich vorgegebenen Beendigungsgründe in § 131 HGB nicht nur durch fristlose Kündigung beendet, sondern auch mit Hilfe der Auflösungsklage aufgelöst werden kann[51].

VII. Praxisgemeinschaft

23   Die Praxisgemeinschaft ist gegenüber der Gemeinschaftspraxis die weitaus weniger enge Zusammenarbeit. Die Berufsordnung spricht insoweit auch nicht von einer Berufsausübungsgemeinschaft, sondern von einer Organisationsgemeinschaft. Unterformen der Praxisgemeinschaft sind Apparategemeinschaften, deren bekanntes Beispiel die sogenannte Laborgemeinschaft ist[52]. Praxisgemeinschaften sind im Außenverhältnis rechtlich getrennte Praxen. Die Praxisgemeinschaft war früher eine reine Innengesellschaft. Sie konnte nicht gegenüber Dritten als Praxisgemeinschaft firmieren, was im Alltag häufig verkannt wurde. Diese Beschränkung wurde aufgehoben (§ 18 a). Ob man von dieser Möglichkeit Gebrauch macht, will gut überlegt sein. Wer eine Praxisgemeinschaft nach außen ankündigt, läuft Gefahr, über die Anscheinshaftung wie eine Gemeinschaftspraxis in Anspruch genommen zu werden, da der Laie den Unterschied zwischen beiden Kooperationsformen regelmäßig nicht nachvollziehen können wird. Die rechtliche Abgrenzung zur Berufsausübungsgemeinschaft bleibt. Außerdem müssen prinzipiell getrennte Datenbestände verwahrt werden. Auch dies ist ein Punkt, der in der Praxis nicht immer beachtet wird. Große Probleme bereiten diejenigen Praxisgemeinschaften, die 1996 und später wegen gebührenrechtlicher Benachteiligung von Gemeinschaftspraxen aus früheren Gemeinschaftspraxen hervorgegangen sind, ohne dass die Partner an der Philosophie ihrer Zusammenarbeit etwas geändert haben. Um keinen Zweifel aufkommen zu lassen, die Umwandlung einer Gemeinschaftspraxis in eine Praxisgemeinschaft und umgekehrt ist selbstverständlich zulässig[53]. Besteht der einzige Antrieb zur Umwandlung allerdings darin, gebührenrechtliche Abrechnungsbeschränkungen zu umgehen, kann dies für die beteiligten Ärzte ganz erhebliche Konsequenzen zeitigen[54]. Es kann sich empfehlen, die Umwandlung von einer Gemeinschaftspraxis in eine Praxisgemeinschaft gegenüber den Patienten formell anzukündigen, weil damit normalerweise zwingend Änderungen im Anmeldungsmanagement verbunden sein müssten[55] Inhalt und Umfang eines Pra-

---

[51] § 9 I PartGG i. V. m. § 133 BGH, siehe auch OLG Naumburg, Urtl. v. 5.4.2012 – 2 U 106/11, NZG 2012, 629

[52] Zur Abgrenzung Praxisgemeinschaft/Gemeinschaftspraxis siehe nur Ehmann, MedR 1994, 141; Schäfer-Gölz, in: Halbe, Schirmer A 1200 Rn.14 ff.32 ff.; Wenner § 20 Rn. 38 zum „Einnahmepooling".

[53] Zu den zu beachtenden Punkten siehe nur Luxenburger, Möller, Ratzel, Orthopädische Mitteilungen 1997, 18 ff.

[54] Vertiefend Luxenburger, S. 67 ff.

[55] LSG Niedersachsen-Bremen, Urt. v. 17.12.2008, L 3 KA 316/04, GesR 2009, 206.

xisgemeinschaftsvertrages können – je nach Einzelfall – deutlich weniger aufwendig als bei einem Gemeinschaftspraxisvertrag gestaltet werden. Allerdings ist es wegen der rechtlichen Trennung der beteiligten „Arzt-Unternehmen" erforderlich, dass die Regelungen bei Ausscheiden eines Partners aus dieser Praxisgemeinschaft Vereinbarungen vorsehen, damit vermieden wird, dass der oder die Zurückbleibenden mit einer übermäßigen Kostenlast der bisherigen Praxisgemeinschaft belastet werden. Dies gilt nicht zuletzt im Hinblick auf die Verpflichtungen gegenüber Vermieter und Personal, deren Rechtsbeziehungen als außenstehende Dritte durch die Trennung einer Praxisgemeinschaft in vielen Fällen nicht berührt werden. Hier haben alle Beteiligten ein größtmögliches Interesse daran, diese Lasten einem gerechten Ausgleich zuzuführen. Schließlich wird häufig übersehen, dass die Vereinbarung eines Wettbewerbsverbots zu Lasten des ausscheidenden Arztes – anders als bei der Gemeinschaftspraxis – grundsätzlich unzulässig ist[56], es sei denn, es würden besondere Konstellationen wie z. B. der Schutz erheblicher Investitionen z. B. im Großgerätebereich oder auch die Einräumung einer Startchance für einen Berufsanfänger eine hiervon abweichende Betrachtung rechtfertigen[57].

VIII. Polikliniken, Ambulatorien, Fachambulanzen

In der ehemaligen DDR (Beitrittsgebiet einschließlich Ostberlin) wurde die ambulante medizinische Versorgung im wesentlichen von Polikliniken, Ambulatorien und Fachambulanzen gewährleistet. Diese sog. „311er-Einrichtungen"[58] sollten ursprünglich nur bis zum 31. 12 1995 zur ambulanten Versorgung im Rahmen der GKV zugelassen bleiben. Nach einer gemeinsamen Empfehlung der Spitzenverbände der GKV und der KBV aus dem Jahre 1990 sollte ihr Anteil gezielt verringert und ihre Umwandlung in Gemeinschaftspraxen und Praxisgemeinschaften gefördert werden[59]. Die Partner dieser Erklärung warnten allerdings ausdrücklich vor einer „vorschnellen und unkritischen Veräußerung kommunaler ambulanter Gesundheitseinrichtungen an private Investmentfirmen oder an ihre Einbringung in gemeinsam mit solchen Investmentfirmen betriebene Gesellschaften", weil die Ver-

24

---

[56] Die Praxisgemeinschaft ist berufsrechtlich eine reine Kostengemeinschaft ohne gemeinsamen Patientenstamm. Ein Wettbewerbsverbot für den Ausscheidenden kann darüber hinaus ein unwirksamer Vertrag zu Lasten Dritter, nämlich der Patienten, sein, wenn diese nicht Vertragspartner des Zurückbleibenden gewesen sind; es sei denn, es würden besondere Konstellationen wie z. B. der Schutz erheblicher Investitionen z. B. im Großgerätebereich oder auch die Einräumung einer Startchance für einen Berufsanfänger eine hiervon abweichende Betrachtung rechtfertigen, so OLG München, Urteil v. 20. 12. 1995, 20 U 5973/94; so auch Schäfer-Gölz, in: Halbe/Schirmer, A 1200 Rn. 74.

[57] OLG München, Urtl. v. 20.12.1995, 20 U 5973/94; so auch Schäfer-Gölz, in Halbe, Schirmer, A 1200 Rn. 74.

[58] So genannt, weil die sie betreffenden Bestimmungen in § 311 SGB V geregelt sind; vgl. dazu Schröder, Jacobs, Von der Poliklinik zum Gesundheitszentrum, 1996; Wigge, MedR 2004, 123 ff., Fn. 81, 82.

[59] Tätigkeitsbericht der KBV 1990, 77 ff.

träge in den meisten Fällen nicht den berufs- und vertragsarztrechtlichen Bestimmungen genügen würden (sic!)[60]. Mit dem am 1.1.1993 in Kraft getretenen GSG wurde die Befristung der Zulassung dieser Einrichtungen aufgehoben. Sie durften ihr Leistungsangebot jedoch nicht über den Umfang hinaus ausdehnen, den sie am 31.12.1992 abgedeckt hatten[61]. Das Umstrukturierungsgebot in § 311 Abs. 10 SGB V (a. F.) ist mit dem Gesetz zur Rechtsangleichung in der GKV[62] entfallen (zur weiteren Entwicklung bis zum MVZ siehe Kapitel II). Nunmehr bestimmt § 311 Abs. 2 S. 2 SGB V (i. d. F. des GMG), dass für diese Einrichtungen die Vorschriften über medizinische Versorgungszentren entsprechend gelten.

IX. „Ärztehäuser"

25 Diese Bezeichnung ist zwar berufsrechtlich problematisch und nach überkommener Auffassung sogar unzulässig gewesen[63], umgangssprachlich jedoch weit verbreitet und heute im allgemeinen nicht mehr beanstandet[64]. Faktisch handelt es sich bei „Ärztehäusern" in der Regel um das privatwirtschaftlich geprägte Spiegelbild der früheren DDR-Polikliniken. Ärztehäuser werden berufsrechtlich überwiegend als Organisationsgemeinschaft (Praxisgemeinschaft) betrieben. Als Träger fungiert entweder eine GbR, bestehend aus den beteiligten Ärzten, oder eine Betreibergesellschaft in der Rechtsform einer juristischen Person des Privatrechts.

X. Berufsausübungsgemeinschaft und Organisationsgemeinschaft, Teilgemeinschaftspraxis, Abgrenzungsfragen

26 In einer Berufsausübungsgemeinschaft üben Ärzte ihren Beruf gemeinsam aus. In einer Organisationsgemeinschaft vergesellschaften die Ärzte nur die – gemeinsame – Organisation unter Wahrung der eigenständigen ärztlichen Berufsausübung. Was so einfach klingt, ist leider in der Praxis durchaus problembehaftet. War in § 22 MBO (a. F.) wenigstens noch eine beispielhafte Gegenüberstellung genannt[65], die

---

[60] Ziff. 6 der Erklärung, S. 80.
[61] § 311 Abs. 10 SGB V a.F.; BSG, Urt. v. 19.6.1996 – 6 RKa 46/95, SozR 3 – 2500 § 311 Nr. 4; Behnsen, das Krankenhaus 2004, 602 ff.
[62] v. 22.12.1999, BGBl. I, 2557.
[63] OLG Hamburg, Urt. v. 29.10.1981–3 U 27/81, WRP 1982, 278; LG Cottbus, Urt. v. 27.8.1996–3 O 154/96, NJW 1997, 2458; BVerfG, Beschl. v. 12.1.1983–1 BvR 804/82, NJW 1983, 2069: die berufsrechtliche Untersagung des Begriffs „Ärztehaus" ist nicht verfassungswidrig.
[64] BVerfG, Beschl. v. 7.3.2012–1 BvR 1209/11, MedR 2012, 516, „Zentrum" nicht zu beanstanden, letztlich konsequent, nachdem MVZ auch für „Mini-MVZ"; LBerG OVG NRW, Beschl. v. 3.9.2008, 16 K 1597/07, GesR 2009, 49, „Hausarztzentrum" zulässig; LG Erfurt, Urtl. v. 22.4.2008, 1 HKO 221/07, MedR 2008, 619, MVZ als „Rheumazentrum" zulässig; BVerfG, Beschl. v.14.7.2011 – 1 BvR 407/11, NJW 2011, 3147, Zahnärztehaus zulässig;
[65] Gemeinschaftspraxis und Ärztepartnerschaft einerseits, Praxis- und Apparategemeinschaft andererseits.

wiederum in II. D. Nr. 8 MBO (a. F.) konkretisiert wurde, fehlt vergleichbares in § 18 MBO (n. F.) gänzlich. Diese Auswirkung auf die rechtliche Architektur künftiger Kooperationen wird durch die Einführung von „Teilgemeinschaftspraxen", der Überörtlichkeit und der unterschiedslosen Ankündigungsfähigkeit verstärkt, so dass die Frage erlaubt ist, ob es denn zukünftig überhaupt noch berufsrechtliche Abgrenzungskriterien zwischen beiden Organisationsformen gibt, oder letztlich dem Vertragsarztrecht überlassen bleibt, eine klare Trennlinie zu ziehen, sodass das Vertragsarztrecht möglicherweise weitreichendere Auswirkungen als die schlicht berufsrechtliche Bewertung hätte[66]. Zurecht weißt daher Pawlita[67] auf die große Bedeutung der Einhaltung förmlicher Vorgaben im Vertragsarztrecht und die schwerwiegenden Folgen bei Verstößen hin[68].

Wählt man den rein gesellschaftsrechtlichen Ansatz nach den §§ 705 ff. BGB, wird man nur auf den gemeinsamen Gesellschaftszweck und die jeweiligen Förderpflichten abstellen können. Alles andere würde der Dispositionsfreiheit der Parteien unterliegen. Eine hiernach „atypische", aber dem BGB entsprechende Freiberuflersozietät, könnte nur dann berufsrechtlichen Einschränkungen unterliegen, wenn eine nach Landesrecht zulässige Norm dies ausdrücklich ermöglicht[69]. Zu denken wäre etwa an das Verbot der Gewerblichkeit in § 18 Abs. 2, 23 a Abs. 1, a MBO, Verbot der Drittbeteiligung in § 23 a Abs 1 c MBO oder auch § 31 MBO (Provisionierung). Die Frage, was unter einem gemeinsamen Gesellschaftszweck bei einer Berufsausübungsgemeinschaft zu verstehen ist, war in den letzten vierzig Jahren einem stetigen Wandel unterworfen[70] (siehe hierzu auch die Ausführungen oben Ziff. II). Man ist sich heute überwiegend einig, dass die jederzeitige Austauschfähigkeit oder Möglichkeit der gegenseitigen Vertretung keine zwingende Voraussetzung für eine Berufsausübungsgemeinschaft ist. Dies gilt erst recht nach der Öffnung für überörtliche Kooperationen, bei denen die „gemeinsame" Tätigkeit am Patienten völlig in den Hintergrund treten kann. Zum Teil wird die Auffassung vertreten, für den gemeinsamen Zweck einer Berufsausübungsgemeinschaft reiche es aus, wenn der Gesellschafter sich verpflichtet, seine ärztliche Tätigkeit grundsätzlich nur im Rahmen der Gemeinschaftspraxis[71] auszuüben, der er angehört, seine Einkünfte aus der Honorierung dieser Tätigkeit erzielt und an der Organisation und

27

---

[66] Engelmann, ZMGR 2004, 1 ff.; Dahm, Schriftenreihe der Arge Medizinrecht im DAV, Bd. 2, 2000, S. 39 ff., 44 ff.; Luxenburger, Schriftenreihe der Arge Medizinrecht im DAV, Bd. 2, 1999, S. 67 ff.; LSG Niedersachsen-Bremen, Beschl. v. 10.2.2003 – L 3 KA 434/02 ER, MedR 2003, 429 ff.

[67] Pawlita, in: jurisPK-SGB V, § 95 Rn, 179 ff.

[68] BSG, Urtl. v. 22.3.2006 – B 6 KA 76/04 R, BSGE 96, 99.

[69] Goette, MedR 2002, 1, 4.

[70] Arbeitsgruppe Berufsrecht der Arge Medizinrecht im DAV, GesR 2002, 50; dies., ZMGR 2003, 59 ff.; Gollasch, Die fachübergreifende Gemeinschaftspraxis, 2003, S. 101, 108 ff.; Preißler, Ärztliche Gemeinschaftspraxis versus Scheingesellschaft, 2002, S. 14 ff.; Reiter, GesR 2005, 6 ff.; LSG Niedersachsen-Bremen, Urtl. v. 17.12.2008, L 3 KA 316/04, GesR 2009. 206, 209.

[71] Oder „den Berufsausübungsgemeinschaften", denen er nach der neuen MBO angehören darf.

Führung der Gemeinschaftspraxis mitwirkt[72]. Die Schwäche dieser Definition besteht darin, dass sie letztlich auch auf einen leitenden Angestellten passen würde[73].

28 Ein völlig anderer Ansatz könnte darin bestehen, den Versuch einer positiven Definition der Berufausübungsgemeinschaft aufzugeben und sie nur noch negativ von der Organisationsgemeinschaft abzugrenzen, denn die Definition der Organisationsgemeinschaft[74] stellt sich einfacher dar; es handelt sich schlicht um die gemeinsame Nutzung von Räumen, Personal und Gerätschaften unter Wahrung der ärztlichen Selbständigkeit im übrigen[75]. Immer dann, wenn die Gesellschafter darüber hinausgehende Regelungen treffen, ist zu überlegen, ob man es mit einer Organisations- oder einer Berufsausübungsgemeinschaft zu tun hat. Maßgeblich wäre auch hier wieder der Gesamteindruck. In steuerrechtlicher Hinsicht hat der BFH klare Worte gefunden[76]: eine freiberufliche Mitunternehmerschaft liegt danach nur vor, wenn der Mitunternehmer auch das Mitunternehmerrisiko trägt (Beteiligung an Gewinn und Verlust), unternehmerische Entscheidungen trifft und an den stillen Reserven beteiligt ist. Eine Mitunternehmerschaft liegt deshalb bei einer reinen Büro- und Praxisgemeinschaft mit getrennten Buchungskreisen nicht vor.

29 Ein derartiger Ansatz wäre im übrigen geeignet, die im Ergebnis nicht sehr glückliche Figur der „Teilgemeinschaftspraxis" praktikabel zu handhaben. Die auf dem Ärztetag diskutierten Beispiele würden sich dann als überflüssig erweisen[77]. Dass die Beteiligung an mehreren (Teil-)Berufsausübungs- und/oder Organisationsgemeinschaften, insbesondere bei jetzt zulässigen mehrgliedrigen Gemeinschaften, unerwünschte steuerliche Konsequenzen haben kann, soll in dem Zusammenhang nach der Neufassung der MBO nur angedeutet werden[78]. Denn wenn z. B. zwei Fachärzte unterschiedlicher Fachrichtung eine neue Teilgemeinschaftspraxis gründen, ist dies im Ergebnis nichts anderes als eine teilweise Betriebsaufgabe bezogen auf die Ausgangspraxis, was die Aufdeckung stiller Reserven einschließlich des diesbezüglichen Goodwill zur Folge haben kann. Ein weiteres Problem mit den Teilgemeinschaftspraxen wird sich mit einiger zeitlicher Verzögerung ebenfalls einstellen. Es ist bekannt, dass die Figur der „Teilgemeinschaftspraxis" dazu beworben wird, unzulässige Provisionierungsgeschäfte zwischen Zuweisern und z. B. Laborärzten oder Radiologen zu verschleiern, indem diese Ärzte einfach eine Teilgemeinschaftspraxis gründen, in oder besser unter deren Mantel dann Provisionen

---

[72] Gollasch, a. a. O., S. 111 unter Berufung auf BGH, Urt. v. 27.9.1971– II ZR 106/68, NJW 1972, 101; BGH, Urtl. v. 6.4.1987– II ZR 169/86, NJW-RR 1987, 1137; kritisch Cramer, MedR 2004, 552; Dahm, MedR 2003, 286.

[73] Trautmann, NZS 2004, 238, 244 fordert denn auch eine stärker geprägte unternehmerische Beteiligung im Rahmen einer Berufsausübungsgemeinschaft.

[74] Praxisgemeinschaft, Apparategemeinschaft, Laborgemeinschaft.

[75] Kremer in: Rieger, Dahm, Katzenmeier, Steinhilper, HK-AKM, „Apparategemeinschaft" Nr. 4270.

[76] BFH, Urt. v. 14.4.2005– XI R 82/03.

[77] Die Leistungserbringergemeinschaft nach § 15 Abs. 3 BMV-Ä reicht aus; andere Konstellationen wären durch Konsiliarverträge abgedeckt.

[78] Siehe hierzu Michels, in: Ratzel, Luxenburger, § 40, Rn. 381 ff., 396 ff.

als „Gesellschaftsgewinn" ausgewiesen werden. Bleibt die Verschleierung von Provisionen bestimmender Gesellschaftszweck, ist diese Gesellschaft wegen Verstoßes gegen § 31 MBO nichtig – mit allen daraus entstehenden Konsequenzen (s. dort). Es muss an dieser Stelle deshalb mit Nachdruck darauf verwiesen werden, dass es die Sanktion des Gestaltungsmissbrauchs nicht nur im Steuerrecht, sondern natürlich auch im Berufsrecht gibt[79]. Das heißt nicht, dass eine Teilgemeinschaftspraxis grundsätzlich mit diesem Makel behaftet sein müsste. Es muss sich allerdings ein berufsrechtlich zulässiger Gesellschaftszweck erkennen lassen, der auch als solcher „gelebt" wird, denn Papier ist bekanntlich insbesondere bei Gemeinschaftspraxisverträgen „ausgesprochen geduldig".

XI. Medizinische Versorgungszentren

Das medizinische Versorgungszentrum wird in der MBO bislang außer in § 18 II a nicht ausdrücklich erwähnt; dies ist vor dem Hintergrund verständlich, dass es sich derzeit nur um eine vertragsarztrechtliche Versorgungsform handelt. Es liegt auf der Hand, dass dieses „Versorgungstechnische Gebilde" gleichwohl Anlass für viele der beschlossenen Änderungen der MBO idF. der Beschlüsse des 107. Deutschen Ärztetages 2004 in Bremen gewesen ist. Schon in der kurzen Zeit seit seiner Einführung ist eine reichhaltige Literatur zur Entstehungsgeschichte, Gründung, Zulassung und Struktur erschienen, auf die aus Raumgründen zunächst verwiesen werden muss[80]. Berufsrechtlich sind Fragen zu klären, die über die in den vorausgehenden Kapiteln behandelten Probleme bei sonstigen Kooperationen hinausgehen können, weil sie speziell vertragsarztrechtlich geprägt sind. Auf der anderen Seite wird die vertragsarztrechtliche Diskussion zum Teil über Fragen geführt, die aus berufsrechtlicher Sicht klar sind.

Versorgungszentren unterliegen nicht unmittelbar dem ärztlichen Berufsrecht, wohl aber die in ihm tätigen Ärzte, unabhängig davon, ob es sich um ein „Freiberufler-MVZ" oder ein Versorgungszentrum mit angestellten Ärzten handelt[81]. Da die Berufsordnung sich nur an Ärzte und nicht an juristische Personen, z. B. einen nichtärztlichen Träger eines MVZ oder eine juristische Person des Privatrechts richtet, ist umstritten, nach welchen Grundsätzen sich ein nichtärztlicher Inhaber, der eine derartige Firma leitet, zu richten hat.

Eine restriktive Auffassung will der Berufsordnung in diesen Fällen eine Reflexwirkung beimessen. Zwar richte sich die Berufsordnung nicht an eine juristische Person als Arbeitgeberin der Ärzte. Die juristische Person dürfe aber die ihr verbundenen Ärzte nicht hindern, ihren Berufspflichten gerecht zu werden; diese

---

[79] Zu den strafrechtlichen Implikationen, Möller, Tsambikakis, S.43 ff.
[80] Scholz, GesR 2003, 369 ff.; Wigge, MedR 2004, 123 ff.; Ratzel, ZMGR 2004, 63 ff.; Quaas, f&w, 2004, 304 ff.; Fiedler, Weber, NZS 2004, 358 ff.; Ziermann, MedR 2004, 540 ff.
[81] Im MVZ angestellte Ärzte sind Mitglieder der KV und unterliegen daher der Disziplinargewalt der KV.

Pflicht binde die juristische Person mittelbar[82]. Die Gegenansicht[83] sieht die Berufsordnung als reines „Binnenrecht", welches, da von der ärztlichen Selbstverwaltung beschlossen, keine außenstehenden Dritten binden könne. Nur dort, wo vom Gesetzgeber entsprechende Einschränkungen vorgesehen seien (wie z. B. im HWG), könnten entsprechende Sanktionen greifen.

33   Einen anderen Ansatz wählt der BGH[84]: Dieser sieht bereits in der Duldung der berufswidrigen Handlung durch den Arzt den Wettbewerbsverstoß, den sich die juristische Person (bzw. in dem hier interessierenden Zusammenhang der nichtärztliche Träger des MVZ) zu eigen macht. Insoweit ist die juristische Person schon als „Störer" i. S. von § 1 UWG a. F. anzusehen.

34   Das bedeutet im Ergebnis, dass MVZ sozusagen nicht völlig losgelöst vom ärztlichen Berufsrecht agieren können. Verleitet oder zwingt ein MVZ seine für das MVZ tätigen Ärzte zu berufsrechtswidrigen Handlungen bzw. Unterlassungen, kann es wettbewerbsrechtlich als Störer in Anspruch genommen werden. Hält sich das MVZ hingegen z. B. bei seiner Informationspolitik an die mittlerweile vom BVerfG weit gezogenen Grenzen, ist der Vorteil für den Arzt dann ein Reflex, der für sich alleine nicht berufsordnungswidrig ist[85]. Der im MVZ tätige Arzt kann sich im Falle eines Verstoßes gegen das ihn bindende Berufsrecht nicht darauf beru-

---

[82] OLG München, Urt. v. 16.04.1992 – 6 U 4140/91, NJW 1993, 800, in Form einer GmbH betriebener überbetrieblicher betriebsärztlicher Dienst bei Anbahnung neuer Geschäftsbeziehungen; ebenso OLG Hamburg, Urt. v. 05.05.1994 – 3 U 281/93, MedR 1994, 451, Anschreiben von Betrieben; siehe auch OLG Hamburg, Urt. v. 12.11.1991 – 3 U 87/91, MedR 1992, 281 mit ablehnender Anm. v. Schulte; LG Hamburg, Urt. v. 09.11.1994 – 315 O 240/94, MedR 1995, 82; OLG Hamburg, Urt. v. 12.12.1996 – 3 U 110/96, MedR 1997, 417, Werbung einer GmbH für einen privaten Notarzt gegen Pauschalentgelt, aufgehoben von BGH, Urt. v. 20.05.1999 – I ZR 40/97, NJW 1999, 3414; zur Werbung eines ärztl. Bereitschaftsdienstes mit „Hotel-Service" BGH, Urt. v. 20.05.1999– I ZR 54/97, NJW 1999, 3416; zur zulässigen Werbung eines überbetrieblichen arbeitsmedizinischen Dienstes OLG Frankfurt, Urt. v. 04.03.1999 – 6 U 20/98, MedR 1999, 468.

[83] OLG Düsseldorf, Urt. v. 10.10.1991– 2 U 15/91, MedR 1992, 46; bestätigt durch BGH, Urt. v. 25.11.1993 – I ZR 281/91, MedR 1994, 152; siehe auch Taupitz, NJW 1992, 2317, 2321 unter Verweis auf Beschl. v. 09.05.1972–1 BvR 518/62 und 308/64, BVerfG NJW 1972, 1504; OLG Köln, Urt. v. 08.04.1994 – 6 U 74/93, NJW 1994, 3017.

[84] BGH, Urt. v. 14.04.1994 – I ZR 12/92, MedR 1995, 113; LG Hamburg, Urt. v. 09.11.1994 – 315 O 240/94, MedR 1995, 82; Landesberufsgericht beim OVG Rh.-Pf., Urt. v. 27.04.1994 – LBGH A 12498/93, NJW 1995, 1633 = MedR 1995, 125.

[85] BVerfG, Beschl. v. 04.07.2000 – 1 BvR 547/99, MedR 2000, 523; zweifelnd Taupitz, Festschrift für Karlmann Geiß, S. 511 ff., der eher auf die Nachfrageförderung unabhängig von der Kenntnis des konkreten Arztes abstellt. siehe aber auch später BGH, Beschl. v. 11.07.2002– I ZR 219/01 (keine Umgehung mit „Zimmerklinik"); BVerfG, Beschl. v. 23.07.2001–1 BvR 873/00, NJW 2001, 2788 (Tätigkeitsschwerpunkt); BVerfG Beschl. v. 18.10.2001 – 1 BvR 881/00 (Zahnarztsuchservice); BVerfG, Beschl. v. 18.02.2002 – 1 BvR 1644/01, MedR 2002, 409 (Zeitungsannonce); Jaeger, AnwBl 2000, 475 ff.; BVerfG, Urt. v. 26.09.2003 – 1 BvR 1608/02, GesR 2003, 384 (Zahnklinik); EGMR, Urt. v. 17.10.2002 – 37928/97, NJW 2003, 497 (Zeitungsannonce über Op-Methode); EGMR, ZMGR 2004, 110; BGH, Urt. v. 28.03.2002 – I ZR 283/99, MedR 2003, 223 (Werbung für Haartransplantation durch GmbH zulässig); siehe aber auch OVG NRW, Urt. v. 12.03.2003 – 61 A 689/01.T, MedR 2004, 112 (unzulässige Werbung f. ärztliche Tätigkeit im Laser- Institut).

fen, er habe auf Weisung des Trägers des MVZ handeln müssen bzw. im Falle der Weigerung hätten ihn Sanktionen getroffen. Dieses Problem mag im Rahmen der zu treffenden berufsrechtlichen Maßnahme eine Rolle spielen, stellt aber keinen Rechtfertigungsgrund dar; insofern steht dem Arzt wie jedem anderen Arbeitnehmer das (sanktionslose) Recht zur Remonstration zu.

Im Hinblick auf die Organisationsform wäre zu klären, ob das MVZ eine Berufsausübungsgemeinschaft, eine Organisationsgemeinschaft, eine „Einzel-Praxis" oder nichts von alledem ist. Die Antwort mag überraschen. Berufsrechtlich kann jede dieser Varianten vorliegen. Dies hängt mit der vorgegebenen vertragsärztlichen Struktur des MVZ zusammen. Es gibt MVZ mit angestellten Ärzten[86] und MVZ mit Vertragsärzten. Ob Mischformen zwischen beiden Varianten zulässig sind, ist streitig[87]. Wollte ein Vertragsarzt daher mit einem „Angestellten-MVZ" zusammenarbeiten, würde dies nach ablehnender Ansicht berufsrechtlich nur als Organisationsgemeinschaft möglich sein. Eine Berufsausübungs-gemeinschaft würde wegen fehlender Zugehörigkeit des Vertragsarztes bei dieser MVZ-Variante ausscheiden[88]. Dem steht nicht entgegen, dass diese Form der Kooperation gemäß § 33 Abs. 2 Ärzte-ZV vertragsärztlich zulässig ist; denn das Vertragsarztrecht verdrängt das Berufsrecht der Länder insoweit nicht[89]. An dieser Stelle fallen der vertragsärztliche und berufsrechtliche Begriff der Berufsausübungsgemeinschaft auseinander. Außerhalb vertragsärztlicher Tätigkeit liegt keine Berufsausübungsgemeinschaft gemäß § 18 vor. 35

Lediglich bei theoretisch privatärztlicher Betätigung des MVZ könnte man das Modell der Teilgemeinschaftspraxis, bezogen auf die beidseitige nicht vertragsärztliche Tätigkeit bemühen. Im „Freiberufler-MVZ" bilden die Vertragsärzte eine Berufsausübungsgemeinschaft. Gründet ein Vertragsarzt mit einem Arzt einer anderen Fachrichtung ein MVZ und stellt es diesen und ggf. weitere Ärzte an, ist er mit einer Einzelpraxis vergleichbar. Gründet ein Krankenhaus ein MVZ mit angestellten Ärzten, liegt überhaupt keine Kooperation nach § 18 MBO vor. 36

Betrachtet man die MVZ-Variante, nämlich die Gründung durch ein Krankenhaus unter Einbeziehung von Vertragsärzten, kommt man ins Grübeln. Krankenhäuser sind bekanntlich weder Ärzte, noch gehören sie zu dem in § 23 b Abs. 1 MBO angesprochenen Personenkreis. Die Konsequenz wäre, dass Vertragsärzte mit einem Krankenhaus keine Berufsausübungsgemeinschaft in Form eines MVZ bilden dürften, weil Krankenhäuser keine Partner einer Berufsausübungsgemeinschaft gemäß § 18 sein können. § 23 a verspricht auch keine Lösung, da Krankenhäuser gemäß § 23 a Abs. 1 MBO nicht Gesellschafter einer Ärztegesellschaft sein können[90]. Andererseits erlaubt § 33 Ärzte-ZV die Berufsausübungsgemeinschaft 37

---

[86] Vom Gesetzgeber zunächst ausschließlich und trotz der späteren Einbeziehung der Vertragsärzte präferierte Variante.
[87] Für Zulässigkeit Bäune, in: Bäune, Meschke, Rothfuß, Anhang zu § 18 Rn. 56.
[88] Dahm, Rechtshandbuch MVZ, Kap. III, 5.3 m. w. N.
[89] Rotfuß, in: Bäune, Meschke, Rothfuß, § 33 Rn. 24.
[90] siehe auch Scholz, GesR 2003, 369, 371; Treptow, S. 178, 180 ff.; a. A. Bohle, Grau, das Krankenhaus 2004, 886.

zwischen MVZ's und Vertragsärzten. Der nichtvertragsärztliche Teil der Berufsausübung der Vertragsärzte müsste dann wohl ausgegliedert werden[91]. Eine andere Variante bestünde darin, dass sich die Vertragsärzte als Teilzeitkräfte anstellen lassen, wenn sie ein derartiges Projekt umsetzen wollten. Möglich wäre auch die gemeinsame Gründung einer MVZ-Trägergesellschaft[92].

---

[91] OLG München, Urtl. v. 12.9.2005, 21 U 2982/05, MedR 2006, 172 keine GP zwischen Vertragsarzt und Privatarzt; a. A. Möller, MedR 2006, 621, 630; zustimmend Weimer, in: Rieger, Dahm, Katzenmeier, Steinhilper, HK-AKM „Berufsausübungsgemeinschaften" Rn. 38 ff. Ordnungszahl 840.
[92] Treptow, S. 179 mwN.

§ 19 Beschäftigung angestellter Praxisärztinnen und -ärzte

(1) Ärztinnen und Ärzte müssen die Praxis persönlich ausüben. Die Beschäftigung ärztlicher Mitarbeiterinnen und Mitarbeiter in der Praxis setzt die Leitung der Praxis durch die niedergelassene Ärztin oder den niedergelassenen Arzt voraus. Die Ärztin oder der Arzt hat die Beschäftigung der ärztlichen Mitarbeiterin oder des Mitarbeiters der Ärztekammer anzuzeigen.

(2) In Fällen, in denen der Behandlungsauftrag der Patientin oder des Patienten regelmäßig nur von Ärztinnen und Ärzten verschiedener Fachgebiete gemeinschaftlich durchgeführt werden kann, darf eine Fachärztin oder ein Facharzt als Praxisinhaberin oder Praxisinhaber die für sie oder ihn fachgebietsfremde ärztliche Leistung auch durch eine angestellte Fachärztin oder einen angestellten Facharzt des anderen Fachgebiets erbringen.

(3) Ärztinnen und Ärzte dürfen nur zu angemessenen Bedingungen beschäftigt werden. Angemessen sind insbesondere Bedingungen, die der beschäftigten Ärztin oder dem beschäftigten Arzt eine angemessene Vergütung gewähren sowie angemessene Zeit zur Fortbildung einräumen und bei der Vereinbarung von Wettbewerbsverboten eine angemessene Ausgleichszahlung vorsehen.

(4) Über die in der Praxis tätigen angestellten Ärztinnen und Ärzte müssen die Patientinnen und Patienten in geeigneter Weise informiert werden.

Abweichender Wortlaut der Berufsordnungen in den Kammerbezirken:

Bayern
Abs. 1 S. 3: Der Arzt hat die Beschäftigung des ärztlichen Mitarbeiters dem ärztlichen Bezirksverband anzuzeigen.

Hessen

(5) Ärzte, die Arzthelferinnen ausbilden, sind verpflichtet, die Auszubildenden für die überbetriebliche Ausbildung freizustellen und die Kosten für diese Ausbildung einschließlich notwendiger Internats- und Fahrtkosten zu übernehmen. Die ausbildenden Ärzte haben die Teilnahmepflicht des Auszubildenden an der überbetrieblichen Ausbildung im Ausbildungsvertrag vorzusehen.

Berlin Nordrhein, Saarland
Ohne Abs. 2

Rheinland-Pfalz (zusätzlich)

§ 19 a
Beschäftigung angestellter Ärztinnen und Ärzte in stationären Einrichtung.

Die Regelungen des § 19 (3) gelten ebenso für die Beschäftigung angestellter Ärztinnen und Ärzte in stationären Einrichtungen, auch wenn sie sich in Weiterbildung befinden.

Übersicht   Rz.

I. Die Bedeutung der Norm 1
II. Mitarbeiter in der Praxis 2
III. Die berufsrechtliche Rechtslage 6
IV. Die Rechtslage nach dem Gesundheitsmodernisierungsgesetz 8
V. Die Rechtslage nach dem Vertragsarztrechtsänderungsgesetz (VÄndG) 9
VI. Haftung für Behandlungsfehler 10

Literatur
Dahm, Ratzel, Liberalisierung der Tätigkeitsvoraussetzungen des Vertragsarztes und Vertragsarztrechtsänderungsgesetz – VÄndG, MedR 2006, 555; Fritz, Angestellter Arzt versus ärztlicher Gesellschafter in der Gemeinschaftspraxis, in: Festschrift zum 10-jährigen Bestehen der Arge Medizinrecht im DAV 2008, 721; Kamps, Die Beschäftigung eines Assistenten in der Arztpraxis, MedR 2003, 63; Koch, Niederlassung und berufliche Kooperation, GesR 2005, 241, 245; Ratzel, Lippert, Das Berufsrecht der Ärzte nach den Beschlüssen des 107. Deutschen Ärztetages in Bremen, MedR 2004, 525; Steinhilper, Weimer, Zur Anpassung des Vertragsarztrechts an die Musterberufsordnung – Stand 2006-, GesR 2006, 200, 203.

I. Die Bedeutung der Norm

1   Die Vorschrift geht vom Grundsatz des alleine praktizierenden, niedergelassenen Arztes aus. Ausnahme ist die Beschäftigung von ärztlichen Mitarbeitern. Der Praxisinhaber hat als niedergelassener Arzt die Praxis zu leiten. § 19 Abs. 1 ist Ausdruck des Prinzips der persönlichen Leistungserbringung.

II. Assistenten als Mitarbeiter in der Praxis

2   Auch für die Beschäftigung eines Assistenten gilt der Grundsatz, dass der Praxisinhaber seine Praxis höchstpersönlich auszuüben habe. Die Beschäftigung eines ärztlichen Mitarbeiters setzt die Leitung der Praxis durch einen niedergelassenen Arzt voraus. Sie ist der Ärztekammer anzuzeigen.v

3   Die Beschäftigung eines Assistenten in der Praxis des Vertragsarztes ist nur nach Genehmigung durch die Kassenärztliche Vereinigung möglich (§ 32 ÄrzteZV). Sie darf nicht zur Ausweitung der Vertragsarztpraxis führen. Der Assistent kann als Weiterbildungs- oder Sicherstellungsassistent tätig sein.

4   Der Sicherstellungsassistent darf nur eingestellt und tätig werden, wenn es aus Gründen der Sicherstellung der vertragsärztlichen Versorgung notwendig ist und eine Ausweitung der Vertragsarztpraxis hierdurch nicht eintritt.

5   Die Beschäftigung eines Weiterbildungsassistenten ist an die Ermächtigung des Praxisinhabers zur Weiterbildung gebunden. Erst wenn sie vorliegt kann die Kassenärztliche Vereinigung die Genehmigung zur Beschäftigung des Weiterbildungsassistenten erteilen. Der Praxisassistent ist Arbeitnehmer. Der Praxisinhaber hat ihm gegenüber alle Pflichten eines Arbeitgebers. Für die Abführung auch der

Sozialabgaben haftet er. Die gelegentlich anzutreffende Übung, Weiterbildungsassistenten als „freie Mitarbeiter" zu beschäftigen, ist unzulässig und kann zur Nichtanerkennung der in diesem Status abgeleisteten Weiterbildungszeiten führen.

III. Die berufsrechtliche Ausgangslage

Über viele Jahre hinweg war der angestellte Arzt in der Praxis des Vertragsarztes 6
kein Thema. Das Selbstverständnis des niedergelassenen Vertragsarztes als eines freiberuflich tätigen Praxisinhabers vertrug sich nicht mit der Beschäftigung eines angestellten Arztes in der Praxis, es sei denn als Assistent.

Auch in der Neufassung 2004 schreibt § 19 Abs. 1 den berufsrechtlichen Grundsatz fest, wonach der Arzt seine Praxis persönlich ausüben muss und dass die (anzeigepflichtige) Beschäftigung ärztlicher Mitarbeiter die Ausnahme darstellt. Die Einstellung von Entlastungs-, Ausbildungs – und Weiterbildungsassistenten bleibt wie bisher möglich.

Mit Abs. 2 wollte der Deutsche Ärztetag auch Ärzten in freier Praxis wie MVZ's 7
die Möglichkeit eröffnen, fachärztliche Leistungen innerhalb einer Arztpraxis durch einen angestellten Facharzt eines anderen Fachgebietes erbringen zu lassen als desjenigen, welches der Praxisinhaber vertritt. Gedacht ist dabei etwa im Bereich des ambulanten Operierens an die anästhesiologischen Leistungen für den Operateur[1].
Mit anderen Worten sollte der frei praktizierende Arzt ähnliche Strukturkomponenten wie ein MVZ wählen dürfen. Dies war sicherlich gut gemeint, gleichwohl bereitet die Umsetzung nicht nur Schwierigkeiten, sondern schafft auch neue Probleme.

IV. Die Rechtslage nach dem Gesundheitsmodernisierungsgesetz und dem VÄndG

Wer allerdings nach der Einführung des Medizinischen Versorgungszentrums durch 8
§ 95 SGB V in der gesetzlichen Krankenversicherung durch das Gesundheitsmodernisierungsgesetz (GMG) glaubte, der Anstellung von Ärzten sei nunmehr Tür und Tor geöffnet, musste sich schnell rechtlich eines besseren belehren lassen. Durch die eher sybillinische Formulierung in § 95 Abs. 1 SGB V[2] sollte eine Ein-

---

[1] Durch die Anstellung fachverschiedener Fachärzte, die nicht mehr fachlich vom Arbeitgeber überwacht werden können, ist es denkbar, dass diese Praxis gewerbesteuerpflichtig werden kann.
[2] § 95 Teilnahme an der vertragsärztlichen Versorgung.
(1) An der vertragsärztlichen Versorgung nehmen zugelassene Ärzte und zugelassene medizinische Versorgungszentren sowie ermächtigte Ärzte und ermächtigte ärztlich geleitete Einrichtungen teil. Medizinische Versorgungszentren sind fachübergreifende ärztlich geleitete Einrichtungen, in denen Ärzte, die in das Arztregister nach Absatz 2 Satz 3 Nr. 1 eingetragen sind, als Angestellte oder Vertragsärzte tätig sind. Die medizinischen Versorgungszentren können sich aller zulässigen Organisationsformen bedienen; sie können von den Leistungserbringern, die auf Grund von Zulassung, Ermächtigung oder Vertrag an der medizinischen Versorgung der Versicherten teilnehmen,

richtung geschaffen werden, in welcher Vertragsärzte als solche oder auch als angestellte Ärzte vertragsärztliche Leistungen erbringen können sollen. Die bestehenden Zulassungsregelungen sollten durch diese Änderung nicht angetastet werden. Bis zum Inkrafttreten des VÄndG zum 1.1. 2007 bestand mithin die Situation, dass der niedergelassene Arzt in der Anstellung fachverschiedener Fachärzte jedenfalls in den Landesärztekammern, die § 19 Abs. 2 MBO übernommen hatten, freier agieren konnte als als Vertragsarzt.

V. Die Rechtslage nach dem Vertragsarztrechtsänderungsgesetz (VÄndG)

9   Im Zuge der Gleichbehandlung mit medizinischen Versorgungszentren[3] hat das VÄndG erweiterte Möglichkeiten für die Anstellung von Ärzten in niedergelassener Praxis und für die „Aufteilung" von Arztstellen gebracht.

§ 95 Abs. 9 SGB V (i. d. F. VÄndG) ermöglicht, dass der Vertragsarzt mit Genehmigung des Zulassungsausschusses in das Arztregister eingetragene Ärzte anstellt, sofern keine Zulassungsbeschränkungen angeordnet sind. Andernfalls müssen die Voraussetzungen von § 101 Abs. 1 S. 1 Nr. 5 SGB V (zur Übernahme von Arztsitzen) gegeben sein, d. h. es muss eine Leistungsbeschränkung akzeptiert werden. Ausnahmen von der Leistungsbeschränkung können aber künftig gemacht werden, soweit und solange dies zur Deckung eines zusätzlichen lokalen Versorgungsbedarfs erforderlich ist (§ 101 Abs. 1 Nr. 5 SGB V i. d. F. VÄndG). Zudem soll die Möglichkeit eröffnet werden, in nicht beschränkten Planungsbereichen auch Ärzte anzustellen, die ein anderes Fachgebiet als der Praxisinhaber repräsentieren[4]. Bei der Anstellung fachgebietsverschiedener Ärzte stellt sich einmal dasselbe Problem wie bei der Teilberufsausübungsgemeinschaft für überweisungsgebundene medizinisch-technische Leistungen (Frage: Darf ein Orthopäde einen Radiologen, ein Gynäkologe einen Laborarzt anstellen?)Im BMV-Ä[5] bzw. EKV ist dies im Hinblick auf die einschlägigen Erfahrungen mit der Teilgemeinschaftspraxis untersagt worden[6]. Zum anderen stellt sich die Frage nach der Verantwortung des Praxisinhabers für ärztliche Leistungen des angestellten Arztes außerhalb des eigenen Fachgebiets[7]. Im Übrigen führt natürlich die Anstellung fachgebietsfremder Dritter steuerrechtlich zwangsläufig zur Gewerblichkeit der Praxis[8] und bei einer Gemein-

---

gegründet werden. Die Zulassung erfolgt für den Ort der Niederlassung als Arzt oder den Ort der Niederlassung als medizinisches Versorgungszentrum (Vertragsarztsitz).

[3] Steinhilper/Weimer, GesR 2006, 203; Cramer, Der Radiologe, Heft 5.2006, M67.

[4] Begr. Drucks. 353/06, S. 29, 48.

[5] § 14 a Abs. 2 S. 2 BMV-Ä und § 20 a Abs. 2. S. 2. EKV.

[6] siehe aber Schroeder-Printzen, in: Ratzel, Luxenburger, § 7 Rn. 529, § 32b Ärzte-ZV enthalte keine Rechtsgrundlage für eine derartige Beschränkung, die deshalb unwirksam sei.

[7] Steinhilper, Weimer, GesR 2006, 203.

[8] Ratzel, Möller, Michels, MedR 2006, 387.

schaftspraxis ggf. zur Umwandlung in eine oHG[9]. Angesichts der Tatsache, dass die Berufsordnungen lange Zeit nicht einheitlich waren, stellte sich auch hier die Frage, ob das Vertragsarztrecht der Berufsordnung vorgeht. Im Ergebnis ist dies bei reinen Berufsausübungsregelungen, anders als im Rahmen der Qualitätssicherung, eindeutig zu verneinen[10]. Zu Recht hat der Bundesrat[11] daher eine Ergänzung von § 95 Abs. 9 Satz 1 SGB V (i. d. F. VÄndG) mit einem Bezug auf das vorrangige Landesrecht angeregt. In immerhin acht Landesärztekammerbereichen war § 19 MBO mit der Option der Anstellung fachverschiedener Ärzte zunächst bewusst nicht umgesetzt worden. Hier waren Kompetenzkonflikte, erst recht bei überörtlichen Berufsausübungsgemeinschaften, unausweichlich, wenn für die einzelnen Standorte unterschiedliches Heilberufe-Recht galt. Mittlerweile haben jedoch auch die „Verweigerer" die Regelung übernommen.

Abgesehen davon, dass dieser fachverschiedene Arzt im Rahmen der GOÄ ein „Wolpertinger" (norddeutsch: Fabeltier) ist (der Praxisinhaber kann dessen Leistungen wegen § 4 Abs. 2 GOÄ i. d. R. nicht abrechnen, es sei denn es wären fachverwandte Leistungen[12] z. B. bei Chirurgen und Orthopäden), sind steuerrechtliche Probleme absehbar. Der fachverschiedene Praxisinhaber kann den Leistungen seines Angestellten durch Überwachung und Anleitung bei zahlreichen Fächerkombinationen nicht das Gepräge geben, um diese Leistung und die Einnahmen hieraus als Einkünfte aus freiberuflicher Tätigkeit zu qualifizieren. Wie will eine fachliche Weisung und Aufsicht ausüben, wenn die Leistung gar nicht in sein Fachgebiet fällt? Wie die Zulässigkeit des fachverschiedenen angestellten Facharztes mit den hehren Grundsätzen der persönlichen Leistungserbringung wie sie gerade 2008 wieder deutlich formuliert worden sind[13], in Einklang zu bringen ist, könnte durchaus kritischer diskutiert werden als dies bislang der Fall ist. Generell wird in der Diskussion wenig hinterfragt, dass die beabsichtige Förderung des angestellten Arztes in der Vertragsarztpraxis auch Instrumente des Arbeitskampfs – und zwar in zulässiger Art und Weise- im vertragsärztlichen Bereich etablieren könnte. § 19 Abs. 3 hat insoweit eher einen Appellcharakter; als Anspruchsgrundlage ist die Regelung ungeeignet. Die Verpflichtung zur Gewährung einer Karenzentschädigung bei Vereinbarung von Wettbewerbsverboten ist Konsequenz der hierzu ergangenen Rechtsprechung[14].

---

[9] Steinhilper, Weimer, GesR 2006, 203 werfen in dem Zusammenhang die Frage nach umsatzsteuerlicher Behandlung auf. FG D'dorf, Urt.v. 19.9.2013 ZMGR 2014, 299 m.Anm. Ketteler-Eising, keine Mitunternehmerschaft, wenn Beteiligung auf eigene Umsätze beschränkt – gewerbliche Einkünfte. Konsequenz: die gesamte BAG hat gewerbliche Einkünfte.
[10] Siehe hierzu Pestalozza, „Kompetentielle Fragen des Entwurfs eines Vertragsarztrechtsänderungsgesetzes" (BR-Drs. 353/06), GesR 2006, 389 ff.
[11] BR-Drucks. 353/06 v. 7.7.2006.
[12] BVerfG, Beschl.v. 1.2.2011–1BvR 2383/10, Abrechnung fachfremder Leistungen möglich, wenn fachliche Befähigung feststeht.
[13] Bekanntmachung von Bundesärztekammer und Kassenärztlicher Bundesvereinigung, Stand 29.August 2008, DÄ 2008 (A), 2173 ff.
[14] Nachweise hierzu § 29 Abschnitt III.

Zulassungsrechtlich ist die korrespondierende Vorschrift zu § 19 Abs. 2 § 32 b Abs. 1 Ärzte-ZV i. d. F. VÄndG; ergänzend sind einheitliche Regelungen in den Bundesmantelverträgen über den zahlenmäßigen Umfang der Beschäftigung angestellter Ärzte unter Berücksichtigung der Versorgungspflicht zu treffen. Dies ist in § 14 a Abs. 1 S. 3 BMV-Ä bzw. § 20 a Abs. 2 S. 1 EKV geschehen. Danach kann ein Vertragsarzt bis zu drei vollzeitbeschäftigte Fachärzte oder eine diesem Umfang entsprechende Zahl von teilzeitbeschäftigten Fachärzten anstellen. Für Vertragsärzte, die überwiegend medizinisch-technische Leistungen erbringen (Laborärzte, Radiologen etc.) erhöht sich die Zahl auf maximal vier vollzeitbeschäftigte Fachärzte oder eine diesem Umfang entsprechende Zahl von teilzeitbeschäftigten Ärzten. Weiterbildungsassistenten werden jeweils nicht mit eingerechnet.

Angestellte Ärzte werden grundsätzlich Mitglieder der Kassenärztlichen Vereinigung, sofern sie mindestens halbtags beschäftigt sind (§ 77 Abs. 3 SGB V).

VI. Haftung für Behandlungsfehler

10 Der ärztliche Mitarbeiter eines niedergelassenen Arztes haftet dem geschädigten Patienten unmittelbar für Behandlungsfehler aus unerlaubter Handlung. Seine Außenhaftung wird aber von der Berufshaftpflichtversicherung des Praxisinhabers abgedeckt, soweit es sich um einen Weiterbildungsassistenten handelt. Der angestellte Facharzt benötigt in aller. Regel einen eigenen Haftpflichtversicherungsschutz. Der Behandlungsvertrag dagegen wird zwischen dem Praxisinhaber und dem Patienten geschlossen. Daher haftet dieser aus dem Vertrag, auch für den ärztlichen Mitarbeiter als Erfüllungsgehilfen. Darüber hinaus haftet der Praxisinhaber dem geschädigten Patienten für eine sorgfältige Auswahl des ärztlichen Mitarbeiters.

§ 20 Vertretung

(1) Niedergelassene Ärztinnen und Ärzte sollen grundsätzlich zur gegenseitigen Vertretung bereit sein; übernommene Patientinnen und Patienten sind nach Beendigung der Vertretung zurückzuüberweisen. Ärztinnen und Ärzte dürfen sich grundsätzlich nur durch eine Fachärztin oder einen Facharzt desselben Fachgebiets vertreten lassen.

(2) Die Praxis einer verstorbenen Ärztin oder eines verstorbenen Arztes kann zugunsten ihres Witwers oder seiner Witwe oder eines unterhaltsberechtigten Angehörigen in der Regel bis zur Dauer von drei Monaten nach dem Ende des Kalendervierteljahres, in dem der Tod eingetreten ist, durch eine andere Ärztin oder einen anderen Arzt fortgesetzt werden.

Änderungen 114. Deutschen Ärztetag:

Bisheriger Absatz 2 entfällt

Übersicht

		Rz.
I.	Die Bedeutung der Norm	1
II.	Berufsrechtliche Vertretung	3
III.	Der Praxisvertreter	4
IV.	Qualifikation des Vertreters	10
V.	Der Praxisverweser	11
VI.	Haftung für Behandlungsfehler	12

Literatur

Dahm, Ambulante privatärztliche Tätigkeit im Vertretungsfall, MedR 2012, 367 ff.; Kamps, Die Fortführung der Praxis eines verstorbenen Arztes durch den Praxisverweser, NJW 1995, 2384; Rieger,, HK-AKM, Praxisvertreter, Ordnungszahl 4360.

I. Die Bedeutung der Norm

Die MBO geht vom Regelfall des allein praktizierenden niedergelassenen Arztes 1 aus. Vor diesem Hintergrund macht es Sinn, zu regeln, wie dessen Vertretung bei Verhinderung aussehen soll. Zu regeln ist auch, unter welchen Voraussetzungen von diesem Grundsatz abgewichen werden und ärztliches Personal in der Praxis beschäftigt werden kann.

Ärzte sollen sich, so sieht es § 20 Abs. 1 vor, in der Regel nur von Ärzten des 2 gleichen Fachgebietes vertreten lassen. § 20 ist Ausfluss des allgemeinen berufsrechtlichen Grundsatzes, wonach sich der Arzt, der eine Facharztbezeichnung führt, bei seiner Berufsausübung auf sein Gebiet zu beschränken hat. Besondere Bedeutung gewinnt dieser Absatz, da auch im vertragsärztlichen Bereich eine Vertretung in der Praxis in der Regel nur noch von Fachärzten des jeweiligen Gebietes zulässig ist. Die Zielrichtung der Vorschrift ist eindeutig: der Patient, der eine Facharztpraxis aufsucht, ist in seinem Vertrauen, dort auch die nachgefragte Kompetenz vorzufinden, geschützt.

II. Berufsrechtliche Vertretung

3   Von der eigentlichen Praxisvertretung ist die kollegiale, gegenseitige Vertretung niedergelassener Ärzte im Rahmen der berufsrechtlichen Pflichten zu unterscheiden[1]. Während der Abwesenheit des eigentlichen Praxisinhabers behandelt dieser Vertreter die Patienten des Vertretenen, die dies wünschen, in seiner eigenen Praxis. Diese Vertretung ist weder anzeige- noch genehmigungspflichtig. Auch hier ergibt sich – wie bei der Teilnahme niedergelassener Ärzte am ärztlichen Notfalldienst (vgl. Kommentierung zu § 26) auch – die Problematik, dass ein Arzt in Abwesenheit des Praxisinhabers Patienten, die zum Patientenstamm des anderen Arztes gehören, behandelt: wie dort so sieht auch hier das Berufsrecht vor, dass der Vertreter die zwischenzeitlich behandelten Patienten nach Beendigung der Vertretungszeit wieder zurück überweist.

III. Der Praxisvertreter

4   Von der berufsrechtlichen Vertretungspflicht ist die echte Praxisvertretung zu unterscheiden. Vertreter ist ein Arzt, der eine Arztpraxis während der vorübergehenden Verhinderung des eigentlichen Praxisinhabers, in dessen Praxis, in dessen Namen, auf dessen Kosten und auf dessen Rechnung selbständig führt[2]. Der Grund für die Abwesenheit ist unerheblich. Es kann dies eine Abwesenheit wegen Urlaubs, Krankheit, Teilnahme an einer Fortbildungsveranstaltung, aber auch die Verhinderung wegen Ruhens der Approbation oder wegen eines Berufsverbotes sein. Der Vertreter tritt für die Vertretungszeit an die Stelle des Praxisinhabers. Dies unterscheidet ihn auch vom Praxisassistenten, der neben dem Praxisinhaber tätig wird.

5   Die Beschäftigung eines Vertreters in der Praxis ist der Ärztekammer anzuzeigen, sofern die Verhinderung, die die Vertretung auslöst, insgesamt länger als drei Monate innerhalb von 12 Monaten dauert. Wie diese Zeitspanne zu berechnen ist, wird unterschiedlich beurteilt. Richtig dürfte die Auffassung von Dahm[3] sein, dass die drei Monate nicht Bezugsgröße für die Zeitspanne ist, sondern die Gesamtzahl der Vertretungstage innerhalb der Zeitspanne begrenzt. Der Anstellungsvertrag mit dem Vertreter soll der zuständigen Ärztekammer zur Prüfung der berufsrechtlichen Belange vorgelegt werden (vgl. § 24). Im vertragsärztlichen Bereich ist die Vertretung der KV anzuzeigen, wenn sie länger als eine Woche dauert. Im Übrigen ist dort die Vertretung auf die in § 32 Abs. 1 Ärzte-ZV genannten Gründe beschränkt.

---

[1] Rieger, HK-AKM, 4360 Rn. 1.
[2] Begrifflichkeiten nach Rieger, HK-AKM, 4360 Rn. 1.
[3] Dahm, MedR 2012, 367, 371.

Daneben gibt es den Vertreter aus Sicherstellungsgründen gemäß § 32 Abs. 2 Ärzte-ZV. Keine zulässige Vertretung ist die regelmäßige Beschäftigung eines Arztes an einem bestimmten Wochentag unter dem Vorwand der Vertretung, um dadurch die Beschränkungen der Anstellung eines Arztes in der Vertragsarztpraxis zu umgehen[4] oder auch die sog. „Kettenvertretung" in größeren Berufausübungsgemeinschaften (Vertreter vertritt Arzt A am Montag, Arzt B am Dienstag usw.).

Rechtlich handelt es sich bei dem Vertreterverhältnis zwischen Praxisinhaber 6 und Vertreter um einen freien Dienstvertrag, kein Arbeitsverhältnis. Der Vertreter bleibt in seiner ärztlichen Verantwortung unberührt und muss es aus berufsrechtlichen Gründen auch bleiben. Der Vertreter verpflichtet sich dem Praxisinhaber gegenüber zu einer in selbständiger Weise ausgeübten Tätigkeit. Abhängigkeit besteht nur insoweit, als der Vertreter seine Tätigkeit örtlich und sächlich in den Sprechstundenräumen des Praxisinhabers auszuüben hat.

Die Vergütung des Vertreters richtet sich nach der vertraglichen Absprache. 7 Denkbar ist die pauschale Abgeltung des gesamten Vertretungszeitraumes ebenso wie eine monatliche oder auch tägliche, pauschale Abgeltung. In der Vereinbarung über eine tägliche Abgeltung ist auch zu regeln, ob damit Dienst an Sonn- und Feiertagen und am Samstag erfasst sein soll. Zu regeln ist auch, ob an diesen Tagen Zuschläge zu zahlen sind. Eine im Vertretervertrag vereinbarte freie Unterkunft und Verpflegung ist auch ohne ausdrückliche Vereinbarung an Wochenenden und Feiertagen zu gewähren. Der Praxisinhaber hat dem Vertreter alle Einrichtungen zugänglich zu machen, die dieser zur Praxisausübung benötigt. Der Vertreter seinerseits ist verpflichtet, Aufzeichnungen über seine Tätigkeit zu fertigen und diese dem Praxisinhaber für die Weiterbehandlung und zur Abrechnung zur Verfügung zu stellen. Hält er sich nicht daran, so macht er sich ersatzpflichtig. Die Schweigepflicht hat er auch nach Beendigung der Vertretung zu wahren, nicht aber gegenüber dem Praxisinhaber, es sei denn Patienten wünschen dies ausdrücklich.

Die Vereinbarung einer Konkurrenzklausel mit dem Vertreter ist im Rahmen der 8 Grundsätze, die für Ärzte untereinander für die Vereinbarung von Wettbewerbsverboten gelten, zulässig, allerdings nur, wenn die Vertretungsdauer einen längeren Zeitraum umfasst[5]. Die in den früheren Berufsordnungen enthaltenen Niederlassungsverbote sind zu recht wegen Verstoßes gegen Art. 12 GG für nichtig erklärt worden.

Schäden, die dem Praxisinhaber etwa durch unwirtschaftliche Behandlungs- 9 weise (Honorarkürzung, Arzneimittelregress) entstehen, können beim Vertreter als Schadensersatz wegen positiver Vertragsverletzung geltend gemacht werden.

Der Vertretervertrag endet mit dem Zeitraum, für welchen er abgeschlossen worden ist. Er kann nach § 627 BGB aus wichtigem Grund jederzeit fristlos gekündigt werden. Der Vertreter, der ohne wichtigen Grund zur Unzeit kündigt, hat dem Vertretenen diejenigen Kosten zu ersetzen, die dieser für einen Ersatzvertreter aufzuwenden hat.

---

[4] So zu Recht Bäune, in: Bäune, Meschke, Rothfuß, § 32 Rdnr. 16.
[5] Rieger, HK-AKM, 4360, Rdnr. 11.

IV. Qualifikation des Vertreters

10 Berufs- wie haftungsrechtlich muss sich der Praxisinhaber vergewissern, ob der Vertreter die Voraussetzungen für eine ordnungsgemäße Vertretung erfüllt. Dabei müssen sowohl die persönlichen wie auch die fachlichen Voraussetzungen überprüft werden. Der Praxisinhaber muss sich alle erforderlichen Papiere und Urkunden vorlegen lassen. Bei Inhabern einer Berufserlaubnis muss er auch diese einsehen. Liegt der Zeitpunkt für die durch Urkunden belegten und erworbenen Qualifikationen bereits lange zurück, so ist auch der Fortbildungsnachweis einzufordern. Schließlich müssen alle zur Praxisführung erforderlichen Kenntnisse und Fähigkeiten nachgewiesen werden. Ist der Praxisinhaber am D-Arzt-Verfahren beteiligt, so müssen dieselben Voraussetzungen wie beim Praxisinhaber erfüllt sein. Ist der Vertretene Facharzt, so kann ihn auch nur ein Facharzt desselben Fachgebietes vertreten. Als Vertragsarzt darf sich der Praxisinhaber nur durch einen Vertragsarzt vertreten lassen. Der Vertreter hat Anspruch auf Erteilung eines Zeugnisses bei Beendigung der Vertretertätigkeit.

V. Der Praxisverweser

11 Die Praxis eines verstorbenen Arztes kann zugunsten seiner Witwe oder eines unterhaltsberechtigten Angehörigen bis zur Dauer von drei Monaten nach Ende des Kalenderquartals, in welchem der Tod eingetreten ist, durch einen anderen Arzt fortgeführt werden. (sog. Gnadenvierteljahr). Von Bedeutung ist die Vorschrift vor allem für die Fortführung einer durch Tod des Praxisinhabers verwaisten Vertragsarztpraxis. Im vertragsärztlichen Bereich ist die Frist länger (zwei Quartale, § 4 Abs. 3 BMV-Ä). Der Praxisverweser[6] muss durch die Kassenärztliche Vereinigung genehmigt werden. Diese Genehmigung ist regelmäßig befristet.

VI. Haftung für Behandlungsfehler

12 Der in einer Praxis tätige Urlaubsvertreter begründet regelmäßig keine eigenen vertraglichen Beziehungen zum Patienten, sondern ist vielmehr Erfüllungsgehilfe des urlaubenden Arztes. Anderes gilt jedoch, wenn Ärzte verschiedener Praxen verabreden, sich im Falle der Abwesenheit zu vertreten. Hier können durchaus unterschiedliche d. h. getrennte Behandlungsverträge geschlossen werden[7]. Der Praxisvertreter haftet dem geschädigten Patienten aus unerlaubter Handlung. Der Behandlungsvertrag wird allerdings bei einer Vertretung in der Praxis regelmäßig zwischen dem Praxisinhaber und dem Patienten geschlossen. Daher haftet dieser aus

---

[6] Vgl. hierzu Kamps, NJW 1995, 2384, der eine Zuständigkeit der Kammer für diese Regelung in der Berufsordnung in Zweifel zieht.
[7] OLG München, Urt. v. 4.6.2009 – 24 U 230/08 (nicht veröffentlicht).

dem Vertrag[8]. Darüber hinaus haftet der Praxisinhaber dem geschädigten Patienten für eine sorgfältige Auswahl des Vertreters. Auch wenn keine rechtsgeschäftlichen Beziehungen zwischen dem Vertretenen und dem Patienten bestehen, der Vertreter aber eine Verpflichtung des Vertretenen übernimmt (z. B. Vertretung im Rahmen des allgemeinen Notfalldienstes), kann eine Haftung des insoweit Vertretenen unter dem Gesichtspunkt des § 831 BGB in Betracht kommen[9].

---

[8] BGH, Urt. v. 16.5.2000 – VI ZR 321/98, VersR 2000, 1146; BGH, Urt. v. 20.3.2007 – VI ZR 158/06, VersR 2007, 847.
[9] BGH, Urt. v. 10.3.2009 – VI ZR 39/08, GesR 2009, 322.s.

§ 21 Haftpflichtversicherung

Ärztinnen und Ärzte sind verpflichtet, sich hinreichend gegen Haftpflichtansprüche im Rahmen ihrer beruflichen Tätigkeit zu versichern.

Übersicht   Rz.

I.	Die Bedeutung der Norm	1
II.	Berufsrecht	2
III.	Keine Ausnahmen	3
IV.	Das zu versichernde Risiko	4
V.	Die Haftpflicht des angestellten und/oder beamteten Krankenhausarztes	17
VI.	Der geschützte Versicherungszeitraum	19
VII.	Anzeige- und Mitwirkungspflichten des Arztes	21
VIII.	Regulierungshoheit des Versicherers	22
IX.	Keine „geborene" Passivlegitimation des Haftpflichtversicherers	23

Literatur

Bäune, Dahm, Auswirkungen der Schuldrechtsreform auf den ärztlichen Bereich, MedR 2004, 645; Bergmann, Arzthaftpflichtversicherung in: van Bühren (Hrsg.) Handbuch Versicherungsrecht, 4. Aufl. 2009, § 11 S.1211; ders., in: Bergmann/Kienzle, Krankenhaushaftung, 2. Auflage 2003; Flatten, Die Arzthaftpflichtversicherung, VersR 1994, 1019; Franzki, Verhalten des Arztes im Konfliktfall, MedR 2000, 464; Goecke, Der zulassungsüberschreitende Einsatz von Arzneimitteln (Off-Label-Use), NZS 2002, 620; Greiner, Die Arzthaftpflichtversicherung – Eine rechtsvergleichende Analyse der deutschen Arzthaftpflichtversicherung und dder US-amerikanischen Medical Malpractice Insurance, 2008; Hanau, Haftungssystem und Haftpflichtversicherung der medizinischen Einrichtungen der Universitäten und ihrer Mitarbeiter im stationären Bereich, MedR 1992, 18; Hauck, Gestaltung des Leistungsrechts der gesetzlichen Krankenversicherung durch das Grundgesetz, NJW 2007, 1320; Katzenmeier, Arzthaftung 2002, 194; ders., Schuldrechtsmodernisierung und Schadensersatzrechtsänderung – Umbruch in der Arzthaftung, VersR 2002, 1066; Lippert, Strategien bei der Abwicklung von Medizinschadensfällen in Universitätsklinika, Die Personalvertretung 1992, 342; Penter/Krämer/Rödl, Das Haftpflichtdilemma, Rückstellungen für Kunstfehler sowie Auswege aus der Krise, KU 2013, 50 ff.; Plate, Nies, Behles, Schweim, Wohin treibt der Off-Label-Use?, A&R 2008, 254; Rolfes, Der Versicherungsfall nach den AHB 02 und den AHB 04 am Beispiel der Arzthaftpflichtversicherung, VersR 2006, 1162; Sedlaczek in: Bergmann, Kienzle, Krankenhaushaftung; Schimmelpfennig-Schütte, Der Vertragsarzt zwischen ärztlichem Eid und seinen Pflichten als Leistungserbringer – unter Berücksichtigung der Beschlüsse des BVerfG zum Off-Label-Use und zum Ausschluss neuer Behandlungsmethoden, GesR 2004, 361; Taupitz, Krpic-Mocilar, Deckungsvorsorge bei klinischen Prüfungen unter Anwendung radioaktiver Stoffe oder ionisierender Strahlung, VersR 2003, 533; Teichner, Schröder, Rechtsfragen im Zusammenhang mit der ärztlichen Berufshaftpflichtversicherung am Beispiel der sog. kosmetischen Chirurgie, MedR 2005, 127; Weidinger, Aus der Praxis eines Heilwesenversicherers, Aktuelle Entwicklungen in der Arzt- und Krankenhaftpflicht, MedR 2004, 289; ders., Die Versicherung der Arzt- und Krankenhaushaftpflicht, MedR 2012, 238 ff.; Wölk, „Off-Label-Use" in der ambulanten Versorgung in der gesetzlichen Krankenversicherung – Öffnung der GKV für individuelle Heilversuche?!, ZMGR 2006, 3; Wussow, Umfang und Grenzen der Regulierungsvollmacht des Versicherers in der Haftpflichtversicherung, VersR 1994, 1014.

I. Die Bedeutung der Norm

1   Jeder Arzt, gleichgültig ob in eigener Praxis niedergelassen oder angestellt, muss damit rechnen, wegen beruflicher Versehen persönlich auf Ersatz des dadurch entstandenen Schadens in Anspruch genommen zu werden. Denn die Unterschiede zwischen vertraglicher und deliktischer Haftung verschwimmen im Arzthaftungsrecht weitgehend. Dies gilt erst recht seit Inkrafttreten des 2. SchadÄndG zum 1.8.2002 und der damit eröffneten Möglichkeit, Schmerzensgeldansprüche auch auf eine vertragliche Anspruchsgrundlage zu stützen[1]. Es gab bis vor kurzem – anders als im Bereich des Kraftfahrzeugverkehrs oder der Anwaltstätigkeit – keine Rechtsvorschrift, die den Abschluss einer Haftpflichtversicherung zwangsweise als Zulassungsvoraussetzung[2] vorschrieb. Der Arzt könnte sich aus wirtschaftlichen Erwägungen[3] heraus auf den Standpunkt stellen, einen Schaden, so er denn eintritt, aus eigenen Mitteln zu regulieren, sich also als Selbstversicherer zu verstehen. Wäre der Arzt hierzu finanziell nicht in der Lage, so würde das Risiko, Schadenersatz zu bekommen oder nicht, auf den Geschädigten (und seinen Kranken- oder Pflegeversicherer) verlagert. Diese Ausgangslage hat sich seit Inkrafttreten des Patientenrechtegesetzes – PatRG[4] grundlegend geändert. Nach dem insoweit ergänzten § 6 Abs. 1 Nr. 5 BÄO kann die zuständige Behörde das Ruhen der Approbation anordnen, wenn ein Arzt nicht ausreichend gegen die sich aus seiner Berufsausübung ergebenden Haftpflichtgefahren versichert, soweit kraft Landes- oder Standesrechts eine Pflicht zur Versicherung besteht. Beispielhaft hat Bayern sein Heilberufe-Kammergesetz mit Wirkung zum 1. 8. 2013 dahingehend geändert, dass der Abschluss einer Berufshaftpflichtversicherung verpflichtend wird[5] und auf Verlangen gegenüber der Landesärztekammer oder dem ärztlichen Bezirksverband nachzuweisen ist.

II. Berufsrecht

2   § 21 MBO begründet die berufsrechtliche Verpflichtung, für einen hinreichenden Versicherungsschutz zu sorgen[6]. Was hinreichend im Sinne der Vorschrift ist, lässt sich nur unter Beachtung der fachspezifischen Risiken ärztlicher Tätigkeit bestimmen. Während man zu Beginn der achtziger Jahre noch eine Deckungssumme von 1 bis 2 Mio. DM für ausreichend hielt, gilt dies heute nicht mehr. Viele Fachgruppen,

---

[1] Bäune, Dahm, MedR 2004, 645, 652 m. w. N.
[2] Vgl. § 51 BRAO; für eine entsprechende Regelung im Bereich der Humanmedizin, Teichner, Schröder, MedR 2005, 127.
[3] Zum drastischen Anstieg der Prämien in den letzten Jahren Penter/Krämer/Rödl, KU 2013, 50 ff.
[4] PatRG v. 20.2.2013, BGBl. v. 25.2.2013, S. 277, 282.
[5] Bay.Landtag, Drucksache 16/16145v. 19.3.2013, Art. 18 Abs. 1 Nr. 5 Bay.HKaG.
[6] Siehe auch Ratzel, Berufshaftpflichtversicherung, in HK-AKM, Ordnungszahl. 880. In Bayern ist mit Art. 18 Abs. 1 HKaG eine gestzliche Pflicht zum Abschluß einer Berufshaftplichtversicherung geschaffen worden.

insbesondere die operativen Fächer, empfehlen heute Mindestdeckungssummen für Personenschäden (meistens einschl. Sachschäden) in Höhe von 3 bis 5 Mio. EUR. Für Vermögensschäden werden Deckungssummen in Höhe von mindestens 100.000 EUR empfohlen. Vermögensschäden sind u. a. Unterhaltsansprüche für familienplanungswidrig geborene Kinder[7]. Die früher wegen der Höhe dieser Ansprüche geführte Diskussion ist versicherungsrechtlich heute dadurch gelöst, dass alle einschlägigen Arzthaftpflichtversicherer für diese Ansprüche trotz ihrer Qualifikation als Vermögensschaden die Deckungssummen für Personenschäden zur Verfügung stellen. Nicht angepasste Verträge können jedoch auch heute noch Probleme aufwerfen. War ein Versicherungsmakler mit der Vertragsbetreuung befasst, muss dieser den Arzt über Wechsel in der Rechtsprechung, die seinen Versicherungsschutz als nicht mehr ausreichend erscheinen lässt, zeitnah informieren[8]. Diese Verpflichtung gilt auch für den Versicherer, wenn anzunehmen ist, dass der Versicherungsnehmer (Arzt) umfassenden Berufshaftpflichtversicherungsschutz wünscht[9], was regelmäßig der Fall sein dürfte.

III. Keine Ausnahmen

Kündigt ein Haftpflichtversicherer das Versicherungsverhältnis mit dem Arzt, etwa aus Anlass eines regulierten Schadensfalles oder einer bloßen Schadensmeldung, was nach den Versicherungsbedingungen möglich ist, so ist der Arzt verpflichtet, bei einem anderen Versicherer eine neue Haftpflichtversicherung – und sei es auch zu einer höheren Prämie – abzuschließen. Ob diese Verpflichtung entfällt, wenn die geforderte Prämie wirtschaftlich in keinem vernünftigen Verhältnis zum Risiko steht, dürfte eher zweifelhaft sein. Die Erfahrungen aus den USA zeigen, dass die risikobeladene Tätigkeit eher eingeschränkt oder aufgegeben werden muss. Die Berufsordnung sieht jedenfalls keine Ausnahme von der Versicherungspflicht vor. Verstößt ein Arzt gegen die Pflicht zur Versicherung, verliert er zwar anders als etwa der Anwalt, nicht seine Zulassung; kann wegen fehlender Haftpflichtversicherung ein festgestellter Schaden nicht reguliert werden, sind aber berufsrechtliche Sanktionen[10] oder auch Zwangsmaßnahmen der Approbationsbehörde denkbar. Gemäß § 6 Abs. 1 Nr. 5 BÄO[11] kann jetzt z. B. das Ruhen der Approbation angeordnet werden. Eine drittschützende Wirkung des berufsrechtlichen Gebots, sich ausreichend gegen Haftpflichtansprüche zu versichern, mit der Maßgabe, dass dann Ansprüche

3

---

[7] Siehe hierzu LG Bielefeld, Urt.v. 18.6.2005,22 O 176/85, VersR 1987, 193.
[8] OLG Hamm, Urt.v. 11.5.1995,18 U 57/94, MedR 1997, 463.
[9] LG Karlsruhe, Urt.v. 13.10.1998,7 O 670/97, MedR 2000, 486.
[10] BerG Ärzte Stuttgart, Urt.v.11.2.2009, BGÄS 18/08, DÄ 2009, (A) 1213=MedR 2009, Heft 11.
[11] i. d. F. des PatRG v.20.2.2013, BGBl. v. 25.2.2013, S. 277, 282.

IV. Das zu versichernde Risiko

1. VVG und AHB

4 Die Berufshaftpflichtversicherung der Ärzte richtet sich nach den Bestimmungen des VVG und den AHB[13], die ihrerseits wiederum in einigen Teilbereichen durch besondere Haftpflichtbedingungen für Ärzte (BHB/Ärzte) modifiziert werden. Durch die VVG-Reform 2008 ergab sich die Notwendigkeit, die AHB der neuen Rechtslage anzupassen. Gemäß Art. 1 Abs. 1 EGVVG war das VVG a. F. auf Altverträge bis zum 31.12.2008 anzuwenden. Gemäß Art. 1 Abs. 3 EGVVG konnte der Versicherer seine AHB bis zum 1.1.2009 mit Wirkung zum 1.1.2009 der neuen Rechtslage anpassen; dies ist geschehen[14]. Gemäß Ziff. 1 Nr. 1 AHB gewährt der Versicherer dem Versicherungsnehmer Versicherungsschutz für den Fall, dass dieser wegen eines während der Wirksamkeit der Versicherung eingetretenen Schadensereignisses[15], das den Tod, die Verletzung oder Gesundheitsschädigung von Menschen (Personenschäden) oder die Beschädigung oder Vernichtung von Sachen (Sachschäden) zur Folge hat, wenn der Versicherungsnehmer wegen dieser Folgen aufgrund gesetzlicher Haftpflichtbestimmungen privatrechtlichen Inhalts von einem Dritten auf Schadensersatz in Anspruch genommen wird. In den besonderen Haftpflichtbedingungen für Ärzte ist dieser Schutz regelmäßig auf Vermögensschäden ausgedehnt. Nicht gedeckt ist regelmäßig der sog. Erfüllungsschaden (z. B. entgangenes oder vom Patienten zurückgefordertes Honorar). Der Umfang des Versicherungsschutzes richtet sich nach den im Versicherungsschein angegebenen Tätigkeiten. Erstes Kriterium ist in der Regel die vom Arzt geführte Fachgebietsbezeichnung. Gedeckt ist dann jede ärztliche Tätigkeit, soweit sie sich noch im Rahmen des Fachgebiets hält. Führt z. B. ein Gynäkologe kosmetische Operationen durch, und hat er dies nicht seinem Versicherer gemeldet, kann der Versicherer sich möglicherweise auf seine Leistungsfreiheit berufen, da es sich nicht um eine Gefahrerhöhung[16], sondern um ein neues Risiko handelt. Eine Verpflichtung auf Einhaltung der „Schulmedizin" im Rahmen der AHB gibt es allerdings nicht. Der Arzt ist berechtigt, im Rahmen der ihm zustehenden Methodenfreiheit auch Außenseiter- oder Neulandmedizin zu

---

[12] LG Dortmund, Urt.v. 13.8.2004, 8 O 428/03, GesR 2005, 72; LG Düsseldorf, Urt. v. 31.5.2002, 2b O 265/01, MedR 2003, 418.
[13] Allgemeine Versicherungsbedingungen für die Haftpflichtversicherung.
[14] AHB 2008 abzurufen über www.gdv.de.
[15] Zum Begriff des Schadensereignisses: BGH, Urt. v. 27.6.1957 – II ZR 299/55, BGHZ 25, 34 ff.
[16] Diese wäre unter den Voraussetzungen von Nr. 3 AHB gedeckt.

betreiben, ohne dadurch grundsätzlich seinen Versicherungsschutz zu gefährden[17]. Die Kosten einer Herausgabe- und/oder Auskunftsklage bezüglich der Krankenunterlagen bzw. entsprechender Kopien sind nicht vom Deckungsschutz der Berufshaftpflicht umfasst, weshalb der Arzt ein hohes Eigeninteresse daran haben muss, entsprechende Ansprüche zeitnah zu erfüllen (siehe hierzu auch § 10 Abs. 2).

2. Off-Label-Use

a) Grundsatz

Wendet ein Arzt ein Arzneimittel außerhalb seines Zulassungsbereichs an, ist von besonderem Interesse, ob er dadurch den Deckungsschutz im Rahmen seiner Berufshaftpflichtversicherung gefährdet oder gar gänzlich verliert. In den meisten Heilwesenbedingungen der in der Bundesrepublik Deutschland tätigen Haftpflichtversicherungen heißt es: „Versichert ist die gesetzliche Haftpflicht aus Behandlungen (…), soweit diese in der Heilkunde anerkannt sind." Deckungsschutz besteht danach in all denjenigen Off-Label-Use-Anwendungen, in denen die Voraussetzungen, die das Bundessozialgericht für die Erstattungsfähigkeit im Rahmen der GKV aufgestellt hat (siehe Rn. 9) vorliegen. Anders als im Falle der restriktiven Haltung im Rahmen der Frage der Erstattungsfähigkeit dürfte es sogar ausreichen, dass über den Off-Label-Use in einschlägigen Fachkreisen ein Konsens über den voraussichtlichen Nutzen des zulassungsüberschreitenden Einsatzes des Arzneimittels besteht. Dies ist in vielen Anwendungssituationen z. B. in der Anästhesie oder auch der Kinderonkologie gegeben.

5

b) Haftung des pharmazeutischen Unternehmens

Eine andere Situation liegt allerdings bei der Haftpflichtversicherung der pharmazeutischen Unternehmen im Rahmen der Gefährdungshaftung des § 84 AMG vor. Zwar vertritt das Bundesministerium für Gesundheit (BMG) die Auffassung, die Deckung müsse sich jedenfalls auf solche Fälle des Off-Label-Use erstrecken, in denen die Anwendung allgemein konsentiert wird. Die Hersteller und ihre Versicherer wenden jedoch zu Recht ein, dass sie im Wege der beantragten Zulassung die Verkehrsfähigkeit ihres Produktes bestimmen.

6

c) Deckungsschutz

Wendet ein Arzt ein Arzneimittel außerhalb seines Zulassungsbereichs an, ist von besonderem Interesse, ob er dadurch den Deckungsschutz im Rahmen seiner Berufshaftpflichtversicherung gefährdet oder gar gänzlich verliert. In den meisten Heilwesenbedingungen der in der Bundesrepublik Deutschland tätigen Haftpflicht-

---

[17] Hierzu Rumler-Detzel, VersR 1989, 1008.

versicherungen heißt es: „Versichert ist die gesetzliche Haftpflicht aus Behandlungen (...), soweit diese in der Heilkunde anerkannt sind." Deckungsschutz besteht danach in all denjenigen Off-Label-Use- Anwendungen, in denen die Voraussetzungen, die das Bundessozialgericht für die Erstattungsfähigkeit im Rahmen der GKV aufgestellt hat, vorliegen. Anders als im Falle der restriktiven Haltung im Rahmen der Frage der Erstattungsfähigkeit dürfte es sogar ausreichen, dass über den Off-Label-Use in einschlägigen Fachkreisen ein Konsens über den voraussichtlichen Nutzen des zulassungsüberschreitenden Einsatzes des Arzneimittels besteht. Dies ist in vielen Anwendungssituationen z. B. in der Anästhesie oder auch der Kinderonkologie gegeben.

d) Erstattungsfähigkeit in der GKV

Von der grundsätzlichen Zulässigkeit einer Anwendung eines Arzneimittels außerhalb seines Zulassungsbereichs ist die Frage der Erstattungsfähigkeit im Rahmen der gesetzlichen Krankenversicherung zu unterscheiden. Mit Urteil vom 19.3.2002 hatte das BSG[18] entschieden, dass im Rahmen der gesetzlichen Krankenversicherung grundsätzlich nur dann Kosten für Arzneimittel getragen werden können, wenn sie im Rahmen der Indikationen, für die die Zulassung erteilt worden ist, verabreicht werden. Das BSG hält einen zulassungsüberschreitenden Einsatz von Fertigarzneimitteln nur dann für gerechtfertigt, wenn folgende drei Voraussetzungen kumulativ gegeben sind:

- Das Fertigarzneimittel soll zur Behandlung einer schwerwiegenden Krankheit eingesetzt werden. Dabei versteht das BSG unter einer schwerwiegenden Krankheit solche Krankheiten, die entweder lebensbedrohlich sind oder die Lebensqualität auf Dauer nachhaltig beeinträchtigen.
- Es darf keine vertretbare andere Behandlungsalternative verfügbar sein.
- In einschlägigen Fachkreisen muss ein Konsens über den voraussichtlichen Nutzen des zulassungsüberschreitenden Einsatzes des Arzneimittels bestehen.

Trotz der scheinbaren Klarheit dieser drei Voraussetzungen hat die Entscheidung des BSG zahlreiche Folgefragen aufgeworfen (z. B. bei Tumorbehandlung von Kindern), die in der Praxis immer noch einer befriedigenden Lösung harren[19]. Eine gewisse Öffnung folgt aus einer Entscheidung des BSG[20]. Danach kann eine Kos-

---

[18] BSG, Urt. v. 19.3.2002 – B 1 KR 37/00 R, BSGE 89, 184; in diesem Sinne auch LSG NRW, Urt. v. 19.8.2002 – L 16 KR 79/03 (juris); BSG, Urt. v. 3.2.2010 – B 6 KA 37/08 R, MedR 2011, 108.

[19] Zu den rechtlichen Folgefragen Goecke, NZS 2002, 620; Schimmelpfennig-Schütte, GesR 2004, 361, 364; Schimmelpfennig-Schütte, MedR 2004, 655; Wölk, ZMGR 2006, 3; BVerfG, Urt. v. 22.11.2002 – 1 BvR 1586/02, NJW 2003, 1236; BVerfG, Kammerbeschl. v. 10.3.2004 – 1 BvR 131/04, GesR 2004, 246; Niemann, NZS 2004, 254.

[20] BSG, Urt. v. 19.10.2004 – B 1 KR 27/02 R – GesR 2005, 322; Visudyne (zugelassen in der Schweiz und den USA) zur Therapie des Aderhautkolons im Kindesalter; siehe auch BVerfG, Beschl. v. 6.12.2005 – 1 BvR 347/98, GesR 2006, 72; BSG, Urt. v. 8.9.2009 – B 1 KR 1/09 B, GesR 2010, 221.

tentragungspflicht im Rahmen der GKV angenommen werden, wenn das Arzneimittel im Ausland zugelassen ist und für einen seltenen Einzelfall, also nicht für eine abstrakte Indikationsgruppe, über die erlaubte Apothekeneinfuhr (§ 73 Abs. 3 AMG a. F.) importiert wird.

e) Regelungsmodelle

Infolge der Entscheidung des BSG hat das BMG (damals noch BMGS) eine Expertengruppe „Off-Label-Use" eingerichtet. Die Expertengruppe soll Feststellungen darüber treffen, ob die – nicht in einem Zulassungsverfahren getestete – Anwendung eines Arzneimittels „medizinisch sinnvoll" erscheint. Dadurch sollen Rechtssicherheit und Rechtsklarheit gefördert werden. Der Gesetzgeber hat diese Überlegungen aufgegriffen und in dem seit dem 1.1.2004 geltenden neuen § 35b Abs. 3 SGB V umgesetzt. Danach beruft das Bundesministerium für Gesundheit Expertengruppen beim Bundesinstitut für Arzneimittel und Medizinprodukte (BfArM), die Bewertungen zum Stand der wissenschaftlichen Erkenntnis über die Anwendung von zugelassenen Arzneimitteln für Indikationen und Indikationsbereiche, für die sie nach dem Arzneimittelgesetz nicht zugelassen sind, abgeben sollen. Diese Bewertungen sollen dann dem gemeinsamen Bundesausschuss als Empfehlung zur Beschlussfassung gemäß § 92 Abs. 1 S. 2 Nr. 6 SGB V zugeleitet werden. Eine entsprechende Bewertung soll im Übrigen nur mit Zustimmung des pharmazeutischen Unternehmens erstellt werden. Diese Einschränkung erfolgte offensichtlich im Hinblick auf die Befugnis des Herstellers, das Ausmaß der Verkehrsfähigkeit des von ihm zu verantwortenden Produkts zu bestimmen. Aus der Gesetzesbegründung ergibt sich, dass der Gesetzgeber eine derartige Zustimmung bzw. Billigung der Ausweitung der Verkehrsfähigkeit offenbar auch als Haftungsvoraussetzung im Rahmen der Gefährdungshaftung nach § 84 AMG betrachtet. Der § 25 Abs. 7a AMG, eingeführt durch das 12. Änderungsgesetz, sieht mittlerweile vor, dass die beim Bundesinstitut für Arzneimittel und Medizinprodukte (BfArM) gebildete Kommission für Arzneimittel für Kinder und Jugendliche zu Arzneimitteln, die nicht für die Anwendung bei Kindern und Jugendlichen zugelassen sind, den anerkannten Stand der Wissenschaft dafür feststellen kann, unter welchen Voraussetzungen diese Arzneimittel bei Kindern oder Jugendlichen angewendet werden können (§ 25 Abs. 7a S. 7 AMG).

f) Neues Prüfschema

Nach einer Entscheidung des BVerfG vom 6.12.2005[21], durch die eine die Leistungspflicht der GKV für eine nicht anerkannte Arzneimitteltherapie ablehnende Entscheidung des BSG aufgehoben wurde, bekam die Diskussion neuen Auftrieb. Danach sind innerhalb der GKV auch Kosten für nicht anerkannte Methoden oder Off-Label-Anwendungen zu erstatten, wenn

---

[21] BVerfG, Beschl. v. 6.12.2005 – 1 BvR 347/98, GesR 2006, 72; BVerfG, Beschl. v. 29.11.2007 – 1 BvR 2496/07, NZS 2008, 365.

- eine lebensbedrohliche oder regelmäßig tödlich verlaufende Erkrankung vorliegt,
- bzgl. dieser Krankheit eine allgemein anerkannte, medizinischem Standard entsprechende Behandlung nicht zur Verfügung steht,
- bzgl. der beim Versicherten ärztlich angewandten (neuen, nicht allgemein anerkannten) Behandlungsmethode eine „auf Indizien gestützte", nicht ganz fern liegende Aussicht auf Heilung oder wenigstens auf eine spürbare positive Einwirkung auf den Krankheitsverlauf besteht.

Die grundsätzliche Bindung an den Leistungskatalog der GKV und die Kompetenz des G-BA zur Konkretisierung und Prüfung neuer Behandlungsmethoden hat das BVerfG nicht angetastet[22]. Dementsprechend hat das BSG in aktuellen Entscheidungen[23] seine Rechtsprechung unter Beachtung der vom BVerfG aufgestellten Grundsätze fortentwickelt, ohne dass jedoch damit die Off-Label-Problematik deutlich „liberalisiert" worden wäre. Praktische Hilfe bietet eine Anlage VI zu den Arzneimittel-Richtlinien zu anerkannten Off-Label-Use Indikationen solcher Arzneimittel bringen (Teil A), nachdem der Aufnahme ein positives Votum der Expertengruppe und eine Anerkennung dieses Off-Label-Use durch den pharmazeutischen Unternehmer als bestimmungsgemäßen Gebrauch vorausgegangen ist. Die abschließende Beschlussfassung hierfür erfolgt durch den G-BA.

g) Konsequenzen für die Praxis

Die Anwendung von Fertigarzneimitteln außerhalb der bestehenden Zulassung ist im Rahmen der gesetzlichen Krankenkassen nur verordnungsfähig, wenn die vom BSG gegebenen Voraussetzungen erfüllt sind. Verordnungen zulasten der GKV, die nicht unter diese Voraussetzungen fallen, können zu einem Regress der KVen gegenüber dem verordnenden Arzt führen. Dabei haben die KVen wegen der erschöpfenden Vorgaben des BSG keinen Ermessensspielraum. Die Expertengruppen beim Bundesministerium für Gesundheit haben bisher nur für ganz wenige Arzneimittel Stellungnahmen für die Anwendung außerhalb ihrer zugelassenen Indikation oder Indikationsgebiete abgegeben. Wenn für ein Arzneimittel eine derartige Stellungnahme fehlt, besteht keine Gefährdungshaftung des Herstellers nach § 84 AMG. Für den Arzt besteht aber Deckungsschutz im Rahmen seiner Berufshaftpflicht, wenn für die Anwendung eines Arzneimittels die Voraussetzungen gegeben sind, die das BSG gezogen hat. Es besteht auch Deckungsschutz, wenn ein Präparat nach gesi-

---

[22] Deshalb erschienen erste Bewertungen der Entscheidung in der Publikumspresse zu allgemein. Dies hat das BSG im anschließenden Vergleich, mit dem das Verfahren nach der Aufhebung durch das BVerfG abgeschlossen wurde, deutlich herausgearbeitet; siehe hierzu veröffentlichtes Sitzungsprotokoll vom 27.3.2006, B 1 KR 28/05 R, Termin-Bericht des BSG Nr. 20/06.

[23] BSG, Urt. v. 4.4.2006 – B 1 KR 12/05 R, GesR 2006, 421; BSG, Urt. v. 4.4.2006 – B 1 KR 12/04 R, NZS 2007, 88 (beide ablehnend); BSG, Urt. v. 4.4.2006 – B 1 KR 7/05 R, GesR 2007, 24 (zustimmend); siehe auch LSG Hessen, Urt. v. 15.1.2009 – L 1 KR 51/05 (juris), GKV ja, wenn notstandsähnliche Situation.

cherter wissenschaftlicher Kenntnis im Rahmen einer nicht zugelassenen Indikation sinnvoll eingesetzt werden kann. Für den allgemeinen Therapiebereich wird vorgeschlagen,[24] sich an der Verfahrensordnung des G-BA (dort § 18 Abs. 2, 3 und § 20) und den dort angeführten Prüfmaßstäben zu orientieren[25]. Problematisch dürfte die Deckung allerdings in den Fällen sein, in denen es zugelassene Alternativ-Arzneimittel gibt und der Einsatz eines nicht zugelassenen Arzneimittels ausschließlich oder überwiegend aus Kostengesichtspunkten erfolgt. Über die beabsichtigte Anwendung eines für die geplante Indikation nicht zugelassenen Fertigarzneimittels muss der Patient entsprechend aufgeklärt werden und er muss seine Einverständniserklärung zu der Behandlung geben. Die Weiterverordnung eines Arzneimittels, das z. B. wegen bestimmter Nebenwirkungen durch den Hersteller vom Markt genommen worden ist, ist auch haftungsrechtlich nicht vertretbar. Es besteht weder durch den Hersteller eine Gefährdungshaftung, noch besteht Deckung durch den Haftpflichtversicherer des Arztes.

3. Räumlicher Schutz und sachlicher Umfang

a) Räumlicher Umfang

In räumlicher Hinsicht sind zunächst alle Schadensfälle im Inland[26] gedeckt. Abweichend von den AHB sehen die besonderen Haftpflichtbedingungen für Ärzte in der Regel vor, dass auch im Ausland vorkommende Schadensereignisse abgedeckt sind, sofern diese auf die Ausübung der beruflichen Tätigkeit im Inland oder auf eine Erste-Hilfe-Leistung bei Unglücksfällen im Ausland zurückzuführen sind. Viele große Arzthaftpflichtversicherer erweitern im Übrigen mittlerweile ihren Versicherungsschutz für den Einsatz im Rahmen der internationalen Katastrophenhilfe, wobei zum Teil Deckungsschutz nur für ambulante Heilbehandlung, nicht aber für Operationen gewährt wird. Hilfsorganisationen verfügen darüber hinaus oftmals über zusätzliche Gruppenversicherungsverträge. Vom Beginn der Hilfsaktion an haben ehrenamtliche Helfer im Übrigen gesetzlichen Unfallversicherungsschutz, der auch arbeitsbedingte Erkrankungen umfasst.

Eine besondere Situation kann für Verbandsärzte bei der Betreuung ihrer Sportler im Ausland entstehen. Zunächst gilt die deutsche Approbation grundsätzlich nur in Deutschland. Im Ausland gilt das Recht des Tätigkeitsortes. Innerhalb der EU wirft dies keine Probleme auf, weil hier aufgrund der Dienstleistungsfreiheiten und auch den Richtlinien über die gegenseitige Anerkennung von Diplomen, Prüfungszeugnissen und Befähigungsnachweisen Ärzte mit deutscher Approbation auch in

---

[24] Hauck, NJW 2007, 1320, 1323.
[25] Roters, Die Bewertung medizinischer Methoden nach der Verfahrensordnung des G-BA, NZS 2007, 176.
[26] Zunehmend bieten manche Gesellschaften jedoch schon automatisch EU- oder sogar weltweite Deckung an.

anderen Mitgliedstaaten tätig werden dürfen.[27] Gleiches gilt für solche Staaten, mit denen bilaterale Vereinbarungen geschlossen wurden. Gibt es derartige Vereinbarungen nicht und liegt auch keine Ausnahmegenehmigung vor, gilt die deutsche Approbation nicht. Wird also dieser (Verbands)arzt z. B. in den USA oder Kanada ärztlich tätig, und sei es auch nur bei „seinen" Sportlern, handelt er ohne Approbation, was jedenfalls von den örtlich zuständigen Behörden überprüft werden könnte.[28] Zudem kann ein Tätigwerden im Ausland haftungsrechtliche Probleme aufwerfen. Nach den allgemeinen Haftpflichtversicherungsbedingungen (Ziff. 7.9 AHB) sind Haftpflichtansprüche aus im Ausland vorkommenden Schadensereignissen ausgeschlossen. Gemäß Ziff. 3 h) der besonderen Bedingungen und Risikobeschreibungen für die Haftpflichtversicherung Ärzte, Medizinstudenten, Medizinstudenten im praktischen Jahr, Zahnärzte (BBR) sind grundsätzlich aber auch Schadensereignisse mitversichert, welche im europäischen Ausland auf Grund ärztlicher Tätigkeit anlässlich eines vorübergehenden Auslandsaufenthaltes von höchstens drei Monaten vorkommen. Gemäß Ziff. 3 i) BBR besteht Versicherungsschutz für im außereuropäischen Ausland vorkommende Schadensereignisse, soweit sich der Patient im Zeitpunkt der ärztlichen Tätigkeit im Inland aufgehalten hat[29], Erste-Hilfe-Leistungen bei Unglücksfällen oder aus der Teilnahme an Kongressen resultieren. Ziff. 1.3.2. Abs. 2 BBR enthält darüber hinaus die Einschränkung, dass Versicherungsfällen in den USA/US-Territorien und Kanada, sofern dort ausnahmsweise nach den vorstehenden Fallgruppen Deckungsschutz besteht, abweichend von Ziff. 6.5 AHB die Aufwendungen des Versicherers für Kosten (z. B. Anwaltskosten etc.) auf die Versicherungssumme angerechnet werden. Wer diese Kosten aus zum Teil spektakulären US-amerikanischen Haftpflichtprozessen kennt, mag erahnen, dass auch eine nach deutschen Vorstellungen ausreichend erscheinende Deckungssumme schnell aufgebraucht sein kann. Darüber hinaus ist zu beachten, dass auch in diesen Ausnahmefällen kein Versicherungsschutz für Entschädigungen mit Strafcharakter, insbesondere sog. „punitive" oder „exemplary demages" besteht (Nordamerika-Klausel).

14 Hat ein deutscher Verbandsarzt daher nur eine „normale" Arzthaftpflichtversicherung, ist er für die Betreuung „seiner" Sportler im außereuropäischen Ausland nicht hinreichend geschützt. Deshalb hat der Deutsche olympische Sportbund (DOSB) für die Verbandsärzte seiner Mitgliedsverbände eine Gruppenhaftpflichtversicherung abgeschlossen, die diese Deckungslücke ausfüllen soll. Die Frage, ob dieser Versicherungsschutz auch dann greift, wenn der deutsche Verbandsarzt wegen eines Schadensereignisses in den USA vor einem US-amerikanischen Gericht verklagt wird (was prinzipiell möglich ist) und in diesem Verfahren seine dort nicht gültige Approbation thematisiert wird, ist eher zweifelhaft. Als sicher darf jedoch

---

[27] siehe insbesondere Lissel, in Ratzel, Luxenburger, Handbuch Medizinrecht, § 3 „Europäisches Gesundheitsrecht."
[28] Bislang ist dies zugegebenermaßen ein eher theoretisches Problem, die Rechtslage ist allerdings klar.
[29] siehe auch Ziff. 1.3.2 a) BBR 01/04, abgedruckt bei Bergmann, in: van Bühren, § 11 Anhang II.

vermutet werden, dass jedenfalls für die „punitive" oder „exemplary demages" (s. o.) kein Deckungsschutz besteht.

b) Sachlicher Umfang

In sachlicher Hinsicht muss der Arzt schließlich mitteilen, ob er im Rahmen seiner Berufstätigkeit z. B. ambulant operiert, belegärztlich tätig ist oder z. B. Geburtshilfe ausübt. Dabei sind besondere Definitionen zu beachten. Nicht jeder Hautschnitt ist gleichzeitig eine ambulante Operation. Operative Eingriffe sind diagnostische und/ oder therapeutische Maßnahmen, die sowohl durch konventionelle schnittchirurgische Verfahren als auch minimalinvasive Techniken durchgeführt werden. Nach den Hinweisen großer Haftpflichtversicherer zu den Versicherungsbedingungen zählen nicht als operative Eingriffe:

- das Abnehmen von Blut zu Untersuchungszwecken,
- das Setzen von Spritzen als Therapie,
- Warzenentfernung,
- Entfernen von Fuß- und Fingernägeln,
- Wundversorgung,
- Abszessbehandlung,
- Abstriche.

Der Einsatz von Röntgen- und Laserstrahlen ist heutzutage üblicherweise mitversichert. Angesichts neuer Kooperationsformen zwischen Klinik und Praxis (Stichwort: „Vernetzung" oder „Verzahnung") stellen sich neue Fragen. Angenommen, ein in eigener Praxis tätiger Radiologe oder Pathologe schließt mit einem Krankenhaus einen Kooperationsvertrag, wonach er sämtliche Patienten des Krankenhauses – also auch die stationären Fälle – betreut, mag es zweifelhaft sein, ob diese Tätigkeit noch von seiner Haftpflichtversicherung für ärztliche Tätigkeit in eigener – ambulanter – Praxis umfasst ist. Manche sehen ein wesentliches Kriterium darin, wo der Ort der Leistungserbringung ist und welche Regeln der Kooperationsvertrag enthält[30]. Gliedert ein Krankenhaus eine bisherige stationäre Funktionseinheit – in zulässiger Art und Weise – aus, wobei der Aufgabenbereich im Wesentlichen unverändert bleibt, dürfte kaum ein Zweifel daran erlaubt sein, dass auch die stationäre Tätigkeit mitzuversichern ist. Gleiches gilt dann, wenn der niedergelassene Arzt für und im Krankenhaus tätig ist. In jedem Falle sollte der Arzt seinem Versicherer den Abschluss des Kooperationsvertrages unter Vorlage der Einzelheiten anzeigen, um seinen Informations- und Mitwirkungspflichten zu genügen.

---

[30] Hufnagl, Cramer, Der Radiologe 2001, 84 ff., Abgrenzung ambulanter und stationärer Tätigkeiten von Radiologen.

4. Persönlicher Umfang

16 In persönlicher Hinsicht gilt die Haftpflichtversicherung zunächst für den versicherten Arzt. Mitversichert ist regelmäßig die gesetzliche Haftpflicht des Versicherungsnehmers (Arztes) für die Beschäftigung eines vorübergehend bestellten Vertreters (z. B. Urlaub, Erkrankung, ärztliche Fortbildungskurse) oder die Vertretung eines vorübergehend verhinderten Arztes. Die persönliche gesetzliche Haftpflicht dieses vorübergehenden Vertreters ist nicht mitversichert. Versicherungsschutz besteht allerdings in der Regel für den ständigen Vertreter, die Beschäftigung für Assistenzärzte (z. B. in der Weiterbildung) sowie nachgeordnetes nichtärztliches Praxispersonal einschließlich der persönlichen gesetzlichen Haftpflicht dieser Personen für Schäden, die sie in Ausführung ihrer dienstlichen Verrichtungen für den Versicherungsnehmer verursachen. Die heute mögliche Anstellung von Fachärzten (§ 32b Zulassungsordnung-Ärzte) ist hingegen normalerweise nicht automatisch im Versicherungsumfang des Praxisinhabers enthalten. Sie löst bei den meisten großen Arzthaftpflichtversicherern in Deutschland einen Prämienzuschlag aus.

V. Die Haftpflicht des angestellten und/oder beamteten Krankenhausarztes

17 In der Praxis sind angestellte/beamtete Krankenhausärzte über ihren Träger gegen Haftpflichtansprüche versichert. Der Träger schließt üblicherweise für seine Einrichtung und zugunsten des bei ihm beschäftigten Personals eine Betriebshaftpflichtversicherung ab, die Haftpflichtschäden aus dem Bereich der Dienstaufgaben der angestellten/beamteten Ärzte abdeckt. Kommunale Häuser und Krankenhäuser der Landkreise sind häufig bei Kommunalversicherern haftpflichtversichert. Dies sind z. B. der GVV-Kommununalversicherung in Köln oder KSA in Berlin, Bochum, Hannover und Kiel[31]. Diese Einrichtungen arbeiten ohne Gewinnerzielungsabsicht nach dem Umlageverfahren. Mitversichert werden zumeist auch die Aufgaben der leitenden Krankenhausärzte im Nebentätigkeitsbereich. Die leitenden Ärzte beteiligen sich an den Kosten der Versicherung hierfür anteilig. Diese Versicherung deckt dann auch nachgeordnetes Personal, soweit es im Nebentätigkeitsbereich eingesetzt wird. Ist bei den leitenden Ärzten nur die Dienstaufgabe versichert, nicht dagegen die Nebentätigkeit oder auch der Bereich, für den ihnen das Liquidationsrecht eingeräumt ist, müssen sie sich selbst versichern und dem Dienstherrn hierüber einen Nachweis führen. Der Dienstherr verpflichtet die leitenden Ärzte in diesen Fällen i. d. R überdies dazu, die in diesem Bereich eingesetzten Ärzte mit in diese Haftpflichtversicherung einzubeziehen. Für die gelegentliche außerdienstliche Tätigkeit muss der angestellte Arzt Vorsorge treffen. Ist dessen Tätigkeit nicht über das Haus oder der Versicherung des leitenden Arztes abgedeckt, benötigt der angestellte Krankenhausarzt eigenen Versicherungsschutz. Bis vor einiger Zeit schlos-

---

[31] Siehe Bergmann, in: van Bühren, § 11 Rdnr. 51, 165.

sen Träger der Universitätskliniken, also die Länder, für die bei ihnen beschäftigten Ärzte und das nachgeordnete Personal keine Haftpflichtversicherung ab, sondern regelten Schadensfälle nach dem Grundsatz der Selbstversicherung selbst[32]. Dies hat sich geändert. Die meisten Universitätsklinika haben nunmehr ebenfalls eine Haftpflichtversicherung für das bei ihnen tätige ärztliche und nichtärztliche Personal abgeschlossen. Nicht so in Bayern, wo man nach wie vor das Prinzip der „Selbstversicherung" verfolgt. Dies wird allerdings seit 2006 dadurch abgemildert, dass die angestellten Mitarbeiter seitdem einen verbrieften Freistellungsanspruch gegenüber dem Träger des Uniklinikums haben, wobei im Falle grober Fahrlässigkeit ein Regress nur in Höhe von maximal drei Bruttomonatsgehältern vollzogen werden kann[33].

Der grundsätzlich mögliche Regress des Versicherers gegen den angestellten **18** Arzt (§ 86 VVG) ist in den meisten Betriebshaftpflichtversicherungen (mit Ausnahme von Vorsatz) ausgeschlossen. Der Mitarbeiter hat daher in diesen Häusern auch bei grober Fahrlässigkeit keinen Regress zu fürchten. Hat ein Krankenhausträger keine Betriebshaftpflichtversicherung (und gelten auch keine Sonderregelungen wie für die bayerischen Universitätsklinika) kann nach allgemeinen arbeitsrechtlichen Grundsätzen regressiert werden[34]. Bei leichter Fahrlässigkeit stellt der Krankenhausträger den Arzt ohne Rückgriff frei. Bei mittlerer Fahrlässigkeit beschränkt sich der Regress auf eine Quote, die unter Berücksichtigung aller Umstände einzelfallbezogen ermittelt wird. Bei grober Fahrlässigkeit kann grundsätzlich in vollem Umfang regressiert werden, es sei denn es käme aufgrund eines Missverhältnisses von Arbeitsverdienst zum Haftungsrisiko zu einer unmittelbaren Existenzgefährdung. Mitarbeiter der Caritas[35] sind ebenso wie Beamte[36] haftungsprivilegiert. Sie haften intern nur bei grober, nicht bei mittlerer Fahrlässigkeit. Mitarbeiter der Diakonie haften intern nach allgemeinen arbeitsrechtlichen Grundsätzen, also anteilig auch bei mittlerer Fahrlässigkeit[37].

VI. Der geschützte Versicherungszeitraum

Gemäß § 100 VVG ist der Versicherer verpflichtet, dem Versicherungsnehmer die **19** Leistung zu ersetzen, die dieser aufgrund seiner Verantwortlichkeit für eine während der Versicherungszeit eintretende Tatsache an einen Dritten zu bewirken hat. Gemäß Ziff. 8 AHB beginnt der Versicherungsschutz zu dem im Versicherungsschein angegebenen Zeitpunkt. Gemäß Ziff. 9 AHB wird die Prämie unverzüglich nach

---

[32] Lippert, Die Personalvertretung 1992, 342.
[33] Im Falle einfacher Fahrlässigkeit gibt es überhaupt keinen Regress. Bei Vorsatz und Beteiligung von Drogen und Alkohol kann ohne Begrenzung regressiert werden.
[34] BAG (GS), Beschl. v. 27.9.1994 – GS 1/89 (A) – NJW 1995, 210; BAG, Urt. v. 25.9.1997 –8 AZR 288/96 – NJW 1998, 1810.
[35] § 5 Abs. 5 AVR Caritas.
[36] § 46 BRRG, ebenso die Beamtengesetze der Länder.
[37] § 3 Abs. 5 AVR Diakonie.

Ablauf von zwei Wochen nach Zugang des Versicherungsscheins fällig. Bei nicht rechtzeitiger Zahlung besteht Versicherungsschutz erst nach Eingang der Prämie. Dies gilt nicht, wenn der Versicherungsnehmer nachweist, dass er die Nichtzahlung nicht zu vertreten hat (Ziff. 9.2 AHB. Für Versicherungsfälle, die bis zur Zahlung des Beitrags eintreten, ist der Versicherer nur dann nicht zur Leistung verpflichtet, wenn er den Versicherungsnehmer durch gesonderte Mitteilung in Textform oder durch einen auffallenden Hinweis im Versicherungsschein auf diese Rechtsfolge der Nichtzahlung des Beitrags aufmerksam gemacht hat (Ziff. 9.2 AHB). Versicherungsschutz besteht zunächst für die im Versicherungsvertrag vereinbarte Zeitdauer. Beträgt diese mindestens ein Jahr, verlängert sich der Vertrag jeweils um ein weiteres Jahr, wenn er nicht spätestens drei Monate vor dem Ablauf des Versicherungsjahres rechtswirksam gekündigt wurde (Ziff. 16.2 AHB). Versicherungsschutz besteht für die während der Versicherungszeit „eintretenden" Tatsachen. Darunter versteht man nach überwiegender Auffassung[38] das sog. „Schadensereignis bzw. die Folgenereignistheorie". Dies ist umstritten, nachdem der BGH[39] Anfang der achtziger Jahre auf den Zeitpunkt des Verstoßes – unabhängig vom Schadenseintritt – abstellte. Dieses Urteil hat jedoch insoweit keine weitreichende Bedeutung mehr, als die AHB mit Unterstützung des BAV 1982 entsprechend präzisiert und die Schadensereignistheorie in den Bedingungen festgeschrieben wurde. Nach einer Entscheidung des OLG Nürnberg[40] kommt dieser Änderung der AHB jedoch keine entscheidende Bedeutung zu. Maßgeblich sei, wie ein durchschnittlicher Versicherungsnehmer derartige Klauseln verstehe. Gerade ein Arzt gehe beim Abschluss einer Berufshaftpflichtversicherung davon aus, dass sie diejenigen Schäden abdecke, für die er während des Versicherungszeitraums die Ursache gesetzt habe (Kausalereignistheorie im Gegensatz zur Folgenereignistheorie). Für eine Notwendigkeit zum Abschluss einer sog. Nachhaftungsversicherung (dazu unten) bleibt nach dem Urteil des OLG Nürnberg daher i. d. R. kein Raum. Da dieses Urteil aber einen Strahlenschaden und damit die damals anders gefassten AHBStr betraf, ist eine zu unkritische Übernahme für die geänderten AHB problematisch. Für den Versicherungsnehmer kann jede der beiden Theorien Vor- und Nachteile haben[41]. Im konkreten Fall (Strahlenschaden) war die Entscheidung des OLG Nürnberg für den versicherten Arzt vorteilhaft (er hatte entgegen der Auffassung seiner Berufshaftpflichtversicherung doch Versicherungsschutz). Die Folgeereignistheorie kann aber z. B. dann vorteilhaft sein, wenn sich seit dem maßgeblichen Kausalereignis und dem Schadenseintritt die Deckungssummen zugunsten des Arztes verbessert haben.

---

[38] a. A. OLG Nürnberg, Urt.v. 29.6.2000, 8 U 4755/99, VersR 2000, 1490, das Urteil betraf zwar eine Klausel aus den AHBStr (und nicht aus den AHB), in der noch von „Ereignis" und nicht von „Schadensereignis" die Rede war; insofern kam es nicht auf die Änderung des BAV aus dem Jahre 1982 an. Das OLG hatte aber ohnehin Bedenken, ob diese Neuformulierung die Kausalereignistheorie zu Gunsten der Folgeereignistheorie verdrängen könne.

[39] BGH, Urt. v. 4.12.1980 – IVa ZR 32/80, BGHZ 79, 76.

[40] OLG Nürnberg, Urt. v. 29.6.2000, 8 U 4755/99, VersR 2000, 1490.

[41] Zu den Nachteilen der Claims-Made-Regelung siehe Hartmann, in: van Bühren (Hrsg.) § 10, Rdnr. 183.40; Greiner, S. 252 ff.

Fallen Verstoß und Schadenseintritt zusammen, ist diese ganze Diskussion überflüssig. Gerade im Bereich des Heilwesens ist es jedoch gar nicht so selten, dass die später einen Schaden auslösende Ursache zu einem Zeitpunkt gesetzt wird, in dem man noch nicht von einem Schadenseintritt sprechen kann. Typisches Beispiel ist die unzureichende durchgeführte Sterilisation bzw. Konzeptionsberatung. Verstoß ist die fehlerhafte Operation bzw. Beratung, Schadenseintritt aber erst die später stattfindende Geburt des familienplanungswidrig gezeugten Kindes. Ähnliche Beispiele lassen sich im Bereich der Dauer- und/oder Fehlmedikation oder auch im Rahmen der Strahlentherapie bilden. Das Schadensereignis ist aber nicht erst dann eingetreten, wenn sich der Schaden „fulminant" im Körper des Patienten manifestiert, sondern bereits bei den ersten Merkmalen[42]. Mit der Änderung der AHB 2004 wird die Folgenereignistheorie nach Auffassung der Versicherungswirtschaft klar definiert (Versicherungsfall = Schadensereignis).

Scheidet der niedergelassene Arzt aus dem Berufsleben aus, so können gegen ihn auch nach diesem Zeitpunkt noch Haftpflichtansprüche geltend gemacht werden. Ist der Schaden noch während des versicherten Zeitraums eingetreten, aber erst nach Beginn des Ruhestands geltend gemacht worden, ist eine Deckung unproblematisch. Da es bei bestimmten Konstellationen jedoch vorkommen kann, dass der Schaden erst geraume Zeit nach dem Verstoß bzw. der schädigenden Handlung eintritt (s. o.), empfiehlt die Versicherungswirtschaft den Abschluss einer sog. Nachhaftungsversicherung, die normalerweise von dem Versicherer angeboten wird, bei dem der Arzt zuletzt versichert war. Nach der oben dargestellten Entscheidung des OLG Nürnberg[43] kann dies überflüssig sein. In diesem Zusammenhang ist auf die Problematik unterschiedlicher Haftpflichtversicherungssysteme in Europa hinzuweisen. Während die deutschen AHB auf den Schadenseintritt als maßgebliches Kriterium abstellen, ist es bei vielen angelsächsischen Versicherungen der Zeitpunkt der Geltendmachung[44] („claims-made"[45]). Dies muss sich ein Arzt, der die neuen Möglichkeiten des liberalisierten Versicherungsmarktes nutzen will, gut überlegen. Angenommen er will später von seinem englischen Versicherer wieder zu einem deutschen Versicherer wechseln, kann nämlich eine nicht mehr schließbare Deckungslücke eintreten. Wird er nach dem Versicherungswechsel zu dem deutschen Unternehmen mit einem Anspruch konfrontiert, dessen Grund während seiner Versicherungszeit bei dem englischen Versicherer eingetreten ist, wird dieser sich darauf berufen, die Geltendmachung sei nach Vertragsende erfolgt. Der deutsche Versicherer wird einwenden, der Schadenseintritt falle in den Vorversicherungszeitraum.

20

---

[42] Siehe hierzu die „Erste-Tropfen-Theorie" des BGH; OLG Saarbrücken, Beschl.v. 19.11.1992, 5 W 96/92, VersR 1993, 876; BGH, Urt.v. 13.3.1974 – IV ZR 36/73, VersR 1974, 741; BGH, Urt. v. 22.2.1984 – IVa ZR 63/82, VersR 1984, 630.
[43] OLG Nürnberg, Urt. v. 29.6.2000, 8 U 4755/99, VersR 2000, 1490.
[44] Siehe hierzu Flatten, VersR 1994, 1019 ff.
[45] Greiner, S. 252 ff.

VII. Anzeige- und Mitwirkungspflichten des Arztes

21 Das Schadensereignis, das Haftpflichtansprüche begründen könnte, ist dem Versicherer unverzüglich, spätestens innerhalb einer Woche schriftlich anzuzeigen (§ 104 VVG). Dabei besteht die Anzeigepflicht nicht erst, wenn konkret Schadensersatzansprüche erhoben werden, sondern bereits dann, wenn der versicherte Arzt Kenntnis von Umständen erlangt, die geeignet sind, Haftpflichtansprüche gegen ihn auszulösen (Ziff. 25.1 AHB). Auch wenn ein Ermittlungsverfahren gegen den Versicherungsnehmer eingeleitet wird, muss der Haftpflichtversicherer umgehend informiert werden (Ziff. 25.3 AHB). Dies gilt auch dann, wenn er bereits über die zivilrechtliche Geltendmachung Kenntnis hat. Im Rahmen der Sachbearbeitung hat der Versicherungsnehmer Mitwirkungspflichten. Hierzu gehört es, dem Versicherer alle Unterlagen, Informationen und Auskünfte zu übermitteln, die dieser zur Anspruchsprüfung benötigt. Eine Bindung an die Schweigepflicht besteht insoweit nicht. Dennoch verlangen viele Versicherer im Rahmen der Anspruchsprüfung vorsorglich eine entsprechende Erklärung des Patienten. Gerade wenn Informationen oder Unterlagen von dritter Seite eingeholt werden müssen (z. B. Vor- oder Nachbehandler) ist die Vorlage einer entsprechenden Erklärung ohnehin unentbehrlich. Die Verletzung der Obliegenheit zur rechtzeitigen Meldung des Schadensereignisses kann erhebliche negative Auswirkungen haben. Der Versicherer ist nämlich leistungsfrei, wenn er konkretisieren kann, dass ihm durch die verspätete Schadensmeldung Möglichkeiten zur Feststellung des Versicherungsfalles oder zur Minderung des Schadens durch eigene Verhandlungen mit dem Geschädigten entgangen sind[46]. Dieselbe Leistungsfreiheit kann bei mangelnder Mitwirkung des Versicherungsnehmers im Verlauf der Schadensbearbeitung eintreten. Verweigert z. B. der Versicherungsnehmer trotz wiederholter Mahnung seines Haftpflichtversicherers und trotz Hinweises auf die Gefahr der Versagung des Deckungsschutzes die Mitwirkung an der Abwehr von Haftpflichtansprüchen, in dem er Fragen des Versicherers nicht beantwortet, so verstößt er vorsätzlich gegen die in Ziff. 25 AHB festgelegten Obliegenheiten[47]. Sein Schweigen ist dann ebenso geeignet, das Aufklärungsinteresse des Versicherers zu gefährden, wie die unrichtige Beantwortung von Fragen[48]. Gegen Mahnbescheide muss der Versicherte auch ohne ausdrückliche Weisung des Versicherers Widerspruch einlegen (25.4 AHB). Die Rechtsfolgen der Verletzung von Obliegenheiten sind in Ziff. 26 AHB aufgeführt. Sie reichen vom vollständigen bis zum teilweisen Verlust des Versicherungsschutzes. Weist der Versicherungsnehmer nach, dass die Obliegenheitsverletzung nur auf einfacher Fahrlässigkeit beruht oder keine Kausalität für den Eintritt und die Feststellung des Versicherungsfalles vorliegt, behält er seinen Versicherungsschutz.

---

[46] OLG München, Urt.v. 5.8.1981, 3 U 3919/80, VersR 1982, 1089.
[47] OLG Saarbrücken, Urt.v. 31.5.2006, 5 U 165/05-14, GesR 2006, 565.
[48] OLG München, Urt.v. 30.11.1979, 19 U 2334/79, VersR 1980, 570.

VIII. Regulierungshoheit des Versicherers

Der Versicherer hat sowohl außergerichtlich als auch während des Prozesses gemäß Ziff. 5.2 i. V. m. 25.5 AHB (2008) die Regulierungsvollmacht und Regulierungshoheit[49]. Dies bringt es mit sich, dass der Versicherte ohne Zustimmung des Versicherers keinen Anwalt mit der Abwehr der Ansprüche betrauen könnte, da dieser keine Erklärungen zur Abwehr abgeben dürfte, die dem Versicherer vorbehalten sind. Vielmehr muss der Versicherte im Falle einer gerichtlichen Geltendmachung des Haftpflichtanspruchs den vom Versicherer benannten Rechtsanwalt bevollmächtigen, ihm alle erforderlichen Auskünfte erteilen und angeforderten Unterlagen überlassen (25.5 AHB)[50]. Verstößt der Versicherungsnehmer gegen diese Obliegenheit, ist der Versicherer nicht verpflichtet, die zusätzlichen Kosten dieses „auf eigene Faust" mandatierten Anwalts zu übernehmen. Ein häufiges Missverständnis bestand allerdings schon bislang hinsichtlich der Frage, ob der Versicherte nach einem Schadensfall mit dem Patienten oder seinen Angehörigen sprechen und welche Erklärungen er abgeben darf. Dieses vermeintliche „Äußerungsverbot" kann nicht selten zu einer Zuspitzung der Situation führen, weil der Patient befürchtet, es werde „gemauert". Dem Arzt ist es nicht verwehrt, mit dem Patienten oder seinen Bevollmächtigten den Geschehensablauf durchzugehen. Es ist ihm auch nicht verwehrt, einen Fehler zuzugeben, wenn er es mit der Bemerkung verknüpft, dass damit noch nichts über die Berechtigung des geltend gemachten Anspruchs verknüpft ist (z. B. Kausalität). Eindeutig untersagt war ihm nach alter Rechtslage (vor der VVG-Reform 2008) nur die Ankündigung, der Anspruch werde anerkannt oder es werde gezahlt. Derartige Erklärungen waren ausschließlich dem Versicherer vorbehalten. Gab sie der Versicherte dennoch ab, ohne sich deswegen zuvor das Einverständnis seines Versicherers vorlegen zu lassen, konnte er seinen Versicherungsschutz gefährden. Der Versicherungsnehmer war gemäß § 5 Ziff. V S. 1 AHB a. F. nicht berechtigt, ohne vorherige Zustimmung des Versicherers ganz oder teilweise anzuerkennen oder zu befriedigen. Dies hat sich durch die VVG-Reform 2008 geändert; entsprechend wurde Ziff. 5.5. AHB a. F. ersatzlos gestrichen. Gemäß § 105 VVG ist eine Vereinbarung, wonach der Versicherer nicht zur Leistung verpflichtet ist, wenn der Versicherungsnehmer ohne seine Einwilligung den Dritten befriedigt oder den Anspruch anerkennt, unwirksam. Allerdings bestimmt § 5 Abs. 1 AHB n. F., dass ein solches ohne Zustimmung des Versicherers abgegebenes Anerkenntnis oder Vergleich den Versicherer nur bindet, soweit der Anspruch ohne Anerkenntnis oder Vergleich auch bestanden hätte. Ein vorsichtiger und richtig beratener Versicherungsnehmer wird sich daher auch in Zukunft mit seinem Versicherer abstimmen. Übernimmt der Arzt im Rahmen des Behandlungsvertrages oder eines integrierten Versorgungskonzepts Garantieleistungen, wird die Versicherung

22

---

[49] Wussow, VersR 1994, 1014 ff.; BGH, Urt.v. 11.10.2006 – IV ZR 329/05,VersR 2006, 1676.
[50] OLG Koblenz, Beschl.v. 20.3.2012 – 5 U 76/12, GesR 2012, 350, Vollmacht des Versicherers umfasst auch Befugnis, Erklärungen für den VN abzugeben.

ebenfalls von ihrer Leistungspflicht befreit[51]. Der Leistungsausschluss betrifft dabei nicht nur die eigentliche Garantieleistung, sondern den gesamten Behandlungsfall einschließlich ggf. notwendig werdender Revisionsoperationen.

IX. Keine „geborene" Passivlegitimation des Haftpflichtversicherers

23 Anders als im Rahmen der Kfz-Pflichtversicherung ist der Berufshaftpflichtversicherer nicht passiv legitimiert und kann daher im Haftungsprozess (Aktivprozess) nicht als Partei verklagt werden. Hiervon kann es seit der VVG-Novelle 2008 Ausnahmen geben, wenn der VN gemäß § 108 VVG seinen Freistellungsanspruch gegen den Versicherer mit befreiender Wirkung an den Dritten abtritt. Diese Abtretung hat gegenüber dem Anspruchsteller Erfüllungswirkung, unabhängig davon, ob der Anspruch wirklich besteht. Der Versicherer ist im Übrigen bei dieser Variante nicht gehindert, dem Anspruchsteller sämtliche Einwendungen entgegenzuhalten, die auch der Versicherte selbst hätte erheben können. Ob § 108 VVG daher in der Praxis der Heilwesenversicherung eine größere Rolle spielen wird, dürfte eher zurückhaltend bewertet werden. Der Anspruchsteller hat (außer im Falle der Abtretung natürlich) keinen Anspruch auf Nennung der Berufshaftpflichtversicherung des Arztes[52]. Dies ist deshalb wichtig, weil es durchaus Konstellationen geben kann, in denen ein Arzt ein Interesse haben kann, einen erkennbar unbegründeten Anspruch selbst abzuwehren, ohne seine Berufshaftpflichtversicherung zu involvieren, um dieser nicht die Möglichkeit einer Vertragskündigung oder Prämienanpassung zu verschaffen.

Einen weiteren Direktanspruch sieht § 115 Abs. 1 Nr. 2, 3 VVG für den Fall vor, dass über das Vermögen des Versicherungsnehmers das Insolvenzverfahren eröffnet oder mangels Masse abgewiesen wurde oder Aufenthalt des Versicherungsnehmers unbekannt ist.

---

[51] Ziff. 7.3AHB 2008.
[52] AG Dorsten, Urt. v. 2.10.2002, 3 C 70/02, MedR 2005, 102.

§ 22

- aufgehoben

§ 23 Ärztinnen und Ärzte im Beschäftigungsverhältnis

(1) Die Regeln dieser Berufsordnung gelten auch für Ärztinnen und Ärzte, welche ihre ärztliche Tätigkeit im Rahmen eines privatrechtlichen Arbeitsverhältnisses oder öffentlich-rechtlichen Dienstverhältnisses ausüben.
(2) Auch in einem Arbeits- oder Dienstverhältnis darf eine Ärztin oder ein Arzt eine Vergütung für ihre oder seine ärztliche Tätigkeit nicht dahingehend vereinbaren, dass die Vergütung die Ärztin oder den Arzt in der Unabhängigkeit ihrer oder seiner medizinischen Entscheidungen beeinträchtigt.

Übersicht

		Rz.
I.	Die Bedeutung der Norm	1
II.	Geltung der Berufsordnung auch für angestellte und beamtete Ärzte	2
III.	Die Vergütung im Angestellten- und Dienstverhältnis	4

I. Die Bedeutung der Norm

Die Regeln der MBO richten sich in erster Linie an den niedergelassenen Arzt und lassen dabei außer Acht, dass eine große Zahl von Ärzten ihre ärztliche Tätigkeit in abhängiger Stellung als Angestellte in einem Dienst- oder als Beamte in einem Beamtenverhältnis ausüben. Soweit diese Tätigkeit im öffentlichen Dienst erbracht wird, tragen die einschlägigen Rechtsnormen des TVöD oder der Beamtengesetze des Bundes und der Länder dem Umstand Rechnung, dass die Regelungen des ärztlichen Berufsrechts eingehalten werden. Bei Privatdienstverhältnissen muss hierauf beim Abschluss des Vertrages geachtet werden. Insbesondere darf der Arzt bei Diagnose und Therapie keine Weisungen von Nichtärzten entgegennehmen. Dabei können natürlich Konfliktsituationen im Hinblick auf das grundsätzliche Organisationsrecht eines Arbeitgebers (z. B. Krankenhausträger im Hinblick auf die Bereitstellung von Ressourcen) auftreten, die den Arzt in einen Zwiespalt zwischen Loyalitätspflichten gegenüber seinem Arbeitgeber und seiner Fürsorgepflicht für den ihm anvertrauten Patienten bringen.

II. Geltung der Berufsordnung auch für angestellte und beamtete Ärzte

Der Arzt soll seinen Beruf in medizinischen Fragen weisungsfrei und nur nach seiner Sachkunde, seinem Gewissen und der ärztlichen Sitte entsprechend ausüben. Mit der Eingliederung eines Arztes in den Betrieb eines Krankenhauses oder einer ähnlichen Institution, ist der Arzt arbeits- und beamtenrechtlich Weisungen seines Arbeitgebers/Dienstherrn unterworfen etwa was Art, Ort, Zeitpunkt, Inhalt und Umfang der zu erbringenden Arbeitsleistung angeht. Als Chefarzt und Leiter einer Einrichtung in einem Krankenhaus übt dieser Weisungsbefugnis gegenüber den seiner Abteilung/Einrichtung zugewiesenen nachgeordneten Ärzten aus. Uneingeschränkt weisungsbefugt ist neben dem Träger der Einrichtung in allen organisatorischen Fragen des Krankenhauses der Chefarzt im Rahmen der Hierarchie in dem ihm übertragenen Bereich.

3   Im Bereich der medizinischen Fakultäten und der Universitätsklinika gilt für das Verhältnis der Professoren in Besoldungsgruppe W 3 zu denen in Besoldungsgruppe W 2 (soweit sie nicht Einrichtungen im Universitätsklinikum leiten) das soeben gesagte. In organisatorischen/ökonomischen Fragen ist der Leiter der Einrichtung auch den Professoren in Besoldungsgruppe W 2 gegenüber uneingeschränkt weisungsbefugt. In Fragen der Forschung kann sich der Professor in Besoldungsgruppe W 2 auf das in Art. 5 GG verankerte Recht der Wissenschaftsfreiheit berufen[1]. In Fragen der Lehre untersteht er organisatorisch, aber auch hinsichtlich des Gebiets, auf welchem er zu lehren hat (nicht dagegen bezüglich des Inhalts der Lehre), der Aufsicht des Dekans und der Fakultät, der er angehört.

III. Die Vergütung im Angestellten- und Dienstverhältnis

4   Die Vergütung der Angestellten bzw. die Besoldung der Beamten im öffentlichen Dienst ist im Vergütungstarifvertrag zum TVöD bzw. in den Besoldungsgesetzen des Bundes und der Länder geregelt. Von diesen Vorschriften kann normalerweise nicht vertraglich abgewichen werden. Bei der Vergütung bzw. Besoldung im öffentlichen Dienst ist die Ausgewogenheit von Leistung und Gegenleistung zu unterstellen.

5   Absatz 2 kann also nur Fälle im Auge haben, bei denen es die Vertragsparteien in der Hand haben, eine Vergütung selbst zu vereinbaren. In Betracht kommen Chefarztverträge, bei denen, soweit die Vergütung nicht dem Vergütungstarifvertrag zum TVöD entnommen ist, eine Vergütung frei vereinbart werden kann. Zielrichtung von § 23 Abs. 2 ist aber in erster Linie die ärztliche Unabhängigkeit. Ähnlich wie bei den §§ 31 ff. soll die ärztliche Entscheidung nicht durch ökonomische Anreize oder Risiken (zu Lasten des Patienten, wie man hinzufügen müsste) beeinträchtigt werden. Dies ist natürlich angesichts der ökonomischen Zwänge, die im Gesundheitswesen an der Tagesordnung sind, manchmal ein Wunschtraum. Dennoch ist es wichtig, gerade im Berufsrecht diesen Anspruch aufrechtzuerhalten. Vor diesem Hintergrund sind z. B. Zielvereinbarungen in Chefarztverträgen kritisch zu hinterfragen, wobei eine ökonomische Ressourcennutzung dem Grunde nach nicht verwerflich-, sondern im Gegenteil sogar verantwortbar und begrüßenswert sein kann. (siehe auch, Ratzel, Zielvereinbarungen in Chefarztverträgen auf dem berufsrechtlichen Prüfstand, GesR 2014, 333ff.) Im Übrigen darf man an dieser Stelle nicht vergessen, dass die Anreizinstrumente im SGB V in den letzten Jahren

---

[1] Vgl. hierzu BVerfG, Urt. v. 8.2.1977 – 1 BvR 79,278, 282/70, NJW 1977, 1049; siehe auch schon BVerfG, Urt. v. 29.5.1973 – 1 BvR 424/71 u. 325/72, BVerfGE 35, 79, 135=NJW 1973, 1176.

in einem Maße gepflegt wurden, die, würde man die Strenge Elle des Berufsrechts anlegen, Fragen grundsätzlicher Art aufwerfen.

Denkbar ist aber auch, dass der Arzt gezwungen ist, eine ärztliche Tätigkeit anzunehmen, deren Entgelt nicht ausreicht, den Lebensunterhalt zu decken (unfreiwillige Teilzeittätigkeit als Arzt). Hier könnte die ökonomische Situation dazu führen, dass die Unabhängigkeit der medizinischen Entscheidungen beeinträchtigt werden kann. 6

§ 23a Ärztegesellschaften

(1) Ärztinnen und Ärzte können auch in der Form der juristischen Person des Privatrechts ärztlich tätig sein. Gesellschafter einer Ärztegesellschaft können nur Ärztinnen und Ärzte und Angehörige der in § 23 b Absatz 1 Satz 1 genannten Berufe sein. Sie müssen in der Gesellschaft beruflich tätig sein. Gewährleistet sein muss zudem, dass

a. die Gesellschaft verantwortlich von einer Ärztin oder einem Arzt geführt wird; Geschäftsführer müssen mehrheitlich Ärztinnen und Ärzte sein,
b. die Mehrheit der Gesellschaftsanteile und der Stimmrechte Ärztinnen und Ärzten zustehen,
c. Dritte nicht am Gewinn der Gesellschaft beteiligt sind,
d. eine ausreichende Berufshaftpflichtversicherung für jede/jeden in der Gesellschaft tätige Ärztin/tätigen Arzt besteht.

(2) Der Name der Ärztegesellschaft des Privatrechts darf nur die Namen der in der Gesellschaft tätigen ärztlichen Gesellschafter enthalten. Unbeschadet des Namens der Gesellschaft können die Namen und Arztbezeichnungen aller ärztlichen Gesellschafter und der angestellten Ärztinnen und Ärzte angezeigt werden.

§ 23 b
Medizinische Kooperationsgemeinschaft zwischen Ärztinnen und Ärzten und Angehörigen anderer Fachberufe

(1) Ärztinnen und Ärzte können sich auch mit selbständig tätigen und zur eigenverantwortlichen Berufsausübung befugten Berufsangehörigen anderer akademischer Heilberufe im Gesundheitswesen oder staatlicher Ausbildungsberufe im Gesundheitswesen sowie anderen Naturwissenschaftlerinnen und Naturwissenschaftlern und Angehörigen sozialpädagogischer Berufe – auch beschränkt auf einzelne Leistungen – zur kooperativen Berufsausübung zusammenschließen (medizinische Kooperationsgemeinschaft). Die Kooperation ist in der Form einer Partnerschaftsgesellschaft nach dem PartGG oder aufgrund eines schriftlichen Vertrages über die Bildung einer Kooperationsgemeinschaft in der Rechtsform einer Gesellschaft bürgerlichen Rechts oder einer juristischen Person des Privatrechts gem. § 23 a gestattet. Ärztinnen und Ärzten ist ein solcher Zusammenschluss im Einzelnen nur mit solchen anderen Berufsangehörigen und in der Weise erlaubt, dass diese in ihrer Verbindung mit der Ärztin oder dem Arzt einen gleichgerichteten oder integrierenden diagnostischen oder therapeutischen Zweck bei der Heilbehandlung, auch auf dem Gebiete der Prävention und Rehabilitation, durch räumlich nahes und koordiniertes Zusammenwirken

aller beteiligten Berufsangehörigen erfüllen können. Darüber hinaus muss der Kooperationsvertrag gewährleisten, dass

a. die eigenverantwortliche und selbständige Berufsausübung der Ärztin oder des Arztes gewahrt ist;
b. die Verantwortungsbereiche der Partner gegenüber den Patientinnen und Patienten getrennt bleiben;
c. medizinische Entscheidungen, insbesondere über Diagnostik und Therapie, ausschließlich die Ärztin oder der Arzt trifft, sofern nicht die Ärztin oder der Arzt nach ihrem oder seinem Berufsrecht den in der Gemeinschaft selbständig tätigen Berufsangehörigen eines anderen Fachberufs solche Entscheidungen überlassen darf;
d. der Grundsatz der freien Arztwahl gewahrt bleibt;
e. die behandelnde Ärztin oder der behandelnde Arzt zur Unterstützung in seinen diagnostischen Maßnahmen oder zur Therapie auch andere als die in der Gemeinschaft kooperierenden Berufsangehörigen hinzuziehen kann;
f. die Einhaltung der berufsrechtlichen Bestimmungen der Ärztinnen und Ärzte, insbesondere die Pflicht zur Dokumentation, das Verbot der berufswidrigen Werbung und die Regeln zur Erstellung einer Honorarforderung, von den übrigen Partnerinnen und Partnern beachtet wird;
g. sich die medizinische Kooperationsgemeinschaft verpflichtet, im Rechtsverkehr die Namen aller Partnerinnen und Partner und ihre Berufsbezeichnungen anzugeben und – sofern es sich um eine eingetragene Partnerschaftsgesellschaft handelt – den Zusatz „Partnerschaft" zu führen.

Die Voraussetzungen der Buchstaben a-f gelten bei der Bildung einer juristischen Person des Privatrechts entsprechend. Der Name der juristischen Person muss neben dem Namen einer ärztlichen Gesellschafterin oder eines ärztlichen Gesellschafters die Bezeichnung „Medizinische Kooperationsgemeinschaft" enthalten. Unbeschadet des Namens sind die Berufsbezeichnungen aller in der Gesellschaft tätigen Berufe anzukündigen.

(2) Die für die Mitwirkung der Ärztin oder des Arztes zulässige berufliche Zusammensetzung der Kooperation im einzelnen richtet sich nach dem Gebot des Absatzes 1 Satz 3; es ist erfüllt, wenn Angehörige aus den vorgenannten Berufsgruppen kooperieren, die mit der Ärztin oder dem Arzt entsprechend ihrem oder seinem Fachgebiet einen gemeinschaftlich erreichbaren medizinischen Zweck nach der Art ihrer beruflichen Kompetenz zielbezogen erfüllen können.

§ 23 c
Beteiligung von Ärztinnen und Ärzten an sonstigen Partnerschaften

Ärztinnen und Ärzten ist es gestattet, mit Angehörigen anderer Berufe als den in § 23b beschriebenen in allen Rechtsformen zusammen zu arbeiten, wenn sie nicht die Heilkunde am Menschen ausüben.

§ 23 d
Praxisverbund

(1) Ärztinnen und Ärzte dürfen, auch ohne sich zu einer Berufsausübungsgemeinschaft zusammenzuschließen, eine Kooperation verabreden (Praxisverbund), welche auf die Erfüllung eines durch gemeinsame oder gleichgerichtete Maßnahmen bestimmten Versorgungsauftrags oder auf eine andere Form der Zusammenarbeit zur Patientenversorgung, z. B. auf dem Felde der Qualitätssicherung oder Versorgungsbereitschaft, gerichtet ist. Die Teilnahme soll allen dazu bereiten Ärztinnen und Ärzten ermöglicht werden; soll die Möglichkeit zur Teilnahme beschränkt werden, z. B. durch räumliche oder qualitative Kriterien, müssen die dafür maßgeblichen Kriterien für den Versorgungsauftrag notwendig und nicht diskriminierend sein und der Ärztekammer gegenüber offengelegt werden. Ärztinnen und Ärzte in einer zulässigen Kooperation dürfen die medizinisch gebotene oder von der Patientin oder dem Patienten gewünschte Überweisung an nicht dem Verbund zugehörige Ärztinnen und Ärzte nicht behindern.

(2) Die Bedingungen der Kooperation nach Absatz 1 müssen in einem schriftlichen Vertrag niedergelegt werden, der der Ärztekammer vorgelegt werden muss.

(3) In eine Kooperation nach Absatz 1 können auch Krankenhäuser, Vorsorge- und Rehakliniken und Angehörige anderer Gesundheitsberufe nach § 23 b einbezogen werden, wenn die Grundsätze nach § 23 b gewahrt sind.

Abweichender Wortlaut der Berufsordnungen in den Kammerbezirken:

Bayern
Nur§ 23 b–d umgesetzt; deshalb wie in anderen Ländern zum Teil andere Paragraphenfolge.§ 23 a Abs. 1 BayBO (Med.Kooperationsgemeinschaft) Abs. 1 S. 2: „Dies gilt nicht, soweit der Angehörige des anderen Berufes durch sein Berufsrecht an dem Zusammenschluss gehindert ist oder aufgrund einer Erlaubnis nach§ 1 Abs. 1 Heilpraktikergesetz tätig wird."

Berlin
Nur § 23 b und d umgesetzt.

Bremen

§ 23 a
Ärztegesellschaften

(1) Ärztinnen und Ärzte können auch in der Form der juristischen Person des Privatrechts ärztlich tätig sein. Die gemeinsame Führung einer Praxis ist nur zulässig, wenn die beteiligten die Berechtigung zur Ausübung des ärztlichen, zahnärztlichen oder psychotherapeutischen Berufs besitzen. Verträge über den Zusammenschluss in der Form der juristischen Person des Privatrechts sowie deren Änderung sind der Ärztekammer vorzulegen.

(2) Unbeschadet des Namens der Gesellschaft müssen die Namen und Arztbezeichnungen aller ärztlichen

Gesellschafter und der angestellten Ärztinnen und Ärzte angezeigt werden.

Niedersachsen
Ohne§ 23 c

Nordrhein
§ 23 b und d umgesetzt,§ 23 a und c fehlen.

Übersicht   Rz.

I. Die Bedeutung der Norm 1
II. Die Ärztegesellschaft 3
III. Verbot der Fremdbeeinflussung 4
IV. Gestaltungsmißbrauch 10
V. Medizinische Kooperationsgemeinschaften 14
VI. Der Praxisverbund und sonstige Beteiligungen 16

Literatur (siehe hierzu Literaturhinweise zu § 18 und Vorbemerkung)

I. Die Bedeutung der Norm

1   Im Hinblick auf die schon bisher zulässigen Gesellschaftsformen der Gesellschaft bürgerlichen Rechts (GbR) und der Partnerschaftsgesellschaft (PartG) beinhalten die Änderungen der MBO nichts Besonderes. 2004 hinzugekommen ist hingegen § 23 a MBO, der für Berufsausübungsgemeinschaften gem. § 18 MBO und medizinische Kooperationsgemeinschaften gem. § 23 b MBO die Möglichkeit eröffnet, sich in Form einer juristischen Person des Privatrechts, also in erster Linie der GmbH (auch in der seit 1.11.2008 möglichen „Unternehmergesellschaft") oder der AG zu organisieren. Dies schien einem tiefen Grundbedürfnis weiter Teile der Ärzteschaft nach persönlicher Haftungsbeschränkung zu entsprechen, wenn man

die Kommentare nach dem Ärztetag betrachtete[1]. Die praktische Relevanz von GmbH's als Gesellschaftsform für Berufsausübungsgemeinschaften ist eher gering. Bedeutung hat sie allerdings für die Gründung und den Betrieb kapitalintensiver MVZ's (siehe unten). Ob die Ausübung ambulanter Heilkunde in einer GmbH mit entsprechendem Versorgungsziel vereinbar ist, ist umstritten. Einige Heilberufsgesetze der Länder untersagten dies früher ausdrücklich[2] (heute nur noch Bayern[3] Art. 18 I 2 HKaG; in Niedersachsen sind die Zulässigkeitsvoraussetzungen für eine juristische Person des Privatrechts positiv formuliert, § 32 II HKG; vermittelnd § 4 a V BerlinerKG). Allerdings soll nicht übersehen werden, dass auch diejenigen Länder, die früher ein derartiges Verbot – in unterschiedlicher Ausprägung – in ihren Heilberufs-Kammergesetzen verankert hatten, mittlerweile daran gegangen sind, diese Haltung aufzugeben. So heißt es z. B. in § 29 II HeilberufsG NRW „Die Führung einer Einzelpraxis oder einer Praxis in Gemeinschaft in der Rechtsform einer juristischen Person des Privatrechts setzt voraus, dass die Kammern in der Berufsordnung Anforderungen festgelegt haben, die insbesondere gewährleisten, dass die heilkundliche Tätigkeit eigenverantwortlich, unabhängig und nicht gewerblich ausgeübt wird." Die BO der ÄK Nordrhein enthält eine derartige Regelung bislang nicht, die BO der ÄK W-L hingegen schon. Maßgeblich sind jedenfalls die Regelungen in den Heilberufs-Kammergesetzen[4]. Treptow[5] ist allerdings zuzustimmen, dass die zum Teil zwischen den Zeilen geäußerten Vorbehalte gegen die GmbH als Gefährdungsfaktor für die ärztliche Unabhängigkeit nicht begründet ist, wenn über andere Regeln die Einhaltung von Berufs- und Vertragsarztrecht gewährleistet ist

Das Verbot, ambulante ärztliche Heilkunde in Form einer juristischen Person des Privatrechts auszuüben, hatte deshalb zumindest in den Ländern einer Überprüfung standgehalten, in denen dies im HeilberufsG selbst geregelt ist[6]. Dass es sich dabei um eine reine Berufsausübungsvorschrift handelt, dürfte ernsthaft nicht bestritten werden. Deshalb ist die Annahme zutreffend, dass der Gesetzgebung der Länder für diesen Bereich Vorrang vor der Gesetzgebungskompetenz des Bundes einzuräumen ist. Gerne wird im übrigen übersehen, dass Art. 72 II GG im Zuge der Föderalismusreform geändert worden ist. In der aktuellen Fassung von § 72 II GG (BGBl. I 2006 S. 2034) bezieht sich das Gesetzgebungsrecht des Bundes im Rahmen der Gesetzgebungsmaterien in Art. 74 GG mit der Zielsetzung des Art. 72 II GG nur

2

---

[1] Die Anwaltschaft, die diese „Freiheit" schon seit etlichen Jahren genießen könnte, macht hiervon freilich kaum Gebrauch, was sich allerdings jetzt seit Einführung der PartG mbB ändern könnte.

[2] Guter Überblick bei Treptow, S. 65 ff.

[3] Wobei nach entsprechender Verwaltungsübung eine MVZ-GmbH mit angestellten Ärzten nicht mehr beanstandet und von den Registergerichten akzeptiert wird.

[4] OLG Düsseldorf, Beschl. v. 6.10.2006, I-3 Wx 107/06, MedR 2007, 249, Tierarztpraxis als GmbH in NRW unzulässig, solange BO nicht die Voraussetzungen festlegt. MedR 2007, 249.

[5] Treptow, S. 63 ff.

[6] BayVerfGH, Entsch.v. 13.12.1999 – Vf. 5-VII – 95 u. a., NJW 2000, 3418 ff. zu Art. 18 I 2 Bay Heilberufe-KammerG; OVG Münster MedR 2001, 150 ff. zu § 29 HeilberufsG NRW a. F.

noch auf die enumerativ in der Neufassung aufgeführten Sachgebiete. Art. 74 I Nr. 12 GG gehört nicht dazu. Auf diese Einschränkung des Anwendungsbereichs der Erforderlichkeitsklausel in Art. 72 II GG (n. F.) hat die Bundesregierung mit Drs. 651/06 vom 4. 9. 2006 hingewiesen[7]. Der Vorrang der Länderkompetenz im Rahmen der originären Berufsausübung ohne sozialversicherungsrechtliche Ausgestaltung bleibt daher unberührt. Der „Vertragsarzt" ist kein eigenständiger Beruf. Der Kompetenztitel in Art. 74 I Nr. 12 GG trägt nur dort, wo spezielle sozialversicherungsrechtliche Ziele, wie etwa die Qualitätssicherung und Wirtschaftlichkeit berührt sind, nicht aber im Bereich der reinen Berufsausübung ohne zwingenden Bezug zur Funktionsfähigkeit der vertragsärztlichen Versorgung[8].

II. Die Ärztegesellschaft[9]

3   Vergleiche mit anderen Berufsgruppen sind nur bedingt tauglich. Das BVerfG hat mehrfach zum Ausdruck gebracht, dass Art. 12 Abs. 1 S. 2 GG durchaus Platz für berufstypische Unterschiede lässt[10]. Schließlich ist das Gefüge der Vorschriften innerhalb der MBO zu berücksichtigen, das als Reflex auf § 1 Abs. 2 BÄO gewerblichen Tendenzen – von Ausnahmen abgesehen – bislang eine Absage erteilt hat. Erfolgt eine entsprechende Anpassung, wird bzw. könnte schon heute in den Ländern, die derartige Beschränkungen in ihren Heilberufs-Kammergesetzen nicht kennen, auch eine Einzelpraxis in Form einer juristischen Person des Privatrechts[11] geführt werden. Wegen des Fremdbeteiligungsverbots wäre jedoch Voraussetzung, dass lediglich der Praxisinhaber Gesellschafter oder Anteilseigner ist[12]. Auf die „Mehrheitsregelung" in § 23a I b MBO könnte sich nämlich ein einzelner Arzt nur schwer zurückziehen. Im steht allerdings die Möglichkeit einer Medizinischen Kooperationsgemeinschaft gemäß § 23 b I MBO offen.

---

[7] Siehe hierzu auch das Föderalismusreform-Begleitgesetz, BGBl. I 2006, S. 2098.
[8] BVerfGE 102, 26, 36 (Frischzellen); BVerfG, GesR 2004, 539 (Botox); BVerfG, GRUR 2003, 966; sa. Engelmann, FS 50 Jahre BSG S. 429, 436 ff.; Pestalozza, GesR 2006, 389 ff.; zutreffend insbesondere Rixen, VSSR 2007, 213 ff.; Ratzel, VSSR 2007, 207 ff.
[9] Möller, in: Ratzel, Luxenburger, § 16 Rn. 304 ff.
[10] Jaeger, AnwBl. 2000, 475, 476; BVerfG, Urt. v. 13.2.1964 – 1 BvL 17/61, 1 BvR 494/60, 128/61, BVerfGE 17, 232, 240 (Apothekenurteil); BVerfG, Beschl. v. 22.1.1992 – 1 BvR 1096/90, MedR 1993, 470 (Logo); BVerfG, Urt. v. 16.4.1998 – 1 BvR 2167/93, NZS 1998, 285 (Altersgrenze 68 Jahre); BVerfG, Beschl. v. 20.3.2001 – 1 BvR 491/96, NJW 2001, 1779 (Altersgrenze 55 Jahre).
[11] GmbH, AG, aber wohl keine oHG, KG oder GmbH & Co KG (strittig).
[12] Möller aaO differenziert zwischen der Ärztegesellschaft gemäß § 23 a und der Heilkunde-GmbH, die nicht zwangsläufig eine Berufsausübungsgemeinschaft sein müsse, so dass sich auch Dritte an ihr beteiligen könnten.

III. Verbot der Fremdbeeinflussung

Grundsätzlich dürfen nur im Beruf aktive Ärzte, und darüber hinaus nur solche Ärzte Gesellschafter sein, die ihren Beruf in der Gesellschaft ausüben; auch dies und die Regelung in § 23 a Abs. 1 c MBO stellt ein eindeutiges Bekenntnis gegen eine stille oder offene Beteiligung Dritter an einer ärztlichen Gemeinschaftspraxis dar. Die Regelung in § 23 a Abs. 1 b MBO soll offenbar einer Beherrschung der Ärztegesellschaft durch Angehörige der in § 23 b MBO angesprochenen Fachberufe vorbeugen[13]. Diese Einschränkungen könnten im Ergebnis dazu führen, dass die Ärztegesellschaften nach § 23 a MBO nicht für sämtliche neue Versorgungsformen genutzt werden können.

Es liegt nahe, dass es wegen dieser Einschränkungen, nicht zuletzt auch bei den Versorgungszentren, kaum an Versuchen fehlen wird, vertragliche „Lösungen" zu finden. Dies gilt insbesondere für externe Kapitalgeber, die sich Hoffnungen machen, die neuen Instrumente für ihre Belange nutzen zu können. Dabei muss es sich keineswegs um unlautere Motive handeln, wenn man die Bemühungen großer Krankenhausträger im Auge hat. Nur sollte man als Berater, Investor oder direkt Beteiligter daran denken, dass das Problem der „fehlerhaften Gesellschaft" natürlich auch in diesem Zusammenhang, wenn auch in einem anderen Gewande, wieder virulent werden kann.

Insbesondere im „Dunstkreis" kapitalintensiver MVZ-Gründungen ist es jedoch zu von der Politik unerwünschten Erscheinungsformen gekommen. Im Gegensatz zu der Zeit vor dem GKV-VStG (bis 31.12.2011) können deshalb nicht mehr alle im System des SGB V denkbaren Leistungserbringer Versorgungszentren gründen, sondern nur noch Ärzte, Krankenhäuser, Erbringer nichtärztlicher Dialyseleistungen gemäß § 126 III SGB V oder Träger gemeinnütziger Einrichtungen, die zur vertragsärztlichen Versorgung zugelassen oder ermächtigt sind. Als Rechtsformen stehen nur noch die Personengesellschaft, die Gesellschaft mit beschränkter Haftung und die eingetragene Genossenschaft zur Verfügung. Medizinische Versorgungszentren, die bereits vor dem 1.1.2012 bestanden, behalten ihre Zulassung, unabhängig von geänderter Gründereigenschaft und Rechtsform (Bestandsschutz). Sie können aber keine weiteren Medizinischen Versorgungszentren gründen. Hintergrund der restriktiveren Regelungen waren Entwicklungen, wonach z. B. Hilfsmittellieferanten oder Heilmittelerbringer von Finanzinvestoren als „Eintrittskarte" in das System der vertragsärztlichen Versorgung benutzt wurden, was wiederum Befürchtungen von Fehlsteuerungen nährte. Denn in der Tat waren mit etwas Phantasie sehr verschiedene Konstellationen denkbar. So konnten sich Hilfsmittellieferanten, Heilmittelerbringer, Vorsorge- und Reha-Einrichtungen, Zahnärzte, Vertragspsychotherapeuten, zugelassene Pflegedienste und Apotheken beteiligen, die für „ihr" MVZ zwar eine ärztliche Leitung benötigten, den gesamten wirtschaftlichen

---

[13] BGH, Urtl. v. 10.10.2011 – AnwZ (BrfG) 1/10, Mehrheitserfordernis bei Rechtsanwaltsgesellschaften verfassungsgemäß.

Geschäftsbetrieb, soweit der Kernbereich ärztlicher Berufsausübung nicht tangiert wird, aber in eigener Regie regeln.

7   Viele Fragen sind nach wie vor aktuell. Angenommen, es sind auch Vertragsärzte an diesem Zentrum beteiligt, sind dann auch die anderen Partner des Versorgungszentrums an den Arztpraxen beteiligt? Wie steht es dann mit der bisherigen Rechtsprechung des BGH[14], die eine derartige – ggf. stille – Beteiligung ablehnt? Wie ist es im umgekehrten Fall, wenn die anderen Partner des MVZ die zugehörige Apotheke dominieren?[15]. Was ist dann mit dem Beteiligungsverbot in §§ 8, 12 ApoG? Die Entlastungsklausel im neuen § 11 I ApoG, wonach § 140a SGB V unberührt bleibt, hilft hier nicht weiter.

8   Interessant wird die Sache auch bei der Gewinnverteilung. Bewirkt die Gewinnverteilung im Ergebnis eine unzulässige Vorteilsgewährung gegen Entgelt i. Sv. § 31 MBO, ist sie unzulässig[16]. Ist das MVZ in der Weise organisiert, dass die Vertragsärzte und z. B. eine Apotheke in einer GbR organisiert sind, wären wiederum die Beschränkungen des Apothekenrechts zu beachten (s. §§ 8, 11, 12 ApoG).

9   Im Übrigen muss man zur Kenntnis nehmen, dass die Frage der Fremdbeteiligung bei MVZ's wesentlich offener als bei Arztpraxen diskutiert wurde und wird. Durch die Formulierung in der Gesetzesbegründung bei Einführung des MVZ ins System der vertragsärztlichen Versorgung, jeder zugelassene Leistungserbringer (vor dem 1.1.2012) könne MVZ's gründen und sich letztlich auch daran beteiligen (auch wenn er nicht in diesem MVZ tätig sei), gab es etliche Stimmen in der Literatur, die auch eine „externe" Beteiligung für möglich erachteten[17]. Heute ist zu beachten, dass eine Beteiligung Dritter am Gewinn einer Ärztegesellschaft gemäß § 23 a Ic MBO unzulässig ist[18].

IV. Gestaltungsmißbrauch

10   Keine „fehlerhafte" Gesellschaft, sondern gar keine Gesellschaft, liegt dann vor, wenn ein zulässiger gemeinsamer Gesellschaftszweck von vorne herein gar nicht besteht oder rechtlich bestehen kann, wie dies bei „verdeckten" Angestelltenver-

---

[14] BGH, DStR 1995, 1722 m. Anm. Goette, insoweit ohne weitere Begründung; BayObLG MedR 2001, 206 ff.; OLG Celle, Beschl.v. 17.6.2013 – 9 U 54/13, GesR 2014, 32=MedR 2014, 98.

[15] VG Berlin, Beschluss v. 10. 10. 2006, VG 14 A 28.06, Einbindung einer Apotheke in ein MVZ mit der Folge der Beteiligung der anderen Partner des MVZ an den Umsätzen der Apotheke wegen Verstoßes gegen §§ 7 II, 11 ApoG unzulässig; OLG Karlsruhe, Urtl. v. 14.6.2013 – 4 U 254/12 für eine ähnliche Umgehung von § 11 I Satz 1 ApoG.

[16] vgl. BGH, MedR 2003, 459 zum Kostenausgleich Anästhesist/Operator; Braun GesR 2009, 620.

[17] Zwingel/Preißler Kap. 6 Rn. 41; Peikert ZMGR 2004, 211, 219; Behnsen, Das Krankenhaus 2004, S. 605; KVB, Erstinformation für Vertragsärzte Nr. III 3, V 6; a. A. Dahm/Möller/Ratzel Kap. IV 65 ff.; 72, 73 mwN.; LG Göttingen, Urtl. v. 12.12.2009 – 3 O 86/09, MedR 2010,327 m. Problemaufriss Dahm.

[18] siehe auch Treptow, Die Mitgliedschaft in der als Medizinisches Versorgungszentrum zugelassenen Ärzte-GmbH, 2011 S. 175.

hältnissen oftmals der Fall sein wird[19], oder wenn zwingende gesetzliche Regeln den beabsichtigten Gesellschaftszweck insgesamt untersagen[20]. Bei diesen echten „Scheingesellschaften" kommen die Regeln über die „fehlerhafte" Gesellschaft nicht zur Anwendung. Die Ansprüche der Beteiligten untereinander bestimmen sich nach Bereicherungsrecht[21].

Für den „Scheingesellschafter" kann dies zulassungsrechtliche Folgen haben. Zulassungsrechtliche Folgen sind danach zu beurteilen, was Anlass und Beweggrund für die „Scheingesellschaft" gewesen sind. Wurde die Zulassung unter Vortäuschung falscher Angaben und Vorlage von „Schubladenverträgen" erschlichen, ist sie zu entziehen[22]. Die Frage, ob die Zulassung auch rückwirkend[23] oder nur für die Zukunft entzogen werden kann, ist praktisch von geringer Relevanz, weil jedenfalls das ausgezahlte Honorar vom Zeitpunkt des Fehlens der Zulassungsvoraussetzungen zurückverlangt werden kann[24]. Handelt es sich hingegen z. B. um einen Fall einer zunächst zulässigen „Nullbeteiligungsgesellschaft", die im Laufe der Zeit faktisch zu einem Angestelltenverhältnis denaturiert ist, liegen die Dinge anders. Zivilrechtlich dürfte die Gesellschaft beendet sein, da der Gesellschaftszweck weggefallen ist. Zulassungsrechtlich könnte jedoch eine Auflage erteilt werden, entweder die Gesellschaft – erneut – aufzunehmen oder aber dieses jedenfalls jetzt nicht mehr zulässige „Gebilde" zu beenden. Eine Zulassungsentziehung kommt hier zunächst nicht in Betracht; Honorarrückforderungsansprüche sind jedoch denkbar. Interessante Fragestellungen ergeben sich in Zusammenhang von „Konzessionshandel", „Scheingesellschaft" und Nachbesetzung. Geht man davon aus, dass die Zulassung isoliert betrachtet kein Wirtschaftsgut ist, wird im Falle einer „Scheingesellschaft" eine Nachbesetzung ausscheiden. Es gibt keinen „eigenen" Patientenstamm, der zu übernehmen wäre; anders ausgedrückt fehlt es am schützenswerten Interesse des Ausschreibenden, da er keinen Praxis(-anteil) hatte. Das gleiche gilt aber auch dann, wenn die zurückbleibenden Gesellschafter mit den Interessenten nur eine „Scheingesellschaft" und keine echte Gemeinschaftspraxis

11

---

[19] Sauter in: Handbuch der Personengesellschaften, § 2 Rn. 114; siehe im übrigen die Ausführungen von Dahm, MVZ-Handbbuch, Kap. II, 2.2.2.

[20] BGH, Urt. v. 24.9.1979 – II ZR 95/78, BGHZ 75, 214 – „Stille Beteiligung an Apotheke"; BGH, Urt. v. 20.3.1986 – II ZR 75/85, BGHZ 97, 243 öffentlicher Vermessungsingenieur.

[21] BGH, Urt. v. 20.3.1986 – II ZR 75/85, BGHZ 97, 243 öffentlicher Vermessungsingenieur, BGHZ 97, 243, 250,251; BGH, Urt. v. 5.7.2006 – VII ZR 172/05, MedR 2007, 238, zum maßgeblichen Berechnungszeitpunkt; BGH, Urtl. v.23.11.2006 – IX ZR 21/03, MedR 2007, 354; Steinhilper, Schiller, MedR 2007, 418; vgl. auch Dahm, Schriftenreihe Arge MedR im DAV, Bd. 2, 2000, S. 43 ff.

[22] § 27 i. V. m. 20 Ärzte-ZV.

[23] So das BSG, Urt. v. 21.6.1995, Az. 6 RKa 60/94, BSGE 76, 153 = NJW 1996, 3102, allerdings mit Besonderheiten des Falls.

[24] Unabhängig von §§ 45, 48, 50 SGB X öffentlich-rechtlicher Schadensersatzanspruch. Vgl. auch LSG Niedersachsen-Bremen Urt. v. 28.01.2009 – L3KA 99/07 fehlerhafte Gemeinschaftspraxis, GesR 2009, 206, 209; BSG, Urt. v. 23. 6. 2010 – B 6 KA 7/09 R.

eingehen wollen; denn dann fehlt es am Fortsetzungswillen. § 103 Abs. 6 Satz1 i. V. m. § 103 Abs. 4 Satz 3 SGB V schützt diese Ziele nicht[25].

12 Zurecht weist daher Pawlita[26] auf die große Bedeutung der Einhaltung förmlicher Vorgaben im Vertragsarztrecht und die schwerwiegenden Folgen bei Verstößen hin[27]. Dies wirkt sich natürlich auch dann aus, wenn zum Gestaltungsmissbrauch anstelle der einen die andere Gesellschaftsform gewählt wird. Dies kann die Entscheidung für eine Praxisgemeinschaft sein, obwohl wirtschaftlich eine Gemeinschaftspraxis betrieben wird[28]. Dies betrifft aber auch die Frage, ob es sich bei einem Gesellschafter nicht eher um einen abhängig beschäftigten Arzt handelt (siehe auch § 18)[29]. Selbst wenn der Zulassungsausschuss eine derartige Kooperation (in Unkenntnis der Umstände) genehmigt haben sollte und man unterstellt, dass die abgerechneten Leistungen auch tatsächlich erbracht wurden, können die solchermaßen erzielten Mehreinnahmen zurückverlangt werden[30]. Im Falle der Vorspiegelung falscher Tatsachen kommt darüber hinaus die Entziehung der Zulassung in Betracht[31].

13 Mittlerweile mehren sich die Verfahren, in denen beteiligte Ärzte wegen Betruges verurteilt wurden, weil sie „Junior-Partner" oder auch „Nullbeteiligungsgesellschafter" gegenüber dem Zulassungsausschuss als Gesellschafter angegeben haben, während diese in Wahrheit rechtlich und faktisch Arbeitnehmer gewesen sind[32]. Noch so schön gemachte Verträge ändern daran nichts. Es wäre ohnehin

---

[25] BSGE 85, 1, 7 ff.; Steinhilper, MedR 1994, 231; Wertenbruch, MedR 1996, 485; Herzog, MedR 1998, 297, 301.

[26] Pawlita, in: jurisPK-SGB V, § 95 Rn, 179 ff.

[27] BSG, Urtl. v. 22.3.2006 – B 6 KA 76/04 R, BSGE 96, 99.

[28] LSG Bremen-Niedersachsen, Urt, v,8.6.2007, L 3 KA 9/07 ER, MedR 2007,623.

[29] Wenner, § 20 Rn. 35 ff.; 46; BSG, Urtl. v. 22.3.2006 – B 6 KA 76/04 R; LSG Niedersachsen-Bremen, Beschl. v. 8.6.2007, L 3 KA 9/07 ER, MedR 2007, 623; LSG Niedersachsen-Bremen, Urtl. v. 17.12.2008, L 3 KA 316/04, GesR 2009, 206. FG Düsseldorf, 19.9.2013 ZMGR 2014, 299 m.Anm. Ketteler-Eising, keine Mitunternehmerschaft, wenn Beteiligung auf eigene Umsätze beschränkt – gewerbliche Einkünfte. Konsequenz: die gesamte BAG hat gewerbliche Einkünfte.

[30] LSG Niedersachsen-Bremen, Urtl. v. 17.12.2008, L 3 KA 316/04, GesR 2009, 206=MedR 2009, 497 unter ausdrücklicher Aufgabe von LSG Niedersachsen-Bremen, Beschl. v.13.8. 2002, L 3 KA 161/02 ER; BSG, Urtl. v. 8.9.2004 – B 6 KA 14/03 R, GesR 2005, 39; BayLSG, Urtl. v. 10.5.2006, L 12 KA 10/03.

[31] LSG Mecklenburg-Vorpommern, Urtl. v. 27.2.2008, L 1 KA 7/06, ein Verstoß gegen § 32 Abs. 1 Ärzte-ZV ist nicht schon deshalb zu verneinen, weil der Berufungsausschusses versäumt hat, positiv zu definieren, wann die vertragsärztliche Tätigkeit in freier Praxis ausgeübt wird.

[32] Zur Frage, wo der betrugsrechtlich relevante Schaden zu sehen ist, OLG Koblenz, Beschl. v. 2.3.2000 – 2 Ws 92-94/00, MedR 2001, 144; hierzu Stein, MedR 2001, 124; Volk, NJW 2000, 3385 ff.; Gaidzik, WISTRA 1998, 329 ff.; siehe aber auch BSG, Urt. v. 21.6.1995 – 6 RKa 60/94, BSGE 76, 153: gegenüber dem Schadensersatzanspruch der Krankenkasse wegen unzulässiger Verordnung kann sich der mit erschlichener Zulassung tätige Arzt nicht auf Vorteilsausgleich berufen; zu den gesellschafts- und arbeitsrechtlichen Folgen v. Hoyningen-Huene, NJW 2000, 3233; siehe aber auch LG Lübeck, Beschl. v. 25.8.2005 – 6 KLs 22/04, GesR 2006, 176, Abrechnungen eines nur in seiner wirtschaftlichen Unabhängigkeit beeinträchtigten Laborarztes begründen weder einen Vermögensschaden der Krankenkasse noch der Kassenärztlichen Vereinigung.

verdienstvoll, einmal die Rolle der Berater an dieser Stelle zu thematisieren. Zwar ist es durchaus zutreffend, dass sich Ärzte oft Berater suchen, die zu ihnen „passen", z. B. weil man gehört hat, „der mache so etwas". Dennoch sollte auch ein derartiger Berater[33] die obergerichtliche Rechsprechung zur Kenntnis nehmen. Der Schadensbegriff ist nach dem sog. „Koblenzer" Verfahren heftig umstritten[34]. Mittlerweile hat allerdings der BGH den formellen Schadensbegriff bestätigt[35].

V. Medizinische Kooperationsgemeinschaften

§ 23 b MBO (n. F.) (der im wesentlichen dem früheren D.II Nr. 9 MBO (a. F.) entspricht) regelt die Voraussetzungen, unter denen Ärzte sich mit anderen selbständig tätigen und zur eigenverantwortlichen Berufsausübung befugten Angehörigen bestimmter Berufe zur kooperativen Berufsausübung zusammenschließen können. Im Gegensatz zur Altregelung ist die Kooperation nicht mehr auf so genannte „Katalogberufe" beschränkt. Vielmehr ist jetzt generalisierend von den in Abs. 1 genannten Berufssparten die Rede. Ferner wird die Genehmigung des Kooperationsvertrages durch die Kammer nicht mehr für seine Wirksamkeit vorausgesetzt (einzelne Länder haben das Genehmigungserfordernis allerdings beibehalten)[36]. Insgesamt spielt diese Kooperationsform faktisch keine große Rolle. Dies wird sich wohl auch durch die Lockerung der Formalien kaum ändern, was insofern erstaunt, als sich diese Berufsausübungsgemeinschaft je nach Kombination und Struktur wesentlich flexibler als medizinische Versorgungszentren erweisen kann.

14

Der Zusammenschluss mit den vorstehend angesprochenen Berufsangehörigen ist nur zulässig, wenn diese in ihrer Verbindung mit dem Arzt einen gleichgerichteten oder integrierenden diagnostischen oder therapeutischen Zweck bei der Heilbehandlung, auch auf dem Gebiet der Rehabilitation und Prävention durch räumlich nahes und koordiniertes Zusammenwirken aller beteiligten Berufsangehörigen erfüllen können. Die mit dem Arzt kooperierenden Berufsgruppen müssen den dem Fachgebiet des Arztes entsprechenden medizinischen Zweck gemeinschaftlich nach Art ihrer beruflichen Kompetenz zielbezogen erfüllen können. Die Vorschrift will verhindern, dass beliebige Verbindungen entstehen, die einen medizinischen „Gemischtwarenladen" hervorbringen. Es sollen Partner zusammenwirken, die gemeinsam aber auch einzeln im Rahmen ihres jeweiligen Berufsrechts

15

---

[33] Gerne mit Attributen wie pfiffig, gewieft, trickreich (sic!) beschrieben.
[34] BGH, Urt. v. 28.9.1994 – 4 StR 280/94, WISTRA 1995, 29 keine Kompensation durch ersparte anderweitige Aufwendungen der Kassen.
[35] BGH, Beschl. v. 25.1.2012 – 1 StR 45/11, GesR 2012, 286=MedR 2012, 388, Abrechnung von Speziallaborleistungen durch niedergelassenen Arzt, dieser bei einem Laborarzt in Auftrag gegeben hatte; BGH, Urt. v. 5.12.2002 – 3 StR 161/02, MedR 2003, 298, zur Abrechnung von Leistungen bei Beschäftigung eines Strohmanns; siehe auch Welke, Zum strafrechtlichen Risiko der Tätigkeit angestellter Mediziner ohne Berufsausübungserlaubnis (Approbation) in Krankenhäusern, GesR 2011, 269 ff.
[36] BayBO § 23 a Abs. 2, Genehmigung wirkt konstitutiv.

diagnostisch und therapeutisch wirken können.[37] Der Versuchung, medizinische Kooperationsgemeinschaften als reine „Einnahmepooling"-Konstruktionen zu begreifen, sollte man widerstehen. Nicht nur berufsrechtlich, sondern vor allem steuerrechtlich könnte dies zu unerwünschten Ergebnissen führen.[38]

VI. Der Praxisverbund und sonstige Beteiligungen

16   Die Regelung in § 23 d MBO (n. F.) entspricht dem früheren D II Nr. 11 MBO (a. F.), die Regelung in § 23 c MBO (n. F.) dem früheren D II Nr. 10 MBO (a. F.)[39]. Für den Verbundvertrag ist Schriftform vorgeschrieben. Er muss ferner der Ärztekammer vorgelegt werden. Die auf vertraglicher Basis verbundenen Ärzte bleiben selbständig und üben ihre Praxis am bisherigen Ort weiter aus[40]. Kein Praxisverbund[41] i. S. der MBO sind sog. Franchise-Praxen, die unter einem bestimmten einheitlichen Logo auftreten (z. B. MacDent)[42]. Ein Praxisverbund darf nicht nur den in ihm vereinten Ärzten offen stehen, sondern darüber hinaus allen zur Mitwirkung bereiten Ärzten. Sind Beschränkungen räumlicher oder qualitativer Art vorgesehen, so müssen diese Kriterien zur Erfüllung des Versorgungsauftrages notwendig und dürfen nicht diskriminierend sein. Hier sind durch die Regelung des § 140 b Abs. 5 SGB V Streitigkeiten vorprogrammiert, da dieser den Beitritt Dritter zur integrierten Versorgung von der Zustimmung der bereits teilnehmenden Vertragspartner abhängig macht[43]. In der Rechtswirklichkeit ist die berufsrechtliche Kooperationsalternative des Praxisverbunds bislang wenig in Erscheinung getreten. Gegenüber den vertragsärztlichen Netzformen[44] wie Modellvorhaben nach

---

[37] Vgl. hierzu Schirmer, MedR 1995, 383 ff.

[38] OFD Koblenz v. 22.10.2002 und OFD Hannover v. 2.12.2002; vgl. auch Cramer, MedR 2004, 552 ff.

[39] Der früher vermittelte Eindruck, dies sei nur in Form einer PartG zulässig, wurde aufgegeben; eine Meldung an die Ärztekammer ist entbehrlich.

[40] Rieger, MedR 1998, 75 ff.; Weimar, MDR 2000, 866.

[41] zur integrierten Versorgung instruktiv, Bäune, in: Ratzel, Luxenburger, § 8 Rn. 296 ff.

[42] OLG Schleswig-Holstein, Urtl. v. 11.4.2006, 6 U 60/05, MedR 2007, 41 (Wettbewerbsverstoß).

[43] § 140 b Abs. 5 SGB V beinhaltet im Prinzip ein sozialversicherungsrechtliches Kartell; siehe auch Bäune, Integrierte Versorgung nach neuem Recht, GesR 2004, 209 ff. sowie SG Saarland, Beschl. v. 22.1.2004 – S 24 ER 68/03 KN-KR, MedR 2004, 279 m. Anm. Dahm.

[44] Hauser, Neues zur Integrierten Versorgung, KH, 2009, 799.; siehe auch BSG, Urt. v. 6.2.2008 – B 6 KA 5/07 R, GesR 2008, 493 (zu den Voraussetzungen der IV); Kingreen, Ternizel, Zur Neuordnung der vertragsärztlichen Versorgungsstrukturen durch die hausarztzentrierte Versorgung (/3 b SGB V), ZMGR 2009, 134 ff.Schirmer, Veränderte Versorgungsstrukturen in der hausärztlichen Versorgung aus Sicht der kassenärztlichen Vereinigungen, ZMGR 2009, 143 ff.; Schütz, Veränderte Versorgungsstrukturen in der hausärztlichen Versorgung aus Sicht des Hausärzteverbandes, ZMGR 2009, 155 ff.; Schiller, Kollektiv- und Selektivvertrag – Zwei Vertragssysteme im Überblick, BayÄBl. 2008, 82; Wigge, Harney, Selektivverträge zwischen Ärzten und Krankenkassen nach dem GKV-WSG, MedR2008, 139 ff.; BSG, Urt. v. 10.12.2008 – B 6 KA 37/07 R, GesR 2009,

§ 63 SGB V, Strukturverträgen § 73 a SGB V, hausarztzentrierte Versorgung § 73 b SGB V, besondere ambulante ärztliche Versorgung § 73 c SGB V oder auch der integrierten Versorgung gemäß § 140 a SGB V konnte sich der Praxisverbund bislang nicht durchsetzen.

---

305 zur Weitergabe von Patientendaten durch private Abrechnungsstellen (siehe aber Änderung von § 295 Abs. 1 b SGB V im Rahmen der 15.AMG-Novelle, BGBl. I 2009, 2018); siehe hierzu auch Engelmann, GesR 2009, 449.

§ 24 Verträge über ärztliche Tätigkeit

Ärztinnen und Ärzte sollen alle Verträge über ihre ärztliche Tätigkeit vor ihrem Abschluss der Ärztekammer vorlegen, damit geprüft werden kann, ob die beruflichen Belange gewahrt sind.

Abweichender Wortlaut der Berufsordnungen in den Kammerbezirken:

Baden-Württemberg, Thüringen
S. 2: Auf Verlangen der Bezirksärztekammer müssen Ärztinnen und Ärzte diese Verträge auch nach deren Abschluss vorlegen.

Hessen
S. 2
Auf Verlangen der Ärztekammer hat er einen Vertrag über seine ärztliche Tätigkeit vorzulegen.

Hamburg
zusätzlich

(1) Anstellungsverträge für Ärzte dürfen von diesen nur abgeschlossen werden, wenn Grundsätze dieser Berufsordnung gewahrt sind. Sie müssen insbesondere sicherstellen, dass der Arzt in seiner ärztlichen Tätigkeit keinen Weisungen von Nichtärzten unterworfen ist. Sofern Weisungsbefugnis von Ärzten gegenüber Ärzten besteht, sind die Empfänger dieser Weisungen dadurch nicht von ihrer ärztlichen Verantwortung entbunden.

(2) (unverändert wie sonst Abs. 1)

I. Die Bedeutung der Norm

Diese „Soll-Vorschrift", beinhaltet im Ergebnis ein „müssen" i. S. einer Obliegenheit, was so auch deutlich in einigen Länder-Berufsordnungen s zum Ausdruck kommt. Die Regelung dient zum einen dem Schutz des Arztes, keine Verpflichtungen einzugehen, die ihn im Kernbereich seiner ärztlichen Verantwortung berauben; zum anderen aber natürlich auch der Überprüfung, ob sich nicht Dritte, seien sie Ärzte oder auch Nicht-Ärzte (z. B. Investorengemeinschaften) in ärztliche Strukturen einkaufen und dadurch direkt oder indirekt auf das diagnostische und/oder therapeutische Konzept unzulässigen Einfluss ausüben. Gegen die Vorschrift wird flächendeckend und massiv verstoßen.. Ein Verstoß gegen die Vorschrift hat keinen direkten Einfluss auf die Wirksamkeit der Verträge. Stellt sich hingegen nachträglich ein Beanstandungsgrund heraus, kann die Kammer im Zweifel Abhilfe bis hin zur Unterlassung verlangen. Es liegt dann an dem Arzt, entweder sich über die Beanstandung einfach hinwegzusetzen und abzuwarten, welche Maßnahmen die Kammer ergreift oder aktiv gegen die Beanstandung der Kammer mit rechtlichen Mitteln vorzugehen. Wartet er nur ab und betrifft die Beanstandung der Kammer einen Vertragsbestandteil, der letztlich zur Unwirksamkeit der Konstruktion führt, 1 ist das Zetern natürlich groß. Deshalb wird man als Berater nach Möglichkeit versuchen, in einschlägigen Fällen den Kontakt zur Kammer zu suchen. Allerdings muss auch hier einschränkend angemerkt werden, dass eine Unbedenklichkeitsbescheinigung der Kammer, Gerichte und andere Behörden nicht bindet. Soll die Prüfung überhaupt einen Sinn machen, versteht es sich, dass man der Kammer die Endfassung des Vertrages (einschl. ggfls. für die Unterzeichnung vorbereitender abändernder Beschlüsse) und nicht eine „weichgewaschene" Entwurfsfassung vorlegt.

2   Entschuldigend muss man hinsichtlich der weit unterdurchschnittlichen Akzeptanz dieser Vorschrift in der Praxis einräumen, dass ihre Umsetzung oftmals auch an zeitlichen Notwendigkeiten scheitert. Die Vorschrift verlangt die Vorlage vor Vertragsschluss. Wenn eine wirtschaftlich drängende Kooperation geschmiedet werden soll, ist es der Sache nicht dienlich, wenn der Vertrag wochen-, zum Teil auch monatelang bei der Kammer liegt.

3   Neue Bedeutung hat die Vorschrift erst erlangt, seit in Verträgen mit leitenden Ärzten an Krankenhäusern über Fallzahlen und Zielvereinbarungen massiv das ökonomische Interesse des Krankenhausträgers über dasjenige des Patienten und auch das den Vertrag abschließenden Arzt gestellt wird (Vgl. Kommentierung zu § 2 Rz. 19, § 23). An die Manipulationen an den Vergabekriterien in Transplantationszentren aus ökonomischen Motiven mag man schon gar nicht mehr erinnern. Sie gehören auch in diese Kategorie.

§ 25 Ärztliche Gutachten und Zeugnisse

Bei der Ausstellung ärztlicher Gutachten und Zeugnisse haben Ärztinnen und Ärzte mit der notwendigen Sorgfalt zu verfahren und nach bestem Wissen ihre ärztliche Überzeugung auszusprechen. Gutachten und Zeugnisse, zu deren Ausstellung Ärztinnen und Ärzte verpflichtet sind oder die auszustellen sie übernommen haben, sind innerhalb einer angemessenen Frist abzugeben. Zeugnisse über Mitarbeiterinnen und Mitarbeiter sowie Ärztinnen und Ärzte in Weiterbildung müssen grundsätzlich innerhalb von drei Monaten nach Antragstellung, bei Ausscheiden unverzüglich, ausgestellt werden.

Übersicht

		Rz.
I.	Die Bedeutung der Norm	1
II.	Ärztliche Zeugnisse	2
III.	Gutachten	3
IV.	Gutachtenerstattung	6
V.	Sachverständigenentschädigung	15
VI.	Ergebnisse des Gutachtens	24
VII.	Gutachten und Urheberrecht	26
VIII.	Haftung	28
IX.	Arbeitszeugnisse	36
X.	Weiterbildungszeugnisse	41
XI.	Ärztliche Bescheinigung und Strafrecht	43

Literatur
Bayerlein (Hrsg.), Praxishandbuch Sachverständigenrecht 3. Aufl. 2002; Gercke, Das Ausstellen unrichtiger Gesundheitszeugnisse nach § 278 StGB, MedR 2008, 592; Jacobs, Haftung des gerichtlichen Sachverständigen, ZRP 2001, 489; Hartmann, Kostengesetze. 34. Aufl., 2004; Jessnitzer, Ulrich, Der gerichtliche Sachverständige; 11. Aufl. 2001; van Nahmen, Sachverständigentätigkeit und Umsatzsteuer des Arztes, ArztR 2002, 4; Lippert, Der Sachverständige und sein Gutachten, DMW 1994, 482; ders., Wem stehen die Ergebnisse eines Sachverständigengutachtens zu? NJW 1989, 2935; ders., 2. Auflage 2015 Allgemeine Gesichtspunkte in: Dörfler, Eisenmenger, Lippert, Medizinische Gutachten 2008, ders., Eisenmenger, Die Vergütung des medizinischen Sachverständigen in: Dörfler, Eisenmenger, Lippert (wie zuvor).

I. Die Bedeutung der Norm

Die Vorschrift will den Arzt bei der Ausstellung ärztlicher Zeugnisse und der Erstattung von Gutachten, sowie bei der Fertigung von Zeugnissen über Ärzte in Weiterbildung und von Arbeitszeugnissen zu besonderer Sorgfalt anhalten. 1

II. Ärztliche Zeugnisse

2 Der Begriff des ärztlichen Zeugnisses deckt sich mit dem des Gesundheitszeugnisses. Es sind dies Feststellungen über den Gesundheitszustand eines Menschen aufgrund besonderer Sachkunde. Ein Gesundheitszeugnis ist nicht nur eine Bescheinigung über einen gegenwärtig erhobenen Befund, sondern auch über einen früheren Gesundheits- oder Krankheitszustand. Auch eine Prognose über die Lebenserwartung kann darunter fallen. Es ist gleichgültig, ob es sich um tatsächliche Feststellungen bezüglich des Umfanges einer Krankheit, eines Krankheitsverdachts oder um eine gutachterliche Äußerung handelt. Deshalb ist auch der Krankenschein ein Gesundheitszeugnis[1].

III. Gutachten

3 Das ärztliche Gutachten lässt sich definieren als die Anwendung medizinischer Erkenntnisse und Erfahrungen auf einen Einzelfall im Hinblick auf eine bestimmte (oft aus rechtlichen Gründen notwendige) Fragestellung, wobei der Arzt aus Tatsachen oder Zuständen, die er selbst oder ein anderer wahrgenommen hat, mit Hilfe seiner Sachkunde Schlüsse zieht. Wesensmerkmal des Gutachtens ist, dass es wissenschaftliche Schlussfolgerungen enthält. Dies unterscheidet das Gutachten vom Befundbericht und vom ärztlichen Zeugnis. Bei histologischen und zytologischen Untersuchungen der Pathologen ist die Zuordnung zum Gutachten strittig[2]. Für die Leichenschau[3] und den Bericht über eine Alkoholgehaltsfeststellung[4] hat das Bundesarbeitsgericht (BAG) entschieden, dass die entsprechenden Bescheinigungen keine Gutachten (im Sinne der tarifvertraglichen Vorschriften von SR 2c Nr. 3 Abs. 3 BAT, jetzt: § 42 Abs. 1 TVöD) darstellen. Je nach arbeitsvertraglicher Vereinbarung kann also auch keine gesonderte Vergütung beansprucht werden.

4 Der allgemeine Gutachtenbegriff im vorstehenden Sinne liegt dem Nebentätigkeitsrecht der Hochschullehrer zugrunde. Ein bestimmter Schwierigkeitsgrad oder ein bestimmter Aufwand hinsichtlich Zeit und Umfang sowie des Einsatzes von Personal und Sachmitteln ist nicht Voraussetzung für die Erfüllung des Gutachtenbegriffes im Sinne des Nebentätigkeitsrechtes. Die selbständige Gutachtertätigkeit, die mit Lehr- und Forschungsaufgaben zusammenhängt, ist genehmigungsfrei, aber anzeigepflichtig.

5 Enger wird der Gutachtenbegriff im ärztlichen Gebührenrecht definiert, das bei der Frage der Honorierung ärztlicher Leistungen nach Schwierigkeitsgrad und Arbeitsaufwand differenzieren muss. Es ist im Prinzip nicht zu beanstanden, wenn

---

[1] Cramer in: Schönke, Schröder, § 277, Rz. 2.
[2] Gutachten: so: Rieger, Rz. 734; anders: VGH Mannheim, Urt. v. 6.11.1984 – 4 S 556/82.
[3] BAG AP Nr. 39 zu § 611 Ärzte.
[4] BAG AP Nr. 46 zu § 611 Ärzte.

§ 25 Ärztliche Gutachten und Zeugnisse

der Befundbericht mit kritischer Stellungnahme in Nr. 15 GOÄ nicht als Gutachten im Sinne von Nr. 20 ff. GOÄ gewertet wird.

IV. Gutachtenerstattung

Es besteht keine allgemeine Pflicht des Arztes zur Erstattung von Sachverständigengutachten. Als gerichtlich bestellter Sachverständiger trifft den Arzt eine Gutachterpflicht, weil er über die entsprechenden Kenntnisse verfügt, und weil er zur Berufsausübung durch die Approbation ermächtigt ist[5]. Wird der Arzt durch das Gericht zum Sachverständigen bestellt, so besteht eine Verpflichtung das Gutachten zu erstatten. Die Pflicht zur Gutachtenerstattung gegenüber dem Gericht sagt dabei noch nichts darüber aus, welche Vorschriften im Verhältnis zum Dienstherrn/Arbeitgeber zu beachten sind. Für das Personal an Universitätsklinika sind dies regelmäßig die beamtenrechtlichen Vorschriften bzw. der Bundesangestelltentarifvertrag (jetzt: TVöD) und hier besonders die Vorschriften über das Nebentätigkeitsrecht die für Angestellte wie Beamte gleichermaßen gelten.

Einzig für Professoren gelten Sondervorschriften. Bei Ihnen ist, wie gesagt, die selbständige Gutachtertätigkeit, die mit Forschung und Lehre zusammenhängt, zwar genehmigungsfrei, aber anzeigepflichtig, wenn entgeltlich ausgeübt[6]. Für sonstige angestellte wie beamtete Ärzte kann die Mitwirkung an der Gutachtenerstattung der Professoren oder die Gutachtenerstattung selbst zur Dienstaufgabe erklärt werden und zwar durch Nebenabrede (Nr. 5 SR 2c BAT, jetzt § 42 Abs. 1 TVöD, § 82 LBG bw).

Werden zur Gutachtenerstattung Personal, Räume und Sachmittel in Anspruch genommen, so bedarf dies der Genehmigung durch den Dienstherrn (§§ 9, 10 LNTVO, §§ 8, 11 HNTVO). Ziehen Leitende Krankenhausärzte (Professoren) nachgeordnete Ärzte zur Gutachtenerstattung hinzu, so ist für sie Nutzungsentgelt zu entrichten. Ein Nutzungsentgelt kann nur dann nicht erhoben werden, wenn das Gutachten außerhalb der Dienstzeit und ohne Inanspruchnahme von Ressourcen des Dienstherrn erstellt wurde. Die Inanspruchnahme universitären Potentials zur Durchführung gutachterlicher Nebentätigkeit wird gelegentlich nur beamteten Professoren und habilitierten Oberärzten und auch nur dann genehmigt, wenn daran ein öffentliches Interesse besteht. Die Inanspruchnahme von Ressourcen des Dienstherrn für Gutachten, die eine stationäre Aufnahme des zu Begutachtenden erfordert, wird nur den Ärztlichen Direktoren der bettenführenden Abteilungen gestattet. Die Erlaubnis bedarf der ausdrücklichen Zustimmung des Klinikvorstandes. Für die Rechnungsstellung darf Personal des Klinikums nicht in Anspruch genommen werden. So jedenfalls die Regelung am Universitätsklinikum Ulm.

Weigert sich ein vom Gericht bestellter Sachverständiger, sein Gutachten zu erstatten, ohne dass er sich hierfür auf einen vernünftigen Grund (Arbeitsüberlastung,

---

[5] So Jessnitzer, Ulrich, Rz. 122 f.; Zöller, Greger, ZPO, 26. Auflage, 2007, § 404 Rz. 2.
[6] Zu Nebentätigkeitsrecht und Nutzungsentgelt vgl. Lippert, Kern, Rz. 389 ff. und 425 ff.

prozessuales Verweigerungsrecht, Vorbehandlung) berufen kann, so kann das Gericht gegen ihn ein Ordnungsgeld festsetzen.

Durch das Rechtspflegevereinfachungsgesetz[7] haben die Vorschriften über den Sachverständigen in der Zivilprozessordnung (die auch in anderen Gerichtsverfahren anzuwenden sind), erhebliche Änderungen erfahren, die der Sachverständige kennen muss.

10   Erhält der Sachverständige den gerichtlichen Auftrag ein Gutachten zu erstellen, so hat er unverzüglich zu prüfen, ob dieser Auftrag in sein Fachgebiet fällt und ob er ihn ohne Zuziehung weiterer Sachverständiger erledigen kann (§ 407a Abs. 1 ZPO). Die Verzögerung der Prozesse durch eine saumselige Erledigung der Gutachtenaufträge hat den Gesetzgeber auf den Plan gerufen. Neuestens hat das Gericht dem Sachverständigen daher eine Frist zur Erstattung des Gutachtens zu setzen, § 411 Abs. 1 S. 1 ZPO.

11   Den Sachverständigen bestimmt und beauftragt ausschließlich das Gericht. Der Sachverständige darf daher den an ihn ergangenen Auftrag nicht von sich aus auf einen anderen, weiteren Sachverständigen übertragen. Der Sachverständige kann sich bei der Erstellung des Gutachtens helfen lassen und dazu Hilfspersonal heranziehen. Soweit er sich der Mitarbeit einer oder mehrerer anderer Personen bedient, hat er diese namhaft zu machen und den Umfang ihrer Tätigkeit anzugeben (407a Abs. 2 ZPO). Erkennt der Sachverständige, dass er den Auftrag nicht oder nicht innerhalb des in Aussicht genommenen Zeitraumes erledigen kann, so muss er dies dem Gericht mitteilen. Mit der gesetzlichen Neuregelung ist auch einem im medizinischen Bereich immer wieder anzutreffenden „Brauch" ein Riegel vorgeschoben worden, das Gutachten intern von einem Oberarzt oder Facharzt fertigen zu lassen und dieses so gefertigte Gutachten dann mit dem Zusatz „einverstanden" gegenzuzeichnen. Die Rechtsprechung hat ein derartiges Delegationsrecht des Sachverständigen zu Recht seit langem für unzulässig erachtet[8]. Dem ist auch inhaltlich zuzustimmen. Der Sachverständige wird vom Gericht gerade wegen seiner Sachkenntnis ausgesucht und nicht etwa deshalb weil er besonders viele fähige Mitarbeiter in seinem Bereich beschäftigt. Dieser „Brauch" geht über die Beschäftigung von Hilfskräften weit hinaus. Er übersteigt auch die vom Gesetz durchaus zugelassene Mitarbeit anderer Personen. Mitarbeit heißt, dass das Gutachten zumindest zu mehr als der Hälfte vom Sachverständigen selbst zu erarbeiten ist. Korrektiv auch dafür ist, wie so oft das Geld: bei derartigem Vorgehen riskiert der Sachverständige möglicherweise seinen Honoraranspruch.

12   Durch die gesetzliche Neuregelungen werden die Einflussmöglichkeiten des Gerichts auf den Sachverständigen während der Erstellung des Gutachtens nachhaltig gestärkt, wenn das Gesetz vorschreibt, das Gericht habe die Tätigkeit des Sachverständigen zu leiten und könne ihm für Art und Umfang seiner Tätigkeit auch Weisungen erteilen.

---

[7] Gesetz vom 17.11.1990 (BGBl. I S. 2847).
[8] BVerwG, Urt. v. 9.3.1984 – D B 597/83, MedR 1984, 191. Vgl. auch Zöller, Greger, ZPO, 27. Auflage 2007, § 404 Rz. 1a.

§ 25 Ärztliche Gutachten und Zeugnisse 389

Eine etwa für das Beweisverfahren in Medizinschadensfällen zwar sinnvolle, aber in ihrer rechtlichen Auswirkung möglicherweise nicht unproblematische Vorschrift enthält § 404a Abs. 2 ZPO. Das Gericht soll nämlich, wenn die Besonderheiten des Falles dies erfordern, den Sachverständigen vor Abfassung der Beweisfrage hören, ihn in die Aufgabe einweisen und ihm auf Verlangen den Auftrag erläutern. Hier besteht die große Gefahr, dass der Sachverständige kraft seiner Sachkenntnis den Gutachtenauftrag maßgeblich beeinflusst und so die Marschrichtung für den Fortgang (Ausgang?) des Verfahrens vorgeben kann. 13

Erfordert bereits die Aufklärung der Beweisfrage eine besondere Sachkunde, über die das Gericht nicht verfügt, so ist der Sachverständige durch Beweisbeschluss hierzu zu ermächtigen[9]. Bei streitigem Sachverhalt bestimmt das Gericht, welche Tatsachen der Sachverständige der Begutachtung zugrunde legen soll. Das Gericht muss diese Tatsachen gegebenenfalls vorher durch eigene Beweisaufnahme feststellen. Soweit es erforderlich ist, bestimmt das Gericht, in welchem Umfang der Sachverständige zur Aufklärung der Beweisfrage befugt ist, inwieweit er mit den Parteien in Verbindung treten darf, und wann ihnen die Teilnahme an den Ermittlungen zu gestatten ist. 14

V. Sachverständigenentschädigung

Die Vergütung des Sachverständigen richtet sich danach, wer Auftraggeber des Gutachtens war. Bei privaten Auftraggebern richtet sich der Vergütungsanspruch nach der GOÄ. 15

Der praktisch wichtigste Fall ist der Gutachtenauftrag von Gerichten und Staatsanwaltschaften. Hier richtet sich die Vergütung nach dem Gesetz über die Vergütung von und Sachverständigen, Dolmetscherinnen und Dolmetschern, Übersetzerinnen und Übersetzern sowie die Entschädigung von ehrenamtlichen Richterinnen, ehrenamtlichen Richtern, Zeugen und Dritten (JVEG), sofern nicht die Gutachtenerstattung zu den Dienstaufgaben des Sachverständigen zählt. Im Geltungsbereich des JVEG wird der Sachverständige im Gegensatz zum Zeugen vor Gericht nunmehr vergütet, der Zeuge wie bisher nur entschädigt.

Die Vergütung des Sachverständigen für sein Gutachten erfolgt nach dem erforderlichen Zeitaufwand. Der erforderliche Zeitaufwand ist nach objektiven Maßstäben zu ermitteln. Es kommt darauf an, welche Zeit ein mit der Materie vertrauter Sachverständiger von durchschnittlichen Fachkenntnissen bei durchschnittlicher Arbeitsintensität und bei sachgerechter Aufgabenerledigung benötigen würde[10]. 16

Jede Stunde der erforderlichen Zeit wird mit einem bestimmten, gesetzlich begrenzten Stundensatz abgegolten. Diese Stundensätze sind in Anlage 1 zu § 9 JVEG 17

---

[9] Zöller, Geimer, § 404a, Rz. 3. Es ist die Behauptung erhoben worden, Gerichte beeinflussten Sachverständige in unzulässiger Weise, um ein bestimmtes Ergebnis zu erhalten. Dieser Auffassung liegt vermutlich ein falsches Verständnis dessen zu Grunde, was das Gericht mit der Formulierung der Beweisfrage als Arbeitsauftrag für den Sachverständigen vorgibt.
[10] Jessnitzer, Ulrich, Rz. 481; Hartmann, JVEG § 8 Rz. 8 ff.

Lippert

dezidiert aufgeführt. Die Leistungen von Ärzten und Psychologen sind als Honorargruppe M1 bis M3 unter den Sachverständigenleistungen gesondert erfasst. Das Honorar beträgt in Honorargruppe M1 50 €, in Honorargruppe M2 60 €, in Honorargruppe 3,85 €. Das Sachverständigenhonorar nach Stundensätzen wird für jede Stunde der für die Gutachtenerstellung erforderlichen Zeit gewährt – beginnend beim Aktenstudium, einschließlich notwendiger Reise – und Wartezeiten bis zu Auswertung und Diktat des Gutachtens. Nach § 8 wird die letzte, bereits begonnene Stunde nur dann voll gerechnet, wenn sie zu mehr als 30 min für das Gutachten aufgewandt wurde.

18   Einzelne Verrichtungen von Sachverständigen und sachverständigen Zeugen kommen in der Praxis so häufig vor, dass der Gesetzgeber es für zweckmäßig erachtet hat, diese Verrichtungen in eigenen Tabellen mit festen Gebühren oder Rahmensätzen zu erfassen. Diese Leistungen sind in der Anlage 2 zu § 10 JVEG aufgeführt und sind im Gesetzestext im Anhang zu finden.

Nach § 10 Abs. 2 JVEG werden Leistungen, die in Abschnitt O des Gebührenverzeichnisses für ärztliche Leistungen (Anlage zur Gebührenordnung für Ärzte) bezeichnet sind, mit dem 1,3-fachen Gebührensatz in Ansatz gebracht. Das bedeutet, dass auf die in der GOÄ genannten Gebühren ein Zuschlag von 30% zu erheben ist. Die Leistungen nach Abschnitt O der GOÄ betreffen Leistungen aus dem Fachgebiet Strahlendiagnostik, Nuklearmedizin, Magnetresonanztomographie und Strahlentherapie.

19   Neben dem Honorar für seine Gutachterleistungen erhält der Sachverständige Fahrtkostenersatz nach § 5 JVEG. Bei Benutzung von öffentlichen, regelmäßig verkehrenden Beförderungsmitteln werden die tatsächlich entstandenen Auslagen bis zur Höhe der entsprechenden Kosten für die Benutzung der 1. Wagenklasse der Bahn einschließlich der Auslagen für Platzreservierung und Beförderung des notwendigen Gepäcks ersetzt. Bei Benutzung eines eigenen oder unentgeltlich zur Nutzung überlassenen Kraftfahrzeugs wird dem Sachverständigen ein Kilometergeld von 0,30 €, zuzüglich der aus Anlass der Reise regelmäßig anfallenden Auslagen, insbesondere Parkentgelte, erstattet. Bei der Benutzung durch mehrere Personen kann die Pauschale nur einmal geltend gemacht werden.

In besonderen Fällen können höhere Fahrtkosten wie z. B. Flugkosten geltend gemacht werden, wenn dadurch Mehrbeträge an Vergütung oder Entschädigung eingespart werden können. Ist eine Übernachtung notwendig, wird ein Übernachtungsgeld nach den Bestimmungen des Bundesreisekostengesetzes gewährt.

20   § 7 JVEG regelt den Ersatz für sonstige Aufwendungen, soweit diese notwendig sind. Insbesondere werden die Kosten notwendiger Vertretungen und notwendiger Begleitpersonen hier hervorgehoben. Wichtig für den medizinischen Sachverständigen ist in diesem Zusammenhang, dass auch für die Vorbereitung einer Gutachtenerstattung Kosten geltend gemacht werden können.

Für die Anfertigung von Ablichtungen werden 0,50 € je Seite für die ersten 50 Seiten und 0,15 € für jede weitere Seite, für die Anfertigung von Farbkopien 2 € je Seite ersetzt. Für die Überlassung elektronisch gespeicherter Dateien werden 2,50 € je Datei ersetzt.

21 Das JVEG sieht in § 12 zusätzlich noch den Ersatz für besondere Aufwendungen vor. Besonders genannt werden Kosten, die für die Vorbereitung und Erstattung des Gutachtens erforderlich sind einschließlich der notwendigen Aufwendungen für Hilfskräfte sowie die für eine Untersuchung verbrauchten Stoffe und Werkzeuge, ferner die erforderlichen Lichtbilder oder Farbausdrucke, Schreibgebühren und Umsatzsteuer. In diesem Zusammenhang ist besonders hervorzuheben, dass sich die Umsatzsteuer sowohl auf das gesamte Honorar wie den Aufwendungsersatz einschließlich Fahrtkostenersatz, Entschädigung für Aufwand, Reisetagegeld und sonstige besondere Aufwendungen erstreckt.

Für die Lichtbilder oder Farbausdrucke sieht das Gesetz eine Gebühr von 2 € für den ersten Abzug oder Ausdruck und 0,50 € für jeden weiteren Abzug oder Ausdruck vor. Bei der Erstellung des schriftlichen Gutachtens werden als Schreibgebühr 0,75 € je angefangene 1000 Anschläge erstattet. Für diese Gebühr bekommt man heute auf dem freien Markt kein Gutachten geschrieben.

22 Die Vergütung wird nur auf Antrag gewährt. Der Anspruch ist innerhalb einer Frist von drei Monaten zu beziffern. Die Frist beginnt mit der Beendigung der Vernehmung als Sachverständiger oder im Fall der schriftlichen Begutachtung mit Eingang des Gutachtens. Der Anspruch verjährt innerhalb von drei Jahren nach Ablauf des Kalenderjahres, in dem er entstanden ist.

Ist der Sachverständige mit der Vergütung nicht einverstanden, so steht es ihm frei, die gerichtliche Entscheidung gegen die Festsetzung des Gebührenbeamten zu beantragen. Zuständig ist dasjenige Gericht, das den Sachverständigen zugezogen hat. Das Gericht prüft in diesem Verfahren nicht nur die einzelnen Vergütungspositionen, sondern es legt auch die Gesamtvergütung fest. Gegen die Festlegung kann Beschwerde eingelegt werden, sofern der Beschwerdewert erreicht ist (200 €). Das Verfahren ist (gerichts −)gebührenfrei. Außergerichtliche Kosten werden nicht erstattet, wenn die Beschwerde Erfolg hatte.

23 Ausgelöst durch eine Entscheidung des EuGH zur 6. EG-Richtlinie zur Harmonisierung der Umsatzsteuern vom 14. September 2000 ist nunmehr klargestellt, dass sich der Arzt für Leistungen, die nicht der medizinischen Betreuung der Patienten dient, nicht auf die Befreiung von der Umsatzsteuer berufen kann. Für den als Sachverständigen tätigen Arzt bedeutet dies, dass er für Gutachten, die nicht therapeutischen Zwecken beim Patienten dienen, Umsatzsteuer auszuweisen (und abzuführen) hat. Im Gegenzug wird er (als kleiner Trost) allerdings vorsteuerabzugsberechtigt. Wann das eine oder das andere vorliegt, ist natürlich wie immer in solchen Fällen streitig. Als Hilfe mag die Liste bei van Nahmen[11] dienen.

Gesetzlich geregelt ist nunmehr auch (endlich) aus welchen Gründen der Sachverständige seines Vergütungsanspruchs verlustig gehen kann, § 8a JVEG. Auch hierüber gab es häufig Streit und die Gerichte taten sich schwer damit auch in offensichtlichen Fällen der fehlerhaften Erstattung von Gutachten.

---

[11] ArztR 2002, 4.

VI. Ergebnisse des Gutachtens

24 Es stellt sich auch die Frage, wem die Ergebnisse eines Gutachtens zustehen und wer sie wie verwerten darf[12]. Hier ist wieder zu unterscheiden, wer den Auftrag zum Gutachten erteilt hat.

25 Ist es eine Privatperson, so gelten die Vorschriften des BGB über den Werkvertrag. Der Sachverständige erstellt sein Gutachten, der Auftraggeber bezahlt das vereinbarte Honorar. Die Ergebnisse stehen uneingeschränkt dem Auftraggeber zu. Der Sachverständige ist zur Verwertung – auch zur Veröffentlichung – des Gutachtens nicht befugt – jedenfalls so lange der Auftraggeber damit nicht einverstanden ist.

Wird das Gutachten von einem Gericht oder einer Staatsanwaltschaft in Auftrag gegeben, so ist strittig, ob ein öffentlich-rechtlicher Vertrag mit dem Sachverständigen zustande kommt oder nicht. Das Ergebnis eines so erstellten Gutachtens steht den am gerichtlichen Verfahren beteiligten Parteien nach Maßgabe der prozessualen Vorschriften zu. Bis zum Abschluss des Verfahrens kommt eine Verwertung des Gutachtens nicht in Betracht. Der Sachverständige ist Beweismittel in dem anhängigen Rechtsstreit, er unterliegt der Schweigepflicht nach § 203 Abs. 2 Nr. 5 StGB, die er durch eine Veröffentlichung des Gutachtens verletzen kann. Außerdem kann sich der öffentlich bestellte Sachverständige mit einer Veröffentlichung des Gutachtens der Verletzung eines Dienstgeheimnisses nach § 353 b StGB schuldig machen.

VII. Gutachten und Urheberrecht

26 Das ärztliche Gutachten kann, sofern es die erforderliche Gestaltungshöhe besitzt, als Sprachwerk nach § 2 Abs. 1 Nr. 1 UrhG Urheberrechtsschutz genießen. Es ist also die Art der Darstellung, die diesen Schutz entstehen lässt, nicht der Inhalt. Wissenschaftliche Erkenntnisse sind per se nicht schutzfähig. Die Schutzuntergrenze wird bei Schriftwerken seit jeher niedrig angesetzt, so dass in weitem Umfang auch die „kleine Münze" des Urheberrechts geschützt ist. So hat der BGH etwa einem Anwaltsschriftsatz als wissenschaftlichem Werk Urheberrechtsschutz zugebilligt[13].

27 Genießt das Gutachten Urheberrechtsschutz und ist die Verwertung nicht dem Auftraggeber vorbehalten (s. o.), so darf das Gutachten nur mit Einwilligung des Gutachters verwertet werden. Ausnahmen gelten einmal dann, wenn es sich um amtliche Werke im Sinne von § 5 UrhG handelt, oder wenn das Gutachten nach § 45 UrhG zu Zwecken der Rechtspflege in gerichtlichen Verfahren herangezogen wird, auch dann, wenn es für andere Zwecke erstattet wurde. Derartige Nutzungen hat der Urheber hinzunehmen.

---

[12] Lippert, NJW 1989, 2935.
[13] BGH, GRUR 1986, 739.

VIII. Haftung

Der Sachverständige hat für sein Gutachten zivil- wie strafrechtlich einzustehen. **28**
Die zivilrechtliche Haftung richtet sich danach, ob der Sachverständige für eine
Privatperson, eine Juristische Person des Privatrechts oder eine öffentlich-rechtliche Institution tätig wird. Der Schaden kann dabei unmittelbar durch das Gutachten oder mittelbar durch dieses eintreten, wenn etwa darauf ein fehlerhaftes Urteil beruht.

Der für eine Privatperson oder Juristische Person des Privatrechts tätige Sach- **29**
verständige haftet seinem Vertragspartner auf Erfüllung des Werkvertrags. Erstattet
er das Gutachten verspätet, schlecht oder gar nicht, so ist er zum Ersatz des daraus
entstandenen Schadens verpflichtet. Für ein fehlerhaftes Gutachten haftet er nach
den Vorschriften über die Gewährleistung bei Mängeln aus dem Werkvertrag. Daneben ist auch eine Haftung aus unerlaubter Handlung denkbar[14].

Verletzt der Sachverständige seine Pflicht gegenüber einem Gericht oder einer **30**
anderen öffentlich-rechtlichen Institution, so kommt eine Haftung gegenüber der
beauftragenden Institution aus Verletzung des öffentlich-rechtlichen Vertrages zwischen den Parteien in Betracht[15]. Die Regeln über die Gewährleistung bei Mängeln
des Werkvertrages sind entsprechend anzuwenden.

Gegen einen gerichtlich bestellten Sachverständigen[16] haben die Parteien eines **31**
Rechtsstreits oder sonst von einem gerichtlichen Verfahren Betroffenen keine vertraglichen Ansprüche[17]. Eine Haftung aus Amtspflichtverletzung scheidet ebenfalls
aus, weil der gerichtlich bestellte Sachverständige keine hoheitliche Gewalt ausübt.
Der Gesetzgeber hat mit § 839a BGB eine neue Anspruchsgrundlage für die Haftung des Sachverständigen geschaffen. Sie macht die bisherige Rechtsprechung[18].
die sich an der Vereidigung des Sachverständigen festmachte, überflüssig

Da die Frage der Vereidigung haftungsrechtlich kein geeignetes Kriterium ist, **32**
soll mit § 839 a BGB der Unterschied zwischen der Haftung des beeidigten und
des nicht beeidigten gerichtlichen Sachverständigen aufgehoben werden. Andere
Anspruchsgrundlagen neben § 839 a BGB kommen künftig nicht mehr in Betracht.
Eine Haftung des beeidigten Sachverständigen für einfache Fahrlässigkeit scheidet
dann aus. Eine Haftung aufgrund von § 839 a BGB kommt nur im Falle einer gerichtlichen Entscheidung in Betracht. Einigen sich die Parteien vergleichsweise,
weil sie durch ein unrichtiges Gutachten fehlgeleitet werden, scheidet diese Anspruchsgrundlage aus. Durch den Verweis auf § 839 Abs. 3 BGB wird klargestellt,
dass auch die schuldhafte Nichteinlegung eines Rechtsmittels zum Haftungsausschluss führt. Für den nichtbeeidigten Sachverständigen stellt die Regelung eine

---

[14] Jessnitzer, Ulrich Rz. 32, Rieger Rz. 1548.
[15] Str. wie hier Rieger, Rz. 1553; A.A. Bayerlein, § 11 Rz. 54 f.
[16] Vgl. hierzu auch Ratzel, AnwBl 2002 m. w.Nachw.
[17] OLG Düsseldorf, NJW 1986, 2891.
[18] OLG Hamm, NJW-RR 1998, 1686. OLG Hamm, MDR 1983, 933; VersR 1985, 841; OLG Schleswig, NJW 1995, 791; BVerfGE 49, 304; zur bisherigen Rechtslage auch Spindler in: Bamberger, Roth, § 839a Rz. 4 m. w. Nachw.

deutliche Haftungsverschärfung dar. Er haftet nun – wenn auch nur bei grober Fahrlässigkeit – für jeden Vermögensschaden und zwar nicht nur bei Verletzung der in § 823 Abs. 1 genannten besonderen Rechtsgüter. Stimmen in der Literatur[19] weisen daher zu Recht darauf hin, dass bei den Parteien die Versuchung wachsen könnte, nach verlorenem Prozess im Wege des Regresses gegen den gerichtlich bestellten Sachverständigen ihr Glück zu suchen. Da Haftungshöchstgrenzen und Haftungsbeschränkungen nicht vorgesehen sind, wird mit einer deutlichen Verschärfung des Risikos für den gerichtlich bestellten Sachverständigen gerechnet.

33   Mit der Einführung von § 839a BGB entfallen die bisher möglichen Anspruchsgrundlagen §§ 823 Abs. 1 und 2 und 826 vollständig[20]. Zu beachten ist aber auch, dass der Geschädigte für einen immateriellen Schaden, der ihm erwächst, ein Schmerzensgeld nach § 253 BGB fordern kann.

34   Schadenersatzansprüche aus § 823 Abs. 2 BGB können sich gegen den Sachverständigen ergeben, wenn dieser im Zusammenhang mit seiner Gutachtertätigkeit die ärztliche Schweigepflicht missachtet oder er Tatsachen offenbart, die ihm in nicht öffentlicher Sitzung bekannt geworden sind. §§ 203, 353 und 356 StGB sind Schutzgesetze im Sinne von § 823 Abs. 2 BGB. Der Sachverständige ist kein Dritter, dem der Streit verkündet werden könnte, sondern Gehilfe des Gerichts. § 72 Abs. 2 S. 1 ZPO hat dies klar gestellt. Es war zuvor strittig geworden.

35   In Betracht zu ziehen ist auch die verschuldensunabhängige Haftung nach dem Produkthaftungsgesetz. Das schriftliche Gutachten des Sachverständigen ist ein Produkt im Sinne von § 2 ProdHaftG [21].Wenn durch ein derart fehlerhaftes Produkt ein Schaden entsteht, dann hat der Produzent hierfür einzustehen. Allerdings nur, wenn es sich beim Schaden um einen Personen- oder Sachschaden handelt. Für Vermögensschäden wird nach dem ProdHaftG nicht gehaftet[22].

Berufsrechtlich Folgen Fehler bei der Begutachtung können auch zu berufsgerichtlicher Ahndung führen, wie die grob oberflächliche Begutachten von Beamten im Verfahren der Zwangspensionierung zeigt[23].

IX. Arbeitszeugnisse

36   Als Arbeitgeber seines Praxispersonals hat der Arzt bei dessen Ausscheiden auch Arbeitszeugnisse auszustellen. Das Erstellen eines korrekten Arbeitszeugnisses[24] hat durch umfangreiche Rechtsprechung inzwischen einen Grad von Kompliziertheit erreicht, der im medizinischen Bereich durchaus mit der Aufklärung vergli-

---

[19] Jacobs, Haftung des gerichtlichen Sachverständigen, ZRP 2001, 489, 491.
[20] So zutreffend Wessel in: Praxishandbuch Sachverständigenrecht, § 34 Rz. 20.
[21] Graf von Westphalen, Produkthaftungshandbuch, 2. Band, § 61, Rz. 14.
[22] Jessnitzer, Ulrich, Rz. 466 ff.
[23] VG Gießen (Berufsgericht) Urt. V. 16.11.2009 – 21 K 1220/09.GI.B NvwZ-RR 2010, 481, es handelte sich um Betriebsprüfer eines Finanzamtes, die zwangspensioniert werden sollten.
[24] Schaub, § 146.

chen werden kann, und der es geraten erscheinen lässt, die wesentlichen Grundzüge aufzuzeigen, die bei seiner Abfassung zu beachten sind, weil in der Praxis hier schnell und in erheblichem Umfang Fehler gemacht werden – wie die umfangreiche arbeitsgerichtliche Praxis zeigt. Alle Arbeitnehmer haben einen unabdingbaren Anspruch auf Erteilung eines Zeugnisses durch ihren Arbeitgeber. Dieser kann sich dem Verlangen nach dem Zeugnis nicht entziehen. Das Zeugnis ist schriftlich zu erteilen und zu unterschreiben. Auch wenn die MBO für die Erteilung eine Frist von drei Monaten vorsieht, entsteht der Anspruch mit Beendigung des Arbeitsverhältnisses, in jedem Fall aber mit Beginn der Kündigungsfrist.

Heute verlangt der Arbeitnehmer üblicherweise ein qualifiziertes Arbeitszeugnis. Es hat Angaben zu Art und Dauer des Arbeitsverhältnisses und zu Führung und Leistung des Arbeitnehmers zu enthalten. Es muss neben den Angaben des einfachen Zeugnisses (Art und Dauer der Beschäftigung) auch Tatsachen und Beurteilungen zu Führung und Leistung enthalten. Wenn das Zeugnis ein Gesamtbild des Arbeitsverhältnisses ergeben soll, ist es unzulässig nur Führung oder Leistung zu beurteilen. Das Zeugnis soll beides über die Dauer des Arbeitsverhältnisses charakterisieren. Es muss daher alle wesentlichen Tatsachen und Bewertungen enthalten, die für die Gesamtbeurteilung des Arbeitnehmers von Bedeutung und für Dritte von Interesse sind. **37**

Der Wortlaut steht im Ermessen des Arbeitgebers; auf eine bestimmte Formulierung hat der Arbeitnehmer keinen Anspruch. Jedoch ist das Zeugnis nach Form und Stil objektiv abzufassen. Dabei ist der Verkehrssitte Rechnung zu tragen, wonach bestimmte Formulierungen (… hat sich immer bemüht…) eindeutig negativ belegt sind. **38**

Das Zeugnis muss den Grundsätzen von Zeugnisklarheit und Zeugniswahrheit entsprechen. Es darf nur Tatsachen, keine Behauptungen enthalten. Die Würdigung muss die eines wohlwollenden, verständigen Arbeitgebers sein. Dem Arbeitnehmer soll das Fortkommen (manchmal auch das Wegkommen) nicht unnötig erschwert werden. Entspricht das Zeugnis in formaler Hinsicht nicht den Anforderungen, so hat der Arbeitgeber ein neues zu erstellen. **39**

Entspricht das Zeugnis nicht den vorstehend aufgeführten grundsätzlichen Kriterien, so kann der Arbeitnehmer auf Erteilung des Zeugnisses klagen. Mit diesem Anspruch wird der Arbeitnehmer fast immer obsiegen. Entsteht dem Arbeitnehmer durch das fehlerhafte oder verspätete Zeugnis ein Schaden, so ist der Arbeitgeber zu dessen Ersatz verpflichtet. **40**

X. Weiterbildungszeugnisse

Der zur Weiterbildung ermächtigte Arzt hat dem in Weiterbildung befindlichen Arzt über die unter seiner Verantwortung abgeleistete Zeit ein Zeugnis zu erteilen, das die erworbenen Kenntnisse und Fähigkeiten darlegt und zur persönlichen und **41** fachlichen Eignung ausführlich Stellung nimmt[25]. Auf dieses Zeugnis hat der Arzt einen Rechtsanspruch, den er mit einer Klage vor dem Verwaltungsgericht auch durchsetzen kann. Das Zeugnis ist nämlich ein Verwaltungsakt. Auf Antrag hat der weiterbildende Arzt dem in Weiterbildung befindlichen Arzt jährlich ein Zwischenzeugnis auszustellen, das in Inhalt und Umfang den Anforderungen der Weiterbildungsordnung zu entsprechen hat. Das Weiterbildungszeugnis ist streng getrennt zu sehen vom Arbeitszeugnis. Die o. g. arbeitsrechtlichen Grundsätze für das Arbeitszeugnis finden auf das Weiterbildungszeugnis keine Anwendung. Dies hat zur Folge, dass im Weiterbildungszeugnis Leistungsmängel zum Ausdruck kommen können und gegebenenfalls auch müssen. § 25 sieht, im Gegensatz zur bisherigen Regelung, eine Frist vor, binnen derer das Zeugnis zu erteilen ist (Satz 3).

42 Auch das Weiterbildungszeugnis muss der Wahrheit entsprechen. In ihm darf der weiterbildende Arzt keine Sachverhalte bescheinigen, die nicht oder so nicht stattgefunden haben. Es ist mit der Weiterbildungsermächtigung nicht zu vereinbaren, wenn der weiterbildende Arzt dem in Weiterbildung befindlichen Arzt Weiterbildungsabschnitte bescheinigt nur um diesem das berufliche Fortkommen zu erleichtern (z. B. intensivmedizinische Tätigkeiten im Rahmen des Fachkundenachweises „Rettungsdienst" an Ärzte im Praktikum). Es ist Aufgabe der Ärztekammer Missbräuchen entgegen zu treten etwa durch Einschränkung der Ermächtigung zur Weiterbildung.

XI. Ärztliche Bescheinigung und Strafrecht

43 Die Ausstellung einer falschen ärztlichen Bescheinigung (Gesundheitszeugnis) kann strafrechtliche Folgen haben. Ärzte und andere approbierte Medizinalpersonen, die ein unrichtiges Zeugnis über den Gesundheitszustand eines Menschen zum Gebrauch bei einer Behörde oder Versicherungsgesellschaft wider besseres Wissen ausstellen, können mit Freiheitsstrafe bis zu 2 Jahren oder mit Geldstrafe bestraft werden, so sieht es § 278 StGB vor[26].

44 Gesundheitszeugnisse spielen im täglichen Leben eine erhebliche Rolle, weil von ihnen häufig finanzielle Leistungen oder andere geldwerte Vorteile (z. B. Entgeltfortzahlung) abhängen. Gesundheitszeugnisse sollen die tatsächlichen Voraussetzungen im Medizinischen bestätigen, so dass der Rechtsverkehr von ihrer Richtigkeit ausgehen kann. Schon wegen der strafrechtlichen Konsequenzen kann dem Arzt nur geraten werden, keine Gefälligkeitsattest – wie sie auch genannt werden – auszustellen.

---

[25] Vgl. hierzu Narr, Rz. W 123 f.; Rieger, Rz. 1876.
[26] Vgl. hierzu Gercke, MedR 2008, 592 m. w.Nachw.

§ 26 Ärztlicher Notfalldienst

Ärztinnen und Ärzte sind nach Maßgabe der Kammer- und Heilberufsgesetze der Länder und der auf ihrer Grundlage erlassenen Satzungen zur Teilnahme am Notfall- bzw. Bereitschaftsdienst verpflichtet.

Abweichender Wortlaut der Berufsordnungen in den Kammerbezirken:

Alte Fassung beibehalten:

Bremen, Hamburg, Mecklenburg-Vorpommern, Niedersachsen, Sachsen, Sachsen-Anhalt, Schleswig-Holstein, Westfalen-Lippe

Thüringen

§ 26 Ärztliche Notfalldienst

(1) Ambulant tätige Ärztinnen und Ärzte sind verpflichtet, am Notfalldienst teilzunehmen. Auf Antrag einer Ärztin oder eines Arztes kann aus schwerwiegenden Gründen eine Befreiung vom Notfalldienst ganz, teilweise oder vorübergehend erteilt werden. Dies gilt insbesondere:
- *wenn sie oder er wegen körperlicher Behinderung hierzu nicht in der Lage ist,*
- *wenn ihr oder ihm aufgrund besonders belastender familiärer Pflichten die Teilnahme nicht zuzumuten ist,*
- *wenn sie oder er an einem klinischen Bereitschaftsdienst mit Notfallversorgung teilnimmt,*
- *wenn sie oder er am Rettungsdienst teilnimmt,*
- *für Ärztinnen ab dem Zeitpunkt der Bekanntgabe ihrer Schwangerschaft und bis zu 18 Monate nach der Entbindung*
- *für Ärzte ab dem Tag der Geburt des Kindes für einen Zeitraum von 18 Monaten nach der Entbindung*
- *für Ärztinnen und Ärzte über 65 Jahre.*

(2) Für die Einrichtung und Durchführung eines Notfalldienstes im einzelnen sind die Notfalldienstordnung der LÄKT und Notdienstordnung der KVT maßgebend. Die Verpflichtung zur Teilnahme am Notfalldienst gilt für den festgelegten Notfalldienstbereich.

(3) Die Einrichtung eines Notfalldienstes entbindet die behandelnden Ärztinnen und Ärzte nicht von ihrer Verpflichtung, für die Betreuung ihrer Patientinnen und Patienten in dem Umfange Sorge zu tragen, wie es deren Krankheitszustand erfordert.

(4) Ärztinnen und Ärzte haben sich auch für den Notfalldienst fortzubilden, wenn sie gemäß Absatz 1 nicht auf Dauer von der Teilnahme am Notfalldienst befreit ist.

Übersicht

		Rz.
I.	Die Bedeutung der Norm	2
II.	Inhalt und Umfang des ärztlichen Notfalldienstes	3
III.	Ausnahmen	6
IV.	Zuständigkeit für die Organisation	10
V.	Rechte und Pflichten des Notfallarztes	11
VI.	Fortbildungsverpflichtung	15
VII.	Das organisierte Rettungswesen	16

Änderungen 114. DÄT: Absatz 1 neu gefasst, bisherige Absätze 2–4 aufgehoben.

Literatur
Bergmann, Delegation und Substitution ärztlicher Leistungen auf/durch nichtärztliches Personal, MedR 2009, 1; Bielitz, Erweiterte Notfalldienstverpflichtung niedergelassener Ärzte bei Praxistätigkeit an weiteren Orten, MedR 2013, 291; Bohn, Van Aken, Roeder, Weber, Umgestaltung eines Notarztdienstes: Von der Personalgestellung zur Freiberuflichkeit, A+I 2008, 144; Boll, Rettungsdienstliche Kompetenzgrenzen und das Strafrecht, MedR 2002, 232; Fehn, Zur rechtlichen Zulässigkeit einer arztfreien Analgosedierung im Rettungsdienst, Der Notarzt 2009, 1; Gliwitzky, Lippert, Das Gesetz über den Beruf der Notfallsanitäterin und des Notfallsanitäters – Es tut sich etwas im Rettungswesen, Notfall& Rettungsmed. 2013, 530; Lippert, Gesetzliche Änderungen im Rettungswesen durch das Notfallsanitäter- und das Patientenrechtegesetz, GesR 2013, 583; ders. Der Honorar-(Vertretungs-)arzt – ein etwas anderer Freiberufler, GesR 2010, 665; ders., Der Wille des Notfallpatienten in der präklinischen Notfallmedizin, GesR 2014, Lippert, Weißauer, Das Rettungswesen, 1984; Lippert, Krankentransport/Rettungsdienst – Wohin Nichtnotfallpatienten transportieren? Notfallmedizin 1987, 950; ders. Die Haftung des Notarztes für Fehlbehandlungen – oder die liebe Not mit dem Staatshaftungsrecht, VersR 2004, 839; Lippert, Jäkel, Die Versorgung des Rettungsdienstes mit Arznei- und Betäubungsmitteln, MedR 2012, 175;Lissel, Strafrechtliche Verantwortung in der präklinischen Notfallmedizin; ders. Rechtsfragen im Rettungswesen, 2. Auflage, 2005; Martens, Zum ärztlichen Notfalldienst, NJW 1970, 494; Nellessen, Notfalldienst, Bereitschaftsdienst, Rettungsdienst, NJW 1979, 1919.

I. Die Bedeutung der Norm

1   Durch Beschluss des 114. DÄT wurde die Vorschrift auf den bloßen Hinweis auf landesrechtliche Vorgaben reduziert. In der Sache ändert sich dadurch aber nichts.

Die landesrechtlichen Vorschriften regeln, ohne dass sie gegen Art. 12 GG verstießen, für den niedergelassenen Arzt die Pflicht, am ärztlichen Notfalldienst teilzunehmen, sofern er hierzu geeignet und ihm die Teilnahme zuzumuten ist.

2   Dem Vorbehalt der gesetzlichen Regelung, welchen Art. 12 GG fordert, tragen die Kammer- bzw. Heilberufsgesetze der Länder dadurch Rechnung, dass sie die entsprechende Verpflichtung des Arztes festgeschrieben (vgl. z. B. § 30 Abs. 2 Satz 3 KammerG bw) und die jeweiligen Ärztekammern der MBO entsprechende Vorschriften in ihre Berufsordnung aufgenommen haben. Die Verpflichtung gilt unbeschadet des Umstandes, dass sich für den Vertragsarzt aus §§ 95, 75 SGB V eine ausdrückliche Verpflichtung ergibt.

II. Inhalt und Umfang des ärztlichen Notfalldienstes

Der ärztliche Notfalldienst ist organisierte Hilfe zur Sicherstellung der ambulanten Versorgung in dringenden Fällen außerhalb der üblichen Sprechstundenzeiten[1]. Vom Notfalldienst wird keine optimale Versorgung erwartet. Es genügt die Sicherstellung der ärztlichen Versorgung mit den typischen Mitteln des niedergelassenen Arztes.

Der ärztliche Notfalldienst ist kein regelmäßiger "ärztlicher Kundendienst"[2] an arbeitsfreien Tagen, der allen Patienten ohne zwingenden Grund zur Verfügung steht. Aufgabe des Dienstes ist es, Notfälle zu versorgen und lebenserhaltende Maßnahmen zu veranlassen, sofern der behandelnde Arzt nicht erreichbar ist, oder ein behandelnder Arzt bei Neuerkrankung nicht aufgesucht werden kann. Sehr zur Begeisterung der Krankenhausträger, die (noch) über Ambulanzen verfügen, wählen die Patienten aber zumeist den direkten Weg ins Krankenhaus, sofern ihr behandelnder Arzt nicht erreichbar ist und wenden sich gerade nicht an den Notfalldienst. Eine Abrechnung der erbrachten Leistungen ist in diesen Fällen nach den Sätzen des Kassenarztrechts möglich. Für ein Krankenhaus sind diese Sätze nicht kostendeckend[3].

Unabhängig vom Bestehen eines ärztlichen Notfalldienstes ist es Aufgabe der behandelnden Ärzte, für die Betreuung derjenigen Patienten, die sich bereits bei ihnen in Behandlung befinden, Sorge zu tragen. An diesen Patienten darf der Notfalldienstarzt nur in unaufschiebbaren Fällen Maßnahmen treffen und muss sie zur weiteren Behandlung wieder an den ursprünglich behandelnden Arzt zurückverweisen. Neu behandelte Patienten hat er ggf. zu verweisen (vgl. berufsrechtliche Vertretung).

III. Ausnahmen

Zu den Befreiungen vom ärztlichen Notfalldienst gibt es eine umfangreiche Rechtsprechung[4] Die Voraussetzung für eine gänzliche, oder teilweise Befreiung sind in den Notfalldienstordnungen der Ärztekammern geregelt, wobei es sich um keine abschließende Aufzählung handelt sondern um eine beispielhafte.

So kann ein Arzt wegen körperlicher Behinderung von der Teilnahme am ärztlichen Notfalldienst befreit werden. Hierunter fallen Tatbestände wie Gebrechlichkeit, hohes Alter, Krankheit.

Eine Befreiung kommt auch in Betracht, wenn dem Arzt wegen besonders belastender, familiärer Pflichten die Teilnahme am ärztlichen Notfalldienst nicht zugemutet werden kann, also etwa eine Inanspruchnahme durch pflegebedürftige Angehörige[5] etc. Die Doppelbelastung einer Ärztin durch Familie und Praxis begründet

---

[1] Vgl. Nellessen, NJW 1979, 1919; Martens, NJW 1970, 494; Rieger, Rz. 1271.
[2] Narr, Rz. B 485.
[3] Vgl. zur Differenzierung nach Notfallbehandlung innerhalb und außerhalb des ärztlichen Notfalldienstes Narr, Rz. B 490.
[4] Vgl. hierzu Rieger, Rz. 1276; Narr, Rz. B 481 ff. jeweils m. w. Nachw.
[5] LSG NW Urt. v. 27.9.1978 – L1KA 36/77.

zu Recht keinen Anspruch auf Befreiung. Nimmt ein Arzt an einem klinischen Bereitschaftsdienst mit Notfallversorgung teil, so kann er von der Teilnahme am allgemeinen ärztlichen Notfalldienst befreit werden[6]. Diese Ausnahme gilt vor allem für Belegärzte in Krankenhäusern. Die Rechtsprechung hält aber einen Belegarzt, der zugleich als Vertragsarzt tätig ist, für grundsätzlich uneingeschränkt verpflichtet, am allgemeinen ärztlichen Notfalldienst teilzunehmen[7]. Frauen ist drei Monate vor und bis zu 12 Monate nach der Niederkunft Befreiung zu gewähren, ansonsten nicht. Dies verstößt nicht gegen den Gleichheitsgrundsatz der Verfassung[8].

8 Die Inanspruchnahme durch eine öffentliche Tätigkeit im Interesse der Allgemeinheit, vor allem standes- und berufspolitische Arbeit, kann einen wichtigen Grund für eine Befreiung abgeben. Es kommt auf die Art der übernommenen Aufgabe an. Die Grenze bildet hier die Pflicht des Arztes, seine Tätigkeit persönlich in freier Praxis auszuüben. Teilweise sehen die Notfalldienstordnungen eine Befreiung wegen berufspolitischer Tätigkeit ausdrücklich vor, sofern die örtlichen Gegebenheiten die Befreiung gestatten. Entscheidungen über die Befreiung von der Teilnahme am allgemeinen ärztlichen Notfalldienst sowie deren Widerruf sind Verwaltungsakte, auf die die Verwaltungsverfahrensgesetze anzuwenden sind. Es ist der Rechtsweg zu den Verwaltungsgerichten, beim Vertragsarzt zu den Sozialgerichten zu beschreiten.

9 Keinen Befreiungsgrund stellt die mangelnde fachliche Eignung dar[9]. Durch seine Ausbildung ist generell jeder Arzt dazu geeignet, am ärztlichen Notfalldienst teilzunehmen. Dies gilt insbesondere für Vertragsärzte, seien sie Allgemeinmediziner oder Fachärzte. Die Befähigung zur Teilnahme am allgemeinen ärztlichen Notfalldienst gehört zu den Voraussetzungen, die im Rahmen der Zulassung zur Teilnahme an der vertragsärztlichen Tätigkeit zu prüfen sind[10]. § 26 Abs. 4 sieht hier eine Verpflichtung zur Fortbildung vor, die das Ziel hat, diesen Einwand auszuräumen.

IV. Zuständigkeit für die Organisation

10 Zuständig für die Organisation des ärztlichen Notfalldienstes sind sowohl die Ärztekammern als auch die Kassenärztlichen Vereinigungen. Die Zuständigkeiten der Ärztekammern und Kassenärztlichen Vereinigungen bestehen nebeneinander. Um Überschneidungen zu vermeiden, haben die Kassenärztlichen Vereinigungen und die Ärztekammern in fast allen Bundesländern des Bundesgebiets im Rahmen ihrer Satzungsautonomie gemeinsame Notfalldienstordnungen beschlossen, in denen die technischen Details für die Einrichtung des ärztlichen Notfalldienstes sowie die Rechte und Pflichten des Notfallarztes geregelt werden. Gegen die rechtliche

---

[6] BSG Urt. v. 4.5.1994 – 6 RKa 7/93.
[7] Vgl. BVerwG, Urt. v. 12.12.1972 – I C 30/69, NJW 1973, 576 und die Nachweise bei Rieger, Rz. 1276 ff.
[8] Vgl. Narr, Rz. B 479.
[9] SG München, Urt. v. 12.12.1979 – S 31 Ka 331/78.
[10] Vgl. zur umfangreichen Rechtsprechung Narr, Rz. B 480 f.

Zulässigkeit derartiger Vereinbarungen bestehen keine Bedenken, sofern sie keine Kompetenzübertragung von einer Organisation auf die andere vorsehen[11].

V. Rechte und Pflichten des Notfallarztes

Der Teilnahmepflicht des Arztes am ärztlichen Notfalldienst entspricht ein Recht auf Mitwirkung an diesem, allerdings nur im Rahmen des weitgespannten Ermessens der Kassenärztlichen Vereinigung[12]. Der zum ärztlichen Notfalldienst eingeteilte Arzt muss ständig erreichbar sein und muss den Dienst im Normalfall vom Praxisort aus durchführen[13]. Der Notfallarzt muss in seiner Praxis zumindest aber über seine Praxis telefonisch erreichbar sein. Etwas anderes kann nur gelten, wenn der Notfallarzt nur auf Abruf außerhalb der Praxis zum Einsatz kommt, wie dies häufig in Großstädten der Fall ist, wo besondere Notfallambulanzen eingerichtet sind und Fachärzte nur als Hintergrund zum Einsatz kommen. Hier muss der Notfallarzt nur jederzeit seine Abrufbarkeit sicherstellen. Vertragsärzte rechnen die erbrachten Leistungen gegenüber der Kassenärztlichen Vereinigung und zu deren Sätzen ab. Mit diesem Gebührensatz ist die gesamte ärztliche Tätigkeit abgegolten.

11

Der ärztliche Notfalldienst ist grundsätzlich in Person zu leisten. Aber: keine Regel ohne Ausnahme. Vor allem in Einzugsgebieten von Kliniken der Maximalversorgung (Universitätsklinika) pflegen zum Notfalldienst Verpflichtete nicht selten diesen Dienst auf Ärzte zu delegieren, die sich dafür dem Vertragsarzt vertraglich verpflichten. Soweit es sich um Nicht-Fachärzte handelt ist dieses Verfahren schlicht rechtswidrig. Soweit Fachärzte aus den Kliniken herangezogen werden, handelt es sich für beide Teile jedenfalls um ein riskantes Vorgehen. In den Arbeitsverträgen der Krankenhausärzte ist nämlich regelmäßig das Verbot derartiger Vertretungen vereinbart. Aus gutem Grund: man kann seitens der Ärzte im Krankenhaus nicht auf der einen Seite über die große dienstliche Belastung durch die vielen Bereitschaftsdienste jammern auf der anderen Seite aber schnell noch ein paar Euro einnehmen wollen. Dies passt nicht zusammen.

12

Der Notfallarzt hat für eine schuldhafte Pflichtverletzung zivil- und strafrechtlich einzustehen. Für ein Fehlverhalten des Vertreters im Notfalldienst haftet der Notfallarzt nur unter dem Gesichtspunkt des Auswahlverschuldens. Der BGH scheint in einer neueren Entscheidung auch eine Haftung des vertretenen Praxisinhabers nach § 831 in Betracht zu ziehen und damit den Vertreter des Notfallarztes als dessen Verrichtungsgehilfen ansehen zu wollen[14]. Auf die vertragliche Haftung übertragen be-

13

---

[11] Vgl. für die Einteilung des Notarztdienstes in Bayern, BGH, Urt. v. 12.11.1992 – III ZR 178/91, NJW 1993, 1526.

[12] SG Hannover, ArztR 1984, 316; BSG, Urt. v. 11.6.1986 – 6 RKa 5/85, MedR 1987, 122; BVerfG, NJW 1973, 576.

[13] So. Narr, Rz. B 487; OVG NW Landesberufsgericht, Urt. v. 29.1.2003 – 6t A 1039/01.T, GesR 2003, 247 – Pflicht des Notfallarztes zum Hausbesuch. Zur Teilnahme an weiteren Orten, z. B. Zweigpraxissitz: Bielitz, MedR 2013, 291.

[14] BGH Urt. v.10.3.2009 – VI ZR 39/08. GesR 2009, 322.

deutete dies, dass der Vertreter eines Notfallarztes dessen Erfüllungsgehilfe ist. Für dessen Verschulden könnte sich der Praxisinhaber nicht entschulden. Die Berufshaftpflichtversicherung des Arztes muss auch das Risiko des Notfalldienstes abdecken.

14   Für ein Verschulden bei der Organisation des ärztlichen Notfalldienstes hat die organisierende Stelle, also die Ärztekammer oder die Kassenärztliche Vereinigung nach Amtshaftungsgrundsätzen einzustehen[15].

VI. Fortbildungsverpflichtung

15   Der Arzt hat sich auch für den Notfalldienst fortzubilden. Einerlei ob es sich bei dem von der Kassenärztlichen Vereinigung oder der Ärztekammer organisierten ärztlichen Notfalldienst um einen allgemeinen oder einen fachspezifischen handelt: von dem an diesem Dienst teilnehmenden Arzt ist zu verlangen, dass er auch imstande ist, lebensbedrohliche Zustände beim Patienten primär bis zum Eintreffen eines Notarztes versorgen zu können.

VII. Das organisierte Rettungswesen

16   Leider ist die Terminologie in den gesetzlichen und untergesetzlichen Vorschriften nicht einheitlich. So werden auch die Begriffe Notdienst und Bereitschaftsdienst synonym verwendet. Dies erschwert insbesondere die Abgrenzung zum Rettungs-/Notarztdienst, die ansonsten inhaltlich keine Probleme bereitet.

Die einschlägigen Rettungsdienstgesetze der Länder sehen nunmehr für diesen Dienst allgemein die Bezeichnung „Notfallrettung" vor. Die Aufgabe dieses Dienstes besteht darin, Patienten in akuter Lebensgefahr Hilfe zu leisten und sie – auch unter ärztlicher Betreuung – in eine zur weiteren Behandlung geeignete Einrichtung zu transportieren. Der in diesem Bereich tätige Arzt, zumeist ein Krankenhausarzt, muss mindestens über die Kenntnisse und Fähigkeiten verfügen, die vom Fachkundenachweis „Rettungsdienst" vorausgesetzt werden[16].

17   Ursprünglich war streitig gewesen, ob die notärztliche Versorgung dem Sicherstellungsauftrag der kassenärztlichen Vereinigungen unterfällt oder nicht. Zwischenzeitlich wurde er dem Sicherstellungsauftrag unterstellt, um 1997[17] wieder herausgenommen zu werden. Das Landesrecht kann nunmehr abweichendes vorsehen. In Bayern ist dies geschehen. Der BGH hat daraus den (haftungsrechtlichen) Schluss gezogen, dass in diesem Fall sich die Haftung des Notarztes im Rettungsdienst (jedenfalls in Bayern) nach Staatshaftungsgrundsätzen (Art. 34 GG, § 839 BGB) vollziehe und die Anstellungskörperschaft bzw. der Funktionsträger (in Bayern der Rettungszweckver-

---

[15] Vgl. für KÄV Bayerns BGH, NJW 1993, 1526.
[16] BSG, Urt. v. 27.10 1987 – 6RKa 60/86, MedR, 1988, 106.
[17] Gesetz zur Weiterentwicklung der Strukturreform in der gesetzlichen Krankenversicherung (GKV- Weiterentwicklungsgesetz – GKVWG) vom 23.6.1997 (BGBl. I S. 1520).

band) für Fehler des Notarztes einzustehen habe, aber nicht dieser selbst nach § 823 Abs. 1 BGB[18]. Das gerade erst in Kraft getretene Patientenrechtegesetz regelt den Behandlungsvertrag als privatrechtliches Rechtsverhältnis. Für eine Haftung nach Amtshaftungsgrundsätzen dürfte daher weder beim Personal des Rettungsdienstes noch beim Notarzt selbst Raum bleiben. Die dazu ergangene Rechtsprechung ist überholt.

Der Rettungsdienst selbst ist als Transportleistung, die in aller Regel die anerkannten Hilfsorganisationen, sowie die Feuerwehren erbringen, in § 133 SGBV geregelt. Erst die landesrechtlichen Vorschriften in den Rettungsdienstgesetzen sehen eine Verzahnung mit dem Notarztdienst vor, den üblicherweise die Krankenhäuser mit ihren Ärzten erbringen. 18

Die Qualifikation der eingesetzten Ärzte ist inzwischen in den einzelnen Kammerbezirken wieder uneinheitlich geregelt. Während einige Kammern an der bewährten Fachkunde „Rettungsdienst" festgehalten haben, sind andere dazu übergegangen daraus eine Zusatz- oder gar eine Facharztbezeichnung im Sinne des Weiterbildungsrechtes zu machen. Dabei wurde allerdings zweierlei außer Acht gelassen. Zum einen handelt es sich bei der Zusatz-/Facharztbezeichnung wohl um die erste derartige Bezeichnung, deren Tätigkeit der Inhaber nicht bis zum Ende seiner ärztlichen Berufstätigkeit ausüben wird. Zum anderen führt der eintretende Ärztemangel vor allem im ländlichen Raum bereits derzeit dazu, dass in den Krankenhäusern nicht ausreichend qualifizierte Ärzte vorhanden sind, um den Notarztdienst abzudecken. So rächte sich nun bitter (auf dem Rücken der Bevölkerung) dass der Schulterschluss mit dem ärztlichen Notfalldienst nicht gesucht, und eine Angleichung der Qualifikationen beider Dienste nicht herbeigeführt wurde. 19

Auch die Anhebung der Anforderungen für den Fachkundenachweis haben sich eher kontraproduktiv ausgewirkt und auf Dauer zu keiner Qualitätssteigerung geführt. Das Gegenteil ist der Fall. Die Zahl der Gefälligkeitszeugnisse, mit denen Bewerbern um den Fachkundenachweis Leistungen bescheinigt worden sind, die sie nie oder so niemals erbracht haben konnten (insbesondere handelt es sich um die Erfahrungen in der Intensivmedizin) haben zu einer weiteren Verflachung des Fachkundenachweises beigetragen, weil in Zeiten der Ärzteschwemme der Fachkundenachweis bei Krankenhäusern der Grund- und Regelversorgung zum Einstellungskriterium für (die inzwischen wieder abgeschafften) Ärzte im Praktikum gemacht wurde. Es ist dies ein Ärgernis ersten Ranges, das an zuständiger Stelle wohl bekannt ist, das aber, wie so oft, nicht abgestellt wurde. 20

Inzwischen gibt es landauf und landab wieder einen Mangel an Ärzten, die den Notarztdienst im Rahmen des organisierten Rettungswesens versehen können 21

---

[18] BGH, Urt. v. 9.1.2003 – III ZR 217/01, GesR 2003, 201 m. zustimmender Anm. Petry; diese Rechtsprechung bestätigend: BGH, Urt. v. III ZR 346/03, GesR 2004, 515; vgl. zum Ganzen: Lippert, VersR 2004, 839. Beide Entscheidungen vermögen nicht zu erklären, warum der Krankenhaus-(not-)arzt vor der Pforte des Krankenhauses im Falle eines Behandlungsfehlers einem anderen Haftungsregime unterliegt als dahinter. Durch das arbeitsrechtliche System von Freistellungsansprüchen und Einschränkungen des möglichen Rückgriffs, egalisieren sich die Unterschiede allerdings wenn auch nur im Ergebnis nicht aber in der Begründung weitgehend. Zu den Folgen des Patientenrechtegesetzes auf die Haftung ders., GesR 2013, 583

(wollen). Ganz besonders schlaue Träger von Krankenhäusern sind daher auf die Idee verfallen, diesen Dienst von ihren (angestellten) Ärzten dergestalt versehen zu lassen, dass sie ihn im Rahmen einer genehmigten Nebentätigkeit als Freiberufler absolvieren. Davon abgesehen, dass das ganze Modell mit dem Ruch eines offenkundigen Umgehungsgeschäfts leben muss, reibt man sich erstaunt die Augen, wie dieses Vorgehen der betreffenden Arbeitgeber mit ihrer Fürsorgepflicht für die davon betroffenen Ärzte in Einklang zu bringen ist. Die Vorgaben des Arbeitszeitgesetzes werden einfach nach außen verlagert und dem "freiberuflich" tätigen Notarzt die Verpflichtung auferlegt, selbst dafür zu sorgen, dass er dienstfähig seine Arbeitsverpflichtung beim Arbeitgeber im Krankenhaus erfüllen kann[19] und auch noch selbst darüber zu entscheiden, ob dies so ist.

22 Der Notarztdienst ist an der Schnittstelle zum nichtärztlichen Personal des Rettungsdienstes angesiedelt. Zwischenzeitlich ist das doch in die Jahre gekommene RettAssG von 1989, das einst die Ausbildung zum Rettungsassistenten auf neue Füße gestellt hat, durch eine zeitgemäßere Regelung, nämlich das NotSanG[20] abgelöst worden. Es tritt zum 1.1.2014 in Kraft und könnte mit dem Notfallsanitäter für teilweise grundlegende Änderungen nicht nur in der Ausbildung sondern im Rettungswesen allgemein sorgen, sofern es ernsthaft umgesetzt werden sollte. Die Befugnisse der Dienste im Verhältnis zueinander sind seit jeher Gegenstand (bisweilen) ausufernder Diskussionen gewesen, die im pro und contra der Notkompetenz für rege Bewegung im berufspolitischen wie medizinrechtlichen Blätterwald gesorgt hat und die dies auch heute noch tut[21]. Eine neue Dimension hat die Diskussion durch die Frage nach der Delegation ärztlicher Leistungen auf bzw. die Substitution ärztlicher Leistungen durch nichtärztliches Personal erhalten. Sie war zunächst im Krankenhausbereich losgetreten worden und hat inzwischen auch das Rettungswesen erreicht. Dabei war im Ergebnis eine Delegation ärztlicher Leistungen auf dazu ausreichend befähigtes Personal allgemein oder im Einzelfall nicht streitig[22]. Jetzt wird nur die Diskussion um einzelne Maßnahmen viel subtiler geführt als bisher, weil natürlich auch Kostengesichtspunkte im Rettungswesen im Raume stehen[23].

---

[19] Vgl. hierzu das Münsteraner Modell: Bohn, Van Aken, Roeder, Weber, A+I 2008, 144; Nebentätigkeitsgenehmigungen für derlei Dienste hätte es in den achtziger Jahren so nicht gegeben. Im Gegenteil. Auch die Problematik der Scheinselbständigkeit/Arbeitnehmereigenschaft wird außer Acht gelassen. Die gilt besonders beim Honorararzt, der als Notarzt eingesetzt wird. Vgl. hierzu auch Lippert, GesR 2010, 665 Aber alles läuft halt übers Geld. Oder wie der Dichter sagt: zum Gelde drängt am Geld hängt der Mensch.

[20] Gesetz vom 22.05.2013 BGBl. I S. 1348. Vgl. hierzu auch Gliwitzky, Lippert, Notfall&Rettungsmed. 2013; Lippert, GesR 2013, 583.

[21] Vgl. hierzu bereits Lippert in: Lippert, Weißauer, Rz. 351 ff. m.w. Nachw.; Stellungnahme der Bundesärztekammer zur Notkompetenz, MedR 1993, 42; Lissel, Rz. 246 ff.; vgl. auch Fehn, Der Notarzt 2009, 1.

[22] Vgl. hierzu Bergmann, MedR 2009, 1 m.w. Nachw.

[23] Fehn, Der Notarzt, 2009, 1, vgl. auch Lippert, Jäkel MedR 2012, 175 mit dem Hinweis, dass das (medizinisch) wünschenswerte nicht immer mit der Gesetzeslage übereinstimmen muss und zu problematischen Situationen für die im Dienst Tätigen führen kann.

2. Berufliche Kommunikation

Vorbemerkungen vor § 27ff.

Die §§ 27 und 28 MBO (alt) bildeten auch nach den vom 103. Deutschen Ärztetag beschlossenen Änderungen – gemeinsam mit den Regelungen in Kapitel D Nr. 1–5 – eines der Kernstücke der ärztlichen Berufsordnung. Historisch betrachtet zählte das ärztliche Werbeverbot bzw. das Verbot öffentlicher Anpreisung zu den ärztlichen Grundpflichten schlechthin[1]. Dies ist die Rückschau. Im Lichte der Wandlungen, die die Norm im Verlauf der Jahre bis hin zu den Änderungsbeschlüssen des 105. Deutschen Ärztetages 2002 in Rostock genommen hat und die neuere Rechtsprechung des BVerfG[2] muss alles das, was früher zum ärztlichen Werbeverbot geschrieben worden ist, einer kritischen Prüfung unterzogen werden. Dies gilt für Literatur wie Urteile gleichermaßen. Bei älteren Entscheidungen wird man daher immer überlegen müssen, ob sie im Lichte der neuen Rechtslage in gleicher Weise gefällt worden wären. Die Vorschriften in Kapitel D I Nr. 1 bis 5 wurden ersatzlos gestrichen. Das Verbot des anpreisenden Verhaltens bleibt. Insofern hat sich an der Zielsetzung der Vorschrift nichts geändert. Schließlich wurde § 28, der die Voraussetzungen zur Eintragung in Verzeichnisse regelte, durch den 114. Deutschen Ärztetag 2011 in Kiel ersatzlos gestrichen. Zum einen sah man den Regelungszweck durch § 27 ausreichend gesichert; zum anderen trug man der gegenüber § 28 (alt)

1

---

[1] § 25 Abs. 1 i. d. bis 1997 geltenden Fassung: "Dem Arzt ist jegliche Werbung für sich und andere Ärzte untersagt"; § 27 Abs. 1 i. d. von 1997 bis 2000 geltenden Fassung: „Der Arzt darf für seine berufliche Tätigkeit oder die berufliche Tätigkeit anderer Ärzte nicht werben. Sachliche Informationen sind in Form, Inhalt und Umfang gemäß den Grundsätzen des Kapitels D I Nrn. 1-6 zulässig." § 27 Abs. 1 i. d. von 2000 bis 2002 geltenden Fassung: „Dem Arzt sind sachliche Informationen über seine Berufstätigkeit gestattet. Für Praxisschilder, Anzeigen, Verzeichnisse, Patienteninformationen in Praxisräumen und öffentlich abrufbare Arztinformationen in Computerkommunikationsnetzen gelten hinsichtlich Form, Inhalt und Umfang die Grundsätze des Kapitels D I Nr. 1–5. Berufswidrige Werbung ist dem Arzt untersagt. Berufswidrig ist insbesondere eine anpreisende, irreführende oder vergleichende Werbung."

[2] BVerfG, Beschl.v. 4.7.2000 – 1 BvR 547/99 – MedR 2000, 523 ff. m. Anm. Rieger; BVerfG, Beschl.v. 23.7.2001 – 1 BvR 873/00, 1 BvR 874/00 – NJW 2001, 2788 (Tätigkeitsschwerpunkt); BVerfG, Beschl.v. 18.10.2001 – 1 BvR 881/00 – NJW 2002, 1864 (Zahnarztsuchservice); BVerfG, Beschl.v. 18.2.2002 – 1 BvR 1644/01 – MedR 2002, 409 (Zeitungsannonce); Jaeger, AnwBl. 2000, 475 ff.

zum Teil kritischen Rechtsprechung Rechnung.[3] Im Übrigen sollte man sich aber auch vor Überinterpretationen in Acht nehmen. Diejenigen, die bereits „vom Ende des Werbeverbots" sprechen, übersehen, dass das BVerfG nie Zweifel befördert hat, verkammerte Berufe dürften derartigen Beschränkungen nicht unterliegen[4]. Entscheidend ist, und dies kommt in der neueren Rechtsprechung des BVerfG noch deutlicher als früher zum Vorschein, dass jedwede Einschränkung an Art. 12 Abs. 1 GG zu messen ist und daher nur Bestand haben kann, wenn wichtige Gemeinwohlbelange geschützt werden sollen. Bloße berufsständische Zielvorstellungen, wie das Bild des Berufsangehörigen aussehen solle, rechtfertigen derartige Einschränkungen regelmäßig nicht[5].

2   Neben der arztzentrierten Sicht erfährt die Problematik durch die stärkere Gewichtung des Informationsanspruchs des (potentiellen) Patienten eine gegenüber früher offenere Wertung. Die Auswahl der „richtigen" Praxis/des „richtigen" Krankenhauses soll für den Patienten transparenter als früher sein. Mit anderen Worten ist die Frage der Werbefreiheit für Ärzte nicht nur eine Frage verbesserter Darstellungsmöglichkeiten im Wettbewerb, sondern auch eine Frage des Verbraucherschutzes im weiteren Sinne.

3   Diese Grundüberlegung ist wichtig. Lässt man sie außer Acht, läuft man Gefahr, Werbung nur einseitig unter Selbstdarstellungsaspekten zu bewerten, während das, was eigentlich befördert werden soll, nämlich die zutreffende Information, an Gewicht verliert[6]. Dann würde aber genau das Gegenteil dessen erreicht, was man mit der Teilnahme des Arztes an der Informationsgesellschaft eigentlich bezwecken will. Denn der Arzt hat vor dem Patienten, jedenfalls normalerweise, einen enormen Informationsvorsprung. Nutzt er diesen Informationsanspruch in einer Art und Weise aus, dass er überzeichnend die eigene Person oder das eigene Handeln in den Augen des Patienten so positioniert, dass diesem jede vernünftige Abwägung abgeschnitten und er zu einer Entscheidung verleitet wird, die er bei vernünftiger Abwägung nicht getroffen hätte, ist die Grenze zur unerwünschten Anpreisung überschritten. Kleine-Cosack[7] ist allerdings zuzustimmen, dass es rechtlich nicht darauf ankommen kann, ob etwas „unerwünscht" ist, sondern nur darauf, ob die Handlung erlaubt oder zu Recht (beruhend auf einer gesetzlichen Norm) untersagt ist. Ob man

---

[3] BVerfG, Beschl. v. 18.10.2001 – 1 BvR 881/00 – NJW 2002, 1864 (Zahnarztsuchservice); OLG Frankfurt, Urt. v. 8.8.2003 – 25 U 203/02, MedR 2004, 447, § 28 verstößt gegen Art. 12 GG.

[4] BVerfG, Beschl. v. 11.2.1992 -1 BvR 1531/90, BVerfGE 85, 248, 261; BVerfG, Beschl. v. 21.4.1993 – 1 BvR 166/89 – NJW 1993, 2988; BVerfG, Beschl.v. 4.7.2000 – 1 BvR 547/99 – MedR 2000, 523; Jaeger, AnwBl. 2000, 475, 481; dies., MedR 2003, 263; insbesondere ist vor einer unkritischen Übernahme von Entscheidungen zum anwaltlichen Berufsrecht zu warnen, da berufstypische Besonderheiten bestehen, so auch OLG Hamburg, Urt. v. 7.11.1996, Az. 3 U 81/96 – MedR 1997, 177 ff.

[5] Jaeger, AnwBl. 2000, 475, 480; BVerfGE 94, 372 (Apotheker); BVerfGE 98, 49 ff. (Anwaltsnotare und Wirtschaftsprüfer).

[6] Zu Recht differenzierend Balzer, Arzt- und Klinikwerberecht, 2004; eher die Werbefreiheit in den Vordergrund stellend Bahner, Das Werberecht für Ärzte, 2. Aufl. 2004.

[7] Kleine-Cosack, NJ 2002, 57 ff.; ders., AnwBl. 2004, 153 ff.; ders., NJW 2003, 868 ff.

soweit gehen will, deshalb auch „anpreisendes" Verhalten nur mehr an den Normen des HWG oder UWG zu messen, scheint hingegen zweifelhaft.

Mag diese Grenze nämlich in manchen Wirtschaftsbereichen längst nicht mehr zu erkennen sein, spielt sie im Gesundheitswesen nach wie vor und zu Recht eine wichtige Rolle. Einschränkung in der Arzneimittelwerbung, Tabakwerbung und Vorschriften zum Jugendschutz etc. sind weitgehend konsentiert, ohne dass man ernsthaft mit Art. 12 oder 14 GG argumentieren würde. Der Patient ist eben nicht nur „Kunde" und schon gar nicht „auf Augenhöhe" mit der Anbieterseite, sondern in den allermeisten Fällen Ratsuchender, oftmals krank und hilfebedürftig und damit keineswegs immer „souveräner" Entscheider. Längst sind Fehlentwicklungen aufgrund eines falsch verstandenen „Freiheitsbegriffs" mit Händen zu greifen (Werbung für Schönheitsoperationen bis hin zu obskuren Heilmethoden). Der Gesetzgeber sah sich im Rahmen der 14. AMG-Novelle vom 29.8.2005 zur Handlung gezwungen[8]. Eines wird aber auch deutlich: Wenn in manchen Kreisen immer mehr werbliche Aktivitäten Raum greifen, kann ein Zwang für andere entstehen, ebenfalls zu werben. Längst machen daher Aufwendungen für Werbung in nicht wenigen Praxen einen nicht unerheblichen Kostenblock aus.

Das ärztliche „Werbeverbot" ist seit Jahren Geschichte. Das Abendland ist deshalb nicht untergegangen. Wer aber meint, es gebe jetzt geradezu eine Pflicht zur Werbung und dazu auch noch Bürgerrechte bemüht, hat etwas Grundlegendes missverstanden. Eine „freie" Bürgergesellschaft lebt von Verantwortung. Jedwede „Beliebigkeit" ist kein Ausdruck von Freiheit, sondern führt nicht selten zu deren Erosion. Letztlich, wenn auch rechtlich natürlich nicht ausschlaggebend, bleibt es dabei: Ein Wesenszug der Freien Berufe ist ihre hohe Professionalität und ihre gesamtgesellschaftliche Verantwortung. Eine Förderung anpreisender Fehlvorstellungen auf dem Rücken der Patienten ist das letzte, was das Deutsche Gesundheitswesen benötigt. Dies nützt weder den Patienten und zumindest mittelfristig am wenigsten den Ärzten.

---

[8] Siehe § 1 Abs. 2 HWG, der auch Schönheitsoperationen den Beschränkungen der HWG unterwirft, BGBl 2005. I S. 2570.

§ 27 Erlaubte Information und berufswidrige Werbung

(1) Zweck der nachstehenden Vorschriften der Berufordnung ist die Gewährleistung des Patientenschutzes durch sachgerechte und angemessene Information und die Vermeidung einer dem Selbstverständnis der Ärztin oder des Arztes zuwiderlaufenden Kommerzialisierung des Arztberufs.

(2) Auf dieser Grundlage sind Ärztinnen und Ärzte sachliche berufsbezogene Informationen gestattet.

(3) Berufswidrige Werbung ist Ärztinnen und Ärzten untersagt. Berufswidrig ist insbesondere eine anpreisende, irreführende oder vergleichende Werbung. Ärztinnen und Ärzte dürfen eine solche Werbung durch andere weder veranlassen noch dulden. Eine Werbung für eigene oder fremde gewerbliche Tätigkeiten oder Produkte im Zusammenhang mit der ärztlichen Tätigkeit ist unzulässig. Werbeverbote aufgrund anderer gesetzlicher Bestimmungen bleiben unberührt.

(4) Ärztinnen und Ärzte können
1. nach der Weiterbildungsordnung erworbene Bezeichnungen,
2. nach sonstigen öffentlich-rechtlichen Vorschriften erworbene Qualifikationen,
3. als solche gekennzeichnete Tätigkeitsschwerpunkte und
4. organisatorische Hinweise

ankündigen.

Die nach Nr. 1 erworbenen Bezeichnungen dürfen nur in der nach der Weiterbildungsordnung zulässigen Form geführt werden. Ein Hinweis auf die verleihende Ärztekammer ist zulässig.

Andere Qualifikationen und Tätigkeitsschwerpunkte dürfen nur angekündigt werden, wenn diese Angaben nicht mit solchen nach geregeltem Weiterbildungsrecht erworbenen Qualifikationen verwechselt werden können.

(5) Die Angaben nach Absatz 4 Nr. 1 bis 3 sind nur zulässig, wenn die Ärztin oder der Arzt die umfassten Tätigkeiten nicht nur gelegentlich ausübt.

(6) Ärztinnen und Ärzte haben der Ärztekammer auf deren Verlangen die zur Prüfung der Voraussetzungen der Ankündigung erforderlichen Unterlagen vorzulegen. Die Ärztekammer ist befugt, ergänzende Auskünfte zu verlangen.

Übersicht

		Rz.
I.	Die Bedeutung der Norm	1
II.	Grundsätze	2
III.	Differenzierung stationär/ambulant?	4
IV.	Anpreisen	6

V. Arzt und Medien 8
VI. Der Arzt als Unternehmer/mittelbare Werbung 13
VII. Inhalt der Praxisschilder 17
VIII. Zulässige/unzulässige Angaben 18

Literatur
Bahner, Das neue Werberecht für Ärzte, Springer 2. Aufl. 2003; dies., Vom Werbeverbot zum Werberecht der Ärzte und Zahnärzte, GesR 2012, 1 ff.; Balzer, Arzt- und Klinikwerberecht, Springer 2004; Barth, Mediziner-Marketing, Springer 1999; Bonvie, Die Umgehung des ärztlichen Werbeverbots – von der Rechtsprechung sanktioniert? Gedanken zur Sanatoriumsrechtsprechung des Bundesverfassungsgerichts und zu ihrer Fortentwicklung, MedR 1994, 308; Böhm, Das Werbeverbot des § 26 Musterberufsordnung der Ärzte, ZRP 1994, 388; Eibl, Ärztliche Qualifikationen aus wettbewerbsrechtlicher Sicht, ZMGR 2011, 9 ff.; Feurich, Anwaltliche Werbung mit Tätigkeitsbereichen über ein Informationssystem (Anwalt-Suchservice), NJW 1991, 1591; Frehse, Neue Werbemöglichkeiten des niedergelassenen Arztes mit Medizinprodukten, NZS 2003, 11; Gabriel, Arfmann, Grundzüge und ausgewählte Entscheidungen der gesundheitsbezogenen Werbung, GesR 2006, 403; Geiger, Ärzte-Rankings – Fluch oder Segen für Patienten?, MedR 2005, 208; Greiff, Kein Anschluss unter dieser Nummer? Zur berufs- und wettbewerbsrechtlichen (Un-) Zulässigkeit von Telephonbucheinträgen in der Rubrik plastische und ästhetische Chirurgie, GesR 2008, 520; Haag, Werbung mit kostenlosen Leistungen, Das Krankenhaus 2014, 229ff.; Jaeger, Die freien Berufe und die verfassungsrechtliche Berufsfreiheit, AnwBl. 2000, 475; dies. Informationsanspruch des Patienten – Grenzen der Werbung im Gesundheitswesen, MedR 2003, 263; Jarass, Die freien Berufe zwischen Standesrecht und Kommunikationsfreiheit, NJW 1982, 1833; Kazemi, Versteigerung zahnärztlicher Leistungen im Internet, GesR 2007, 54; Koch, Kommunikationsfreiheit und Informationsbeschränkungen durch das Standesrecht der Ärzte in der Bundesrepublik Deutschland und den Vereinigten Staaten von Amerika, 1991; Laufs, Werbende Ärzte?, NJW 2001, 1768; Lorz, Die Erhöhung der verfassungsrechtlichen Kontrolldichte gegenüber berufsrechtlichen Einschränkungen der Berufsfreiheit, NJW 2002, 169; Ratzel, Lippert, Das Werberecht der Ärzte nach den Beschlüssen des 105. Deutschen Ärztetages in Rostock, MedR 2002, 607; Ratzel, Der Arzt in der Informationsgesellschaft, ZMGR 2005, 251; Riedel, Das Werberecht des niedergelassenen Vertragsarztes – eine kritische Bestandsaufnahme, GesR 2008, 1; Rieger, Werbung durch gewerbliche Unternehmen auf dem Gebiet der Heilkunde, MedR 1995, 468; ders. Engler, Räpple, Rieger, Werben und Zuwenden im Gesundheitswesen, 1996, Rz. 236; ders. Informationsfreiheit versus Werbeverbot unter besonderer Berücksichtigung der Klinikwerbung, MedR 1999, 513; Rieger, Vernetzte Praxen, MedR 1998, 75; Ring, Wettbewerbsrecht der freien Berufe, 1989; ders., Werberecht der Kliniken und Sanatorien, 1992; ders. Werberecht der Ärzte, 2000; ders. Berufsrechtliche Werbeverbote der Ärzte und Europäische Menschenrechtskonvention, ZMGR 2004, 110; Rixen, Die Einbindung von Ärzten in die Marketingstrategien von Versandapotheken, GesR 2006, 433; Römermann, Schulte, Werberecht und Verbot der überörtlichen Gemeinschaftspraxis nach der neuen ärztlichen Musterberufsordnung, MedR 2001, 178; Schulte, Das standesrechtliche Werbeverbot für Ärzte, 1992; Schwerin, Das ärztliche Werbeverbot – was bleibt?, NJW 2001, 1770; Scholz, Ärztliche Qualifikationen aus berufsrechtlicher Sicht, ZMGR 2011, 3 ff.; Taupitz, Integrative Gesundheitszentren: Neue Formen interprofessioneller ärztlicher Zusammenarbeit, MedR 1993, 367; ders. Die Ärzte-GmbH und das ärztliche Werbeverbot, in: Festschrift für Karlmann Geiß, S. 503; ders., Die Standesordnungen der freien Berufe, 1991.

I. Die Bedeutung der Norm

Die Beschränkung anpreisenden Verhaltens gilt als Wesenszug freier Berufe[1]. Im Laufe der Zeit sind die einzelnen Vorschriften immer weiter differenziert worden. Während § 27 MBO das Verbot berufswidriger Selbstdarstellung postuliert, enthielten § 28 MBO a. F. und die Regelungen in Kapitel D I Nr. 1–5 Ausnahmeregelungen für Spezialbereiche. Das Verbot der Fremdwerbung (Werbung für Dritte) wurde in den §§ 33, 34 und 35 MBO (alt) angesprochen[2]. Interkollegiale Werbeaspekte sind außerdem in § 31 MBO von Bedeutung. Damit sind z. B. Anreizsysteme zur „Überweiser- oder Zuweiserbindung" gemeint[3]. Weitere wichtige werbebeschränkende Vorschriften finden sich im Gesetz über die Werbung auf dem Gebiete des Heilwesens (HWG). Dessen Vorschriften wirken sich mittlerweile weit einschneidender auf Ärzte aus. Wurde früher nämlich die Auffassung vertreten, ein durch ärztliches Berufsrecht gedecktes Verhalten könne per definitionem schon keinen Verstoß gegen das HWG beinhalten[4], lässt sich dies angesichts der offenen Fassung von § 27 MBO n. F. nur noch schwer begründen. Der 114. Deutsche Ärztetag 2011 in Kiel hat § 27 geringfügig modifiziert. In Absatz 3 ist nun neben dem Verbot der Werbung für fremde gewerbliche Tätigkeit auch die Werbung für die eigene (erlaubte) gewerbliche Tätigkeit verboten. In Absatz 4 Nr. 3 soll die Unterscheidbarkeit der Tätigkeitsschwerpunkte von durch Weiter- und Fortbildung erworbenen Qualifikationen verbessert werden.[5]

1

II. Grundsätze

Gemäß § 1 Abs. 1 MBO dient der Arzt der Gesundheit des einzelnen Menschen und des gesamten Volkes. Der ärztliche Beruf ist kein Gewerbe (siehe auch § 1 Abs. 2 BÄO). Diese Postulate wurden von der früher h. M.[6] als Rechtfertigung für die Beschränkung ärztlicher Werbung angeführt. Vertreter dieser Auffassung beriefen sich darauf, Werbung schade dem Ansehen des Berufsstandes, Werbung sei immanent irreführend und schließlich sei Werbung der Gesundheit der Bevölkerung abträglich.

2

---

[1] Zum Begriff siehe Koch, Kommunikationsfreiheit und Informationsbeschränkungen durch das Standesrecht der Ärzte in der Bundesrepublik Deutschland und den Vereinigten Staaten von Amerika, 1991, S. 13.
[2] Grundsätzlich für zulässig erachtet, BVerfG, Beschl. v. 26.8.2003 – 1 BvR 1003/02 – NJW 2003, 3470 (insoweit aber nur teilweise abgedruckt) = GRUR 2003, 966.
[3] OLG Schleswig-Holstein, Urt. v. 4.11.2003 – 6 U 17/03, GesR 2004, 27 = MedR 2004, 270 (Pauschale f. postoperative Betreuung unzulässig); OLG Koblenz, Urt. v. 20.5.2003, 41 U 1532/02, MedR 2003, 580 (Zuweiserpauschale von Universitätsaugenklinik für prä- und postoperative Leistungen unzulässig); OLG Celle, Urt. v. 18.7.2002, 13 U 137/01, MedR 2003, 183 (Anbieten von Laborleistungen unter Preis wettbewerbswidrig); BGH, Urt. v. 13.6.1996 – I ZR 114/93, GRUR 1996, 789 = NJW 1996, 3081 (kostenloser Fahrdienst eines Pathologen zulässig).
[4] Bülow, Ring, § 12 Rn 4; Doepner, § 12 Rn 11.
[5] DÄ 2011, A 1991.
[6] Nachweise bei Laufs in: Laufs, Uhlenbruck (3. Aufl.), § 15.

Nach anderer Auffassung[7] stellen standesrechtliche Werbeverbote ihrer Natur nach eine Marktzutrittsbarriere für neu zugelassene Ärzte dar. Das ärztliche Werbeverbot benachteilige den „Jung- Arzt", da es ihm auferlege, sich in einer modernen Kommunikationsgesellschaft und allgemeiner Sättigung mit ärztlichen Dienstleistungen gegen bereits fest am Markt etablierte Konkurrenten behaupten zu müssen, ohne auf die Werkzeuge anderer Dienstleister im gewerblichen Bereich zurückgreifen zu können. Betrachtet man sich die Rechtsprechung zu § 1 UWG (a. F.), wird dieser Aspekt standesrechtlicher Werbeverbote überdeutlich. Durch die Richtlinie der EU[8], nach der vergleichende Werbung – auch für Freiberufler – zulässig sein würde, Werbung lediglich nicht irreführend und herabsetzend sein oder Verwechslungen verursachen dürfe, hat sich für Deutschland nichts geändert. Durch Intervention der BRAK wurden die freien Berufe (sofern es in den Mitgliedstaaten entsprechende Regelungen gibt) vom Geltungsbereich der Richtlinie ausgenommen.

3 Dieser Vorbehalt ist in Deutschland durch die einzelnen Länder-BO wirksam geworden[9]. § 27 Abs. 1 MBO a. F.[10] untersagte dem Arzt jede Werbung für sich oder andere Ärzte. Der Begriff der Werbung ist vielschichtig. Die unterschiedlichen Bestimmungen der Berufsordnung lassen eine klare Definition vermissen. Vielmehr werden verschiedene Aspekte angesprochen, die jeder für sich Werbung sein können und im Einzelfall dennoch erlaubt sind. Berücksichtigt man ferner, dass Werbung als Wirtschaftswerbung, Reklame, Propaganda, Agitation und Vertrauenswerbung in Erscheinung tritt, wird deutlich, dass es gar nicht einfach ist, zwischen zulässiger Information (Werbung) einerseits und unzulässiger Reklame (Anpreisung) andererseits zu unterscheiden. Diese Unterscheidung wird nicht dadurch einfacher, dass das Bundesverfassungsgericht das generelle Werbeverbot dahingehend relativiert bzw. verfassungskonform ausgelegt hat, dass dem Arzt nur berufswidrige Werbung untersagt werde, nicht hingegen jede Art von werbender Tätigkeit[11]. Neben der arztzentrierten Sicht erfährt die Problematik durch die stärkere Gewichtung des Informationsanspruchs des (potentiellen) Patienten eine gegenüber früher offenere Wertung[12].

---

[7] Taupitz, Die Standesordnungen der freien Berufe, S. 1243.

[8] Richtlinie 97/55/EG ABl. 290 v. 23.10.1997.

[9] EuGH, Urt. v. 13.3.2008 – C 446/05 (Doulemos), GesR 2008, 321, nationale Werbeverbote verstoßen nicht gegen Art. 81 GG; EuGH, Urt. v. 11.7.2008 – C 500/06 (Demoestetica), GesR 2008, 543, Werbung für kosmetisch-chirurgische Leistungen. OLG Celle, Urt.v. 30.5.2013 - 13 U 160/12, vorher-nachher-Bilder für Werbung eines Zahnarztes kann zulässig sein, wenn medizinische Indikation;

[10] In der bis 2000 geltenden Fassung.

[11] BVerfG, Beschl. v. 19.11.1985 – 1 BvR 934/82, MedR 1986, 128; BVerfGE 82, 18 ff. = MedR 1993, 348 ff.

[12] So hat der Sachverständigenrat für das Gesundheitswesen in seinem Jahresgutachten 2000/2001 eine verstärkte Beteiligung der Patienten durch Information gefordert, S. 151 ff., BT-Drucks 14/5660; Jaeger, MedR 2003, 263.

III. Differenzierung stationär/ambulant?

Schon die „Sanatoriumsentscheidung" des Bundesverfassungsgerichts[13] hatte im Bereich der stationären Versorgung deutlich größere Freiheiten ermöglicht. Danach war eine differenzierende Betrachtungsweise zulässig[14]. Während dem normalen niedergelassenen Arzt jegliche berufswidrige Werbung untersagt ist, untersagte § 27 Abs. 2 S. 2 MBO a. F. dem für eine der dort genannte Einrichtung tätigen Arzt lediglich die anpreisende Herausstellung. Tritt die stationäre Einheit/Klinik in Konkurrenz zu anderen niedergelassenen Ärzten, indem sie typischerweise denselben Patientenkreis wie eine herkömmliche Praxis anspricht, wurde früher die Auffassung vertreten, der in dieser Einheit tätige (leitende) Arzt könne sich nicht auf diesen „Vorteil" berufen. In diesem Fall sollten nicht die Grundsätze zur Unternehmenswerbung (Klinik- und Sanatoriumswerbung, § 27 Abs. 2 S. 2 MBO a. F.), sondern die strengen Regeln der Eigenwerbung (§ 27 Abs. 1 S. 1 MBO a. F.) gelten[15].

Diese frühere Differenzierung zwischen stationärer und ambulanter Versorgung hat deutlich an Stellenwert verloren. Nach der Entscheidung des Bundesverfassungsgerichts vom 4.7.2000[16] lässt sie sich nicht mehr uneingeschränkt aufrecht erhalten. Eine in der Rechtsform der GmbH eingetragene Zahnklinik hatte mit einem farbigen Faltblatt, das in der Klinik (nicht in der Praxis des Zahnarztes) auslag, für Implantat- und prothetische Behandlungen geworben. Dabei war offenkundig, dass die Mehrzahl der Behandlungen ambulant erfolgen sollte. In dem Faltblatt hieß es u. a.: „Ihre Gesundheit ist unser Anliegen; Der Natur ein Stück näher: Implantate – ein guter Weg; Zahn für Zahn mehr Lebensqualität." Der Name des Arztes wurde nicht genannt. Das BVerfG konnte nicht erkennen, welche Gemeinwohlbelange durch die genannten Äußerungen tangiert sein könnten. Wenn Kliniken durch zulässige Werbung wirtschaftlich erfolgreich sind, könne dies berufsrechtlich nicht den an der Klinik tätigen Belegärzten[17] angelastet werden. Mit dem Faltblatt würden nur solche Patienten konfrontiert, die sich ohnehin schon in der Klinik befinden. Im

---

[13] BVerfG, Beschl. v.19.11.1985 – 1BvR 38/78, NJW 1986, 1536.

[14] Ähnlich BGH, Urt. v. 26.4.1989 – I ZR 172/87, NJW 1989,2324, auch niedergelassenen Ärzten ist eine gewerbliche Betätigung im Rahmen eines Instituts nicht untersagt (vergleiche BVerfG, 19.11.1985, 1 BvR 38/78, BVerfGE 71, 183 – Sanatoriumswerbung). Dürfen aber Ärzte solche Tätigkeiten ausüben, kann es ihnen nicht grundsätzlich und generell verwehrt werden, unter ihrem Namen mit anderen Instituten gleicher Art in Werbung zu treten. Zwar muß ein Arzt dabei der Tatsache Rechnung tragen, daß er als niedergelassener Arzt die für ihn insoweit geltenden Werbebeschränkungen der Berufsordnung (hier Berufsordnung der nordrheinischen Ärzte § 21 beachten muß (vergleiche BVerfG, 19.11.1985, 1 BvR 934/82, BVerfGE 71, 162 – Arztwerbung). Die Benennung des Arztes als leitenden Arzt auf dem Eingangsschild und/oder Briefbögen verletzt die Bestimmungen der Berufsordnung nicht.

[15] BGH, Urt. v. 26.11.1998 – I ZR 179/96, NJW 1999, 1784; siehe auch Ratzel, Lippert, §§ 27, 28, 2. Aufl. 1998, in der 3. Aufl. 2002 insoweit geändert.

[16] BVerfG, Beschl. v. 4.7.2000 – 1 BvR 547/99, MedR 2000, 523 (unter Aufhebung v. BGH – I ZR 179/96, NJW 1999, 1784) m. Anm. Rieger.

[17] Im konkreten Fall ist die Bezeichnung „Belegarzt" irreführend, weil der betroffene Arzt nicht Belegarzt war. Zur Werbung einer Belegarzt-Klinik BGH – I ZR 76/88, GRUR 1990, 606 (damals noch unzulässig); siehe demgegenüber heute BGH, Urt. v. 31.10.2002 – I ZR 60/00, MedR 2003, 344 (zulässig).

Übrigen wurde auch in dieser Entscheidung wieder das zu berücksichtigende Informationsinteresse der Patienten an neuen Verfahren betont. Ob das Gleiche auch dann gelten soll, wenn eine GmbH im ambulanten Bereich mit einer stationären Einrichtung konkurriert, hatte das Bundesverfassungsgericht nicht zu entscheiden. Nach Auffassung des BGH[18] ist dies nicht der Fall, da die Ungleichbehandlung im Werbebereich durch höhere betriebswirtschaftliche Aufwendungen der stationären Einrichtung gerechtfertigt sei. Im Lichte der Entscheidung des Bundesverfassungsgerichts dürfte dies nicht mehr ausreichend sein, zumal auch hochspezialisierte ambulante Einheiten einen erheblichen Investitionsaufwand betreiben. Rieger[19] hat im Übrigen völlig recht, dass der Sachverhalt auch Anlass zur Prüfung geboten hätte, ob die Klinik nicht nur zur Umgehung ärztlicher Werbebeschränkungen gegründet wurde („Zimmerklinik")[20]. Außerdem gibt es im Bereich der mittelbaren Werbung noch zahlreiche Varianten, die mit der Entscheidung des BVerfG zumindest nicht direkt erfasst werden. Es bleibt aber die Feststellung, dass die Unterscheidung „stationär/ambulant" für den großen Bereich der Informationswerbung kein sachgerechtes Kriterium mehr ist und in § 27 MBO durch den 105. Deutschen Ärztetag daher zu Recht aufgegeben wurde[21].

IV. „Anpreisen"

6   Unter „Anpreisen" wird eine besonders nachdrückliche Form der Werbung verstanden[22] (Blickfangwerbung, Verwendung von Superlativen, vergleichende Werbung, Eigenlob, Bezugnahme auf Empfehlungsschreiben und Danksagungen). Anpreisend ist eine Werbung auch dann, wenn die Form der Aufmachung nichts mehr mit der in der Werbung enthaltenen Sachinformation zu tun hat[23]. Weitere Fälle berufs-

---

[18] BGH, Urt. v. 14.4.1994 – I ZR 12/92, MedR 1995, 113 (Störerhaftung der werbenden GmbH).
[19] Rieger, MedR 2000, 526.
[20] BGH, Urt. v. 7.6.1996 – I ZR 103/94, MedR 1996, 563, wettbewerbswidrig gem. § 3 UWG a. F., wenn überhaupt kein Klinikbetrieb trotz Konzessionierung gem. § 30 GewO vorliegt.
[21] Balzer, S. 238. siehe auch BGH, Urt. v. 28.3.2002 – I ZR 283/99, MedR 2003, 223 (Werbung für Haartransplantation).
[22] LBerG für Heilberufe beim Hess. VGH, Urt. v. 29.1.79; OLG München, Urt. v. 6.7.1989 – 29 U 2035/89, WRP 1990, 127, Anpreisung sei eine gesteigerte Form der Werbung, insbesondere eine solche mit reißerischen oder marktschreierischen Mitteln; z. B. engagierte Betreuung in familiärer Atmosphäre rund um die Uhr; LBerGH-Rh.-Pf., Urt. v.17.4.2004 – A 11762/02, MedR 2003, 684 = ArztR 2004, 230, 2,40 m hohe Acrylglasstele vor Radiologenpraxis mit Innenbeleuchtung, Praxis-Logo, Namen der Ärzte und Leistungsspektrum zulässig, nicht aber entsprechende Beschriftungen über die Fensterfront von 75 m Länge; LG Münster, Urt. v. 7.2.2008 – 22 O 247/07, GesR 2008, 321, „Männerarzt" nicht ankündigungsfähig, bestätigt durch OLG Hamm, Urt. v. 24.7.2008 – 4 U 83/08, ZMGR 2008, 277.
[23] OLG Köln, Urt. v. 18.7.2003, – 6 U 23/03, GesR 2004, 29, 30, Verwendung eines „Eyecatcher" in Form eines „hälftigen" lachenden Mundes mit perfekt weißen Zähnen als typisches Reklamemittel aus der Kosmetikwerbung und für Zahnpflegemittel ohne inhaltlichen Bezug zur konkret beworbenen zahnärztlichen Leistung; siehe auch LandesBGHeilb, Urt. v. 22.11.2004 – LBG-Ä

§ 27 Erlaubte Information und berufswidrige Werbung

widriger Werbung waren z. B. wenn ein Arzt über einen Empfang anlässlich seiner Niederlassung entsprechend in der Presse berichten lässt[24], in einer Zeitungsanzeige darauf hinweist, dass seine Praxis wegen Fortbildung geschlossen ist[25] oder Aufnahme in einen „Adviser"-Pool[26] gegen Entgelt. Allerdings sollte man sich vor einer allzu pauschalen Betrachtungsweise hüten. Neben einer Prüfung des kritisierten Tuns kommt es wesentlich auf den Adressatenkreis des werbenden Verhaltens an.

Innerhalb der Fachkreise ist der Spielraum am weitesten; gegenüber dem eigenen Patientenstamm ist (jenseits der immer erlaubten Sachinformation) gerade auch im Hinblick auf das HWG größere Zurückhaltung geboten. Enger (auch wieder jenseits der zulässigen Sachinformation) können die Rahmenbedingungen bei Tätigkeiten sein, die sich an eine unbegrenzte Zahl Dritter (Öffentlichkeit) richten. Patienteninformationsschreiben steht die Rechtsprechung kritisch gegenüber[27]. Diese Zurückhaltung ist jedenfalls dann nicht einzusehen, wenn es sich um bisherige Patienten der Praxis handelt, die womöglich sogar in diese Art von Information ausdrücklich eingewilligt haben[28] oder das Informationsschreiben auf eine allgemeine Anfrage hin erfolgt. Im Übrigen ist auch in diesen Fragen immer das Datum der Entscheidungen zu berücksichtigen. Vieles, was früher kritisch gesehen wurde, nötigt heute nur noch ein „müdes Lächeln" ab.[29] Inwieweit sich Ärzte des Sponsoring zur (Image-)Werbung bedienen dürfen, ist umstritten[30]. Während dies für Rechtsanwälte für zulässig gehalten wird[31], gehen die Meinungen für ärztliche Werbemaßnahmen auseinander[32]. Handelt es sich um ein konkretes – auch gesundheitspolitisch – förderungswürdiges Thema, sollte auch Ärzten entsprechende Möglichkeiten offen stehen[33]. Größere Zurückhaltung findet man aber immer noch bei bestimmten Werbeträgern, wie z. B. öffentlichen Verkehrsmittel oder Taxen. Die Bundesärztekammer hat hierzu am 12.8.2003 Hinweise und Erläuterungen verab-

7

003/04 („Kunst am Rücken: in 30 min ist die Wirbelsäule wieder fit"), aufgehoben durch BVerfG – 1 BvR 191/05 – Beschl. v. 13.7.2005.

[24] LBerG beim OVG Koblenz, Urt. v. 24.10.1989 – Af 2/89, NJW 1990, 1555.

[25] LBerG für Ärzte Stuttgart, Urt. v. 5.11.1988 – 2–3/88, ArztR 1989, 323; LG Hamburg, Urt. v.12.6.2001 – 312 O 144/01, NJW-RR 2002, 206, Bezeichnung der Praxis als nach DIN ISO 9001 zertifiziert unzulässig.

[26] LG Heidelberg, Urt. v.29.7.1998 – O 14/98 KfH II, MedR 1999, 420.

[27] OLG Hamburg, Urt. v. 8.4.1999 – 3 U 265/98, MedR 2000, 195 ff.; BGH, Beschl. v. 24.11.1999 – I ZR 120/99, Revision nicht angenommen; BGH, Urt. v. 9.7.1998 – I ZR 72/96, MedR 1999, 70.

[28] Z. B. im Rahmen sog. „Re-call-Systeme", Erinnerung an Früherkennungstermine etc.

[29] BVerwG, Urt. v. 24.9.2009 – 3 C 4.09, GesR 2010, 33 = MedR 2010, 418, Werbung mit MacDent zulässig, Qualifikationsbegriff mit Logo darf nur nicht irreführend sein.

[30] Balzer, S. 254 ff.

[31] BVerfG, Beschl. v. 17.4.2000 – 1 BvR 721/99, NJW 2000, 3195.

[32] Balzer, S. 256.

[33] ÄrzteGH Saarland – ÄGH 2/01, NJW 2002, 839 (zulässig: für ein „Kinderwunschfest", unterstützt von einer großen reproduktions-medizinischen Praxis mit entsprechender Presseberichterstattung).

schiedet und Abgrenzungskriterien genannt.[34] (Auszugsweise und kursiv; die Fußnoten im Text sind nicht Teil der Veröffentlichung, sondern Hinweise des Autors):

"Anpreisend ist eine gesteigerte Form der Werbung, insbesondere eine solche mit reißerischen und marktschreierischen Mitteln. Diese kann schon dann vorliegen, wenn die Informationen für den Patienten als Adressaten inhaltlich überhaupt nichts aussagen oder jedenfalls keinen objektiv nachprüfbaren Inhalt haben. Aber auch Informationen, deren Inhalt ganz oder teilweise objektiv nachprüfbar ist, können aufgrund ihrer reklamehaften Übertreibung anpreisend sein.

Grundsätzlich nicht anpreisend ist die publizistische Tätigkeit von Ärzten sowie die Mitwirkung des Arztes an aufklärenden Veröffentlichungen medizinischen Inhalts. Unbeschadet sachlicher Kritik sind Äußerungen in herabsetzender Form über Kollegen, ihre Tätigkeit und über medizinische Methoden zu unterlassen.

In diesem Sinne ist im Regelfall:

Erlaubt	Verboten
z. B.	z. B.
Hinweise auf Ortstafeln, in kostenlos verteilten Stadtplänen und über Bürgerinformationsstellen,	Verbreiten von Flugblättern, Postwurfsendungen, Mailingaktionen,
Wiedereinbestellungen auf Wunsch des Patienten,	Plakatierung, z. B. in Supermärkten,
Tag der offenen Tür,	Trikotwerbung, Bandenwerbung, Werbung auf Fahrzeugen,
Kultur-, Sport- und Sozialsponsoring, Geburtstagsglückwünsche an eigene Patienten ohne Hinweise auf das eigene Leistungsspektrum,	unaufgeforderte Wiedereinbestellungen ohne medizinische Indikation
	Angabe von Referenzen
	bildliche Darstellung in Berufskleidung bei der Berufsausübung, wenn ein medizinisches Verfahren oder eine ärztliche Behandlungsmaßnahme beworben wird
Hinweis auf Zertifizierung der Praxis, nicht aufdringliches (Praxis-)Logo sachliche Informationen in Medien	

3.3.4 Sonstiges

Die Kategorien „anpreisend", „irreführend" und „vergleichend" sind nicht abschließend. Außerhalb dieser Kategorien bleibt dem Arzt auch zukünftig verboten:

- *das Auslegen von Hinweisen auf die eigene Tätigkeit/Praxis bei anderen Leistungserbringern im Gesundheitswesen (z. B. in Apotheken, Fitness-/Wellnesseinrichtungen, Massagepraxen),*
- *eigene Zeitungsbeilagen,*

---

[34] DÄ 2004 (A) 292 ff. (Heft 5 v. 30.1.2004).

§ 27 Erlaubte Information und berufswidrige Werbung   417

- *das Inverkehrbringen von auf die ärztliche Tätigkeit hinweisenden Gegenständen außerhalb der Praxis (z. B. Kugelschreiber, T-Shirt, Kalender, Telefonaufkleber),*
- *produktbezogene Werbung durch/für Dritte im Wartezimmer,*
- *das Bezeichnen seiner Praxis z. B. als*
  - *Institut,*
  - *Tagesklinik,*
  - *Ärztehaus/Gesundheitszentrum*[35]*,*
  - *Praxis/Zentrum für Venenverödung o. ä.,*
  - *Partner des Olympiastützpunktes X o. ä.,*
- *Sonderangebote*[36]*,*
- *das Herausstellen einzelner Leistungen mit und ohne Preis außerhalb der Praxis.*

Demgegenüber ist dem Arzt in seinen Räumen gestattet z. B.:

- *das Auslegen von*
- *Flyern/Patienten-Informationsbroschüren (auch „Wartezimmerzeitungen") mit organisatorischen Hinweisen und Hinweisen zum Leistungsspektrum sowie Angaben zu seiner Person (z. B. Zeitpunkt der Erteilung der Facharztanerkennung, besondere Sprachkenntnisse) (solche Hinweise dürfen wie bisher im Internet geführt werden)*
- *Plastikhüllen für Chipkarten*
- *Kugelschreibern und sonstigen Mitgaben von geringem Wert (z. B. Kalendern mit Namens-/Praxisaufdruck)*
- *Serviceangebote,*
- *Kunstausstellungen.*

---

[35] BVerfG, Beschl. v. 7.3.2012 – 1 BvR 1209/11, MedR 2012, 516, „Zentrum" nicht zu beanstanden, letzlich konsequent, nachdem MVZ auch für „Mini-MVZ"; LBerG OVG NRW, Beschl. v. 3.9.2008, 16 K 1597/07, GesR 2009, 49, „Hausarztzentrum" zulässig; LG Erfurt, Urt. v. 22.4.2008, 1 HKO 221/07, MedR 2008, 619, MVZ als „Rheumazentrum" zulässig; BVerfG, Beschl. v.14.7.2011 – 1 BvR 407/11, NJW 2011, 3147, Zahnärztehaus zulässig; LG Köln, Urt. v. 20.3.2007, 33 O 420/06, GesR 2007, 543, westdeutsches Prostatazentrum f. Urologische Gemeinschaftspraxis unzulässig; OLG München, Urt. v. 11.11.2004, 29 U 4629/04, GesR 2005, 138, keine Bezeichnung als „Brustzentrum", wenn nicht alle interdisziplinären Voraussetzungen erfüllt sind; VG Minden, Urt. v. 14.3.2011 – 7 K 2540/10, Zahnzentrum f. Einzelpraxis irreführend; BGHeilb VG Potsdam, Urt.v. 24.2.2014 - VG 19 K 2123/11 T, MedR 2014, 689, Bezeichnung als „Ärzteforum"; BVerfG, Beschl. v. 1.6.2011 – 1 BvR 235/10, auf Einrichtung der Praxis darf hingewiesen werden, auch auf eigene gewerbliche Tätigkeit, nicht aber auf Hersteller des MRT.

[36] LG München I, Urt. v. 15.11.2006, 1 HKO 7890/06 sowie OLG München, Urt. v. 13.3.2008, 6 U 1623/07, keine Internetpreiswettbewerbsspirale nach unten bei zahnärztlichen Leistungen, aufgehoben durch BGH, Urt. v. 24.3.2011 – III ZR 69/10, GRUR 2011, 652, Internetportal Zahnärzte gegen Zahlung von 20% der Behandlungskosten keine Provision und auch nicht sittenwidrig; siehe auch BVerfG, Beschl. v. 19.2.2008 – 1 BvR 1886/06; BRAK-Mitteilungen 2008, 66, Internetversteigerung von Rechtsrat zulässig.

3.4 Zur Vermeidung von Umgehungen ist nicht nur die aktive berufswidrige Werbung untersagt, sondern in Satz 3 auch solche, die vom Arzt veranlasst oder geduldet wird. Aufgrund dieser Regelung ist der Arzt verpflichtet, gegen ihm bekannt gewordene berufswidrige Werbung einzuschreiten.

3.5 Satz 4 der Vorschrift stellt klar, dass neben den Vorschriften der Berufsordnung, das Gesetz gegen den unlauteren Wettbewerb und das Heilmittelwerbegesetz zu beachten sind.[37]

....

Gänzlich verboten ist die Werbung für Verfahren und Behandlungen, die sich auf die Erkennung, Beseitigung oder Linderung von:

- *nach dem Infektionsschutzgesetz meldepflichtigen, durch Krankheitserreger verursachten Krankheiten,*
- *Geschwulstkrankheiten,*
- *Krankheiten des Stoffwechsels und der inneren Sekretion, ausgenommen Vitamin- und Mineralstoffmangel und alimentäre Fettsucht,*
- *Krankheiten des Blutes und der blutbildenden Organe, ausgenommen Eisenmangel-anämie,*
- *organische Krankheiten des Nervensystems, der Augen und Ohren, des Herzens und der Gefäße (ausgenommen allgemeine Arteriosklerose, Varikose und Frostbeulen), der Leber und des Pankreas, der Harn- und Geschlechtsorgane,*
- *Geschwüre des Magens und des Darms*
- *Epilepsie,*
- *Geisteskrankheiten,*
- *Trunksucht,*
- *krankhaften Komplikationen der Schwangerschaft, der Entbindung und des Wochenbetts*
- *beziehen." (Ende der auszugsweisen Wiedergabe)*

V. Arzt und Medien

8   Die frühere Spezialnorm zum öffentlichen Wirken des Arztes und Medientätigkeit ist völlig entfallen. Offenbar geht man davon aus, dass es künftig keinen Unterschied mehr macht, welches Medium der Arzt für seinen Auftritt wählt. Wer darin eine Liberalisierung sieht, wird möglicherweise angesichts der klaren Vorschriften des HWG (auch nach ihrer teilweisen Liberalisierung, s. o.) sein „blaues Wunder" erleben. Im Allgemeinen wird man sagen können, dass bei der Zusammenarbeit des Arztes mit den Medien die Sache und nicht die Person des Arztes im Vordergrund stehen sollte. Letztlich kommt es hier vielfach auf Umstände des Einzelfalls an. Wie bei der Unterscheidung zwischen berufsordnungswidriger Werbung und er-

---

[37] Diese Auszüge werden nicht mehr abgedruckt, nachdem am 26.10.2012 das HWG, insbesondere einige Verbote in § 11 HWG im Rahmen der 16.AMG Novelle aufgehoben bzw. eingeschränkt worden sind.

laubter Information können Presseberichte durchaus zulässig sein, auch wenn mit ihnen ein Werbeeffekt einhergeht[38]. Dies gilt selbst für durchaus werblich gewollte Zeitungsartikel, in denen z. B. die von einem Arzt praktizierte OP-Methode positiv-innovativ herausgestellt wird[39].

Allerdings kann eine irreführende Bezeichnung als „Spitzenmediziner" unzulässig sein.[40] Man sollte bei alledem nicht vergessen, dass der Kontakt des Arztes mit der Öffentlichkeit im Interesse einer allgemeinen Gesundheitserziehung und auch Gesundheitswerbung durchaus erwünscht und angestrebt wird; dies nicht zuletzt, um dieses Feld nicht unberufenen Propheten und sonstigen unseriösen Meinungsbildnern zu überlassen. Schließlich hat der medizinisch interessierte Bürger auch ein Recht, über die Entwicklung auf diesem Gebiet informiert zu werden[41]. Deshalb darf ein Arzt auch an einer Hörfunksendung zu aktuellen medizinischen Fragestellungen teilnehmen, ohne deshalb berufswidrig für sich zu werben[42]. Gleiches gilt für Aktionen in Zeitschriften, wenn die Information im Vordergrund steht. Dies geht so weit, dass Ärzte sich sogar in „Spezialisten-Listen" aufnehmen lassen dürfen, wenn das Ranking transparent ist und eine übermäßige Herausstellung einzelner unterbleibt (Focus-Liste 2)[43]. Letztlich gab auch hier das Informationsinteresse des Bürgers den Ausschlag[44].

9

Allerdings muss der Arzt insbesondere bei der sog. Boulevardpresse Vorsicht walten lassen. Denn er riskiert auch dann wegen unzulässiger Werbung zur Verantwortung gezogen zu werden, wenn er diese durch andere duldet und nicht in zumutbarer Weise hiergegen einschreitet, z. B. durch Verlangen nach Vorlage des Manuskripts der geplanten Veröffentlichung. Verweigert der zuständige Redakteur dies mit dem Hinweis darauf, dies sei völlig unüblich oder technisch nicht

10

---

[38] Bezirksgericht für Ärzte Freiburg, ArztR 1990, 185, Nennung objektiver Fakten erlaubt, auch wenn damit Werbung für geburtshilfliche Station gemacht wird (Patientenzahl, perinatale Mortalität).

[39] EGMR – 37928/97, NJW 2003, 497.

[40] OLG Karlsruhe, Urt. v.7.5.2012 – 6 U 18/11, GesR2012, 734.

[41] Bay. LBerG für die Heilberufe beim OLG München, Urt. v. 24.4.1989, Urt. v. 8.7.1987 – LBG-Ä 3/88, ArztR 1990, 55; instruktiv OLG Stuttgart – 4 U 26/87, MedR 1988, 38, bliebe die Berichterstattung auf seriöse Tageszeitungen wie die FAZ beschränkt, würde ein Großteil der Bevölkerung, der dieses Niveau nie erreicht, von der Informationsfreiheit ausgeschlossen; hierzu auch BG beim VG Köln, Urt. v. 2.6.1998 – 35 K 9984/97.T, NJW 1999, 884.

[42] LG Frankenthal, Urt. v. 17.8.2000 – 2 HK O 119/00 – n. v.; LBerG OVG NRW, Urt. v. 25.4.2007, 6 t 1014/05.T, NJW 2007, 3144 = MedR 2007, 681, Mitwirkung eines Schönheitschirurgen in einer Unterhaltungssendung über Eingriffe im Ausland, die er selbst durchführt („Fettabsaugen auf Mallorca").

[43] OLG München, Urt. v.12.11.1998 – 29 U 3251/98, MedR 1999, 76 ff., rechtskräftig durch Nichtannahmebeschl. BGH v. 22.9.1999, I ZR 9/99, die Revision habe im Ergebnis keine Aussicht auf Erfolg; zur ersten Focus-Liste „die Besten I" eine gegenteilige Entscheidung BGH – I ZR 196/94, MedR 1998, 131 ff.; zum unzulässigen Ranking bei Anwälten (JUVE-Handbuch) OLG München – 29 U 4292/00, NJW 2001, 1950; aufgehoben durch BVerfG, Beschl. v. 7.11.2002 – 1 BvR 580/02, NJW 2003, 277 = AnwBl. 2003, 107 ff. Ranking-Listen zulässig.

[44] Zur Darstellung neuer Operationsmethoden in der Orthopädie (Roboter) ebenso OLG München, Urt. v. 30.11.2000 – 6 U 2849/00 – n. v.

machbar, wird zum Teil die Auffassung vertreten, dann besser von der geplanten Veröffentlichung Abstand zu nehmen[45]. Diese überkommene, restriktive Haltung ist vom Deutschen Presserat mehrfach kritisiert worden. Auch auf diesem Feld hat das Bundesverfassungsgericht[46] die bisherige Rechtsprechung deutlich relativiert.

11   Zwar sei das berufsrechtliche Duldungsverbot geeignet, unzulässiger Werbung und damit auch einer Verunsicherung der Bevölkerung vorzubeugen; wie jede einschränkende Maßnahme müsse dieses Duldungsverbot jedoch unter Zumutbarkeitsgesichtspunkten geprüft werden. So sei z. B. zu prüfen, ob die Initiative zu dem Pressebericht vom Arzt oder von dritter Seite ausgegangen sei. Werde ein Arzt in der Presse angegriffen, müsse er auch die Möglichkeit haben, sich mittels der Medien zu verteidigen, auch wenn diese Berichte dann u. U. einen werblichen Nebeneffekt haben können. Schließlich sei in diesem Zusammenhang deutlich zwischen den zitierten Äußerungen des Arztes selbst und redaktionellen Passagen über ihn zu unterscheiden. Sehe man das Duldungsverbot zu krass und ausnahmslos, wie die frühere berufsrechtliche Rechtsprechung, werde dem standesrechtlichen Werbeverbot ein Stellenwert eingeräumt, den es im Lichte der Grundrechte (Art. 5 und 12 GG) nicht beanspruchen könne und sein Schutzzweck auch nicht in jedem Fall erfordere. Der Arzt, so das BVerfG[47] dürfe gegenüber der Presse nicht zu einem Verhalten gezwungen werden, das diese bekanntermaßen nicht akzeptiere. Ihn als Konsequenz von Pressekontakten fernzuhalten, sei unzumutbar. Der Arzt muss den Journalisten aber auf standesrechtliche Werberegeln hinweisen. Er kann normalerweise nicht darauf vertrauen, der Journalist werde diese Regeln nach Inhalt und Umfang schon kennen[48].

12   Besondere Rücksicht muss der Arzt bei der Mitwirkung von Presseberichten auf die Vorschriften des HWG nehmen. § 11 HWG enthält einen Verbotskatalog mit

---

[45] BGH, Urt. v. 20.11.1986 – I ZR 156/84, NJW 1987, 2297; LBG für die Heilberufe beim OVG Koblenz – Af 1/88, NJW 1989, 2344=MedR 1995, 125; BG beim VG Münster – 14 K 434/93.T – MedR 1995, 253, das Gebot der Berufsordnung (§ 21 Abs. 2 a. F.), keine Werbung für sich in Berichten oder Bildberichten zu dulden, mache es regelmäßig erforderlich, dass der Arzt sich ein Prüfungsrecht vorbehält, wenn er ein Interview oder sonstige Informationen gibt. Das gilt insbesondere dann, wenn nach Art und Inhalt der erteilten Information und/oder aufgrund der mangelnden Fachkenntnis des Verfassers die Möglichkeit nicht ganz fern liegt, dass ein Bericht werbenden Charakter haben wird (Schönheitschirurgie); siehe auch BGHeilB OLG München, Urt. v. 16.6.2004 – BG-Ä 5/04 („Kunst am Rücken: in 30 min ist die Wirbelsäule wieder fit"), aufgehoben d. BVerfG, Beschl. v. 13.7.2005 – 1 BvR 191/05 – n. v.; eine Genehmigung der Titelzeile wird man i. d. R nicht verlangen können; der Aufmacher ist das ureigenste Recht der Redaktion.
[46] BVerfG, Beschl. v. 11.2.1992 – 1 BvR 1531/90, MedR 1992, 209=NJW 1992, 2341; Bezirksgericht für Ärzte in Tübingen, Bescheid v. 7.5.1986, der Arzt, der die Presse zu einer Fachtagung einlädt, verletzt nicht das Werbeverbot, wenn er in seinem Referat auf eine bestimmte Operationsmethode eingeht. Normalerweise müsse sich der Arzt auch keine entsprechenden Korrekturen vorbehalten. Die diesbezügliche Passage in den alten „Richtlinien" der BÄK sei für den Arzt nicht bindend.
[47] BVerfG, Beschl. v. 11.2.1992 – 1 BvR 1531/90, NJW 1992, 2341; informativ und differenzierend Balzer, S. 283 ff.
[48] LBerG für die Heilberufe beim OVG Koblenz, Urt. v. 27.4.1994 – LBGH Ä 12498/93, MedR 1995, 125; ablehnend OLG München, Urt. v. 30.1.2000 – 6 U 2849/00, Magazindienst 2001, 616.

Einzeltatbeständen für die Werbung außerhalb der Fachkreise. § 12 HWG enthält ein absolutes Werbeverbot außerhalb der Fachkreise für Mittel, Verfahren, Behandlungen oder Gegenstände, die sich auf die Erkennung, Beseitigung oder Linderung in einer Anlage zu § 12 HWG aufgeführten Krankheiten beziehen. Ausgenommen sind lediglich die Werbung für Verfahren oder Behandlungen in Heilbädern, Kurorten und Kuranstalten. Ziel des Gesetzes ist die Eindämmung der Selbstbehandlung bei den als schwerwiegend eingestuften Erkrankungen. Ob alleine schon das Foto eines Arztes in einer Zeitschrift als unzulässige Werbung zu bezeichnen ist, war umstritten[49]. Eine Vielzahl von Gerichtsentscheidungen beanstandete früher bereits die Zurverfügungstellung von Photos für einen Journalisten bzw. das Photographieren in der Praxis[50]. Gehört das Photo zur Art des Mediums ist seine Veröffentlichung nicht schlechthin berufsordnungswidrig. Vielmehr kommt es auf die Gesamtaufmachung und den begleitenden Text an[51]. Insgesamt erscheinen viele berufsgerichtliche Entscheidungen, sofern sie bis in die achtziger Jahre hinein ergangen sind, ziemlich anachronistisch.

In den Medien gehört das Bild zum Menschen und der Mensch zum Bild. An dieser einfachen Wahrheit wird auch das Berufsrecht letztlich nicht vorbeikommen. Dementsprechend ist schon in § 27 Abs. 2 MBO a. F. die Zurverfügungstellung des Bildes bzw. die Gewährung eines Photos ersatzlos gestrichen worden. Durch die 16. AMG-Novelle (In Kraft seit 26.10.2012)wurde das bisherige Verbot § 11 Nr. 4 HWG, wonach die Werbung für Behandlungsmethoden nicht mit der bildlichen Darstellung von Personen in Berufskleidung erfolgen darf, aufgehoben. Der BGH[52] legte diese Norm im Lichte von Art. 12 Abs. 1 GG schon bislang einschränkend dahingehend aus, dass das Verbot nur dann galt, wenn die bildliche Darstellung irreführend ist.

VI. Der Arzt als Unternehmer/mittelbare Werbung

1. Grundsätzliches

Das Verbot berufswidriger Werbung richtet sich an jeden Arzt, gleichgültig, ob er 13 niedergelassen, im Krankenhaus angestellt, für einen Gewerbebetrieb, eine Behör-

---

[49] Eingehend Schulte, 1992, S. 134.
[50] BG beim VG Münster – 14 K 434/93.T, MedR 1995, 253, Schönheitschirurg mit Bild; Bezirksberufsgericht für Ärzte Tübingen – 14/94, MedR 1995, 252, ein Vereinsarzt verstößt gegen das ärztliche Werbeverbot, wenn er sich zusammen mit Spielern der von ihm betreuten Mannschaft in einem Vereinsmagazin abbilden lässt und die Bildunterschrift seinen Namen und einen lobenden Hinweis auf seine Tätigkeit für die Spieler des Vereins enthält.
[51] Bay. LBerG für die Heilberufe – LBG-Ä 3/88, ArztR 1990, 55, Magazine wie Quick und Bunte: dem Charakter dieser Magazine entspreche es, medizinische Fragen in möglichst einfacher und leicht verständlicher Weise durch das Anführen entsprechender Beispiele von Erkrankungen darzustellen und mit Bildern zu untermauern; siehe auch OLG Stuttgart, Urt. v. 8.7.1987 – 4 U 26/87, MedR 1988, 38, Bilder gehören zur heutigen „Illustriertenpresse".
[52] BGH, Urt. v. 1.3.2007, – I ZR 51/04, GRUR 2007, 809.

de oder die pharmazeutische Industrie tätig ist[53]. Unabhängig von der Rechtsform hat sowohl der Arzt als auch der nichtärztliche Inhaber einer entsprechenden Einrichtung die Vorschriften des HWG zu beachten[54]. Probleme treten dann auf, wenn der Arzt als Betreiber eines gewerblichen Unternehmens mit anderen Instituten in Wettbewerb tritt, deren Leiter selbst nicht den berufsrechtlichen Werbebeschränkungen unterliegen. Prinzipiell ist der Arzt auch in diesen Fällen an die Berufsordnung gebunden[55]. Dies soll nach Auffassung des BGH[56] auch dann gelten, wenn eine GmbH im ambulanten Bereich mit einer stationären Einrichtung konkurriert, da die Ungleichbehandlung im Werbebereich durch höhere betriebswirtschaftliche Aufwendungen der stationären Einrichtung gerechtfertigt sei. Zumindest für den Fall der Werbung einer Klinik für ambulante Heilbehandlung hat das BVerfG[57] diese Unterscheidung nicht nachvollzogen. Gewichtet man die Ausführungen des Gerichts zu den „Belegarztfällen", könnten sich entsprechende Informationen auch für niedergelassene Ärzte rechtfertigen lassen. Im Ergebnis ist das Kriterium „stationär/ ambulant" daher in den meisten Fällen nicht mehr ausschlaggebend.

2. Berufsrechtlicher Adressatenkreis

14 Da die Berufsordnung sich nur an Ärzte und nicht an juristische Personen, z. B. Krankenhausträger, MVZ oder Heilkunde-GmbHs richtet, ist umstritten, nach welchen Grundsätzen sich ein nichtärztlicher Inhaber, der eine derartige Firma leitet, zu richten hat. Versorgungszentren unterliegen z. B. nicht unmittelbar dem ärztlichen Berufsrecht, wohl aber die in ihm tätigen Ärzte, unabhängig davon, ob es sich um ein „Freiberufler-MVZ" oder ein Versorgungszentrum mit angestellten Ärzten handelt.

15 Eine restriktive Auffassung will der Berufsordnung in diesen Fällen eine Reflexwirkung beimessen. Zwar richte sich die Berufsordnung nicht an eine juristische Person als Arbeitgeberin der Ärzte. Die juristische Person dürfe aber die ihr verbundenen Ärzte nicht hindern, ihren Berufspflichten gerecht zu werden; diese Pflicht binde die juristische Person mittelbar[58]. Die Gegenansicht[59] sieht die

---

[53] OLG Nürnberg, Urt. v. 12.2.1997 – 3 U 2096/96, zit. nach Bay. Äbl. 1997, 267.
[54] Siehe hierzu z. B. Schulte, S. 94; BGH, Urt. v. 27.4.1995 – I ZR 116/93, MedR 1995, 400.
[55] BGH, Urt. v. 26.4.1989 – I ZR 172/87, NJW 1989, 2324 = MedR 1990, 39.
[56] BGH, Urt. v. 14.4.1994 – I ZR 12/92, MedR 1995, 113.
[57] BVerfG, Beschl. v. 26.11.1998 – 1 BvR 547/99, MedR 2000, 523.
[58] OLG München, Urt. v. 16.4.1992 – 6 U 4140/91, NJW 1993, 800, in Form einer GmbH betriebener überbetrieblicher betriebsärztlicher Dienst bei Anbahnung neuer Geschäftsbeziehungen; ebenso OLG Hamburg, Urt. v. 5.5.1994 – 3 U 281/93, MedR 1994, 451, Anschreiben von Betrieben; OLG Hamburg, Urt. v. 12.12.1996 – 3 U 110/96 – MedR 1997, 417, Werbung einer GmbH für einen privaten Notarzt gegen Pauschalentgelt, aufgehoben von BGH, Urt. v. 205.1999 – I ZR 40/97, NJW 1999, 3414; zur Werbung eines ärztl. Bereitschaftsdienstes mit „Hotel-Service" BGH, Urt. v. 20.5.1999 – I ZR 54/97, NJW 1999, 3416; zur zulässigen Werbung eines überbetrieblichen arbeitsmedizinischen Dienstes OLG Frankfurt, Urt. v. 4.3.1999 – 6 U 20/98, MedR 1999, 468.
[59] OLG Düsseldorf – 2 U 15/91, MedR 1992, 46; bestätigt durch BGH – I ZR 281/91, MedR 1994, 152; siehe auch Taupitz, NJW 1992, 2317 unter Verweis auf BVerfG, Beschl. v. 9.5.1972 – 1 BVR

Berufsordnung als reines „Binnenrecht", welches, da von der ärztlichen Selbstverwaltung beschlossen, keine außen stehenden Dritten binden könne. Nur dort, wo vom Gesetzgeber entsprechende Einschränkungen vorgesehen seien (wie z. B. im HWG), könnten entsprechende Sanktionen greifen. Einen anderen Ansatz wählt der BGH[60]. Dieser sieht bereits in der Duldung der berufswidrigen Handlung durch den Arzt den Wettbewerbsverstoß, den sich die juristische Person als Träger der Einrichtung zu eigen macht. Insoweit ist die juristische Person schon als „Störer" i. S. v. § 1 UWG a. F. anzusehen.[61] Das bedeutet im Ergebnis, dass derartige Unternehmen (z. B. Heilkunde GmbHs oder MVZ) sozusagen nicht völlig losgelöst vom ärztlichen Berufsrecht agieren können. Verleitet oder zwingt ein Unternehmen seine Ärzte zu berufsrechtswidrigen Handlungen bzw. Unterlassungen, kann es wettbewerbsrechtlich als Störer in Anspruch genommen werden. Hält sich das Unternehmen hingegen z. B. bei seiner Informationspolitik an die mittlerweile vom BVerfG weit gezogenen Grenzen, ist der Vorteil für den Arzt dann ein Reflex, der für sich alleine nicht berufsordnungswidrig ist[62]. Der im Unternehmen tätige Arzt kann sich im Falle eines Verstoßes gegen das ihn bindende Berufsrecht nicht darauf berufen, er habe auf Weisung des Trägers des Unternehmens handeln müssen bzw. im Falle der Weigerung hätten ihn Sanktionen getroffen. Dieses Problem mag im Rahmen der zu treffenden berufsrechtlichen Maßnahme eine Rolle spielen, stellt aber keinen Rechtfertigungsgrund dar; insofern steht dem Arzt wie jedem anderen Arbeitnehmer das (sanktionslose) Recht zur Remonstration zu.

Wurde eine GmbH nur gegründet, um zulässige ärztliche Werbebeschränkungen zu umgehen, kann der Arzt, dem das Unternehmen gehört, u. U. dennoch direkt

16

518/62 und 308/64, NJW 1972, 1504; OLG Köln – 6 U 74/93, NJW 1994, 3017.

[60] BGH, Urt. v.14.4.1994 – I ZR 12/92, MedR 1995, 113; LG Hamburg – 315 O 240/94, MedR 1995, 82; LBerG beim OVG Rh.-Pf. – LBGH A 12498/93, NJW 1995, 1633=MedR 1995, 125.

[61] LG München I, Urt. v. 8.12.2009 – 37 O 16059/09, rkr. – GesR 2010, 249; die Beklagte, die in M. ein bekanntes gehobenes Speiselokal, das „L." betreibt, in dem regelmäßig Events für das verwöhnte Publikum in M. stattfinden, bewarb eine sog. „After-Work Botox Party" in ihren Räumen mit einer Anti Aging Klinik als Partner. In dem Einladungsflyer hieß es u. a.: *„Als unser kompetenter Partner richtet die Klinik einen professionell ausgestatteten, sterilen Behandlungsraum in den Räumen des L. ein. Dr. L. (Photo unten), ein erfahrener Facharzt für plastisch-ästhetische Chirurgie und Chefarzt der „...Klinik" berät Sie an diesem Abend professionell und umfassend. Auf Wunsch erhalten Sie im Anschluß von Dr. L. kostenlos eine Faltenbehandlung, schmerzfrei, charmant und fachmännisch. Erst zum Beauty Doc C.L. und danach frisch in den Frühling feiern, flirten und Spaß haben!"* Die BLÄK nahm den Restaurantbetreiber erfolgreich auf Unterlassung in Anspruch.

[62] BVerfG, Beschl. v.4.7.2000 – 1 BVR 547/99, MedR 2000, 523; zweifelnd Taupitz, FS Geiß, S. 511 ff., der eher auf die Nachfrageförderung unabhängig von der Kenntnis des konkreten Arztes abstellt; siehe aber auch später BGH – I ZR 219/01 (keine Umgehung mit „Zimmerklinik"); BVerfG – 1 BvR 873/00, NJW 2001, 2788 (Tätigkeitsschwerpunkt); BVerfG, Beschl. v. 18.10.2001 – 1 BvR 881/00, NJW 2002, 1864 (Zahnarztsuchservice); BVerfG – 1 BvR 1644/01, MedR 2002, 409 (Zeitungsannonce); Jaeger, AnwBl. 2000, 475 ff.; BVerfG – 1 BvR 1608/02, GesR 2003, 384 (Zahnklinik); EGMR – 37928/97 – NJW 2003, 497 (Zeitungsannonce über OP-Methode); EGMR ZMGR 2004, 110 ff.; BGH – I ZR 283/99, MedR 2003, 223 (Werbung für Haartransplantation durch GmbH zulässig); siehe aber auch OVG NRW – 61 A 689/01.T, MedR 2004, 112 (unzulässige Werbung für ärztliche Tätigkeit im Laser-Institut).

belangt werden[63]. Die frühere Unterscheidung, wonach anderes nur dann gelte, wenn der Arzt weder Geschäftsführungsbefugnisse habe, noch finanziell an dem Unternehmen beteiligt sei[64], ist heute obsolet. Im Übrigen ist auch der frühere Ansatz, für die finanzielle Beteiligung solle es bereits ausreichen, wenn der Arzt durch die Art der Vergütung am wirtschaftlichen Erfolg des Unternehmens partizipiere[65], heute nicht mehr entscheidend[66]. Allerdings bleibt es bedenklich, wenn die Geschäftsführung mit dem Namen des Arztes „hausieren" geht, und der Arzt diese Form der Werbung durch Angabe bestimmter Informationen in einer Art und Weise fördert, durch die die Grenze zur „Anpreisung" überschritten wird. Werden diese Grundsätze beachtet, dürfte auch die Verwendung des Arztnamens in Werbeprospekten nicht zu beanstanden sein. Ob derartige Werbeprospekte „ungezielt" oder nur auf bestimmte Anfragen hin verteilt werden dürfen, ist um-stritten. Die frühere Rechtsprechung[67], wonach Patientenanfragen nur individuell beantwortet werden durften, ist sicherlich überholt[68]. Eine vermittelnde Auslegung[69] will die Zulässigkeit der Verwendung von Werbeprospekten von einer entsprechenden Patientenanfrage abhängig machen. Die unaufgeforderte Zusendung von Werbematerial sei anpreisende Werbung. Unbestreitbar dürfen aber die in den fraglichen Prospekten enthaltenen Aussagen, sofern der Rahmen des HWG eingehalten wird, in Zeitungsannoncen verwendet werden[70]. Es stellt sich daher zwangsläufig die Frage aus Sicht des „Verbrauchers", worin der Unterschied zwischen einer Anzeige und einem unverlangt zugeschickten Prospekt liegt. Durch die Entscheidung des BVerfG[71] zur Zeitungsannonce ohne besonderen Anlass dürfte der restriktiven Auffassung die Grundlage entzogen sein.

---

[63] Bay. LBerG für die Heilberufe – LBG-Ä 1/89, MedR 1990, 295, für den Fall, dass dem Arzt die GmbH zwar nicht gehört, sie aber ausschließlich für seine Tätigkeit gegründet wurde.

[64] KG – 5 U 4819/85, NJW 1986, 2381.

[65] Sehr weitgehend BGH – I ZR 12/92 – MedR 1995, 113, Ehefrau des GmbH-Inhabers als verantwortliche Ärztin; ob diese Auffassung nach der Entscheidung des BVerfG – 1 BvR 547/99. MedR 2000, 523 noch trägt, dürfte eher zweifelhaft sein.

[66] BGH – I ZR 283/99, MedR 2003, 223 (Haartransplantation).

[67] BGH – I ZR 49/80, NJW 1982, 2605.

[68] Siehe aber BGH – I ZR 72/96, MedR 1999, 70 ff., Versand von Informationsmaterial an potentielle Patienten Verstoß gegen § 27 BO und § 1 UWG; ebenso OLG Hamburg – 3 U 265/98, MedR 2000, 195 ff., Patienteninformationsschreiben über neu eingeführtes Diagnoseverfahren an eigene Patienten; dagegen LBerG Ärzte Stuttgart – L 12 Ka 5/95, MedR 1996, 387 ff., Werbeeffekt ist bei sachlicher Information hinzunehmen.

[69] Schulte, S. 97.

[70] Köhler, Bornkamm, § 5 UWG Rn 4.181 zu irreführenden Heilwirkungen.

[71] BVerfG, Beschl. v. 18.2.2002 – 1 BvR 1644/01, MedR 2002, 409.

VII. Inhalt und Aufmachung der Praxisschilder

Die oftmals als „Schilderordnung" verspottete Vorschrift D I Nr. 2 MBO ist schon lange ersatzlos gestrichen worden. Allerdings mussten auch schon bisher die aufgrund der genannten Vorschriften ausgesprochenen Verbote dem Grundsatz der Verhältnismäßigkeit genügen. Ist nicht ersichtlich, inwieweit Interessen des Gemeinwohls durch eine Untersagung geschützt werden können, verstieß die Untersagung eines in Kapitel D I Nr. 2–5 MBO nicht explizit genannten Zusatzes u. U. gegen das Grundrecht auf freie Berufsausübung[72]. Die bloße Erleichterung berufsrechtlicher Überwachung rechtfertigte eine Einschränkung regelmäßig nicht. § 27 Abs. 4 MBO schafft einheitliche Vorgaben für jedwede Form der Ankündigung, sei es auf der Homepage, in Anzeigen und eben auch auf dem Praxisschild. Die früher vorgesehene Beschränkung auf ein Praxisschild ist weggefallen. Ob ein Arztschild zur besseren Kenntlichkeit in der Dunkelheit beleuchtet werden darf, wird unterschiedlich beurteilt[73]. Die ablehnenden Entscheidungen sind wenig überzeugend. Wer die entgegengesetzte Übung in anderen Ländern, z. B. Österreich oder auch Frankreich kennt, weiß, dass derartige Hinweisschilder kaum geeignet sind, dem ärztlichen Ansehen zu schaden. Vielmehr helfen sie dem ortsunkundigen Patienten, rechtzeitig einen für ihn zuständigen Arzt zu finden. Entscheidend wird hier – wie so oft – die konkrete Ausgestaltung sein.

17

VIII. Zulässige/unzulässige Angaben und berufsbezogene Informationen

1. Einzelheiten

Die zulässigen Angaben sind im Gegensatz zu Kapitel D I Nr. 2 MBO a. F. nicht mehr katalogmäßig, sondern nur noch sehr allgemein aufgeführt. Der 103. Deutsche Ärztetag 2000 in Köln hatte schon einige Ausnahmen zugelassen. Feststeht, dass man wohl keineswegs hinter die bereits früher in D I Nr. 2 MBO genannten Ausnahmeregelungen zurückgehen will. Nicht führungsfähig waren früher die fakultativen Weiterbildungsteile sowie Fachkunden nach der (Muster-)Weiterbildungsordnung aus dem Jahre 1992[74]. Rechtlich ist diese „Ungleichbehandlung" heute nicht mehr verständlich. Aus § 27 Abs. 4 MBO ergibt sich, dass lediglich eine Verwechslungsgefahr hinsichtlich solcher Qualifikationen ausgeschlossen werden soll, die nicht

18

---

[72] BVerfG – 1 BvR 166/89, NJW 1993, 2988.
[73] Ablehnend OVG Hamburg – Bf VI 8/87, NJW 1988, 2968; OVG Lüneburg – 8 A 45/87, NJW 1989, 1562; zustimmend für das Hinweisschild eines Rechtsanwalts, allerdings nur mit „dezenter" Beleuchtung, OLG Düsseldorf – 2 U 71/87, NJW-RR 1988, 101; LBGH-Rh.-Pf. – LBGH A 11762/02, ArztR 2004, 230, 2,40 m hohe Acrylglasstele vor Radiologenpraxis mit Innenbeleuchtung, Praxis-Logo, Namen der Ärzte und Leistungsspektrum zulässig, nicht aber entsprechende Beschriftungen über die Fensterfront von 75 m Länge.
[74] Siehe dort § 1 Abs. 4.

von einer Ärztekammer verliehen werden. Demgemäss dürfen Ärzte heute auf die von ihnen ausgeübte Akupunktur[75] hinweisen oder auf sonstige Qualifikationen Bezug nehmen, wenn sie eine Verwechslungsgefahr vermeiden[76]. Zulässig dürfte auch ein Hinweis auf solche Qualifikationen sein, deren Berechtigung der Arzt aufgrund §§ 135 ff. SGB V erworben hat. Selbst die Bezeichnung als „Spezialist für (...)" ist vom Bundesverfassungsgericht[77] im Falle eines für eine Klinik arbeitenden Arztes nicht beanstandet worden, wenn sie der Wahrheit entsprach.

Z. T. wird die Auffassung vertreten, Selbsteinschätzung über die persönliche Qualifikation, Teilnahme an bestimmten Fortbildungskursen (mit Ausnahme des neuen Fortbildungszertifikats der Ärztekammern) oder eine besondere (elegante, teuere oder technisch aufwendige) Praxisausstattung könne hingegen unzulässig sein. Wenn allerdings eine besondere Methode nur mit einem bestimmten aufwendigen oder neuartigen Gerät durchzuführen ist, dürfte das Informationsbedürfnis der Patienten überwiegen[78]. Hier wird vielfach nur eine Einzelfallbetrachtung weiter führen, zumal die neuere Rechtsprechung die Zulässigkeit von Selbstdarstellung und Selbsteinschätzung unter dem Aspekt der Irreführung[79] mehr oder weniger ausschließlich an ihrem Wahrheitsgehalt misst.

2. Informationsbroschüren und Homepage

19 In Informationsbroschüren und damit auch auf der Homepage können besondere Untersuchungsmethoden[80] (sofern das HWG beachtet wird[81]), spezielle Sprechstunden, aber

---

[75] BVerwG – 3 C 25/00, NJW 2001, 3425.

[76] Instruktiv OLG Koblenz – 4 U 192/00, OLGR 2000, 394.

[77] BVerfG – 1 BvR 873/00, 1 BvR 874/00, NJW 2001, 2788; LBerG NRW, Beschl. v. 29.9. 2010 – 6t 963/08, MedR 2011, 537, HNO-Arzt als „Nasen-Chirurg" zulässig.

[78] Benennung der Anschrift eines außerhalb der Praxis betriebenen Herzkathetermessplatzes durch einen niedergelassenen Kardiologen in den gelben Seiten zulässig, BVerwG – 3 C 44/96, NJW 1998, 2759; siehe hierzu auch Frehse, NZS 2003, 11 ff.

[79] OVG NRW, Beschl. v. 20.8.2007, 13 A 503/07, GesR 2007, 538, „Spezialist f. Kieferorthopädie" durch Zahnarzt ist irreführend; LG Münster, Urt. v.7.2.2008, 22 O 247/07, GesR 2008, 321, „Männerarzt" nicht ankündigungsfähig, bestätigt durch OLG Hamm, Urt. v. 24.7.2008, 4 U 83/08, ZMGR 2008, 277; LG Köln, Urt. v.29.11.2007, 31 O 556/07, MedR 2008, 500, Listung eines MKG-Chirurgen unter „Plastische Chirurgie" in den gelben Seiten; ebenso OLG Hamm, Urt. v. 3.6.2008, I 4 U 59/08; a. A. KG Berlin, Urt. v. 22.3.2002, 5 U 8811/00, NJW-RR, 2003, 64; Greiff, GesR 2008, 520; siehe auch OLG Karlsruhe, Urt. v. 10.12.2009 – 4 U 33/09, MedR 2010, 641 m. Anm. Rumetsch(irreführende Werbung eines Zahnarztes durch Telefonbucheintrag in Rubrik „ Zahnärzte für Kieferorthopädie, Implantologie usw.).

[80] LBerG für Ärzte Stuttgart – L 12 Ka 5/95, MedR 1996, 387, verschickt ein Augenarzt eine Patienteninformation, bei der die sachliche Information über eine neue Behandlungsmethode einschließlich möglicher Komplikationen im Vordergrund steht, so müssen Werbeeffekte für den Arzt hingenommen werden, sofern er seine Leistung nicht anpreist, sondern lediglich zu erkennen gibt, dass er die neue Methode beherrsche.

[81] BVerfG, Beschl. v. 30.4.2004 – 1 BvR 2334/03, GesR 2004, 539, Werbung eines Arztes für seine Behandlung zum „biologischen Facelifting" mit „Botox" falle nicht unter § 10 Abs. 1 HWG, wenn die Behandlungsweise des Arztes und nicht das Anhalten zum Erwerb des Präparats durch den Patienten im Vordergrund stehe; die Regulierung ärztlicher Berufsausübung falle nicht unter

auch Informationen zum Gesundheitswesen bzw. allgemeine medizinische Erkenntnisse enthalten sein. Auch eine Darstellung des Praxisprofils bzw. Vorstellung der einzelnen Praxismitarbeiter (selbst mit Photo)[82] ist zulässig. Dies kann gewisse Zuständigkeitsregeln umfassen, Organisationsabläufe, aber auch Fremdsprachenkenntnisse, wenn die Praxis ein entsprechendes Klientel hat oder in einer Gegend belegen ist, die einen hohen Ausländeranteil aufweist. Nach den Interpretationshilfen der BÄK sollen hingegen Hinweise auf Apotheken oder andere Praxen (mit Ausnahme der Vertretung) unzulässig sein, da diese keine praxisbezogene Information darstellen.[83] Aus anderem Zusammenhang wird jedoch deutlich, dass diese Einschränkung nicht für den Praxisverbund und wohl auch nicht für eine eventuelle Teilnahme im Rahmen der integrierten Versorgung gilt. Auf ihn bzw. sie darf selbstverständlich hingewiesen werden (eventuell auch mit link),[84] genauso wie der Verbund eine eigene Homepage einrichten kann. Begriffe wie „Ärztehaus",[85] „Ärztezentrum",[86] „Gesundheitszentrum"[87], „Schmerzambulanz" oder auch „Röntgen-Institut" wurden früher durchgängig für unzulässig erklärt.[88] Unzweifelhaft darf sich aber ein „Mini-MVZ" aus zwei Vertragsärzten „Medizinisches Versorgungszentrum" nennen. Inwieweit dies auf die Rechtsprechung bezüglich der vorgenannten Modelle Einfluss haben wird, blieb zunächst abzuwarten[89].

Art. 74 Abs. 1 Nr. 19 GG; siehe hierzu auch BVerfGE 102, 26, 36 ff. („Frischzellenbehandlung"); siehe aber OLG Frankfurt, Urt. v. 31.8.2006, 6 U 118/05, NJW-RR 2006, 1636, „Faltenbehandlung mit Botox" unzulässig, weil nicht Werbung für Verfahren, sondern Werbung für verschreibungspflichtiges Arzneimittel.

[82] Das Berufsrecht geht als lex specialis insoweit dem HWG vor, solange nicht für eine bestimmte Methode geworben wird, also sich der Arzt z. B. in Berufskleidung bei der Behandlung eines Patienten ablichten lässt. Ob die Theorie von der lex specialis in diesen Fällen auch weiterhin vertreten werden kann, ist fraglich (s. o.).

[83] In bestimmten Ausnahmefällen wird es jedoch zulässig sein, eine Auswahl von Spezialeinrichtungen zu benennen, wenn das benötigte Produkt (Rezepturarzneimittel, besondere Prothese) nicht allgemein erhältlich ist.

[84] Hierzu Rieger, MedR 1998, 75 ff. und Beschluss BÄK, DÄ 1999, C -169.

[85] LG Cottbus – 3 O 154/96, NJW 1997, 2458.

[86] BG HeilB OLG München – BG-Ä –13/84 – Beschl. v. 15.1.1985 – n. v.; ebenso Urt. v. 25.4.2001 – BG-Ä 1/2001 „orthopädisches Behandlungszentrum".

[87] LG Mannheim, Urt. v. 2.7.2004, Az. 7 O 255/03, Verwendung durch niedergelassenen Orthopäden irreführend.

[88] OVG Hamburg – Bf VI 60/86, NJW 1988, 1542; BVerwG – 1 B 97/88, MedR 1989, 202; OLG Düsseldorf – 2 U 35/88 – GRUR 1989, 120, „Kosmetische Chirurgie" und „Psychosomatische Medizin"; LG Hamburg – 312 O 115/00, NJW-RR 2001, 259, zytologisches Labor zwar berufsrechtlich bei praxisorganisatorischen Belangen zulässig, aber Verstoß gegen § 11 Nr. 6 HWG.; zum Begriff des Brustzentrums OLG München, Urt. v. 11.11.2004, 29 U 4629/04, GesR 2005, 138.

[89] LBerG OVG NRW, Beschl. v. 3.9.2008, 16 K 1597/07, GesR 2009, 49, „Hausarztzentrum" zulässig; LG Erfurt, Urt. v. 22.4.2008, 1 HKO 221/07, MedR 2008, 619, MVZ als „Rheumazentrum" zulässig; LG Köln, Urt. v. 20.3.2007, 33 O 420/06, GesR 2007, 543, westdeutsches Prostatazentrum f. Urologische Gemeinschaftspraxis unzulässig; OLG München, Urt. v. 11.11.2004, 29 U 4629/04, GesR 2005, 138, keine Bezeichnung als „Brustzentrum", wenn nicht alle interdisziplinären Voraussetzungen erfüllt sind; LG Frankfurt a. M., Urt. v. 22.2.2006, Az. 3-08 O 108/05, OLG Frankfurt, Beschl. v. 31.7.2006, 6 U 55/06, WRP 2006, 1541, „Reisemedizinisches Zentrum Frankfurt" ohne Ärzte mit Zusatzweiterbildung Tropenmedizin irreführend.

20 Dies ist insoweit interessant, als man bisher für die Bezeichnung „Zentrum" eine gewisse Größe voraussetzte,[90] andernfalls die Gefahr der Irreführung des Patienten/Verbrauchers bestünde.[91] Nach einer neueren Entscheidung des BVerfG wird man auch bei derartigen Bezeichnungen künftig wesentlich großzügiger sein können.[92] Nach OLG Düsseldorf[93] soll die Bezeichnung „zahnärztliche Privatpraxis" unzulässig sein. Die Bezeichnung „Röntgenpraxis am Hauptbahnhof" kann eine unzulässige Etablissementbezeichnung sein[94]. Die Frage, ob eine Arztpraxis sich als „Tagesklinik" bezeichnen darf, wurde bislang abschlägig beschieden[95]. Dieser Auffassung ist insofern zuzustimmen, als die Bezeichnung als „Tagesklinik" nicht irreführend sein darf, also z. B. dann unzulässig ist, wenn sich die Ausstattung der Räumlichkeiten in räumlicher, personeller und technischer Hinsicht von einer herkömmlichen Arztpraxis nicht unterscheidet[96]. Eine unkritische Fortführung dieser Rechtsprechung würde jedoch die bedeutsame Entwicklung des ambulanten Operierens in den letzten Jahren außer Betracht lassen. Der Trend zu hochwertig ausgestatteten ambulanten Operationszentren, besetzt mit entsprechend qualifizierten Ärzten, ist nicht zu leugnen.

21 § 115 Abs. 2 Nr. 1 SGB V erwähnt selbst den Begriff der „Praxisklinik"[97], der jetzt führungsfähig ist. Hierunter versteht man ebenso wie bei der Tagesklinik eine Einrichtung zur Durchführung operativer Eingriffe, nach denen der Patient die Nacht in der Regel wieder zu Hause verbringt, eine Versorgung über Nacht jedoch möglich ist[98]. Weiterführende Informationen über die spezielle Struktur einzelner Leistungen mit eher werblichem Charakter, die auch bisher nur kolleginintern zulässig waren, dürfen auch in Zukunft nur in einem Intranet verbreitet werden, das

---

[90] Nachweise bei Köhler, Bornkamm, 31 Aufl. 2013, § 4 Rn 11.73, 105, § 5 Rn 5.54.

[91] OLG München, Urt. v. 11.11.2004 – 29 U 4629/04, WRP 2005, 244, unzulässige Bezeichnung als „Brustzentrum".

[92] BVerfG, Beschl. v. 7.3.2012 – 1 BvR 1209/11, MedR 2012, 516; LBerG OVG NRW, Beschl. v. 3.9.2008, 16 K 1597/07, GesR 2009, 49, „Hausarztzentrum" zulässig; LG Erfurt, Urt. v. 22.4.2008, 1 HKO 221/07, MedR 2008, 619, MVZ als „Rheumazentrum" zulässig; BVerfG, Beschl. v.14.7.2011 – 1 BvR 407/11, NJW 2011, 3147, Zahnärztehaus zulässig.

[93] OLG Düsseldorf – 20 U 133/95, NJW 1997, 1644.

[94] Gerichtshof für die Heilberufe Niedersachsen – 1 S 1/94, MedR 1996, 285, allerdings war von Bedeutung, dass die Radiologen ohnehin nur auf Überweisung in Anspruch genommen werden und daher eine Ortsbezeichnung für den direkten Patientenkontakt entbehrlich schien; ebenso „Dialysezentrum Eppendorf", OVG Hamburg – Bf VI 60/86, NJW 1988,1542, wobei hier Besonderheiten des Einzelfalls eine Rolle spielten; siehe jetzt aber OLG Düsseldorf – 20 U 67/03, MedR 2005, 97, Bezeichnung „Zahnarzt am Stadttor" auf Briefbögen zulässig.

[95] BG für die Heilberufe am OLG München, Urt. v. 17.3.1993 – BG-Ä –3/91; siehe auch OLG Hamburg – 3 U 81/96, MedR 1997, 177.

[96] Echte stationäre Fälle müssen überwiegen, OLG Köln – 6 U 74/93, NJW 1994, 3017.

[97] BGH – I ZR 103/94, MedR 1996, 563 zum Begriff der „Klinik" im Firmennahmen eines Zahnbehandlung anbietenden Unternehmens; zur Unterscheidung Praxisklinik/ Tagesklinik, Schiller, NZS 1999, 325 ff.; OLG München, Beschl. v. 14.8.1997 – 6 U 6281/96 – n. v, „Praxisklinik München Nord" zulässig.

[98] Einzelne Ärztekammern haben detaillierte Kriterien für die Führungsfähigkeit des Begriffs „Praxisklinik" entwickelt, so z. B. ÄK W-L, siehe auch Empfehlungen der BÄK, S. 9 ff.

ausschließlich Ärzten offen steht. Die Frage der Zulässigkeit eines „Gästebuches" ist in den bisherigen Verlautbarungen nicht explizit erwähnt[99]. Für den anwaltlichen Bereich gilt das Gästebuch als unzulässig, da es dazu dienen könne, mit Mandantenlob zu werben[100]. § 11 Abs. 1 Nr. 11 HWG enthält eine ähnliche Verbotsnorm. Kritisch wird das Anerbieten eines e-Mail-Kontaktes gesehen. Im Prinzip ist gegen die Zulässigkeit nichts einzuwenden. Ein Patient/Interessent, der auf diesem Wege Kontakt mit einer Praxis aufnimmt, muss wissen, dass es Probleme mit der Datensicherheit gibt. Ein gesonderter Hinweis wird jedoch hilfreich sein. Problematisch dürfte eine individuelle telekommunikative ärztliche Beratung sein[101]. § 7 Abs. 4 MBO verbietet die ausschließliche individuelle Beratung und Behandlung (Fernbehandlung) in Kommunikationsmedien und Computerkommunikationsnetzen (kein cyber-doc)[102]. Nicht verboten wäre allerdings eine solche Beratung, wenn sie bei einem bereits bekannten Patienten durchgeführt – oder mit einer anschließenden persönlichen Kontaktaufnahme verbunden wird. Wenn es sich um einen unbekannten Patienten handelt, geht der Arzt jedoch – ebenso wie bei der Telefonberatung – ein ganz erhebliches forensisches Risiko ein. Bleibt die Frage der Vergütung derartiger On-line-Beratung offen, kann im Übrigen ein Verstoß gegen das UWG gegeben sein. Allgemeine Hinweise gesundheitlicher Natur oder Angabe von Quellen für weiterführende Informationen sind hingegen auch als Reaktion auf individuelle Einzelanfragen zulässig.

Besondere Rechtsfragen tun sich bei der Gestaltung von Domain-Namen auf. Bezeichnungen wie „bester-gynaekologe.de" stellen eine berufswidrige Anpreisung dar. Vorsicht ist auch dann geboten, wenn der Domain-Name eine Alleinstellung für einen Ort oder eine Region signalisiert, die in dieser Form nicht besteht[103]. Gegen die Verwendung der Fachgebietsbezeichnung in Verbindung mit dem eigenen Namen „xy-augenarzt.de" oder „xy-orthopaedie.de" dürfte jedoch nach einem Urteil des BGH[104] dann nichts einzuwenden sein, wenn damit kein Alleinstellungsanspruch verknüpft wird. Wenn ein Arzt eine Homepage ins Netz stellt, müssen die Pflichtangaben nach § 5 Telemediengesetz (TMG) und DL-InfoVO leicht erkennbar, unmittelbar erreichbar und ständig verfügbar gehalten werden. Es handelt sich um den Namen, Anschrift, Telefon- und Faxnummer, die e-Mail-Adresse, die gesetzliche Berufsbezeichnung und die Angabe des Staates, in welchem sie verliehen wur-

22

---

[99] LG Mannheim, Urt. v. 9.5.2011 – 24 O 146/10, ZMGR 2012, 437, keine Werbung mit Lob Dritter.
[100] OLG Nürnberg – 3 U 3977/98, BRAK 1999, 148; ggf. auch Verstoß gegen § 11 Nr. 11 HWG Werbung mit Äußerungen Dritter, Dankes- und Empfehlungsschreiben.
[101] Bei Rechtsanwälten wird die Beratung via Internet für zulässig gehalten, Ebbing, NJW-CoR 1996, 242 ff.
[102] Die Werbung für Fernbehandlung ist gemäß § 9 HWG untersagt.
[103] LG Köln – 31 O 31/00, GRUR-RR 2001, 41; OLG Celle – 13 U 309/00, NJW 2001, 2100; LG München I – 7 O 5570/00, NJW 2001, 2100, 2102.
[104] BGH – I ZR 216/99, NJW 2001, 3262 (Mitwohnerzentrale.de); BGH – AnwZ (B) 41/02, NJW 2003, 663 (presserecht.de);BGH, Urt. v. 25.11.2002, AnwZ (B) 8/02, NJW 2003, 504; Balzer, S. 212 ff.

de. Ferner sind Namen und Anschriften zuständigen Ärztekammer, der der Arzt als Mitglied angehört, anzugeben. Schließlich sind die berufsrechtlichen Regelungen (also die Berufsordnung der jeweiligen Ärztekammer), denen der Arzt unterworfen ist, anzugeben und wo sie zugänglich sind. Es wird für empfehlenswert gehalten, auf die Homepage der jeweiligen Körperschaft einen Link zu legen.

3. Unzulässige Fremdwerbung

23 Unzulässig sind Hinweise auf Hersteller pharmazeutischer Erzeugnisse, Medizinprodukte und andere Waren der Gesundheitsindustrie[105] unter dem Aspekt der Fremdwerbung. Dies gilt auch für das zunehmend anzutreffende „Wartezimmerfernsehen"[106] oder auch ein „Internetcafé" für das Wartezimmer[107]. Auf die eigene technische Ausstattung der Praxis/des Unternehmens darf hingegen hingewiesen werden, sofern unangebrachte oder irreführende „Superlative" vermieden werden[108]. Stellen Unternehmen einem Arzt kostenlos Platz für eine Homepage zur Verfügung, muss der Arzt beachten, dass er damit nicht für die Produkte der Firma werben darf. Seine Homepage muss daher frei von Werbebannern und Pop-up Fenstern bleiben. Einzelne Links zu Unternehmen sind im Allgemeinen unzulässig. Eine Verlinkung mit unterschiedlichen Institutionen des Gesundheitswesens, Selbsthilfegruppen und Informationsanbietern dürfte hingegen nicht zu beanstanden sein. Der Arzt muss allerdings darauf achten, dass er die Inhalte der verlinkten Seite mit zu verantworten hat, wenn er nicht einen disclaimer anbringt.[109]

4. Werbung für eigene gewerbliche Tätigkeit

24 Während das Verbot, für fremde gewerbliche Zwecke zu werben, durch die Rechtsprechung des BVerfG gedeckt ist, dürfte das im Rahmen der MBO-Novelle 2011 vom 114. Deutschen Ärztetag eingeführte Verbot, für eigene gewerbliche Tätigkeiten zu werben, jedenfalls dann gegen Art. 12 GG verstoßen und damit nichtig sein,

---

[105] BVerfG, Beschl. v. 1.6.2011 – 1 BvR 233/10, ZMGR 2011, 326; BVerfG, Beschl. v. 26.8.2003 – 1 BvR 1003/02, NJW 2003, 3470 = GRUR 2003, 966 (jeweils nicht vollständig abgedruckt); ergänzend ist auf die Vorschriften des HWG zu achten, da die Homepage nicht nur von Fachkreisen eingesehen werden soll; siehe auch Frehse, NZS 2003, 263 ff.; Rixen, GesR 2006, 433 ff. OLG Koblenz, Urt. v. 14.2.2006, 4 U 1680/05, zur Wettbewerbswidrigkeit der Integration eines Moduls in software für Arztpraxen, mit den Voucher zur Bestellung von Arzneimitteln bei einer Versandapotheke ausgedruckt werden, die zur Aushändigung an den Patienten bestimmt sind; OLG Oldenburg, Urt. v. 24.11.2005, 1 U 49/05, ZMGR 2006, 229, Telefaxwerbung eines Marktforschungsunternehmens für Teilnahme an Marktforschungsstudie unzulässig; OVG NRW, Beschl. v.26.6.2008, 13 A 1712/06, GesR 2009, 46, MAC-Logo für Zahnarzt unzulässig.

[106] VG Münster – 6 K 3821/97, MedR 1999, 146; OLG Frankfurt, Urt.v. 20.3.2014 - 6 U 2/13 unlautere Absprache zwischen Arzt und Apotheker hinsichtlich Wartezimmerfernsehen.

[107] Balzer, S. 211.

[108] BVerfG, Beschl. v. 1.6.2011 – 1 BvR 233/11, ZMGR 2011, 326, aber keine Hinweise auf Praxis- oder Geräteausstatter.

[109] LG München I – 4 HKO 6543/00, MMR 2000, 566; LG Hamburg – 312 O 85/98, NJW 1998, 3650; LG Frankfurt – 312 O 173/97, NJW-CoR 1999, 111.

wenn ärztliche und gewerbliche Tätigkeiten ordnungsgemäß getrennt sind.[110] Wenn ein Arzt erlaubter maßen einer gewerblichen Tätigkeit nachgehen darf, kann ihm auch eine sachliche Werbung für diese Tätigkeit nicht untersagt werden.[111]

5. Titel

Mit der Aufhebung von D I Nr. 2 MBO ist auch dessen Absatz 8 entfallen. Er hatte die Führung des Titels „Professor" geregelt, einen aus vielerlei Gründen (vor allem bei ausländischen Titeln) praktisch wichtigen Komplex, wie man weiß. Weder in § 17 Abs. 4 noch in § 27 Abs. 3 der Neufassung der MBO findet sich nunmehr eine entsprechende Regelung. Offenbar sah der Ärztetag hier keinen Regelungsbedarf mehr, nachdem die hochschulrechtlichen Vorschriften der Länder (z. B. § 55b UGbw) Regelungen für das Führen ausländischer Professorentitel nicht mehr vorsehen.[112]

6. Verzeichnisse

§ 28 MBO wurde durch die MBO-Novelle 2011 ersatzlos gestrichen. Durch die wesentlich großzügigere Regelung in § 27 Abs. 3 MBO wird deutlich, dass erheblich detailliertere Angaben als früher unbedenklich sind. Hintergrund ist das Bemühen der Kammern, dem Informationsbedürfnis der Bevölkerung[113] gerecht zu werden und das Feld nicht „kampflos" gewerblichen Verzeichnisanbietern zu überlassen[114].

Sonderverzeichnisse mit werbendem Charakter von privaten Organisationen, die eine Zusammenstellung von Ärzten, die sich ihrer Ansicht nach von Kollegen der gleichen Fachgruppe bzw. des gleichen Tätigkeitsfeldes durch eine Spezialisierung

---

[110] BVerfG, Beschl. v. 1.6.2011 – 1 BvR 235/10, auf Einrichtung der Praxis darf hingewiesen werden, auch auf eigene gewerbliche Tätigkeit, nicht aber auf Hersteller des MRT. Ähnlich BGH, Urt. v. 26.4.1989 – I ZR 172/87, NJW 1989,2324, auch niedergelassenen Ärzten ist eine gewerbliche Betätigung im Rahmen eines Instituts nicht untersagt (vergleiche BVerfG, 19.11.1985, 1 BvR 38/78, BVerfGE 71, 183 – Sanatoriumswerbung). Dürfen aber Ärzte solche Tätigkeiten ausüben, kann es ihnen nicht grundsätzlich und generell verwehrt werden, unter ihrem Namen mit anderen Instituten gleicher Art in Werbung zu treten. Zwar muß ein Arzt dabei der Tatsache Rechnung tragen, daß er als niedergelassener Arzt die für ihn insoweit geltenden Werbebeschränkungen der Berufsordnung (hier Berufsordnung der nordrheinischen Ärzte § 21 beachten muß (vergleiche BVerfG, 19.11.1985, 1 BvR 934/82, BVerfGE 71, 162 – Arztwerbung). Die Benennung des Arztes als leitender Arzt auf dem Eingangsschild und/oder Briefbögen verletzt die Bestimmungen der Berufsordnung nicht.
[111] BGH, Urt. v. 29.5.2008 – I ZR 75/05, GRUR 2008, 816 zur gewerblichen Ernährungsberatung.
[112] Vgl. hierzu noch die Kommentierung bei Ratzel, Lippert, D I Nr. 2 Rn 8 ff. zur alten Rechtslage.
[113] OLG München – 29 U 3251/98, MedR 1999, 76 ff., „FOCUS-Listen" jetzt zulässig; verneinend noch BGH – I ZR 196/94, MedR 1998, 131, „die besten Ärzte". BVerfG, NJW 2003, 277, „Anwaltsranking zulässig; BGH, Urt. v. 9.2.2006, I ZR 124/03, NJW 2006, 2764.
[114] Beispiele ohne Anspruch auf Vollständigkeit (jeweils mit www): arztauskunft-niedersachsen. de; blaek.de; aekwl.de; arztpartner.com; arztverzeichnis.de; dmed.de; d-medico.de; doctoronline. de; doktoren.net; gesundheit-berlin; medifix.de; medizinauskunft.de.

unterscheiden, die nicht den Grundzügen der Weiterbildungsordnung folgt, galten lange als unzulässig[115]. Bei dem um Hilfe nachsuchenden Patienten solle nicht der Eindruck entstehen, bei dem in dem Verzeichnis aufgeführten Arzt handele es sich um einen „Spezialisten", dessen Qualifikation die anderer Kollegen übersteige, obwohl er dieselbe, nach den Berufs- und Weiterbildungsordnungen zulässige Gebiets- bzw. Tätigkeitsbezeichnung führt[116]. Vor allem durch die Rechtsprechung zum anwaltlichen Berufsrecht ist jedoch Bewegung in dieser Frage entstanden, seitdem das Bundesverfassungsgericht[117] die Teilnahme eines Anwalts an einem Auskunftsdienst für rechtsuchende Bürger („Anwaltsuchservice GmbH") nicht mehr als unzulässige Werbung qualifiziert hat. Der Anwalt trete bei diesem System nicht direkt an den potentiellen Mandanten heran; vielmehr sei es der Bürger, der sich an den Anwaltssuchservice wende, um dort geeignete Adressen von Anwälten mit dem von ihm nachgefragten Tätigkeitsschwerpunkt zu bekommen[118].

In seiner Entscheidung zum „Zahnärztesuchservice" hat das BVerfG diese Maßstäbe auch auf den (zahn-)medizinischen Bereich übertragen[119]. In der MBO wurde dieser Gedanke aufgegriffen und dem Arzt ermöglicht, in diesen Verzeichnissen alle Angaben aufnehmen zu lassen, die er auch im Rahmen einer Patienteninformation in der Praxis verwenden dürfte. Allerdings sind nach wie vor Grenzen zu beachten. Eine Entscheidung des LG Kiel[120] wird häufig fehlinterpretiert. Danach soll es weder berufs- noch wettbewerbswidrig sein, wenn sich ein Arzt in einen Patienteninformationsdienst einer gemeinnützigen Stiftung mit der Angabe besonderer Behandlungsmöglichkeiten und Therapieeinrichtungen aufnehmen lasse; ob die Aufnahme gebührenpflichtig oder kostenfrei erfolge, sei unerheblich. Dieses Urteil ist zwar vom OLG Schleswig-Holstein bestätigt worden[121]; dies allerdings nur aus formalen Gründen. Das OLG hat im Übrigen keinen Zweifel daran gelassen, dass das Informationsangebot inhaltlich wettbewerbswidrige Werbung enthält[122]. In eine ähnliche Richtung geht eine Entscheidung des OLG München[123],

---

[115] Siehe auch OLG Frankfurt – 25 U 203/02, MedR 2004, 447: § 28 i. V. D I Nr. 4 BO Schl-Holstein verstößt gegen Art. 12 GG und ist damit nichtig.

[116] Greiff, GesR 2008, 520; OLG Karlsruhe, Urt. v. 9.7.2009 – 4 U 169/07 sowie OLG Karlsruhe, Urt. v. 10.12.2009 – 4 U 33/09, GesR 2010, 354; OVG NRW, Beschl. v. 20.8.2007, 13b A 503/07, GesR 2007, 538, „Spezialist f. Kieferorthopädie" durch Zahnarzt ist irreführend; LG Münster, Urt. v.7.2.2008, 22 O 247/07, GesR 2008, 321, „Männerarzt" nicht ankündigungsfähig, bestätigt durch OLG Hamm, Urt. v. 24.7.2008, 4 U 83/ 08, ZMGR 2008, 277; OLG Hamm, Urt. v. 3.6.2008, I 4 U 59/08 Listung MKG Chirurg unter plastischer Chirurgie; a. A. KG Berlin, Urt. v. 22.3.2002, 5 U 8811/00, NJW-RR, 2003, 64; ebenso OLG Köln, Urt. v. 15.8.2008 – 6 U 20/08.

[117] BVerfG – 1 BvR 899/90, NJW 1992, 1613.

[118] Hess. EGH – 1 EGH 2/90, NJW 1991, 1618; hierzu Feuerich, NJW 1991,1591.

[119] BVerfG – 1 BvR 881/00, NJW 2002, 1864.

[120] LG Kiel – 16 O 19/98 – MedR 1999, 279.

[121] OLG Schleswig-Holstein, Urt. v. 6.7.1999 – 6 U 21/99, Magazindienst 1999, 1131.

[122] S. 14 ff. des Urteilsumdrucks.

[123] OLG München – 29 U 2435/99, MedR 2000, 370 m. Anm. Wiesener; siehe aber auch OLG München – 6 U 2850/00, MedR 2002, 196, Aufnahme von Ärzten in Reisebüro-Datenbank als „Reisemediziner" unzulässig.

die es Verzeichnisbetreibern (und auch Ärzten) untersagt, solche Verzeichnisse zu eröffnen, die über die nach der MBO zulässigen Angaben hinausgehende Einzelheiten enthalten. Bei der Einordnung der Entscheidung muss man den konkreten Sachverhalt kennen (deutlich reklamehafte Züge des Verzeichnisses). Wie Wiesener[124] zu Recht bemerkt, sind bei richtiger Wertung nämlich durchaus Verzeichnisse denkbar, die unter Beachtung dieser Grenzen Angaben zu Spezialkenntnissen enthalten dürfen. Was einem Arzt im Rahmen seiner Homepage erlaubt ist, kann einem Verzeichnisanbieter nicht verboten werden.

Ein praktizierender Arzt muss es im Übrigen hinnehmen, von einem Autor mit Anschrift, Fachgebiet und richtigem Hinweis auf besondere Behandlungsmethoden in einem als Buch vertriebenen Verzeichnis aufgenommen zu werden[125]. Auch auf diesem Wege trete der Arzt nicht von sich aus werbend an die Öffentlichkeit; vielmehr bedürfe es eines Anstoßes von außen, d. h. der Nachfrage des Patienten. Ein persönliches Schutzinteresse an der Nichtveröffentlichung könne der Arzt nicht vorweisen, da persönliche Daten im geschäftlichen Bereich weniger schützenswert seien als die Daten im persönlichen Umfeld[126]. **28**

Im Übrigen besteht für den Arzt keine Pflicht, aktiv gegen derartige Veröffentlichungen vorzugehen, wenn er selbst nichts dagegen einzuwenden hat. Lediglich dann, wenn der Arzt seine Aufnahme in dieses Verzeichnis aktiv nach außen verbreitet, ohne auf die entsprechende Nachfrage durch die Patienten zu warten, könnte der Fall unerlaubter Werbung vorliegen[127]. Der Arzt muss darauf achten, dass ein Eintrag in den Verzeichnissen mit den übrigen Einträgen von Kollegen und Kolleginnen übereinstimmt. Danach wird es zwar heute nicht mehr beanstandet, wenn der Arzt seinen Namen und die Praxisanschrift in amtlichen allgemeinen Fernsprechbüchern drucktechnisch hervorheben lässt, im Branchenfernsprechbuch, in dem auch andere Kollegen aufgenommen sind, ist dies jedoch nicht zulässig. Auch der Zukauf von Leerzeilen ist nicht gestattet. Der Abdruck der Sprechstundenzeiten ist hingegen erlaubt. Es kann gegen das in der Berufungsordnung enthaltene Verbot berufswidriger Werbung verstoßen, wenn ein niedergelassener Arzt bei der Eintragung im Branchentelefonbuch „Gelbe Seiten" auf seine besondere apparative Ausstattung (hier: Herzkathetermessplatz) hinweist oder den Anschein erweckt, zugleich in einer Spezialabteilung eines Krankenhauses tätig zu sein[128]. Diese Entscheidung ist vom Bundesverwaltungsgericht allerdings als zu restriktiv

---

[124] Wiesener, Anm. zu OLG München MedR 2000, 370.

[125] OLG Nürnberg – 6 U 2923/91, NJW 1993, 796.

[126] BGH – VI ZR 104/90, NJW 1991, 1532, ähnlich für Veröffentlichung von Ärzten, die den ärztlichen Notfalldienst versehen; nach AG Frankfurt a. M. – 30 C 3413/89 – 48, NJW-RR 1990, 1438, stellt es einen Eingriff in den eingerichteten und ausgeübten Gewerbebetrieb dar, wenn ein Anwalt von einem gewerblichen Suchservice in die Kartei aufgenommen wird, ohne sein Einverständnis hierzu gegeben zu haben.

[127] Ähnlich BGH – I ZR 183/91, NJW 1993, 2938 für den Fall von Merkblättern, die die Steuerberaterkammer unter Nennung von geeigneten Steuerberatern unaufgefordert verteilt.

[128] OVG Hamburg – Bf VI 46/95, MedR 1996, 277.

aufgehoben worden[129]. Letztlich zeigt auch diese Entscheidung, dass die Rechtsprechung das Informationsbedürfnis der Bevölkerung zunehmend auch als Informationsrecht des Patienten interpretiert.

29 Nach Ansicht des OLG Hamburg[130] soll es unzulässig sein, sich in ein postunabhängiges Branchenverzeichnis gegen Zahlung eines Geldbetrages eintragen zu lassen, wenn es offensichtlich ist, dass nicht alle Angehörigen der Berufsgruppe darin aufgenommen sind und das Druckwerk werblich genutzt werden soll. Das Verzeichnis müsse einen kostenfreien Grundeintrag (Name und Telefonnummer) gewährleisten. Formal ist dies durch § 28 Abs. 1 MBO gedeckt. Ob diese Entscheidungen im Lichte der Entscheidung des Bundesverfassungsgerichtes zum „Anwaltssuchservice" oder auch zum „Zahnarztsuchservice"[131] noch Gültigkeit beanspruchen können, muss jedoch bezweifelt werden.

30 Sonderverzeichnisseohne werbenden Charakter sind in der Regel die Mitgliederverzeichnisse der Berufsverbände, Adressbücher privater Verlage, sofern die Aufnahme grundsätzlich jedem Arzt des Verbreitungsgebietes des Verzeichnisses zugänglich und die drucktechnische Ausführung einheitlich ist, und ähnliches mehr. Ein werbendes Sonderverzeichnis kann jedoch die Zusammenstellung von Ärzten sein, die z. B. einem bestimmten Club angehören oder einem Unternehmen besonders verbunden sind[132]. Auf die äußere Form des Adressverzeichnisses kommt es im Übrigen weniger an. Es kann also sowohl eine in Broschürenform heraus-gegebene Adressenliste, ein Internet-Verzeichnis, ein Prospekt oder die von manchen Initiativen geführten Spezialdateien sein.

---

[129] BVerwGE 105, 362 ff.
[130] OLG Hamburg – 3 U 95/87, MedR 1989, 151; ebenso OLG München – 6 U 5068/89, NJW 1990, 1546.
[131] BVerfG – 1 BvR 881/00, NJW 2002, 1864.
[132] LBG für die Heilberufe beim BayObLG, Urt. v. 11.11.1971, Heile, Mertens, Pottschmidt, A. 2.13 Nr. 8, Eintragung eines Zahnarztes in das Adressverzeichnis für angeschlossene Vertragsunternehmen eines weltweiten Kreditkartenunternehmens; kritisch hierzu Schulte, S. 101, der zurecht den Werbeeffekt derartiger Verzeichnisse relativiert; differenzierend OLG München GRUR 1990, 382, Mitgliederverzeichnisse von Rotary, Lions oder Round Table eher nicht werblich, anders aber ein Anzeigenbuch für Wirtschaft und freie Berufe.

§ 28 Verzeichnisse

- aufgehoben

3. Berufliche Zusammenarbeit

§ 29 Kollegiale Zusammenarbeit

(1) Ärztinnen und Ärzte haben sich untereinander kollegial zu verhalten. Die Verpflichtung, in einem Gutachten, auch soweit es die Behandlungsweise einer anderen Ärztin oder eines anderen Arztes betrifft, nach bestem Wissen die ärztliche Überzeugung auszusprechen, bleibt unberührt. Unsachliche Kritik an der Behandlungsweise oder dem beruflichen Wissen einer Ärztin oder eines Arztes sowie herabsetzende Äußerungen sind berufswidrig.

(2) Es ist berufswidrig, eine Kollegin oder einen Kollegen aus ihrer oder seiner Behandlungstätigkeit oder aus dem Wettbewerb um eine berufliche Tätigkeit durch unlautere Handlungen zu verdrängen. Es ist insbesondere berufswidrig, wenn sich Ärztinnen und Ärzte innerhalb eines Zeitraums von einem Jahr ohne Zustimmung der Praxisinhaberin oder des Praxisinhabers im Einzugsbereich derjenigen Praxis niederlassen, in welcher sie in der Aus- oder Weiterbildung mindestens drei Monate tätig waren. Ebenso ist es berufswidrig, in unlauterer Weise eine Kollegin oder einen Kollegen ohne angemessene Vergütung oder unentgeltlich zu beschäftigen oder eine solche Beschäftigung zu bewirken oder zu dulden.

(3) Ärztinnen und Ärzte mit aus einem Liquidationsrecht resultierenden oder anderweitigen Einkünften aus ärztlicher Tätigkeit (z. B. Beteiligungsvergütung) sind verpflichtet, den von ihnen dazu herangezogenen Kolleginnen und Kollegen eine angemessene Vergütung zu gewähren bzw. sich dafür einzusetzen, dass die Mitarbeit angemessen vergütet wird.

(4) In Gegenwart von Patientinnen und Patienten oder anderen Personen sind Beanstandungen der ärztlichen Tätigkeit und zurechtweisende Belehrungen zu unterlassen. Das gilt auch im Verhältnis von Vorgesetzten und Mitarbeitern und für den Dienst in den Krankenhäusern.

(5) Die zur Weiterbildung befugten Ärztinnen und Ärzte haben ihre nach der Weiterbildungsordnung gegenüber Weiterzubildenden bestehenden Pflichten zu erfüllen.

(6) Ärztinnen und Ärzte dürfen ihre Mitarbeiterinnen und Mitarbeiter nicht diskriminieren und haben insbesondere die Bestimmungen des Arbeits- und Berufsbildungsrechts zu beachten.

Abweichender Wortlaut der Berufsordnungen in den Kammerbezirken:

Bayern
(2)......fehlt: oder zu dulden.

Hamburg
(2) Die Meldung des begründeten, durch Tatsachenangaben gestützten Verdachts auf ein ärztliches Fehlverhalten, insbesondere eine Fehlbehandlung, an die Ärztekammer Hamburg, stellt keinen Verstoß gegen das Gebot der Kollegialität dar.

...

(7) Nachuntersuchungen arbeitsunfähiger Patienten eines Arztes dürfen von einem anderen Arzt hinsichtlich der Arbeitsunfähigkeit nur im Benehmen mit dem behandelnden Arzt durchgeführt werden. Die Bestimmungen über den medizinischen Dienst der Krankenkassen oder amtsärztliche Aufgaben werden hiervon nicht berührt.

Niedersachsen
(3) Ärzte, die andere Ärzte zu ärztlichen Verrichtungen bei Patienten heranziehen, denen gegenüber nur sie einen Liquidationsanspruch haben, sind verpflichtet, diesen Ärzten eine angemessene Vergütung zu gewähren. Erbringen angestellte Ärzte für einen liquidationsberechtigten Arzt abrechnungsfähige Leistungen, so ist der Ertrag aus diesen Leistungen in geeigneter Form an die beteiligten Mitarbeiter abzuführen. Die Beteiligung erfolgt nach vertraglicher Abmachung oder in Form einer Poolordnung. Bemessungsgrundlage für die Mitarbeiterbeteiligung ist der Liquidationserlös vermindert um gesetzliche und vertragliche Abzüge. Die Beteiligung beträgt mindestens 20% und mindestens 50%, wenn die liquidationsfähigen Leistungen vom Mitarbeiter auf Dauer überwiegend selbst erbracht werden.

(3a) Ärzte mit Einkünften, die anstelle eines Liquidationsrechts nach Absatz 3 gewährt werden (z. B. Beteiligungsvergütung), sind verpflichtet, sich dafür einzusetzen, dass die Mitarbeit der von ihnen herangezogenen Kollegen angemessen vergütet wird. Absatz 3 Sätze 3 bis 5 geltend entsprechend.

Änderungen 114. Deutschen Ärztetag:

Absätze 3–5 verändert, Abs. 6 angefügt.

Übersicht Rz.

I. Die Bedeutung der Norm 1
II. Kollegialität, Meinungsfreiheit und Gutachterpflichten 2
III. Das Konkurrenzverbot 7
IV. Die Beteiligungspflicht gegenüber anderen Ärzten 15
V. Verpflichtung zur Weiterbildung 16

Literatur
Andreas, Die Mitarbeiterbeteiligung nach Standesrecht, ArztR 1999,116; Bender, HK-AKM Stichwort „Mitarbeiterbeteiligung" Ordnungszahl. 3690; Bonvie, Bindung des Vertragsarztsitzes an das Unternehmen „Arztpraxis", GesR 2008, 505; Dettmeyer, Ärztliches Kollegialitätsgebot,

Beamtenpflichten und Grundsätze zur Sicherung guter wissenschaftlicher Praxis, MedR 2013, 353 ff.; Friebel, Gutachterliche Probleme bei der Unterstützung durch den medizinischen Dienst, Wege zur Sozialversicherung (WzS) 1993, 193; Gaidzik, Das Kollegialitätsgebot in der ärztlichen Berufsordnung, MedR 2003, 497; Hollmann, Konkurrenzschutz unter Ärzten, ArztR 1991, 269; Kamps, Wiedereinbestellung von Patienten, MedR 1994, 194; Krieger, Fortführung der Arztpraxis nach GSG – Die Wettbewerbsabrede im Vertrag über eine Praxisgemeinschaft unter besonderer Berücksichtigung möglicher Zulassungsbeschränkungen, MedR 1994, 240; Lippert, Rechtsprobleme der Mitarbeiterbeteiligung, NJW 1980,1984; Marx, Medizinische Begutachtung – Pflicht oder Gefälligkeit?, DÄ (C) 1992, 1291; Pfisterer, Gesellschaftsvertragliche Vereinbarungen über vertragsärztliche Zulassungen, Festschr. zum 10-jährigen Bestehen Arge-MedR im DAV 2008, 785.; Rieger, HK-AKM Stichwort „Wettbewerbsverbot" Ordnungszahl. 5550; Schnath, Bedarfsplanung und Konkurrenzschutz im Kassenarztrecht, 1992; Schwerdtfeger, Weiterbildungsnormen der Ärztekammern auf dem rechtlichen Prüfstand, 1989; Spoerr, Brinker, Diller, Wettbewerbsverbote zwischen Ärzten, NJW 1997, 3056; Steinhilper, Schiller, Maulkorb für KVen und Vertragsärzte, MedR 2003, 661; Taupitz, Die zivilrechtliche Pflicht zur unaufgeforderten Offenbarung eigenen Fehlverhaltens, 1989; ders., Die Standesordnungen der freien Berufe, 1991; Wertenbruch, Die vertragliche Bindung des Kassenarztsitzes, NJW 2003, 1904.

I. Die Bedeutung der Norm

§ 29 MBO wurde in seinen früheren Fassungen oft als „Mauschelparagraf" bezeichnet bzw. „der Krähentheorie" zugerechnet[1]. Mittlerweile dürfte sich jedoch herumgesprochen haben, dass diese Krähentheorie sich immer mehr in ihr Gegenteil verwandelt, d. h. eine Krähe der anderen nicht nur eines, sondern beide Augen aushackt. Aus dem Gesamtzusammenhang ergibt sich, dass die standesrechtliche Kollegialitätspflicht nicht nur den einzelnen Arzt und den Patienten, sondern auch die Wahrung des Ansehens des gesamten Berufsstandes im Interesse einer wirksamen Gesundheitsvorsorge zum Gegenstand hat. Allerdings ist die Vorschrift insgesamt unausgewogen und vermengt standesrechtliche Regelungsabsichten mit arbeits- und beamtenrechtlichen Regelungen. Durch die MBO-Novelle im Rahmen des 114. Deutschen Ärztetages 2011 ist § 29 sprachlich zum Teil neu gefasst[2]. Absatz 1 wurde sprachlich straffer formuliert. Die Neufassung von Absatz 3 war notwendig geworden, um insbesondere in Bezug auf die Beteiligungsvergütung von (ärztlichen) Mitarbeitern zu unveränderten Ergebnissen zu gelangen, wenn den leitenden Ärzten kein Privatliquidationsrecht (mehr) eingeräumt und die Wahlleistungsvereinbarung vom Krankenhausträger abgeschlossen wird. Absatz 5 soll klarstellen, dass die zur Weiterbildung befugten Ärzte darauf achten sollen, dass Weiterbildung bei den zu diesem Zweck angestellten Ärzten im Vordergrund stehen soll. 1

---

[1] BGH, Urt. v. 22.4.1975 – VI ZR 50/74 – NJW 1975, 1463; weitere Nachweise bei Taupitz, Die Standesordnungen, S. 306, 310 f.; ders. zur historischen Entwicklung, S. 217, 222, 228.
[2] Siehe hierzu die im Rahmen der Veröffentlichung nachfolgend wiedergegebene Begründung DÄ 2011 A, 1991.

II. Kollegialität, Meinungsfreiheit und Gutachterpflichten

2 § 29 Abs. 1 Satz 2[3] stellt einen vermeintlichen Gegensatz dar. Nicht wenige Ärzte wähnen sich hier als Zeugen oder Sachverständige in einem Zwiespalt zwischen Gutachterpflichten und Standesrecht. Allerdings verkennen sie dabei, dass es im Geltungsbereich des Gesetzes keine Standesregel gibt, die die Pflicht zur unabhängigen Erstattung eines Gutachtens ohne Ansehen der beteiligten anderen Ärzte einengen könnte. Solchermaßen falschverstandene Kollegialität hatte der BGH in früheren Jahren vielfach gerügt. Letztlich hat dies, zunächst als rücksichtsvoll verstandenes Verhalten, dem Berufsstand insgesamt, insbesondere was die Funktion als Gutachter anbelangt, Schaden zugefügt. Über das gegenteilige Verhalten, nämlich das „ungeschminkte" Abgeben eines Urteils über einen anderen Kollegen hatte der Gerichtshof für die Heilberufe Niedersachsen zu entscheiden[4]. Zwei (Tier-)Ärzte hatten ihre Praxen in benachbarten Gemeinden und standen in einem ziemlich angespannten Konkurrenzverhältnis zueinander. Als der eine Arzt in zwei Fällen sein Honorar gerichtlich einklagte, wandte die Gegenseite jeweils ein, er habe einen Behandlungsfehler begangen. Zum Beweis berief man sich auf das Zeugnis des anderen Arztes. Dieser hatte in einem Fall auf eine entsprechende Schilderung hin geäußert, wenn der Vorgang sich so zugetragen habe, so sei dies empörend; man solle das dann der zuständigen Kammer melden. In einem anderen Fall äußerte er vor Gericht auf eine entsprechende Frage, nach seinem Dafürhalten wäre es für einen einigermaßen erfahrenen Praktiker von vornherein klar gewesen, worin die Krankheitsursache gelegen habe. Während er in der ersten Instanz noch einen Verweis erhielt, wurde er im Berufungsverfahren freigesprochen. Wahrheitsgemäße Zeugenaussagen und nach bestem Wissen und Gewissen erstattete Sachverständigengutachten verletzen die Pflicht zu rücksichtsvollem Verhalten nur dann, wenn eine Äußerung ohne jeglichen inneren Zusammenhang mit dem Beweisthema steht oder als Formalbeleidigung anzusehen ist. Beides war hier nicht gegeben. So habe der Arzt in dem einem Fall nicht von sich aus gegenüber unbeteiligten Dritten abfällige Äußerungen über seinen Kollegen verbreitet, sondern lediglich einen Sachverhalt bewertet, der ihm von einem früheren Kunden des anderen Arztes unterbreitet worden sei. Auch der Rat, den Sachverhalt der Ärztekammer zur Anzeige zu bringen, könne ihm nicht zum Vorwurf gemacht werden, da derartige Kammern gerade dazu da seien, dem Verdacht unkorrekter Praxisausübung nachzugehen.

3 Wissenschaftliche Auseinandersetzungen können schon per definitionem nicht Gegenstand eines Kollegialitätsverstoßes sein[5]. Dettmeyer[6] weist allerdings zurecht darauf hin, dass die häufige Übung von Vorgesetzten, sich als Co-Autor (auch als „Ehrenautorenschaft" bezeichnet) bei wissenschaftlichen Arbeiten ihrer Mitarbeiter

---

[3] Eingefügt 1979.
[4] Urt. v. 18.4.1983 – 3 S 1/83.
[5] Beschl. des LBerG f. Ärzte Stuttgart v. 25.2.1989, zit. nach Heile/Mertens/Pottschmidt, A.2 Nr. 50.
[6] MedR 2013, 353 ff.;

mit benennen zu lassen, obwohl es an einer echten Co-Autorenschaft mangelt, unter Kollegialitätsgesichtspunkten mehr als problematisch sein kann und letztlich auch nicht der guten wissenschaftlichen Praxis entspricht. Das Kollegialitätsgebot ist auch dann kein Maßstab, wenn der Arzt sich in der Öffentlichkeit an der Diskussion allgemeinpolitischer Themen beteiligt, auch wenn sie einen Bezug zum Gesundheitswesen aufweisen[7]. Eine Einschränkung der grundgesetzlich geschützten Meinungsfreiheit ist nur zum Schutze übergeordneter Interessen des Gemeinwohls zulässig; das Kollegialitätsgebot darf daher in einem demokratischen Rechtsstaat freiheitlicher Prägung nicht als „Maulkorb" missbraucht werden[8].

Die Grenze zu unkollegialem Verhalten ist aber dort überschritten, wo ein Arzt die Behandlungsweise eines anderen Kollegen ohne sachlichen Grund abfällig beurteilt und gleichzeitig seine eigene Behandlungsmethode quasi anpreisend hervorhebt. Das Berufsrecht geht dabei über die zivilrechtlichen Grundsätze zu Widerrufs- und Unterlassungsansprüchen ehrverletzender Äußerungen hinaus. Nach der Rechtsprechung[9] besteht ein Anspruch auf Widerruf bzw. Unterlassung ehrverletzender Äußerungen dann nicht, wenn diese Behauptungen im engen Familienkreis oder im Anwaltsgespräch bzw. im Arzt-Patienten-Verhältnis gefallen ist. Würden sie in diesem engen Vertrauensverhältnis fallen, bestehe kein berechtigtes Interesse daran, Wahrheit oder Unwahrheit in einem Gerichtsverfahren klären zu lassen. Allerdings sind derartige Äußerungen nur in diesen besonders geschützten Vertrauensverhältnissen privilegiert. Fallen sie außerhalb, d. h. im Kreis von Klinikmitarbeitern, kommt es nicht darauf an, ob sie in „kleinem" oder „großem" Kreis gefallen sind. Beschuldigungen unter vier Augen oder in einem kleinen Kreis sachlich Interessierter können u. U. nachhaltiger beeinträchtigen als öffentliche Kritik, von der der Betroffene schneller Kenntnis erlangt und ihr deshalb auch eher entgegentreten kann[10]. Im Übrigen sollte man nicht vergessen, dass manch unbedacht geäußerter Vorwurf Anlass zu Behandlungsfehlerprozessen gibt, die zwar letztlich ohne befriedigendes Ergebnis für den Patienten enden, alle Beteiligten aber unnötig belasten.

Bei der Information darüber, dass die bisherige Gemeinschaftspraxis aufgelöst ist und künftig getrennte Praxen geführt werden, müssen Werbung für die eigene Praxis und kritische Bemerkungen über die Praxis des bisherigen Partners vermieden

---

[7] Urt. des BG für die Heilberufe Schleswig v. 7.9.1988, nach Heile/Mertens/Pottschmidt, A.2 Nr. 48.
[8] VG Frankfurt, Urt. v. 30.10.1995 – 9 E 3615/94 – NVwZ-RR 1997, 148; BVerfG, NJW 2004, 354; BG Niedersachsen, Urt. v.16.2.2005 – BG 25/04, GesR 2005, 371; BSG, Urt. v. 11.8.2002 – B 6 KA 36/01 R, MedR 2003, 357; BSG, Urt. v. 28.10.2004 – B 6 KA 67/03 R.
[9] OLG Düsseldorf, Urt. v. 13.2.1974, 15 U 140/73, NJW 1974, 1250; BGH, Urt. v. 20.12.1983 – VI ZR 94/82 – NJW 1984, 1104; LG Aachen, Urt. v.8.2.1989, 4 O 109/88, VersR 1990, 59.
[10] BGH, Urt. v. 20.12.1983 – VI ZR 94/82 – NJW 1984, 1104.

werden[11]. Demgegenüber befand das LG München I[12], einem Arzt dürfe nicht verwehrt werden, seine in laufender Behandlung befindlichen Patienten auf seine neue Praxis hinzuweisen, damit dort ggf. die Behandlung fortgesetzt werden könne. Der Patient habe sogar einen durchsetzbaren Informationsanspruch, der durch ein Wettbewerbsverbot nicht eingeschränkt werden dürfe. Für eine Mandantenschutzklausel bei Zahlung einer Abfindung hat der BGH im Falle einer Rechtsanwaltskanzlei den gegenteiligen Standpunkt vertreten.[13]

6 Für Ärztekammern tätige Ärzte verlieren den Anspruch auf Kollegialität und gegenseitige Respektierung nicht durch ihre Funktionärstätigkeit[14]. Allerdings kann je nach berufspolitischer Situation ein etwas anderer Maßstab angelegt werden[15]. Im Rahmen von Wirtschaftlichkeitsprüfungen ist dem Arzt unter dem Gesichtspunkt der Wahrnehmung berechtigter Interessen eine auch zum Teil deutliche Sprache zuzubilligen. Der Schutz der Meinungsfreiheit gemäß Art. 5 GG umfasst auch polemische Äußerungen gegen Mitglieder der Kammerorgane, wenn sie in einem aktuellen berufspolitischen Streit fallen und von der Aussage her das Maß möglicher Kritik nicht überschreiten. Das Standesrecht darf nicht zur Disziplinierung unliebsamer Kritiker herhalten[16].

III. Das Konkurrenzverbot

7 Absatz 2 Satz 1 wiederholt den allgemeinen Grundsatz des Verbots wettbewerbswidrigen Verhaltens. Satz 2 konkretisiert dieses Verbot für einen bestimmten Lebenssachverhalt. Der Praxisinhaber, der einem jungen Kollegen die Gelegenheit zur Weiterbildung gibt, soll nicht befürchten müssen, dass ihm dieser nach Beendigung der gemeinsamen Tätigkeit Konkurrenz macht. Neben dem Schutz des Praxisinhabers ist natürlich ein beabsichtigter Nebenzweck, Hemmschwellen zur Anstellung dieser jungen Ärzte abzubauen. Während früher das Konkurrenzverbot weitgehend akzeptiert wurde, gilt dies heute nicht mehr gleichermaßen[17]. Hinzu kommt die ersatzlose Streichung der Vorbereitungszeit und die Einführung einer

---

[11] BG für Heilberufe beim VG Wiesbaden, Beschl. v. 20.3.1991 – BG 1/90 – n. v.; BSG, Urt. v. 19.8.1992 – B 6 KA 35/90 R, MedR 1993, 279, Beendigungsbeschluss Zulassungsausschuss hat keine Gestaltungswirkung im Gesellschaftsrecht.

[12] LG München I, Urt. v. 17.9.1998 – 7 O 15176/98 – n. v.; ähnlich LG München I, Urt. v. 23.4.2001 – 27 O 1782/01 – n. v., für Möglichkeit ein Schild am Praxiseingang mit Hinweis auf neue Praxisanschrift trotz Wettbewerbsklausel anbringen zu dürfen, wenn Klausel unwirksam.

[13] BGH, Urt. v. 8.5.2000 – II ZR 308/98, NJW 2000, 2584 = BRAK-Mitteilungen 2000, 205 ff.

[14] BG für die Heilberufe beim OLG Nürnberg, Urt. v. 14.11.1979 – BG-Ä/79 – n. v.; BG für die Heilberufe beim OLG München, Beschl. v. 30.1.1985.

[15] LBerG für Heilberufe b OVG Münster, Beschl. v. 16.12.1981.

[16] BVerfG, Beschl. v. 19.12.1990 – 1 BvR 389/90 –NJW 1991, 1529; BVerfG, Beschl. v. 24.9.1993 – 1 BvR 1491/89 – MedR 1994, 151; BVerfG, Besch. v. 28.2.2007 – 1 BvR 2520/05, GesR 2007, 253: Bezeichnung von Arbeitsmaterialien als „Unfug".

[17] Gerichtshof für die Heilberufe Niedersachsens, Urt. v. 15.10.1971; Hollmann, ArztR 1991, 269; BGH, NJW 1991, 699.

Pflichtweiterbildung, die es einem jungen Arzt ohne diese Pflichtweiterbildung unmöglich macht, sich in freier Praxis als Vertragsarzt niederzulassen. Ein Konkurrenzverbot setzt aber eine wirksame vertragliche Vereinbarung voraus[18]. Die seit dem 1.1.1993 eingeführten, verschärften Bedarfsplanungsinstrumente, die in weiten Bereichen der Bundesrepublik zu Niederlassungssperren geführt haben, können bei der Beurteilung der Wirksamkeit entsprechender Klauseln nicht außer Betracht bleiben. Dies alles lässt es deshalb als unbillig erscheinen, an den überkommenen Voraussetzungen für Konkurrenzverbote (jedenfalls für ausgeschiedene Weiterbildungsassistenten)[19] vor Einführung der Bedarfsplanung in gleicher Weise festzuhalten. So dürfte ein Konkurrenzverbot dann unzulässig sein, wenn ansonsten eine berufliche Betätigung für den jungen Arzt in unzulässiger Weise erschwert würde. Dies ist z. B. dann anzunehmen, wenn alle Bezirke im Umkreis für eine Niederlassung wegen entsprechender Zulassungssperren nicht mehr in Betracht kommen[20]. Das Konkurrenzverbot ist auch dann nichtig und damit unbeachtlich, wenn für seine Vereinbarung keine entsprechende Entschädigung gewährt wird[21], der Einzugsbereich je nach Fachgebiet unbillig ausgedehnt[22] ist oder die vereinbarte Zeitdauer die Zweijahresgrenze übersteigt[23].

Ärzte neigen dazu, den Einzugsbereich ihrer Praxis als ihr Herrschaftsgebiet zu betrachten, in dem sich keiner, der sich ihrer „Gunst" nicht mehr als würdig erweist, niederlassen darf. Es liegt auf der Hand, dass ein derartig vorparlamentarisch geprägtes Rechtsverständnis, insbesondere vor dem Grundsatz der freien Arztwahl

8

---

[18] BGH, Urt. v. 29.10.1990, II ZR 241/89, NJW 1991, 699; BGH, Urt. v. 14.7.1997 – II ZR 238/96,1997, 3089; a. A. OLG Stuttgart, Urt. v. 20.11.1998, Az. 2 U 204/96, NZG 1999, 252, wobei das OLG für die privatärztliche Tätigkeit durchaus eine wirksame Klausel voraussetzt, nicht aber für die vertragsärztliche Tätigkeit; diese habe der Junior nur deshalb aufnehmen können, weil er im Wege der Nachbesetzung „einen Sitz der Gemeinschaftspraxis" erhalten habe.

[19] Für „Juniorpartner" in Gemeinschaftspraxen, die den Vertragsarztsitz „mit Hilfe der Gemeinschaftspraxis" erlangt haben, können andere Regeln gelten, siehe die einschlägige Kommentierung bei § 18 Rdnr. 33.

[20] OLG München, Urt. v. 22.4.1996, 17 U 3531/95, MedR 1996, 567; Krieger, MedR 1994, 240; LG Limburg, Urt. v. 3.7.1996, 1 O 96/96, MedR 1997, 221.

[21] Faustregel mindestens die Hälfte der zuletzt gezahlten monatlichen Bezüge (pro Monat des Konkurrenzverbots).

[22] LG München I, Urt. v. 19.12.2000, 28 O 15468/00; bezüglich des räumlichen Umfelds ist auch darauf zu achten, wie viel andere Konkurrenz bereits vorhanden ist. Ein Arzt ist weniger schützenswert, wenn im großstädtischen Zentrumsbereich bereits zahlreiche andere Kollegen gleicher Fachrichtung mit ihm konkurrieren. In einem derartigen Fall kann er nicht das Zentrum für sich reklamieren, LG München I, Urt. v. 30.4.1996 – 223 O 110/96, bestätigt durch OLG München, Urt. v. 11.11.1996 – 17 U 3910/96; LG München I, Urt. v. 29.1.2002 – 4 O 21006/01 zum Wettbewerbsverbot v. Frauenärzten in der Münchner Innenstadt, i. E. ablehnend.

[23] Siehe z. B. LAG Niedersachsen, Urt. v. 31.8.1993, ArztR 1994, 146; aber Reduktion auf wirksamen Zeitraum möglich (für den Fall des Rückkehrverbots bei Praxisübernahme) LG Trier u. OLG Koblenz, Urt. v.22.9.1993, 9 U 279/92, MedR 1994, 367, 368; aber keine geltungserhaltende Reduktion bei räumlichem Wirkungskreis BGH, NJW 1986, 2945, keine Anpassung möglich, sondern Nichtigkeit; BGH, NJW 1991, 699; OLG Hamm, Urt. v.15.2.1993, 8 U 154/92 NJW-RR 1993, 1314; BGH, NJW 1997, 3089.

des Patienten, einigen Begründungsaufwand erfordert. Ein Konkurrenzverbot setzt eine wirksame vertragliche Vereinbarung voraus[24]. Dies wiederum erfordert wegen der grundgesetzlich geschützten Berufsfreiheit (Art. 12 GG) ein schützenwertes Interesse des Berechtigten.

9   Bezüglich des räumlichen Umfelds ist auch darauf zu achten, wie viel andere Konkurrenz bereits vorhanden ist. Ein Arzt ist weniger schützenswert, wenn im großstädtischen Zentrumsbereich bereits zahlreiche andere Kollegen gleicher Fachrichtung mit ihm konkurrieren. In einem derartigen Fall kann er nicht das Zentrum für sich reklamieren[25].

10 Übersteigt die vereinbarte Zeitdauer die Zweijahresgrenze[26] ist aber eine Reduktion auf wirksamen Zeitraum möglich[27]. Eine zeitlich unbegrenzte Wettbewerbsbeschränkung ist sittenwidrig; sie kann allerdings im Wege der geltungserhaltenden Reduktion auf das noch zu billigende zeitliche Maß (regelmäßig zwei Jahre) zurückgeführt werden[28].

11 Eine geltungserhaltende Reduktion bei zu großer örtlicher Ausdehnung wurde vom BGH bislang abgelehnt[29]. Ein sachlich zu weit gehendes Konkurrenzverbot ist nach ganz einhelliger Meinung keiner geltungserhaltenden Reduktion mehr zugänglich[30]. Für Senior-/Juniormodelle wird im Übrigen eine zusätzliche Entschädigung für die Eingehung des Konkurrenzverbotes zugunsten des Juniors verlangt[31].

12 Ist eine Konkurrenzklausel nach zivilrechtlichen Grundsätzen unwirksam, kann sie auch keine berufsrechtlichen Konsequenzen mehr nach sich ziehen. Das berufs-

---

[24] BGH NJW 1991, 699; BGH, Urteil v. 14. 7. 1997 – II ZR 238/96; a. A. OLG Stuttgart NZG 1999, 252, wobei das OLG für die privatärztliche Tätigkeit durchaus eine wirksame Klausel voraussetzt, nicht aber für die vertragsärztliche Tätigkeit; diese habe der Junior nur deshalb aufnehmen können, weil er im Wege der Nachbesetzung „einen Sitz der Gemeinschaftspraxis" erhalten habe.

[25] LG München I, Urt. v. 30. 4. 1996 – 223 O 110/96, bestätigt durch OLG München, Urteil v. 11. 11. 1996 – 17 U 3910/96; LG München I, Urteil v. 29. 1. 2002 – 4 O 21 006/01 zum Wettbewerbsverbot v. Frauenärzten in der Münchner Innenstadt, iE. ablehnend; siehe auch LG Heidelberg, Urt.v. 30.9.2013 - 5 O 104/13, GesR 2014, 308ff.

[26] BGH, Urt. v. 7.5.2007 – II ZR 281/05 MedR 2007, 595 m. Anm. Dahm; LAG Niedersachsen ArztR 1994, 146.

[27] für den Fall des Rückkehrverbots bei Praxisübernahme LG Trier u. OLG Koblenz MedR 1994, 367, 368; aber keine geltungserhaltende Reduktion bei räumlichem Wirkungskreis BGH NJW 1986, 2945, keine Anpassung möglich, sondern Nichtigkeit; BGH NJW 1991, 699; OLG Hamm NJW-RR 1993, 1314; BGH NJW 1997, 3089.

[28] BGH NJW-RR 1996, 741; BGH NJW 2000, 2584; so auch OLG Hamm, Beschl. v. 13.2.2012 – I- 8 W 16/12, MedR 2013, 377.

[29] BGH NJW 1991, 699; BGH NJW 1997, 3089 zwar offen lassend, aber auch die bisherige Rspr. nicht korrigierend.

[30] BGH NJW 1997, 3089; BGH NZG 2005, 843, auch für Medizinrechtler von Interesse.

[31] BGH NJW 1997, 799, 801 für Weiterbildungsassistenten; OLG Stuttgart, Urteil v. 13. 3. 1998, 2 U 21/98 für Juniorpartner § 74 II HGB analog; ebenso OLG Stuttgart, Urteil v. 21. 2. 2001, 20 U 57/2000; Faustregel: mindestens die Hälfte der zuletzt gezahlten Bezüge pro Monat des Konkurrenzverbotes (aber aufgeh. d. BGH, Urt. v. 22.7.2002 – II ZR 90/01, GesR 2002, 91), siehe auch OLG Köln, NZG 2001, 165 m. Anm. Gitter, Konkurrenzverbot gegenüber Minderheitsgesellschafter (5 %) durchaus möglich.

rechtliche Konkurrenzverbot alleine, ist wiederum ohne entsprechende vertragliche Absprachen zivilrechtlich nicht durchsetzbar[32].

Eine Variante des Wettbewerbsverbots stellt eine vertragliche Verpflichtung zu lasten des Ausscheidenden des Inhalts dar, dass er das Recht zur Nachbesetzung auf die verbleibenden Praxispartner übertragen muss[33]. Die Zurückbleibenden können den Ausscheidenden per einstweiliger Verfügung zwingen, nicht ohne ihre Zustimmung auf den Vertragsarztsitz zu verzichten, um die gesellschaftsfreundliche Nachbesetzung zu ermöglichen[34], oder sogar auf seine Zulassung zugunsten eines neuen Kooperationswilligen zu verzichten[35]. Unter verfassungsrechtlichen Gesichtspunkten (Art. 12 I GG) kann eine derartige Vertragsklausel jedenfalls dann unwirksam sein, wenn sie bei ihrer Umsetzung faktisch die Fortführung der bisherigen Berufstätigkeit des Ausscheidenden im räumlichen Umfeld (Zulassungsbezirk und angrenzende Bezirke) vereitelt, ohne dass sachliche Gründe mit entsprechender Entschädigung hierfür gegeben sind[36]. Der BGH hat jedoch entsprechende Vereinbarungen zumindest für den Beginn einer Kooperation gebilligt, wenn der „Junior" den Sitz von der Praxis bekommen und keine größeren Investitionen getätigt hat[37].

13

Dies gilt erst recht im Falle des reinen „Konzessionshandels", wenn also der angeblich Berechtigte aufgrund vertraglichen Anspruchs meint, die öffentlich rechtliche Zulassung als Vermögenswert[38] für die eigenen Belange instrumentalisieren zu können[39]. Im Hinblick auf den Ausnahmecharakter der Hinauskündigung wird man aus Sicherheitserwägungen den zulässigen Zeitraum eher bei zwei

14

---

[32] BGH, MedR 1997, 117, zur verfassungsrechtlichen Beurteilung eines in einer Berufsordnung für Ärzte enthaltenen Wettbewerbsverbots, durch das es dem zum Facharzt weitergebildeten Arzt untersagt wird, sich innerhalb von zwei Jahren im Einzugsbereich der Praxis niederzulassen, in der die Weiterbildung erfolgte; LG München I, Urteil v. 30. 4. 1996, 23 O 110/96.

[33] BSG, MedR 1999, 382; LG Bochum, NZS 1999, 409; OLG Rostock, Beschl. v. 29.3.2011 – 1 U 189/10 n. v.

[34] BGH, Urt. v. 22.7.2002 – II ZR 90/01, NJW 2002, 3536; BGH, Urt. v. 22.7.2002 – II ZR265/00, NJW 2002, 3538. BGH, Urt. v. 8.3.2004 – II ZR 165/02, NZG 2004, 569; OLG München, Beschl. v. 7.5.2008, 34 Sch 008/07, GesR 2008, 364; Goodwill und Ausscheiden OLG S-H, Urt. v. 29.1.2004 – 5 U 46/97, GesR 2004, 226.

[35] OLG Hamm MedR 1998, 565 m. Anm. Dahm, der zu Recht die Besonderheiten des Falles hervorhebt und im Ergebnis festhält, dass das OLG diese Frage eigentlich nicht entschieden habe.

[36] OLG Stuttgart, Urteil v. 21. 2. 2001 – 20 U 57/2000; aufgeh. d. BGH, Urt. v. 22.7.2002 – II ZR 90/91, GesR 2002, 91; OLG Köln, Urteil v. 22. 9. 1999 – 13 U 47/99; OLG Düsseldorf, Urteil v. 19. 3. 2007 – I-9 U 46/07.

[37] BGH, MedR 2002, 647; BGH, MedR 2003, 510; OLG Hamm, MedR 2005, 234; BGH, NJW 2004, 2013 gilt aber jedenfalls nicht mehr nach zehnjähriger Zugehörigkeit zur Gesellschaft.

[38] LSG NRW, Urt. v. 7.10.1998, L 11 KA 62/98, MedR 1999, 333, die Zulassung ist kein Handelsgut, sie hat isoliert betrachtet keinen Vermögenswert; BSGE 85, 1 ff.; OLG Düsseldorf, Urt. v. 3.5.2006, I 15 U 86/05, MedR 2007, 428, ein Vertragsarztsitz hat als unveräußerliches Recht keinen Veräußerungswert; dass in der Praxis hiergegen entgegen der Rechtslage Zahlungen erbracht werden mögen, steht dem nicht entgegen, da in der Auseinandersetzungsabrechnung nur Beträge eingehen können, auf die ein Rechtsanspruch besteht.

[39] OLG Düsseldorf, Beschl. v. 22.10.2010 – VII Verg.41/10, ZMGR 2011, 50, Zulassung keine Ware; OLG Köln, Urt. v. 22.9.1999 – 13 U 47/99.

denn bei drei Jahren ansiedeln[40]. Im Übrigen gibt es etliche Fallkonstellationen, die der BGH noch nicht entschieden hat. Hat der Junior z. B. seine Zulassung „mitgebracht", wird man bei einseitiger Hinauskündigung durch die Altgesellschafter auch unter Berücksichtigung der Rechtsprechung des BGH die gleichzeitige Forderung nach einem Verzicht auf diese Zulassung zugunsten der Altgesellschafter nur schwerlich verlangen können[41]. Wie oft wird man bei derartigen Varianten eine Gesamtschau – auch im Hinblick auf begleitende Faktoren wie z. B. Abfindung, Verhalten der Beteiligten oder auch die bedarfsplanerischen Rahmenbedingungen – anstellen müssen.

IV. Die Beteiligungspflicht gegenüber anderen Ärzten

15 Gemäß § 29 Abs. 3 MBO sind Ärzte, die andere Ärzte zu ärztlichen Verrichtungen bei Patienten heranziehen, denen gegenüber nur sie ein Liquidationsrecht oder einen Anspruch auf Beteiligungsvergütung haben, verpflichtet, diesen Ärzten eine angemessene Vergütung zu zahlen. Erbringen angestellte Ärzte abrechnungsfähige Leistungen für liquidationsberechtigte Ärzte, sind sie an den Erlösen in geeigneter Form zu beteiligen. Die berufsrechtliche Beteiligungspflicht ist in einzelnen Krankenhausgesetzen der Länder ausdrücklich geregelt[42]. Die Abgabenpflicht unterscheidet sich zum Teil nach dem Personenkreis (z. T. sind Hochschullehrer ausgenommen), dem Anspruchsgegner bzw. in der Bemessungsgrundlage (teilweise nur stationär, teilweise auch unter Einschluss der ambulanten Erlöse). Fehlen derartige Bestimmungen bzw. sind sie nur unzulänglich ausgestaltet, werden sie in der Praxis durch vielfältige Pool-Modelle konkretisiert. Die nachgeordneten angestellten Ärzte haben allerdings keinen unmittelbaren Anspruch gegen den Krankenhausträger auf ihren Anteil am Honoraraufkommen und auch keinen originären Anspruch gegen den Chefarzt auf Beteiligung, wenn weder im Dienstvertrag noch im Krankenhausgesetz eine entsprechende Regelung vorgesehen ist[43]. Die fehlende Mitarbeiterbe-

---

[40] Heller/Kanter GesR 2009, 346, 350.
[41] Pfisterer, FS Arge Medizinrecht 2008; sa. OLG Düsseldorf, Urt. v. 19. 3.2007 – I –9 U 46/07; aA. offenbar Gummert/Meier MedR 2007, 400 unter Bezugnahme auf OLG Hamm MedR 1998, 565 m. Anm. Dahm.
[42] Z. B. Landeskrankenhausgesetze in Baden-Württemberg, Hessen und Rheinland Pfalz, ausführlich Bender, HK-AKM „Mitarbeiterbeteiligung" Ordnungszahl 3690; Die in den BO der Länder geregelte Beteiligungspflicht ist ohne eine gesetzliche Ermächtigung unwirksam; OVG Lüneburg Urt. v. 25.9.2003 – 8 K 3109/00 – GesR 2003, 386 zu § 29 Abs. 3 Nds. BO, danach allerdings durch Änderung nieders. KammerG geregelt (50% bei alleiniger Leistungserbringung, 20% bei Teilerbringung, jeweils nach gesetzlichen oder vertraglichen Abzügen).
[43] BAG, Urt. v. 15.12.1989 – 5 AZR 626/88 – MedR 1990, 291; siehe aber LAG Rheinland-Pfalz, Urt. v. 9.2005, 10 Sa 712/05, GesR 2006, 221, Schadensersatz des OA gegen KH wegen § 280 Abs. 1 BGB; OVG Sachsen, Urt. v. 5.9.2012 – 5 A 533/09, GesR 2013, 41, wirkt ein Oberarzt in Erfüllung seiner Dienstpflicht an Wahlarztleistungen seines Chefarztes i. S. d. §§ 24 ff. SächsKHG mit, erfüllt er allein seine Dienstpflicht gegenüber dem Freistaat Sachsen, während der Krankenhausträger dabei seine Pflicht, den Oberarzt zu den Bedingungen seines Arbeitsvertrages

teiligung kann aber berufsrechtlich geahndet werden[44]. Die Mitarbeiterbeteiligung ist im Zweifel an den Netto- und nicht an den Bruttohonoraren auszurichten.[45] Zunehmend werden heute Universitätskliniken oder einzelne Abteilungen von Krankenhäusern privatisiert. Nicht selten entfällt mit der Privatisierung das Liquidationsrecht oder die Beteiligungsvergütung (gegen entsprechende Entschädigung). Entfällt aber das Liquidationsrecht oder die Beteiligungsvergütung, ist auch der Beteiligungspflicht die Grundlage entzogen.

V. Verpflichtung zur Weiterbildung

Die Weiterbildung[46] ist eines der zentralen Aufgabengebiete der Kammern. Sie ist Ausdruck des Anspruchs der Selbstverwaltung, Inhalt, Grenzen und Struktur ärztlicher Tätigkeit in eigener Verantwortung zu regeln. Zwar gilt nach wie vor der Grundsatz, dass die Approbation den Arzt zur Ausübung der gesamten Heilkunde berechtigt; durch die umfangreichen Regelungen der (Muster −) Weiterbildungsordnung (M-WBO) wird aber deutlich, dass die Kammern den weitergebildeten Arzt als den „Regelfall" betrachten.[47] Anders als die Ausbildung zum Arzt ist die Weiterbildung zum Facharzt weitgehend „privatisiert", d. h. ihre Durchführung wird einem Weiterbilder übertragen, der sie, zwar unter Beachtung der öffentlich-rechtlichen M-WBO, in eigener Verantwortung im Hinblick auf den täglichen Arbeitsablauf gestaltet. Formal betrachtet findet Weiterbildung in Universitäten kraft Gesetzes und in sonstigen Weiterbildungsstätten aufgrund einer öffentlich-rechtlichen Zulassung statt[48]. § 29 Abs. 5 MBO erinnert den Weiterbilder jedoch, dass Weiterbildung nicht nur im „learning by doing" besteht, sondern auch eine aktive Anleitung, Führung und intellektuelle Vermittlung beinhaltet, die über die Instruktion eines beliebigen Arbeitnehmers hinausgeht.

Rechtsgrundlage für die M-WBO sind die Heilberufe-Kammergesetze. Inhalte und Struktur der Weiterbildung in den einzelnen Gebieten sind jedoch stark europäisch geprägt. Nur wenn das nationale Weiterbildungsrecht die Vorgaben der einschlägigen EG-Richtlinien beachtet, ist die Migrationsfähigkeit innerhalb der EU

16

---

zu beschäftigen, gegenüber dem Freistaat Sachsen erfüllt hätte. Eine unmittelbare gesetzliche oder vertragliche Pflicht des Krankenhausträgers gegenüber dem Oberarzt, die Entgelte für Wahlarztleistungen i. S. d. §§ 24 ff. SächsKHG einzubehalten und anteilig an den Oberarzt auszukehren, folgt aus § 11 Abs. 2 UKD nicht, so dass daraus auch keine Auskunfts- und Schadensersatzansprüche des Oberarztes gegen den Krankenhausträger folgen.

[44] BG-Ärzte Niedersachsen Urt. v. 17.11.2004 − BG 17/02 − GesR 2005, 183, Beteiligung von Assistenzärzten auch im Bereitschaftsdienst.

[45] LG München I, Urt. v. 24.6.1991, 10 O 14023/89, NJW-RR 1992, 442.

[46] Vertiefend Jaeger, in: Rieger/Dahm/Steinhilper, HK-AKM Ordnungszahl 5490; Scholz, MWBO, in Spickhoff, Ordnungszahl 400.

[47] So jedenfalls nach der vom 106. Dt. Ärztetag 2003 in Köln verabschiedeten Musterweiterbildungsordnung; OVG NRW, Beschl. v. 13.8.2007 − 13 A 2840/04 − MedR 2007, 743.

[48] OVG Niedersachsen, Besch. v. 12.3.2012 − 8 ME 159/11, MedR 2012, 533, Akademisches Lehrkrankenhaus nicht wie Universitätsklinik von Gesetzes wegen zugelassen.

gewährleistet.[49] Eine außerhalb der EU bzw. des EWR abgeleistete Weiterbildung kann nur anerkannt werden, wenn sie dem deutschen Weiterbildungsrecht entspricht[50] oder von einem anderen Mitgliedsstaat der EU anerkannt worden ist.[51]

17 Angesichts steigender Arztzahlen wird es immer schwieriger, Inhalte der Weiterbildung, insbesondere mit Zahlen versehene Auflagen (z. B. OP-Kataloge), in angemessener Zeit zu erfüllen. Dem stand bislang das Bestreben des weiterzubildenden Arztes gegenüber, den Katalog der einzelnen Leistungen innerhalb der Mindestzeit zu erfüllen. Dies ist angesichts einer sich verändernden Kliniklandschaft und erhöhter Anforderungen sehr oft nicht möglich. Nachdem Arbeitsverträge mit Weiterbildungsassistenten im Krankenhaus in aller Regel und zulässigerweise befristet sind,[52] werden arbeitsrechtliche Fragen aufgeworfen, wenn dem Assistenten bis zum Stichtag noch einige Operationen fehlen, der Klinikträger aber nicht bereit ist, ein erneutes befristetes Arbeitsverhältnis einzugehen. Nach der Rechtsprechung des BAG[53] kann der angestellte Arzt alleine deswegen keine Fortsetzung seines Arbeitsverhältnisses verlangen; vielmehr sei es alleinige Aufgabe der Kammern, bzw. der von ihr ermächtigten Weiterbilder, für einen zeitgerechten Abschluss der Weiterbildung Sorge zu tragen. Der Klinikträger als Arbeitgeber habe lediglich Maßnahmen zu unterlassen, die die Anforderungen an eine ordnungsgemäße Weiterbildung unzumutbar beeinträchtigen. Ansprüche könne der Assistent daher nur gegen die Kammer bzw. den Weiterbilder erheben. Erhält die Kammer Kenntnis von einem diesbezüglichen Missstand, kann sie gegen den Weiterbilder berufsrechtlich vorgehen und ihm die Weiterbildungsermächtigung entziehen. Für den Weiterbilder kann dies u. U. arbeitsrechtliche Konsequenzen haben. Der Assistent könnte aber auch gegen den Weiterbilder vor dem Verwaltungsgericht wegen des öffentlichrechtlichen Charakters der Weiterbildung klagen. Hält der Weiterbilder den Arzt hingegen für die beanspruchte Tätigkeit nicht für geeignet, bzw. würde sein Einsatz ein unbeherrschbares Risiko für den Patienten mit sich bringen, geht die Sicherheit des Patienten vor. Eine gute Weiterbildung hat schließlich auch das Ziel, einem Aspiranten rechtzeitig zu verdeutlichen, welche Anforderungen in einem bestimmten Gebiet gestellt werden.

18 Die Pflichten des Weiterbilders sind im Einzelnen in der M-WBO dezidert aufgeführt. Neben der hier behandelten Förderungspflicht muss der Weiterbilder zunächst die für ihn geltende WO kennen, um den Weiterzubildenden rechtzeitig auf

---

[49] Lissel, in Ratzel, Luxenburger § 3 Rn 41 ff: Richtlinie des Rates und desEuropäischen Parlaments v. 7.9.2005 über die Anerkennung von Berufsqualifikatioen, ABl EU v. 30.9.2005 – SL 255/22 ff., umgesetzt durch das Gesetz über die Anerkennung von Berufsqualifikationen der Heilberufe, v. 6.12.2007, BGBl I 2007, 268 ff.

[50] BVerwG, Urt. v. 11.12.2008 – 3 C 33.07, MedR 2009, 415.

[51] EuGH, C –110/01, Slg.2003, I –6239 (Tennah-Durez); siehe aber auch EuGH, Urt. v. 11.7.2002 –C –294/00, in Österreich dürfen Heilpraktiker nicht behandeln, auch wenn sie eine deutsche Erlaubnis haben; dies schließt eine Werbeverbot für entsprechende Schulen ein.

[52] LAG Hamm, Urt. v. 9.5.2006, 19 Sa 2043/05, GesR 2007, 310, für Befristungsregelung ist Schriftform erforderlich; BAG, Urt. v. 13.6.2007, MedR 2008, 301.

[53] BAG, Urt. v. 22.2.1990 – 8 AZR 584/88 – NJW 1990, 2955.

Umstände aufmerksam zu machen, die seiner Weiterbildung abträglich sind. So hat er z. B. darauf hinzuweisen, wenn seine Ermächtigung eine bestimmte Tätigkeit nicht erfasst.[54] Dies gilt insbesondere, nachdem die M-WBO in eine Regelweiterbildung und Schwerpunkte umstrukturiert wurde. So sind in den Schwerpunkten Inhalte definiert, die nicht Pflichtbestandteil der Regelweiterbildung sind. Da der Weiterbilder im Rahmen seiner Weiterbildung weisungsfrei sein muss, darf der Weiterbilder in einem Schwerpunkt nicht den Weisungen eines Weiterbilders in der Regelweiterbildung unterworfen sein[55]. Will der Weiterzubildende seine Weiterbildung im Rahmen des Zulässigen in Teilzeit absolvieren (z. B. § 4 Abs. 5 BayWO), muss ihn der Weiterbilder darauf aufmerksam machen, dass zuvor eine entsprechende Genehmigung der zuständigen LÄK eingeholt wird.[56]

Die Weiterbildung hat durch den Ermächtigten persönlich zu erfolgen. Er hat sie zeitlich und inhaltlich selbst zu gestalten. Die mancherorts anzutreffende Übung, dies den Oberärzten zu überlassen, ist unzulässig. Zur Förderungspflicht des Weiterbilders gehört auch die Pflicht, dem Weiterzubildenden am Ende der Weiterbildung bzw. des jeweiligen Weiterbildungsabschnitts ein Zeugnis[57] auszustellen; hiervon abweichend können sowohl der einzelne Arzt als auch die Kammer jährliche Zwischenzeugnisse verlangen. In den Zeugnissen wird sinnvollerweise auf die Terminologie der Richtlinien über den Inhalt der Weiterbildung Bezug genommen, um dem Zeugnisempfänger später nicht einem „Interpretationsrisiko" auszusetzen. Im letzten Zeugnis muss darüber hinaus zur fachlichen Eignung Stellung genommen werden. Fehlt dieser Passus, kann die Kammer Rückfragen stellen, was u. U. den Zeitpunkt der Zulassung zur Prüfung verzögert.

19

---

[54] Zur Frage der onkologischen Weiterbildung, LSG Ba-Wü, Urt. v. 15.9.1993, L 5 Ka 1494/92 – MedR 1994, 163.
[55] OVG Niedersachsen, Besch. v. 24.2.2011 – 8 L 214/10, GesR 2011, 283, zur Anerkennung zusätzlicher Weiterbildung.
[56] Zur Frage, welcher zeitliche Aufwand für eine ganztägige Weiterbildung ausreicht, HeilBerG OVG Mecklenburg-Vorpommern, Beschl. v. 19.5.2005 – HBGH 1/04 – MedR 2006, 551.
[57] VG Göttingen, Urt. v. 13.4.2011 – 1 A 265/10, MedR 2012, 156, Voraussetzungen f. Weiterbildungszeugnis.

§ 29a Zusammenarbeit mit Dritten

(1) Ärztinnen und Ärzten ist es nicht gestattet, zusammen mit Personen, die weder Ärztinnen oder Ärzte sind, noch zu ihren berufsmäßig tätigen Mitarbeiterinnen oder Mitarbeitern gehören, zu untersuchen oder zu behandeln. Dies gilt nicht für Personen, welche sich in der Ausbildung zum ärztlichen Beruf oder zu einem Fachberuf im Gesundheitswesen befinden.

(2) Die Zusammenarbeit mit Angehörigen anderer Fachberufe im Gesundheitswesen ist zulässig, wenn die Verantwortungsbereiche der Ärztin oder des Arztes und des Angehörigen des Fachberufes klar erkennbar voneinander getrennt bleiben.

Änderungen 114. Deutschen Ärztetag:
Eingefügt durch Neufassung der §§ 30 ff.

Übersicht

	Rz.
I. Die Bedeutung der Norm	1
II. Medizinische Assistenzberufe	2
III. Arzt und Heilpraktiker	3
IV. Geburtsvorbereiterinnen	9
V. Wellness- und Beauty Bereich	11
VI. Angehörige und sonstige Personen	12

Literatur
Bergmann, Delegation und Substitution ärztlicher Leistungen auf/durch nichtärztliches Personal, MedR 2009, 1 ff.; Ratzel, Die Zusammenarbeit von Arzt und Hebamme, Frauenarzt 1990, 121; ders. Begrenzung der Delegation ärztlicher Leistungen an Nichtärzte durch Berufs- und Haftungsrecht de lege lata und de lege ferenda, ZMGR 2008, 186 ff.; Ratzel/Knüpper, Berufsrecht anderer Heilberufe oder Heilhilfsberufe (Gesundheitsfachberufe), in Ratzel, Luxenburger, § 5 Rn. 312 ff.; Taupitz, Pitz, Niedziolka, Der Einsatz nicht-ärztlichen Heilpersonals bei der ambulanten Versorgung chronisch kranker Patienten, 2008; Taupitz, Arzt und Heilpraktiker im Doppelberuf?, MedR 1993, 219.

I. Die Bedeutung der Norm

Die Vorschrift ist von der Nummerierung her neu. Grund ist die Neufassung des 1
§ 30, dessen Absätze 2 und 3 jetzt in § 29a zusammengefasst sind. Die Regelung ist Ausfluss der besonderen – mit Rechten und Pflichten reichlich ausgestatteten – Stellung des Arztes im Gesundheitswesen. Sie verschafft dem Patienten gleichzeitig (und zusätzlich mit der ärztlichen Schweigepflicht) einen geschützten Bereich, in dem er sich vor dem Einfluss, nicht an seiner Betreuung orientierender Interessen, sicher fühlen soll. Die Norm betrifft in erster Linie nur die eigentliche Behandlung direkt am Patienten. Aus Absatz 2 ergibt sich, dass sie nicht die vielfältigen Kooperationsmöglichkeiten, die es heute u. a. im Präventionsbereich oder im Kreise der

Selbsthilfegruppen gibt, behindern will. Ebensowenig hat sie das Ziel, dem Arzt die Möglichkeit zu nehmen, sich im Interesse seines Patienten in ein Betreuungsteam zu integrieren, wenn sein ärztlicher Ratschlag bzw. die von ihm zu verantwortende Therapie dadurch nicht gegen seinen Willen verfälscht wird. Der zweite Absatz beinhaltet eigentlich eine Selbstverständlichkeit und konkretisiert nochmals das Hauptanliegen der Norm: nichtärztliche Ratschläge von Personen ohne entsprechende Ausbildung sollen nicht durch die Kooperation mit approbierten Ärzten aufgewertet werden, um damit einer Steigerung ihrer Akzeptanz in den Augen des nicht fachkundigen Publikums entgegen zu wirken.

II. Medizinische Assistenzberufe

2 Unproblematisch ist die Zusammenarbeit mit Krankengymnasten, Orthoptisten, Logopäden u. ä. Heilhilfsberufen[1], die über ein eigenständiges, normiertes Berufsbild verfügen. Aber auch sonstige Fachberufe im Gesundheitswesen sollten nicht vorschnell ausgegrenzt werden. Es ist die Ärzteschaft selbst, die zunehmend den Nutzen einer teamorientierten Betreuung in den Vordergrund rückt. Prävention ist letztlich auch gesundheitserzieherische Beratung. Sind die einzelnen Tätigkeitsfelder – auch im Hinblick auf die ausübende Person und deren berufliche Stellung – für den Patienten erkenn- und nachvollziehbar getrennt, kann die berufsrechtliche Zulässigkeit der Kooperation kaum an der gewählten Rechtsform (Anstellung, Gesellschaft u. ä.) scheitern.

III. Arzt und Heilpraktiker

3 Wer berufsmäßig Heilkunde ausübt, ohne als Arzt bestallt zu sein, braucht hierzu eine Erlaubnis. So schreibt es das Gesetz über die berufsmäßige Ausübung der Heilkunde ohne Bestallung (Heilpraktikergesetz – HPG) vom 17.2.1939 vor.[2] Dabei enthält § 1 Abs. 2 HPG eine Legaldefinition: Heilkunde ist jede berufs- oder gewerbsmäßig vorgenommene Tätigkeit zur Feststellung, Heilung oder Linderung von Krankheiten, Leiden oder Körperschäden bei Menschen, auch wenn sie im Dienste von Anderen ausgeübt wird.

Die damit verbundene Beschränkung der Berufswahlfreiheit ist grundsätzlich mit Art. 12 Abs. 1 GG vereinbar.[3] Zum Schutz der Gesundheit als besonders wichtiges Gemeinschaftsgut steht die subjektive Berufszulassungsschranke nicht außer Verhältnis. Dabei geht es um eine präventive Kontrolle, die nicht nur die fachlichen

---

[1] Im einzelnen Ratzel/Knüpper, in: Ratzel/Luxenburger, § 5, Rn. 312 ff. Nicht hierzu zählen mithelfende Familienangehörige, die keine entsprechende Ausbildung haben.

[2] RGBl I, 251; BGBl III 2122-2, zuletzt geändert durch Art. 15 des Gesetzes v. 23.10.2001 (BGBl I, 2702).

[3] BVerfG, Beschl. v. 2.3.2004 – 1 BvR 784/03 – MedR 2005, 35=BVerfGE 78, 179; BVerfG, Beschl. v. 3.6.2004 – 2 BvR 1802/02 – NJW 2004, 2890.

Kenntnisse und Fähigkeiten, sondern auch die Eignung für den Heilkundeberuf im Allgemeinen erfasst.[4]

Die Unklarheit, welche Tätigkeiten durch diese Definition dem Arzt vorbehalten sind und welche für die Durchführung durch den Heilpraktiker übrig bleiben, hat zu einer umfangreichen, Einzelfälle entscheidenden Rechtsprechung[5] geführt. Das BVerfG[6] hat mittlerweile jedoch den Bereich des eher esoterischen „Geistheilens" aus dem Heilkundebereich „hinausdefiniert". Allerdings ist zu gewährleisten, die Patienten darauf hinzuweisen, dass die Maßnahme (im konkreten Fall „Handauflegen") eine ärztliche Behandlung nicht ersetzen kann. Geburtshilfliche Tätigkeit ist dem Heilpraktiker untersagt (§ 4 HebammenG). Die Ausübung der Zahnheilkunde ist ebenfalls nicht durch das HPG gedeckt. Will ein Zahnarzt aber jenseits seiner zahnärztlichen Approbation heilkundlich tätig sein, bedarf er einer Erlaubnis nach dem HPG[7]. Dürfen heilkundliche Tätigkeiten in anderen Ländern auch ohne Heilpraktikererlaubnis ausgeübt werden (weil der Heilpraktiker in der EU außerhalb Deutschlands weitgehend ungeregelt ist), führt dies nicht zu einer Erlaubnisfreiheit in Deutschland[8].

Nach herkömmlicher Auffassung sind Heilpraktikereigenschaft und Approbation miteinander unvereinbar[9]. Dem hat der VGH Kassel[10] aus Sicht des HPG für den Fall des Entzugs der Heilpraktikererlaubnis im Falle der späteren Erlangung der Approbation widersprochen. Mit der Frage des Entzugs der Approbation bei gleichzeitiger Tätigkeit als Heilpraktiker hat sich der VGH jedoch nicht befasst[11]. Aus Sicht des ärztlichen Berufsrechts ist der Fall anders zu beurteilen. Heilpraktiker und Arzt erfüllen – auch aus Sicht der Patienten – unterschiedliche Anforderungsprofile. Während der Arzt zur Ausübung der gesamten Heilkunde (unter Einschluss naturheilkundlicher Verfahren) berechtigt ist, deckt der Heilpraktiker nur einen sehr

---

[4] BVerfGE 78, 179; BVerfG Beschl. v. 2.3.2004 – 1 BvR 784/03 – MedR 2005, 35; BVerfG, Beschl. v. 3.6.2004 – 2 BVR 1802/02 – NJW 2004, 2890.

[5] OLG Karlsruhe, Urt. v. 16.5.2012 – 4 U 197/11, Faltenunterspritzung mit Hyaluronsäure ist Heilkunde; BGH, Urt. v. 22.6.2011 – 2 StR 580/10, MedR 2012, 256, Synergetik-Therapie ist Heilkunde, so auch BVerwG, Urt. v. 26.8.2010 – 3 C 28.09, MedR 2011,516; BayVGH, Beschl. v. 8.8.2001 – 21 ZS 00.29; VG Trier, Urt. v. 23.1.2003, 6 K 867/02.TR – MedR 2003, 464; VG Stuttgart, Urt. v. 9.1.2003 – 4 K 2198/02 – MedR 2003, 646, Raucherentwöhnung mittels Ohr-Akkupunktur; VGH Kassel, Beschl. v. 2.2.2000, 8 TG 713/99 – NJW 2000, 2760, Piercing; OVG Koblenz, Urt. v. 8.11.1988, 6 A 21/88 – MedR 1990, 283, Fußreflexzonen-Massage.

[6] BVerfG, Beschl.v. 2.3.2004 – 1 BvR 784/03 – NJW-RR 2004, 705=MedR 2005, 35 ff.

[7] OVG NRW – 13 A 1781/96 – MedR 1999, 187, Gesprächstherapie bei Zähneknirschen; OVG Niedersachsen, Urt. v. 20.7.2006, 8 LC 185/04, GesR 2006, 514, Vitametik keine Ausübung der Heilkunde.

[8] OVG NRW, Urt. v. 8.12.1997, 13 A 4973/94, MedR 1998, 571 (zulässiger Fall der Inländerdiskriminierung), auch „Wunderdoktor" benötigt Erlaubnis nach HPG.

[9] VG München, Urt. v. 27.6.1995, M 16 K 94.3604, MedR 1996, 229 m. Anm. Taupitz; BayVGH, Urt. v. 20.11.1996, 7 B 95.3013, DVBl. 1997, 959; siehe aber auch BVerwG, – I C 52.64 – NJW 1967, 1525 (Tierarzt und Heilpraktiker nicht schlechthin unvereinbar).

[10] VGH Kassel, Urt. v. 24.4.1992, 11 UE 851/90, MedR 1993, 240.

[11] Taupitz, MedR 1993, 219.

kleinen Ausschnitt ab. Ob er dabei der sog. „Volksgesundheit"[12] dient, mag mit guten Gründen bezweifelt werden. Andere hochentwickelte Gesundheitssysteme in Europa kommen sehr gut ohne dieses Relikt aus der Vorkriegszeit aus. Der Versorgung der Bevölkerung mit Gesundheitsleistungen tut dies keinen Abbruch[13].

6   Aus gutem Grund ist daher die gleichzeitige Bezeichnung als „Arzt und Heilpraktiker" unzulässig[14]. Dem entsprechend eingestellten Patienten würde durch diese Bezeichnung ein „mehr" an Kompetenz vorgespiegelt, das dieser Arzt gegenüber einem Arzt mit der Berechtigung zum Führen der Zusatzbezeichnung „Arzt für Naturheilverfahren" nicht hat. Der Einwand von Taupitz[15], das bloße Innehaben der Heilpraktikererlaubnis ohne ihre praktische Ausübung könne alleine nicht zum Entzug der Approbation führen, schließlich dürfe ein Arzt ja auch Taxi fahren oder andere Berufe ausüben, hat einiges für sich. Dennoch spricht die Verwandtschaft beider Berufsbilder in der Laiensphäre gegen ein gleichzeitiges Bestehen beider Berufsbilder in einer Person. Während der Ärzteschaft insgesamt zu Recht die kompetente Betreuung der Bevölkerung überantwortet werden kann, gilt dies für die Heilpraktiker gerade nicht. Ein Arzt, der den Weg zum „Arzt für Naturheilverfahren" ablehnt, und für sich statt dessen die Option offenhält, „nicht-ärztlich" zu behandeln, muss sich entscheiden[16].

7   Die Durchführungsverordnung zum Gesetz über die berufsmäßige Ausübung der Heilkunde ohne Bestallung (Heilpraktikergesetz) vom 18.2.1939[17] enthält in § 2 eine Reihe von Ausschließungsgründen für die Erlaubniserteilung als Heilpraktiker. Keine Erlaubnis erhält demnach, wer das 25. Lebensjahr noch nicht vollendet hat, nicht mindestens eine abgeschlossene Grundschulbildung nachweisen kann, wem die sittliche Zuverlässigkeit fehlt, insbesondere wenn schwere strafrechtliche oder sittliche Verfehlungen vorliegen, wer in gesundheitlicher Hinsicht zur Ausübung des Berufes ungeeignet ist oder wenn sich aus einer Überprüfung der Kenntnisse und Fähigkeiten des Antragstellers durch das Gesundheitsamt ergibt, dass die Aus-

---

[12] Ein überkommener und letztlich unsäglicher Begriff, siehe auch Ratzel/Luxenburger, § 4 Rn. 10.
[13] EuGH, Urt. v. 11.7.2002, C – 294/00, die Verpflichtung, in Österreich ärztliche Heilkunde nur mit einer Approbation ausüben zu dürfen, ist unter europarechtlichen Gesichtspunkten nicht zu beanstanden (Fall betraf einen deutschen Heilpraktiker).
[14] Siehe auch Heege, BayÄBl. 1990, 458; Taupitz, MedR 1993, 219; zur Verpflichtung einer in den USA ausgebildeten Chiropraktikerin die Berufsbezeichnung „Heilpraktiker" zu führen, VG Schleswig, Urt. v. 8.9.1994, 12 A 220/94, MedR 1995, 85; (bejahend); ebenso VG Düsseldorf, Urt.v. 8.12.2008, 7 K 967/07; OVG Koblenz, Urt.v. 21.11.2006, 6 A 10271/06, GesR 2007, 222 (Erlaubnis ja, aber ohne förmliche Prüfung); ebenso VG Ansbach, Urt.v. 9.7.2008, AN 9 K 08.00410 siehe jetzt BVerwG, Urt. v. 26.8.2009, 3 C 19.08, Physiotherapeut muss sich nur eingeschränkter Kenntnisprüfung unterziehen; VG Düsseldorf, Urt. v. 8.12.2008, 7 K 967/07; psychotherapeutisch tätige Diplompsychologen müssen dies nicht, BVerwG, Urt.v. 21.1.1993 – 3 C 34/90 – DÖV 1993, 568.
[15] Taupitz, MedR 1993, 219, 224.
[16] BayVGH, Urt.v. 16.6.2010 – 21 ZB 10.606, approbierter Arzt erhält keine Heilpraktikererlaubnis; so auch BVerwG, Urt.v. 2.3.67 – I C 52.64.
[17] RGBl I, 259 i. d. aktuellen Fassung der Verordnung v. 4.12.2002, BGBl I, 4456.

übung der Heilkunde durch den Betreffenden eine Gefahr für die Volksgesundheit bedeuten würde.

Wie die Überprüfung durch das zuständige Gesundheitsamt gestaltet wird, ist in der Durchführungsverordnung nicht geregelt und damit in das pflichtgemäße Ermessen des Gesundheitsamtes gestellt.[18] Entsprechende Vollzugsvorschriften haben die Länderministerien auf der Basis von Leitlinien für die Überprüfung von Heilpraktikeranwärtern erlassen. Der Überprüfung kommt der Charakter einer „Eignungsprüfung" zu; eine medizinische Fachprüfung erfolgt nicht. Allerdings können bei der Überprüfung der Kenntnisse und Fähigkeiten auch allgemein-heilkundliche und Grundkenntnisse abgefragt werden. Dabei werden u. a. hinreichende Kenntnisse in Anatomie, Physiologie, Pathologie sowie in Diagnostik und Therapie erwartet.[19]

Über die Zulassung entscheidet die untere Verwaltungsbehörde im Benehmen mit dem Gesundheitsamt. Im Übrigen haben die Länder durch entsprechende Verordnungen Zuständigkeiten ihrer Behörden bei der Erteilung der Heilpraktikererlaubnis festgelegt. Heilpraktiker sind keine im Sinne des Sozialgesetzbuches zugelassenen Leistungserbringer.

IV. Geburtsvorbereiterinnen

Die „Geburtsvorbereiterin" ist kein staatlich anerkannter Ausbildungsberuf. Sie zählt weder zu den berufsmäßig tätigen Gehilfen des Arztes noch zu den medizinischen Assistenzberufen. Eine ärztliche Indikation zur Beiziehung einer Geburtsvorbereiterin besteht in keinem Fall. Geburtsvorbereitung im eigentlichen Sinne, d. h. also das Vermitteln der Kenntnisse über den Geburtsvorgang und die psychosomatisch orientierte Geburtsvorbereitung, ist ausschließlich Aufgabe von Ärzten und Hebammen. Nur von diesen beiden Berufsgruppen kann der notwendige Überblick über die Gesamtzusammenhänge erwartet werden; deshalb sind sie von einer gesonderten staatlichen Zulassung abhängig.

Im übrigen sind gem. § 4 Abs. 1 HebG außer Ärzten nur solche Personen zur Leistung von Geburtshilfe, abgesehen von Notfällen, berechtigt, die eine Erlaubnis zur Führung der Berufsbezeichnung „Hebamme" oder „Entbindungspfleger" haben. Geburtshilfe in diesem Zusammenhang umfasst die Überwachung des Geburtsvorgangs von Beginn der Wehen an, die Hilfe bei der Geburt sowie die Überwachung des Wochenbettverlaufs. Wenn schon den Heilpraktikern diese Tätigkeiten untersagt sind, gilt dies für Geburtsvorbereiterinnen erst recht.

---

[18] Erdle, 30.1.1, § 2 Rn 10 unter Hinweis auf BVerwGE 66, 367, 372.
[19] Kurtenbach, Erläuterungen zum Heilpraktikergesetz in: Das deutsche Bundesrecht I K 11, S. 3 ff.

V. Wellness- und Beauty Bereich

11 Gründen Ärzte „Institute" (z. B. Kosmetik-Institute) müssen sie darauf achten, dass Praxis und Institut streng getrennt sind. Beim Patienten darf nicht der Eindruck entstehen, es handle sich um eine Einheit Dies galt nach früherer Auffassung auch für eine sonstige gewerbliche Tätigkeit in der Praxis, z. B. die (nicht-) ärztliche Ernährungsberatung.[20] Gerade letztere ist nach der Rspr. Des BGH[21] allerdings in einer Arztpraxis nicht mehr schlechthin unzulässig. Vielmehr ist sie – auch in den Praxisräumen – jedenfalls dann nicht mehr zu beanstanden, wenn sie organisatorisch (nicht während der üblichen Praxiszeiten) und wirtschaftlich (eigene Zahlungswege) von der Praxis getrennt ist. In Zeiten, in denen breite Bevölkerungsschichten unter Übergewicht litten, sei es kein Zeichen von Vergewerblichung des Arztberufes, wenn Ärzte in ihren Praxen über gewerbliche Ernährungsprogramme beraten. Wie es scheint, setzen die Berufsgerichte diese BGH-Rechtsprechung in ihrer Spruchpraxis um[22] (siehe auch Kommentierung zu §§ 3 und 17 MBO). Einem Dermatologen wird man aber nicht verwehren können, eine Kosmetikerin in seiner Praxis einzustellen. Denn schließlich ist das Berufsbild der Kosmetikerin durch die Haut- und Körperpflege bestimmt. Unter Aufsicht des Arztes wird sie z. B. kleine Blutgefässe in der Haut, Warzen und gutartige Leberflecken entfernen dürfen[23]. Heilkunde im eigentlichen Sinne muss der Kosmetikerin allerdings versagt bleiben. Deshalb bleiben der Kosmetikerin alle diejenigen Bereiche verschlossen, die eine ärztliche Differentialdiagnose oder ärztliches Wissen um Risiken voraussetzen, wie dies z. B. bei Lasern, Faltenunterspritzen[24], UV-A und UV-B Bestrahlung oder auch Kaltkauterverfahren der Fall ist[25].

VI. Angehörige und sonstige Personen

12 Bei Angehörigen ist die Anwesenheit bei ärztlichen Maßnahmen i. d. R. dann zulässig, wenn dadurch die compliance verbessert wird[26]. Alles hat jedoch seine Grenze; die Anwesenheit des Ehemanns beim Kaiserschnitt ist nicht immer sachdienlich (das OP-Team kann ihn im Falle einer Ohnmacht nicht auch noch mitversorgen). Außerdem sollte man bedenken, dass die Beteiligten bei einem Eingriff oftmals

---

[20] OLG Frankfurt – 6 U 111/04 – MedR 2005, 661, aufgeh. d. BGH, Urt.v. 29.5.2008 – I ZR 75/05, GesR 2008, 474.

[21] BGH, Urt.v. 29.5.2008 – I ZR 75/05, GesR 2008, 474=GRUR 2008, 816.

[22] LBerufsG OVG NRW, Urt.v. 18.2.2009, 6 t A 1456/05.T,, keine Berufsrechtswidrigkeit gewerblicher Ernährungsberatung, wenn in zeitlicher, organisatorischer, wirtschaftlicher und rechtlicher Hinsicht getrennt.

[23] BVerwG, NJW 1973,579.

[24] OLG Karlsruhe, Urt.v. 16.5.2012 – 4 U 197/11, Faltenunterspritzung mit Hyaluronsäureist Heilkunde

[25] OVG NRW, Beschl.v. 28.4.2006, 13 A 2495/03, GesR 2006, 381=MedR 2006, 487.

[26] Typischer Fall: Partner bei Geburt; Eltern bei Kind etc.

unter großer Anspannung stehen und diese Konzentration durch die Anwesenheit berufsfremder Personen beeinträchtigt werden könnte. Will der Angehörige auch noch Filmaufnahmen machen, sollte der Operateur gut überlegen, ob er dies zulässt. Neben der Einwilligung des Patienten benötigt er in diesem Fall auch noch die Zustimmung der am Eingriff beteiligten Personen, weil deren Recht am eigenen Bild (Persönlichkeitsrecht) tangiert ist. Stimmen alle Betroffenen zu, sind natürlich Filmaufnahmen zu Informationszwecken zulässig, sofern nicht gegen Werberegeln verstoßen wird.

4. Wahrung der ärztlichen Unabhängigkeit bei der Zusammenarbeit mit Dritten

Vorbemerkungen vor §§ 30 ff.

Der 4. Abschnitt im zweiten Kapitel der Musterberufsordnung befasst sich mit der Wahrung der ärztlichen Unabhängigkeit bei der Zusammenarbeit des Arztes mit Dritten. Geschütztes Rechtsgut ist dabei die ärztliche (diagnostische und/oder therapeutische) Entscheidung gegen unlautere Beeinflussung durch Dritte (§§ 31 bis 33) bzw. das Arzt-Patienten-Verhältnis (§ 30) und in § 32 die Unabhängigkeit des Arztes bei der Durchführung von Fortbildungsveranstaltungen. Es handelt sich hierbei um eine punktuelle und keine umfassende und schon gar nicht um eine abschließende Regelung. Dies belegen bereits die vielfachen Änderungen und Ergänzungen der Vorschriften seit 1997.

Der Regelungsinhalt der §§ 31, und 33 (und ihnen folgend in den Berufsordnungen der Ärztekammern) ist vor dem Hintergrund der Ermächtigungsnormen in den (landesrechtlichen) Heilberufs- und Kammergesetzen nicht unproblematisch. So fehlt in den Heilberufs- und Kammergesetzen in Bayern (Art. 19) und Baden-Württemberg (§ 31) eine entsprechende Ermächtigungsnorm auch dann, wenn man die Aufzählung in den Ermächtigungsnormen nicht als abschließend ansehen möchte.

§ 30 bezweckt den Schutz des Arzt-Patienten-Verhältnisses gegen eine Einflussnahme durch Nichtärzte. § 31 will sicherstellen, dass das Überweisungsverhalten des Arztes nicht von monetären Interessen überlagert wird. Schutzgut von § 32 ist die Unabhängigkeit der ärztlichen (diagnostischen und/oder therapeutischen) Entscheidung gegenüber Geschenken und anderen Vorteilen[1]. § 33 schließlich soll für Transparenz im Verhältnis des Arztes zur einschlägigen Industrie sorgen.

Vorteil In den §§ 31 bis 34 ist in unterschiedlicher Form die Annahme, das fordern oder das Sich-Versprechen-Lassen von (anderen) untersagt. Vorteil ist dabei jede unentgeltliche Leistung materieller oder immaterieller Art, welche die wirtschaftliche, rechtliche oder persönliche Lage des Empfängers objektiv verbessert und auf

---

[1] Vgl. hierzu Stollberg, Chancen eines Kongresses für medizinische Gesellschaften – Die Theorie in der Praxis, Diplomarbeit, Riesa 2005, S. 54 ff. (59); sie hat in ihrer (leider unveröffentlichten) Diplomarbeit eine Umfrage unter den Mitgliedsgesellschaften der AWMF ausgewertet. Danach trägt die Industrieausstellung bei medizinischen Kongressen immerhin zu 30 % das Sponsoring auch noch zu 15 % zum Budget der Kongresse bei. Die Teilnehmerbeiträge decken das Budget gerade mal zu 50 %.

die er keinen Anspruch hat[2]. Cramer[3] betont sehr zu Recht, dass in der Praxis der materielle Vorteil im Vordergrund steht, nicht der immaterielle. Die Rechtsstreitigkeiten um die Einwerbung industrieller Drittmittel im Bereich der medizinischen Fakultäten und Universitätsklinika hat gezeigt, wie der Vorteilsbegriff gerade im immateriellen Bereich von den Strafverfolgungsbehörden in fast grotesker Weise überdehnt worden ist, um eine Strafbarkeit der Betroffenen doch noch zu begründen (vgl. näheres in der Kommentierung zu § 33). In zwei Entscheidungen[4] hat der BGH sich zum Vorteilsbegriff geäußert und vor allem zum immateriellen Vorteil Ausführungen gemacht.

4   Soweit gerade im Hinblick auf eine berufliche Stellung ein solcher Vorteil immaterieller Art in Betracht zu ziehen ist, muss dieser einen objektiv messbaren Inhalt haben und den Amtsträger in irgendeiner Weise tatsächlich besser stellen.

Dieser Vorteil – so das Gericht mit Deutlichkeit – müsse objektiv mess- und darstellbar sein. Es erteilt damit ganz nebenbei (in dem einen entschiedenen Fall spielte dies nämlich keine Rolle) der „Befriedigung des Ehrgeizes" oder der „Verbesserung oder Erhaltung von Karrierechancen" als dem Vorteil zuzurechnende Merkmale eine deutliche Absage. Es fehle an der Messbarkeit.

Gelegentlich ist auch zur Begründung eines Vorteils im Sinne von § 331 StGB argumentiert worden, der Betroffene habe durch Einsatz der mit den zugewendeten Mitteln erworbene Geräte in der Krankenversorgung seinen Honorarumsatz mit Privatpatienten steigern können[5]. Ob ein derart mittelbarer Vorteil als objektiv nicht mess- und darstellbar ausgeschlossen sein soll, lässt sich der Entscheidung aber nicht entnehmen.

5   Auch in der „Umleitung" des Geldes über einen Förderverein (mit dem Angeklagten als Vorsitzenden) sieht das Gericht noch keinen mittelbaren Vorteil für diesen. Die Erlangung der Verfügungsbefugnis über das Geld alleine reiche hierzu noch nicht aus. Hier sieht das Gericht allerdings noch tatsächlich Klärungsbedarf durch das Landgericht.

6   **Unrechtsvereinbarung** Auch die Tatbestände der §§ 31 bis 34 gehen bei der Forderung, Annahme oder dem Sich-Versprechen-Lassens eines Vorteils vom Vorliegen einer Unrechtsvereinbarung aus. Tathandlung ist das Fordern, die Annahme oder das Sich-Versprechen-Lassen.

7   Für den Bereich der Drittmitteleinwerbung bahnbrechend sind die Ausführungen des Gerichts zur Unrechtsvereinbarung als Tatbestandsmerkmal des § 331 StGB. Mit erfrischender Deutlichkeit erteilt der BGH derjenigen Auffassung eine klare

---

[2] St. Rspr. seit BGHSt 31, 279; Heine in: Schönke, Schröder, § 299 Rz. 11; Cramer in: Schönke, Schröder, § 331, Rz. 17; Fischer, § 299 Rz. 11.

[3] Cramer in: Schönke, Schröder, § 331, Rz. 11.

[4] BGH, NJW 2002, 2801, = MedR 2002, 41; GesR 2003, 16; Lippert, Vorteilsannahme und die Einwerbung von Drittmitteln durch Beschaffung von Medizinprodukten – die zweite Runde, GesR 2003, 144.

[5] Vgl. OLG Köln, Beschl. v. 21.9.2001 – 2 Ws 170/01, MedR 2002, 413; vgl. auch Ulsenheimer, § 13.

Absage, wonach der Einwerber von Drittmitteln zunächst objektiv den Tatbestand des § 331 StGB verwirkliche, die Annahme der Drittmittel durch die Universität oder das Universitätsklinikum aber rechtfertigende Wirkung habe. Dabei weist das Gericht ausdrücklich darauf hin, dass die Rechtfertigung eben dann nicht eingreife, wenn die eingeworbenen Mittel vom Einwerber gefordert worden seien.

Zu Recht und im Ergebnis auch zutreffend geht das Gericht aber nach dem Grundsatz der Einheit der Rechtsordnung davon aus, dass eine Handlung, die der Gesetzgeber und der Dienstherr von den Mitgliedern der Hochschulen als Dienstaufgabe fordere, nämlich Drittmittel einzuwerben und für Forschungsmittel zu verwenden, nicht generell in der Strafbarkeit münden dürfe. Voraussetzung dafür, dass dies nicht so sei, sei aber, dass die etwa in Drittmittelrichtlinien festgeschriebenen Verfahren zur Annahme und zur Verwendung der Drittmittel eingehalten würden. Die Einwerbung von Drittmitteln und ihre Verwaltung über einen Förderverein stünden dagegen im Widerspruch zu den Richtlinien. Damit war die Strafbarkeit des Angeklagten auch nach der alten Fassung von § 331 StGB zu bejahen. Voraussetzung für die Strafbarkeit nach §§ 331 ff. StGB ist, dass der Arzt Amtsträger ist. Dies ist nur bei Krankenhausärzten der Fall. Vertragsärzte sind keine Amtsträger und machen sich nach der Vorschrift nicht strafbar noch nach § 299 als Beauftragter[6]. 8

Fordern ist dabei das einseitige Anmahnen einer Leistung. Das Verlangen wird häufig in versteckter Form erfolgen. Erforderlich ist, dass der Arzt erkennen lässt, dass er den Vorteil für seine Handlung begehrt. Dieses Begehren muss den potentiellen Gebern zur Kenntnis gebracht werden[7]. Eine bestimmte Form ist nicht erforderlich. 9

Annehmen bedeutet, den geforderten oder angebotenen Vorteil tatsächlich empfangen, wobei der Arzt den Willen haben muss, über den Vorteil selbst oder zugunsten eines Dritten zu verfügen[8]. 10

Sich-Versprechen-Lassen bedeutet die Annahme des Angebotes von noch zu erbringenden Vorteilen, mag auch die spätere Hingabe von Bedingungen abhängig gemacht sein.[9] Auch beim Sich-Versprechen-Lassen ist keine bestimmte Form erforderlich. 11

---

[6] Vgl. hierzu die mit viel Spannung erwartet Entscheidung des BGH vom 29.3.2012 – GSSt 2/11. Kurios im Ergebnis: die einen können nicht, die anderen dürfen nicht bestochen werden.
[7] Cramer in: Schönke, Schröder, § 331, Rz. 22; Fischer, § 331 Rz. 18; Ulsenheimer, § 13.
[8] Fischer, § 333 Rz. 20.
[9] Cramer in: Schönke, Schröder, § 331, Rz.

§ 30 Ärztliche Unabhängigkeit

Ärztinnen und Ärzte sind verpflichtet, in allen vertraglichen und sonstigen beruflichen Beziehungen zu Dritten ihre ärztliche Unabhängigkeit für die Behandlung der Patientinnen und Patienten zu wahren.

Die Bedeutung der Norm

Die Vorschrift ist nach der Ausgliederung der bisherigen Absätze 2 und 3 in den neuen § 29a (siehe dort) ein programmatischer Appell an die Ärzteschaft, bei allen berufsmäßigen Handlungen die eigene Unabhängigkeit im Blick zu behalten und sich vor allem nicht ökonomischen Interessen Dritter zum Nachteil der Patienten unterzuordnen. Durch die „Verschlankung" der Vorschrift, wird ihre Aussagekraft gestärkt, wenn auch die Wirklichkeit in der täglichen Arbeit, sei es in Klinik oder Praxis, eine andere Sprache spricht. Inhaltlich werden viele Regelungsbereiche in den §§ 3, 17, 18, 23a–d sowie §§ 31–33 speziell geregelt.

1

§ 31 Unerlaubte Zuweisung

(1) Ärztinnen und Ärzten ist es nicht gestattet, für die Zuweisung von Patientinnen und Patienten oder Untersuchungsmaterial oder für die Verordnung oder den Bezug von Arznei- oder Hilfsmitteln oder Medizinprodukten ein Entgelt oder andere Vorteile zu fordern, sich oder Dritten versprechen oder gewähren zu lassen oder selbst zu versprechen oder zu gewähren.

(2) Sie dürfen ihren Patientinnen und Patienten nicht ohne hinreichenden Grund bestimmte Ärztinnen oder Ärzten, Apotheken, Heil- und Hilfsmittelerbringer oder sonstige Anbieter gesundheitlicher Leistungen empfehlen oder an diese verweisen.

Übersicht

		Rz.
I.	Die Bedeutung der Norm	1
II.	Koppelgeschäfte	4
III.	Laborabrechnung	10
IV.	Umsatz- und Gewinnbeteiligung	17
V.	Gesellschaftsrechtlicher Gestaltungsmissbrauch zur Vorteilskaschierung	19
VI.	Vorteilsgewährung durch Gewinnbeteiligung an arztnahen Dienstleistungsgesellschaften sowie unternehmerische Betätigung im Zweitberuf	29
VII.	Beteiligungsverbote im SGB V	38
VIII.	Neue Versorgungsformen und Vorteilsgewährung	44
IX.	Kooperationsverträge zwischen Krankenhäusern und Vertragsärzten – Schnittstellenoptimierung oder Zuweisungsprovision?	45
X.	Zielvereinbarungen in Chefarztverträgen	67
XI.	Patientenvermittlungsagenturen	68
XII.	Weitere Einzelfälle	69

Literatur
Arnold, Poetsch, Spannungsfeld Kooperation und Korruption im Vertrags(zahn)arztrecht, ZMGR 2013, 315 ff.; Bonvie, Vergütung für ärztliche Dienstleistung oder verbotene Provision, MedR 1999, 64; ders. Beteiligung der Ärzte am Erfolg anderer Dienstleister in der Gesundheitswirtschaft, in Festschrift AG Medizinrecht im DAV z. 10-jährigen Bestehen 2008, 827; Braun, Entlassmanagement im Krankenhaus durch externe Leistungserbringer, MedR 2013, 350 ff.; Braun, Püschel, Die gesellschaftsrechtliche Beteiligung von Ärzten und ihren Verwandten an Unternehmen nichtärztlicher Leistungserbringer, MedR 2013, 655 ff.; Bundesärztekammer, Beschuss des Vorstandes v. 25.10.2013 zu Unternehmerischen Betätigungen von Ärztinnen und Ärzten und Beteiligung an Unternehmen, auf Empfehlung des Ausschusses „Berufsordnung für die in Deutschland tätigen Ärztinnen und Ärzte", DÄ 2013 (A), 2226 ff.; Burk, Zum Anwendungsbereich der Zuwendungs- und Beteiligungsverbote in § 128 Abs. 2 und Abs. 4 SGB V – Leitlinien für Pharmazeutische Unternehmer und Hilfsmittellieferanten, PharmaR 2010, 89 ff.; Claussen, Schroeder-Printzen, Kooperationsverträge zwischen Krankenhausträgern und niedergelassenen Ärzten- ein Erfolgsmodell für die Zukunft? ZMGR 2010, 3 ff.; Cramer, Henkel, Standesordnung und Wettbewerb- Plädoyer für eine Einheit von Norm und Vollzug, MedR 2000, 565; Dahm, Zur Problematik der Gewährung von Preisnachlässen und Zuwendungen im Gesundheitswesen, MedR 1992, 250; ders. Zulässige Vorteilsnahme oder unzulässige Zuweisung gegen Entgelt, in FS Steinhilper 2013: Rabattierung und Vorteilsgewährung bei Erbringung ärztlicher Laborleistungen, MedR 1994, 13; Dieners, Lembeck, Taschke, Der „Herzklappenskandal"– Zwischenbilanz und erste Schlussfolgerungen für die weitere Zusammenarbeit der Industrie mit Ärzten und Krankenhäusern, PharmR 1999,

156; Flasbarth, Vertriebsbeschränkung im Hilfsmittelsektor – Inhalt und Grenzen des § 128 SGB V als Marktordnungsregelung, MedR 2009, 708 ff.; Gaßner, Korruption im Gesundheitswesen, NZS 2012, 521 ff.; Göben, Mit einem Bein im Gefängnis?, Forschung und Lehre 1999, 22; Haag, Vor- und nachstationäre Krankenhausbehandlung gemäß § 115a SGB V, Das Krankenhaus 2014, 530 ff.; Heene, Maschemer, Zuweisungsverträge in der Radiologie: Eine kartellrechtliche Bewertung, MedR 2013, 511 ff.; Lauber, Peters, Die Auslegung von § 128 Abs. 2 S. 3 SGB V, GesR 2013, 523 ff.; Kalb, Provision, Rückvergütung und andere unzulässige Umgehungsformen des Verbots der Zuweisung gegen Entgelt, ZMGR 2005, 291; Kaufmann, Volland, Ich war noch niemals in New York, NZS 2011, 281 ff.; Kölbl, Die Einweisungsvergütung – eine neue Form von Unternehmensdelinquenz im Gesundheitssystem?, WISTRA 2009, 129; Kiefer, Meschke, Kooperation von Ärzten und Krankenhäusern – sinnvolle Gestaltungen und unzulässige Kick-Back-Zahlungen, VSSR 2011, 211 ff.; Krafzyk, Lietz, Fangprämien, Kopfpauschalen und Kick-Backs – das Verbot der Zuweisung gegen Entgelt auf dem Prüfstand, ZMGR 2010, 24 ff.; Lippert, Vorteilsannahme, Bestechlichkeit und die Einwerbung von Drittmitteln bei der Beschaffung von Medizinprodukten, NJW 2000, 1772; ders. Die problematische Einwerbung von Drittmitteln, VersR 2000, 158; Makoski, Zusammenarbeit zwischen Krankenhäusern und Vertragsärzten – sozialrechtlich erwünscht, berufsrechtlich verboten?, MedR 2009, 376 ders. Belegarzt mit Honorarvertrag – Modell der Zukunft? GesR 2009, 225; Möller, Gründung und Betrieb privatärztlicher Laborgemeinschaften, MedR 1994, 10; Möller, Makoski, Der Honorararzt im Krankenhaus, Möglichkeiten und Grenzen, GesR 2012, 647 ff.; Möller, Tsambikakis, Strafrechtliche Risiken von Kooperationsmodellen, in: Aktuelle Entwicklungen im Medizinstrafrecht, 3. Düsseldorfer Medizinstrafrechtstag 2013, 43 ff.; Pragal, Das Pharma-Marketing um die niedergelassenen Kassenärzte – „Beauftragtenbestechung" gemäß § 299 StGB! NStZ 2005, 133; Pragal, Apfel, Bestechlichkeit und Bestechung von Leistungserbringern im Gesundheitswesen, A & R 2007, 10; Ratzel, Beteiligung von Ärzten an Unternehmen im Gesundheitswesen, ZMGR 2012, 258 ff.; Ratzel, Szabados, Schnittmengen zwischen niedergelassenen Leistungserbringern (Vertragsärzten) und Krankenhäusern nach GKV-VStG, GesR 2012, 210 ff.; Ratzel, Die Teilgemeinschaftspraxis oder „ohne pizzo keine pizza", GesR 2007, 457 ff.; Reiserer, Honorarärzte in Kliniken: Sozialversicherungspflichtige Beschäftigung oder Selbstständigkeit? MedR 2012, 102; Schneider, Ebermann, Das Strafrecht im Dienste gesundheits-ökonomischer Steuerungsinteressen, HRRS 2013, 219 ff.; Schneider, Gottschaldt, Zuweisungspauschale: Lukratives Geschäft oder Straftat?, WISTRA 2009, 133 ff.; Scholz, Die Unzulässigkeit von Zuwendungen und Vorteilen nach § 73 Abs. 7 und § 128 Abs. 2 Satz 3 SGB V, GesR 2013, 12 ff.; Schreiner, Rütz, Arbeitnehmerüberlassung bei Kooperationsvereinbarungen im Gesundheitswesen, MedR 2012, 373 ff.; Taschke, Drittmittelforschung und Strafrecht, PharmR 2003, 417; Walter, Medizinische Forschung mit Drittmitteln – lebenswichtig oder kriminell?, ZRP 1999, 292; Wittmann, Entgeltliche Patientenzuweisung: Anwendung und Durchbrechung des § 817 S. 2 BGB bei der Kondiktion von Zuweisungsentgelten, MedR 2008, 716.

I. Die Bedeutung der Norm

1 Die Unabhängigkeit ärztlicher Entscheidungen von merkantilen Gesichtspunkten ist ein zentraler Bestandteil jeder ärztlichen Berufsordnung. Zum Teil werden ganz unterschiedliche Normbereiche angesprochen (§ 3 Abs. 2 MBO Verkaufstätigkeit, § 17 MBO freiberufliche Tätigkeit, § 31 MBO Verbot der Vorteilsgewährung und -annahme für die Zuweisung von Patienten und/oder Untersuchungsmaterial). Gerade die letztgenannte Vorschrift kann rechtlich erhebliche Auswirkungen entfalten und schweren wirtschaftlichen Schaden verursachen[1]. Nicht gerechtfertigte mer-

---

[1] Heene, Maschner, MedR 2013, 511 ff., zu den kartellrechtlichen Konsequenzen von Zuweisungsverträgen in der Radiologie.

kantile Gesichtspunkte können nämlich Verbotsgesetzcharakter gemäß § 134 BGB haben[2]. Das bedeutet, dass dagegen verstoßende Verträge nichtig sind[3]. Jenseits berufsrechtlicher Sanktionen, die selten genug sind, gibt es einschneidende zivilrechtliche Konsequenzen. Ergänzend sind die §§ 32, 33 MBO zu beachten, deren praktische Bedeutung aus rein berufsrechtlicher Sicht – jedenfalls bis heute – eher gering ist. Durch den 114. Deutschen Ärztetag wurde § 31 inhaltlich erweitert. § 31 Satz 1 wurde um den Regelungsgehalt der bisherigen §§ 33 Abs. 3 und § 34 Abs. 4 erweitert, wobei redaktionell die Heilmittel gestrichen wurden, weil sie bereits über die „Zuweisung von Patienten" erfasst sind. § 31 Abs. 2 übernimmt die Regelung des § 34 Abs. 5 a. F. und nennt ausdrücklich weitere Leistungserbringer, die von der Vorschrift erfasst werden. Die bisher in § 33 Abs. 3 Satz 2 a. F. enthaltene Geringfügigkeitsgrenze wurde fallen gelassen.

§ 31 ist eine besondere Ausgestaltung des Gebotes zum fairen Wettbewerb und Wahrung der Freiberuflichkeit. Während allerdings auf dem freien Markt eine Vorteilsgewährung nicht schlechthin wettbewerbswidrig ist, verbietet § 31 jegliche Vorteilsgewährung, sofern sie in direktem Zusammenhang mit der Zuweisung von Patienten oder Untersuchungsmaterial steht. Während die Vorteilsgewährung für die Zuweisung von Patienten (früher) weniger praktische Bedeutung hatte, lag das Schwergewicht der praktischen Anwendung von § 31 im Bereich der Zusendung von Untersuchungsmaterial, also bei diagnostischen Fachdisziplinen, die normalerweise nicht direkt in Anspruch genommen werden (Pathologie, Labormedizin). Dies scheint sich zunehmend zu ändern, ohne dass die „Anfälligkeit" der methodendefinierten Fächer für Provisions- oder „Belohnungssysteme" jedweder Art deswegen abnimmt. Die sowohl von der Politik[4] wie auch dem Sachverständigenrat für das Gesundheitswesen aufgestellte Forderung nach mehr Wettbewerb im Gesundheitswesen scheint bei manchen „Playern" (wie es neudeutsch wichtig heißt) irgendwie missverstanden zu werden. Die wohlverstandenen Interessen des Patienten, obwohl in einschlägigen Verträgen immer wieder in den Mittelpunkt gestellt[5], drohen als „notwendiges Übel" auf dem Weg zur DRG oder Budget/RLV Ziellinie dabei auf der Strecke zu bleiben. Während andere Wirtschaftsbereiche nach zugegebenermaßen leidvollen Erfahrungen ihre Lehren zu ziehen beginnen[6], ist das Problembewusstsein bei manchen Ärzten, Krankenhäusern aber auch Kosten-

2

---

[2] BayObLG, Urt. v. 6.11.2000 – 1Z RR 612/98 – MedR 2001, 206 ff.

[3] BGH, Urt. v. 22.1.1986 – VIII ZR 10/85 – NJW 1986, 2360; BGH, Urt. v. 22.6.1989 – I ZR 120/87 – MedR 1990, 77; OLG Nürnberg, Urt. v. 18.9.1987 – 6 U 466/87 – MDR 1988, 861, Laborbindung eines Zahnarztes an ein Labor über mehrere Jahre gegen Mietzahlung für Räume, deren Miteigentümer er ist; OLG Frankfurt a.M, Urt. v. 16.2.2001. – 8 U 161/00 – NJW-RR 2001, 1634, Sittenwidrigkeit der Gewährung eines Skontoabzuges auf Zahntechnikerhonorare.

[4] Rürup, Wille, Gutachten im Auftrag des BMF v. 29.6.2009 „Effizientere und leistungsfähigere Gesundheitsversorgung als Beitrag für eine tragfähige Finanzpolitik in Deutschland", www.bmf.bund.de.

[5] Man fragt sich, warum derartig banale Selbstverständlichkeiten in diesen Verträgen ständig ausgesprochen prominent betont werden.

[6] BGH, Urt. v. 12.5.2009 – XI ZR 586/07, NZG 2009, 828, zur Aufklärungspflicht des Anlageberaters über Rückvergütungen bei empfohlenen Kapitalanlagen; siehe auch VO zur Konkretisierung

trägern im Hinblick auf die Angreifbarkeit derartiger „Belohnungssysteme" noch entwicklungsfähig. In der berufsgerichtlichen Rechtsprechung sind entsprechende Verurteilungen eher selten[7].

3   Schutzzweck der Norm ist u. a., dass sich der Arzt in seiner Entscheidung, welchem anderen Arzt er Patienten zuweist oder zur Diagnose hinzuzieht, nicht von vornherein gegen Entgelt bindet, sondern diese Entscheidung allein auf Grund medizinischer Erwägungen im Interesse des Patienten trifft. Im Übrigen will § 31 nicht nur den Patienten vor sachfremden Erwägungen des ihn unmittelbar behandelnden Arztes bewahren. Die Vorschrift soll darüber hinaus verhindern, dass sich Ärzte durch Vorteilsgewährung ungerechtfertigte Wettbewerbsvorteile gegenüber ihren Berufskollegen verschaffen. Dieser Schutzzweck gebietet, jede Art der Patientenvermittlung gegen Entgelt oder sonstiger Vorteile, die ihren Grund nicht in der Behandlung selbst haben, als verbotswidrig anzusehen. Aus diesem Grunde wendet sich § 31 sowohl an den Vorteilsgewährer als auch an den vorteilsannehmenden Arzt. Letztlich passt § 31 gut in den aktuellen Kontext der Korruptionsbekämpfung im Gesundheitswesen, weil Ziel der Vorschrift auch die Marktgerechtigkeit ist. Ihre strafrechtliche Entsprechung findet die Vorschrift in §§ 299, 331 ff. StGB[8,] mit den Einschränkungen, die sich aus der Entscheidung des Großen Senats ergeben. Klarheit könnte insoweit die Einführung eines neuen § 299a StGB-E ergeben, wie ihn der Bundesrat in der letzten Legislaturperiode eingebracht hat[9].

II. Koppelgeschäfte

4   Eine weitere Form der unzulässigen Vorteilsgewährung besteht in der Beteiligung des überweisenden Arztes am Liquidationserlös des die Leistung erbringenden Arztes. Die möglichen Beteiligungsformen sind vielfältig, der Einfallsreichtum der Beteiligten nahezu unbegrenzt[10]. Zum Teil wird dem Einsender ein bestimmter Honoraranteil unter Bezugnahme auf angebliche Beratungsleistungen rückvergütet. Demgegenüber gibt es von der Rechtsprechung akzeptierte Honorarbeteiligungsmodelle, die jedoch insoweit eines gemein haben, dass der sachliche Grund in

---

der Verhaltensregeln und Organisationsanforderungen für Wertpapierdienstleistungsunternehmen (WpDVerOV) v. 20.7.2007, BGBl. 2007 I, S 1432 ff.v. 23.7.2007.

[7] Möller, Tsambikakis S. 46 ff. unter Verweis auf BG f. Heilb. Berlin, Beschl. v. 16.4.2012 – 90 K 2.11 T und LBerufG Ärzte Baden-Württemberg, Urt. v. 15.1.2011 – LBGÄ 17/2010 und 9.4.2011 – LBGÄ 13/2010.

[8] siehe aber BGH, Beschl. v. 29.3.2012 – GSSt 2/11, GesR 2012, 479 bezogen auf Vertragsärzte §§ 299, 331 (–).

[9] Entwurf eines Strafrechtsänderungsgesetzes, BR-Drucks. 451/13.

[10] Ärztl.BG Niedersachsen, Urt. v. 11.8.2010 – B 610/09, MedR 2011, 197.

§ 31 Unerlaubte Zuweisung   469

der Versorgung des Patienten und/oder dem besonderen Versorgungsauftrag liegt[11].
Bei Koppelgeschäften[12] findet man u. a. folgende Varianten[13] (nicht abschließend):

1. Handgeld-Modell

Offene Honorarrückführung pro zugewiesener Untersuchung, meist ohne Beteiligung des Zuweisungsempfängers am Gesellschaftskapital und ohne (vergütungsrechtlich relevante) eigene Leistungserbringung.

2. „Vertreter"-Modell

Leistungsberechtigter (z. B. der Radiologe) und nicht leistungsberechtigter Arzt „vertreten" sich gegenseitig ohne Vorliegen der Voraussetzungen zur Beschäftigung eines Vertreters[14]. Teilweise werden dazu „Vertreterverträge" geschlossen, die die dauerhafte Leistungserbringung auf diesem Wege schriftlich dokumentieren.   5

3. „Konsiliar"-Arztmodell

Der regelmäßig nicht leistungserbringende Arzt wird angeblich oder tatsächlich „konsiliarärztlich" oder „beratend" tätig. In detaillierter ausgeführten Vertragskonzepten soll dies so ablaufen, dass z. B. der Radiologe einen „Kurzbefund" erstellt, der „Konsiliararzt" einen „Langbefund", den er mit dem Kostenträger abrechnet. Ziel ist wohl, dem zuweisenden Arzt vertraglich eine „Leistung" zuzuweisen, um dem Verbot der Zuweisung gegen Entgelt zu entgehen. Bei der „Beratungsvariante"   6

---

[11] Zur erlaubten Honorarteilung im D-Arztverfahren OLG Hamm, MedR 1995, 405, werden in einer radiologischen Krankenhaus-Abteilung für einen D-Arzt Leistungen im Rahmen der Nebentätigkeitsbefugnis des radiologischen Chefarztes erbracht, so kann dieser vom D-Arzt das volle Honorar nach dem Abkommen Ärzte/Unfallversicherungs-träger beanspruchen. Empfehlungen der Berufsverbände über eine Honorarteilung im D-Arzt-Verfahren entsprechend der anteilsmäßigen Tätigkeit der Ärzte, i. d. R. einer hälftigen, stehen dem jedenfalls dann nicht entgegen, wenn außerhalb der Dienstzeiten eine ständige Rufbereitschaft der radiologischen Abteilung besteht und auch wahrgenommen werden kann. Ob sie tatsächlich in Anspruch genommen wird, ist ohne Belang; ebenso OLG Frankfurt, MedR 1990, 86: Radiologe kann 50% des Honorars verlangen, das der D-Arzt von der BG erhält; OLG Hamm, GesR 2003, 119: Zulässige Gebührenteilung zwischen Operateur und Anästhesist, bestätigt durch BGH, Urt. v. 20.3.2003, III ZR 135/02, GesR 2004, 211.
[12] FOCUS Nr. 43/2008 S. 58 „Kreative Verhältnisse".
[13] Entnommen aus Cramer, Ratzel, Mitt. BV Radiologie 1997, 184 ff.; aktualisiert Cramer, Altland, Mitt.BV Radiologie 2009, 558 ff.
[14] BGH, Beschl. v. 25.1.2012 – 1 StR 45/11, NJW 2012, 1377, i. E. unzulässig; siehe aber auch BVerfG, Beschl. v. 23.6.2010 – 2 BvR 2559/08, NJW 2010, 3209, 3215; BVerfG, Beschl. v. 7.12.2011 – 2 BvR 2500/09, NJW 2012, 907, 915, jeweils zum Schadensbegriff; Möller, Tsambikakis, S. 76 ff.

erbringt der Zuweiser eher „virtuelle" (vulgo: unnötige) „Leistungen", bzw. letztlich überhaupt keine für den Patienten werthaltige Leistungen. Vielmehr orientiert sich sein diagnostisches Konzept an pekuniären an Stelle von medizinischen Gesichtspunkten. Dies entspricht nicht dem Rang und der Position, die der Arzt als unabhängiger Heilberuf innerhalb der Rechtsordnung einnimmt[15]. Möller, Tsambikakis haben die Folgen derartiger „Schmiergeldgeschäfte", denn um nichts anderes handelt es sich hier, sehr differenziert beschrieben[16]. Die Position des BGH scheint klar zu sein. Wer in Kenntnis ihrer Nichtigkeit Forderungen bedienen lässt, kann sich wegen Untreue strafbar machen[17]

4. „Apparategemeinschaft"

7 Die Gesellschaft ist als Apparategemeinschaft ausgestaltet, wie sie – tatsächlich durchgeführt – seit langem rechtlich anerkannt ist. Der Vertrag sieht also eine persönliche Leistungserbringung jedes beteiligten Arztes vor. Diese wird jedoch nicht praktiziert und die vertraglichen Regelungen, z. B. durch Sondervereinbarungen, abweichende Gesellschaftsbeschlüsse etc. wieder aufgehoben.

5. Strohmann-Modell

8 Der leistungserbringende Radiologe ist quasi Angestellter der Gesellschaft. Er hat den Großteil seiner Erlöse abzuführen, erhält jedoch ein Jahresfixum für seine Tätigkeit. Auch im Übrigen sind seine Gesellschafterrechte entweder keine oder minimale, die ärztliche Entscheidungsfreiheit wird durch das Übergewicht wirtschaftlicher Belange entweder eingeschränkt bzw. ist gar nicht gegeben oder wird in der Umsetzung nicht praktiziert.[18]

9 Erhebliches Missbrauchspotential eröffnet die Teilgemeinschaftspraxis (TGP), weil manche glauben, unter ihrem Deckmantel die verbotene Zuweisung gegen Entgelt kaschieren zu können[19]. Die Bundesärztekammer hat dieses Risiko erkannt. Durch Beschluss[20] vom 24.11. 2006 hatte der Vorstand der Bundesärztekammer § 18 I MBO entsprechend angepasst. Nach dem geänderten Wortlaut in § 18 I kann sich der Zusammenschluss zur gemeinsamen Ausübung des Arztberufs zwar auch zum Erbringen einzelner Leistungen erfolgen, sofern er nicht lediglich einer Um-

---

[15] BGH, Urt. v. 23.2.2012 – I ZR 231, 10, GRUR 2012, 1050; BGH, Urt. v. 13.1.2011 – I ZR 111/08, MedR 2011,500.

[16] Möller, Tsambikakis, S. 52 ff.u. a. Auszahlungsanspruch des Patienten gegen den Schmiergeldempfänger auf Auszahlung der „Provision" als Nebenpflicht aus dem Behandlungsvertrag, unter Verweis auf BGH, Urt. v. 18.12.1990 – XI ZR 176/89, NJW 1991, 1224.

[17] BGH, Urt. v. 10.10.2012 – 2 StR 591/11, NJW 2013, 401 (Telekom).

[18] LSG Niedersachsen-Bremen, Urt. v. 17.12.2008, L 3 KA 316/04, GesR 2009, 206.

[19] Ratzel, Möller, Michels, MedR 2006, 377 ff.

[20] DÄ 2007(A),1613; Dahm, Ratzel, MedR 2006, 555, 558.

gehung des § 31 MBO dient. Diese Regelung auch nach der Entscheidung des BGH vom 15.5.2014 jedenfall in § 18 Abs. 1 Satz 2. Alt ist rechtlich nicht zu beanstanden[21]. Der Gesetzgeber hatte im Rahmen des VÄndG ebenfalls reagiert, und in § 33 II 3 Ärzte-ZV eine TGP zwischen Ärzten, die nur auf Überweisung in Anspruch genommen werden können (Radiologen, Labormediziner, Pathologen, Mikrobiologen, Transfusionsmediziner, Strahlentherapeuten) untersagt. Eine Umgehung durch Anstellung dieser Ärzte war wiederum im BMV-Ä (für den EKV gab es eine vergleichbare Regelung) mit Wirkung zum 1. 7. 2007 ausgeschlossen worden (galt bis zum 30.9.2013). Durch das GKV-VStG ist § 33 Abs. 2 S. 3 Ärzte-ZV abermals geändert worden. Das strikte Verbot einer TGP mit Ärzten der methodendefinierten Fächern wurde aufgehoben und durch eine Regelung ersetzt, die sich im Lichte des ebenfalls neuen § 73 Abs. 7 SGB V an den berufsrechtlichen Vorgaben des § 18 Abs. 1 MBO orientiert. Damit ist wieder ein Gleichklang zwischen Vertragsarztrecht und Berufsrecht hergestellt. Damit wäre jetzt z. B. eine der wenigen sinnvollen Kooperationsformen zwischen Radiologen und Kardiologen im Rahmen eines Kardio-MRT vertragsarztrechtlich als TGP zulässig, wenn es sich um eine echte fachlich gelebte Kooperation handelt. Neben der TGP werden zunehmend weitere gesellschaftsrechtliche Modelle zur Umgehung des § 31 erprobt (dazu unten).

III. Laborabrechnung

Sinn und Zweck der Einrichtung von Laborgemeinschaften ist u. a. die Ausnützung von Rationalisierungsmöglichkeiten. § 31 untersagt derartige Modelle, sofern sie nicht andere Rechtsvorschriften verletzen (dazu unten), nicht. Verspricht ein Laborarzt, der maßgeblich an einer Laborgemeinschaft beteiligt ist, den beteiligten Ärzten jedoch von den Gemeinkosten der Einrichtung befreit zu werden, wenn sie ihm gleichzeitig Spezialuntersuchungen für seine Laborarztpraxis zuweisen, wird § 31 verletzt[22]. Diese Art der Vorteilsgewährung ist nicht mehr durch die Absicht, Rationalisierungsmöglichkeiten auszunützen, abgedeckt[23.] Im Übrigen dürfte das Missbrauchspotential bei den Laborgemeinschaften zumindest im GKV-Bereich durch die Einführung der Direktabrechnung zwischen Laborgemeinschaft und KV etwas abgeschwächt worden zu sein. 10

Andere wiederum versuchen mit der Gründung sogenannter privatärztlicher Laborgemeinschaften Vorteile zu erwirtschaften. Viele dieser privatärztlichen Laborgemeinschaften sind im Ergebnis aber letztlich verdeckte „Einkaufsmodelle".[24] Zwar sind privatärztliche Laborgemeinschaften grundsätzlich zulässig; oft wird jedoch der Grundsatz der persönlichen Leistungserbringung missachtet. Gemäß § 4 11

---

[21] BGH, Urt.v. 15.5.2014- I ZR 137/12, GesR 2014, 477 siehe auch § 18 Rn. 19.
[22] BGH, Urt. v. 17.8.2009 – I ZR 103/07, GesR 2010, 197; BGH, Urt. v. 21.4.2005 – I ZR 201/02, GesR 2005, 547.
[23] BGH, Urt. v. 22.6.1989 – I ZR 120/87, MedR 1990, 77.
[24] Siehe auch Möller, MedR 1994, 10.

Abs. 2 GOÄ gelten auch diejenigen Laborleistungen als eigene Leistungen des abrechnenden Arztes, die nach fachlicher Weisung unter Aufsicht eines anderen Arztes in Laborgemeinschaften oder in von Ärzten ohne eigene Liquidationsberechtigung geleiteten Krankenhauslabors erbracht werden. Die rechtliche Voraussetzung „nach fachlicher Weisung" macht deutlich, dass der Arzt als Mitglied der Laborgemeinschaft, in der er die Leistung als eigene abrechnet, nicht jede x-beliebige Laborleistung „einkaufen" kann, sondern nur diejenige, die er notfalls selbst auch in der eigenen Praxis fachlich erbringen könnte. Anderenfalls könnte er auch seiner Aufsichts- und Weisungsbefugnis nicht sachgerecht nachkommen. So sind z. B. RIA-Leistungen oder andere Spezialuntersuchungen, für die dem Laborgemeinschaftsmitglied die notwendige Kompetenz fehlt, nicht laborgemeinschaftsfähig[25].

12 § 4 Abs. 2 Satz 2 GOÄ verfolgt nach der amtlichen Begründung und dem in der Verordnung selbst auch zum Ausdruck kommenden Wortlaut also das Ziel, die persönliche Leistungserbringung zu fördern und unter dieser Prämisse auch besser zu bezahlen. Deshalb ist die Abrechenbarkeit delegierter Laborleistungen (als „eigene" Leistungen) drastisch eingeschränkt und auf einen eng begrenzten Katalog häufiger Routineuntersuchungen, das sog. Basislabor (M II), eingegrenzt worden. Versuchen Labor und zuweisender Arzt, dies durch „Vertretungskonstruktionen" zu umgehen, damit der Zuweiser die Speziallaborleistung als eigene abrechnen kann, kann dies als Betrug geahndet werden[26].

13 Alle sonstigen Laborleistungen (das sog. „Speziallabor", M III und M IV) dürfen dagegen nur von dem Arzt abgerechnet werden, der die Laborleistungen selbst erbracht hat oder unter dessen Aufsicht nach fachlicher Weisung diese Leistung durch qualifizierte Mitarbeiter erbracht worden sind (§ 4 Abs. 2 S. 2 GOÄ). Zur Aufsicht vertritt die Bundesärztekammer die Auffassung, in solchen Fällen ergebe sich daher gemäß § 4 Abs. 2 S. 2 GOÄ (1996) die Notwendigkeit, dass der Arzt grundsätzlich bei allen Schritten der Leistungserstellung persönlich anwesend ist, auch wenn er das Labor einer Laborgemeinschaft zur eigenen Leistungserbringung in Anspruch nimmt.

14 Lediglich bei automatisierten Verfahren, welche im Labor ausgeführt werden, sei die persönliche Anwesenheit während dieses Teilschritts nicht erforderlich. Zur Wahrnehmung der „Aufsicht" müsse der Arzt jedenfalls folgende Voraussetzungen erfüllen:

- Sicherstellung ordnungsgemäßer Probenvorbereitung
- die regelmäßige stichprobenartige Überprüfung der ordnungsgemäßen Laborgerätewartung und der Bedienungsabläufe durch das Laborpersonal einschließlich der Durchführung der Qualitätssicherungsmaßnahmen

---

[25] AG München, ArztR 1992, 321; Möller, a. a. O.
[26] BGH, Beschl. v. 25.1.2012 – 1 StR 45/11, NJW 2012, 1377, i. E. unzulässig; siehe aber auch BVerfG, Beschl. v. 23.6.2010 – 2 BvR 2559/08, NJW 2010, 3209, 3215; BVerfG, Beschl. v. 7.12.2011 – 2 BvR 2500/09, NJW 2012, 907, 915, jeweils zum Schadensbegriff; Möller, Tsambikakis, S. 76 ff.

- die persönliche und nicht nur telefonische Erreichbarkeit innerhalb kurzer Zeit zur Aufklärung von Problemfällen
- die persönliche Überprüfung der Plausibilität der aus einem Untersuchungsmaterial erhobenen Parameter im Labor nach Abschluss des Untersuchungsganges, um bei auftretenden Zweifeln aus derselben Probe eine weitere Analyse zeitgerecht durchführen zu können
- die unmittelbare Weisungsberechtigung gegenüber dem Laborpersonal
- die Dokumentation der Wahrnehmung der Verantwortung.

Diese restriktiven Kriterien spiegeln sich auch in der einschlägigen Rechtsprechung wider[27.]

Vornehmlich für den Bereich der privatärztlichen Laborleistungen findet diese Systematik in Ziffer 3 der Allgemeinen Bestimmungen vor Kapitel M eine Entsprechung. Danach darf bei Weiterversand von Untersuchungsmaterial durch einen Arzt an einen anderen Arzt wegen der Durchführung von Laboruntersuchungen der Abschnitte M III und/oder M IV die Rechnungserstellung nur durch den Arzt erfolgen, der die Laborleistung selbst erbracht hat. Auch mit dieser Regelung kommt eindeutig der Wille des Verordnungsgebers zum Ausdruck, die früheren Mechanismen der Selbstzuweisung bzw. Gewinnabschöpfung unmöglich zu machen, indem eindeutige Verbotsnormen aufgestellt werden, die einer vertraglichen Abänderung nicht mehr zugänglich sind.

Im Krankenhaus gelten hinsichtlich der Verpflichtung zur persönlichen Leistungserbringung prinzipiell keine anderen Voraussetzungen. Alle interpretatorischen Bemühungen, den anderen Abteilungsärzten einen Anteil am Speziallabor zu sichern, auch wenn dies einem Laborarzt untersteht, müssen als gescheitert betrachtet werden[28.]

IV. Umsatz- und Gewinnbeteiligungen

Inwieweit eine umsatzmäßige Beteiligung an der Betriebsgesellschaft einer Praxis oder eines „Gesundheitszentrums"zulässig ist, wurde und wird unterschiedlich bewertet[29]. Die gänzliche Gewinnabschöpfung durch Dritte unter Auszahlung eines fest vorgegebenen Gewinnanteils oder eines Fixums wird überwiegend für unzulässig gehalten. Die umsatzbezogene Erhöhung der Gemein-, Geräte- und Verwaltungskosten hat jedoch einen praktischen Bezug und eine wirtschaftliche Rechtfertigung.

---

[27] LG Hamburg, Urt. v. 20.2.1996 – 312 O 57/96; LG Duisburg, Urt. v. 18.6.1999, 1 O 139/96, Erreichbarkeit im Gebäude reicht; siehe hierzu auch die Grundsätze der persönlichen Leistungserbringung, Stand 29.8.2008, DÄ 2008 (A), 2173 i.d. Fassung v. 12.9.2013 (bundesaerztekammer. de/page.asp?his=07.47.3225) abgerufen am 27.10.2013 sowie Vereinbarung über die Delegation ärztlicher Leistungen an nichtärztliches Personal in der ambulanten vertragsärztlichen Versorgung gemäß § 28 Abs. 1 Satz 3 SGB V v. 1.10.2013 als Anlage 24 zum BMV-Ä, DÄ 2013 (A), 1757 ff.
[28] Nachweise 3. Aufl. § 31 Rdnr. 10 ff.
[29] Ahrens, MedR 1992, 141,145; Taupitz, MedR 1993, 367, 372; Hess in: Kasseler Komm., § 95 Rn.53; § 98 Rn. 64.

Allerdings müssen die vereinbarten Zahlungen in einem angemessenen Verhältnis zu den gewährten Gegenleistungen stehen und dürfen nicht zu einer (unzulässigen) Beteiligung bzw. einem verdeckten Gesellschaftsverhältnis des Dritten an der Praxis des Abführungspflichtigen führen. Abgesehen von der ärztlichen Unabhängigkeit wird dies mit der Einhaltung des Wirtschaftlichkeitsgebots im vertragsärztlichen Bereich begründet[30]. Im Ergebnis wird befürchtet, dass die Beteiligung eines „Praxisfremden" sachwidrige, d. h. unnötige Entscheidungen erleichtert. Dieser Gefahr ist allerdings auch ein Arzt ausgesetzt, der z. B. hohe Bankverbindlichkeiten aus seiner Praxisgründung zu bedienen hat. Konsequent weist das BMG in einer Stellungnahme vom 25.2.1997[31] darauf hin, es sei nicht zu beanstanden, wenn Ärzte eigene Reha-Zentren gründen, in denen sie eigene und fremde Patienten behandeln, wenn die Verordnung im Einzelfall indiziert ist. Niemand hat im übrigen bislang daran Anstoß genommen, wenn Belegärzte ihre Patienten stationär in Kliniken betreuen, die ihnen ganz oder anteilig gehören[32]. Nach einer weiteren Antwort der Bundesregierung auf eine kleine Anfrage[33] ist es nicht zu beanstanden, wenn Ärzte z. B. GmbH's gründen, mit denen sie im Gesundheitswesen (z. B. Pflegeversicherung) Dienstleistungen erbringen lassen. Entscheidend sei die Qualität der Dienstleistung, weniger die Herkunft bzw. der Hauptberuf der Gesellschafter. Zugegebenermaßen wird die Diskussion zu dieser Problematik, nicht nur wegen gesetzgeberischer Änderungen und einer Weiterentwicklung der Rechtsprechung (siehe unten VI) heute wesentlich differenzierter geführt[34].

18 Werden einem Gesellschafter Gewinne verursachungsgerecht nach der Zahl der von ihm veranlassten Untersuchungen zugeteilt, verstößt dies gegen § 31 MBO. Insoweit sind alle entsprechenden Bestimmungen in Gesellschaftsverträgen berufsrechtswidrig mit der weiteren Konsequenz der zivilrechtlichen Nichtigkeit gem. § 134 BGB[35]. Klärungsbedürftig sind dagegen Konstruktionen, die eine Beteiligung der Gesellschafter am Gewinn nach der Höhe ihrer Einlage nach Abzug aller Kosten für die leistungserbringenden Gesellschafter inkl. angemessener Arzthonorare für diese vorsehen. Es besteht zwar ein Zusammenhang zwischen der veranlassten Untersuchung und dem wirtschaftlichen Erfolg. Dieser ist jedoch ein Erfolg der Gesellschaft und kommt allen weiteren Erfolgsberechtigten zugute. Man stößt z. B. bei Betreiber-Modellen oder auch Großgerätekooperationen auf diese Problematik. Eine ausschließlich oder überwiegend nach Überweisungsfrequenzen vereinbarte Gewinnverteilung ist allerdings auch in derartigen Gesellschaften rechtswidrig. Entsprechende Gesellschaftsbeschlüsse können von benachteiligten Gesellschaftern gerichtlich angegriffen werden und im worst case die ganze Kons-

---

[30] Hess in: Kasseler Komm., § 98 Rn. 64.
[31] BT-Drucksache 13/7116.
[32] Eingehend Dahm, Zusammenarbeit von Vertragsärzten und Krankenhäusern im Spannungsfeld der Rechtsbereiche, MedR 2010, 597, 610.
[33] BT-Drucksache 13/8102.
[34] BÄK, DÄ 2013 (A), 2226 ff.; Arnold, Poetsch, ZMGR 2013, 315 ff.
[35] BGH, Urt. v. 22.1.1986 – VIII ZR 10/85, NJW 1986, 2360.

truktion zum Einsturz bringen. Z. T. von anwaltlicher Seite empfohlene „Umgehungsstrategien" halten in der Regel einer näheren Überprüfung nicht stand. Es muss aber zulässig sein, die Grundidee der Apparategemeinschaft auch bei derartigen Gesellschaften zu berücksichtigen. Damit ist gemeint, dass auch in einer Apparategemeinschaft der Einzelne durch die bessere Auslastung der Geräte profitiert (niedrigere Stück- und Gemeinkosten). Solange eine Gewinnverteilung die bessere Geräteauslastung den Gesellschaftern ähnlich wie in einer Apparategemeinschaft zufließen lässt, sind verschiedene Lösungsansätze denkbar[36]. Bevor man entsprechende Investitionen tätigt, kann es sich empfehlen, das vollständige Konzept[37] mit der zuständigen Landesärztekammer abzusprechen, um später „den Rücken frei zu haben". Steuerrechtlich muss darauf geachtet werden, dass solche Gesellschaften nach Möglichkeit umsatzsteuer- und gewerbesteuerprivilegiert konstruiert werden. Eine eingehende steuerrechtliche Abklärung ist bei diesen Modellen unabdingbar.

V. Gesellschaftsrechtlicher Gestaltungsmissbrauch zur Vorteilskaschierung

Welche Voraussetzungen für das Vorliegen einer ärztlichen Berufsausübungsgemeinschaft anzunehmen sind, ist zum Teil heftig umstritten[38] (siehe hierzu auch die Kommentierung zu § 18). Zum Teil wird die Verwirklichung eines gemeinsamen medizinischen Konzepts an einem Patienten bzw. Fall unter Bezugnahme auf überörtliche Kooperationen oder auch fachübergreifende Berufsausübungsgemeinschaften nicht als notwendiges Kriterium für eine Berufsausübungsgemeinschaft angesehen[39]. Andere wiederum rücken den gemeinsamen Gesellschaftszweck stärker in den Vordergrund[40]. Häufig wird man die Grenze nur von Fall zu Fall ziehen können. Relativ klar sind allerdings die Fälle, in denen der Vertrag darauf abzielt, die Gesellschaft nur als „black box" zu verwenden, innerhalb der dann Finanzbewegungen stattfinden, die ohne diese gesellschaftsrechtliche Camouflage schon früher auffliegen würde. Gründen Ärzte nur deshalb eine GbR, damit der eine Arzt an Erlösen partizipiert, die der andere Arzt mit Leistungen erwirtschaftet, die der partizipierende Arzt mangels Qualifikation nicht erbringen dürfte, fehlt es darüber hinaus an den wesentlichen Merkmalen einer Berufsausübungsgemeinschaft, ist der zugrundeliegende Gesellschaftsvertrag wegen Verstoßes gegen § 134 BGB nichtig.[41] Zu einem ähnliche Ergebnis wie das LG Arnsberg könnte man auch über

---

[36] Viele Modelle der integrierten Versorgung funktionieren nach diesem Muster.
[37] Also ohne „Geheimbeschlüsse" und Nebenabreden.
[38] Gollasch, Die fachübergreifende Gemeinschaftspraxis, 2003, siehe auch Hinweise und Erläuterungen der Bundesärztekammer zu Niederlassungen und für berufliche Kooperationen, DÄ. 2006, A-801.
[39] Bäune, Meschke, Rothfuß, § 33 Ärzte-ZV, Rdnr. 25.
[40] Gollasch aaO. S. 111, so auch Dahm, in Dahm, Ratzel, Liberalisierung der Tätigkeitsvoraussetzungen des Vertragsarztes, MedR 2006, 556; siehe auch Palandt-Sprau, § 705 Rdnr. 9.
[41] LG Arnsberg, Urt. v. 12.10.2007 – 2 O 380/07, MedR 2008, 746.

§ 726 BGB kommen; denn wenn der Gesellschaftszweck rechtswidrig ist, ist seine Erreichung – rechtlich – unmöglich und führt damit von Gesetzes wegen zur Auflösung der Gesellschaft.

20 Als besonders geeigneter Korruptionsbeschleuniger hat sich die Teilgemeinschaftspraxis[42] bewährt (siehe hierzu auch § 18 Rn. 17 ff.). Bundesweit werden Strukturen eingeführt, die nach folgendem Grundmustern „funktionieren". Ein (Organ –)Facharzt gründet mit einem Facharzt der methodendefinierten Fächer (Radiologie, Pathologie, Labormedizin) eine i. d. R. überörtliche Teilgemeinschaftspraxis. In dieser Teilgemeinschaftspraxis sollen z. B. MRT-Untersuchungen, Speziallaborleistungen oder zytologische Leistungen abgearbeitet werden. Ärzte gründen mit ambulanten Operateuren z. B. Augenärzten Teilgemeinschaftspraxen, in deren Rahmen dann die Kataraktoperationen durchgeführt werden. Eine Mehr- oder auch Vielzahl von Ärzten schließen mit dem Radiologen eine privatärztliche Teilgemeinschaftspraxis[43]. oder Hausärzte einer ganzen Region schließen mit den unterschiedlichsten Fachärzten überörtliche Teilgemeinschaftspraxen.

Beispiele:

21 Ein Laborarzt bietet bisherigen und potentiellen Zuweisern die Gründung einer Teilberufsausübungsgemeinschaft in der Rechtsform der Partnerschaftsgesellschaft an mit dem Hinweis, dass Analysen des Speziallabors (früher sog. O III-Leistungen) nicht laborgemeinschaftsfähig, aber sehr wohl von einer Teilberufsausübungsgemeinschaft erbringbar seien. Der umworbene Zuweiser hat eine Einlage von 50.- € zu leisten und wird ausschließlich an dem Honorar der von ihm initiierten Untersuchungsaufträge – nicht am Gesamtergebnis der Gesellschaft – beteiligt[44].

22 Die ÄrzteZeitung vom 31.3./1.4.2006[45] berichtet, dass in Esslingen und Nürtingen 21 bzw. 27 Ärzte jeweils eine Teilgemeinschaftspraxis gebildet haben. Beteiligt sind Hausärzte, aber auch Fachärzte – z. B. aus den Gebieten Labor, Neurologie, Orthopädie und Gynäkologie. Als Ziel wird die Förderung der Kooperation unter den beteiligten Ärzten durch gezielte Überweisungen bei Individuellen Gesundheitsleistungen (IGeL) und bei Privatpatienten formuliert. Der Zusammenschluss soll Klinikambulanzen und Medizinischen Versorgungszentren Patienten abwerben, indem die Zusammenarbeit zwischen Haus- und Fachärzten intensiviert und der Patient auf der ambulanten Schiene geführt, statt ins Krankenhaus eingewiesen wird. Die Initiatoren erwarten einen zusätzlichen Umsatz von 15.000,- € bis 20.000,- € für Hausärzte und bis zu 45.000,- € für Fachärzte[46].

23 Nichtoperative Augenärzte gründen eine Teilgemeinschaftspraxis mit einem operativ tätigen Augenarzt, dem sie bereits in der Vergangenheit Patienten zu

---

[42] Ratzel, Möller, Michels, MedR 2006, 377 ff; Ratzel, Die Teilgemeinschaftspraxis – oder ohne Pizzo keine Pizza, GesR 2007, 457.
[43] Nach § 33 i. d. Fass. d.VändG war die Teilgemeinschaftspraxis für die Erbringung medizinisch-technischer Leistungen, also z. B. Radiologie, Labor, Pathologie untersagt.
[44] Ein vergleichbarer Sachverhalt war Gegenstand des Beschlusses LG Mainz v. 25.10.2005 – 12 HK.O 108/05; OLG Stuttgart, Urt. v. 10.5.2007, 2 U 176/06, MedR 2007, 543=GesR 2007, 320.
[45] S. 12.
[46] ÄrzteZeitung vom 13.12.2005, S. 1.

Katarakt- und Lasic-Operationen überwiesen hatten. Gesellschaftszweck ist ausschließlich die operative Tätigkeit. Am Ergebnis der Honorare aus der operativen Tätigkeit sind die Zuweiser mit 10%, und zwar bezogen auf die jeweils individuell überwiesenen Patienten, beteiligt.

Ein Radiologe und ein Orthopäde verabreden sich, MRT-Leistungen in der Weise durchzuführen, dass der Orthopäde nach entsprechenden Voruntersuchungen die Indikationsstellung vornimmt und der Radiologe die Schnittbilddiagnostik durchführt. Die Befundung erfolgt entweder gemeinsam im Wege der Teleradiologie oder als radiologischer Basis- mit nachfolgendem orthopädischen „Feinbefund". Das Honorar wird nach einem Schlüssel, der die Gerätekosten berücksichtigt, aufgeteilt.   24

Diesen „Gebilden" ist eines gemein: Die Gewinnverteilung innerhalb der Teilgemeinschaftspraxis führt dazu, dass die rechtlich unzulässige Zuweisung gegen Entgelt verschleiert wird; denn der zuweisende Teilgemeinschaftsgesellschafter ist i. d. R. nicht in die Leistungserbringung einbezogen[47] und dennoch führt der Gewinnanteil zu einem Vorteil für den vormaligen Überweiser. Hieran ändern auch mühsame Versuche, einen gemeinsamen Gesellschaftszweck zu stilisieren, nichts. Unappetitlich wird die ganze Sache spätestens dann, wenn das Ansinnen, eine Teilgemeinschaftspraxis zu gründen, mit dem Argument verstärkt wird: Entweder Teilgemeinschaftspraxis oder Ende der Überweisungen (auch im vertragsärztlichen Bereich)! Wirtschaftlich und faktisch mutieren diese Konstrukte zu Schutzgeldsystemen in zum Teil erschreckenden Ausmaßen. Natürlich gibt es findige „Berater", die dieses System noch perfektionieren. Der mit diesen „Angeboten" konfrontierte Arzt ist wirtschaftlich nicht mehr weit von dem Ladenbesitzer entfernt, dem bei Nichtannahme die Scheiben eingeworfen werden. Das Unrechtsbewusstsein bei den „die Hand aufhaltenden" Teilgemeinschaftsgesellschaftern ist nicht immer sehr ausgeprägt, zumal wenn der hinzugezogene Berater versichert ergebnisbezogen, rechtlich sei das ganze geprüft.   25

Rechtlich verstoßen derartige Konstruktionen gegen § 31 MBO[48] mit der Folge, dass hierauf beruhende Gesellschaftsverträge nichtig sind[49]. Zum selben Ergebnis kommt man über § 726 BGB mangels eines zulässigen Gesellschaftszwecks. Die Konsequenzen sind weitreichend: Abwicklung nach Bereicherungsrecht, nicht nach den Grundsätzen einer fehlerhaften Gesellschaft.   26

---

[47] Die LÄK Hamburg reagierte als erste Kammer mit einer Konkretisierung in § 18 Abs. 1a der BO Hamburg:„Teil-Berufsausübungsgemeinschaften sind nur zulässig, wenn die ihr zugehörigen Ärzte am Gewinn dieser Gemeinschaft jeweils entsprechend ihres persönlich erbrachten Anteils an der gemeinschaftlichen Leistung beteiligt werden. Die Anordnung einer Leistung, insbesondere aus den Bereichen der Labormedizin, der Pathologie und der bildgebenden Verfahren stellt keinen Leistungsanteil im Sinne des Satzes 1 dar. Verträge über die Gründung einer Teil-Berufsausübungsgemeinschaft sind der Ärztekammer vorzulegen." (Beschl. d. Kammerversammlung v. 20.2.2006; vgl. Hamburgisches Ärzteblatt 2006, 75). Mittlerweile wurde 2007 für die MBO nachgezogen und in den einzelnen Kammerbereichen vergleichbare Regelungen umgesetzt. (Siehe hierzu auch § 18 Rn. 19)

[48] In der Fassung der jeweiligen LänderBO.

[49] Ratzel, MedR 2002, 492.

27 Geht man zutreffenderweise davon aus, dass Einnahmen aus derartigen Konstruktionen keine Einnahmen[50] aus freiberuflicher Tätigkeit sind, sondern gewerblich, kann dies dazu führen, dass aus einer GbR plötzlich eine oHG wird[51], was für die Betroffenen höchst unerwünscht sein dürfte. Diese Rechtsfolge tritt unabhängig davon ein, ob die Parteien sich dessen bewusst sind oder nicht[52]. Auf die Bezeichnung der Rechtsform der Gesellschaft kommt es nicht an. Zum Teil wird diskutiert, ob es sich bei diesen „Zuwendungen" nicht um gemischte Schenkungen handelt, die dann auch beurkundungspflichtig wären, was i. d. R. nicht gemacht wird und daher ebenfalls zur Unwirksamkeit der Gewinnverteilung führen kann (§ 518 Abs. 2 BGB).[53] Da derartige „Gesellschaften" aber weder Gewerbe-, geschweige denn Schenkungssteuer abführen, stellt sich natürlich bei näherer Betrachtung die Frage nach strafbarer Steuerverkürzung.[54] Selbst wenn diese Konstruktionen „saniert" werden, muss § 153 AO beachtet werden, wonach die zunächst „vermiedenen" Steuern nachveranlagt werden müssen, ansonsten auch hier ein Strafbarkeitsrisiko bestehen kann.

28 Derartige Konstruktionen sind nicht nur berufsrechtswidrig, sondern auch wettbewerbswidrig. Daneben stellt sich die Frage, ob sich die beteiligten Ärzte gemäß § 299 StGB strafbar machen könnten. Die Unrechtsvereinbarung dürfte bei derartigen Modellen nicht selten vorliegen. Zum Teil wird geltend gemacht, dass diese Vorschrift auch (Vertrags –)Ärzte als Inhaber von Arztpraxen und damit Freiberufler treffen könne[55], da diese entweder als „Beauftragte" der Krankenkassen oder ähnlich wie „beliehene" Verwaltungsträger eingestuft werden könnten. Die anfänglich nur von wenigen begonnene Diskussion wurde zwischenzeitlich auf breiter Front geführt[56]. Durch die Entscheidung des Großen Senats[57] zu einem Teilaspekt ist die Diskussion nicht beendet, sondern wird vorzugswürdig in der laufenden Legislaturperiode erneut fortgesetzt werden. Man sollte dabei die Bandbreite mög-

---

[50] Siehe hierzu Michels, in Ratzel, Luxenburger, § 40, Rn. 381 ff., 391 ff.
[51] Ulmer, Gesellschaftsrecht, 5. Aufl., 2009, § 705 Rn. 3, 22 zur Gewerblichkeit von Einkünften siehe auch FG Düsseldorf, Urt.v. 19.9.2013 – 11 K 3968/11 , ZMGR 2014, 294F und FG Düsseldorf, Urt.v. 19.9.2013 – 11 K 3969/11 G, ZMGR 2014, 299 m.Anm. Ketteler-Eising, Revision jeweils anhängig.
[52] Ulmer, § 705 Rn. 3.
[53] Palandt-Weidenkaff, § 516 Rdnr. 13.
[54] § 370 AO.
[55] Pragal, NStZ 2005, 133 ff.
[56] BGH, Beschl. v. 25.11.2003 – 4 StR 239/03, GesR 2004, 129=MedR 2004, 268; BGH, Beschl. v. 27.4.2004 – 1 StR 165/03, GesR 2004, 371=MedR 2004, 613; siehe auch BGH, Urt. v. 22.8.2006 – 1 StR 547/05, GesR 2007, 77 „Kick-Back" für Verordnung von Augenlinsen; Fischer, StGB 55.Aufl. 2008, § 299 Rdnr. 10 a; Pragal, Apfel, Bestechlichkeit und Bestechung von Leistungserbringern im Gesundheitswesen, A & R 2007, 10 ff. (umstr.); a. A. Schönke-Schröder-Heine, StGB 27. Aufl. 2006, § 299 Rdnr. 7; Ulsenheimer, MedR 2005, 622, 625; siehe auch Dahm, Schmidt in: Rieger, Dahm, Steinhilper (Hrsg.), HK-AKM, „Falschabrechnung" Rdnr. 45 ff. mwN; Makoski, MedR 2009, 376, 378 ff.
[57] BGH, Beschl. v. 29.3.2012 – GSSt 2/11, GesR 2012, 479 bezogen auf Vertragsärzte §§ 299, 331 (–).

licher Delikte nicht nur auf § 299 StGB oder den in der Diskussion befindlichen § 299 a StGB-E[58] verengen, denn je nach Fallvariante lassen sich auch §§ 240, 263 und 266 StGB diskutieren[59]. Daneben können die Kostenträger die durch die Kick-Back-Zahlungen entstandenen Mehrkosten, wenn ansonsten günstigere Preise hätten verhandelt werden können, regressieren[60]. Des weiteren ist zu beachten, dass der vom BGH geprägte Gedanken der „Marktgerechtigkeit" als Schutzgut zunehmend auch in dem Sinne verstanden wird, das bereits Verstöße gegen normative Vorgaben im Leistungsrecht die Unzulässigkeit der Rechnungsstellung und damit eine Strafbarkeit wegen Verstoßes gegen § 263 StGB zur Folge haben kann[61].

VI. Vorteilsgewährung durch Gewinnbeteiligung an arztnahen Dienstleistungsgesellschaften sowie unternehmerische Betätigung im Zweitberuf

Ärzten ist es grundsätzlich nicht verwehrt, zur Ergänzung oder Unterstützung ihrer Berufstätigkeit Unternehmen im Gesundheitswesen zu betreiben oder sich daran zu beteiligen. Derartige Unternehmen können auch im GKV-Sektor Vertragspartner der Kassen werden. Niemand nimmt z. B. Anstoß daran, wenn Ärzte Kliniken betreiben, in die sie ihre Patienten einweisen, um sie dort entweder selbst oder durch andere Ärzte weiterbehandeln zu lassen, sofern die Indikation stimmt und die Klinik zur Behandlung des entsprechenden Krankheitsbildes geeignet ist. So führte das BVerfG[62] bereits 1985 aus:

29

> Für die verfassungsrechtliche Beurteilung ist ferner von Bedeutung, daß es Ärzten nicht untersagt ist, Kliniken und Sanatorien zu betreiben, obwohl es sich dabei um gewerbliche, auf Gewinnerzielung ausgerichtete Unternehmen handelt. Der Gesetzgeber, dem die rechtliche Ordnung von Berufsbildern obliegt, hat davon abgesehen, eine ärztliche und eine gewerblich-unternehmerische Tätigkeit für unvereinbar zu erklären. Aus welchen Gründen dies geschehen ist (vgl. dazu Kraßer, GRUR 1980, S. 191 (192)), mag auf sich beruhen.

---

[58] Hierzu Arnold, Poetsch, ZMGR 2013D 315 unter Darstellung des Gesetzgebungsverfahrens in der abgelaufenen Legislaturperiode.
[59] BGH, Urt. v. 10.10.2012 – 2 StR 591/11, NJW 2013, 401 (Telekom); Möller, Tsambikakis, S. 58 ff.; Kölbel, WISTRA 2009, 129 ff.; Schneider, Gottschaldt, WISTRA 2009, 133 ff.
[60] BSG, Urt. v. 20.3.2013 – B 6 KA 18/12 R, GesR 2013, 600 (LS); SG Düsseldorf, Urt. v. 25.2.2009, S 2 KA 29/08, GesR 2009, 486, Zahnarzt haftet gegenüber Krankenkasse nach Kick-Back-Zahlungen für Laborgewinn; siehe auch Wittmann, MedR 2008, 716 ff.; LSG Niedersachsen-Bremen, Urt. v. 11.8.2004, L 3 KA 25/04 ER.
[61] AG Landsberg a. Lech, Urt. v. 16.1.2013 – 6 Ls 200 Js 141129/08, MedR 2013, 735, Abgabe von orthopädischen Hilfsmitteln Arztpraxen unter Umgehung des Depotverbots durch Hilfsmittellieferanten; BGH, Urt. v. 22.8.2006 – 1 StR 547/05, GesR 2007, 77.
[62] BVerfG, Beschl. v. 19.11.1985 – 1 BvR 38/78. Zur verfassungsrechtlichen Problematik entsprechender Einschränkungen in § 128 SGB V, Wittmann, Koch, Die Zulässigkeit gesellschaftsrechtlicher Beteiligungen von Ärzten an Unternehmen der Hilfsmittelbranche im Hinblick auf § 128 Abs. 2 SGB V und das ärztliche Berufsrecht, MedR 2011, 476 ff.; a. A. wohl Flasbarth, in: Orlowski, Rau, Wasem, Zipperer (Hrsg.) GKV-Kommentar SGB V § 128 Rn. 61, 63, sowie Bäune, Dahm, Flasbart, MedR 2012, 77, 93.

Jedenfalls wird damit auf kommerzielle Interessen stärker Rücksicht genommen, als dies bei niedergelassenen Ärzten geschieht. Wenn aber Ärzte befugt sind, sich trotz ihrer Eigenschaft als Freiberufler gewerblich auf dem Gebiet des Heilwesens zu betätigen, dann führt dies zwangsläufig zu einer Verquickung ärztlicher und gewerblicher Tätigkeiten mit der Folge, daß zwischen niedergelassenen Ärzten und ärztlichen Inhabern von Sanatorien – auch rechtlich relevante – Unterschiede entstehen und daß sich das Werbeverbot für die zweite Gruppe nicht mehr voll rechtfertigen läßt.

Der BGH[63] entschied unter ausdrücklicher Erwähnung dieser Entscheidung des BVerfG:

Bei der Beurteilung der Frage, ob die von der Beklagten den angesprochenen Ärzten vorgeschlagene gewerbliche Betätigung bei Verwendung der eigenen Praxisräume notwendigerweise berufsrechtswidrig ist, ist außerdem in Rechnung zu stellen, dass Ärzten eine gewerblich-unternehmerische Tätigkeit auf dem Gebiet des Heilwesens grundsätzlich nicht untersagt ist (vgl. BVerfGE 71, 183, 195, 196= GRUR 1986, 387, 390; BGH, Urt. v. 26.4.1989 – I ZR 172/87, GRUR 1989, 601 = WRP 1989, 585 – Institutswerbung). Dem Arzt ist daher gemäß § 3 Abs. 1 Satz 1 BOÄ neben der Ausübung seines Berufs die Ausübung einer anderen Tätigkeit nicht grundsätzlich verboten, sondern im Grundsatz erlaubt und nur dann untersagt, wenn die Tätigkeit mit den ethischen Grundsätzen des ärztlichen Berufs nicht vereinbar ist. Ebenso ist dem Arzt die Hergabe seines Namens in Verbindung mit einer ärztlichen Berufsbezeichnung für gewerbliche Zwecke nach § 3 Abs. 1 Satz 2 BOÄ nicht schlechthin, sondern nur dann verboten, wenn dies in unlauterer Weise geschieht. Dementsprechend ist die Klägerin auch nicht gegen das von der Beklagten beworbene und vertriebene, Ärzte mit einbeziehende Geschäftsmodell als solches, sondern allein gegen dessen Durchführung in den Praxisräumen des jeweils mit eingebundenen Arztes vorgegangen.

30 Einen Verstoß gegen § 3 Abs. 1 MBO konnte der BGH nicht erkennen. „Leistungserbringer" kann nach der Rechtsprechung des Bundessozialgerichts[64] auch eine GmbH sein, wenn in ihr ein zugelassener Leistungserbringer fachlich unabhängig tätig ist. Wer Gesellschafter der GmbH ist, ist für die Zulassung unerheblich. Gesellschafter kann mithin auch ein Arzt sein. Damit konnten – analog zur Einweisung eines Patienten in die eigene Klinik- Ärzte auch im Heilmittelbereich wirtschaftlich und unternehmerisch tätig werden, wenn die Wahlfreiheit des Patienten gewahrt und keine sonstigen unlauteren Vorteile gewährt wurden. Viele Verträge zwischen den Krankenkassen auf Landesebene und z. B. Einrichtungen der ambulanten Rehabilitation sahen allerdings für den Fall der Bildung Ärztlicher Beteiligungsgesellschaften mit dem Ziel einer interessengebundenen Verordnungstätigkeit die fristlose Kündigung entsprechender Versorgungsverträge vor.[65]

31 Ärzte stehen anderen Investoren in nichts nach. Die Grenze wird dort sichtbar – und von Fall zu Fall auch überschritten –, wo das Unternehmen eine Konstruktion anbietet, die dem Arzt Vorteile verschafft, deren Annahme ihm bei Direktbezug untersagt wäre. Die am Markt anzutreffenden Strukturen sind z. T. phantasiereich. Man stößt auf GmbH & Co. KGs, deren Kommanditisten in der Regel Ärzte sind

---

[63] BGH, Urt. v. 29.5 2008 – I ZR 75/05.

[64] Vgl. BSG, Urt. v. 29.11.1995 3 RK 25/94=BSGE 77, 108 ff.; sowie BSGE 77, 130 ff.

[65] z. B. § 14 d.Vereinbarung über die Erbringung von ambulanter Rehabilitation bei muskuloskeletalen Erkrankungen der bayrischen Krankenkassen v. 3.8.2001.

oder deren Gesellschaftsanteile von Treuhändern gehalten werden, um die Anonymität der „Share Holders" zu wahren. Man findet Aktiengesellschaften, die an Ärzte Vorzugsaktien ausgeben oder auch Ärzte-Fonds[66], die Gewinne aus Gesundheitseinrichtungen und -betrieben verwalten. All diesen Konstruktionen ist gemein, dass sie dann angreifbar sind, wenn die „Rendite" personenbezogen umsatzabhängig ist; mit anderen Worten dann, wenn der Arzt als Zuweiser oder Verordner direkt und unmittelbar den Wert seines Kapitalanteils steuert und damit sein Kapitalertrag einen Provisionscharakter erhält[67]. Dahm[68] führt treffend aus: „Beteiligungsmodelle mit geringfügigen Beiträge, aber hohen (versprochenen) Gewinnerwartungen, die zudem eine Gewinnausschüttung entsprechend der Zuweisungsquote (noch dazu ohne persönliche Leistung) im Beschlussverfahren vornehmen, tragen von vornherein das Stigma der Unzulässigkeit."

Unverfänglich war hingegen nach früherer Rechtsprechung die Förderung des Gesamtunternehmens und damit die Teilhabe am Gesamtgewinn, wie bei jedem anderen Kapitalanleger auch. Wie das Oberlandesgericht Köln[69] unter Bezugnahme der Rechtsprechung des BGH zum verkürzten Versorgungsweg[70] entschieden hat, ist ein Geschäftsmodell eines Hörgeräteakustikbetreibers, wonach dem HNO-Arzt einerseits eine Beteiligung an seinem Unternehmen im Wege des Aktienerwerbs angetragen und andererseits eine Einbindung in die Hörgeräteabgabe im verkürzten Versorgungsweg angeboten wird, dass der Arzt seinen finanziellen Aufwand kompensieren oder Gewinne erwirtschaften kann, indem er die vom Akustiker angebotenen Möglichkeiten im Rahmen der Hörgeräteversorgung bestimmte Leistungen gegen Entgelt zu erbringen, nutzt, berufsrechtlich nicht zu beanstanden, wenn dem Arzt für die in diesem Zusammenhang zu erbringenden Leistungen (initiale Beratung der Patienten und Abnahme eines Ohrabdrucks, Stellung von Praxisräumen für die Patientenversorgung durch Mitarbeiter des Akustikers) keine unangemessen hohe Vergütung zugesagt wird. Voraussetzung ist stets, dass die Indikation zur veranlassten Leistung gegeben ist und das ausgewählte Produkt den Erfordernissen des Patienten genügt[71]. Die Entscheidung des OLG Köln dürfte allerdings im Lichte der Entscheidung des BGH[72] v. 13.1.2011 nicht mehr dem Stand der Rechtsprechung entsprechen.

32

---

[66] Hierzu Bonvie, MedR 1999,65; ders. Beteiligung der Ärzte am Erfolg anderer Dienstleister in der Gesundheitswirtschaft, in Festschrift AG Medizinrecht im DAV z. 10-jährigen Bestehen 2008, 827 ff. mit überzeugender Differenzierung.
[67] OLG Stuttgart, Urt. v. 10.5.2007–2 U 176/06, GesR 2007, 320 „Synerga"; LG Bonn, Urt. v. 4.11.2004, 14021/02, unangemessene Gewinnbeteiligung; LBerfG Heilb. OVG Münster, Urt. v. 6.7.2011 – 6t A 1816/09. T, ZMGR 2011, 370.
[68] Dahm, MedR 1998, 70 ff.
[69] OLG Köln, Urt. v. 04.11.2005, 6 O 46/05; GRUR 2006, 600.
[70] BGH, Urt. v. 29.06.2000, I ZR 59/98, NJW 2000, 2745; BGH, Urteil vom 15.11.2001, I ZR 275/99, NJW 2002, 962.
[71] Siehe auch Entscheidung Bundeskartellamt gemäß PM v. 24.11.2011.
[72] BGH, Urt. v. 13.1.2011 – I ZR 111/08, MedR 2011, 500 (Hörgeräteversorgung II).

33 Verfolgt man die Diskussion dieser Entscheidung, gewinnt man den Eindruck, dass der Kontext, in dem die Entscheidung steht, manchmal aus dem Focus gerät. Es handelte sich um eine wettbewerbsrechtliche Streitigkeit, der das vom OLG Köln noch gebilligte Modell der „focus hören AG" zugrunde lag. Im Kern ging es darum, ob ein Arzt eine Filiale eines Hörgeräteakustik-Unternehmens empfehlen dürfe, wenn er mittelbar an diesem Unternehmen durch Aktienbesitz beteiligt ist. Der BGH hat dies bekanntermaßen verneint; er hat den Fall aber nicht durchentschieden, sondern an das OLG Celle zur erneuten Entscheidung zurückverwiesen. In den Hinweisen[73] an das OLG wird deutlich, dass die Beteiligung eines Arztes an Unternehmen im Gesundheitswesen nicht schlechthin unzulässig ist. Dies gilt auch für die Beteiligung von nahen Verwandten, sofern sie nicht als Strohmann zur Umgehung des § 31 MBO missbraucht werden. Eine Indizwirkung für eine unzulässige Beteiligung ist eine unangemessene Kapitalrendite[74]. Ein Kriterium für die Beurteilung der „Unangemessenheit" könnte der Fremdvergleich sein; d. h. es wird geprüft, welchen Gewinn ein nichtärztlicher Gesellschafter in einem vergleichbaren Unternehmen ohne die Steuerung über die eigene Verordnung erzielen könnte[75].

34 Ärzte sind aber auch im Beschaffungswesen tätig, sei es dass sie Sprechstundenbedarf verordnen oder sonstige Dienstleistungen z. B. Koordinierung weiterer Heilmaßnahmen vermitteln. In diesem Zusammenhang ist zu prüfen, inwieweit in der Kooperation von Ärzten mit Hilfsmittellieferanten oder anderen der hier genannten Unternehmen gegen § 31 MBO[76] verstoßen könnte. Gemäß § 31 Abs. 2 MBO ist es Ärztinnen und Ärzten nicht gestattet, Patientinnen und Patienten ohne hinreichenden Grund an bestimmte Apotheken, Geschäfte oder Anbieter von gesundheitlichen Leistungen zu verweisen. Eines der Ziele dieser Vorschrift ist die Wahrung der ärztlichen Unabhängigkeit. Mit anderen Worten soll die ärztliche Tätigkeit idealtypisch frei von merkantilen Motiven bei der Auswahl der Kooperationspartner gestaltet werden. Hintergrund ist, dass der Arzt seine starke Vertrauensstellung gegenüber den Patienten nicht zur Generierung von Zusatzverdiensten „missbrauchen" soll. So war es in der bereits zitierten Entscheidung des Oberlandesgerichts Köln[77] (s. o.) zwar zulässig, dass der HNO-Arzt sich an dem Unternehmen beteiligte.

35 Unzulässig war es demgegenüber, dass das Hörgeräteakustikunternehmen in Sachen Werbung darauf hingewiesen hatte, dass für den Arzt die Aktienbeteiligung an dem Unternehmen umso lukrativer sei, desto häufiger er Patienten bei der Hörgeräteversorgung an die Gesellschaft verweise und die Beeinflussung des Gewinns durch die Zuweisungspraxis als maßgebliches Argument für die Aktienanlage vorbringe. Eine derartige Werbung verstoße gegen § 34 Abs. 5 MBO a. F. und sei deswegen auch unlauter im Sinne des UWG. Maßgeblich ist daher die Wahrung der

---

[73] BGH aaO. Rn. 67 ff.
[74] LBerfG Heilb. OVG Münster, Urt. v. 6.7.2011 – 6t A 1816/09. T, ZMGR 2011, 370.
[75] Schneider, in: jurisPK-SGB V § 128 Rn.20; instruktiv zum Fremdvergleich LG Bonn, Urt. v. 4.11.2004, Az. 14 O 211/02; BFH, Urt. v. 4.6.2003, BB 2004, 756.
[76] Wortlaut in nahezu sämtlichen Landesärztekammerbereichen identisch.
[77] OLG Köln, Urt. v. 04.11.2005 – 6 O 46/05; GRUR 2006, 600.

Wahlfreiheit des Patienten, wobei vielfach nicht beachtet wird, dass § 34 Abs. 5 MBO a. F. jetzt § 31 Abs. 2 MBO, Überweisungen an andere Dienstleister nur beanstandet, wenn sie ohne hinreichenden Grund erfolgen. Gibt es nämlich sachliche Gründe, z. B. eine bestimmte Qualifikation, die im konkreten Fall nachweisbare (therapeutische) Vorteile für den Patienten erwarten lässt, kann auch eine Empfehlung durchaus zulässig sein[78]. Alles andere müsste ja geradezu als Verletzung einer vertraglichen Nebenpflicht zur bestmöglichen Betreuung des Patienten angesehen werden.

Erhebliche rechtliche Probleme können bei Beteiligungen von Ärzten an „arztnahen" Dienstleistern oder auch Unternehmen im „homecare"-Sektor auftreten. Werden z. B. bei der Belieferung mit Praxisbedarf Marktpreise gezahlt, erhält der „Arztgesellschafter" aber Bonuspunkte, mit denen er andere Leistungen des Unternehmens vergünstigt in Anspruch nehmen kann, scheint der Schutzbereich von § 31 MBO berührt zu sein. Neben den altbekannten Formen eher „primitiver" Belohnungssysteme gibt es hier mittlerweile ausgeklügelte gesellschaftsrechtliche Konstruktionen, die den insoweit überwiegend anonym beteiligten Ärzte über Aktien die gewünschten Vorteile vermitteln. Eine Indizwirkung für ein unzulässiges Konstrukt ist häufig, wenn nur Ärzte einer bestimmten Fachrichtung Gesellschafter werden oder Aktien halten können. Folgendes sollte stets die Aufmerksamkeit schärfen: 36

Manche Anbieter gehen dazu über, für heikle Bestellvorgänge nachweisbar eine Vorteilsgewährung auszuschließen, um diese über die Hintertür via anderer Preisnachlässen im Sortiment oder der Aktienbewertung doch fließen zu lassen. Derartiges findet man z. B. bei einer großzügigen Rabattierung von Gerätelieferungen, wenn diese für die nachfolgende Materialapplikation notwendig sind (z. B. Kontrastmittel). Vorsicht ist immer dann geboten, wenn nur Ärzte einer bestimmten Fachrichtung Anteilsscheine erwerben dürfen; honi soit qui mal y pense. Was auf Seiten dieser Unternehmen ebenso wie vieler Vertragsärzte viel zu wenig gesehen und gewürdigt wird, ist der Umstand, dass seitens der Sozialgerichte schon lange von Vertragsärzten gefordert wird, dass diese – bei bestehender Möglichkeit – den „Bestpreis" realisieren; dass es einen Bestpreis tatsächlich gibt, lässt sich den Bewerbungen von vielen Firmen insoweit entnehmen, als diese selbst davon ausgehen, dass vereinbarte Pauschalvergütungen erheblich unter den gegenwärtigen Verkaufspreisen liegen. Hergeleitet wird diese Verpflichtung von der Rechtsprechung daraus, dass der Vertragsarzt bei der Verordnung in einem besonderen Treueverhältnis zur Krankenkasse steht, was den BGH dazu veranlasst hat, bei der Verletzung von Treuepflichten und der (vorsätzlichen) Veranlassung von Nachteilen für eine 37

---

[78] OVG Münster, Urt. v. 02.09.1999, 13 A 3323/97, NVwZ-RR 2000, 216 für den Fall der Empfehlung einer bestimmten Apotheke wegen spezieller Arzneimittel; BGH, Urt. v. 28.04.1981, VI ZR 80/79, NJW 1981, 2007 zur zulässigen Empfehlung eines Orthopädietechnikers durch einen Orthopäden, wenn fachliche Gründe vorliegen; BGH, Urt. v. 15.11.2001, I ZR 275/99, MedR 2002, 256 zur zulässigen Empfehlung eines auswärtigen Hörgeräteakustikers im Zusammenhang mit dem „verkürzten Versorgungsweg"; OLG Celle, Urt. v. 29.05.2008, 13 U 202/07, GesR 2008, 476 Bequemlichkeit für Patienten reiche als sachlicher Grund im Sinne von § 34 Abs. 5 MBO aus; aufgehoben durch BGH, Urt. v. 13.1.2011 – I ZR I ZR 111/08, MedR 2011, 500; siehe aber auch VG Gießen, Urt. v. 10.1.2011, NJW 2011, 2211, Empfehlung zulässig.

Krankenkasse (im entschiedenen Fall Verordnung von Arzneimitteln) den Untreuetatbestand (§ 266 StGB) als erfüllt anzusehen[79]. In jedem Falle müssen die Boni im Rahmen von § 10 GOÄ oder auch bei der Abrechnung im Rahmen der GKV angegeben werden. Unzulässig ist auch die mittelbare Beteiligung von Zahnärzten als stille Gesellschafter an einem Dentallabor, mit dem sie über einen Kooperationsvertrag verbunden sind[80].

VII. Beteiligungsverbote im SGB V

38 Wie bereits ausgeführt (s. o.), war es Ärzten grundsätzlich nicht verwehrt, zur Ergänzung oder Unterstützung ihrer Berufstätigkeit Unternehmen im Gesundheitswesen zu betreiben oder sich daran zu beteiligen. Derartige Unternehmen können auch im GKV-Sektor Vertragspartner der Kassen werden. Die Vorgaben des „Vertragsarztrechts" sind in § 124 Abs. 5 SGB V normiert. Danach dürfen Heilmittel in Dienstleistungsform nur von zugelassenen Leistungserbringern „abgegeben" werden. „Leistungserbringer" kann nach der Rechtsprechung des Bundessozialgerichts[81] auch eine GmbH sein, wenn in ihr ein zugelassener Leistungserbringer fachlich unabhängig tätig ist. Wer Gesellschafter der GmbH ist, ist für die Zulassung unerheblich. Gesellschafter kann mithin auch ein Arzt sein.

39 Betrachtet man sich hingegen § 128 Abs. 2 Satz 3 SGB V i. d. F. d. GKV-VStG ist jede wirtschaftliche Vorteilsgewährung im Zusammenhang mit der Beteiligung an der Durchführung der Versorgung mit Hilfsmitteln untersagt. Durch die entsprechende Anwendung der Norm über § 128 Abs. 6 gilt dieses Gebot nicht nur im Hilfsmittel-, sondern auch im Heil- und Arzneimittelbereich und deckt damit weitgehend den vom Arzt über die Verordnung bestimmbaren wirtschaftlich Sektor ab (siehe hierzu auch die Kommentierung zu § 3 MBO). Der Geltungsbereich dieser Norm ist ausgesprochen weit gefasst und betrifft letztlich auch mittelbare wirtschaftliche Vorteile. Aufgrund dieser weiten Fassung werden von manchen Autoren verfassungsrechtliche Bedenken gegen die Norm erhoben.[82] Diese Bedenken erscheinen nicht grundlos, würde man § 128 Abs. 2 SGB V so verstehen, dass einem Arzt jegliche unternehmerische Beteiligung an anderen Unternehmer im Gesundheitswesen auch dann unterbinden wollte, wenn sie berufsrechtlich nicht zu beanstanden ist. Eine derartig weite Auslegung wäre nach diesseitiger Auffassung

---

[79] BGH, Beschl. v. 27.4.2004 –1 StR 165/03, GesR 2004, 371; LSG Niedersachsen-Bremen, Beschl. v. 11.08.2004 – L 3 KA 25/04 ER, Verpflichtung zur Nutzung Bestpreis, sofern nicht sachliche Gründe dagegensprechen.

[80] BGH, Urt. v. 23.2.2012 – I ZR 231/10, GRUR 2012, 1050, unzulässige Beteiligung an Dentallabor.

[81] Vgl. BSGE 77, 130 ff.

[82] Wittmann, Koch, Die Zulässigkeit gesellschaftsrechtlicher Beteiligungen von Ärzten an Unternehmen der Hilfsmittelbranche im Hinblick auf § 128 Abs. 2 SGB V und das ärztliche Berufsrecht, MedR 2011, 476 ff.; a. A. wohl Flasbarth, in: Orlowski, Rau, Wasem, Zipperer (Hrsg.) GKV-Kommentar SGB V § 128 Rn. 61, 63, sowie Bäune, Dahm, Flasbart, MedR 2012, 77, 93.

kaum mit Art. 12, 14 GG vereinbar. Dementsprechend beanstanden Ärztekammern, soweit entsprechende Aussagen bekannt sind, Beteiligungen von Ärzten an derartigen Unternehmen auch im Lichte des § 128 Abs. 2 SGB V dann nicht, wenn die unternehmerische Beteiligung die Grenzen des Berufsrechts, insbesondere die §§ 31 MBO einhält. Jedenfalls dürfte der Schluss, die Motive des Gesetzgebers würden auch derartige unternehmerische Betätigungen von Ärzten im Gesundheitswesen unterbinden wollen, wohl deutlich über das Ziel hinausschießen.[83]

Deutlich zurückhaltender, wenn auch ansonsten durchaus ausgewogen, sind die Empfehlungen des Vorstands der Bundesärztekammer zur Beteilung von Ärzten an Unternehmen[84] ausgefallen, die eine Unzulässigkeit schon dann annehmen, wenn z. B. ein Sanitätshaus seine Betriebsstätte in unmittelbarer Nähe einer Praxis (z. B. Orthopädie) habe, so dass die Verordnungen rein faktisch zu einem Großteil dort eingelöst würden, ohne dass der Arzt eine entsprechende Empfehlung ausspricht. Nach diesseitiger Auffassung geht dies jedenfalls in denjenigen Fällen zu weit, in denen der unternehmerische Kapitaleinsatz des Arztes sich nicht von dem anderer Investoren, auch im Hinblick auf den Unternehmergewinn und das Unternehmerrisiko, unterscheidet, keine Empfehlung ausgesprochen -, sondern im Gegenteil aktiv auf die Wahlfreiheit und andere Bezugsmöglichkeiten hingewiesen wird. Die Situation unterscheidet sich insoweit nicht von Ärzten, die eine eigene Klinik betreiben, in die sie bei Beachtung von Leistungsfähigkeit und Indikation ihre Patienten einweisen. Ein Rechtfertigungsgrund für diese Ungleichbehandlung erschließt sich nicht. Im Übrigen erscheint der Begriff der „unmittelbaren Nähe" als Anknüpfungspunkt für eine strafähnliche Sanktion verfassungsrechtlich wegen Verstoßes gegen das Bestimmtheitsgebot bedenklich.

Ein weiterer Grund spricht für die Zulässigkeit eigenen Unternehmertums jenseits des Arztberufs unter Beachtung von § 31. Berücksichtigt man, dass das von einem Arzt im Rahmen eines zulässigen Zweitberufs (s. o.) eigeninitiativ betriebene Unternehmen nicht unzulässig ist, muss man im Rahmen der praktischen Konkordanz zu einem vermittelnden Ergebnis gelangen. Nimmt man z. B. einen Arzt, der während der Wartezeit für einen Studienplatz eine Ausbildung zum Optikermeister durchlaufen hat und später die Aus- und Weiterbildung zum Augenarzt abschließt. Ein Beispiel, das durchaus in der Praxis vorkommt. Dieser Augenarzt kann selbstverständlich neben seiner Augenarztpraxis ein Optikergeschäft betreiben, wenn er die Grenzen, die nach der Entscheidung des BGH[85] v. 13.1.2011 zu beachten sind, einhält. Er könnte unter Beachtung dieser Voraussetzungen sogar eine Gesellschaft mit weiteren Optikermeistern gründen und mehrere Optiker-Filialen betreiben. Der erlaubte Zweitberuf deckt somit sowohl die eigene praktische unternehmerische Tätigkeit wie auch die zulässige Beteiligung an Unternehmen, deren Geschäftszweck mit dem Inhalt seines Zweitberufs identisch ist. Wenn der Arzt diese unternehmeri-

---

[83] Burk, PharmR 2010, 89 ff.
[84] DÄ 2013 (A), 2226, 2230, Ziff.III3 a.E.; so auch Scholz, GesR 2013, 12, 14; Braun, Pöschel, MedR 2013, 657.
[85] BGH, Urt. v. 13.1.2001 – I ZR 111/08, MedR 2011, 500 (Hörgeräteversorgung II).

sche Tätigkeit nicht durch Empfehlung oder sonstige Anreizsysteme in Verbindung mit seiner heilberuflichen Tätigkeit fördert, und Transparenz herstellt, ist dies nicht zu beanstanden (siehe hierzu auch die Nachweise in § 27).

42 Im Ergebnis ist Flasbarth[86] zuzustimmen, dass das eigeninitiativ betriebene Unternehmen, auch wenn es im Umfeld des § 128 SGB V von Ärzten betrieben wird, nicht unzulässig ist, sondern § 128 SGB V nur die Zuweiserbindungsmodelle über versteckte oder auch mit Händen zu greifende Vorteilsgewährung untersagen will. Zum selben Ergebnis kommt man, wenn man § 128 Abs. 2 Satz 3 SGB V im Lichte von § 31 MBO i. d.vom 114. Deutschen Ärztetag in Kiel 2011 verabschiedeten Fassung verfassungskonform und damit geltungserhaltend dahingehend interpretiert, dass man nach „Verordnungs- oder Zuweisungsverhalten" ein „ohne sachlichen Grund" mitliest. Damit wird sowohl der Entscheidung des BGH v. 13.1.2011 wie auch den Vorgaben der Berufsordnung Rechnung getragen.

43 Sehr bedenkenswert sind im übrigen die Ausführungen von Schütze[87] zu § 128 SGB V i. d. F. der 15.AMG-Novelle 2009, wonach bei jedem wirtschaftlichen Kontakt zwischen Vertragsärzten die Patientenautonomie, die Wirtschaftlichkeit der Versorgung und die Neutralität des Wettbewerbs maßgebliche Parameter für die Bewertung von Geschäftsmodellen sind. Dies kann aber auch dann gewährleistet werden, wenn Ärzte eigeninitiativ unternehmerisch tätig sind.

VIII. Neue Versorgungsformen und Vorteilsgewährung

44 Nicht erst seit der Neuregelung der integrierten Versorgung zum 1.1.2004 gemäß §§ 140 a SGB V gab es vielfältige Bestrebungen, stationäre und ambulante Versorgung besser zu vernetzen. Rationalisierungs- aber auch Qualitätsverbesserungsziele stehen dabei im Vordergrund. Hiervon sind sog. „Ein- oder Zuweiserprämien" zu unterscheiden, die Krankenhäuser unter dem Deckmantel der integrierten Versorgung an einweisende Ärzte bezahlen, um sie an das Haus zu binden[88]. Die Grenzen des guten Geschmacks sind hier teilweise längst überschritten. Ein weiterer Aspekt finanzieller Anreizinstrumente im Rahmen der GKV findet sich in den Rabattvereinbarungen in § 130 a Abs. 8 SGB V. Was hier teilweise euphemistisch mit der

---

[86] Flasbarth, aaO. Rn. 64, 65.

[87] Schütze, in: Festschrift f. Renate Jäger, die Sachwalterstellung der Vertragsärzte – Grenzen für Boni, Fangprämien und andere Verquickungen, 2011, 539, 546 ff., 557.

[88] OLG Koblenz, Urt. v. 20.5.2003, 4 U 1532/02 – MedR 2003, 580; OLG Schleswig-Holstein, Urt. v. 4.11.2003 – 6 U 17/03 – MedR 2004, 270; a. A. OLG Düsseldorf, Urt. v. 16.11.2004, I – 20 U 30/04, 20 U 30/04 – MedR 2005, 169, wobei die Besonderheit des Falles darin bestand, dass sich das Krankenhaus an den Inhalten eines Strukturvertrages (Kataraktoperationen) der KV als Modellvorhaben orientierte, an dem es selbst nicht teilnehmen durfte; zur Problematik des Ausschlusses des UWG im Bereich des SGB V auch hier BGH, Urt. v. 2.10.2003 – I ZR 117/01 – MedR 2004, 325, kein Unterlassungsanspruch von Orthopädietechnikerinnung gegen Krankenkasse. Soweit die Vergütung im Rahmen der IV für den Arzt auch Anteile für Arznei und/oder Hilfsmittel enthält, kann dies zur Gewerblichkeit und damit Infektion führen. BMF, Schreiben v. 1.6.2006 – IV B 2 – S 2240 – 33/06.

Erschließung von Wirtschaftlichkeitsreserven umschrieben und vom Gesetzgeber letztlich sozialversicherungsrechtlich „geadelt" worden ist, wirkt in der Praxis teilweise wie die ansonsten unerwünschte Beeinflussung ärztlicher Entscheidung unter Hintanstellung der für den Patienten vorteilhafteren Alternative. Zwar scheint der Gesetzgeber die Zeichen der Zeit langsam zu erkennen[89], ob der psychologische Flurschaden, den „Pseudo-IV-Modelle" in den Köpfen vieler Beteiligter angerichtet haben, so schnell zu beseitigen sein wird, dürfte fraglich sein[90]. Die Bundesärztekammer sah sich deshalb im April 2007 veranlasst, einige Klarstellungen zu veröffentlichen [91].

IX. Kooperationsverträge zwischen Krankenhäusern und Vertragsärzten – Schnittstellenoptimierung oder Zuweisungsprovision?

Durch das Gesetz zur Verbesserung der Versorgungsstrukturen in der gesetzlichen Krankenversicherung (GKV-VStG)[92] v. 22.12.2011, das am 1. 1.2012 in Kraft getreten ist, wurden in mindestens drei Versorgungsbereichen die Koordinaten zwischen Vertragsärzten und Krankenhäusern neu bestimmt. Es sind dies die vor- und nachstationäre Behandlung (§ 115 a SGB V), das ambulante Operieren im Krankenhaus (§ 115 b SGB V) und die ambulante spezialfachärztliche Versorgung (§ 116 b SGB V). Manche rechnen auch die Tätigkeit von Honorarärzten im Krankenhaus hierzu, was jedoch im Ergebnis unzutreffend ist. Diese Frage hat mit dem GKV-VStG nichts zu tun, wirft aber nicht zuletzt auch erhebliche sozialversicherungsrechtliche Fragen auf. und wird daher in anderem Zusammenhang zu behandeln sein[93]. Berufs-

45

---

[89] Siehe § 128 Abs. 6 SGB V i.d.F. der 15. AMG Novelle Art. 15, BGBl. 2009 I, 2015 v. 22.7.2009 sowie i.d. Fass. des GKV-VStG zum 1.1.2012, BGBl. I, S. 2983 v.28.12.2011.

[90] BGH, Beschl. v. 4.12.2008 – I ZB 31/08, GesR 2009, 370, zum Rechtsweg bei Kick-Back im Rahmen integrierter Versorgung, Sozialgerichte sind zuständig.

[91] Beschluss der Berufsordnungsgremien der Bundesärztekammer vom 2.4.2007, DÄ 2007 (A), 1607 ff.

[92] BGBl. I, S. 2983 v.28.12.2011.

[93] LSG Baden-Württemberg, Urt. v. 17.4.2013 – l 5 R 3755/11, GesR 2013, 483, sozialversicherungspflichtige Tätigkeit; so auch SG Kassel, Urt. v. 20.2.2013 – s 12 KR 69/12, GesR 2013, 559; die regelmäßige Hinzuziehung externer Ärzte zur Durchführung der (stationären) Hauptleistung war nach h.M. jedenfalls unzulässig, so zurecht Clemens, MedR 2011, 770, 779 ff. unter Bezugnahme auf die Rspr. d. BSG, allerdings ausdrücklich als persönliche Meinung mit Rücksicht auf die Zuständigkeiten des 1. Und 3. Senats; Dahm, MedR 2010, 599 ff.; ebenso Luxenburger in Ratzel, Luxenburger, Handbuch Medizinrecht, § 21 Rn. 175 ff.; Makoski, GesR 2009, 225 ff. unter Hinweis auf KHRG v. 17.3.2009, BGBl. 2009 I, 534 ff. v. 24.3.2009; Stollmann, Honorararztverträge im Krankenhaus – Steuerungsmöglichkeiten der Länder, NZS 2011, 684 ff.OLG München, HinweisBeschl. v. 27.4.2009, im Verf. 19 U 1739/09 (n.v.); a. A. Seiler, NZS 2011, 414, unter Verkennung der aktuellen wettbewerbsrechtlichen und berufsrechtlichen Rechtsprechung sowie des Urt.d. BSG v. 23.3.2011 – B 6 KA 11/10 R zur Rechtslage vor GKV-VStG. Eine Lösung bietet die Teilzeitanstellung, so auch LSG Baden-Württemberg, aaO auch für die Zeit nach Änderung § 2 Abs. 1 KHEntG ab dem 1.1.2013. Nach der Rechtsprechung des Bundessozialgerichts durfte

rechtlich geht es im Hinblick auf § 31 weniger um die Sinnhaftigkeit derartiger Strukturänderungen, sondern viel mehr darum, ob unter dem Vorwand, diese Strukturen umzusetzen, Belohnungssysteme i. S. des § 31 implementiert werden. Zurecht warnen einige, im Sog der Korruptionsdebatte derartige Kooperationsformen nicht unter Generalverdacht zu stellen, sondern einer Einzelfallprüfung zu unterziehen.[94]

1. Die Rechtslage bis zum 31.12.2011 – Kooperationsverträge zwischen Krankenhäusern und Vertragsärzten – Schnittstellenoptimierung oder Zuweisungsprovision?

46 a. Die Begriffe „sektorübergreifende Versorgung" oder „Schnittstellenoptimierung" bzw. „Schnittstellenmanagement" sind zu modernen Schlagwörtern im Gesundheitswesen geworden. Wer sie benutzt, signalisiert damit Lösungskompetenz. Vor dem Hintergrund eines harten Wettbewerbs zwischen den Krankenhäusern und einer zunehmenden Unterfinanzierung stationärer Einrichtungen nimmt es nicht wunder, das nicht wenige Krankenhäuser versuchen, niedergelassene Ärzte als Zuweiser an sich zu binden[95]. Dafür scheint es schon lange nicht mehr auszureichen, einfach nur „gut" zu sein und durch Service die Patientenzufriedenheit zu steigern. Da trifft es sich, dass man unter dem Deckmantel der integrierten Versorgung oder auch der „Schnittstellenoptimierung" mit niedergelassenen Ärzten (nicht immer nur aus der näheren Umgebung) Kooperationsvereinbarungen schließt, durch die diese Ärzte dem Krankenhaus vorgeblich im prä- und poststationären Bereich Arbeit abnehmen und dafür vom Krankenhaus vergütet werden[96]. Zum Teil wurde auch noch die Qualitätssicherung bemüht. In der Praxis wurde und wird allerdings nicht immer sauber zwischen einer poststationären Behandlung i. S. von § 115 a Abs. 1 Nr. 2 SGB V und einer poststationären Behandlung zur Abkürzung der Krankenhausverweildauer unterschieden, obwohl diese Unterscheidung erhebliche Konsequenzen hat.

47 Denn oft entlässt das Krankenhaus den Patienten, ohne dass ein Fall von § 115 a Abs. 1 Nr. 2 SGB V vorliegt, in Absprache mit einem oder mehreren zuständigen Vertragsärzten etwas früher nach Hause („blutige Entlassung"), z. B. weil der Pa-

---

ein niedergelassener Vertragsarzt bis zu 13 (bzw. 26 Stunden bei hälftigem Versorgungsauftrag) Wochenstunden einer anderweitigen Tätigkeit nachgehen, z. B. in einem Anstellungsverhältnis. Durch die Flexibilisierung von § 21 Ärzte-ZV i.d.F. d. GKV-VStG wird die 13- bzw. 26-Stundengrenze nicht mehr starr gehandhabt werden müssen.

[94] Schneider, Ebermann, HRRS 2013, 219 ff.

[95] Nach einer Umfrage der DKG haben 31,85 % der an der Umfrage teilnehmenden 314 Krankenhäuser angegeben, niedergelassene Ärzte anteilig am Erlös der Fallpauschale zu beteiligen, Rundschreiben DKG Nr. 163/2008 v. 20.6.2008 (die Dunkelziffer dürfte deutlich höher sein);. bezeichnend ist ein „Hilferuf" des Zweckverbands der Krankenhäuser des Ruhrgebiets e. V. v. 27.3.2006 (Rundschreiben Nr. 7/2006) in dem die Mitgliedshäuser gebeten werden, sich derartigen Beteiligungsmodellen nicht zu öffnen.

[96] „Nicht ohne die Ärzte", KU 2007, 1059; „Gute Beziehungen steigern die Fallzahlen", f&w 2008, 490 ff.

tient dies wünscht und dies bei entsprechender externer ärztlicher Abdeckung medizinisch vertretbar ist. Für den dadurch bei den Vertragsärzten entstehenden Betreuungsmehraufwand erhalten diese vom Krankenhaus einen bestimmten Anteil der DRG als Honorar. Bei nicht wenigen dieser Modelle handelt es sich aber um bloße „Einweiser- oder auch Fangprämien", die das ganze Konstrukt als „Zuweiserkartell" erscheinen lässt ohne dass in Wahrheit eine sektorübergreifende Kooperation vorliegt, z. B. weil dem Vertragsarzt Pflichten zugewiesen werden, die ihm ohnehin bereits originär obliegen[97]. Besondere Vorsicht ist oft schon dann geboten, wenn in der Präambel zu derartigen Verträgen das „Patientenwohl" besonders hervorgehoben wird, zumal sich der Patient manchmal wundert, warum er plötzlich in ein ihm bislang völlig unbekanntes Krankenhaus, womöglich noch in der Nachbarstadt eingewiesen wird. Die Zuweiserprovision ist für das Krankenhaus wettbewerbswidrig (Störer i. S. des UWG)[98] und für den Arzt berufsordnungswidrig Derartige Verträge sind wegen Verstoßes gegen § 134 BGB unheilbar nichtig[99].

b. In der Praxis trifft man immer häufiger auf Vertragsgestaltungen zwischen Krankenhäusern und Vertragsärzten, die als Vertragszweck ausdrücklich auf die Einbindung der Vertragsärzte „im Rahmen der poststationären Behandlung" verweisen, den Vertragsärzten entsprechende Leistungsverpflichtungen auferlegen, für die sie im Gegenzug eine entsprechende Vergütung (z. B. aus der Mehrvergütung für poststationäre Behandlung gemäß § 8 Abs. 2 Nr. 4 KHEntG) vom Krankenhaus erhalten. Diese Problematik wird angesichts des harten Konkurrenzkampfs im Krankenhausbereich zunehmend relevant; das Problembewusstsein der Beteiligten reicht von unterentwickelt bis nicht vorhanden[100]. Die kreative Wortschöpfungsgewalt oder Vertragspoesie deutscher Juristen bei der Abfassung entsprechender vertraglicher Regelungen ist demgegenüber beträchtlich und ebenso erstaunlich, wenn wortreich immer vom Patientenwohl die Rede ist, wo man doch sehr einfach auf einen durchaus zulässigen Vertragszweck, nämlich die Wertschöpfung durch die tatsächliche, und nicht nur vorgetäuschte Ausnutzung von Synergieeffekten verweisen könnte, soweit diese Wertschöpfung rechtmäßig zustande gekommen ist. Zugegebenermaßen wird die zuweilen anzutreffende Begriffsverwirrung durch zum Teil abstruse Konstruktionen im Rahmen der Integrierten Versorgung gemäß §§ 140 a ff. SGB V begünstigt, wobei man im Rahmen der Vertragsgestaltung zum Teil deutliche Anleihen aus IV-Modellen vorfindet, ohne dass in Wahrheit eine sek-

48

---

[97] OLG Koblenz, Urt. v. 20.5.2003, 4 U 1532/02, GesR 2004, 150 = MedR 2003, 580; OLG Schleswig, Urt. v. 4.11.2003 – 6 U 17/03, MedR 2004, 270 ff; siehe aber auch OLG Düsseldorf, Urt. v. 16.11.2004 – I 20 U 30/04, GesR 2005, 330 = MedR 2005, 169 allerdings mit einer besonderen Sachverhaltsvariante.
[98] LG Duisburg, Urt. v.1.4.2008, Az. 4 O 300/07, bestätigt durch OLG Düsseldorf, Urt. v. 1.9.2009, I – 20 U 121/08, GesR 2009, 605 = MedR 2009, 664, Verstoß gegen § 4 Nr. 1 UWG.
[99] OLG Stuttgart, Urt. v. 10.5.2007, 2 U 176/06, MedR 2007,543 ff, rechtskräftig nach Nichtannahmebeschl. BGH v. 14.8.2008 – I ZR 97/07.; Ratzel in Ratzel, Luxenburger, Handbuch Medizinrecht § 5 Rdnr. 161; Luxenburger in Ratzel, Luxenburger § 21 Rdnr. 20.
[100] DÄBl. 2007 (A), 2625.

torübergreifende Kooperation vorliegt, z. B. weil dem Vertragsarzt Pflichten zugewiesen werden, die ihm ohnehin bereits originär obliegen.

2. Vor- und nachstationäre Behandlung im Krankenhaus (115 a SGB V)

49 § 115 a Abs. 1 SGB V lautete vor Inkrafttreten:

> Das Krankenhaus kann bei Verordnung von Krankenhausbehandlung Versicherte in medizinisch geeigneten Fällen ohne Unterkunft und Verpflegung behandeln, um
> 1. die Erforderlichkeit einer vollstationären Krankenhausbehandlung zu klären oder die vollstationäre Krankenhausbehandlung vorzubereiten (vorstationäre Behandlung) oder
> 2. im Anschluß an eine vollstationäre Krankenhausbehandlung den Behandlungserfolg zu sichern oder zu festigen (nachstationäre Behandlung).

Ergänzt wurde diese Norm durch § 115 a Abs. 2 Satz 5 SGB V:

> Eine notwendige ärztliche Behandlung außerhalb des Krankenhauses während der vor- und nachstationären Behandlung wird im Rahmen des Sicherstellungsauftrags durch die an der vertragsärztlichen Versorgung teilnehmenden Ärzte gewährleistet.

Durch das GKV-VStG wurde § 115 a Abs. 1 SGB V um folgenden Satz 2 ergänzt:

> Das Krankenhaus kann die Behandlung nach Satz 1 auch durch hierzu ausdrücklich beauftragte niedergelassene Vertragsärzte in den Räumen des Krankenhauses oder der Arztpraxis erbringen. Absatz 2 Satz 5 findet insoweit keine Anwendung.

50 Die Überschrift von § 115 a SGB V „vor- und nachstationäre Behandlung **im** (Hervorhebung des Autors) Krankenhaus" ist im übrigen unverändert geblieben. Man sieht: Zeit und Raum sind auch für den Gesetzgeber des SGB V nur relative Begriffe. Wie immer, wenn der Exekutive eine Tendenz in der Rechtsprechung nicht passt, wird diese Änderung vom 14. Ausschuss als „gesetzliche Klarstellung" der Flexibilisierung der Zusammenarbeit von Krankenhäusern und Vertragsärzten deklariert[101].

3. Die vor- und nachstationäre Behandlung nach GKV-VStG – alles neu?

51 a. Nachstationäre Behandlung im Rechtsinn ist nur diejenige gemäß § 115 a Abs. 1 Nr. 2 SGB V, also nicht jedwede nachstationäre Betreuung[102]. Deshalb stellt sich die Frage, in welcher Art und Weise Vertragsärzte hierin eingebunden werden können und auf welcher Rechtsgrundlage sie dafür eine Vergütung vom Krankenhausträger fordern dürfen. Vor dem 1.1.2012 ergab sich dies bereits aus § 115 a Abs. 2 S. 5 SGB V, wonach die neben der nachstationären Behandlung durch das Krankenhaus (aus sonstigen Gegebenheiten) notwendige Betreuung durch Vertragsärzte im Rah-

---

[101] BT-Dr.17/8005,S.151.
[102] BSG, Urt. v. 28.2.2007 – B 3 KR 17/06 R; LSG Schleswig-Holstein, Urt. v. 27.10.2004, L 4 KA 2/03, MedR 2005, 611 ff.

men des Sicherstellungsauftrags durch diese gegenüber ihrer KV abgerechnet werden. Warum also eine zusätzliche Vergütung durch das Krankenhaus? Wenn damit gemeint sein sollte, dass die Vertragsärzte nicht nur im Rahmen von § 115 a Abs. 2 S. 5 SGB V tätig sein sollen, sondern im eigentlichen Kernbereich der nachstationären Behandlung gemäß § 115 a Abs. 1 Nr. 2 SGB V, stellt sich zwangsläufig die Frage, ob dies überhaupt geht. Nachstationäre Behandlung i. S. von § 115 a Abs. 1 Nr. 2 SGB V ist Krankenhausbehandlung. Sie darf nur vollzogen werden, wenn sie erforderlich ist, was an objektiven Kriterien gemessen werden muss[103]. Wenn die nachstationäre Behandlung – auch- in einer Vertragsarztpraxis durchgeführt werden könnte, ist sie normalerweise nicht erforderlich i.s. von § 115 a Abs. 1 SGB V und wird zu Unrecht ausgeführt und abgerechnet[104].

b. Will man der Ergänzung durch § 115 a Abs. 1 Satz 2 SGB V einen zulässigen Platz im Gesamtsystem zuweisen, wird man sie als Ausnahmeregelung zum Grundsatz der Krankenhausbehandlung durch das Krankenhaus restriktiv auslegen müssen. Eine „Beauftragung" von niedergelassenen Vertragsärzten im Rahmen der nachstationären Behandlung kann danach nur in Frage kommen, wenn es sich um überdurchschnittlich qualifizierte Praxen handelt, die mindestens das Niveau der nachstationären Behandlung gewährleisten, das im Rahmen der Behandlung im Krankenhaus einzuhalten wäre oder ein ergänzendes Therapiesegment vorhalten, das im Krankenhaus nicht oder nicht in dieser Ausprägung vorgehalten wird. Werden niedergelassene Vertragsärzte zur nachstationären Behandlung im Krankenhaus herangezogen, wird man ähnlich argumentieren können. Mit dem Entlassmanagement i. S. v. § 39 Abs. 1 Satz 4 SGB V hat die nachstationäre Behandlung gemäß § 115 a SGB V nichts zu tun. Das Entlassmanagement wird als Krankenhausleistung ausgestaltet (§ 2 Abs. 2 Satz 2 Nr. 6 KHEntG) und regelt die Abstimmung mit den ambulanten und stationären Versorgungsbereichen, z. B. die häusliche Pflege oder auch die fachärztliche Anschlussversorgung (§ 11 Abs. 4 SGB V)[105]. Im Ergebnis wird dadurch deutlich, dass es sich um einen Anspruch des Versicherten gegenüber seiner Krankenkasse handelt. Die Einzelheiten sind in den Verträgen gemäß § 112 SGB V zu regeln.

52

c. Das Auftrags- und/oder Kooperationsmodell des neuen § 115 a Abs. 1 Satz 2 SGB V sollte schriftlich fixiert und die einzelnen Regelungsbereiche sowie die Verantwortlichkeiten klar geregelt werden. Es muss sich um ein ausdrückliches Auftragsverhältnis handeln, eine bloße invitatio ad offerendum oder auch eine all-

53

---

[103] Entscheidung des Großen Senats des BSG v. 25.9.2007 – GS 1/06, GesR 2008. 83 ff.
[104] Wigge, Harney, Das Krankenhaus 2007, 958, 964; dieser Standpunkt wird auch vom BVA mit Schreiben v. 30.8.2006 vertreten, dem sich das BMG mit Schreiben v.15.2.2007 angeschlossen hat; so jetzt auch eindeutig BSG, Urt.v. 17.9.2013 - B 1 KR 51/12 R, NZS 2014, 62 ff.; BSG, Urt.v. 17.9.2013 – B 1 KR 21/12 R, GesR, 2014, 249; BSG, Urt.v. 17.9.2013 – B 1 KR 67/12, GesR 2014, 169; hierzu auch Haag, S. 530 ff.
[105] Braun, MedR 2013, 315 ff; BGH, Urt.v. 13.3.2014 – I ZR 120/13, GesR 2014, 627 ff. zur zulässigen Apothekenbindung im Rahmen des Entlassmanagements.

gemeine Rahmenvereinbarung genügen nicht[106]. Bei Krankenhausträgern in öffentlicher Trägerschaft wird man möglicherweise von Fall zu Fall an eine Ausschreibung denken müssen. Klar ist: der Vertragsarzt, der im Auftrag des Krankenhauses handelt, ist dessen Erfüllungsgehilfe. Dennoch können sich gesamtschuldnerische Haftungskonstellationen ergeben, für die er über seine bisherige Praxishaftpflicht keine Deckung hat. Das mindeste, was er unbedingt veranlassen muss, ist die Information seiner Versicherungsgesellschaft. Erbringt er die Krankenhausleistung in seiner Praxis (welche Begriffsverwirrung), wird auch „sein" Personal im Auftrag des Krankenhauses tätig. Ob dies sozialversicherungsrechtliche Konsequenzen haben kann, ist von Fall zu Fall zu bedenken. In den Verträgen ist außerdem sicherzustellen, dass eine Doppelabrechnung im Rahmen des Auftragsverhältnisses gegenüber der KV unterbleibt.

54   d. Besondere Aufmerksamkeit werden auch in Zukunft solche Kooperationsverträge verdienen, in denen die Zahlung des Krankenhauses mit Qualitätssicherungsmaßnahmen der externen Vertragsärzte begründet werden; denn nicht überall wo Qualitätssicherung draufsteht, ist auch Qualitätssicherung drin. Qualitätssicherung im Rahmen derartiger Kooperationsverträge wird sich an den Maßstäben messen lassen müssen, wie sie insbesondere im Rahmen der §§ 135 a,137 ff. SGB V zu beachten sind, und nicht nur an zum Teil überflüssigen Fragebogen zur Patientenzufriedenheit im Krankenhaus. Würde man manche vollmundige Formulierung in den Präambeln zu derartigen Netzwerken ernst nehmen, wonach der Patient im Mittelpunkt zu stehen habe, wäre die Trennlinie vielleicht doch einfacher zu ziehen, wie dies gelegentlich den Anschein haben mag. Besinnt man sich nämlich auf Sinn und Zweck „echter" konsiliarärztlicher Netzwerke, wird schnell deutlich, worauf es ankommt. Der eine verfügt über know how und/oder sächliche Mittel, die der andere nicht hat (und umgekehrt); beide werfen – bildlich gesprochen- ihre jeweiligen Leistungen zusammen, was den diagnostischen und therapeutischen Nutzen fördert, was wiederum einem zu Gute kommt, dem Patienten. Würde man die aus dem Boden schießenden „Netzwerke" hieran messen, wäre die Trennung von Spreu und Weizen schnell vollzogen. Letztlich müssen auch bei diesen Verträgen wettbewerbsrechtliche Fragestellungen mit berücksichtigt werden[107]. Ist die Kooperation nämlich nur „vorgeschoben", um ein Zuweiserprämienmodell zu verschleiern, sind die Verträge wegen Verstoßes gegen § 134 BGB unheilbar nichtig[108]. Wer angesichts der Neuregelung wieder in „Goldgräberstimmung" gerät, sollte einen Blick in die ebenfalls neuen § 73 Abs. 7 SGB V werfen[109], der sein berufsrechtliches Pendant in § 31 MBO findet.

---

[106] So wohl auch Meschke im Rahmen eines Seminars der AG Medizinrecht im DAV am 2.3.2012 in Düsseldorf.
[107] OLG München, Urt. v. 9.6.2011 – 29 U 2026/08, GesR 2012, 91, Vorschriften der Berufsordnung sind Marktverhaltensregeln i.S.v. § 4 Nr. 11 UWG.
[108] OLG Stuttgart, Urt. v. 10.5. 2007 – 2 U 176/06, GesR 2007, 320= MedR 2007, 543, rechtskräftig nach Nichtannahmebeschl. BGH v. 14.8.2008 – I ZR)7/07.
[109] siehe auch Bäune, Dahm, Flasbarth, Vertragsärztliche Versorgung unter dem GKV-VStG, MedR 2012, 77, 93,94.

Zwar wird in der Begründung zu § 73 Abs 7 darauf verwiesen, dass dies nicht 55
solche Zuweisungen betrifft, die auf Grund eines Gesetzes erfolgen. Man könnte also meinen, § 115 a SGB V gewähre jetzt einen „Freibrief". Dass dies natürlich nicht richtig ist, liegt auf der Hand. Umgehungsgeschäfte sind durch Gesetze nicht gedeckt. In wie weit § 31 a KHG NRW[110], der für Krankenhäuser Sanktionen bis hin zum Verlust des Versorgungsvertrages bei unerlaubter Vorteilsgewährung vorsieht, zu einem scharfen Schwert wird und Vorbildfunktion für andere Landes KHG's bekommt, lässt sich noch nicht abschließend bewerten. Bei wettbewerblich begründeten Streitigkeiten wird man im Übrigen die Frage des Rechtswegs besonders sorgfältig prüfen müssen[111]. Schließlich bleibt zu beachten, dass Einkünfte aus unzulässigen Kooperationsverträgen gewerblich sind. Werden die Freibeträge überschritten, führt dies dazu, dass die Arztpraxis künftig bilanzieren muss, was zur Aufdeckung stiller Reserven führt und von Fall zu Fall erhebliche Liquiditätsengpässe zur Folge haben wird, von der Infektion freiberuflicher Einkünfte bei Berufsausübungsgemeinschaften ganz zu schweigen.

4. Ambulantes Operieren im Krankenhaus (§ 115 b SGB V)

Durch das GKV-VStG wurde in Absatz 1 des § 115 b SGB V Satz 4 neu eingefügt. 56
Dieser lautet: „In der Vereinbarung ist vorzusehen, dass die Leistungen nach Satz 1 auch auf der Grundlage einer vertraglichen Zusammenarbeit des Krankenhauses mit niedergelassenen Vertragsärzten ambulant im Krankenhaus erbracht werden können".

Zu dieser Änderung kam es im Wesentlichen aufgrund einer Entscheidung des Bundessozialgerichts aus dem Jahre 2011.[112] Bis zu diesem Urteil war es in der Rechtsprechung[113] und im Schrifttum[114] umstritten, ob ambulante Operationen nach § 115 b SGB V auch von niedergelassenen Vertragsärzten erbracht werden können. Niedergelassene Vertragsärzte argumentierten oftmals damit, dass in Abgrenzung zu den für die belegärztliche Tätigkeit geltenden Bestimmungen beim ambulanten Operieren gemäß § 115 b SGB V dem Krankenhaus und damit auch ihnen als deren Partner alle Handlungsmöglichkeiten und Kooperationsformen eröffnet seien, die weder § 115 b SGB V noch der AOP-Vertrag[115] verbiete. Das Verbot einer Zusammenarbeit zwischen Krankenhäusern und niedergelassenen Vertragsärzten könne nach deren Ansicht weder aus dem Wortlaut noch aus dem Sinn und Zweck der Bestimmung des § 115 b SGB V oder des AOP-Vertrages abgeleitet werden. Ins-

---

[110] Stollmann aaO.S. 687 ff.
[111] BGH, Beschl. v. 17.8.2011 – I ZB 7/11, GesR 2012, 107, bei unzulässiger Erbringung ambulanter Leistungen eines Krankenhauses ist Rechtsweg zu den Sozialgerichten eröffnet.
[112] BSG v. 23.3.2011 – B 6 KA 11/10 R, GesR 2011, 542 ff.
[113] SG Dortmund, Urt. v. 9.9.2009 – S 9 KA 105/06.
[114] Kuhlmann, KH 2008, 1313 ff.; Quaas, GesR 2009, 459 ff.; Wagener, Haag, MedR 2009, 72 ff.
[115] Schulz, Mertens, MedR 2006, 191 (192).

besondere enthalte dieser Vertrag keine Regelung, wonach Krankenhäuser nur dann Vergütungen beanspruchen könnten, wenn angestellte Krankenhausärzte oder Belegärzte des Krankenhauses die ambulanten Operationen durchführten. Lege man § 115 b SGB V nach seinem Wortlaut aus, so sei der verwendete Begriff „Operateur des Krankenhauses" eindeutig nicht eng zu verstehen.

57 Die oben skizzierte Fragestellung entschied das Bundessozialgericht in seinem Urteil vom 23.3.2011.[116] Streitig war, ob vertragsärztlich zugelassene Anästhesisten Auskunfts- und Schadensersatzansprüche gegen ein Krankenhaus gelten machen können, wenn die dort angestellten Anästhesisten in Kooperation mit vertragsärztlich zugelassenen Chirurgen ambulante Operationen im Krankenhaus durchgeführt haben. Streitentscheidend war die Frage, ob das Operieren durch niedergelassene Vertragsärzte im Einklang mit § 115 b SGB V und dem AOP-Vertrag steht.[117] Das Bundessozialgericht führte in seinem Urteil aus, dass mit der Regelung des § 115 b SGB V neue Möglichkeit für die Krankenhäuser geschaffen wurden, ambulante Operationen durchzuführen bzw. an ihnen mitzuwirken.[118] Auch ein Ausbau der Möglichkeiten im Bereich des ambulanten Operierens wurde angestrebt.[119] Welche Arten ambulanter Operationen das Krankenhaus durchführen bzw. in welcher Weise das Krankenhaus an ambulanten Operationen mitwirken darf, richtet sich nach dem Inhalt seiner Mitteilung gemäß § 115 b Abs. 2 Satz 2 SGB V und dem Katalog der in der Anlage zum AOP-Vertrag aufgeführten ambulanten Operationen i.V.m. den sonstigen Regelungen des AOP-Vertrages. Der AOP-Vertrag ging in § 7 Abs. 4 Satz 2 bzw. in § 18 Abs. 1 Satz 4 davon aus, dass nur Konstellationen erfasst sind, in denen entweder ein Operateur und ein Anästhesist des Krankenhaus an der Operation beteiligt sind oder aber die ambulante Operation durch einen belegärztlich tätigen Vertragsarzt erfolgt und das Krankenhaus nur die Anästhesieleistungen erbringt. Nicht aufgeführt ist hingegen die Konstellation, dass ein Anästhesist des Krankenhauses an ambulanten Operationen mitwirkt, die ein Vertragsarzt durchführt. Diese Art der Kooperation würde zu einer der zwei zuvor genannten Varianten nur dann passen, sofern der Vertragsarzt zugleich als Operateur des Krankenhauses oder als Belegarzt des Krankenhauses tätig ist.

58 Das Bundessozialgericht legte diese Begriffe dahingehend aus, dass Operateur eines Krankenhauses nur derjenige sein könne, der in Voll- oder Teilzeit als Angestellter oder Beamter im Krankenhaus fest angestellt ist.[120] Der Begriff des Operateurs des Krankenhauses werde überdehnt, wenn man ihm auch einen Arzt zuordnen wolle, der vom Krankenhaus nur als freier Mitarbeiter herangezogen werde.[121] Zurückzuweisen sei auch die Ansicht, der in § 7 Abs. 4 Satz 2 a. E. AOP-Vertrag vorgenommene Eingrenzung auf den Belegarzt komme deshalb keine Bedeutung

---

[116] BSG v. 23.3.2011 – B 6 KA 11/10 R, GesR 2011, 542 ff.
[117] Vgl. zu dieser Problematik Clemens, MedR 2011, 770 (773 ff.).
[118] BSG v. 23.3.2011 – B 6 KA 11/10 R, GesR 2011, 542 (548).
[119] BT-Drs. 12/3608, S. 71.
[120] BSG v. 23.3.2011 – B 6 KA 11/10 R, GesR 2011, 542 (549).
[121] BSG v. 23.3.2011 – B 6 KA 11/10 R, GesR 2011, 542 (549).

zu, weil damit nur ein Streit über die separate Abrechenbarkeit anästhesiologischer Leistungen habe beigelegt werden sollen.[122] Das Bundessozialgericht begründete seine Ansicht mit einer Auslegung des Wortlautes. Hätte dies das Ziel der Vorschrift sein sollen, so hätte es nahegelegen, auf den angefügten Nebensatz („sofern...") zu verzichten. Durch diesen Nebensatz werde indessen klargestellt, dass die separate Abrechenbarkeit überhaupt nur unter bestimmten darin aufgeführten Voraussetzungen in Betracht komme.[123] Eine erweiternde Auslegung könne auch nicht auch nicht aus dem Wort „insbesondere" des § 7 Abs. 4 Satz 2 AOP-Vertrag abgeleitet werden. Ein Bezug zu den erst im nachfolgenden Nebensatz benannten Arzttypen Krankenhausarzt und Belegarzt bestehe nicht. Auch sei eine gezielte Ausweitung der in § 115b SGB V i. V. m. dem AOP-Vertrag geregelten Kooperationsformen gerade auch im Hinblick auf § 20 Abs. 2 Satz 2 Ärzte-ZV vom Gesetzgeber nicht gewollt und im Übrigen vom Normenrang her problematisch.[124]

Zusammenfassend kommt das Bundessozialgericht in dieser Grundsatzentscheidung zu dem Ergebnis, dass der Rahmen des § 115b SGB V i. V. m. dem AOP-Vertrag nur eingehalten ist, wenn eine der beiden Kooperationsformen gegeben ist, nämlich[125]

- entweder sowohl der Operateur als auch der Anästhesist Ärzte des Krankenhauses sind
- oder der Operateur ein an dem Krankenhaus tätiger Belegarzt und der Anästhesist ein Arzt des Krankenhauses

sind.

Kooperiert ein Krankenhaus hingegen mit einem Partner, der nicht unter die zuvor genannten Konstellationen fällt, so stelle er sich außerhalb des Reglements des § 115 b SGB V i. V. m. dem AOP-Vertrag, mit der Konsequenz, dass er keinen Honoraranspruch auf der Grundlage des § 115b SGB V habe.[126]

Um der zuvor genannten Rechtsprechung des Bundessozialgerichts Rechnung zu tragen und § 115 b SGB V auch auf niedergelassene Vertragsärzte anwenden zu können, wurde durch das GKV-VStG in Absatz 1 des § 115 b SGB V Satz 4 neu eingefügt. Vertragsarztrechtliche Vorschriften stehen einer solchen Regelung seit dem Vertragsarztrechtsänderungsgesetz nicht mehr entgegen. Die Gesetzesänderung wurde insbesondere damit begründet, dass eine – grundsätzlich mögliche – Anpassung des AOP-Vertrages mit dem Ziel, Vertragsärzten ohne Belegarztstatus die ambulante Operation von Patienten im Krankenhaus auf der Grundlage von Kooperationsverträgen mit Krankenhäusern zu ermöglichen, nicht in Aussicht steht und deshalb zur wünschenswerten Flexibilisierung der Zusammenarbeit von

---

[122] BSG v. 23.3.2011 – B 6 KA 11/10 R, GesR 2011, 542 (550); so zuvor Wagener, Haag, MedR 2009, 72 (74).
[123] BSG v. 23.3.2011 – B 6 KA 11/10 R, GesR 2011, 542 (550).
[124] Vgl. dazu auch Dahm, MedR 2010, 597 (607 f.).
[125] BSG v. 23.3.2011 – B 6 KA 11/10 R, GesR 2011, 542 (551).
[126] BSG v. 23.3.2011 – B 6 KA 11/10 R, GesR 2011, 542 (552).

Krankenhäusern und Vertragsärzten entsprechende Kooperationsmöglichkeiten in § 115 b gesetzlich zu verankern sind.[127] Dies bedeutet jedoch nicht zwangsläufig, dass damit eine Änderung des AOP-Vertrages nunmehr entbehrlich ist. Partner des Krankenhauses haben auf der Grundlage des § 115 b SGB V nur dann einen Honoraranspruch, sofern die Leistungen auch vom AOP-Vertrag erfasst sind und diese von dort genannten Leistungserbringern erbracht werden. Demnach müsste auch der AOP-Vertrag auf niedergelassene Vertragsärzte erweitert werden. Dies ist zwischenzeitlich in dem Sinne geschehen, das Krankenhäuser mit niedergelassenen Vertragsärzten entsprechende Vereinbarungen schließen können, aber nicht müssen. Aber auch dann, wenn derartige Vereinbarungen geschlossen werden, bleibt immer noch zu prüfen, ob die finanziellen Regelungen ausgewogen sind, oder doch eine (versteckte) Zuweisung gegen Entgelt enthalten.

5. Stationäre Operationen durch externe Honorarärzte und/oder Vertragsärzte (ohne Belegarztstatus)

61   Die Motive für eine Einbindung externer Operateure können vielfältig sein. Will das Krankenhaus allerdings über diese Einbindung Operationen abrechnen, für die es selbst gar nicht im Krankenhausplan aufgenommen ist, wird dies nicht zulässig sein. Eine andere Variante besteht darin, dass man über einen „zugkräftigen" externen ambulanten Operateur das Ansehen und die Leistungsfrequenz des Hauses steigert. Auf der anderen Seite stehen durchaus nachvollziehbare Interessen externer Operateure. Sie erhalten eine feste Vergütung durch das Krankenhaus, die jedenfalls in der Vergangenheit i. d. R. besser war als über die KV und sie müssen keine Wirtschaftlichkeitsprüfung und Regresse befürchten, weil diese Prüfungen gegenüber dem Krankenhaus durchgeführt werden.

62   Lange Zeit beschränkte sich die Kooperation zwischen Krankenhäusern und niedergelassenen Ärzten auf die Erbringung beleg- und konsiliarärztlicher Leistungen niedergelassener Ärzte im oder für das Krankenhaus. In den letzten Jahren sind aber aus vielfältigen Gründen neue Kooperationsformen entstanden. Zum einen sind Krankenhausabteilungen „privatisiert" bzw. neudeutsch outgesourct worden[128], etwa bei radiologischen, pathologischen und labormedizinischen Abteilungen, zum anderen kommen neben der Ausgliederung von Krankenhausabteilungen und der Übernahme der entsprechenden Aufgaben durch niedergelassene Ärzte vielfältige vertragliche Beziehungen in Form von Kooperations-, Nutzungs- oder Leistungserbringungsverträgen in Betracht.[129] Hinzu kommt die Möglichkeit der Ansiedlung von Praxen am Krankenhaus, aber auch die Tätigkeit niedergelassener Ärzte als (teilzeit −)angestellte Ärzte im Krankenhaus und − was hier nicht weiter verfolgt werden soll − in einem vom Krankenhausträger betriebenen Medizinischen Versorgungszentrum.

---

[127] BT-Drs. 17/8005, S. 115.
[128] Vgl. Wigge in Schnapp, Wigge, § 6 Rn. 122; Preißler MedR 1994, 379 ff.
[129] Wigge in Schnapp, Wigge, § 56 Rn. 123.

Diese Entwicklung ist im Wesentlichen dadurch bedingt, dass Krankenhausträger durch Kooperation mit niedergelassenen Ärzten Wettbewerbsvorteile gegenüber mit ihnen konkurrierenden anderen Krankenhausträgern suchen, sei es durch bessere Bettenauslastung, durch ein optimiertes Leistungsangebot und/oder durch bessere Nutzung vorhandener Ressourcen. Für den niedergelassenen Arzt steht in der Regel die Erschließung neuer Einkommensmöglichkeiten im Vordergrund, aber auch die Kostenminimierung durch Inanspruchnahme sächlicher und personeller Mittel des Krankenhausträgers, nicht zuletzt auch ein sich aus der Kooperation ergebender Imagegewinn. Neben diesen ökonomischen Interessen stellen auch Effizienzsteigerung und Qualitätssicherung Motive für die Kooperation zwischen niedergelassenen Ärzten und Krankenhausträgern dar. 63

Die sogenannten „unechten" oder „schwarzen" Konsiliararztverträge[130] haben in der jüngsten Vergangenheit ganz erheblichen Zuspruch erfahren, weil die im Rahmen dieser Vertragsgestaltungen erzielten Honorare für die vormaligen Belegärzte deutlich über den Honoraren liegen, die sie ansonsten bei belegärztlicher Tätigkeit erlöst hätten. Sowohl von Arzt- wie auch von Krankenhausträgerseite wurde in der Regel betont, dass es sich um eine win-win-Konstellation handele. Dieses Argument hat noch nie überzeugt, zumal dabei verschwiegen wird, dass es noch einen Dritten Beteiligten gibt, nämlich die Kassen, die im Rahmen dieser Vertragsgestaltungen Hauptabteilungs-DRGs vergüten, die nicht angefallen wären, wenn nicht der „unechte" Konsiliararzt tätig geworden wäre. Folgende Probleme haben sich bisher ergeben[131]: 64

Nach einem inzwischen durch Rücknahme der Klage zwar gegenstandslos gewordenen Urteil des Landessozialgerichts Sachsen[132] dürfen Krankenhausträger operative Hauptleistungen nicht durch Externe nicht beim Krankenhaus angestellte Vertragsärzte erbringen lassen, es sei denn, es würde sich um belegärztliche Leistungen handeln. Gesetzliche Krankenkassen können daher mit der Begründung dieses Urteils die an die Krankenhäuser geleisteten Hauptabteilungs-DRGs regressieren. Wenige Tage, bevor das Bundessozialgericht über die Revision des Krankenhausträgers gegen dieses Urteil zu entscheiden hatte, hat der Krankenhausträger die Revision und Klage zurückgenommen, offenbar weil er befürchtete, dass das Bundessozialgericht die Position des Sächsischen Landessozialgerichts stützen werde. 65

Gänzlich problematisch wird die Situation seit Inkrafttreten des Krankenhausfinanzierungsreformgesetzes[133] im März 2009. Dort wird ein sogenannter „Honorararzt" eingeführt. Dabei handelt es sich um einen Belegarzt, der allerdings nicht 66

---

[130] Zum Begriff Luxenburger, in Ratzel, Luxenburger, § 21 Rn. 175 ff.
[131] OLG München, Verf. v. 27.4.2009, 19 U 1739/09; § 31 auch dann, wenn ambulante Fälle durch stationäre Einweisung zu höheren Einnahmen führen.
[132] LSG Sachsen, Urt. v. 30.4.2008, L 1 KR 103/07, GesR 2008, 548= MedR 2009, 114 m.Anm. Steinhilper (das Urt. betraf zwar Leistungen aus dem AOP Vertrag, aus den Gründen wird jedoch ersichtlich, dass auch „unechte" Konsiliarverhältnisse gemeint sein können, a. A. Wagner, Haag MedR 2009, 72 ff.
[133] KHRG v. 17.3.2009, BGBl. 2009 I, 534 ff. v. 24.3.2009; siehe hierzu auch Makoski, GesR 2009, 225 ff.

gegenüber der KV liquidiert, sondern intern vom Krankenhaus vergütet wird. Das Krankenhaus kann seinerseits 80% der Hauptabteilungs-DRGs abrechnen. Wirtschaftlich ist dies in der Regel für die meisten Krankenhäuser unrealistisch, so dass diesem Modell derzeit wenig Zukunftschancen eingeräumt werden. Auf der anderen Seite sieht man aber, dass das Gesetz jetzt dem Krankenhausträger lediglich 80% einer Hauptabteilungs-DRG und nicht, wie dies tagtäglich geschieht, 100% einräumen will. Mithin sind die 20% Mehrerlös, die derzeit eingefordert werden, hoch problematisch. In Zukunft wird mit Rückforderungen der Kostenträger zu rechnen sein (siehe hierzu auch BGH, Urt.v. 16.10.2014 – III ZR 85/14, und § 12), von Ermittlungen anderer Art ganz zu schweigen.

Als Ausweg bietet sich eine Teilzeitanstellung im Krankenhaus an (s. o., allerdings mit sozialversicherungsrechtlichen Konsequenzen).

X. Zielvereinbarungen in Chefarztverträgen

67 Mit Zielvereinbarungen in Verträgen leitender Krankenhausärzte soll ein Anreizsystem für eine ökonomische Ressourcennutzung zur Verbesserung des Betriebsergebnisses ohne negative Auswirkungen auf die Behandlungsqualität geschaffen werden; so jedenfalls das hehre Ziel. In der Realität wuchsen die Befürchtungen, derartige Zielvereinbarungen würden unnötige Operationen oder auch die „Rosinenpickerei" hinsichtlich des Patientenguts einer Klinik fördern. Deshalb sieht § 136 a SGB V[134] vor, die DKG in ihren Beratungs- und Formulierungshilfen für Verträge der Krankenhäuser mit leitenden Ärzten im Einvernehmen mit der Bundesärztekammer Empfehlungen abzugeben hat, die sicherstellen, dass Zielvereinbarungen, die auf finanzielle Anreize bei einzelnen Leistungen abstellen, ausgeschlossen sind. Die Empfehlungen sollen insbesondere die Unabhängigkeit medizinischer Entscheidungen sichern (§ 136 a Satz 3 SGB V). Diese Empfehlungen wurden am 24.4.2013 verabschiedet. Sie betonen die Verantwortung der Chefärzte für Diagnostik und Therapie unabhängig von Weisungen des Krankenhausträgers. Wesentlich konkreter wird die Stellungnahme Zentralen Ethikkommission bei der Bundesärztekammer zu „Ärztliches Handeln zwischen Berufsethos und Ökonomisierung am Beispiel der Verträge mit leitenden Klinikärztinnen und – ärzten."[135]

XI. Patientenvermittlungsagenturen

68 Inwieweit Patientenvermittlungsagenturen unter § 31 MBO fallen, kann nicht einheitlich bewertet werden. Ist es Aufgabe der Agentur, z. B. im Ausland zahlungskräftige Patienten anzuwerben, dürfte dieses Verhalten eher an § 27 MBO zu messen

---

[134] i. d.Fass. d.KFRG v. 3.4.2013, BGBl. 622.
[135] Verabschiedet im August 2013, DÄ (A) 2013, 1752 ff.; siehe zur Gesamtproblematik Ratzel, Zielvereinbarungen in Chefarztverträgen auf dem berufsrechtlichen Prüfstand, GesR 2014, 333 ff.

sein. Werden (ausländischen) Einrichtungen oder Personen des Gesundheitswesens Provisionen für die Zuweisung von Patienten versprochen, kann der Schutzzweck von § 31 MBO verletzt sein. Generell muss beachtet werden, dass Patientenvermittlung eine gewerbliche Tätigkeit darstellen kann. Unzulässig dürften wohl aber solche Vermittlungs- oder Maklerverträge sein, in denen ein bestimmter Prozentsatz vom ärztlichen oder Krankenhaushonorar als Entgelt vereinbart wird.[136]

XII. Weitere Einzelfälle

Die Zulässigkeit sog. Hol- und Bringedienste wurde von den Gerichten unterschiedlich beurteilt[137]. Während Dahm[138] in derartigen Hol- und Bringediensten, sofern sie über den örtlichen Einzugsbereich einer Einrichtung hinausgehen, einen deutlichen Verstoß gegen § 31 MBO sah, stellen die die Zulässigkeit annehmenden Entscheidungen eher den Vorteil für den Patienten durch eine schnelle Bereitstellung der Untersuchungsergebnisse in den Vordergrund. Entscheidend dürfte weniger die tatsächliche Distanz, sondern vielmehr die Gefahr für das zu untersuchende Probengut durch die Dauer des Transports sein. Ist darüber hinaus ein guter Kontakt zwischen Diagnostiker und einsendender Einrichtung gewährleistet, sprechen auch Hol- und Bringedienste über eine längere Distanz nicht gegen eine unerlaubte Vorteilsgewährung, da bei derartigen Untersuchungsleistungen der Kontakt zwischen Arzt und Patient ohnehin nicht im Vordergrund steht und somit das Kriterium für eine örtliche Bezugsgröße entfällt[139]. Wegen § 11 ApoG ist allerdings ein Hol- und Bringedienst zwischen Apotheker und Arzt unzulässig.[140] 69

Die Annahme von Zuwendungen, die sich ein Augenarzt von einem Optiker versprechen lässt, der in demselben Gebäude ein Geschäft führt, sind auch dann standeswidrig, wenn der Arzt sich zu keiner Gegenleistung verpflichtet. Die umsatzabhängige Verzinsung eines von dem Augenarzt dem Optiker gewährten Darlehens erweckt zusätzlich den Verdacht der Gewinnbeteiligung an ärztlichen Verordnungen.[141] 70

---

[136] LG Kiel, Urt. v. 28.10.2011 – 8 O 28/11; Palandt-Sprau, § 652 Rn.9; AG Lüdenscheid, Urt. v. 15.6.2012 – 96 C 396/11, MedR 2012, 747 Verstoß gegen § 31a KHGG NW Zuweisung von Patientinnen gegen Pauschalentgelt f. Hebammen; OLG Hamm, Urt. v. 22.10.1984 – 2 U 172/83, VersR 1985, 844, Vertrag zwischen Klinik und nichtärztlichem Institut zur Zuführung von Patienten zur Haartransplantation sittenwidrig.

[137] Kostenloser Botendienst zwischen Krankenhaus und Arzt bei Überschreitung einer Entfernung von mehr als 40 km Luftlinie zulässig, LG Siegen, Urt. v. 2.6.1992 – 1 O 82/91 – n.v.; bestätigt von BGH – I ZR 114/93 – NJW 1996, 308; OLG Düsseldorf, Urt. v. 27.10.1988 – 2 U 322/87, 50 km bei Pathologen nicht standeswidrig.

[138] Dahm, MedR 1994, 13, 16.

[139] BGH, Urt. v. 13.6.1996 – I ZR 114/93 – NJW 1996, 3081.

[140] OLG Hamm, Urt. v. 29.8.2006 – 19 U 39/06 – GesR 2006, 572.

[141] Ärztliches BG Niedersachsen, Urt. v. 4.9.1991-BG 4/91.

71   Die Einbeziehung von Ärzten in Fitness- oder auch Sportstudios scheint mittlerweile fast üblich zu sein. Gesundheitspolitisch ist dies sicherlich zu begrüßen, da die drohende Selbstgefährdung durch hauptsächlich im Büro tätige Menschen in derartigen Studios offenkundig ist. Insofern ist es sicherlich nicht zu beanstanden, wenn sich der Betreiber eines Fitness-Studios von einem Arzt fachlich beraten lässt. Ebenso wenig wird es zu beanstanden sein, wenn ein Arzt generell überprüft, ob die Kunden dieses Fitness-Studios durch die Benutzung einiger Gerätschaften Schaden nehmen können. Dabei wird es sich jedoch stets um eine eher allgemeine Betreuung des Unternehmens „Fitness-Studio" handeln, nicht um eine Einzeltherapie eines Kunden dieses Studios im Studio. Würde der Arzt nämlich in diesem Studio eine eigene Sprechstunde abhalten bzw. Patienten behandeln, wäre dies – jedenfalls im vertragsärztlichen Bereich – eine genehmigungspflichtige Zweigpraxis. Hiervon ist die Variante zu unterscheiden, dass Ärzte bestimmte Fitness-Studios empfehlen und diese Fitness-Studios wiederum diese Ärzte benennen (Empfehlungskartell). Derartige Vereinbarungen – in der Regel finanziell gepolstert – verstoßen nach Auffassung mehrerer Gerichte gegen das Gesetz zum Schutz vor unlauterem Wettbewerb[142].

72   Zunehmend trifft man (z. B. im zahnärztlichen oder kosmetisch-chirurgischen Bereich) auf Kreditangebote durch (Zahn –)Ärzte dergestalt, dass den Patienten in der Praxis bestimmte Kreditangebote zur Finanzierung aufwendiger Maßnahmen vermittelt werden. Auch dies dürfte im Ergebnis nicht mit § 3 Abs. 2 i. V. m. § 31 in Einklang stehen. Im Übrigen wäre in jedem Einzelfall zu prüfen, ob nicht die Vorschriften des KWG (z. B. § 32) verletzt sind.

---

[142] LG Ravensburg v. 17.8.1998 – 1 KfHO 969/98 – n.v.; LG Dortmund v. 24.3.1999 – 10 O 205/98 – n.v.; OLG Frankfurt, Urt. v. 18.6.1998 – 6 U 39/98, VersR 1998, 1299 (gemeinsamer Außenauftritt von einer Krankenkasse mit einem Optiker im Rahmen einer Werbekampagne).

§ 32 Unerlaubte Zuwendungen

(1) Ärztinnen und Ärzten ist es nicht gestattet, von Patientinnen und Patienten oder Anderen Geschenke oder andere Vorteile für sich oder Dritte zu fordern oder sich oder Dritten versprechen zu lassen oder anzunehmen, wenn hierdurch der Eindruck erweckt wird, dass die Unabhängigkeit der ärztlichen Entscheidung beeinflusst wird. Eine Beeinflussung ist dann nicht berufswidrig, wenn sie einer wirtschaftlichen Behandlungs- oder Verordnungsweise auf sozialrechtlicher Grundlage dient und der Ärztin oder dem Arzt die Möglichkeit erhalten bleibt, aus medizinischen Gründen eine andere als die mit finanziellen Anreizen verbundene Entscheidung zu treffen.

(2) Die Annnahme von geldwerten Vorteilen in angemessener Höhe ist nicht berufswidrig, sofern diese ausschließlich für berufsbezogene Fortbildung verwendet werden. Der für die Teilnahme an einer wissenschaftlichen Fortbildungsveranstaltung gewährte Vorteil ist unangemessen, wenn er über die notwendigen Reisekosten und Tagungsgebühren hinausgeht.

(3) Die Annahme von Beiträgen Dritter zur Durchführung von Veranstaltungen (Sponsoring) ist ausschließlich für die Finanzierung des wissenschaftlichen Programms ärztlicher Fortbildungsveranstaltungen und nur in angemessenem Umfang erlaubt. Das Sponsoring, dessen Bedingungen und Umfang sind bei der Ankündigung und Durchführung der Veranstaltung offen zu legen.

Abweichender Wortlaut der Berufsordnungen in den Kammerbezirken

Niedersachsen

§ 32
Unerlaubte Zuwendungen

(1) Ärzten ist es nicht gestattet, von Patienten oder Anderen Geschenke oder andere Vorteile für sich oder Dritte zu fordern oder sich oder Dritten versprechen zu lassen oder anzunehmen, wenn hierdurch der Eindruck erweckt wird, dass die Unabhängigkeit der ärztlichen Entscheidung beeinflusst wird. Eine Beeinflussung ist dann nicht berufswidrig, wenn sie einer wirtschaftlichen Behandlungs- oder Verordnungsweise aus sozialrechtlicher Grundlage dient und dem Arzt die Möglichkeit erhalten bleibt, aus medizinischen Gründen eine andere als die mit finanziellen Anreizen verbundene Entscheidung zu treffen.

(2) Die Annahme von Beiträgen Dritter zur Durchführung von Veranstaltungen (Sponsoring) ist ausschließlich für die Finanzierung des wissenschaftlichen Programms ärztlicher Fortbildungsveranstaltungen und nur im angemessenen Umfang erlaubt. Das Sponsoring, dessen Bedingungen und Umfang sind bei der Ankündigung und Durchführung der Veranstaltung offen zu legen.

Änderungen 114. Deutschen Ärztetag:
Abs. 1 Satz 2 neu, Abs. 2 und 3 angefügt

Übersicht   Rz.

I.   Die Bedeutung der Norm 1
II.   Der betroffene Personenkreis 2
III. Geschenke und andere Vorteile von Patienten und Dritten 3
IV.   Fordern, Sich-Versprechen- Lassen, Annehmen 8
V.   Einfluss auf die ärztliche Entscheidung 11
VI.   Andere arbeits- und dienstrechtliche Vorschriften 12
VII. Die Teilnahme an wissenschaftlichen Fortbildungsveranstaltungen 13
VIII. Sponsoring 16
IX.   Festlegung von Art, Inhalt und Präsentation der Veranstaltung 17
X.   Die Annahme von Beiträgen Dritter 19
XI.   Steuerliche Aspekte 20
XII. Rechtsfolgen 22

Literatur
Anhalt, Dieners, Handbuch des Medizinprodukterechts, Dahm, Gewährung von Preisnachlässen und Zuwendungen im Gesundheitswesen, MedR 1992, 250; ders., Rabattierung und Vorteilsgewährung bei Erbringung ärztlicher Laborleistungen, MedR 1994, 13; Geiger, Die Anerkennung industriefinanzierter Fortbildungsveranstaltungen durch die Landesärztekammern, GesR 2014, 577. Koyuncu./Stute: Fortbildungssponsoring durch Arzneimittel- und Medizinproduktehersteller A&R 2013, 112; Lippert, Klinische Prüfungen von Arzneimitteln durch Professoren – Dienstaufgabe oder Nebentätigkeit? NJW 1992, 2338; ders., Klinische Prüfung von Arzneimitteln in Universitätsklinika – rechtliche Aspekte, DMW 1993, 355; ders., Vorteilsannahme, Bestechlichkeit und die Einwerbung von Drittmitteln bei der Beschaffung von Medizinprodukten, NJW 2000, 1772; ders. Die problematische Einwerbung von Drittmitteln, VersR 2000, 158; 2003; Ratzel, Zielvereinbarungen in Chefarztverträgen auf dem berufsrechtlichen Prüfstand GesR 2014, 333; Stollberg, Chancen eines Kongresses für medizinische Gesellschaften – Die Theorie in der Praxis, Diplomarbeit, Riesa 2005 (unveröffentlicht); Weisemann, Spieker, Sport, Spiel und Recht, 1997

I. Die Bedeutung der Norm

1   § 32 regelt im die Formen einseitiger Zuwendungen an Ärzte. Schutzgut ist die Unabhängigkeit der ärztlichen (diagnostischen und/oder therapeutischen) Entscheidung gegen Beeinflussung durch Patienten oder Dritte durch die Zuwendung von Geschenken und/oder anderen Vorteilen. Die Vorschrift ist in der jüngsten Novelle der MBOÄ neu gefasst worden. Die neuen Absätze 2 und 3. übernehmen in Absatz 2 den bisherigen § 33 Abs. 4 und in Absatz 3den bisherigen Regelungsinhalt von § 35. Die bisherigen §§ 34 und 35 entfallen dafür.

II. Der betroffene Personenkreis

§ 32 betrifft alle approbierten Ärzte, seien sie Vertrags- oder Privatärzte, beamtete oder angestellte Ärzte in Krankenhäusern und Rehabilitationseinrichtungen sowie in sonstigen öffentlichen Einrichtungen und Ämtern, die ärztliche Entscheidungen zu treffen haben. Der Dritte als Empfänger des Geschenkes oder des sonstigen Vorteils muss nicht Arzt sein. Selbst wenn er Arzt sein sollte, unterfällt der Dritte nicht der Vorschrift.

III. Geschenke und andere Vorteile von Patienten und Dritten

Im Gegensatz zu § 32 Abs. 2 MBO spricht § 32 nicht mehr von Werbegaben der Industrie[1]. Er verwendet die Begriffe Geschenke und andere Vorteile, untersagt dabei deren Zuwendung oder das Versprechen durch Patienten und Andere, sowie das Fordern für sich oder Dritte. Geschenke im Sinne der Vorschrift sind dabei Gegenstände, für die keine Gegenleistung gegeben wird (Handschenkung). Vorteil meint jede andere Leistung, die dem Arzt (oder Dritten) zugewendet werden kann, auf den er keinen rechtlichen Anspruch hat. Darunter fallen auch Schenkungsversprechen, die zu ihrer Wirksamkeit allerdings der notariellen Form bedürfen (§ 518 BGB).

Weiter ist erforderlich, dass mit der Annahme des Geschenks oder des Vorteils der Eindruck erweckt wird, der Arzt lasse sich hierdurch in seiner ärztlichen Entscheidung beeinflussen. Dieser Eindruck kann sowohl vor einer ärztlichen Behandlung als auch nach deren Abschluss eintreten, aber auch in Bezug auf eine künftige, je nachdem, was als Geschenk oder als sonstiger Vorteil gewährt oder versprochen wird.

Während bei Geschenken von Patienten eher seltener der Eindruck entstehen mag, der Arzt sei in seiner ärztlichen Entscheidung durch das Geschenk beeinflusst, kann dies bei Geschenken Dritter durchaus der Fall sein. Zu denken ist hier an Geschenke und Vorteile aus dem industriellen Bereich. Dabei geht es weniger um die berühmten Wein-, Sekt- oder Champagnerflaschen, als vielmehr um die Einladungen zu Veranstaltungen und sonstige Events wie Sportveranstaltungen, Konzert-Theater- und Opernvorstellungen die nur einem geladenen Kreis von Teilnehmern zugänglich sind,. Oder auch Veranstaltungen etwa eines Pharmaherstellers (mit Rahmenprogramm für den Ehepartner), die abgehalten werden, um den Arzt auf in bestimmtes Produkt einzuschwören und für die Beschaffung (aus medizinischen Gründen) gewogen zu machen (Anfüttern).

---

[1] Auf Werbegaben bleibt nach wie vor § 7 HWG anwendbar, der sich aber an den Geber, nicht den Nehmer richtet. § 7 Abs. 1 HWG untersagt es u. a. Werbegaben anzubieten, anzukündigen oder zu gewähren, es sei denn es handle sich um Gegenstände von geringem Wert oder um solche, die als Werbegegenstände gekennzeichnet sind oder um solche, die nur zur Verwendung in der ärztlichen oder tierärztlichen Praxis bestimmt sind, vgl. hierzu Bülow, Ring, HWG, § 7 Rz. 12 ff. m. w. Nachw.

6	Regelmäßig wiederkehrende Geschenke und Zuwendungen zu bestimmten Anlässen können denselben Effekt auslösen und den Arzt in seiner Unabhängigkeit für die ärztliche Entscheidung beeinflussen. Dabei spielt es im Endeffekt keine Rolle, ob ein Arzt sich in seinem Verordnungsverhalten beeinflussen lässt, oder als derjenige, der im Krankenhaus alleine oder gemeinsam mit anderen Ärzten für Beschaffungen im ärztlichen Bereich zu sorgen hat. Unter den Begriff des Vorteils lassen sich ohne weiteres etwa Kosten für Bewirtung des Arztes (und seiner Ehefrau oder vice versa) sowie Reisekosten subsumieren. Problematisch können hier vor allem Geldzuwendungen zu Kongressbesuchen oder Trainingsseminaren sein, für die nicht der Dienstherr oder Arbeitgeber eines Krankenhausarztes oder Professors aufkommt. Der Eindruck der unzulässigen Beeinflussung ist hier schwer zu entkräften, vor allem wenn zwischen dem Zuwender und dem Krankenhaus des Zuwendungsempfängers regelmäßige Geschäftsbeziehungen bestehen. Zur strafrechtlichen Relevanz derartigen Verhaltens vgl. die Kommentierung zu § 33 Rz. 20 ff.

7	Dankbare Patienten sind es in der Mehrzahl, die sich verpflichtet fühlen, dem Arzt etwas zuwenden zu müssen. Dies hat bereits den Rang des Üblichen erreicht, auch wenn es gegen geltende Rechtsnormen verstößt. Darauf hinzuweisen und die Einhaltung der Vorschriften sicherzustellen ist Aufgabe des Arbeitgebers bzw. Dienstherrn. Wiederholte Verstöße gegen das Verbot, Geschenke (ohne Zustimmung des Arbeitgebers bzw. Dienstherrn) anzunehmen können arbeits- oder dienstrechtliche Konsequenzen nach sich ziehen. Die genannten Vorschriften gelten in Krankenhäusern natürlich auch für nichtärztliches Personal. Für den niedergelassenen Arzt, der ja in keinem Angestellten- oder Dienstverhältnis steht, gibt § 32 genau diesen Gedanken wieder. Die ärztliche Leistung, die von Patienten oder von dessen Krankenkasse vergütet wird, soll nicht nochmals zum Gegenstand eines (Teil-)entgeltes gemacht werden.

IV. Fordern, Sich-Versprechen-Lassen, Annehmen

8	Die Tathandlung nach § 32 besteht im Fordern[2], Sich-Versprechen-Lassen und Annehmen (zu den Begriffen vgl. Vorbemerkungen vor § 30 Rz. 3 ff.) von Geschenken oder anderen Vorteilen. Die Unrechtsvereinbarung besteht darin, dass das Annehmen, Fordern und (in schwächerem Maße) das Sich-Versprechen-Lassen wohl auf der Geberseite den Eindruck erweckt, die Unabhängigkeit der ärztlichen Entscheidung werde beeinflusst. Berufswidrig handelt daher auch, wer sich für den Bezug von Arznei-, Heil- und Hilfsmitteln sowie Medizinprodukten Geschenke oder andere Vorteile fordert, sich versprechen lässt oder annimmt auch für Dritte. Das Verbot erstreckt sich auf direkt wie indirekt gewährte Geschenke und auf unmittelbare oder mittelbare andere Vorteile. Es erfasst auch (und wohl in erster Linie) die Zuwendung von Geld.

---

[2] Einen besonders eklatanten Fall hatte das LG Essen abzuurteilen:. hier hatte ein Chirurg seine Operationen davon abhängig gemacht dass die Patienten zuvor Geldbeträge auf sein Drittmittelkonto überwiesen, LG Essen, Urt. v. 12.03.2010 – 56 KLs 20/08, ArztR 2012, 5.

§ 32 Unerlaubte Zuwendungen   505

Umsatzgeschäfte, also solche, bei denen die Höhe der Zuwendung an einen Um-   9
satz gekoppelt ist, sind danach ebenso verboten, wie die Einwerbung von Geldern
über einen Spendensammelverein. Grund genug, diese illegalen Sparschweine
schnellstmöglich zu schlachten. Verboten sind auch Zuwendungen für Schulungen
im Zusammenhang mit noch zu beschaffenden Medizinprodukten des Herstellers
oder Vertreibers[3].

Für Professoren der Medizin ergibt sich nach der neuen Rechtslage folgen-   10
des: berufsrechtlich ist ihnen die Annahme, das Sich-Versprechen-Lassen und das
Fordern von Geschenken und anderen Vorteilen im Zusammenhang mit der Beschaffung von Arznei-, Heil- und Hilfsmitteln sowie Medizinprodukten verboten.
Hochschulrechtlichen gehört die Einwerbung von Drittmitteln, um die es sich dabei
überwiegend handelt, zu einem Teil der Dienstaufgaben. Ihre Durchführung ist aber
an die Einhaltung weiterer Vorschriften, wie etwa der Drittmittelrichtlinien gebunden. Diese (gegenüber dem Berufsrecht höherrangigen) Rechtsnormen haben Vorrang vor dem Berufsrecht und privilegieren mit ihren umgrenzten Ausnahmen vom
allgemeinen Verbot der Annahme von Geschenken und Vorteilen die Professoren
der Medizin gegenüber anderen Ärzten. Begünstigt wird allerdings letztlich der jeweilige Träger der medizinischen Fakultät und des Universitätsklinikums, der sich
dadurch Aufwendungen für die Forschung erspart[4].

V. Einfluss auf die ärztliche Entscheidung

Durch die Tathandlung muss nunmehr nach der Neufassung von § 32 der Eindruck 11
erweckt werden, die Unabhängigkeit der ärztlichen Entscheidung sei durch das Geschenk oder den anderen Vorteil tatsächlich beeinflusst. In der bisherigen Fassung
reichte es bereits aus, dass der Eindruck erweckt werden konnte die Unabhängigkeit
der ärztlichen Entscheidung könnte durch das Geschenk oder den anderen Vorteil
beeinflusst sein. Das Ergebnis der Einflussnahme des Zuwenders muss eine sach-
fremde ärztliche Entscheidung sein, weil sie ohne die Einflussnahme anders ausgefallen wäre. Maßgeblich ist dafür der Maßstab des objektiven Betrachters[5] nicht der
des Empfängers oder der des Zuwenders.

Nachdem es die bisherige Geringfügigkeitsgrenze nicht mehr gibt, unterfallen
dem Verbot alle Geschenke, unabhängig von ihrem Wert. Auch wertmäßig nicht
adäquate Zuwendungen aus vertraglicher Zusammenarbeit können darunter fallen.

---

[3] Vgl. zum ganzen Ulsenheimer, Handbuch, § 151a Rz. 68 ff.; Fischer, § 331 Rz. 31 ff.; Cramer in: Schönke, Schröder, § 331 Rz. 18 ff.; Lippert, VersR 2000, 158. Zur strafrechtlichen Problematik im einzelnen vgl. unten Rz. 20.

[4] Vgl. zu diesem Aspekt auch die 9. Einbecker Empfehlungen der DGMR, MedR 2001, 598; zur Reaktion der Fachverbände vgl. den Gemeinsamen Standpunkt zur strafrechtlichen Bewertung der Zusammenarbeit zwischen Industrie, medizinischen Einrichtungen und deren Mitarbeitern, abzurufen über www.awmf.de.

[5] So ÄGH Saarland Urt. V. 25.8.2010 –ÄGH 1/09, MedR 2011, 752. Hier hatte sich der Arzt eine Schenkung über 478 000 € zuwenden lassen.

VI. Andere arbeits- und dienstrechtliche Vorschriften

12 Für angestellte oder beamtete Ärzte gelten darüber hinaus (jedenfalls soweit sie im öffentlichen Dienst stehen) arbeitsvertragliche und beamtenrechtliche Vorschriften vorrangig. Angestellten im öffentlichen Dienst und Beamten ist es verboten, für ihre Diensthandlungen Belohnungen entgegenzunehmen (§ 10 BAT/§ 3 Abs. 2 TVöD, z. B. § 89 LBG bw). Der Sinn der Regelung ist klar: wer für seine dienstlichen Leistungen bereits von seinem Arbeitgeber/Dienstherrn sein Gehalt oder seine Dienstbezüge erhält, soll zusätzliches Entgelt nicht erhalten. Überdies soll mit dem Verbot die Unparteilichkeit der Amtsführung gewährleistet werden. Will der Angestellte oder Beamte ein Geschenk annehmen, so bedarf er hierzu der Zustimmung seines Arbeitgebers oder Dienstherrn.

VII. Die Teilnahme an wissenschaftlichen Fortbildungsveranstaltungen

13 Eine Ausnahme vom Verbot, Werbegaben, Geschenke oder andere Vorteile zu fordern, sich versprechen zu lassen oder anzunehmen, enthält Abs. 2. Danach dürfen Ärzte geldwerte Vorteile für die Teilnahme an wissenschaftlichen oder berufsbezogenen Fortbildungsveranstaltungen von Herstellern (von Arznei-, Heil- und Hilfsmitteln sowie von Medizinprodukten) annehmen, wenn diese eine angemessene Höhe haben.

14 § 4 MBOÄ fordert vom Arzt eine regelmäßige Fortbildung, damit die ärztlichen Kenntnisse und Fähigkeiten erhalten bleiben und an Neuerungen angepasst werden. In der Praxis ist die Zahl der angebotenen medizinischen Fortbildungsveranstaltungen groß u. a. auch deshalb, weil pharmazeutische Unternehmer und Hersteller von Heil- und Hilfsmitteln viele Veranstaltungen finanziell unterstützen (sponsern). Unter die Vorschrift fallen Fortbildungsveranstaltungen, die in Abteilungen der Krankenhäuser veranstaltet werden ebenso wie solche von medizinisch-wissenschaftlichen Fachgesellschaften, aber auch von den Ärzteschaften und den Ärztekammern veranstaltete oder mit veranstaltete. Für den Nichtmediziner ist es immer wieder erstaunlich, zu sehen, wie viele Fortbildungsveranstaltungen und Kongresse in den medizinischen Fachdisziplinen angeboten werden. Ohne massive finanzielle Unterstützung vor allem durch Hersteller von Arznei-, Heil- und Hilfsmitteln wäre diese Vielfalt nicht aufrecht zu erhalten[6]. Die Teilnehmerbeiträge sind sicher meist nicht kostendeckend. Für sonstige Fortbildungsveranstaltungen werden oft gar keine erhoben.

15 Die Vorschrift ist bereits bei ihrer Verabschiedung auf erhebliche Kritik gestoßen, weil diese Privilegierung nicht nachzuvollziehen sei. Für den Bereich der

---

[6] Stollberg, S. 54 ff. (59); sie hat in ihrer (leider unveröffentlichten) Diplomarbeit eine Umfrage unter den Mitgliedsgesellschaften der AWMF ausgewertet. Danach trägt die Industrieausstellung bei medizinischen Kongressen immerhin zu 30 % das Sponsoring auch noch zu 15 % zum Budget der Kongresse bei. Die Teilnehmerbeiträge decken das Budget gerade mal zu 50 %.

medizinischen Fakultäten und Universitätsklinika wird die Vorschrift nur teilweise zur Legalisierung grenzwertiger Zuwendungen führen. Die Annahme von Vergütungen für Reisekosten, die über den gesetzlich vorgegebenen Regelungen liegen, dürften deren Empfänger in den Bereich der strafbaren Vorteilsannahme bringen. Der zugewendete Vorteil liegt darin, dass etwas angenommen oder gefordert wird, worauf der Bedienstete keinen rechtlichen Anspruch hat. Ob für die Vorschrift noch ein großes Anwendungsgebiet verbleibt, wenn nach § 95d SGB V die vertragsärztliche (Pflicht-)fortbildung nur noch dann anerkannt wird, wenn sie nicht durch irgendeinen Hersteller eines Produktes im medizinisch-industriellen Komplex finanziell unterstützt wird, wird sich zeigen müssen[7]. Vermutlich ist die Vorschrift nur noch für den Bereich der medizinischen Fakultäten und Universitätsklinika (und da auch nur teilweise) bedeutsam, wenn etwa Universitätsmitglieder selbst Fortbildungsveranstaltungen (etwa im Ausland) anbieten.

VIII. Sponsoring

Rechtlich gesehen handelt es sich beim Sponsoring um ein atypisches Vertragsverhältnis. Der Sponsor (Hersteller) will mit Hilfe des Gesponserten als Vertragspartner erreichen, dass sein auf dem Markt befindliches Produkt eine Steigerung des Bekanntheitsgrades erreicht. Der Geldsumme des Sponsors steht die kommunikative Aktivität des Gesponserten gegenüber[8]. Diese Definition orientiert sich an derjenigen Definition des Sponsoring, welche das BMF für einen Betriebskostenabzug der geleisteten Beträge beim Unternehmer zugrunde legt[9]. Die Definition des § 32 Abs. 2 ist dagegen anders. Sie umfasst auch Spenden und sonstige Leistungen, die teilweise, wie etwa Spenden, nur eingeschränkt steuerlich abzugsfähig sind.

16

IX. Festlegung von Art, Inhalt und Präsentation der Veranstaltung

Von einer Fortbildungsveranstaltung im Sinne von § 32 Abs. 2 MBOÄ kann nur gesprochen werden, wenn die Veranstaltungsinhalte vom ärztlichen Veranstalter vorgegeben werden. Dennoch ist nicht auszuschließen, dass ein Sponsor auf die Inhalte der Veranstaltung Einfluss zu nehmen sucht, wobei industrielle Sponsoren auf die Inhalte der von ihnen finanziell unterstützten Veranstaltungen in aller Regel keinen inhaltlichen Einfluss nehmen.

17

Aber es sind auch Veranstaltungen denkbar, bei denen die Inhalte so speziell sind und die Zahl der Hersteller so klein ist, dass die inhaltliche Freiheit nicht

18

---

[7] Vgl. hierzu Balzer, MedR 2004, 76 m. w. Nachw.; dies., NJW 2003, 3225; übertriebene Hoffnungen an die Zertifizierung von Fortbildungsveranstaltungen durch die Ärztekammern zu setzen ist sicher blauäugig. Das System wird dadurch nur subtiler, nicht aber transparenter. Vgl. hierzu auch neuestens Geiger, GesR 2014, 577.
[8] Vgl. die Definition bei Weisemann, Spieker, Rz. 424.
[9] Vgl. auch Anhalt, Dieners, Handbuch § 20 Rz. 188; BMF vom 18.2.1998 BStBl I 1998, 212 Tz. 1.

mehr gegeben sein dürfte. Vollends problematisch werden Fortbildungsveranstaltungen dann, wenn Ärzte im Gebrauch von bestimmten Instrumenten, Endoprothesen, Nahtmaterialien und ähnlichem an diesen Gegenständen geschult werden. Hier ist die inhaltliche Freiheit praktisch auf Null reduziert, sofern nicht sogar der entsprechende Hersteller der Veranstalter ist. Durch diese Veranstaltungen soll der Arzt auf Produkte eines bestimmten Herstellers fixiert werden. So erstaunt es nicht, dass der Hersteller üblicherweise die Kosten der Teilnehmer voll übernimmt. Derartige Veranstaltungen sind wohl eher an § 32 zu messen. Von Sponsoring kann nicht mehr die Rede sein.

X. Die Annahme von Beiträgen Dritter

19 Die Annahme von Beiträgen Dritter, mit denen die Veranstaltungskosten für Fortbildungsveranstaltungen bestritten werden sollen, ist nur dann zulässig, wenn der Veranstalter Inhalt, Art und Präsentation der Veranstaltung bestimmt. Die Vorschrift spricht auch nur von einem Beitrag zu den Veranstaltungskosten. Dies lässt begrifflich eine völlige Finanzierung durch einen oder mehrere Sponsoren ausscheiden. Dies folgt auch daraus, dass die Beiträge angemessen sein müssen. Die Nennung des Sponsors erfolgt schon bisher weitgehend. Insoweit fordert die Vorschrift nichts Neues.

XI. Steuerliche Aspekte

20 Die Durchführung von Fortbildungsveranstaltungen kann beim Veranstalter auch steuerliche Aspekte aufwerfen. Werden etwa im Zusammenhang mit Fachkongressen Industrieausstellungen durchgeführt und Standflächen an interessierte Unternehmen vermietet, so ist für diese Mieteinnahmen Umsatzsteuer zu entrichten.

21 Die Versteuerung von Vortragshonoraren ist einerlei ob sie vom Veranstalter oder von einem Dritten gewährt werden, Aufgabe des Empfängers. Die Honorare sind einkommensteuerpflichtig.

XII. Rechtsfolgen

22 **Berufsrechtlich.** Die Ärztekammer kann den Verstoß gegen § 32 im berufsgerichtlichen Verfahren verfolgen und mit den darin zur Verfügung stehenden Sanktionen belegen.

Strafrechtlich kann der Verstoß gegen § 32 als Vorteilsannahme nach § 331 StGB verfolgt und geahndet werden.

Zivilrechtlich ist die Zuwendung nichtig, weil sie gegen eine Rechtsvorschrift verstößt und daher rückabzuwickeln ist.

§ 33 Zuwendungen bei vertraglicher Zusammenarbeit

Soweit Ärztinnen und Ärzte Leistungen für die Hersteller von Arznei- oder Hilfsmitteln oder Medizinprodukten oder die Erbringer von Heilmittelversorgung erbringen (z. B. bei Anwendungsbeobachtungen), muss die hierfür bestimmte Vergütung der erbrachten Leistung entsprechen. Die Verträge über die Zusammenarbeit sind schriftlich abzuschließen und sollen der Ärztekammer vorgelegt werden.

Abweichender Wortlaut der Berufsordnungen in den Kammerbezirken

Niedersachsen

§ 33

Zuwendungen bei vertraglicher Zusammenarbeit

Soweit Ärzte Leistungen für die Hersteller von Arznei- oder Hilfsmitteln oder Medizinprodukten erbringen (z. B. bei Anwendungsbeobachtungen), muss die hierfür bestimmte Vergütung der erbrachten Leistung entsprechen. Die Verträge über die Zusammenarbeit sind schriftlich abzuschließen und sollen der Ärztekammer vorgelegt werden.

§ 34 aufgehoben

§ 35 aufgehoben

§ 36 Übergangsbestimmung

Abweichend von § 13a Satz 1 dürfen Betäubungsmittel zur Substitution auch diejenigen Ärzte verschreiben, die bis zum 31.12.1995 im Besitz einer Approbation waren und innerhalb des letzten Jahres vor dem 10.11.2001 Substitutionsbehandlungen in ausreichendem Umfang durchgeführt haben.

Änderungen 114. Deutschen Ärztetag:

Abs. 1 ergänzt, Abs. 2–4 entfallen

Übersicht

		Rz.
I.	Die Bedeutung der Norm	1
II.	Der betroffene Personenkreis	2
III.	Arznei-, Heil- und Hilfsmittel	3
IV.	Die Kooperation Arzt – Industrie	5
V.	Vorlagepflichtige Verträge	13

Hinweise und Erläuterungen zu § 33 (Muster-)Berufsordnung, beschlossen von den Berufsordnungsgremien der Bundesärztekammer am 12.8.2003, sind in Heft 5 des Deutschen Ärzteblattes vom 30.1.2004 erschienen.

VI. Der arbeits- und dienstrechtliche Aspekt der Industriekontakte 19
VII. Der strafrechtliche Aspekt 20
VIII. Der steuerrechtliche Aspekt 33
IX. Rechtsfolgen 35

Literatur
Ambos, Zur Strafbarkeit der Drittmittelakquisition, JZ 2003, 345; Balzer, Die Akkreditierung industrieunterstützter Fortbildungsveranstaltungen nach Umsetzung des GKV-Modernisierungsgesetzes – eine Reform der Reform? MedR 2004, 76; dies. „Industriesponsoring" und ärztliche Fortbildung – ein Auslaufmodell?, NJW 2003, 3225; Böse, Mölders, Die Durchführung sog. Anwendungsbeobachtungen durch den Kassenarzt als Korruption im Geschäftsverkehr (§ 299 StGB)?, MedR 2008, 585; Dahm, Gewährung von Preisnachlässen und Zuwendungen im Gesundheitswesen, MedR 1992, 250; ders., Rabattierung und Vorteilsgewährung bei Erbringung ärztlicher Laborleistungen, MedR 1994, 13; Dieners, Lembeck, Taschke, Der „Herzklappenskandal" – Zwischenbilanz und erste Schlussfolgerungen für die weitere Zusammenarbeit der Industrie mit Ärzten und Krankenhäusern, PharmaR 1999, 156; Diettrich, Schatz, Sicherung der privaten Drittmittelförderung, ZRP 2001, 521, diess., Drittmittelforschung: Überlegungen zur Minimierung des strafrechtlichen Risikos, MedR 2001, 614; Erlinger, Drittmittelforschung unter Korruptionsverdacht, Der aktuelle Stand der Rechtsprechung. Gibt es schon Rechtsprechung zur „neuen" Rechtslage? MedR 2002, 60; Geiger: Das Angemessenheitspostulat bei der Vergütung ärztlicher Kooperationspartner durch die Industrie, A&R 2013, 99; Göben, Mit einem Bein im Gefängnis?, Forschung und Lehre 1999, 22; Haeser, Erfahrungen mit der neuen Rechtslage im Korruptionsstrafrecht und Drittmittelrecht – aus der Sicht eines Staatsanwaltes, MedR 2002, 55; Klümper, Niedergelassene Ärzte fallen nicht unter die Korruptionsdelikte, A&R, 2012, 172. Lippert, Vorteilsannahme, Bestechlichkeit und die Einwerbung von Drittmitteln bei der Beschaffung von Medizinprodukten, NJW 2000, 1772; ders. Die problematische Einwerbung von Drittmitteln, VersR 2000, 158; ders. Klinische Prüfungen von Arzneimitteln durch Professoren – Dienstaufgabe oder Nebentätigkeit? NJW 1992, 2338; ders., Klinische Prüfung von Arzneimitteln in Universitätsklini010ka – rechtliche Aspekte, DMW 1993, 355; ders. Die problematische Einwerbung von Drittmitteln, VersR 2000,158; ders. Ethik und Monetik, VersR 2000, 1206; ders. Vorteilsannahme und die Einwerbung von Drittmitteln durch Beschaffung von Medizinprodukten – die zweite Runde, GesR 2003, 144; Lüderssen, Antikorruptionsgesetze und Drittmittelforschung, JZ 1997, 112; Pfeiffer, Von der Freiheit der klinischen Forschung zum strafrechtlichen Unrecht, NJW 197, 782; Pragal, Das Pharma-„Marketing" um die niedergelassenen Kassenärzte: „Beauftragtenbestechung gemäß § 299 StGB, NZSt 2005, 133; Ratzel, Drittmittelforschung unter Korruptionsverdacht?" Wechselwirkung des Korruptionsstrafrechts mit dem ärztlichen Standesrecht, MedR 2002, 63; Schnapp, Die strafrechtliche Neujustierung der Stellung des Vertragsarztes GesR 2012, 705; Verrel, Überkriminalisierung oder Übertreibung? Die neue Furcht vor der Korruptionsstrafbarkeit in der Medizin, MedR 2003, 319; Walter, Medizinische Forschung mit Drittmitteln – lebenswichtig oder kriminell?, ZRP 1999, 292; Wienke, Lippert, Kommentar zu den 9. Einbecker Empfehlungen der Deutschen Gesellschaft für Medizinrecht (DGMR) e. V. zur Einwerbung privatwirtschaftlicher Drittmittel in der Medizin WissR 2002, 233.

I. Die Bedeutung der Norm

1 § 33 ist die zentrale Norm für die Austauschbeziehungen von Ärzten mit Dritten. Tathandlung nach Absatz 1 ist die Erbringung von Leistungen für die Hersteller von Arznei- und Hilfsmitteln oder Medizinprodukten gegen eine nicht entsprechende Leistung sowie die Nichtvorlage auf diese Leistungen gerichteter Verträge bei der Ärztekammer.

II. Der betroffene Personenkreis

Der Paragraf betrifft sowohl niedergelassene (Vertrags-/Privatärzte) als auch angestellte oder beamtete approbierte Ärzte in Krankenhäusern, Rehabilitationseinrichtungen und sonstigen öffentlichen Einrichtungen und Ämtern. Gegen Berufsrecht verstößt, wer nach Absatz 1 für seine Verordnungen eine Vergütung oder andere Vorteile für sich oder einen Dritten fordert, sich versprechen lässt oder annimmt. Der begünstigte Dritte muss kein Arzt sein. Selbst wenn der Arzt ist, so unterfällt der Dritte nicht § 34. Die Vorschrift betrifft ausschließlich die Nehmerseite. Der Geber der Vergütung oder des anderen Vorteils verhält sich – selbst wenn Arzt ist – nicht standeswidrig. Von dem Verbot des Absatzes 2 betroffen ist nicht der Auftraggeber des Gutachtens oder der Werbeaussage, sondern derjenige Arzt, der die werbende Aussage trifft oder ein entsprechendes (werbendes) Gutachten erstattet.

2

III. Arznei-, Heil- und Hilfsmittel

Arzneimittel sind Stoffe und Zubereitungen aus Stoffen, die dazu bestimmt sind, durch Anwendung am oder im menschlichen Körper Krankheiten, Leiden, Körperschäden oder krankhafte Beschwerden zu heilen, zu lindern, zu verhüten oder zu erkennen, die Beschaffenheit oder den Zustand oder die Funktion des Körpers oder seelische Zustände erkennen zu lassen, vom menschlichen Körper erzeugte Wirkstoffe oder Körperflüssigkeiten zu ersetzen, Krankheitserreger, Parasiten oder körperfremde Stoffe abzuwehren, zu beseitigen oder unschädlich zu machen oder die Beschaffenheit, den Zustand oder die Funktion des Körpers oder seelische Zustände zu beeinflussen. So umschreibt § 2 Abs. 1 AMG den Arzneimittelbegriff.

3

Hilfsmittel im Sinne der gesetzlichen Krankenversicherung sind Seh- und Hörhilfen, Körperersatzstücke, orthopädische und andere Hilfsmittel, die erforderlich sind, um den Erfolg einer Heilbehandlung zu sichern oder eine körperliche Beeinträchtigung auszugleichen (§ 33 SGB V).

4

Medizinprodukte i.S. von § 3 MPG[1] sind alle einzeln oder miteinander verbunden verwendeten Instrumente, Apparate, Vorrichtungen, Stoffe und Zubereitungen aus Stoffen oder andere Gegenstände einschließlich der für ein einwandfreies Funktionieren des Medizinproduktes eingesetzten Software, die vom Hersteller zur Anwendung für Menschen mittels ihrer Funktionen zum Zwecke der Erkennung, Verhütung, Überwachung, Behandlung oder Linderung von Krankheiten, der Erkennung, Überwachung, Behandlung, Linderung oder Kompensierung von Verletzungen oder Behinderungen, der Untersuchung, der Ersetzung oder der Veränderung des anatomischen Aufbaus oder eines physiologischen Vorgangs oder der Empfängnisregelung zu dienen bestimmt sind und deren bestimmungsgemäße Hauptwirkung im oder am menschlichen Körper weder durch pharmakologisch oder immunolo-

---

[1] Gesetz vom 2.8.1994 (BGBl. I S. 1963) i. d. Neufassung vom 7. August 2002 (BGBl. I S. 3146).

gisch wirkende Mittel noch durch Metabolismus erreicht wird, deren Wirkungsweise aber durch solche Mittel unterstützt werden kann.

IV. Die Kooperation Arzt – Industrie

5 **Klinische Prüfung** Hersteller von Arzneimitteln lassen ihre Produkte vor der Zulassung zumeist in Krankenhäusern klinisch prüfen (Phase II und III), gelegentlich auch nach der Zulassung in der Anwendungsphase (Phase IV) und bezahlen hierfür ein Prüfhonorar. Auch die klinische Prüfung von Medizinprodukten findet häufig gegen Entgelt in Kliniken statt. Einnahmen aus klinischen Prüfungen von Arzneimitteln und Medizinprodukten machen – jedenfalls in den Universitätsklinika – den größten Posten bei den Leistungen der Ärzte i. S. von § 33 Abs. 1 aus. Hilfsmittel sind dagegen nur gelegentlich Gegenstand von Entwicklungsaufträgen oder werden im Auftrag der Hersteller in der klinischen Praxis gegen Honorar erprobt. Die Begutachtung von Produkten der Hersteller von Arznei-, Heil- und Hilfsmitteln sowie Medizinprodukten fällt demgegenüber kaum ins Gewicht.

6 Die – von den medizinischen Fakultäten durchaus gewünschte – Betonung der Drittmittelforschung im Bereich der klinischen Prüfung von Arzneimitteln kann in der praktizierten Form durchaus dazu führen, dass die Grundsätze der Deklaration von Helsinki nicht eingehalten werden, weil das Interesse an der Durchführung der klinischen Prüfung dazu führt, dass die Aufklärung der Patienten nicht immer ohne das drittmittelgeleitete Interesse des Prüfers erfolgt. Dies ist vor allem dann der Fall, wenn nahezu alle Patienten einer Klinik in eine klinische Prüfung einbezogen werden. Wer ist da noch frei von Interessenskonflikten, wenn die akademische Karriere davon abhängt?

7 **Die Gegenleistung** Die für eine Entwicklung, Erprobung oder Begutachtung von Arznei-, und Hilfsmitteln sowie Medizinprodukten von Herstellern erbrachte Gegenleistung kann zum einen in Geld bestehen. Die Vergütung nach Absatz 1 2. Hs. muss der erbrachten Leistung entsprechen. Es sollen also keine verdeckten Vorteile zugewendet werden.

8 **Geräte und Einrichtungsgegenstände** Die Gegenleistung des industriellen Auftraggebers muss nicht immer in einer Geldleistung bestehen. Er kann dem Auftragnehmer statt dessen auch ein Gerät überlassen, welches dieser benötigt, entweder zu Eigentum oder zur Miete. Denkbar ist auch die Überlassung von sonstigen Einrichtungsgegenständen, die der Dienstherr des Arbeitnehmers diesem nicht oder so nicht zur Verfügung stellen könnte oder wollte[2].

9 Die den Ärzten als Mitgliedern der Universitäten und/oder Universitätsklinika zugewendeten Vergütungen für klinische Prüfungen von Arzneimitteln und Medizinprodukten oder Heil- und Hilfsmitteln der Hersteller werden von den Universitäten beziehungsweise Universitätsklinika als Drittmittel nach den hochschulrecht-

---

[2] Zur strafrechtlichen Relevanz vgl. Ulsenheimer in: Laufs, Uhlenbruck, § 151a, Rz. 29 f.

lichen Vorschriften angenommen und nach Weisung des Drittmittelbegünstigten verwendet.

Drittmittel Hierunter versteht man Finanzmitteln, die nicht von der Hochschule aus Haushaltsmitteln zur Verfügung gestellt werden, sondern von Dritten, sei es von staatlichen Forschungseinrichtungen, sei es von Industrieunternehmen, die durch die Annahmeentscheidung der Hochschule zu Haushaltsmitteln werden. Es ist bekannt, dass Forschung an den Hochschulen und im Bereich der Medizin zumal, ohne Mittel Dritter auch nicht in demjenigen Umfang durchgeführt werden könnte, wenn nicht zur staatlich finanzierten Forschung diejenige mit Mitteln Dritter hinzukäme. Solange die Mittel nach den gesetzlichen Vorschriften korrekt vereinnahmt und verwaltet werden, ist im Grundsatz gegen diese Art der Forschungsfinanzierung und Projektabwicklung nichts einzuwenden. 10

Ausnahmsweise und unter bestimmten Voraussetzungen können Drittmittel auch auf Privatkonten verwaltet werden. Die Überweisung des Prüfhonorars auf ein Konto eines gemeinnützigen Fördervereins genügt den im Universitätsbereich zu beachtenden Drittmittelrichtlinien nicht. Gleiches gilt auch für Klinische Prüfungen der Phase IV (Anwendungsbeobachtungen) sofern sie in Einrichtungen der Universitätsklinika durchgeführt werden. 11

Der niedergelassene Arzt, der an einer Klinischen Prüfung der Phase-IV (Anwendungsbeobachtung) teilnimmt, hat die Empfehlungen der EU „Good Clinical Practice" einzuhalten. Nur unter diesen Voraussetzungen ist der Einsatz der Prüfmedikamente, die entsprechend gekennzeichnet sein müssen, in der Praxis zulässig. In einigen Universitätsklinika war ihre Durchführung in der Vergangenheit schlicht verboten. Dies hat sich unter dem Diktat der Drittmitteleinwerbung geändert. Ob es eine kluge Entscheidung war, ist fraglich. Die pharmazeutischen Unternehmer versuchen mit aller Macht, diese Klinischen Prüfung „light" den Stempel der Seriosität aufzudrücken, indem sie die Vorab- Bewertung durch eine Ethikkommission durch zusetzen versuchen, die derzeit nicht erforderlich ist und daher von den darum ersuchten Ethikkommissionen auch völlig zu Recht verweigert wird. 12

V. Vorlagepflichtige Verträge

Abs. 1 Satz 2 verpflichtet die Ärzte, Verträge über die Zusammenarbeit mit industriellen Partnern schriftlich abzuschließen und in aller Regel (sollen…) der Ärztekammer vorzulegen. Dieser Vorschrift hätte es eigentlich nicht bedurft, weil bereits in § 24 eine Pflicht zur Vorlage von Verträgen über die ärztliche Tätigkeit existiert. Allerdings sind Verträge nach § 24 bereits vor ihrem Abschluss, nicht erst danach, vorzulegen. 13

Die Vorlagepflicht gilt auch für Vereinbarungen, die im Bereich der Universitätsklinika oder sonstiger Institutionen von diesen geschlossen werden, weil derjenige Arzt, der die vertraglich geschuldete Leistung zu erbringen hat entweder weiterer Vertragspartner sein wird oder weil er dem Vertrag zwischen der Institution und dem industriellen Partner beitritt.

VI. Der arbeits- und dienstrechtliche Aspekt der Industriekontakte

14 Wie schon bei § 32, so gilt auch nach § 33 für Angestellte im öffentlichen Dienst und Beamte, dass sie sich ihre Dienstleistungen, zu der sie aufgrund ihres Arbeitsvertrages oder ihrer Anstellung verpflichtet sind, nicht zusätzlich vergüten lassen dürfen.

Für angestellte oder beamtete Ärzte gelten darüber hinaus (jedenfalls soweit sie im öffentlichen Dienst stehen) arbeitsvertragliche und beamtenrechtliche Vorschriften vorrangig. Angestellten im öffentlichen Dienst und Beamten ist es verboten, für ihre Diensthandlungen Belohnungen entgegenzunehmen (§ 10 BAT, § 3 Abs. 2 TVöD z. B. § 89 LBG bw). Der Sinn der Regelung ist klar: wer für seine dienstlichen Leistungen bereits von seinem Arbeitgeber/Dienstherrn sein Gehalt oder seine Dienstbezüge erhält, soll zusätzliches Entgelt nicht erhalten. Überdies soll mit dem Verbot die Unparteilichkeit der Amtsführung gewährleistet werden. Will der Angestellte oder Beamte ein Geschenk annehmen, so bedarf er hierzu der Zustimmung seines Arbeitgebers oder Dienstherrn.

VII. Der strafrechtliche Aspekt

15 Bei der an sich wünschenswerten Einwerbung von Drittmitteln für die Forschung[3] hat es in der Vergangenheit auch Fallgestaltungen gegeben, bei denen sich der (industrielle) Drittmittelgeber wie der Drittmittelnehmer strafbar gemacht haben. Verschärft wird dieser Bereich auch durch die 1997 erfolgte Neufassung der Straftatbestände im Amt durch das Gesetz zur Bekämpfung der Korruption[4].

16 Kern der Tatbestände ist nunmehr, dass ein Amtsträger (wozu an den Universitäten die Professoren und die Wissenschaftlichen Mitarbeiter zählen) für die Dienstausübung (Vorteilsannahme) oder eine pflichtwidrige Diensthandlung (Bestechlichkeit) für sich oder einen Dritten einen Vorteil fordert[5], sich versprechen lässt oder annimmt. Die gesetzliche Regelung differenziert nach in der Nehmerseite (Vorteilsannahme § 331, Bestechlichkeit § 332) und der Geberseite (Vorteilsgewährung § 333, Bestechung § 334) sowie danach, ob die Dienstausübung sachlich zu

---

[3] Vgl. hierzu den Beschluss des LG Bonn, v. 8.2.2001 – 27B 13/00, MedR 2001, 260; Ulsenheimer in: Laufs, Uhlenbruck, § 151a, Rz. 35 ff.; ders. § 13 m. w. Nachw.

[4] Gesetz vom 13.8.1997 (BGBl. I S. 2038); vgl. hierzu auch Göben Forschung und Lehre 1999, 22 m. w. Nachw. Zur Reaktion der beteiligten Fachverbände vgl den gemeinsamen Standpunkt zur strafrechtlichen Bewertung der Zusammenarbeit zwischen Industrie, medizinischen Einrichtungen und deren Mitarbeitern, abzurufen über www.awmf.de. Vgl. auch die 9. Einbecker Empfehlungen zur Einwerbung privater Drittmittel in der Hochschulmedizin, MedR 2001, 597 oder www.dgmr.de; vgl. auch Zuck in: Quaas, Zuck, § 82; dass sich auch Vertragsärzte strafbar machen können (§ 299 StGB) darauf weist Pragal, NStZ 2005, 133 unter Hinweis auf deren Stellung als „Beliehene" hin.

[5] Vgl. hierzu LG Essen, Urt. V. 12.03.2010 – 56 KLs 20/08, ArztR 2012, 5. Hier hatte ein Chirurg seine Operationen davon abhängig gemacht dass die Patienten zuvor Geldbeträge auf sein Drittmittelkonto überwiesen.

beanstanden wäre (Vorteilsannahme, Vorteilsgewährung) oder ob der Amtsträger durch die Diensthandlungen seine Dienstpflichten verletzt hat oder verletzen würde (Bestechlichkeit, Bestechung).

Kennzeichen der Amtsdelikte ist weiterhin die Unrechtsvereinbarung zwischen Geber und Nehmer. Ein Bediensteter des öffentlichen Dienstes zeigt sich hierdurch käuflich gegenüber Dritten. Während sich diese Unrechtsvereinbarung nach früherem Recht auf eine bestimmte dienstliche Handlung beziehen musste[6], reicht nach der Neufassung des Strafgesetzbuches durch das Gesetz zur Bekämpfung der Korruption der Bezug auf die Dienstausübung, also die Wahrnehmung des durch Gesetz oder – wie bei Professoren üblich – auch eine Berufungsvereinbarung übertragenen konkret-funktionalen Dienstaufgabenbereiches aus. Hierzu zählt im Hochschulbereich eben und gerade auch die Durchführung der Forschung mit Mitteln Dritter. Neu hinzugekommen ist auch die Gewährung von Vorteilen an Dritte. Mit der Neuregelung sollte die Strafbarkeit bewusst vorverlegt werden und die „Landschaftspflege" sowie das „Anfüttern" von Bediensteten im öffentlichen Dienst pönalisiert werden. Die Änderung hat bereits im Entwurfstadium und auch danach Kritik erfahren[7]. 17

Vorteil im Sinne des Korruptionsstrafrechts ist jede unentgeltliche, materielle oder immaterielle Leistung, die den Täter besser stellt, und auf die er keinen rechtlich begründbaren Anspruch hat[8]. Gleiches gilt nach der Neuregelung auch, wenn der Empfänger ein Dritter ist. Zu den begünstigten Dritten zählen (neben Verwandten des Empfängers) im Bereich der Drittmitteleinwerbung auch die Universitäten bzw. das Universitätsklinikum selbst, sowie natürlich die Mitarbeiter in den Kliniken und Instituten. 18

Besonders umstritten ist, dass der Vorteil auch einmal ein rein immaterieller Vorteil sein kann. Dieser kann in der Steigerung des Ansehens des Empfängers (oder Dritten.) liegen, aber auch in der Befriedigung des persönlichen Ehrgeizes. In zwei Entscheidungen[9] hat der BGH sich zum Vorteilsbegriff geäußert und vor allem zum immateriellen Vorteil Ausführungen gemacht.

Soweit gerade im Hinblick auf eine berufliche Stellung ein solcher Vorteil immaterieller Art in Betracht zu ziehen ist, muss dieser einen objektiv messbaren Inhalt haben und den Amtsträger in irgendeiner Weise tatsächlich besser stellen.

Dieser Vorteil – so das Gericht mit Deutlichkeit – müsse objektiv mess- und darstellbar sein. Es erteilt damit ganz nebenbei (in dem einen entschiedenen Fall spielte dies nämlich keine Rolle) der „Befriedigung des Ehrgeizes" oder der „Verbesserung oder Erhaltung von Karrierechancen" als dem Vorteil zuzurechnende Merkmale eine deutliche Absage. Es fehle an der Messbarkeit.

---

[6] Vgl. hierzu Cramer in: Schönke, Schröder, StGB, § 331 Rz. 4 m. w. Nachw.
[7] Vgl. etwa Hamm, Gutachten für den Deutschen Juristentag 1996 II/2 L 141; Korte NStZ 1997, 513; König JR 1997, 397; vgl. auch insbesondere im Zusammenhang mit klinischen Prüfungen die Kritik von Pfeiffer, NJW 1997, 782.
[8] Vgl. Cramer in: Schönke, Schröder, § 331, Rz. 17 m.w.Nachw.; Fischer, § 331, Rz. 15 f.
[9] BGH, NJW 2002, 2801, = MedR 2002, 41; GesR 2003, 16; Lippert, GesR 2003, 144.

19 Die hochschulrechtlichen Vorschriften in den Hochschul- und Universitätsgesetzen der Länder sehen allesamt vor, dass ein Gremium der Hochschule oder des Klinikums der Annahme der Drittmittel zuzustimmen habe. Dabei hat dieses Gremium nur zu prüfen, ob die Durchführung des geplanten Drittmittelprojektes die Erfüllung der Aufgaben der Hochschule oder Dritter beeinträchtigt. Es handelt sich bei dieser Prüfung um kein Genehmigungsverfahren. Dieses wäre wohl auch wegen Verstoßes gegen Art. 5 Abs. 3 GG verfassungswidrig[10]. In der Praxis hat man der formalen Annahme der eingeworbenen Drittmittel durch ein Gremium der Institution offenbar eine strafrechtliche Wirkung beigemessen, die dieser mit nichten zukommt[11].

20 Zwar sieht § 331 Abs. 3 StGB vor, dass die Strafbarkeit der Vorteilsannahme entfallen soll, wenn die Behörde im Rahmen ihrer Befugnisse entweder die Annahme (des Vorteils) genehmigt oder dies unmittelbar nach Anzeige durch den Täter geschieht[12]. Dabei wird übersehen, dass diese „Strafbefreiung" nur dann zum Zuge kommt, wenn der Täter den Vorteil, den er annehmen will, nicht gefordert hat, oder sich versprechen lässt.

Im Rahmen in der Drittmitteleinwerbung gibt es besonders problematische Fallgruppen, bei denen das Risiko strafrechtlicher Gefährdung größer ist, als bei anderen. Allen drei nachfolgend geschilderten Fallgruppen ist gemeinsam, dass bestehende Geschäftsverbindung dazu verwendet werden sollen, Drittmittel einzuwerben und der Einwerbende kraft seiner Stellung in der Hierarchie der Einrichtung auf die Geschäftsverbindung nennenswert einwirken kann.

21 Der Einwerber ist in der Lage, Beschaffungsentscheidungen seiner Einrichtung entweder ausschließlich zu beeinflussen oder als Mitglied einer entsprechenden Kommission (Arzneimittelkommission, Gerätekommission usw.) zu beeinflussen[13].

22 Schlicht strafbar ist die Einwerbung von Drittmitteln deren Höhe an einen Umsatz mit der Einrichtung gekoppelt ist oder deren Beschaffung der Drittmitteleinwerber direkt oder indirekt beeinflusst[14] oder gar fingierte „Beraterverträge"[15]. Neben der Strafbarkeit wegen Vorteilsannahme oder Bestechlichkeit (bei rechtswidriger Diensthandlung) kann die wegen Betrugs zum Nachteil des Kostenträgers in der Krankenversorgung treten, wenn die Drittmittel in der Differenz zur (übertreuerten) Beschaffung und dem tatsächlich gezahlten Preis bestehen, also etwa als Rabatt deklariert werden. Erfolgte die Abrechnungen der stationären Krankenhausleistungen über Fallpauschalen oder Sonderentgelte, so mag der Vorwurf des

---

[10] Vgl. hierzu Sandberger in: Handbuch des Wissenschaftsrechts Bd. I, 2. Aufl. 1996, S. 1093 m. w. Nachw.

[11] Vgl. Fischer, § 331, Rz. 32 ff.; so auch Ambos, JZ 2003, 345 (352).

[12] Zu den Problemen und Bedenken gegen diese Konstruktion in § 331 Abs. 3 vgl. Cramer in: Schönke, Schröder, § 331 Rz. 37 ff.; Ambos, JZ 2003, 345 (352).

[13] Vgl. Fischer, § 331, Rz. 27. m. w. Nachw.; Ulsenheimer in: Laufs, Uhlenbruck, § 151a, Rz. 12, 17, 22, 26; ders. § 13 m. w. Nachw.

[14] Vgl. Ulsenheimer in: Laufs, Uhlenbruck, § 151a, Rz. 17, 26.

[15] Vgl. Ulsenheimer in: Laufs, Uhlenbruck, § 151a, Rz. 47, 73.

Betruges zwar nicht erfüllt sein, wohl aber derjenige der Vorteilsannahme oder Bestechlichkeit.

Immer noch (oder nach einer zeitlichen Karenz schon wieder) praktiziert wird **23** auch die Drittmitteleinwerbung über Fördervereine, die speziell für diesen Zweck gegründet und von Personal einer Klinik oder eines Instituts als Vorstandsmitgliedern geleitet werden. Nicht selten ist der Vorsitzende des Vereins zugleich der Leiter der entsprechenden Klinik oder des entsprechenden Instituts[16]. Als Drittmittel fließen dem Verein häufige Geldmittel zu, die aus Beschaffungsvorgängen zugunsten der Einrichtung resultieren. Gelegentlich sollen sogar Drittmittel eingeworben worden sein, die legal über die Universitäten oder das Universitätsklinikum gar nicht hätten eingeworben werden können.

Auch Spenden für Betriebsfeiern oder ähnliches sind jedenfalls dann problematisch, wenn diese von Lieferanten stammen, mit denen Geschäftsbeziehungen **24** bestehen[17]. Es kann nämlich nicht ausgeschlossen werden, dass die Spende als „Landschaftspflege" dienen soll. Der Vorteil der zugewendet wird, liegt hier auf der Hand: die Ersparnis für die Bewirtung der Mitarbeiter.

Ein besonders subtiles Verfahren der Beeinflussung von Beschaffungsentschei- **25** dungen liegt vor, wenn etwa Hersteller von Medizinprodukten Abnehmer und Anwender zunächst auf den Produkten schulen (unter Übernahme der Kosten versteht sich), wobei von vornherein klar ist, dass die Bestellungsentscheidung dann nur noch zugunsten dieses einen Produktes fallen kann und soll. Nicht unbedenklich ist, wie Beispiele zeigen, auch das kostenlose Bereitstellen von medizinischen Geräten[18]. Dieses Verfahren hat für den Arzt auch eine berufsrechtliche Komponente. Schließlich ist auch in der Arbeitgeber oder Dienstherr gefordert, derlei Versuchen der Beeinflussung einer Beschaffungsentscheidungen vorzubeugen.

Jedes wie auch immer geartete Manipulieren am Preis von Arzneimitteln und **26** Medizinprodukten kann daher den Vorwurf des Betruges zu Lasten der Kassen nach sich ziehen[19], wenn noch nach dem Kostendeckungsprinzip verfahren wird. Bei der Abrechnung der Krankenhausleistungen über Sonderentgelte und Fallpauschalen spielt dieser Aspekt primär keine Rolle, weil es sich um kalkulierte Pauschalen handelt.

Es besteht in der Sache weitgehend Einigkeit darüber, dass die Probleme, die mit **27** der Einwerbung privater Drittmittel verbunden sind, mit den geltenden Vorschriften nicht befriedigend zu lösen sind. Uneinigkeit besteht allerdings darüber, wie die Lösung de lege ferenda aussehen könnte. Geringe Chancen wird dabei einer Änderung unter Ergänzung von § 331 StGB eingeräumt, wie sie von der AWMF gefordert

---

[16] Vgl. Fischer, § 331, Rz. 13 m. w. Nachw.
[17] Vgl. Ulsenheimer in: Laufs, Uhlenbruck, § 151a, Rz. 11, 26, 41.
[18] Vgl. Ulsenheimer in: Laufs, Uhlenbruck, § 151a, Rz. 29 f. Zur Vorinstanz: OLG Karlsruhe, NJW 2001, 907.
[19] Vgl. zur Abrechnung von Entsorgungskosten für Rö-Kontrastmitteln über Sprechstundenbedarf: OLG Hamm, GesR 2005, 175.

wird[20]. Vorzuziehen sind allemal Regelungen im Hochschulrecht[21], auch wenn dieser Vorschlag nicht allenthalben auf Gegenliebe stößt. Es wird der Ruf nach einer Regelung laut, weil drittmittelgeförderte Forschung auch außerhalb der Hochschule stattfinde, und diese durch die hochschulrechtlichen Regelungen diskriminiert werden würde, so die Vertreter dieser Auffassung[22]. Angesichts der sichtbar gewordenen Rechtsunsicherheit sind eine Fülle von Initiativen entwickelt worden, um die Kooperationsformen zwischen Hochschulmedizin und Industrie klarer zu fassen[23]. Zu nennen ist hier auch der „Gemeinsame Standpunkt"[24], der Drittmittelgeber und -nehmer dazu anhalten will, bei ihrer Kooperation das Trennungs-, das Transparenz-, das Dokumentations- und das Äquivalenzprinzip einzuhalten. Halten die Beteiligten diese Empfehlungen ein, so kann dies die Gefahr, in ein strafrechtliches Ermittlungsverfahren verwickelt zu werden zwar mindern, auszuschließen vermag es dies aber nicht.

28   Nach § 331 StGB ist nunmehr – jedenfalls in der Literatur[25] – die Strafbarkeit des Vertragsarztes nach § 299 StGB in die Diskussion gebracht worden. Die Vorschrift hat auch für Ärzte an den Krankenhäusern und Universitätsklinika Bedeutung, soweit diese zur Behandlung von Patienten der gesetzlichen Krankenversicherung (GKV) ermächtigt sind. Denn damit sind sie in dieses System einbezogen und können, sofern man der in der Literatur vertretenen Auffassung folgen will, auch bei Verstößen nach § 299 StGB belangt werden. Vorsicht ist also geboten.

29   Der Entscheidung des GSSt[26] liegen zwei erstinstanzliche Verfahren zugrunde. Zum einen das Urteil des LG Stade[27], in dem es um gewährte Vorteile für die Verordnung mit Hilfsmitteln ging. Zum anderen ging es um gewährte Vorteile für die Verordnung von Arzneimitteln, LG Hamburg[28]. Beide Revisionsverfahren gelangten zu unterschiedlichen Strafsenaten. Der 3. Strafsenat bejahte die Eigenschaft des Vertragsarztes als eines Amtsträgers, erwog aber hilfsweise auch eine Strafbarkeit des Vertragsarztes als eines Beauftragten nach § 299 StGB. Der 5. Strafsenat erstreckte diese Überlegungen des 3. Strafsenats auch auf gewährte Vorteile für die Verordnung von Arzneimitteln.

---

[20] Aufzurufen über www.awmf-online.de.
[21] Vgl. hierzu Diettrich, Schatz, ZRP 2001, 521; diess., MedR 2001, 614, jeweils mit w. Nachw. Einbecker Empfehlungen der DGMR zur Einwerbung privatwirtschaftlicher Drittmittel in der Medizin, MedR 2001, 597; so im Ergebnis auch Verrel, MedR 2003, 319.
[22] So Diettrich, Schatz, ZRP 2001, 521; und MedR 2001, 614, wobei noch zu hinterfragen wäre, in welchem Umfang diese Behauptung stichhaltig ist.
[23] Z. B. Beschluss der KMK vom 17.9.1999; Beschluss der Konferenz der Justizministerinnen und -minister vom 15.12.1999; Einbecker Empfehlungen der DGMR, MedR 2001, 597; weitere Nachweise bei Ulsenheimer in: Laufs, Uhlenbruck, § 151a, Rz. 110.
[24] Vgl. o. Fn. 8.
[25] Böse, Mölders, MedR 2008, 585.
[26] Beschl. v. 29.3.2012 Az 1 GSSt 2/11 A&R 2012 172, NJW 2012, 2530. Vgl. hierzu auch Klümper, A&R, 2012, 172.
[27] LG Stade, Urt. V. 4.8.2010 – Az.12 KLs 1820/09.
[28] LG Hamburg, Urt. V. 9.12.2010 – Az 618 KLs 10/09.

§ 33 Zuwendungen bei vertraglicher Zusammenarbeit

In seiner Entscheidung hält der BGH Vertragsärzte weder für Amtsträger noch für Beauftragte der Kassen. Über diese Entscheidung mögen Strafverfolger enttäuscht sein. Bei Vertragsärzten und Herstellern von Arzneimitteln und Medizinprodukten sollte sich die Genugtuung über das Urteil in Grenzen halten. Denn das Gericht hat doch sehr deutlich gemacht, dass lediglich eine Lücke im geltenden Strafrecht zu einer Ungleichbehandlung von Ärzten im Krankenhaus und Ärzten in der vertragsärztlichen Versorgung führt.

Es ändert dies nämlich nichts daran, dass das angeklagte Verhalten der Ärzte jedenfalls immer noch gegen Berufsrecht verstößt. Daher ist die ärztliche Selbstverwaltung am Zug, im Rahmen der Berufsgerichtsbarkeit für die Einhaltung der Berufsordnung zu sorgen und Verstöße dagegen zu ahnden. Dass die einschlägige Industrie darauf verweist, die meisten ihrer Angehörigen fühlten sich Vorschriften irgendwelcher Kodizes verpflichtet, scheint keinen höheren Grad an Immunisierung gegen vorkommende Übertretungen derselben zu erzeugen. Dass die Vereinbarungen über die Leistungen, die der Berufsordnung zuwider laufen offenkundig den Stempel der Nichtigkeit – weil gesetzeswidrig – auf der Stirn tragen, dürfte sich inzwischen auch langsam herumsprechen.

Auch der Vertragsarzt ist mit der Entscheidung nicht aus dem „Schneider". Denn als solcher unterliegt er der Berufsgerichtsbarkeit der Kassenärztlichen Vereinigung, die sein Fehlverhalten zu verfolgen hat. Dies gilt vor allem dann, wenn es sich um Pflichtverletzungen handeln sollte, die im SGBV selbst verankert sind, wie z. B. das Verbot der Zuweisung gegen Entgelt, § 128 Abs. 1,2 SGB V.[29] Die möglichen Sanktionen treffen den Vertragsarzt empfindlicher: nämlich, weil er von der vertragsärztlichen Tätigkeit ausgeschlossen werden kann (auf Zeit): am Geld.

VIII. Der steuerrechtliche Aspekt

Die Annahme von Drittmitteln kann auch steuerrechtliche Probleme nach sich ziehen. Vor allem dann, wenn mit der Zuwendung Vorteile verbunden sind, die bei der Einkommenssteuer zu berücksichtigen sind, weil durch sie Aufwendungen erspart werden.

Bei der Verwaltung von Drittmitteln im Privatkontenverfahren ist zu beachten, dass der Verwalter in vollem Umfang für die Abführung von Steuern und Sozialabgaben einzustehen hat. Deren Nichtabführung (ganz, teilweise oder unkorrekt) erfüllt den Tatbestand einer Straftat nach der Abgabenordnung oder einer Ordnungswidrigkeit nach den Vorschriften des Sozialgesetzbuches.

---

[29] Vgl. hierzu neuestens Schnapp, GesR 2012, 705 m. w. Nachw.

IX. Rechtsfolgen

33 Neben die bereits geschilderten strafrechtlichen Sanktionen können auch arbeits- oder disziplinarrechtliche (beim Beamten) Maßnahmen treten.

Kommt es jedoch zu einer strafrechtlichen Verurteilung wegen eines Vergehens gegen die Amtsdelikte (Vorteilsannahme, Bestechlichkeit) so hat die Ärztekammer unter berufsgerichtlichen Gesichtspunkten zu prüfen, ob die abgeurteilte Straftat einen berufsrechtlichen Überhang[30] hat, der mit den Sanktionen der Berufsgerichtsbarkeit verfolgt werden soll. Hier steht vor allem die Frage der Unwürdigkeit zur Ausübung des ärztlichen Berufes auf dem Prüfstand.

Der Verstoß gegen § 33 kann aber auch zivilrechtliche Folgen nach sich ziehen. § 33 MBOÄ ist eine Verbotsnorm. Daher sind darauf gerichtete zivilrechtliche Verträge nach § 134 BGB nichtig und rückabzuwickeln[31].

An dieser Stelle soll nochmals kurz auf die bereits oben in Fußnote 1 angesprochenen Verbands-Kodices eingegangen werden. Sie entfalten keinerlei Sanktionswirkung. Etwas anderes gilt da schon für den Kodex der kürzlich gegründeten Initiative „Freiwillige Selbstkontrolle für die Arzneimittelindustrie e. V". Ihrem Kodex kommt jedenfalls für ihre Mitglieder die Wirkung von Wettbewerbsregeln i. S. d. UWG zu. Verstoßen Mitglieder dieses Vereines also gegen den Kodex oder einzelne seiner Vorschriften, so kann dieser Verstoß nach den Vorschriften des UWG geahndet werden[32].

---

[30] Vgl. hierzu Lippert, NJW 2000, 1772; ders. VersR 2000, 158 ff.
[31] Wie hier auch Ratzel, MedR 2002, 63.
[32] Vgl. hierzu Näheres unter www.fs-arzneimittelindustrie.de.

Anhang

1. Richtlinien zur Durchführung der assistierten Reproduktion[1] (2006) samt Kommentierung

Der Vorstand der Bundesärztekammer hat in seiner Sitzung vom 17. Februar 2006 auf Empfehlung des Wissenschaftlichen Beirats beschlossen:

(Muster-)Richtlinie zur Durchführung der assistierten Reproduktion – Novelle 2006 –

Vorwort

Ärztliches Handeln in der Reproduktionsmedizin hat wie in kaum einem anderen medizinischen Bereich die Interessen unterschiedlicher Beteiligter zu beachten. Sie reichen von der Sorge für das Kindeswohl und die physische sowie psychische Gesundheit des Paares mit Kinderwunsch bis zur diagnostischen und therapeutischen Betreuung der Schwangeren. Auch die Verpflichtungen gegenüber allen beteiligten Personen im Zusammenhang mit der Anwendung eines möglichen heterologen Verfahrens (Kind, Mutter, genetischer Vater, sozialer Vater) sind zu beachten. Entsprechend steht die Reproduktionsmedizin im Schnittpunkt vor allem des ärztlichen Berufsrechts, des Familienrechts, des Sozialrechts sowie des Embryonenschutzes und des Strafrechts. Auf der Grundlage der gesetzlichen Regelungen bildet die Richtlinie zur assistierten Reproduktion für die beteiligten Ärzte seit langem wesentliche Orientierungshilfen, weil sie neben der Zusammenfassung von medizinischen Indikationen und Kontraindikationen für die verschiedenen Behandlungsverfahren auch die strukturellen sowie ablauf- und ergebnisorientierten Anforderungen praxisorientiert darlegt. Diese Orientierungsfunktion ist vor dem Hintergrund der Dynamik der wissenschaftlich-technischen Entwicklung umso bedeutsamer, solange der Gesetzgeber das Recht der Fortpflanzungsmedizin nicht systematisch regelt. Seit der letzten Fortschreibung der Richtlinie im Jahre 1998 wurden im Bereich der assistierten Reproduktion zahlreiche Verfahren modifiziert und neue Methoden entwickelt. Hierzu zählen zum Beispiel die Polkörperdiagnostik und die morphologische Beurteilung früher pränidativer Embryonen im Zusammenhang mit der Thematik des Single-Embryo-Transfers und der Vermeidung von Mehrlingsschwangerschaften. Diese Entwicklungen sind nicht losgelöst zu betrachten von der Diskussion der gesetzlichen Rahmenbedingungen, insbesondere des Embryonenschutzgesetzes, sowie den ethischen Normen. So gilt der hohe Rang des Kindeswohls auch für den Umgang mit dem noch nicht geborenen Kind. In ethischer Hinsicht hat die Reproduktionsmedizin ferner die Selbstbestimmungsrechte von Paaren mit Kinderwunsch zu berücksichtigen, sich am Gesundheitsschutz der Schwangeren und des erhofften Kindes zu orientieren und ein hohes Niveau der Gesundheitsversorgung sicherzustellen.

---

[1] (Muster-)Richtlinie zur Durchführung der assistierten Reproduktion, DÄ 2006, 1392.

Die im Fortschreibungsprozess der Richtlinie interdisziplinär und sehr umfassend geführte Auseinandersetzung mit der komplexen Thematik der assistierten Reproduktion soll zu einer Versachlichung der Debatte um Themen wie Präimplantationsdiagnostik, Polkörperdiagnostik, heterologe Insemination und Auswahl von Embryonen nach morphologischen Kriterien beitragen.

Die Richtlinie zeigt das Potenzial neuer reproduktionsmedizinischer Verfahren auf und erläutert im Kommentar unter anderem die Grenzen der rechtlichen Zulässigkeit oder die Unzulässigkeit ihrer Anwendung. In ihrem Regelungsteil muss die Richtlinie selbstverständlich von den gesetzlichen Vorgaben ausgehen. Der Gesetzgeber ist aber aufgefordert, die rechtlichen Rahmenbedingungen so zu gestalten, dass Verfahren, die in anderen Staaten zulässig sind und zu einer Verbesserung der Kinderwunschbehandlung geführt haben, in geeigneter Weise auch in Deutschland auf der Basis eines möglichst breiten gesellschaftlichen Konsenses ermöglicht werden.

Da viele Problembereiche der Reproduktionsmedizin in Deutschland nicht umfassend durch ein „Fortpflanzungsmedizingesetz" geregelt sind, wird es weiterhin Aufgabe des Wissenschaftlichen Beirats der Bundesärztekammer sein, die Entwicklungen auf dem Gebiet der Fortpflanzungsmedizin kontinuierlich zu begleiten, kritisch zu hinterfragen und bei Bedarf eine Fortschreibung der (Muster-)Richtlinie vorzunehmen.

Prof. Dr. med. Dr. h. c. J.-D. Hoppe
Präsident der Bundesärztekammer und des Deutschen Ärztetages

Prof. Dr. med. Dr. h. c. P. C. Scriba
Vorsitzender des Wissenschaftlichen Beirats der Bundesärztekammer

Nach Einführung der In-vitro-Fertilisation (IVF) Anfang der 1980er-Jahre hat die Bundesärztekammer „Richtlinien zur Durchführung von IVF und Embryotransfer (ET) als Behandlungsmethode der menschlichen Sterilität" erarbeitet. Sie sind durch Beschluss des 88. Deutschen Ärztetages 1985 Bestandteil der (Muster-)Berufsordnung und der meisten Berufsordnungen der Landesärztekammern geworden. Die Modifizierung und Ausweitung der Verfahren hat inzwischen die vorliegende Fortschreibung erforderlich gemacht.

Präambel
Die (Muster -)Richtlinie berücksichtigt die öffentliche Debatte über Chancen, Legitimität und ethische Grenzen der Fortpflanzungsmedizin, den gesellschaftlichen Wertewandel zu Familie, Ehe und Partnerschaft und die Kriterien der Medizinethik. Die Anwendung medizinisch assistierter Reproduktion ist durch das Leiden von Paaren durch ungewollte Kinderlosigkeit und durch ihren auf natürlichem Weg nicht erfüllbaren Kinderwunsch begründet. Zwar besitzt kein Paar ein Recht oder einen Anspruch auf ein Kind, jedoch ist der Wunsch nach einem

eigenen Kind legitim und nachvollziehbar. Sofern sich ein Kinderwunsch auf natürlichem Weg nicht erfüllen lässt, kann die medizinisch assistierte Reproduktion zumindest in begrenztem Umfang Hilfe leisten. Der technische Fortschritt der Reproduktionsmedizin soll aber keine überhöhten Erwartungen wecken und keiner Verschiebung gesellschaftlicher Leitbilder zulasten behindert geborener Kinder Vorschub leisten.

Der medizinisch assistierten Reproduktion liegen die gesetzlichen Vorgaben, namentlich das Embryonenschutzgesetz (EschG), zugrunde. Die Schutzwürdigkeit und das Lebensrecht von Embryonen werden von der abgeschlossenen Befruchtung an gewahrt. Darüber hinaus orientiert sie sich an ethischen Normen, die das Kindeswohl, d. h. den Schutz und die Rechte des erhofften Kindes, die Frau, den Mann und die behandelnden Ärztinnen/Ärzte betreffen.

Den hohen Rang des Kindeswohls bringen zum Beispiel das Übereinkommen der Vereinten Nationen über die Rechte des Kindes aus dem Jahr 1989 oder die von der 50. Generalversammlung des Weltärztebundes 1998 verabschiedete „Deklaration von Ottawa zum Recht des Kindes auf gesundheitliche Versorgung" zum Ausdruck. In der UN-Kinderrechtskonvention erkennen die Vertragsstaaten in Artikel 24 „das Recht des Kindes auf das erreichbare Höchstmaß an Gesundheit" an. Der Weltärztebund betont im Rahmen seiner „Allgemeinen Grundsätze", „dass die bestmögliche Wahrnehmung der Interessen des Kindes die wichtigste Aufgabe in der Gesundheitsversorgung sein muss". Der hohe Anspruch an das Kindeswohl gilt auch für den Umgang mit dem noch nicht geborenen Kind.

Sofern im konkreten Fall die Anwendung reproduktionsmedizinischer Verfahren die Voraussetzung dafür ist, dass ein Kinderwunsch überhaupt verwirklicht wird, trägt die Ärztin/der Arzt für das Wohl des mit ihrer/seiner medizinischen Assistenz erzeugten Kindes eine besondere Verantwortung. Die ärztliche Pflicht, zum Wohl der Patienten zu handeln und Schaden zu vermeiden, bezieht sich auf die Mutter und auf die erwünschten Kinder. Aufgrund der ärztlichen Verantwortung muss daher über Gefährdungen, die aus Mehrlingsschwangerschaften für Mutter und Kind resultieren, oder das Problem erhöhter nachgeburtlicher Gesundheitsschäden des Kindes sorgsam und umfassend aufgeklärt werden. Im Einzelfall müssen der Kinderwunsch eines Paares und eventuelle gesundheitliche Risiken, die eine medizinisch assistierte Reproduktion für das erhoffte Kind mit sich bringen können, gegeneinander abgewogen werden. Dem Recht des Kindes auf Kenntnis seiner genetischen Herkunft ist Rechnung zu tragen.

Paare mit Kinderwunsch und vor allem die betroffenen Frauen sind den Prinzipien der Patientenautonomie und des informed consent gemäß über die Einzelheiten und Risiken der für sie in Betracht kommenden Verfahren umfassend zu informieren und aufzuklären. Die medizinische Information soll von einer psychosozialen Beratung begleitet werden. Die Patientin bzw. das Paar sind in die Lage zu versetzen, unter Kenntnis der medizinischen Sachverhalte, der Risiken, die mit der Inanspruchnahme reproduktionsmedizinischer Verfahren verbunden sind, sowie der ethischen Aspekte, zu denen das Kindeswohl gehört, in eigener Verantwortung zu entscheiden, ob sie die Reproduktionsmedizin in Anspruch nehmen möchten und welche Verfahren der ärztlich assistierten Reproduktion es sind, von denen sie Gebrauch machen wollen. Die Behandlungsstandards und das Niveau der gesundheitlichen Versorgung, die in Deutschland reproduktionsmedizinisch gewährleistet werden, sind im europäischen Kontext zu sehen. Sie lassen sich vom Fortschritt der Behandlungsmethoden, von den rechtlichen Entwicklungen sowie den – auch weniger restriktiven – ethischen Gesichtspunkten, die in anderen europäischen Ländern gelten, nicht abkoppeln. Nichtgenetische oder genetisch-diagnostische Verfahren, die in einer Reihe europäischer Staaten im Rahmen der dort geltenden Gesetze auf Wunsch der Eltern zu einer möglichen Verbesserung des Schwangerschaftserfolges und um der Gesundheit der erhofften Kinder willen praktiziert werden (z. B. Präimplantationsdiagnostik oder vor allem Kultivierung von Embryonen mit nachfolgendem Single-Embryo-Transfer), sind in der Bundesrepublik Deutschland zurzeit nicht statthaft oder in ihrer rechtlichen Zulässigkeit strittig. In ethischer Hinsicht gilt, dass die Reproduktionsmedizin die Selbstbestimmungsrechte von Paaren mit Kinderwunsch zu berücksichtigen, sich am Gesundheitsschutz der Schwangeren und des erhofften Kindes zu orientieren und ein hohes Niveau der Gesundheitsversorgung sicherzustellen hat. Letztlich liegt es am Gesetzgeber, die gesetzlichen Rahmenbedingungen so zu gestalten, dass Verfahren, die in anderen Staaten zu einer Verbesserung der Kinderwunschbehandlung geführt haben und dort statthaft sind, in der Bundesrepublik Deutschland übernommen werden können.

1. Begriffsbestimmungen zur assistierten Reproduktion
Als assistierte Reproduktion wird die ärztliche Hilfe zur Erfüllung des Kinderwunsches eines Paares durch medizinische Hilfen und Techniken bezeichnet. In der Regel wird im Zusammenhang mit diesen Verfahren eine hormonelle Stimulation durchgeführt. Darunter versteht man den Einsatz von Medikamenten zur Unterstützung der Follikelreifung, sodass im Zyklus ein oder mehrere Follikel heranreifen.

Die alleinige Insemination (ohne hormonelle Stimulation) sowie die alleinige hormonelle Stimulation (ohne Insemination) sind als Methode nicht von dieser Richtlinie erfasst.

1.1. Insemination Unter Insemination versteht man das Einbringen des Nativspermas in die Zervix (intrazervikale Insemination) oder des aufbereiteten Spermas in den Uterus (intrauterine Insemination) oder in die Eileiter (intratubare Insemination).

1.2. GIFT

Unter GIFT (Gamete-Intrafallopian-Transfer; intratubarer Gametentransfer) versteht man den Transfer der männlichen und weiblichen Gameten in den Eileiter.

1.3. Extrakorporale Befruchtung

1.3.1. IVF

Unter In-vitro-Fertilisation (IVF), auch als „extrakorporale Befruchtung" bezeichnet, versteht man die Vereinigung einer Eizelle mit einer Samenzelle außerhalb des Körpers.!

1.3.2. ICSI

Unter der intrazytoplasmatischen Spermieninjektion (ICSI) versteht man ein Verfahren der IVF, bei dem eine menschliche Samenzelle in eine menschliche Eizelle injiziert wird.

1.4. ET

Die Einführung des Embryos in die Gebärmutter wird als Embryotransfer (ET) bezeichnet, unabhängig davon, ob es sich um den Transfer von einem Embryo (Single-Embryo-Transfer/SET), von zwei Embryonen (Double-Embryo-Transfer/DET) oder drei Embryonen handelt.

1.5. homologer/heterologer Samen

Als homolog gilt der Samen des Ehemannes oder des Partners in stabiler Partnerschaft. Als heterolog gilt der Samen eines Samenspenders.

1.6. PKD

Bei der Polkörperdiagnostik (PKD) wird eine mütterliche, genetische oder chromosomale Veränderung des haploiden weiblichen Chromosomensatzes durch Beurteilung des ersten und – wenn möglich – auch des zweiten Polkörpers im Ablauf einer IVF vor der Bildung des Embryos untersucht. Es handelt sich um eine indirekte Diagnostik der Eizelle.

1.7. PID

Bei der Präimplantationsdiagnostik (PID) werden in einem sehr frühen Entwicklungsstadium ein oder zwei Zellen eines durch extrakorporale Befruchtung entstandenen Embryos entnommen und auf eine Chromosomenstörung oder eine spezifische genetische Veränderung hin untersucht.1

Diese Form einer PID ist nicht als Regelungsgegenstand zugrunde gelegt, da sie in Deutschland nicht durchgeführt wird.

2. Medizinische Voraussetzungen für die assistierte Reproduktion

Jeder Anwendung der Maßnahmen der assistierten Reproduktion hat eine sorgfältige Diagnostik bei beiden Partnern vorauszugehen, die alle Faktoren berücksichtigt, die sowohl für den unmittelbaren Therapieerfolg als auch für die Gesundheit des Kindes von Bedeutung sind. Bei der Wahl der Methode sollten die Dauer des Kinderwunsches und das Alter der Frau Berücksichtigung finden.

2.1. Methoden und Indikationen

Die Voraussetzungen für die Methoden der alleinigen Insemination (ohne hormonelle Stimulation) und der alleinigen hormonellen Stimulation (ohne Insemination) sind durch die Richtlinien nicht geregelt.

2.1.1. Hormonelle Stimulation der

Follikelreifung

Indikationen:

- Follikelreifungsstörungen
- leichte Formen männlicher Fertilitätsstörungen

2.1.2. Homologe Insemination

Indikationen:

- leichte Formen männlicher Fertilitätsstörungen
- nicht erfolgreiche hormonelle Stimulationsbehandlung
- somatische Ursachen (z. B. Hypospadie, retrograde Ejakulation, Zervikal-Kanal-Stenose)
- idiopathische Unfruchtbarkeit

2.1.3. Homologe In-vitro-Fertilisation mit intrauterinem Embryotransfer (IVF mit ET) von einem (SET), von zwei (DET) oder drei Embryonen

Uneingeschränkte Indikationen:

- Tubenverschluss bzw. tubare Insuffizienz
- männliche Fertilitätsstörungen nach erfolgloser Insemination

Eingeschränkte Indikationen:

- Endometriose von hinreichender Bedeutung
- idiopathische Unfruchtbarkeit

Eine unerklärbare (idiopathische) Unfruchtbarkeit kann nur als Indikation für eine assistierte Reproduktion im Sinne einer IVF-Behandlung angesehen werden, wenn alle diagnostischen Maßnahmen durchgeführt und hormonelle Stimulation, intrauterine und/oder intratubare Insemination nicht erfolgreich waren.

2.1.4. Intratubarer Gametentransfer (GIFT)

Indikationen:

- einige Formen männlicher – mit anderen Therapien einschließlich der intrauterinen Insemination nicht behandelbarer – Fertilitätsstörungen
- idiopathische Unfruchtbarkeit

2.1.5. Intrazytoplasmatische Spermieninjektion (ICSI)

Indikationen:

- schwere Formen männlicher Fertilitätsstörungen
- fehlende oder unzureichende Befruchtung bei einem IVF-Versuch

2.1.6. Heterologe Insemination

Indikationen:

- schwere Formen männlicher Fertilitätsstörungen
- erfolglose Behandlung einer männlichen Fertilitätsstörung mit intrauteriner und/oder intratubarer Insemination und/oder In-vitro-Fertilisation und/oder intrazytoplasmatischer Spermieninjektion im homologen System
- ein nach humangenetischer Beratung festgestelltes hohes Risiko für ein Kind mit schwerer genetisch bedingter Erkrankung

Voraussetzung sind funktionsfähige, offene Eileiter.

Beim Einsatz heterologer Spermien sind die Voraussetzungen (s. Kapitel „Voraussetzungen für spezielle Methoden", Abschnitt „Verwendung von heterologem Samen") zu beachten.

2.1.7. Heterologe In-vitro-Fertilisation mit intrauterinem Embryotransfer (IVF mit ET), heterologe intrazytoplasmatische Spermieninjektion (ICSI mit ET)

Indikationen:

- schwere Formen männlicher Fertilitätsstörungen
- erfolgloser Einsatz der intrauterinen und/oder intratubaren Insemination und/ oder der In-vitro-Fertilisation und/oder der intrazytoplasmatischen Spermieninjektion im homologen System (nach Vorliegen der jeweiligen Indikation)
- erfolgloser Einsatz der heterologen Insemination
- ein nach humangenetischer Beratung festgestelltes hohes Risiko für ein Kind mit schwerer genetisch bedingter Erkrankung

Beim Einsatz heterologer Spermien sind die Voraussetzungen (s. Kapitel „Voraussetzungen für spezielle Methoden", Abschnitt „Verwendung von heterologem Samen") zu beachten.

2.1.8. Polkörperdiagnostik (PKD)

Die PKD ist ein in Erprobung befindliches Verfahren.

Indikationen:

- Erkennung eines spezifischen genetischen einschließlich chromosomalen kindlichen Risikos mittels indirekter Diagnostik der Eizelle
- Erkennung unspezifischer chromosomaler Risiken im Rahmen von IVF zur möglichen Erhöhung der Geburtenrate

Eine Erhöhung der Geburtenrate ist bisher nicht hinreichend belegt.

Die PKD ist an die Anwendung der IVF und ICSI geknüpft, obwohl eine Fertilitätsstörung nicht vorliegen muss. Soweit diese Untersuchungen vor Bildung des Embryos erfolgen, ist das Embryonenschutzgesetz nicht berührt.

2.2. Kontraindikationen

Absolute Kontraindikationen:

- alle Kontraindikationen gegen eine Schwangerschaft

Eingeschränkte Kontraindikationen:

- durch eine Schwangerschaft bedingtes, im Einzelfall besonders hohes medizinisches Risiko für die Gesundheit der Frau oder die Entwicklung des Kindes
- psychogene Fertilitätsstörung: Hinweise auf eine psychogene Fertilitätsstörung ergeben sich insbesondere dann, wenn Sexualstörungen als wesentlicher Sterilitätsfaktor angesehen werden können (seltener Geschlechtsverkehr, Vermeidung des Verkehrs zum Konzeptionsoptimum, nicht organisch bedingte sexuelle Funktionsstörung). In diesem Fall soll zuerst eine Sexualberatung/-therapie des Paares erfolgen.

2.3. Humangenetische Beratung

Eine humangenetische Beratung soll die Partner in die Lage versetzen, auf der Grundlage ihrer persönlichen Wertmaßstäbe eine Entscheidung in gemeinsamer Verantwortung über die Vornahme einer genetischen Untersuchung im Rahmen der assistierten Reproduktion und über die aus der Untersuchung zu ziehenden Handlungsoptionen zu treffen. Im Rahmen dieser Beratung sollen ein mögliches genetisches Risiko und insbesondere die mögliche medizinische und ggf. psychische und soziale Dimension, die mit einer Vornahme oder Nicht-Vornahme einer genetischen Untersuchung sowie deren möglichem Ergebnis verbunden ist, erörtert werden.

Eine genetische Untersuchung darf erst vorgenommen werden, nachdem die betreffende Person schriftlich bestätigt hat, dass sie gemäß dem oben genannten Verfahren über die Untersuchung aufgeklärt wurde und in diese eingewilligt hat.

3. Allgemeine Zulassungsbedingungen

Bei der assistierten Reproduktion handelt es sich mit Ausnahme der alleinigen Insemination (ohne hormonelle Stimulation) und der alleinigen hormonellen Stimulation (ohne Insemination) um besondere medizinische Verfahren gem. § 13 i. V. m. § 5 der (Muster –)Berufsordnung für Ärzte (MBO-Ä). Die Ärztin/der Arzt hat bei der Anwendung dieser Verfahren insbesondere das Embryonenschutzgesetz und diese (Muster-)Richtlinie zu beachten.

3.1. Rechtliche Voraussetzungen

3.1.1. Statusrechtliche Voraussetzungen

Methoden der assistierten Reproduktion sollen unter Beachtung des Kindeswohls grundsätzlich nur bei Ehepaaren angewandt werden. Dabei darf grundsätzlich nur der Samen des Ehemannes verwandt werden; sollen Samenzellen eines Dritten verwandt werden, sind die unter 5.3. genannten Voraussetzungen zu beachten.

Methoden der assistierten Reproduktion können auch bei einer nicht verheirateten Frau angewandt werden. Dies gilt nur, wenn die behandelnde Ärztin/der behandelnde Arzt zu der Einschätzung gelangt ist, dass

- die Frau mit einem nicht verheirateten Mann in einer festgefügten Partnerschaft zusammenlebt und
- dieser Mann die Vaterschaft an dem so gezeugten Kind anerkennen wird.

Dabei darf grundsätzlich nur der Samen des Partners verwandt werden; sollen Samenzellen eines Dritten verwandt werden, sind die unter 5.3. genannten Voraussetzungen zu beachten.

3.1.2. Embryonenschutzrechtliche

Voraussetzungen

Für die Unfruchtbarkeitsbehandlung mit den genannten Methoden dürfen maximal drei Embryonen einzeitig auf die Mutter übertragen werden (§ 1 Abs. 1 Nrn. 3 u. 5 ESchG). An den zum Transfer vorgesehenen Embryonen dürfen keine Maßnahmen vorgenommen werden, die nicht unmittelbar der Erhaltung der Embryonen dienen. Beim Einsatz der oben genannten Methoden dürfen nur die Eizellen der Frau befruchtet werden, bei der die Schwangerschaft herbeigeführt werden soll.

3.1.3. Sozialversicherungsrechtliche Voraussetzungen

Sofern Leistungen der Verfahren zur assistierten Reproduktion von der Gesetzlichen Krankenversicherung getragen werden, sind ferner die Bestimmungen des Sozialgesetzbuches V (insbes. §§ 27a, 92, 121a und 135 ff. SGB V) und die Richtlinien über ärztliche Maßnahmen zur künstlichen Befruchtung des Gemeinsamen Bundesausschusses der Ärzte und Krankenkassen in der jeweils gültigen Fassung zu beachten.

3.1.4. Berufsrechtliche Voraussetzungen

Jede Ärztin/jeder Arzt, der solche Maßnahmen durchführen will und für sie die Gesamtverantwortung trägt, hat die Aufnahme der Tätigkeit, soweit dies die Ärztekammer verlangt, bei der Ärztekammer anzuzeigen und nachzuweisen, dass die fachlichen, personellen und technischen Voraussetzungen erfüllt sind, außerdem hat sie/er an den Maßnahmen der Qualitätssicherung teilzunehmen. Änderungen sind der Ärztekammer unverzüglich anzuzeigen.

Eine Ärztin/ein Arzt kann nicht dazu verpflichtet werden, entgegen ihrer/seiner Gewissensüberzeugung Verfahren der assistierten Reproduktion durchzuführen.

3.2. Information, Aufklärung, Beratung und Einwilligung

Das Paar muss vor Beginn der Behandlung durch die behandelnde Ärztin/den behandelnden Arzt über die vorgesehene Behandlung, die Art des Eingriffs, die Einzelschritte des Verfahrens, seine zu erwartenden Erfolgsaussichten, Komplikationsmöglichkeiten, Risiken, mögliche Alternativen, sonstige Umstände, denen erkennbar Bedeutung beigemessen wird, und die Kosten informiert, aufgeklärt und beraten werden.

3.2.1. Medizinische Aspekte

Im Einzelnen sind Information, Aufklärung und Beratung insbesondere zu folgenden Punkten zu geben:

- Ablauf des jeweiligen Verfahrens
- Erfolgsrate des jeweiligen Verfahrens
- Möglichkeit einer behandlungsunabhängigen Schwangerschaft
- Zystenbildung nach Stimulationsbehandlung
- Überstimulationsreaktionen
- Nebenwirkungen von Medikamenten
- operative Komplikationen bei Follikelpunktionen!
- Festlegung der Höchstzahl der zu transferierenden Embryonen
- Kryokonservierung für den Fall, dass Embryonen aus unvorhergesehenem Grund nicht transferiert werden können
- Abortrate in Abhängigkeit vom Alter der Frau
- Eileiterschwangerschaft
- durch die Stimulation bedingte erhöhte Mehrlingsrate und den damit verbundenen mütterlichen und kindlichen Risiken (u. a. mit Folge der Frühgeburtlichkeit)
- möglicherweise erhöhtes Risiko von Auffälligkeiten bei Kindern, insbesondere nach Anwendung der ICSI-Methode
- mögliche Risiken bei neuen Verfahren, deren endgültige Risikoeinschätzung nicht geklärt ist.

Neben diesen behandlungsbedingten Risiken müssen Faktoren, die sich auf das Basisrisiko auswirken (z. B. erhöhtes Alter der Partner, Verwandtenehe), Berücksichtigung finden. Hierzu sollte eine Stammbaumerhebung beider Partner über mindestens drei Generationen hin-weg (u. a. Fehlgeburten, Totgeburten, Personen mit körperlichen oder geistigen Behinderungen, andere Familienmitglieder mit Fertilitätsstörungen) durchgeführt werden. Ergeben sich Hinweise auf Chromosomenstörungen oder auf Erkrankungen, die genetisch bedingt sein könnten, so muss über Information und Aufklärung hinaus das Angebot einer humangenetischen Beratung erfolgen und dies dokumentiert werden.

3.2.2. Psychosoziale Aspekte

Im Einzelnen sind Information, Aufklärung und Beratung insbesondere zu folgenden Punkten zu geben:

- psychische Belastung unter der Therapie (der psychische Stress kann belastender erlebt werden als die medizinischen Schritte der Behandlung)
- mögliche Auswirkung auf die Paarbeziehung
- mögliche Auswirkung auf die Sexualität
- mögliche depressive Reaktion bei Misserfolg
- mögliche Steigerung des Leidensdrucks der Kinderlosigkeit bei erfolgloser Behandlung
- Alternativen (Adoption, Pflegekind, Verzicht auf Therapie)
- mögliche psychosoziale Belastungen bei Mehrlingen.

3.2.3. Aspekte der humangenetischen Beratung

Dem Paar muss über Information und Aufklärung hinaus eine humangenetische Beratung (vgl. Kapitel „Humangenetische Beratung") insbesondere angeboten werden bei:

- Anwendung der ICSI-Methode im Zusammenhang mit einer schweren Oligoasthenoteratozoospermie oder nicht entzündlich bedingter Azoospermie
- genetisch bedingten Erkrankungen in den Familien
- einer Polkörperdiagnostik (PKD)
- habituellen Fehl- und Totgeburten
- Fertilitätsstörungen in der Familienanamnese.

3.2.4. Aspekte der behandlungsunabhängigen Beratung

Unabhängig von dieser Art der Information, Aufklärung und Beratung muss die behandelnde Ärztin/der behandelnde Arzt dem Paar die Möglichkeit einer behandlungsunabhängigen ärztlichen Beratung empfehlen und auf die Möglichkeit einer psychosozialen Beratung hinweisen.

3.2.5. Aspekte der Kostenübernahme

Fragen zur Übernahme der Kosten der Behandlung durch gesetzliche oder private Krankenkassen bzw. Beihilfeträger sind zu erörtern.

3.2.6. Aspekte der Dokumentation

Die erfolgte Information, Aufklärung, Beratung und die Einwilligung der Partner zur Behandlung müssen dokumentiert und von beiden Partnern und der aufklärenden Ärztin/dem aufklärenden Arzt unterzeichnet werden.

4. Fachliche, personelle und technische Voraussetzungen
Die Durchführung der Methoden

- homologe Insemination nach hormoneller Stimulation
- IVF mit ET

- GIFT
- ICSI mit ET
- heterologe Insemination nach hormoneller Stimulation
- heterologe IVF/ICSI
- PKD

als Verfahren setzt die Erfüllung der nachstehend festgelegten fachlichen, personellen und technischen Mindestanforderungen voraus.

Die Anzeige umfasst den Nachweis, dass die sachgerechte Durchführung der erforderlichen Leistungen sowohl fachlich (Ausbildungs- und Qualifikationsnachweis) als auch personell und sachlich (räumliche und apparative Ausstattung) auf den nachstehend genannten Teilgebieten gewährleistet ist.

4.1. Homologe Insemination nach Stimulation

4.1.1. Fachliche Voraussetzungen

Die anwendende Ärztin/der anwendende Arzt für Frauenheilkunde und Geburtshilfe muss über den Schwerpunkt bzw. über die fakultative Weiterbildung „Gynäkologische Endokrinologie und Reproduktionsmedizin" gemäß den Weiterbildungsordnungen der Ärztekammern der Länder verfügen.

4.1.2. Technische Voraussetzungen

Folgende Einrichtungen müssen ständig verfügbar bzw. einsatzbereit sein:

- Hormonlabor
- Ultraschalldiagnostik
- Labor für Spermiendiagnostik und Spermienpräparation.

4.2. Heterologe Insemination nach Stimulation

Es gelten die gleichen fachlichen und technischen Voraussetzungen wie für die homologe Insemination nach Stimulation (siehe hierzu: 4.1.1. und 4.1.2.).

4.3. IVF mit ET, GIFT, ICSI, PKD

Diese Methoden setzen für die Patientenbetreuung das Zusammenwirken in einer ständig einsatzbereiten interdisziplinären Arbeitsgruppe voraus.

4.3.1. Fachliche Voraussetzungen

Die Leitung bzw. die stellvertretende Leitung der Arbeitsgruppe obliegt Fachärztinnen/Fachärzten für Frauenheilkunde und Geburtshilfe mit dem Schwerpunkt bzw. mit der fakultativen Weiterbildung „Gynäkologische Endokrinologie und Reproduktionsmedizin". Ihnen obliegen die verantwortliche Überwachung der in dieser (Muster-)Richtlinie festgeschriebenen Maßnahmen.

Die Mitglieder der Arbeitsgruppe müssen über folgende Kenntnisse und Erfahrungen verfügen:

- Endokrinologie der Reproduktion
- Gynäkologische Sonographie
- Operative Gynäkologie
- Reproduktionsbiologie mit dem Schwerpunkt der In-vitro-Kultur
- Andrologie
- Psychosomatische Grundversorgung.

Von diesen sechs Bereichen können nur zwei gleichzeitig von einer Ärztin oder Wissenschaftlerin/einem Arzt oder Wissenschaftler der Arbeitsgruppe neben der Qualifikation der Psychosomatischen Grundversorgung verantwortlich geführt werden.

Grundsätzlich müssen Ärztinnen/Ärzte mit der Zusatzbezeichnung „Andrologie" in Diagnostik und Therapie im Rahmen der assistierten Reproduktion integriert sein.

Die regelmäßige Kooperation mit einer Humangenetikerin/einem Humangenetiker und einer ärztlichen oder Psychologischen Psychotherapeutin/einem Psychotherapeuten muss gewährleistet sein.

Es empfiehlt sich weiterhin eine Kooperation mit einer psychosozialen Beratungsstelle.

Falls eine PKD durchgeführt werden soll, obliegt die humangenetische Beratung und die zytogenetische oder molekulargenetische Diagnostik2 Fachärztinnen/Fachärzten für Humangenetik oder Ärztinnen/Ärzten mit der Zusatzbezeichnung „Medizinische Genetik".

4.3.2. Technische Voraussetzungen

Folgende Einrichtungen müssen ständig verfügbar bzw. einsatzbereit sein:
- Hormonlabor
- Ultraschalldiagnostik
- Operationsbereitschaft mit Anästhesie-Team
- Labor für Spermiendiagnostik und -präparation
- Labor für In-vitro-Fertilisation, In-vitro-Kultur und ggf. Mikroinjektion
- EDV-gestützte Datenerfassung.

Falls eine PKD durchgeführt werden soll, muss die untersuchende Institution über diagnostische Erfahrung mittels molekulargenetischer und molekularzytogenetischer Methoden an Einzelzellen verfügen.

5. Voraussetzungen
für spezielle Methoden und Qualitätssicherung

5.1. Embryotransfer

Ziel einer Sterilitätstherapie ist die Herbeiführung einer Einlingsschwangerschaft, da diese Schwangerschaft im Vergleich zu Mehrlingsschwangerschaften das geringste Risiko für Mutter und Kind darstellt.

Zwillingsschwangerschaften beinhalten für die Mutter erhöhte Risiken (schwangerschaftsinduzierter Hypertonus, Präeklampsie), die in der Beratung mit zu berücksichtigen sind. Die Risiken für das Kind sind bei Zwillingen im Vergleich zu Einlingen ebenfalls erhöht, wobei besondere Komplikationen bei monozygoten Zwillingsschwangerschaften zu erwarten sind (z. B. fetofetales Transfusionssyndrom).

Höhergradige Mehrlinge (mehr als Zwillinge) sollen verhindert werden, da hierbei sowohl das Leben oder die Gesundheit der Mutter gefährdet als auch die Morbidität und Mortalität der meist frühgeborenen Kinder deutlich erhöht sein können.

Das Risiko besonders für höhergradige Mehrlinge mit allen gesundheitlichen und sozialen Problemen für Kinder und Eltern wiegt so schwer, dass das Ziel, eine Schwangerschaft herbeizuführen, untergeordnet werden muss. Zur Senkung des Mehrlingsrisikos müssen folglich die wesentlichen Parameter wie Alter der Mutter, Anzahl der bisherigen Versuche und Indikation zur Therapie abgewogen werden.

Es ist daher unter Berücksichtigung des aktuellen Wissensstandes zu empfehlen, bei Patientinnen unter 38 Jahren im ersten und zweiten IVF- und/oder ICSI-Versuch nur zwei Embryonen zu transferieren. Wenn von dem Paar der Transfer von drei Embryonen gewünscht wird, darf dies nur nach ausführlicher Information und Aufklärung über das erhöhte Risiko für höhergradige Mehrlingsschwangerschaften und den damit verbundenen Risiken für Mutter und Kind sowie nach entsprechender Dokumentierung der hiermit verbundenen Gefahren erfolgen.

5.2. Kryokonservierung

Kryokonservierung von Eizellen im Stadium der Vorkerne zur Behandlung der Infertilität von Patientinnen ist zulässig. Kryokonservierung von Embryonen ist nur in Ausnahmefällen zulässig, wenn die im Behandlungszyklus vorgesehene Übertragung nicht möglich ist. Die weitere Kultivierung von Eizellen im Vorkernstadium darf nur zum Zwecke des Transfers und nur mit der Einwilligung beider Partner vorgenommen werden. Das Paar ist darauf hinzuweisen, dass über konservierte Eizellen im Vorkernstadium beide nur gemeinschaftlich verfügen können. Hierüber ist eine schriftliche Vereinbarung zu treffen. Die Kryokonservierung von Eizellen ist ebenfalls möglich, jedoch nicht so erfolgreich wie die Kryokonservierung von Eizellen im Vorkernstadium. Die Kryokonservierung von Ovarialgewebe ist als experimentell anzusehen. Die Kryokonservierung von ejakulierten, epididymalen und testikulären Spermatozoen bzw. von Hodengewebe kann ohne Einschränkung durchgeführt werden.

5.3. Verwendung von heterologem Samen

5.3.1. Medizinische Aspekte

Der Einsatz von heterologem Samen ist medizinisch zu begründen, und es ist darzulegen, warum der Einsatz von homologem Samen nicht erfolgreich war oder nicht zum Einsatz kommen konnte (s. Kapitel „Medizinische Voraussetzungen", Abschnitt „Heterologe Insemination").

Die Ärztin/der Arzt hat sicherzustellen, dass

- kein Mischsperma verschiedener Samenspender verwendet wird,
- kein frisches Spendersperma verwendet wird,
- der Samenspender vor der ersten Samenprobe auf HIV 1 und 2 untersucht wurde,
- weitere HIV-Kontrollen in regelmäßigen Abständen von sechs Monaten erfolgt sind,
- die heterologe Insemination mit kryokonserviertem Sperma nur erfolgen darf, wenn es über eine Quarantänezeit von mindestens 180 Tagen gelagert wurde und wenn der Spender auch nach Ablauf dieser Zeit frei von HIV-1- und -2-Infektionen geblieben ist und
- eine serologische Untersuchung auf Hepatitis B und C, Treponema pallidum, Cytomegalieviren (Verwendung von CMV-positivem Spendersperma nur für CMV-positive Frauen) durchgeführt wurde. Dies gilt auch bei der Kooperation mit Samenbanken. Eine Erfassung von medizinischen und phänotypischen Merkmalen wie Blutgruppe, Augenfarbe, Haarfarbe, Körpergröße, Körperstatur und Ethnie erscheint sinnvoll. Die Ärztin/der Arzt soll darauf achten, dass ein Spender nicht mehr als zehn Schwangerschaften erzeugt.

5.3.2. Psychosoziale Beratung

Vor einer heterologen Insemination müssen die künftigen Eltern über die möglichen psychosozialen und ethischen Probleme, welche die heterologe Insemination mit sich bringt, beraten werden. Dabei soll auf die künftige Entwicklung ihrer Beziehung sowie auf die Frage der künftigen Aufklärung des Kindes über seine Abstammung besonderes Gewicht gelegt werden. Die Beratung erfolgt im Rahmen eines ärztlichen Gesprächs; dabei soll den künftigen Eltern eine weiterführende, qualifizierte Beratung durch ärztliche oder Psychologische Psychotherapeuten oder auch psychosoziale Beratungsstellen angeboten werden.

5.3.3. Rechtliche Aspekte

Die behandelnde Ärztin/der behandelnde Arzt muss sich über die möglichen rechtlichen Folgen der Verwendung von heterologem Samen für alle Beteiligten unterrichten. Unbeschadet dieser eigenverantwortlich durchzuführenden Unterrichtung wird empfohlen, folgende Grundsätze zu beachten:!

5.3.3.1. Unterrichtung über Rechtsfolgen

Die behandelnde Ärztin/der behandelnde Arzt sollte sich vor der Verwendung von heterologem Samen vergewissern, dass der Samenspender und die künftigen Eltern über mögliche rechtliche Konsequenzen unterrichtet worden sind.

5.3.3.2. Dokumentation

Die behandelnde Ärztin/der behandelnde Arzt muss

- die Identität des Samenspenders und die Verwendung der Samenspende dokumentieren; außerdem muss sie/er dokumentieren,
- dass sich der Samenspender mit der Dokumentation von Herkunft und Verwendung der Samenspende und – für den Fall eines an sie/ihn gerichteten Auskunftsverlangens des Kindes – mit einer Bekanntgabe seiner Personalien einverstanden erklärt hat,
- dass sich die künftigen Eltern mit der Verwendung von heterologem Samen und der Dokumentation von Herkunft und Verwendung der Samenspende einverstanden erklärt haben und die behandelnde Ärztin/den behandelnden Arzt – für den Fall eines an diese/diesen gerichteten Auskunftsverlangens des Kindes oder eines der künftigen Elternteile – von ihrer/seiner Schweigepflicht entbunden haben.

Dies gilt auch für den Fall, dass die behandelnde Ärztin/der behandelnde Arzt mit einer Samenbank kooperiert; die Dokumentation kann nicht auf die Samenbank delegiert werden.

5.4. Verfahrens- und Qualitätssicherung

Erforderlich sind die Qualitätssicherung der medizinisch angewendeten Verfahren und deren Dokumentation.

5.4.1. Dokumentation

Zum Zwecke der Verfahrens- und Qualitätssicherung sollen die Ärztekammern gemeinsam ein Dokumentationszentrum (Deutsches IVF-Register = DIR) führen. Jede Arbeitsgruppe hat eine EDV-gestützte Dokumentation entsprechend dem Fragenkatalog des DIR zu erstellen.

Die Ärztekammern sollten das DIR beauftragen, jährlich einen Bericht über die Arbeit der IVF/ET-Zentren zu erstellen und zu veröffentlichen.

Die erhobenen Daten sollen regelmäßig so ausgewertet werden, dass der Ärztin/ dem Arzt die individuelle Beurteilung seiner Tätigkeit ermöglicht wird.

Im Einzelnen müssen mindestens dokumentiert werden:

- homologe Insemination nach hormoneller Stimulation
- IVF mit ET
- GIFT
- ICSI

- heterologe Insemination nach hormoneller Stimulation
- heterologe IVF/ICSI
- PKD

bezüglich:

- Alter der Patientin
- Indikation der Methoden
- Verlauf der Stimulation
- Anzahl und Befruchtungsrate der inseminierten Eizellen bei IVF/ICSI
- Anzahl der transferierten Eizellen bei GIFT
- Anzahl der transferierten Embryonen bei IVF/ICSI
- Schwangerschaftsrate
- Geburtenrate
- Fehlgeburten
- Eileiterschwangerschaften
- Schwangerschaftsabbrüche
- Mehrlingsrate
- Fehlbildungen.

Die Beurteilung dieser Kriterien ist nur auf der Grundlage einer prospektiven Datenerfassung möglich. Konkret bedeutet die Prospektivität der Datenerhebung, dass die ersten Angaben zum Behandlungszyklus innerhalb von acht Tagen nach Beginn der hormonellen Stimulation eingegeben werden sollen. Dies ist notwendig, um eine nachträgliche Selektion nach erfolgreichen und nicht erfolgreichen Behandlungszyklen und somit eine bewusste oder unbewusste Manipulation der Daten zu vermeiden.

Durch die prospektive Erfassung der Daten wird eine Auswertung i. S. der Qualitätssicherung ermöglicht, die nicht nur der interessierten Ärztin/dem interessierten Arzt, sondern auch der interessierten Patientin den Behandlungserfolg sowie die Bedeutung eventuell beeinflussender Faktoren transparent macht.

5.4.2. Weitere RegelungenSoweit die Behandlung als Leistung der Gesetzlichen Krankenversicherung erbracht wird, sind neben den vorstehenden Regelungen die Richtlinien des Gemeinsamen Bundesausschusses gemäß § 92 SGB V zu beachten.

5.4.3. Zuständige Kommissionen bei den Ärztekammern

Die Ärztekammern sollen Ständige Kommissionen bilden, welche die Einhaltung der in den Richtlinien definierten fachlichen, personellen und technischen Voraussetzungen prüfen. Zugleich sollen die Kommissionen die Qualität der Arbeitsgruppen verfahrens- und ergebnisbezogen prüfen und sie beraten. Ihnen sollen geeignete Ärztinnen/Ärzte und Juristinnen/Juristen angehören, wobei mindestens eine Ärztin/ein Arzt Erfahrungen in der Reproduktionsmedizin haben muss.

Eine Kommission kann sich in speziellen Fragen durch Vertreter anderer Gebiete ergänzen.

Um eine möglichst einheitliche Anwendung dieser (Muster-)Richtlinie zu erreichen, sollten von mehreren Ärztekammern gemeinsam getragene Kommissionen und/oder bei der Bundesärztekammer eine Kommission zur Beurteilung grundsätzlicher Auslegungsfragen gebildet werden.

5.4.4. Meldung von Verstößen Verdacht auf Verstöße gegen die (Muster-) Richtlinie, auch auffälliges Ausbleiben der Dokumentationen nach 5.4.1., sind der zuständigen Ärztekammer zu melden.

5.5. Berufsrechtliche FolgenDie Nichtbeachtung des ESchG und dieser (Muster-) Richtlinie kann neben den strafrechtlichen auch berufsrechtliche Sanktionen nach sich ziehen.

Kommentar

Der nachstehende Kommentar soll eine Interpretationshilfe für die vorstehende (Muster −)Richtlinie sein, ohne an ihrem verbindlichen Charakter teilzuhaben.

Zu 1. Begriffsbestimmungen Die Befruchtung der instrumentell entnommenen Eizelle durch die Samenzelle erfolgt bei der In-vitro-Fertilisation in der Regel in einem Kulturgefäß (In vitro). Bei der intrazytoplasmatischen Spermatozoeninjektion (ICSI) wird eine männliche Keimzelle in die Eizelle injiziert. Nach erfolgter Befruchtung und Beobachtung von Zellteilungen erfolgt der Embryotransfer in die Gebärmutter (ET).

Zu 2.1.5. Intrazytoplasmatische Spermieninjektion (ICSI)

Zur Indikation Bei männlichen Fertilitätsstörungen sollen in der Regel weniger invasive Verfahren wie die homologe Insemination (evtl. nach hormoneller Stimulation) angewendet werden, wenn dies Erfolg verspricht. Bei schweren männlichen Fertilitätsstörungen kann die ICSI-Methode die Chancen für einen Schwangerschaftseintritt deutlich erhöhen. Eine eindeutige Grenzziehung im Spermiogramm zwischen den Methoden (interzervikale, intrauterine und intratubare Insemination, IVF und ICSI) lässt sich nicht finden.

- Zur Gewinnung der Spermatozoen Die für die ICSI verwandten Spermien können aus dem Ejakulat, aus dem Hoden oder den ableitenden Samenwegen (vorwiegend dem Nebenhoden) gewonnen werden. Bei obstruktiver Azoospermie können Spermien aus dem Nebenhoden aspiriert werden (z. B. Microsurgical Epididymal Sperm Aspiration, MESA, oder unter Umständen Percutaneous Epididymal Sperm Aspiration, PESA). Bei Azoospermie und schwerster Oligoasthenoteratozoospermie lassen sich Spermien u. U. aus dem Hoden aspirieren (Testicular Sperm Aspiration, TESA) oder aus dem bioptisch gewonnenen Hodengewebe extrahieren (Testicular Sperm Extraction, TESE). Die Verwendung von haploiden Keimzellen vor der Entwicklung zu Spermien kann nicht empfohlen werden.

- Zur humangenetischen Beratung und Diagnostik Im Vergleich zur Normalbevölkerung liegt bei Paaren, die zur ICSI-Behandlung kommen, häufiger eine chromosomale oder monogene Störung vor, und es ist von einem erhöhten genetischen Hintergrundrisiko auszugehen. Deshalb muss vor einer ICSI-Therapie durch die behandelnde Ärztin/den behandelnden Arzt eine genaue Anamnese, insbesondere eine Stammbaumerhebung beider Partner über mindestens drei Generationen hinweg (u. a. Fehlgeburten, Totgeburten, Personen mit körperlichen oder geistigen Behinderungen, andere Familienmitglieder mit Fertilitätsstörungen), durchgeführt werden. Über die Notwendigkeit und Bedeutung einer Chromosomenanalyse muss aufgeklärt werden. Ergeben sich Hinweise auf Chromosomenstörungen oder auf Erkrankungen, die genetisch bedingt sein könnten, so muss über Information und Aufklärung hinaus das Angebot einer humangenetischen Beratung erfolgen und dies dokumentiert werden.

Bei nicht obstruktiver Azoospermie oder schwerer Oligozoospermie (<5 Mio./ml) wird aufgrund von zzt. vorliegenden empirischen Daten empfohlen, vor Beginn der ICSI-Behandlung eine Chromosomenanalyse bei beiden Partnern durchzuführen. Die molekulargenetische Untersuchung des Genlocus Yq11 (Azoospermiefaktor, AZF) kann bei Azoospermie (außer bei gesicherter obstruktiver Azoospermie) und hochgradiger Oligozoospermie angeboten werden. Im Verdachtsfall eines kongenitalen beidseitigen Verschlusses der ableitenden Samenwege (Congenital Bilateral Aplasia of the Vas Deferens, CBAVD) muss das Angebot einer Beratung des Paares durch eine Humangenetikerin/einen Humangenetiker erfolgen. In diesem Fall ist eine detaillierte Mutationsanalyse im Gen für die Zystische Fibrose (Cystic fibrosis trans-membrane conductance regulator[CFTR]-Gen) notwendig. Von dem Ergebnis ist es abhängig, ob eine entsprechende molekulargenetische Untersuchung bei der Partnerin erforderlich ist.

Zu 2.1.8. Polkörperdiagnostik (PKD)- PKD zur Erkennung eines erhöhten spezifischen RisikosPKD vor abgeschlossener Befruchtung ermöglicht die indirekte Diagnostik einer spezifischen Veränderung innerhalb des haploiden weiblichen Chromosomensatzes oder einer spezifischen Genveränderung durch Untersuchung des ersten und zweiten Polkörpers, in solchen Fällen, in denen die Frau ein spezifisches Risiko trägt. Polkörper werden vor der Auflösung der Vorkernmembranen (Präfertilisationsphase) aus der Eizelle ausgeschleust und können entnommen werden, ohne dass der Eizelle und ihrer weiteren Entwicklung geschadet wird. Wenn eine PKD unter Verwendung beider Polkörper erfolgen soll, kann es notwendig sein, die Eizelle zu kryokonservieren, da sonst vor Abschluss der speziellen Untersuchungen die Auflösung der Vorkernmembranen stattfinden kann. Nach Transfer von vorher kryokonservierten Eizellen ist die Schwangerschaftsrate deutlich niedriger, sodass ein Gewinn an diagnostischer Sicherheit durch Untersuchung auch des zweiten Polkörpers möglicherweise aufgehoben wird.

Im Gegensatz zur PID weist die PKD aus medizinischer Sicht erhebliche Nachteile auf:

- nur mütterliche Chromosomen und genetische Veränderungen können diagnostiziert werden,
- es handelt sich um eine indirekte Diagnostik,
- Fehldiagnosen als Folge eines Crossing- over können bei Untersuchungen nur des ersten Polkörpers vorkommen,
- es werden Oozyten verworfen, die bei Befruchtung nicht zu einem spezifisch erkrankten Kind geführt hätten, da nur der mütterliche haploide Chromosomensatz bzw. das haploide Genom im Rahmen der PKD indirekt untersucht werden kann. Auch wenn bei rezessiv X-chromosomal vererbten Erkrankungen der Gendefekt in der Eizelle erkannt wurde, besteht die Chance, dass das befruchtende Spermium ein X-Chromosom trägt und der sich aus dieser befruchteten Eizelle entwickelnde Embryo heterozygot für die Mutation ist und damit nicht erkranken wird. Auch wenn autosomal-rezessive Gendefekte indirekt in der Eizelle nachgewiesen wurden, besteht bei Anlageträgerschaft des Vaters für denselben Gendefekt eine 50-prozentige Chance, dass das Spermium diesen nicht trägt und ein heterozygoter, von der spezifischen Erkrankung selbst nicht betroffener Anlageträger entstehen würde.
- PKD zur Erhöhung der Geburtenrate nach IVFEmbryonale Triploidien (69 Chromosomen) und Trisomien (drei Chromosomen anstelle eines Chromosomenpaares), wahrscheinlich der meisten Autosomen (z. B. Trisomie 16), tragen erheblich zur niedrigen Geburtenrate nach IVF bei. Im Ausland wird mittels PID versucht, Embryonen, bei denen Trisomien vorliegen, zu erkennen und nicht zu transferieren. Auch mittels PKD können die Polkörper auf das Vorhandensein einer Disomie oder einer Nullosomie von Chromosomen hin untersucht werden. Wenn ein solcher Zustand für eine Chromosomengruppe vorliegt, hat der Embryo entweder eine Trisomie oder eine Monosomie für die entsprechenden Chromosomen. Auch Embryonen mit einer Monosomie X und solche mit einer Trisomie der Chromosomen 13, 18 und 21 werden in hohem Grade spontan abortiert. Triploidien können durch Polkörperuntersuchung nicht erkannt werden.

Obwohl PKD gegenüber PID die oben genannten Nachteile aufweist, könnte auch ein Vorteil gegenüber PID bei der Aneuploidie-Diagnostik bestehen. Nach Aneuploidie-Diagnostik des ersten und zweiten Polkörpers kann der Chromosomensatz für die untersuchten Chromosomen in der Eizelle relativ sicher festgelegt werden. Bei PID besteht immer die Möglichkeit, dass durch das Auftreten einer Nondisjunktion in den ersten postmeiotischen Zellteilungen ein Chromosomenmosaik entsteht. Wird eine Blastomere nach einer postmeiotischen Nondisjunktion untersucht, ist dieses Chromosomenergebnis in dieser einen Zelle nicht für den frühesten Embryo repräsentativ. Embryonen mit frühesten Chromosomenmosaiken haben aber durchaus Überlebenschancen, da sich einzelne Zellen mit Chromosomenstörungen nicht immer weiterentwickeln.

Zu 2.2. Kontraindikationen Von überwiegend psychogener Fertilitätsstörung kann nur dann gesprochen werden, wenn ein Paar trotz Kinderwunsches und Aufklärung durch die Ärztin/den Arzt weiter fertilitätsschädigendes Verhalten praktiziert (z. B. Essstörung, Nikotinabusus, Genuss- und Arzneimittelmissbrauch, extremer – vor allem beruflicher – Stress) bzw. die Konzeptionschancen nicht nutzt (kein Geschlechtsverkehr an den fruchtbaren Tagen, nicht organisch bedingte sexuelle Funktionsstörung). Bei psychogener/psychisch mitbedingter Fertilitätsstörung sollte ein Psychotherapeut hinzugezogen werden. Gegebenenfalls kann auch in eine Paartherapie/Sexualtherapie/Einzel- oder Gruppenpsychotherapie überwiesen werden.

Im Übrigen sind sämtliche medizinischen Kontraindikationen gegen eine Schwangerschaft Kontraindikationen gegen die Anwendung von Methoden assistierter Reproduktion. Hierzu können auch psychische/psychiatrische Erkrankungen von hinreichender Bedeutung sowie Alkoholabusus und Drogenabusus zählen, die vorher einer entsprechenden Therapie zugeführt werden sollten.

Zu 3.1.1. Statusrechtliche Voraussetzungen Im Rahmen des homologen Systems bestehen zwischen einer durch natürliche Zeugung bewirkten Geburt und einer durch Methoden der assistierten Reproduktion bewirkten Geburt keine rechtlichen Unterschiede.

Als rechtlich unproblematisch erweist sich die Anwendung einer solchen Methode dann, wenn die künftigen Eltern miteinander verheiratet sind: Der Ehemann der Mutter ist leiblicher (genetischer) Vater und zugleich Vater im Rechtssinn. Die Art der Zeugung ist für das rechtliche Eltern-Kind-Verhältnis ohne Belang. Die Richtlinie knüpft deshalb die Zulässigkeit von Maßnahmen der assistierten Geburt an die Ehe der künftigen Mutter mit dem künftigen (auch genetischen) Vater.

Ist die Frau mit dem künftigen (genetischen) Vater nicht verheiratet, soll sichergestellt sein, dass das mit einer Methode der assistierten Reproduktion gezeugte Kind nicht ohne sozialen und rechtlichen Vater aufwächst. Dies ist nach Auffassung der Richtlinie grundsätzlich nur verbürgt, wenn die künftige Mutter und der künftige (genetische) Vater beiderseits nicht mit einem Dritten verheiratet sind, in einer festgefügten Partnerschaft miteinander zusammenleben und der künftige (genetische) Vater seine Vaterschaft frühestmöglich anerkennen und damit auch zum Vater des Kindes im Rechtssinn werden wird.

Eine heterologe Insemination wird – auch im Hinblick auf die mit dieser Methode verbundenen rechtlichen Konsequenzen und Unwägbarkeiten – an zusätzlich enge Voraussetzungen geknüpft. Bei nicht miteinander verheirateten Paaren wird dabei einer heterologen Insemination mit besonderer Zurückhaltung zu begegnen sein; sie erklärt sich aus dem Ziel, dem so gezeugten Kind eine stabile Beziehung zu beiden Elternteilen zu sichern. Aus diesem Grund ist eine heterologe Insemination zurzeit bei Frauen ausgeschlossen, die in keiner Partnerschaft oder in einer gleichgeschlechtlichen Partnerschaft leben.

In allen Fällen einer zulässigen Methode assistierter Reproduktion ist darauf zu achten, dass zwischen den Ehegatten oder Partnern eine Beziehung besteht, die sich als für die mit diesen Methoden im Einzelfall möglicherweise verbundenen medizinischen und psychologischen Probleme hinreichend tragfähig darstellt. Liegen konkrete Anhaltspunkte für medizinische, soziale oder psychische Probleme vor, durch welche eine dauerhafte und verlässliche Betreuung und Versorgung des Kindes gefährdet werden könnte, ist die Anwendung von Methoden assistierter Reproduktion von vornherein ausgeschlossen. In diesem Falle rechtfertigen der Wille und die Möglichkeit von Eltern, diesen Gefährdungen durch medizinische oder psychotherapeutische Behandlungen entgegenzuwirken, die Anwendung von Methoden assistierter Reproduktion nicht.

Zu 3.1.2. Embryonenschutzrechtliche Voraussetzungen

- Gesetzliche Vorgaben Ziel einer Kinderwunschbehandlung ist es, eine Schwangerschaft und eine Geburt nach Beratung und medizinischer Behandlung zu ermöglichen. Auch im Rahmen der IVF- und/oder ICSI-Behandlung geht es primär um eine Einlingsschwangerschaft, da Mehrlingsschwangerschaften, insbesondere aber höhergradige Mehrlingsschwangerschaften zu einem erheblichen mütterlichen und kindlichen Risiko, darunter zur problematischen Frühgeburt führen können. Ein Ziel des Embryonenschutzgesetzes vom 13. 12. 1990 ist es, höhergradige Mehrlinge zu vermeiden, indem nicht mehr als drei Embryonen auf eine Frau übertragen werden dürfen (§ 1 Abs. 1 Nr. 3 EschG). Der reproduktionsmedizinische Fortschritt ermöglicht es inzwischen, Embryonen zu kultivieren, um aufgrund morphologischer Beobachtung weitgehend zwischen entwicklungsfähigen und nicht entwicklungsfähigen Embryonen zu unterscheiden. Indem nur ein Embryo auf die Frau übertragen wird (u. U. max. zwei Embryonen), lässt sich die Rate der Mehrlingsschwangerschaften deutlich senken. Der Single-Embryo-Transfer wird nicht nur in Skandinavien zum Standardverfahren. Hierdurch wird möglicherweise die Schwangerschaftsrate pro Behandlungsversuch günstiger als bisher gestaltet, und es wird die Gesundheit der Frau und des Kindes geschützt.

Daraus entsteht die Frage, ob eine Auswahl von Embryonen nach morphologischen Kriterien mit dem Embryonenschutzgesetz vom 13. 12. 1990 in Einklang zu bringen ist. In der medizinrechtlichen Debatte wird dieses Problem seit kurzem kontrovers diskutiert. Ausschlaggebend ist § 1 Abs. 1 Nr. 5 EschG, der es verbietet, mehr Eizellen zu befruchten, als einer Frau innerhalb eines Zyklus übertragen werden sollen, sowie § 1 Abs. 1 Nr. 3 EschG, dem zufolge auf eine Frau innerhalb eines Zyklus nicht mehr als drei Embryonen übertragen werden dürfen. Die Zusammenschau dieser beiden Bestimmungen führt zu der Schlussfolgerung, dass es gegenwärtig nicht zulässig ist, mehr als drei Eizellen zu befruchten und in einem Zyklus dann nur einen oder allenfalls zwei dieser

Embryonen zu übertragen. Befruchtet man mehr Eizellen, um einen Embryo mit guten Entwicklungschancen zu wählen und nur ihn zu transferieren, ist dies mit dem Wortlaut der Norm, den historischen Vorstellungen des Gesetzgebers und dem systematischen Zusammenhang zwischen § 1 Abs. 1 Nrn. 3 und 5 ESchG nicht vereinbar. § 1 Abs. 1 Nr. 5 ESchG soll verhindern, dass überzählige Embryonen entstehen. Der Gesetzgeber hatte im Gesetzgebungsverfahren verschiedene Aspekte betont. Die Menschenwürdegarantie und der Lebensschutz für jeden Embryo nach der Vereinigung von Samen- und Eizelle, die Verhinderung einer gespaltenen Mutterschaft und der Spende von Embryonen eines anderen Paares, die Vermeidung überzähliger Embryonen, um einer späteren missbräuchlichen Verwendung vorzubeugen, die Verhinderung einer Befruchtung auf Vorrat, gleichzeitig die Vermeidung höhergradiger Mehrlingsschwangerschaften, die für die Gesundheit der Frau nachteilig sind, waren ausschlaggebend für diese Regelung. Der Gesetzgeber hat diese Gesichtspunkte vor dem Hintergrund der damaligen medizinischen Erkenntnisse gegeneinander abgewogen und – nach Auffassung maßgebender juristischer Autoren – das dem Wortlaut und Wortsinn zufolge klare Verbot normiert, mehr Eizellen zu befruchten, als in einem Zyklus übertragen werden sollen.

- Ethische Perspektiven und rechtspolitische Schlussfolgerungen

Aus ethischen Gründen wird in der rechtswissenschaftlichen und medizinethischen Literatur inzwischen verstärkt gefordert, das Embryonenschutzgesetz dem jetzigen Stand der reproduktionsmedizinischen Handlungsmöglichkeiten gemäß fortzuschreiben.

Medizinisches Handeln ist dem Wohl der Patienten verpflichtet und soll Schaden vermeiden. Patientinnen bzw. Paare, die ihren Kinderwunsch unter Inanspruchnahme fortpflanzungsmedizinischer Verfahren erfüllen möchten, besitzen ein Anrecht darauf, nach dem jeweils erreichten Kenntnisstand der Reproduktionsmedizin bestmöglich behandelt zu werden. Eine Prüfung der Entwicklungs- und Lebensfähigkeit von Embryonen vor der Implantation nach morphologischen Kriterien kommt dem Gesundheitsschutz der Frau zugute. Sie hat den Sinn, belastende Mehrlingsschwangerschaften zu vermeiden, die aus dem – dem geltenden Recht gemäßen – ungeprüften Transfer von bis zu drei Embryonen resultieren, und die Erfolgsrate einer Schwangerschaft nach IVF zu erhöhen. Die morphologische Beobachtung früher pränidativer Embryonen mit nachfolgendem Transfer eines entwicklungsfähigen Embryos (oder u. U. einem Double-Embryo-Transfer) dient vor allem auch dem Gesundheitsschutz der Kinder, da Mehrlingsschwangerschaften insbesondere für Kinder (Frühgeborene), abgesehen von eventuellen familiären psychosozialen Problemen, schwere gesundheitliche Schäden bewirken können. Darüber hinaus vermag der Single-Embryo-Transfer die Zufügung von Schaden in der Hinsicht zu verhindern, dass die Gefahr des Fetozids, der bei höhergradigen Mehrlingsschwangerschaften droht, gebannt wird.

Die Beobachtung von Embryonen unter dem Gesichtspunkt ihrer Entwicklungs- und Lebensfähigkeit, die hinsichtlich der Zuverlässigkeit des Verfahrens fortlaufend geprüft und verbessert werden muss, stellt keine willkürliche oder gar diskriminierende Selektion dar. Die beiseite gelegten Embryonen würden sich voraussichtlich ohnehin nicht fortentwickeln. Zwar ist anzunehmen, dass – in überschaubarer, begrenzter Größenordnung – bei diesem Verfahren auch einzelne entwicklungsfähige Embryonen erzeugt würden, die im Zuge des Single-Embryo-Transfers nicht übertragen würden, sodass sie überzählig blieben. Das Embryonenschutzgesetz nimmt jedoch schon jetzt das Vorhandensein überzähliger Embryonen hin und geht – darin ganz im Einklang mit philosophischen, theologischen und ethischen Ansätzen, die einen abwägenden Umgang mit Embryonen im frühesten Entwicklungsstadium vorschlagen – nicht vom Standpunkt des absoluten Embryonenschutzes aus. Denn das Gesetz akzeptiert, dass eine Frau den Transfer eines extrakorporalen Embryos verweigern darf (vgl. § 4 Abs. 1 Nr. 2 EschG). Aus ethischer Sicht lassen sich noch andere Argumente zugunsten des neuen Handlungsansatzes anführen. Zum Beispiel ließe sich die hohe Zahl von Eizellen, die in Deutschland im Vorkernstadium kryokonserviert aufbewahrt werden, reduzieren.

Insgesamt ist es aufgrund einer Mehrzahl unterschiedlicher Gründe, die in der neueren Literatur zur Sprache gebracht wurden, ethisch wünschenswert, dass der Gesetzgeber tätig wird und eine Klarstellung vornimmt, der zufolge die morphologische Beobachtung von Embryonen vor der Implantation mit nachfolgendem Single-Embryo-Transfer zukünftig statthaft ist.

Bereits jetzt können Umstände vorliegen, aufgrund derer ein pränidativer Embryo nicht transferiert werden kann. Das Embryonenschutzgesetz respektiert es, wenn eine Frau in den Transfer nicht einwilligt (§ 4 Abs. 1 Nr. 2 EschG). Daher sind auch in der Bundesrepublik Deutschland, im Vergleich zu anderen Ländern allerdings in sehr geringer Zahl, überzählige pränidative Embryonen kryokonserviert vorhanden. Der Gesetzgeber sollte den Umgang mit diesen befruchteten Eizellen, besonders die Dauer der Kryokonservierung oder z. B. auch die Möglichkeit sog. pränataler Adoption, im Embryonenschutzgesetz regeln.

Zu 3.2.1. Medizinische Aspekte

- Zum Risiko von Auffälligkeiten bei Kindern nach Anwendung der ICSI-Methode

In der deutschen „ICSI-Studie" zeigten sich vermehrt Auffälligkeiten bei Kindern, die nach Anwendung der ICSI-Methode gezeugt wurden im Vergleich zu spontan gezeugten Kindern (RR 1,44). Nach Adjustierung der Risikofaktoren (z. B. Alter der Mutter) vermindert sich das Risiko auf 1,24 (Fertil Steril 2004, S. 1604–1606).

In weiteren Arbeiten wird diskutiert, ob die ICSI-Methode selbst die Ursache darstellt oder ob durch Hintergrundfaktoren, wie das Sterilitätsproblem des Paares, dieses Risiko erhöht ist. Insofern bedarf es einer besonderen Information, Aufklärung und Beratung des Paares zu diesem Punkt im Rahmen einer Sterilitätstherapie.

Zu 4. Fachliche, personelle und technische Voraussetzungen

Ein großer Teil der iatrogenen Mehrlingsschwangerschaften entsteht aus einer Stimulationsbehandlung ohne IVF, ICSI und Insemination. Daher besteht die dringende Notwendigkeit eines kritischen und sorgfältigen Umgangs mit der alleinigen hormonellen Stimulation. Dies gilt für jeden anwendungsberechtigten Arzt.

Zu 4.3. IVF mit ET, GIFT, ICSI, PKD

Die Mitglieder der Arbeitsgruppe vertreten die Teilbereiche Endokrinologie der Reproduktion, gynäkologische Sonographie, operative Gynäkologie, Reproduktionsbiologie mit dem Schwerpunkt der In-vitro-Kultur, Andrologie und psychosomatische Grundversorgung. Die Mitglieder der Arbeitsgruppe sind grundsätzlich an einem Ort ansässig. Für Teilbereiche können Ausnahmen gemacht werden.

Zu 5.1. Embryotransfer

- Zur Zahl der zu transferierenden Embryonen in Abhängigkeit vom Alter

Generell steigt die Wahrscheinlichkeit zur Erlangung einer klinischen Schwangerschaft mit der Zahl der transferierten Embryonen. Zugleich wächst aber auch die Wahrscheinlichkeit für eine Zwillingsschwangerschaft oder höhergradige Mehrlingsschwangerschaft mit der Zahl der transferierten Embryonen. So ist die Wahrscheinlichkeit beispielsweise bei einer 30-jährigen Frau für eine Zwillings- oder Drillingsschwangerschaft erhöht, wenn ihr drei Embryonen übertragen werden, gegenüber einer 40-jährigen Frau, bei der das Zwillings- und Drillingsrisiko nicht so hoch ist. Die Wahrscheinlichkeit (DIR 2003) beim Transfer von drei Embryonen bei einer 31-jährigen Frau liegt im Falle einer Schwangerschaft bei 29 % für eine Zwillingsschwangerschaft und bei 6,3 % für eine Drillingsschwangerschaft. Bei einer 40-jährigen Frau beträgt die Wahrscheinlichkeit für eine Zwillingsschwangerschaft 13 % sowie für eine Drillingsschwangerschaft 0,7 % beim Transfer von drei Embryonen.

Es lässt sich keine eindeutige Grenze finden, bis zu welchem Alter der Frau ein Transfer von ein oder zwei Embryonen sinnvoll ist und ab wann ein Transfer von drei Embryonen risikoärmer erscheint.

Als Empfehlung sollten bei Frauen unter 38 Jahren im ersten und zweiten IVF- und/oder ICSI-Versuch nur bis zu zwei Embryonen transferiert werden.

Generell ist beim Transfer von drei Embryonen eine ausführliche Information und Aufklärung über das mögliche Risiko von höhergradigen Mehrlingen und den damit verbundenen Gefahren für Mutter und Kind notwendig.

Zu 5.2. Kryokonservierung Eizellen im Vorkernstadium – nach Eindringen der Samenzelle, aber vor der Kernverschmelzung – überstehen die Kryokonservierung und das Auftauen besser als nicht imprägnierte Eizellen. Erst während der nach dem Auftauen erfolgenden Kultivierung In vitro kommt es durch Kernverschmelzung zum Abschluss der Befruchtung.

Die Kryokonservierung von Eizellen im Vorkernstadium erfolgt unter Aufsicht und fachlicher Weisung einer Ärztin/eines Arztes. Verträge über das Einfrieren von Eizellen im Vorkernstadium können befristet werden, wobei eine Mindestfrist vereinbart werden sollte. Diese Frist kann auf Verlangen des Paares auf Wunsch verlängert werden, wenn diese das dafür vereinbarte Entgelt entrichtet haben. Stirbt einer der Partner oder zieht einer der Partner seine Zustimmung zur Kryokonservierung oder Weiterkultivierung zurück, etwa nach einer Scheidung oder dauerhaften Trennung, endet der Vertrag, und die kryokonservierten Zellen sind zu verwerfen. Bei der Kryokonservierung ist der jeweilige Stand der medizinischen und technischen Wissenschaft zu berücksichtigen. Das Paar ist darauf hinzuweisen, dass die konservierten Eizellen im Vorkernstadium in ihrem Eigentum stehen.

Zu 5.3. Verwendung von heterologem SamenDie Verwendung von heterologem Samen bedarf besonderer Regelungen, die auf die medizinischen, psychosozialen und rechtlichen Aspekte des heterologen Systems Bedacht nehmen und den damit verbundenen Gefahren nach Möglichkeit vorbeugen. Aus rechtlicher Sicht wird dabei zu fordern sein, dass der Samenspender wie auch die künftigen Eltern sich der – möglichen – rechtlichen Probleme des heterologen Systems bewusst sind und dem Kind die Chance einer künftigen Identitätsfindung nicht erschwert wird.

Die behandelnde Ärztin/der behandelnde Arzt muss sich über die möglichen rechtlichen Folgen einer heterologen Insemination für alle Beteiligten unterrichten. Unbeschadet dieser eigenverantwortlich durchzuführenden Unterrichtung wird – als Einführung in die rechtliche Problematik – angemerkt:

- Zur Familienrechtlichen AusgangslageMutter eines Kindes ist die Frau, die es geboren hat. Vater eines Kindes ist der Mann, der mit der Mutter im Zeitpunkt der Geburt verheiratet ist, der die Vaterschaft anerkannt hat oder dessen Vaterschaft gerichtlich festgestellt worden ist. Eine gerichtliche Feststellung der Vaterschaft eines Mannes ist nicht möglich, solange die Vaterschaft eines anderen Mannes (kraft Ehe mit der Mutter im Zeitpunkt der Geburt oder kraft Anerkenntnisses) besteht.

- Zur Anfechtung der Vaterschaft (im Rechtssinn)

Die Vaterschaft des Mannes, der mit der Mutter im Zeitpunkt der Geburt verheiratet ist oder der seine Vaterschaft anerkannt hat, kann durch Anfechtung beseitigt werden. Die Anfechtung erfolgt durch Klage auf Feststellung, dass der Mann nicht der leibliche (genetische) Vater des Kindes ist. Anfechtungsberechtigt ist im Falle einer – mit wirksamer Einwilligung des Mannes und der künftigen Mutter durchgeführten – heterologen Insemination nur das Kind (§ 1600 Abs. 2 bis 4 BGB; für das minderjährige Kind vgl. § 1600a Abs. 4 BGB).

Die erfolgreiche Anfechtung bewirkt, dass der Mann, dessen Vaterschaft angefochten ist, auch im Rechtssinn nicht mehr Vater des Kindes ist. Damit entfallen insbesondere die wechselseitige gesetzliche Unterhalts- und Erbberechtigung. Zwar kann u. U. eine Unterhaltspflicht des Mannes gegenüber dem Kind aus der mit der Mutter getroffenen Abrede über die künstliche Insemination über die Anfechtung hinaus fortbestehen; allerdings wird mit der erfolgreichen Anfechtung der Vaterschaft durch das Kind vielfach die Geschäftsgrundlage für die Abrede mit der Mutter entfallen sein (vgl. BGH FamRZ 1995, 861 und a. a. O. 865). Außerdem eröffnet die erfolgreiche Anfechtung dem Kind die Möglichkeit, die Vaterschaft des Samenspenders gerichtlich feststellen zu lassen.

- Zur Feststellung der Vaterschaft des SamenspendersIst die Vaterschaft des Mannes, der mit der Mutter zum Zeitpunkt der Geburt verheiratet war oder der die Vaterschaft anerkannt hatte, durch Anfechtung beseitigt, kann das Kind (möglicherweise auch die Mutter, § 1600e Abs. 1 BGB) gegen den Samenspender auf Feststellung seiner Vaterschaft klagen. Dasselbe gilt, wenn von vornherein keine Vaterschaft im Rechtssinn besteht (weil die Mutter zum Zeitpunkt der Geburt nicht verheiratet ist und niemand die Vaterschaft anerkannt hat). Mit der gerichtlichen Feststellung seiner Vaterschaft wird der Samenspender zum Vater des Kindes (auch im Rechtssinn); rechtliche Unterschiede zu einem durch natürliche Zeugung begründeten Vater-Kind-Verhältnis bestehen nicht. Insbesondere werden Samenspender und Kind wechselseitig unterhalts- und erbberechtigt. – Zur Dokumentation und Auskunftsansprüchen.

Eine Klage des Kindes gegen den Samenspender auf Feststellung seiner Vaterschaft setzt voraus, dass das Kind den Samenspender namhaft machen kann. Das ist im Regelfall nur möglich, wenn die behandelnde Ärztin/der behandelnde Arzt Informationen über die Herkunft der für die heterologe Insemination verwandten Samenspende dokumentiert. Eine solche Dokumentationspflicht ist gesetzlich nicht normiert. Sie lässt sich aber möglicherweise aus dem Persönlichkeitsrecht des Kindes herleiten. Nach der Rechtsprechung des Bundesverfassungsgerichts umfasst das Persönlichkeitsrecht auch ein Recht des Kindes auf Kenntnis der eigenen Abstammung (vgl. etwa BVerfG FamRZ 1989, 147; FamRZ 1989, 255; FamRZ 1994, 881; FamRZ 1997, 869). Davon ist allerdings die Frage zu unterscheiden, ob, unter welchen Voraussetzungen und von wem das Kind verlangen kann, ihm die Kenntnis seiner Abstammung zu verschaffen (vgl. BVerfG FamRZ 1989, 255, 258; FamRZ 1994, 881, 882; FamRZ 1997, 869, 870). Diese Frage wird vom Gesetz nicht ausdrücklich beantwortet; sie erscheint derzeit auch noch nicht abschließend geklärt. Aus der in § 1618 a BGB normierten wechselseitigen Pflicht zu Beistand und Rücksichtnahme wird – unter letztlich der richterlichen Rechtsfortbildung überlassenen Voraussetzungen – z. T. ein Anspruch des Kindes, jedenfalls des nichtehelichen Kindes, gegen seine Mutter auf Benennung des leiblichen Vaters hergeleitet (zur Wahrnehmung der dabei aus den Grundrechten folgenden Schutzpflicht der Gerichte vgl. BVerfG FamRZ 1997, 869). Auch und gerade in Fällen heterologer Insemination erscheint derzeit nicht verlässlich gesichert, ob, gegen wen, unter welchen Voraussetzungen und mit welchem genauen Inhalt dem so gezeugten Kind ein Anspruch auf Auskunft oder sonstige Verschaffung von Kenntnis über seine Abstammung zusteht und für das Kind einklagbar und vollstreckbar ist. Diese Unsicherheit dürfte auch für die Frage gelten, ob und ggf. welche Rechtsfolgen eintreten, wenn einem Auskunftspflichtigen eine von ihm an sich geschuldete Auskunftserteilung durch eigenes Verhalten – etwa durch unterlassene oder nicht hinreichend lange vorgehaltene Dokumentation der Herkunft der Samenspenden – unmöglich wird. (Zum Ganzen vgl. etwa MünchKomm/Seidel: BGB 4. Aufl. § 1589 Rdn. 26 ff., 40 ff.; MünchKomm/Wellenhofer-Klein: BGB 4. Aufl. § 1600 Rdn. 30; Staudinger/Rauscher: BGB 13. Bearb. § 1592 Anh. Rdn. 26; Erman/Holzhauer: BGB 11. Aufl. § 1589 Rdn. 8; jeweils mwN). Unbeschadet einer klaren gesetzlichen Regelung empfiehlt sich eine Dokumentationsdauer von mindestens 30 Jahren (Zum Vergleich siehe § 18 Abs. 3 des Österreichischen Fortpflanzungsmedizingesetzes und Art. 26 des Schweizerischen Bundesgesetzes über die medizinisch unterstützte Fortpflanzung).

Zu 5.4.1. Dokumentation Im Gegensatz zu den skandinavischen Ländern und Großbritannien gibt es in Deutschland keine zentralen Melderegister, die sowohl eine Kinderwunschbehandlung als auch Schwangerschaft und Geburt in einer Datenbank dokumentieren. Insofern gibt es Ungenauigkeiten bei der Meldung von Fehlbildungen, da in der Regel nur diejenigen erfasst werden, die während der Schwangerschaft oder unmittelbar nach der Geburt dokumentiert werden. Aussagen zur perinatalen Mortalität von Geburten nach sterilitätsmedizinischer Behandlung sind lückenhaft, da es in Deutschland kein zentrales geburtshilfliches Register gibt, welches eine Kopplung mit Daten der Sterilitätsbehandlung ermöglicht.

Kommentierung

Literatur
Coester-Waltjen, Reformüberlegungen unter besonderer Berücksichtigung familienrechtlicher und personenstandsrechtlicher Fragen, Reproduktionsmedizin 2002, 183; Czemer, Die Kodifizierung der Präimplantationsdiagnostik in § 3 a EschG, MedR 2011, 783 ff.; Gassner/Kersten/Krüger/Lindner/Rosenau/Schroth, Fortpflanzungsmedizingesetz, Augsburg-Münchner Entwurf (AME-FMedG), 2013; Günther/Taupitz/Kaiser, Embryonenschutzgesetz, 2008; Hübner/pühler, Die neue Regelung zur PID, wesentliche Fragen bleiben offen, MedR 2011, 789 ff.; Krüger, Das Verbot der post-mortem-Befruchtung, Schriftenreihe Medizin-Ethik-Recht, Bd. 12, 2010; ders.,Präimplantationsdiagnostik delege lata et ferenda, Schriften zum Bio-,Gesundheits- und Medizinrecht, Bd. 11, 69 ff.; Lilie, Neue rechtliche Konfliktfelder der Reproduktionsmedizin: Probleme der Dreierregel, ZaeFQ 2006, 673; Ludwig/Küpker/Dietrich, Transfer von zusätzlichen Embryonen und Eizellspende, Frauenarzt 2000, 938; Middel, Verfassungsrechtliche Fragen der Präimplantationsdiagnostik und des therapeutischen Klonens, 2006; Möller/Thaele, Das Schicksal nicht transferierter („verwaister") Embryonen, Frauenarzt 2001, 1393;

Möller, Rechtliche Regelung der Reproduktionsmedizin in Deutschland, in: Diedrich/Ludwig/Griesinger, Reproduktionsmedizin, 2013, 583 ff.; Müller-Götzmann, Artifizielle Reproduktion und gleichgeschlechtliche Partnerschaft, 2009: Pestalozza, Eine späte und missliche Geburt: Die Verordnung zur Regelung der Präimplantationsdiagnostik, MedR 2013, 343 ff.; Prehn, Die Strafbarkeit der post-mortem Befruchtung nach dem Embryonenschutzgesetz, MedR 2011, 559 ff.; Ratzel, Zulässigkeit der Präimplantationsdiagnostik? Neue Gesichtspunkte, GesR 2004, 77; ders., Beschränkung des Rechts auf Fortpflanzung durch das ärztliche Berufsrecht, GesR 2009, 281 ff.; Rütz, Heterologe Insemination – die rechtliche Stellung des Samenspenders, 2008; Schlüter, Schutzkonzepte für menschliche Keimbahnzellen in der Fortpflanzungsmedizin, 2007; Schneizl/Krüger, Künstliche Befruchtung – Wer trägt die Kosten, NZS 2006, 630 ff.; Trips-Hebert, Hybrid Embryonen – Gesetzesänderung notwendig, ZRP 2009, 80 ff.

Inhalt **Rz**

I.	Systematische Einordnung	1
II.	Die Entwicklung der Richtlinien	2
III.	Einschränkung der Regelungen in den Richtlinien	3
IV.	Heterologe Verfahren	6
V.	Reproduktionsmedizinische Maßnahmen bei lesbischen Paaren und alleinstehenden Frauen	12
VI.	Kryokonservierung	13
VII.	Insemination	14
VIII.	Familien- und unterhaltsrechtliche Konsequenzen	15
IX.	Rechtliche Regelungsebenen im Bereich der assistierten Reproduktion	17

I. Systematische Einordnung

Der Gesetzgeber ist nicht verpflichtet, jede Regelung im Detail vorzugeben. Vielmehr kann er den nichtstaatlichen Satzungsgeber ermächtigen, im Rahmen abgeleiteter Kompetenz den Normrahmen durch eigene Regelungen auszufüllen. Ein weiteres Konfliktfeld besteht darin, dass das Recht der Fortpflanzungsmedizin mittlerweile in die Kompetenz des Bundes fällt (Art. 74 Nr. 26 GG), während das Recht der Berufsausübung nach wie vor in den Kompetenzbereich der Länder gehört[2]. Mit anderen Worten gilt der Satz „Bundesrecht bricht Landesrecht" nur für den Kern der Fortpflanzungsmedizin, nicht aber für Regelungen der Berufsausübung, für die dem Landesgesetzgeber die alleinige Kompetenz zusteht[3]. Erst recht sind strafrechtliche Normen wie z. B. das Embryonenschutzgesetz nicht geeignet, abschließend berufsrechtliche Regelungen zu ersetzen. Diese unterschiedlichen Ebenen dürfen nicht vermischt werden (siehe Übersichtstabelle am Ende). Die vor der

1

---

[2] Art. 74 Nr. 19 GG gibt dem Bund nur die Kompetenz für den Berufszugang.
[3] BVerfGE 102, 26, 36 (Frischzellen); BVerfG, Beschl.v.30.4.2004 – 1 BvR 2334/03, GesR 2004, 539 (Botox).

MBO-Novelle 2011 in D Nr. 15 MBO enthaltene Verweisung auf die Richtlinien ist ebenso wie D 14 MBO, der für Fragen der Forschung an Embryonen, totipotenten Zellen und das Problem der Präimplantationsdiagnostik eine Rolle spielte, ersatzlos gestrichen worden. Offenbar wurde diesbezüglich ein eigenständiger berufsrechtlicher Regelungsbedarf nicht mehr gesehen. Diese Regelungen sind heute durch das Embryonenschutzgesetz weitgehend überlagert. Deshalb wurden die noch in der Vorauflage enthaltenen Ausführungen zur PID ersatzlos gestrichen. Insoweit wird auf die im Vorspann aufgeführte Spezialliteratur verwiesen. Der Schwerpunkt der regulatorischen Grenzlinien findet sich in den Richtlinien (s. u.), Einzelregelungen im SGB V (z. B. die Genehmigungspflicht für reproduktionsmedizinische Zentren § 121a[4]) und den dazugehörigen Richtlinien sowie der bislang ergangenen Rechtsprechung. Eine Gesamtkonzeption bleibt ggfls. einem noch zu schaffenden Fortpflanzungsmedizingesetz vorbehalten.[5] Wichtig ist allerdings nach wie vor der formale Gehalt der Norm, d. h. die Anzeigepflicht (§ 13 Abs. 2) und das Weigerungsrecht. Die Kompetenz der Kammern zum Erlass derartiger Normen wird vom Bundesverwaltungsgericht bejaht[6]. Die Gesetzgebungskompetenz der Länder ergibt sich aus Art. 70 GG. Hierauf gehen die jeweiligen Heilberufe-Kammergesetze der Länder zurück, die wiederum die Ermächtigungsnormen für die als Satzung zu verabschiedenden (Landes –) Berufsordnungen enthalten. Der Regelungsgegenstand der Berufsordnungen ist in diesen Heilberufe-Gesetzen zu konkretisieren[7]. Für die reproduktionsmedizinischen Fragen ergibt sich die Satzungsermächtigung für Nordrhein-Westfalen z. B. aus §§ 29, 31, 32 Nr. 15 HeilberufeG NRW. Diese Kompetenztitel sind hinreichend bestimmt[8].

II. Die Entwicklung der Richtlinien

2   Die im Anhang zur Berufsordnung abgedruckten Richtlinien befassen sich mit den berufsrechtlichen Voraussetzungen, medizinischen Indikationen und Kontraindi-

---

[4] Für Streitigkeiten wg. § 121a SGB V ist der Rechtsweg zu den Sozialgerichten auch dann gegeben, wenn die Genehmigung von der Ärztekammer erteilt wird, BSG, Beschl.v. 16.8.2000, Urt. v. 28.9.2005 – B 6 SF 1/00 R – SGb 2001, 316; BSG – B 6 KA 60/03 R – GesR 2006, 253=MedR 2006, 370 kein Ermessen; LSG Baden-Württemberg, Urt. v. 5.12.2012 – L 5 KA 2791/12, MedR 2013, 136, keine defensive Konkurrentenklage gegen Genehmigung gemäß § 121a SGB V, da Regelungsziel von § 121a SGB V Patientenschutz und nicht Schutz vor weiterer Konkurrenz.

[5] Siehe hierzu Gassner/Kersten/Krüger/Lindner/Rosenau/Schroth, Augsburg-Münchner Entwurf für ein Fortpflanzungsmedizingesetz, 2013.

[6] BVerwG, Beschl.v. 24.2.1992 – 3 B 95/91 – NJW 1992, 1577; gegen VG Stuttgart, Urt. v. 17.11.1989 – 4 K 2004/86 – MedR 1990, 359; siehe aber Ham. BG Heilberufe; Beschl.v.10.10.2000 VI H.HeilB. 4/2000,Regelungen der Richtlinie über Qualifikation Arbeitsgruppenleiter unwirksam, weil Gesetzgebungskompetenz auf Bund übergegangen.

[7] Ratzel, in Ratzel/Luxenburger, Handbuch Medizinrecht,§ 4 Rdnr.3 mwN; Pestalozza, GesR 2006, 387ff; Rixen, VSSR 2007, 213 ff.

[8] BVerfG, Beschl.v. 9.5.1972 – 1 BvR 518/62 und 308/84, BVerfGE 33, 125 ff.; BVerfG, Beschl.v. 18.12.1974 – 1 BvR 259/66, BVerfGE 38, 281, 299.

kationen, den fachlichen, personellen und technischen Voraussetzungen sowie den sozialen Rahmenbedingungen. Ferner enthalten die Richtlinien Querverweise auf Bestimmungen des Embryonenschutzgesetzes, z. B. die Beschränkung der Übertragung auf drei Embryonen[9] und die Ersatzmutterschaft. Die Richtlinien sind mit einem ausführlichen Kommentar (allerdings ohne Rechtsnormqualität) versehen. Sie wurden erstmals 1985 vom 88. Deutschen Ärztetag als Teil der MBO beschlossen. Die erste Überarbeitung erfolgte 1988 mit der grundsätzlichen Beschränkung der Methoden auf Ehepaare im homologen System. Ausnahmen sollten nur nach Anrufung einer entsprechend zu bildenden Kommission bei der Ärztekammer zugelassen werden. 1991 wurden die Methoden dem neuen Stand der Wissenschaft angepasst, 1993 entfiel u. a. die Meldepflicht von kryokonservierten Vorkernstadien gegenüber der zentralen Kommission der Bundesärztekammer. 1998 wurden heterologe Verfahren nach Zustimmung der Kommission in Ziff. 3.2. ausdrücklich erlaubt, die Anwendung der Methoden bei lesbischen Paaren oder alleinstehenden Frauen hingegen ausnahmslos untersagt. Die Richtlinien sind 2006 grundlegend novelliert worden[10]. Die frühere Beschränkung reproduktionsmedizinischer Verfahren auf Ehepaare wurde aufgehoben. Die Insemination nach hormoneller Stimulation ist ausdrücklich in die Richtlinien aufgenommen worden. Die besonderen fachlichen und technischen Voraussetzungen gelten jedoch nur für die Insemination nach hormoneller Stimulation. Die „normale" intrauterine Insemination ist nicht Gegenstand der Richtlinien und unterliegt auch nicht der Genehmigungspflicht gemäß § 121 a SGB V. Das erst 1998 aufgenommene ausdrückliche Verbot der Anwendung der unter die Richtlinie fallenden Methoden bei lesbischen Paaren und alleinstehenden Frauen wurde aus dem Richtlinientext wieder entfernt. In Ziff. 2 werden die jeweiligen medizinischen Indikationen für die jeweiligen Methoden katalogmäßig aufgeführt. Erstmals werden in den Richtlinien für heterologe Inseminationen (Ziff. 2.1.6) sowie heterologe IVF und ICSI (Ziff. 2.1.7) medizinische Indikationen definiert. Gemäß Ziff. 5.3.1. ist der Einsatz von heterologem Samen medizinisch zu begründen. In Ziff. 5.3.3.2. finden sich besondere Dokumentationspflichten im Rahmen der Durchführung heterologer Verfahren, die letztlich zum Ziel haben sollen, dem derart gezeugten Kind zu einem späteren Zeitpunkt die Kenntnis seiner genetischen Abstammung zu ermöglichen (dazu unten).

III. Einschränkende Regelungen in den Richtlinien

1. Medizinische Einschränkungen, Qualitätsaspekte
Soweit die Richtlinien in Ziff. 4 Vorgaben zur Struktur des Teams, der Qualifikation des Arbeitsgruppenleiters, sachliche und fachliche Voraussetzungen sowie Dokumentationspflichten machen, ist dies als Teil der Qualitätssicherung durch

3

---

[9] Lilie, Neue rechtliche Konfliktfelder der Reproduktionsmedizin: Probleme der Dreierregel, ZaeFQ 2006, 673 ff.
[10] (Muster-)Richtlinie zur Durchführung der assistierten Reproduktion, DÄ 2006, 1392.

entsprechende Normen in den Heilberufe-Kammergesetzen der Länder ohne Zweifel gedeckt, jedenfalls solange der Bund nicht von seiner Kompetenz Gebrauch macht. Die Beschränkung der zu transferierenden 2-Pro-Nuclei-Zellen (synonym imprägnierte Eizellen, Eizellen im Vorkernstadium) oder Embryonen auf maximal drei ist als bloße Wiederholung der Vorgaben des Embryonenschutzgesetz (ESchG, § 1 Abs. 1 Nr. 3) nicht zu beanstanden[11]. Das gleiche gilt für die Empfehlung, in Ziff. 5.1. bei unter 38jährigen Frauen sogar nur zwei Eizellen zu befruchten und zu transferieren. Zum einen handelt es sich ausdrücklich nur um eine Empfehlung; zum anderen ist das Ziel, die Vermeidung höhergradiger Mehrlingsschwangerschaften, aus medizinischer Indikation gerechtfertigt, auch wenn als Folge hiervon die Schwangerschaftsrate sinkt. Ein entgegenstehendes Interesse der Frau auf Ausschöpfung der nach dem ESchG zulässigen Höchstzahl ist ausdrücklich berücksichtigt, so dass auch unter dem Gesichtspunkt der Drittbetroffenheit keine überzeugenden Einwände gegen diese Regelung vorgebracht werden können. Bei jeder In-Vitro-Fertilisation wird der Embryo-Transfer von verschiedenen Faktoren, deren Vorliegen erst nach der Zeugung festgestellt werden kann, abhängig gemacht. Beispielsweise seien genannt, dass seitens der Frau keine körperlichen Probleme auftreten, insbesondere die hormonelle Stimulation wie geplant läuft oder auch ihre Einwilligung nach wie vor aufrechterhalten wird.[12] Auch seitens des Embryos müssen bestimmte Bedingungen erfüllt sein, deren Vorliegen im Zeitpunkt seiner Zeugung nicht sicher ist. Ein Embryo mit z. B. bereits optisch wahrnehmbaren Fehlentwicklungen wird i. d. R nicht übertragen. Deshalb wurde und wird auch in Deutschland ein sog. „Embryoscoring" bei der imprägnierten Eizelle vor Abschluss der Befruchtung (und wohl auch danach) durchaus praktiziert.[13] Nach einer allerdings nicht zu den tragenden Gründen zählenden Passage in der Entscheidung des BGH[14] zur PID (S. 15 des Urteilsumdrucks) stellt die mikroskopische Betrachtung des Embryos nach Abschluss des Befruchtungsvorgangs, um morphologisch schwer geschädigte

---

[11] Siehe hierzu Lilie a. a. O. m. w. N.; a. A. hingegen Frommel, Reproduktionsmedizin 2002, 161, im Ergebnis aber nicht überzeugend; siehe aber auch AG Wolfratshausen, Urt. v. 30.4.2008, 6 C 677/06, § 1 Abs. 1 Nr. 5 ESchG verbietet nicht die Befruchtung von mehr als drei Eizellen ; ähnlich zur Kostenerstattung in der PKV: LG Köln, Urt. v. 18.2.2009, 23 O 51/08, VersR 2009, 974; LG Köln, Urt. v. 18.3.2009, 23 O 51/08, VersR 2009, 974; LG Köln, Urt. v. 18.3.2009, 23 O 384/07; zum deutschen Mittelweg Möller, S.589 ff; LG München I, Urt.v. 25.3.2014 – 33O 15432/13, Befruchtung von mehr als drei Eizellen nicht verboten, Deutscher Mittelweg zulässig; ebenso Auffassung der Staatsanwaltschaft München I in einem unveröffentlichten Einstellungsbeschluss v. 28.7.2014.

[12] Möller, Thaele, Das Schicksal nicht transferierter („verwaister") Embryonen, Frauenarzt 2001, 1393 ff.

[13] Diedrich/Felberbaum/Griesinger/Hepp/Kreß/Riedel, Reproduktionsmedizin im internationalen Vergleich, 2008, 22, 28 ff. Neidert, „Entwicklungsfähigkeit" als Schutzkriterium und Begrenzung des Embryonenschutzgesetzes. Inwieweit ist der Single-Embryo-Transfer zulässig? MedR 2007, 279, 284, der einen gewissen Beurteilungsspielraum auch bei Embryonen annimmt; siehe aber auch Möller, S.589, „elective Single-Embryo-Transfer" (eSET) durch ESchG nicht gedeckt, ebenso Taupitz, in Günther/Taupitz/Kaiser, § 1 Abs. 1 Nr. 3 Rn. 5.

[14] BGH, Urt. v. 6.7.2010 – 5 StR 386/09, GesR 2010, 540.

Embryonen zu identifizieren, hingegen eine unzulässige Verwendung i. S. von § 2 Abs. 1 ESchG dar und wäre somit u. U. strafbar.[15]

2. Indikationen und Kontraindikationen

Die Definition von Indikationen und Kontraindikationen besonderer medizinischer Verfahren gehört zum Kernbereich der Aufgaben der Kammern. Alle Heilberufe-Gesetze der Länder enthalten entsprechende Kompetenztitel[16]. Die Indikation ist -neben der Einwilligung des Patienten- für den Arzt die Legitimation, eine bestimmte Maßnahme durchführen zu dürfen. Zwar führt eine fehlende Indikation jenseits der hier interessierenden Materie nicht grundsätzlich zur Unzulässigkeit einer Maßnahme (Schönheitsoperationen, Wellness-Medizin etc.). Ein Anspruch auf Patientenseite auf Durchführung nicht indizierter Maßnahmen lässt sich aber weder aus Art. 1 noch Art. 2 GG herleiten[17].

3. Status-rechtliche Begrenzungen

Zwar möchten die Richtlinien reproduktionsmedizinische Maßnahmen grundsätzlich nur bei Ehepaaren und dann im homologen System angewendet wissen (Ziff. 3.1.1.). Letztlich ist das aber nur noch ein formales Festhalten an althergebrachten Überzeugungen, die schon in Ziff. 3.1.1.2.) ohne viel Aufhebens wieder fallengelassen werden. Bei der Voraussetzung, dass das Paar in einer festen Partnerschaft leben soll und der Mann nicht anderweitig verheiratet sein darf, bleibt es jedoch. Offensichtlich will man nicht dem medizinisch assistierten Ehebruch Vorschub leisten. Diese Einschränkung dürfte jedoch kaum von dem Kompetenztitel in den Heilberufe-Gesetzen gedeckt sein. Schon früher war die Beschränkung der Methoden auf Ehepaare in den Richtlinien nicht zu rechtfertigen. Wenn man diese Beschränkung dann nur konsequent aufhebt, ist es noch weniger zulässig – bei Vorliegen aller sonstigen Indikationen- die Durchführung der therapeutischen Maßnahme davon abhängig zu machen, dass der Lebensgefährte der Frau eine Ehe, die aus möglicherweise völlig anderen Motiven aufrecht erhalten wird, beendet[18]. Ein positives Bekenntnis des Mannes zu seiner Vaterschaft zu verlangen ist hingegen legitim.

---

[15] so auch schon Riedel, in: Diedrich/Felberbaum/Griesinger/Hepp/Kreß/Riedel, Reproduktionsmedizin im internationalen Vergleich, 2008, 105, obwohl dieses Verfahren angeblich bereits häufig – auch bei Embryonen – angewendet werde; a. A. Neidert aaO;

[16] Die LÄK Berlin war daher überhaupt nicht gezwungen, die frühere Regelung in D 15 einschließlich der Richtlinien ersatzlos zu streichen. Insbesondere unter Aspekten der Qualitätssicherung ist dieser Entschluss alles andere als zielführend.

[17] Ratzel, in Ratzel/Luxenburger, § 4 Rdnr. 10 ff.,17 ff.

[18] BVerfG, Beschl.v. 27.5.2008 – 1 BvL 10/05, NJW 2008, 3117, § (8 Abs. 1 Nr. 2 Transsexuellengesetz (TSG), der eine Geschlechtsumwandlung eines verheirateten Transsexuellen von einer vorherigen Scheidung abhängig macht, ist unwirksam.

IV. Heterologe Verfahren

1. Zulässigkeit

6 Die IVF-Therapie ist nicht nur im Embryonenschutzgesetz als zulässige Methode der artifiziellen Reproduktion vorausgesetzt, sondern auch in sozialrechtlichen Vorschriften (§ 27a SGB V) und von der Judikatur anerkannt. Allerdings wird ihre Anwendung im Rahmen der GKV unter eingehender Begründung mit dem Kindeswohl auf Ehepaare beschränkt und deshalb die Pflicht zur Kostenübernahme für heterologe In-vitro-Fertilisationen vom BSG abgelehnt[19]. Das BVerfG hat die gesetzgeberische Entscheidung in § 27 a SGB V, Kosten im Rahmen der künstlichen Befruchtung nur bei Eheleuten und dort auch nur im homologen System zu übernehmen, gebilligt, dies aber im wesentlichen mit der Abwägungsprärogative des Gesetzgebers begründet; ein generelles Unwerturteil heterologer Verfahren lässt sich der Entscheidung nicht entnehmen[20]. Interessant ist allerdings der Hinweis des Bundesverfassungsgerichts, die Ungleichbehandlung zwischen verheirateten und nicht verheirateten Paaren sei im Ergebnis nur deshalb kein Verstoß gegen Art. 3 Abs. 1 GG, weil es sich bei der Kinderwunschbehandlung durch künstliche Befruchtung nicht um Krankenbehandlung im eigentlichen Sinne, wie z. B. chirurgische Eingriffe handle (sic!), sondern vom Gesetzgeber nur den Regelungen für Krankenbehandlung unterworfen wurde[21]. Auch der BGH hat nur die homologe extra-korporale Befruchtung innerhalb der Ehe als medizinisch notwendige Heilbehandlung qualifiziert und die Einstandspflicht der Krankenkasse für zunächst drei Versuche bejaht[22]. Die früher strittige Frage, ob ein Kostenerstattungsanspruch auch dann besteht, wenn das Paar bereits ein Kind hat, ist in diesem Sinne positiv entschieden worden, so dass keine Ungleichbehandlung zwischen gesetzlich und privat Versicherten mehr besteht[23]. Strafgesetzlich ist die gespaltene Vaterschaft ebenso wenig verboten wie die künstliche Befruchtung in nichtehelichen Lebensgemein-

---

[19] BSG, Urt. v. 20.12.1988 – 3 RK 24/89 – NJW 1990, 2959=VersR 1991, 360; BSG, Urt. v. 19.9.2007, B 1 KR 6/07, Altersgrenze Männer 50 Jahre zulässig; BSG, Urt. v.3.3.2009, B 1 KR 7/08, Altersgrenze Frauen 40 Jahre zulässig; BSG, Urt. v. 25.6.2009 – B 3 KR 9/09 R, Leistungsausschluss nach drei erfolglosen Versuchen verfassungsgemäß.

[20] BVerfG, Urt. v. 28.2.2007 – 1 BvL 5/03, GesR 2007, 188 ff., Gesetzgeber könnte aber andere Regelung treffen

[21] BVerfG, aaO. Ziff. 3 a) unter Verweis auf BSG, Urt. v. 3. 4. 2001 – B 1 KR 40/00, BSGE 88, 62, 64, § 27 begründe einen eigenen Versicherungsfall.

[22] BGH, Urt. v. 17.12.1986 – IV a ZR 78/85 – MedR 1987, 182; BGH, Urt. v. 23.9.1987 – IV a ZR 59/86 – MedR 1988, 34; BGH, Urt. v. 21.9.2005 – IV ZR 113/04 zu den Voraussetzungen der medizinischen Notwendigkeit und der Erfolgsaussichten; Kosten als außergewöhnliche Belastung aber auch bei nicht verheiratetem Paar steuerlich zu berücksichtigen, wenn Maßnahme in Übereinstimmung mit BO, BFH, Urt. v. 10.5.2007 – III R 47/05, NJW 2007, 3596 unter Aufgabe der früheren Rechtsprechung. BSG, Urt.v. 18.11.2014 – B 1 KR 1/14 R, Ehe als Voraussetzung für Kostenübernahme.

[23] BGH, Urt. v. 12.7.2006 – IV ZR 173/05; BGH, Urt. v. 13.9.2006 – IV ZR 133/05 – NJW 2006, 3560=MedR 2007, 107.

schaften, da das Embryonenschutzgesetz die Ehe nicht als Zulässigkeitsvoraussetzung[24] für die IVF präjudiziert. Verboten ist allerdings die geteilte Mutterschaft § 1 Abs. 1 Nr. 2, 6 und 7 EschG, während die geteilte Vaterschaft zweifellos erlaubt ist – ein offensichtlicher Widerspruch, der durchaus kritisch diskutiert werden mag[25], allerdings der Regelungsbefugnis der Ärztekammern entzogen ist. Lediglich für den Fall der Embryonenspende besteht im Gegensatz zur Eizellspende eine Strafbarkeitslücke im ESchG, wenn die Möglichkeit den Embryo der Frau zu implantieren, von der die Eizelle stammt, nachträglich weggefallen ist[26]. Da es sich bei dieser (Ausnahme -)Konstellation auch nicht um Fortpflanzung oder eine reproduktionsmedizinische Maßnahme handelt, weil die Fortpflanzung ja bereits stattgefunden hat, handelt es sich auch nicht um eine Maßnahme, die unter die Richtlinien fällt.

2. Sicherheitsaspekte heterologer Verfahren
Der Einsatz von heterologem Samen ist medizinisch i. S. der genannten Indikationen zu begründen. Mit anderen Worten muss bei dem männlichen Partner des Paares eine der in Ziff. 2.1.6. oder 2.1.7. genannten Indikationen vorliegen. Ferner muss der Samen unter Infektionsschutzgesichtspunkten getestet werden (Ziff. 5.3.1.), damit die Frau sich nicht dem Risiko einer HIV-Infektion oder ähnlich schwer gelagerter Krankheiten aussetzt. Eine Durchführung reproduktionsmedizinischer Maßnahmen bei HIV diskordanten Paaren, wenn die Frau HIV-positiv ist, wird durch die Richtlinien nicht ausgeschlossen[27]. Nachdem Keimzellen mit Inkrafttreten des sog. Gewebegesetzes[28] u. a. unter das TPG fallen, sind die Voraussetzungen zur Untersuchung männlicher Keimzellen jetzt in § 6 Abs. 2 i. V. m. Anlage 4 Nr. 2 TPG-Gewebeverordnung (TPG-GewV[29]) nochmals zusätzlich präzisiert. Gemäß Ziff. 5.3.1. soll der Arzt darauf achten, dass der Spender nicht mehr als zehn Schwangerschaften erzeugt. Der Regelungszweck liegt zwar auf der Hand; anders als z. B.. in Österreich gibt es hierfür aber hierzulande keine gesetzliche Ermächtigung für diese Regelung, geschweige denn dass der Arzt die Möglichkeit hätte, die Einhaltung dieser Obergrenze zu kontrollieren.

---

[24] Kostenerstattung in PKV auch bei nichtehelichen Lebensgemeinschaften, LG Dortmund, Urt. v. 10.4.2008, 2 O 11/07; dagegen LG Köln, Urt. v. 17.1.2007, 23 O 196/06.

[25] Ludwig/Küpker,/Diedrich, Transfer von zusätzlichen Embryonen und Eizellspende, Frauenarzt 2000, 938 ff.; siehe auch EGMR, Entsch.v. 3.11.2011 – Az. 57813/00, MedR 2012, 380, österreichisches Verbot der Eizell- und Samenspende bei IVF verstößt nicht gegen Art. 8 und Ar. 14 EMRK.

[26] Schlüter, Schutzkonzepte für menschliche Keimbahnzellen in der Fortpflanzungsmedizin, S. 192.

[27] Bender, Assistierte Reproduktion bei HIV-Infektion der Frau aus haftungsrechtlicher Sicht, Gynäkologe 2001, 349 ff.; Empfehlung der Deutschen AIDS-Gesellschaft (DAIG) zur Diagnostik und Behandlung HIV-betroffener Paare mit Kinderwunsch, Frauenarzt 2008, 697 ff.

[28] BGBl. 2007 I, 1574 ff. zur Umsetzung der EG-Geweberichtlinie 2004/23/EG.

[29] BGBl. 2008 I, 512 ff.

3. Anonymitätszusage

8 Problematisch ist die bei heterologen Verfahren häufig erklärte Anonymitätszusage[30]. In anderen Ländern (z. B. USA) ist die anonyme Samenspende gang und gäbe. Zweifellos vereinfacht sie die Rekrutierung entsprechender Spender. Die Anonymitätszusage geht hier im übrigen vielfach unterschlagen in zwei Richtungen:

Anonymität des Spenders gegenüber der Empfängerin bzw. dem solchermaßen gezeugten Kind

Anonymität der Empfängerin im Hinblick auf den Spender, d. h. auch er weiß nicht, welche Frau letztlich mit seinem Samen befruchtet wird.

In diesem Zusammenhang kann sich die Frage nach der Rechtmäßigkeit der Einwilligung[31] in eine derartige anonyme Samenspende ergeben, die ja auch nach dem ESchG Voraussetzung für die Nichtbestrafung des Eingriffs ist. Die Praxis befasst sich nämlich in aller Regel nur mit der Frage der Zulässigkeit im Hinblick auf die Empfängerin, nicht jedoch auf die Vorstellung des einwilligenden Spenders. Die Wirksamkeit der Einwilligung kann sicherlich in den Fällen unterstellt werden, in denen die Samenspende eine völlig unbekannte Frau betrifft, die bisher nicht im Lebenskreis des Spenders aufgetaucht ist. Würde der Spender jedoch auch einwilligen, wenn er wüsste, dass die Spende einem Paar zugute kommt, das er möglicherweise kennt und in keiner Weise schätzt, oder einem Paar, das er kennt und zu dem er besonders enge freundschaftliche Beziehungen unterhält? Pauschale Einwilligungserklärungen werden in der Praxis zu wenig hinterfragt. Der Samenspender kann seine Einwilligung im übrigen bis zur Vornahme der künstlichen Befruchtung jederzeit widerrufen[32]. Bedeutender ist allerdings die Frage bezüglich der Anonymitätszusage zu Gunsten des Spenders im Hinblick auf das Paar bzw. das zu zeugende Kind. Diese Frage stellt sich im übrigen nicht nur bei der anonymen (Einzel-)Samenspende, sondern auch beim Verwenden eines „Samencocktails", der eine Zurückverfolgung der genetischen Abstammung zumindest außerordentlich erschwert bzw. gänzlich unmöglich machen kann. Ziff. 5.3.1. untersagt dementsprechend die Verwendung von Samencocktails. Nach überwiegender Auffassung ist die anonyme heterologe Insemination, d. h. eine dem Spender gegebene Anonymitätszusage, die ja letztlich ursächlich für seine Einwilligung gewesen ist, rechtswidrig[33], daraufhin gerichtete Verträge mithin nichtig (mit entsprechenden Folgen für das Honorar). Die Regelungen in Ziff. 5.3.1. und 5.3.3.2. spiegeln daher die gegenwärtige Rechtslage zutreffend wider. Im übrigen ist diese Frage durch das Gewebegesetz, insbesondere § 8 d, 16 a TPG§ i. V. m.§§ 6 Abs. 2, 5 Abs. 2 TPG-GewV zwischenzeitlich auch gesetzlich geregelt. Diese Vorschriften gelten sowohl für Gewebeeinrichtungen wie

---

[30] Naumann, Vereitlung des Rechts auf Kenntnis der eigenen Abstammung bei künstlicher Insemination, ZRP 1999, 142 ff. mit Hinweisen auf Regelung in anderen Ländern. Einigermaßen gelungen ist die österreichische Regelung.

[31] Beachtlichkeit des Widerrufs der Einwilligung des Samenspenders, EGMR, Urt. v. 7.3.2006 – 6339/05, GesR 2006, 428.

[32] EGMR, Urt. v. 7.3.2006 – 6339/05 – GesR 2006, 428.

[33] MünchKomm-Mutschler, § 1593, Rn 21a. a. A. OLG Hamm, Beschl.v. 13.6.2007, 3 W 32/07, MedR 2008, 2008, 213 m.zustimmender Anm. Cramer; siehe jetzt aber § 6 Abs. 2 TPG-GewV.

auch Einrichtungen der medizinischen Versorgung. Gemäß § 1 a Nr. 8 TPG ist eine Gewebeeinrichtung eine Einrichtung, die Gewebe zum Zwecke der Übertragung entnimmt, untersucht, aufbereitet, be- oder verarbeitet, konserviert, kennzeichnet, verpackt, aufbewahrt oder an andere abgibt (also z. B. eine Samenbank). Eine Einrichtung der medizinischen Versorgung ist ein Krankenhaus oder eine andere ärztlich geleitete Einrichtung mit unmittelbarer Patientenbetreuung (also z. B. eine Arztpraxis oder ein reproduktionsmedizinisches Zentrum) § 5 Abs. 2 TPG-GewV sieht die Feststellung und Dokumentation von Familienname, Vorname, Geburtsdatum und Anschrift des Spenders ausdrücklich vor. Dies macht nicht nur unter Sicherheitsaspekten zur Frage der Rückverfolgbarkeit Sinn:

In zwei – außerhalb der Fachkreise – zumindest damals wenig beachteten Entscheidungen vom 18.1.1988 und 31.1.1989 hat das Bundesverfassungsgericht[34] der Kenntnis der genetischen Abstammung und damit dem Wissen um die eigene Individualität Verfassungsrang zuerkannt[35]. Das Bundesverfassungsgericht vertrat die Ansicht, das nichteheliche Kind habe ein Recht auf Kenntnis des leiblichen Vaters (sofern er feststellbar ist), da es gem. Art. 6 Abs. 5 GG dem ehelichen Kind soweit als möglich gleichgestellt werden solle. Nur wenn das Kind seinen Vater kenne, könne es in eine persönliche Beziehung zu ihm treten oder auch unterhalts- und erbrechtliche Ansprüche durchsetzen. Die Eltern eines nichtehelichen Kindes hätten daher im Regelfall ihre Interessen denjenigen des Kindes unterzuordnen, denn sie hätten die Existenz des Kindes und seine Nichtehelichkeit letztlich zu vertreten. In der anderen Entscheidung führt das Bundesverfassungsgericht aus, dass auch das pro forma eheliche volljährige Kind das Recht haben müsse, die Klärung seiner Abstammung herbeizuführen. Die Kenntnis der eigenen Abstammung sei wesentlicher Bestandteil des Individualisierungsprozesses und falle daher unter den Schutz des allgemeinen Persönlichkeitsrechts[36]. Später hat das Bundesverfassungsgericht diese Entscheidungen allerdings insoweit relativiert[37], als der Anspruch des Kindes immer mit dem Persönlichkeitsrecht der Mutter abgewogen werden müsse. Den Gerichten stehe dabei ein breiter Entscheidungsspielraum zu[38]. Die Verwendung

---

[34] BVerfG, Beschl.v. 18.1.1988 – 1 BvR 1589/87 – NJW 1988, 3010; BVerfG, Beschl.v. 31.1.1989 – 1 BvL 17/87 – NJW 1989, 891; dazu auch Enders, Das Recht auf Kenntnis der eigenen Abstammung NJW 1989, 881.

[35] In dem einen Fall wollte ein nichteheliches Kind seine Mutter verpflichtet wissen, ihm den Namen seines leiblichen Vaters zu nennen (die Mutter lebte im Zeitpunkt der Konzeption in einer monogamen Beziehung); in der anderen Entscheidung ging es darum, inwieweit ein volljähriges Kind innerhalb einer bestehenden Ehe seine Ehelichkeit anfechten kann, ohne dass die besonderen Zulässigkeitsvoraussetzungen des § 1596 BGB gegeben waren; siehe heute § 1600 Abs. 1 Nr. 4 BGB, Kind kann Vaterschaft des nicht genetischen Wunschvaters anfechten.

[36] Günther, in Günther/Taupitz/Kaiser, Komm. z. Embryonenschutzgesetz, Einführung, lit.B Rdnr. 81 ff.; siehe auch EGMR, Urt. v. 25.9.2012 – Az. 33783/09, FamRZ 2012, 1935, Unzulässigkeit der anonymen Geburt, weil dadurch Kenntnis der eigenen Herkunft abgeschnitten wird.

[37] BVerfG, Beschl.v. 6.5.1997 – 1 BvR 409/90 – NJW 1997, 1769.,

[38] Zur Vollstreckbarkeit des Anspruchs durch Zwangsgeld gem. § 888 ZPO siehe OLG Hamm, Beschl.v. 16.1.2001 – 14 W 129/99 – NJW 2001, 1870; BVerfG, Beschl.v. 23.5.1995 – 1BvR 409/90.

von „Samencocktails" ist aber unter keinem rechtlichen Gesichtspunkt zu rechtfertigen; sie stellt eine vorsätzliche Vereitelung der genuinen Rechte des Kindes dar[39], ohne dass demgegenüber höherrangige schützenswerte Interessen der Eltern oder des Spenders zu erkennen sind. In einer aktuellen Entscheidung hat das OLG Hamm den Auskunftsanspruch eines durch Samenspende gezeugten Mädchens gegen ein reproduktionsmedizinisches Zentrum anerkannt.[40] Umgekehrt hat aber auch der Samenspender ein Recht auf Auskunft über das mit seinem Samen gezeugte Kind (OLG Hamm, Beschl.v. 15.5.2014 – 13 WF 22/14) und kann seine Vaterschaft gegenüber einem lesbischen Paar feststellen lassen (BGH, Urt.v. 15.5.2013 – XII ZR 49/11). Die Verletzung der Anonymitätszusage gegenüber dem Spender ist nicht unproblematisch. Natürlich stellt der Bruch der Anonymitätszusage eine Verletzung der ärztlichen Schweigepflicht dar; diese Verletzung ist jedoch i. d. R. gerechtfertigt, da die Anonymitätszusage als solche rechtswidrig (s. o.), d. h. der Informationsanspruch des Kindes vorrangig ist. Führt die Offenbarung des Spendernamens gegenüber dem Kind zur Geltendmachung von Unterhaltsansprüchen u. a. gegen den leiblichen Vater, sind Regressansprüche durch diesen gegenüber dem Arzt dann denkbar, wenn der Arzt nicht auf die fehlende Bindungswirkung der Anonymitätszusage hingewiesen und auch das nach wie vor bestehende Ehelichkeitsanfechtungs- und Informationsrecht des Kindes nachweisbar nicht erwähnt hatte[41]. Werden derartige Ansprüche erhoben, stellt sich zwangsläufig die Frage, inwieweit sie ggf. durch die Berufshaftpflicht abgedeckt sind. Mit guten Gründen lässt sich die Auffassung vertreten, der Versicherer könne sich hier auf seine Leistungsfreiheit berufen, da bedingter Vorsatz anzunehmen ist. Der Arzt weiß, dass die Anonymitätszusage in erster Linie dazu dient, Spender zu motivieren. Sichert er dem Spender dabei dennoch Anonymität zu, nimmt er damit billigend in Kauf, diese Anonymitätszusage später einmal brechen zu müssen, schon um nicht selbst von dem Kind als „Ersatzschuldner" in Anspruch genommen zu werden[42].

4. Dokumentation

10   Schon nach geltendem Berufsrecht (§ 10 MBO) ist der Arzt verpflichtet, die maßgeblichen Fakten der jeweiligen Behandlung zu dokumentieren; hierzu gehört selbstverständlich auch die Person des genetischen Vaters. Die Einzelheiten sind jetzt in Ziff. 5.4.1 der Richtlinien konkretisiert. Die standesrechtliche Dokumentationspflicht ist für die hier in Rede stehenden Fälle jedoch unzureichend, da die Aufbewahrungspflicht in der Regel nur zehn Jahre beträgt; der Informationsanspruch des

---

[39] Naumann, Vereitelung des Rechts auf Kenntnis der Abstammung bei künstlicher Insemination, ZRP 1999, 142 ff.

[40] OLG Hamm, Urt. v. 6.2.2013 – I-14 U 7/12, GesR 2013, 152=NJW 2013, 1167; Fink/Grün Der Auskunftsanspruch über die Abstammung des durch heterologe Insemination gezeugten Kindes gegen den Arzt, NJW 2013, 1913; Wellenhofer, Die Samenspende und ihre (späten) Rechtsfolgen, FamRZ 2013,825 ff.

[41] § 1600 Abs. 5 BGB schließt nur die Anfechtung durch die Mutter und ihren Ehemann aus.

[42] Hierzu auch Coester-Waltjen, Gutachten zum 56. Dtsch. Juristentag 1986, B 68, 69; Staudinger/Thomas Rauscher (2004), Anhang zu § 1592: Väterliche Abstammung bei Zeugungstechnologien Rz. 16.

Kindes wird aber – sofern er überhaupt erhoben wird – in aller Regel erst nach Erreichen der Volljährigkeitsgrenze geltend gemacht werden. Aus diesem Grunde wird man eine über die standesrechtliche Aufbewahrungspflicht von zehn Jahren hinausgehende nebenvertragliche Obliegenheit für eine weitergehende Aufbewahrungspflicht ernsthaft diskutieren müssen[43]. Denkbar wäre eine Registrierung bei der Ärztekammer. Sinnvollerweise wird man aber Registrierung und Verfahrensfragen (Einsichtnahme; Fristen u. ä.) außerhalb des ärztlichen Berufsrechts regeln, da insoweit wieder Kompetenzgrenzen zu beachten sind. Soweit das TPG für heterologe Verfahren Anwendung findet (siehe insbesondere § 1 i. V. m. § 6 Abs. 2 TPG-GewV) sind darüberhinaus die besonderen Dokumentations- und Aufbewahrungspflichten zu beachten, die im übrigen auch für die „normale" Inseminationen, die nicht unter die Richtlinien fallen, gelten. Gemäß §§ 13 a, 16 a TPG i. V. m. § 7 TPG-GewV beträgt die Aufbewahrungsdauer für die im Rahmen der TPG-GewV zu erstellende Dokumentation 30 (in Worten: dreißig) Jahre, beginnend mit der Übertragung des Gewebes, hier also des Samens. Berufsrechtlich unproblematisch sind im übrigen die Dokumentations- und Meldepflichten gegenüber dem DIR (5.4.1. der Richtlinien).

V. Reproduktionsmedizinische Maßnahmen bei lesbischen Paaren oder alleinstehenden Frauen

1. Behandlung lesbischer Paare
Das in der Fassung der Richtlinien aus dem Jahre 1998 noch ausdrücklich enthaltene Verbot der Anwendung reproduktionsmedizinischer Verfahren bei lesbischen Paaren und alleinstehenden Frauen findet sich in der seit 2006 verabschiedeten Fassung nicht mehr explizit. Lediglich aus den Formulierungen in Ziff. 3.1.1. kann man indirekt erschließen, dass diese Methoden nur in einer stabilen verschiedengeschlechtlichen Partnerschaft angewendet werden sollen. Dagegen wird eingewandt, den Ärztekammern fehle für eine derartige Einschränkung der Rechte Dritter die gesetzliche Kompetenz[44]. Auch in einer gleichgeschlechtlichen Partnerschaft sei der Kinderwunsch durch Art. 2 GG als Teil des allgemeinen Persönlichkeitsrechts zu schützen[45]. Da das allgemeine Persönlichkeitsrecht individualisiert und nicht

11

---

[43] In anderen Ländern bestehende Dokumentationsmöglichkeiten (z. B. Schweden, gesondertes Register für Krankenhäuser etc.) scheidet mangels gesetzlicher Grundlage in Deutschland aus; außerdem werden heterologe Inseminationen vornehmlich in Praxen vorgenommen, so dass die Bündelungsfunktion von Klinikregistern entfällt. Praktikabel erscheint der Vorschlag von Coester-Waltjen, die biologische Vaterschaft beim Standesamt verschlüsselt registrieren zu lassen, um dem Kind mit Vollendung des 18. Lebensjahres ein Informationsrecht einzuräumen. Eine „automatische" Information nach Erreichen der Volljährigkeit wird zu Recht abgelehnt, da das Recht des Kindes auf Kenntnis seiner genetischen Abstammung auch negativ im Sinne von Bewahrung des status quo zu achten ist; so wohl auch Coester-Waltjen B 65, 66.

[44] Müller, Die Spendersamenbehandlung bei Lebenspartnerinnen und alleinstehenden Frauen, GesR 2008, 573, 579.differenzierend Schlüter aaO. S. 211.

[45] Schlüter aaO.S. 181, 182.; Müller, GesR 2008, 374, 375.

paarbezogen sei, könne sein Schutz bzw. seine Realisierung nicht von der tatsächlichen Paarbeziehung respektive der sexuellen Orientierung abhängen[46]. Ergänzend wird auf die Regelungen im LPartG verwiesen, wonach auch gleichgeschlechtliche Lebenspartnerschaften ehelichen Lebensgemeinschaften weitgehend gleichgestellt sind[47]. Im übrigen könnten auch gleichgeschlechtliche Paare im Rahmen von Adoptionen berücksichtigt werden (§ 9 Abs. 6, 7 LPartG)[48,] wobei allerdings dem Kindeswohl nochmals erhöhte Aufmerksamkeit zu schenken ist. Diese Position wird durch die Entscheidung des Bundesverfassungsgerichts zur Verfassungswidrigkeit des Ausschlusses der Sukzessivadoption bei gleichgeschlechtlichen Lebenspartnerschaften sicherlich gestärkt.[49] Man mag allerdings begründete Zweifel haben, ob eine analoge Heranziehung der Adoptionsregeln in diesem Falle tragen kann. Während die Frage des Kindeswohls im Adoptionsverfahren einer eingehenden Prüfung unterliegt und zudem der endgültigen Adoption eine Probezeit vorgeschaltet sein soll (§ 1744 BGB), soll bei der künstlichen Befruchtung einer lesbischen Frau ausschließlich die (eigennützige) Durchsetzung ihres Wunsches maßgeblich sein, und dies, obwohl sie sich für eine Lebensplanung entschieden hat, die die Fortpflanzung auf natürlichem Wege ausschließt. Deshalb erscheint die Berufung auf den Schutz des allgemeinen Persönlichkeitsrechts in diesen Konstellationen eher als rechtsmissbräuchlich[50]. Die künstliche Befruchtung einer lesbischen Frau ist schon begrifflich keine Sterilitätsbehandlung, eine medizinische Indikation liegt im Regelfall nicht vor. Da die Methoden der künstlichen Befruchtung, soweit sie den Richtlinien unterliegen, nur im Falle der dort genannten medizinischen Indikationen zulässig sind, sind sie im Falle einer indikationslosen Befruchtung einer lesbischen Frau unzulässig. Dabei ist die andernorts beklagte und für unzulässig gehaltene Drittbetroffenheit oder Außenwirkung der Vorschrift nur die mittelbare Folge

---

[46] Rütz, Heterologe Insemination – die rechtliche Stellung des Samenspenders, 2008, 94, 95; ebenso Coester-Waltjen, Gutachten 56. DJT, B 74; Möller, S. 595; dagegen Wanitzek, FamRZ 2003, 730, 733.

[47] Allerdings gilt die Gleichstellung nicht für alle Bereiche, BVerfG, Beschl.v. 20.9.2007 – 2 BvR 855/06, NJW 2008, 209; 2008, 2325, kein Verheiratetenzuschlag; siehe aber auch BVerfG, Beschl.v. 7.7.2009 – 1 BvR 1164/07 keine Privilegierung der Ehe gegenüber eingetragener Lebenspartnerschaft in Satzung einer Versorgungsanstalt des Bundes; BVerfG, Beschl.v. 7.5.2013 – 2 BvR 909/06, BGBl. I 2013, 1647, Ehegattensplitting auch für eingetragene Lebenspartnerschaften.

[48] EGMR, Urt. v. 22.1.2008, Az. 43546/02, Rechte aus Art. 8, 14 EMRK. OLG Karlsruhe, Beschl.v. 7.2.2014 – 16 UF 274/13, NJW 2014, 2050; Annahme eines durch anonyme Samenspende gezeugten Kindes durch die Lebenspartnerin der Kindsmutter zulässig. siehe aber auch EGMR, Entscheidung v. 7.5.2013 – 8017/11, NJW 2014, 2561, keine Verpflichtung der Staaten, gleichgeschlechtliche Paare bei der Stiefkinadoption mit Ehepaaren gleichzustellen.

[49] BVerfG, Urt. v. 19.2.2013 – 1 BvL 1/11, 1 BvR 3247/09, NJW 2013, 847.

[50] Gemäß § 2 Abs. 1 des österreichischen Fortpflanzungsmedizingesetzes v. 17.11.2009 i.d.Fassung von Art. 4 des Gesetzes über die eingetragene Partnerschaft (Inkrafttreten zum 1.1.2010), ist eine medizinisch unterstützte Fortpflanzung nur in einer Ehe oder einer Lebensgemeinschaft von Personen verschiedenen Geschlechts zulässig; siehe aber OGH, Beschl.v. 22.3.2011 – 3 Ob 147/10d, RdM 2011,96 der diese Einschränkung für verfassungswidrig hält, und deshalb den Verfassungsgerichtshof angerufen hat. Der VfGH hat die Vorlage aus formalen Gründen am 27.11.2012 zurückgewiesen. Die Bioethikkommission beim (österreichischen) Bundeskanzleramt befürwortet eine entsprechende Neuregelung.

einer insoweit zulässigen und durch die Heilberufegesetze der Länder gedeckte Definition medizinischer Standards. Auch § 6 TPG-GewV sieht die Verwendung von Keimzellen im Rahmen einer medizinisch unterstützten Befruchtung nur dann vor, wenn die Verwendung medizinisch indiziert ist. Da diese Regelung auch für „normale" Inseminationen –unabhängig von den Richtlinien- gilt, scheidet dieser Weg ebenso aus wie die „Selbstbeschaffung" von Keimzellen von einer deutschen Samenbank, da ihr die Herausgabe für diesen Verwendungszweck nach der TPG-GewV untersagt ist.

2. Künstliche Befruchtung einer alleinstehenden Frau
Befürworter der Zulässigkeit der Anwendung von Methoden der künstlichen Befruchtung bei allein stehenden Frauen bezeichnen entgegenstehende Auffassungen gerne als „konservativ", während die eigene Auffassung mit dem Attribut „liberal" bewertet wird[51]. Eine derartige Differenzierung ersetzt keine juristische Analyse. Auch bei der künstlichen Befruchtung einer alleinstehenden Frau fehlt im Regelfall jegliche medizinische Indikation. Insoweit gelten die zur künstlichen Befruchtung einer lesbischen Frau getroffenen Feststellungen, insbesondere zur TPG-GewV, entsprechend. Im übrigen müsste der heterologe Spender zuvor eingewilligt haben, dass seine Keimzellen für die künstliche Befruchtung einer alleinstehenden Frau verwendet werden sollen, was in vielen Fällen einer „Einladung" zur Übernahme von Unterhaltspflichten entsprechen dürfte. Schließlich hat der Gesetzgeber in § 4 Abs. 1 Nr. 3 ESchG für einen ähnlichen Fall, die post-mortem-Insemination, eine Wertung getroffen. Gemäß § 4 Abs. 1 Nr. 3 ESchG wird mit Freiheitsstrafe bis zu drei Jahren oder mit Geldstrafe bestraft, wer wissentlich eine Eizelle mit dem Samen eines Mannes nach dessen Tode künstlich befruchtet. Darauf gerichtete Verträge sind nichtig. Für eine Ausnahmekonstellation (Herausgabeverlangen bereits zu Lebzeiten des Ehemannes imprägnierter Eizellen durch seine Witwe) hat das OLG Rostock[52] keinen Verstoß gegen § 4 Abs. 1 Nr. 3 ESchG gesehen. Eine strafbare Körperverletzung trotz Einwilligung der Frau könnte im übrigen dann angenommen werden, wenn man die Einwilligung zu einer derartigen Befruchtung außerhalb einer bestehenden Partnerschaft als sittenwidrig einstuft (§ 228 StGB)[53]. Betrachtet man das Schutzgut „Kindeswohl"[54], das Anlass für das Verbot der post-mortem-Befruchtung gewesen ist, ist es durchaus möglich, derartige Einwilligungen als „sittenwidrig" zu qualifizieren. Allerdings spielen hier sehr starke weltanschauliche Grundpositionen eine Rolle, so dass man sich vor vorschnellen Festlegungen hüten sollte. Dennoch bleibt es dabei, dass die alleinstehende Frau in dieser Konstellation die (künstlich assistierte) Zeugung eines sozialen Halbwaisen wünscht.

---

[51] Rütz, aaO. S. 89, 90.
[52] OLG Rostock, Urt. v. 7.5.2010, 7 U 67/09, GesR 2010, 330 ff. unter Aufhebung LG Neubrandenburg, Urt. v. 12.8.2009, 2 O 111/09; kritisch zum Verbot der post-mortem-Befruchtung unter Verweis auf die Entstehungsgeschichte siehe auch ausführlich Krüger, aaO, S. 4 ff.
[53] Fischer, StGB, 59.Aufl. 2012, § 228 Rdnr. 24 a.
[54] Ftenakis, Väter, Urban & Schwarzenberg, München, Wien, Baltimore 1985.

VI. Kryokonservierung[55]

13 Gemäß Ziff. 5.2 der Richtlinien (siehe auch Ziff. 4 der am 1.10.1990 in Kraft getretenen vertragsärztlichen Richtlinien)[56] ist die Kryokonservierung von Vorkernstadien prinzipiell zulässig. Die Kryokonservierung von Embryonen soll nur ausnahmsweise zulässig sein, wenn die im Behandlungszyklus vorgesehene Übertragung aus medizinischen Gründen nicht möglich ist. Die in früheren Fassungen der Richtlinien enthaltene Meldepflicht der Kryokonservierung von Vorkernstadien gegenüber der zentralen Kommission der Bundesärztekammer ist in der 1993 überarbeiteten Fassung nicht mehr enthalten. Das Embryonenschutzgesetz schreibt die Zulässigkeit der Kryokonservierung von 2-PN-Zellen in § 9 Nr. 3 EschG ausdrücklich fest.

Der argumentative Versuch, die Kryokonservierung von mehr als drei 2-PN-Zellen unter Hinweis auf § 1 Abs. 1 Nr. 5 EschG für unzulässig zu erklären[57], wird weder durch den Gesetzeswortlaut noch durch die Entstehungsgeschichte getragen. Die Befürworter dieser Auffassung berufen sich auf die Formulierung in § 1 Abs. 1 Nr. 2 und § 1 Abs. 2 EschG nebst der dafür gegebenen Begründung im Gesetzgebungsverfahren. Sie übersehen dabei jedoch die rechtlich und naturwissenschaftlich klar definierten Grenzen zwischen 2-PN-Zellen und Embryo sowie die Schutzzweckfunktion von § 1 Abs. 1 Nr. 2 und § 1 Abs. 2 EschG[58]. Ferner ist zu beachten, dass die Kryokonservierung der 2-PN-Zellen und die damit zusammenhängenden Probleme mit den Eltern im Konsens besprochen sind, die weitere Kultivierung von 2-PN-Zellen nach einem vorangegangenen fehlgeschlagenen Übertragungsversuch vom jeweils immer neu zu erteilenden Einverständnis beider Elternteile abhängig gemacht wird und sichergestellt ist, dass die 2-PN-Zellen sofort vernichtet werden, wenn auch nur ein Elternteil dies verlangt[59] oder der behandelnde Arzt Kenntnis davon erhält, dass ein Elternteil verstorben ist. Fragen des Transports von Kryomaterial, Gewebebanken, Kostenpflichten und steuerliche Folgen u. ä. sind nicht Gegenstand berufsrechtlicher Regelungen[60].

---

[55] Besonders instruktiv Möller, Hilland, Kryokonservierung von Keimzellen –Rechtlicher Rahmen und Vertragsgestaltung, Rechtliche Fragen in der Reproduktionsmedizin, Votragsband zum Symposion des Instituts für Medizinrecht der Universität Düsseldorf vom 13.2.2009

[56] Zuletzt geändert am 15.11.2007, BAnz 2008 Nr. 19 S. 375 in Kraft getreten am 6.2.2008.

[57] So AG Göttingen, Urt. v. 10.8.2007, 23 C 124/07; aufgeh. durch LG Göttingen, Urt. v. 24.9.2009, 2 S 24/07.

[58] Taupitz in Günther/Taupitz/Kaiser, § 9 Rdnr. 4; LG Dortmund, Urt. v. 10.4.2008 – 2 O 11/07, VersR 2008, 1484; Konsensus-Papier zur Kryokonservierung von Vorkernstadien der Deutschen Gesellschaft für Gynäkologie und Geburtshilfe und des Berufsverbandes der Frauenärzte, Frauenarzt 1991, 715.

[59] OLG Hamm, Urt. v.4.2.2013 – I-22 U 108/12, zu den Problemen von Lagerungsverträgen und „angeblich" unabgestimmter Verwendung von kryokonserviertem Sperma.

[60] Es handelt sich dabei nicht um Ausübung der Heilkunde. Die Kryokonservierung vorsorglich gewonnener 2-PN-Zellen (imprägnierter Eizellen) für die mögliche Wiederholung eines Versuchs der Befruchtung ist keine Leistung der gesetzlichen Krankenversicherung, BSGE 86, 174; anders aber, wenn Kryokonservierung wegen der Therapie einer Krankheit eine konkret drohende Empfängnisunfähigkeit verursachen könnte und damit selbst ein Versicherungsfall ist: BSG, Urt. v.

VII. Insemination

Die Insemination ohne hormonelle Stimulation ist nicht Gegenstand der Richtlinien. Infolgedessen sind auch die dort genannten Zulässigkeitsvoraussetzungen nicht ohne weiteres auf normale Inseminationsverfahren übertragbar. Dies gilt sowohl für die Zusammensetzung des reproduktionsmedizinischen Teams wie auch für die Melde- und Genehmigungspflichten gegenüber der Kammer. Über die TPG-GewV werden jedoch die besonderen Dokumentationspflichten auch auf dieses Verfahren erstreckt.

14

VIII. Familien- und unterhaltsrechtliche Konsequenzen

Das von einer verheirateten Frau nach der Eheschließung und innerhalb von 300 Tagen nach der Auflösung der Ehe geborene Kind ist auch dann ehelich, wenn es das Produkt einer heterologen Insemination ist[61]. Diese Ehelichkeitsvermutung gilt so lange, bis sie durch eine erfolgreiche Ehelichkeitsanfechtung, die früher sowohl vom Scheinvater, der Mutter als auch vom Kind (ggf. durch seinen gesetzlichen Vertreter) beantragt werden konnte, beseitigt worden ist[62]. Die Anfechtungsfrist betrug für den Scheinvater zwei Jahre seit Kenntnis der Umstände; die Frist begann frühestens mit der Geburt zu laufen (§ 1600 b BGB). Beim Kind beginnt die Frist frühestens nach Erreichen der Volljährigkeit und Kenntnis der Umstände. Nach einer heftig umstrittenen Entscheidung des BGH[63] sollte der Scheinvater die Ehelichkeit auch dann anfechten können, wenn er sich mit der heterologen Insemination seiner Ehefrau einverstanden erklärt hatte. Die Kritik an diesem Urteil ebbte nicht ab. Wenn auch die Einräumung des Ehelichkeitsanfechtungsrechts zu Gunsten des Scheinvaters, der einer heterologen Insemination zunächst zugestimmt hat, widersprüchlich erscheinen mag, war doch nicht zu übersehen, dass die Vorschriften in den §§ 1591 ff. BGB zwingendes Recht darstellten, das einer vertragliche Abänderung in der Regel nicht zugänglich war. Hier schafft § 1600 Abs. 4 BGB nunmehr Klarheit. Er schließt eine Anfechtung der Vaterschaft durch Scheinvater oder Mutter endgültig aus, sofern das Kind mit der Samenspende eines Dritten erzeugt wor-

15

17.2.2010 – B 1 KR 10/09 R, GesR 2010, 268; LG Magdeburg, Urt. v. 5.4.2006, 11 O 195/06: PKV muss Kosten erstatten; siehe im übrigen ausführlich Möller, Hilland, Kryokonservierung von Keimzellen –Rechtlicher Rahmen und Vertragsgestaltung, Rechtliche Fragen in der Reproduktionsmedizin, Vortragsband zum Symposion des Instituts für Medizinrecht der Universität Düsseldorf vom 13.2.2009; Möller, S.596 ff.

[61] § 1591 i. V. m. § 1592 BGB, Ehelichkeitsvermutung, allerdings nur dann, wenn überhaupt eine Beiwohnung stattgefunden hat; die heterologe Insemination allein begründet die Ehelichkeitsvermutung nicht; Coester-Waltjen, Reformüberlegungen unter besonderer Berücksichtigung familienrechtlicher und personenstandsrechtlicher Fragen, Reproduktionsmedizin 2002, 183 ff.

[62] Das früher bestehende Anfechtungsrecht der Großeltern für den Fall des Todes des Mannes § 1595a BGB (alt) ist weggefallen.

[63] BGH – IX ZR 24/82 – NJW 1983, 2073; OLG Celle – 15 U 7/91 – NJW 1992, 1516.

den ist⁶⁴. Allerdings kann der Samenspender als genetischer Vater unter gewissen Umständen die Vaterschaft des Wunschvaters anfechten.⁶⁵

16 Der Samenspender ist über das nach wie vor bestehende Anfechtungsrecht des Kindes vor der Samenspende hinzuweisen, um ihm das Risiko einer möglicherweise bestehenden Inanspruchnahme auf Unterhalt (z. B. bei Wegfall der sonstigen Unterhaltsverpflichteten) aufzuzeigen. Thematisiert der Arzt dies gegenüber den Beteiligten vor der Vornahme der heterologen Insemination nicht, riskiert er im Falle des Fehlschlagens, der Geltendmachung eines Unterhaltsanspruchs des Kindes gegenüber seinem Scheinvater später eventuell selbst in Regress genommen zu werden⁶⁶. Mit der Überprüfung der genetischen Abstammung wird man seit der Einfügung von § 1598 a BGB⁶⁷ und damit der Duldungspflicht entsprechender Tests häufiger rechnen müssen. Fechten die Kinder die Ehelichkeit an, entfällt die Unterhaltspflicht des Scheinvaters. Aus einer heterologen Insemination stammende Kinder können insoweit nicht besser gestellt werden, als „normale" Kinder⁶⁸.

Wird die Vaterschaft des Samenspenders festgestellt, treffen ihn alle Pflichten eines „normalen" Vaters, also insbesondere Unterhaltspflichten. Regelmäßig getroffene Freistellungsvereinbarungen zwischen dem Spender und den Eltern können den eigenen Unterhaltsanspruch des Kindes aus § 1601 BGB nicht wirksam ausschließen. Der Verzicht der vertretungsberechtigten Eltern ist gemäß § 1614 Abs. 1 BGB unwirksam.⁶⁹ Dennoch machen Freistellungsvereinbarungen Sinn, damit der genetische Vater vor einem Regress des Scheinvaters geschützt wird (§ 1607 Abs. 3 BGB). Im Interesse aller Beteiligten sollte die vertragliche Unterhaltsverpflichtung des Wunschvaters vor der Vornahme der heterologen Befruchtung in notariell beglaubigter Form, die einen Vollstreckungstitel ersetzt, niedergelegt werden.⁷⁰

---

⁶⁴ Vgl. Gesetz zur weiteren Verbesserung von Kinderrechten vom 9.4.2002 (BGBl. I S. 1239) und Gesetz zur Änderung der Vorschriften über die Anfechtung der Vaterschaft und das Umgangsrecht von Bezugspersonen des Kindes, zur Registrierung von Vorsorgeverfügungen und zur Einführung von Vordrucken für die Vergütung von Berufsbetreuern vom 23.4.2004 (BGBl. I S. 598).

⁶⁵ BGH, Urt. v. 15.5.2013 – XII ZR 49/11 (außergewöhnlicher Sachverhalt) unter Berufung auf BVerfG, Beschl.v. 9.4.2003 – 1 BvR 1493/96, BGBl. I 2003, 737=BVerfGE 108, 82 ff.; dagegen EGMR, Entscheidung v. 22.3.2012, Az. 45071/09.

⁶⁶ Staudinger/Thomas Rauscher, Anhang zu § 1592: Väterliche Abstammung bei Zeugungstechnologien Rn. 16.

⁶⁷ VatKlärG v. 26.3.2008, BGBl. 2008 (I) 441, gültig seit 1.4.2008.

⁶⁸ BGH – XII ZR 89/94 – NJW 1995, 2031.

⁶⁹ Wellenhofer, FamRZ 2013, 827.

⁷⁰ Wehrstedt, Verwendung von Fremdsamen – Aufklärungspflichten und Gestaltungsaufgaben des Notars, Tagungsband Reproduktionsmedizin Frister/Olzen 2010, 75 ff

IX. Rechtliche Regelungsebenen im Bereich der assistierten Reproduktion

	Kompetenz	Norm/Qualität	Regelungsziel
Berufsrecht	Länder	HeilberufeG	u. a. Satzungsermächtigung LÄK für BerufsO und WBO
	LÄK	BO-Satzung, § 13	Ermächtigung Rili + Verbindlichkeitshinweis
	LÄK	IVF-Rili, Satzung (umstr.)	Struktur- und Prozessqualität
	BÄK	MBO, keine	Entscheidungsvorlage für LÄK
Fortpflanzungsmedizin	Bund	Regelung fehlt	Koordinierung unterschiedlicher Regelungsziele
Sozialrecht	Bund	§ 121 a SGB V	Genehmigung Durchführung
	Bund	§ 27 a SGB V	Leistungsinhalt u. Anspruchsberechtigung (nur Ehepaare)
	Bund	§ 27 a Abs. 4 i. V. m. § 92 Abs. 1 Nr. 10 SGB V	Ermächtigung Bundesausschuss Ärzte/Krankenkassen
	Bundesausschuss	Richtlinie	Konkretisierung Leistungsinhalt u. -umfang
Strafrecht	Bund	ESchG	Ahndung missbräuchlicher Anwendung von Fortpflanzungstechniken
„Richter-Recht"	BVerfG		Recht auf Kenntnis der eigenen Abstammung
	BGH u. BSG		Kosten PKV und GKV nur Ehepaare im homologen System

2. Deklaration von Helsinki

Deklaration von Helsinki (Fassung Somerset West)

Beschlossen auf der 18. Generalversammlung in Helsinki, Juni 1964, revidiert von der 29. Generalversammlung in Tokio, Oktober 1975, von der 35. Generalversammlung in Venedig, Oktober 1983, von der 41. Generalversammlung in Hongkong, September 1989 und von der 48. Generalversammlung in Somerset West 1996. Empfehlung für Ärzte, die in der biomedizinischen Forschung am Menschen tätig sind.

Vorwort

Aufgabe des Arztes ist die Erhaltung der Gesundheit des Menschen. Der Erfüllung dieser Aufgabe dient er mit seinem Wissen und Gewissen. Die Genfer Deklaration des Weltärztebundes verpflichtet den Arzt mit den Worten: „Die

Gesundheit meines Patienten soll mein vornehmstes Anliegen sein", und der internationale Codex für ärztliche Ethik legt fest: „Jegliche Behandlung oder Beratung, die geeignet erscheinen, die physische und psychische Widerstandskraft eines Menschen zu schwächen, dürfen nur in seinem Interesse zu Anwendung gelangen."

Ziel der biomedizinischen Forschung am Menschen muss es sein, diagnostische, therapeutische und prophylaktische Verfahren sowie das Verständnis für die Ätiologie und Pathogenese der Krankheit zu verbessern.

In der medizinischen Praxis sind diagnostische, therapeutische oder prophylaktische Verfahren mit Risiken verbunden; dies gilt um so mehr für die biomedizinische Forschung am Menschen.

Medizinischer Fortschritt beruht auf Forschung, die sich letztlich auch auf Versuche am Menschen stützen muss.

Bei der biomedizinischen Forschung am Menschen muss grundsätzlich unterschieden werden zwischen Versuchen, die im wesentlichen im Interesse des Patienten liegen, und solchen, die mit rein wissenschaftlichem Ziel ohne unmittelbaren diagnostischen oder therapeutischen Wert für die Versuchsperson sind.

Besondere Vorsicht muss bei der Durchführung von Versuchen walten, die die Umwelt in Mitleidenschaft ziehen könnten. Auf das Wohl der Versuchstiere muss Rücksicht genommen werden.

Da es notwendig ist, die Ergebnisse von Laborversuchen auch auf den Menschen anzuwenden, um die wissenschaftliche Kenntnis zu fördern und der leidenden Menschheit zu helfen, hat der Weltärztebund die folgende Empfehlung als eine Leitlinie für jeden Arzt erarbeitet, der in der biomedizinischen Forschung am Menschen tätig ist. Sie sollte in der Zukunft überprüft werden.

Es muss betont werden, dass diese Empfehlung nur als Leitlinie für die Ärzte auf der ganzen Welt gedacht ist; kein Arzt ist von der straf-, zivil- und berufsrechtlichen Verantwortlichkeit nach den Gesetzen seines Landes befreit.

I. Allgemeine Grundsätze

1. Biomedizinische Forschung am Menschen muss den allgemein anerkannten wissenschaftlichen Grundsätzen entsprechen; sie sollte auf ausreichenden Laboratoriums- und Tierversuchen sowie einer umfassenden Kenntnis der wissenschaftlichen Literatur aufbauen.
2. Die Planung und Durchführung eines jeden Versuches am Menschen sollte eindeutig in einem Versuchsprotokoll niedergelegt werden, welches einem besonders berufenen, vom Forschungsteam und Sponsor unabhängigen Ausschuß zur Beratung, Stellungnahme und Orientierung vorgelegt werden sollte. Dabei wird davon ausgegangen, dass dieser Ausschuß gemäß den Gesetzen oder Bestimmungen des Landes, in welchem der Versuch durchgeführt werden soll, anerkannt ist.

3. Biomedizinische Forschung am Menschen sollte nur von wissenschaftlich qualifizierten Personen und unter Aufsicht eines klinisch erfahrenen Arztes durchgeführt werden. Die Verantwortung für die Versuchspersonen trägt stets ein Arzt und nie die Versuchsperson selbst, auch dann nicht, wenn sie ihr Einverständnis gegeben hat.
4. Biomedizinische Forschung am Menschen ist nur zulässig, wenn die Bedeutung des Versuchsziels in einem angemessenen Verhältnis zum Risiko für die Versuchsperson steht.
5. Jedem biomedizinischen Forschungsvorhaben am Menschen sollte eine sorgfältige Abschätzung der voraussehbaren Risiken im Vergleich zu dem voraussichtlichen Nutzen für die Versuchsperson oder andere vorausgehen. Die Sorge um die Belange der Versuchsperson muss stets ausschlaggebend sein im Vergleich zu den Interessen der Wissenschaft und der Gesellschaft.
6. Das Recht der Versuchsperson auf ihre Wahrung ihrer Unversehrtheit muss stets geachtet werden. Es sollte alles getan werden, um die Privatsphäre der Versuchsperson zu wahren; die Wirkung auf die körperliche und geistige Unversehrtheit sowie die Persönlichkeit der Versuchsperson sollte so gering wie möglich gehalten werden.
7. Der Arzt sollte es unterlassen, bei Versuchen am Menschen tätig zu werden, wenn er nicht überzeugt ist, dass das mit dem Versuch verbundene Wagnis für vorhersagbar gehalten wird. Der Arzt sollte jeden Versuch abbrechen, sobald sich herausstellt, dass das Wagnis den möglichen Nutzen übersteigt.
8. Der Arzt ist bei der Veröffentlichung der Versuchsergebnisse verpflichtet, die Befunde genau wiederzugeben. Berichte über Versuche, die nicht in Übereinstimmung mit den in dieser Deklaration niedergelegten Grundsätzen durchgeführt wurden, sollten nicht zur Veröffentlichung angenommen werden.
9. Bei jedem Versuch am Menschen muss jede Versuchsperson ausreichend über Absicht, Durchführung, erwarteten Nutzen und Risiken des Versuches sowie über möglicherweise damit verbundene Störungen des Wohlbefindens unterrichtet werden. Die Versuchsperson sollte darauf hingewiesen werden, dass es ihr freisteht, die Teilnahme am Versuch zu verweigern und dass sie jederzeit eine einmal gegebene Zustimmung widerrufen kann. Nach dieser Aufklärung sollte der Arzt die freiwillige Zustimmung der Versuchsperson einholen; die Erklärung sollte vorzugsweise schriftlich gegeben werden.
10. Ist die Versuchsperson vom Arzt abhängig oder erfolgte die Zustimmung zu einem Versuch möglicherweise unter Druck, so soll der Arzt beim Einholen der Einwilligung nach Aufklärung besondere Vorsicht walten lassen. In einem solchen Fall sollte die Einwilligung durch einen Arzt eingeholt werden, der mit dem Versuch nicht befaßt ist und der außerhalb eines etwaigen Abhängigkeitsverhältnisses steht.
11. Ist die Versuchsperson nicht voll geschäftsfähig, sollte die Einwilligung nach Aufklärung vom gesetzlichen Vertreter entsprechend nationalem Recht eingeholt werden. Die Einwilligung des mit der Verantwortung betrauten Verwandten (darunter ist nach deutschem Recht der „Personensorgeberech-

tigte" zu verstehen) ersetzt die Versuchsperson, wenn diese infolge körperlicher oder geistiger Behinderung nicht wirksam zustimmen kann oder minderjährig ist. Wenn das minderjährige Kind fähig ist, seine Zustimmung zu erteilen, so muss neben der Zustimmung des Personensorgeberechtigten auch die Zustimmung des Minderjährigen eingeholt werden.
12. Das Versuchsprotokoll sollte stets die ethischen Überlegungen im Zusammenhang mit der Durchführung des Versuchs darlegen und aufzeigen, dass die Grundsätze dieser Deklaration eingehalten sind.

II. Medizinische Forschung in Verbindung mit ärztlicher Versorgung (Klinische Versuche)

1. Bei der Behandlung eines Kranken muss der Arzt die Freiheit haben, neue diagnostische und therapeutische Maßnahmen anzuwenden, wenn sie nach seinem Urteil die Hoffnung bieten, das Leben des Patienten zu retten, seine Gesundheit wiederherzustellen oder seine Leiden zu lindern.
2. Die mit der Anwendung eines neuen Verfahrens verbundenen möglichen Vorteile, Risiken und Störungen des Befindens sollten gegen die Vorzüge der bisher bestehenden diagnostischen und therapeutischen Methoden abgewogen werden.
3. Bei jedem medizinischen Versuch sollten alle Patienten – einschließlich derer einer eventuell vorhandenen Kontrollgruppe – die beste erprobte diagnostische und therapeutische Behandlung erhalten. Dies schließt den Einsatz von nicht aktiven Substanzen/Plazebo nicht aus, sofern es keine diagnostischen oder therapeutischen Standards gibt.
4. Die Weigerung eines Patienten, an einem Versuch teilzunehmen, darf niemals die Beziehung zwischen Arzt und Patient beeinträchtigen.
5. Wenn der Arzt es für unentbehrlich hält, auf die Einwilligung nach Aufklärung zu verzichten, sollten die besonderen Gründe für dieses Vorgehen in dem für den unabhängigen Ausschuß bestimmten Versuchsprotokoll niedergelegt werden.
6. Der Arzt kann medizinische Forschung neuer wissenschaftlicher Erkenntnisse mit der ärztlichen Betreuung nur soweit verbinden, als diese medizinische Forschung durch ihren möglichen diagnostischen oder therapeutischen Wert für den Patienten gerechtfertigt ist.

III. Nicht-therapeutische biomedizinische Forschung am Menschen

1. In der rein wissenschaftlichen Anwendung der medizinischen Forschung am Menschen ist es Pflicht des Arztes, das Leben und die Gesundheit der Person zu beschützen, an welcher biomedizinische Forschung durchgeführt wird.

2. Die Versuchspersonen sollten Freiwillige sein, entweder gesunde Personen oder Patienten, für die die Versuchsabsicht nicht mit ihrer Krankheit in Zusammenhang steht.
3. Der ärztliche Forscher oder das Forschungsteam sollten den Versuch abbrechen, wenn dieser nach seinem oder ihrem Urteil im Falle der Fortführung dem Menschen schaden könnte.
4. Bei Versuchen am Menschen sollte das Interesse der Wissenschaft und der Gesellschaft niemals Vorrang vor den Erwägungen haben, die das Wohlbefinden der Versuchspersonen betreffen.

2. Deklaration von Helsinki (Fassung: Fortaleza 2013)

Verabschiedet von der 18. WMA-Generalversammlung, Juni 1964 Helsinki (Finnland) und revidiert durch die 29. WMA-Generalversammlung, Oktober 1975, Tokio (Japan), 35. WMA-Generalversammlung, Oktober 1983, Venedig (Italien),41. WMA-Generalversammlung, September 1989, Hong Kong, 48. WMA-Generalversammlung, Oktober 1996, Somerset West (Republik Südafrika), 52. WMA-Generalversammlung, Oktober 2000, Edinburgh (Schottland), 53. WMA-Generalversammlung im Oktober 2002, Washington (Vereinigte Staaten) (ergänzt um einen klarstellenden Kommentar zu Ziffer 29), 55. WMA-Generalversammlung im Oktober 2004, Tokio (Japan), (ergänzt um einen klarstellenden Kommentar zu Ziffer 30), 59. WMA-Generalversammlung im Oktober 2008, Seoul (Korea) 64. WMA-Generalversammlung im Oktober 2013, Fortaleza (Brasilien).

Präambel

1. Der Weltärztebund (WMA) hat mit der Deklaration von Helsinki eine Erklärung ethischer Grundsätze für medizinische Forschung am Menschen, einschließlich der Forschung an identifizierbaren menschlichen Materialien und Daten, entwickelt. Die Deklaration ist als Ganzes zu lesen, und ihre einzelnen Paragraphen sollen unter Berücksichtigung aller übrigen relevanten Paragraphen angewendet werden.
2. Im Einklang mit dem Mandat des WMA wendet sich die Deklaration in erster Linie an Ärzte. Der WMA regt andere an der medizinischen Forschung am Menschen Beteiligte an, diese Grundsätze zu übernehmen.

Allgemeine Grundsätze

3. Die Genfer Deklaration des Weltärztebundes verpflichtet den Arzt mit den Worten „Die Gesundheit meines Patienten soll oberstes Gebot meines Handelns sein", und der Internationale Kodex für ärztliche Ethik legt fest: „Der Arzt soll bei der Ausübung seiner ärztlichen Tätigkeit im besten Interesse des Patienten handeln."

4. Es ist die Pflicht des Arztes, die Gesundheit, das Wohlergehen und die Rechte der Patienten zu fördern und zu erhalten, auch jener, die an der medizinischen Forschung beteiligt sind. Der Erfüllung dieser Pflicht dient der Arzt mit seinem Wissen und Gewissen.
5. Medizinischer Fortschritt beruht auf Forschung, die letztlich auch Studien am Menschen beinhalten muss.
6. Vorrangiges Ziel der medizinischen Forschung am Menschen ist es, die Ursachen, die Entwicklung und die Auswirkungen von Krankheiten zu verstehen und die präventiven, diagnostischen und therapeutischen Maßnahmen (Methoden, Verfahren und Behandlungen) zu verbessern. Selbst die nachweislich besten Maßnahmen müssen fortwährend durch Forschung auf ihre Sicherheit, Effektivität, Effizienz, Verfügbarkeit und Qualität geprüft werden.
7. Medizinische Forschung unterliegt ethischen Standards, die die Achtung vor den Menschen fördern und sicherstellen und ihre Gesundheit und Rechte schützen.
8. Während vorrangiger Zweck der medizinischen Forschung ist, neues Wissen hervorzubringen, darf dieses Ziel niemals Vorrang vor den Rechten und Interessen der einzelnen Versuchspersonen haben.
9. Es ist die Pflicht des Arztes, der sich an medizinischer Forschung beteiligt, das Leben, die Gesundheit, die Würde, die Integrität, das Selbstbestimmungsrecht, die Privatsphäre und die Vertraulichkeit persönlicher Informationen der Versuchsteilnehmer zu schützen. Die Verantwortung für den Schutz von Versuchspersonen muss stets der Arzt oder ein anderer Angehöriger eines Heilberufes tragen und nie die Versuchsperson selbst, auch dann nicht, wenn sie ihr Einverständnis gegeben hat.
10. Ärzte müssen die ethischen, rechtlichen und behördlichen Normen und Standards für Forschung am Menschen ihrer eigenen Länder sowie die maßgeblichen internationalen Normen und Standards berücksichtigen. Keine nationale oder internationale ethische, rechtliche oder behördliche Anforderung soll die in dieser Deklaration niedergelegten Bestimmungen zum Schutz von Versuchspersonen abschwächen oder aufheben.
11. Medizinische Forschung sollte in einer Weise durchgeführt werden, die mögliche Umweltschäden minimiert.
12. Medizinische Forschung am Menschen darf nur von Personen durchgeführt werden, die angemessen ethisch und wissenschaftlich ausgebildet, geübt und qualifiziert sind. Forschung an Patienten oder gesunden Freiwilligen erfordert die Überwachung durch einen kompetenten und angemessen qualifizierten Arzt oder anderen Angehörigen eines Heilberufes.
13. Gruppen, die in der medizinischen Forschung unterrepräsentiert sind, sollten einen angemessenen Zugang zur Teilnahme an der Forschung erhalten.
14. Ärzte, die medizinische Forschung mit medizinischer Behandlung verbinden, sollten ihre Patienten nur soweit in die Forschung einbeziehen, wie dies durch deren möglichen präventiven, diagnostischen oder therapeutischen Wert gerechtfertigt ist und der Arzt berechtigterweise annehmen kann, dass eine Beteiligung an dem Forschungsvorhaben die Gesundheit der Patienten, die als Versuchspersonen dienen, nicht nachteilig beeinflussen wird.

15. Eine angemessene Entschädigung und Behandlung für Versuchspersonen, die aufgrund ihrer Teilnahme an der Forschung geschädigt wurden, muss gewährleistet sein.

Risiken, Belastungen und Nutzen

16. In der medizinischen Praxis und in der medizinischen Forschung sind die meisten Maßnahmen mit Risiken und Belastungen verbunden. Medizinische Forschung am Menschen darf nur durchgeführt werden, wenn die Bedeutung des Ziels die Risiken und Belastungen für die Versuchspersonen überwiegt.
17. Jeder medizinischen Forschung am Menschen muss eine sorgfältige Abschätzung der voraussehbaren Risiken und Belastungen für die an der Forschung beteiligten Einzelpersonen und Gruppen im Vergleich zu dem voraussichtlichen Nutzen für sie und andere Einzelpersonen oder Gruppen vorangehen, die von dem untersuchten Zustand betroffen sind. Maßnahmen zur Risikominimierung müssen implementiert werden. Die Risiken müssen vom Forscher kontinuierlich überwacht, eingeschätzt und dokumentiert werden.
18. Ärzte dürfen sich nicht an einem Forschungsvorhaben am Menschen beteiligen, wenn sie nicht überzeugt sind, dass die mit der Studie verbundenen Risiken angemessen eingeschätzt worden sind und in zufrieden stellender Weise beherrscht werden können. Sobald sich herausstellt, dass die Risiken den potentiellen Nutzen übersteigen oder wenn es einen schlüssigen Beweis für gesicherte Ergebnisse gibt, müssen Ärzte einschätzen, ob die Studie fortgesetzt, modifiziert oder unverzüglich beendet werden muss.

Vulnerable Gruppen und Einzelpersonen

19. Einige Gruppen und Einzelpersonen sind besonders vulnerabel und können mit größerer Wahrscheinlichkeit ungerecht behandelt oder zusätzlich geschädigt werden. Alle vulnerablen Gruppen und Einzelpersonen sollten besonders bedachten Schutz erhalten.
20. Medizinische Forschung mit einer vulnerablen Gruppe ist nur gerechtfertigt, wenn das Forschungsvorhaben auf die gesundheitlichen Bedürfnisse oder Prioritäten dieser Gruppe reagiert und das Forschungsvorhaben nicht an einer nicht-vulnerablen Gruppe durchgeführt werden kann. Zusätzlich sollte diese Gruppe in der Lage sein, aus dem Wissen, den Anwendungen oder Maßnahmen Nutzen zu ziehen, die aus dem Forschungsvorhaben hervorgehen.

Wissenschaftliche Anforderungen und Forschungsprotokolle

21. Medizinische Forschung am Menschen muss den allgemein anerkannten wissenschaftlichen Grundsätzen entsprechen sowie auf einer gründlichen

Kenntnis der wissenschaftlichen Literatur, anderen relevanten Informationsquellen, ausreichenden Laborversuchen und, sofern angemessen, auf Tierversuchen basieren. Auf das Wohl der Versuchstiere muss Rücksicht genommen werden.

22. Die Planung und Durchführung einer jeden wissenschaftlichen Studie am Menschen muss klar in einem Studienprotokoll beschrieben und gerechtfertigt werden. Das Protokoll sollte eine Erklärung der einbezogenen ethischen Erwägungen enthalten und sollte deutlich machen, wie die Grundsätze dieser Deklaration berücksichtigt worden sind. Das Protokoll sollte Informationen über Finanzierung, Sponsoren, institutionelle Verbindungen, mögliche Interessenkonflikte, Anreize für Versuchspersonen und Informationen bezüglich Vorkehrungen für die Behandlung und/oder Entschädigung von Personen enthalten, die infolge ihrer Teilnahme an der wissenschaftlichen Studie einen Schaden davongetragen haben. Bei klinischen Studien muss das Protokoll auch angemessene Vorkehrungen für Maßnahmen nach Abschluss der Studie beschreiben.

Forschungs-Ethikkommissionen

23. Das Studienprotokoll ist vor Studienbeginn zur Erwägung, Stellungnahme, Beratung und Zustimmung der zuständigen Forschungs-Ethikkommission vorzulegen. Diese Ethikkommission muss transparent in ihrer Arbeitsweise, unabhängig vom Forscher, dem Sponsor und von jeder anderen unzulässigen Beeinflussung, sowie angemessen qualifiziert sein. Sie muss den Gesetzen und Rechtsvorschriften des Landes oder der Länder, in dem oder denen die Forschung durchgeführt werden soll, sowie den maßgeblichen internationalen Normen und Standards Rechnung tragen, die jedoch den in dieser Deklaration festgelegten Schutz von Versuchspersonen nicht abschwächen oder aufheben dürfen. Die Ethikkommission muss das Recht haben, laufende Studien zu beaufsichtigen. Der Forscher muss der Ethikkommission begleitende Informationen vorlegen, insbesondere Informationen über jede Art schwerwiegender unerwünschter Ereignisse. Eine Abänderung des Protokolls darf nicht ohne Erwägung und Zustimmung der Ethikkommission erfolgen. Nach Studienende müssen die Forscher der Kommission einen Abschlussbericht vorlegen, der eine Zusammenfassung der Ergebnisse und Schlussfolgerungen der Studie enthält.

Privatsphäre und Vertraulichkeit

24. Es müssen alle Vorsichtsmaßnahmen getroffen werden, um die Privatsphäre der Versuchspersonen und die Vertraulichkeit ihrer persönlichen Informationen zu wahren.

Informierte Einwilligung

25. Die Teilnahme von einwilligungsfähigen Personen an der medizinischen Forschung muss freiwillig sein. Auch wenn es angemessen sein kann, Familienangehörige oder führende Persönlichkeiten der jeweiligen Gemeinschaft hinzuziehen, darf keine einwilligungsfähige Person in ein Forschungsvorhaben aufgenommen werden, wenn sie nicht freiwillig zustimmt.
26. Bei der medizinischen Forschung an einwilligungsfähigen Personen muss jede potentielle Versuchsperson angemessen über die Ziele, Methoden, Geldquellen, eventuelle Interessenkonflikte, institutionelle Verbindungen des Forschers, den erwarteten Nutzen und die potentiellen Risiken der Studie, möglicherweise damit verbundenen Unannehmlichkeiten, vorgesehene Maßnahmen nach Abschluss einer Studie sowie alle anderen relevanten Aspekte der Studie informiert (aufgeklärt) werden. Die potentielle Versuchsperson muss über das Recht informiert (aufgeklärt) werden, die Teilnahme an der Studie zu verweigern oder eine einmal gegebene Einwilligung jederzeit zu widerrufen, ohne dass ihr irgendwelche Nachteile entstehen. Besondere Beachtung soll dem spezifischen Informationsbedarf der individuellen potentiellen Versuchspersonen sowie den für die Informationsvermittlung verwendeten Methoden geschenkt werden. Nachdem er sich vergewissert hat, dass die potentielle Versuchsperson diese Informationen verstanden hat, hat der Arzt oder eine andere angemessen qualifizierte Person die freiwillige Informierte Einwilligung (Einwilligung nach Aufklärung – *„informed consent"*) der Versuchsperson – vorzugsweise in schriftlicher Form – einzuholen. Falls die Einwilligung nicht in schriftlicher Form geäußert werden kann, muss die nichtschriftliche Einwilligung formell dokumentiert und bezeugt werden. Allen Versuchspersonen medizinischer Forschung sollte die Möglichkeit gegeben werden, über den allgemeinen Ausgang und die allgemeinen Ergebnisse der Studie informiert zu werden.
27. Beim Einholen der Informierten Einwilligung in die Teilnahme an einer wissenschaftlichen Studie muss der Arzt besondere Vorsicht walten lassen, wenn die potentielle Versuchsperson in einem Abhängigkeitsverhältnis zum Arzt steht oder unter Zwang einwilligen könnte. In solchen Situationen muss die Informierte Einwilligung durch eine angemessen qualifizierte Person eingeholt werden, die in jeder Hinsicht außerhalb dieses Verhältnisses steht.
28. Bei einer potentiellen Versuchsperson, die nicht einwilligungsfähig ist, muss der Arzt die Informierte Einwilligung des rechtlichen Vertreters einholen. Diese Personen dürfen nicht in eine wissenschaftliche Studie einbezogen werden, die ihnen aller Wahrscheinlichkeit nach nicht nützen wird, sofern nicht beabsichtigt wird, mit der Studie die Gesundheit der Gruppe zu fördern, der die potentielle Versuchsperson angehört, die Forschung nicht mit Personen durchgeführt werden kann, die eine Informierte Einwilligung geben können, und die Forschung nur minimale Risiken und minimale Belastungen birgt.

29. Ist eine potentielle Versuchsperson, die als nicht einwilligungsfähig eingestuft wird, fähig, Entscheidungen über die Teilnahme an der Forschung zuzustimmen, muss der Arzt neben der Einwilligung des rechtlichen Vertreters auch die Zustimmung der potentiellen Versuchsperson einholen. Eine Ablehnung der potentiellen Versuchsperson soll respektiert werden.
30. Forschung mit Personen, die körperlich oder geistig zu einer Einwilligung nicht fähig sind, beispielsweise mit bewusstlosen Patienten, darf nur dann erfolgen, wenn der körperliche oder geistige Zustand, der das Einholen der Informierten Einwilligung verhindert, ein erforderliches Merkmal für die beforschte Gruppe ist. Unter solchen Umständen muss der Arzt die Informierte Einwilligung des rechtlichen Vertreters einholen. Ist ein solcher Vertreter nicht verfügbar und kann die Forschung nicht aufgeschoben werden, kann die Studie ohne Informierte Einwilligung und unter der Voraussetzung durchgeführt werden, dass die besonderen Gründe für den Einschluss von Versuchspersonen, die aufgrund ihres Zustands nicht zu einer Informierten Einwilligung fähig sind, im Studienprotokoll festgehalten worden sind und die Studie von einer Forschungs-Ethikkommission zustimmend bewertet worden ist. Die Einwilligung zur weiteren Teilnahme an der Forschung muss sobald wie möglich bei der Versuchsperson oder einem rechtlichen Vertreter eingeholt werden.
31. Der Arzt muss den Patienten vollständig über die forschungsbezogenen Aspekte der Behandlung informieren. Die Weigerung eines Patienten, an einer Studie teilzunehmen, oder der Entschluss des Patienten, aus der Studie auszuscheiden, darf niemals die Patienten-Arzt-Beziehung nachteilig beeinflussen.
32. Bei medizinischer Forschung, bei der identifizierbare menschliche Materialien oder Daten verwendet werden, wie zum Beispiel in Biobanken oder ähnlichen Depots enthaltenes Material oder Daten, müssen Ärzte für ihre Sammlung, Lagerung und/oder Wiederverwendung eine Informierte Einwilligung einholen. In Ausnahmesituationen kann es sich als unmöglich oder nicht praktikabel erweisen, eine Einwilligung für derartige Forschung zu erhalten. In solchen Situationen darf die Forschung erst nach Beurteilung und Zustimmung einer Forschungs-Ethikkommission durchgeführt werden.

Die Verwendung von Placebos

33. Nutzen, Risiken, Belastungen und Wirksamkeit einer neuen Maßnahme müssen mit denjenigen der nachweislich besten Maßnahme(n) verglichen werden, außer unter folgenden Umständen:
§ Wenn keine nachgewiesene Maßnahme existiert, ist die Verwendung von Placebo oder das Unterlassen einer Maßnahme zulässig, oder
§ wenn aus zwingenden und wissenschaftlich fundierten methodischen Gründen die Verwendung einer weniger wirksamen Maßnahme als die nachweislich beste, die Verwendung eines Placebos oder das Unterlassen

einer Maßnahme, notwendig sind, um die Wirksamkeit oder Sicherheit einer Maßnahme festzustellen, und wenn die Patienten, die eine weniger wirksame Maßnahme als die nachweislich beste, ein Placebo oder keine Maßnahme erhalten, keinem zusätzlichen Risiko eines ernsten oder irreversiblen Schadens ausgesetzt werden, welches sich daraus ergibt, dass sie nicht die nachweislich beste Maßnahme erhalten haben. Mit größter Sorgfalt muss ein Missbrauch dieser Option vermieden werden.

Maßnahmen nach Abschluss einer Studie

34. Im Vorfeld einer klinischen Studie sollten Sponsoren, Forscher und Regierungen der Einsatzländer Vorkehrungen für Maßnahmen nach Abschluss der Studie für alle Teilnehmer treffen, die noch eine Maßnahme benötigen, die in der Studie als nützlich erkannt wurde. Diese Information muss den Teilnehmern auch während des Aufklärungs- und Einwilligungsprozesses mitgeteilt werden.

Registrierung von Forschung sowie Publikation und Verbreitung von Ergebnissen

35. Jedes Forschungsvorhaben, an dem Versuchspersonen beteiligt sind, ist vor der Rekrutierung der ersten Versuchsperson in einer öffentlich zugänglichen Datenbank zu registrieren.
36. Forscher, Verfasser, Sponsoren, Herausgeber und Verleger haben im Hinblick auf die Veröffentlichung und Verbreitung der Forschungsergebnisse ethische Verpflichtungen. Forscher sind verpflichtet, die Ergebnisse ihrer Forschung am Menschen öffentlich verfügbar zu machen und sind im Hinblick auf die Vollständigkeit und Richtigkeit ihrer Berichte rechenschaftspflichtig. Alle Beteiligten sollen anerkannten Leitlinien für ethische Berichterstattung („*ethical reporting*") folgen. Negative und nicht schlüssige Ergebnisse müssen ebenso wie positive veröffentlicht oder in anderer Form öffentlich verfügbar gemacht werden. In der Publikation müssen Finanzierungsquellen, institutionelle Verbindungen und Interessenkonflikte dargelegt werden. Berichte über Forschung, die nicht mit den Grundsätzen dieser Deklaration übereinstimmt, sollten nicht zur Veröffentlichung angenommen werden.

Nicht nachgewiesene Maßnahmen in der klinischen Praxis

37. Bei der Behandlung eines einzelnen Patienten, für die es keine nachgewiesenen Maßnahmen gibt oder andere bekannte Maßnahmen unwirksam waren, kann der Arzt nach Einholung eines fachkundigen Ratschlags mit Informierter Einwilligung des Patienten oder eines rechtlichen Vertreters eine nicht nachgewiesene Maßnahme anwenden, wenn sie nach dem Urteil des

Arztes hoffen lässt, das Leben zu retten, die Gesundheit wiederherzustellen oder Leiden zu lindern. Diese Maßnahme sollte anschließend Gegenstand von Forschung werden, die so konzipiert ist, dass ihre Sicherheit und Wirksamkeit bewertet werden können. In allen Fällen müssen neue Informationen aufgezeichnet und, sofern angemessen, öffentlich verfügbar gemacht werden.

3. Grundsätze der Bundesärztekammer zur ärztlichen Sterbebegleitung

Präambel

Aufgabe des Arztes ist es, unter Achtung des Selbstbestimmungsrechtes des Patienten Leben zu erhalten, Gesundheit zu schützen und wiederherzustellen sowie Leiden zu lindern und Sterbenden bis zum Tod beizustehen. Die ärztliche Verpflichtung zur Lebenserhaltung besteht daher nicht unter allen Umständen.

Es gibt Situationen, in denen sonst angemessene Diagnostik und Therapieverfahren nicht mehr angezeigt und Begrenzungen geboten sind. Dann tritt eine palliativmedizinische Versorgung in den Vordergrund. Die Entscheidung hierzu darf nicht von wirtschaftlichen Erwägungen abhängig gemacht werden.

Unabhängig von anderen Zielen der medizinischen Behandlung hat der Arzt in jedem Fall für eine Basisbetreuung zu sorgen. Dazu gehören u. a. menschenwürdige Unterbringung, Zuwendung, Körperpflege, Lindern von Schmerzen, Atemnot und Übelkeit sowie Stillen von Hunger und Durst.

Art und Ausmaß einer Behandlung sind gemäß der medizinischen Indikation vom Arzt zu verantworten. Er muss dabei den Willen des Patienten achten. Bei seiner Entscheidungsfindung soll der Arzt mit ärztlichen und pflegenden Mitarbeitern einen Konsens suchen.

Ein offensichtlicher Sterbevorgang soll nicht durch lebenserhaltende Therapien künstlich in die Länge gezogen werden. Darüber hinaus darf das Sterben durch Unterlassen, Begrenzen oder Beenden einer begonnenen medizinischen Behandlung ermöglicht werden, wenn dies dem Willen des Patienten entspricht. Dies gilt auch für die künstliche Nahrungs- und Flüssigkeitszufuhr.

Die Tötung des Patienten hingegen ist strafbar, auch wenn sie auf Verlangen des Patienten erfolgt.

Die Mitwirkung des Arztes bei der Selbsttötung ist keine ärztliche Aufgabe.

Diese Grundsätze sollen dem Arzt eine Orientierung geben, können ihm jedoch die eigene Verantwortung in der konkreten Situation nicht abnehmen. Alle Entscheidungen müssen unter Berücksichtigung der Umstände des Einzelfalls getroffen werden. In Zweifelsfällen kann eine Ethikberatung hilfreich sein.

I. Ärztliche Pflichten bei Sterbenden

Der Arzt ist verpflichtet, Sterbenden, d. h. Kranken oder Verletzten mit irreversiblem Versagen einer oder mehrerer vitaler Funktionen, bei denen der Eintritt des Todes in kurzer Zeit zu erwarten ist, so zu helfen, dass sie menschenwürdig sterben können.

Die Hilfe besteht in palliativmedizinischer Versorgung und damit auch in Beistand und Sorge für die Basisbetreuung. Dazu gehören nicht immer Nahrungs- und Flüssigkeitszufuhr, da sie für Sterbende eine schwere Belastung darstellen können. Jedoch müssen Hunger und Durst als subjektive Empfindungen gestillt werden.

Maßnahmen, die den Todeseintritt nur verzögern, sollen unterlassen oder beendet werden. Bei Sterbenden kann die Linderung des Leidens so im Vordergrund stehen, dass eine möglicherweise dadurch bedingte unvermeidbare Lebensverkürzung hingenommen werden darf.

Die Unterrichtung des Sterbenden über seinen Zustand und mögliche Maßnahmen muss wahrheitsgemäß sein, sie soll sich aber an der Situation des Sterbenden orientieren und vorhandenen Ängsten Rechnung tragen. Der Arzt soll auch Angehörige des Patienten und diesem nahestehende Personen informieren, soweit dies nicht dem Willen des Patienten widerspricht.

II. Verhalten bei Patienten mit infauster Prognose

Bei Patienten, die sich zwar noch nicht im Sterben befinden, aber nach ärztlicher Erkenntnis aller Voraussicht nach in absehbarer Zeit sterben werden, ist eine Änderung des Behandlungszieles geboten, wenn lebenserhaltende Maßnahmen Leiden nur verlängern würden oder die Änderung des Behandlungsziels dem Willen des Patienten entspricht. An die Stelle von Lebensverlängerung und Lebenserhaltung tritt dann die palliativmedizinische Versorgung einschließlich pflegerischer Maßnahmen.

III. Behandlung bei schwerster zerebraler Schädigung

Patienten mit schwersten zerebralen Schädigungen und kognitiven Funktionsstörungen haben, wie alle Patienten, ein Recht auf Behandlung, Pflege und Zuwendung. Art und Ausmaß ihrer Behandlung sind gemäß der medizinischen Indikation vom Arzt zu verantworten; eine anhaltende Bewusstseinsbeeinträchtigung allein rechtfertigt nicht den Verzicht auf lebenserhaltende Maßnahmen.

Soweit bei diesen Patienten eine Situation eintritt, wie unter I. und II. beschrieben, gelten die dort dargelegten Grundsätze.

Zudem sind in Bezug auf eine Änderung des Behandlungsziels zwei Gruppen von Patienten zu unterscheiden: von Lebensbeginn an nichteinwilligungsfähige Menschen sowie Menschen, die im Laufe des Lebens die Fähigkeit, ihren Willen zu bilden oder zu äußern, verloren haben. Eine Änderung des Behandlungsziels ist mit dem Patientenvertreter zu besprechen. Dabei ist bei der ersten Gruppe das Wohl des Patienten, bei der zweiten Gruppe der zuvor geäußerte oder der mutmaßliche Wille zu achten (vgl. Abschnitt IV. bis VI.).

IV. Ermittlung des Patientenwillens

Die Entscheidung über die Einleitung, die weitere Durchführung oder Beendigung einer ärztlichen Maßnahme wird in einem gemeinsamen Entscheidungsprozess von Arzt und Patient bzw. Patientenvertreter getroffen. Das Behandlungsziel, die Indikation der daraus abgeleiteten Maßnahmen, die Frage der Einwilligungsfähigkeit des Patienten und der maßgebliche Patientenwille müssen daher im Gespräch zwischen Arzt und Patient bzw. Patientenvertreter erörtert werden.

Bei einwilligungsfähigen Patienten hat der Arzt den aktuell geäußerten Willen des angemessen aufgeklärten Patienten zu beachten, selbst wenn sich dieser Wille nicht mit den aus ärztlicher Sicht gebotenen Diagnose- und Therapiemaßnahmen deckt. Das gilt auch für die Beendigung schon eingeleiteter lebenserhaltender Maßnahmen. Der Arzt soll Kranken, die eine medizinisch indizierte Behandlung ablehnen, helfen, die Entscheidung zu überdenken.

Bei nichteinwilligungsfähigen Patienten ist die Erklärung ihres Bevollmächtigten bzw. ihres Betreuers maßgeblich. Diese sind verpflichtet, den Willen und die Wünsche des Patienten zu beachten. Falls diese nicht bekannt sind, haben sie so zu entscheiden, wie es der Patient selbst getan hätte (mutmaßlicher Wille). Sie sollen dabei Angehörige und sonstige Vertrauenspersonen des Patienten einbeziehen, sofern dies ohne Verzögerung möglich ist. Bestehen Anhaltspunkte für einen Missbrauch oder für eine offensichtliche Fehlentscheidung, soll sich der Arzt an das Betreuungsgericht wenden.

Ist kein Vertreter des Patienten vorhanden, hat der Arzt im Regelfall das Betreuungsgericht zu informieren und die Bestellung eines Betreuers anzuregen, welcher dann über die Einwilligung in die anstehenden ärztlichen Maßnahmen entscheidet.

Liegt eine Patientenverfügung im Sinne des § 1901a Abs. 1 BGB vor (vgl. VI.2.), hat der Arzt den Patientenwillen anhand der Patientenverfügung festzustellen. Er soll dabei Angehörige und sonstige Vertrauenspersonen des Patienten einbeziehen, sofern dies ohne Verzögerung möglich ist. Trifft die Patientenverfügung auf die aktuelle Behandlungssituation zu, hat der Arzt den Patienten entsprechend dessen Willen zu behandeln. Die Bestellung eines Betreuers ist hierfür nicht erforderlich.

In Notfallsituationen, in denen der Wille des Patienten nicht bekannt ist und für die Ermittlung individueller Umstände keine Zeit bleibt, ist die medizinisch indizierte Behandlung einzuleiten, die im Zweifel auf die Erhaltung des Lebens gerichtet ist. Hier darf der Arzt davon ausgehen, dass es dem mutmaßlichen Willen des Patienten entspricht, den ärztlich indizierten Maßnahmen zuzustimmen. Im weiteren Verlauf gelten die oben dargelegten allgemeinen Grundsätze. Entscheidungen, die im Rahmen einer Notfallsituation getroffen wurden, müssen daraufhin überprüft werden, ob sie weiterhin indiziert sind und vom Patientenwillen getragen werden. Ein Vertreter des Patienten ist sobald wie möglich einzubeziehen; sofern erforderlich, ist die Einrichtung einer Betreuung beim Betreuungsgericht anzuregen.

V. Betreuung von schwerstkranken und sterbenden Kindern und Jugendlichen

Bei Kindern und Jugendlichen gelten für die ärztliche Sterbebegleitung die gleichen Grundsätze wie für Erwachsene. Es ergeben sich aber Besonderheiten aufgrund des Alters bzw. der Minderjährigkeit dieser Patienten.

Für Kinder und Jugendliche sind die Sorgeberechtigten, d. h. in der Regel die Eltern, kraft Gesetzes für alle Angelegenheiten zuständig, einschließlich der ärztlichen Behandlung. Sie müssen als Sorgeberechtigte und gesetzliche Vertreter des Kindes über die ärztlichen Maßnahmen aufgeklärt werden und darin einwilligen.

Bei Neugeborenen mit schwersten Beeinträchtigungen durch Fehlbildungen oder Stoffwechselstörungen, bei denen keine Aussicht auf Heilung oder Besserung besteht, kann nach hinreichender Diagnostik und im Einvernehmen mit den Eltern eine lebenserhaltende Behandlung, die ausgefallene oder ungenügende Vitalfunktionen ersetzen soll, unterlassen oder beendet werden. Gleiches gilt für extrem unreife Kinder, deren unausweichliches Sterben abzusehen ist, und für Neugeborene, die schwerste zerebrale Schädigungen erlitten haben.

Wie bei Erwachsenen ist der Arzt auch bei diesen Patienten zu leidensmindernder Behandlung und Zuwendung verpflichtet. Der Arzt soll die Sorgeberechtigten bei ihrer Entscheidung über die Einwilligung in ärztliche Maßnahmen zur Behandlung eines schwerstkranken Kindes oder Jugendlichen beraten und sie dabei unterstützen, ihre Verantwortung wahrzunehmen. Gegen den Willen der Sorgeberechtigten darf er – außer in Notfällen – keine ärztlichen Maßnahmen beginnen oder fortführen. Bestehen konkrete Anhaltspunkte dafür, dass durch das Verhalten der Sorgeberechtigten das Wohl des Kindes gefährdet wird, soll er sich an das Familiengericht wenden.

Schwerstkranke und sterbende Kinder oder Jugendliche sind wahrheits- und altersgemäß zu informieren. Sie sollten regelmäßig und ihrem Entwicklungsstand entsprechend in die sie betreffenden Entscheidungen einbezogen werden, soweit dies von ihnen gewünscht wird. Dabei ist anzuerkennen, dass schwerstkranke Kinder und Jugendliche oft einen frühen Reifungsprozess durchmachen. Sie können aufgrund ihrer Erfahrungen mit vorhergegangenen Behandlungen und deren Folgen ein hohes Maß an Entscheidungskompetenz erlangen, die bei der Entscheidungsfindung berücksichtigt werden muss.

Soweit der Minderjährige aufgrund seines Entwicklungsstandes selbst in der Lage ist, Bedeutung und Tragweite der ärztlichen Maßnahme zu verstehen und zu beurteilen, steht ihm ein Vetorecht gegen ihre Durchführung zu, selbst wenn die Sorgeberechtigten einwilligen. Davon wird ab einem Alter von 16 Jahren regelmäßig ausgegangen.

Bei bedeutsamen oder riskanten ärztlichen Maßnahmen ist neben der Zustimmung des minderjährigen Patienten auch die Einwilligung der Sorgeberechtigten erforderlich.

Können Meinungsverschiedenheiten zwischen Sorgeberechtigten untereinander oder mit dem Minderjährigen für eine solche Entscheidung über die medizinische Betreuung oder Behandlung nicht ausgeräumt werden, muss eine familiengerichtliche (Eil-)Entscheidung eingeholt werden.

VI. Vorsorgliche Willensbekundungen des Patienten

Willensbekundungen, in denen sich Patienten vorsorglich für den Fall des Verlustes der Einwilligungsfähigkeit zu der Person ihres Vertrauens und der gewünschten Behandlung erklären, sind eine wesentliche Hilfe für ärztliche Entscheidungen. Die Bundesärztekammer und die Zentrale Ethikkommission bei der Bundesärztekammer haben Empfehlungen zum Umgang mit Vorsorgevollmacht und Patientenverfügung in der ärztlichen Praxis erarbeitet.*

1. Bestellung einer Vertrauensperson
Die Auswahl und die Bestellung einer Vertrauensperson können in unterschiedlicher Weise erfolgen:

Mit der Vorsorgevollmacht bestellt der Patient selbst einen Vertreter (Bevollmächtigten in Gesundheitsangelegenheiten). Das Betreuungsgericht muss in diesen Fällen keinen Vertreter (Betreuer) bestellen. Bei fehlender Einwilligungsfähigkeit des Patienten kann die Vertrauensperson sofort tätig werden. Eine Vollmacht in Gesundheitsangelegenheiten muss vom Patienten eigenhändig unterschrieben sein und ärztliche Maßnahmen ausdrücklich umfassen. Bestehen Zweifel an der Wirksamkeit einer Vollmacht, soll sich der Arzt an das zuständige Betreuungsgericht wenden.

In einer Betreuungsverfügung schlägt der Patient dem Gericht eine Person seines Vertrauens vor. Die Bestellung zum Betreuer erfolgt durch das Betreuungsgericht, sofern der Patient seine Angelegenheiten nicht (mehr) selbst zu besorgen vermag. Das Gericht prüft dabei auch, ob der Vorschlag dem aktuellen Willen des Patienten entspricht sowie die vorgeschlagene Person als Betreuer geeignet ist, und legt den Aufgabenkreis fest. Die vorgeschlagene Person kann erst nach ihrer Bestellung zum Betreuer für den Patienten handeln.

2. Patientenverfügungen und andere Willensbekundungen zur medizinischen und pflegerischen Behandlung und Betreuung

Der Arzt und der Vertreter haben stets den Willen des Patienten zu achten. Der aktuelle Wille des einwilligungsfähigen Patienten hat immer Vorrang; dies gilt auch dann, wenn der Patient einen Vertreter (Bevollmächtigten oder Betreuer) hat. Auf frühere Willensbekundungen kommt es deshalb nur an, wenn sich der Patient nicht mehr äußern oder sich zwar äußern kann, aber nicht einwilligungsfähig ist. Dann ist die frühere Willensbekundung ein Mittel, um den Willen des Patienten festzustellen.

Seit der gesetzlichen Regelung der Patientenverfügung durch das Dritte Betreuungsrechtsänderungsgesetz 2009 sind folgende Formen von vorsorglichen Willensbekundungen zu unterscheiden:

Der Patient kann eine Patientenverfügung verfassen. Das Gesetz (§ 1901 a Abs. 1 BGB) versteht darunter eine vorsorgliche Erklärung des Patienten, mit der er selbst in bestimmte ärztliche Maßnahmen, die nicht unmittelbar bevorstehen, sondern erst in Zukunft erforderlich werden können, im Vorhinein einwilligt oder diese untersagt. Sie muss daher konkrete Festlegungen für bestimmte beschriebene Situationen enthalten. Diese Erklärung ist für andere verbindlich. Eine Patientenverfügung setzt die Einwilligungsfähigkeit des Patienten voraus; sie bedarf der Schriftform.

Andere Formen der vorsorglichen Willensbekundung eines Patienten (z. B. mündliche Erklärungen) sind daher keine Patientenverfügung im Sinne des Gesetzes; sie sind aber als Behandlungswünsche oder als Indizien für die Ermittlung des mutmaßlichen Willens zu beachten. Der Vertreter hat diese in den Behandlungsprozess einzubringen und auf dieser Grundlage ärztlichen Maßnahmen zuzustimmen oder diese abzulehnen.

Ist nichts über die Präferenzen des Patienten bekannt, darf der Vertreter davon ausgehen, dass der Patient den ärztlich indizierten Maßnahmen zustimmen würde.

Berlin, den 21. Januar 2011

* Deutsches Ärzteblatt, Jg. 107, Heft 18 vom 7. Mai 2010, A 877 bis A 882

4. Kriterien des Hirntodes

Entscheidungshilfen zur Feststellung des Hirntodes[71]

Die folgenden Richtlinien sind verpflichtende Entscheidungsgrundlagen für den Arzt, der die unteilbare Verantwortung für die Feststellung des Hirntodes trägt.

Mit dem Hirntod ist naturwissenschaftlich-medizinisch der Tod des Menschen festgestellt. Wird vom Arzt ein äußeres sicheres Zeichen des Todes festgestellt, so ist damit auch der Hirntod nachgewiesen.

Die Erfüllung der Voraussetzungen, die obligate Feststellung von Bewußtlosigkeit (Koma), Hirnstamm-Areflexie und Atemstillstand (Apnoe) sowie die vorgesehenen Beobachtungszeiten oder geeignete ergänzende Untersuchungen geben dem Arzt die Sicherheit den Hirntod festzustellen und zu dokumentieren.

Der Hirntod kann in jeder Intensivstation auch ohne ergänzende apparative Diagnostik festgestellt werden. Die Besonderheiten im Kindesalter werden im Abschn. 4, die Besonderheiten bei primären infratentoriellen Hirnschädigungen in Anmerkung 6 beschrieben.

Definition; Diagnose

Der Hirntod wird definiert als Zustand der irreversibel erloschenen Gesamtfunktion des Großhirns, des Kleinhirns und des Hirnstamms. Dabei wird durch kontrollierte Beatmung die Herz- und Kreislauffunktion noch künstlich aufrechterhalten.

Die Diagnose des Hirntodes erfordert

- die Erfüllung der Voraussetzungen
- die Feststellung der klinischen Symptome Bewußtlosigkeit (Koma), Hirnstamm-Areflexie und Atemstillstand (Apnoe) sowie
- den Nachweis der Irreversibilität der klinischen Ausfallsymptome.

Das diagnostische Vorgehen wird nachfolgend beschrieben und ist in der Abbildung skizziert (*auf den Abdruck wurde verzichtet*).

Praktische Entscheidungshilfen

1. Voraussetzungen

1.1. Vorliegen einer akuten schweren primären oder sekundären Hirnschädigung. Bei den primären Hirnschädigungen ist zwischen supratentoriellen und infratentoriellen Schädigungen zu unterscheiden (Anmerkung 1).

---

[71] Veröffentlicht in DÄ 1998 B 1509 ff.

1.2. Ausschluß von Intoxikation, dämpfender Wirkung von Medikamenten, neuromuskulärer Blockade, primärer Unterkühlung, Kreislaufschock, Koma bei endokriner, metabolischer oder entzündlicher Erkrankung als möglicher Ursache oder Mitursache des Ausfalls der Hirnfunktion im Untersuchungszeitraum (Anmerkung 2).

2. Klinische Symptome des Ausfalls der Hirnfunktion (Anmerkung 3a und 3b)

2.1. Bewußtlosigkeit (Koma);

2.2. Lichtstarre beider ohne Mydriatikum mittel- bis maximal weiten Pupillen;

2.3. Fehlen des okulo-zephalen Reflexes;

2.4. Fehlen des Kornealreflexes;

2.5. Fehlen von Reaktionen auf Schmerzreize im Trigeminusbereich;

2.6. Fehlen des Pharyngeal- und Trachealreflexes;

2.7. Ausfall der Spontanatmung (Anmerkung 3b).

Die übrige neurologische und vegetative Symptomatik ist zu berücksichtigen (Anmerkung 4).

Die Erfüllung der Voraussetzungen (siehe 1.) und alle geforderten klinischen Symptome (siehe 2.) müssen übereinstimmend und unabhängig von zwei qualifizierten Ärzten (Anmerkung 5) festgestellt und dokumentiert werden (siehe [Muster]-Protokoll-bogen).

3. Nachweis der Irreversibilität der klinischen Ausfallsymptome

Bei *primären supratentoriellen oder bei sekundären Hirnschädigungen* muß die Irreversibilität der klinischen Ausfallsymptome nachgewiesen werden entweder

- durch weitere klinische Beobachtungen während angemessener Zeit (siehe 3.1.) oder
- durch ergänzende Untersuchungen (siehe 3.2.).

Bei *primären infratentoriellen Hirnschädigungen* (siehe Anmerkung 1) kann der Hirntod erst beim Vorliegen eines Null-Linien-EEGs oder beim Nachweis des zerebralen Zirkulationsstillstandes festgestellt werden.

3.1. Zeitdauer der Beobachtung

Die Irreversibilität des Hirnfunktionsausfalls und damit der Hirntod ist erst dann nachgewiesen, wenn die klinischen Ausfallsymptome (siehe 2.)

- bei Erwachsenen und bei Kindern ab dem dritten Lebensjahr
- mit primärer Hirnschädigung nach mindestens zwölf Stunden
- mit sekundärer Hirnschädigung nach mindestens drei Tagen

erneut übereinstimmend nachgewiesen worden sind.

3.2. Ergänzende Untersuchungen

Sie können nicht allein den irreversiblen Hirnfunktionsausfall nachweisen. Die Irreversibilität der klinischen Ausfallsymptome (siehe 2.) kann – außer durch die Verlaufsbeobachtung – alternativ nachgewiesen werden durch:

- Null-Linien-EEG oder
- Erlöschen evozierter Potentiale oder
- zerebralen Zirkulationsstillstand.

3.2.1. EEG

Ergibt eine standardisierte EEG-Ableitung eine hirnelektrische Stille (Nullinien-EEG) (Anmerkung 6), so kann die Irreversibilität des Hirnfunktionsausfalls ohne weitere Beobachtungszeit festgestellt werden.

3.2.2. Evozierte Potentiale

Bei primären supratentoriellen und bei sekundären Hirnschädigungen kann unter bestimmten Bedingungen das Erlöschen der intrazerebralen Komponenten der frühen akustischen oder der zerebralen und der hochzervikalen Komponenten der somatosensibel evozierten Potentiale (FAEP, SEP) die Irreversibilität des Hirnfunktionsausfalls beweisen und eine weitere Beobachtungszeit ersetzen (Anmerkung 7).

3.2.3. Zerebraler Zirkulationsstillstand

Dieser kann bei ausreichendem Systemblutdruck mittels Dopplersonographie oder durch zerebrale Perfusionsszintigraphie nachgewiesen werden (Anmerkung 8). Bei zerebralem Zirkulationsstillstand kann die Irreversibilität des Hirnfunktionsausfalls ohne weitere Beobachtungszeit festgestellt werden. Wurde bei einer zur Klärung der Art der Hirnschädigung oder zur Therapieentscheidung durchgeführten selektiven Angiographie (Anmerkung 8) ein zerebraler Zirkulationsstillstand nachgewiesen, so kann die Irreversibilität des Hirnfunktionsausfalls ohne weitere Beobachtungszeit festgestellt werden.

Trotz irreversibel erloschener Gesamtfunktion des Gehirns kann seine Zirkulation teilweise erhalten sein, wenn der intrakranielle Druck nicht stark genug angestiegen ist, z. B. bei großen offenen Schädel-Hirnverletzungen, aber auch bei sekundären Hirnschäden. Es muß dann die Irreversibilität des Hirnfunktionsausfalles durch Verlaufsbeobachtung oder durch neurophysiologische Befunde nachgewiesen werden.

4. Besonderheiten bei Kindern vor dem dritten Lebensjahr

Bei Frühgeborenen (unter 37 Wochen postmenstruell) ist das den Entscheidungshilfen zugrunde liegende Konzept der Hirntodfeststellung bisher nicht anwendbar.

Bei reifen Neugeborenen (0–25 Tage). Säuglingen (29–365 Tage) und Kleinkindern bis zum vollendeten zweiten Lebensjahr (365–730 Tage) gelten die unter 1. genannten Voraussetzungen und die unter 2. beschriebenen klinischen Ausfallsymptome. Ihre Überprüfung erfordert jedoch wegen der reifungsbedingten patho-physiologischen Umstände besondere Kenntnisse und Erfahrungen.

Die Beobachtungszeit der klinischen Ausfallsymptome beträgt unabhängig von ihrer Ursache

- bei reifen Neugeborenen mindestens 72 Stunden
- bei Säuglingen und Kleinkindern mindestens 24 Stunden.

Die Irreversibilität der klinischen Ausfallsymptome ist nur dann nachgewiesen, wenn bei den erforderlichen mindestens zwei Untersuchungen jeweils zusätzlich

- entweder ein Null-Linien-EEG (Anmerkung 6)
- oder das Fehlen der FAEP (Anmerkung 7)
- oder dopplersonographisch ein zerebraler Zirkulationstillstand (Anmerkung 8)

festgestellt worden ist.

Das Perfusionsszintigramm muß als ergänzende Untersuchung nur einmal, und zwar nach der zweiten klinischen Feststellung der Ausfallsymptome durchgeführt werden.

Anders als mit dem EEC befassen sich bisher nur wenige Literaturmitteilungen mit dem Nachweis der Irreversibilität der klinischen Ausfallsymptome im

- 1. Lebenshalbjahr mittels Untersuchung der FAEP oder Dopplersonographie
- 1. Lebensmonat mittels Perfusionsszintigraphie.

Anmerkungen

Anmerkung 1: Art der Hirnschädigung

Primäre Hirnschädigungen, insbesondere Hirnverletzungen, intrakranielle Blutungen, Hirninfarkte, Hirntumoren oder akuter Verschlußhydrozephalus, betreffen das Gehirn unmittelbar und strukturell.

Bei primären infratentoriellen Prozessen wird auf die Besonderheiten der Symptomfolge hingewiesen, die den Nachweis eines Null-Linien-EEGs (Anmerkung 6) oder des zerebralen Zirkulationstillstandes (Anmerkung 8) zwingend erforderlich machen.

Sekundäre Hirnschädigungen betreffen das Gehirn mittelbar über den Stoffwechsel und können die Folge z. B. von Hypoxie, von kardial bedingtem Kreislaufstillstand oder langdauerndem Schock sein (vergleiche Kommentar).

Anmerkung 2: Einschränkende Voraussetzungen

Durch Vorgeschichte und Befund muß sichergestellt sein, daß keiner der unter 1.2. beschriebenen Faktoren die Ausfallsymptome zum Untersuchungszeitpunkt erklärt.

Die Bedeutung zentral dämpfender Medikamente für die Ausfallsymptome läßt sich beurteilen durch die

- Zuordnung von bisher verabreichten Medikamenten zu den vorher erhobenen Befunden
- Wirkung von Antidots
- medikamentös nicht unterdrückbaren neurophysiologischen Befunde
- Untersuchung der Hirndurchblutung.

Bei den hier diskutierten Hirnschädigungen gibt es derzeit für die Beurteilung medikamentöser Einflüsse auf bestimmte Befunde keine gesicherten Konzentrations – Wirkungsbeziehungen der meisten zentral dämpfenden Medikamente.

Im Zweifelsfall muß innerhalb der Hirntoddiagnostik ein zerebraler Zirkulationsstillstand nachgewiesen werden.

Anmerkung 3a: Untersuchung von Koma und Hirnstamm-Areflexie

Der hier zu fordernde Koma-Grad ist definiert als Bewußtlosigkeit ohne Augenöffnung und ohne andere zerebrale Reaktion auf wiederholten adäquaten Schmerzreiz (Anmerkung 4).

Starker Druck auf die supraorbitalen Nervenaustrittspunkte oder Schmerzreize an der Nasenschleimhaut lösen keine motorische und keine vegetative Reaktion aus. (Cave: Gesichtsschädelverletzungen).

Bei dem okulo-zephalen Reflex fehlt bei plötzlicher, passiver Kopf-Seitwärtsdrehung (Cave: HWS-Instabilität) die normale Bulbus-Abweichung zur Gegenseite (Puppenkopfphänomen) und jede andere Augenbewegung. Alternativ kann eine beiderseitige kalt-kalorische Vestibularisprüfung vorgenommen werden: auch dabei muß jede Augenbewegung fehlen. Wartezeit zwischen den Spülungen beider Seiten: 5 min.

Prüfung des Pharyngialreflexes durch mehrfache Spatelberührung im Rachen, des Trachealreflexes durch Reiz mit einem in den Trachealtubus bis zur Carina eingeführten Katheter.

Anmerkung 3b: Prüfung des Atemstillstandes

Der Apnoe-Test ist für die Feststellung des Hirntodes obligatorisch. Er kann wegen der physiologischen Wirkungen der Hyperkapnie erst als letzte klinische Untersuchung des Hirnfunktionsausfalls durchgeführt werden. Ein zentraler

Atemstillstand liegt vor, wenn bei bisher gesunden Menschen bei einem pa CO_2 (60 mmHg) keine Eigenatmung einsetzt.

Die Hyperkapnie von mindestens 60 mmHg kann je nach einer O_2-Gaswechselstörung entweder durch Diskonnektion vom Respirator oder durch Hypoventilation herbeigeführt werden. Hinreichende Oxygenation ist durch intratracheale Gasinsufflation oder Beatmung mit reinem O_2 zu gewährleisten.

Für Patienten. deren Eigenatmung aufgrund kardio-pulmonaler Vorerkrankungen an einen CO_2-Partialdruck von mehr als 45 mmHg adaptiert ist, gibt es keine allgemein anerkannten Werte des pa CO_2 für den Apnoe-Test. In diesen Fällen ist der Funktionsausfall des Hirnstamms zusätzlich durch apparative Untersuchungen zu belegen (siehe 3.). Dies gilt auch, wenn ein Apnoe-Test wegen Thorax-Verletzungen oder ähnlicher Traumata nicht durchführbar ist.

Auch bei Anenzephalen muß innerhalb der Hirntod-Diagnostik der Atemstillstand nachgewiesen werden.

Anmerkung 4: Übrige neurologische und vegetative Symptomatik

Beim Hirntoten können spinale Reflexe und Extremitäten-Bewegungen (beispielsweise: Lazarus-Zeichen) sowie die Leitfähigkeit des peripheren Abschnittes von Hirnnerven, die periphere Erregbarkeit und spontane Entladungen im Elektromyogramm der Gesichtsmuskeln vorübergehend noch erhalten bleiben oder wiederkehren, solange der Körperkreislauf und die Beatmung aufrechterhalten werden. Der über den Hirnstamm verlaufende Blinzelreflex erlischt klinisch mit der Hirnstamm-Areflexie.

Diagnostische Einschränkungen durch Blutdruckanstieg oder Fieber sind nicht bekannt geworden. Mit Eintritt des Hirntodes kann, je nach Temperatur von Umgebung und Beatmungsluft, die Körper-Kerntemperatur abfallen. Der Zeitpunkt des Auftretens eines Diabetes insipidus variiert; sein Fehlen schließt die Diagnose des Hirntodes nicht aus.

Das Fortbestehen einer Schwangerschaft widerspricht nicht dem eingetretenen Hirntod der Mutter. Eine Schwangerschaft wird endokrinologisch von der Plazenta und nicht vom Gehirn der Mutter aufrechterhalten.

Anmerkung 5: Qualitätsanforderungen an die zwei Untersucher

Die beiden den Hirntod feststellenden und dokumentierenden Ärzte müssen gemäß den Anforderungen der „Richtlinien zum Inhalt der Weiterbildung" über eine mehrjährige Erfahrung in der Intensivbehandlung von Patienten mit schweren Hirnschädigungen verfügen.

Nach dem endgültigen, nicht behebbaren Stillstand von Herz und Kreislauf kann der Hirntod von jedem approbierten Arzt durch äußere sichere Todeszeichen (zum Beispiel Totenflecke, Totenstarre) indirekt nachgewiesen werden.

Anmerkung 6: EEG-Untersuchung

Das EEG soll in Anlehnung an die Richtlinien der Deutschen Gesellschaft für klinische Neurophysiologie abgeleitet werden und muß von einem darin erfahrenen Arzt kontrolliert und beurteilt werden:

1. Die Registrierung muß mindestens 30 min kontinuierlich, einwandfrei auswertbar und artefaktarm erfolgen.
2. Abgeleitet werden kann mit Klebe- oder mit Nadelelektroden. Stahlnadelelektroden können Polarisationseffekte zeigen. Daher muß für die gewählte Kombination aus Verstärker und Elektrode eine technisch stabile EEG-Ableitung über entsprechend lange Zeiten sichergestellt sein.
3. Die Elektroden sind nach dem 10:20-System zu setzen. Die Ableitprogramme sollen auch Abgriffe mit doppelten Elektroden-Abständen beinhalten, zum Beispiel: Fp1-C3. F3-P3 usw.
Bei digitalen Systemen mit referentieller Registrierung sind für die Darstellungen Programme zu verwenden, die obige Empfehlungen berücksichtigen.
4. Die Elektrodenübergangswiderstände sollen zwischen 1 kΩ und 10 kΩ liegen und möglichst gleich niedrig sein. Die Messungen der Übergangswiderstände sollen die Referenzelektrode(n) und die Erdungselektrode(n) einschließen. Die Werte der Widerstände müssen zu Beginn und Ende der Aufzeichnung dokumentiert werden. Widerstände unter 1 kΩ können durch Flüssigkeits- oder Elektroden-Gel-Brücken verursacht werden.
5. Die Registrierung soll mit Standard-Filtereinstellungen erfolgen: untere Grenzfrequenz 0.53 Hz (Zeitkonstante 0.3 s), obere Grenzfrequenz 70 Hz, bei digitalen Systemen mit steilen Filterflanken entsprechend höher. Um auch sehr langsame Frequenzen zu erfassen, ist mindestens 10 min mit einer unteren Grenzfrequenz von 0.16 Hz oder darunter (Zeitkonstante von 1/s oder länger) zu registrieren.
6. Die Ableitung soll mit der Verstärkereinstellung von 5 beziehungsweise 7 µV/mm begonnen werden. Die der Beurteilung zugrunde liegenden mindestens 30minütigen EEG-Abschnitte müssen mit höherer Verstärkung, teilweise mit einer Empfindlichkeit von wenigstens 2 µV/mm aufgezeichnet werden. Bei digitaler EEG-Technik muß die Auswertung mit einer Auflösung von 2 µV/mm möglich sein. Die Geräteeichung soll mit einem Signal erfolgen, dessen Höhe der Amplitude des zu erwartenden Signals entspricht, z. B. 20 µV bei einer Empfindlichkeit von 2 µV/mm. Die Eichsignale müssen am Beginn, bei jeder Änderung und am Ende der Ableitung aufgezeichnet werden.
Steht kein entsprechend kleines Eichsignal zur Verfügung, muß das Eichsignal mit der Standardeinstellung aufgezeichnet und jede Verstärkeränderung dokumentiert werden.
7. Der Rauschpegel des EEG-Gerätes muß so gering sein, daß eine sichere Abgrenzung von EEG-Potentialen um 2 µV möglich ist.
8. Die Ableitung muß mit mindestens 8 EEG-Kanälen erfolgen. Zusätzlich ist kontinuierlich das EKG aufzuzeichnen. Andere als EKG-Artefakte müssen sicher identifiziert und vom EEG abgegrenzt werden.

9. Zu Beginn der Ableitung soll die Funktionstüchtigkeit der einzelnen Verstärker durch das Auslösen von Artefakten (Berühren der Elektroden) überprüft werden.

Anmerkung 7: Multimodal evozierte Potentiale

Die Untersuchungen sollen in Anlehnung an die Richtlinien der Deutschen Gesellschaft für klinische Neurophysiologie durchgeführt werden und müssen von einem in der Methode erfahrenen Arzt ausgeführt und einwandfrei dokumentiert werden.

Folgende *FAEP-Muster* weisen bei primären supratentoriellen und bei sekundären Hirnschädigungen die Irreversibilität der klinischen Ausfallsymptome gemäß den Voraussetzungen nach:

- Der progrediente, konsekutive Verlust der Wellen mit schließlich bilateralem
- Ausfall aller Komponenten
- der progrediente, konsekutive Ausfall der Wellen III-V mit ein- oder beidseitig erhaltenen Wellen I oder I und II
- isoliert erhaltene Wellen I oder I und II.

Stimulation: Geschirmte Kopfhörer mit überprüfter Reizpolarität und bekanntem, vom Hersteller belegten Frequenzgang (alternativ pneumatisch arbeitende Kopfhörer, wobei die Latenzen um die Laufzeit im Schlauch zu korrigieren sind).

- Klickreize 100 μsec Dauer, Reizfrequenz 10–15 Hz, ungerade Wiederholungsrate.
- Sog- und Druckreize müssen getrennt gemittelt und gespeichert werden: falls dies technisch nicht möglich ist, sollen nur Sogpulse verwendet werden.
- Schalldruck 95 dB HL; kontralaterales Ohr mit 30 dB unter Klick-Schalldruck verrauschen.

Analysezeit: 10 ms. zur Artefaktableitung (50 Hz) 20 ms. Filtereinstellung (bei 6 dB/Oktave Filter) untere Grenzfrequenz l00–150 Hz. Obere Grenzfrequenz 3000 Hz.

Elektrodenposition: Vertex (Cz). Referenz am ipsilateralen Ohrläppchen oder Mastoid (Welle 1 bei Ableitung mit Nadelelelektrode aus dem Gehörgang besser zu identifizieren).

Elektroden: Sowohl Nadel- als auch Klebeelektroden. Der Elektrodenwiderstand soll 5 kΩ nicht überschreiten.

Mittelungsschritte: 1000–2000. Jede Messung muß mindestens einmal wiederholt werden, um die Wellen reproduzierbar zu belegen. Auf eine wirksame Artefaktunterdrückung ist zu achten.

Die hochzervikalen SEP erlöschen entsprechend dem kranio-kaudal fortschreitenden Zirkulationsausfall nicht notwendigerweise gleichzeitig mit dem EEG und den FAEP. Wenn keine Halsmarkschädigung vorliegt, weisen folgende *SEP-Muster* bei primären supratentoriellen und bei sekundären Hirnschädigungen die Irreversibiltät der klinischen Ausfallsymptome gemäß den Voraussetzungen nach:

- Ausfall der Komponente N 13 (ableitbar über HWK 2) bei Fehlen des kortikalen Primärkomplexes bei Fz-Referenz
- Abbruch der Kette der Far-field Potentiale spätestens nach der Komponente N 11/P 11 bei extrakranieller Referenz und Ableitung über der sensiblen Rinde.

Stimulation: Rechteckimpulse. Dauer 0.1–0.2 ms. Frequenz 3-5 Hz. Reizstärke 2–3 mA über der motorischen Schwelle, Kathode proximal.

Analysezeit: Bei Armnerven-Stimulation 40–50 ms, bei fehlender Reizantwort zu verdoppeln. Filtereinstellung (bei 6 dB/Oktave Filter): untere Grenzfrequenz für kortikales SEP 5–10 Hz, für spinales SEP 20–50 Hz: obere Grenzfrequenz 1000–2000 Hz.

Elektrodenposition: Referenz Fz: Erbscher Punkt. Dornfortsätze C7 und C2. kortikal C3'. C4'. Referenz Hand: C3' C4'.

Elektrodenarten: Sowohl Nadel- als auch Klebeelektroden. Elektrodenwiderstand nicht über 5 kΩ.

Mittelungsschritte: 512-2048, mindestens einmal reproduziertes Potential. Auf eine wirksame Unterdrückung von Artefakten ist zu achten.

Anmerkung 8: Zerebraler Zirkulationsstillstand

Der irreversible Hirnfunktionsausfall ist meistens Folge eines zerebralen Zirkulationsstillstandes. Bei großen offenen Schädel-Hirn-Verletzungen und vereinzelt bei sekundären Hirnschädigungen kommt es aber, wenn der intrakranielle Druck nicht stark genug ansteigt, nicht zu einem zerebralen Zirkulationsstillstand. In diesen Fällen ist die Irreversibilität des Hirnfunktionsausfalles entweder durch Verlaufsbeobachtung oder neurophysiologische Befunde nachzuweisen.

Dopplersonographie

Der zerebrale Zirkulationsstillstand kann mit der Dopplersonographie durch transkranielle Beschallung der Hirnbasisarterien und Untersuchung der extrakraniellen hirnversorgenden Arterien von einem in dieser Methode speziell erfahrenen Untersucher bewiesen werden, wenn bei mindestens zweimaliger Untersuchung im Abstand von wenigstens 30 min einer der folgenden Befunde beidseitig dokumentiert wird:

1. Biphasische Strömung (oszillierende Strömung) mit gleich ausgeprägter antero- und retrograder Komponente oder kleine frühsystolische Spitzen, die kleiner als 50 cm/s sind, und sonst fehlende systolische und diastolische Strömung in den Aa. cerebri mediae, Aa. carotides internae intrakraniell, sowie in den übrigen beschallbaren intrakraniellen Arterien und in den extrakraniellen Aa. carotides internae und Aa. vertebrales.

2. Ein Fehlen der Strömungssignale bei transkranieller Beschallung der Hirnbasisarterien kann nur dann als sicheres Zeichen eines zerebralen Kreislaufstillstandes gewertet werden, wenn derselbe Untersucher einen Signalverlust bei zuvor eindeutig ableitbaren intrakraniellen Strömungssignalen dokumentiert hat und an den extrakraniellen hirnversorgenden Arterien ebenfalls ein zerebraler Kreislaufstillstand nachweisbar ist.

Perfusionsszintigraphie

Hierbei müssen Radiopharmaka verwendet werden, deren diagnostische Sicherheit validiert worden ist wie das Tc-99m-Hexamethylpropylenaminoxim (HMPAO).

Statische Szintigraphien erfassen die Gewebsdurchblutung durch den über viele Stunden in nahezu unveränderter Konzentration „getrappten" hydrophilen Tracer. Die fehlende Aufnahme des Radiopharmakons kann nicht medikamentös oder stoffwechselbedingt sein.

Szintigraphische Kriterien des Hirntodes sind die fehlende Darstellung der zerebralen Gefäße, der zerebralen Perfusion und der Anreicherung im Hirngewebe.

Die Szintigraphie muß in verschiedenen Ansichten und kann auch in tomographischer Technik erfolgen. Nach Bolusinjektion des Radiopharmakons erfolgt zunächst die Darstellung der großen kranialen Gefäße von ventral, anschließend erfolgen statische Szintigraphien zur Erfassung der Gewebsdurchblutung.

Eine Qualitätskontrolle soll in vitro durch die Bestimmung der Markierungsausbeute (möglichst größer als 90 Prozent) mittels Dünnschichtchromatographie erfolgen. Zusätzlich sollte durch Szintigraphien von Thorax und Abdomen die Prüfung der physiologischen Verteilung des Radiopharmakons als *in vivo* Qualitätskontrolle vorgenommen werden.

Angiographie

Die Indikationsstellung zur selektiven arteriellen Angiographie setzt Möglichkeiten therapeutischer Konsequenzen voraus.

Bei einer selektiven arteriellen Angiographie entsprechend 3.2.3. muß eine Darstellung beider Karotiden und des vertebrobasilären Kreislaufs erfolgen. Wenn dabei ein eindeutiger Stillstand des injizierten Kontrastmittels an der Hirnbasis oder im Anfangsteil der großen Hirnarterien erkennbar ist, so liegt ein zerebraler Zirkulationsstillstand vor. Dabei muß die Lage des Katheters dokumentiert sein und bei der Untersuchung von Erwachsenen ein ausreichender arterieller Blutmitteldruck >80 mmHg, bei Kindern bis zur Pubertät >60 mmHg bestanden haben.

Kommentar

Etwaige Zweifel an klinischen oder ergänzenden Untersuchungsbefunden erfordern in jedem Falle weitere Beobachtung und Behandlung. Die auf wenige Minuten begrenzte Wiederbelebungszeit des Gehirns ist grundsätzlich kürzer als diejenige des Herzens. Zeitgrenzen für die Irreversibilität eines elektrokardiographisch als Kammerflimmern oder Asystolie dokumentierten Herzstillstandes können wegen der stark variablen Bedingungen nicht angegeben werden. In jedem Fall führt ein Herz-Kreislaufstillstand früher zum Hirntod als zur Irreversibilität des Herzstillstandes.

Todeszeitpunkt

Festgestellt wird nicht der Zeitpunkt des eintretenden, sondern der Zustand des bereits eingetretenen Todes. Als Todeszeit wird die Uhrzeit registriert, zu der die Diagnose und Dokumentation des Hirntodes abgeschlossen sind.

Geltungsbereich und Protokollierung

Die beschriebene Todesfeststellung durch Nachweis des Hirntodes ist unabhängig von einer danach medizinisch möglichen Organentnahme.

Die zur Diagnose des Hirntodes führenden klinischen und apparativen ergänzenden Untersuchungsbefunde sowie alle Umstände, die auf ihre Ausprägung Einfluß nehmen können, müssen mit Datum und Uhrzeit sowie den Namen der untersuchenden Ärzte dokumentiert werden. Die Aufzeichnung der Befunde ist auf dem Protokollbogen (siehe vorstehend abgedrucktes Muster) vorzunehmen; dieser ist im Krankenblatt zu archivieren.

Die Protokollierung über Ort, Zeit und Teilnehmer des zu führenden Gespräches mit den Angehörigen ist notwendig.

Auch der indirekte Nachweis des Hirntodes durch äußere sichere Todeszeichen muß von zwei Ärzten bestätigt werden. Diese Bestätigung (s. „Hinweise zu Organ- und Gewebeentnahmen bei toten Spendern gemäß Transplantationsgesetz") ist zusammen mit der amtlichen Todesbescheinigung (Leichenschauschein) aufzubewahren.

Hinweise zu Organ- und Gewebeentnahmen bei toten Spendern gemäß Transplantationsgesetz

Das Transplantationsgesetz macht in § 3 Abs. 1 Nr. 2 die Todesfeststellung, in § 3 Abs. 2 Nr. 2 die Hirntodfeststellung zur unerläßlichen Voraussetzung jeder Organ- und Gewebeentnahme bei toten Spendern.

Die Todesfeststellung muß nach den „Regeln", die Hirntodfeststellung nach „Verfahrensregeln" erfolgen, „die dem Stand der Erkenntnisse der medizinischen Wissenschaft entsprechen".

Die Forderung an die Todesfeststellung wird sowohl durch den Nachweis des Hirntodes, des inneren sicheren Todeszeichens, als auch durch den Nachweis äußerer sicherer Todeszeichen erfüllt, wobei die Hirntodfeststellung gemäß den „Richtlinien zur Feststellung des Hirntodes" des Wissenschaftlichen Beirates der Bundesärztekammer erfolgen muß (§ 16 Abs. 1 Nr. 1 Transplantationsgesetz).

Wenn der Tod durch den Nachweis des Hirntodes festgestellt wurde, erfüllt die vorgeschriebene Protokollierung die beiden Bestimmungen gemäß § 3 Abs. 1

Nr. 2 und § 3 Abs. 2 Nr. 2 des Transplantationsgesetzes. Unabhängig davon muß die amtliche Todesbescheinigung (Leichenschauschein) zusätzlich ausgestellt werden.

Wenn der Tod durch äußere sichere Todeszeichen festgestellt wurde, ist damit auch der Hirntod nachgewiesen. Gleichwohl muß infolge von § 3 Abs. 2 Nr. 2 in Verbindung mit § 5 Abs. 1 des Transplantationsgesetzes auch der indirekt nachgewiesene Hirntod von 2 Ärzten bestätigt werden, wenn Organe und Gewebe zur Transplantation entnommen werden sollen. Die Bestätigung (s. Muster) ist entsprechend der allgemeinen Aufbewahrungspflicht nach § 10 (Muster-)Berufsordnung 1997 zu archivieren und ersetzt nicht die amtliche Todesbescheinigung.

Alle Vorschriften des Transplantationsgesetzes über die Entnahme von Organen und Geweben bei toten Spendern einschließlich der Vorschriften über die Information oder die Befragung der Angehörigen und einschließlich der Dokumentationspflichten gelten unabhängig von Ort und Zeit des ärztlichen Eingriffs nach der Todesfeststellung und damit beispielsweise auch für die Hornhautentnahme in Instituten der Rechtsmedizin, der Pathologie oder in anderen Einrichtungen.

Literatur

Auf die Literatur in den voraufgehenden Veröffentlichungen der Bundesärztekammer wird verwiesen.

1. Ad Hoc Committee of the Havard Medical School to examine the definition of brain death: a definition of irreversible Coma. JAMA 1968:205:337–340
2. Ammar A, Awada A, al-Luwam L: Reversibility of severe brain stem dysfunction in children. Acta Neurochir Wien 1993:124:86–91
3. Ashwal S, Schneider S: Brain death in the newborn. Pediatrics 1989:84–429, 437
4. Ashwal S: Brain death in early infancy J. Heart Lung Transplan 1993 12 (Suppl. 1):176–178
5. Berlit P, Wetzel E, Bethke L, Pohlmann-Eden P: Hirnblutflußszintigraphie mit 99mTc-HM-PAO zur Diagnose des Hirntodes. Wien med Wschr 1990: 140:571, 574
6. Birnhacher D, Angstwurm H, Eigler FW, Wuermeling HB: Der vollständige und endgültige Ausfall der Hirntätigkeit als Todeszeichen des Menschen – Anthropologischer Hintergrund. Dt Ärztebl 1993:A 2926–2929 (Heft 44)
7. Böckle F: Ethische Probleme des Hirntodes. In: Gänshirt H, Berlit P, Haak G (eds) Kardiovaskuläre Erkrankungen und Nervensystem, Probleme des Hirntodes. Berlin Heidelberg New York Tokyo: Springer 1985:565–569
8. Brilli RJ, Bigos D: Altered apnoea threshold in a child with suspected brain death. J. Child Neurol 1995 10 245–246
9. Bundesärztekammer Kriterien des Hirntodes: Dt Ärzteb 1991 85 A-4396-4407 (Heft 49)
10. Bundesärztekammer wissenschaftlicher Beirat: Der endgültige Ausfall der gesamten Hirnfunktion („Hirntod" als sicheres Todeszeichen; Dt Ärzteb 1993:90:A.-2933–2935 (Heft 44)
11. Carr BC: The maternal-fetal-placental unit. In: Becker KL ed: Principles and practice of endocrinology and metabolism. 2nd ed. JB Lippincott Company, 1995: Chapter 106: 987–1000
12. Challis JRG: Endocrinology of parturitition. In: Becker KL ed.: Principles and practice of endocrinology and metabolism. 2nd ed. JB Lippincott Company. Chapter 107:1001–1005
13. Chiu NC, Shen EY, Lee BS: Reversal of diastolic cerebral blood flow in infants without brain death. Pediatr Neurol. 1994:11:337–340

14. Conci F, Procaccio F, Arosio M: Viscerosomatic and viscero-visceral reflexes in brain death. J Neural Neurosurg Psychiat 1986:49:695–698
15. Deutsche Gesellschaft für Chirurgie, Kommission für Reanimation und Organtrans-plantatian: Todeszeichen und Todeszeitbestimmung. Chirurg 1968:39:196–197
16. Downman CBB, Mc Swiney BA: Reflexes elicited by visceral stimulation in the acute spinal animal. J Physiol 1946:105:80–94
17. Farrell MM, Levin DL: Brain death in the pediatric patient: historical, sociological, medical, religious, cultural, legal and ethical Considerations. Crit Care Med 1993:21:951–965
18. Feldges A, Mehdorn HM: Zum Einsatz der transkraniellen Dopplersonographie auf einer neurochirurgischen lntensivstation: Hirndruck. intrakranieller Zirkulationsstillstand. Wien med Wschr 1990:140:567–570
19. Firsching R, Frowein RA, Wilhelms S, Buchholz F: Brain death. Practicability of evoked potentials Neurosurg Rev 1992:15:249–254
20. Fishman MA: Validity of brain death criteria in infants. Pediatrics 1995:96:513–515
21. Frowein RA, Brock M, Klinger M (eds): Head injuries: prognosis, evoked potentials, microsurgcry, brain death. In: Advances in Neurosurgery 17. Berlin Heidelberg New York Tokyo: Springer 1989
22. Galaske RG, Schober O, Heyer R: Tc-99m-HM-PAO and I-123-amphetamine cerebral scintigraphy: a new non invasive method in determination of brain death in children. Eur J Nucl Med 1988:14:446-452
23. Gramm HJ, Zimmermann J, Meinhold H et al.: Hemodynamic responses to noxious stimuli in brain-dead Organ donors. Int Care Med 1992:18:493 495
24. Grattan-Smith PJ, Butt W: Suppression of brainstream reflexes in barbiturate coma. Arch Dis Child 1993:69:151–152
25. Haupt WF, Schober O, Angstwurm H, Kunze K: Die Feststellung des Todes durch den irreversiblen Ausfall des gesamten Gehirns (Hirntod). Dt Ärztebl 1993:90:A 3004–3008 (Heft 45)
26. Heinbecker P, White HL: Hypothalamico-hypophysial system and its relation to water balance in the dog. Am J Physiol 1941:133:582-593
27. Hohenegger M, Vermes M, Mauritz W et al.: Serum Vasopressin (AVP) levels in brain-dead Organ donors. Europ Arch Psychiat Neurol Sci 1990:239:267–269
28. Hollinshead WH: The interphase of diabetes insipidus. Mayo Clin Proc 1964: 39:92–100
29. Hummerich W: Die Vasopressinregulation. Stuttgart: Thieme 1985
30. Jalili M, Crade M, Davis AL: Carotid blood-flow velocity changes detected by Doppler ultrasound in determination of brain death in children. A preliminary report. Clin Pediatr Phila 1994:33:669-674
31. Jørgensen ED: Spinal man after brain death: the unilateral extension-pronation-reflex of the upper limb as an indication of brain death. Acta Neurochir 1973:28:259–273
32. Kuwagata Y, Sugimoto H, Yoshoko T, Sugimoto T: Hemodynamic response with passive neck flexion in brain death. Neurosurg 1991:29:239–241
33. Laszlo FA de Wied D: Antidiuretic hormone content of the hypothalamo-neuro-hypa¬physial system and urinary excretion of antidiuretic hormone in rats during the development of diabetes insipidus after lesions in ihe pituitary, stalk. J Endocrin 1966:36: 125–137
34. Lipsett MB, Mac Lean JE, West CD et al.: An analysis of the polyuria induced by hypophysectomy in man. J Clin Endocrin Metabol 1956:16:183 –185
35. Löfstedt S, v Reis G: Intaracraniella laesioner med bilateral upphävd kontrastpassage i a carotis interna. Opuscula Medica 1956:8:199–202
36. Lynch J, Eldadah MK: Brain-death criteria currently used by pediatric intensivists. Clin Pediatr Phila 1992 31:457–460
37. Magoun H W, Fisher C, Ranson SW: The neurohypophysis and water exchange in the monkey. Endocrin 1939:25:161–174
38. Medlock MD, Hanigan WC, Cruse RP: Dissociation of cerebral blood flow, glucose metabolism. and electrical activity. in pediatric brain death. Case report. J Neurosurg 1993:79:752–755

39. Mollaret P, Gaulon M: Le coma dépassé. Rev Neurol 1959:101:5–15
40. Mollaret P, Bertrand I, Mollaret H: Coma dépassé et nécroses nerveuses centrales massives. Rev-Neurol 1959:101:116–139
41. Molitch ME: Endocrine disease in pregnancy. In: Becker KL (ed): Principles and practice of endoccrinology and metabolism. 2nd ed. JB Lippincott Company, 1995: Chapter 108:1005–1019
42. Mudd RH, Dodge jr HW, Clark EC, Randall RL: Experimental diabetes insipidus. A study of. the normal interphase. Proc Staff Meet Mayo Clin 1957; 32:99–108
43. O'Connor WJ: The normal interphase in the polyuria which follows section of the supraoptico-hypophysial tracts in the dog. Quart J Exper Physiol 1952:37:1–10
44. Okamoto K, Sugimoto T: Return of spontaneous respiration in an infant who fullfilled current criteria to determine brain death. Pediatrics 1995:96:518–520
45. Petty CW, Mohr JP, Pedley TA et al.: The role of transcranial Doppler in connfirming brain death: sensitivity specificity and suggestions for performance and interpretation. Neurology 1990:40:300–303
46. Pickford M. RitchieAe: Experiments on the hypothalamic pituitary control of water excretion in dogs. J Physiol 1945:104:105–128
47. Ragosta K: Miller Fisher syndrome, a brainstem encephalitis. mimics brain death. Clin Pediatr Phila 1993:32:685–687
48. Randall RV, Clark EC, Dodge jr HW. Love JC: Polyuria after operation for tumors in the region of the hypophysis and hypothalamus. J Clin Endocrin Metabol 1960:20: 1614–1621
49. Rasmussen AT: Effects of hypophysectomy and hypophysial stalk resection on the hypothalamic nuclei of animals and man. A Res Nerv Ment Dis 1940:20: 245–269
50. Report of the quality standards subcommittee of the American Academy of Neurology practice parameters for determining brain death in adults. Neurology 1995 45 1012–1014
51. Ropper AH: Unusual spontaneous movements in brain dead patient. Neurology 1984: 34:1080–1092
52. Sanker P, Roth B, Frowein RA, Firsching R: Cerebral reperfusion in brain death of a newborn. Case report. Neurosurg Rev 1992:15:315–317
53. Schlake HP, Böttger IG, Grotemeyer KH, Husstedt IW, Brandau, Schober O: Determination of cerebral perfusion by means ot planar brain scintigraphy and 99mTc HMPAO in brain death. persistent vegetative state and severe coma. Intens Care Med 1992 18:76–81
54. Schmitt B, Simma B, Burger R, Dumermuth G: Resuscitation after Severe hypoxia in a young child: temporary isoelectric EEG and loss of BAFP components. Intens Care Med 1993:19:420–422
55. Schober O, Galaske RG, Heyer R: Determination of brain death with 123 IMP and 99m Tc HMPAO. Neurosurg Rev 1987:10:19–22
56. Schober O, Galaske RG, HeyerR:Uptake of I 123 IMP and 99m Tc HMPAO in brain death. Nuklearmedizin 1988:27:111–113
57. Silver JR: Vascular reflexes in spine shock Paraplegia 1970:8:231–242
58. Stöhr M, Riffel B, Pfadenhauer K: Neurophysiologische Untersuchungsmethoden in der Intensivmedizin. Berlin Heidelberg New York Tokyo Springer 1990
59. Task force for the determination of brain death in children guidelines for the determination of brain death in children .Neurology 1987:37:1077–1078
60. Ulsenheimer K: Organspende von nicht überlebensfähigen Neugeborenen – aus juristischer Sicht. Dt Arztebt 1993:90:A:3156–3158 (Heft 47)
61. Weltärztebund: Deklaration von Sydney: Definition des Todes. Verabschiedet von der 22. Generalversammlung in Sydney, August 1968. überarbeitet von der 35. Generalversammlung in Venedig. Oktober 1983
62. Wetzel RC, Setzer N, Stiff JL, Rogers MC: Hemodynamic responses in brain dead organ donor patients. Anest Analg 1985:64:125–128
63. Wijdicks EFM: Determining brain death in adults. Neurology 1995:45:1003–1011

5. Menschenrechtskonvention zur Bioethik

Übereinkommen zum Schutz der Menschenrechte und der Menschenwürde im Hinblick auf die Anwendung von Biologie und Medizin: Übereinkommen über Menschenrechte und Biomedizin vom 4. April 1997

Präambel

Die Mitgliedstaaten des Europarats, die anderen Staaten und die Europäische Gemeinschaft, die dieses Übereinkommen unterzeichnen -

- eingedenk der von der Generalversammlung der Vereinten Nationen am 10. Dezember 1948 verkündeten Allgemeinen Erklärung der Menschenrechte;
- eingedenk der Konvention vom 4. November 1950 zum Schutze der Menschenrechte und Grundfreiheiten;
- eingedenk der Europäischen Sozialcharta vom 18. Oktober 1961;
- eingedenk des Internationalen Paktes über bürgerliche und politische Rechte und des Internationalen Paktes über wirtschaftliche, soziale und kulturelle Rechte vom 16. Dezember 1966;
- eingedenk des Übereinkommens vom 28. Januar 1981 zum Schutz des Menschen bei der automatischen Verarbeitung personenbezogener Daten;
- eingedenk auch des Übereinkommens vom 20. November 1989 über die Rechte des Kindes;
- in der Erwägung, daß es das Ziel des Europarats ist, eine engere Verbindung zwischen seinen Mitgliedern herbeizuführen, und daß eines der Mittel zur Erreichung dieses Zieles darin besteht, die Menschenrechte und Grundfreiheiten zu wahren und fortzuentwickeln;
- im Bewußtsein der raschen Entwicklung von Biologie und Medizin;
- überzeugt von der Notwendigkeit, menschliche Lebewesen in ihrer Individualität und als Teil der Menschheit zu achten, und in der Erkenntnis, daß es wichtig ist, ihre Würde zu gewährleisten;
- im Bewußtsein, daß der Mißbrauch von Biologie und Medizin zu Handlungen führen kann, welche die Menschenwürde gefährden;
- bekräftigend, daß die Fortschritte in Biologie und Medizin zum Wohl der heutigen und der künftigen Generationen zu nutzen sind;
- betonend, daß internationale Zusammenarbeit notwendig ist, damit die gesamte Menschheit aus Biologie und Medizin Nutzen ziehen kann;
- in Anerkennung der Bedeutung, die der Förderung einer öffentlichen Diskussion über Fragen im Zusammenhang mit der Anwendung von Biologie und Medizin und über die darauf zu gebenden Antworten zukommt;
- von dem Wunsch geleitet, alle Mitglieder der Gesellschaft an ihre Rechte und ihre Verantwortung zu erinnern;
- unter Berücksichtigung der Arbeiten der Parlamentarischen Versammlung auf diesem Gebiet, einschließlich der Empfehlung 1160 (1991) über die Ausarbeitung eines Übereinkommens über Bioethik;
- entschlossen, im Hinblick auf die Anwendung von Biologie und Medizin die notwendigen Maßnahmen zu ergreifen, um den Schutz der Menschenwürde sowie der Grundrechte und Grundfreiheiten des Menschen zu gewährleisten -

sind wie folgt übereingekommen:

Kapitel I Allgemeine Bestimmungen

Art. 1. Gegenstand und Ziel.

Die Vertragsparteien dieses Übereinkommens schützen die Würde und die Identität aller menschlichen Lebewesen und gewährleisten jedermann ohne Diskriminierung die Wahrung seiner Integrität sowie seiner sonstigen Grundrechte und Grundfreiheiten im Hinblick auf die Anwendung von Biologie und Medizin. Jede Vertragspartei ergreift in ihrem internen Recht die notwendigen Maßnahmen, um diesem Übereinkommen Wirksamkeit zu verleihen.

Art. 2. Vorrang des menschlichen Lebewesens.

Das Interesse und das Wohl des menschlichen Lebewesens haben Vorrang gegenüber dem bloßen Interesse der Gesellschaft oder der Wissenschaft.

Art. 3. Gleicher Zugang zur Gesundheitsversorgung.

Die Vertragsparteien ergreifen unter Berücksichtigung der Gesundheitsbedürfnisse und der verfügbaren Mittel geeignete Maßnahmen, um in ihrem Zuständigkeitsbereich gleichen Zugang zu einer Gesundheitsversorgung von angemessener Qualität zu schaffen.

Art. 4. Berufspflichten und Verhaltensregeln.

Jede Intervention im Gesundheitsbereich, einschließlich Forschung, muß nach den einschlägigen Rechtsvorschriften, Berufspflichten und Verhaltensregeln erfolgen.

Kapitel II Einwilligung

Art. 5. Allgemeine Regel.

Eine Intervention im Gesundheitsbereich darf erst erfolgen, nachdem die betroffene Person über sie aufgeklärt worden ist und frei eingewilligt hat. Die betroffene Person ist zuvor angemessen über Zweck und Art der Intervention sowie über deren Folgen und Risiken aufzuklären. Die betroffene Person kann ihre Einwilligung jederzeit frei widerrufen.

Art. 6. Schutz einwilligungsunfähiger Personen.

(1) Bei einer einwilligungsunfähigen Person darf eine Intervention nur zu ihrem unmittelbaren Nutzen erfolgen; die Art. 17 und 20 bleiben vorbehalten.

(2) Ist eine minderjährige Person von Rechts wegen nicht fähig, in eine Intervention einzuwilligen, so darf diese nur mit Einwilligung ihres gesetzlichen Vertreters oder einer von der Rechtsordnung dafür vorgesehenen Behörde, Person

oder Stelle erfolgen. Der Meinung der minderjährigen Person kommt mit zunehmendem Alter und zunehmender Reife immer mehr entscheidendes Gewicht zu.

(3) Ist eine volljährige Person aufgrund einer geistigen Behinderung, einer Krankheit oder aus ähnlichen Gründen von Rechts wegen nicht fähig, in eine Intervention einzuwilligen, so darf diese nur mit Einwilligung ihres gesetzlichen Vertreters oder einer von der Rechtsordnung dafür vorgesehenen Behörde, Person oder Stelle erfolgen. Die betroffene Person ist soweit wie möglich in das Einwilligungsverfahren einzubeziehen.

(4) Der Vertreter, die Behörde, die Person oder die Stelle nach den Absätzen 2 und 3 ist in der in Art. 5 vorgesehenen Weise aufzuklären.

(5) Die Einwilligung nach den Absätzen 2 und 3 kann im Interesse der betroffenen Person jederzeit widerrufen werden.

Art. 7. Schutz von Personen mit psychischer Störung.

Bei einer Person, die an einer schweren psychischen Störung leidet, darf eine Intervention zur Behandlung der psychischen Störung nur dann ohne ihre Einwilligung erfolgen, wenn ihr ohne die Behandlung ein ernster gesundheitlicher Schaden droht und die Rechtsordnung Schutz gewährleistet, der auch Aufsichts-, Kontroll- und Rechtsmittelverfahren umfaßt.

Art. 8. Notfallsituation.

Kann die Einwilligung wegen einer Notfallsituation nicht eingeholt werden, so darf jede Intervention, die im Interesse der Gesundheit der betroffenen Person medizinisch unerläßlich ist, umgehend erfolgen.

Art. 9. Zu einem früheren Zeitpunkt geäußerte Wünsche.

Kann ein Patient im Zeitpunkt der medizinischen Intervention seinen Willen nicht äußern, so sind die Wünsche zu berücksichtigen, die er früher im Hinblick auf eine solche Intervention geäußert hat.

Kapitel III Privatsphäre und Recht auf Auskunft

Art. 10. Privatsphäre und Recht auf Auskunft.

(1) Jeder hat das Recht auf Wahrung der Privatsphäre in bezug auf Angaben über seine Gesundheit.

(2) Jeder hat das Recht auf Auskunft in bezug auf alle über seine Gesundheit gesammelten Angaben. Will jemand jedoch keine Kenntnis erhalten, so ist dieser Wunsch zu respektieren.

(3) Die Rechtsordnung kann vorsehen, daß in Ausnahmefällen die Rechte nach Absatz 2 im Interesse des Patienten eingeschränkt werden können.

Kapitel IV Menschliches Genom

Art. 11. Nichtdiskriminierung.

Jede Form von Diskriminierung einer Person wegen ihres genetischen Erbes ist verboten.

Art. 12. Prädiktive genetische Tests.

Untersuchungen, die es ermöglichen, genetisch bedingte Krankheiten vorherzusagen oder bei einer Person entweder das Vorhandensein eines für eine Krankheit verantwortlichen Gens festzustellen oder eine genetische Prädisposition oder Anfälligkeit für eine Krankheit zu erkennen, dürfen nur für Gesundheitszwecke oder für gesundheitsbezogene wissenschaftliche Forschung und nur unter der Voraussetzung einer angemessenen genetischen Beratung vorgenommen werden.

Art. 13. Interventionen in das menschliche Genom.

Eine Intervention, die auf die Veränderung des menschlichen Genoms gerichtet ist, darf nur zu präventiven, diagnostischen oder therapeutischen Zwecken und nur dann vorgenommen werden, wenn sie nicht darauf abzielt, eine Veränderung des Genoms von Nachkommen herbeizuführen.

Art. 14. Verbot der Geschlechtswahl.

Die Verfahren der medizinisch unterstützten Fortpflanzung dürfen nicht dazu verwendet werden, das Geschlecht des künftigen Kindes zu wählen, es sei denn, um eine schwere, erbliche geschlechtsgebundene Krankheit zu vermeiden.

Kapitel V Wissenschaftliche Forschung

Art. 15. Allgemeine Regel.

Vorbehaltlich dieses Übereinkommens und der sonstigen Rechtsvorschriften zum Schutz menschlicher Lebewesen ist wissenschaftliche Forschung im Bereich von Biologie und Medizin frei.

Art. 16. Schutz von Personen bei Forschungsvorhaben.

Forschung an einer Person ist nur zulässig, wenn die folgenden Voraussetzungen erfüllt sind:

- Es gibt keine Alternative von vergleichbarer Wirksamkeit zur Forschung am Menschen;
- die möglichen Risiken für die Person stehen nicht im Mißverhältnis zum möglichen Nutzen der Forschung;

- die zuständige Stelle hat das Forschungsvorhaben gebilligt, nachdem eine unabhängige Prüfung seinen wissenschaftlichen Wert einschließlich der Wichtigkeit des Forschungsziels bestätigt hat und eine interdisziplinäre Prüfung ergeben hat, daß es ethisch vertretbar ist;
- die Personen, die sich für ein Forschungsvorhaben zur Verfügung stellen, sind über ihre Rechte und die von der Rechtsordnung zu ihrem Schutz vorgesehenen Sicherheitsmaßnahmen unterrichtet worden, und
- die nach Art. 5 notwendige Einwilligung ist ausdrücklich und eigens für diesen Fall erteilt und urkundlich festgehalten worden. Diese Einwilligung kann jederzeit frei widerrufen werden.

Art. 17. Schutz einwilligungsunfähiger Personen bei Forschungsvorhaben.

(1) Forschung an einer Person, die nicht fähig ist, die Einwilligung nach Art. 5 zu erteilen, ist nur zulässig, wenn die folgenden Voraussetzungen erfüllt sind:

- Die Voraussetzungen nach Art. 16 Ziffern i bis iv sind erfüllt;
- die erwarteten Forschungsergebnisse sind für die Gesundheit der betroffenen Person von tatsächlichem und unmittelbarem Nutzen;
- Forschung von vergleichbarer Wirksamkeit ist an einwilligungsfähigen Personen nicht möglich;
- die nach Art. 6 notwendige Einwilligung ist eigens für diesen Fall und schriftlich erteilt worden, und
- die betroffene Person lehnt nicht ab.

(2) In Ausnahmefällen und nach Maßgabe der durch die Rechtsordnung vorgesehenen Schutzbestimmungen darf Forschung, deren erwartete Ergebnisse für die Gesundheit der betroffenen Person nicht von unmittelbarem Nutzen sind, zugelassen werden, wenn außer den Voraussetzungen nach Absatz 1 Ziffer i, iii, iv und v zusätzlich die folgenden Voraussetzungen erfüllt sind:

- Die Forschung hat zum Ziel, durch eine wesentliche Erweiterung des wissenschaftlichen Verständnisses des Zustands, der Krankheit oder der Störung der Person letztlich zu Ergebnissen beizutragen, die der betroffenen Person selbst oder anderen Personen nützen können, welche derselben Altersgruppe angehören oder an derselben Krankheit oder Störung leiden oder sich in demselben Zustand befinden, und
- die Forschung bringt für die betroffene Person nur ein minimales Risiko und eine minimale Belastung mit sich.

Art. 18. Forschung an Embryonen in vitro.

(1) Die Rechtsordnung hat einen angemessenen Schutz des Embryos zu gewährleisten, sofern sie Forschung an Embryonen in vitro zuläßt.

(2) Die Erzeugung menschlicher Embryonen zu Forschungszwecken ist verboten.

Kapitel VI Entnahme von Organen und Gewebe von lebenden Spendern zu Transplantationszwecken

Art. 19. Allgemeine Regel.

(1) Einer lebenden Person darf ein Organ oder Gewebe zu Transplantationszwecken nur zum therapeutischen Nutzen des Empfängers und nur dann entnommen werden, wenn weder ein geeignetes Organ oder Gewebe einer verstorbenen Person verfügbar ist noch eine alternative therapeutische Methode von vergleichbarer Wirksamkeit besteht.

(2) Die nach Art. 5 notwendige Einwilligung muß ausdrücklich und eigens für diesen Fall entweder in schriftlicher Form oder vor einer amtlichen Stelle erteilt worden sein.

Art. 20. Schutz einwilligungsunfähiger Personen.

(1) Einer Person, die nicht fähig ist, die Einwilligung nach Art. 5 zu erteilen, dürfen weder Organe noch Gewebe entnommen werden.

(2) In Ausnahmefällen und nach Maßgabe der durch die Rechtsordnung vorgesehenen Schutzbestimmungen darf die Entnahme regenerierbaren Gewebes bei einer einwilligungsunfähigen Person zugelassen werden, wenn die folgenden Voraussetzungen erfüllt sind:

- Ein geeigneter einwilligungsfähiger Spender steht nicht zur Verfügung;
- der Empfänger ist ein Bruder oder eine Schwester des Spenders;
- die Spende muß geeignet sein, das Leben des Empfängers zu retten;
- die Einwilligung nach Art. 6 Absätze 2 und 3 ist eigens für diesen Fall und schriftlich in Übereinstimmung mit der Rechtsordnung und mit Billigung der zuständigen Stelle erteilt worden, und
- der in Frage kommende Spender lehnt nicht ab.

Kapitel VII Verbot finanziellen Gewinns; Verwendung eines Teils des menschlichen Körpers

Art. 21. Verbot finanziellen Gewinns.

Der menschliche Körper und Teile davon dürfen als solche nicht zur Erzielung eines finanziellen Gewinns verwendet werden.

Art. 22. Verwendung eines dem menschlichen Körper entnommenen Teils.

Wird bei einer Intervention ein Teil des menschlichen Körpers entnommen, so darf er nur zu dem Zweck aufbewahrt und verwendet werden, zu dem er entnommen worden ist; jede andere Verwendung setzt angemessene Informations- und Einwilligungsverfahren voraus.

Kapitel VIII Verletzung von Bestimmungen des Übereinkommens

Art. 23. Verletzung von Rechten oder Grundsätzen.

Die Vertragsparteien gewährleisten einen geeigneten Rechtsschutz, der darauf abzielt, eine widerrechtliche Verletzung der in diesem Übereinkommen verankerten Rechte und Grundsätze innerhalb kurzer Frist zu verhindern oder zu beenden.

Art. 24. Schadensersatz.

Hat eine Person durch eine Intervention in ungerechtfertigter Weise Schaden erlitten, so hat sie Anspruch auf angemessenen Schadensersatz nach Maßgabe der durch die Rechtsordnung vorgesehenen Voraussetzungen und Modalitäten.

Art. 25. Sanktionen.

Die Vertragsparteien sehen angemessene Sanktionen für Verletzungen von Bestimmungen dieses Übereinkommens vor.

Kapitel IX Verhältnis dieses Übereinkommens zu anderen Bestimmungen

Art. 26. Einschränkungen der Ausübung der Rechte.

(1) Die Ausübung der in diesem Übereinkommen vorgesehenen Rechte und Schutzbestimmungen darf nur insoweit eingeschränkt werden, als diese Einschränkung durch die Rechtsordnung vorgesehen ist und eine Maßnahme darstellt, die in einer demokratischen Gesellschaft für die öffentliche Sicherheit, zur Verhinderung von strafbaren Handlungen, zum Schutz der öffentlichen Gesundheit oder zum Schutz der Rechte und Freiheiten anderer notwendig ist.

(2) Die nach Absatz 1 möglichen Einschränkungen dürfen sich nicht auf die Art. 11, 13, 14, 16, 17, 19, 20 und 21 beziehen.

Art. 27. Weiterreichender Schutz.

Dieses Übereinkommen darf nicht so ausgelegt werden, als beschränke oder beeinträchtige es die Möglichkeit einer Vertragspartei, im Hinblick auf die Anwendung von Biologie und Medizin einen über dieses Übereinkommen hinausgehenden Schutz zu gewähren.

Kapitel X Öffentliche Diskussion

Art. 28. Öffentliche Diskussion.

Die Vertragsparteien dieses Übereinkommens sorgen dafür, daß die durch die Entwicklungen in Biologie und Medizin aufgeworfenen Grundsatzfragen, insbesondere in bezug auf ihre medizinischen, sozialen, wirtschaftlichen, ethischen und rechtlichen Auswirkungen, öffentlich diskutiert werden und zu ihren möglichen Anwendungen angemessene Konsultationen stattfinden.

Kapitel XI Auslegung des Übereinkommens und Folgemaßnahmen

Art. 29. Auslegung des Übereinkommens.

Der Europäische Gerichtshof für Menschenrechte kann, ohne unmittelbare Bezugnahme auf ein bestimmtes, bei einem Gericht anhängiges Verfahren, Gutachten über Rechtsfragen betreffend die Auslegung dieses Übereinkommens erstatten, und zwar auf Antrag

- der Regierung einer Vertragspartei nach Unterrichtung der anderen Vertragsparteien,
- des nach Art. 32 vorgesehenen und auf die Vertreter der Vertragsparteien beschränkten Ausschusses, wenn der Antrag mit Zweidrittelmehrheit der abgegebenen Stimmen beschlossen worden ist.

Art. 30. Berichte über die Anwendung des Übereinkommens.

Nach Aufforderung durch den Generalsekretär des Europarats legt jede Vertragspartei dar, in welcher Weise ihr internes Recht die wirksame Anwendung der Bestimmungen dieses Übereinkommens gewährleistet.

Kapitel XII Protokolle

Art. 31. Protokolle.

Zur Weiterentwicklung der Grundsätze dieses Übereinkommens in einzelnen Bereichen können Protokolle nach Art. 32 ausgearbeitet werden.

Die Protokolle liegen für die Unterzeichner dieses Übereinkommens zur Unterzeichnung auf. Sie bedürfen der Ratifikation, Annahme oder Genehmigung. Ein Unterzeichner kann die Protokolle ohne vorherige oder gleichzeitige Ratifikation, Annahme oder Genehmigung des Übereinkommens nicht ratifizieren, annehmen oder genehmigen.

Kapitel XIII Änderungen des Übereinkommens

Art. 32. Änderungen des Übereinkommens.

(1) Die Aufgaben, die dieser Artikel und Art. 29 dem „Ausschuß" übertragen, werden vom Lenkungsausschuß für Bioethik (CDBI) oder von einem anderen vom Ministerkomitee hierzu bestimmten Ausschuß wahrgenommen.

(2) Nimmt der Ausschuß Aufgaben nach diesem Übereinkommen wahr, so kann, vorbehaltlich des Art. 29, jeder Mitgliedstaat des Europarats sowie jede Vertragspartei dieses Übereinkommens, die nicht Mitglied des Europarats ist, im Ausschuß vertreten sein und über eine Stimme verfügen.

(3) Jeder in Art. 33 bezeichnete oder nach Art. 34 zum Beitritt zu diesem Übereinkommen eingeladene Staat, der nicht Vertragspartei des Übereinkommens ist, kann einen Beobachter in den Ausschuß entsenden. Ist die Europäische Gemeinschaft nicht Vertragspartei, so kann sie einen Beobachter in den Ausschuß entsenden.

(4) Damit wissenschaftlichen Entwicklungen Rechnung getragen werden kann, überprüft der Ausschuß dieses Übereinkommen spätestens fünf Jahre nach seinem Inkrafttreten und danach in den von ihm bestimmten Abständen.

(5) Jeder Vorschlag zur Änderung dieses Übereinkommens und jeder Vorschlag für ein Protokoll oder zur Änderung eines Protokolls, der von einer Vertragspartei, dem Ausschuß oder dem Ministerkomitee vorgelegt wird, ist dem Generalsekretär des Europarats zu übermitteln; dieser leitet ihn an die Mitgliedstaaten des Europarats, die Europäische Gemeinschaft, jeden Unterzeichner, jede Vertragspartei, jeden nach Art. 33 zur Unterzeichnung eingeladenen Staat und jeden nach Art. 34 zum Beitritt eingeladenen Staat weiter.

(6) Der Ausschuß prüft den Vorschlag frühestens zwei Monate nach dem Zeitpunkt, zu dem der Generalsekretär ihn nach Absatz 5 weitergeleitet hat. Der Ausschuß unterbreitet den mit Zweidrittelmehrheit der abgegebenen Stimmen angenommenen Text dem Ministerkomitee zur Genehmigung. Nach seiner Genehmigung wird dieser Text den Vertragsparteien dieses Übereinkommens zur Ratifikation, Annahme oder Genehmigung zugeleitet.

(7) Jede Änderung tritt für die Vertragsparteien, die sie angenommen haben, am ersten Tag des Monats in Kraft, der auf einen Zeitabschnitt von einem Monat nach dem Tag folgt, an dem fünf Vertragsparteien, darunter mindestens vier Mitgliedstaaten des Europarats, dem Generalsekretär ihre Annahme der Änderung mitgeteilt haben. Für jede Vertragspartei, welche die Änderung später annimmt, tritt sie am ersten Tag des Monats in Kraft, der auf einen Zeitabschnitt von einem Monat nach dem Tag folgt, an dem die betreffende Vertragspartei dem Generalsekretär ihre Annahme der Änderung mitgeteilt hat.

Kapitel XIV Schlußbestimmungen

Art. 33. Unterzeichnung, Ratifikation und Inkrafttreten.

(1) Dieses Übereinkommen liegt für die Mitgliedstaaten des Europarats, für die Nichtmitgliedstaaten, die an seiner Ausarbeitung beteiligt waren, und für die Europäische Gemeinschaft zur Unterzeichnung auf.

(2) Dieses Übereinkommen bedarf der Ratifikation, Annahme oder Genehmigung. Die Ratifikations-, Annahme- oder Genehmigungsurkunden werden beim Generalsekretär des Europarats hinterlegt.

(3) Dieses Übereinkommen tritt am ersten Tag des Monats in Kraft, der auf einen Zeitabschnitt von drei Monaten nach dem Tag folgt, an dem fünf Staaten, darunter mindestens vier Mitgliedstaaten des Europarats, nach Absatz 2 ihre Zustimmung ausgedrückt haben, durch das Übereinkommen gebunden zu sein.

(4) Für jeden Unterzeichner, der später seine Zustimmung ausdrückt, durch dieses Übereinkommen gebunden zu sein, tritt es am ersten Tag des Monats in Kraft, der auf einen Zeitabschnitt von drei Monaten nach Hinterlegung seiner Ratifikations-, Annahme- oder Genehmigungsurkunde folgt.

Art. 34. Nichtmitgliedstaaten.

(1) Nach Inkrafttreten dieses Übereinkommens kann das Ministerkomitee des Europarats nach Konsultation mit den Vertragsparteien durch einen Beschluß, der mit der in Art. 20 Buchstabe d der Satzung des Europarats vorgesehenen Mehrheit und mit einhelliger Zustimmung der Vertreter der Vertragsparteien, die Anspruch auf einen Sitz im Ministerkomitee haben, gefaßt worden ist, jeden Nichtmitgliedstaat des Europarats einladen, dem Übereinkommen beizutreten.

(2) Für jeden beitretenden Staat tritt dieses Übereinkommen am ersten Tag des Monats in Kraft, der auf einen Zeitabschnitt von drei Monaten nach Hinterlegung der Beitrittsurkunde beim Generalsekretär des Europarats folgt.

Art. 35. Hoheitsgebiete.

(1) Jeder Unterzeichner kann bei der Unterzeichnung oder bei der Hinterlegung seiner Ratifikations-, Annahme- oder Genehmigungsurkunde ein Hoheitsgebiet oder mehrere Hoheitsgebiete bezeichnen, auf die dieses Übereinkommen Anwendung findet. Jeder andere Staat kann bei der Hinterlegung seiner Beitrittsurkunde dieselbe Erklärung abgeben.

(2) Jede Vertragspartei kann jederzeit danach durch eine an den Generalsekretär des Euro-parats gerichtete Erklärung die Anwendung dieses Übereinkommens auf jedes weitere in der Erklärung bezeichnete Hoheitsgebiet erstrecken, für dessen internationale Beziehungen sie verantwortlich ist oder für die sie befugt ist, Verpflichtungen einzugehen. Das Übereinkommen tritt für dieses Hoheitsgebiet am ersten Tag des Monats in Kraft, der auf einen Zeitabschnitt von drei Monaten nach Eingang der Erklärung beim Generalsekretär folgt.

(3) Jede nach den Absätzen 1 und 2 abgegebene Erklärung kann in bezug auf jedes darin bezeichnete Hoheitsgebiet durch eine an den Generalsekretär gerichtete Notifikation zurückgenommen werden. Die Rücknahme wird am ersten Tag des Monats wirksam, der auf einen Zeitabschnitt von drei Monaten nach Eingang der Notifikation beim Generalsekretär folgt.

Art. 36. Vorbehalte.

(1) Jeder Staat und die Europäische Gemeinschaft können bei der Unterzeichnung dieses Übereinkommens oder bei der Hinterlegung der Ratifikationsurkunde bezüglich bestimmter Vorschriften des Übereinkommens einen Vorbehalt machen, soweit das zu dieser Zeit in ihrem Gebiet geltende Recht nicht mit der betreffenden Vorschrift übereinstimmt. Vorbehalte allgemeiner Art sind nach diesem Artikel nicht zulässig.

(2) Jeder nach diesem Artikel gemachte Vorbehalt muß mit einer kurzen Darstellung des betreffenden Rechts verbunden sein.

(3) Jede Vertragspartei, welche die Anwendung dieses Übereinkommens auf ein in der in Art. 35 Absatz 2 aufgeführten Erklärung erwähntes Hoheitsgebiet erstreckt, kann in bezug auf das betreffende Hoheitsgebiet einen Vorbehalt nach den Absätzen 1 und 2 machen.

(4) Jede Vertragspartei, die einen Vorbehalt nach diesem Artikel gemacht hat, kann ihn durch eine an den Generalsekretär des Europarats gerichtete Erklärung zurücknehmen. Die Rücknahme wird am ersten Tag des Monats wirksam, der auf einen Zeitabschnitt von einem Monat nach dem Eingang beim Generalsekretär folgt.

Art. 37. Kündigung.

(1) Jede Vertragspartei kann dieses Übereinkommen jederzeit durch eine an den Generalsekretär des Europarats gerichtete Notifikation kündigen.

(2) Die Kündigung wird am ersten Tag des Monats wirksam, der auf einen Zeitabschnitt von drei Monaten nach Eingang der Notifikation bei Generalsekretär folgt.

Art. 38. Notifikationen.

Der Generalsekretär des Europarats notifiziert den Mitgliedstaaten des Rates, der Europäischen Gemeinschaft, jedem Unterzeichner, jeder Vertragspartei und jedem anderen Staat, der zum Beitritt zu diesem Übereinkommen eingeladen worden ist,

jede Unterzeichnung,

jede Hinterlegung einer Ratifikations- Annahme-, Genehmigungs- oder Beitrittsurkunde;

jeden Zeitpunkt des Inkrafttretens dieses Übereinkommens nach Art. 33 oder 34;

jede Änderung und jedes Protokoll, die nach Art. 32 angenommen worden sind, sowie das Datum des Inkrafttretens der Änderung oder des Protokolls;

jede nach Art. 35 abgegebene Erklärung;

jeden Vorbehalt und jede Rücknahme des Vorbehalts nach Art. 36;

jede andere Handlung, Notifikation oder Mitteilung im Zusammenhang mit diesem Übereinkommen.

Zu Urkund dessen haben die hierzu gehörig befugten Unterzeichneten dieses Übereinkommen unterschrieben.

Geschehen zu Oviedo (Asturien) am 4. April 1997 in englischer und französischer Sprache, wobei jeder Wortlaut gleichermaßen verbindlich ist, in einer Urschrift, die im Archiv des Europarats hinterlegt wird. Der Generalsekretär des Europarats übermittelt allen Mitgliedstaaten des Europarats, der Europäischen Gemeinschaft, den Nichtmitgliedstaaten, die an der Ausarbeitung dieses Übereinkommens beteiligt waren, und allen zum Beitritt zu diesem Übereinkommen eingeladenen Staaten beglaubigte Abschriften.

Literaturverzeichnis

Arbeitsgemeinschaft Medizinrecht im Deutschen Anwaltverein, Festschrift zum 10-jährigen Bestehen 2008, zit. Bearbeiter, in: Festschr. Arge Medizinrecht
v. Auer, Seitz, Transfusionsgesetz, Loseblatt, Stand: 2008
Bamberger, Roth, Kommentar zum Bürgerlichen Gesetzbuch, 3. Auflage 2011/2012
Bäune, Meschke. Rothfuß, Kommentar zur Zulassungsverordnung für Vertragsärzte und Vertragszahnärzte (Ärzte-ZV, Zahnärzte-ZV), 2008
Bayerlein, Praxishandbuch Sachverständigenrecht, 4. Auflage 2008
Bergmann, Kienzle, Krankenhaushaftung, 3. Auflage, 2010
Bergmann, Kienzle, Krankenhaushaftung, 3. Auflage, 2010
Bockelmann, Strafrecht des Arztes, 1968
van Bühren, Handbuch Versicherungsrecht, 4. Auflage2009, zit. Bearbeiter, in: van Bühren
Bülow, Ring, Artz, Brixius Heilmittelwerbegesetz, 4. Auflage 2011 Kommentar
Daniels, Bulling, Kommentar zur Bundesärzteordnung, 1968
Deutsch, Lippert, Ethikkommission und klinische Prüfung – vom Prüfantrag zum Prüfvertrag, 1998
Deutsch, Lippert, Ratzel, Tag, Kommentar zum Medizinproduktegesetz, 2. Auflage, 2009
Deutsch, Lippert, Ratzel, Anker, Tag, Koyuncu, Kommentar zum AMG, 3. Auflage 2010
Deutsch, Recht der klinischen Forschung am Menschen, Reihe „Recht und Medizin", 1979
Deutsch, Spickhoff, Medizinrecht, 7. Auflage, 2014
Dörfler, Eisenmenger, Lippert, Wandl, Medizinische Gutachten, 2. Auflage 2015
E. Schmidt, der Arzt im Strafrecht in: Lehrbuch der gerichtlichen Medizin, Ponsold (Hrsg.), 2. Auflage, 1957
Ehlers (Hrsg.), Fortführung von Arztpraxen, 3. Auflage, 2009
Eser, v. Lutterottti, Sporken, Lexikon Medizin, Ethik, Recht, 1989
Fischer Strafgesetzbuch: StGB und Nebengesetze, 61. Auflage 2014
Frahm, Nixdorf, Arzthaftungsrecht, 4. Auflage, 2009
Frister, Lindemann, Peters, Arztstrafrecht, 2011
Geiß, Greiner, Arzthaftpflichtrecht, 7. Auflage, 2014
Giesen Arzthaftungsrecht, 1981
Giesen, Wandlungen des Arzthaftungsrechts 1983, 1984
Gola, Schomerus, Bundesdatenschutzgesetz, Kommentar, 11. Auflage, 2012
H. Franzki, Der Arzthaftungsprozess, 1984
Halbe, Schirmer, Kooperationen im Gesundheitswesen, zit. Bearbeiter, in: Halbe, Schirmer, 2009
Heinemann, Liebold Kassenarztrecht, Kommentar, 5. Auflage,1980
Jarass, Pieroth, Grundgesetz für die Bundesrepublik Deutschland, 12. Auflage, 2012
Jessnitzer, Ulrich, Der gerichtliche Sachverständige, 13. Auflage, 2014
Katzenmeier, Arzthaftung, 2002
Keller, Günther, Kaiser, Taupitz, Embryonenschutzgesetz, 2. Auflage 2009
Kern, Laufs, Die Ärztliche Aufklärungspflicht, 1983
Klapp, Abgabe und Übernahme einer Arztpraxis, 2. Auflage, 2001

Köhler, Bornkamm, Wettbewerbsrecht, 30. Auflage, 2012
Kohlhaas Medizin und Recht, 1969
Kopp, Ramsauer, Verwaltungsverfahrensgesetz, 14. Auflage 2013
Korff, Beck, Mikat (Hrsg.), Lexikon der Bioethik (auch auf CD-ROM), 1998
Laufs, Katzenmeier, Lipp, Arztrecht, 6. Auflage 2009
Laufs, Kern, Hrsg., Handbuch des Arztrechts 4. Auflage, 2009
Lippert, Weißauer, Das Rettungswesen, 1984
Lippert, Kern, Arbeits- und Dienstrecht der Krankenhausärzte von A-Z, 2. Auflage, 1993
Lippert, Rettungsassistentengesetz, 2. Auflage, 1998
Lippert, Flegel, Kommentar zum Transfusionsgesetz und den Hämotherapie- Richtlinien, 2002
Luyken, Pottschmidt, Thoelke, Wandtke, Zitzmann, Weil, Hrsg. Sammlung von Entscheidungen der Berufsgerichte für die Heilberufe, 1983, Stand: 6. Erg.lieferung, 1999 (wird nicht fortgeführt)
Mergen, (Hrsg.) Die juristische Problematik in der Medizin, 3 Bände, 1971
Meyer-Goßner, Strafprozeßordnung, Kommentar, 56. Auflage, 2013
Michels, Möller, Ärztliche Kooperationen, nwb 2. Auflage 2009
v. Münch, Kunigk, Grundgesetz, Bd. 1, 6. Auflage, 2012
Narr, Ärztliches Berufsrecht, 2. Auflage, 1977, fortgeführt von Hess, Nösser, Schirmer, Loseblattsammlung, Stand: 2014
Nöthlichs, Sicherheitsvorschriften für Medizinprodukte, Loseblattkommentar, 1985, Stand: 2014
Orlowski, Halbe, Karch, Vertragsarztrechtsänderungsgesetz (VÄndG), 2. Auflage 2008
Palandt, Bürgerliches Gesetzbuch, 73. Auflage, 2014
Quaas, Ratzel, Lissel, Handbuch des Medizinschadensrecht, 2013
Ratzel, Luxenburger, Handbuch Medizinrecht, 3. Auflage 2015
Rehmann, AMG, Kommentar, 4. Auflage, 2014
Rehmann, Wagner, MPG, Kommentar, 2. Auflage 2010
Rieger, Lexikon des Arztrechts, 1984, (zitiert: Lexikon)
Rieger, Dahm, Steinhilper, (Hrsg.), Heidelberger Kommentar Arztrecht Krankenhausrecht Medizinrecht, Stand 2014, zit: Bearbeiter, in: HK-AKM
Roxin, Schroth (Hrsg.), Handbuch des Medizinstrafrechts, 3. Auflage 2007
Sachs Grundgesetz, 6. Auflage, 2011
Schallen, Zulassungsordnung für Vertragsärzte, Vertragszahnärzte, Medizinische Versorgungszentren, Psychotherapeuten, 8. Auflage 2012.
Schaub, Koch, Link, Tieber, Vogelsang, Arbeitsrechtshandbuch, 15. Auflage, 2013
Schlegel, Voelzke, juris Praxiskommentar SGB V, 2. Aufl. 2012, zit. Bearbeiter, in: jurisPK-SGB V 2012
Schmidt-Bleibtreu, Klein, Kommentar zum Grundgesetz für die Bundesrepublik Deutschland, 10. Auflage, 2004
Schnapp, Wigge, Handbuch des Vertragsarztrechts, 2. Auflage 2006
Schönke, Schröder, Strafgesetzbuch, 29. Auflage, 2014
Schroth, König, Gutmann, Oduncu, Transplantationsgesetz, Kommentar, 2005
Schulin, Handbuch der Sozialversicherung, Bd. 1 Krankenversicherung, 1994
Spickhoff, Handbuch Medizinrecht, 2.Aufl. 2014
Stelkens, Bonk, Sachs, Verwaltungsverfahrensgesetz, 8. Auflage, 2014
Taupitz, Die Standesordnungen der freien Berufe, 1991
Terbille, Münchener Anwaltshandbuch Medizinrecht, 2. Aufl. 2014
Ulsenheimer, Arztstrafrecht in der Praxis, 4. Auflage, 2008
Weißauer, Das Nutzungsentgelt der Hochschulkliniker bei ärztlicher Nebentätigkeit, 1986
Wenner, Vertragsarztrecht nach der Gesundheitsreform 2008
Wenzel (Hrsg.), Handbuch des Fachanwalts Medizinrecht, 3. Auflage 2012
Weth, Thomae, Reichold (Hrsg.), Arbeitsrecht im Krankenhaus, 2007
Willems, Das Verfahren vor den Heilberufsgerichten, 2009
Wolf, Brink, Datenschutzrecht in Bund und Ländern, 2013
Zuck, Medizinrecht, 3. Auflage, 2014

Sachverzeichnis

A

Abfärbetheorie, 73
Abfindung, 446
Abgabenpflicht, 446
Abgeltung
 pauschale, 341
Abhängigkeit, 341
Ablichtungen, 390
Abrechnung, 341
Abrechnungsbetrug, 48
Abrechnungszwecke, 157
Abtretung
 Erfüllungswirkung, 362
Abwesenheit
 Grund der, 340
Adressverzeichnis, 434
AHB, 348
Alkoholgehaltsfeststellung, 386
Allgemeine Geschäftsbedingungen, 117, 141, 156, 173
Allgemeinmediziner, 400
Altersbestimmung, 148
Altgesellschafter, 446
Altkartei, 189, 190
Ambulanz, 226, 399
Ambulatorium, 325
Ämter, 503
Amtsdelikte, 515, 520
Amtsführung, 506
 Unparteilichkeit der, 506
Amtshaftungsgrundsätze, 402
Amtspflichtverletzung, 393
Amtsträger, 514
Analogabrechnung, 219
Analogleistungen, 211, 218
Anamnese, 184
Anästhesisten, 300
Anerkenntnis, 361
Anfechtungsklage, 99
Anfütterungssystem, 67, 515
Angehörige, 155, 285, 456
 engste, 42
 Zuziehung von, 132
Angestellten-MVZ, 331
Angestellter, 514
 leitender, 328
 Vergütung, 366
Anhörung, 59
Anleitung, 337
Annehmen, 461, 504
Anpreisung, 412, 414
 unerwünschte, 406
Anscheinshaftung, 324
Anspruch
 Entstehung, 227
 Verjährung, 391
Anstellungskörperschaft, 402
Anstellungsvertrag, 340
Antragsdelikt, 179
Anwaltssuchservice, 434
Anwendungsbeobachtung, 513
Anzeige, 64
Anzeigepflicht, 56, 298, 360
 StGB, 170
Apothekenankündigung, 4, 32
Apparategemeinschaft, 324, 470, 475
Approbation, 58, 86, 453
 deutsche, 354
 Erteilung der, 47
 Ruhen der, 346
 widerrufen, 47
Arbeitgeber, 156
Arbeitnehmer, 317, 378
Arbeitsabläufe, 92
Arbeitskampf, 337
Arbeitsunfähigkeit, 129
Arbeitsvertrag, 85
Arbeitszeitgesetz, 304

Arbeitszeugnis, 385, 394
  qualifiziertes, 395
  Wortlaut, 395
Archivierung
  digitale, 186, 187
Arzneimittel, 93, 139, 349, 511, 517
  außerhalb der Zulassung, 349
  Behandlung mit, 139
  für Kinder, 351
  Preis von, 517
  Verkehrsfähigkeit, 351
  Verordnung von, 518
Arzneimittelkommission der deutschen Ärzteschaft, 94
Arzneimittel-Richtlinien, 94
Arzneimittelrisiko, 95, 97
Arzneimittelsicherheit, 94
Arzneimitteltherapie, 95, 351
Arzneimittelwirkung
  unerwünschte, 34, 56
Arzt, 84, 398
  alleine praktizierend, 334, 339
  angestellter, 37, 336
  Beamter, 37
  einweisender, 128
  Entscheidungsfreiheit, 71
  Erben des, 159
  Freiberufler, 37
  Heilauftrag des, 65
  im Gesundheitswesen, 451
  nachbehandelnder, 161, 162
  niedergelassener, 84, 212, 365, 398
  Pflichten, 118
  überweisender, 468
  vorbehandelnder, 161
Arztberuf, 36
  freier Beruf, 37
  Gewerbe, 37
  Verkammerung, 37
Arztbrief, 129
  Verteiler auf, 162
Ärzte, 511
Ärztehaus, 326, 427
Ärztekammer, 3, 57, 84, 91, 400, 506
  Mitgliedschaft in, 304
  Richtlinienkompetenz der, 235
  Vertreterversammlung, 36
Ärzten
  Mangel an, 403
Ärztezentrum, 427
Arzt für Naturheilverfahren, 454
Arzthaftpflichtprozess, 187

Arzthaftung, 90, 346
Arzt im Praktikum, 403
Arztliquidation, 165
Arztname, 64
Arzt – Patienten – Verhältnis, 41, 111, 154, 155, 168, 459
Arztpraxis, 456
  Veräußerung, 165
  Veräußerung einer, 189
Arztregister, 336
Arztschild
  beleuchtet, 425
Arztsitz
  Übernahme, 336
Arzt und Heilpraktiker, 454
Arztvertrag, 114
  Form, 115
Arztzusatzvertrag, 221
Assistent, 334
  Beschäftigung eines, 334
Assistenzberuf
  medizinischer, 455
AU-Bescheinigung, 188
Aufbewahrungsdauer, 183, 186, 188
Aufbewahrungspflicht, 184
Aufklärung, 110, 118, 137, 254
  ärztliche, 86, 185
  Delegation, 140
  fehlerhafte, 86
  Kopie, 186
  schonungslose, 137
  Schriftform, 118, 140
  Verzicht, 141
  Zeitpunkt, 140
Aufklärungspflicht, 105, 114, 150, 136, 137, 133
  wirtschaftliche, 210, 216
Aufsicht, 54
Aufsichtsbehörde, 5, 32, 156
  Genehmigung der, 37
Auftrag
  übertragen, 388
Aufzeichnungen, 186, 341
Augenoptikermeister, 69
Ausbildung, 82
  staatlich geregelte, 158
Auseinandersetzung
  wissenschaftliche, 440
Auskunftsperson, 140
Auskunftspflicht, 56, 157, 237
Auslagen
  Erstattung, 228

Sachverzeichnis

erstattungsfähige, 226
Ausland
  Tätigwerden im, 354
Auslandsaufenthalt
  vorübergehender, 354
Ausschluss
  wichtiger Grund, 318
Außenankündigung, 313
Äußerungen
  allgemeinpolitische, 57
Äußerungsverbot, 361
Auswahlverschulden, 338, 401

B

Basislabor, 472
Beamtenverhältnis, 84
Beamter, 365, 514
  Besoldung, 366
Bedarfsplanung, 301
Beeinflussung, 504
  unzulässige, 504
Befreiung, 400
Befundbericht, 386
Befunderhebung
  fehlerhafte, 206
Begutachtung, 512
  von Produkten, 512
Behandlung, 451
  ärztliche, 110
  Einwilligung in die, 285
  fehlerhafte, 118
  nachstationäre, 491
  palliative, 287
  psychiatrische, 195
  substitutionsgestützte, 236
  vor- und nachstationäre, 487
Behandlungsabbruch, 126
Behandlungsalternativen, 137
Behandlungsauftrag, 161
Behandlungsfehler, 88, 440
  Entdeckung, 195
  grober, 205
  Haftung für, 338
Behandlungsgeschehen, 110
Behandlungskosten
  Übernahme, 118
Behandlungsmaßnahme, 111, 184
  ärztliche, 90, 137, 287
Behandlungsmethode, 198
Behandlungsmethoden
  neue siehe NUB, 352
Behandlungspflicht, 284
  allgemeine, 146

ärztliche, 142
Behandlungsverhältnis
  Beendigung des, 132
Behandlungsvertrag, 34, 41, 105, 131, 147,
    161, 174, 178, 316, 342, 342, 338
  Beendigung, 118
  Inhalt, 117
  Rechtfertigung, 147
Behandlungsverzicht, 285
Behandlungsweise
  unwirtschaftliche, 341
Behindertenverbände, 251
Behinderung
  körperliche, 399
  schwere, 245
Beihilfefähigkeit, 214
Beihilfestelle, 214
Beihilfeträger, 229
Beinahevorkommnis, 100
Beiträge
  redaktionelle, 64
Belegarzt, 115, 123, 497
  mit Honorarvertrag, 212
  unechter, 212
Belegärzte, 85, 400
Belegkrankenhäuser, 303
Belohnungen, 514
Belohnungssystem, 467, 483
Benannte Stelle, 100
Beraterverträge, 68, 516
Beratung
  ärztliche, 155
Beratungsbescheinigung, 250
Beratungsleistung
  fingierte, 468
Beratungsmodell, 242
Beratungspflichten, 249, 251
Beratungsstelle, 248
  anerkannte, 248
Bereicherungsrecht, 377, 477
Bereitschaftsdienst, 401, 402
  fachübergreifender, 203
  klinischer, 400
Berichtspflicht, 129
Beruf
  freier, 37, 407
  staatlich gebundener, 38
  verkammerter, 406
Berufsanfänger, 325
Berufsangehörige
  Zusammenarbeit zwischen, 4, 32
Berufsausübung
  gemeinschaftliche, 319

integere, 48
kooperative, 379
Länderkompetenz, 315
nicht gewerbliche, 312
Regeln der, 36
unzuverlässige, 49
Berufsausübungsgemeinschaft, 311, 372, 475
überörtlich, 311
überörtliche, 315, 337
Berufsausübungsrecht
verbindliches, 36
Berufsausübungsvorschrift, 373
Berufsbezeichnung
ärztliche, 64
Berufserlaubnis, 342
Berufsfreiheit, 39
Berufsgericht, 5, 33, 58
Berufsgerichtsbarkeit, 519, 520
Berufshaftpflichtversicherung, 338
nachweisen, 346
Nennung der, 362
Berufskleidung, 421
Berufsordnung, 4, 31, 56, 291, 423
formelles Gesetz, 288
Berufspflichten, 60
ärztliche, 58
Berufspflichtverletzung, 59
Berufsrecht, 31, 201, 519
ärztliches, 83, 365, 411
Vorrang vor, 105
Berufsverbot, 340
Berufswahlfreiheit, 452
Berufszulassungsschranke, 452
Beschaffungsentscheidungen, 516, 517
Beschaffungswesen
Arzt im, 482
Beschäftigung
abhängige, 221
Bescheinigung
ärztliche, 396
Beschlagnahmeverbot, 176
Krankenakten, 154
Beschneidung
religiöse, 144
Beschuldigter
Versterben des, 60
Beschwerde, 391
Besoldungsgesetze, 366
Bestattung, 241
Bestattungsrecht, 252
Bestechlichkeit, 514
Beteiligung
stille, 79, 298, 375, 376

unternehmerische, 74
Beteiligungspflicht
berufsrechtliche, 446
Beteiligungsvergütung, 439
Betreiber-Modell, 474
Betreuer, 168, 285, 286
Dissens, 286
Betreuung, 138, 145
Betreuungsgericht, 113, 126
Genehmigung, 145
Betreuungsteam, 452
Betreuungsvollmacht, 286
Betriebsarzt, 156
Betriebsfeiern, 517
Betriebsgeheimnisse, 167
Betriebsgesellschaft
Beteiligung an, 473
Betriebshaftpflichtversicherung, 356
Betriebsstätte
ausgelagerte, 303
Betroffenheitslyrik, 43
Betrug, 225, 516
Bettenauslastung, 497
Bevollmächtigter, 285, 286
Beweisaufnahme, 389
Beweiserleichterung, 86, 187
Beweisfrage, 389
Abfassung der, 389
Beweislast, 86
Umkehr der, 205
Beweislastregel, 188
Beweislastumkehr, 123, 204
Beweismittel, 177, 392
Bewirtung, 504, 517
Kosten für, 504
Bezugsperson, 285
BGB-Gesellschaft, 316
Bildberichte, 421
Billigkeit
Gebühr, 213
Blankorezepte, 133
Blut, 254
Chargennummer, 185
Blutalkoholkonzentration
Feststellung der, 148
Blutbestandteile, 254
Blutproben, 148
Blutstammzellen
Transplantation peripherer, 236
Boulevardpresse, 419
Branchenverzeichnis, 433
Brillen, 69
Bringedienste, 499

Sachverzeichnis

BUB-Richtlinie, 218
Bundesamt für Verbraucherschutz und
  Lebensmittelsicherheit, 96
Bundesärztekammer, 43
Bundesausschuss
  gemeinsamer siehe G-BA, 351
Bundesinstitut für Arzneimittel und
  Medizinprodukte, 96
Bundesmantelvertrag, 338
Bundesmantelvertrag-Ärzte, 218
Bürokratisierung, 91

C

Chefarzt, 123, 191
Chefarztambulanz, 220
Chefarztverträge, 366
compliance, 456
CTG-Streifen, 184
culpa in contrahendo, 116
cyber-doc, 429

D

Darlegungslast, 204
D-Arzt-Verfahren, 342
Datei
  elektronische, 390
Daten
  anonymisierte, 172
  erheben, 173
  übermitteln, 175
  Verarbeitung, 173
Datenfriedhöfe, 175
Datenschutz, 172, 175
  bereichsspezifisch, 172
Datensparsamkeit
  Gebot der, 207
Datenweitergabe, 154
Deckungslücke, 359
Deckungsschutzes, 360
Deckungssumme, 346
Deklaration von Helsinki, Anhang, 5, 32, 164,
  512
Delegation, 116, 119, 220
  ärztlicher Leistungen, 404
Dermatologe, 456
Diagnose, 111, 119, 137
  Nennung der, 226
Diagnosefehler, 206
Diagnostik
  prädiktive genetische, 236
  pränatale, 253
Dienst
  öffentlicher, 159, 365, 506

Dienstaufgabe, 356, 515
Dienstbezüge, 506
Dienste
  höhere, 114
Dienstgeheimnis, 165
Diensthandlungen, 506
Dienstleister, 92
Dienstleistung, 118
Dienstleistungsfreiheit, 57
Dienstverhältnis, 37, 504
Dienstvertrag, 341
Direktanspruch, 362
Direktradiographie, 186
Disziplinarrecht
  des Dienstherrn, 60
Doktortitel, 64
Dokumentation, 184, 188, 193, 249
  ärztliche, 129
  der Behandlung, 119
  elektronisch, 186
Dokumentationspflicht, 114, 183, 184
Domain-Namen, 429
Doping, 41, 54, 149
  Übereinkommen über, 55
Doppelbestrafung, 5, 33
Drei-Minuten-Medizin, 138
DRG, 467
Drittbeteiligung
  Verbot der, 327
Drittmittel, 513, 516, 517
  Annahme der, 516
  Einwerbung von, 460, 505, 513, 514, 515,
  517
Drittmittelforschung, 512
Drittstaaten-Diplome, 58
Duldungsverbot
  berufsrechtliches, 420

E

Ehrenautorenschaft, 440
Eigeninteresse
  berechtigtes, 171
Eigenwerbung, 65
Eignung
  fachliche, 400
Eignungsprüfung, 455
Eingriff
  dringlicher, 138, 140
  kosmetischer, 211
Eingriffe
  operative, 355
Einheit
  deutsche, 150

Einigungsvertrag, 241
Einkaufsmodell, 471
Einkommenssteuer, 508, 519
Einkünfte
    aus Beteiligungen, 70
Einnahmepooling, 380
Einrichtung
    zugelassene, 115
Einrichtungsgegenstände, 512
Einsichtsfähigkeit, 40
Einsichtsrecht, 191
    der Erben, 195
Eintragung
    Berichtigung, 187
    nachträgliche, 187
Einverständnis
    mutmaßliches, 128
Einwilligung, 105, 110, 118, 133, 136, 139, 150, 173, 254,
    der Eltern, 144
    des Patienten, 146
    Fehlen der, 133
    konkludente, 168
    mutmaßliche, 158, 162
    Rechtfertigung, 147
    schriftliche, 173
    stillschweigende, 167
Einwilligungserklärung, 163
Einwilligungsfähigkeit, 113
Einwilligungsunfähigkeit, 112
Einzelpraxis, 312, 374
Embryonen, 254
    Forschung an, 241
Empfehlungen, 200
Empfehlungskartell, 500
Empfehlungsschreiben, 414
Endoprothesen, 508
Enhancement, 41
Entbindungserklärung, 156
Entbindungspfleger, 455
Entlassmanagement, 491
Entlassung
    blutige, 488
Entlassungsbericht, 128
Entscheidung, 505
    ärztlicher ärztliche, 291
    gerichtliche, 286
    sachfremde ärztliche, 505
    therapeutische, 37
Entscheidungskorridor, 201, 204
Ereignis
    schwerwiegend, unerwünschtes, 101
Erforderlichkeitsklausel, 374

Erfüllungsgehilfe, 342, 338
Ergebnisqualität, 89
Erkenntnis
    Stand der medizinischen, 202
Erkenntnisse
    Stand der wissenschaftlichen, 206
Erklärung
    vorformulierte, 286
Erlaubnis, 454
Erlöse
    ambulante, 446
Ermittlungsverfahren, 360
Ernährungsberatung
    ärztliche, 456
Ernährungsprogramme, 456
Erstattungsfähigkeit, 223, 349
Erste-Hilfe-Leistung, 353
Erwägung
    sachfremde, 468
Ethik
    medizinische, 49
Ethikkommission, 253, 513
Europäische Arzneimittelagentur, 99
Eurotransplant, 43
evidence based, 199
evidence based medicine, 200

F
Facharzt, 64, 86, 400, 447
    als Vertreter, 342
    angestellter, 335
Facharztbeschluss, 3, 31, 38
Facharztbezeichnung, 339
    Notfallmedizin, 403
Fachärzte
    Fortbildungspflicht der, 207
Facharztpraxis, 339
Facharztstandard, 200
Fachberufe
    im Gesundheitswesen, 452
Fachgebiet
    gleiches, 339
Fachgebietsbezeichnung, 348
Fachgesellschaft
    wissenschaftliche, 90, 506
Fachkenntnis
    mangelnde, 86
Fachkreise, 415
Fachkundenachweis
    Rettungsdienst, 396, 403
    Verflachung, 403
Fachliteratur, 83
Factoring, 166

Sachverzeichnis

Fahrlässigkeit
 grobe, 357
 mittlere, 357
Fahrtkostenersatz, 390
Fakultät
 medizinische, 54, 366
Fallpauschalen, 516
Fallzahlen, 384
Falschabrechnung, 216
Familiengericht, 144
Farbausdrucke, 391
Fehlgeburt, 241, 251
Fernbehandlung, 119, 131, 429
 mit Arzneimitteln, 131
Fernsprechbücher
 amtliche, 433
Fertigarzneimittel, 352
Fertighilfsmittel, 69
Fetozid, 246, 247
Filialbildung, 316
Filialgenehmigung, 302
Filialisierung, 301
Filmaufnahmen, 132, 457
Finanzierung, 508
Firmierung, 315
Fitnessstudio, 78, 149, 500
Focus-Liste, 419
Fordern, 461, 504
Forderungserwerber, 167
Förderverein, 460, 517
Formerfordernis, 223
Formularaufklärung, 139
Formularverträge
 unwirksame, 221
Forschung, 164, 173, 366, 513, 515
 biomedizinische, 163
 drittmittelgefördert, 518
 experimentelle, 253
 mit Mitteln Dritter, 515
 Personal in der, 159
 staatlich finanzierte, 513
Forschungseinrichtungen, 513
Fortbildung, 82, 128, 400, 506
 ärztliche, 82
 Pflicht zur, 86
 Unabhängigkeit, 83
 Verpflichtung zur, 86
Fortbildungsangebot
 Akkreditierung, 91
Fortbildungsangebote, 4, 32
Fortbildungsmaßnahme, 90
Fortbildungsmethoden, 83
Fortbildungsnachweis, 342

Fortbildungspflicht, 85
Fortbildungspunkte, 83
Fortbildungsveranstaltung, 83, 459, 506
Fortbildungsverpflichtung
 vertragsärztliche, 82
Fortbildungszertifikat, 85, 426
Fötus, 254
Franchise-Praxen, 380
Freiberufler, 478
Freiberufler-MVZ, 331
Freiberuflersozietät
 atypische, 327
Freiberuflichkeit, 298, 467
 ärztliche, 198
Freiburg
 Sportmedizin, 55
Freistellungsanspruch, 357
 abtreten, 362
Fremdbeteiligung, 374, 376
Fremdsprachenkenntnisse,, 427
Fremdwerbung, 430
 Verbot der, 411
Fristenmodell, 241
Fristenregelung
 mit Beratungspflicht, 241
Frühgeburt, 243
Funktionärstätigkeit, 442
Funktionsarzneimittel, 139
Fürsorgepflicht
 des Arbeitgebers, 365, 404

G
Gametentransfer, 235
Garantenpflicht, 125
Garantenstellung, 125, 288
Garantieleistung, 362
G-BA, 90, 94
 Richtlinien des, 200
Gebrauchsinformation, 98
Gebührenordnung, 116, 210
Gebührenordnungsausschuss, 228
Gebührenrahmen, 224
 kleiner, 213
Gebührenrahmen großer, 213
Gebührenrecht
 ärztliches, 386
Gebührensatz, 390
Gebührenverzeichnis, 219, 390
Geburtshilfe, 355
Geburtsvorbereiterin, 455
Gefährdungshaftung, 349
 des Herstellers, 352
Gefahrenstufe, 97

Gefahrerhöhung, 348
Gefahr im Verzuge, 145
Gefälligkeitsatteste, 396
Gefälligkeitszeugnis, 403
Gegenleistung, 512
Geheimnis, 154, 167
　offenbaren, 167, 168
Geheimnisbegriff
　strafrechtlicher, 155
Geheimnisträger, 155
　Tod des, 160
Gehilfen
　berufsmäßige, 159
Geistheilen, 453
Gelbe Seiten, 433
Geld
　Zuwendung von, 504
Geldbuße, 58
Gelöbnis, 4, 32
Gemeininteresse
　höherwertiges, 171
Gemeinsamer Bundesausschuss, 85
Gemeinsamer Standpunkt, 518
Gemeinschaftspraxis, 163, 311, 315, 324, 328, 375, 378
　Gewerblichkeit, 336
　Teilgemeinschaftspraxis, 336
　überörtliche, 316
Gemischtwarenladen
　medizinischer, 379
Genehmigung
　des Dienstherrn, 387
　gesetzlicher Vertreter, 147
Genfer Gelöbnis, 50
Geräte, 512
Gerätschaften
　technische, 128
Gericht, 157
Geschäftsbeziehungen, 504
Geschäftsfähigkeit, 147, 223
Geschäftsführung ohne Auftrag, 114, 120, 122, 143, 178
Geschäftsverbindung, 516
Geschenk, 514
　annehmen, 514
Geschenke, 459, 505, 506
　Annahme von, 505
Geschlechtskrankheit, 148
Gesellschaft
　bürgerlichen Rechts, 73, 372
Gesellschafter
　stiller, 299
Gesellschaftsvertrag
　schriftlicher, 313
Gesellschaftszweck, 376
　gemeinsamer, 327
　rechtswidriger, 314
　zulässiger, 477
Gesetzesrecht, 3
Gesetzeswidrigkeit, 168
Gesetzgeber, 235
Gestaltungsmissbrauch, 329, 378
Gesundheit, 40
　Schutz der, 452
Gesundheitshandwerker, 67
Gesundheitsmodernisierungsgesetz, 335
Gesundheitswerbung, 419
Gesundheitswesen, 407
　Bürokratisierung, 198
　Korruptionsbekämpfung im, 468
Gesundheitszeugnis, 396
Gesundheitszustand, 396
Gewebeentnahme, 254
Gewebegesetz, 252
Gewerbe, 37, 411
Gewerbebetrieb, 66, 73
Gewerbesteuer, 73, 218, 478
Gewinnausschüttung
　nach Zuweisung, 481
Gewinnerzielungsabsicht, 79
　gemeinsame, 313
Gewinn- und Verlustbeteiligung, 318
Gewinn- und Verlustrisiko, 313
Gewinnverteilung, 376, 478
Gewinnverzicht, 317
Gewissen, 365
Gewissensentscheidung, 52
GKV
　Leistungskatalog, 217, 352
GmbH, 372
Gnadenvierteljahr, 342
Grundlagen
　natürliche, 43
Grundrechtsmündigkeit, 113
Grundsatz der Verhältnismäßigkeit, 149
Gruppenhaftpflichtversicherung, 354
Gruppenversicherungsverträge, 353
Gutachten, 4, 32, 164, 388, 440, 511
　ärztliches, 386
　Ergebnisse des, 392
　Erstattung von, 385
　Frist zur Erstattung, 388
　Haftung, 393
　Veröffentlichung, 392
　Verwertung, 164, 392
　werbendes, 511

Werkvertrag, 392
Gutachtenauftrag, 164
Gutachtenaufträge
　saumselige Erledigung, 388
Gutachtenerstattung
　Dienstaufgabe, 389
　Mitwirkung an, 387
Gutachtenverweigerungsrecht, 164
Gutachterpflicht, 387
Güterabwägung, 149, 170, 176

H
Haftpflichtbedingungen
　besondere, 348
Haftpflichtversicherer, 347
Haftpflichtversicherung, 4, 32, 304
Haftpflichtversicherungsschutz, 338
Haftung
　verschuldensunabhängige, 394
Haftungsbeschränkung, 372
Haftungsfalle, 91
Haftungsrecht, 111
Haftungsrisiko, 357
Haftungssystem
　zivilrechtliches, 110
Handauflegen, 453
Handeln, 201
Handelsbücher, 186
Handgeld-Modell, 469
Handlung
　berufsunwürdige, 5, 33, 59, 179
　rechtsgeschäftsähnliche, 146
　sittenwidrige, 41
Hase und Igel, 149
Hausbesuch, 301, 126
Haushaltsmittel, 513
Hebamme, 455
Heilbehandlung
　ambulante, 422
　eigenmächtige, 133
Heilberufe-Kammergesetze, 3, 31, 235, 459
Heileingriff, 133
　Einwilligung in, 145
Heilerfolge, 217
Heilhilfsberufe, 452
Heilkunde, 452
　ambulante, 373
　Ausübung ambulanter, 298
　Ausübung der, 41
　Kapitalgesellschaft, 314
Heilkunde- GmbH, 37
Heilmittel, 163
Heilmittelerbringer, 67, 71

Heil- oder Hilfsmittel, 4, 32
Heilpraktiker, 41, 159, 453
Heilpraktikergesetz, 41, 452
Heilversuch, 253
Heime, 303
Herausgabeklage
　Krankenunterlagen, 194
Hersteller, 100
　bestimmte, 71
Hilfeleistung
　unterlassene, 249
Hilfeleistungspflicht
　allgemeine, 126
Hilfsmittel, 511
　einfache, 66, 72
　Verordnung von, 518
Hilfsmittelabgabe, 75
Hilfsmitteldepot, 72
Hilfsmittelhersteller, 67, 71
Hilfsorganisation, 403
Hilfspersonal, 119, 158, 388
Hinauskündigung, 318, 445
Hippokratischer Eid, 4, 32
Hirntod, 42
　Feststellung des, 42
　Großhirn, 42
　Kriterien des, 253
Hochschulen, 513
　Forschung an, 513
Homepage, 425, 430
　frei von Werbebannern, 430
Honorar, 4, 32, 120
　Auslegungsfrage, 229
Honorararzt, 39, 212, 304, 487, 498
　als Freiberufler, 39
　Einkünfte, 304
　in der Sozialversicherung, 39
Honorarbeteiligungsmodelle, 468
Honorarforderung, 79
　Fälligkeit, 228
Honorargestaltung, 210
Honorarrückführung, 469
Honorarvereinbarung, 221, 223, 224
　vorformulierte, 222
Honorarvorschuss, 228
Hörfunksendung, 419
Hörgeräteakustiker, 68
Hörgeräteversand, 68, 75
Hörgeräteversorgung, 481
Hotel-Sanatorium, 79
Hüftendoprothese, 101
Hygiene, 208

I

IGeL, 476
IGeL-Leistung, 117, 217, 218, 226
IGeL-Leistungen,
    steuerrechtlich, 218
Inanspruchnahme, 387
Indikation
    embryopathische, 242, 244
    kriminologische, 246
    medizinisch-soziale, 242, 247
Individualinteresse
    höherwertiges, 170
Individualvereinbarung, 221, 222
    abweichende, 211
Industrie
    kosmetische, 240
Infektionskrankheiten, 148
Infektionsschutzgesetz, 169
Informationsanspruch, 406
Informationsbroschüren, 426
Informationsgesellschaft, 406
Informationspflicht, 118, 129, 236
Informationstechnologie, 154
Informationswerbung, 414
Innengesellschaft, 324
Insolvenz
    des Versicherungsnehmers, 362
Intensivstation, 145
Interessen
    drittmittelgeleitete, 512
    ökonomische, 463
    wirtschaftliche, 83
In-vitro-Fertilisation, 235
IQWiG, 200

J

Job-Sharing, 316
Job-Sharing-Gemeinschaftspraxis, 320
Jugendliche, 113
Juniormodell, 316, 444
Juniorpartner, 317, 378
juristische Person, 330
    Privatrecht, 311, 373

K

Kaltkauterverfahren, 456
Kammer
    Beanstandung der, 383
Kammer-/Heilberufsgesetz, 36
Kammermitglied, 3, 33
Karenzentschädigung, 337
Kassenärztliche Vereinigung, 33, 84, 85, 130, 174, 334, 342, 400, 338
Berufsgerichtsbarkeit, 519
Kassenarzt-Urteil, 38
Kassenpatient, 114
Kassenzulassung, 48
Katalogberufe, 379
Katastrophenhilfe
    internationale, 353
Kaufpreiszahlung
    verdeckte, 317
Kennzeichnung, 98
Kettenbildung, 301
Kettenvertretung, 341
Kick-Back-Zahlungen, 67, 479
Kilometergeld, 390
Kind
    familienplanungswidrig gezeugtes, 359
    lebenswilliges, 243
Kinder, 113
Kindeswohl, 113, 144
Klagemauer
    Karlsruher, 144
Klausel
    Überraschende, 117
    kleine Münze, 392
Klinische Prüfung, 512
klinische Prüfungen, 512
Knochenmarkstransplantation
    allogene, 236
Kochrezeptlösung, 143
Kollegialitätspflicht, 439
Kompetenzdefizit, 130
Kongressbesuche, 504
Konkurrentenklage, 302
Konkurrenz, 442
Konkurrenzklausel, 341
Konkurrenzverbot, 442, 444
    Zweijahresgrenze, 444
Konsil, 127
Konsiliar, 163
Konsiliararzt, 127, 469
Konsiliararztvertrag
    schwarzer, 497
Kontaktlinsen, 66, 72
Kontrahierungszwang, 115
Kontraindikation, 93
Kontrolle
    des Op-Ergebnisses, 130
Konzessionshandel, 377, 445
Kooperation
    gescheiterte, 312
    überörtliche, 313, 327

Kooperationsgemeinschaft
  medizinische, 372
Kooperationsvertrag, 355, 379
Koppelgeschäfte, 469
Körperersatzstücke, 511
Körpermaterial, 141
  zu Forschungszwecken, 141
Körperverletzung, 133
  fahrlässige, 133, 150
Korruptionsbeschleuniger, 476
Korruptionsstrafrecht, 515
Kosmetika, 218
Kosmetikerin, 456
Kosmetik-Institut, 456
Kosten, 200
Kostenerstattung, 225
Kostenträger, 67, 225
  private, 211
Kostenvoranschlag, 220
Krankenakten, 175, 189
Krankengymnasten, 452
Krankenhaus, 115, 212, 331, 365, 399
  Arbeitnehmer, 304
  Aufnahme ins, 155
  Hauptabteilung, 212
Krankenhausabteilung
  Ausgliederung, 496
Krankenhausarzt, 37
  angestellt, 356
  leitender, 356, 387
Krankenhausaufnahmevertrag, 117
  gespaltener, 123
  mit Arztzusatzvertrag, 220
Krankenhauseinweisungen, 193
Krankenhäuser, 506
  Qualitätsberichte der, 208
  zugelassene, 85, 207
Krankenhauslabor, 472
Krankenhausleistungen, 516
Krankenhausträger, 422
  Weisung des, 498
Krankenkasse
  Treueverhältnis zur, 483
Krankenkassen
  Amtsträger der, 519
  medizinischer Dienst, 157
Krankenschein, 386
Krankenunterlagen, 349
  Einsichtnahme in, 191
  im Original, 193
  in Kopie, 192
Krankenversicherung, 154, 518
  gesetzliche, 38, 88, 130, 217, 511, 518
Krankheitszustand, 386

Krankschreibung, 156
Krebsregisterdatengesetz, 169
Kreditangebot, 78, 500
Kritik
  des Patienten, 132
Kündigung, 118
  ohne wichtigen Grund, 341
Kuratorium Heimdialyse, 43

L
Laborarzt, 215, 336
Laborbefunde, 184
Labordaten, 129
Laborgemeinschaft, 225, 471
  privatärztliche, 471
Laborgerätewartung, 472
Laborleistungen, 213, 472
Lagerung
  Verantwortung für die, 203
Laiensphäre, 138
Landesberufsgericht, 60
Landschaftspflege, 515
Lasic-Operation, 477
Leben
  erhalten, 39
  ungeborenes, 39, 240, 250
  Verkürzung des, 288
Lebendgeburt, 251
Lebenserhaltung, 40, 284
Lebenserhaltungspflicht, 240, 247
Lebensgefahr, 113, 145
  Abwendung der, 140
  akute, 50
Lebensverlängerung, 40
Leberflecke, 456
Lehre, 366
Lehrveranstaltungen, 159
Leibesfrucht
  tote, 240
Leichenöffnung, 160
  Dienstaufgabe, 160
Leichenschau, 160, 170, 386
Leiden
  menschliche, 40
Leistung
  Bestandteil anderer, 219
  Erstattungsfähigkeit, 216
  fachfremde abrechnen, 216
  privatärztliche, 76
  unnötige, 216
  vertragsärztliche, 336
  virtuelle, 470
  zusätzliche, 70
Leistungsausschluss, 362

Leistungserbringer, 70, 91, 480, 484
Leistungserbringung
　persönliche, 119, 334, 337, 473
Leistungserbringungsverträge, 496
Leistungserfassung, 184
Leistungsfreiheit, 348, 360
Leistungskatalog, 217
Leistungspflicht
　des Leistungserbringers, 201
Leistungssport, 150
Leistungssteigerung
　künstlicher, 54
Leistungssteigerung siehe Doping, 149
Leistungsverzeichnis, 218
Leitlinien, 90, 91, 119, 200
　Handlungskorridor, 90
　Leitlinien für, 200
　Qualität von, 200
　Verbindlichkeit von, 201
　widersprechende, 91
Leitlinitis, 117
Leukämie
　kindliche, 144
Lichtbilder, 391
Liquidationserlös, 468
　Beteiligung am, 317
Liquidationsrecht, 356, 446, 447
Logopäden, 452
Loyalitätspflichten, 365

M
MacDent, 380
Mahnbescheid, 360
Maklervertrag
　Patientenvermittlung, 499
Mandantenschutzklausel, 442
Maßnahme
　korrektive, 101
　lebenserhaltende, 285
　disziplinarrechtliche, 520
　lebenserhaltende, 40
　notfallmedizinische, 39
Maßnahmenkatalog, 98
Maßregelvollzug, 146
Mauschelparagraf, 439
MBOÄ
Medientätigkeit, 418
Medizinisches Versorgungszentrum, 85, 298, 311, 329, 375
Medizinprodukt, 94, 99, 511
　aktiv, implantierbares, 100

Fehlfunktion, 100
Hersteller von, 519
Rückruf, 100
Schulung an, 517
Medizinschadensfälle, 389
Mehrlingsreduktion, 246
Meinungsfreiheit, 442
Meinungsverschiedenheiten, 132
Meldepflicht, 100, 168
　Bundesgesetze, 169
　Landesrecht, 170
Meldesystem, 93
Memminger Prozeß, 241
Menschenbild, 110
Menschenwürde, 110
Methoden
　alternative, 215
Methodenfreiheit, 198, 204, 348
Migrationsfähigkeit, 57
Minderjähriger, 147, 156
Minderungsbetrag, 226
Mindestsatz
　Unterschreitung, 224
Mitarbeit
　zulässige, 388
Mitarbeiter
　ärztlicher, 56, 334
　freier, 335
　Beschäftigung von, 334
Mitbehandlung, 128
Mitgliederverzeichnis, 434
Mittelfall, 213
Mittelgebühr, 214
Mitunternehmereigenschaft, 313
Mitunternehmerschaft, 328
Mitwirkungspflichten, 360
Motive
　ökonomische, 384
Münchener Empfehlungen
　Praxisveräußerung, 166, 189
Münze
　kleine, 112
MVZ, 335

N
Nabelschnur, 251
Nabelschnurblut, 236
Nachbehandler, 360
Nachbesetzung, 377, 445
Nachbesetzungsverfahren, 319
Nachfolger, 190

Nachfrist, 122
Nachhaftungsversicherung, 358, 359
Nachweispflichten, 236
Nahrungsergänzungsmittel, 64, 218
Nahtmaterialien, 508
Nebenfolge
  unerwartete, 138
Nebentätigkeit
  genehmigte, 404
Nebentätigkeitsbereich, 356
Nebentätigkeitsgenehmigung, 304
Nebentätigkeitsrecht, 386
Nebenwirkungen, 99
ne bis in idem, 33
Nehmerseite, 511
Netzformen
  vertragsärztliche, 380
Netzwerk
  konsiliarärztliches, 492
nichtärztlicher-medizinischer Beruf, 158
Nichtigkeit, 76
  Stempel der, 519
Nidation, 241
Niederlassung, 56, 79
Niederlassungssperre, 443
Niederlassungsverbot, 341
Nordamerika-Klausel, 354
Notar, 38
Notarzt, 112, 285, 402
  freiberuflich, 404
  in Bayern, 122
Notarztdienst, 161, 403, 404
Notdienst, 402
Notfall, 228
Notfallambulanz, 401
Notfallarzt, 84, 400
Notfalldepot, 73
Notfalldienst, 4, 31, 84, 398, 399, 403
  allgemeiner, 343
  ärztlicher, 84, 125, 288, 340, 398, 399, 401
  Befreiungen vom, 399
  Befreiung, familiäre Pflichten, 399
  Berufshaftpflichtversicherung, 402
  delegieren, 401
  fortbilden für, 402
  Organisation, Verschulden, 402
  Teilnahmepflicht, 401
Notfalldienstordnung, 399, 400
Notfälle, 399
Notfallpatient, 51, 143
  geschäftsunfähiger, 115
Notfallrettung, 402
Notfallsanitäter, 404

Notkompetenz, 51, 404
Nullbeteiligungsgesellschaft, 319, 377
Nutzungsentgelt, 158, 387

O

Obliegenheit, 184, 360
Obliegenheitsverletzung
  fahrlässige, 360
Offenbarungspflicht, 153, 157
  gesetzliche, 153, 176
Off-Label-Use, 349, 350
Ohrabdruck, 68, 75
Olympische Spiele, 149
Operateure
  externe, 496
Operation
  ambulante, 214, 355
  lebensrettende, 113
Operationserweiterung, 139
Operationszentrum, 303
Operieren
  ambulantes, 129, 335, 487
Optikermeister, 485
Organe
  Entnahme von, 42, 254
  transplantierbare, 42
  Zuteilung, 43
Organisationsgemeinschaft, 312, 324, 328, 331
Organisationsrecht, 365
Organisationsverschulden, 91, 123, 186
Organspende, 253
  Bereitschaft zur, 42
Orthopädietechniker, 68
Outsourcing
  staatlicher Verantwortung, 43

P

Packungsbeilage, 139
Partnerschaftsgesellschaft, 56, 323, 372, 476
Patient
  Autonomie des, 148
  einwilligungsfähiger, 40
  Interesse, 122, 147
  bewußtloser, 138
  körperliche Integrität, 105, 150
  Pflichten, 120
  Wille des, 112
Patienten
  einwilligungsfähiger, 284
  Leichtgläubigkeit von, 199
  Schutz der, 82
  Umgang mit, 54

zurücküberweisen, 340
Zuweisung, 467
Patientenakte, 120, 129
　Einsichtnahme, 184
Patientenanfragen, 424
Patientenbehandlung., 119
Patientendaten, 157
Patientenfotos, 167
Patientengeheimnis, 154
Patienteninformationsdienst, 432
Patientenkartei, 165, 166, 189, 190
　Beschlagnahme, 177
Patientenrechtegesetz, 183, 211, 346
Patientenschutz, 94
Patientenunterlagen, 166
Patientenverfügung, 34, 105, 112, 127, 137,
　142, 145, 286, 288,
Patientenvermittlung
　gegen Entgelt, 468
　gewerblich, 499
Patientenvermittlungsagenturen, 499
Patientenversorgung, 67
Patientenvollmacht, 145
Patientenvorstellung
　im Unterricht, 164
Patientenwille, 285
Patientenwohl, 489
Paul-Ehrlich-Institut, 96
Pauschalgebühr, 218
Pauschalpreis, 211
Personal
　nachgeordnetes, 159
　nichtärztliches, 140
Personenschaden, 347
Personenschäden, 347, 348
Personensorge, 113
Persönlichkeitsrecht, 110, 111, 132, 147, 149,
　177, 179
　allgemeines, 110
　Verletzung des, 112
Pflichtmitglieder, 57
Pflichtverletzung
　schuldhafte, 401
Pflichtweiterbildung, 443
Pharmakovigilanz, 95
Placebo, 55
Planungsbereich, 336
Poliklinik, 325
Polizeibehörden, 157
Pool-Modelle, 446
Pop-up Fenster, 430
Prämienzuschlag, 356
Präsenzpflicht, 299

Praxis, 78, 298
　eigene, 37
Praxisabgeber, 189, 190
Praxisärzte
　angestellte, 298
Praxisassistent, 334, 340
Praxisausstattung, 426
Praxisgemeinschaft, 163, 312, 324, 378
Praxisinhaber, 190, 338
　Abwesenheit, 340
　freiberuflich tätiger, 335
Praxisklinik, 428
Praxismitarbeiter, 427
Praxisort, 401
Praxispersonal
　nichtärztliches, 356
Praxisräume
　ausgelagerte, 298
Praxisschild, 305
Praxisschilder, 4, 32
Praxissitz, 299
Praxisübernehmer, 189
Praxisverbund, 163, 380, 427
Praxisvertretung, 340
Praxisvertretung echte, 340
Praxisverweser, 342
Praxiswert
　immaterieller, 313
Preisnachlässe, 483
Pressebericht, 419
Privatärzte, 503
Privatdienstverhältnis, 365
Privatkontenverfahren, 519
Privatkrankenanstalt, 78, 298
Privatliquidation, 210, 213
Privatliquidationsrecht, 439
Privatpatient, 114
Privatpraxis
　zahnärztliche, 428
Privileg
　therapeutisches, 119
Proband
　Einwilligung des, 141
Probandenvertrag
　Kündigung des, 147
Probenvorbereitung, 472
Produktbeobachtungspflicht, 101
Produkthaftung, 101
Produktion
　industrielle, 88, 92
Produktwerbung, 65
Professor, 64
　außerplanmäßiger, 64

Professoren, 54, 366, 387, 505
  der Medizin, 505
Professorentitel, 431
Prognoseaufklärung, 137, 138
Provision
  unzulässige, 68
Provisionen
  Verschleierung von, 329
Provisionierungsgeschäfte, 328
Provisionssystem, 467
Provisionszahlung, 68
Prozessqualität, 89
Prüfhonorar, 512, 513
Prüfung
  klinische, 141
Prüfungszeugnisse
  gegenseitige Anerkennung, 57
Pseudostudien, 71

Q
Qualifikationen, 426
Qualität, 88
  Ergebnis, Struktur, Prozess, 207
Qualitätsbericht, 85
  der Krankenhäuser, 90
Qualitätsmanagement, 90, 206
Qualitätssicherung, 33, 38, 93, 88, 91, 94, 237, 488, 92
  berufsrechtliche, 90
  einrichtungsübergreifende, 207
  formale, 202
Qualitätssicherungsinstrumente, 83
Qualitätssicherungsmaßnahmen, 56
Qualitätssicherungsrichtlinien, 206

R
Rabattierung, 483
Radfahrer
  gedopte, 55
Rahmenprogramm, 503
Rechnung
  fällig, 227
Rechnungserstellung, 157
Recht am eigenen Bild, 457
Rechtsfähigkeit
  zivilrechtliche, 251
Rechtsformen
  ausgeschlossene, 37
Rechtsgeschäft
  nichtiges, 61
Rechtsmediziner, 160
Rechtsmittel
  Einlegung, 393

Rechtsordnung
  Einheit der, 461
Rechtspflegevereinfachungsgesetz, 388
Reduktion
  geltungserhaltende, 444
Regel – Ausnahme – Prinzip, 148
Regelweiterbildung, 449
Regress, 357, 394
Regulierungshoheit, 361
Rehabilitation
  ambulante, 480
Reisekosten, 504, 507
Remonstration, 331, 423
Reproduktion
  assistierte, 235, 237
Reproduktionsmedizin, 252
Reserve
  stille, 313
Residenzpflicht, 299
Rettungsassistent, 158, 159, 404
Rettungsdienst, 402, 404
Rettungsdienstgesetze, 403
Rettungswesen, 39, 49
Rettungszweckverband, 402
Richtlinie, 49, 90, 200, 201, 235, 237
  der Bundesärztekammer, 36
Risiken
  typische, 137
Risikoaufklärung, 137, 248
Röntgenstrahlen, 355
Rosinenpickerei, 498
Routinemaßnahmen, 185
Ruhestand, 359

S
Sachleistungsprinzip, 217
Sachschäden, 348
Sachverständigen
  leiten, 388
Sachverständigengutachten, 202
Sachverständiger, 440
  Delegationsrecht des, 388
  Vergütung des, 389
Sanatorium, 79, 303
Sanatoriumsentscheidung, 413
Sanitätshaus, 66, 72
Sanktion, 5, 33
  berufsrechtliche, 133, 467
  numerus clausus der, 59
Satzungsgeber
  nichtstaatlicher, 235
Satzungsrecht, 4, 32
Schaden, 244

immaterieller, 111
Schadenersatz, 110
Schadensereignis, 358
　im Ausland, 353
Schadensmeldung, 347
Schadensvermeidung, 91
Schädigung
　schuldhaft, 120
Scheingesellschaft, 375, 377
Schenkungssteuer, 478
Schenkungsversprechen, 503
Schlechtleistung, 123
Schleichwerbung, 64
Schlüsselgewalt, 222
Schmerzen, 285
Schmerzensgeld, 112, 121, 179, 394
Schmerzensgeldanspruch, 111, 120, 122, 346
Schmerzlinderung, 40, 287
Schmiergeldgeschäfte, 470
Schnittstellenoptimierung, 488
Schönheitsoperation
　Werbung für, 218, 407
Schreibgebühr, 391
Schubladenvertrag, 377
Schuldrechtsreform, 117
Schulmedizin, 215, 348
Schutzgeldsystem, 477
Schutzgesetze, 179
Schwangerschaft, 248
Schwangerschaften
　ungewollte, 250
Schwangerschaftsabbruch, 213, 240
Schwangerschafts-Konfliktberatung, 248, 250
Schwangerschaftskonfliktgesetz, 242
Schweigepflicht, 50, 105, 114, 127, 154, 158,
　　159, 163, 175, 178, 341, 360, 451
　abgeleitete, 159, 178
　ärztliche, 105, 154, 155, 165, 183, 394
　Bruch der, 170
　Entbindung, 168
　Entbindung von der, 156
　Entbindung widerrufen, 168
　Hinweis auf, 171
　unter Kollegen, 161
Schwellenwert, 213, 214, 224
　überschreiten, 214, 226
Schwerpunkt, 449
Selbständigkeit
　ärztliche, 328
Selbstbehandlung, 421
Selbstbestimmung
　informationelle, 315
Selbstbestimmungsaufklärung, 136, 137

Selbstbestimmungsrecht, 133
　informationelles, 165
Selbstdarstellung, 411
Selbsthilfegruppen, 452
Selbstkontrolle, 520
　freiwillige, 520
Selbstmord, 40
　Beihilfe zum, 40, 288
Selbstmordversuch, 146
Selbststudium, 83
Selbstversicherer, 346
Selbstversicherung
　Grundsatz der, 357
　Prinzip der, 357
Selbstverwaltungbefugnis, 31
Selbstverwaltungsrecht, 36, 57
Selbstzahler, 212
Seuche, 148
Sich-Versprechen-Lassen, 461, 504
Sicherheitsplan-Verordnung, 100
Sicherstellungsassistent, 334
Sicherstellungsauftrag, 402, 491
Sicherungsaufklärung, 137, 138
Sicherungssysteme
　soziale, 157
Sittenwidrigkeit, 221
Sofortvollzug, 48
Sonderbedarfszulassung, 302
Sonderentgelt, 516
Sonderverzeichnis, 431, 434
Sonntagsrede, 43
Sonographieaufnahmen, 184
Sonographiebefunde, 187
Sorgerecht
　Missbrauch, 144
Sorgfalt
　erforderliche, 82, 105
　im Verkehr erforderliche, 105, 198, 203
　Im Verkehr erforderliche, 50
Sorgfaltsmaßstab, 91, 122
Sorgfaltspflicht, 90, 198
Sozialabgaben, 304, 335, 519
Sozialversicherung
　Leistungsträger der, 170
　Träger der, 157
Spätabbruch, 251
Spendenerklärung, 253
Spendensammelverein, 505
Spenderorgan
　Akquise, 43
Spezialisten-Liste, 419
Speziallabor, 472
Sponsor, 507, 508

Sponsoring, 415, 507
Spontanatmung, 253
Sportförderung
   staatliche, 55
Sportler
   gedopter, 149
Sprechstellen, 300
Sprechstunde, 4, 32, 299, 301
Sprechstundenräume, 341
Sprechstundenzeit, 399, 433
Staatsanwaltschaft, 157
Staatshaftungsgrundsätze, 122, 402
Staatssportler, 55, 149
Standard, 49, 91, 201
   medizinischer, 202
Standardtarif, 213
Standesrecht, 3
Statusfeststellungsverfahren, 305
Steigerungssatz, 211, 213, 219, 221
Stellen
   staatliche, 158
Stellvertretung, 222
Sterbebegleitung, 42, 287
   ärztliche, 36, 284
   Grundsätze der, 288
   Richtlinien für die, 40
Sterbehilfe, 40
   akive, 40, 284, 287
   aktive, passive, 287
Sterbende
   begleiten, 42
Sterbenden
   Wille des, 284
Sterbenlassen, 288
Sterilisation, 244
   unzureichende, 359
   Versagerquoten bei, 184
Sternenkinderregelung, 252
Steuerverkürzung, 478
Störer
   wettbewerbsrechtlich, 330
Strafantrag, 178
Strafbefreiung, 516
Strafgefangenen, 146, 148
Strafrecht, 105, 110
Straftat
   Verdacht einer, 48
Strafverfahren, 59, 60, 133
Strafverfolger, 519
Strahlenschaden, 358
Strohmann-Modell, 470
Strukturqualität, 89
Studie
   randomisierte, 199

Studienaufträge, 68
Stufenaufklärung, 140
Stufenplan, 96
Stufenplanbeteiligte, 94
Stundensätze, 389
Substitution, 119, 404
Suizidant, 146
Syndrom
   apallisches, 285

T
Tagesklinik, 428
Tätigkeit, 400
   ambulante ärztliche, 78, 298
   berufspolitische, 400
   freiberufliche, 466
   fremde gewerbliche, 411
   vertragsärztliche, 400
Tätigkeitsort
   Recht des, 353
Tatverdacht, 59
Teilberufsausübungsgemeinschaft, 321, 336
Teilgemeinschaftspraxis, 311, 327, 328, 331, 470, 476
Teilhaberrecht, 39
Teilnehmerbeiträge, 506
Teilzeittätigkeit, 367
Telefonberatung, 429
Telekommunikation
   Überwachung der, 178
Telemediengesetz
   Pflichtangaben, 429
Telemedizin, 131
Teststreifen, 72
Text
   redaktioneller, 65
Themen
   allgemeinpolitische, 441
Therapie, 137
Therapiefreiheit, 86, 198
Therapiewahl, 205
Therapiezwecke
   fremdnützige, 253
Titel
   ausländische, 431
Todeskriterien, 42
Todeszeitpunkt, 42
Totgeburt, 251, 252
Tötung auf Verlangen, 40, 288
Tötung durch Unterlassen, 288
Trainingsseminare, 504
Transplantationsgesetz, 42
Transplantationszentrum, 384

U

Überhang
 berufsrechtlicher, 5, 33, 59
Überlagerung
 gewerbliche, 79
Übernachtungsgeld, 390
Übernahmeschulden, 123, 128
Überversorgung, 301
Überwachung, 337
 staatliche, 99
Überweisung
 zur Mitbehandlung, 128
Überweisungsauftrag, 129
Überweisungsverhalten, 459
Umherziehen, 304
Umsatz, 516
Umsatzgeschäfte, 505
Umsatzsteuer, 218, 391, 508
Umweltmedizin, 43
Unabhängigkeit, 367, 459, 463, 466
 ärztliche, 64, 366, 459
Unbedenklichkeitsbescheinigung, 384
Unerfahrenheit
 wirtschaftliche, 223
unerlaubte Handlung, 114, 120, 150, 179, 338, 342
Unglücksfall, 146, 223
Universitätsklinika, 52, 203, 357, 461, 513
Universitätsmitglieder, 507
Unmöglichkeit, 123
Unrechtsvereinbarung, 460, 478, 504, 515
Untergebrachter, 146
Unterhaltsansprüche, 244, 347
Unterkunft, 341
Unterlassen, 201
Unterlassung, 383, 441
Unterlassungsanspruch, 111, 441
Unternehmenswerbung, 413
Unternehmer, 513
 pharmazeutischer, 96, 349, 506, 513
Unterschreitung
 des Mindestsatzes, 224
Untersuchungen
 laboratoriumsmedizinische, 236
Untersuchungsmaterial, 467
 Zuweisung, 467
Untersuchungsmethode, 198, 426
Unterzeichnung
 Honorarvereinbarung, 223
Untreue, 470, 484
Unversehrtheit
 der Person, 110
 körperliche, 105

Unwürdigkeit, 47
Unzuverlässigkeit, 47, 48
Urheberrechtsschutz, 392
Urkundsqualität, 187
Urlaubsvertreter, 342
Urteil, 393
Urteilsfähigkeit, 285
 natürliche, 168

V

Verantwortung
 ärztliche, 383
 therapeutische, 37
Verbandsärzte, 353
Verbot
 gesetzliches, 76
Verbotsgesetz, 77, 61
Verbotsirrtum
 unvermeidbarer, 60
Verbotskatalog
 nach HWG, 420
Verbraucherschutz, 406
Vereidigung
 des Sachverständigen, 393
Verein
 privatrechtlicher, 43
Vereinbarung
 vertragliche, 444
Vereinbarungen
 interkollegiale, 203
Verfahren
 berufsgerichtliches, 5, 33
Verfahrensgegenstand, 60
Vergleich, 361
Vergütung, 366
 fällig, 226
Vergütungsanspruch
 verlieren, 391
Vergütungstarifvertrag, 366
Verhalten
 anpreisendes, 405, 407
 unkollegiales, 441
 unwürdiges, 47
Verhältnismäßigkeit
 Gebot der, 48
Verhandlungsunfähigkeit, 60
Verhinderung
 unvorhersehbare, 220
Verjährung, 60, 227
Verkammerung, 37
Verkehrsmittel
 öffentliche, 415
Vermögensschaden, 347, 348, 394

Veröffentlichung, 419
Verordnung
　Einlösung, 68
Verpflichtungsgesetz, 159
Verrechnungsstellen
　privatärztliche, 157
Verrechtlichung, 38
Verrichtungsgehilfen, 401
Verschreibung, 133
　ärztliche, 133
Verschuldenshaftung, 204
Verschwiegenheit, 120
　Pflicht zur, 31
Versicherungen
　private, 156
Versicherungsnehmer, 361
　Gesundheitszustand, 156
Versicherungsschein, 348
Versicherungsschutz, 346, 361
　Verlust des, 360
Versicherungszeit, 357
Versorgung
　ambulante, 325
　ambulant, stationär, 413
　ärztliche, 399
　integrierte, 380, 381, 489
　medizinische, 66, 88
　notwendige ärztliche, 215
　sektorübergreifend, 488
　vertragsärztliche, 116, 207, 217, 315
Versorgungsauftrag
　Erfüllung, 380
Versorgungsbedarf, 336
Versorgungsqualität, 207
Versorgungsvertrag, 493
Versorgungsweg
　verkürzter, 67, 75, 481
Versorgungszentren, 375, 422
　medizinische, 326
Vertrag, 120
　Erfüllung, 122
　öffentlich-rechtlicher, 392
Verträge, 383
Vertragsarzt, 33, 38, 84, 184, 342, 374, 398, 519
　Behandlungspflicht, 217
　Strafbarkeit des, 518
Vertragsarztpraxis
　verwaiste, 342
Vertragsarztrecht, 327
Vertragsarztsitz, 301, 316
Vertragsfreiheit, 211
Vertragsschluss
　konkludenter, 115

Vertrauen
　missbräuchlich ausnützen, 217
Vertrauensverhältnis, 118, 126
Vertretenmüssen, 123
Vertreter, 4, 32, 222, 356
　Sicherstellung, 341
Vertretermodell, 469
Vertreters
　Vergütung des, 341
Vertreterversammlung, 4, 32, 36
Vertretervertrag, 341
Vertretung, 220, 339, 399
　berufsrechtliche, 399
　genehmigungspflichtig, 340
　gesetzliche, 143
　gewillkürte, 144
　ordnungsgemäße, 342
　Wahlleistung, 220
Vertretungsarzt, 39
Vertriebsweg
　verkürzter, 69, 75
Verurteilung
　strafgerichtliche, 49
Verwahrungsklausel, 189
Verwaltungsakt, 400
Verwaltungsgericht
　Rechtsweg zum, 400
Verwaltungsträger
　beliehene, 478
Verwaltungsverfahrensgesetze, 400
Verwarnung, 58
Verwechslungsgefahr, 425
Verweigerungsrecht, 388
Verweis, 58
Verweisung
　dynamische, 201
Verwirkung
　Einrede der, 227
Verzeichnisse, 405
Verzinsung
　umsatzabhängige, 500
Volksgesundheit, 454
Volkszählungsurteil, 168
Vollmacht
　schriftliche, 145
Vollmachtgeber, 112, 287
Vollziehung
　sofortige, 99
Vorführung
　öffentliche, 132
Vorkommnis, 100, 101
Vorlagepflicht, 513
　für Vereinbarungen, 513
Vorsorgevollmacht, 288,

Vorsteuerabzug, 391
Vorteil, 459
  berufliche Stellung, 515
Vorteile, 505, 511
Vorteilsannahme, 508, 514, 516
Vorteilsbegriff, 515
Vorteilsgewährung, 466, 467, 514, 499
Vortragshonorar
  Versteuerung von, 508

W

Wahlarztkette, 212, 213
Wahlarztvereinbarung, 212
Wahlleistung, 115
  ärztliche, 220
Wahlleistungsvereinbarung, 115, 116, 119, 439
Wahlrecht
  Entziehung des, 59
Wahrscheinlichkeit
  überwiegende, 205
Wartezimmerfernsehen, 430
Wechselwirkung, 93
Weigerung, 249
Weisung
  Freiheit von, 52
Weisungen
  von Nichtärzten, 365
Weisungsbefugnis, 366
Weisungsfreiheit, 37
Weiterbehandlung, 161, 341
Weiterbildung, 439, 442, 447
  ärztliche, 43, 90
  Zeugnisse über, 385
Weiterbildungsassistent, 334, 443
Weiterbildungsermächtigung, 396
Weiterbildungsordnung, 31, 431
Weiterbildungsstätte, 447
Weiterbildungszeit, 335
Weiterbildungszeugnis, 396
  Leistungsmängel im, 396
Wellness-Bereich, 41
Werbebeschränkung, 422, 414
Werbefreiheit, 406
Werbegabe, 503, 506
Werbeprospekte, 424
Werbeverbot, 37, 406, 420
  absolutes, 421
  ärztliches, 405, 407
  generelles, 412
  standesrechtliches, 412
Werbung, 412, 441
  ärztliche, 411

berufswidrige, 421
  irreführende, 199
  unzulässige, 432
  vergleichende, 412
Werkvertrag, 114, 393
Wettbewerb, 406, 467
  lauterer, 61
  unlauterer, 78
Wettbewerbsfähigkeit, 291
Wettbewerbsverbot, 318, 325, 341, 342, 337
Wettbewerbsverstoß, 330, 423
Wettbewerbsvorteil, 468, 497
Widerruf, 441
Widerspruch, 99
Wiederbelebung
  Maßnahmen zur, 51
Wille
  mutmaßlicher, 40, 112, 140, 143, 160, 285
  tatsächlicher, 51, 142
Willensentscheidung
  freie, 138
Willenserklärung, 146
Willensfähigkeit
  natürliche, 113
Wirkung
  unerwünschte, 97
Wirtschaftlichkeitsgebot, 216
Wirtschaftlichkeitsprüfung, 442
Wissenschaft
  Erkenntnisse der medizinischen, 236
Wissenschaftsfreiheit, 54, 366
Wissenschaft und Technik
  Stand der medizinischen, 236
Witwe, 342
Wunschleistung, 215, 226
  IGeL-Leistung, 217
Wunschmedizin, 41
Wunschrezepte, 126

Z

Zahnärztesuchservice, 432
Zahnheilkunde
  Ausübung der, 453
Zahnklinik
  als GmbH, 413
Zeitarbeitsfirma, 39
Zeitaufwand, 213, 389
Zeitgeist
  medizinischer, 86
Zeitungsanzeige, 415, 424
Zertifizierer, 92
Zertifizierung, 83, 92

Sachverzeichnis 631

Zeuge, 176, 440
    sachverständiger, 390
Zeugnis, 342
    ärztliches, 386
    Erteilung, 395
Zeugnisklarheit, 395
Zeugnisse, 4, 32
    ärztliche, 385
Zeugnisverweigerungsrecht, 154, 176
    abgeleitetes, 176
Zielleistungsprinzip, 219
Zielvereinbarung, 366, 384
    Chefärzte, 498
    Empfehlung zu, 498
Zulassung, 99, 377
    als Vermögenswert, 445
    Ambulatorien, 326
    Entziehung, 85, 378
    Rücknahme, 98
    Verzicht, 446
Zulassungsausschuss, 85, 302, 317, 336
Zulassungsbezirk, 445
Zulassungsverfahren, 38
Zulassungsvoraussetzung, 346
Zumutbarkeitsprüfung, 243

Zusatzbezeichnung, 86
Zustimmung, 144, 514
    des Arbeitgebers, 514
Zuverlässigkeit, 454
Zuweiser, 225, 470
Zuweiserbindung, 411
Zuweiserprämien, 486
Zuweisung
    gegen Entgelt, 477
    von Patienten, 466, 499
Zuzahlung, 217
Zwangsbehandlung, 146, 148
Zwangsernährung, 148
Zweck
    therapeutischer, 379
Zweckänderung, 175
Zweckbestimmung, 175
Zweigpraxis, 78, 298, 301, 302
    genehmigungspflichtige, 500
Zweitmeinung, 130
Zwillingsschwangerschaft, 244
Zwischenrechnung, 228
Zwischenzeugnis, 396

Printed by Printforce, the Netherlands